KB273354

한국영화역사

(1945-2022)

<개정증보>

정태수 鄭泰秀

한양대학교 졸업
러시아 국립영화대학교(ВГИК·VGIK) 영화학 석사
러시아 국립영화대학교(ВГИК·VGIK) 예술학 박사
현재 한양대학교 교수

한국영화역사 (개정증보)

초판 인쇄 2026년 1월 15일
초판 발행 2026년 1월 30일

지은이 정태수 | **펴낸이** 박찬익 | **책임편집** 권효진 | **편집** 이수빈
펴낸곳 (주)박이정출판사 | **주소** 경기도 하남시 조정대로45 미사센텀비즈 8층 F827호
전화 031)792-1195 | **팩스** 02)928-4683 | **이메일** pijbook@naver.com
홈페이지 www.pijbook.com | **등록** 2014년 8월 22일 제305-2014-000029호
ISBN 979-11-5848-943-4 (93680) | **가격** 50,000원

이 책은 저작권법에 따라 보호받는 저작물이므로 무단 전재와 무단 복제를 금합니다.

한국영화역사

(1945-2022)

정태수 지음

박이정

일러두기

1. 본문에서는 인명이나 제목, 용어, 연도를 명확하게 표기하였고, 필요하다고 판단되는 부분은 괄호를 통해 영어와 한자, 연도를 병기했습니다.

2. 인용된 내용은 원문 그대로를 표기하도록 하였고, 국내외 원문을 명시할 필요가 있다고 판단되는 참고자료 및 인용 출처는 축약하지 않고 다음과 같은 방식으로 가능한 인용 원문 전체를 표기 순서에 따라 각주로 붙였습니다. 바로 위의 논저를 인용한 경우 위의 책, 위의 논문으로, 앞에서 인용한 논저를 다시 인용한 경우 저자명과 함께 앞의 책, 앞의 논문으로 하였고, 영어 논저일 경우 각각 Ibid., 저자명, op. cit.,로 표기했습니다. 그리고 재인용할 경우 원문을 먼저 표기하고 재인용한 논저를 표기 순서에 따라 하였습니다. 다만 한 명의 저자에 2개 이상의 단행본, 논문 등을 인용한 경우에는 이를 구분하기 위해 두 번째부터는 저자명과 단행본, 논문명을 표기하고 앞의 책, 앞의 논문으로 표기했습니다.
   신문, 잡지와 정부 기관에서 발행한 기사와 자료 및 인터넷 사이트는 위의 표기 방식을 따르지 않고 명확하게 구분하기 위해 각각의 각주에 작성자명, 기사 및 자료명, 날짜와 인터넷 사이트명을 표기했습니다. 그리고 직접 인용된 문장 중 () 표시 안의 글은 문맥을 보다 명확하고 원활하게 전달하기 위해 저자가 첨부한 내용입니다.

3. 고유명사 등 외국어의 우리말 표기는 현행 외국어 표기법을 따르되, 표기법이 어색하거나 혼동의 여지가 있는 경우에는 발음에 가깝도록 하였습니다.

4. 이 책에서 사용된 저서는 『』, 논문은 「」, 신문명, 잡지명, 작품집, 학술지명은 《》, 작품명과 신문기사명은 <>, 직접인용은 "", 간접인용 및 강조는 ''로 하였습니다.

5. 참고로 이 책의 제4장, 제7장에서 언급 된 내용 중 일부는 본 저자의 논문 「청년문화, 영상시대와 새로운 성 해석, 낭만적 저항의 1970년대 한국영화(1972-1979)」 (현대영화연구, 2019)와 단행본 『세계영화예술의 역사』 (박이정, 2019) 제20장에서 일부 인용했음을 밝혀 두고자 합니다.

로스티슬라브 니콜라에비치 유레네프(Р. Н. Юренев)
선생님께 바칩니다.

『한국영화역사(1945-2022)』는 한국영화를 규정하는데 있어 가장 중요한 요인과 요소가 무엇인지를 다양한 측면에서 규명하고자 하는 의도로부터 비롯되었다. 이것은 한국영화역사에 대한 기존의 관습적, 즉 특정한 범위의 시각에 근거하고 있는 개념과 논의의 틀로부터 벗어나는 것을 말하며, 이는 영화 자체의 제한된 내적 논리에 의한 시각으로부터 이탈하여 영화를 감싸고 있는 다양한 요소들을 끌어들여 영화의 역사를 더욱 풍요롭게 이해하도록 유도하는데 있다. 이러한 목적은 각 시기별로 영화적 경향의 원인과 과정을 면밀히 살펴보면서 그 시대의 영화적 흐름을 규정함으로써 다른 어떤 시도보다 더 많은 설득력을 가질 수 있을 것으로 판단했기 때문이다. 이를 위해 우선적으로 각 시기별 한국영화의 특징형성에 영향을 준 것이 무엇인지를 다양한 측면에서 파악해야 했다. 그것이 정치적 요인이면 정치적 요인을, 경제적 요인이면 경제적 요인을, 사회적 요인이면 사회적 요인을, 문화적 요인이면 문화적 요인을, 영화적 요인이면 영화적 요인을, 아니면 그러한 것들이 혼재되어 있으면 그에 따라 분석하였다.

그 결과 이 책에서는 각각의 시기별 영화적 경향에 따라 정치적, 경제적, 사회적, 문화적, 영화적 요인들이 영화의 내용과 형식을 가름하는 것과 밀접한 관계를 갖는다는 것이 확인되었다.

이에 따라 2017년부터 2022년까지의 시기가 새롭게 첨부되어 총 9개의 장으로 구성된 『한국영화역사(1945-2022)』는 각각의 시기별 영화적 흐름을 결정한 다양한 요인들이 영화와 함께 서술되었다. 이를 통해 필자는 한국영화역사뿐 아니라 영화에 대한 근본적 성찰과 이에 대한 인식의 지평이 확대되는데 작은 보탬이 될 수 있을 것으로 기대한다.

오랫동안 써 온 이 책의 수정, 보완을 최종적으로 끝마치는 순간에도 언제나 한없는 사랑으로 지켜봐 준 가족과 1991년 소련이 붕괴되기 이전 세계 최초의 영화 대학인 소련국립영화대학(ВГИК, VGIK)으로 유학을 떠날 때의 비장했던 마음가짐, 그곳에서 로스티슬라브 니콜라에비치 유레네프(Р. Н. Юренев) 선생님과의 만남과 모습이 또 다시 떠올랐다. 비록 영면에 드셨지만 지금까지도 유레네프 선생님은 나의 변함없는 영원한 학문적 표상으로 남아있다. 이 책을 쓰면서 여전히 그 분의 마지막 박사과정 학생이었던 것에 대해 다시 한 번 자부심을 느낄 수 있었다.

그리고 지금까지 이 책을 서술하기 위해 봐야 할 수많은 영화자료 제공과 원고를 꼼꼼히 읽으면서 교정에 도움을 준 제자들에게 고맙다는 말을 전하고 싶다. 끝으로 어려운 상황임에도 이 책을 선뜻 출간해준 박이정출판사 여러분들에게도 깊은 감사를 드린다.

2026년 1월

로유(露儒)

역사학은 객관적 자료를 토대로 그것을 다양한 관점을 통해 해석하면서 진실에 다가가는 학문이다. 영화역사 역시 영화작품을 기반으로 그것을 다양하게 해석하면서 진실에 다가가는 것이다. 그런데 여기서 중요한 것은 어떤 기준과 범위에 의해 자료를 선별하여 대상화할 것인가와 그에 대한 해석의 문제이다. 이것은 영화가 지니고 있는 본질적 특성과 자료의 객관성, 그리고 그것을 둘러싸고 있는 다양한 요인과 요소들을 일관된 관점으로 유지하면서 진실에 다가가도록 해야 함을 말한다. 이러한 과정의 이해가 전제되었을 때 비로소 영화의 역사는 학문적 의미를 지니게 되는 것이다. 이와 같은 논리를 한국영화역사서술에 적용한다면 한국영화에 대한 기존의 역사서술이 역사적, 학문적 보편성을 획득하고 있느냐의 여부로 옮겨가게 된다. 이는 한국영화역사서술이 과연 학문으로서의 가치를 의미 있게 담보하고 있는가의 문제이다. 이러한 문제에 대답하기 위해서는 무엇보다 한국영화역사서술이 영화의 본질적 특성에 대한 성찰과 고려에 근거하여 서술되고 있는지를 먼저 살펴볼 필요가 있다.

영화는 등장 시기부터 현재까지 인간과 인간의 일상적 삶과 불가분의 관계에 있다고 볼 수 있다. 이것은 영화 창작의 토대일 뿐만 아니라 영화를 인식하는데 가장 중요한 선결조건임을 의미한다. 그러므로 영화는 인간과 인간의 삶을 대상으로 해야만 하는 필연성을 지니게 되며, 이를 화면에 봉인한 것이 시간, 즉 역사인 것이다. 이러한 측면에서 영화역사는 인간의 가장 직접적인 역사인 셈이다. 따라서 영화역사는 인간의 삶의 모습으로부터 비롯되고 중심에 위치하게 된다. 이것이 영화의 본질이자 매체의 특성이라 할 수 있다. 이는 영화역사가들이 뤼미에르 형제의 영화를 세계영화역사의 기원으로 삼고 있는 것에서 증명된다. 뤼미에르 형제의 몇몇 짧은 단편영화에는 필름에 봉인된 기차와 같은 물질과 인간의 일상적 모습이 담겨져 있다.

이것은 영화의 본질적 특성이 물리적 대상과 인간의 실제적 모습, 즉 인간의 삶을 중심으로 이루어지고 있음을 보여주고 있는 것이다. 그러므로 영화에 대한 모든 논의의 시작은 객관화된 현상과 인간을 둘러싸고 벌어지는 다양한 현실에 대한 이해가 전제되어야 한다는 논리가 성립된다.

이런 측면에서 한국영화에 대한 역사서술이 이와 같은 영화의 본질적 특성에 기반하고 있는지를 냉정하게 따져볼 필요가 있다. 이것은 영화의 본질적 특성에 대한 성찰에서부터 영화를 대상화하는 구체적 범위와 확인의 문제, 특정한 흐름에 대한 개념화의 문제, 나아가 논리적 일관성에 의한 역사적 관점의 문제라 할 수 있다. 영화에 대한 해석의 자유와 독창성이라는 명분으로 이러한 것들이 그간의 한국영화역사서술에서 의도치 않게 회피되었거나 간과되었다면, 그것은 훌륭한 정보제공 그 이상의 의미를 갖기 어렵다는 현실에 직면하게 된다.

이런 기본적 전제 조건에 근거하여 한국영화역사에서 언급된 그 동안의 영화들이 과연 객관적 기준과 범위에 의해 선정되고 구체적 확인과정을 거치면서 서술되었는지의 여부를 살펴볼 필요가 있다. 이는 역사 해석과 서술의 독창성과 유연함을 문제 삼는 것이 아니라 대상화된 영화들의 객관성 담보의 문제이다. 물론 한국에서 만들어진 영화 전체를 대상화하여 영화역사를 서술하기란 결코 쉽지 않은 일임에는 틀림없다. 그렇기 때문에 오히려 객관적, 합리적 기준과 범위에 의해 선별된 영화들에 대한 구체적 확인과정을 통해 한국영화역사서술이 이루어져야 한다는 당위성이 요구되는 것이다. 이것은 지금까지의 한국영화역사가 특정한 시각의 자의적 판단에 의해 서술되었을 수도 있다는 가정이 성립되는 이유이기도 하다. 여기에는 영화진흥위원회의 극장통합전산망 체계가 구축된 2004년 이전까지의 통계 자료가 완벽하다고 보기 어려운 측면이 있을 수 있다는 합리적 이유가 존재한다.

1971년 이후 영화진흥위원회 포털 사이트에서 '한국영화연감'으로 명시된 통계 수치가 나오기 전 1945년부터 1970년까지는 서로 다른 형태의 통계 자료가 존재하고 있고, 1971년부터 2003년까지의 자료 역시 객관적으로 증명하기 어려운 부분이 다소 있다. 또한 통계를 신뢰한다고 해도 영화 존재의 유무에 의해 영화를 직접 확인이 어려운 상황도 있는 것이다.

이와 같은 현실을 감안하여 『한국영화역사(1945-2022)』는 다음과 같은 세 가지 구분을 통해 이루어졌다. 우선 현존하고 있거나 접근이 가능한 영화들을 중심으로 연도별 흥행순위를 고려한 10여 편의 영화들과 국내외 유명영화제에서 수상한 작품들, 여기에 필자가 시대적 의미를 지니고 있다고 판단한 영화들이 추가되었다. 이러한 기준에 의해 1945년부터 2022년까지 매년 평균 13편에서 15편 정도의 영화, 약 1,100여 편이 선정되었다. 흥행순위를 고려한 것은 무엇보다 관객들의 기호와 취향을 읽어내면서 영화가 시대와 어떻게 관계 맺고 있는지의 흐름을 파악할 수 있는 중요한 척도로 여겼기 때문이고, 국내외 영화제에서의 수상한 영화들을 대상으로 한 것은 시기별 창작적 경향과 한국영화의 위상을 파악할 수 있기 때문이다. 이들 두 영역에서 빗겨져있는 영화들 중 시대적, 영화적으로 의미가 있다고 판단된 특정한 영화들을 통해서는 기계적인 대상화로 인해 일방향성이라는 관점의 여지를 차단하면서 시기별 전체 영화의 특징과 흐름을 통합적으로 파악할 수 있는 토대로 작용토록 하기 위한 것이다.

한국영화 흥행순위에 대한 근거는 다음과 같은 자료를 통해 이루어졌다. 비교적 명확한 기록으로 존재하고 있는 국내외 영화제 수상목록과 달리 서로 다른 통계로 인해 객관적 자료로서 정확성이 다소 부족하다고 할 수 있는 1945년부터 1970년까지의 흥행순위 관련 영화들은 한국영화진흥조합에서 발간한 『한국영화총서(1972)』에 수록된 영화목록 중 대성공, 성공, 양호로 구분된 것과 한국문화예술진흥원에서 발간한 『문예총감(1976)』, 영화진흥공사에서 발간한 『한국영화자료편람(1977)』, 그리고 당시의 몇몇 신문기사 등을 살펴보면서 공통적으로 언급되고 있는 영화들을 주로 대상화하였다. 1971년부터 2003년까지는 영화진흥위원회 포털 사이트에서 '한국영화연감'이라는 명칭으로 정리한 연도별 서울관객 수 순위를 참고하였으며, 2004년부터 2022년까지는 영화진흥위원회 공식통계자료라 할 수 있는 '영화관입장권통합전산망'의 연도별 박스오피스 흥행순위를 근거로 삼았다. 이로써 객관적 기준과 범위가 생략 된 채 관습적으로 호명된 영화들을 대상으로 한 표면적 역사서술에서 벗어나 한국영화역사에 대한 체계적인 고유한 관점이 형성될 수 있었다.

이와 같은 범위와 기준의 객관성이 적용되지 않을 경우, 한국영화역사서술에서 특정시기와 영화적 경향이 정제되지 않은 용어로 규정될 수 있는 상황을 맞이할 수 있기 때문이다. 이는 누군가에 의해 주도된 감각적이고 자극적인 용어들이 즉각적으로 한국영화역사서술에서 통용되고 있는 현실에서 확인된다. 이를테면 한국영화역사서술에서 흔히 회자되고 있는 특정한 한국영화의 시기를 침체기, 도약기, 발전기, 중흥기, 황금기, 코리안 뉴웨이브 등과 같이 다양한 개념으로 불려진다. 심지어 COVID-19 시기를 겪으면서 초래된 현상을 산업적 측면인지, 혹은 영화자체의 측면인지 구분하지 않고 영화의 위기라고 부르기도 한다. 그런데 그 시기가 정말로 침체기였는지, 정말로 도약기였는지, 정말로 발전기였는지, 정말로 중흥기였는지, 정말로 황금기였는지, 정말로 한국의 새로운 물결이었는지, 정말로 영화의 위기인지, 그것의 범위와 시기가 어디까지인지, 어떠한 역사적 근거를 토대로 한 관점인지에 대한 문제 제기와 구체적 원인 규명이나 명확한 설명은 찾아보기 어렵다. 이것은 이들 용어, 개념과 진단이 과연 적절한 것인지, 어떠한 역사적 맥락 속에서 비롯되었는지를 그리 중요하게 고려치 않고 있음을 의미하는 것이며, 어쩌면 한국영화역사서술에 있어서 저널리즘 시각이 여전히 중요하게 통용되고 있다는 것을 보여주고 있는 것과 다르지 않다.

그리고 이러한 행태는 독창성, 논리의 일관성 유지라는 차원과 연결된다. 이것은 자의적인 개별적 시각을 넘어 독창적이고 일관된 역사적 관점에 의해 한국영화역사가 서술되고 있는지의 문제인 것이다. 그 동안 한국영화역사에 관한 몇몇 서술은 영화에 대한 다양한 정보를 제공하고 있다는 측면에서는 의미 있는 것으로 평가받고 있지만, 언급된 영화의 객관적 기준과 범위, 개념화된 용어에 대한 근거를 구체적으로 밝히고 있지 않기 때문에 표면적인 서술로 한정된다. 여기에 다양한 사람들에 의한 시기별 서술은 역사적 관점의 불균질, 불균형성을 피할 수 없게 만든다. 이것은 한국영화역사서술이 객관성, 독창성, 일관된 역사적 관점을 유지하고 있다고 보기 어렵다는 것을 의미한다.

이를 보완하고 해결하기 위해 『한국영화역사(1945-2022)』에서는 한국영화의 흐름에 가장 직접적인 영향을 주었던 시기별 요인을 우선적으로 파악하였다. 이것은 1945년부터 2022년까지 한국영화가 어떤 역사적 과정 속에 존재했는지를 판단하는 것인가의 문제이다. 이 시기 한국영화는 크게 정부의 정책과 시책에 의한 지배 권력이 강하게 작동되었던 1945년부터 1997년까지와 '지원은 하되 간섭하지 않는다'는 김대중 정부의 문화예술에 관한 국정기조와 산업성으로 정의된 1998년부터 2022년까지로 구분될 수 있다. 이것은 한국영화제작의 주체가 정치권력과 자본권력으로 분화되어 이 시기 한국영화의 흐름을 좌우했다는 것을 말한다. 『한국영화역사(1945-2022)』에서는 이러한 인식에 근거해 한국영화역사의 시기를 구분하였다. 또한 이 시기 한국영화역사에 관한 서술은 철저하게 영화를 통해 확인된 영화 속 인물명만을 사용함으로써 감독의 지향을 중요한 요소로 간주하고 있다. 결론적으로 『한국영화역사(1945-2022)』는 영화제작과정에서 정치권력과 자본권력이라는 강력한 영향 속에서도 감독의 지향에 근거하여 서술되었다. 이로 인해 한국영화역사는 비교적 명확한 역사적 관점에 의한 일관성이 유지될 수 있었다.

영화는 지금까지 인접예술과 유사매체로부터 끊임없는 도전에도 본질적 특성을 잃지 않고 다양한 모습으로 대응하여왔다. 무성에서 유성으로, 흑백에서 컬러로, 유사매체인 텔레비전의 등장에는 규모의 스크린과 투사 방식으로, 또한 첨단과학기술을 영화에 적용하여 차별화함으로써 발전을 거듭하였다. 이는 영화가 자신의 본질적 특성을 기반으로 무한한 상상력을 통해 위기를 극복하면서 지속해왔음을 말한다. 그러므로 영화역사를 서술한다는 것은 단순히 영화를 구성하고 있는 몇몇 요소들을 통해 이루어진다는 것이 사실상 불가능한 일이다. 이러한 측면에서 50%를 훌쩍 넘나든 관객점유율을 유지해왔던 소중한 경험을 지니고 있는 한국영화에 대한 서술 역시 보다 정교하고 체계화된 논리를 통해 이루어져야 한다. 그러나 유감스럽게도 한국영화에 대한 역사서술은 여전히 답보상태에 머물러 있다고 할 수 있다.

『한국영화역사(1945-2022)』에 관한 서술은 이러한 문제의식으로부터 비롯되고 시작되었다. 이를 위해 영화의 본질적 특성을 다시 점검하고 분석하면서 영화적 경향과 시대를 연관시켰고, 객관적 기준을 토대로 특정한 영화를 대상화하면서 그것들을 연도별, 시기별로 구분하여 체계화하였다. 비록 1,100여 편의 영화를 연도별 순서와 범위에 의해 하나하나 확인하고 분석하는 과정의 오랜 시간이 적지 않은 노력과 인내를 필요로 하였지만, 이로 인해 1945년부터 2022년까지 한국영화역사에 대해 독창적이고 일관된 관점으로 서술할 수 있었다.

한편 한국영화역사서술의 문제점을 규명하고 보완하기 위해 시작한 이 작업이 아이러니하게도 한국영화에 관한 그간의 단행본들과 논문들이 커다란 도움이 되었다는 사실이다. 척박한 한국영화연구 환경 속에서도 영화연구에 매진해왔던 그간의 많은 연구자들에게 감사드리지 않을 수 없다. 다만 개인적으로 아쉬운 점은 북한을 포함한 한반도 전체의 영화역사서술의 바람을 이루지 못했다는 점이다. 이는 어쩌면 필자의 능력을 벗어난 영역이라 할 수 있다. 이러한 아쉬움은 언젠가 누군가에 의해 한국영화역사에 관한 통합본이 나오게 될 즈음, 이 책이 서술과정에서 하나의 작은 디딤돌이 되기를 바라는 마음으로 대신하고자 한다.

차례

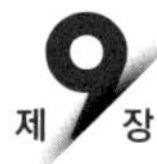

제9장　촛불혁명과 새로운 위기의 시기(2017-2022)

제 1 장

해방, 분단, 전쟁의 시기

1945-1953

1. 해방에서 분단과 전쟁으로 가는 길

1945년 8월 15일 해방이후부터 1953년 7월 27일 휴전협정에 이르기까지의 한국영화는 해방, 분단, 전쟁이라는 역사적 과정과 그 영향 속에서 생존해 왔다. 이는 한국영화의 제작, 배급, 상영이 그 만큼 주체적이고 독립적으로 존재하지 못했다는 것을 의미하기도 한다. 이런 측면에서 이 시기 한국영화는 몇 가지 중요한 역사적 전환 과정과 결부되면서 그 특징이 형성되었다는 상황의 이해가 전제되어야 한다. 이것은 한국영화의 특징이 일본 제국주의 강점으로부터의 해방과 미군정, 소군정에 의해 조선이 북위 38도로 분할 점령된 기간을 거치면서 분단과 전쟁에 이르게 되는 역사적 국면 속에서 전개되었음을 말한다.

조선은 1945년 7월 26일 미국, 영국, 중국이 독일의 포츠담 선언에서 일본의 무조건 항복을 요구한 후 8월 6일과 9일 히로시마와 나가사키에 미국의 원자폭탄 투하로 비로소 일본의 강점으로부터 벗어날 수 있었다. 일본의 항복을 미리 통보받았던 조선총독부는 1945년 8월 11일 경기도지사 이쿠다(生田淸二郞)를 통해 송진우에게 행정위원회를 구성하여 줄 것을 요청했지만 그는 임시정부 봉대(奉戴)와 연합군의 승리를 들어 거절했다.[1] 반면 "8월 15일 아침 7시 50분 경 조선총독부 정무총감 엔도(遠藤柳作)로부터 일본인 안전을 위한 치안 유지 부탁을 받은 여운형은 5개의 보장 조건, 즉 1. 전국적으로 정치범, 경제범을 즉시 석방할 것, 2. 8·9·10월 3개월의 식량을 보장할 것, 3. 치안유지와 건국을 위한 정치 활동에 절대 간섭하지 않을 것, 4. 청년과 학생을 조직, 훈련하는데 대하여 절대로 간섭하지 말 것, 5. 근로자와 농민을 건국 사업에 동원하는데 대하여 절대로 간섭하지 말 것을 요구하면

---

1) 송진우가 총독부의 정권담당 의뢰 또는 치안담당 의뢰를 거절하였다는 설은 한민당측에서 자신들의 일제시기 행위를 은폐하고 건준위와 여운형을 공격하기 위한 수단으로 집요하게 주장하였던 것이다.-서중석, 『한국현대민족운동연구』, 역사비평사, 1991, 199쪽.

서 제안을 받아들였다."[2] 그리고 이날 늦은 오후 감옥으로부터 조선인들이 하나 둘씩 풀려나오기 시작하면서 조선인들은 비로소 해방을 실감했다.

그러나 해방의 기쁨도 잠시 태평양 전쟁에 승리한 연합군측 "맥아더(D. MacArthur) 사령부는 1945년 8월 21일 군용기로 미군의 조선 상륙을 예고하는 삐라를 살포한 데 이어 8월 25일에는 방송을 통해 조선의 북부는 소련군이, 남부는 미군이 주둔한다고 발표했다."[3] 북위 38도 이북은 소련 제25군이 웅기, 청진, 나진을 통해 8월 24일 선발대가 평양에 입성했다. 그리고 26일 소련군은 일본군 평양 사관구(師管區) 사령관 다케시다(竹下義晴)와 무장해제 협정을 맺음으로써 일본군을 무장 해제시키고 평양에 진주하였다.[4] 소련군 제25군을 이끌고 평양에 진주한 사령관 이반 치스차코프(Иван Чистяков) 대장은 다음과 같은 포고문을 발표했다.

> 조선인민에게. 조선인민들이여! 붉은 군대와 동맹국 군대들이 조선에서 일본 약탈자들로부터 구축하였다. 그러나 이것은 오직 새 조선 역사의 첫 페이지가 될 뿐이다. 화려한 과수원은 사람의 노력과 고심의 결과이다. 이와 같이 조선의 행복도 조선 인민의 영웅적인 투쟁과 꾸준한 노력에 의해서만 달성된다…… 행복은 당신들의 수중에 있다. 당신들은 자유와 독립을 찾았다. 이제는 모든 것이 죄다 당신들에게 달렸다.[5]

조선의 북위 38도 이북에 진주한 소련군은 이후 "지역별로 현지의 일본군 지휘관과 행정 책임자를 상대로 업무를 처리하고 조선총독부의 개입을 배제했다…… 소련군은 일본군의 항복과 행정권의 접수를 완료하고 무장 해제한 일본군 및 경찰관, 수뇌급을 모두 억류하고 일제의 잔재세력을 철저히

---

2) 지명관, 『한국을 움직인 현대사 61장면』, 다섯수레, 1996, 36쪽.
3) 강준만, 『한국현대사 산책(1940년대 편 1권)』, 인물과 사상사, 2014, 40쪽.
4) 조건, 「일제강점 말기 '조선 주둔 일본군' 상주사단의 한인(韓人) 병력동원 양상과 특징」, 『한국독립운동사연구』 제51집, 독립기념관 한국독립운동사연구소, 2015, 231쪽 참고.
5) 송남헌, 『해방3년사1』, 까치, 1985, 105-106쪽.

제거하면서"[6] 북위 38도 이북을 점령, 통제하였다.

북위 38도 이남의 미군은 1945년 9월 2일 연합군 최고 사령부 '일반명령 제1호'를 공포했다. 일반명령 제1호 (나)항 및 (마)항에는 북위 38도 이북의 일본국 선임 지휘관과 모든 육상, 해상, 항공 및 보조 부대는 소비에트 극동군 최고사령관에게 항복하고, 북위 38도 이남의 일본국의 선임 지휘관과 모든 육상, 해상, 항공 및 보조 부대는 합중국 태평양육군부대 최고사령관에게 항복할 것을 명령했다.[7] 동시에 미점령 사령관 하지(J. Hodge) 중장은 북위 38도 이남만을 대상으로 '조선민중에 고하는 포고 발포, 남한 민중 각위(各位)에게 고함'을 통해 미군의 조선 상륙과 그 이유와 목적을 다음과 같이 밝혔다.

미군은 근일중 귀국에 상륙하게 되었다. 당 군은...... 연합군 대표로서 상륙하는 것으로 귀국을 민주주의 제도 하에 있게 하고 국민의 질서유지를 도모함도 또한 금(今) 동상륙(同上陸)의 목적이라 할 수 있다. 국가조직의 개변(改變)은 일조일석(一朝一夕)에 성립되는 것이 아니고...... 여하한 개혁도 서서히 진행되므로 그와 함께 민중에 있어서도 장래에 예비하여 각자 급(及) 국가 건설을 위하여 또한 민주주의하 생활의 유지를 도모하기에 각자는 최대한의 노력을 다하여야 할 것이다.[8]

1945년 9월 9일 서울에 입성한 미군은 하지 중장과 조선총독 아베(阿部信行) 사이에 항복문서조인식이 거행된 이후 맥아더 장군 이름으로 태평양미국육군총사령부 포고 제1호와 포고 제2호, 제3호를 잇달아 발표함으로써 미군정을 시행했다. 따라서 미군정의 향후 성격을 가늠할 수 있는 것, 즉 미

---

6) 위의 책, 105쪽.

7) <일반명령1호, 연합군점령지역분담결정>, 《매일신보》, 1945.09.03.

8) 하지, <조선민중에 고하는 포고 발포>, 《한국일보》, 1955.08.18.-국사편찬위원회, 한국사데이터베이스(http://db.history.go.kr), 자료대한민국사 제1권.-한자어 '급(及)'은 일반적으로 '및'으로 해석된다.

군이 38도 이남의 조선을 어떻게 인식하고 있는가는 포고 제1호와 포고 제2호, 제3호에 나타난 내용을 통해 확인할 수 있다.

여섯 개 조항으로 구성되어 있는 '조선주민에게 포고함'이라는 제1호 포고에는 "본일 북위 38도선 이남의 조선 지역을 점령함…… 본관은 본관에게 부여된 태평양미국육군최고지휘관의 권한을 가지고 이로부터 북위 38도 이남의 지역과 동지(同地)의 주민에 대하여 군정을 설립함에 따라서 점령에 관한 조건을 좌기(左記)와 여(如)히 포고함-이라는 전문(前文)에 이어-제3조, 주민은 본관 및 본관의 권한 하에서 발포한 명령에 즉속(卽速)히 복종할 사, 점령군에 대하여 반항 행동을 하는 자는 용서 없이 엄벌에 처함…… 제5조, 군정 기간 중 영어를 가지고 모든 목적에 사용하는 공어(公語)로 함, 영어와 조선어 또는 일본어 간에 해석 및 정의가 불명 또는 부동(不同)이 생(生)한 때는 영어를 기본으로 함"[9]이라는 내용을 포함하고 있다. 그리고 포고 제2호에서의 '범죄 또는 법규위반'에 대한 처벌 규정, 즉 "태평양미육군최고지휘관의 권한 하에 발한 포고, 명령, 지시를 범한 자, 미국인과 기타 연합국인의 인명 또는 소유물 또는 보안을 해한 자, 공중 치안 질서를 교란한 자, 정당한 행정을 방해하는 자 또는 연합군에 대하여 고의로 적대 행위를 하는 자는 점령군 군율 회의에서 유죄로 결정한 후 동회의의 결정하는 대로 사형 또는 타(他) 형벌에 처함"[10]이라 했다. 통화(通貨)와 관련된 포고문 제3호에 이르기까지 강압적이고 위협적인 내용의 이들 포고문은 미군이 38도 이남의 조선에 점령군으로서의 지위를 확고히 하면서 강력한 군정 통치를 예고하고 있는 것이다. 이것은 미군이 38선 이남의 조선을 적국의 일부로 치

---

9) 태평양미국육군총사령부, <포고 제1,2,3호 공포>, 《매일신보》, 1945.09.11.-국사편찬위원회, 한국사데이터베이스(http://db.history.go.kr), 자료대한민국사 제1권.-1945년 9월 9일 발표한 포고 1,2,3호의 원문에는 포고일이 1945년 9월 7일로 기재되어 있다.

10) 태평양미국육군총사령부, <포고 제1,2,3호 공포>, 《매일신보》, 1945.09.11.-국사편찬위원회, 한국사데이터베이스(http://db.history.go.kr), 자료대한민국사 제1권.

부하면서 독립적인 국가 건설이라는 조선인들의 열망을 부차적인 것으로 간주한 것과 다름없다.[11] 이를 통해 북위 38도 이남에 진주한 미군에 의해 "9월 9일 미군정이 선포되면서 조선총독부 건물에 걸린 일장기가 내려지고 그 자리에 성조기가 게양되면서 공식화 되었다."[12]

점령군으로서의 미군의 목표는 명확했다. 그것은 소련으로부터 공산주의 이데올로기의 팽창을 저지하면서 남한을 미국에 우호적인 자본주의 국가로 만드는 것이었다. 이것은 "1940년대 한국 정책에 중요한 역할을 담당했던 보르톤(H. Borton), 빈센트(J. Vincent), 랭던(W. Langdon), 배닝호프(H. Benninghoff) 등이 포함된 미국의 영토분과위원회에서 작성된 계획에서 알 수 있다. 이들은 한국이 전후 미국의 안전 보장에 중요하고 한국이 적대적인 국가 특히 소련의 수중에 들어갈 경우 미국의 안보에 위협이 된다고 보았다."[13] 이로 인해 미군정은 북위 38도 이남에 존재하고 있는 좌익세력을 제거하기 위한 강력한 정책과 다양한 정치 세력 중 자신들의 목표에 부합하다고 판단된 우익세력을 육성하는 정책을 펼쳤다. 이런 이유로 미군정에게 있어 해방이후 정국을 이끌었던 건국준비위원회(건준위)와 1945년 9월 6일 좌우익으로 구성된 '조선인민공화국(인공)'의 선포를 주도했던 여운형, 그리고 "8월 20일 조선공산당 재건준비위원회가 채택한 '일반 정치노선에 대한 결정(8월 테제)'과 9월 20일 조선공산당 중앙위원회가 8월 테제를 토대로 '정치노선에 대한 결정, 현 정세와 우리의 임무'를 채택한"[14] 조선공산당 총비서 박헌영은 궁극적으로 제거되어야 할 인물들이었다. 또한 "미군정은 전국 각지에서 자발적으로 조직된 인민위원회와 치안대 등과 같은 자치기구들을 해산시키기

---

11) 이혜숙, 『미군정기 지배구조와 한국사회』, 선인, 2008, 112쪽.
12) 강준만, 『한국현대사 산책(1940년대 편 1권)』, 앞의 책, 67쪽.
13) B. Cumings, *The Origin of the Korean War*, Princeton University Press, 1981, 113-114.
　　-김석준, 『미군정 시대의 국가와 행정』, 이화여자대학교 출판부, 1996, 92쪽에서 재인용.
14) 임경석, 『이정 박헌영 일대기』, 역사비평사, 2004, 214쪽, 219쪽.

시작했다."[15] 이것은 미군정이 북위 38도 이남에 자신들의 목표에 부합하지 않은 정치세력과 인물들에게 단호하게 대응하겠다는 신호인 것이다.

이러한 미군정의 의도가 구체화될 무렵 1945년 10월 16일 이승만이 미군 군용기를 타고 귀국했다. 이어서 "1945년 10월 23일 이승만과 여운형 및 박헌영의 면담이 이루어지고, 좌우익이 함께 '독립촉성중앙협의회(독촉중협)'를 조직했다. 이승만이 회장으로 추대된 이 조직은 11월 2일에 열린 제2차 독촉중협 대표자 회의에서 이승만의 분단반대, 신탁통치 반대, 조선에 대한 점령국 대우 반대 등을 내용으로 하는 '4대 연합국에 보내는 선언서'를 채택했다. 이에 대해 박헌영은 친일파 제거에 의한 민족통일 원칙을 포함시킬 것을 주장했다. 이후 우익쪽의 좌익과 우익의 통합 후 친일파 제거론과 좌익쪽의 친일파 제거 후 통합론이 맞서면서"[16] 좌익과 우익의 합작은 와해되어 갔다. 반면 이승만은 11월 21일 <공산당과 나의 견해>란 방송을 통해 "공산분자들은 공산정부를 성립하기 위해 무책임하게 각 방면으로 선동하는 중에서 분쟁이 생겨 국가에 손해를 끼치는 자들이니 이러한 자칭 공산주의자가 참으로 염려되는 점이다. 이 사람들이 각 지방에 소요를 일으켜 외국인을 배척하는 선전과 임시정부를 반대하는 운동으로 인심을 이산시켜서 미국 군정부가 한국을 해방시키지 못하고 속히 밀려나기를 도모하는 것이니 이는 결과에 있어서 일인의 모략에 빠지는 것이다"[17]라고 비판했다. 그리고 11월 23일 김구, 김규식, 이시영 등 15명의 임시정부 요인들 제1진이 귀국했다. "임정은 조선인민공화국과 조선공산당에 대해선 단호한 태도를 취한 반면 친일 협력자들에 대해서 유보적인 자세를 취했다."[18] 이와 같은 대립적 상황으로 인해 조선공산당은 12월 5일 독립촉성중앙협의회와

15) 강준만, 『한국현대사 산책(1940년대 편 1권)』, 앞의 책, 72쪽.
16) 강만길, 『20세기 우리역사』, 창비, 2010, 233쪽.
17) <공산당과 나의 견해>, 《신조선보》, 1945.11.23.
18) 강준만, 『한국현대사 산책(1940년대 편 1권)』, 앞의 책, 128쪽

결별을 선언했다. 이승만은 이에 아랑곳하지 않고 12월 19일 <공산당에 대한 나의 입장>이라는 방송을 통해 "공산분자들은 국권을 없이하여 나라와 동족을 팔아다가 사이익(私利益)과 영광을 위하여 부언낭설(浮言浪說)로 인민을 속이며 종당(從黨)을 지어 동족을 위협하며 군기(軍機)를 사용하여 재산을 약탈하며 소위 공화국이라는 명조(名調)를 조작하여 국민전체의 분열 상태를 세인에게 선전하기에 이르다가 지금은 민중이 차차 깨어나서 공산에 대한 반동이 일어나매 간계를 써서 각처에 선전하기를 저의들이 공산주의자가 아니요 민주주의라 하여 민심을 현혹시키니 이 극열분자들의 목적은 우리 독립국을 없이해서 남의 노예로 만들고 저의 사욕을 채우려는 것을 누구나 볼 수 있을 것입니다. 이 분자들이 로국(露國)을 저의 조국으로 부른다니 과연 이것이 사실이라면 우리의 요구하는 바는 이 사람들이 한국에서 떠나서 저의 조국에 들어가서 저의 나라를 충성스럽게 섬기라고 하고 싶다"[19]고 하였다. 공산주의자들에 대한 이승만의 공격은 해방정국을 더욱 대결적 구도로 몰아갔다. 그것은 동시에 여운형, 박헌영, 김구, 이승만 세력의 권력 투쟁과 주도권 싸움이 극한적 성격으로 변모되었다는 것을 의미한다. 특히 "모스크바 3상회의 기간 동안 지속적인 반소기사를 게재한 동아일보는 12월 27일 소련은 신탁통치주장, 소련의 구실은 38선 분할점령, 미국은 즉시 독립주장이라는 결정적인 오보를 전했다."[20] 이러한 상황 속에서 1945년 12월 28일 미국, 영국, 소련의 모스크바 3상회의 결과가 전해지면서 서로 다른 이념에 근거한 정치적 갈등은 새로운 국면을 맞이했다.

모스크바 3상회의에서의 한반도 문제는 "첫째, 민주주의 원칙 아래 독립국가를 건설하기 위해 남북한을 통한 임시 조선 민주주의정부를 수립하고, 둘째, 임시정부 수립을 위한 미·소공동위원회를 설치하며, 셋째, 미국, 영

---

19) <공산당에 대한 나의 입장>, 《민중일보》, 1945.12.22.
20) 김정훈, 「한국전쟁과 담론정치」, 『경제와 사회』 46호, 비판사회학회, 2000, 149쪽.

국, 소련, 중국 등 4개국 정부가 공동관리 하는 최장 5년간의 신탁통치를 실시할 것 등이 결정되어 발표됐다."[21] 북위 38도 이북은 이 안을 즉각 찬성했지만 38도 이남에서는 좌익과 우익 모두 반대했다. 그러나 조선공산당을 비롯한 좌익세력은 1946년 1월 3일 민족통일자주독립촉성 서울시민대회에서 갑자기 모스크바 3상회의 결과에 대해 지지 입장을 표명하면서 찬탁노선으로 돌아섰다. 반면 "우익세력은 임시정부를 중심으로 탁치반대국민총동원회를 결성하고 반탁 시위를 주도해나갔다."[22] 여기에 "1946년 1월 15일 미군정은 보도 자료를 통해 박헌영이 뉴욕타임스 특파원 존스턴(R. Johnston) 기자에게 자신은 소련 일국에 의한 신탁통치를 지지하며 장래에 조선이 소연방의 하나가 되기를 희망한다고 발언했다는 보도가 전해졌다."[23] 이러한 상황, 즉 좌익세력의 찬탁으로의 태도 변화와 왜곡 보도된 박헌영의 인터뷰는 이승만의 '좌익세력을 향해 동족을 팔아먹고 러시아를 조국이라 부른 매국노'라는 비난이 설득력을 갖게 되는 요인으로 작용했다.

　이를 기점으로 미군정은 1946년 2월 14일 좌익세력을 배제한 채 이승만을 의장으로 김구와 김규식을 부의장으로 한국의 과도정부 수립을 위한 '남조선대한국민대표민주위원'을 결성했다. 좌익세력은 이에 대응하기 위해 2월 15일 종로 YMCA에서 "조선공산당, 조선인민당, 독립동맹, 조선노동조합전국평의회(전평), 전국농민조합총연맹(전농), 청년총동맹, 부녀총동맹, 조선문학가동맹 등 29개 좌익 계열의 정당, 사회단체가 연합하여 '민주주의민족전선(민전)'을 결성했다. 민전은 모스크바 3상회의 총체적 지지를 주장하고 친일파, 민족반역자, 파시스트, 민족분열자 등을 배제한 민주주의 통일체임을 선언했다."[24] 서로 다른 이념에 기반한 좌익과 우익은 모스크바 3상회

---

21) 강만길, 『고쳐 쓴 한국현대사』, 창비, 2014, 266쪽.
22) 김석준, 앞의 책, 164쪽.
23) 한홍구, 『대한민국사 1권』, 한겨레신문사, 2003, 165-166쪽.
24) 김삼웅 편저, 『사료로 보는 20세기 한국사』, 가람기획, 1997, 189쪽.

의 결과에 대한 찬탁과 반탁의 문제로 북위 38도 이남에서 극렬한 대립과 갈등 속으로 빠져들었다.

그러나 미군정은 오히려 이러한 국면을 미국의 의도대로 자본주의 이데 올로기에 기반한 남한만의 단독정부 수립으로 나아갈 수 있는 기회로 여 겼다. 이것은 북위 38도 이남에서 민족해방운동에 충실했던 좌익세력이 해 방 정국을 주도했던 것에서도 기인한다. 이는 미군정 공보부가 1946년 7월 10,000명을 대상으로 실시한 여론조사 결과에서 확인된다. 여론조사의 결 과 "85%가 모두가 같이 지배하는 대의 제도의 정부 형태를 선호했다."[25] 그 리고 선호하는 경제적인 체제로는 "자본주의 13%, 사회주의 70%, 공산주 의 10%, 모른다가 7%로 나타났다. 그러나 여기서 사회주의는 프롤레타리 아 혁명이전 단계의 사회주의를 말하는 것이 아니라 공산주의의 국유화나 통제정책도 반대하고 자본주의의 지나친 개인의 소유권 옹호와 시장경제도 비판하는 경제적인 측면의 온건한 사회주의, 사회민주주의를 말하는 것이 다."[26] 이러한 상황은 북위 38도 이남에서 이승만을 비롯한 우익계열의 인 물을 통해 미군정이 의도한 자본주의 이념을 이식시키는 것이 그리 쉬운 일 이 아니었음을 말한다. 그러나 신탁통치안에 대한 찬성과 반대는 이와 같은 기존의 논리와 인식을 전도시켰다. 그것은 신탁통치 논쟁이 민족 대 반민족 의 구도로 흘러갔기 때문이다. 이 구도는 친일파를 포함한 우익세력이 정 치 지형을 새로운 형태의 민족 대 반민족의 대립으로 바꿔놓는데 성공했다 는 것을 의미한다. 우익세력은 신탁통치의 갈등을 이용하여 정치구도를 찬 탁은 극좌, 친소라는 틀 속으로 몰아넣으며 "반탁은 애국이며 즉시 독립의 길이요, 찬탁은 매국이며 식민지화라는 등식을 성립시켰다."[27] 그 동안 항일

---

25) 박명수, 「1946년 미군정의 여론조사에 나타난 한국인의 사회인식」, 『한국정치외교사논총』 40집 1호, 한국정치외교사학회, 2018, 64쪽.
26) 위의 논문, 73쪽.
27) 강만길, 『20세기 우리역사』, 앞의 책, 218쪽.

투쟁에 충실했던 많은 민족주의자들과 좌익세력들은 오히려 식민지를 선호하는 공산주의자들이며 비애국주의자들로 매도당했다. 여기에 모스크바 3상회의의 결과로 1946년 3월 20일 서울에서 열린 제1차 미·소 공동위원회의 사업이자 논의 대상인 "첫째, 조선의 정당, 사회단체와의 협의에 의한 임시정부 수립, 둘째, 새로 수립된 임시정부의 참여 아래에서 4개국 신탁통치 협약 작성 등이었지만 임시정부 수립을 위해 함께 협의할 정당, 사회단체를 선택하는 일부터 난관에 부딪쳤다."[28] 회의 핵심의제인 임시정부 수립에 관한 문제는 찬탁과 반탁으로 인한 좌익과 우익의 대립, 그리고 38도선 철폐문제, 경제적 통일 문제로 인해 아무런 소득 없이 끝났다. 제1차 미·소 공동위원회가 결렬되자 우익세력은 반공산주의에 근거한 남한 단독정부 수립으로 나아갔다. 특히 신탁통치안을 통해 격렬해진 좌익과 우익의 대립은 완전한 민족자주독립국가 지향에서 미군정과 우익세력이 연합한 반공산주의의 이념적 통일 국가 수립으로 진행되었다. 이러한 상황은 미군정이 북위 38도 이남을 점령하면서 조선에서의 압도적인 좌익세력을 약화시키기 위한 두 가지 전술, 즉 "첫째, 좌익의 불법적 행위에 대한 증거를 포착하거나 언론, 법규를 강화하여 좌익의 선동을 막아 전면적인 좌익의 활동을 규제하는 것, 둘째, 좌익에 대응할 수 있는 우익 조직을 지원하거나 결성하는 것"[29]과 연결되어 있다. 이것은 좌익세력에 대한 탄압이 사실상 미군정 시작부터 진행되었음을 말한다. 이는 미군정 점령 초기 하지가 맥아더에게 "조선인민공화국은 한국에서 가장 강력한 공산주의 집단이며, 소련과도 모종의 관계를 맺고 있다"[30]고 보고한 사실에서 확인된다. 이러한 이유로 "인공이 미군정에게 지지를 표명했음에도 불구하고 하지는 1945년 12월 12일 불법화하는

---

28) 강만길, 『고쳐 쓴 한국현대사』, 앞의 책, 268쪽.

29) 김석준, 앞의 책, 170쪽.

30) FRUS, "Lieutenant General John R. Hodge to General of the Army Douglas MacAther" 25 November, 1945(FRUS 1945, vol. VI), 1133-1134.-김석준, 앞의 책, 152쪽.

조치를 내렸고 충칭(重慶)의 임시정부에 대해서도 정통성을 인정하지 않고 미군정만이 합법적인 정통 정부임을 주장했다."[31] 특히 신탁통치안을 두고 38도 이남에서 좌익과 우익의 대결이 격화되었을 때 미군정은 1946년 2월 23일 법령 제55호, 정당 등록법을 발표하면서 3인 이상의 집단이 정치활동을 하려면 군정청에 등록을 해야 한다고 하였고, 그것의 범위는 당원 명부에서부터 재정 상태까지 정당에 관한 모든 것을 대상으로 했다. 또한 5월 4일 미군정은 군정법령 제72호, '군정에 대한 범죄'를 공표하여 유언비어의 유포나 포스터, 삐라 등의 방법으로 질서를 교란하는 행위를 처벌할 수 있는 조항을 마련했다. 그리고 미군정은 1946년 5월 15일 위조지폐단을 검거했다고 하면서 공산당의 조선정판사위조지폐사건을 발표하였고, 5월 18일 조선공산당 본부를 수색하고 기관지인 <해방일보>를 무기 정간시켰으며, 5월 29일엔 군정법령 제88호 '신문 기타 정기간행물 허가에 관한 건'을 공포하였다. 이를 계기로 북위 38도 이남에서 좌익계열의 새로운 정기간행물은 허가되지 않았다. 미군정은 좌익을 탄압하면서도 미·소 공위가 무기한 교착상태에 빠지자 표면적으로는 5월 25일 우익 측의 김규식, 원세훈, 좌익 측의 여운형, 황진남과 좌우 합작의 회합을 가졌고, (이로 인해) 7월 25일 우익측 김규식, 원세훈, 김붕준, 안재홍, 최동오, 좌익측 여운형, 허헌, 정노식, 이강국, 성주식이 참석한 제1차 좌우합작 위원회 회의가 개최되었다.[32]

반면 이승만은 1946년 6월 3일 전라북도 정읍, 전주, 이리(익산), 군산에서 남한만의 단독정부 수립을 잇달아 주장했다. 그리고 미군정이 소련 총영사관을 조선공산당 등 좌익 활동의 배후 거점으로 여겨 폐쇄 조치를 하자 7월 2일 그들은 모두 서울을 떠났다.

미군정은 이후 좌익세력이라 판단된 민주주의민족전선 산하 각 정당, 사

---

31) 위의 책, 152쪽.
32) 위의 책, 166-167쪽 참고.

회단체 및 언론인에 대한 대대적인 검거 및 축출 작업을 시작했다. "1946년 8월 16일 경찰이 조선노동자전국평의회 서울본부를 습격하여 가맹자 기록, 장부 및 기타 문서들을 압수한데 이어, 미군정은 1946년 9월 6일 조선공산당의 우두머리인 박헌영, 이주하, 이강국 등에 대한 체포령과《인민보》, 《현대일보》, 《중앙신문》 등 3개의 좌익계열 신문을 포고령 위반으로 폐간시켰다."[33] 이에 좌익세력은 기존의 미군정에 대한 태도를 전면적으로 수정, 이른바 신전술의 일환으로 전평주도로 전국적 규모의 총파업으로 대응했고, 9월 26일 남조선 총파업투쟁위원회를 조직하여 본격적인 투쟁에 돌입했다. 이를 두고 미군정은 공산주의자들이 파업을 일으켰다고 비난하면서 "11,624명을 검거하였고 이 가운데 약 150여명의 파업 간부가 군사재판에 회부되었다."[34] 이듬해 좌익세력은 "1947년 3.1절 시민대회 기념에 즈음하여 미군정의 탄압과 극우단체 테러에 항의하면서 미·소 공동위원회 속개를 촉진하는 목적으로 3월 22일 전평주도하에 24시간 총파업을 전개하자 미군정과 우익은 민전과 그 산하단체들을 습격하고 3월 29일까지 2,000여명을 검거했다."[35] 1946년과 1947년의 대량 검거로 인해 이후 북위 38도 이남에서의 좌익세력은 공개적으로 활동하기 어려워졌다.

그러나 이들과 달리 1945년 9월 16일 일제하의 지주, 자본가, 친일관료 및 언론인, 해외 유학파를 중심으로 배타적 건국준비위원회와 조선인민공화국에 대항하기 위한 연합세력[36]으로 결성된 한국민주당(한민당)은 경무국장 조병옥, 수도경찰청장 장택상, 대법원장 김용무, 검찰총장 이인, 농상국고문 윤보선, 문교부장 유익겸, 군정청 인사행정처장 정일형 등과 같이 미군정의 주요 관직을 차지하면서 자신들의 영향력을 점차 확대해나갔다. 설립

---

33) 강준만, 『한국현대사 산책(1940년대 편 1권)』, 앞의 책, 289쪽.
34) 위의 책, 294쪽.
35) 강준만, 『한국현대사 산책(1940년대 편 2권)』, 인물과 사상사, 2014, 21쪽.
36) 김석준, 앞의 책, 138-140쪽 참고.

당시 내세울만한 변변한 항일 투쟁 경력이 없었던 이유로 한민당은 충칭 임시정부를 봉대하였음에도 불구하고 친일에 대한 구체적 처벌 규정이 없었다. 이후 한민당은 반공이데올로기로 좌익세력을 공격하면서 남한 단독정부 수립을 주장한 이승만에게 총재 취임을 제안했지만 거절당했다. 그러나 그들 사이에는 동맹관계가 이루어져 있었다.[37]

이처럼 미군정은 행정과 법규를 통해 좌익을 제거하고 자신들에게 유리한 우익세력의 정치적 욕망을 이용하면서 자신들의 목표를 달성하고자 하였다. 그것의 결정적 분수령이 모스크바 3상회의 결과인 신탁통치에 대한 찬반 대립이었고 신탁통치를 반대하는 우익세력들은 찬성하는 좌익세력을 반민족, 반애국자로 몰아가면서 자신들을 민족주의 애국자로 둔갑시킨 것이다. 신탁통치 찬성과 반대를 통해 우익은 해방정국에서 주도권을 잡게 되는 결정적 기회를 얻게 되었다. 이것은 미군정이 제2차 미·소 공동위원회가 시작되기도 전 1947년 5월 17일 법령 제161호를 공포하면서 6월 3일 남조선 과도정부를 공식 출범시킨 사실과 그 구성원들을 통해 확인된다. 즉 "1947년 과도정부에 참여한 고위 관리 115명을 무작위로 추출한 결과 70명이 일제 총독부의 관직에 있었으며, 23명은 공공 및 개인기업의 소유자였거나 지배인 혹은 경영자 출신인 것으로 밝혀졌다. 경찰관 10명중 7명이 일제 때 경찰 출신, 법무부 관리 4명 중에는 3명이 식민지 경찰 혹은 사법기관에 종사했던 것으로 나타났다. 군수 9명 중 8명은 일제 치하에서도 군수 혹은 군의 기타 고급 관리였으며 전체 중 조금이나마 항일 활동 경력을 가진 사람은 11명에 불과했다."[38] 이러한 인적 구성은 우익세력이 확실한 정치권력의 주도권을 잡았다는 것을 의미한다. 이것은 미군정 초기부터 미군정이 조선 이남의 점령, 통치에 있어 표면적으로는 중립의 태도를 유지하는 듯 했지만 실제적으로는 친

---

37) 위의 책, 142쪽 참고.
38) 강준만, 『한국현대사 산책(1940년대 편 2권)』, 앞의 책, 44쪽.

우익쪽이었다는 것을 말한다. 그들은 좌익세력들을 약화시키기 위해 조선인 민공화국 타도를 주장했을 뿐만 아니라 일제강점기 유능한 행정 관료와 미국 교육을 받은 고등 인력이 중심이 된 한민당을 자신들의 목표를 달성하는 데 가장 적합한 지지 세력이라고 판단하였기 때문이다.[39]

1947년 5월 21일 서울과 평양을 오가면서 열린 제2차 미·소 공동위원회가 7월 10일 또 다시 결렬되자 이제 미군정은 남한 단독정부 수립으로 나아갔다. 이승만은 여기에 고무되어 7월 10-12일 제1회 한민족대표자회의를 개최하여 자신의 단독정부수립노선을 역설했다. 그리고 "1947년 8월 11일 미군정은 남조선로동당(남로당) 당수 허헌에 대한 체포령을 내리면서 남한에서 공산주의 활동을 불법이라고 선언했다."[40] 이후 미국은 1947년 9월 17일 북위 38도 이남을 단독정부 수립으로 진행시키기 위해 조선 문제를 자신들이 유리한 유엔으로 이관하겠다고 발표하였고, 10월 17일 유엔 총회에서 관할구역에서 각각 선거를 치르자는 결의안을 41대 0으로 가결시켰다. 이로써 조선의 분할은 사실상 확정된 것이나 다름없었다. 그동안 지지부진했던 좌우합작 위원회도 이를 계기로 존재 근거가 사라지게 되었고 해체의 수순을 밟았다. 미군정은 자본주의 이데올로기를 북위 38도 이남에 확실히 이식시키는데 성공했다. 비록 단독정부 수립을 저지하기 위해 남로당이 1948년 2월 7일 전국적으로 노동자 총파업을 벌였고, 미·소 양군의 철수와 남북 요인의 협상에 의한 총선거를 주장했던 김구가 1948년 2월 10일 <삼천만 동포에게 읍고(泣告)>라는 성명을 발표하면서 '삼천만 자매형제여! 한국 사람이 있고, 한국 사람이 있고야 민주주의도 공산주의도 또 무슨 단체도 있는 것이다'라고 호소함과[41] 동시에 하지 중장을 비롯한 우익들에 의해 온갖 비난을 무릅쓰면서 평양을 방문하여 4월 30일 김구, 김규식, 김일성, 김두봉의 4자

---

39) 김석준, 앞의 책, 1996, 143쪽.
40) 강준만, 『한국현대사 산책(1940년대 편 2권)』, 앞의 책, 60쪽.
41) 위의 책, 89쪽.

회담을 통해 단독정부 건설 중단을 요청했지만 그것은 이미 철지난 메아리와 행위에 불과했다. 그리고 1948년 5월 10일 남한의 단독 총선거가 실시되어 구성된 제헌국회는 5월 31일 이승만을 초대 의장으로 신익희를 부의장으로 선출했다. 제헌국회는 7월 12일 대한민국 헌법을 제정하여 7월 17일 공포했다. 이어 7월 20일 치러진 간접선거에서 이승만이 180표를 얻어 대통령에 당선되었고 8월 15일 정부수립이 선포됨으로써 미군정은 공식 종료되었다. 북위 38도 이북에서도 9월 9일 조선민주주의 인민공화국의 수립이 선포됐으며 김일성을 수상으로 하는 각료가 구성되었다. 이로써 조선은 1945년 해방이후 미군정과 소군정, 좌익과 우익의 격렬한 이념 대결을 거치면서 서로 다른 이데올로기에 기반한 두 개의 국가로 분단되었다.

이후 북위 38도 이북과 이남에서는 자신들의 이데올로기에 근거한 정통성을 구축하기 위해 친일세력과 적대 이데올로기를 청산하는데 집중했다. 특히 친일세력을 청산하지 못한 대한민국에서는 기만적인 반민족행위자 처벌과 함께 공산주의 세력을 제거하는데 몰두했다. 이는 1948년 9월 22일 제정되고 10월에 구성된 반민족행위자 처벌을 위한 반민족행위특별위원회(반민특위)가 250명의 독립투사를 밀고한 대한일보 사장 이종형, 33인중 한 사람인 최린, 친일 변호사 이승우, 남작 이풍한, 매일신보 사장 이성근, 친일 경찰 노덕술, 문인 이광수와 최남선 등을 검거했지만 이승만 정권과 우익으로부터 끊임없이 빨갱이 집단이라는 악선전에 시달렸으며 1949년 6월 6일에는 중부경찰서장 윤기병이 지휘하는 무장경찰 특공대원에 의해 반민특위가 습격당하고 요원 35명이 체포되는 사건이 발생했다는 사실에서 증명된다. 반민특위에 대한 이승만과 우익세력의 방해는 여기에 그치지 않고 1950년 6월 20일로 규정된 공소시효를 1949년 8월 31일로 단축하는 반민법 개정안을 국회에 상정해 통과시켰다. 그리고 1949년 7월 7일 반민특위 전원이 사임서를 제출하고 8월 22일 국회에서 폐지안이 통과되면서 반민특위는 완전히 사라졌다. "반민특위는 출발당시 반민자 7천여 명을 파악해놓고 있었지만 공소시효 만료 때까지 조사건수는 총 682건에 불과했다. 그 중에서 기소한 것은 221건이고 재판을 통해 종결한 것은 38건에 불과했으며, 그 마저도 대부분 무죄로 풀려났으며 실제 처벌된 사람은 극소수에 불과했다."[42] 이처럼 이승만 정권은 기만적인 반민특위를 통해 오히려 친일세력을 비호하였고 민족주의적이면서 사회주의적 성향의 항일 독립운동가들을 반민족주의 공산주의 세력으로 주장하면서 탄압하였다. 그리고 우익세력들은 친일행위에 대한 자신들의 역사적 행위를 반공으로 감추고 치환시켰다. 따라서 이들에게 반공 이데올로기는 일제 식민지 시절 자신들의 굴종적이고 기회주의적인 행위를 애국자로 대체할 수 있는 기만적 책략이었고 그것만이 자신들의 존재를 가능케 한 이념적 토대였던 것이다. 이후 한국에서의 정치적 문제는 반공이라는 이름으로 상대를 공산주의자, 빨갱이로 매도하고 탄압하는 유용한 도구였으며 1948년 4월 3일 제주항쟁, 10월 19일 여수·순천사건, 12월 1일 국가보안법 제정, 1949년 4월 20일 국민보도연맹도 그러한 반공의 이름으로 자행되었다. 그러므로 이승만과 우익세력에게 반공은 정권과 자신들의 권력을 유지, 보호할 수 있는 핵심적인 이념 기반이었다. 이는 이승만 정권에게 완전한 자주독립국가 건설을 이루지 못한 분단국가 성립에 대한 반작용이었고, 그것은 북진통일로 통일의 완성을 주장하게 하는 근거의 이면으로 나타났다. 해방이후 미군정과 소군정에 의해 점령된 조선은 통일된 독립국가 건설이라는 대전제를 외면하고 서로 다른 이념에 의한 격렬한 내부 대립을 거치면서 북위 38도를 두고 대한민국과 조선민주주의 인민공화국의 단독정부 수립으로 이어졌다. 이것은 민족의 염원을 저버린 행위였으며 필연적으로 분단이 비극성을 지니게 된 이유인 것이다. 그로인한 폭발이 1950년 6월 25일 발생했다.

---

42) 위의 책, 239-240쪽.

    북한의 침공으로 촉발된 한국전쟁은 6월 25일 이전부터 서로 다른 이념
적 기반 위에서 성립된 정권의 속성에서 이미 내재되어 있었다고 할 수 있
다. 특히 이승만 정권은 제주도 4.3항쟁, 여수·순천사건을 거치면서 반
공이데올로기를 체계적으로 제도화하면서 적대성을 강화하였다. 예컨대
"1949년 7월 문교부는 우리의 맹세, 학생의 맹세, 청년의 맹세를 제정했는
데, 그 중에서 우리의 맹세-첫째, 우리는 대한민국의 아들, 딸 주검으로써 나
라를 지키자, 둘째, 우리는 강철같이 단결하여 공산침략자를 쳐부수자, 셋
째, 우리는 백두산 영봉에 태극기 날리고 남북통일을 완수하자-는 교과서
에 삽입되었고 학생들은 이를 암기하도록 하였다."[43] 뿐만 아니라 이승만은
1949년 9월 30일 AP기자 대담에서 "대부분의 한국인들은 북한공산정권을
타도할 것을 원하고 있다…… 우리는 북한의 실지(失地)를 회복할 수 있으며
북한의 우리 동포들은 우리들이 소탕할 것을 희망하고 있다"[44]고 했다. 이
러한 이승만의 반공주의에 근거한 호전적 발언은 단독정부 수립의 근간이
되기도 하였지만 불안한 군사적 상황도 하나의 요인으로 작용했다고 할 수
있다. 이를테면 1949년 봄 38선 근처에서는 남한과 북한간의 무력충돌이
빈번하게 일어났다. 특히 "5월 21일부터 6월 23일까지 황해도 옹진반도에
서는 한 달 동안 남북이 각각 1,300여 명 이상의 병력이 투입되어 충돌하는
사건이 발생했다."[45] 또한 경제적, 정치적 상황 역시 불안했다. 즉 "이승만
정권 2년차인 1949년의 경우 정부세출의 60%가 적자세출이었고 통화량
은 미군정 말기보다 2배나 팽창하여 물가도 2배나 올랐다. 그리고 1950년
5월 30일 제2대 국회의원 선거에서 이승만 지지 세력은 전체 의석수 210석

---

43) 한국역사연구회, 『우리는 지난 100년 동안 어떻게 살았을까, 제1권』, 역사비평사, 1998,
　　52쪽.-한국정신문화연구원 편, 『한국전쟁과 사회구조의 변화』, 백산서당, 1999, 207쪽.
44) <실지회복 할 자신 있다>, 《영남일보》, 1949.10.02.
45) 김학준, 『북한 50년사』, 동아출판사, 1995, 140쪽.

중 30여 석밖에 되지 못한 반면 무소속이 126석이나 당선되었다."[46] 여기에 "1950년 1월 12일 미 국무장관 애치슨(D. Acheson)은 '태평양에서의 미국의 안전과 권익'이란 정책 연설에서 미국의 군사력은 제한되어 있다고 하면서 아시아 방위선은 미국의 영토인 알류산 열도, 일본본토, 오키나와가 있는 류큐제도, 필리핀이 포함되고 한국과 대만은 제외된다고 선언했다."[47] 이른바 '애치슨 라인(Acheson Line)'이라고 불린 미 국무장관의 발언은 한국의 거센 반향을 불러일으켜 1950년 1월 26일 '한미상호방위원조협정'을 신속하게 체결하는 계기로 작용했다.

반면 "북한은 경제력이 해방 이전과 비교해 공업생산력이 20%나 향상되고 농업생산도 1.4배가 증가하여 국민총생산은 해방 전보다 2배나 확대되었다…… 이러한 현실을 기반으로 김일성은 소련과 경제, 문화협정을 맺고 6개 보병사단과 3개 기계화 부대의 편성, 비행기 150대의 원조를 내용으로 하는 군사비밀협정을 체결했다. 또한 중국공산군과 군사비밀협정을 맺어 약 5만 명에 이르던 중국공산군 소속의 조선인 군인을 인민군에 편입시켜 군사력을 급격히 강화했다."[48] 이를 통해 전쟁준비가 끝나자 김일성은 조국해방전쟁의 이름으로 1950년 6월 25일 대한민국을 침공했다. 이승만은 그동안 북진통일을 시급히 달성할 수 있다고 주장했지만 막상 전쟁이 나자 대전을 거쳐 부산으로 피난을 갔다. 전쟁은 크게 4단계를 거치면서 전개되었다. "전쟁의 제1단계는 개전초기 북의 인민군이 총공격하여 개전 4일 만에 서울을 점령하고 8월에서 9월 사이 경주, 영천, 대구, 창녕, 마산을 연결하는 경상도 일부만을 제외한 전 국토를 점령한 시기이다. 제1단계에서는 전쟁 성격을 민족내전에서 국제전으로 변경시킨 유엔군의 참전 결정이 가장 큰 고비였다…… 전쟁의 제2단계는 반격하던 유엔군이 인천상륙을 계기로 전세

---

46) 강만길, 『20세기 우리역사』, 앞의 책, 283쪽.
47) 김영호, 『한국전쟁의 기원과 전개과정』, 두레, 1998, 166, 171쪽.
48) 강만길, 『20세기 우리역사』, 앞의 책, 284-285쪽.

를 일시에 뒤집어 서울을 탈환한 후 38도선을 넘어 평양을 점령한 후 정주, 운산, 회천, 이원을 잇는 선까지 나아가고, 그 일부가 압록강변의 초산까지 진격하는 기간이다…… 전쟁의 제3단계는 중국공산군의 개입으로 전세가 다시 뒤집혀서 유엔군이 전체 전선에서 총퇴각했다가 휴전교섭으로 들어가기까지이다. 이 시기의 최대 쟁점은 유엔군 사령부와 미국정부 사이의 전쟁 확대론과 반대론의 대립이었다…… 전쟁 제4단계는 휴전회담의 진행과 휴전협정 성립과정,"[49] 즉 1953년 7월 27일 미 해군 중장 해리슨(W. Harrison)과 북한 인민군 대장 남일의 서명으로 전쟁이 끝난 시기이다. 3년 1개월간 지속된 6.25전쟁은 쌍방에서 약 150만 명의 사망자와 360만 명의 부상자, 1천만 명에 이르는 이산가족을 내고 한반도 전체를 거의 초토화 시킨 채 38도선을 휴전선으로 대체하면서 종식되었다.[50] 이로 인해 한국전쟁은 민족에게 비극적 상처를 남기고 무력으로 통일을 이루는 것이 불가능하다는 쓰라린 교훈과 함께 돌이킬 수 없는 서로에 대한 증오심을 키우면서 분단체제의 완전한 고착화로 나아가게 했다.

이처럼 해방이후 조선은 미군정과 소군정을 거치면서 이미 분단이 예견되었고 완벽히 서로 다른 좌익과 우익의 이념 대결 구도는 북위 38도 이남 내부와 이북과 이남 사이의 격렬한 갈등을 촉발시키는 요인으로 작용했다. 이것은 일제강점기로부터 해방된 조선이 서로 다른 이념에 기반한 채 분단을 거쳐 전쟁의 비극으로 나아가는 필연성을 띠게 된 것이다. 이러한 역사적 이행 과정 속에서 한국영화는 기본적인 영화 촬영에 필요한 장비와 상영 공간, 이념에 따른 분열로 주체성과 독립성을 확보할 수 있는 공간을 찾기 어려웠고, 그러한 역사적 흐름에 부합하여 나타난 영화적 현상이 이 시기 한국영화의 특징을 이루었다고 할 수 있다.

---

49) 위의 책, 285-288쪽.
50) 강만길, 『고쳐 쓴 한국 현대사』, 앞의 책, 290쪽.

2. 영화국영화, 중앙영화배급사, 대한영화협의회, 전선(戰線)의 촬영대

　일제강점시기 일제로부터 탄압받고 억압당했던 조선의 영화인들은 해방
이 되자 자기가 원했던 영화를 마음껏 만들 수 있는 자유를 누릴 수 있을 것
으로 생각했다. 그러나 그것은 한낱 신기루 같은 헛된 희망이었다. 그들은
해방이후 영화를 제작할 자본과 변변한 카메라와 같은 기본 장비마저 충분
치 않은 열악한 조선영화의 환경에 직면해야했다. 이러한 문제를 인식한 대
부분의 영화인들은 제작, 배급, 상영을 국가가 관리하는 영화의 국영화(國營
化)를 하나의 대안으로 생각했다. 그러나 그것을 이루기 위한 사회적 현실
은 그리 우호적인 것만은 아니었다. 이는 해방이후 새로운 조국건설을 기치
로 1945년 8월 18일 '조선문화건설중앙협의회(문건)'가 설립되고 한 달이나
지난 후 1945년 9월 24일 조선영화인총대회를 통해 윤백남이 위원장을, 김
정혁이 서기장을, 이재명, 서광제, 방한준, 김한이 집행위원을 맡으면서 '조
선영화건설본부(영건)'가 결성되었다는[51]사실에서도 알 수 있다. 영화인들의
조직 건설이 이렇게 지지부진했던 것은 영화인들의 다양한 정치적 이념 분
파와 영화인들과 영화업자들 간의 서로 다른 입장에서 비롯된 측면도 있었
다. 이는 오영진의 '해방 직후의 서울의 표정'이라는 글에서 확인된다. 여기
서 그는 '조선잔류파와 비조영파, 즉 재야영화인, 그리고 구캎프 시대의 영
화인추적양(映畫人秋赤陽)과 조감독 수인(數人)을 중심으로 한 세력과의 대립'
을 언급했다. 이 중에서 '조감독 수인을 중심으로 한 세력은 확실히 공산당
의 배경을 가지고 있으며 그들은 일정시대(日政時代)의 기성현역진(旣成現役
陣) 전체에 대하여 적지 않은 불만을 느끼고 있다'고 했다.[52] 오영진은 영화

---

51) 한상언, 『해방공간의 영화·영화인』, 이론과 실천, 2013, 50쪽.
52) 오영진, 『소군정하의 북한-하나의 증언』, 국토통일원 조사연구실, 1983, 44쪽.

인들의 이러한 분파를 지적하면서 조선영화재건의 길은 오로지 제작, 배급, 흥행의 일원화와 그 사업의 국가관리만으로 이루어질 수 있다고 하면서 영화의 국영화를 다음과 같이 주장했다.

먼저 배급, 흥행과 제작을 일원화하는 데 대하여 일부 업자들의 반대가 있었다. 우리도 자유로운 영화기업의 장점을 알고, 또 국가관리가 빠지기 쉬운 관료의 독선의 폐해를 모르는 바가 아니다. 그러나 조선영화의 자체의 불안전성과 취약성을 보강하고 외국영화의 공세에 대비하여 자국영화를 보위, 육성하는 길은, 그리고 현재에 있어서 이것을 위한 가장 효과적인 방법은 강력한 국가 관리의 길 밖에 없다고 생각되었다. 영화제작 부문에 종사하고 있던 사람들은 대개가 이 의견에 찬성했다.[53]

이것은 해방이후 영화를 발전시키는데 있어서 영화인들과 영화업자들 사이의 의견이 달랐다는 것을 의미하면서도 동시에 영화 국영화의 필요성을 말하고 있는 것이다.

영화 국영화를 직접언급하지는 않았지만 국가 개입의 필요성은 시나리오 작가이자 감독이면서 영화구락부의 간사로 활동한 안석주(안석영)에 의해서도 제기되었다. 그는 1945년 11월 24일 《중앙신문》 '민족영화의 창조'에서 "제작기관, 배포기관, 공개처 등의 기구가 필요하고 영화제작소, 영화기술연구소, 영화학교 설립이 시급히 요구되며 농촌, 어촌 등 문화시설이 없는 곳에 이동영화와 대·중·소도시에 영화극장을 배치하는 것이며…… 민주주의 정부가 서는 때 모든 자유기업의 형태를 생각하게 됨에 개인 푸로덕순의 난기(亂起)를 예상하게 될 수도 잇슴으로 여기에 대한 심심한 고려가 잇어야 하며 자유경쟁의 기업형태가 조선의 영화에 타당한 것인가 검토가 잇지 않

---

53) 위의 책, 45쪽.

흐면 안 될 것이다"[54] 라고 했다. 이후 안석주는 "영화의 섣부른 자유기업은 그 출발점으로부터 자본주의 발달의 체험이 없는 우리나라에서는 기형적인 영화모리에 방기 하는 것이며 영화파괴의 길로 촉진키고…… 영화는 언제나 부절히 민족생활의 혁명체인 동시에 민족의 성격 민족문화를 고도로 이끌어 올리고 쇄신하는 것이라 하면서…… 영화사업은 조선에서는 어느 시기까지라도 자유로 방기할 수는 없다"[55]고 했다. 그는 아직 국가가 형성되지 않았기에 영화의 국영화에 대한 선명한 주장을 제기하지는 않았지만 영화를 개인이나 자유기업에 맡겨서는 안 된다는 부정적 의견은 명확하게 표명했다고 할 수 있다. 이러한 기조는 비록 극장에 한정된 것이지만 1946년 2월 14일《동아일보》사설 '극장의 공공관리'에서 "인간성의 육성과 도야에 자(資)하는 기관은 국가나 공공단체가 이를 보호 관리할 것이오 개인의 사리적 경영에 일위(一委)할 것은 아니다…… 우리나라에 있어서 극장의 국가관리 내지 공공관리의 단행은 지금이 절호기회이다"[56]라고 한 데서도 확인된다.

이러한 영화 국영화의 필요성은 1946년 5월 조선영화동맹의 김정혁에 의해서도 언급되었다. 그는 영화를 "기업적인 성장으로 내맷길 것이냐 또는 새국가의 정치적 이념을 제일의(第一義)로 하는 방향을 스스로 세울 것이냐의 문제이다…… 결론부터 말하자면 대단히 어려운 일이다…… 오로지 이것은 국가적으로 건설하는 길 의외(意外)에는 잇을 수 없다는 것은 스스로 나타나는 해답이다…… 무엇보다도 영화설비의 완성을 실현하여야겠고 그 다음은 영화기술진의 양성 또는 재교육문제이다"[57]라고 주장했다. 이와 유사한 주장이 1945년 11월 5일 결성된 '조선프롤레타리아영화동맹(프로영맹)'의 위원장이고 12월 16일 전영화인대회에서 기존의 조선영화건설본부와 조선프롤

---

54) 안석주, <민족영화의 창조(하)>,《중앙신문》, 1945.11.24.
55) 안석주, <우리영화의 전망>,《조광》1946년 3월호. 조광사, 1946, 30쪽.
56) <극장의 공공관리>,《동아일보》, 1946.02.14.
57) 김정혁, <영화의 국가관리소론>,《신천지》1946년 5월호, 서울신문사, 1946, 112쪽, 114쪽.

레타리아영화동맹이 발전적으로 해소하고 조직한 조선영화동맹[58]의 서기
장인 추민에 의해 적극적으로 제기되었다. 추민은 1946년 5월 9일《독립신
보》에서 조선영화제작, 배급, 상영의 환경과 외국영화에 대해 대응하기 위
한 전략으로서 영화 국영화는 필요한 것이라 역설했다. 그는 그 이유를 다
음과 같이 주장했다.

예를 들면 방대한 자본을 투입시켜 산출하는 영화가 현재 전국 193개 극
장의 시장을 상대로는 도저히 수지가 맞지 않으니 이는 곧 일제가 경험한
사실이다. 따라서 영화배급과 제작을 통할하여서만 배급으로서의 수익으로
제작부문에 충분시키는 정책으로써 겨우 빈약한 유지를 한 것으로 역역히
증명되는 바입니다. 그러므로 도저히 민간사업에게만 맡겨서도 성립될 수
없고 또 조선의 지리적 또는 인구수의 할당으로 적응한 극장을 증설하여 민
족문화 향상을 도모해야겠다. 외국의 영화만으로 혹은 대수(大數)의 외국영
화를 조선시장에다 점유시킨다는 것은 조선의 자립적인 영화예술 내지 산
업의 발전을 자연 위축시킬 것이고 영화인 전체 예술생활 등 문제도 우려될
바이며 문화 경제에 긍(亘)한 국가정책의 견지에서 자주적인 해결책이 없다
든지 혹은 이러한 정책을 무시한 외국의 시장획득을 위한 외래적 압력이 있
다면 이는 곧 조선영화발전의 지장(支障) 커냥은 전면적 파멸을 초래케 될
것이다. 이러한 의미에서 영화가 신 조선민족문화에 기여하는 정책에 순응
시키려면 국가적으로 시설하고 보장 육성시키지 아니하면 안 될 것이다.[59]

추민은 1946년 11월《신문학》제4호 '조선민족 영화운동의 회고와 전망'
에서 영화 국영화의 필연성을 또 다시 언급했다. 즉 "조선영화의 비약적 발
전을 위하야서는 먼저 구체적인 조건을 가진 영화정책안을 수립하야 가지

58) 민주주의민족전선, 『조선해방연보(제12장, 문화)』, 문우인서관, 1946, 374쪽.-조선영화동
맹의 5개 강령은 다음과 같다. 1. 일본제국주의 잔재의 소탕, 2. 봉건주의 잔재의 청소, 3.
국수주의 배격, 4. 진보적 민족영화의 건설, 5. 조선영화의 국제적 영화와의 제휴.
59) 추민, <영화정책론>,《독립신보》, 1946.05.09.

고 다음으로 가장 문화적이며 민주적인 '영화법안'을 창정(創定)하야 진정한 '민족영화' 건설을 방해하는 일절 반동영화의 제작상영을 거부하여야 되겠고, 국가의 기획경제 밑에서 외화수입을 통제하야 시장독점을 방지하는 한편 국내 생산기구를 확충하야 조선영화의 자급책을 강고하여야 할 것이고, 극장과 영사설비를 직장과 학교에 전면적으로 시설 국가경제로서 본 외국기재의 수입 영화기술 내지 예술가를 선진 외국에 파견하야 기술과학 습득과 이론 내지 창작방법연구를 획책하며, 전문적인 영화학교 건립 등 다량적으로 인재양성을 장려하고 교재, 계몽영화 등으로 국가문화에 잇서서 전위적 역할을 함과 동시 세계에 내노아 자랑할 만한 고도의 문화(예술) '민족영화' 수립을 목표로 한 영화제작 등 이상의 기획과 정책과 설비와 진보(보장)이 모다 영화를 국영으로 하는 데서만 가능한 전제가 된 것이고 실현될 것이니 내가 기회 잇는 데로 주장하엿든 바와 가티 조선에 잇어 더욱히 영화는 국영으로 하지 않고는 도저히 발전할 수 없을 뿐 아니라 국내 산업 대외무역 과학진흥 등 넓은 범위에 빛여 필연적으로 국영책을 쓰지 않으면 안될 이유와 조건이 충분하다함은 누설(屢說)치 않겠다"[60]고 주장했다. 그리고 그가 주도적으로 활동하고 있던 영화동맹에서는 영화 국영화에 대해 다음과 같은 다섯 가지 원칙을 제시하였다.

첫째, 영화의 제작 급(及) 산업에 소요되는 기재 설비를 국가적 견지에서 기획적인 수입 급(及) 수출, 교재, 문화, 계몽, 기록영화 급(及) 극영화의 제작.

둘째, 배급은 외래자본과 국가경제사이의 조절을 위(爲)하고 민족문화에 앙양을 위(爲)한 기획정책으로써 시행할 것이며, 상설관건설 급(及) 경영.

셋째, 이론기술진확보 급(及) 양성을 위(爲)하야 영화과학연구소를 시설하

---

60) 추민, <조선민족영화운동의 회고와 전망>, 《신문학》 제4호(1946년 11월), 신세대사, 1946. 153쪽.

고 영화인(예술가, 기술가)에 외국 파견.

넷째, 사영(민간산업)에 대하여서는 기술적인 조치와 문화적으로나 기획적으로서 국가에서는 적극적인 지도와 원조(援助).

다섯째, 전문적인 영화학교의 설립과 학교, 직장, 공장, 농산(農山)과 도촌마다 영화실 설비[61]

또한 서광제도 1946년 5월 26일자《서울신문》'건국과 조선영화'에서 추민과 마찬가지로 영화 국영화의 필요성에 대해 언급했다. 그는 "영화의 계몽성과 예술성을 왼통 발휘하야 민주주의 초보로부터 시작하야 민주주의 초보로부터 우리 민중에게 알녀주어 전제적 봉건적 일절의 반동사상과 일제의 잔재를 철저히 소탕하기 위하야 긴급히 논의 되여야 할 영화정책 몇 가지를 제의하랴 한다...... 첫째는 촬영소를 현대적 *식으로 지어노아야 할 것인데 이것은 두말할 것도 업시 국영으로 하여야 할 것이다...... 둘째는 외국영화의 관세에서 생기는 국가수입을 전부 조선영화제작에 보조해줘야 할 것이다...... 셋째는 국가에서 세워 논 촬영소 내에 작품심사위원회를 자치적으로 예술가 자신이 만드러노아 거기서 통과되는 작품만이 영화로 제작할 수 잇게 할 것이다...... 넷째는 2백 명 이상의 직공을 가지고 잇는 공장에는 전부 강당을 지어노케 하고 거기다 영사장치를 하게 하야 그들에게 휴식과 문화와 교양을 느어주어 건국에 더욱 이바지하게 할 것, 다섯째는 초중등용(初中等用)의 단편영화를 제작하야 과학의 취미와 민주주의적 교양을 집어느어줄 것, 여섯째는 농촌에 이동영화반을 급속히 실시하야 그들을 계몽식힐 것, 일곱째는 인구 몇 백만 이상의 도시 부락은 그 인구 수자에 따라 급속히 극장을 세울 것"[62]을 주장했다. 서광제는 영화의 국영화를 전제로 해방이후

---

61) 민주주의민족전선, 앞의 책, 373쪽.
62) 서광제, <건국과 조선영화>,《서울신문》. 1946.05.26.-참고로 인용 내용 중 현대적 *식은 현대적 신식으로 추정된다.

조선영화가 무엇을 어떻게 해야 할 것인지를 제시하고 있는 것이다.

이렇듯 좌익과 우익에 관계없이 오영진, 안석주, 김정혁, 추민, 서광제 등은 영화제작의 막대한 비용과 무분별한 외국영화의 수입에 대처하기 위해서는 국가가 영화전체를 근본적으로 관리해야 한다는 견해를 가졌다. 이들에 의해 제기된 영화 국영화는 해방직후 역사적 당위성과 함께 제작을 위한 물리적 재료와 설비를 필요로 하는 현실에 비추어 볼 때 많은 영화인들에게 합리적 방안으로 인식되었고 그 기조는 단독 정부 수립 이전까지 유지되었다.

반면 영화 국영화에 대한 회의적 시각도 존재했다. 예컨대 이재명은 1946년 10월 31일, 《경향신문》의 '조선영화의 기본방향'에서 "영화는 다른 예술부문과 달러서 제작과 동시에 기업이 병행되어야 한다는 사실을 일시도 망각해서는 안된다. 특히 오늘과 같이 새로운 출발기에 있어서는 위선 기업의 면이 강조될 필요가 있다"[63]고 했고, 홍신은 영화의 국영화에 대해 "일부에서는 영화의 국가간섭(國家干涉)을 요청하는 모양인데 통일정부가 수립되지 않는 한 그 실현을 기도하는 것은 극히 위험한 우견(愚見)이다"[64]라고 하면서 부정적 의견을 피력했다.

그럼에도 불구하고 영화 국영화 주장은 실제로 해방이후 조선의 영화적 상황에 비추어 볼 때 그 필요성이 시급했었다는 것을 알 수 있다. 이는 1946년 12월 15일 《경향신문》에 실린 다음과 같은 안철영의 '영화의 자재난'에서 토로된다. 그는 "조선영화가 과거 25년 **빈곤과 싸우며 억지로 자라난 기형아이었으며 영화의 본질과 모순되는 과거를 가졌기 때문에 인재와 기술이 부족하고 전재산이 카메라 한 대라는 오로지 간난(艱難)밖에 없다"[65]는 냉혹한 현실을 지적했다. 실제로 "토키 초기만도 못한 내용과 기술로 퇴보했다는 안석영(안석주)의 지적처럼 해방 후의 조선영화계에서는 극영

---

63) 이재명, <조선영화의 기본방향>, 《경향신문》, 1946.10.31.
64) 홍신, <해방후의 남조선 영화계>, 《민성》 제4권(1948년 8월), 고려문화사, 1948, 52쪽.
65) 안철영, <영화의 자재난>, 《경향신문》, 1946.12.15.

화제작 자체가 어렵다 보니 연쇄극이 다시 만들어지는가 하면, 16mm 필름에다 무성영화들이 성행했다······ 일제강점기 시기의 국책영화들이 다시 상영되기도 했다. 1946년 3월에는 서광제의 <군용열차(1938)>가 <낙양의 젊은이>라는 제목으로 재편집 상영되어 물의를 빚기도 했다."[66] 또한 일제에 의해 상영금지조치 당했던 윤봉춘의 <신개지(1940)>[67]가 완성 6년 만에 3월 서울극장에서 공개되었고, 4월 우미관에서는 안종화의 <청춘의 십자로(1934)>[68]가 다시 상영되었다. 이러한 현실에 근거했을 때 영화 국영화는 해방이후 열악한 영화제작환경에서 조선영화를 발전시킬 수 있는 가장 직접적인 해결책이 될 수 있었다.

그러나 그 당시 영화인들 대부분이 공감하고 있던 영화 국영화는 실현되지 못했다. 왜냐하면 영화의 국영화는 독립적이고 자주적인 국가의 존재를 전제로 가능한 것이었기 때문이다. 이는 영화 국영화가 비록 현재와 미래의 조선영화 발전을 견인할 수 있는 적극적 대안이라 할지라도 해방이후 조선은 그러한 논의를 구체화 할 수 있는 주체, 즉 국가가 형성되지 않았다. 이러한 근본적 구조조차 정비되지 않았기에 영화의 국영화는 애초부터 실현 불가능한 것이었다. 이것을 실제적으로 보여준 것이 해방이후 미군과 미군정이 북위 38도 이남을 점령 통치하면서 스스로를 유일한 합법정부로 선언하고 1945년 9월 25일 미군정의 군정청법령 제2호에 의해 1942년 5월 1일 사단법인 조선영화배급사와 9월 29일 조선영화제작주식회사로 재편된 것을 1944년 4월 7일 두 조직을 통합하여 설립된 사단법인 조선영화사와 일본인 소유의 모든 극장을 미군정으로 귀속시킨 조치를 통해서였다. 미군정

---

66) 정종화, 『한국영화사』, 한국영상자료원, 2007, 88쪽.

67) <신개지 완성>, 《매일신보》, 1940.03.05.-매일신보는 한양영화사 제2회 작품으로 원작 이기영, 각색 박송, 감독 윤봉춘으로 지난 22일 영화관계자들을 초대하여 시사회를 개최하여 호평을 받았다는 내용을 보도하고 있다.

68) <청춘의 십자로>의 재상영은 우미관에서 30일까지 상영한다는 1946년 4월 25일 《중앙신문》의 광고에서 확인된다.

의 이러한 조치는 '영화 국영화가 애초부터 현실성이 없는 이상적 목표였다'
라는 비판에 직면하게 된 이유이기도 했다.

　그리고 이것은 미군이 북위 38도선 이남을 점령하면서부터 조선에서 무엇
을 할 것인가, 즉 대부분의 점령국가가 그러하듯이 자신들의 이데올로기를
구축함으로써 자신들의 이익에 부합한 정권을 창출하겠다는 것과 연결되어
있다. 일반적으로 "점령권력의 특징은 그것이 기본적으로 점령시기가 끝난
다음의 시기를 겨냥하고 있다는 점이다. 점령의 목적은 점령지역에 점령당국
의 지배를 관철시키기 위한 것이다. 따라서 점령권력은 점령지역의 사회적 관
계를 자신의 목적에 맞게 물리적으로 재편할 뿐 아니라 자신의 지배를 정당
화할 수 있는 이데올로기의 보편화를 시도한다."[69] 이런 측면에서 미국은 북
위 38도 이남의 조선을 소련으로부터 공산주의 이데올로기 팽창을 저지하는
전진 기지로 만들려는 목표를 가지고 있었다. 특히 해방이후 적극적인 항일
투쟁 경력을 가지고 있던 민족주의 사회주의적 성향의 지도자들에게 경도되
어 있던 조선인들에게 미군정은 미국의 자본주의 이데올로기에 우호적인 태
도를 갖도록 하는 것이 자신들의 목표를 관철하는 선결조건이었다. 이를 위
한 실제적인 조치가 공보기관을 구축하고 재편하여 다양한 선전 프로그램을
가동하는 것이었다. 그것의 일환으로 "미국은 초기 사령부 직속으로 '한국관
계정보분과(Korean Relations and Information Section, KRAI)'를 만들어 이에 관
한 업무를 전담하게 하였고 아놀드(A. Arnold)가 군정장관에 취임한 뒤 장교
33명, 사병 49명, 민간인 100명으로 그 요원을 대폭 확대하였다. 아울러 자
체의 제도개편 연구 결과를 통해 한국관계정보분과를 1945년 9월 20일 '정
보공보과(Intelligence and Information Section, I&I)'로 개편하고 산하에 '여론계
(The Office of Public Opinion)'와 '정보계(The Office of Public Information)'를 두
었다. 정보계는 산하에 기획, 출판, 라디오, 영화, 제작(인쇄), 전단 등 6개의 반

---

69) 안진, 『미군정기 억압기구 연구』, 새길, 1996, 26, 27쪽.

을 두었으며, 여론계는 대민접촉, 조사, 정치 분석 등 3개 반을 두어 업무를 분담케 하였다. 정보공보과는 1945년 11월 29일 법령 제32호에 의거, ‘공보과(The Public Information Section)’로 개칭되었다...... 1946년 2월 13일에는 법령 제47호에 따라 ‘공보국(The Bureau of Public Information)’으로 개칭되었으며, 같은 해 3월 29일에는 법령 제64호에 의해 국(局)제가 부(部)제로 변경되면서 공보국인 ‘공보부(The Department of Public Information)’로 개편되었다. 하위 부서인 정보과와 여론과도 각각 ‘정보국(Public Information Bureau)’과 ‘여론국(Public Opinion Bureau)’으로 바뀌었다...... 1946년 10월 18일에는 공보부를 다시 개편, 2개의 국을 5개로 확대하고 산하에 여러 개의 과를 설치했다. 즉 부를 정보국, 출판국, 방송국, 대민접촉국, 여론국의 5개국으로 하고 정보국에는 번역, 기사제공, 영화, 사진, 스틸사진을 맡는 5개 과를 두었다.”[70] 정보에 관한 미군정의 기구 정비는 북위 38도 이남의 조선을 보다 체계적이고 조직적으로 조선 민중과의 대민접촉을 통해 궁극적으로 미국적 이데올로기의 수용을 원활하게 유도하도록 하는데 있었다. 이는 공보원장을 맡은 스튜어트(J. Stewart)의 역할과 목표, 즉 “첫째, 남한 대중에게 미 점령 당국에게 우호적인 태도를 갖도록 만드는 것, 둘째, 대중에게 미국의 대외정책과 생활양식에 대해 이해를 확장시키는 것, 셋째, 미군의 점령통치가 종식된 뒤에도 남한에서 미국에 대해 우호적인 인식이 지속될 수 있도록 대중의 인식을 변화시키는 것”[71]에서 확인된다. 이를 위해 미군정이 사용한 직접적인 방법 중 하나는 조선인들에게 영화를 살포하는 것이었다.

이미 “영화정책의 주체였던 군정청 공보부에서는 미국영화나 뉴스릴을 수입, 배포하는 한편, 뉴스, 영화를 자체 제작하여 배급하거나 순회상영

---

70) 이혜숙, 앞의 책, 394-395쪽.

71) Inclosure #4. Report on The History and Growth of the Office Civil Information, USAFIK, 1947.11.10., 14-15.-허은, 「미 점령군 통치하 문명과 야만의 교차」, 『한국근대사연구』 42집, 한국근현대사학회, 2007, 175-176쪽에서 재인용.

에 나서는 등 매우 능동적인 영화 활동을 벌였다."[72] 미군정은 1947년 9월 12일 부산을 시작으로 광주, 대구, 대전, 전주, 청주, 춘천, 개성 지역에 지부를 설립하면서 그 지부를 통해 미리 준비된 영화를 보여주고 미국정책에 대한 보고서를 배포하고 구두로 메시지를 전달토록 했다.[73] 이는 "영화를 한국인에게 미국의 삶과 이상을 심는 효과적인 수단의 하나로 인식하고 공보활동에 적극 활용한 것과 다름없다."[74] 이를 실현하기 위해 해방기 조선에서의 영화에 대한 미군정의 방침은 두 가지 방식으로 나타났다. 하나는 검열과 통제를 통해 좌익세력을 제거하면서 자본주의 이데올로기를 선전하기 위한 유리한 환경을 구축하는 것이고, 두 번째는 중앙영화배급사(Central Motion Picture Exchange, CMPE, 중배)를 통해 영화의 시장을 잠식하는 것이었다. 전자는 공산주의 기반의 정치세력 제거에 초점이 맞추어져 있고, 후자는 영화의 자본 시장을 지배함으로서 미국 문화에 대한 우호적 인식을 확산시키는 데 있다. 이 두 가지는 강압적이면서도 일방적으로 행해졌다.

우선 "미군정의 영화에 대한 검열은 영건에서 제작한 <해방뉴스>에서부터 시작한다. 1945년 9월 24일 미군정청 조선관계 보도부에서는 영건에 대하여 조선 내 각 도시와 지방에서 뉴스와 영화 제작촬영에 대한 특권을 허여한다는 지령서를 보냈다. 이로써 영건에서는 그 동안 촬영해 놓았던 필름의 편집과 녹음에 착수하여 미군정청의 검열을 받은 다음 일반에게 공개하게 되었다. 이처럼 미군정 초기부터 신작 영화의 상영에는 검열이 필수였다."[75] 특히 "경찰 정보과에서는 1946년 2월 7일 경기도 경찰부 명의로 관

---

72) 조혜정, 「미군정기 영화정책에 관한 연구」, 중앙대학교 대학원 박사학위논문, 1997, 132-133쪽.
73) USAFIK, Report on the History and Growth of the OCI, November 10.1947, RG 332, Box 42.-김균, 「해방공간에서의 의식통제: 미군정기 언론, 공보정책을 중심으로」, 『언론문화연구』 17집, 서강대언론문화연구소, 2001, 57쪽에서 재인용.
74) 김영희, 「미군정기 농촌주민의 미디어 접촉 양상」, 『한국언론학보』 49권 1호, 2005, 330쪽.
75) <세기적 기록영화>, 《매일신보》, 1945.09.25.-한상언, 앞의 책, 131쪽 참고.

내 서장에게 통첩한 <극단 및 흥행장 취체령(劇團 及 興行場 取締令)>에 따라 10개 조목에 해당하는 작품에 대해 극장에 임석 경관을 동원 상영중지하거나 각본의 삭제를 하는 일제강점기와 같은 취체를 시작했다."[76] 이에 대해 1946년 2월 24일 결성된 '조선문화단체총연맹(문련)'을 비롯한 언론에서는 이를 일제강점기의 검열제도의 부활로 인식하여 "아모리 선의(善意)로 해석(解釋)하여도 일제(日帝)의 재판(再版)이라고 단정(斷定)치 안흘 수 업스니 너무나 유감(遺憾)스러운 사실(事實)이다"[77]라고 비판했다. 그럼에도 불구하고 영화동맹은 "1946년 2월 17일부터 3월 5일 사이 서울의 주요 극장에서 3.1 독립선언일 기념행사의 일환으로 소련 영화 <미조리 함상의 일본항복 조인식>, <승리의 관병식>, 미국 영화 <태평양의 분격>, 중국영화 <춘희>, 영국 영화 <킹 솔로몬>, 프랑스 영화 <여학생 기숙사 소동기>를 상영하였다……이 기념행사가 소련영화 상영으로 좌익의 선전장이 되자 미군정의 좌익세력에 대한 탄압이 시작되었다."[78] 이어 "미군정 사령부는 1946년 3월 10일부터 5일간 영화동맹에서 주최하고 제일극장에서 열기로 한 '국외 혁명투사 유가족 위안 영화 상영회'에 상영될 예정이던 소련영화 <윈나 진주(進駐)>[79]의 필름을 압수하고 상영을 금지시켰다. 군정장관인 러치(A. Lerch)는 외무과에 허가를 받으면 상영할 수 있다고 했지만 곧 남한 지역에서의 소련

---

76) 위의 책, 100쪽.-10조목은 1946년 3월 7일자 《대동신문》에 '연극 각본을 검열하다'에 '취체령 10조목 발포'로 다음과 같은 내용으로 게재되었다. 1. 국교친선을 해 하는 것, 2, 시사를 풍자, 공안 상 유해한 것, 3. 국가 내지 관공리의 위신을 손해 하는 것, 4. 교육가, 종교가 등 사회지도자의 인신공격을 골자로 한 것, 4. 도의의 배반되여 권선징악의 취지에 반한 것, 6. 위인, 고현의 위신을 실추시키는 것, 7. 간통, 음란 등 열정을 도발시킨 것, 8. 군정반대 우는 관민 이간을 골자로 한 것, 9. 구상저열 하여 선악의 관념을 혼란시킨 것, 10. 계급, 파벌 투쟁의 의식을 유발 고취한 것.
77) <검열제도 부활에 대하야>, 《중앙신문》, 1946.03.08.
78) 한상언, 앞의 책, 99-100쪽.
79) 소련영화 <윈나 진주(進駐)>는 소련군의 오스트리아 수도 '빈(Wien)' 진주를 다룬 영화로 추정되며 빈의 러시아식 발음표기가 한국어 표기 과정에 비엔나를 윈나로 표기된 것으로 보인다.

영화 상영은 일절 금지되었으며 더 이상 소련영화의 상영은 이루어지지 않았다."[80] 그리고 1946년 4월 12일 법령 제68호와 1946년 10월 8일 법령 제115호가 등장했다.

법령 제68호는 제1조 기존법을 폐지하고, 제2조 '책임의 이관'에서 기존 법에 의한 조선의 활동사진의 제작, 배급, 상영의 감독 취체에 관한 조선정부 경무부의 임무, 직무, 문서 급(及) 재산을 자(玆)에 조선정부 공보부에 이관한다는 것이다.[81] 또한 "법령 제68호는 조선 내에서 상영되는 영화는 모두 공개 전에 공보부의 검열을 받게 해놓았다. 상영하려는 영화는 상영 허가신청서를 공보부에 제출하여 군정청의 날인을 받고 공보부 검열제라고 표시된 국어 또는 영어제목을 필름에 넣어야 가능하다. 상영허가신청서는 원어로 된 영화원본 전문과 국어 또는 일어로 된 제목을 기입하고 영어번역문을 첨부하여야 한다."[82] 이에 대해 조선영화동맹에서는 지난 3월 러치 장관 면담에서 일제의 영화검열제도 부활에 관한 철폐를 요청한 이후 8월 20일 영화인 대회에서 영화 검열 및 간섭, 탄압에 대해 결의하였고, 8월 31일 이에 대한 다음과 같은 요지의 성명서를 발표했다.

미군정기의 편향적인 대표적인 영화 악법은 법령 제115호를 들 수 있다.

---

80) 한상언, 앞의 책, 102쪽.
81) 재조선미국육군사령부군정청, <군정법령 제68호 활동사진의 취체>, 1946.04.12.-김동호 외, 『한국영화정책사』, 나남출판, 2005, 540-541쪽 참고.
82) 조혜정, 앞의 논문, 73쪽.
83) <영화검열을 반대>,《중외신보》, 1946.09.02.

이 법령에는 영화의 허가는 공보부 소정표준에 허가할 권리와 의무가 있다고 전제하면서 불허가 영화의 금지 조항과 입장료의 유무를 물론하고 15인 이상 집회에 대하여 영화를 영사한 경우 몰수한다는 조항이 삽입되었다. 허가 수속에는 국문 급(及) 영문으로 영화내용의 개요와 대화의 내용 급(及) 주석을 기재한 서면과 그 영문번역을 첨부해야 한다는 사항, 그리고 불허와 함께 특수부분을 삭제 또는 변경을 할 수 있다는 것이다. 반면 이 법령에는 미국 군부 또는 그 대행기관이 상영하는 영화에는 적용하지 않는다는 예외 조항이 존재했다.[84] 이것은 조선에서 미국영화를 제외한 모든 영화들의 상영을 검열과 통제를 통해 제한하는 것과는 매우 대조적인 것으로 이는 중배를 통해 들어온 영화들에게 절대적으로 유리한 조건이었으며, 허가 조항을 통해 조선의 영화를 통제, 관리하겠다는 의도를 나타냄과 동시에 미국의 영화를 통해 자신들의 목표를 유리하게 이끌고 가겠다는 것을 여실히 드러내고 있는 것이었다.

해방이후 조선에서 미국영화의 처음 상영은 서양영화 상영과 함께 거론되었다. 즉 조선에서 서양영화가 처음 상영된 것은 "1945년 9월 26일 '대륙극장'에서 조선영사종업원 동맹과 영화관리회에 의해 상영되었고,"[85] 이어 조선영화동맹에서 주최하는 3.1절 기념 영화기간(1946.2.24-3.30)이나 혁명유족 위한 영화의 밤(1946.3.10-3.14) 등의 행사에서 소련영화 <윈나 진주(進駐)>, 영국영화 <조상 생(祖上 生)>, 조선영화 <해방뉴스>가 상영되었다는 기록이 있다.[86] 반면 미국영화의 상영이 본격화된 것은 1946년 4월 7일 남대문에 중앙영화배급사의 조선사무소가 설치된 이후부터이다. 미국의 8대 메이저 영화사(MGM, Warner Brothers, Paramount, Universal, RKO, Columbia, 20th Century

---

84) 김동호 외, 앞의 책, 541-542쪽 참고.
85) 최영희, 『격동의 해방 3년』, 한림대학교 아시아문화연구소, 1996, 44쪽.
86) <소련영화압수이유는 미상>, 《조선인민보》, 1946.03.10.-<혁명유족위안 영화의 밤 개최>, 《한성일보》, 1946.03.08.

Fox, United Artists)의 조직체인 중배는 1년에 100여 편의 수입을 목표로 하면서 조선의 극장문화를 빠른 속도로 잠식해 들어갔다. 절대적으로 자체 제작한 영화가 부족한 조선영화의 현실에 비추어 볼 때 1년에 100여 편의 영화를 조선에 살포한다는 것은 압도적이고 일방적인 조선의 영화시장 잠식을 의미한다. 이를테면 "1946년 3월 10일부터 12월 31일까지 극장상영영화는 259편이었다. 259편의 상영작중 미국영화는 149편으로 전체의 58%를 차지한다...... (반면) 1946년에 상영된 조선영화는 재개봉작까지 포함하여 10편이다...... 1947년에 들어서면 미국영화 개봉 편수는 48편으로 대폭 줄어든다. 그러나 재개봉작은 86편으로 오히려 늘어 합계 편수는 134편이 되어 전체 영화편수 313편중 43%의 비율을 차지한다. 이 시기 조선영화 상영편수는 30편으로 집계되었다...... 조선영화 상영편수가 4%에서 10%로 증가했다...... (그리고) 1948년에 보급, 상영된 미국영화 편수는 개봉작이 45편으로 47년과 비슷한 수준이었다."[87] 이처럼 중배를 통한 조선에서의 미국영화 상영은 편수에서 압도하고 있었다. 여기에 중배는 자신들의 영화를 배급하면서 고율의 보율을 일방적으로 책정, 극장 측에 강요하는 횡포를 부렸다. 즉 "외화 상영에 극장보율은 해방이전에는 1.5부(15%)에서 최고 2.5부(25%)까지로 나타나 있다. 그러나 중배는 5.3부(53%)에서 5.5부(55%)의 보율을 책정했다."[88] 뿐만 아니라 상영기간 역시 강요하였다. 이와 같은 중배의 횡포에 대해 김정혁은 1947년 2월 6일 '가혹(苛酷)한 중배(中配)의 투석(投石)'이라는 《경향신문》의 글에서 "초기에는 1주일의 상영기간이었지만 점차 2주 상영을 요구했고 3개월 단위계약에 5편의 영화를 제공하되 52일간 상영할 것을 요구했다. 52일간 상영은 2주 상영물 2편, 10일 상영물 1편, 1주 상영물 2편을, 즉 3개월 전일정의 60%를 요구하는 것이었다고"[89] 비판했다. 또한 "중배는 수도극

---

87) 조혜정, 앞의 논문, 54-58쪽.
88) 위의 논문, 42쪽.
89) 김정혁, <가혹한 중배의 투석>, 《경향신문》, 1947.02.06.-조혜정, 앞의 논문, 44-45쪽 참고.

장, 국제극장 등과 3개월마다의 계약에 52일은 그들이 일방적으로 배급하는 미국영화를 상영해야 한다고 강요하기도 했다. 1945년 11월부터 1948년 3월까지 미국 극영화가 422편, 미국의 뉴스영화는 289편이 수입되었는데 그중 극영화 400편, 뉴스 250편이 중배의 영화였다. 같은 시기 조선영화는 17편, 조선의 뉴스영화는 35편, 공보부의 뉴스영화는 38편으로 미국영화 10편에 조선영화 1편이 가뭄에 콩 나듯 섞여 있었던 셈이었다."[90] 중배는 심지어 하와이 동포들의 생활을 기록한 한국 최초의 컬러 영화 안철영의 <무궁화동산(1948)>을 조선국내에서 제작되지 않은 영화는 중배 영화를 개봉하는 극장에서는 상영할 수 없도록 계약되어 있다는 이유를 들어 이를 상영할 수 없도록 영향력을 행사하기도 했다.[91]

이렇듯 미국영화는 미군정청의 검열과 통제, 그리고 중배에 의한 압도적인 수의 미국영화 살포로 북위 38도 이남의 영화시장을 잠식했고, 이에 대해 많은 사람들로부터 우려와 비판을 불러왔다. 이러한 기조 속에서 이태우는 1946년 10월 31일 《경향신문》의 '미국영화를 어떻게 볼 것인가'에서 다음과 같이 언급하였다.

8.15 이후 조선의 신작 극영화로 상영된 것을 <똘똘이의 모험(이규환, 1946)>과 <자유만세(최인규, 1946)>가 있을 뿐이라고 하면서 미국영화를 무비판적이고 도발적인 에로틱시즘과 도원경에 도취할 뿐으로 만족하는 경향이 있다. 이것은 여러 가지 의미에서 우려되는 현상일 것이다. 이같은 영화를 맨드러낸 미국과 이것을 보는 우리의 사회와의 사이에는 상당한 현실적 거리가 존재한다는 것을 계산에 넣지 않고 감상해서는 안 될 것이다...... 대체로 미국영화에는 시와 사상성이 결여된 감이 있다는 것을 아러야 할 것이다[92]

---

90) 정종화, 앞의 책, 87쪽.
91) <문제의 무궁화동산 비국산이라고 중배상영반대>, 《민주일보》, 1948.08.28.
92) <미국영화를 어떻게 볼 것인가>, 《경향신문》, 1946.10.31.

　　이것은 미국영화의 수입에 대한 합법성 문제제기로 이어지기도 했다. 즉 1948년 4월 23일자 《서울신문》 '국산영화의 위기'라는 글에서는 미국영화의 범람으로 국산영화는 극도로 위협을 느끼고 있다고 하면서 세관을 통하지 않고 수입되고 있는 중배영화에 대해 의문을 제기했다. 즉 "중배영화는 개인영리회사인데도 불구하고 미군용 비행기로 운반 수입함은 어찌된 일인가. 물론 주둔군을 위안하는 위안물로 가져온다고 치드라도 일반 시민들에게 상연함에 잇서서는 의문을 품지 안을 수 업다. 따라서 동 회사를 통한 영화는 해방 후 불과 2년 4개월 동안에 6백여 본이나 들어와 잇다. 각 극장과의 상연계약을 보면, (1) 영화선택은 중배측이 주권을 가질 것, (2) 상연일자는 1개월 중 최하 21일로부터 최고 26일간을 중배영화를 상연케 된 것이다. 영화 선택 상연기일의 자유가 전연 업서진 동시에 조선영화 외에는 다른 외국영화는 상연을 하지 못하게 되어잇다. 미국 이외의 외국영화를 상연치 못하게 하는데는 합법적으로 수입한 것이 아니라는 이유가 잇스나 해방 전에 수입한 제고품도(약 백여본이 잇슴) 상연을 못하고 잇다. 그리고 미국영화 중에는 이미 십여 년 이래 일어 자막으로 수입되엿던 것을 우리말로 고친 것을 재상연을 요구하고 잇다."[93]

　　이렇게 살포된 미국영화에 대한 우려는 유입 초기부터 조선의 대중문화 형성에 있어 많은 우려를 자아냈다. 특히 1945년 11월 27일자 《중앙신문》에서는 '배워야 할 것과 말아야 할 것'이라는 논설을 통해 이를 경고하고 있다. 즉 "우리가 배워야 할 것의 하나는 능률주의다. 그러나 우리가 미국에서 배우지 말아야 할 것도 있다. 그 하나는 할리우드 스타일이다. 할리우드 스타일은 미국문화가 낳은 것이다…… 그것은 미국 문화의 말초적 발현이오. 따라서 어디까든지 말초적이다. 왜 이 문제를 여기에서 제기하느냐 하면 벌써 본정통(충무로)을 중심으로 골목에서 보이는 관경은 미국이 가진 말초문

---

93) <국산영화의 위기>, 《서울신문》, 1948.04.23.

화의 유사한 모방이 너무나 노골이 보이는 까닭이다."[94]

　이처럼 중배를 통한 미국영화의 살포는 미군정의 목표를 실현하는데 충실한 역할을 하였고, 그것은 영화의 국영화를 통해 민족영화의 기틀을 다지려고 한 조선 영화인들의 희망과 배치된 것이었다. 이로 인해 대부분의 영화인들이 영화 국영화를 통해 영화의 자립을 추구하고자 시도했던 바람은 미군정청의 영화검열과 중배에 의한 미국영화 배급의 독점으로 인해 현실적으로 불가능하게 되었다. 이에 대해 조선의 많은 영화인들은 이러한 미군정청의 영화정책을 비판하면서 수정과 철폐를 요구했지만 그 목적을 달성하지 못했고 미군정청의 좌익세력 탄압과 단독정부 수립으로 조선영화동맹의 활동이 위축되면서 북위 38도 이남의 대한민국에서 영화의 헤게모니는 우익세력으로 넘어갔다.

　영화에서의 우익세력은 좌익세력에 대항하기 위해 조직된 문화, 예술 단체, 그 구성원들과 연결되어 있었다. 이것은 영화에서의 좌익세력이 문학과 연계해서 형성된 것과 비슷한 형태라 할 수 있다. 예컨대 "1945년 8월 18일 임화와 김남천은 조선문화건설중앙협의회(문건중협)를 만들었다."[95] 그리고 그 산하에 이재명, 김정혁, 박기채, 윤상열, 이병일이 협의회 의원으로 참여한 영화건설부가 있었고 1945년 9월 24일 조선영화건설본부가 등장했다.[96] 그러나 1945년 9월 17일 임화에 의해 주도된 해방 초기의 문화예술 단체와는 별도로 공산주의 이념을 표면에 내세웠던 "한설야, 이기영을 중심으로 조선프롤레타리아문학동맹이 등장했고 9월 30일 연극, 음악, 미술이 포함된 프롤레타리아예술동맹(의장 한설야, 서기장 윤기정)으로 확대되었다."[97] 1945년 11월 5일 조선영화건설본부에 참여하지 않은 추민과 소장 영화인

---

94) <배워야 할 것과 말아야 할 것>,《중앙신문》, 1945.11.27.
95) <새조선의 문화건설-문화인들 총력의 진군>,《매일신보》, 1945.09.01.
96) 한상언, 앞의 책, 41쪽.
97) 위의 책, 59쪽.

들을 중심으로 프롤레타리아영화동맹이 결성되었다. 이 두 조직은 발전적 해소를 통해 1945년 12월 16일 조선영화동맹으로 통합하였다.[98] '조선영화동맹'은 중앙집행위원장 안종화, 부위원장 안석주, 이재명, 서기장 추민, 그리고 중앙집행위원 안철영 외 24인으로 결성되었다.[99] 그러나 전영화인들의 결집체였던 조선영화동맹은 모스크바 3상회의 결과에 대해 찬탁과 반탁으로, 좌익과 우익으로 갈라졌다. 특히 조선공산당의 영향을 받았던 민주주의민족전선에 속해 있던 조선영화동맹이 찬탁으로 돌아서면서 많은 우익과 중간파 영화인들이 탈퇴하기 시작했다.[100] 이로 인해 조선영화동맹은 자연스럽게 좌익이 중심세력이 되었다. 그러나 1946년 5월 조선정판사위조지폐 사건으로 조선공산당에 대한 탄압이 시작되고 프롤레타리아영화동맹과 조선영화동맹을 주도했던 핵심인물이었던 추민이 월북하면서 그들의 활동은 위축되었다.

이 무렵 어떠한 이념적, 정치적 이해관계 없이 '각자의 사상을 존중하며 상호친목을 위한다'라는 목표의 '영화감독구락부'가 등장했다. 영화감독구락부는 1946년 2월 16일 준비모임을 가졌고 3월 1일 조직하여 출범했다. 이 모임에 참여한 인물은 간사 안석주(안석영), 이병일, 이구영, 동인으로는 안종화, 이규환, 안석주, 윤봉춘, 이구영, 방한준, 박기채, 전창근, 이병일, 안철영, 최인규, 김영화, 서광제, 윤용규, 신경균이었다.[101] 이념과 상관없는 것을 표방한 이 단체는 찬탁과 반탁의 상황에서 빗겨나 있는 것처럼 보였다. 그러나 이 모임의 몇몇은 이후 우익문화예술인들의 행보와 밀접한 관계 속에 있었다. 예컨대 조선공산당의 영향 하에 있던 조선문화단체총연맹의 대

---

98) 위의 책, 75쪽.
99) <영화동맹결성>, 《신조선보》, 1945.12.18.-1946년 1월 23일 《중앙신문》 '영화동맹위원보선'의 기사에 의하면 조선영화동맹은 1946년 1월 20일 임시영화인대회를 통해 안석영 부위원장이 이창용으로 바뀌었음을 보도하고 있다.
100) 한상언, 앞의 책, 82쪽.
101) <영화감독구락부조직>, 《서울신문》, 1946.03.09.

척점에 있던 '중앙문화협회'가 1945년 9월 18일 만들어진 후 이를 문학, 미술, 음악, 연극, 영화, 무용뿐 아니라 학술, 언론, 출판 등으로 확대 개편하여 1946년 3월 13일 정인보를 회장으로 부회장 박종화, 채동선, 설의식, 총무부 이헌구, 김광섭, 이하윤, 오종식이 주축이 된 '전조선문필가협회'가 결성되었다.[102] 이 조직은 "김구, 조소앙, 이승만 등의 우익 정치인들의 지원을 받았고 영화인으로는 안석영(안석주), 박기채, 이규환, 전창근, 최인규, 이병일 등이 참여했다."[103] 전조선문필가협회는 자신들의 임무를 "태극기 깃발 아래 공리(共利)를 형성하여 인권이 존중되고 자유가 옹호되고 계급이 타파되며 빈부가 없는 가장 진정하고 가장 민주적인 국가관, 세계관을 밝혀 인류에 공통된 민족 국가 이념 위에 역사가 중단되었던 조국을 재건하려 한다고 하면서 진정한 민주주의 국가 건설에 공헌하자, 민족 자결과 국제 공약에 준거하여 즉시 완전 자주독립을 촉성하자, 세계문화와 인류 평화의 이념을 구명하여 이의 일환으로 조선 문화를 발전시키자, 인류의 복지와 국제평화를 빙자하여 세계 제패를 꾀하는 모든 비인도적 경향을 격파하자"[104]라는 것을 강령으로 내세웠다. 그리고 1946년 11월 4일 전조선문필가협회 회원들을 중심으로 조선영화극작가협회가 만들어졌다. 이 단체는 시나리오 작가들의 모임체로 안석영(안석주), 전창근, 김광주, 장동명, 박용덕, 안진상, 이정호, 조연현, 홍구범 등이 참여하였다. 특히 조선영화극작가협회는 전조선문필가협회의 노선을 따라 좌익세력인 영화동맹에 대해 비판적 입장을 견지했다.[105] 이러한 상황 속에서 "1948년 11월 30일 다동 성남 크릴에서 21명의 현역 영화인들, 안종화, 이규환, 이창*, 안석주, 김창근, 이구영, 윤봉춘, 이필우, 김성춘, 성동호, 이금룡, 복혜숙, 조근*, 양*웅, 이정*, 이*영, 김**,

---

102) 송건호 외, 『해방전후사의 인식1』, 한길사, 2016, 637쪽.
103) 한상언, 앞의 책, 95쪽.
104) 송건호 외, 앞의 책, 641쪽.
105) 한상언, 앞의 책, 95쪽.

육성균, 이기현, 이**, 김**과 각계 다수가 참석하여 '대한영화협의회' 결성 총회를 열었다. (이 총회는) 이범석 국무총리를 총재로 정부의 각 장관 및 처장과 문화계의 저명인사를 포함하고 있었다."[106] 이후 1948년 12월 3일에는 "이사장 안석주(안석영), 부이사장 이규환, 안종화, 재정위원장 이구영, 문화공작 위원장 안석주, 건설위원장 이필우 그리고 홍찬, 이창용, 서정주, 최영수의 위원과 이사 보선이 있었다."[107] 대한영화협의회는 다음과 같은 7개의 활동 목표를 정했다.

이를 통해 알 수 있는 것은 영화가 국민의 계몽과 선전으로 그 기능이 정해졌다는 것이다. 이것은 다름 아닌 이 시기 한국영화가 정부의 정책 추진과 반공 이데올로기 확산을 위한 수단이 되었다는 것을 의미한다. 이는 6.25전쟁을 거치면서 완성되기에 이른다.

1950년 6월 25일 한국전쟁은 한국의 모든 에너지를 한곳에 집결시키도록 요구하였고, 그것은 이 시기의 영화가 전쟁의 선봉에 서서 주도적 역할을 해야 하는 당면한 역사적 상황을 말하기도 한 것이다. 특히 해방과 단독정부 수립이후 영화제작과 그 토대를 재정비해나가고 있던 한국의 영화인들은 전쟁초기 파죽지세로 밀고 내려온 북한 인민군으로 인해 촬영되고 있던 계획들이 중단되면서 미공보원, 국방부 정훈국 촬영대, 공보처 소속으로 흩

---

106) <학술영화향상위해 영화협의회발족>,《조선일보》, 1948.12.02.-성남 크릴은 성남 그릴, 김창근은 전창근의 오기로 추정된다.
107) <대한영화협의회 위원과 이사보선>,《경향신문》, 1948.12.08.
108) 안석주, <문화 일년의 회고>,《서울신문》, 1948.12.25.

어져 전선에서 촬영된 필름들을 편집하여 뉴스영화를 만드는 일을 하였다. 반면 이들 부대 조직에 편입되지 않은 영화인들은 피난지인 부산, 마산, 진해, 대구 등지에서 전쟁으로 힘든 피난 생활을 배경으로 한 몇 편의 영화를 만들었다. 이렇게 등장한 영화들은 일반 대중들에게 전쟁을 초래한 공산주의에 대한 적대감을 내재화 시키면서 전선의 전황(戰況)과 힘겨운 피난 생활, 그것으로부터 벗어나고자 하는 심리를 표현하기도 했다.

이와 같은 특징과 흐름은 해방이후 한국영화가 한국의 역사와 유사한 궤적 속에서 형성되었다는 근거를 제공하고 있다. 해방이후 독립된 민족국가 건설의 바람이 미군정과 소군정에 의해 좌절되면서 북위 38도를 경계로 각각의 서로 다른 이념에 기반한 단독정부 수립으로 이어지고, 그것이 민족내부의 갈등과 모순으로 폭발할 수 있는 전쟁발발의 필연성을 담보하고 있었던 역사적 과정이었다면 북위 38도 이남에서의 영화 역시 마찬가지였다. 영화의 국영화 좌절과 중앙영화배급사, 대한영화협의회 결성, 군부대의 촬영대 소속으로의 재편은 이를 증명하고 있는 것이다. 이러한 과정을 통해 형성된 영화 창작의 토대와 창작 방향은 이 시기 한국영화 속 곳곳에 스며들었다.

3. 새나라 건설, 가상(假想)의 이미지, 반공주의 구축

독립 영웅과 투쟁

1945년 8월 15일 일제강점으로부터 벗어난 조선이 당면한 가장 시급한 과제는 완전한 독립국가 형태의 새나라 건설이었다. 이는 일제에 부역한 친일 행위자의 청산과 나라를 빼앗긴 치욕적인 식민지 시기의 역사를 다시 세우는 것과 같은 것이다. 이것은 일제강점기 동안 독립을 위해 투쟁했던 인물들, 사건들을 조선인들의 기억 속에서 꺼내 그것의 역사적 실체와 의미를 조선인들의 가슴 속에 다시 새기는 일이었다. 그러므로 해방은 일제강점기로부터의 역사 단절이자 새로운 나라 건설이라는 역사의 시작 지점이라 할 수 있다. 이와 같은 역사적 경험과 과제는 많은 조선인들의 내면에 존재하고 있던 일제강점기의 크고 작은 역사적 부채와 결합되면서 이 시대의 가장 중요한 화두가 되었다. 영화는 이러한 시대적 흐름과 요청에 민첩하게 화답했다. 이것은 이 시기 영화인들이 해방이후 도래한 역사적 상황에 반응하면서 그들 스스로가 자신들의 역할을 재조정했다는 것을 의미한다. 이로 인해 두 가지 경향의 영화가 등장했다. 첫째는 항일 독립 투쟁의 영웅들을 묘사하는 것이고, 둘째는 항일 독립 투쟁의 과정과 그와 관련된 태도를 영화화한 것이었다.

항일 독립 투쟁의 영웅들을 묘사한 영화는 해방이후 개봉된 최초의 극영화로 하얼빈 역에서 조선을 강제로 병탄한 주역 이토 히로부미(伊藤博文)를 저격한 민족의 영웅 안중근의 삶을 묘사한 <의사 안중근(이구영, 1946)>을 시작으로 중국에서 김원봉의 조선의용대의 항일전투를 기록한 <조선의용대(1946)>, 을사늑약의 무효화와 한국의 독립에 대한 열강들의 지원을 요청하기 위해 네덜란드 헤이그에서 열린 만국평화회의에 참석하고 순국한 이준 열사를 묘사한 <불멸의 밀사(김영순·서정규, 1947)>,[109] 1932년 4월 29일 중국 상하이 홍커우(虹口) 공원에서 개최된 일본의 전승축하기념식에 폭탄을 던져 일본의 요인들을 살해한 윤봉길을 묘사한 <의사 윤봉길(윤봉춘, 1947)>, 1919년 3.1 만세 운동을 주도하다 1920년 9월 28일 형무소에서 죽음을 맞은 유관순의 일대기를 묘사한 <유관순(윤봉춘, 1948)>[110]을 들 수 있다. 이들 영화는 일제강점기 항일 투쟁의 상징적 인물로서 해방이후 새로운 나라 건설의 역사적 토대로 인식되었다. 또한 항일 독립투쟁의 상징적 인물은 아니

---

109) 《서울석간》, 1947.03.30.-이 신문의 '국도극장' 광고에는 연출 김영순·서정규로 표기되어 있다.

110) <유관순>은 또 다른 명칭인 <순국처녀 유관순>으로도 불린다. 《자유신문》, 1948. 05.05.

지만 일제강점기에 신사참배를 거부한 주기철 목사를 묘사한 <죄 없는 죄인(최인규, 1947)>,[111] 일제의 온갖 회유와 협박에도 민족의식을 강조한 <안창남 비행사(노필, 1949)>도 이 시기에 등장했다.

특히 일제강점기 조선에서 최초로 비행한 조선인 비행사 안창남[112]을 다룬 영화 <안창남 비행사>는 기미 3.1 운동을 언급하면서 1920년 2월, 일본 동경이라는 자막을 통해 영화의 목적을 명확하게 제시하고 있다. 이런 이유로 영화에서는 일본 동료 학생들의 멸시와 괴롭힘, 일본 경찰로부터의 회유, '광복가'를 부르는 모습, 이로 인해 경찰에 체포되는 장면 등 비행학교에서 벌어진 수많은 어려움과 이를 극복하고 수석으로 졸업한 안창남의 결연한 모습이 드러난다. 그리고 그것의 원동력을 "3.1정신이 용솟음 쳤다"는 그의 말을 통해 조선인의 민족의식과 연결시키면서 마무리된다.

항일 독립 영웅과 투쟁에 대한 관심은 일본의 항복으로 인해 조선인들의 자연스러운 시대적 요청이었다. 이는 인물을 통한 항일 독립 투쟁의 역사 뿐만 아니라 독립 투쟁의 과정과 이에 대한 역사적 태도를 강조한 영화들을 견인한 요인이었다. 이로 인해 등장한 이 시기 대표적인 영화는 최인규의 <자유만세>를 들 수 있다.

영화는 장엄한 음악과 "민족을 위하여 이미 가신 거룩한 님들의 피묻은 자취를 다시 더듬어 봅시다"라는 자막과 함께 독립문, 1945년 8월, 그리고 총소리로 시작된다. 이후 영화는 무장투쟁을 주장한 최한중을 중심으로 이

---

111) <죄 없는 죄인>은 1947년 9월 2일 《현대일보》 광고란에 등장하였고, 9월 11일 《조선중앙일보》에는 9월 하순경 상영될 영화라고 보도되면서 경향각지연속봉절한다는 광고가 게재되었으며, 11월 7일 《자유신문》은 특별유료 시사회를 '국제극장'에서 개최한다고 보도하고 있다.

112) 최은진의 논문, 「일제강점기 안창남의 항공독립운동」에 의하면, 최초의 조선인 파일럿은 1917년 6월경 미 육군 항공대에 입대하여 독일, 프랑스 국경지대에서 비행선 조종사 등으로 활약한 이응호(George Lee)이며, 그는 뉴욕주 미첼 필드(Mitchell Field) 비행학교를 졸업하고 1918년 5월 말경 정식 파일럿이 되었다고 언급하고 있다.-최은진, 「일제강점기 안창남의 항공독립운동」, 『한국독립운동사연구』 제55집, 독립기념관 한국독립운동사연구소, 2016, 91쪽에서 재인용.

를 반대한 동지들, 일제 경찰의 앞잡이가 된 남부, 최한중의 탈출을 도와 함께 떠나는 간호사 혜자 등으로 구성되어 있다. 영화는 크게 일제 경찰과 독립 투쟁을 이끈 최한중을 중심으로 구조화되어 있지만 일제에 대한 조선인들의 다양한 태도와 행위도 함께 보여주고 있다. 이는 최한중이 모두들 거사하기로 맹세해놓고 그럴듯한 명분으로 회피하는 자신의 동지들을 보고 독립운동을 마치 명예직처럼 여기고 있다고 일갈하는 장면과 그가 헌병대에 쫓기면서 숨어들어가 만난 여인의 "순결한 사람일수록 위대한 일을 할 수 있고 위대한 사람일수록 순결한 일을 할 수 있다"는 말과 대비되면서 독립투쟁의 순수성을 강조하면서 드러낸다. 이처럼 영화 <자유만세>는 독립투쟁의 역사가 불굴의 영웅뿐 아니라 배신과 변절의 역사적 상황들과의 투쟁 과정이었다는 것을 묘사함으로써 지난했던 독립투쟁과 인물들을 다시 환기시키고 있는 것이다.

그러나 이 영화는 8월 15일까지의 시간적 배경과 최한중에게 동지들이 일본의 항복 소식을 전했음에도 불구하고 많은 희생이 따를 수도 있는 무장투쟁을 주장하면서 그들을 비판한 것은 시간적으로도 합리성이 결여되어 있다고도 할 수 있다. 이와 같은 상황적 논리 맥락의 과도함에도 불구하고 영화는 해방이후 조선인들로부터 많은 관심과 사랑을 받았다. 이것은 스스로 쟁취하지 못한 해방에 대한 민족의 역할을 주도적인 투쟁으로 전환시키면서 주체적인 독립투쟁의 역사를 강조하기 위한 당시 조선인들의 열망에 부응한 것이라 할 수 있다.

이와 같은 흐름은 비록 제작 유무를 알 수 없지만 1947년 1월 6일 김좌진 장군 영화제작위원회가 설립되어 2월 8일까지 시나리오 절반이 탈고되었다는 것과 종로경찰서에 폭탄을 던지고 암살단에서 활동한 항일 무장 투쟁가 김상옥에 관한 영화가 대한국민총동원 청년부에 의해 1947년 10월 <의사 김상옥 사기(기획 조장수, 제작 장성국, 촬영 한창섭)>로 기획되었다는 사실에서도 확인된다.[113] 이는 3.1 독립운동을 전후하여 항일 선열들의 수난사를 묘사한 계몽문화협회 제2회 작품으로 이구영의 <삼일혁명기(1947)>에서도 이어지고 있다.

특히 "<삼일혁명기>는 강점에서 3.1운동까지를 다루면서 3.1운동 이후 주요 민족운동을 자막으로 제시하고 있다. 나머지 절반은 3.1운동 이후 전시체제기의 수탈과 저항의 양상을 보여주고 해방이 된 순간, 바로 태극기를 든 사람들이 애국가를 부르는 모습으로 마무리 된다."[114] 여기에 김상옥을 다룬 또 다른 영화 <김상옥 혈사>가 1948년 11월 제작 김성춘, 연출 안종화를 비롯한 스태프들이 구성되었고 수원 지방 촬영이 예정되어 있다는 사실을 통해 영화의 최종 완성과 별도로 어느 정도 구체화되었음을 보여주고 있다.[115]

반면 직접적인 독립투쟁을 주도한 인물이나 과정을 드러내고 있지는 않지만 자신의 과오를 뉘우치면서 평범한 사람들의 독립에 대한 태도를 묘사한 영화도 이 시기에 등장했다.

이러한 경향은 독립투사인 남편이 일본 헌병에게 끌려가 모진 고문을 받고 죽게 되자 그의 부인이 남편의 뜻을 이어받아 독립투쟁에 나선다는 윤대룡의 <조국의 어머니(1949)>[116]와 홀어머니 밑에서 어렵게 살아가고 있는 아들을 놀리는 아이들이 그의 아버지가 독립운동을 한 애국자였다는 사실을 알게 되면서 자신들의 잘못을 뉘우치고 서로 도우면서 살아가는 모습을 묘사한 윤봉춘의 <애국자의 아들(1949)>에서도 나타난다. 그리고 1949년 독립운동의 상징적 인물이라 할 수 있는 백범 김구 선생의 장례식과 생전의 모습

<hr>

113) <의사 김상옥 사기 영화화>,《경향신문》, 1947.10.28.
114) 정상우, 「해방이후 1950년대 독립운동의 영화적 재현」, 『한국사연구』 183호, 한국사연구회, 2018, 85쪽.
115) <영화 김상옥 혈사>,《국제신문》, 1948.11.30.
116) 1948년 9월 11일 《한성일보》는 <조국의 어머니>에 대한 촬영개시를, 1949년 3월 25일 《조선중앙일보》에는 이에 대한 영화평이 실렸다.

을 담은 <고 백범 김구선생 국민장 특보(대한영화통신, 제2호)>, <특보, 고 백범 김구선생 국민장 실황(계몽문화협회)>, <고 김구선생 국민장 특보 뉴-스(미공보원 영화과 제공)>와 조선의용대 화북지대의 독립군인 아버지가 일제 경찰의 꼬임에 넘어가 자신의 동지를 신고한 아들을 총살함으로써 사죄한다는 김성민의 <심판자(1950)>[117]도 이러한 기조 속에서 등장한 영화라 할 수 있다.

이처럼 항일 독립 영웅과 투쟁에 관한 영화는 비교적 한국전쟁 이전 시기 전체에 걸쳐 제작되었다. 이것은 열악한 제작환경에도 불구하고 독립투쟁의 상징적 인물들과 투쟁과정을 영화화함으로써 독립된 새로운 나라 건설의 역사적 정체성과 그 토대를 확고히 하려했던 열망과 연결되어 있다. 이 시기의 영화들은 그러한 역사적 변화와 환경에 화답한 것이라 할 수 있다.

식위(飾僞)의 이미지

해방이후 조선은 여운형의 건준위를 통한 자치 조직이 구성되었으나 조선을 점령한 미군정과 소군정에 의해 실제적인 행정기구로서 의미를 지니지 못했다. 특히 미군정에 의한 북위 38도 이남의 조선 통치는 좌익과 우익의 대립 속에서 정치, 사회를 우선적으로 안정화 시킬 필요성에 초점이 맞추어져 있었다. 이를 위해 미군정청은 건준위의 자치 형태의 각종 치안대를 인정하지 않고 부정하면서 미군정의 공식적인 치안조직인 경찰을 신속하게 정비했다. 실제로 미군정청은 "1945년 10월 21일 경찰중앙기구로서 경무국을 설치하였고 각 지방에는 도지사 밑에 경찰부를 설치함으로써 국립경찰을 출범시켰다."[118] 그리고 "1946년 1월 16일 기존의 경무국체제를 경

---

117) 영화 <심판자>는 《대중일보》에 1950년 1월 5일 '동방극장'에서 시사회가 열렸다는 사실과 1월 6일 이에 대한 영화평이 실린 것으로 보아 영화의 최종 완성 및 개봉은 1950년으로 보는 것이 타당하다고 할 수 있다.

118) 강혜경, 「한국경찰의 형성과 성격(1945-1953년)」, 숙명여자대학교 대학원 박사학위논문, 2002. 33-34쪽.

무부체제로 개편했다....... 중앙경찰의 개편과 맞물려 4월 11일에는 각 도 지명위주(경기도, 강원도 등 8개 지역)에서 구번호별(제1관구에서 제8관구까지)로 바뀌었다....... 9월 17일에 이르러서는 제1관구경찰청(경기도경찰부)에서 서울지역을 분리하여 수도관구경찰청을 창설하여 지방경찰조직이 8개에서 9개로 늘어났다."[119] 이와 같은 경찰의 조직정비를 통해 미군정은 자신들의 목표를 달성할 수 있는 체계를 확립했다.

그러나 문제는 경찰에 대한 조선인들의 인식이었다. 일제강점기 경찰은 조선인들을 가장 악랄하게 탄압했던 두려움과 원망의 대상이었다. 이것은 "해방이후 1945년 8월 16일부터 25일 사이 경찰을 상대로 벌어진 일련의 사고 발생 유형을 통해 확인된다. 해방이후 증대된 사고 발생의 유형을 살펴보면 전체 사고건수 914건 중에서 경찰에 대한 폭행 및 협박이 177건으로 약 20%를 차지하며 경찰서에 대한 습격 및 접수 요구 등과 총기, 탄약 탈취 등을 포함하면 전체 사고발생 건수의 약 3분의 1을 차지했고 관공서 습격, 점거와 친일 관리에 대한 폭행, 약탈, 협박 등도 21%가 차지하고 있다"[120]는 데서 알 수 있다. 이는 해방이후 경찰에 대한 인식이 미군정기에도 크게 달라지지 않았음을 의미한다. 그것은 일제강점기 경찰의 행위가 가장 큰 원인이라 할 수 있지만 미군정기 경찰조직의 인력이 총독부 출신 경찰과 편향된 이념을 가진 사람들로 채워진 것도 하나의 이유라 할 수 있다. 즉 "미군정기의 경찰조직은 일본 경찰 출신자의 대부분이 기존의 직급을 적어도 유지한 상태로 미군정의 조직에 편입되었다. 또한 북한 지역에서 월남한 적지 않은 수

---

119) 최선우·박진, 「미군정기 수도경찰청장 장택상 연구」, 『경찰학논총』 제5권 제1호, 경찰학연구소, 2010, 194-195쪽. 참고로 제1관구경찰청(경기도), 제2관구경찰청(강원도), 제3관구경찰청(충청남도), 제4관구경찰청(충청북도), 제5관구경찰청(경상북도), 제6관구경찰청(전라북도), 제7관구경찰청(경상남도), 제8관구경찰청(전라남도)였다.-강혜경, 앞의 논문, 38쪽.
120) 모리타 요시오(森田芳夫), 『조선종전의 기록, 자료편 1권』, 암남당, 1964, 94쪽.-강혜경, 앞의 논문, 18쪽에서 재인용.

의 일본 경찰 출신자들이 조직체의 일부를 이루었다. 이들 중 상당수는 한민당 등 보수 우익 정치세력을 배후에 두고 있었다. 특히 경찰 간부에는 한민당 출신들이 대거 포진된 상태였다. 두 집단은 친일문제로부터 자유롭지 못하다는 면에서 처지가 비슷했고, 적극적인 반공활동을 통해 미군정의 비호를 받아 해방공간에서 권력을 강화하려했다는 점에서 이해관계를 공유하였다."[121] 이것은 "1946년 말 사람들이 적어도 일본인들을 미워했던 것만큼이나 경찰들을 미워하게 되었다"[122]는 것을 말하며 경찰에 대한 조선인들의 반감이 얼마나 컸는지를 알 수 있는 단적인 예라 할 수 있다. 이와 같은 경찰에 대한 조선인들의 인식은 미군정의 원활한 행정집행을 가로막는 원인으로 작용했다. 따라서 미군정은 경찰이 기존의 이미지와 인식으로부터 벗어나도록 하는 것이 무엇보다 중요했다. 이것은 미군정기, 단독정부 수립과정에서 경찰이 과거 일제강점기의 경찰로 각인된 기존의 인식에서 새로운 시대의 경찰 이미지로 변화되어야 할 필요성이 제기되었던 것이다. 이러한 변화의 시도는 적어도 1948년 단독정부 수립 때 까지 집중적으로 이루어졌다. 이를 위한 미군정청의 수법은 가장 대중적인 매체인 영화를 이용한 것이었다. 이러한 영화의 수단화는 1946년 4월 12일 공포된 미군정 법령 68호와 10월 8일 공포된 법령 제115호로 대표되는 영화에 관한 통제 정책, 그리고 1947년 1월 30일 민중의 휴식을 목적으로 하는 오락 이외 정치나 기타 선전을 일삼아 정치교란을 하는 자를 포고령 위반으로 고발하여 엄형에 처한다는 수법과 일맥상통한다고 할 수 있다. 그러므로 해방이후부터 1948년 무렵까지 이른바 경찰영화로 불린 영화들은 이러한 목적과 불가분의 관계 속에서 제작되었다. 이 시기 경찰영화의 특징은 대체로 사회의 질서를 깨트리는 부정적 인물을 설정하고 그것을 민중들이 경찰에 신고하면 경찰이 등장하여 그들을 일

---

121) 함충범, 「해방기 경찰영화의 등장배경과 장르화 경향 고찰」, 『기억과 전망』 겨울호(통권 33호), 한국민주주의연구소, 2015, 113쪽.
122) 로빈슨 리차드, 정미옥 역, 『미국의 배반: 미군정과 남조선』, 과학과 사상, 1988, 148쪽.

망타진하는 해결사 역할로서의 도식적인 구도로 설정되었다. 이를 통해 경찰은 사회의 질서를 유지하는 최후의 보루로 사람들에게 인식시키는 형태였다. 이와 같은 특징은 이규환의 <똘똘이의 모험>에서부터 나타난다.

영화는 복남이가 어느 날 트럭을 통해 쌀을 훔치는 도둑들을 보고 쫓아가 그들에게 발각되어 생명의 위험을 받지만 이를 무릅쓰고 경찰에 신고하여 일망타진한다는 내용으로 용감한 어린이의 투철한 신고정신과 사회의 악이 경찰에 의해 최종적으로 마무리되는 것으로 끝난다. 이로써 경찰은 조선인들을 잡아들이는 일제강점기의 경찰에서 악의 무리를 소탕하는 새로운 이미지로 설정되었다.

이러한 경향은 대규모 국제 밀수단을 해양 경비대가 적발하여 일망타진한다는 서정규의 <바다의 정열(1948)>[123]에서와 카바레를 배경으로 활동한 밀수단을 경찰들의 헌신과 노력으로 제거한다는 박기채의 <밤의 태양(1948)>에서도 나타난다. 그리고 안종화의 <수우(1948)>에서는 밀수조직의 우두머리 아내가 남편의 또 다른 거대한 밀수조직을 계획하고 있다는 사실을 알고 이를 만류하다가 그의 손에 있던 권총이 오발되면서 남편이 사망하게 되자 살인혐의로 기소된다. 경찰은 살인혐의로 기소된 그녀를 위해 사재를 털어 변호사를 선임하여 무죄로 석방되게 함으로써 경찰의 새로운 이미지 구축 시도를 노골적으로 드러내고 있다. 이러한 경향은 <수우>에 이어 건설영화사의 두 번째 작품으로 제작된 안진상의 <여명(1948)>[124]에서도 나타난다.

특히 이 영화는 어촌에 근무하고 있는 서로 다른 두 명의 경찰, 즉 모범적

---

123) <바다의 정열>은 1947년 9월 21일 《중앙신문》에 '근일완성'이라는 내용의 광고가 선행되었다. 그리고 1948년 2월 13일 《대한일보》에는 다양한 기술적 어려움의 '바다의 정열 드디어 완성'이라는 기사가 등장한다. 따라서 이 영화의 최종 완성 및 개봉은 1948년으로 보는 것이 합리적이라 할 수 있다.

124) <여명>은 1948년 10월 11일 《국민신문》에 실린 <영화시평 여명을 보고>를 토대로 이 영화의 완성시기를 1948년도로 보는 것이 타당하다.

인 양주임과 그렇지 못한 이순경을 보여준다. 그 중 이순경은 어느 날 밀수범들에게 포섭되어 그들에게 도움을 주게 되지만 양심의 가책을 느껴 양주임에게 자신의 행위를 털어놓음으로써 밀수범들을 체포하도록 한다. 이와 같은 내용은 경찰에 대한 기존의 인식과는 완전히 다른 것이라 할 수 있다. 이것은 항일 독립투쟁을 저지하기 위해 수많은 조선인들을 체포하면서 고문의 대명사로 인식되어 온 경찰이 사회질서를 수호하고 선량한 사람들을 구출하고 양심적인 모습으로의 변신을 시도한 구체적 사례인 것이다.

문제는 이러한 특징의 영화들이 경찰에 의해 매우 전략적으로 추진되었다는 점이다. 예컨대 <밤의 태양>은 1,900만원이라는 제작비와 수도경찰 경우회의 후원을 받았고, <수우>도 1,000만원 상당의 제작비와 제1관구경찰청 후원으로 만들어졌으며, 영화 <여명> 역시 제7관구경찰청의 후원으로 제작되었다.[125] 1947년 무렵부터 1948년에 제작된 이들 영화는 대부분 경찰들이 영화의 주인공으로 묘사되었고, 그 반대편은 밀수 범죄자들로 설정되었다. 이와 같은 내용의 이야기 구조는 단독정부 수립이 이루어지지 않은 미군정 시기의 중요 범죄가 밀수라는 상황 탓도 있지만 무엇보다 악명 높은 친일 경찰로서의 부정적 이미지가 조선(인)들 내부의 문제 속에서 긍정적, 부정적 인물로 설정되었을 때 오히려 경찰에 대한 이미지를 악화 시킬 수 있는 여지가 있었기 때문이었다. 이러한 방식은 "현 과도기 경찰의 헌신적 노력, 희생정신과 경민일치(警民一致)의 결과를 테마로"[126] 정했다는 의도성과 함께 시기적으로는 좌익 세력이 약화되고 제2차 미·소 공위가 실패로 돌아가면서 미군정과 이승만의 남한 단독정부 수립이 가시화되는 시점에서 우익 성향 영화인들의 역할과 무관치 않다고 할 수 있다. 이는 "경찰 측에서 여론관리를 위한 선전수단의 중요성을 인식하고 가장 적절한 프로파간

---

125) 함충범, 앞의 논문, 109-110쪽 참고.
126) 위의 논문, 109쪽.

다라 간주했던 영화제작을 적극적으로 독려, 후원했다는 근거에 의해 추정해 볼 수 있다…… 이것은 통치방식을 정당화하려는 경찰 측과 급변하는 정치상황을 이용하려 했던 제작자의 이해관계가 맞물린 결과임은 분명해 보인다."[127] 이와 같은 시각은 이들 영화의 목적이 치안유지와 여론관리라는 명확한 목적성을 가지고 있었고 "과거 군국주의 영화의 관습에 해방 이후의 사회상이 틈입하고, 당대 유행하던 할리우드 영화의 설정까지 추가되면서 탄생한 선전영화이며 군국주의 선전영화의 형식을 답습하고 있다는 비판과"[128] 함께 "제작자와 경찰의 조화로운 공모에 따른 반공–경찰국가의 건설이라는 목표와 맞닿아 있었다"[129]라는 주장이 설득력을 갖게 되는 이유라 할 수 있다.

그러나 이들 영화는 역설적으로 "애초의 기대와 달리 관객의 반향을 얻지 못하고 개봉과정에서는 미군정과 마찰을 빚으면서 건국 이후 더 이상 제작되지 못했다."[130] 그럼에도 불구하고 이들 영화가 조선인들로 하여금 경찰에 대한 기존의 인식을 재고토록 하여 미군정과 단독정부의 행정 집행력 강화를 목적으로 만들어졌다는 점은 부인할 수 없다는 것이다. 경찰에 대한 인식의 변화를 유도할 필요성이 제기되었던 시점에 이러한 영화들이 등장했다는 사실은 당시 영화가 시대적 흐름의 변화와 일정한 관계 속에 존재하고 있었음을 보여준다. 그러므로 이는 "경찰의 통치권한을 공고히 하고 조선민중에게 경찰에 대한 친밀감을 심어주기 위한"[131] 목표가 내재되어 있다고 보는 것이 타당하다고 할 수 있다. 따라서 이 시기 영화의 흐름 중 하나는 일제강점기 경찰에 대한 원망과 경멸의 이미지와 인식으로부터 벗어나

---

127) 전지니, 「권총과 제복의 남성 판타지, 해방기 경찰영화연구」, 『현대영화연구』 22호, 현대영화연구소, 2015, 77-78쪽.
128) 위의 논문, 77쪽, 98쪽.
129) 위의 논문, 100쪽.
130) 위의 논문, 73쪽.
131) 위의 논문, 98쪽.

비록 거짓으로 위장된 식위의 새로운 이미지라 할지라도 경찰의 역할을 혼란과 탈법, 범죄로부터 수호하는 헌신적이고 양심적인 이미지를 구축하기 위한 목표를 실현하는 것이었다. 그리고 이에 동조한 영화인들이 참여함으로써 이 시기 한국영화의 또 다른 갈래를 형성하였다.

미래에 대한 기대

해방이후부터 단독정부 수립을 거치면서 등장한 이 시기 영화의 또 다른 특징은 어려운 현실을 어떻게 극복할 것인가를 다루거나 미래를 향한 영화들이 등장했다는 점이다. 이러한 경향의 영화들은 주로 과거의 삶을 뉘우치면서 다가올 미래의 희망을 암시하거나, 도시의 냉혹한 현실을 자각하면서 고향으로 돌아가 농촌이나 어촌의 발전에 투신할 결심을 하거나, 어려운 삶 속에서도 진실이 승리하고 인간의 도리를 다함으로써 위기가 극복된다는 교훈적, 계몽적 성격을 가진 것들이다. 이들 영화는 주로 단독정부 수립 전후 만들어졌다는 측면에서 영화에서 묘사된 과거와 현재는 미래를 설명하는 기제로 작용한다. 이와 같은 특징은 최인규의 <독립전야(1948)>에서 비교적 명확하게 드러난다.

영화는 아버지를 죽인 전당포 주인 민가(민동식)에게 복수하기 위해 기회를 노리고 있는 옥란과 송, 그리고 민가로부터 쫓겨난 엄마를 따라 떠났다가 해방이 되자 다시 돌아 온 선희와 누나 옥란을 찾으러 돌아 온 경일로 이루어져 있다. 영화는 이들의 다양한 인간관계와 시대를 영화 속 인물들이 집결하는 장소인 창고를 통해 드러낸다. 그러므로 창고는 그들이 살고 있는 인생극장의 무대로서 등장인물은 배우인 동시에 구경꾼인 셈이다. 따라서 영화는 매우 형식적으로 구조화되어 있다. 이를 통해 영화는 4명의 젊은 이들과 탐욕스러운 전당포 주인 민가와 도둑, 강도, 성범죄자, 술주정뱅이, 노름꾼, 밀수범, 아편쟁이 등 사회에 해악을 끼치는 사람들의 모습을 차례로 보여준다.[132] 여기에 영화 중간 중간 "오늘 밤 무슨 일이 터질 것만 같다" "진짜 광명을 보고 죽어야지"와 같은 말로 단독정부수립에 대한 암시와 그 것의 미래에 대한 막연한 기대감을 갖도록 한다. 이후 영화는 전당포 주인 민가가 칼에 찔려 죽음에 이르자 그동안 얽혀 있던 인물들의 관계가 해소되 면서 4명의 젊은이들에게 자신의 잘못을 뉘우치고 전 재산을 새나라 건설 에 써달라는 민가의 말로 미래의 조선, 대한민국을 상정하면서 마무리 된다.

새나라 건설과 다가올 미래에 대한 기대는 자신의 정체성을 확인하는 과 정을 통해서도 나타난다. 이는 주로 냉혹한 현실을 자각하면서 고향으로 돌 아가 농촌이나 어촌의 발전에 헌신하겠다는 인물을 통해 드러난다. 이와 같 은 특징은 일제강점기 강제징용으로 끌려갔던 젊은 청년이 서울에서 일자리 를 구하려 하지만 여의치 않자 자신의 고향으로 내려가 농촌사업에 일생을 바친다는 전창근의 <해방된 내고향(1946)>[133]과 강제징용으로 끌려갔다 돌아 온 청년들이 어촌으로 돌아가 기존의 불합리한 폐습을 타파하고 새로운 어 촌을 재건해 나간다는 신경균의 <새로운 맹서(1947)>에서 확인된다. 또한 어 촌 출신이 출세를 위해 서울로 왔지만 기생을 만나 향락에 빠져 세월을 보내 고 있는 동안 위독하다는 아버지의 소식을 듣고 다시 어촌으로 내려가 어부 가 되고 기생 역시 직공이 되어 자신들의 진정한 삶의 의미와 가치를 찾게 되 면서 인생도 변하게 된다는 이규환의 <그들의 행복(1947)>도 이러한 유형의 영화라 할 수 있다. 이와 같은 경향은 성악가를 꿈꾸었지만 신인 가수가 되 어 "어둠속을 박차고 감격의 노래를 부르자" "이 땅은 우리들의 파라다이스" 라고 노래 부른 조명구가 사랑에 실패하고 자신의 삶에 환멸을 느낀 후 다시 새로운 삶을 살아가려 결심한 모습을 다룬 최초의 음악영화 유동일의 <푸른

---

132) 함충범, 「1940년대 후반기 한국과 일본의 제작 경향 비교연구」, 『현대영화연구』 24호, 현 대영화연구소, 2016. 279쪽 참고.
133) <16미리영화공사제작 '해방된 내 고향' 완성>, 《중앙신문》, 1946.06.20.-이 신문에서는 영화의 완성과 함께 근일 일반에게 공개하리라는 내용을 보도하고 있다.

언덕(1949)>에서도 나타난다.[134] 이러한 흐름은 대학을 졸업한 주인공이 자신의 고향인 낙동강 근처의 자그마한 농촌으로 돌아와 여교사인 자신의 애인과 협력하여 무지한 마을 사람들의 의식을 일깨워 살기 좋은 마을로 만드는데 전력을 다한다는 내용의 전창근의 <낙동강(1952)>에서도 이어진다.

또한 이 시기에는 한 인물이 예기치 않은 어려운 상황에 처하게 되지만 헌신적인 노력과 진실한 마음을 통해 그로부터 벗어나는 과정을 묘사한 영화들도 등장했다. 전쟁으로 인한 고아들을 선도해나가는 김정환의 <천사의 마음(1947)>과 윤대룡의 <검사와 여선생(1948)>에서 그러한 특징의 전형을 찾아 볼 수 있다.

특히 영화 <검사와 여선생>에서는 이를 여선생 최양춘과 제자 민창선을 통해 드러낸다. 그녀는 어려운 가정형편에도 굴하지 않고 학업에 전념하고 있는 제자 민창선을 안타깝게 여기면서 그를 물심양면으로 돕는다. 그러나 최양춘은 결혼과 함께 학교를 떠나게 되고 어느 날 그녀의 집에 감옥을 탈옥한 탈옥수가 잠입한다. 범인은 경찰에 의해 다시 체포되지만 출장에서 돌아온 남편 박상태는 그녀와 탈옥수와의 관계를 의심하고 그녀를 협박하다 쓰러지면서 자신의 칼에 찔려 사망하게 된다. 이 사건으로 그녀는 살인자로 감옥에 수감되지만 검사가 된 최양춘의 제자였던 민창선이 그녀의 누명을 벗겨주고 그녀를 자신의 집으로 초대하면서 영화는 마무리 된다. 이처럼 영화는 어려운 삶과 상황에 처하게 되지만 불굴의 노력과 진실한 마음을 통해 그것이 극복되는 과정을 묘사하고 있다.

현실과 미래지향적인 교훈적 내용은 이 시기 많은 영화들에서 중요한 부분을 차지하고 있다. 이러한 특징은 주로 특정한 인물이 어린 청소년들을 헌신적으로 돌보면서 미래의 희망을 제시함으로써 사회적 기풍을 다시 세우는 것과도 연결되어 있다.

---

134) <한국최초의 음악영화>,《연합신문》, 1949.06.23.

이를테면 이규환의 <해연(1948)>은 주인공 정애가 모리배 짓을 일삼는 연인 철수를 떠나 감화원의 교사로 지원하여 문제아들을 보살피면서 철수로 하여금 자신의 잘못을 스스로 깨우치도록 유도한다. 이와 같은 경향은 자신이 사랑한 남자가 유부남인 것을 알고 상해로 떠난 후 다시 돌아와 영아관을 세워 어린아이들을 돌보는데 힘쓰는 관장 설과 보모 혜경의 이야기를 다룬 해방이후 한국 최초의 컬러 극영화인 홍성기의 <여성일기(1949)>, 강제징병과 징용으로 희생된 고아들을 보살피는 신경균의 <대지의 아들(1949)>, 그리고 아내와 자식을 두고 원양어선을 타러 나간 아버지로 인해 어머니가 죽고 가족이 붕괴되지만 아버지를 다시 만나 희망찬 내일을 암시하는 이규환의 <돌아온 어머니(1949)>에서도 확인된다. 이러한 내용과 방식은 사회 범죄에 대한 계몽 성격의 영화, 즉 성실한 월급쟁이 주인공이 밀수업과 관련된 친구를 설득하여 자수를 하도록 하는 이만홍의 <끊어진 항로(1948)>에서도 드러난다. 이들 영화와는 다소 결이 다르다고 할 수 있지만 하나밖에 없는 아들을 중학교에 진학시키기 위해 어머니가 개가할 수밖에 없는 안타까운 상황을 묘사하고 있는 김성민의 <사랑의 교실(1950)>[135]도 미래라는 범주 속에 포함된다고 할 수 있다.

이처럼 이 시기의 영화는 불굴의 노력과 진실한 마음이 현실의 어려움을 타개할 뿐만 아니라 미래의 행복을 담보하고 있다는 가치를 강조하고 있다. 이것은 이 시기의 어려운 상황을 객관적으로 인정하면서도 그것의 극복은 인간의 노력과 의지, 진실을 통해 이루어진다는 교훈적인 내용과 함께 미래에 대한 희망을 겨냥하고 있는 것이다. 이런 측면에서 함세덕의 <동승>을 각색한 윤용규의 <마음의 고향(1949)>은 비록 불교라는 종교에 기반하고 있

---

135) <사랑의 교실>은 1950년 3월 5일 《연합신문》의 <사랑의 교실 제작완료>라는 기사와 1950년 3월 8일 《경향신문》의 <영화 사랑의 교실>에서 각각 제작이 완료되어 불일간 시사회를 개최하게 될 것이라는 소식과 함께 내용에 대한 간략한 줄거리를 소개한 후 다양한 극장의 신문광고가 등장하였다. 따라서 이 영화의 최종 제작 및 개봉연도는 1950년이라 할 수 있다.

을지라도 이와 같은 범위 내에 있는 영화라 할 수 있다.

영화는 새벽의 산사 풍경을 배경으로 염불, 타종 소리와 또래의 친구들을 바라보고 있는 어린 스님 도성의 모습으로 시작된다. 도성은 어머니로부터 버림받아 절에서 살고 있다. 여기에 자식을 잃은 서울 아씨가 불공을 위해 이 절을 찾는다. 그녀는 어린 도성을 보고 주지 스님에게 자신의 수양아들로 키우고 싶다는 마음을 전한다. 도성은 서울 아씨를 따라 서울로 가기를 바라지만 어느 날 산비둘기를 죽인 사실이 발각되면서 그의 바람은 주지 스님에 의해 좌절된다. 이후 영화는 서울 아씨 일행이 모두 떠나고 난 후 목탁과 염불소리만 들리는 조용한 산사풍경을 보여주면서 절을 떠나는 도성의 모습으로 마무리된다. 영화에서의 마지막 장면은 다양한 의미를 지닌다. 즉 세속의 인간이 종교에 귀의하기 위해 속세를 떠나듯 도성의 모습은 그 반대로 산사를 떠나 세상으로 귀의하는 것처럼 보여진다. 또한 이것은 종교를 넘어 다가올 새로운 미래 세계에 대한 도전적 의미를 내포하고 있다. 이런 측면에서 이 시기 많은 영화들이 새로운 시대를 겨냥하고 있으면서 자신이 있어야 할 곳과 해야 할 것이라는 정체성 확인에 집중했다면, 영화 <마음의 고향>에서는 어린 도성을 통해 미래세계에 대한 과감한 도전을 강조하고 있다고 할 수 있다.

이렇듯 이 시기의 영화들은 일정한 시대적 흐름과의 상관관계 속에서 그 특징이 형성되었다. 이것은 영화 속에서 한 인물이 과거의 잘못을 뉘우치면서 흩어졌던 공동체가 다시 복원되기도 하고, 당면한 현실의 어려움을 헌신적인 노력과 진실한 마음을 통해 극복하기도 하며, 두려운 마음과 과감한 도전의식을 가진 채 미래 세계로 향하기도 한다. 이러한 과정은 이 시기의 많은 영화들이 내용과 방식에 있어 비록 단순한 전형성을 지니고 있다 할지라도, 그것은 해방과 단독정부 수립으로 이어지는 한국의 현실을 마주하고 극복하는데 가장 효과적인 목표와 수단으로 기능했음을 의미한다.

반공주의 구축

해방이후 북위 38도 이남에서의 반공주의는 미국의 자본주의 이데올로기 이식 목표와 밀접하게 연결되어 있다. 이는 좌익세력과 공산주의자들에 대한 미군정의 다양한 통치 수법을 통해서 이미 확인되고 있다. 여기에 미국에서 귀국한 이승만의 공산주의에 대한 공격과 단독정부 수립, 그리고 6.25전쟁으로 이어진 역사적 흐름은 한국에서 반공주의가 구축될 수 있는 일련의 역사적 조건과 그 과정을 보여주고 있다. 특히 영화에서의 반공주의 구축은 "1947년 8월 15일에 개최하기로 한 '해방기념대회'를 앞두고 미군정이 북위 38도 이남에서 좌익 활동을 금지시킨 것이 결정적 원인이 되었다. 이로 인해 조선영화동맹 위원장이었던 추민이 월북했고 조선영화동맹을 대표하여 미·소공위 대표로 선출되었던 윤상열이 1947년 말 지하로 숨을 수밖에 없었다."[136] 따라서 1948년 8월 15일 단독정부가 수립된 이후 좌익 영화 활동의 근거지였던 조선영화동맹은 이 시기를 기점으로 사실상 와해되었다고 할 수 있다. 이것은 역설적으로 북위 38도 이남의 한국에서 반공주의에 기반한 영화인들이 활동할 수 있는 최적의 공간이 마련되었음을 의미한다. 이는 이승만의 단독정부 수립 전후 반공주의에 기반하거나 표방한 영화들이 증가했다는 사실에서 알 수 있다. 이와 같은 경향은 민주의원(民主議院)과 미군정청 공보처의 제작 후원으로 이승만을 다룬 안경호의 다큐멘터리 영화 <민족의 절규>에서 그 흐름을 엿볼 수 있다.

<민족의 절규>는 1947년, 1948년, 1949년에 걸쳐 총 3편으로 이루어져 있으며 이승만의 업적을 다루고 있다. <민족의 절규> 제1편에서는 이승만의 외교활동을 위한 출국장면 이전까지를, 제2편에서는 38선의 비극이라고 표현된 해방 직후부터 이승만이 미국과 일본, 중국을 방문하고 돌아오는

---

136) 한상언, 「다큐멘터리 <민족의 절규> 연구」, 『현대영화연구』 22호, 현대영화연구소, 2015, 135쪽.

1947년 4월의 '외교성공축하국민대회광경'까지를 담고 있다.[137] 특히 제2편은 우익단체 전국학련(全國學聯)주최의 '반탁투쟁 승리의 밤'에 상영된 것으로 남한만의 반공정부를 수립하고자 하는 이승만과 우익세력들의 입장을 반영하고 있었다.[138] 그리고 제3편에서는 단독정부 수립이후 이승만이 일본을 방문하여 일본군정사령관인 맥아더와 회견하는 모습을 담고 있다.[139] 따라서 <민족의 절규>는 기본적으로 이승만의 정치적 지향과 행위를 중심에 두고 있다. 이런 이유로 이 영화는 해방정국과 단독정부 수립을 거치면서 반공주의를 주도한 대표적 정치인 이승만을 묘사하고 있기에 반공주의와 불가분의 관계에 있다고 볼 수 있다. 이러한 측면에서 미국공보원의 의뢰로 단독정부 수립과 연관된 선거 교육용으로 제작된 최인규의 <인민투표(1948)>[140]도 이와 같은 정치적 기조 속에서 만들어진 영화라 할 수 있다.

반면 반공주의를 직접적으로 표명하고 있지 않으면서 체제의 우월성, 나아가 한국의 새로운 발전과 지향을 통해 이를 드러내는 영화도 등장했다. 이들 영화는 주로 영화의 경제적, 문화적 배경에 근거하고 있다. 예컨대 해방이전 조선의 영화적 배경은 주로 일제에 강점된 조선이거나 일본이었지만 미군정기를 거치고 이승만의 단독정부 수립전후에는 선진국으로서의 미국을 배경으로 한 영화들이 등장했다. 이것은 한국에서의 주체세력이 일본

---

137) 위의 논문, 142쪽, 145쪽 참고.

138) 미군정 공보국 고문 크루-스는 이 영화의 지나친 편향성 때문에 다음과 같은 5가지 이유를 들어 검열 보류와 수정사항을 구체적으로 언급했다. 1. 이 영화를 보는 군중이 지나치게 **되고 자극되어 좌우충돌을 야기할 염려가 있다. 2. 이승만 박사를 지나치게 선전한 점이 있다. 3. *** **을 너무 강조한 감이 있다. 4. 입법국원** 화면을 더 넣어 주어야 하겠다. 5. 고(故) 여운형씨에 관한 화면도 넣어주었으면 좋겠다.-<민족의 절규 검열불통 문화발전 상 심히 우려>, 《민중일보》, 1947.12.31.

139) 한상언, 앞의 논문, 149쪽 참고.

140) 영화 <인민투표> 제작은 1948년 3월 7일 《부인신보》에 게재된 <고려영화협회에서 인민투표촬영>의 기사를 통해 확인된다. 여기에는 5월 총선거를 앞두고 미국공보원의 지원을 받아 선거지도 영화 <인민투표> 촬영에 착수했다는 사실과 4월 중순경 완성을 목표로 하고 있다는 내용이 적시되어 있다. 그리고 이 영화의 결과는 1948년 4월 23일 《대구시보》에 <영화 인민투표 공보원주최로 공개>라는 기사를 통해 확인된다.

에서 미국으로 바뀐 것을 의미하며 동시에 미국의 이데올로기가 한국의 문화와 영화로 스며들고 있었음을 말한다. 이와 같은 흐름을 지닌 영화로는 현대 발레를 미국에 소개하기 위해 제작된 다큐멘터리 영화 최인규의 <장추화 무용집(1948)>과 안철영의 <무궁화동산(1948)>을 들 수 있다.

특히 영화 <무궁화동산>은 하와이 동포들의 정착과정, 다양한 생활과 사업, 그리고 민족애를 잃지 않고 있는 모습과 이승만이 조국의 독립에 헌신했다는 사실, 미국의 선진과학기술, 문명을 소개하고 있다. 따라서 이 영화는 단순히 미국의 선진문명을 소개하는 것에 그치지 않고 그것의 다양한 정치적, 문화적 의미를 내포하면서 자본주의 우월성을 인식시키고 있는 것이다. 이러한 특징은 장황연의 <촌색시(일명 며느리의 설움, 1949)>[141]에서도 나타난다.

영화는 도시에 사는 부잣집 아들인 인철이 시골로 등산을 갔다가 우연히 대학동기를 만나 그의 집으로 가게 되고 그곳에서 친구의 여동생 옥순을 만나 사랑에 빠져 결혼하게 된다. 그러나 인철은 미국으로 떠나게 되고 혼자 남은 그녀는 시어머니, 시누이로부터 온갖 고초를 당한다. 옥순은 이를 더 이상 견디지 못하고 오빠가 있는 고향으로 다시 돌아온다. 그리고 영화는 인철이 미국에서 돌아온 후 그녀를 찾아가 자신의 딸과 함께 나들이를 나가는 장면으로 마무리 된다. 전형적 구조의 영화 <촌색시>는 남편의 부재, 즉 인철이 미국으로 떠남과 돌아옴 사이의 시간에서 벌어진 이야기를 다루고 있다. 문제는 영화의 내용을 이루고 있는 혹독한 시집살이와는 별도로 남편 부재의 공간이 미국이라는 사실이다. 영화에서 묘사되고 있는 실제적 배경 너머에 존재하고 있는 미국의 의미는 단순히 일제강점기 일본에서 미국으

---

141) 현존하는 필름자막에는 제목이 <촌색시(일명 며느리의 설움, 주연, 강계식, 황정순)>으로 되어 있지만 1949년 8월 30일 《영남일보》 광고에는 제목이 <청춘행로(연출, 각본, 장황연, 주연, 강계식, 주선태, 오향문, 황정순)>으로 되어있다. 그리고 영화 <촌색시>는 1958년 박영환 연출, 최은희, 이민 주연으로 다시 영화화되기도 했다.

로의 공간 변화만을 드러내고 있는 것뿐만 아니라 선진 자본주의 국가로서의 이념적 상상을 자극하고 있다고 할 수 있다.

이 시기 반공주의에 대한 직접적 묘사는 단독정부 수립이후 발생한 여수·순천사건을 통해 보편화, 내면화되었다. 즉 1948년 10월 19일 제주도 파병을 앞둔 여수의 제14연대 병사들은 제주도 파병 반대를 외치는 좌익 병사들의 선동에 다수의 병사들이 호응하면서 여수와 순천을 장악했다. 이후 정부는 광주에 토벌사령부를 설치하여 토벌작전을 감행하였고, 반군들은 지리산 등으로 입산하여 빨치산이 되었다. "이승만 정권은 여수·순천사건을 진압하는 과정에서 공산주의자를 동족에 대한 살인을 일삼는 비인간적으로 간주하면서 체제우월성을 선전하였다. 이것은 대한민국의 정체성을 창조하는 과정에서 반공주의 대 공산주의의 구분이 이 사건으로 본격화되었다는 것을 말한다."[142] 이는 내무부와 국방부가 후원하고 김학성, 심재홍 등이 촬영한 기록영화 <여수·순천반란사건(1948)>에서 선명하게 나타난다. 또한 육군본부 작전 교육국에서 직접 제작한 기록영화 <지리산작전(1949)>에서는 여수·순천사건의 주모자로 알려진 김지회와 홍순석의 사살과 더불어, 김지회의 연인이었던 조경순이 체포된 후 그녀가 공산주의의 잔혹성을 폭로하고 참회한 내용이 묘사된다.[143] 이와 같은 다큐멘터리 방식의 반공주의는 극적 요소를 지닌 극영화를 통해서도 나타난다. 홍개명의 영화 <전우(1949)>에서는 북한의 공산정권에 시달린 두 형제가 구사일생으로 월남하여 각각 국군과 경찰에 투신함으로써 멸공전선에 앞장서게 되는 것을 통해 북한 공산주의를 제거해야 할 대상으로 설정하고 있다. 이것은 북한과 공산주의를 적대적 개

---

142) 주철희, 「한국전쟁 전후 반공문화 형성과 그 의미」, 『한국민족문화』 59호, 한국민족문화연구소, 2016. 7쪽.
143) 위의 논문, 10-11쪽.-참고로 1949년 7월 21일 《동아일보》의 광고에는 <지리산작전>으로 되어 있지만 1949년 8월 7일, 8월 9일 《자유민보》의 광고에는 <지리산의 작전>으로 표기되어 있다.

념으로 도식화하여 이념에 대한 체제 우월적 의미를 갖도록 한 것이다. 이러한 방식은 한형모의 <성벽을 뚫고(1949)>에서도 나타난다.

영화는 대학동기이자 처남 매부 사이의 두 인물이 각각 한국의 육군소위와 공산주의자로 묘사된다. 그들은 서로의 이념을 통해 상대를 설득하려 하지만 실패하고 여수·순천사건이 일어나자 서로의 가슴에 총을 겨누게 되는 상황을 맞이한다. 특히 육군소위인 처남 명석이 공산주의자인 매부 영구를 설득하려하지만 매부는 오히려 처남의 가슴에 총을 겨눈다. 이로써 영화는 이념이 가족도 저버릴 수 있다는 공산주의자의 비인간성을 드러낸다.[144]

반면 서정규·안종화의 <나라를 위하여(1949)>에서는 지리산 토벌 과정에서 부상당한 빨치산 대장을 공비 토벌대 간호장교가 성심껏 돌봐주면서 그의 마음을 변화시킨다. 따라서 영화는 인간적 면모를 통해 공산주의자를 교화함으로써 공산주의자들에 대한 심리적 우위를 드러내고 있다. 이와 같은 경향은 북한 동포들의 힘겨운 삶을 보여주고 있는 이창근의 <북한괴뢰집단 뉴-쓰(일명, 북한의 실정, 1949)>에서도 나타난다. 이를 통해 영화는 남한의 체제가 북한보다 우월하다는 것을 강조하고 있다. 북한에 대한 체제 우월적 비판은 1950년에 개봉된 소련에 억류되었다가 풀려난 일본인들과의 좌담회를 통해 북한의 비참한 삶을 폭로한 윤봉춘의 <무너지는 38선>[145]에서 직접적으로 드러낸다. 이처럼 1950년 6.25 전쟁이전까지 등장한 영화에서는 북한정권과 공산주의에 대한 반대를 주로 여수·순천사건, 지리산 토벌 작전, 북한의 실상에 대한 폭로를 통해 묘사되었다.

그러나 국가의 총체적 에너지가 충돌한 전쟁은 이념의 정체성을 보다 단

---

144) 김득중, 『빨갱이의 탄생』, 선인, 2009, 536-537쪽.-<단평, 성벽을 뚫고>, 《경향신문》, 1949.10.31.

145) <무너진 삼팔선개봉>, 《연합신문》, 1950.3.5.-이 신문에서는 서울시 공보과 및 동 선전계 몽대의 후원으로 촬영된 영화 '무너지는 38선'이 드디어 14일부터 23일까지 '시공관'에서 개봉한다는 소식을 전하고 있다. 또한 1950년 3월 5일 《한성일보》에서도 위의 내용을 보도하고 있다.

순한 방식으로 선명하게 드러나도록 요구한다. 영화는 이러한 목표를 위한 수단으로 기꺼이 동원되고 복무하였다. 그러므로 6.25 한국전쟁기의 한국 영화는 전황을 즉각적으로 촬영하고 전달하면서 이러한 본래의 역할을 수행했다.

한국전쟁이 발발한 후 처음 완성된 한국영화는 공보처가 설립한 '대한영화사' 의뢰로 제작 중이던 <아름다운 서울>이 폐허가 된 서울의 기록을 추가해서 만든 이구영의 <아름다웠던 서울(1950)>이었다. 이후 영화인들은 미 공보원(USIS), 공보처, 국방부 촬영대, 공군 촬영대, 해군 촬영대에 속하면서 이들의 기관이 자리 잡은 진해, 부산, 대구 등으로 흩어져 활동했다.

이를테면 진해에 자리잡은 미공보원은 촬영기사 임병호, 임진환, 배성학 등이 소속되어 <전진대한보>와 <리버티 뉴스(1953년 5월 1일부터 전진대한보가 리버티 뉴스로 명칭이 바뀌어 극장에 상영됨)>를 제작했다.[146] 그리고 공보처는 <아름다웠던 서울> 이후 "1952년 부산에서 다시 뉴스영화 제작에 착수, 이를 부정기로 배포하기 시작했고, 1953년 수복 후에 <대한뉴스>로 개명하면서 월 1회 제작하였다."[147] 또한 "1950년 대구에서 발족한 국방부 정훈국 촬영대는 1951년 1.4후퇴이후 부산에 자리를 잡고 <국방뉴스>를 제작했다. 촬영기사 김덕지, 김강윤, 김종환, 김학성, 홍일명, 심재홍, 양보환, 이성춘, 변인집, 그리고 정창화 감독 등이 활약했다. 대구의 공군 촬영대는 홍성기 감독, 정인엽 촬영기사, 신상옥 감독, 전택이, 김일해, 노경희, 황남 등의 배우들이 소속되어 있었다."[148] 이들은 주로 전선에서 촬영된 필름을 기반으로 다큐멘터리 영화를 만들었다. 즉 "1사단의 후원을 받고 서울 수복과정을 담은 <서부전선(윤봉춘, 1951)>과 육군본부의 후원으로 1.4후퇴 당시 서울에 침입한 중공군의 만행을 묘사한 <오랑캐의 발자취(윤봉춘, 1951)>, 육군 포병

---

146) 정종화, 앞의 책, 99쪽.
147) 문화공보부, 『문화공보 30년』, 문화공보부, 1979, 27쪽.
148) 정종화, 앞의 책, 99쪽.

학교 생도들의 생활상과 교육과정을 기록한 <육군포병학교(방의석, 1951)>
가 각각 만들어졌다."[149] 그리고 "국방부 정훈국 촬영대는 1950년 9월 28일
서울 수복을 거쳐 1950년 10월 21일 평양에 도착한 이승만 대통령의 환영
식을 담은 <정의의 진격 1부(한형모, 1951)>와 평양, 함흥 탈환으로 시작해서
1.4후퇴, 1951년 8월 23일 정전회담이 결렬되고 판문점에서 휴전회담이 재
개되기까지의 기록을 담고 있는 <정의의 진격 2부(한형모, 1952)>를 완성했
다."[150] 특히 이 영화는 전쟁의 조짐에서부터 전쟁이후 벌어진 비극적 참상
과 휴전회담에 이르는 전 과정을 묘사하고 있다. 그것은 전쟁발발의 책임자
인 북한, 중공, 소련과 남한, UN, 이승만과의 대립적 구조를 통해 이들을 적
대적인 대립관계로 배치하면서 북한, 중공, 소련을 비난하고 그 반대편에 남
한, UN, 이승만을 민족의 구원자로 묘사하는 신화적 성격의 선전영화의 특
징을 가지고 있다.[151] 1953년에는 1사단의 후원을 받아 낙동강 전선으로부
터 평북 운산에 이르기까지 진격한 국군의 모습을 촬영한 <진격만리(임운학.
1953)>와 해병대의 후원을 받아 중공군과의 치열한 전투를 기록한 <총검은
살아있다(조인복, 1953)>가 만들어졌다.[152]

  국가의 모든 역량이 부딪치는 전쟁기에는 선명한 대립적 구도가 필연적
이다. 그것은 전황을 즉각적으로 전달한 다큐멘터리 영화에서뿐만 아니라
극영화에도 마찬가지이다. 이러한 측면에서 공산당에게 재산을 몰수당한
후 월남하다가 가족을 잃고 국군에 입대한 북한의 대지주인 주인공과 그를
반동으로 선동한 공산주의자가 북한의 기만에 환멸을 느껴 국군으로 귀순
하여 북진대열에 합류하다 죽음에 이르게 되는 영화 손전의 <내가 넘어온

---

149) 위의 책, 102쪽.
150) 정종화, 「한국영화 성장기의 토대에 대한 연구」, 중앙대학교 첨단영상대학원 석사학위
     논문, 2002, 49쪽.
151) 주철희, 앞의 논문, 16쪽.
152) 정종화, 앞의 책, 102쪽.

삼팔선(1951)>도 예외는 아니다. 이러한 형태는 신경균의 <삼천만의 꽃다발(1951)>에서도 확인된다.

영화는 평화롭고 한가로운 풍경의 마을과 아들을 마중 나온 그의 어머니, 애인 순희의 모습이 차례로 묘사되고 곧바로 그에게 입영통지서가 전해진다. 이후 포병학교의 훈련모습, 전선의 전투장면, 부상당한 군인들의 모습을 연속적으로 다큐멘터리 필름과 함께 보여주고 눈을 다쳐 앞을 볼 수 없어 고통스러워하는 주인공 건영과 그를 헌신적으로 보살피고 있는 간호장교 혜영, 아들의 눈을 고치기 위해 병원장을 만나고 있는 어머니의 모습이 이어진다. 그리고 어머니는 자신의 눈을 아들 건영에게 줌으로써 그가 다시 눈을 뜨도록 한다. 영화는 이처럼 전쟁이전의 평화로운 자연과 마을의 일상이 파괴되는 모습을 주인공 건영의 전쟁 참여와 부상, 어머니의 희생을 통해 묘사하고 있다. 이와 같은 형태는 건영의 고통스러운 부상과 어머니의 희생을 초래한 전쟁이전의 평화로움을 누가 파괴했는지의 주체의 문제로 자연스럽게 옮겨가게 된다. 이로써 영화는 건영의 부상으로 상징화되는 전쟁의 고통, 어머니의 희생을 통해 궁극적으로 북한 공산주의에 대한 실체를 다시 환기시키고 있는 것이다. 또한 전쟁기 징병을 피하기 위해 중병에 걸린 것처럼 사찰로 피신한 청년이 스님의 설법으로 인해 자신의 행위를 되돌아보고 자진 입대한다는 윤봉춘의 <성불사(1952)>도 그러한 범주의 영화라 할 수 있다.

이처럼 북한 정권과 공산주의에 대한 선명한 대립적 구조는 단독정부 수립전후와 전쟁기에 집중적으로 만들어졌다. 특히 여수·순천사건은 반공주의가 본격화되는 계기가 되었고, 한국전쟁은 그것을 더욱 내면화하는 계기로 작용했다. 그리고 이것은 공산주의 만행을 고발하고 반공주의 정치체제를 대중에게 선전, 선동하기 위한 일련의 활동이었다.[153] 그것의 방식은 선과 악이라는 단순한 형식으로 영화 속에서 구조화 되었다.

---

153) 주철희, 앞의 논문, 27쪽.

그러나 새로운 수법을 통해 이러한 현상을 벗어나고자 한 영화들도 이 시기에 등장했다. 그것은 전쟁기를 배경으로 하고 있지만 전선의 전황에 토대하고 있는 것이 아니라 후방에서 벌어진 일상의 삶을 통해 묘사되고 있다. 특히 신상옥의 <악야(1952)>는 한국전쟁기의 미군과 관련된 이른바 양공주의 모습을 다루었고, 민경식의 <태양의 거리(1952)>에서는 초등학교 교사 문대식과 서울에서 잘 살던 한 가족이 피난지 대구에서 힘든 삶을 살아가고 있는 모습에도 미래를 희망적으로 묘사하고 있다. 이와 같은 내용과 방식은 마치 이탈리아 네오리얼리즘 수법처럼 실제적 현실을 영화 속에 묘사함으로써 현실에 대한 다양한 판단을 유도하고 있다는 측면에서 의의가 있다고 할 수 있다. 또한 진해의 대한협동영화촬영소의 협찬으로 무명영화연구소에 의해 제작된 전창근의 <낙동강>에서는 낙동강의 평화로운 모습과 낙동강으로부터 비롯된 역사, 문화를 설명하면서 북한에 의해 초래된 한국전쟁을 보여준다. 특히 검은 손으로 상징화된 북한의 침략이 물러가자 낙동강 주변에 다시 평화로움이 찾아오는 장면은 누구에 의해 이들의 평온한 일상과 삶이 파괴되는지를 선명하게 인식하도록 한다.

이 시기 한국영화에서의 반공주의는 선진화된 미국의 다양한 과학기술을 보여줌으로써 자본주의의 우월성을 묘사하였거나 여수·순천사건, 한국전쟁기 냉혹하고 비인간적인 공산주의와 북한 정권의 모습을 대비적 구조를 통해 한국의 체제우월성으로 연결시켰다. 이런 의도된 개념들은 "미군정기에는 미군정청 공보부에서, 정부수립 이후인 1948년에서 1950년까지는 공보처 영화과에서, 한국전쟁이 발발한 1950년에서 1952년까지는 국방부 보도과에서, 그 이후 1952년에서 1955년까지는 국방부와 공보처에서 합동으로 관장하면서"[154] 반공주의라는 이데올로기가 한국사회와 영화에 지속적

---

154) 염찬희, 「1950년대 영화의 작동방식과 냉전문화의 형성과의 관계에 대한 연구」, 『영화연구』 29호, 한국영화학회, 2006, 208쪽.

으로 뿌리내리도록 했다. 그리고 이것의 시도가 이 시기 한국영화의 특징을 결정하는 중요한 요소가 되었다.

4. 맺음말

1945년 8월 15일 주체적인 해방을 맞이하지 못한 조선은 미군정과 소군정에 의해 북위38도선을 기준으로 분할 점령, 통치되었다. 여기에 해방이후 좌익과 우익 사이 민족 내부의 이념 대립은 민족 공동체의 역사를 좌절시킨 또 다른 직접적인 요인이었다. 이것은 분단과 전쟁의 중요한 원인이 되었으며 조선 민족이 이러한 역사적 원인과 책임으로부터 결코 자유로울 수 없다는 것을 의미한다. 이러한 역사적 이행과정 속에서 영화가 현실과 밀접한 관계 속에서 존재한다고 한다면 이 시기의 영화는 일제강점으로부터 해방의 여운이 가시지 않은 해방직후의 상황과 미군정과 소군정이 점령통치한 시기의 좌익과 우익의 이념 주도권 싸움, 그리고 반공을 기반으로 한 단독정부 수립을 거쳐 한국전쟁이라는 역사적 흐름 속에서 그 특징이 형성되었다는 논리는 매우 자연스러운 것이라 할 수 있다.

해방 직후 안중근, 유관순, 윤봉길 등을 비롯한 일제강점기 독립투쟁을 이끌었던 인물들이나 독립운동의 영화화는 이러한 역사적 요청에 부합한 것들이다. 이것은 일제강점기 시기와의 단절과 함께 해방에 대한 민족 주체성의 열망과 결합한 것이다. 이러한 역사적 요청에 부응한 몇몇 영화들이 만들어지기도 하였지만 이 시기는 영화를 제작할 수 있는 근본적 토대가 매우 열악했다고 할 수 있다. 이를 해결하기 위한 방편으로 많은 영화인들은 영화의 국영화를 주장했지만 조선 통치의 주체가 미군정과 소군정에 귀속되어 있기에 이는 사실상 불가능한 것이었다. 여기에 미군정의 통치를 받고 있던 북위 38도 이남에서는 모스크바 3상회의 결과를 놓고 찬탁과 반탁으로 갈린 좌익과 우익의 대결이 이 시기 영화의 방향을 더욱 혼란스럽게 했다. 이런 상황 속에서 미군정은 중앙영화배급사를 통해 미국 영화를 조선의 극장에 무차별적으로 살포하였다. 이것은 영화를 통해 미군정의 목표를 실현하기 위한 하나의 중요한 전략적 수단이었다. 이로 인해 조선의 극장에서는 조선의 독립투쟁 영웅과 사건들에서 점차 미군정 통치에 부합한 영화들, 예컨대 미국의 우월한 모습과 풍경을 배경으로 한 영화들이 주로 상영되었다. 이들 영화들은 미국을 선진문명국가로 소개하면서 자본주의의 우월성을 강조하였다. 이러한 흐름은 북위 38도 이남에서의 좌익과 우익의 주도권 싸움에서 점차 우익의 승리로 마무리 되어가면서 1948년 이승만의 단독정부 수립과 함께 반공주의로 발전해갔다. 이는 친일잔재의 청산을 주장했던 프롤레타리아 영화동맹에서 조선영화동맹으로 이어지는 좌익계열의 영화조직이 북위 38도 이남에서 세력이 와해된 것과 그 궤를 같이 한다. 따라서 이승만의 단독정부 수립은 미국중심의 자본주의, 나아가 반공주의를 기반으로 한 정권의 탄생이었고, 그것은 조선인들의 정체성을 재조정하는 것으로 한국영화가 자본주의, 반공주의에 기반한 영화로 탈바꿈하게 되는 계기가 되었다. 이는 영화감독구락부에서 조선영화극작가협회, 대한영화협의회로 이어지는 이른바 우익의 영화조직을 통해서 확인된다. 그리고 이들 조직과 직, 간접적으로 연결되어 있는 영화인들은 제주 4.3항쟁과 여수·순천사건, 지리산 빨치산 소탕 작전에서 반공주의를 표방하게 하는 견인차 역할을 했고 한국전쟁은 그것을 더욱 견고하게 하였다. 비록 해방에서 분단과 전쟁에 이르는 이 시기의 영화자료가 거의 남아있지 않거나 있어도 불완전한 형태로 인해 정확한 역사적 평가가 어렵다고 하더라도 이러한 흐름은 영화적 특징을 통해 확인되고 있다. 그러므로 이 시기의 영화는 해방이후 미군정과 소군정에 의한 점령, 통치됨으로써 이미 분단과 전쟁의 필연성이 내재된 역사 속에서 독립투쟁의 영웅과 사건의 시기로부터 조선인들의 소박한 자기 정체성과 불확실한 미래에 대한 막연한 기대감을 거치면서 반공주의로 나아가게 된 영화역사라 할 수 있다.

제 2 장

휴전협정,
독재화와 4.19혁명,
문화적 혼돈의 시기

1954-1960

1. 지배이데올로기와 독재화

1953년 7월 27일 휴전이 성립되고 난 이후부터 1961년 5월 16일 군사쿠데타 발생이전까지의 1950년대 한국영화는 한국전쟁의 상처와 이승만의 독재화, 4.19혁명이라는 역사적 과정을 거치면서 형성된 문화적 혼돈 속에 놓여있었다. 이러한 격정적 상황 속에서 이 시기 한국영화는 매우 독특한 경향으로 존재했다. 그것은 민족내부의 참혹한 전쟁을 체험했음에도, 독재화와 4.19혁명을 경험했음에도, 그것을 직접적으로 묘사한 영화는 그리 많지 않다는 점이다. 오히려 이 시기의 영화들은 이러한 역사적 과정을 인간의 욕망과 탐욕으로 연결시키면서 현대화된 가치로 형성된 문화를 통해 일상을 묘사하는데 집중했다. 이것은 해방과 전쟁을 겪으면서 다양한 영화제작 토대의 불완전함이 하나의 원인으로 치부될 수도 있지만, 역사적 과정을 성찰하고 그것의 오류를 확인함으로써 현실과 미래를 위한 하나의 모티프를 제공하는 일반적인 창작 경향과는 다소 그 결이 다른 것이라 할 수 있다. 이와 같은 특징은 이 시기의 한국영화를 직, 간접적으로 견인하고 결정하였던 한국전쟁과 그로부터 발생한 적대적 이데올로기, 그리고 이승만의 독재화 과정과 전쟁이후 내면화된 미국중심의 가치와 문화로부터 벗어날 수 없다는 사실과 연결되어 있다.

특히 이승만에 의한 권력의 공고화, 지속화를 위한 과정은 이 시기 한국사회를 규정할 수 있는 역사적 특징이라 할 수 있다. 그러므로 이 시기는 이승만에 의한 독재화가 구축되는 과정이었으며 이를 위해 반공주의가 주요 지배체제 이데올로기로 동원되었던 것이다.[1] 이것은 분단과 한국전쟁을 거치면서 한국사회에 깊이 내면화된 반공주의 이데올로기가 정치적 상황과 대

---

1) 강만길과 손호철은 반공주의와 함께 반일주의를 1950년대의 주요 지배이데올로기로 언급하기도 한다. 그러나 1950년대 한국영화는 반공주의를 표방한 영화들이 다수를 점하고 있어 반일주의보다는 반공주의가 더 큰 영향을 주었다고 할 수 있다.

상에 따라 이승만에 의해 매우 효과적으로 이용되었다는 것을 말한다. 예컨대 한국전쟁이 끝나기도 전 1952년 부산에서 이승만은 대통령 직선제 개헌을 위해 계엄령을 선포하고 국회해산을 요구하면서 야당국회의원 50명에게 국제공산당의 자금을 받았다는 혐의를 씌우면서 7월 4일 발췌개헌안을 통과시켜 8월 5일 제2대 대통령에 당선되었다. 이후 그는 1954년 3월에 열린 자유당 제5차 전당대회에서 1월 30일 당조직 정비를 통해 자유당을 실질적으로 장악하고 있던 이범석을 비롯한 조선민족청년단(朝鮮民族靑年團) 출신의 족청계를 완전히 일소한 후 자신의 반대파들을 축출하고 자유당을 자신의 직할 전위정당으로 변모시켰다. 뿐만 아니라 이승만은 자신의 종신집권을 위해 기존의 대통령 3선 금지조항을 폐지하기 위한 또 한 번의 헌법 개정을 시도하였다. 이를 위해서는 1954년 5월 20일 실시될 총선거에서 전체의석의 3분의 2인 136석이 필요했다. 이를 관철하기 위해 그는 경찰력을 동원했으며 그 과정에서 경찰들은 정부에 대한 반대를 반공주의와 연결시켰다. 이는 총선이 끝난 후 유진산 의원에 의해 "경찰들이 마을 반장회의 등을 열어 야당을 반정부당으로 공산당보다 더 나쁘고 공산당보다 더 나쁜 야당 후보에게 투표하면 너의 마을은 공산당 소굴로 보며, 너희 마을 표가 120인데 야당 표가 한 표 나오면 너희 부락에 공산당이 하나 있고, 열이 나오면 열이 있다는 것을 증명한다고 협박하였다고 폭로한 것에서 확인된다."[2]

그럼에도 불구하고 선거결과 자유당은 114석에 그치고 말았다. 이를 타개하기 위해 이승만의 자유당은 정치자금 등을 동원해 23명의 무소속 의원을 포섭하여 입당시켰다. 이를 토대로 "자유당은 9월 7일 선거공약을 실현한다는 명분을 앞세워 국회에 개헌안을 제출했다."[3] 개헌안을 제출하면서 이승만은 "개헌에 반대하는 자는 국가시책에 대한 파괴행위자 내지 반역행

---

2) 서중석, 『조봉암과 1950년대 (하)』, 역사비평사, 1999, 783쪽.
3) 강준만, 『한국현대사 산책(1950년대 편 2권)』, 인물과 사상사, 2014, 202쪽.

위자로 간주할 수밖에 없다고 하면서 정부에 반대하는 어떠한 정당이나 단체라도 개헌안의 국민투표 조항에 이의를 제기할 수 없다고 성명했다."[4] 이러한 그의 정치적 협박에도 불구하고 개헌안은 상정되지 못하였다. 이때 등장한 것이 뉴델리 밀담사건이었다. "1954년 10월 12일자 《국도신문》에 보도된 이 사건은 1953년 6월 2일 당시 국회의장 신익희가 영국의 엘리자베스 여왕 대관식에 참석하고 난 후 귀국하던 중에 인도의 뉴델리 공항에서 6.25전쟁 때 납북된 조소앙과 만나 비공산, 비자본주의 제3세력을 규합해서 남북협상을 추진하여 한국의 중립화를 도모하기를 획책한 사실이 있다는 것이었다…… 민주국민당의 정책위원회 부위원장인 함상훈은 '전 민국당 동지들에 호소함'이란 성명서를 발표하여 (자신이 말한) 이 사실을 뒷받침했다…… 자유당은 제3세력의 침투설과 개헌안을 결부시켜서 국가 안위에 관한 중대한 사항은 국민투표로 결정한다는 국민투표제 개헌의 필요성을 역설했다. 개헌에 대한 명분을 국민투표제로 호도하던 자유당으로서는 아주 좋은 기회를 선취하게 된 셈이었다."[5] 이후 "국회에서는 실제로 매카시즘 바람이 불기 시작했다. 국회는 11월 4일 긴급동의로 들어온 남북협상 중립배격 결의안을 통과시킨데 이어, 11월 6일과 11일에도 계속 반공 결의문을 채택했다."[6] 이러한 흐름에 의해 11월 20일 개헌안이 상정되었다. 11월 27일 토요일에 열린 제90차 국회 본회의에서 표결에 들어갔지만 헌법 개정에 필요한 136표에 1표가 모자라 135표로 부결되었다. 그러나 11월 29일 국회는 제91차 본회의를 열어 135표를 사사오입(四捨五入)이라는 해괴한 논리를 들어 개헌안을 통과시켰다. 개헌안이 통과된 후 이승만은 보다 체계적이고 조직적으로 반공주의라는 이데올로기 구축을 시도했다. 이는 민족의 지상과제인 국토통일을 위해 정신교육을 강조한 도의(道義) 교육이라는 교육

---

4) 한배호 편, 『한국현대정치론Ⅰ』, 나남, 1990, 305쪽.
5) 연시중 지음, 김윤철 엮음, 『한국정당정치실록 2권』, 지와 사랑, 2001, 81쪽. 83쪽.
6) 강준만, 『한국현대사 산책(1950년대 편 2권)』, 앞의 책, 205쪽.

정책으로 나타났다. 이로 인해 "1954년부터 반공교육을 핵심으로 하는 도의 교육이 강화되어 초·중·고등학교의 반공교육이 연 35시간 이상으로 의무화되었다."[7] 이러한 내용은 제1차 교육과정(1955-1963)에 제출되었으며, 이는 반공교육과 도의교육을 통해 국가 이데올로기를 수립하려는 의도를 노골적으로 드러내고 있는 것이다.[8] 이것은 반공주의가 이승만의 독재화를 구축하는 과정에서 무차별적으로 동원되었음을 의미한다. 한국사회에서 반공주의는 이승만의 독재화 과정에서뿐만 아니라 심지어 자유당에 대항하여 1955년 9월 19일 창당된 민주당도 자유자본주의와 함께 반공이데올로기 신념을 내세웠다는[9] 점에서 1950년대의 핵심가치였음을 보여주고 있다. 그리고 이는 1958년 12월 14일 야당의 반대에도 불구하고 경찰력을 동원하여 신국가보안법을 통과시키고 1959년 7월 31일 1956년 제3대 대통령 선거에서 30%를 얻은 조봉암을 진보당사건과 연관시켜 간첩혐의로 처형한 사실에서 드러난다. 또한 1960년 3월 15일 제4대 대통령 선거부정에 대한 국민들의 항의와 시위로 인해 희생된 학생 김주열이 마산 앞바다에서 발견되자, 마산 시민들의 분노를 향해 이승만은 '공산당이 들어와 뒤에서 이들을 조종한 혐의가 있다'고 하면서 전국으로 확산된 시위를 반공청년단을 중심으로 한 정치깡패를 동원해 진압하려 했다. 반공주의를 통한 이승만의 독재화는 이에 격분한 대학생들과 시민들이 1960년 4월 19일 일제히 들고 일어나 부정선거를 규탄하자 경찰의 발포로 186명이 사망하고 수많은 부상자들이 발생하고 난 후 4월 26일 이승만의 하야성명으로 막을 내렸다.[10] 이처럼 반공주의는 이승만의 독재화과정에서 정치적 상황, 그 대상에 따라 수시로 동원된 이데올로기였다.

---

7) 김현식, 『색깔논쟁: 한국 사회 색깔론의 생산 구조와 탈주』, 새로운 사람들, 2003, 258쪽.
8) 강진호 외, 『국어교과서와 국가이데올로기』, 글누림, 2007, 61쪽.
9) 강준만, 『한국현대사 산책(1950년대 편 2권)』, 앞의 책, 300쪽.
10) 강만길, 『20세기 우리역사』, 창비, 2009, 312쪽.

　반공주의는 이승만의 독재화 과정에서만 작동된 이데올로기였던 것은 아니었다. 이승만에 의해 4.19혁명으로 출범한 허정의 과도정부에서도 반공주의는 중요한 가치였다. 허정의 과도정부에서는 5대 시책을 발표했는데 그 중에서도 가장 우선한 것이 반공주의 정책을 한층 더 견실, 착실하게 진행시키는 것이었다.[11] 이것은 이후 내각책임제 의결과 함께 7월 29일 총선거에서 민주당이 압승하고, 8월 12일 윤보선 대통령과 장면 내각이 들어섰음에도 반공주의는 이승만의 독재화과정에서처럼 4.19혁명 이후에도 한국전쟁을 경험한 한국사회에서 가장 중요하고 우선적인 지배이데올로기로 남게 되었다.

　반공주의와 함께 1950년대를 지배했던 또 다른 이데올로기로는 자유민주주의를 들 수 있다. 이는 이승만이 자신의 정치권력을 지속화하고 독재화에 이르는 과정에서 대중을 동원하는 기제로서, 정치적 반대세력을 무력화시키기 위한 자신의 통치전략 수단으로서 반공주의가 사용되었던 것과는 다른 개념이라 할 수 있다. 원래 자유민주주의는 국가권력으로부터 개인의 자유를 확보하는 자유주의와 인간의 존엄과 평등을 강조하는 민주주의가 결합된 것으로 공산주의에 대항하는 자본주의 국가에서 채택한 대항이데올로기이다. 그것의 핵심 가치는 사상, 언론, 표현, 집회의 자유라 할 수 있다. 그러나 이러한 자유민주주의 개념과 가치들은 1950년대 한국사회에서 지켜지지 않은 통치이데올로기로 전락했다.[12] 그럼에도 불구하고 자유민주주의는 한국전쟁을 경험하면서 어느 정도 한국사회에 내면화되었다고 할 수 있다. 이것을 견인했던 것은 1953년 8월 8일 최종안이 서울에서 가조인

---

11) 허정 과도정부의 5대 시책은 다음과 같다. 첫째, 반공주의정책을 한층 더 견실, 착실하게 진행시키고, 둘째, 부정선거 처벌대상을 책임자와 잔학행위자에게만 국한하며, 셋째, 혁명적 정치개혁을 비혁명적 방법으로 단행하고, 넷째, 미국의 역할을 내정간섭 운운한 4월 혁명에서의 행위를 이적행위로 간주하며, 다섯째, 한일관계의 정상화를 위해 노력하고 일본인 기자의 입국을 허용한다.-강만길,『고쳐 쓴 한국 현대사』, 창비, 2014, 295쪽.
12) 손호철,「1950년대 한국사회의 이데올로기」,『한국정치연구』Vol.5 No.1, 서울대학교 한국정치연구소, 1996, 48쪽.

되고 1954년 11월 17일 정식 발효된 '한미상호방위조약'을 들 수 있다. 이 것은 한국전쟁기 북한을 상대로 함께 싸운 미군과 미국의 경제지원 등을 통해 풍요롭고 선진화된 미국이라는 나라로 각인된 자유민주주의라는 이데올로기를 한국사회에 토착화시키는데 있어 하나의 계기로 작용했다. 그리고 이는 반공주의의 또 다른 화신처럼 존재한 이승만의 정치권력의 공고화를 위한 기제와 결부되어 있다. 이승만의 끊임없는 반공주의와 북진통일, 국토통일의 주장 이면에는 자유민주주의라는 요소와 연결되어 있기 때문이다. 이것은 반공주의를 외치는 만큼 자유민주주의가 1950년대 한국사회의 이데올로기로 작동되고 있었다는 것을 말한다. 이로 인해 공산주의로부터 남한을 지키는데 결정적 역할을 한 미국은 압도적 힘과 물질적 풍요로움, 현대화, 이른바 선진국가의 상징으로서 한국 사람들에게 깊이 인식되었다. 따라서 반공주의는 이승만이 자신의 권력을 공고히 유지하기 위해 직접적으로 동원된 정치 이데올로기였지만 그것의 다른 모습인 자유민주주의는 전쟁으로 인해 한국인들에게 각인되고 형성된 또 다른 지배 이데올로기였던 것이다. 이러한 경험들은 반공주의가 한국사회에 토착화된 계기가 되었고 미국문화에 대한 숭배주의를 낳았다. 이 시기의 한국영화는 이로부터 형성된 서로 다르지만 동일한 지배이데올로기라 할 수 있는 자장 속에서 반공주의와 미국문화에 대한 우호적 태도라는 독특한 특징이 형성되었다.

2. 재건과 산업화의 시대성

휴전이 성립된 후 한국은 전쟁으로 폐허가 된 시설을 긴급히 복구하고 재건해야 하는 상황에 놓였다. 이것은 재정 투입을 필요로 하는 것이었고 그것의 일정부분은 미국의 경제적 원조에 의존했다. 이는 휴전이후 1953년

8월부터 한국의 국무총리 백두진과 한국에 파견된 초대 미경제조정관 타일러 우드(Tyler Wood)를 중심으로 그 동안 진행되어 왔던 원조협정인 '한미원조협정'[13]과 '한미경제조정협정'[14]에 대한 개정을 위한 회담에서 구체화되었다. 이 회담은 4개월간의 협의 끝에 1953년 12월 14일, 이른바 '백·우드 협약'으로 타결되었다. 타결과 함께 발표된 '백·우드 공동성명서'에는 "한국 산업의 부흥 재건을 성취하여 가급적 속히 대한민국 경제가 자립되도록 함에 있으며, 또 하나의 중요한 목적은 인플레이션 방지의 재정안전 유지에 있다고 했다."[15] 그러므로 이 회담은 실질적으로 한국전쟁이후 한국에 대한 경제적 지원과 정책에 관한 것이라 할 수 있다. 이 시기 한국으로 들어온 미국의 원조는 1953년 194,2십만 달러로부터 시작하여 1954년 153,9십만 달러, 1955년 236,7십만 달러, 1956년 326,7십만 달러, 1957년 382,9십만 달러, 1958년 321,3십만 달러, 1959년 222,2십만 달러, 1960년 245,4십만 달러였다.[16] 이것은 전쟁이후 한국의 복구와 재건이 상당부분 미국의 원조에 의존했다는 것을 말한다.

미국의 지원과 함께 한국정부도 복구와 재건에 박차를 가했다. 그러나 복구와 재건은 1955년을 기점으로 점차 한국정부의 주도로 변모되기 시작했다. 이는 1955년 2월 7일 개정된 정부조직법 제13조에서 '부흥부'를 신설하

---

13) '한미원조협정'은 1948년 12월 10일 한국과 미국이 협상을 통해 원조자금, 원조물자 도입과 사용문제 대한 원칙과 기준이 명시되어 있는 전문 12개항의 협정을 말한다.

14) '경제조정협정'은 1952년 5월 24일 백두진 재무부 장관과 미국의 특사인 클레어런스 마이어(Clarence Meyer) 사이에 이루어진 협정으로 크게 3가지 내용, 즉 유엔군 대여금과 원조물자의 판매대금의 완전한 구별, 한미합동경제위원회 결성, 대여금 결재 조건을 현실적인 외국환율에 의해 결정에 관한 것이다. 이 협정 제정의 근본적 목적은 한국군에 대한 군사적인 지원을 한국 재정이 담당할 수 있는 최대한을 담당하고 그 다음에는 한국 내에서 전재(戰災)로 곤란한 사람들에게 생활을 완화시켜 주자는 데에 있었다.-<한미경제합동회의 경과보고>, 제13회 국회임시회의속기록 제29호, 국회사무처, 1952.09.10, 43-44쪽.

15) 공동성명서, 대한민국 공보처, 주보 No.84, 1953년 12일 16일, 9-10쪽.-이현진, 「제1공화국기 미국의 대한경제지원정책 연구」, 이화여자대학교 대학원 박사학위논문, 2005, 124쪽에서 재인용.

16) 한국은행경제통계시스템, 1963년 경제통계연보(ecos.bok.or.kr)

고 제20조에 부흥부장관의 역할을 산업경제의 부흥에 관한 종합적 계획과 그 실시의 관리·조정에 관한 사무를 장리(掌理)한다고 규정한데서 나타난다. 이후 부흥부는 1956년 비록 실행되지는 않았지만 1957년부터 1961년까지의 5개년 경제발전계획을 수립하였을 뿐만 아니라 "1957년 12월 28일 경제개발을 총체적으로 심의하고 개발의 지침과 경제정책수립에 대한 중추기관으로서 부흥부장관의 자문기관으로 '장기경제개발위원회'를 발족하여"[17] 1950년대 후반 한국의 자립경제 달성이라는 목표 하에 다양한 중장기적 경제 전략을 수립하였다. 그러한 노력 중 하나가 5개년 경제발전계획이었고, 1958년 7월 산업개발위원회에서 작성한 7개년 경제개발계획이었다. 특히 7개년 경제개발계획은 기간이 지나치게 길다는 평가에 따라 실행되지 못하였지만 그것의 대안으로 1959년 12월 발표한 경제개발 3개년(1960-1962)이 등장했다. "경제개발 3개년의 목표는 3년 동안 22.6%, 연평균 5.2%의 경제성장 달성을 목표로 하였다."[18] 이러한 목표와는 별도로 통계가 잡히지 않은 1953년을 제외하고 1954년부터 1960년까지의 한국의 실제 경제성장률은 평균 5.3%에 달했다.[19] 경제우선주의는 1960년 11월 28일 '국토건설사업'이라는 이름으로 댐, 발전소, 도로건설 등을 목표로 400억 환의 대규모 공공사업 계획을 발표한 장면 정부에서도 이어졌다.[20]

이처럼 1950년대에서 1960년까지의 한국사회는 휴전협정이후 미국의 원조와 경제부흥정책을 통해 산업화로 나아가고 있었다. 이것은 재건, 산업화가 이 시기 한국사회의 거대한 시대성으로 인식되었다는 것을 말한다. 이

---

17) <장기경제개발위(長期經濟開發委)>,《경향신문》, 1957.12.29.

18) 부흥부, 산업개발위원회, 1959, 경제개발3개년계획안, 27쪽,-이현진, 앞의 논문, 179쪽에서 재인용.

19) 이 시기 경제성장률은 1954년 7.2%, 1955년 5.8%, 1956년 0.7%, 1957년 9.2%, 1958년 6.5%, 1959년 5.4%, 1960년 2.3%.-통계청,『통계로 본 광복 70년』, Jihan M&B, 2015, 3쪽 참고.

20) 강준만,『한국현대사 산책(1960년대 편 1권)』, 인물과 사상사, 2014, 181쪽.

러한 사회적 기조는 영화도 예외일 수 없었다. 그러므로 이 시기의 영화는 1952년 8월 7일 제정된 '문화보호법'[21]을 통해 문화라는 구체적 범위 속에서 정책의 방향과 성격이 결정되었지만 산업화라는 흐름 속에서 중요한 특징이 형성되었다고 할 수 있다.

휴전협정이후 한국영화가 당면한 과제는 무엇보다 외국영화의 압도적 수입 편수에 비해 몇 십 편의 제작에 불과한 영화의 편수를 늘리면서 경쟁력을 확보하는 것이었다.[22] 이것은 한국영화의 생존력이라 할 수 있는 산업화와 직결된 것으로 한국영화제작에 대한 보다 과감하고 획기적인 조치와 제작 지원 체계 정비의 필요성을 의미했다. 이로 인해 등장한 것이 입장세법을 개정한 것이었다. 이것은 1949년 10월 21일 제정되고 1950년, 1951년 개정되어 국산영화에 적용되고 있던 60%의 고정된 입장세를 1954년 3월 31일 개정으로 전면적인 면세조치를 시행한 것이다. 이는 외국영화의 경우 90%의 입장세를 부과하면서도 국산영화에는 입장세를 면제한 조치였다. 이것은 한국영화와 외국영화를 확실히 구분함으로써 압도적인 외국영화 편수에 대한 대항적 조치의 성격을 지니면서도 한국영화제작의 활성화를 통해 편수를 늘리는 것 뿐 아니라 경쟁력 확보를 겨냥한 것이라 할 수 있다. 국산영화에 대한 이러한 입장세 면세조치는 1956년 12월 26일 개정된 입장세법에서 더욱 강력한 모습으로 등장했다. 즉 국산영화는 여전히 입장세를 면제한 데 비해 외국영화에는 115%로 인상된 입장세를 부과한 것이다. 한국영화에 대한 이와 같은 입장세 면세조치는 서울특별시와 인구 100만 명 이상의 도시와 100만 명에서 50만 명, 50만 명에서 30만 명, 30만에서 10만 명,

---

21) '문화보호법'의 목적은 학문과 예술의 자유를 보장하고 과학자와 예술의 지위를 향상시킴으로써 민족문화의 창조·발전에 공헌하는데 있다고 했다.-국가법령정보센터(www.law.go.kr)

22) 1953년 국내에서 6편이 제작되었던 데 비해 외국영화 수입편수는 119편, 1954년 18편대 114편, 1955년 15편대 120편, 1956년 30편대 143편, 1957년 37편대 134편, 1958년 74편대 222편, 1959년 111편대 212편, 1960년 92편대 208편, 1961년 86편대 105편이었다.-김강윤 외 감수, 『한국영화자료편람(초창기~1976년)』, 영화진흥공사, 1977, 46쪽, 80쪽.

10만 명 미만의 시, 읍, 면, 그리고 가설장소로 각각 구분하여 입장세를 적용한 1960년 1월 12일 입장세법 개정으로 인해 비로소 새로운 변화를 맞이했다.[23] 그럼에도 불구하고 외국영화에 비해 국산영화의 입장세율 우대정책은 지속적으로 유지되고 있었다. 이와 같은 정부의 조치는 국산영화의 보호를 명분으로 영화 제작자에게는 관객이 지불하는 요금 중 거의 절반에 해당되는 금액을 세금으로 내는 대신 그 금액을 가져갈 수 있기 때문에 대단히 유리한 것이었다.[24]

이러한 정부의 특혜 조치에 이어 "1957년 3월 12일 제정된 문교부령 제66호, '영화상영허가수수료징수규정'에서는 신규상영을 권당 400환, 복사판상영은 권당 200환, 재상영은 권당 200환, 예고편상영은 권당 400환의 수수료를 징수했으며, 교육기관 또는 무료로 영사하는 교육용 영화, 뉴스영화, 정부에서 제작 또는 주관하는 기록영화, 국산문화영화는 수수료를 징수하지 않는다고 하였다."[25] 또한 1956년 문교부가 제정한 고시에 의거 우수한 국산영화 제작 장려와 국산영화 보호 육성정책의 일환으로 우수 국산영화에 대한 시상식[26]을 거행한 이후 1958년 4월 16일 문교부 고시 제53호 '국산영화제작 장려 및 영화오락순화를 위한 보상특혜조치'가 이루어졌다. 이러한 조치로 고시된 5개항의 구체적 요건은 1. 우수 국산영화제작자에 대한 보상특혜, 2. 국산영화 수출 장려를 위한 보상특혜, 3. 국제영화제 참가자에 대한 보상특혜, 4. 문화영화 및 수입자에 대한 보상특혜, 5. 우수 외국영화 수입 배급자에 대한 특혜이다. 그리고 우수 국산영화에 대한 보상 내용은 1년에 5편 이내로 한정하면서 선정된 영화에 대해 1편의 외화 수입권을 부여하였고, 수출 장려에 대한 보상은 수출지에서 10일간 이상 공연한

---

23) 국가법령정보센터(www.law.go.kr)
24) 김동호 외, 『한국영화 정책사』, 나남출판, 2005, 165쪽 참고.
25) 국가법령정보센터(www.law.go.kr)
26) 김강윤 외 감수, 앞의 책, 243쪽.

사실과 2,500달러 이상의 외화를 획득한 사실이 입증된 경우 1편의 외국영화 수입권의 특혜를 부여하였고, 국제영화제에 정식 초청을 받고 응분의 성적을 받은 자에게는 외화 1편을 수입할 수 있는 특혜를 주었으며, 4,000피트 이상의 문화영화 3편 이상을 수입하여 국내 극장에서 상영한 자에 대해서는 극영화 1편을 수입할 수 있는 특혜를 주었고, 우수한 외국영화를 수입하여 배급한 자에 대하여 외국영화 1편을 수입할 수 있는 특혜를 주었다.[27] 따라서 이 시기 정부 정책은 한국영화와 외국영화를 명확히 구분하면서 국산영화에 대한 면세조치와 다양한 육성정책으로 1950년대 한국영화제작 활성화에 직접적인 영향을 미쳤다고 볼 수 있다. 이는 1956년까지 30여 편 미만에 불과했던 한국영화가 1957년에는 37편으로 증가했고, 1958년부터는 50편을 훌쩍 넘은 74편이 제작되었으며, 1959년에 이르러서는 111편, 1960년 92편을 기록한 제작편수의 증가를 통해 증명된다.[28]

입장세법과 정부의 육성정책이 이 시기 한국영화제작 활성화에 즉각적이고도 가시적인 결과로 이어졌다면 영화를 포함한 문화관련 정책 전반의 정비 역시 한국영화제작체계뿐 아니라 이 시기 영화의 특징을 형성하는데 적지 않은 영향을 주었다. 그것은 1955년 2월 7일 정부조직법에 의해 영화관련 행정업무가 국방부에서 문교부로 이관된 것으로부터 비롯된다. 정부조직법 제19조에 의하면 문교부장관은 교육·과학·기술·예술·체육·출판·저작권·영화검열 기타 문화행정과 방송관리에 관한 사무를 장리한다고 규정하고 있다.[29] 그리고 1955년 2월 17일 문교부직제가 대통령령 제1000호에 의해 개정되면서 문화행정 및 검열사무가 문교부의 고유권한으로 조정되었다. 제1조에는 정부조직법 제19조가 적시되었고, 제8조 문화국의 예술과는 문학·미술·공예·음악·무용·연극·영화 검열 극장과 예술단체의 지도 감

---

27) 위의 책, 256쪽.
28) 위의 책, 46쪽.
29) 국가법령정보센터(www.law.go.kr)

독 기타 예술진흥에 관한 사항을 분장하는 것으로 규정하고 문교부가 문화 행정의 전반을 주관하게 되었다.[30] 이와 함께 "1956년 2월 9일 대통령령 제 1127호에 의해 공보처가 폐지되고 공보실로 개편되면서 제1조에는 법령의 공포, 언론, 보도, 정보, 선전, 선전영화제작, 인쇄, 정기간행물 및 방송에 관 한 사무를 관장하는 것으로 규정되고, 제4조 선전국에서는 선전영화제작 에 관한 사항을 분장한다는 것으로 정리된다."[31] 이로써 선전영화제작을 제 외한 영화는 1952년부터 국방부와 공보처 합동으로 관리되던 행정업무가 1955년 문교부 예술과로 일원화되었다. 문제는 영화관련 행정업무가 문교 부로 귀속되면서 영화에 대한 통제정책이 이전보다 체계화, 명확해졌다는 사실이다. 특히 이 시기 통제정책의 목표는 비교적 선명했다. 그것은 사상과 풍속에 있었다. 이것의 기준과 방향은 1955년 5월 14일 《조선일보》에 게재 된 다음과 같은 '외국영화수입에 8개항 제한 조치'를 통해 확인할 수 있다.

1. 국가의 위신을 손상케 하고 국가원수의 존엄을 모독할 우려가 있는 것, 2. 국헌(國憲)을 문란케 하는 사상을 고취할 우려가 있는 것, 3. 반정부 반란 및 대량탈옥을 취급한 것, 4. 정치, 외교, 경제, 교육면에 지장을 주고 공익 상 손해를 가져올 우려가 있는 것, 5. 양풍미속(良風美俗)을 문란케 하고 국 민도의를 퇴폐케 할 우려가 있는 것, 6. 위법 파괴 등을 위주로 묘사한 것, 7. 제작기술이 특히 저열한 것, 8. 기타 국민문화의 진전을 저해할 우려가 있는 것.[32]

외국영화수입 8개항 중 사상과 직, 간접적으로 연관된 것은 5항과 7항, 8항을 제외한 나머지 다섯 개 항으로 이념과 정치, 사회질서와 연관된 것으

---

30) 국가법령정보센터(www.law.go.kr)
31) 국가법령정보센터(www.law.go.kr)
32) <양속 해칠 염려 등>, 《조선일보》, 1955.05.14.

로 볼 수 있다. 그러므로 이 시기 한국영화제작에 있어 통제의 범위 중 광범위하게 작동된 것은 사상과 관련된 것이라 할 수 있다. 이것들은 검열이라는 이름으로 반공주의와 반일주의를 강화할 수 있는 범위에 포함되었다. 이는 "영화 및 연극 각본검열에 관한 건(1955.3), 영화검열 요강(1955.4), 외화정책 방향제시(1955.4), 영화검열 기준 초안(1955.5), 외화수입에 관한 임시조치 법안(1955.5), 국산레코드 제작 및 외국수입 레코드에 대한 레코드 검열기준(1955.10) 등 검열에 관한 시행령이 연속 공포되고 검열이 본격화되면서 그 특징이 드러난다."[33] 특히 반공주의에 대한 검열은 단순히 영화에만 국한되는 것이 아니라 "기존의 언론출판, 문학예술뿐만 아니라 학술영역에까지 확대되어 전폭적으로 시행된다. 동아일보 오식사건과 무기정간처분, 『문화세계의 창조』 판금조치 및 국가보안법위반 혐의로 저자(조영식) 구속, 한태연의 『헌법학』 일체 판금조치, 『최신아세아 요도(要圖)』 판금처분, 이동화 교수의 국가보안법위반혐의 구속, 서울중앙방송국 편성계장 노정팔의 국가보안법 위반혐의 구속, 반공영화 <피아골(이강천, 1955)>의 상영금지 등 사회적 파장을 야기한 사상검열이 연달아 감행되었다. 이러한 상황 속에서 영화에서는 영화의 내용(제제 및 주제)뿐만 아니라 제작국가(적성국가 여부) 및 제작자와 연기자의 사상적 성향까지 검열 대상으로 삼거나 마찬가지의 이유로 이미 허가를 통과한 작품을 상영도중에 또는 상영 직전에 보류하는 조치가 빈번하게 발생한 것도 마찬가지 맥락이다."[34] 이는 1956년 문교부에서 문교부 고시 제24호 '공연물 허가 규정 및 공연물 검열세칙'을 제정공포하고 난 이후 7월 21일 새 영화시책[35]이 발표됨으로써 적용 범위가 구체화

---

33) 이봉범, 「1950년대 문화정책과 영화검열」, 『한국문학연구』 제37호, 한국문학연구소, 2009, 424쪽.

34) 위의 논문, 438-439쪽.

35) 영화시책은 검열 지침으로 총 6개 영역인 1. 국가법률, 2. 종교·교육, 3. 풍속, 4. 성관계, 5. 잔학성, 6. 기타로 구성되어있다.-변장호, 「한국의 영화통제와 그 변천에 관한 연구」, 연세대학교 언론홍보대학원 석사학위논문, 2003, 54쪽.

되었지만 사상에 대한 규제 기조는 유지되었다고 볼 수 있다. 이것을 상징적으로 보여준 것이 영화 <피아골>을 용공(容共)으로, 영화 <잃어버린 청춘(유현목, 1957)>을 왜색표절로 낙인찍은 것이다. 이러한 경향은 적어도 4.19혁명이후 문교부가 관장하고 있는 검열이 최초의 민간기구인 '영화윤리전국위원회(映畫倫理全國委員會)'의 발족으로 이관되기 이전까지 지속되었다고 할 수 있다. 특히 사상 검열규정은 역설적으로 이 시기 반공주의에 대한 영화제작의 공간을 협소하게 하였다. 이를 테면 반공으로 분류된 이 시기의 영화는 1953년 1편, 1954년 3편, 1955년 3편, 1956년 0편, 1957년 0편, 1958년 1편, 1959년 1편, 1960년 1편으로 기록된다. 여기에 범 반공주의 성격을 지녔을 것으로 판단된 군사를 다룬 영화는 1953년 2편, 1954년 3편, 1955년 2편, 1956년 2편, 1957년 0편, 1958년 0편, 1959년 0편, 1960년 0편이다. 이를 통해 반공과 군사를 다룬 제작편수를 합친 숫자는 1953년 전체 제작 편수인 6편 대비 3편, 1954년 18편 대비 6편, 1955년 15편 대비 5편, 1956년 30편 대비 2편, 1957년 37편 대비 0편, 1958년 74편 대비 1편, 1959년 111편 대비 1편, 1960년 92편 대비 1편이다.[36] 이것은 한국전쟁이 일종의 이데올로기 전쟁으로서 사상에 대한 경험적 두려움이 내재되어 있는 상황 속에서 사상통제로 인해 이데올로기에 기반한 영화제작 자체를 회피하고자 한 심리로부터 비롯된 것으로 볼 수 있다. 따라서 사상통제의 일환인 검열 규정은 오히려 사상과 관련된 영화제작의 공간을 협소하게 했음을 확인해주고 있는 것이다.

풍속에 대한 규제 역시 외화수입 8개항 중 5항과 8항의 미풍양속을 문란케 하거나 국민문화의 진전을 저해할 우려를 통해 언급된다. 이는 한국전쟁을 거치면서 한국의 문화정체성이 심각하게 훼손되고 있는 혼돈의 상황에서 나타난 현상이라 할 수 있다. 다시 말하자면 이것은 "한국전쟁에 따른 문

---

36) 김강윤 외 감수, 앞의 책, 47쪽.

화변동 및 미국문화의 영향에 따른 문화접변이 교차하면서 새롭게 조성된 당대 문화지형의 재편 양상을 반영하고 있었고"[37] 여기에 대학교수 부인의 일탈을 다룬 1954년 1월부터 8월까지 《서울신문》에 연재된 정비석의 <자유부인>도 하나의 요인으로 작용했다고도 할 수 있다. 그러나 이러한 풍속에 대한 규정은 역설적으로 미국화, 근대화, 대중문화의 이름으로 이 시기 한국영화에 매우 적극적으로 반영되어 나타났다.

이처럼 이 시기의 한국영화는 육성과 통제라는 상호 모순적 상황에 놓여 있었다. 이것은 동시에 문교부의 영화정책 목표가 영화의 산업화와 그것의 사회적 기능에 있었다는 것을 의미한다. 이러한 모순적 상황에도 불구하고 입장세 면세조치로부터 비롯된 한국영화보호와 육성정책은 1950년대 한국영화 활성화의 핵심적 기반이 되었다는 사실은 부인할 수 없다. 이것은 궁극적으로 이 시기 영화가 재건과 산업화라는 기조 속에서 작동되었음을 보여주고 있는 것이다. 그런 측면에서 수많은 관객을 끌어들이면서 한국영화의 상업적 가치를 증명한 이규환의 <춘향전(1955)>은 이 시기 한국영화제작의 활성화와 다양한 영화적 시도를 가능케 한 상징이라 할 수 있다. 이로 인해 이 시기 많은 영화들이 새로운 영역으로 나아갈 수 있었다. 예컨대 1956년 이병일의 <시집가는 날>은 제4회 아세아 영화제에서 특별희극상을 수상하였고, 1957년 김화랑의 <천지유정(天地有情)>이라는 영화는 해방이후 최초로 외국과 합작을 기획했으며, 1961년 1월에 개봉된 신상옥의 <성춘향>은 74일간의 최장기간 상영과 38만 명의 관객동원기록을 수립했다.[38] 이러한 영화의 활성화는 단순히 영화제작에만 국한된 것이 아니라 1954년을 기점으로 《신영화(新映畫)》, 《영화세계(映畫世界)》, 《스크린》, 《현대영화(現代映畫)》[39]와 같은 영화관련 전문잡지의 등장과 다양한 단체들, 즉 영

---

37) 이봉범, 앞의 논문, 425쪽.
38) 김강윤 외 감수, 앞의 책, 35-36쪽.
39) 위의 책, 304쪽.

화제작자 협회 창립(1954년), 대한영화배우협회 창립(1955년), 한국영화감독
협회 창설(1955년), 대한영화배급협회 창립(1955년), 한국영화인단체연합회 결
성(1956년), 문화영화협회 발족(1956년), 사단법인 한국영화제작가협회 발족
(1957년), 한국영화문화협회 발족(1957년), 한국시나리오작가협회 발족(1958년)
이 조직화하는 것에서도 확인된다.[40] 그리고 1956년에는 동양 최대의 규모
를 자랑하는 안양촬영소의 상량식(上樑式)이 거행되기도 했다.

　이 시기의 이 모든 것들이 입장세 면세조치로부터 시작되고 비롯된 영화
의 상업성 획득과 문교부로 단일화된 영화정책과 연동되어 있었다. 비록 영
화에 대한 정부의 사상통제라는 정치적 영역에서의 목표는 존재했지만 한
국영화는 전후 재건과 산업화라는 시대성에서 산업적 가치가 담보되면서
다양한 주제와 소재, 시도를 바탕으로 한 작품들이 만들어질 수 있었다. 이
러한 것들이 이 시기 한국영화 경향성의 토대를 풍요롭게 형성하는데 중요
한 역할을 하였고, 그 속에서 1950년대 한국의 역사와 인물, 사상, 일상의
문화, 풍경이 투영되었던 것이다.

3. 전쟁과 반공주의

　1953년 휴전성립이후부터 1961년 5.16군사쿠데타 이전까지의 한국영
화에서 전쟁을 다루거나 반공주의를 다룬 영화가 한국전쟁을 겪은 경험에
비해 그렇게 많이 만들어지지 않았다는 사실은 앞에서 언급한 것처럼 객관
적 숫자로 나타나고 있다. 그럼에도 불구하고 한국전쟁과 반공주의를 다룬
영화는 민족의 역사적 비극성과 이승만의 독재화와 연결됨으로써 한국영
화역사에서 특별한 의미를 지닌다. 이것은 한국전쟁 자체와 반공주의를 다

---

40) 위의 책, 34-36쪽.

룬 영화가 역사전개과정에서 자연스럽게 등장한 것이면서도 동시에 지배체제 이데올로기와 밀접한 관계 속에서 형성되었음을 의미한다. 이는 한국인들에게 한국전쟁이 반공주의로 재구조화되는 핵심적 요인이라는 것을 말한다. 이것은 두 가지 통로, 즉 "하나는 일반국민들의 전쟁체험을 통한 내면화 과정이고, 다른 하나는 지배계급의 공포와 위기의식을 매개로 한 '불러내기(interpellation)' 과정이다. 이러한 과정을 통해 반공주의는 시민사회 내에 동의체제의 기반을 갖추게 됨에 따라 지배이데올로기로서 등장하게 되었고"[41] 1950년대 한국인들의 의식을 지배했다. 이것은 반공주의가 이승만의 정치권력 공고화와 독재화로 이르는데 중요한 지배 수단이었으며, 이는 이 시기 한국 영화에서 간과할 수 없는 제작의 요건으로 작용하였다. 이러한 시대적 흐름 속에서 1954년에 등장한 한형모의 <운명의 손>은 특별한 의미를 지닌다.

영화는 담배 파이프를 쥔 손의 클로즈업에 이어 또 다시 손, 다리로 연결되면서 계단을 내려가는 남자의 뒷모습과 그가 나가자 곧 바로 문을 걸어 잠그는 여인의 모습으로 시작된다. 이어서 이들을 지켜보는 젊은 남자의 모습이 보인다. 이로써 영화는 형식적으로 감시, 첩보와 관련된 영화라는 것을 드러내면서 이들의 관계를 중심으로 전개된다. 이후 영화는 남한에 파견된 북한 공작원의 두목 박이라는 인물로, 음표로 암호화된 정보를 그에게 전달하는 첩보원 정애(마가렛)로, 그리고 이들을 체포하기 위해 그녀에게 접근한 육군 방첩대 대위 신영철이라는 이름으로 그들의 실체를 드러낸다. 이로써 박은 북한 공산주의 집단을 대변한 인물로, 정애는 그의 지시를 충실히 따른 첩보원으로, 신영철은 자유민주주의 한국의 대변자로 상징화된다. 이 중에서 영화는 박이라는 인물의 손가락에 낀 해골반지를 강조하여 보여주

<hr>

41) 유재일, 「1950년대 한국정당체제의 형성과 그 정치적 의미」, 『사회과학논문집』 제16권 제 2호, 대전대학교 사회과학연구소, 1997, 197쪽.

면서 그에게 공산주의에 대한 특별한 이미지를 부여한다. 반면 박의 지시를 받는 첩보원 정애는 신영철을 만나면서 점차 자신의 행위에 대해 의문을 갖는다. 이것은 박이라는 인물과 정애 사이의 관계가 일정부분 균열되기 시작했다는 것을 말하며, 이는 박이 정애에게 "남조선의 자유에 취했는가", "동무의 국적은 어디인가"라는 이념과 국적에 근거하여 압박하고 통제하려는 시도에서 확인된다. 특히 신영철을 유혹해 아지트로 유인하라는 박의 지시에 정애가 "정치, 공작, 파괴, 공산주의 상투 수단에 싫증이 났다"고 하면서 그의 지시를 거부하는 모습은 파국적인 그들 관계와 함께 공산주의 실체를 보여준다. 그리고 이는 정애의 38선에 대한 근본적 물음으로 이어지고 신영철의 "이 장벽을 뚫고 나가야 한다"는 말로 대응된다. 이로써 영화는 북한 공산주의에 대한 기만적인 모습을 드러내면서 1950년대 한국의 정치적 수사(修辭) 중 하나인 북진통일론과 오버랩 된다. 이것은 정애가 박이라는 인물에 의해 총을 맞고 죽어가면서 영철에게 자신을 용서해달라는 마지막 장면을 통해 공산주의에 대한 자신의 신념과 행위의 오류를 다시 한 번 강조함으로써 1950년대의 지배이데올로기인 반공주의와 북진통일의 정당성을 부각시킨다. 여기에 죽어가는 정애와 영철의 키스 장면이 화제성을 불러일으키면서 영화 <운명의 손>은 반공주의적 내용과 상업적 목적이 교묘하게 절충되었다고 할 수 있다.

영화에서 반공주의는 거짓과 교활함, 위선과 잔인함, 탐욕과 비정함 등과 같은 의미로 이미지화되어 공산주의자들을 묘사할 때 적용된다. 이와 같은 특징은 한국전쟁에서 전사통보를 받은 노모를 찾아가 아들이 북한에 살면서 공산주의자가 되었다는 거짓말을 일삼은 제대 군인으로 위장한 남파 빨치산 박치삼을 묘사한 김기영의 <죽엄의 상자(1955)>에서도 나타난다. 그러나 이 시기 반공주의를 표방한 영화 중 논란의 중심에 있던 영화는 무엇보다 이강천의 <피아골>[42]을 들 수 있다.

영화는 국군의 빨치산 토벌 작전으로 인해 지리산으로 후퇴하는 빨치산들로부터 시작된다. 이어서 화면은 부상당하고 소총을 잃어버린 동료를 가차 없이 살해한 빨치산들의 비정한 모습을 보여주면서 그들의 잔인함과 냉혹함을 묘사한다. 이와 같은 장면들은 영화가 빨치산들을 특정한 형태로 관객들에게 각인시키면서 공산주의자들의 특징으로 연결시키고 있는 것이다. 이러한 표현들을 통해 영화는 빨치산들을 잔혹성, 냉혹성, 비인간성, 이중성, 욕망, 기만 등으로 규정하고 그들의 실체를 폭로하는데 초점을 맞추고 있다. 영화에서는 이를 빨치산 부대의 지휘자인 아가리 대장이 여성대원 오소주를 불러 투쟁력이 약하다고 비판하고 난 후 성적관계를 연상케 한 모습과 빨치산 사령부 사령관 조병학이 아가리 대장에게 공훈장을 수여하는 장면을 연속적으로 보여주면서 그들의 이중성과 기만적인 혁명성을 폭로한다. 여기에 빨치산들의 마을 습격이후 죽창으로 마을 사람들을 죽이라고 강요한 모습, 조병학 부대로 소환되었던 오소주가 어깨에 부상을 입고 다시 아가리 부대로 돌아오는 도중 만수에 의해 강간당하고 죽음에 이르게 되는 장면, 자신의 이러한 행위를 알고 있는 동료 유철을 죽이고 이를 달석에게 누명을 씌우는 만수 등을 통해 욕망, 거짓, 탐욕, 불신에 사로잡힌 빨치산들의 모습이 화면에 적나라하게 묘사된다. 그리고 이들의 실체는 국군의 폭격으로 동굴로 피신한 빨치산 부대원인 애란과 철수를 통해 극적으로 드러난다. 즉 빨치산 부대원들 중 가장 철저한 공산주의자로 인식되었던 애란이 철수에게 귀순을 권고하면서 "이곳은 말 못할 저주와 썩어가는 영혼, 짐

---

42) 영화 <피아골>은 '반공영화로 보기 곤란하므로 치안 상 영향이 미친다고 생각한다'는 내무부의 의견에 따라 1955년 8월 24일 국도극장에서 개봉예정이던 것이 새로운 각도로 재편집하여 9월 23일 재개봉되었다. 이때 수정된 대표적인 것이 하산 하는 애란의 모습에 태극기를 이중 인화하여 그 의미를 명확하게 한 것이다.-이는 1955년 8월 26일 <피아골 상영중지>와 9월 23일 재개봉 소식을 다룬 《동아일보》, 2019년 한국영상자료원 한국영화박물관의 전시기획 자료인 『금지된 상상, 억압의 상처』 29쪽에서 참고하였음.

승 같은 삶, 이 생지옥을 벗어나고자 하나 갈 곳이 없다"고 한탄하는 장면을 통해 빨치산, 공산주의에 의한 세상을 인간이 살 수 있는 곳이 아니라고 단호하게 규정한다. 이후 영화는 부상당한 채로 눈 덮인 산길을 걸어 내려오는 애란의 모습 위로 태극기가 중첩되면서 마무리된다. 이로써 영화는 반공주의를 선명하게 드러낸다. 이러한 의미는 영화의 마지막에서 뿐만 아니라 영화 중간 조병학의 혁명과정에 있어 소련을 우리들의 조국으로 묘사하고 반동분자, 태만분자, 낭만분자를 숙청해야 한다고 하면서 김일성을 언급하는 장면에서, 빨치산 부대원들이 아가리, 조병학, 김일성, 소련으로 이어지는 이른바 공산주의자들이 자신들의 조국을 소련으로 부르고 있다고 한 해방정국이후 지속된 공산주의자들에 대한 비난이 재확인되면서, 그들의 이중성, 기만성, 비민족성에 대한 자유민주주의 체제의 우월성을 드러낸다. 그럼에도 불구하고 치안당국과 내무부는 이 영화가 1955년 8월 개봉되자마자 반공사상을 고취하는 영화라기보다는 일반에 좋지 못한 현혹감만 주게 하는 영화라는 견해를 표명하며 상영을 중지시켰다. 특히 국방부 정훈 국장으로 있던 김종문은 "영화 <죽엄의 상자>와 <피아골>을 향해 각각 적의 공작원 내지는 빨치산을 영웅화하고 공산주의에 대한 적극적 비평이 없다고 비판하면서 일체의 문화 활동은 오직 반공이라는 세계적인 과제를 완수하는 데 기여하는 것이어야 한다고 했다."[43] 이러한 정부의 상영금지조치와 비판은 영화 속에서 공산주의자들에게는 어떠한 인간적 행위도 용납되지 않아야 한다는 사실을 의도적으로 강조하고 있는 것이다. 이데올로기적 시각에 의한 공산주의자들의 모습을 묘사하는 이들 영화와 함께 이 시기는 전쟁을 통해 반공주의를 직접적으로 드러낸 영화들도 등장했다. 이와 같은 경향의 영화는 김홍의 <자유전선(1955)>과 이강천의 <격퇴(1956)>를 통해 확인할 수 있다. 이들 두 영화는 한국전쟁을 대상화하고 있지만 그 방식은 다소 다르

---

43) 한국영상자료원, 『신문기사로 본 한국영화 1945~1957』, 공간과 사람들, 2004, 387-388쪽.

게 묘사되고 있다.

김홍의 <자유전선>에서는 한국전쟁 직전의 이념 대결, 한국전쟁에서의 북한 인민군의 잔인함과 더불어 간호장교가 된 성희의 설득으로 자신의 과오를 뉘우치고 대한민국으로 귀순한 창환이라는 인물을 통해 이념적 우월성을 드러내기도 한다.

반면 이강천의 <격퇴>에서는 전투장면과 함께 군인들의 희생으로 지켜지고 있는 자유로운 대한민국을 묘사함으로써 반공주의를 강조하고 있다.

영화는 한국전쟁기 전략요충지인 베티고지를 두고 중공군과 벌인 치열한 전투에서 영웅적으로 이를 수호한 한국군인들의 희생과 헌신을 보여준다. 이것은 영화에서 전투 장면과 대비되는 장면을 배치함으로써 전쟁의 참혹함을 드러내는 방식을 취하면서 베티고지에 전달된 편지, 사진을 받은 통신병 이강로 하사의 마음을 표현한 에피소드, 즉 그가 잠시 휴가를 받아 기차를 타고 집으로 돌아가는 장면을 통해 나타낸다. 기차를 타고 집으로 돌아가는 이강로 하사의 모습과 기차 밖의 한가로운 시골 풍경, 그리고 아내, 어린 딸과의 재회와 같은 평화롭고 일상적인 장면들은 비록 영화에서 짧은 에피소드로 보여지고 있지만 베티고지를 방어하기 위한 전투의 긴장감, 참혹함을 완화시키는 기능뿐 아니라 전쟁이 무엇을 파괴하고 있는지를 드러내고 있는 것이다. 이후 영화는 부상당한 이강로 하사와 성공적으로 베티고지를 사수하고 있는 김상사의 모습과 함께 "전몰한 영령들이여!" "그대들이 흘린 피에서 새싹은 자랄 것이다"라는 소대장의 말로서 전쟁을 촉발시킨 요인을 다시 한 번 상기시킴으로써 전쟁과 공산주의에 대한 경각심을 강조하면서 마무리 된다. 이처럼 영화에서 묘사된 전쟁은 군인들의 희생, 헌신과 함께 반공주의와 연결되고 있다.

1950년대 반공주의를 중심으로 한 지배체제 이데올로기는 1959년 한형모의 <여사장>에서도 언급된다. 즉 여성잡지사 면접을 보러 온 김춘식을 향해 여사장, 신요안나는 대한민국 청년들이 모두 힘을 합쳐 나라와 민족을 위해 싸워야 할 때이고 삼천만 동포들은 공산오랑캐를 무찌르고 기어코 남북통일을 성취해야하며, 우리 배달 청년들은 백두산 정상에 태극기를 휘날릴 때까지 우리 젊은이들은 싸우고 싸워야 한다고 역설한다. 이와 같은 여사장의 언급은 1950년대 지배체제 이데올로기라 할 수 있는 반공주의, 북진통일을 집약해서 언급한 것으로 볼 수 있다. 북한에 납치되어 강제수용소에 수용된 신학생, 반공청년과 대학교수의 탈출과정을 묘사한 김묵의 <나는 고발한다(1959)>에서도 폭력적이고 냉혹한 비인간적인 북한 체제의 실상이 폭로된다. 반공주의는 비록 코미디적 요소를 지니고 있지만 "공산침략이 날로 심화되어 갈 때 우리는 끝끝내 싸워야 할 것"을 언급하면서 훈련소의 훈련과정을 묘사한 김화랑의 <홀쭉이 뚱뚱이 논산훈련소에 가다(1959)>에서와 1960년 <울려고 내가왔던가>에서 주인공 태연이 연인 성실에게 38선을 넘어올 때 북한공산주의자들의 총격으로 살해당한 아버지를 기억하면서도 드러낸다.

　이처럼 이 시기는 전쟁과 반공주의를 직접적으로 다룬 영화가 상대적으로 많지 않았던 것에 비해 그것의 목적은 비교적 선명하게 묘사되었다. 이것은 전쟁이후 역사적 이행과정 속에 나타난 자연스러운 현상일 수도 있고, 또는 지배체제 이데올로기와 연관되어 있다고도 할 수 있다. 1950년대는 해방이후 격렬한 이념투쟁의 여파가 지속되었고 한국전쟁을 경험한 상태에서 전쟁과 반공주의에 대한 묘사는 특별한 현상이 아니었다. 이는 1954년 이강천에 의해 나운규의 <아리랑>을 제목과 이야기 구조, 주인공 이름을 그대로 두면서 시기를 일제 강점기에서 한국전쟁기로, 인물을 공산당원과 미군으로 대체하여 번안, 각색한 영화로 만들었던 것에서 반공이면 모든 것이 이해 된 당시의 풍토를 말해주고 있다.[44] 이 시기 등장한 많은 영화들에서

----

44) 김화, 『이야기 한국영화사』, 하서, 2001, 199쪽.

이러한 역사적 경험들은 반공주의와 직, 간접적으로 연관될 수밖에 없었다. 이승만의 독재화 과정 속에서 반공주의가 지배체제 이데올로기의 전형으로 다뤄지게 된 것은 시대적으로 자연스러운 현상이었으며 부인할 수 없는 사실이었다.

4. 전환기의 혼돈과 서로 다른 일상들

숭배된 미국문화

한국영화에서 나타난 이 시기 특별한 특징 중 하나로는 미국문화에 대한 숭배적 경향을 들 수 있다. 이것의 직접적 이유는 한국전쟁에서 미국의 역할과 전쟁이후 미국의 경제적 지원이 적지 않은 영향을 미쳤다고 볼 수 있다. 특히 경제적 지원은 한국인들에게 미국을 선진국으로 각인시키는데 실제적 요소가 되었고, 이는 해방이후 한국의 극장가를 지배해왔던 미국영화가 그러한 인식을 고취시키는 첨병 역할을 했다고 할 수 있다. 이것은 한국의 산업화정책과 맞물리면서 "미국적인 것을 빨리 받아들이는 것이 바로 그 시대의 삶에 가장 잘 적응하는 것, 동경할 만한 첨단 유행의 삶을 사는 것, 곧 부유하게 잘 사는 것이라는 판단으로 이어졌다."[45] 이로 인해 미국과 연관된, 혹은 미국문화로부터 비롯된 것들은 선진화, 현대화의 상징으로 인식되면서 한국의 사회와 문화에 빠르게 스며들 수 있었다. 따라서 미국의 문화를 흉내 내거나 모방하는 행위는 이 시기 한국사회에서 최고의 선진적인 현대문화를 향유하는 것이었고 한국인들 스스로의 선진성, 현대성을 증명하는 요소로 작용했다. 이러한 현상들은 한국의 지식인, 중산층으로 퍼져나가기

---

45) 이영미, 『한국대중가요사』, 민속원, 2009, 160쪽.

시작하였고, 이후 대중문화, 그중에서도 영화에서는 필수 불가결한 요소 중 하나가 되었다. 이것을 가장 직접적으로 드러내고 있는 것이 서구의 생활양식 모방과 영화 속 인물에 의한 영어의 사용이다. 그 중에서도 영화 속 인물들의 영어 사용은 한국 역사와 풍속을 다룬 영화를 제외한 이 시기 많은 한국영화에서 나타난 하나의 진풍경이라 할 수 있다.

이러한 특징은 한형모의 <운명의 손>에서부터 나타난다. 영화에서는 이를 북한 공작원 정애가 도둑으로 몰린 신영철을 치료해주고 그에게 빵과 차, 위스키를 권하는 그녀의 서구식 생활양식과 그들 사이의 대화에서 등장한 휴메니틱, 센티멘탈 이라는 영어를 통해 드러난다. 이것은 북한의 첩보원 정애를 현대 여성으로 위장하기 위한 것일 수도 있지만 미국에 대한 한국 사회의 문화적 흐름에 편승한 하나의 현상이라고도 할 수 있다. 미국문화에 대한 이와 같은 경향은 정비석의 소설을 토대로 만든 1956년 한형모의 <자유부인>에서 노골적으로 드러난다.

영화에서 이것은 장태윤 교수의 부인 오선영의 불륜 행위와 함께 미국의 가치를 상징하는 문화적 요소라 할 수 있는 영어의 사용으로 나타난다. 이는 미국인과 근무하는 타이피스트 미스 박이 장태윤 교수에게 한글을 가르쳐 달라고 부탁한 후 이를 수락한 그에게 커피 선물을 건네면서 원어민 같은 영어 발음으로 '프레젠트'라고 하는 장면에서뿐만 아니라 영화 곳곳에서 난무한 굿 나잇, 프렌드, 굿 모닝, 베리 굿 등으로 확인된다. 이러한 영어 사용이 미국에 대한 숭배주의적 태도와 연결된 지점은 밀수 브로커 무역회사 사장인 백광진이 외국제 화장품 중 최고품을 주문하자 양품점에 취직한 오선영이 그러면 미국제 '넥스파타'라고 말한 장면에서 증명된다. 본래 양품점은 서양 물건들을 파는 곳이지만 그곳에서의 최고는 미국제라는 것을 백광진과 오선영이 확인시켜 주고 있는 것이다. 또한 오선영의 친구인 최윤주는 백광진의 소풍가자는 말을 '피크닉'이라고 하는 것이 더 좋다고 하면서 정정하는 장면을 통해서도 묘사된다. 이처럼 영화는 양품점, 외국인 회사, 무역회사 등과 같은 서구와의 관계를 가지면서 미국문화에 대한 모방적, 숭배적 현상을 미국이라는 나라와 영어로 나타낸다. 이것은 미국문화가 현대적인 최고의 서구문화를 대표하고 있는 것으로 미국을 흉내내고 모방하는 것, 미국제를 사는 것은 마치 자신을 현대적이고 최고의 선진 문화와 동일시하도록 강제하는 것이라 할 수 있다. 영어의 사용이 미국과 미국문화에 대한 한국인들의 숭배적 태도를 내포하고 있다는 사실은 휴일 하루의 풍경을 다룬 이용민의 <서울의 휴일(1956)>에서도 드러난다.

영화는 뷔너스 산부인과 여의사인 남희원이 신문기자인 남편 송재관과 휴일을 함께 보낼 계획을 세우지만 그의 동료로부터 걸려온 살인사건 제보 전화로 인해 그녀의 계획이 수포로 돌아가는 내용을 담고 있다. 이런 이유로 영화에서는 휴일 하루 동안 이들 부부에게 일어난 다양한 에피소드들이 다루어진다. 이 영화에서도 예외 없이 영어는 등장한다. 영화의 시작 자막이 등장하기 전 보이스 오버 내레이션으로 "이맘때면 라쉬 아워로 사람이 많을 텐데, 오늘은 텅텅 비었다"고 하는 휴일의 풍경을 설명하는 장면과 휴일을 함께 보내기 위해 아직 일어나지 않고 침대에 있는 남편을 부인이 재촉하자 그가 "시간을 엔조이 하고 있다"고 말하는 모습, 그의 말에 부인이 그를 향해 '에고이스트'라고 하면서 오늘 '프랜'이 틀어지고 말거라고 한 말을 통해 드러난다. 문제는 이들의 영어 사용이 세대적 변별성과 특별한 전문적 지식인에 의한 계층적 성격을 내포하고 있다는 사실이다. 이것은 이들 부부와 반대되는 성향의 부부, 즉 남편이 먼저 부인에게 휴일을 함께 보내자고 한 옆집의 중년부부 사이에서는 어떠한 영어도 사용되지 않고 오히려 전통적인 노래인 <태평가>가 흘러나오는 것에서 알 수 있다. 또한 신문기자인 송재관에 의해 살인사건이 해결되고 산부인과 여의사인 남희원에 의해 범인 부인의 출산이 순산으로 마무리되고 난 후 하루 동안 그들 사이의 오해가 해소되는 순간 서양의 클래식 음악이 흘러나오는 장면을 통해서도 확인된다. 이로써 영화 <서울의 휴일>은 영어사용으로 사회적 계층성을 구분하면서 그것을 선진적이고 전문적인 지식인의 문화영역으로 규정하고 있다는 것을 알 수 있다. 이것은 한정된 몇 마디 영어 사용에도 불구하고 영어가 한국인들 사이에서 문화적 우월감과 세대적 구별화를 드러내고 있는 하나의 현상으로 작용했음을 의미한다. 이러한 기조는 한형모의 <청춘쌍곡선(1956)>에서도 나타난다.

영화는 대학동기로서 너무 많이 먹어서 병이 생긴 무역회사 사장의 부잣집 큰아들인 뚱뚱한 부남과 너무 못 먹어서 병이 생긴 가난한 집의 명호가 각자의 병을 치료하기 위해 의사의 처방에 따라 2주일 동안 서로의 삶을 바꿔 생활하게 되면서 겪게 되는 에피소드를 다루고 있다. 여기서도 미국과 서구에 대한 우월적 시각이 드러난다. 즉 부남이 의사에게 '약이 국산품이라서 잘 듣지 않은 것 아니냐'고 하는 투덜거리는 장면과 명호가 부남에게 '화장품도 미제'냐고 묻자 '불란서제'라고 답한 장면에서 나타난다. 이처럼 미국을 비롯한 서구의 문화는 단순히 현대적 문물을 지칭하는 것뿐만 아니라 계층적, 문화적 우월성을 드러내는 하나의 기제로 사용되고 있음을 알 수 있다. 영어가 미국과 현대의 문화적 상징성을 지니고 있는 것은 이병일의 <자유결혼(1958)>에서도 나타난다.

고박사집의 딸 세 명의 연애와 결혼관을 다루고 있는 이 영화는 첫째 딸 숙희의 결혼식 장면으로 시작한다. 신혼여행에서 숙희가 신랑 승일에게 오늘 무슨 날이냐고 묻자 그는 "더 베스트 데이 오브 아워 라이프"라고 대답한다. 또한 고박사 부부의 아들 광식이 영어 과외를 하는 장면과 둘째 딸 문희가 가난한 문학청년 가정교사, 준철을 사랑하고 있다는 사실을 알고 난 후 그를 내보내려 하지만 '휴메니티' 때문에 쉽게 결정을 못하는 고박사 부부의 모습을 통해서, 그리고 셋째 딸 명희를 두고 미국 유학파 사업가인 박완섭과 아버지의 조수인 송영수 사이에서의 태도, 즉 박완섭이 명희의 의상을 보고 양장이 잘 어울린다고 하고 자신은 결혼하게 되면 남성과 여성의 권리를 동등하게 하려 한다고 하면서 '레이디 퍼스트'라고 하자 송영수의 "요새 유행어군요"라고 내뱉는 말을 통해 드러낸다. 이것은 이 시기 한국사회에서 미국의 문화가 유행처럼 보편화되어 있음을 보여주고 있는 것이다.

또한 교통사고로 죽음에 이르다 다시 살아 돌아와 새로운 인물로 삶을 살아가게 된 젊은 트럭운전수의 모습을 코믹하게 묘사한 정일택의 영화 <백만장자가 되면(1959)>에서도 엔조이, 엑사이팅, 센티멘탈, 탱큐, 휴메니티 등과 같은 영어가 빈번히 사용된다. 영어가 서구문화를 대표하고 있는 것처럼 간주되고 묘사된 것은 한형모의 <여사장>에서도 나타난다. 즉 여성 잡지사 직원을 뽑기 위한 면접에서 여성 면접관이 남자 면접대상자에게 '투비 오아 낫 투비'가 어디서 나오는지 묻자 일본식 발음으로 '하므렛'과 '로미오와 주리엣'에서 나오는 말이 아닌지 하고 대답하는 장면을 통해 영어사용과 서구문화에 대한 한국사회에 퍼져있는 이 시기 강박관념을 엿볼 수 있다. 이는 아버지 세대의 이루지 못한 사랑으로 얽히고설킨 자식 세대의 서로 다른 사랑의 관계를 묘사한 이용민의 <고개를 넘으면(1959)>에서도 젊은 연구자들 모임의 박철규와 한설희의 대화에서 '오버센스'라는 영어가 사용되고, 해남 대흥사로 놀러간 한설희의 사촌 오빠 미스터 한이 한밤중 다리 위에서 새삼스럽게 연구실이 그립다고 하자 영옥은 그를 향해 대단한 '홈 시크'라는 말을 통해 드러난다. 이러한 현상은 일제강점기, 한국전쟁, 4.19혁명의 역사를 배경으로 한 김수용의 <돌아온 사나이(1960)>에서 제약회사의 비서가 박남호를 '굿 모닝 써어'로 부르는 장면에서도 나타난다. 또한 권영순의 <표류도(1960)>에서는 통역관인 최영철이 미국인과의 대화하는 장면에서, 박성복의 <해바라기 가족(1961)>에서는 부유한 집의 딸인 대학교 졸업반 영애의 하우 두 유 두, 엑스큐즈

미, 굿모닝 에브리바디 등의 영어를 사용하는 것에서 미국에 대한 숭배적 태도는 절정에 이른다.

이처럼 이 시기의 많은 영화들에서 서구의 생활양식과 영어는 하나의 배경으로 묘사되기도 하고 의도적으로 사용되기도 하였다. 이와 같은 특징들은 주로 지식인, 중산층 집단에 속한 사람들의 일상에서 나타난다. 문제는 서구의 생활양식과 영어의 사용이 단순히 문화와 언어만의 문제가 아니라 전쟁과 경제적 원조로 인해 형성된 미국의 이미지를 선진문화, 현대화의 상징으로 한국인들에게 인식하게 하여 미국과 미국문화 나아가 서구문화에 대한 숭배감을 유발하게 하였다는 점이다. 이로 인해 이 시기 한국영화는 미국에 대한 한국인들의 막연한 동경심을 자극하면서 미국과 서구문화가 한국의 일상에 빠르게 뿌리내리도록 하는데 중요한 역할을 하였다. 이러한 시대적 흐름을 이 시기의 영화는 적극적으로 반영하면서 주도했다고 할 수 있다.

경계사이의 여성

이 시기 한국영화에서는 여성을 서로 다른 다양한 시각을 통해 묘사하고 있다. 이것은 이 시기가 전통적 가치와 현대적 가치가 충돌하고 있다는 것을 말하며 전자는 남성 우위의 시각에 토대한 가부장적 사회 속에서 형성된 여성에 대한 이미지일 것이고, 후자는 한국전쟁이라는 역사적 사건을 거치면서 외래로부터 유입된 문화와 무관하지 않은 여성에 대한 이미지일 것이다. 이 두 가지는 분리된 채 독립적으로 존재하는 것이 아니라 과거에서 현재로의 시간 이동 과정 속에서 때론 중첩되고 일그러지기도 하면서 형성되었다. 이것은 여성에 대한 한국사회의 시각이 과거와 현재 사이에서의 끊임없는 연속성과 균열이 동시에 존재하고 있음을 의미한다. 이런 과정 속에서 형성된 여성에 대한 가치와 판단은 한 사회의 일반적 시각을 형성하고, 그것이 문화적 관점으로 전이되면서 문화적 생산으로 이어지고 있는 것이다. 특히 이 시기의 한국에서는 일제강점기, 해방, 전쟁을 거치면서 미국을 비롯한 다양한 서구의 외래문화가 유입되면서 새로운 형태의 문화적 가치와 요소들이 혼재되어 나타났다. 이것은 한국사회에서 여성의 역할 변화를 가져왔을 뿐만 아니라 그것의 가치가 재조정되는 상황을 맞이했으며, 이는 이 시기 여성에 대한 시각이 시대 흐름의 균열이 발생하는 경계지점 그 자체에 머물러 있음을 말한다. 이와 같은 형태, 즉 역사적 이행과정 속에서 나타난 이러한 서로 다른 균열적 현상들은 한국전쟁 이후 1950년대 한국 영화 속에서 다양한 모습으로 드러나고 있다. 그 중에서도 미망인에 대한 묘사는 이러한 현상의 전형적 형태라 할 수 있다.

미망인이라는 말은 원래 남편을 따라 죽지 않은 여성을 일컫는 부정적 의미를 내포하고 있다. 이것은 한국전쟁으로 희생된 남편을 대신해 여성이 한국사회에서 살아간다는 것이 온갖 부정적 시선과 마주해야 할 어려운 상황에 직면하게 됨을 의미한다. 이들에 대한 한국사회의 부정적 시선은 이 시기 한국영화에서 그대로 재현된다. 특히 한국 최초의 여성 감독인 박남옥의 영화 <미망인(1955)>에서는 미망인에 대한 이러한 부정적 시각의 다양한 측면들이 묘사되고 있음을 엿볼 수 있다.

영화는 이른 아침 학교에 가지 않으려는 어린 딸을 달래서 학교로 보내는 엄마, 이신자의 모습으로 시작한다. 이어서 화면은 한 여자가 갑자기 이신자의 집에 찾아와 자기의 남편과 연애하지 말라고 야단치는 모습을 보여준다. 이신자는 6.25때 죽은 남편의 친구이자 그녀의 남편 이성진 사장으로부터 일정한 경제적 지원을 받고 있는 처지이기에 그 여자로부터 수모를 당하고 있는 것이다. 문제는 이성진이 이신자를 도우면서 그녀를 점차 좋아하게 되었다는 사실이다. 이것은 그들의 관계가 경제적 도움과 애정이 혼재되어 있음을 의미한다. 그러나 이신자는 어느 날 뚝섬 강변에서 우연히 자신의 딸을 구해준 젊은 남자 택과 연인 관계로 발전하게 된다. 그리고 이는 레스토랑에서 이성진의 부인과 젊은 남자 택, 이성진과 이신자의 식사 장면을 통해 그들 관계의 복잡성을 드러냄으로써 이신자에 대한 부정적 시선을 드러낸다. 영화는 그것의 이유에 대한 변론을 이신자와 동거하고 있는 택의 아이 아버지 존재에 대한 물음에 "한국전쟁이 가져갔다"라는 이신자의 대답을 통해 제시한다. 이는 택이 전쟁 때 헤어진 사랑하던 애인 진을 다시 만나고 난 후 그녀와 함께 하면서 영화는 그것의 이유를 다시 한 번 환기시킨다. 그러므로 이신자와 택의 관계는 둘 다 한국전쟁의 상처로 형성된 관계이다. 이것은 택의 애인이었던 진의 등장과 이성진과 그의 부인의 관계가 다시 복원되면 그들의 관계는 변화를 맞이할 수밖에 없는 구조임을 의미한다. 비록 택이 이신자를 잊지 못해 그녀를 다시 찾아오고 그녀는 그를 피하면서 괴로워하는 모습으로 영화는 마무리되지만 이신자는 여전히 혼자 남겨진다. 이는 이신자가 영화 속에서 이성진과 택의 질서를 깨트리는 인물로 묘사되고 있는 것이며, 그것의 결과는 그들이 정상적 관계로 회복되었을 때 버려지는 존재로서 위치지워진 미망인인 것이다. 결국 이신자에게는 그들과의 복잡한 관계를 통해 남편의 부재로 자식을 희생시키면서 자신의 욕망을 향해 가는 여인으로서의 부정적 모습만 남게 된다. 이것은 영화 속에서 미망인이라는 제한된 범위 속에서 특정한 여성을 묘사하고 있지만 그것의 부정적 의미는 전통적 가치의 여성에 대한 도덕적 개념으로부터 결코 벗어나지 않고 있음을 말하고 있는 것이다.

정상적 가족관계에서 이탈된 여성에 대한 부정적 이미지는 한국전쟁과 여성의 운명을 연결시킨 신상옥의 <지옥화(1958)>에서 전쟁으로 부모를 잃고 이 일을 하게 되었다는 양공주 주리에게서도 나타난다. 이는 그의 영화 <동심초(1959)>에서 보다 직접적으로 묘사된다.

영화에서는 이를 전쟁미망인 이숙희를 통해 묘사하고 있다. 그녀는 전쟁으로 남편을 잃고 경희라는 딸과 함께 살고 있다. 여기에 출판사 사장 딸 옥주와 약혼한 김상규는 자신의 누이의 친구인 이숙희가 양품점 사업 실패로 어려움에 처하게 되자 자신의 집을 팔아 돈을 마련해줌으로써 그녀를 돕는다. 이러한 사실을 알게 된 이숙희는 자신의 집을 팔아 상규에게 빚을 갚고자 한다. 그러나 서로를 향한 그들의 마음은 사회의 편견, 의식으로부터 자유롭지 못하다. 이를 이숙희는 전쟁미망인이 사회에서 정상적으로 살아가기 쉽지 않다고 하면서 세상의 눈이 무섭다고 하고 남의 눈을 피해야 하는 운명이라면서 자신을 동정하는 척 하면서 감시한다고 토로한다. 이러한 사회적 인식 때문에 이숙희는 김상규의 사랑을 받아들이지 못하고 떠나고 만다. 이로써 영화는 여성에 대한 전통적 시각에 의한 남편이 부재한 전쟁미망인에 대한 엄격한 사회적 시선들을 언급하고 있다.

문제는 한국전쟁으로 초래된 역사적 현실, 즉 당시 "보건사회부에서 발표한 1957년 10월 말 현재 전국의 미망인 수가 55만5,022명이고, 이중 3만4,874명의 독신자를 제외한 나머지 미망인들이 부양하고 있는 부양가족의 수는 무려 91만6,273명에 이른다는 것이다.[46] 이러한 역사적 상황에도 불구하고 당시 많은 사람들은 도덕적 시각에 근거해서 이들을 편향적으로 바라보고 있었다. 예컨대 이명온은 1954년 월간 《신천지》 7월호에 '민주여성의 진로'라는 글에서 "이국인에게 매음을 하는 여성이 전재(戰災) 여성의 대부분이라는 것은 민족적인 수치이다"[47]라고 하였고, 정충량은 1955년 월간 《여성계》 9월호에 쓴 <전쟁미망인의 생활고와 성문제>라는 글에서 "흔히 시골서 이성과의 접촉이 없는 미망인은 같은 족속간의 정통(精通) 사건이 일어나서 가풍을 문란케 한다……(그리고) 동족사이의 란륜(亂倫)은 더 큰 사회 범죄의 온상이 될 수 있다고 했다."[48] 이들의 우려의 시선은 전쟁으로 인해

---

46) 여성사 연구모임 길밖세상 지음, 『20세기 여성 사건사』, 여성신문사, 2001, 124쪽.
47) 이명온, <민주여성의 진로>, 《신천지》 7월호. 서울신문사, 1954, 95쪽.
48) 정충량, <전쟁미망인의 생활고와 성문제>, 《여성계》 9월호. 여성계사, 1955, 130쪽.

혼자가 된 여인, 혹은 미망인들의 성적관계를 본능적으로 인식하면서도 사회의 질서를 파괴할 수 있는 행위로 경계하였던 것이다. 이처럼 이 시기 전쟁미망인과 한국전쟁으로 인해 혼자가 된 여성을 다룬 영화는 그들의 숨겨진 욕망을 들춰내 왜곡함으로써 기존의 사회적 편견에 여전히 기대어 묘사하고 있음을 보여주고 있다.

무엇보다 전쟁이후 이 시기 한국영화에서 나타난 특별함은 미국을 비롯한 서구문화의 유입으로부터 형성된 여성의 독자성, 독립성에 대한 시도를 자극했다는 사실이다. 이는 비록 남편과의 관계 속에서 묘사되고 있지만 여성의 주체적 사고와 행위를 드러내고 있다는 측면에서 중요한 의미를 지닌다. 이런 측면에서 이 시기의 대표적 영화는 많은 도덕적 논란을 불러일으켰던 한형모의 <자유부인>을 들 수 있다.

영화는 어두운 도심의 거리, 기와집 전경에 이어 다리미질하는 부인, 오선영과 신문 보는 남편, 장태윤 교수, 그리고 아들의 모습을 통해 평온하고 평범한 가정의 전형적 모습을 보여주면서 시작된다. 이어서 장태윤 교수의 글쓰기를 방해하는 이웃집의 음악소리와 함께 양품점에서 일하고 싶다는 오선영의 끈질긴 요청이 이어진다. 음악과 양품점은 앞으로 전개될 오선영의 운명을 결정지은 상징적 의미를 지닌다. 이것은 자신에게 관심을 가진 옆집 젊은 남자, 신춘호의 경쾌한 리듬의 음악소리에 거부감을 보이지 않고 서양물건을 파는 양품점에서 일하게 됨으로써 그녀에게 내재되어 있는 욕망과 연결되고 있기 때문이다. 이는 신춘호가 오선영의 조카인 명옥이와 헤어질 때 키스 하면서도 그녀를 단순히 프렌드로 규정하는 것, 무역회사 사장인 백광진에 의해 최고품으로 외국제 화장품과 가방을 요구하는 것, 댄스홀에서 경쾌한 음악에 맞춰 신춘호와 춤추고 있는 장면 등을 통해 오선영이 이 시기 서양으로부터 유입된 다양한 문화적 현상의 한 복판에 있음을 보여준다. 영화에서는 이를 오선영이 옆집의 신춘호에게 춤을 배우면서 불륜에 빠지고 양품점 사장인 한태석과 춤바람이 난 것을 바쁘다는 핑계로 부인을 등한시하고 젊은 여자 타이피스트 미스 박과의 미묘한 만남을 지속한 남편의 행위에 기대고 있지만 이것으로 그녀의 일탈적 행위를 설명하기에는 궁색하다고 할 수 있다. 따라서 오선영의 불륜과 일탈에는 도덕적 규범이 작동될 수밖에 없는 것이다. 이것은 그녀가 길거리에서 우연히 만난 친구 최윤주의 행위를 통해 대비된다. 최윤주는 남편과 부인, 남성과 여성이라는 불평등한 종속적 관계를 온 몸으로 벗어나고자 시도한 인물이다. 이는 그녀가 남편의 압제에서 벗어나기 위해서, 짧은 인생을 엔조이하기 위해 돈이 필요하다고 역설하면서 오선영에게 100만원 짜리 계를 들 것을 권유하면서 드러난다. 이것은 남편으로부터의 독립은 궁극적으로 경제적 독립을 통해 가능하다는 것을 암시하고 있는 것이다. 돈은 최윤주에게 자신이 독립적이고 자유스러운 인간으로서 존재할 수 있는 가장 중요하고 유용한 수단이다. 그녀의 이러한 목표가 백광진의 사기 행각에 농락당하고 난 후 경찰서에 가서야 비로소 그의 실체를 알게 되지만 최윤주는 경제적 독립이 여성인 자신을 독립적이고 자유롭게 한다는 것을 간파하고 있는 것이다. 이러한 인식은 영화에서 두 여성의 서로 다른 결말을 통해서 확인된다. 즉 오선영은 양품점 한태석 사장과 댄스홀에서 춤을 즐기다가 그의 부인에게 발각되어 뺨을 맞고 나서 비로서 자신의 일탈적 행위를 인식하고 집으로 돌아오게 되지만 최윤주는 경찰서에서 풀려난 후 자살시도로 자신의 삶을 마무리 하려는 장면을 통해 그들의 지향과 행위가 근본적으로 다름을 알 수 있다. 이런 측면에서 오선영은 자신의 욕망과 현대적 문화 속에 매몰되면서 어떠한 저항적 요소가 아닌 욕망에 기반 한 즉흥성과 자극성에 자신의 운명을 맡기고 시대의 퇴폐적 문화의 상징으로 기능하고 있는데 비해 최윤주는 남편과 부인, 남성과 여성이라는 불평등한 가부장적 종속적 관계의 문제를 경제적 독립과 직결된다는 화두를 제기한 것으로 부인과 여성으로서의 독자성을 시도한 인물이라 할 수 있다. 이들의 대비적 관계는 장태윤 교수가 집으로 돌아온 오선영을 향해 "허영에 빠져 가정을 저버리고 어머니로서 의무를 향락으로 바꾼 당신이 무슨 면목으로 돌아왔느냐"고 하는 말을 통해 그녀의 행위를 욕망에 사로잡힌 여성으로 비난하면서 그것을 불륜과 일탈로 규정하고 있는 것을 통해 확인하고 있는 것이다. 이처럼 영화 <자유부인>은 한국전쟁 이후 미국과 서구로부터 유입된 문화로 인해 도덕적 정체성이 혼란에 빠진 현상을 화려한 댄스홀, 파티, 춤바람, 성도덕, 풍기문란, 밀수, 사기, 허풍과 허영을 통해 묘사하고 있다. 영화는 이것을 오선영과 젊은 남자 신춘호, 양품점 사장 한태석, 최윤주와 백광진 사장, 신춘호와 명옥, 그리고 장태윤이 미스 박으로 불린 박은미와의 관계를 통해 드러내고 있다. 이것은 당시 혼돈에 빠져있는 한국의 사회적 현상을 상징적으로 묘사하면서도 문화적, 도덕적 재정비라는 의미도 동시에 내포하고 있는 것이다. 특히 자신의 불륜과 일탈을 뉘우치면서 가정으로 복귀한 오선영과 최윤주의 자살시도는 여성의 행위와 운명이 무엇에 의해 결정되고 있는지를 여실히 보여주고 있다.

남성과 여성과의 관계적 변화의 시도는 이용민의 <서울의 휴일>에서도 나타난다. 휴일에 남편과 함께 시간을 보내고자 한 부인의 계획이 남편의 출근으로 어긋나자 그녀는 비슷한 처지의 친구들을 만난다. 여기서 그들은 바쁜 남편들에 반발하여 자신들도 이미 놀고먹기로 했다고 하면서 남편들이 이를 사과하고 무릎을 꿇기 전에 이 투쟁을 계속되어야 한다고 주장한다. 영화에서 묘사된 이와 같은 장면은 여성의 권리에 대한 적극적인 표현의 시도라 할 수 있다. 이러한 특징은 이병일의 <자유결혼>에서 결혼하게 되면 남성과 여성의 권리를 동등하게 하려고 한다는 미국 유학파 박완섭의 결혼관을 통해 드러나기도 한다. 여성의 주체성, 독립성에 대한 표현은 한형모의 <여사장>에서 잡지사 '신여성'의 사장인 신요안나와 그의 사무실 풍경을 통해서도 나타난다.

이 회사의 구성원들은 대부분 여성으로 구성되어 있고 남성 사원은 허선생으로 불린 나이 먹은 편집주임정도에 불과하다. 따라서 영화에서의 주요 인물은 대부분 여성이 주체가 된다. 이것을 직접적으로 드러내고 있는 것은 출판사 사장인 신요안나 책상 위의 '여존남비'라는 문구의 사훈을 들 수 있다. 이러한 특징은 면접 보는 장면에서 묘사된다. 즉 많은 회사에서 면접대상자는 여성이지만 이 회사에서는 남성이 면접의 대상자가 된다. 따라서 여성이 주체로서 확실하게 자리매김하고 있는 것이다. 이와 같은 여성 우위는 비록 신요안나가 잘생긴 남자 면접대상자인 용호와 사랑에 빠지게 되면서 '여존남비'가 '남존여비'로 환원되는 한계를 지니고 있지만 영화는 여성의 주체성을 의도적으로 드러내고 있다는 측면에서 특별한 의미를 지닌다고 하겠다.

또한 권영순의 <표류도>에서도 다방 종업원 광희가 젊은 시인 민우와 하룻밤을 보내고 난 후 다방 마담 강현희에게 "우리의 몸뚱아리가 뭐 그리 대단한 것이냐"라고 하는 장면에서, 통역관 최영철이 미국인과 대화에서 마담을 가르키면서 "돈이면 어떤 여자도 정복할 수 있다"는 말을 통해서 정신과 육체를 분리하고자 한 여성과 그것을 동일시하고 있는 남성 사이의 서로 다른 시각을 통해 드러낸다. 특히 정신과 육체를 분리하고자 한 광희의 모습은 여성의 독립성을 강조하고 시도하는 것이라 할 수 있다. 이러한 현상에 대해 이 시기를 "육체에 대한 통념이 깨어짐과 함께 성 담론이 대거 개방되었다는 점, 그리고 사랑에 있어 육체가 차지하는 위치가 현저하게 높아졌으며, 정조관과 같은 기존의 도덕률은 재고되기에 이르렀다"[49]고 규정하기도 한다. 영화에서 이와 같은 의도적 묘사들은 여성의 존재를 강조함으로써 남성과 동일한 위치로 자리매김하고자 한 시도

---

49) 오영숙, 『1950년대 한국영화와 문화담론』, 소명출판, 2007, 81쪽, 83쪽.

로 여겨진다. 이러한 경향은 이봉래의 <삼등과장(1961)>에서 송전무의 애인을 두고 벌어진 송전무 부인과 구과장의 부인이 술 취한 상태에서 말한 장면, 즉 여성들이 너무 양순한 탓이고 서방도 서방구실을 해야만 하고 사내기생은 없냐고 하면서 이것들은 1천 6백만 여성의 공통된 의견이라는 말을 통해 강조된다.

이처럼 이 시기의 영화에서는 여성을 다양한 관점을 통해 표현하고 있다. 전쟁이후 혼자가 된 여성을 다루기도 하고, 때론 외래문화의 유입과 정체성 혼란으로 인한 도덕적 일탈에 빠지는 여성을 묘사하기도 하며, 주체적이고 독립된 존재를 강조함으로써 자유를 꿈꾸는 여성의 모습을 드러내기도 한다.

그럼에도 불구하고 술에 취해 원하지 않은 사람으로부터 순결을 잃고 자살을 시도하려 한 여자 산부인과 의사 윤송희가 자신의 애인 김원규에 의해 용서를 받음으로써 마무리 된 한형모의 <남성대 여성(1959)>을 비롯하여 오랫동안 서로 사랑하였지만 돌아가신 아버지의 유언으로 인해 헤어질 뻔한 두 젊은 연인을 묘사한 신상옥의 <자매의 화원(1959)>, 그리고 남편이 전쟁으로 하반신 마비라는 부상을 당했지만 전쟁미망인들과 다시 미래를 향해 나아가는 모습을 다룬 신상옥의 <이 생명 다하도록(1960)>, 여기에 불륜을 저지른 아내가 자신의 잘못을 뉘우치고 변호사인 남편의 농촌계몽운동에 합류함으로써 자신의 죄를 씻고자 한 여성을 다룬 권영순의 <흙(1960)> 등에서 묘사된 여성의 모습은 한국사회와 문화 속에 켜켜이 쌓여져온 남성 중심의 도덕적 시각에 근거한 헌신적이고 희생적인 여성에 대한 기존의 시각에서 크게 벗어나고 있지 않음을 보여주고 있다. 이것은 현대화라는 시대적 변화로 이행해가는 과정 속에서 여전히 여성이 그 경계사이에 위치하고 있다는 것을 확인해주고 있는 것이라 할 수 있다.

서로 다른 일상들

브루스 커밍스(Bruce Cumings)는 1950년대의 한국을 가리켜 "누구도 극도의 궁핍과 오욕을 피할 수 없는 끔찍이 암울한 곳이었다. 고아의 무리가 거리를 뛰어다니며 서로 보호하고 약탈하는 10명, 15명의 작은 패거리들이 형성되어 있었고, 갖가지 질병을 앓고 있거나 전쟁에서 부상당한 거지들이 지갑을 가진 사람들에게 달라붙어 구걸하며, 사지가 절단되거나 굶주린 어른들이 어린아이나 젖먹이를 안은 채 떼 지어 다니는 경우도 종종 있었다"[50]라고 했다. 한국전쟁은 그나마 있던 경제적 토대도 송두리째 파괴하였으며, 거리에는 가건물이 즐비했고, 부랑자들과 실업자들로 넘쳐났으며, 모든 것을 새롭게 시작하지 않으면 안 되는 상황이었다. 이것이 1950년대 한국사회가 당면한 실제적 풍경이라 할 수 있다.

그러나 이러한 현실은 휴전이후 등장한 한국영화에서 그렇게 집중적으로 다뤄지지 않았다. 오히려 영화에서는 아무 일 없었던 것처럼 도시의 거리는 평온했고, 바쁘게 오가는 사람들과 자동차로 활기찼으며, 사람들의 외양은 세련되어 있었고, 생활수준은 서구의 여느 나라 못지않은 것처럼 묘사되었다. 이와 같은 모습은 이 시기의 영화가 정부의 명랑화 운동[51]에 적극적으로 호응하여 변화의 역동성에 주목했거나 아니면 암울한 현실을 의도적으로 회피했거나 전쟁과 그 이후의 참혹한 경험과 기억을 떠올리고 싶지 않은 사람들의 심리에 편승했는지 모른다. 이로 인해 이 시기의 영화에서는 "전쟁

---

50) 브루스 커밍스, 김동노 외 옮김, 『브루스 커밍스의 한국현대사』, 창작과 비평사, 2003, 425쪽.
51) 1955년 7월 3일자 한국일보에 실린 <노래 부르자! 명랑화 운동, 거리의 음악가에 무대 공개-노래자랑 시간 첫 공연>이라는 기사에 따르면 서울중앙방송국이 기획 신설한 노래자랑 공연이었다. 이것은 아직 전쟁의 상처를 잊지 못한 대중들에게 보다 명랑한 사회적 기풍을 만들기 위한 운동이었다. 이후 국민 명랑화 운동은 1957년 12월 14일 허정이 서울시장에 취임하면서 명랑한 도시를 만들기 위해 노력하겠다고 선언하기도 했다.-강준만, 『한국현대사 산책(1950년대 편 2권)』, 앞의 책, 336-337쪽.

의 비참함 보다는 서구적인 풍경과 그런 풍경 속 일상의 모습을"[52] 통해 평온함, 화려함, 활기참, 세련됨으로 포장되었고, 그 반대편에 존재하는 또 다른 다양한 현실은 피상적으로 묘사되었다. 이런 측면에서 바쁘게 돌아가는 도시의 풍경을 배경으로 유부녀의 일탈적 행위로 논란을 불러일으킨 <자유부인>은 이러한 특징의 전형을 보여준다.

이 영화에는 전쟁 이후의 실제적 현실에 토대하기보다는 오선영과 최윤주, 신춘호, 박광진, 한태석을 둘러싸고 벌어진 욕망의 일탈적 행위를 견인하고 있는 물질적 풍요, 최고의 서양물품, 경쾌한 음악과 춤으로 그들의 욕망이 발현되고 있는 댄스홀이라는 현대의 대중 문화적 현상들로 가득 차 있다. 이로 인해 영화는 한국 사람들이 전쟁을 겪은 삶과 무관한 풍요롭고 화려한 현대 사회 속에 살고 있는 것처럼 착각을 불러일으키도록 한다. 이와 같은 특징은 평온하고 안정된 서울의 일상적 풍경이 묘사되고 있는 이용민의 <서울의 휴일>에서도 나타난다.

이는 뷔너스 산부인과 의사인 남희원이 자신의 남편 송재관 기자와 휴일을 함께 보내기 위해 외출준비를 하고 있는 아침 장면에서 잘 드러나는데, 화장하는 부인과 침대에서 일어나지 않은 남편의 모습은 마치 일상적 풍경의 평온함을 강조하고 있는 것처럼 묘사된다. 여기에 바람핀다는 거짓정보로 송기자를 골탕 먹이기 위한 동료기자들의 모습과 젊은 남자와 뱃놀이하는 옆집 부인, 그리고 송기자의 부인이 덕수궁에서 만난 남편 동료들과 골프에 관한 이야기를 나누고 맥주를 마시는 장면 등은 현실에 대한 어떠한 시대적 고민도 드러나지 않는다. 영화 속에서 묘사된 이러한 장면들은 오히려 이 시기가 실제로 이렇게 평온하고 풍요로운 현대화된 사회였는지 착각이 들 정도이다. 문제는 이와 같은 묘사가 현대문명, 풍요로움, 평온한 일상

---

52) 강성률, 「1950년대 후반 한국영화 속 도시의 문화적 풍경과 젠더」, 『도시연구』 Vol.7, 도시사학회, 2012, 159쪽.

을 내포하고 있다는 점이다. 이렇게 형성된 이미지의 내면적 논리는 궁극적으로 1950년대 한국사회가 직면하고 있는 실제적 현실을 호도함으로써 특정한 형태의 새로운 현실을 상정하게 만든다. 이러한 특징은 현대적 문명과 연관된 언어, 직업, 의식, 가치 등을 노출시키면서 지속된다.

이런 유형의 영화는 시골로 내려온 화가 최문순이 우연히 피서지 바다에 빠진 여자 김인순을 구하고 난 후 그녀가 자신의 직업을 '에어 걸'이라고 말하는 한형모의 <순애보(1957)>에서도 나타나고, 화려하고 현대적인 결혼식과 신혼여행을 배경으로 하고 있는 이병일의 <자유결혼>에서도 찾아 볼 수 있다. 또한 국회의원 최림 부부의 잃어버린 딸로 위장하여 변호사가 된 소영을 묘사한 신상옥의 <어느 여대생의 고백(1958)>에서도 이와 같은 특징은 드러난다. 다만 이 영화에서의 도시 풍경이 지니고 있는 현실은 여대생 소영이 학비와 생활비를 벌기 위해 일자리를 찾으러 다닐 때와 최림 부부의 잃어버린 딸이 되고 난 후 그 의미는 각각 다르게 묘사된다. 이는 소영이 변호사가 된 후 사람은 사는 환경에 따라 범인이 되고 변호사가 된 것뿐이라는 변론을 통해서 증명한다. 이것은 인간이 현실의 조건에 의해 규정될 수 있다는 것을 말하고 있는 것이다. 이런 측면에서 서로 다른 환경을 수평적으로 비교하고 있는 한형모의 <청춘 쌍곡선>은 의미 있는 영화라 할 수 있다.

영화 속에 다양한 사회적 요소들이 내재되어 있는 <청춘 쌍곡선>은 키가 크고 뚱뚱한 부잣집의 부남과 키가 작고 마른 가난한 명호를 양옥집과 판잣집으로 대비시키면서 서로 다른 현실을 묘사하고 있다. 부남의 집은 풍요로움의 상징처럼 보이고, 명호의 집은 피난민들, 즉 가난한 사람들의 상징처럼 보인다. 부남은 팝송을 듣고 약도 한국제보다는 외국제, 화장품은 미제보다 불란서제 등 서양 물품에 대한 신뢰와 선호를 보인다. 이로 인해 부남은 위확장증이 걸린 반면 못 먹어서 위협착증에 걸린 명호는 자신뿐 아니라 피난민들이 죄다 걸렸다고 함으로써 정반대의 상황이 한국사회에 존재하고 있음을 드러낸다. 이러한 사회적 불균형의 원인은 명호가 치료를 위해 부남의 집에 머물고 있을 때 그의 아버지를 통해 제시된다. 부남의 아버지는 명호에게 세상을 살기 위한 재주를 가지라고 하면서 그것은 '사바사바'[53]라고 한다. 즉 사바사바하지 못하면 출세뿐 아니라 잘 살지 못한다는 것이다. 이는 그가 자신의 잘살고 풍요로운 삶의 근원이 궁극적으로 사바사바를 통해 획득된 것이라는 것을 말한다. 그러므로 영화는 계층의 차이를 코믹적 상황으로 묘사하면서도 이 시기 부유함의 근원에 대한 굴절된 사회적 현실을 드러내고 있는 것이다. 따라서 영화는 서로 다른 현실의 존재를 묘사함으로써 이 시기 한국사회 구조의 부도덕성과 그것의 일부분을 드러냈다는 측면에서 의미를 가진다고 할 수 있다.

또한 이 시기는 현대적 문명이 지니고 있는 자본주의적 가치가 물질에 대한 인간의 탐욕과 욕망으로 환원되고 그것의 파괴성을 경고한 영화들이 등장했다. 이것은 농촌을 배경으로 노름으로 소 판돈을 도시에서 사기당하고 절망에 빠진 순박한 농사꾼 봉수를 묘사한 김소동의 <돈(1958)>에서 엿볼 수 있으며, 신상옥의 영화 <지옥화>에서는 그것이 직접적으로 나타난다.

영화 <지옥화>는 서울역 광장에서 누군가 여자의 가방을 훔쳐가는 모습으로 시작된다. 이후 화면은 지게꾼들의 모습과 형을 찾기 위해 서울에 온 동식을 보여준다. 동식은 형 영식을 찾기 위해 그의 거처를 수소문하는 도중 주변사람들로부터 서로 다른 두 가지 해법을 제시받는다. 그것은 "경찰에 연락해보면 알게 될 것"이라는 것과 "그러면 돈이 들거다"라는 것이다. 서로 다른 두 가지 말은 동식이 형을 찾기 위해서는 돈이 필요하다는 사실, 즉 돈이 우선되고 있다는 사회적 현실을 드러내고 있다. 이것은 이후 "미국 놈이나 한국 놈이나 다 똑같다"고 하면서 "돈 있으면 된다"고 하는 양공주

---

53) 사바사바는 뒷거래를 통하여 떳떳하지 못하게 은밀히 일을 조작하는 짓을 속되게 이르는 말.-국립국어원 엮음, 『표준국어대사전』, 두산 동아, 1999, 3120쪽.

쏘냐에 의해 직접적으로 표출된다. 영화는 비록 한 몫을 챙기고 기지촌을 떠나고자 하는 목표를 가지고 있는 쏘냐와 영식의 죽음과 시골로 떠나는 동식과 양공주 주리의 모습으로 마무리 되지만 돈이면 다 된다는 한국사회에 팽배하고 있는 극단적인 자본주의적 가치를 보여주고 있다.

현실에 대한 문제제기는 부모를 잃은 4남매가 어려운 현실에서도 희망을 잃지 않은 모습과 탄광촌의 파업을 묘사하고 있는 유현목의 <구름은 흘러도(1959)>에서도 나타나고 있지만 이 시기의 주목할 만한 특징은 전쟁이후 평화로운 일상의 서울과 도시를 배경으로 하는 흐름과 농촌, 기지촌, 탄광촌 등으로 스며든 자본주의적 가치와 그것의 파괴성을 묘사한 영화들이 등장하기 시작했다는 것이다. 이런 측면에서 그것의 파멸적 요소를 경고한 김기영의 <하녀(1960)>는 특별한 의미를 지닌다.

영화는 방직공장의 음악 선생인 동식이 "주인이 하녀를 데리고 살다가 사건이 생겼다"는 신문기사를 아내에게 읽어주면서 시작된다. 그리고 동식의 이 말은 새로운 큰집으로 이사 온 그의 부인이 집이 너무 커 하녀가 필요할지도 모른다는 말로 연결된다. 이 말은 결국 동식의 집에 하녀가 들어오게 됨으로써 그의 가족의 불행과 파멸이 시작된다는 것을 암시하고 있다. 마치 쥐와 같이 하찮고 열등한 존재로 여겨지던 하녀는 동식의 집에서 그를 유혹한 후 차례로 그의 자녀들을 죽음에 이르게 하고 마침내 동식과 함께 자살함으로써 영화는 마무리 된다. 영화가 겨냥하고 있는 메시지는 강렬하고 명확하다고 할 수 있다. 이것은 영화의 마지막 부분에서 동식 아내의 "새집을 탐하지 않았으면 이런 일은 일어나지 않았을 텐데"라고 한 말을 통해 드러난다. 사회적 성공으로 상징화된 큰 새집을 지키기 위한 욕망이 동식과 어린 아들을 죽음에 이르게 하고 부인으로 하여금 또 다시 반복된 노동으로부터 벗어나지 못하도록 시종일관 미싱을 돌리도록 하게 한 것이다. 김기영은 동식과 그의 부인의 성공과 그것을 지키기 위한 욕망과 탐욕이 지니고 있는 파멸성을 제기함으로써 자본주의적 가치가 지배하고 있는 이 시기 한국사회의 현실을 비판하고 있다. 일상 속에 내재되어 있는 사회구조의 문제를 엿볼 수 있는 것은 연탄아궁이를 수리하면서 힘들게 살아가고 있는 가장을 묘사한 강대진의 <박서방(1960)>을 들 수 있다.

산동네에 살고 있는 박서방에게는 제약회사에 다니고 있는 아들 용범과 큰딸 용순, 외국항공사에 다니고 있는 둘째 딸 명순이가 있다. 어느 날 박서방은 아래 동네의 잘사는 이국장 집 연탄아궁이를 고쳐주고 난 후 그의 부인이 건네 준 양주를 마시고 난 후 속이 불편함을 느낀다. 그는 친구 황서방과 막걸리를 마시면서 "소가 쌀밥을 먹으면 설사를 하기 마련이다"라고 하면서 자신과 이국장을 구별함으로써 서로 다른 처지의 현실을 언급한다. 이것은 둘째 딸 명순이와 같은 회사에 다니고 있는 주식과의 결혼문제 과정에서 직접적으로 나타난다. 즉 하와이에 사는 주식의 고모가 결혼문제로 박서방을 집으로 부른 후 홍차마시는 법을 모르는 그를 놀리는 모습과 명순이 중학교밖에 나오지 않은 사실을 언급하면서 대학출신은 대학출신끼리, 명문의 집안은 명문의 집안끼리, 노동자의 집안은 노동자의 집안끼리 결혼해야 한다고 주장하는 장면을 통해 현실 속에 존재하는 사회구조와 계층 간의 구별을 노골적으로 드러낸다. 이는 영화가 선량하게 살아가고 있는 박서방을 통해 일상 속에 내재되어 있는 서로 다른 현실인 계층 간의 차이, 즉 사회구조의 문제를 드러내고 있는 것이다. 이러한 일상 속 사회구조의 문제 제기는 현실을 살아가는 평범한 가장의 어려움을 묘사하는 신상옥의 <로맨스 빠빠(1960)>에서는 다소 다른 의미로 나타난다.

영화에서는 보험회사에 다니고 있는 52살의 평범한 가장 김선생과 가족을 통해 어려운 현실을 극복할 수 있다는 희망을 제시하고 있다. 영화의 주인공 김선생은 45살의 부인과 다섯 명의 자녀를 둔 가장으로서 가족을 위해 직장에서 고군분투하지만 풍족하지 못한 수입으로 항상 어려움을 겪는

다. 자식들은 이러한 그를 향해 수단이 없다고 힐난한다. 설상가상으로 그
는 다니던 보험회사로부터 해고 통보를 받게 되지만 그 사실을 가족에게 알
리지 않는다. 월급날이 다가오자 김선생은 자신의 시계를 저당 잡힌 돈을
월급 대신 아내에게 준다. 얼마 후 가족들은 그의 해고 사실을 알게 되고 생
일날 그의 시계를 되찾아 오면서 어려움을 극복하기 위한 가족의 다짐으로
영화는 마무리 된다. 영화는 이처럼 사회구조의 문제에 대해 날카로운 시각
을 부여하지 않으면서 서울의 평범한 가족의 일상을 객관적 수법을 통해 가
장의 고충과 어려움을 가족의 힘으로 극복할 수 있다는 희망을 제시하고 있
다. 이 시기 많은 영화들이 자본주의 가치에 매몰되어 있거나 그것의 위험성
을 경고한 것과 달리 이 영화는 가족을 통해 현실의 극복과 미래를 향하고
있다는 점에서 특별한 의미를 지닌다고 할 수 있다.

반면 일상과 사회적 현상과의 관계는 1961년 4월 13일 개봉한 유현목의
<오발탄>에서 총체적으로 제기되고 있다.

영화는 이를 허름한 산동네에서 살고 있는 계리사 사무소 서기인 철호와
그의 가족을 통해 묘사하고 있다. 그에게는 전쟁으로 인해 정신착란증을 앓
고 있는 어머니, 영양실조의 만삭인 아내와 어린 딸, 중대장 출신의 실업자
인 동생 영호, 양공주가 된 여동생 명숙, 그리고 학업을 포기하고 신문팔이
가 된 막내 동생이 있다. 이들 가족의 경제적 궁핍함은 오랫동안 치통을 앓
고 있지만 치과에 갈 엄두를 내지 못하고 있는 가장 철호의 모습을 통해 드
러난다. 영화는 이를 당시 한국사회의 구조적 문제로 연결시키고 있다. 우선
영화의 주요 배경이 되는 허름한 산동네는 당시의 실제적 생활의 조건들을
보여주고 있으며, 가자, 가자를 외치는 어머니의 정신착란증은 한국전쟁과
연결되어 있고, 영호와 그 주변 인물들을 통해서는 전후의 심각한 실업의
문제를 제기하고 있다. 이것은 영호가 은행 강도 이후 "부상당한 상이군인
들에 대한 보상금을 지불하라", "신규채용을 금지하라", "위험수당을 인상

하라"는 현수막을 들고 있는 시위대 사이를 뚫고 도망가는 장면을 통해서 확인된다. 또한 양공주가 된 명숙을 통해서는 미국을 비롯한 서양문화의 유입으로 전통적인 도덕적 가치와 문화가 훼손당하고 있는 현실을 드러내고 있으며, 이런 모든 상황이 집약되어 있는 것이 영양실조로 출산하다 죽음에 이르게 된 아내와 어린 딸, 그리고 학업을 포기한 막내 동생의 모습으로 귀결된다. 이것은 궁극적으로 현실에 대한 비판과 함께 희망 없는 미래 사회에 대한 불안을 동시에 드러내고 있는 것이다. 이는 아내가 출산도중 죽고 난 후 비로소 자신의 충치를 뽑고 나서 어딘지 가야할 텐데 갈 곳을 모르는 마치 오발탄처럼 자신의 상황을 읊조리는 듯한 철호의 모습에서 절정에 이른다. 따라서 영화는 전쟁의 후유증으로 무질서가 끊이지 않았던 이 시기의 부조리하고 혼란스러운 한국사회의 현상과 상황을 매우 절망적이고 희망 없음을 이들 인물을 통해 투영시키고 있는 것이라 할 수 있다. 이와 같은 사회적 현상들이 노출되고 있는 경향은 서울에서 3대가 함께 살고 있는 삼천리 운수의 영업소장인 구소장이 25년 만에 본사의 과장으로 승진하게 되면서 발생한 다양한 일상을 묘사하고 있는 1961년 5월 4일 개봉한 이봉래의 <삼등과장>에서도 나타난다.

영화에서는 할아버지, 할머니와 손녀 영희 사이의 신식 말을 두고서는 세대갈등을, 그리고 취직한 영희의 출근 첫 날 월급 타는 날짜를 물어본 할머니의 "4.19혁명도 별수 없구나"하는 말을 통해서는 혁명만능주의를, 자신을 과장으로 승진시킨 송전무의 방귀 소리를 "시원하시겠습니다"라고 하는 구소장의 말은 정치적 풍자를, 세금문제를 해결하기 위해 공무원에게 사바사바했다는 구소장 부인에 의해서는 부패한 사회적 현실을, 학생이 공부만 하라고 하는 아버지의 말에 4.19 혁명은 학생이 일으켰다고 항변하는 그의 아들 영구의 모습에서는 시대적 주체의 문제가 제기되고 있다. 이러한 것들은 이 영화가 다양한 사회적 현상들과 밀접하게 연결되어 있음을 말한다. 그러므로 영화는 비록 평범한 가장으로서 가족을 위해 애쓰는 구소장을 묘사하고 있지만 그것의 일상적 모습은 결코 사회적 현상과 분리될 수 없다는 사실을 드러내고 있는 것이다.

이처럼 이 시기의 한국영화는 현실을 몇 가지 서로 다른 시선을 통해 묘사하고 있다. 그것은 전쟁의 참혹함을 경험했으면서도 아무 일 없었던 것처럼 화려하고 풍요롭고 평화로운 일상을 의도적으로 보여준다. 이렇게 의도된 현실은 점차 그 현실 속에 내재되어 있는 자본주의적 탐욕에 대한 경고로 옮겨가기 시작하였다. 그것을 영화는 개인의 욕망으로 연결시켰다. 그렇기 때문에 이들 영화에서의 자본에 대한 탐욕과 개인의 욕망은 사회적 구조로 나아가지 못했다. 이것은 표피적이면서 소극적이지만 실제적 현실 속을 들여다보면서 나타나는 문제점들, 예컨대 자본주의 가치로 초래된 다양한 현상들인 돈에 대한 욕망과 탐욕, 계층적 격차, 현재에 대한 절망과 미래사회에 대한 불안 등을 묘사한 영화들이 심도 깊은 사회적 탐구로 나아가지 못하였음을 의미한다. 이것이 이들 영화에서 여전히 전쟁이후의 실제적인 한국사회의 현실이 드러나지 않고 있는 이유라 할 수 있다. 그러나 1960년에 접어들면서 영화에서 묘사된 현실은 사회적, 정치적 의미를 드러내는 방식으로 옮겨가면서 이 시기 한국영화의 성격을 전환시키는 계기로 작용하게 된다. 이러한 과정을 통해 형성된 내용과 형식들은 이 시기 한국영화의 특징을 이루면서 영화와 사회적 현실과의 불가피한 관계를 깊이 인식하도록 하였다.

5. 갈래의 구축

한국영화에서 나타난 이 시기의 두드러진 특징 중 하나는 다양한 형태의 유사한 영화들이 집단적으로 등장했다는 점이다. 이것은 몇몇 영화들이 특정한 정치적, 사회적 전형으로 인식되거나 관객들로부터 화제가 되어 선풍적인 인기를 끌게 됨으로써 유사한 내용과 형식의 영화들이 지속적으로 나타났음을 의미한다. 이로 인해 영화적 갈래들이 형성되었고, 그 속에서 영화감독들은 차별화를 위해 자신만의 독창적인 내용과 형식을 시도했다. 이는 해방과 전쟁을 거치면서 형성된 반공주의 영화를 비롯하여 범죄를 다룬 영화, 전통적 이야기와 풍속을 배경으로 한 영화, 역사적 사건과 인물을 다룬 영화, 남녀의 애정을 다룬 영화, 웃음과 풍자를 다룬 영화, 가족에 관한 영화들로 나타났다.

반공주의에 대한 영화적 갈래는 좌익과 우익의 치열한 대결구조를 통해 형성된 이승만의 단독정부 수립과정에서와 한국전쟁을 거치면서 자연스럽게 형성되었다. 이것은 한국전쟁, 여수·순천사건 등과 같은 이데올로기 전쟁을 통해 관객들에게 공산주의자들의 실체적 면모를 드러내고 각인시키기 위한 시대적 요청에 부응한 것이라 할 수 있다. 이러한 경향은 전쟁과 반공이라는 목적을 명확하게 드러내고 있는 한형모의 <운명의 손>, 이강천의 <피아골>, <격퇴>, 김홍의 <자유전선> 등의 영화에서뿐만 아니라 코미디 영화라 할 수 있는 김화랑의 <홀쭉이 뚱뚱이 논산훈련소에 가다>에서 나타난다. 반공주의라는 범위로 규격화된 이들 영화는 동시대뿐 아니라 분단된 한국의 역사적, 정치적 상황 속에서 끊임없이 변주되었고 지속된 영화적 갈래이다. 그러므로 이와 같은 영화들은 단순히 반공주의만을 표방하는데 그치는 것이 아니라 다양한 형식을 통해 그것의 효과를 극대화 했다고 할 수 있다.

특히 한형모는 이에 대해 매우 민첩하게 대응했다. 그는 <운명의 손>에서 반공주의를 표방하면서도 범죄영화에서 나타나는 전형적 형식인 사건과 인물에 대한 정보의 통제와 추적, 액션의 방식을 취하고 있다. 이것은 그가 영화의 내용과 함께 다양한 수법을 시도하고 있음을 말한다. 문제는 한형모 영화에서 나타난 그의 형식적 특징이 반공주의라는 갈래적 형태를 넘어 범죄를 다룬 영화에서 관객들의 긴장감을 자아내는 수법으로 발전했다는 점이다. 이는 이용민의 <서울의 휴일>에서 송기자가 후암동 살인사건을 추적하는 장면을 통해, 신상옥의 <지옥화>에서 영식 일당이 미군부대의 보급품을 탈취하기 위해 기차를 습격하는 과정에서 이들을 쫓는 헌병대와 영식을 구하기 위한 동식의 추격 장면 등을 통해 드러난다. 특히 이 영화에서 사용된 몽타주 수법은 추격의 긴장감과 영식 일당의 파국을 극대화하기 위한 형식으로 사용되고 있다. 이러한 특징은 권총강도살인사건을 다루고 있는 김성민의 <형제(1958)>에서도 엿볼 수 있다. 이와 같은 내용과 수법은 경찰의 이미지 재구축 과정에서 묘사되었던 해방직후의 그것과는 차별화된 것으로 이 시기 범죄와 관련된 영화의 전형적 토대의 한 형태로 발전했다고 할 수 있다. 이는 김기영의 <하녀>에서 심리적 통제를 통해 극도의 긴장감을 자아냄으로써 차원이 다른 형태로 발전된다.

이 영화에서는 제한된 범위에서의 인물과 내용을 통제하거나 수평적 몽타주 수법 등에 의존해 긴장감을 유발하는 방식에서 벗어나 상징적 요소와 화면 내 구조를 통해 공포와 긴장감을 유발시키면서 이야기를 전개시켜 나가고 있다. 특히 영화에서 제시되고 있는 사건의 발단을 성공의 상징이라 할 수 있는 커다란 새로운 집으로의 이사와 가장 혐오스러운 선반 위의 쥐를 통해 인간의 탐욕과 욕망으로 연결시키고 있는 것은 특별한 관점에서의 논리적 설득력을 지닌다. 이를 영화에서는 가장 혐오스럽고 하찮은 하녀의 사회적 존재와 쥐의 이미지를 동일시하면서 이들에 의해 성공한 동식 가족의 삶과 원칙이 무너지는 것을 보여준다. 이것을 영화에서는 동식의 성공과 몰락의 상징인 계단을 통해 묘사하고 있다. 이층으로 이어진 계단은 하녀가 동식을 유혹하는 통로이자 새로운 커다란 집이라는 동식 가족의 성공의 결과이면서 동시에 몰락의 상징으로 작용한다. 따라서 계단은 동식 가족의 상승과 하강을 의미한다. 실제로 계단으로 연결된 이층은 온갖 욕망과 음모,

죽음의 서막이 일어나는 장소이고 동식 가족의 죽음이 이와 연관되어 있으며, 그것의 결과는 계단에서 일어난다. 하녀와 함께 자살한 동식이 일층에 있는 아내 곁에서 죽음을 맞이하기 위해 계단을 타고 내려온 장면은 이러한 의미를 상징적으로 보여주고 있다. 그러므로 영화에서 계단은 성공에 이르는 길이기도 하지만 추악한 탐욕과 욕망이 그 이면에 존재하고 있으며, 그것은 곧 파멸의 계단인 것이다. 이처럼 영화는 화면 내의 구조와 다양한 상징적 요소, 자극적인 음악이 어우러지면서 인간의 욕망과 탐욕에 근거하고 있는 공포와 긴장감을 추출한다. 김기영의 이러한 시도는 이 시기 범죄, 추적이라는 갈래에서 인간 내면에 존재하는 욕망과 탐욕을 개입시킴으로써 인간의 심리적 공포를 불러일으킨, 이른바 범죄 스릴러라는 흐름이 형성되는데 중요한 계기로 작용하였다.

이 시기 영화들에서 나타난 또 다른 특징은 여전히 미국영화를 비롯한 외국영화가 한국의 극장에서 압도적 수적 우위를 점하고 있었을지라도, 휴전 이후 한국사회에 지속되어 온 반공주의 이데올로기가 영화제작의 범위를 일정부분 통제하고 있었을지라도, 1954년 단행된 입장세 면세조치로 비롯된 영향이 강력하게 작동했다는 사실이다. 입장세 면세조치는 전쟁이후 한국정부의 산업화 기조와 맞물리면서 한국영화에 흥행이라는 자본주의적 가치의 실현을 보증한 것이다. 이런 측면에서 입장세 면세조치는 이 시기 한국영화의 다양한 시도와 갈래를 형성하는데 하나의 전환기적 요인이 되었다고 할 수 있다.

이규환의 <춘향전>이 서울에서만 18만 명이 넘는 관객을 끌어들이게 되면서 이를 증명했다. 이것은 <춘향전>의 성공이 한국영화에서 다양한 갈래의 상업영화가 시도된 실제적 전환점이 되었다는 것을 의미한다.[54] 이에 대

---

54) 김려실, 「1950년대 한국영화에 나타난 미국적 가치에 대한 양가성」, 『현대문학의 연구』 42호, 한국문학연구학회, 2010, 510쪽.

한 구체적 현상은 <춘향전>의 성공으로 오래전부터 전해 내려오는 전통적이고 토속적인 이야기와 풍속을 배경으로 한 유사한 영화가 연속적으로 등장했다는 사실이다. 이는 <춘향전>이 등장한 같은 해에 옥란과 수동의 비극적 사랑을 다룬 김기영의 <양산도(1955)>, 수행하는 한 스님의 인간적 욕망을 실제의 삶처럼 꿈을 통해 묘사한 신상옥의 <꿈(1955)>을 비롯하여 이병일의 <시집가는 날(1956)>, 이규환의 <심청전(1956)>, 권영순의 <옥단춘(1956)>, 윤봉춘의 <처녀별(1956)>, 김소동의 <왕자호동과 낙랑공주(1956)>, 정창화의 <장화홍련전(1956)>, 김기영의 <봉선화(1956)>, 신현호의 <숙영낭자전(1956)> 등이 1956년에 집중적으로 만들어졌다는 것으로 확인된다. 또한 세상을 떠돌면서 세상의 인심을 묘사한 이만흥의 <김삿갓(1957)>, 부여의 석공 아사달과 신라의 귀족출신인 구슬아기의 슬픈 사랑 이야기를 다룬 신상옥의 <무영탑(1957)>, 다양한 여인들과의 인연을 회상하면서 종을 만들게 된 '고령사' 석승의 삶과 예술혼, 장인정신을 묘사한 양주남의 <종각(1958)> 등과 같은 유형의 영화들이 이후에도 지속적으로 등장했다. 이처럼 춘향전의 상업적 성공은 전통적인 이야기와 풍속에 기반한 유사한 영화의 제작을 불러왔고, 이것의 극단적 경향이 이규환의 <춘향전> 이후 김향의 <대춘향전(1957)>이 만들어졌으며, 안종화의 <춘향전(1958)>과 이경춘의 <탈선 춘향전(1960)>[55]이 그 뒤를 이었고, 1960년에 완성된 홍성기의 <춘향전>[56]과 신상옥의 <성춘향>이 1961년 동시에 개봉되어 뜨거운 경쟁을 벌였다는 것에서 증명된다. 이것은 <춘향전>의 성공이후 전통적인 이야기와 풍속을 배경으로 한 유사한 종류의 영화들이 집중적으로 만들어지면서 이와 관련된 하

---

55) <쏟아져 나오는 국산영화>, 《경향신문》, 1958.09.04. 이 신문 기사에는 이경춘의 <탈선 춘향전>이 1958년에 거의 완료된 영화로 분류하고 있다.

56) 홍성기의 <춘향전>은 1960년 완성되었으나 1만 피트에 달하는 컬러필름을 암시장에서 구입한 이유로 관세법을 위반하여 영화를 압수당해 개봉이 1961년에 이루어졌다.-<영화 춘향전압수>, 《조선일보》, 1960.09.24.

나의 갈래가 구축되었다는 것을 말한다. 이는 영화의 갈래가 상업적 성공과 밀접한 관계에 있음을 보여주고 있는 것이며, 이것은 이 시기 유사한 유형의 영화들이 특정한 갈래의 토대로 형성되기 시작했다는 것을 의미한다.

이들 영화와 함께 역사적 사건과 인물을 둘러싸고 벌어진 이야기는 이 시기 영화의 또 다른 특징의 갈래를 형성했다. 이런 종류의 영화들은 1956년에 주로 등장했다. 이는 이만흥의 <구원의 정화(1956)>[57]와 전창근의 <단종애사(1956)>, 윤봉춘의 <논개(1956)>, 안종화의 <천추의 한(1956)>과 <사도세자(1956)>, 이태환의 <왕자 미륵(1959)> 등을 들 수 있다. 이러한 경향은 1905년 을사늑약 당시의 구한말 상황과 독립운동을 위해 러시아로 떠나는 모습, 하얼빈에서의 이등박문 저격과 고문, 재판, 사형수로서의 안중근을 묘사한 전창근의 <고종황제와 의사 안중근(1959)>, 을사오적에 대한 처단이 실패하고 자결한 민영환을 다룬 윤봉춘과 남홍일의 <한말 풍운과 민충정공(1959)>, 그리고 1929년 11월 3일 광주학생들의 항일 독립운동을 다룬 김강윤의 <이름없는 별들(1959)>, 청년 시기 이승만을 다룬 신상옥의 <독립협회와 청년 리승만(1959)>, 동학농민운동 참여에서부터 임시정부를 구성하고 지휘하면서 광복군 창설 등 항일독립운동에 일생을 바친 백범 김구선생의 일대기를 묘사한 전창근의 <아아 백범 김구선생(1960)> 등으로 이어진다. 이런 영화들은 이후 한국영화의 역사적인 인물과 사건을 배경으로 한 영화의 전형화의 토대로 작용하였다. 이를 통해 이 시기 역사적 사건과 인물을 다룬 영화의 흐름을 몇 가지로 요약할 수 있다. 이를테면 "특정한 역사적 시기를 배경으로 역사적 인물의 비극적 개인사를 담은 것이다. 특히 이들 중 많은 부분은 왕조사를 배경으로 한 인물의 사적인 욕망에 의한 복수를 묘사하고 있다. 그리고 민족영웅과 같은 역사적 인물을 내세운 전기물을 들 수

---

57) <영화 구원의 정화 촬영완료 내월에 상영>, 《경향신문》, 1955.11.14.-이 신문에서는 촬영을 마치고 편집중이며 내월(來月) 안으로 개봉될 예정이라는 소식을 전하고 있다.

있다. (이러한 경향은) <고종황제와 의사 안중근>의 성공을 계기로 형성된 역사인물에 대한 것으로 소소한 일상사에 천착하던 신파극이나 멜로드라마의 매너리즘에서 벗어나 대규모의 스케일로 박진감을 높이고 아울러 민족적 공감을 유발하였다."[58] 이것은 <춘향전>의 성공이후 유사한 유형의 영화들이 집중적으로 제작되면서 역사적 사건과 인물을 둘러싸고 있는 이야기로 확장되고 다양한 형태로 구축되었다는 것을 말하면서도 이 시기에 유사한 종류의 영화들이 갈래의 토대, 이른바 한국적 장르 영화의 토대가 형성되기 시작했다는 것을 의미하기도 한다.

또한 한형모의 <자유부인>의 등장은 문학을 중심으로 형성되었던 문화적 논쟁이 영화로까지 이어지게 했다. 이 영화를 통해 대중들로부터 제기된 여성의 도덕적, 윤리적 문제는 전쟁이후 한국사회의 문화정체성에 대한 혼란과 결부되어 있었을 뿐만 아니라 "자유민주주의라는 미국적 가치를 새로운 질서로 미국문화와 생활양식을 현대적이며 보편화된 환경으로 받아들이려는 의식의 멜로드라마라는 갈래를 통해 발현되었다."[59] 이러한 이유로 영화 <자유부인>은 도시를 배경으로 현대의 일상적 풍경과 그 속에서 벌어진 남성과 여성의 문제를 본격화하는 토대가 되었다. 특히 영화 <자유부인>은 단순히 부부와 남녀의 애정 문제에만 국한되지 않고 여성의 성 도덕과 주체의 문제를 제기했으며, 이로 인해 현대여성에 관한 도덕적 개념과 일탈의 욕망, 그리고 여성의 독립성을 다룬 영화들의 등장을 가져왔다. 이러한 흐름은 <서울의 휴일>, <자유결혼>, <여사장> 등의 영화에서 찾아 볼 수 있다. 또한 사회적 현상의 불균형을 코믹하게 다루고 있는 한형모의 <청춘 쌍곡선>에서도 부잣집 딸의 주도적인 여성의 주체적 행위가 묘사된다. 이와 함께 여성의 독립적이고 주체적인 모습은 전후 사회가 점

---

58) 김미현 책임편집, 『한국영화사』, 커뮤니케이션북스, 2006, 140쪽.
59) 김려실, 앞의 논문, 511쪽.

차 안정화되면서 점차 사랑의 희생자이거나 비극의 주인공으로서 남녀 간의 애정의 문제로 다시 변모되기 시작하였다. 이러한 경향은 홍성기의 <애인(1956)>, <애원의 고백(1957)>, <실락원의 별(1957)>, 김성민의 <처와 애인(1957)>, 김기영의 <여성전선(1957)>[60], <황혼열차(1957)>, 김한일의 <그 여자의 일생(1957)>, 한형모의 <순애보(1957)>, <남성대 여성(1959)>, 신경균의 <화심(1958)>, 유현목의 <그대와 영원히(1958)>, 신상옥의 <동심초(1959)>, <자매의 화원(1959)>, <이 생명 다하도록(1960)>, 이용민의 <고개를 넘으면(1959)>, 박종호의 <비오는 날의 오후3시(1959)>, 김수용의 <돌아온 사나이(1960)>, 박구의 <물망초(1960)>, 이강천의 <사랑의 역사(1960)> 등에서 나타난다.

　남녀 간의 애정을 다뤘음에도 몇몇 영화들에서는 독특한 형식적 시도를 통해 멜로드라마의 새로운 가능성을 제시했다. 예컨대 어릴 적 친구들의 엇갈린 관계를 다루고 있는 유현목의 <그대와 영원히>에서는 영화시작과 함께 어린아이들이 소꿉장난 하던 모습에서 카메라가 이동하여 성장한 주인공 광필이 수감되어 있는 감옥으로의 장면을 연속적으로 연결함으로써 시간과 공간의 확장을 보여주고 있다. 뿐만 아니라 광필이 출소한 후 천주교 신부가 된 친구 상운을 만나 자신이 사랑했던 여인, 애련이의 소식을 듣고 괴로워하는 장면에서 상운을 앞에 두고 뒤쪽에 있는 광필이 화면 앞쪽으로 이동하여 단독 쇼트가 되는 과정에서 카메라의 빠른 이동은 화면 내 구조의 영역에서 새로운 형식적 시도를 선보인 미장센의 지평을 열었다고 할 수 있다. 또한 서로 사랑했지만 결혼으로 이어지지 못해 불행한 결혼생활을 영위한 박원장과 유금지의 안타까운 사랑을 묘사한 이용민의 <고개를 넘으면>

---

60) <여성전선>은 1956년 8월 23일 《조선일보》에는 홍성기 감독, 김동원, 박암, 복혜숙, 주증녀의 출연으로 보도되었지만 1956년 11월 23일 《경향신문》의 '신영화 소개'란에 <여성전선 영화화>에 대한 내용과 김기영 감독, 이해랑, 김동환, 황정순, 이민, 조미령 등의 출연진에 대한 소개가 실렸다.

에서는 광주 학생독립운동, 임진왜란 등 역사적 사건들이 언급되고, 한국전쟁기 북한의 포로로 잡혀 사망한 줄 알았던 약혼자가 살아 돌아옴으로써 다른 남자와 결혼식을 올린 여성의 비극적 운명을 다룬 박종호의 <비오는 날의 오후3시>, 그리고 태평양 전쟁 때 징용으로 끌려가 이별을 하게 된 부부의 비극적 사랑을 묘사한 김수용의 <돌아온 사나이>에서는 일제 강점기, 한국전쟁, 4.19혁명까지라는 광범위한 역사적 시기를 다룸으로써 영화에서 다루고 있는 시간의 범위를 확장시키고 있다.

이처럼 이 시기는 여성의 주체성과 독립성을 겨냥한 영화도 존재했지만 남녀 간의 애정과 희생적인 여성의 운명을 사회와 역사라는 틀을 통해 다룬 영화들도 많이 등장했다. 이러한 경향은 서양 문화의 유입이라는 문화적 현상과 그것의 약화라는 시대적 흐름과 밀접한 관계를 지니고 있다. 이런 측면에서 이 시기 영화에서 제기된 여성의 도덕적 일탈 행위와 독자성, 희생자로서의 모습을 다루면서 시도된 특별한 형식은 멜로드라마라는 영역의 틀을 넓히고 풍요롭게 하는데 기여했다고 할 수 있다.

이 시기 한국영화의 또 다른 갈래는 전통과 현대라는 시대적 한계를 넘나들면서 의미의 역설을 지니고 있는 웃음과 풍자를 토대로 한 영화를 들 수 있다. 이러한 갈래의 영화는 휴전이후 재건의 시기가 본격화되면서 많은 사람들로부터 사랑을 받으면서 빠른 속도로 증가했다. 그 중에서도 이병일의 <시집가는 날>이 1957년 5월 제4회 아세아영화제에서 특별 희극상을 받고 같은 해 베를린영화제에 초청됨으로써 코미디 영화가 활성화되는 하나의 계기가 되었다. 이와 함께 이 시기 코미디 영화의 또 다른 지평의 확장은 한형모의 <청춘 쌍곡선>이 열었다고 할 수 있다.

영화는 위확장증과 위협착증을 통해 부잣집과 피난민들이 살고 있는 가난한 판자촌을 수평적으로 비교하면서 사바사바라는 사회적 출세의 통로를 통해 굴절된 한국사회의 구조적 문제를 제기하면서 코미디 영화가 지니고 있는 과거의 전통적인 내용의 풍자와 해학에 기반한 형태에서 동시대의 사회 문제로 옮겨감으로써 그것의 비판적 기능을 확장시켰다.

그러므로 이들 영화는 단순한 웃음을 자아내는 것에서부터 웃음 뒤에 내재되어있는 전복적 의미라 할 수 있는 사회적 현실을 드러내는 유용한 수단으로 인식케 하였다. 이와 같은 특징은 홍일명의 <벼락감투(1956)> 이후 권영순의 <오부자(1958)>, 유현목의 <인생차압(1958)>, 신현호의 <웃어야 할까 울어야 할까(1958)>, 김화랑의 <사람팔자 알 수 없다(1958)>, <홀쭉이 뚱뚱이 논산훈련소에 가다(1959)>, 정일택의 <백만장자가 되면(1959)>, 박성호의 <실례했습니다(1959)>, 그리고 김수용의 <공처가(1958)> 이후 <삼인의 신부(1959)>, <청춘배달(1959)>, <구혼결사대(1959)> 등으로 이어진다. 이러한 기조는 풍자와 비유의 역설적 의미를 넘어 사회적 교훈을 제시하면서 이 시기 한국영화의 또 다른 경향성을 담보하고 있다고 할 수 있다.

이 시기 한국영화에서 특별한 것 중 하나는 가족과 연관된 영화의 등장을 들 수 있다. 이들 영화에서 다뤄지고 있는 인물의 비극성은 무엇보다 단순한 개인의 운명을 넘어 가족의 해체와 결부되어 있다. 이것은 민족이라는 공동체 의식이 파괴된 한국의 역사적 비극, 즉 일제 강점기에서부터 해방이후, 한국전쟁과 휴전으로 인한 분단을 거치면서 초래된 불균형적 가족의 형태와 맞닿아 있다. 따라서 이 시기 한국영화 속에서 묘사된 인물은 가족의 해체로 인한 부모와 형제, 남편, 부인, 자식 등이 부재한 불안전한 형태와 완전한 형태의 가족을 꿈꾸고 있는 모습으로 나타난다.

이를테면 영화 <미망인>에서는 남편의 부재로 인한 불안정함이 드러나고, 영화 <격퇴>에서는 평온한 가족의 모습을 그리워하고 있으며, 영화 <자유부인>에서는 부인의 일탈로 인한 가족의 해체 과정과 복원으로 마무리되고 있고, 김한일의 <그 여자의 일생>에서 금봉이의 시련은 불완전한 가족과 연관되어 있으며, 신상옥의 <어느 여대생의 고백>도 최림 부부의 잃어버린 딸 대신에 소영이가 합류함으로써 완전한 형태의 가족구성으로 이어지고 있다. 뿐만 아니라 신상옥의 <지옥화>에서는 주리가 전쟁으로 인해 사망한 부모의 부재를 드러내며, 또 다른 인물인 쏘냐와 영식 등은 부모의 존재가 처음부터 뚜렷하게 드러나지 않는다. 이것은 이들의 비극적 운명에는 가족의 부재, 해체와 연관되어 있음을 말한다. 서울로 떠난 엄마를 기다리는 아들 용문을 묘사한 최훈의 <느티나무 있는 언덕(1958)>에서도 해체된 가족을 다루면서 그의 아버지, 어머니가 되겠다는 선생님들의 모습을 통해 가족의 복원을 묘사하고 있고, 한국전쟁기 폭격을 피하다 한 남자와 하룻밤을 보낸 후 생긴 아들을 다른 여자와 결혼한 생부에게 보내고 자신은 비극적 죽음을 맞이한 양주남의 <모정(1958)>도 완전한 가정에서 아들이 성장하기를 바라는 엄마의 바람과 연결되어 있다. 또한 아들을 두고 벌어지는 백상호의 부인 성희와 영숙 사이의 비극적 사건을 다루고 있는 신상옥의 <그 여자의 죄가 아니다(1959)>도 완전한 가족을 향한 욕망으로부터 기인한 것이며, 김수용의 <돌아온 사나이>에서 주인공 박남호의 비극은 태평양 전쟁 때 징용으로 끌려감으로써 자신의 행복했던 결혼생활이 파탄나면서 비롯되었다. 김기영의 <하녀>에서도 주인공은 사회적으로 보다 완벽한 가족을 꿈꾸다 원칙이 무너지면서 가족이 완전하게 해체되고 파멸에 이르게 된다. 이처럼 이 시기 많은 영화들 속에서 주인공의 비극적 운명은 가족의 부재, 해체와 연결되어 있다. 이것은 전쟁이라는 역사적 과정을 지나오면서 형성된 하나의 특별한 현상이라 할 수 있으며, 이는 이념과 전쟁, 분단의 고착화로 인해 가족이 해체됨으로써 우리 사회가 맞이한 비극적 현상이 영화 속에 투영된 것이라 할 수 있다.

　1960년에 이르면 가족의 부재와 해체로부터 비롯된 비극, 슬픔 등에서 벗어나 가족에 의해 현실이 극복되고 새로운 미래를 담보하는 희망적 형태의 영화가 등장한다. 이러한 특징의 대표적 영화로 신상옥의 <로맨스 빠빠>

를 들 수 있다. 이 영화에서는 이 시기 많은 다른 영화들에서처럼 역사적 과정 속에서 발생한 비극적 현상의 그림자가 드러나지 않으면서 완전한 정상적인 가족 구성원의 일상적 현실을 묘사하고 있다. 특히 가장인 아버지의 실직을 통해 현실의 어려움을 제시하면서도 그것들이 가족에 의해 유쾌하고 긍정적으로 극복해 나갈 수 있다는 희망을 제시하고 있는 것은 가족의 부재와 해체라는 과거의 역사적 트라우마로부터 벗어나기 시작했다는 것을 말한다. 이런 측면에서 연탄아궁이를 수리하면서 살아가고 있는 선량하고 평범한 가장인 박서방의 모습을 다루고 있는 영화 강대진의 <박서방>은 좀 더 다른 의미로 다가온다. 영화에서는 그의 일상적 삶의 모습뿐 아니라 다양한 사회적 의미를 드러내고 있다. 해방촌에서 힘겹게 살아가고 있는 박서방은 오직 제약회사에 다니고 있는 아들 용범과 두 명의 딸 용순과 명순이 잘되기만을 바란다. 그러나 이 영화는 이러한 가족을 부양하고 자식들의 미래를 걱정하는 아버지의 모습을 묘사하면서도 자식들과의 세대 갈등, 사회구조의 불평등한 문제의 현실과 맞닿아 있음을 결코 회피하지 않는다. 그러나 영화에서의 이러한 갈등은 주식과 명순의 결혼으로, 용순과 재천의 결혼으로, 용범의 결혼과 해외 파견을 아버지 박서방이 받아들이면서 극복된다. 어려운 현실 속에서도 아버지의 헌신을 통해 가정이 유지되는 것은 1961년 2월 15일 개봉한 강대진의 <마부>와 이봉래의 <삼등과장>을 통해 다시 한번 부각된다.

영화 <마부>에서는 부인을 잃고 허름한 산동네에서 고등고시 공부를 하는 아들 창수와 중학생 대업, 그리고 말 못하는 큰 딸과 둘째 딸 옥희와 함께 살고 있는 하춘삼을 묘사한다. 그는 자식들을 위해 헌신적으로 마부 일을 하지만 거리에서 넘어져 다치기도 하고 말 주인의 자동차와 부딪쳐 사고를 당해 더 이상 일을 하지 못하게 되면서 온갖 수모와 어려움에 직면한다. 영화는 마차에서 자동차로 변해가는 시대적 변화와 말 주인과의 종속적 관

계 등을 통해 사회적 현실을 드러내고 있지만 하춘삼의 아들 창수가 고등고
시에 합격함으로써 행복하게 마무리 된다. 이로써 영화는 아버지라는 표상
을 엄격하고 근엄한 모습에서 가족과 자식을 위한 헌신적인 이미지로 재구
축한다.

이러한 특징은 이봉래의 <삼등과장>에서도 나타난다. 영화는 코미디적
요소가 개입되어 있지만 영화 속 인물 구준택 삼천리 영업소장은 삼대가 살
고 있는 집의 가장이다. 그렇기 때문에 그는 회사에서 살아남아야 하고 이
를 위해 온갖 수모적인 처세도 마다하지 않는다. 그 결과 구준택 소장은
25년 만에 본사의 과장으로 승진하게 되고 부인과 함께 드라이브를 하면서
영화가 마무리 된다.

이들 영화에서는 아버지라는 위치가 수많은 사회적 요소로 인해 위협받
고 있는 고단한 삶이지만 헌신과 성실함을 통해 가족을 유지하는 모습을
보여줌으로써 선량하고 평범한 가장, 아버지의 모습을 부각시키고 있는 것
이다. 이와 함께 1961년 4월 13일 개봉된 박성복의 <해바라기 가족>에서는
패배주의적이고 수동주의적이면서 방종적인 삶으로부터의 단절을 꾀하면
서 불완전했던 가족이 다시 정상적 가족의 형태로 복원되면서 새로운 미래
를 예견하기도 한다. 이런 측면에서 <로맨스 빠빠>를 비롯한 강대진의 <박
서방>, <마부>, 이봉래의 <삼등과장>, 박성복의 <해바라기 가족> 등으로
이어진 이른바 가족영화로 불리는 갈래는 한국사회의 중요한 시대적 변화
를 담지하고 있을 뿐만 아니라 한국영화 속에서 가족과 아버지에 대한 새로
운 방향으로의 전환을 의미한다.

이처럼 이 시기는 몇 가지 특징적인 형태의 영화가 지속적으로 만들어지
면서 유사한 전형화가 구축되었다. 그 속에서 감독들의 독창적이고 차별화
된 내용과 형식의 시도들이 이루어졌으며, 이로 인해 한국영화의 특별한 규
범의 다양한 갈래 구축의 토대가 형성되었다고 할 수 있다.

6. 맺음말

1953년 휴전협정 이후 4.19혁명을 지나 5.16군사쿠데타 이전까지 한국영화는 반공주의와 자본주의라는 지배이데올로기의 프레임 속에 존재했다고 할 수 있다. 이는 한국전쟁을 거치면서 한국사회 속에 깊이 내면화 되었다. 그 중에서도 반공주의는 이승만의 독재화 과정과 조율되어 검열과 연결됨으로써 이 시기 한국영화의 내용과 형식의 한 축을 견인했다. 그 결과 몇몇 영화들은 이념적 논란으로 인해 비난의 대상이 되기도 하였다. 이것은 이후 한국영화에서 이념에 의한 선과 악이라는 단순한 구조의 기틀이 마련되는 토대로 작용하기도 했다.

그러나 이 시기 한국영화에 대한 깊은 영향은 미국의 자본주의 이념과 그 문화로부터 비롯되었다고 할 수 있다. 이것은 해방과 한국 전쟁기를 거치면서 수많은 미국 영화를 통해 보여진 미국의 풍경, 즉 압도적인 물질적 풍요로움이 선진화, 현대화의 상징으로 한국사회에 부지불식간 깊이 인식되었기 때문이다. 이는 한국사회로 하여금 미국과 그 문화에 대한 숭배적 풍조를 요구받게 하였고, 그러한 흐름은 이 시기 한국영화에 자연스럽게 반영되어 중산층, 지식인들의 빈번한 영어사용으로 나타났다. 영화 속 인물의 영어사용은 마치 자신이 선진적이고 현대화된 일상 속에서 살아가고 있는 것과 같은 동일시의 착각을 불러일으키면서 한국사회에 퍼져나갔다. 이는 미국문화가 한국사회에서 어떻게 존재했는지를 보여주는 하나의 상징적 현상이라 할 수 있다.

뿐만 아니라 미국문화는 그동안 한국사회에서 유지되고 있던 기존의 전통적 가치와 충돌하였다. 특히 전통적인 가부장적 사회 속에서 형성된 여성에 대한 이미지는 전쟁을 거치면서 외래로부터 유입된 문화와의 관계 속에서 새로운 여성 이미지로 다가왔다. 이러한 문화접변으로 인한 여성의 이중적 이미지는 과거에서 현재로의 이동 과정 속에서 때론 중첩되고 일그러지기도 하면서 이 시기 영화 속에서 묘사되었다. 그것을 직접적으로 드러내고 있는 것이 가정이라는 틀을 허물어뜨리는 가정주부의 탈선, 남성과 여성의 자유로운 연애 형태, 성과 육체의 분리 시도 등이다.

여기에 미국의 자본주의는 전쟁의 참혹함을 경험했으면서도 아무 일 없었던 것처럼 풍요롭고 평화로운 일상 속에 내재되어 있는 한국사회의 다양한 사회적 욕망과 연결되고 있다. 이것을 이 시기의 영화들은 돈과 출세에 대한 욕망, 계층 간의 격차, 부조리한 현실에 대한 절망과 미래 사회의 불안 등을 자극적이면서도 도발적으로 묘사했다. 이러한 형태의 영화들은 일반적인 사회의 전형으로 인식되고 관객들로부터 인기를 끌게 됨으로써 유사한 내용과 형식의 영화들이 지속적으로 등장하는 견인차 역할을 하였다. 이것은 곧 다양한 종류의 영화적 갈래, 즉 해방과 전쟁을 거치면서 형성된 반공주의 영화를 비롯하여 범죄를 다룬 영화, 전통적 이야기와 풍속을 배경으로 한 영화, 역사적 사건과 인물을 다룬 영화, 남녀의 애정을 다룬 영화, 웃음과 풍자를 다룬 영화, 가족에 관한 영화들이 이 시기에 형성되었음을 의미한다. 이로 인해 이 시기는 몇 가지 특징적인 형태의 영화가 지속적으로 만들어지면서 한국영화만의 특별한 규범의 다양한 갈래 구축의 토대가 되었다.

이처럼 전쟁이 끝난 후 이 시기 한국영화는 재건과 산업화라는 기조 속에서 반공주의와 자본주의라는 구체적 내용과 범위를 통해 형성되었다. 서로 다른 두 개념은 이 시기 한국영화를 통제하는 요인으로 작용하면서도 아이러니하게도 제작의 활성화와 다양한 영화적 시도를 가능케 했다. 그 과정에서 1950년대 한국의 역사와 사상, 인물, 일상의 문화, 풍경이 투영되었고, 그것이 한국영화의 대중성 회복, 산업적 기능으로서 발전할 수 있는 토대로 작용하였다.

제 3 장

반공국시와 조국근대화, 은유화된 현실의 시기

1961-1972

1. 반공국시와 민족정기, 자주경제

1960년대 한국영화의 주요한 특징은 1961년 5월 16일 새벽 행진곡이 울려 퍼지면서 KBS 아나운서 박종세가 읽어 내려간 박정희 군사쿠데타의 혁명공약과 밀접한 관계에 있다고 할 수 있다. 이는 이 시기 한국영화가 박정희 정권의 주요 목표인 혁명공약과 맞닿아 있음을 의미한다. 혁명공약은 단순히 이 시기 영화뿐 아니라 1961년 5.16군사쿠데타 이후부터 1972년 10월 17일 계엄과 국회해산 및 헌법정지를 내용으로 한 박정희의 특별선언 이전까지 1960년대 한국의 정치, 경제, 사회, 문화의 성격과 특징, 방향에 깊은 영향을 미쳤다. 총 여섯 개 항으로 구성된 혁명공약 중 이 시기를 관통하고 있는 것은 첫째 항인 "반공을 국시(國是)의 제일의(第一義)로 삼으면서 반공체제를 재정비 강화할 것"이라는 것과 셋째 항인 "이 나라 사회의 모든 부패와 구악을 일소하고 퇴폐한 국민도의와 민족정기를 다시 바로 잡기 위하여 청신한 기풍을 진작 할 것", 그리고 넷째 항인 "기아선상에서 허덕이는 민생고를 시급히 해결하고 국가 자주경제 재건에 전력을 집중할 것"이라는 점에 있다. 이것을 제외한 나머지 세 항목들은 대외적 성격과 당면한 정치 일정, 이를 기반으로 국토통일에 관한 미래의 희망을 피력한 것이다. 따라서 여섯 개의 혁명공약 중 위에서 언급한 첫째, 셋째, 넷째 항이 5월 16일 박정희의 군사쿠데타 이후 군사혁명위원회의 정당성을 담보하는 핵심적 사항이며 1960년대 한국사회의 변화를 이끈 요소라 할 수 있다.

이는 1961년 5월 18일 낮 12시 30분 55시간 동안 잠적해 있던 장면 수상이 모습을 드러내고 내각 총사퇴를 발표하자 군사혁명위원회가 3권을 장악하고 32명으로 구성된 '국가재건최고회의' 기구로 개편되면서 본격적으로 나타나기 시작했다. 특히 혁명공약의 첫 번째 항인 반공국시의 실체적 현상은 1961년 5월 18일 혁명검찰부에 조용수를 비롯한 《민족일보》 간부들을 연행하면서 비롯되었다.[1] 이것은 1961년 5월 19일 계엄사령부에 의해 《민족일보》의 폐간과 함께 조총련계로부터 들어온 1억 환의 불법도입자금으로 발간되어 괴뢰집단이 지향하는 목적 수행에 적극 활약해 왔다는 혐의로 조용수를 포함한 8명을 구속했다고 발표함으로써 확인되었다.[2] 1961년 7월 29일 혁명경찰이 발표한 이 사건의 전모는 조용수가 일본에 거주하는 대남간첩 이영근과 접선하여 공작금을 받아 윤길중, 서상일, 고정훈, 최근우 등 국내 혁신계 인사들과 활동하면서 《민족일보》를 창간, 북한의 주장을 대변하는 언론활동을 벌였다는 것이다. 이어서 군사법원 혁명재판소는 《민족일보》의 사장 조용수를 비롯한 송지영(고문), 안신규(상임감사)에게 사형선고를, 나머지 5명 중 이상두(논설위원, 경북대 강사) 15년, 양수정(편집국장), 이건호(논설위원, 고려대 교수)는 각각 10년, 정규근(상무이사), 양실근(선원)은 5년에 이르는 중형을 선고했다. 이 무렵, 즉 5.16직후부터 1961년 말까지 체포된 혁신계 인사들은 3,300여 명에 달했다.[3] 이러한 일련의 조치는 미국이 한국의 사태를 고무적이라 하면서 사실상의 군사쿠데타를 지지한 것이었으며, 사상적으로 의심받았던 박정희에 대한 의혹을 불식시키고 해소하는데 하나의 계기로 작용했다. 이로 인해 국시인 반공은 이승만의 단독정부 수립과정을 거치면서 좌익과 우익의 극렬한 대결구도 속에서 구축된 이데올로기와 마찬가지로 이 시기에도 박정희 군사정부의 강력한 토대로 존재하게 되었다. 그리고 이를 뒤에서 실제적으로 주도한 것이 1961년 6월 10일 혁명과업을 완수하기 위해 중앙정보부법에 의해 창설된 중앙정보부였다. 중앙정보부는 이후 4년 임기 대통령 중임제, 단원제 의회제, 정당중심의 정치제도를 핵심으로 한 제3공화국의 헌법 개정과

---

1) 원희복, 「민족일보 사장 조용수」, 『내일을 여는 역사』 64호, 재단법인 내일을 여는 역사재단, 2016, 219쪽.
2) 강준만, 『한국현대사 산책(1960년대 편 1권)』, 인물과 사상사, 2014, 326쪽.
3) 김자동, 「민족일보 기자가 쓴 민족일보의 활동과 수난」, 『역사비평』 12호, 역사비평사, 1991, 261쪽.-원희복, 앞의 논문, 219쪽.

1963년 2월 26일 민주공화당의 창당 등 국가재건최고위원회가 주관한 정치일정과 박정희 정권의 지속을 위해 깊숙이 관여하였다.

문제는 국시인 반공이 이 시기 박정희 정권의 정치적 반대세력을 청산하거나 위기상황이 도래할 때 이를 통제하면서 국면을 전환하기 위한 유용한 수단으로 작용했다는 점이다. 이는 정권의 정치적 목표 실현 과정에서 드러난다. 이를테면 "1962년 3월 16일 국가재건최고회의는 구 정치인의 정치활동을 완전 봉쇄한다는 '정치운동정화법'을 전격적으로 통과시켰다."[4] 이로 인해 정치인뿐만 아니라 구정권에 관여한 공직자들을 포함해서 4,369명에 대해 정치활동을 금지하였고, 국가재건최고회의에 설치된 '최고회의 정치정화위원회'에서 한사람씩 심사를 받아 그 가운데 1,336명만이 정치를 해도 좋다는 적격판정을 받았다.[5] 이것은 사실상 군사 정권에 부합한 정치인들을 선별하기 위한 작업이었다. 또한 박정희 정권은 1964년 3월 28일 한일회담을 추진하면서 김종필과 오히라(大平正芳) 사이의 비밀문서가 공개되고 6월 3일 전국적으로 10만 여명의 학생과 시민들이 반대하는 시위가 일어나자 서울 일원에 비상계엄을 선포하였다. 두 달이 조금 지난 8월 14일 중앙정보부는 '인혁당 사건'을 발표했다. 중앙정보부장 김형욱은 북괴의 지령을 받고 대규모적인 지하조직으로 국가를 변란하려던 인민혁명당 사건을 적발, 일당 57명중 41명을 구속하고 나머지 16명을 전국에 수배 중에 있다고 했다. 물론 이 사건은 이후 조작된 것으로 밝혀졌지만 중앙정보부에 의해 북한 공산주의가 남한 사회 곳곳에 암약하고 있다는 막연한 두려움과 위기의식을 국민들에게 조성하였다. 그리고 "1964년 8월 24일 오전 10시 육군본부 광장에서 의료부대 130명, 태권도 교관단 10명으로 구성된 최초의 월남 파병인 '월남군사지원단' 환송식이 열렸다. 이를 시작으로 1965년 3월 건

---

4) 김준하, 『대통령과 장군』, 나남, 2002, 123쪽.
5) 위의 책, 128쪽. 133쪽.

설지원단인 비둘기부대, 같은 해 10월 전투부대인 청룡·맹호부대, 1966년 8월 백마부대가 추가로 월남에 파병되었다. 140명에서 시작된 파병 인원은 불과 2년여 만에 45,605명으로 늘어났다. 1973년 3월 베트남에서 철수할 때까지 연병력 32만 4,964명의 한국군이 참전했고, 이 가운데 5,099명은 살아 돌아오지 못했다."[6] 이때 박정희 대통령이 내세운 월남 파병의 명분은 "한국전쟁 당시 '자유우방 16개국'의 은혜에 보답하기 위한 보은론과 남베트남이 공산화되면 인접 국가들이 차례로 공산화될 것이며 한국도 예외가 될 수 없다는 도미노 이론이었다."[7] 이렇듯 박정희 정권은 파병의 주요 명분을 반공으로 삼았고, 이는 국민들에게 반공에 대한 어떠한 이론(異論)을 제기할 수 없도록 하였다. 그리고 1965년 6월 22일 오후 5시 수많은 국민들이 굴욕적이라 반대했던 한일협정이 일본의 수상관저에서 양국 외무장관 이동원과 시이나(椎名悅三郎)가 서명함으로써 정식으로 조인되었다. 이와 함께 1966년 7월 8일 한국과 미국 사이에 한미행정협정이 마무리되고 7월 9일 조인과 함께 국회의 동의를 얻어 1967년 2월 9일 발효되면서 한국의 중요 대외적 외교관계 협정은 마무리 되었다.

이런 가운데 박정희 대통령에게 중요한 정치일정 중 하나인 3선 개헌의 성패를 결정짓는 제7대 국회의원 선거가 1967년 6월 8일 치러졌다. 이 선거에서 공화당은 득표수 549만 표로 50.6%를 획득해 헌법 개정에 필요한 117석을 훨씬 웃도는 130석을 얻었고, 신민당은 득표수 355만 표를 얻었지만 44석에 그쳤고 대중당은 1석을 얻었다. 이와 같은 선거 결과에 대해 신민당 대표위원인 유진오는 유령 투표권자를 만들어내는 등 부정을 감행한 6.8선거의 관권개입을 비난하면서 이를 선거에 의한 쿠데타로 규정했다. 신민당의 공세에 대해 공화당은 부정선거를 비공식적으로 인정하고 야당과

---

6) 오제연 외, 『한국현대생활문화사 1960년대』, 창비, 2016, 167-168쪽.
7) 한홍구, 「박정희 정권의 베트남 파병과 병영국가화」, 『역사비평』 62호, 역사비평사, 2003, 130쪽.

타협할 자세를 취했다. 그러나 야당은 타협파와 비타협파로 양분되면서 거의 불가능한 선거 재실시를 요구하였다.[8]

　이러한 격렬한 정치적 공방 속에서 1967년 7월 8일 중앙정보부는 동베를린을 거점으로 한 북괴 대남적화공작단을 적발했다고 하면서 대학교수와 의사, 예술인 및 공무원 등이 1958년 9월부터 1967년 5월 사이에 동독 주재 북한 대사관을 왕래하면서 접선, 간첩활동을 해왔다는 '동백림' 사건을 발표하였다. 동백림 사건 역시 12월 3일 대법원에서 열린 재판에서 간첩 혐의로 유죄를 받은 사람은 없었다. 그럼에도 불구하고 박정희 정권은 북한과 공산주의에 대한 경각심을 국민들에게 또 다시 재인식하게 하도록 하였고, 1968년 1월 21일 북한 무장공비들이 청와대를 습격하는 사건이 발생하고 이틀 후인 1월 23일 동해상에서 미국의 첩보함 푸에블로호가 영해 침범으로 북한에 억류되는 사건이 일어나면서 부정선거에 대한 논란은 사라지고 그야말로 한국사회는 반공의 이데올로기 속으로 더 깊이 빠져들었다.

　반공에 대한 공포 분위기 조성은 1968년 2월 7일 250만의 예비 군인들을 무장시키겠다는 박정희의 발언과 함께 4월 1일 향토예비군의 창설로 이어졌다. 그리고 1968년 8월 24일 또 다시 '통일혁명당' 사건이 터졌다. 이 사건으로 158명이 검거되었고 50명이 구속되었으며 5명이 처형되고 신영복을 비롯한 많은 사람이 중형을 받았다. 통일혁명당 사건을 조사하는 과정에서 권재혁, 이일재 등 13명이 '남조선해방전략당'이라는 반국가단체를 조직했다고 중앙정보부가 발표했다. 1968년 10월 30일부터 11월 2일에 걸쳐 휴전이후 최대 규모의 무장공비가 울진, 삼척에 침투하는 사건이 이어서 일어났다. 군은 작전개시 4주 만인 11월 29일까지 총 58명을 사살하고 2명을 생포했고 12월 24일까지 공비 110명 사살, 5명 생포, 2명 자수의 성과를 발표했다. 11월 29일까지 남한 측 희생은 군인 33명, 민간인 16명 사망, 부상

<hr>

8) 강준만, 『한국현대사 산책(1960년대 편 3권)』, 인물과 사상사, 2014, 150쪽.151쪽.153쪽.

37명이었다.[9] 이 사건이 발생한 후 1968년 11월 21일부터 18세 이상 모든 국민에게 주민등록증이 발급되었고, 1969년 1월29일 국토통일원과 고등학교, 대학교에 교련과목이 설치되었다. 이러한 일련의 북한 무장공비 침투와 간첩단 사건은 점차 박정희와 그의 권력이 반공을 기반으로 절대화되는 계기로 작용했다. 그것의 시작은 "1968년 12월 17일 공화당 의장 서리인 윤치영이 부산연설에서 '조국 근대화와 민족중흥의 과업을 이룩하기 위해서는 무엇보다 강력한 리더십이 필요하다'고 역설하면서 '이같은 지상 명제를 위해서는 대통령 연임조항을 포함한 현행 헌법상의 문제점을 개정하는 것이 연구되어야 한다'면서 3선 개헌의 필요성을 처음으로 공식 거론하면서 비롯되었다."[10] 윤치영은 1969년 1월 7일 단군 이래의 위인인 박정희 대통령을 계속 집권시키기 위해 3선이 가능하도록 개헌이 필요하다고 주장했다.[11] 박정희의 계속 집권을 위한 그의 3선 개헌의 필요성이 본격적으로 회자되기 시작하는 시점에 또 다시 중앙정보부에 의해 간첩사건이 발표되었다. 그것은 1969년 4월 29일 케임브리지 대학 국제연구소 초청연구원으로 일하다 귀국한 박노수 교수와 5월 1일 민주공화당 김규남 의원이 각각 중앙정보부에 연행되어 유럽에서 간첩활동을 했다는 혐의를 받은 이른바 '유럽간첩단' 사건인 것이다. 그리고 1969년 9월 14일 3선 개헌안이 14일 새벽 2시 30분, 국회 제3별관 3층 회의실에서 개헌안을 찬성한 공화당 및 무소속 의원 122명이 참가하여 찬성 122, 반대 0표로 통과되었다. 이후 3선 개헌안은 10월 17일 국민투표에 의해 투표율 77.1%, 찬성률 65.1%로 가결되었다.[12] 이것은 일련의 간첩단 사건, 무장공비 침투 사건, 월남 파병 등이 반공을 국시로 한 박정희 정권에 절대적으로 유리한 정치적 환경을 제공하였

---

9) 김경재, 『혁명과 우상(김형욱 회고록3)』, 인물과 사상사, 2009, 120-121쪽.
10) 정운현, 『호외 백년의 기억들』, 삼인, 1997, 172쪽.
11) 강준만, 『한국현대사 산책(1960년대 편 3권)』, 앞의 책, 256쪽.
12) 김성환·김정원 외, 『1960년대』, 거름, 1984, 198쪽.

음을 의미한다.

그러나 1969년 7월 25일 미국의 닉슨 대통령이 괌에서 베트남 전쟁과 같은 군사적 개입을 하지 않겠다는, 이른바 닉슨 독트린 발표와 1971년 4월 7일 중국과 평풍외교를 시작하고 공산권과의 화해를 모색하는 데탕트의 시기로 접어들기 시작하면서 그 동안 박정희 정권을 떠받치고 있었던 국시인 반공의 토대는 새로운 동아시아 국제정치 환경에 재조정되어야만 했다. 이런 변화된 상황 속에서 1971년 4월 27일 제7대 대통령 선거가 실시되어 박정희는 김대중 후보에 8.07%차이로 신승했다. 이로 인해 대내외의 정치적 환경변화를 정권의 위기로 인식한 박정희는 1971년 10월 15일 위수령, 특별법령 9개항을 발표하면서 서울 8개 대학에 무기휴업령을 내리고 서울의 주요대학에 위수군을 진주시키면서 1,889명의 학생들을 연행하였으며 12월 6일에는 국가비상사태를 선포하고 '국가보위에 관한 특별조치법'을 국회에서 통과시켰다. "이 특별법은 국가안보가 위기에 처했다고 판단되는 비상시국에 대통령이 인적, 물적 동원에서부터 경제행위, 집회 및 시위, 단체교섭권 등 국민의 기본권까지 통제할 수 있다는 내용을 담고 있다."[13] 이로써 혁명공약의 첫 번째 항인 반공 국시는 박정희 정권의 반대세력을 제거하고 억압하는 가장 유용한 수단으로 사용되면서 이 시기 한국사회뿐 아니라 영화제작에도 중요한 방향과 특징을 형성하는데 영향을 미쳤다고 할 수 있다.

이 시기 한국영화의 특징형성에 또 다른 영향을 준 것은 혁명공약 중 하나인 민족정기를 바로 세우는 것과 절망과 기아선상에서 허덕이는 민생고를 시급히 해결하는 것을 목표로 한 자주경제를 들 수 있다.

특히 청신한 기풍을 통해 민족정기를 세우는 것을 목표로 한 혁명공약은 분열된 민족으로 인한 패배주의적 과거의 역사적 유산을 상기시키면서 국

---

13) 오제연 외, 앞의 책, 211쪽.

민의 정신을 한 곳으로 모으는 국가우선주의를 강조하는 것과 다름 없다. 이를 위해 박정희가 취한 조치 중 하나는 사이비 언론인과 언론기관을 정리하는 것이었다. 1961년 5월 28일 공보부는 "공보부령 제1호 '신문통신발행 시설기준'에 따라 일간신문 39개(중앙신문 15개, 지방신문 24개), 일간통신 11개, 주간지 32개(중앙 31개, 지방 1개)만 남기고 일간신문 76개(중앙신문 49개, 지방신문 27개), 통신사 305개(중앙 241개, 지방 64개), 주간지 453개(중앙 324개, 지방 129)를 폐간 조치하였다."[14] 이러한 조치 이후 박정희의 군사정권은 1962년 6월 28일 새로운 언론정책을 발표하였다. 그것은 "언론자유와 책임, 언론인의 품위와 자질, 언론기업의 건전성, 신문체제의 혁신, 언론정화 등 5개항의 기본 방침과 20개항의 세부지침으로 구성되어 권장이라는 이름으로 강요되었다. 이 정책으로 신문발행 요건이 까다로워져 신규 언론사의 출현이 불가능하게 되었고 조석간제가 조간 또는 석간 가운데 하나를 택하는 단간제로 바뀌었을 뿐만 아니라 일요일자 신문 발행이 금지되었다."[15] 군사정권은 기존의 지면(紙面) 언론사에 대한 조치와 함께 새로운 형태의 언론에 대한 지원을 시행함으로써 보다 효율적 관리 체계를 구축했다. 그것은 언론인과 언론기관 정리와 함께 "1961년 10월 20일 한국방송주식회사에서 한국문화방송주식회사로 명칭을 변경하고 난 후 1961년 12월 2일 호출부호 HLKV로 정규방송을 시작한 MBC라디오 방송국 설립이었다."[16] 또한 군사정부는 1961년 8월 TV방송국 설립 계획을 이미 세운 후 이를 국민들에게 크리스마스 선물의 일환으로 1961년 12월 31일 KBS-TV를 개국하였다.[17] 이어서

---

14) <82개 신문통신만 인정>, 동아일보, 1961.5.29.-그러나 주간지는 1960년대 후반에 이르게 되면 새로운 주간지의 시대가 도래 한다. 1960년대 중반인 1964년 한국일보사에 의해 창간된 《주간한국》의 성공에 이어 《주간중앙(1968년 8월 24일)》, 《선데이 서울(1968년 9월 22일)》, 《주간조선(1968년 10월 20일)》, 《주간경향(1968년 11월 7일)》 등이 연이어 창간되었다.-오제연 외, 앞의 책, 102쪽.
15) 강준만, 『한국현대사 산책(1960년대 편 2권)』, 인물과 사상사, 2014, 145쪽.
16) 문화방송30년사 편찬위원회, 『문화방송 30년 연표』, 주식회사 문화방송, 1991, 12-13쪽.
17) 정순일, 『한국방송의 어제와 오늘』, 나남, 1991, 135쪽.

"1963년에는 동아방송(DBS)이 개국하였고, 1964년 5월 9일엔 라디오서울(RSB)이 개국하였으며, 1964년 12월 7일에는 한국 최초의 민간 상업 텔레비전 방송인 동양TV(DTV, 나중에 TBC-TV로 변경됨)가 개국하고 12월 12일에는 부산국이 개국하였다."[18] 그리고 "1969년 8월 8일 MBC-TV가 개국하였다. 이후 MBC는 지방국을 개국함으로써 1971년에 이르러서는 전국네트워크를 형성하였다."[19] 라디오 및 텔레비전 방송국의 개국은 산업화와 함께 텔레비전 보급률이 증가하면서 한국사회에서 이들 매체의 영향력이 점차 확대되었다.[20] 이러한 언론인과 언론기관의 정비와 텔레비전 방송국이라는 새로운 미디어 기반은 박정희 정권이 자신들의 혁명공약에 부합할 수 있는 외형적 토대를 형성하였다는 것을 의미한다. 이것은 청신한 기풍의 민족정기를 세우는 목표와 병행되었다.

이것의 구체적 현상은 1961년 6월 11일 국가재건최고회의 직속으로 '재건국민운동본부'를 설치한 것에서 확인된다. 이 조직의 본부장으로는 고려대 총장 유진오가 임명되었으며 적국각지에 재건청년회, 재건부녀회가 조직되었다. 그것의 주된 활동은 조국근대화의 이념을 일반국민을 대상으로 일일 순회교육을 통해 민간에 계몽하고 전파하는 것이었다.[21] 이러한 박정희 정권의 정신에 대한 강조는 1962년 발표한 신년사에서 나타난다. 여기서 박정희는 "우리민족은 너무나도 의타적이고 사대주의적이었으며 우리의 운명은 우리 스스로의 힘으로 개척하고 극복해 나가겠다는 자조적인 정신이 너무나도 결핍했다고 하지 않을 수 없다고 하면서 의타적인 인습과 숙명

---

18) 강준만, 『한국현대사 산책(1960년대 편 2권)』, 앞의 책, 344-345쪽.
19) 강준만, 『한국현대사 산책(1960년대 편 3권)』, 앞의 책, 309쪽.
20) 1967-1968년에 10만대에 불과한 TV 수신기는 비약적으로 증가하기 시작하였고, 1970년에 이르러서는 10.2%가 되었다.-강준만, 『한국현대사 산책(1970년대 편 1권)』, 인물과 사상사, 2014, 155쪽 참고.
21) 한국정신문화연구원 편, 『1960년대 사회변화연구 1963-1970』, 백산서당, 1999, 199-200쪽.

론적인 사고방식은 민족의 발육을 장해하고, 진취 활달한 민족적인 기상을 위축시키는 것이라 하였다."[22]

　민족정기를 세우기 위한 정신개조에 대한 박정희의 이와 같은 인식은 군사정권의 혁명공약 중 하나이기도 하지만 한국 역사에 대한 그의 시각과 결부되어 있다. 그는 1963년 출간된 『국가와 혁명과 나』에서 5천년의 역사는 개신되어야 하고 우리의 과거의 역사를 퇴영과 조잡과 침체의 연쇄사라고 단언하면서 "기껏해야 동포상잔(同胞相殘)에 영일이 없었을 뿐 고식(姑息), 타태(惰怠), 안일·무사주의로 표현되는 소아병적인 봉건사회의 한 축도판에 불과하였다"[23]고 한 것에서 알 수 있다. 따라서 박정희에게 5.16군사쿠데타는 역사 속에서 분열적이고 의타적이고 숙명론적인 퇴행적 민족의식을 개조하는 것이며, 그것은 한국인의 정신을 개조하는 것이고 한국을 개조하는 것이었다. 이러한 그의 목표는 "박정희 체제의 중요한 지배담론 중 하나가 되었고, 이는 혁명담론, 근대화 담론, 민족주의 등을 가리지 않고 모든 영역에서 강조되었으며 시기를 막론하고 일관되게 등장했다."[24]

　정신개조에 대한 박정희의 강조는 역사 속 인물을 영웅화하는 작업, 즉 1968년 광화문 광장에 이순신 장군의 동상을 세운 것 등으로 나타났다. 그리고 이것의 결정판은 1968년 12월 5일 박정희 대통령이 직접 낭독하면서 발표한 '국민교육헌장'이다. 국민교육헌장은 한국인들에게 개인의 가치와 자유, 권리보다는 국가에 대한 개인의 의무와 책임, 희생을 요구하고 있다. 이것은 "나라를 위해 개인은 좀 희생해도 좋다는 박정희의 국가주의 발상인 것이다."[25]

---

22) 행정안전부 국가기록원 대통령기록관(www.pa.go.kr)
23) 박정희 저, 『국가와 혁명과 나』, 지구촌, 1997, 252쪽.
24) 황병주, 「1960년대 박정희 체제의 탈후진 근대화 담론」, 『한국민족운동사연구』 56, 한국민족운동사학회, 2008, 265쪽.
25) 강준만, 『한국현대사 산책(1960년대 편 3권)』, 앞의 책, 234쪽.

국가주의 발상의 실체는 영화관에서 영화가 시작되기 전 박정희 대통령의 동정과 국가의 정책을 주로 다룬 서로 다른 몇 개의 짧은 단편영상으로 구성된 10분 내외의 대한뉴스 상영을 통해서도 나타났다. 이는 대한뉴스를 통해 강력한 국가의 위상과 시대적인 당위적 요구를 직설적으로 전달하는 것이라 할 수 있다.[26] 이러한 형태의 박정희의 정신개조 운동은 한국사회 곳곳에 스며들었다. 이로 인해 이 시기 한국은 점차 일사분란한 정신의 국가 병영체제로 전환되어 갔다. 이는 군사쿠데타 이후 혁명공약 중 가장 가시적 효과를 담보해야 하는 자주경제 재건에 적용되었다.

5.16군사쿠데타 이후 박정희 정권이 당면한 가장 시급한 과제는 반공을 국시로 하면서 정신개조 운동을 통해 빈곤으로부터의 탈출을 이루어내야 하는 자주경제, 이른바 경제건설 국가실현이었다. 박정희가 자신의 권력을 담보하기 위해서는 반공국시와 정신개조운동을 통해 경제적 성과가 견인되어야만 했다. 그렇기 때문에 그의 혁명공약 중 경제부문은 가장 구체적이고 가시적 성과를 이루어내지 않으면 안 되는 영역이었다. 그 결과 이 시기 모든 정책의 최종적 방향은 산업화, 근대화의 경제건설에 초점이 맞추어져 있었다. 이를 단적으로 보여주고 있는 것이 쿠데타가 일어난 다음 날 군사혁명위원회에 의해 주요 기업인 17명을 체포한 것과 감옥에서 풀려난 그들 중 13명을 중심으로 1961년 7월 17일 '경제재건촉진회'가 국가재건최고회의에 의해서 신속하게 조직되었다는 사실에서 알 수 있다. 그리고 7월 22일 이전의 부흥부, 건설부를 확대 개편하여 '경제기획원'을 발족하였고 1962년 1월 13일 제1차 경제개발 5개년 계획(1962-1966)을 발표했다.

이를 기점으로 "박정희 정권은 본격적인 수출 주도형 경제성장전략을 추

---

26) 함충범, 「1960년대 초 한국 뉴스영화와 문화영화에 관한 연구(1961-1963)」, 『동아시아문화연구』 제57집, 동아시아문화연구소, 2014, 197쪽. 참고로 '뉴스영화'의 정의는 1963년 3월 12일 영화법 제1차 개정에서 정치, 경제, 사회, 문화 등 제부면의 시사를 신속정확하게 보도하기 위하여 제작된 영화를 말한다.-김강윤 외 감수, 『한국영화자료편람(초창기-1976년)』, 영화진흥공사, 1977, 207쪽.

진하였다."[27] 이러한 정책에 따라 1962년 2월 3일 울산공업단지 기공식이 열렸고, 그 이듬해인 1963년을 박정희는 '수출의 해'로 지정하면서 수출주도의 산업화 전략으로 선회하였다. 이후 모든 대중매체들은 앞다투어 수출주도의 전략을 홍보하기 시작하였고, 1963년 3월 3일 한국경제인협회 내에 '수출산업촉진위원회'가 설치되었으며 8월 서울 구로동에 '한국수출공업단지'가 설립되었다.[28] 이로써 한국사회는 '수출만이 살길이다'라는 박정희 대통령의 강력한 메시지와 함께 수출에 대한 강조가 매년 신년사나 기자회견에서 등장했다. 예컨대 1964년 1월 연두기자회견에서 그는 수출 진흥을 위해 전력질주 할 것을 선언했고[29] 1965년 신년사에서는 증산, 수출, 번영에 대한 노력을 하는 '일하는 해'로 정하면서 수출우대 금융제도의 실시, 수출 생산용 원자재 수입에 관한 관세 면제, 수출 소득에 대한 직접세의 감면, 주요 수출산업의 고정자산에 대한 가속 감가상각 제도의 도입 등과 같은 종합적인 수출지원제도를 실시하였다.[30] 1965년에 이어 1966년에도 '일하는 해'로 지정되었고[31], 그는 매월 수출확대회의를 직접 주관했다. 이 시기 수출은 박정희 정권의 알파요 오메가였다. 제1차 경제개발 5개년 계획의 성과를 바탕으로 박정희 대통령은 산업구조를 근대화하고 자립경제 확립촉진을 목표로 한 제2차 경제개발 5개년 계획(1967-1971)을 수립하였다. 수출로 상징화된 박정희 정권의 산업화, 근대화, 경제건설은 제2차 경제개발 5개년 계획이 실행되고 있던 1967년 실시된 대통령 선거에서 "박대통령 다시 뽑아 경제건설 계속하자. 중단하면 후퇴하고 전진하면 자립한다"[32]라는 공화당의

---

27) 한국경제60년사 편찬위원회, 『한국경제60년사(총괄 편)』, 한국개발연구원, 2011, 189쪽.
28) 서재진, 『한국의 자본가 계급』, 나남, 1991, 82쪽. 84쪽.
29) 행정안전부 국가기록원 대통령 기록관(www.pa.go.kr)
30) 행정안전부 국가기록원 대통령 기록관(www.pa.go.kr)-김홍기, 『영욕의 한국경제』, 매일경제신문사, 1999, 145-146쪽.
31) 행정안전부 국가기록원 대통령 기록관(www.pa.go.kr)
32) 조재구, 『대통령 후보들』, 성정출판사, 1987, 164쪽.

선거구호에서 나타난다. 대통령 선거에서도 경제건설이 핵심적 화두였던 것이다. 이것은 "제1차 경제개발 5개년 계획기간 연평균 8.3%의 경제성장을 이루면서 소기의 성과를 얻게 된 결과에 대한 자신감이기도 했다."[33] 이를 토대로 박정희 대통령은 1968년 신년사에서 3억 6천만 불이라는 1967년의 수출실적을 언급하면서 1968년을 전국방방곡곡에 건설의 새물결을 일으키는 '건설의 해'로 지정했다. 1968년 1월 21일 북한의 특수부대 31명의 청와대 습격사건을 비롯한 북한의 무장공비 침투 사건으로 1969년 신년사는 '싸우며 건설하는 해'로 정해졌다.[34] 1970년 신년사에서도 그는 "1970년대에는 완전 자립 경제를 꼭 성취해야 한다고 하면서 1인당 국민 소득은 500불선을 훨씬 넘어야하고, 수출은 적어도 50억불선을 돌파해야 한다고 하였고, 1971년 신년사에서는 조국근대화의 민주적 기반이 반석 위에 올라섰다는 벅찬 환희를 안고 모두가 민족중흥의 찬가를 우렁차게 합창하는 '중단 없는 전진의 해'가 되자고 했으며, 1972년 신년사에서는 제3차 경제개발 5개년 계획이 시작되는 해라고 하였다."[35] 이 시기 두 차례의 경제개발 5개년 계획이 수립, 추진되면서 박정희 정권에게 있어 수출은 일종의 신앙 같은 것이었고, 그것은 곧 혁명공약에서 제시된 자주경제 재건과 같은 절실한 문제였던 것이다.

이러한 수출제일주의, 경제발전, 조국근대화 추진의 경제적 토대는 외자도입의 다양한 수단을 통해 이루어졌다. 그것의 첫 번째는 외국으로부터의 차관을 도입하는 것이었고, 두 번째는 인력을 포함한 적극적 수출 정책이었다. 이를 위해 박정희 정권은 "1962년 7월 '외국차관지급보증법(1966년 8월 3일 외자도입법으로 통합됨)'을 제정하여 공공차관은 물론 민간차원에 대

---

33) 박홍근, 「1960년대 서울 도시근대화의 성격」, 『민주주의와 인권』 제15권 2호, 전남대학교 5.18연구소, 2015, 242쪽.
34) 행정안전부 국가기록원 대통령 기록관(www.pa.go.kr)
35) 행정안전부 국가기록원 대통령 기록관(www.pa.go.kr)

해서도 정부가 지급보증을 제공하도록 하는 파격적 조치를 취하였다."[36]
또한 1963년 서독으로 파견된 광부, 간호사의 급여를 3년간 서독은행인
코메르츠방크(Commerzbank)에 매달 강제 예치하는 담보방식으로 인한
4,000만 달러의 차관, 그리고 1965년 6월 무상 3억 달러, 유상 2억 달러,
민간차관 1억 달러를 토대로 체결된 굴욕적인 한일협정,[37] 여기에 1964년
부터 1973년 베트남 파병에 따른 총 10억2천2백만 달러에 이른 베트남 경
제활동 수익이었다.[38] 베트남 전쟁에 참가한 가장 큰 명분은 반공의 십자
군이었지만 그것의 또 다른 얼굴은 고국의 가난을 물리치기 위한 경제의
전장이었고, 이는 군의 최상층부터 하층까지를 관통하는 하나의 흐름이었
다.[39] 이 시기 한국의 경제발전은 이들의 헌신과 희생으로 각종 산업단지가
건설되었고 1970년 7월 7일 경부고속도로가 개통되면서 고도성장을 이룰
수 있었다.

그러나 수출제일주의를 통한 이 시기 한국의 경제발전은 1969년을 기
점으로 점차 둔화되기 시작하였다. 그것의 "직접적 원인은 미국이 1968년
달러 위기로 불황에 빠지게 되면서 한국으로부터 경공업제품 수입 규제조
치를 취하고 차관의 원리금 상환 압박이 가중됨과 동시에 신규 차관 도입
이 어려워진 것 등에 기인했다."[40] 여기에 "1971년 자국경제를 보호하기 위
한 미국의 10%의 수입부가세 부과 및 몇몇 품목에 대한 수입쿼터제 실시
등을 골자로 하는 소위 신경제정책은 수출의 40%를 미국 시장에 의존하
고 있던 한국경제, 특히 섬유산업에 심각한 타격을 주었다. 게다가 닉슨 행
정부의 베트남 철수정책에 따라 그 동안 한국경제의 고도성장을 지탱해 왔

---

36) 한국경제60년사 편찬위원회, 앞의 책, 49쪽.
37) 정시구, 「박정희 대통령의 1960년대 경제개발에 대한 연구」, 『한국지방자치연구』 제16권
　　제3호 통권48호, 대한지방자치학회, 2014, 81쪽.
38) 오제연 외, 앞의 책, 177쪽.
39) 위의 책, 172-173쪽.
40) 한국정치연구회, 『한국정치사』, 백산서당, 1990, 351쪽.

던 베트남 특수도 사라질 지경에 처하게 되었다."[41] 그 결과 1969년 14.5%에 달했던 경제성장률이 1970년과 1971년에는 각각 10.0%와 10.5%로 낮아졌다. 그럼에도 불구하고 제1, 2차 경제개발 기간(1962-1971) 동안 경제성장률은 평균 9.9%에 이르렀다.[42] 그리고 이 시기 1인당 국민총소득(GNI)은 제1차 경제개발이 시작된 1962년에는 91달러였던 것이 제2차 경제개발이 끝난 1971년에는 292달러로 3배 이상 커졌고, 수출, 수입 무역액 규모도 1962년 476,595천 달러에서 1971년에는 3,461,927천 달러로 7배가 넘게 커졌다.[43] 이러한 실질적 지표가 1960년대 한국사회를 가장 강력하게 지배하였던 빈곤으로부터의 탈출, 경제발전, 조국근대화라는 말로 상징화 될 수 있는 이유인 것이다. 이것은 한국사회뿐 아니라 이 시기 한국영화의 내용과 함께 영화법 제정에 이어 1차, 2차, 3차 개정의 방향에 깊은 영향을 미쳤다.

이는 궁극적으로 이 시기 박정희 정권은 반공을 통해서는 국민들에게 끊임없이 이념적 경각심을 제공하면서 정치적 반대세력을 통제하고, 정신개조를 통해서는 일사분란한 의식의 병영체제를 확립함으로써 빈곤으로부터의 탈출, 경제발전, 조국근대화라는 미명이 정당화될 수 있었음을 말한다. 이것들은 이 시기 존재했던 수많은 한국영화에 하나의 지침으로 작용했으며 적지 않은 영화들이 그러한 시대적 지향 속에서 등장했고 특징을 형성하였다고 할 수 있다.

---

41) 김일영, 「1960년대 한국 발전국가의 형성과정」, 『한국정치학보』 33, 한국정치학회, 2000, 140쪽.
42) 통계청, 『통계로 본 광복 70년 한국사회의 변화(통계 편)』, Jinhan M&B, 2017, 3쪽.
43) 위의 책, 13쪽.

2. 영화법과 기업화

박정희 정권의 1960년대 핵심적 화두는 조국근대화였다. 이를 위해 제1, 2차 경제개발계획이 수립, 추진되었고 수출을 독려하기 위한 지원 정책도 체계화되었다. 수출은 경제개발을 통한 조국근대화를 담보하는 가장 핵심적인 경제정책이었고 전략이었으며 목표였다. 따라서 수출은 이 시기 한국사회 모든 영역에서 하나의 지상과제였다. 이런 의미에서 박정희 정권에서 "1960년대의 수출지원 정책은 비차별적이었다. 다시 말해서 특정 산업이나 기업을 선정하여 지원하는 방식이 아니라, 수출과 관련된 생산 활동에 대해서 자동적으로 지원하는 방식이었다. 모든 수출활동에 대하여 단순하면서도 무차별적으로 적용된 수출지원체계는 특정 산업에 편향성을 배제하고, 세계시장에서 다른 나라 수출업자와 동등한 조건에서 경쟁을 할 수 있도록 하는 장치였다."[44] 수출에 대한 박정희 정권의 이와 같은 태도는 한국영화 제작 현장에 있어서도 예외는 아니었다.

이것은 이 시기 한국영화도 수출에 기여하거나 수출의 토대로 작용하도록 했다는 것을 말한다. 이러한 목표가 드러난 것이 "국가재건최고회의가 1961년 6월 22일 법률 제632호 국립영화제작소 설치법을 제정·공포하고, 9월 12일 문교부 고시 제148호에 의거해 64개사의 군소영화사를 16개사로 1차 통합조치 한 것에서 알 수 있다."[45] 이는 영화사의 난립상태를 막기 위한 정부의 조치이기도 하지만 향후 영화사를 어떤 형태로 유지, 발전시

---

44) 한국경제60년사 편찬위원회, 앞의 책, 190-191쪽.

45) 김강윤 외 감수, 앞의 책, 45쪽, 50쪽.-1961년 9월 12일 문교부 고시 제148호 의거하면 이 때 제1차통합제작회사 내역의 16개 영화사는 다음과 같다. 한국영화사(이재명), 서울영화 푸료듀서크럽(방의석), 전국영배공사(성동호), 고려영화사(유희대), 주식회사 신필름(신상옥), 한흥영화사(최관두), 동아영화흥업주식회사(이성근), 광영영화사(조용진), 동보영화사(송유천), 대영영화제작소(정운석), 수도영화주식회사(홍찬), 극동흥업사(차태진), 동방영화사(임일빈), 연아영화공사(이병일), 한국영화합동공사(지우성), 서울칼라라보(이만수)이다.

킬 것인가의 방향성이 내포되어 있었다. 그것은 영화도 수출이라는 1960년 대의 시대적 요청에 부합하여야 한다는 인식과 결부되어 있는 것이다. 이는 제1차 경제개발 계획의 추진과 함께 국가재건최고회의에 의해 1962년 1월 20일 한국 최초의 영화법을 제정하면서 본격화 되었다. 이때 등장한 영화법 제정 제1조 '목적'에는 영화사업의 육성발전을 촉진하고 영화문화의 질적 향상을 도모하여 민족예술의 진흥에 기여케 함을 목적으로 한다고 되어 있고, 그것의 내용 중 특기할 만한 것으로는 제6조 '외국영화수입' 부문에 있어 공보부장관이 극영화일 경우 정부의 무역계획의 범위 내에서 이를 추천 하도록 규정하고 있다는 것과 제8조 '국산영화수출' 규정도 이와 함께 제정되어 있다는 점이다. 그리고 공보부장관의 수입과 수출 추천에 대한 구체적 사항은 1962년 3월 20일 영화법시행령 제7조 '외국영화수입추천신청절차' 와 1962년 7월 24일 공보부령 제8호, 영화법시행규칙 제4조 '영화수출추천'에 규정되어 있다.[46] 이와 같은 영화법과 영화법시행령 속에는 국산영화의 수출, 외국영화의 수입을 포함한 무역이라는 개념과 의미가 내포되어 있는 것이다. 이것은 1962년 제1차 경제개발 계획을 실행한 박정희 정권이 영화를 산업화 과정에서 경제적 측면으로 인식하고 있음을 드러낸 것으로 볼 수 있다. 물론 제정된 영화법 중 "영화법 제4조 '영화제작'은 제작업자가 영화를 제작하고자 할 때에는 공보부령의 정하는 바에 의하여 사전에 공보부장관에게 신고하여야 하고, 제10조 '상영의 허가'는 공보부장관의 허가를 받아야 하고, 제15조 '상영정지등처분'에서 공안 또는 풍속을 현저히 문란하게 할 우려가 있는 것은 상영중지 처분을 할 수 있도록"[47] 규정하고 있는

---

46) 국가법령정보센터(www.law.go.kr)-외국영화수입추천 제한 내용: 1.적성국가에서 제작된 영화, 2.반국가적, 반민족적 내용의 영화, 3.우리나라의 법질서와 미풍양속을 해할 우려가 있는 영화/국산영화의 수출추천 제한 내용: 제작기술이 저속하여 관람자의 조롱을 사거나 불쾌감을 줄 염려가 있는 영화, 외국영화의 내용을 표절변작 또는 모방한 영화.
47) 김강윤 외 감수, 앞의 책, 212쪽. 214쪽.

것에서 불특정 대상을 겨냥하고 있는 언론정책과 연동되어 통제의 대상임을 드러내고 있지만, 영화를 수입, 수출의 대상으로 인식하여 무역계획의 범위에 두고 있다는 것은 이 시기 영화에 대한 시각이 어떠한 것인지를 단적으로 보여주고 있는 것이라 할 수 있다.

영화에 대한 이러한 박정희 정권의 인식은 1963년 3월 12일 법률 제1305호로 공포된 영화법 제1차 개정에서 보다 구체적이고 명확하게 드러난다. 영화법 제1차 개정의 핵심은 영화사를 몇 개의 대형 영화사로 재편하여 기업화하는 것이었다. 여기서 영화의 수출과 연관된 기업화에 대해 주목할 만한 것은 "제3조 '업자등록'에서 국산극영화의 제작을 업으로 하고자 하는 자는 다음과 같은 시설구비 사항, 즉 1. 35미리 이상 촬영기, 2. 조명기, 3. 건평 200평 이상의 견고한 시설로 된 스튜디오, 4. 녹음기, 5. 전속의 영화감독 배우 및 기술자를 구비하여 공보부에 영화업자 등록을 해야 한다는 것과 이 규정에 대한 등록의 취소 요건을 언급하고 있는 제3조의 3항 '등록의 취소'에서 연간 15편 이상의 국산영화(극영화에 한한다) 제작실적을 유지하지 못한 경우 등록을 취소할 수 있다고 한 것을 들 수 있다. 여기에 신설된 제5조의 2항, '수입수출자격'에서 등록된 영화업자가 아니면 외국영화의 수입 또는 국산영화의 수출을 업으로 하지 못한다고 하여 국산극영화제작과 수입을 일원화시켰으며, 제6조의 신설된 3항에서 외국영화수입추천은 공보부장관이 다음과 같은 실적, 즉 1. 국산극영화제작편수와 그 비용, 2. 국산극영화 해외수출편수, 3. 국제영화제 출품편수와 수상편수, 4. 각령으로 정하는 우수 국산영화상을 받은 편수로 규정하고 있다는 것이다."[48] 영화법 1차 개정의 핵심은 영화업을 하기 위해서는 연간 15편 이상의 극영화를 제작할 수 있는 일정한 제작요건이 구비되어야 한다는 점이다. 그리고 이것은 외국영화의 수입추천과 연동되어 있다. 즉 외국영화수입추천을 국산극영화제작편수와

---

48) 위의 책, 210쪽, 211쪽.

국제영화제 출품편수, 수상편수로 한정하는 것은 사실상 연간 15편 이상을 제작할 수 있는 영화제작업자에게 절대적으로 유리하다는 것을 의미한다. 이처럼 등록요건의 정비와 강화, 등록취소, 새로 신설된 수입수출의 자격과 수입추천에 대한 규정의 영화법 제1차 개정은 국산영화제작 체계를 대형화, 기업화하기 위한 실질적인 제도 정비라 할 수 있다. 이것의 궁극적 목표는 국산극영화의 제작을 지원한 것뿐만 아니라 국산극영화의 해외로의 수출 유도에 초점이 맞추어져 있다. 이로 인해 한국영화제작 형태는 적지 않은 변화를 겪게 되었다. 이를 통해 나타난 가장 두드러진 변화중 하나는 한국영화의 해외수출 실적을 들 수 있다. 예컨대 1962년에는 5편이 수출되어 8,000달러를 벌어들인 것을 시작으로 1963년에는 15편이 수출되어 5,250달러, 1964년에는 86편이 수출되어 90,540달러, 1965년에는 33편이 수출되어 50,451달러의 외화를 획득하였다.[49]

박정희 정권의 경제개발 정책 기조에 근거한 영화법 제1차 개정으로 해외수출의 가능성을 확인한 정부는 1966년 8월 3일 법률 제1830호로 영화법을 제2차 개정하였다. 영화법 제2차 개정에는 크게 두 가지 특징이 존재했다. 첫 번째는 영화제작업자 등록의 구비시설 요건이 완화되었다는 점이다. 그것은 영화제작사 등록 요건 중 제4조, '영화제작시설 등'에서 촬영기, 조명기, 스튜디오(극영화 또는 텔레비전영화제작자에 한한다)로 변경된 것을 통해 알 수 있다. 이것은 영화법 제1차 개정 때 영화업자등록 조건이었던 5개 항목 중 녹음기와 영화감독, 배우, 기술자의 전속제가 폐지되었다는 것을 말한다. 그리고 제7조, '등록의 취소'에서도 영화법 제1차 개정에서 연간 극영화 제작 실적이 15편이었던 것이 연간 2편 이상의 제작실적을 유지하지 못한 때로 그 기준이 대폭 완화되었다.[50] 이는 영화법 제1차 개정 때 등록 취소 요

---

49) 위의 책, 79쪽.
50) 위의 책, 208쪽, 209쪽

건인 15편의 의무제작편수를 강제하고 있던 국산극영화제작편수의 부담을 덜어준 것으로 볼 수 있다.[51] 두 번째의 특징으로는 영화법 제2차 개정의 제5조 '결격사유'를 들 수 있다. 이 조항에는 다음과 같은 규정, 즉 1. 대한민국의 국적을 가지지 아니한 자, 2. 외국의 법인 또는 단체는 등록을 할 수 없도록 명시되어 있다는 점이다. 이것은 외국인이 국내에서 영화업을 할 수 있는 근거를 원천적으로 봉쇄하였고, 제9조 '영화의 수출입추천' 2항에서 외국극영화의 수입추천은 다음 각 호의 실적, 즉 1. 국제영화제의 출품실적과 수상실적, 2. 공보부장관이 정하는 우수국산영화수상실적, 3. 국산영화의 수출작품제작실적, 4. 국산영화 및 합작영화의 수출실적에 따라 영화제작자나 영화수출자에게 한다고 규정하고 있다. 이는 영화업을 대한민국 국적자만 할 수 있도록 한 것이며, 국내영화의 제작 및 국제화와 수출실적을 박정희 정권이 중요하게 인식하고 있음을 드러내고 있는 것이다. 그러므로 영화법 제2차 개정 역시 1962년 영화법 제정 당시 무역이라는 범위와 영화법 제1차 개정에서 군소 영화사를 정리하면서 영화업을 대형화, 기업화하려는 노력의 연장선에 있음을 알 수 있다. 특히 영화법 제1차 개정으로 영화의 기업화를 목표로 빠르게 외형적 형태를 갖추도록 하였고, 그로부터 발생한 부작용을 영화등록업자의 등록 요건 완화로 영화법 제2차 개정에서 보완하기도 하였지만 궁극적으로 이것은 박정희 정권의 영화 기업화를 통한 해외수출을 독려하기 위한 것과 연동되어 있다고 할 수 있다. 이에 대한 결과는 이 시기 한국영화의 수출현황을 통해서 확인된다. 예컨대 1966년 한국영화의 수출실적은 44편 수출에 59,945달러였고, 1967년에는 49편 수출에 184,900달러였으며, 1968년에는 24편 수출에 63,077달러였고, 1969년에

---

51) 영화법 제2차 개정 후인 1967년 9월 14일자 제2차 영화제작사 통합내역 결과 총 12개사이다. 한양영화주식회사(주민규), 한국영화주식회사(성동호), 주식회사 신필름(신상옥), 한국예술영화주식회사(박규옥), 세기상사주식회사(우기동), 주식회사 대한연합영화사(홍의선), 합동영화주식회사(곽정환), 제일영화주식회사(황의식), (주)안양필름(이수길), 태창영화주식회사(김태수), 대양영화주식회사(김형근), 연방영화주식회사(주동진).-위의 책, 50쪽.

는 무려 138편 수출에 534.650달러의 실적을 올렸다.[52] 영화법 제2차 개정 이전시기에는 수출 실적이 10만 달러에도 한참 미치지 못했던 것이 이 기간 동안 54만 달러에 육박하는 수출을 기록했다는 사실로 증명된다. 이를 통해 확인 된 것은 영화제작사의 대형화, 기업화 정책은 박정희 정권의 수출 우선주의와 긴밀히 연관되어 있음을 알 수 있다. 이것은 영화법 개정의 내용이 상황에 따라 정부에 의해 탄력적으로 조정되면서도 그것의 최종적 목표는 1960년대 경제개발, 조국근대화를 이루기 위한 수출이라는 이념 속에 이루어진 것이다.

이와 같은 특징은 1970년 8월 4일 법률 제2217호로 이루어진 영화법 3차 개정에서도 나타난다. 이때 개정된 주요 내용은 영화법 제7조 '등록의 취소' 요건에 영화법 2차 개정 때 영화제작실적을 2편으로 완화했던 것을 다시 5편으로 강화한 것이다. 이것의 이유가 제3차 영화법 개정 당시 영화제작사가 20개로 다소 늘어나 제작요건을 다시 강화하려 한 차원에서 이루어진 것인지는 분명치 않으나 제3차 개정된 영화법에는 2편에서 5편으로 영화제작실적을 강화했다.[53] 또한 외국극영화 수입을 실적에 따라 영화제작자나 영화수출자에게 부여하였던 기존의 규정을 영화법 3차 개정에서는 삭제하였다(제9조 '영화의 수출입추천' 2항). 그리고 "영화제작업과 외화수입업을 분리하여(영화법 제3차 개정 제5조의 2항 '영화수출입자등록') 일정자격을 갖춘 업자가 외국영화를 수입할 수 있도록 하였다."[54] 이것은 1970년 12월 23일

---

52) 위의 책, 79쪽.

53) 제3차 영화법개정 당시의 20개 제작사 명단: 극동영화주식회사(차태진), 남화영화주식회사(서종호), 덕영필름(이민덕), 대양영화주식회사(한갑진), 동양영화주식회사(이종벽), 마아벨코리아주식회사(김동수), 세기상사주식회사(우기동), 신창흥업주식회사(전석진), 아성영화주식회사(홍정기), 아세아영화주식회사(이지룡), 안양영화제작주식회사(신상옥), 연방영화주식회사(주동진), 제일영화주식회사(홍성칠), 주식회사 삼영필림(강대진), 주식회사 새한필림(황의식), 주식회사 우진필림(정진우), 태창영화주식회사(김태수), 한국영화주식회사(성동호), 한국예술영화주식회사(박원석), 합동영화주식회사(곽정환)-위의 책, 51쪽.

54) 김동호 외, 『한국영화정책사』, 나남출판, 2005, 221쪽.

대통령령 제5423호인 영화법시행령 제4조 '영화수출입자의 등록자격'에 의해 뒷받침되고 있다. 여기에는 외국영화의 수입을 목적으로 하는 영화수출입자등록을 하고자 하는 자는 '등록 전 1년 내에 국산극영화(극영화에 준하여 상영될 수 있는 문화영화를 포함한다)를 6편 이상 수출하여 미화 3만 불 이상의 외화획득 실적이 있는 자로 규정하고 있다. 이와 연관된 것이 영화법시행령 제16조 '수입추천기준'의 4항, 외국영화의 수입추천을 받고자 하는 자는 신청 전 1년간 4편 이상의 국산극영화(극영화에 준하여 상영될 수 있는 문화영화를 포함한다)를 수출하여 미화 2만 불 이상의 외화획득 실적을 갖춘 자라야 한다고 적시되어 있다.[55] 영화법 제3차 개정은 국내영화제작업자에게 한국영화제작 요건을 영화법 제2차 개정에 비해 좀 더 강화시키면서 외국극영화수입에 대한 조건으로 국산극영화 수출 실적과 그것을 확인할 수 있는 외화의 금액을 구체적으로 요구했다는 점에서 영화를 통한 수출과 외화 획득에 초점이 맞추어져 있음을 확실하게 표현하고 있는 것이다.

이로 인해 1970년과 1971년에는 수출편수와 수출액이 대폭 늘어났다. 이를테면 1970년에는 253편이 수출되어 728,014달러를 벌어들였고, 1971년에는 201편이 수출되어 902,600달러의 외화를 획득했다. 비록 1972년 86편에 482,137달러로 대폭 감소했지만 영화법 제3차 개정과 함께 한국영화의 수출실적은 이제 연간 100만 달러를 바라보게 되었다.[56] 이것을 실질적으로 가능케 했던 것은 제1, 2차 경제개발 정책과 연동된 영화법 제정과 개정에 의한 제작활성화로 인해 급속도로 확장된 영화제작 편수였다. 예컨대 1961년 86편이었던 한국영화의 제작편수는 1962년 영화법이 제정되고 제1차 개정된 이후 1962년 113편을 시작으로 1963년 144편, 1964년 147편, 1965년 189편으로 증가했다. 그리고 영화법이 제

---

55) 국가법령정보센터(www.law.go.kr)
56) 김강윤 외 감수, 앞의 책, 79쪽.

2차 개정된 1966년에는 136편을 시작으로 1967년 172편, 1968년 212편, 1969년 229편으로 늘어 연간 200편을 훌쩍 넘었고, 영화법이 제3차 개정된 1970년에는 209편, 1971년 202편을 기록하였다. 이와 같은 흐름은 1972년에 이르러 1971년에 비해 80편이 줄어든 122편에 머물렀지만 연간 200편이라는 제작의 시대를 이 시기에 열었던 것이다.[57]

이러한 것들은 영화법 제정과 영화법 제1차, 제2차, 제3차 개정이 박정희 정권의 경제개발정책으로 인한 수출우선주의, 외화획득이라는 기조 속에서 영화제작편수의 급속한 확장과 수출이 밀접한 관계 속에서 이루어졌음을 의미한다. 이를 통해 형성된 유례없는 양적팽창은 많은 사람들이 이 시기 한국영화를 중흥기 또는 전성기로 부르는 이유로 작용했다.

3. 반공과 민족사이의 딜레마

5.16군사쿠데타 이후 제일의 국시가 된 반공주의는 해방이후 좌익과 우익의 이념 대결과 1948년 이승만의 단독정부 수립이후 북한과의 체제 경쟁 과정을 거치면서 한국사회의 근본적 이데올로기가 되었다. 이는 한국전쟁을 거치면서 북한에 대한 분노와 적대감으로 집약되어 나타나곤 했다. 박정희는 이와 같은 지배체제 이데올로기의 가치를 계승하면서 반공주의를 혁명공약을 통해 재확인한 것이다. 이로 인해 형성된 반공주의는 한국사회의 문화와 예술의 영역에서 공산주의에 대한 적대적, 대결적 구도를 극대화하기 위한 유용한 수단으로 작용했다. 이것은 반공주의에 대한 긴장감을 한국사회에 끊임없이 유지하도록 강제한 것과 다르지 않다. 이러한 이유로 북한의 체제를 비판적으로 묘사하거나 한국전쟁 등을 매개로 반공주의를 표방

---

57) 위의 책, 46쪽.

하면서 그것을 상기시키는 영화들의 등장은 매우 자연스러운 현상이라 할 수 있다. 그럼에도 불구하고 이 시기 몇몇 영화들에서는 이와 같은 시대적 흐름에 부합하면서도 특별한 경향이 형성되었다. 이는 반공주의와 밀접한 관계에 있는 한국전쟁을 배경으로 하고 있음에도 민족의 비극성이 부각된다는 사실이다. 이것은 무엇보다 4.19혁명의 여진이 사회 곳곳에 중요한 역사적 경험으로 존재하고 있는 것과 무관치 않다고 할 수 있다. 특히 4.19혁명이후 활발하게 전개되었던 통일운동, 이를테면 1961년 남북교류운동과 중립화 통일운동을 전개한 혁신계와 서울대 민족통일연맹(민통련)의 남북학생회담 제의, 1960년 9월 15일 발족된 민족자주통일중앙협의회(민자통)의 1961년 5월 13일 서울운동장에서의 남북학생회담 환영 통일촉진궐기대회를 통해 등장한 "가자 북으로 오라 남으로"라는 구호는 이러한 흐름의 상징이다.[58]

이와 같은 기조는 일본의 태평양전쟁기 학도병으로 입대한 조선청년들의 혹독한 병영생활을 묘사한 김기영의 <현해탄은 알고 있다(1961)>와 일본의 주요시설을 파괴한 후 독립운동을 이어가기 위해 두만강을 건너 만주로 향하는 학생독립단을 묘사한 임권택의 <두만강아 잘있거라(1962)>에서 엿볼 수 있다. 그리고 한국전쟁을 배경으로 하고 있음에도 적대적 대상이 북한 인민군이 아니라 중공군으로 설정되어 그들과의 치열한 전투와 해병 군인들의 희생을 묘사하면서 북한 인민군의 잔인함과 냉혹함을 드러냄으로써 반공주의를 견인했던 김기덕의 <5인의 해병(1961)>의 표현방식은 이전과는 다른 형태를 취하고 있음을 보여준다. 또한 해방이후 소련군이 북한지역을 점령한 시기에서부터 1950년 한국전쟁 발발까지를 배경으로 전쟁 이전 공산치하가 된 북한의 혹독하고 엄격한 상황을 통역관인 김정숙, 자유주의 사상을 지닌 석빈과 그를 좋아한 소련군 장교 시렌코프의 딸 쏘냐와

---

58) 강준만, 『한국현대사 산책(1960년대 편 1권)』, 앞의 책, 234쪽.

의 사랑과 이별을 통해 묘사하고 있는 이강천의 <두고 온 산하(1962)>와 휴전직전 북한의 포로수용소를 탈출한 김철호가 유격대원들과 함께 북한 인민군들과 전투를 통해 남하하는 모습을 다루고 있는 김묵의 <싸우는 사자들(1962)>에서도 그들에 대한 야만성, 잔인성은 노골적으로 드러나지는 않는다. 북한 인민군을 향한 이러한 태도는 이만희의 <돌아오지 않는 해병(1963)>에서도 유지된다.

영화는 인천상륙작전과 서울 수복의 시가전을 보여주면서 처형된 사람들의 모습을 통해 북한 인민군들의 잔인함을 드러낸다. 그러나 영화의 중심에는 중공군과의 치열한 총격전과 백병전이 배치됨으로써 북한으로 향하고 있는 적대적 대상을 분산시키고 있다. 여기에 전투에서 최후까지 살아남은 강분대장은 최일병을 향해 "수많은 사람이 수많은 사람을 죽이고 죽었다"고 하면서 "꼭 전쟁이 필요했는지 살아있는 사람들에게 물어보라"고 함으로써 전쟁 자체의 비극성을 강조하고 있다. 이로써 영화는 구일병의 여동생이 북한 인민군에 의해 살해당함으로써 그들의 잔혹함을 드러내기도 하지만, 한편으로는 중공군이라는 이민족의 군대를 개입시킴으로써 이념으로 얼룩진 분단의 현실을 민족의 비극으로 전환시키고 있는 것이다. 이러한 형태는 북한 인민군의 잔인하고 냉혹한 비인간적 모습만을 통해 반공주의의 전형을 묘사하였던 것과는 다소 다른 방식이라 할 수 있다.

이와 같은 경향은 1952년 한국전쟁 시기를 배경으로 하고 있으면서도 북한 인민군과의 직접적 대결의 요소는 그리 중요한 부분을 차지하고 있지 않은 신상옥의 <빨간 마후라(1964)>에서도 찾아 볼 수 있다. 오히려 이 영화에는 아홉 명의 신병 전투기 조종사들의 훈련과정과 그들의 사랑, 낭만 등이 이야기의 중심에 위치하고 있다. 이런 측면에서 영화 <빨간 마후라>는 조종사들의 첫 출격과 북한 인민군과의 교전을 통해 한국전쟁을 화면 속으로 끌어들여 왔지만 이전의 영화에서 묘사된 전형적인 북한 인민군의 모습으로부터 어느 정도 벗어나 있다고 할 수 있다. 이것은 반공주의를 드러내기 위해 사용되었던 한국전쟁에 대한 묘사가 이 시기 한국영화에서 다양한 영역과 방식으로 분화되었다는 것을 의미한다. 이러한 형태의 영화는 1965년 7월 9일 중앙정보부에 의해 제목과 편집의 수정을 통해 상영이 허가된 이만희의 <돌아온 여군(원래 제목은 '7인의 여포로'였음)>에서 비교적 명확하게 나타난다.

1963년 제작에 들어간 이 영화는 1964년 12월 10일 대사 3처, 화면 1처를 삭제하는 조건으로 공보부 영화과의 상영허가를 받았다. 그런데 다음 날인 12월 11일 중앙정보부 보안과에서 공보부 영화과로 <7인의 여포로>에 대한 상영보류 조치가 통보되고 이만희는 반공법 위반 혐의로 검찰에 소환되면서 구속기소 된다.[59] 이와 같은 중앙정보부의 조치는 북한 인민군 장교가 국군 간호장교 7명을 호송하던 중 여포로들이 중공군에 의해 겁탈당할 위기에 처하자 북한 인민군 장교와 부하들이 중공군들을 죽이고 난 후 국군으로 귀순하는 것으로 마무리 되는 내용에 기인한다. 국군, 남한으로 귀순하는 최종 결말에도 불구하고 중앙정보부는 영화가 북한 인민군을 우호적으로 묘사함으로써 오히려 적대적 대상을 흐리게 하였다는 것에 주목한 것이다. 이처럼 반공이데올로기와 민족이라는 개념 사이의 고민은 이 시기 영화에서 특별한 의미를 갖는다. 이는 민족적 비극이 내재되어 있는 인간적 비극으로 묘사되어 나타난다. 이러한 특징을 드러내고 있는 것이 1964년에 제작되어 그 이듬해인 1965년에 개봉된 김기덕의 <남과 북>이라 할 수 있다.

영화는 한국전쟁이 한창인 1952년 11월 북한 인민군 소좌 장일구의 귀순으로부터 시작된다. 장일구는 한 여인을 찾으러 왔다고 하면서 국군 참호의

---

59) 박유희, 「박정희 정권기 영화 검열과 감성 재현의 역학」, 『역사비평』 99호, 역사비평사, 2012, 43쪽.

이해로 대위에게 사진 한 장을 보여준다. 이 대위는 그가 건넨 사진 속의 여인이 자신의 아내 고은아임을 알게 된다. 이후 영화에서는 과거 북한에서 장일구 소좌와 고은아가 결혼을 약속한 사랑하는 연인이었다는 사실과 월남한 그녀가 이해로 대위의 아내가 되었다는 현재의 상황이 전개된다. 따라서 영화는 한 여자를 찾기 위해 목숨을 걸고 귀순한 장일구 소좌의 절절한 사랑과 부상에서 자신을 돌봐준 이해로 대위의 사랑이 영화의 중심에 위치한다. 이들 사이의 비극성은 장일구 소좌와 고은아, 이해로 대위가 함께 만나는 순간 절정에 이르고 이해로 대위의 전투 부대 지원과 장일구 소좌의 절벽 아래로의 추락으로 마무리 되는 장면에서 극대화된다. 따라서 장일구 소좌로부터 북한 인민군의 공습에 관한 정보를 획득해 전쟁을 유리하게 만들어야 하는 정보참모장 권중령의 임무는 오히려 크게 부각되지 않는다. 비록 영화의 전개 과정 속에서 "자유를 보장해주고 자유롭게 자기 의사를 말하고 자유롭게 사랑을 추구하는 것이 민주주의"라는 장일구 소좌의 말을 통해 민주주의에 대한 체제의 우월성을 드러내고 있지만 그것은 자신의 어린 아들에게 "38선을 세상에서 제일 미련한 새끼들이 만들어 놓은 제일 나쁜 것"이라는 분단 된 민족의 비극성이라는 역사적 의미로 수렴된다. 이러한 이유로 영화 <남과 북>은 한국전쟁이라는 주제와 시기를 다루고 있음에도 그것을 겨냥하고 있는 것은 전쟁으로 해체된 한 인간의 사랑과 가족의 비극이다. 이를 통해 민주주의 가치와 분단된 민족의 비극성을 드러내고 있는 것이다. 이처럼 영화는 반공주의 영화 속에 전형으로 나타나고 있는 욕망과 탐욕, 냉혹한 모습의 비인간적 형태의 북한 인민군과 공산주의자들에 대한 노골적인 묘사가 분단과 민족의 비극성으로 환원되어 나타난다. 이와 같은 특징은 조긍하의 <언제나 그날이면(1965)>에서도 드러난다.

평양을 배경으로 음악대학에서 성악을 전공하고 있는 노동당 조직부장의 딸 민혜와 지휘자이자 바이올린 연주가인 음악동맹의 박일송을 보여주면서 영화는 시작된다. 그리고 그들은 잘못 걸린 전화통화로 인해 서로 사랑하는 사이로 발전한다. 음악회에서 만나기로 한 그들의 약속은 전쟁 중 폭격으로 만나지 못하게 되고 부모를 잃은 민혜는 12월 25일 정오 덕수궁 석조전 앞에서 하얀 국화꽃을 들고 기다리겠다는 일송의 편지를 읽고 난 후 국군을 따라 남쪽으로의 피난대열에 합류한다. 이어서 영화는 남쪽으로 내려 온 일송이 덕수궁 석조전 앞에서 하얀 국화꽃을 들고 민혜를 기다리는 모습을 보여준다. 그러나 민혜는 부상당한 자신을 헌신적으로 도와 준 의사 정대위와 이미 결혼한 상태였다. 이 사실을 알지 못한 일송은 자신이 약속한 날이 되자 또 다시 덕수궁 석조전 앞에서 민혜를 기다린다. 민혜는 자신을 기다리고 있는 일송을 지켜보면서 그가 떠난 후 버리고 간 국화꽃을 집어 들고 오열한다. 이후 영화는 국군의 군악대 퍼레이드를 지휘하고 있는 박일송 소위에게 국화꽃을 걸어주는 민혜의 모습을 보여주고 어두웠던 12월 25일은 잊어버리고 행복한 삶을 기원하면서 마무리 된다. 이처럼 영화는 두 젊은 남녀의 안타까운 사랑과 운명을 통해 전쟁이 주는 비극성에 초점이 맞추어져 있다. 그리고 어두웠던 과거로부터 새로운 출발에 대한 삶의 의지도 함께 드러낸다. 영화는 비록 전쟁과 북한을 배경으로 하고 있지만 그것의 비극성에 더 집중하고 있는 것이다. 이러한 정서에 기반하고 있는 이 시기의 영화는 박상호의 <비무장지대(1965)>에서 보다 직접적으로 나타난다.

영화는 북한의 실제적 현실의 특징을 묘사함으로써 공산주의에 대한 인식을 상기시키면서 분단의 현실을 통해 민족의 비극성을 드러낸다. 박상호는 이 영화에서 특별한 이데올로기적 입장을 대변하기보다는 비무장지대에 내면화된 민족의 비극성에 집중한다. 이는 국군과 북한 인민군의 표식이 있는 군화, 철모, 군복을 입고 있는 소년의 모습과 엄마를 찾기 위해 비무장지대를 헤매고 있는 소녀와의 만남을 통해 이루어진다. 소년은 비무장지대에서 시냇물에 빠진 소녀를 구하고 난 후 서로를 오빠, 동생으로 부른다. 이러한 호칭은 이들이 일종의 공동 운명체라는 의미를 내포하고 있다. 따라서 이 장면은 우연히 만난 이들의 관계가 마치 친형제와 같은 혈육의 관계로 언제든지 변화할 수 있음을 말한다. 동시에 이 모습은 공동 운명체인 이들에게 앞으로 일어날 비극적 운명에 대한 감성적인 토대로 작용하고 있다. 이는 비무장지대를 정처 없이 헤매다 인위적으로 쳐놓은 군사분계선을 마주하는 장면에서 구체화된다. 이들은 자신들 앞에 가로놓여져 있는 군사분계선을 자유롭게 넘기도 하고 그것을 사이에 두고 마치 대치하고 있는 남한과 북한 정부를 흉내내기도 한다. 특히 소년과 소녀가 군사분계선을 사이에 두고 말하지 않고 오랫동안 버티기 놀이를 하던 중, 소녀가 그만 멈추자고 하면서 군사분계선과 휴전선 표지판을 부수고 서로 껴안고 눈물 흘리는 장면은 비무장지대라는 공간이 갖고 있는 비극적 의미를 직접적으로 묘사하고 있다. 이와 같은 감성적 표현은 북한 인민군의 칼에 찔려 죽게 되는 소년과 혼자 남게 된 소녀의 비극적 결말이 무엇으로부터 기인하고 있는지를 상징적으로 보여주고 있다. 이는 비무장지대라는 공간 속에 역사적으로 내면화되어 있는 민족의 비극성을 소년과 소녀를 통해 표현하고 있는 것이다. 그러므로 영화는 비록 북한 인민군에 의해 살해되는 소년을 묘사하고 있지만 그러한 비극을 초래한 근본적 요인을 외부 세력으로 돌리고 있음을 알 수 있다. 이러한 측면에서 이 영화는 북한을 적대화하기 보다는 그것의 비극성에 초점을 맞춘 것이라 할 수 있다.[60]

이와 달리 북한 인민군들의 잔인함과 야만성에 집중한 영화들도 이 시기에 등장하였다. 이는 유현목의 <순교자(1965)>에서 나타난다.

영화는 한국전쟁기 평양을 함락한 국군이 북한 인민군에 의해 희생당한 순교자들의 위령제를 지내기 위해 살아남은 목사를 찾아가 그 날의 사건을

---

60) 정태수, 「휴전의 상징, 비무장지대를 배경으로 한 다섯 편의 한국영화에서 나타난 역사적 비극성의 재현방식」-현대영화연구소, 『휴전과 한국영화』, 국학자료원, 2014, 18-19쪽.

듣고자 한 이대위의 내레이션으로부터 비롯된다. 이후 영화에서는 북한 인민군이 퇴각하면서 자행한 참상, 즉 많은 사람들을 동굴 속에 몰아넣고 사살한 후 다이너마이트를 터트려 동굴입구를 막아놓았다는 사실과 뼈가 부서져 팔다리가 흐느적거리고 불에 달궈진 쇠로 살을 태우는 고문 장면들이 이어진다. 이 과정에서 영화는 누가 위선자이고 진정한 목사인지는 중요한 문제로 부각되지 않고 야만적이고 잔인한 북한 인민군들의 모습만이 강조된다. 이는 애국가가 흘러나오는 마지막 장면을 통해 영화에서 묘사하고 있는 것이 무엇을 겨냥하고 있는지를 명확하게 보여준다. 이것은 조해원의 영화 <불나비(1965)>에서처럼 내용과 무관한 "정의의 역군, 평화의 사도, 간첩신고는 113"과 같은 자막을 통해 반공주의가 강조되고 있는 시대적 상황 속에서 이 시기 영화가 어떻게 존재하고 있는지를 상징적으로 보여주고 있다.

문제는 이처럼 반공주의라는 지배이데올로기가 한국사회 속에서 강력하게 작동되고 있음에도 1964년 6월 3일 박정희 정권의 한일회담 추진과 1965년 6월 22일 조인된 '한일기본조약'이 전국적인 반대시위를 통한 저항을 불러일으켜 남한과 북한 사이의 극단적 이데올로기 대결사이에서 민족 개념이 다시 부각되는 계기가 되었다는 점이다. 이는 반공주의와 그것을 상기시키는 이전 시기의 영화들에서처럼 북한을 도식적인 이분법적 대결 구도로 묘사하는 방식과는 다른 민족이라는 개념이 영화에 개입할 수 있는 여지를 제공하였음을 의미한다. 이러한 흐름은 북한 공작원의 기만적인 선전과 유혹으로 북송선을 타고 북한에 간 재일동포들의 모습을 묘사한 김수용의 <망향(1966)>에서 엿볼 수 있다.

영화는 북송선을 타고 북한에 도착한 재일동포들의 당혹스러움, 즉 가족과 헤어지고 탄광으로 보내져 힘겨운 노동으로 고통 받고 있는 모습을 통해 냉혹하고 열악한 북한사회를 묘사하고 있다. 그러나 이 영화에서는 사업가 박신평이라는 인물을 들어 일본에서 재일동포가 받는 차별도 동시에 언급되고 있다. 이는 재일동포에 대한 일본의 차별과 그들이 북송선을 타고 북한에서의 열악한 삶에 처해지게 된 원인중 하나와 연결된다. 그러므로 영화는 북한 사회의 실체를 표면화함으로써 북한 체제에 대한 경각심을 강조하면서도 일본에 대한 민족적 감정도 재인식하도록 요구하고 있는 것이다. 이것은 이 시기 영화들이 반공을 북한공산주의라는 전형화 된 시각에 의한 해석만을 통해 이루어지지 않았음을 보여주고 있다. 또한 반공주의를 의미화하면서도 그것을 인간의 욕망과 연결시키는 형태의 영화들도 이 시기에 등장하였다. 이러한 특징은 김수용의 <산불(1967)>에서 나타난다.

영화는 여자들만 사는 산골 마을에 잠입한 북한 인민군 빨치산 규복과 그를 둘러싼 여자들의 질투와 성적 욕망을 다루고 있다. 규복과 여자들 사이의 은밀한 관계는 공비들이 숨을 수 있는 공간을 없애기 위해 국군이 숲에 불을 지르면서 그가 개울가에 사망한 채로 발견됨으로써 파국을 맞게 되지만 영화는 전쟁과 빨치산이라는 이념에 의한 갈래가 인간의 본능과 감정을 초월할 수 없음을 드러낸다.

이와 같은 특징은 하반신을 부상당함으로써 성불구가 된 최동우 대위를 통해 한 인간의 비극이 무엇으로부터 기인하는지를 보여주고 한국전쟁을 소환하여 북한이라는 개념을 역사 속에서 상기시키면서 욕망과 도덕 사이에 존재하고 있는 그의 부인의 고통과 방황에 집중하고 있는 이만희의 <귀로(1967)>에서도 나타난다. 이처럼 반공주의와 연결된 이 시기의 한국영화는 다양한 내용과 수법으로 묘사되면서 이전의 도식적인 개념과 구조로부터의 탈피를 시도하고 있다. 이러한 방식 중 하나인 전쟁이 한 인간을 어떻게 파괴하고 파멸에 이르게 되는지는 김수용의 <까치소리(1967)>에서도 확인된다.

영화에서의 비극은 시골 마을을 배경으로 정순과 결혼을 약속한 봉수가 입영통지를 받고 입대하자 그녀를 짝사랑하고 있던 봉수의 친구 상호가 그녀와 결혼하기 위해 봉수의 사망통지서를 허위로 작성하여 그녀에게 통보하면서 비롯된다. 상호는 자신의 의도대로 정순과 결혼하게 되지만 오직 정순만을 생각하고 전쟁에서 살아 돌아온 봉수는 믿기지 않는 현실을 접하고 충격에 휩싸인다. 이후 그들은 비극적 운명으로 빠져든다. 봉수는 모든 상황을 전쟁이전으로 돌려놓기 위해 정순을 설득하고, 그를 짝사랑한 상호의 여동생 영숙은 전쟁 트라우마를 겪고 있는 봉수에 의해 죽임을 당하게 되고 정순은 스스로 목숨을 끊는다. 이로써 영화는 봉수와 정순, 상호 사이의 뒤틀린 욕망과 엇갈린 사랑으로 인한 비극성을 묘사하고 있다. 그러나 이러한 비극의 기저에는 상호의 탐욕과 한국전쟁이 존재하고 있다. 특히 전쟁은 이들의 비극을 초래하는 가장 근본적 요인인 것이다.

전쟁과 빨치산 등을 직접적으로 표현하지 않으면서 한국사회에 내재되어 있는 반공주의와 북한을 상기시키는 것은 안개가 가득한 무진이라는 시골 마을에서도 들리는 한국전쟁 상황과 빨갱이가 언급되는 김수용의 <안개(1967)>에서도 나타난다. 반공주의를 표방한 이 시기의 한국영화는 주로 북한보다 풍요롭고 자유로운 상황, 그로 인해 공산주의에 대한 민주주의의 우월성을 드러내는 방식을 취하고 있다. 이것은 북한사회를 비판함으로써 남한사회의 우월성을 보다 직접적으로 묘사하는 하나의 방식인 것이다. 박상호의 <해방동이(1967)>는 이와 같은 유형의 영화에 가깝다고 할 수 있다.

이것은 대학신문 편집장인 권영민이 해방동이에 관한 기사를 기획, 취재하기 위해 동료기자 천경숙과 판문점을 방문하는 것으로 비롯된다. 그곳에서 그들은 프라브다 기자 이기석을 만나 취재 목적을 밝히지만 이기석은 역으로 누군가를 월북시키려는 당의 지령을 받고 이들에게 협조하는 척 하기 위해 북한의 부유층 모녀의 사진을 건넨다. 권영민에게 전해진 사진을 본 남한의 강도성 교수는 사진 속 인물이 북한에 두고 온 자신의 아내와 딸이라는 사실을 확인한다. 영화는 선전, 선동으로 점철된 북한의 모습과 서울의 모습을 대비적으로 보여준다. 사진을 본 대학신문 기자들은 그따위 사람들과 무릎을 맞대고 남북협상을 하려고 했던 1961년 남북학생대표자 회의 추진을 비판한다. 이러한 비판은 북한의 실체라 할 수 있는 가난하고 경직된 북한사회를 구체적으로 묘사한 것과 연결된다. 특히 북한학생의 대표로 참석한 강도성의 딸 강오경이 자아비판을 당하는 모습과 그녀가 판문점을 통해 북한을 탈출하여 남한에서의 화려한 환영식과 아버지를 만나면서 애국가로 마무리되는 장면은 이 영화가 북한에 대한 남한체제의 우월성을 강조한 영화임을 보여주고 있는 것이다. 이는 북한과 공산주의를 한국의 사상, 한국인의 정체성과 확실히 구분하면서 반공주의를 드러내고 있는 이만희의 <싸리골의 신화(1967)>에서도 확인된다.

장엄한 음악과 함께 내레이션으로 "싸리골이란 한국 땅 어느 두메고을에서 벌어진 한국전쟁 당시, 한국 땅에서 일어난 한국 사람에 관한 이야기"라고 하면서 "이 이야기는 결코 신화가 아니다"라고 영화는 시작된다. 영화의 내레이션에서는 한국을 규정하는 의미가 유독 강조된다. 이어서 영화는 멀리서 들려오는 대포소리와 마을 사람들의 불안한 모습, 그리고 어떤 경우에도 침착성을 잃지 않아야 한다는 마을 어른인 강노인의 당부로 전쟁이 발발했다는 것을 암시한다. 이후 북한 인민군에 포위당한 아홉 명의 국군이 마을에 내려와 강노인에게 도움을 요청하자 그는 그들을 사찰의 스님과 마을 사람들 가족의 일원으로 배치하여 일상생활을 하도록 위장한다. 얼마 후 같은 마을 사람이었던 표문원이 이 마을을 관리하는 북한 인민군의 책임자로 나타난다. 이때부터 영화는 북한 인민군들의 압박과 강노인을 비롯한 마을 사람들과의 긴장된 심리가 전개된다. 즉 군인들이 마을 곳곳에 숨어 있다는 사실을 북한 인민군에게 고발함으로써 이 상황으로부터 벗어나고자 하는 사람들과 강노인의 말대로 냉정해야 한다고 하면서 고발을 거부한 사람들로 나눠진다. 비록 영화는 국군이 마을에 숨어들었다는 사실을 표문원이 알게 된 후 전투가 벌어지고 국군에 의해 그들이 격퇴당하면서 마무리되지만 다양한 심리를 드러내는 인물들 사이에 조성된 팽팽한 긴장감의 유지는 이 영화가 지니고 있는 가장 뛰어난 부분 중 하나라 할 수 있다. 영화는 전투가 끝난 후 전투 과정에서 사망한 강노인을 향해 "아는 것이 많은 것이 아니며 달리 인격이 뛰어난 것도 아니며 그 분은 한국 사람입니다"라고 한 선임하사의 말이 이어진다. 그리고 이 이야기는 분명 한국 땅에서 한국 사람에 관한 이야기라는 내레이션으로 마무리 된다. 이러한 결론에 마을 사람들은 표문원을 향해 그가 마을을 떠난 것은 다른 사상을 가졌기 때문이라는 말로 서로의 다름을 다시 한 번 강조한다. 이것은 영화시작에서처럼 한국 땅, 한국 사람임을 강조함으로써 한국인들의 정체성을 확인시켜주고 그것의 동질감과 일체감을 부각시킴으로써 북한과 공산주의를 구분한 것이라 할 수 있다.

이처럼 이 시기 반공주의를 표방하고 있거나 상기하고 있는 영화들은 북한과 공산주의자들을 비인간적이면서도 냉혹하게 묘사하는 것에서 어느 정도 벗어나 중공군과의 전투와 전쟁 자체를 강조하면서 분단으로 인한 민족의 비극성을 자극하거나 경직된 북한사회를 묘사함으로써 한국의 사상이 자유롭고 유연하다는 체제 우월성과 함께 이념의 정체성을 드러내고 있다.

그러나 이러한 변화는 1967년 12월 공보부의 새로운 검열 방침을 통해 새로운 형태로 전개된다. 이때 공보부는 "영화각본심의위원회를 구성하고 기획관리실장을 위원장으로, 공보국장을 부위원장으로 하여 영화과장, 국내과장, 문화과장, 제작과장 등의 6명의 위원으로 구성했다. 당시 위원회는 영화제작계의 방향제시가 그 목적이라면서 우리 사회의 어두운 면, 불건전한 사회 도덕률을 지나치게 다루는 화면을 견제하겠다는 의견을 밝혔다."[61] 이는 1964년 <7인의 여포로>가 반공법 위반으로 이만희를 구속하

---

61) 한국영상자료원 엮음, 『한국영화역사 속 검열제도』, 한국영상자료원, 2016, 77쪽.

고 1965년 유현목의 <춘몽>이 음란죄 사건으로 어려움을 겪었으며 각본검열과 영화검열이라는 이중 검열을 받고 있으면서도 이에 대한 반감이 생각보다 덜했다는 1960년대 중반까지의 정서와는 사뭇 다른 것이라 할 수 있다.[62] 영화인들은 이에 대해 크게 반발했지만 검열강화 방침은 공보부 장관인 홍종철이 1968년 2월 인터뷰에서 "사회적인 영향을 생각해서 검열은 계속 강화 하겠다"고 한 것에서 변화된 사회적 분위기의 기조를 드러낸다.[63] 이러한 검열강화 방침은 1968년 1월 21일 김신조 일당의 청와대 습격사건과 일련의 북한 무장공비 침투사건으로 정부에 유리한 상황이 조성되었고, 이는 북한에 대해 좀 더 자극적이고 직접적인 묘사와 우리 내부의 적에 대해 경계하는 반공영화제작이 활성화 되는 계기로 작용하였다. 이와 같은 현상은 1966년 제5회 대종상 영화제에서 우수반공영화상의 시상과 관련 있는 반공영화의 증가에서도 확인된다. 즉 1965년 반공영화로 분류된 영화는 6편이었지만 1966년에는 10편으로 증가하였다. 그리고 1967년 5편에 불과했던 것이 1968년에는 무려 22편으로 증가한 것에서 알 수 있다.[64] 이것은 1966년 반공영화의 증가가 다분히 우수반공영화상과 연관되어 있다고 한다면, 1968년 거의 두 배 이상으로 증가한 것은 1968년의 상황과 무관하다고 할 수 없다. 이러한 이유로 이 시기 반공주의와 연관된 영화는 북한인민군, 북한사회, 그리고 공산주의자들에 대한 직접적 묘사와 내부의 적에 맞서는 경계심을 드러내는 형태로 변모하였다.

이와 같은 시대적 특징을 반영한 영화로는 비록 코미디 형태로 만들어졌지만 젊은 여성으로 구성된 라일락 클럽 전원이 4주간의 향토예비군으로 입대하여 모의간첩 작전을 수행하다 진짜 간첩을 잡게 되는 해프닝을 다

---

62) 위의 책, 73-74쪽.

63) 위의 책, 78쪽.

64) 김강윤 외 감수, 앞의 책, 47쪽. 참고로 이 시기 범 반공주의로 포함시킬 수 있는 군사물을 다루고 있는 영화는 1965년 9편, 1966년 11편, 1967년 7편, 1968년 3편이었다.

룬 김화랑의 <남정임 여군에 가다(1968)>를 들 수 있다. 영화에서는 평화로운 일상이 언제든지 북한에 의해 위협받을 수 있다는 반공의식을 고취시키고 있는 것이다. 이는 전투기 조종사들의 훈련과 간첩선에 대한 공격과 부상을 통해 군인 정신을 묘사한 이만희의 <창공에 산다(1968)>에서도 나타난다. 또한 해방이후 북한에서의 토지개혁을 계급적 시각으로 다룬 유현목의 <카인의 후예(1968)>에서는 토지개혁의 걸림돌이었던 지주 박훈을 제거하기 위해 보안소장을 비롯한 공산당 간부들이 그에게 살인과 유부녀 농락의 혐의를 뒤집어씌우기도 하고 마름이었던 도섭 영감을 통해 그와 농민들 사이를 이간질 시키는 비인간적 행위들로 묘사된다. 이로써 영화는 북한의 토지개혁의 비합리성을 제기하면서 공산당원들의 간교함과 기만성을 폭로하고 박훈과 오작녀에 의해 이러한 상황으로부터 벗어날 수 있는 곳으로 남쪽, 즉 남한이 제시된다. 이처럼 반공주의를 표방한 영화에 공산주의자들의 특성이라 할 수 있는 기만적이고 간교한 비인간적 행태의 모습이 다시 등장한 것이다. 이와 같은 특징은 3개의 역사적 흐름으로 구성되어 있는 강찬우의 <금수강산(1968)>에서도 나타난다.

1부에서는 일제로부터 해방된 조국의 상황을 간략하게 다루고 있고, 2부에서는 악몽같은 한국전쟁을 일으킨 북한의 모습을 드러내면서, 3부에서는 아름다운 금수강산을 묘사하고 있다. 그러나 이 영화에서 중요하게 다뤄지고 있는 것은 한국전쟁을 붉은 마귀들의 광란으로 아비규환을 만든 북한을 언급하면서 영화 속 인물인 작곡가 문인표와 가수 신옥 부부를 통해 북한의 혹독한 노동 강요와 사상통제, 창작의 자유가 박탈된 북한사회를 폭로하고 있는 2부라 할 수 있다. 이를 통해 북한공산주의자들에 의한 북한사회는 아름다운 한국과 민족 자긍심을 훼손시킨 주범으로 부각되면서 남한의 체제 우월적 요소로 귀결된다.

체제우월을 겨냥한 영화는 반공주의를 표방하거나 상기시키는 이 시기 영화들에게서 매우 중요한 특징이라 할 수 있다. 이는 북한공작원에 속아 북송선을 타고 인간성과 자유가 사라진 북한에서의 혹독한 경험을 악몽으로 간주하면서 그로부터 벗어나 탈출하여 해방된 인물 애리사를 묘사한 유현목의 <악몽(1968)>에서도 찾아볼 수 있다. 또한 북송선과 관련된 조총련계의 간첩을 통해 공산주의자들의 교묘함과 냉혹함을 묘사한 김수용의 <동경특파원(1968)>도 이러한 범위에 속한 영화라 할 수 있다. 시대적 변화에도 불구하고 이전 시기의 기조, 즉 반공과 이민족에 대한 묘사는 이성구의 <장군의 수염(1968)>에서 이어진다.

영화는 한 남자의 죽음에 대한 의문과 이를 규명하려는 수사관들의 다양한 의심이 철훈이라는 사진 기자의 소설쓰기와 연결되면서 시간과 공간을 넘나들면서 다양한 형태로 전개된다. 이 중에서 해방이후 북한의 토지개혁으로 인해 땅을 몰수당한 할아버지의 한탄과 국군을 숨겨준 목사를 협박하는 북한 인민군들의 모습, 그리고 그의 딸인 신혜가 남쪽으로 가는 열차를 타고 가는 도중 중공군에 의해 강간당하는 모습 등이 영화 속에 등장한다. 이는 영화 속에 다양한 역사적 사건들이 파노라마적으로 묘사되면서 해방 이후 민족의 모순과 현상들을 포착해 낸다. 이로써 영화는 반공과 민족 사이의 미묘한 정서를 언급하면서 반공과 민족 사이의 역사적 딜레마를 일정 부분 유지하고 있음을 보여준다.

그러나 1.21사태 이후 이 시기 한국영화의 기조는 전형화된 북한 공산주의자들의 본래적 특성을 드러내면서 반공주의를 상기시키는 영화들, 이를테면 우리 사회 내부의 일상에 침투해 있는 간첩의 실체를 묘사하면서 경각심을 강조하는 형태로도 나타난다. 이러한 특징은 탄광이 매몰되어 지하에 갇혀 있는 광부를 구출하는 과정을 다루고 있는 영화, 이른바 인간생명의 존엄성을 묘사하고 있는 이만희의 <생명(1968)>에서 자막과 구호로 "싸우며 건설하여 승공통일 다짐하자, 삼천만 한 몸 되어 분쇄하자 북괴만행"을 통해서도 드러난다. 이와 같은 경향은 해방이후 신탁통치를 반대하다가 찬성으로 돌아선 공산주의자들의 실체를 폭로한 남호천 장군을 살해하기 위해 북한에서 파견된 암살자들을 묘사한 이만희의 <암살자(1969)>에서도 나타난다.

영화는 이를 남호천 장군을 살해 한 공산당의 청부 살인자인 당원 2호와 자신들을 도와준 소년을 살해한 당원 1호, 그리고 당원 1호에 의해 당원 2호가 살해당하는 모습을 통해 잔인하고 냉혹한 비인간적 면모의 공산주의자들이 인간을 어떻게 이념의 수단으로 소비하고 있는지를 보여주고 있다. 이 영화에서처럼 남한 내부에 침투해 있는 간첩이나 무장공비를 통해 반공의식을 고취시킨 영화는 고영남의 <지금은 죽을 때가 아니다(1969)>에서도 다뤄지고 있다.

어느 날 정유회사 공장장 윤상호에게 간첩 3명이 나타나 그의 어린 아들을 인질로 삼아 그에게 공장 폭파에 협조하도록 협박한다. 그러나 그들은 윤상호의 아들 친구인 설이의 신고로 경찰에 의해 일망타진된다. 이처럼 영화는 일상 속에 침투한 간첩을 통해 반공주의에 대한 경각심을 고취시키고 있다. 이와 같은 특징은 김기의 <장마루촌의 이발사(1969)>에서 엿볼 수 있다.

영화는 대학생인 김동진과 석순영의 사랑을 중심으로 1950년 한국전쟁을 배경으로 하고 있다. 그들의 사랑은 한국전쟁으로 인한 동진의 성적기능의 상실과 석순영 집의 머슴 덕보에 의해 위기를 겪기도 하지만 영화에서 북한 인민군은 마을 사람들을 창고에 가둬놓고 불을 지르고 밖으로 나온 사람들을 향해 총을 난사해 살해하는 비정하고 잔인한 모습으로 표현된다. 이는 한국전쟁기 미처 퇴각하지 못하고 낙오되어 성당 지하실에 숨어 지내다 성당으로 복귀한 안신부, 정수사, 루시아 수녀를 인질로 삼고 벌어지는 긴장된 상황을 묘사한 이성구의 <지하실의 7인(1969)>에서도 나타난다.

여기서 영화는 간호장교로 위장한 북한 여군을 통해서 성적 욕망을 탐하는 모습으로, 자신들을 발견하고 도망가는 어린아이들을 사살한 북한 인민군은 잔인하고 비정한 모습으로 묘사된다. 궁극적으로 그들은 국군에 의해 괴멸되고 휴전협정이 성립되었다는 소식이 들려오지만 "총소리는 멎었지만 평화는 없다"고 하면서 "그들은 평화를 사랑하지 않는다"는 안신부의 말을 통해 북한이라는 집단의 본질적 특성을 강조하고 있다.

이는 한 초등학교 운동장에 중공군이 주둔했고 많은 사람들을 죽였다는 숙직교사와 관리자 박씨의 대화로 시작된 임권택의 <그 여자를 쫓아라(1970)>에서 금괴를 놓고 홍콩에서 온 민아미와 그녀의 아버지로 사칭한 사람의 정체가 간첩이라는 사실을 통해서도 이어진다. 반공주의에 대한 환기는 심지어 건달을 다루고 있는 고영남의 <명동 졸업생(1971)>에서 공산당을 잡는데 수도청장의 표창장을 받고 앞으로 반공에 힘쓰라는 격려의 말을 통해, 남로당 빨갱이들과 한라산 빨치산의 잔혹함을 언급하고 있는 김효천의 <명동에 흐른 세월(1971)>에서도 드러난다. 이것은 1968년 김신조 일당의 청와대 습격사건과 일련의 북한 무장공비 사건이 단독정부 수립 이후 한국사회에서 끊임없이 제기된 북한 공산주의에 대한 경각심을 다시 한 번 환기시키는 계기가 되었다고 할 수 있다. 이러한 기조는 1971년에 제작되고 1972년에 개봉된 신상옥의 영화 <평양폭격대>에서도 확인된다. 영화는 전투기 조종사들의 사랑과 희생을 다루고 있으면서도 이전시기 그의 <빨간 마후라>와 달리 다소 자극적이고 공격적인 제목을 통해 북한에 대한 변화된 시각을 보여주고 있다.

이와 같은 흐름에도 불구하고 이 시기 반공주의 영화 이면에는 분단과 전쟁의 민족적 비극이 저변에 자리 잡고 있다고 할 수 있다. 이것은 박정희 정권에서 반공주의가 끊임없이 강조되고 있었음에도 이 시기 반공주의를 표방한 영화 속에서 민족적 비극성은 결코 포기할 수 없는 역사이자 어쩌면 가장 본질적인 요소로 작동하고 있기 때문일 것이다. 이러한 특징은 한국전쟁으로 인해 헤어지게 된 아내, 정란을 찾아 남한으로 내려온 미생물학자 박동현과 그가 사망한 줄 알고 자신의 아들 동규와 함께 다른 사람과 재혼한 부인 사이의 비극적인 사랑과 현실을 묘사한 박호태의 <남과 북의 당신(1972)>에서도 이어진다.

이처럼 이 시기 반공주의를 표방하거나 상기하고 있는 영화들은 시대적 흐름과 사건에 의해 내용과 형식이 조금씩 다르게 묘사되었다. 예컨대 4.19혁명을 전후로 진보주의자들에 의한 남북회담 추진과 박정희 정권의 한일기본조약 체결은 민족이라는 개념이 영화 속에 개입할 수 있는 역사적 공간을 확보하여 분단으로 인한 민족의 비극성으로 나타날 수 있었다. 반면 1968년 1.21사태와 일련의 무장공비 침투사건은 단독정부 수립에서부터 한국전쟁을 거치면서 냉혹하고 비인간적인 모습의 북한과 공산주의자들의 전형적 특성이 다시 강조되는 계기로 작용하여 한국사회체제의 우월함뿐만 아니라 일상 속에 침투해 있는 간첩을 묘사하여 끊임없이 반공주의를 상기시키는 이른바 정신 무장을 강조한 것으로 나타났다.

그럼에도 불구하고 이 시기 반공주의를 표방하고 있거나 상기하고 있는 영화의 기저 한켠에는 분단으로 인한 민족의 비극성이라는 이념과 민족 사이의 역사적 딜레마가 내면화 되어 있음은 부인할 수 없다.

4. 낡은 것과 새로운 것

역사주체의 비판과 영웅

1961년 5월 16일 박정희는 "모든 사회의 부패와 구악을 일소하고 국민도의와 민족정기를 다시 바로 잡기 위하여 청신한 기풍을 진작하겠다"는 혁명공약을 발표했다. 이는 한국이 당면하고 있는 현실에 대한 문제 제기라 할 수 있다. 특히 조선왕조의 멸망과 일제강점기로 이어지는 역사와 한국전쟁을 거치면서 가난, 빈곤으로부터 벗어나지 못하고 허덕이는 한국의 현실에 비추어 볼 때 박정희의 혁명공약은 당시 사회적 상황에서 핵심을 찌르는 의제였다. 이런 측면에서 역사 주체, 즉 무능한 지도자들에 의한 과거의 역사적 유산은 박정희 군사쿠데타 세력에게 부패와 구악의 근원이었기에 민족정기를 바로 세우기 위해서는 반드시 버려야 할 청산의 대상이었던 것이다. 따라서 박정희 정권에게 있어 민족정기를 바로 세우는 것은 주체의식의 확립이며, 이는 5천년의 역사를 퇴영, 조잡, 침체의 연쇄사라고 치부하면서 과거의 퇴행적 역사로부터 벗어나는 것을 의미한다. 이것을 가장 직접적으로 드러내는 것이 역사 속에서 왕을 비롯한 나라의 지배 권력자와 그들을 둘러싸고 벌어지는 암투를 끄집어내는 것이라 할 수 있다. 이는 곧 과거의 부정적 역사를 통해 국가와 민족에 대한 국민들의 정신적 태도의 재정립을 요구하고 있는 것과 다름없다.

이러한 한국사회의 시대적 흐름을 이 시기 한국영화는 간과하지 않았다. 비록 1961년 홍성기의 <춘향전>과 신상옥의 <성춘향>의 대결구도로 사극이라는 영화적 갈래가 관객들의 폭발적 관심을 받게 되었고 <성춘향>에서 적용되었던 다양한 영화적 요소, 이를 테면 컬러 시네마스코프로 인한 기술적 전환, 영화 제작체계와 인력의 교체로 한국영화의 새로운 기풍을 조성했지만 그것은 이 시기를 지배하고 있는 담론의 범위를 크게 벗어나 있지 않다고 할 수 있다. 그 결과 이 시기 한국영화는 역사 속 왕과 그를 둘러싸고 벌어진 궁중의 암투, 그리고 사색으로 나뉘어 권력투쟁을 일삼은 권력자들에 의한 분열의 역사를 묘사함으로써 우선적으로 버려야 할 과거의 역사적 유산을 대상화하였다. 이런 측면에서 역사적 인물을 다루고 있지만 사랑이 중심을 이루고 있는 이규웅의 <바보온달과 평강공주(1961)>는 이와 같은 범위 밖에 존재한다고 할 수 있으며, 이와 연관된 이 시기 한국영화로는 부패한 조선의 풍경과 관리를 묘사한 장일호의 <의적 일지매(1961)>, 숙종의 총애를 받고 막강한 권력을 휘두르다 조정의 혼란을 초래하고 사약을 받고 죽게 된 옥란, 즉 장희빈을 다룬 정창화의 <장희빈(1961)>과 신상옥의 <연산군(장한사모편, 1962)>, <폭군 연산(복수, 쾌거편, 1962)> 등을 들 수 있다.

이들 영화 중 1962년 1월 1일 개봉한 <연산군>은 권력투쟁으로 인해 억울하게 폐서인으로 죽임을 당한 폐비 윤씨가 연산군 자신의 생모임을 알게 되는 과정을 묘사하고 있다. 특히 영화에서는 성종을 여색을 밝히는 왕으로 규정하고 있고 연산군을 사람을 함부로 죽이는 난폭한 왕으로 부각시키면서 조선 시대 왕들의 부정적 측면을 드러내고 있다. 이와 같은 기조는 <연산군>에 이어 두 달이 조금 지난 1962년 2월 5일 설날에 개봉된 <폭군 연산>에서도 나타난다. 영화에서는 폐비 윤씨의 왕비 작호 추승 과정과 연산군의 어머니에 대한 그리움과 괴로움, 그리고 이에 대한 복수와 함께 그의 방탕한 궁중생활을 다루고 있다. 이를 통해 영화는 역사주체인 지도자로서의 일탈과 책임감 없음이 무능력으로 연결되어 국가의 위기로 이어질 수 있음을 묘사하고 있는 것이다. 이러한 경향은 광해군 집권초기 혼란한 시기를 배경으로 한 안현철의 <인목대비(1962)>에서도 다뤄진다. 영화는 폭정을 일삼는 폭군으로서의 모습과 여성에게는 매우 연약하고 의존적인 광해군을 묘사함으로써 지도자로서의 부정적 측면을 드러내고 있다. 또한 어떠한 인간적 면모도 대의명분도 존재하지 않은 채 오직 왕위만을 위해 한명회 등과 역모를 일으켜 권력을 찬탈한 수양대군을 묘사한 이규웅의 <단종애사(1963)>에서도 역사주체로서의 긍정적 측면보다는 냉혹한 권력투쟁 과정의 모습이 부각되고 있다. 권력을 두고 벌이는 온갖 음모와 배신을 비판한 영화는 임권택의 <망부석(1963)>에서도 이어진다.

영화는 이를 조선의 영조시기를 배경으로 궁중의 여인들, 즉 화환옹주를 중심으로 한 남인세력이 자신들의 권력을 위해 사도세자를 음해하여 영조와 이간질시킴으로써 그가 뒤주에 갇혀 죽음에 이르도록 한 것과 사도세자의 아들이 영조의 후계자가 되는 것을 막기 위해 꽃봉이라는 여인을 이용하는 장면을 묘사하고 있다. 영화에서는 이러한 역사적 사건과 그 과정을 다루면서도 그것의 중심에는 권력을 위한 궁중의 암투에 초점을 맞추고 있는 것이다. 이는 강화도에서 평민으로 살다가 어느 날 왕이 되지만 과거의 삶과 여인을 잊지 못하고 죽음에 이르게 된 철종을 묘사한 신상옥의 <강화도령(1963)>, 영조시기 권력을 전횡한 홍국영을 다룬 임권택의 <십년세도(1964)>에서도 이어진다. 이로써 조선시대의 역사는 왕의 무능과 궁중의 암투, 음모, 배신, 당파싸움으로 얼룩진 역사였음을 암시한다. 이와 같은 특징은 1965년 1월 1일 개봉한 임원식·나봉한의 <청일전쟁과 여걸 민비>에서 보다 현실적으로 묘사된다.

서구열강의 군대와 해전으로 시작된 영화는 외적을 가까스로 물리친 장수에 의해 새로운 문명과 무기도입의 필요성이 강조된다. 그러나 고종의 부친인 홍선대원군은 이러한 시대변화의 흐름을 인식하지 못하고 오히려 쇄국정책을 강화하면서 조선을 더욱 위태롭게 만든다. 영화에서는 이를 조중구라는 인물과 이미 정혼하기로 되어 있는 민씨를 고종의 왕비로 간택한 절대 권력자 대원군의 전횡과 그를 중심으로 벌어진 다양한 세력 간의 권력암투를 보여준다. 여기에 청나라의 장군, 일본군의 침략, 궁궐에서의 총격전, 일본군에 의해 살해되는 명성황후 등으로 이어지는 실체적이고 구체적 장면을 통해 멸망해가는 조선왕조의 모습으로 귀결된다. 이는 사라져가는 조선의 역사와 그 원인을 묘사하면서 새로운 정신기풍의 필요성을 제기한 것이라 할 수 있다. 역사 주체들의 무능과 분열된 모습을 다룬 것은 1965년 1월 1일 개봉된 석굴암의 완공을 두고 벌어진 신라시대 지도층의 분열된 시각을 묘사한 홍성기의 <대석굴암(1965)>에서도 나타난다.

영화에서는 이를 외적의 빈번한 침입으로 혼란에 빠진 신라 경덕왕 시기를 배경으로 이들을 어떻게 막고 격퇴할 것인가를 두고 벌어진 왕과 신하들의 논쟁을 통해 드러낸다. 영화는 경덕왕과 상대등의 불심으로 국운을 회복하자는 주장과 석굴사의 건설을 중단하고 군사력을 양성하여 외적의 침입을 막자는 대공의 상반된 시각을 제시한다. 이로써 영화는 현실을 정확하게 인지하지 못한 경덕왕을 묘사함으로써 역사주체의 오류와 분열이 국가를 심각한 위기에 빠지게 할 수 있음을 보여주고 있다.

이는 순종의 부인 윤씨의 장례식 장면을 기록영화로 마무리하면서 마지막 조선왕조를 다룬 이규웅의 <마지막 황후 윤비(1966)>에서도 확인된다. 영화는 과거의 역사, 그 역사의 주체인 왕의 무능과 권력을 두고 벌어진 궁중의 암투와 정쟁으로 인한 분열의 역사가 지금의 현실과 불가분의 관계에 있음을 암시하면서 이를 마지막 황후, 윤비라는 인물을 통해 보여주고 있다. 또한 이토 히로부미(伊藤博文)의 양녀로 일본의 밀정인 배정자를 다룬 이규웅의 <요화 배정자(1966)>와 고려로 시집온 노국공주와 공민왕의 사랑을 다루면서도 원나라의 연호를 폐지하고 고려의 정신을 지키고자 노력하는 공민왕의 실패한 개혁과 혼란스러운 고려의 상황을 묘사한 신상옥의 <다정불심(1967)>에서도 역사 주체에 대한 부정적 묘사는 이어진다. 이러한 기조는 나봉한의 <문정왕후(1967)>, 정창화의 <장희빈(1961)>에 이어 컬러로 제작된 임권택의 <요화 장희빈(1968)>과 궁중의 권력암투를 묘사한 신상옥의 <내시(1968)>에서 절정에 이른다.

특히 신상옥의 <내시>에서는 영화 속 인물 김참판이 권력을 위해 하급관리의 자제인 정호를 사랑하고 있는 자신의 딸 자옥을 상궁으로 입궐시키면서 벌어진 비극을 다루고 있다. 이를 영화에서는 김참판에 의해 성불구가 되었지만 자옥과 사랑을 이어가기 위해 내시가 되어 궁궐로 들어간 정호와 그들 사이를 눈치 챈 사람들에 의해 정호가 살해되자 송곳으로 명종의 목을 찔러 복수한 자옥의 모습을 통해 드러낸다. 영화는 이들의 비극이 명종의 욕망과 김참판의 권력욕으로부터 비롯되었다는 것을 궁궐내의 상궁들과 내시 사이의 기이한 성적 행위와 자옥이 왕을 죽이기 전 선정적으로 표현된 왕과의 정사장면을 통해 묘사한다.

이처럼 영화는 권력을 위한 궁중의 치열한 암투를 자극적인 장면으로 표현하면서 역사주체인 왕과 권력자들의 부정적 측면을 드러낸다. 이것은 절대 권력자의 부패와 암투, 사색당쟁 등을 묘사하면서 조선왕조, 나아가 역사주체에 대한 부정적인 시각과 비판 인식을 드러내고 있는 것이다. 이러한 특징은 고구려 말기 태자바위에 얽힌 전설을 토대로 1969년 1월 1일 개봉된 이규웅의 <태자바위(1969)>와 중종시대를 배경으로 한 신상옥의 <속 내시(1969)>에서도 이어진다. 이와 같은 흐름은 간신들에 둘러싸인 명종의 무능함과 이를 두고 벌어진 신하들의 권력 암투를 궁녀들의 비인간적 관습을 통해 묘사한 신상옥의 <궁녀(1972)>에서도 나타난다.

이처럼 이 시기 역사를 다룬 사극영화에서는 절대 권력자인 왕을 비롯한 역사주체들의 탐욕과 무능, 권력을 두고 그들이 벌이는 암투를 묘사함으로써 분열로 점철된 과거 역사를 폭로하고 있다. 그리고 이것의 최종적 결말은 왕조의 멸망, 왕의 죽음과 폐위라는 역사적 상황인 것이다. 이러한 역사주체는 과거 퇴행적 역사의 중심으로서 일제강점기 수난의 역사를 거쳐 가난과 빈곤에 직면한 한국사회 현실과 연결된다는 점이다. 이것은 이들이 주도했던 암울했던 과거의 역사와 단절하고 청산해야 하는 필요성이 강제되고 민족의 정기를 새로 세울 수 있는 정신적 기풍이 자연스럽게 요구되는 것이다. 이를 위해 이 시기 영화에서는 그러한 역사주체들이 대상화되었다고 할 수 있다.

동시에 또 다른 영화들에서는 민족과 국가를 위해 온전하게 자신을 헌신한 인물들이 영화화되었다. 이것은 탐욕에 빠져 현실을 정확하게 인지하지 못한 무능력한 왕과 권력을 두고 벌이는 궁중의 암투, 당파 싸움 등과 같은 분열로 인해 나라를 위기에 빠트리고 멸망해가는 청산되어야 할 퇴행적인 역사적 유산과는 전혀 다른 차원인 것이다. 이는 1966년을 지나면서 박정희 정권의 국가와 민족을 위해 헌신한 사람들의 영웅화와 연결되어 있다. 이에 대한 상징적 결과가 1968년 광화문 한복판에 세워진 거대한 이순신 장군의 동상인 것이다. 한국영화는 이러한 시대적 흐름에 부응하였다. 이로써 국가와 민족을 위해 자신을 희생한 인물들이 적극적으로 영화화될 수 있었다. 이와 같은 시대적 흐름의 교차와 연결될 수 있는 영화는 왕이 되기 위해 많은 사람들을 살해한 세조를 설명하면서 "이 나라를 한 번 좋은 나라로 만들어보기 위해 그러했다"는 말을 통해 나라를 향한 세조의 포부를 언급하고 있는 이규웅의 <세조대왕(1970)>에서 나타난다. 이런 측면에서 이 영화는 이 시기 많은 정적들을 용공분자로 만들면서 자신의 권력을 강화한 박정희의 모습과 오버랩 되는 측면이 있는 것이다.

그러나 이 시기 인물의 영웅화는 역사 속 이론의 여지없는 이순신 장군을 들 수 있다. 특히 이순신 장군은 이 시기 몇몇 감독들에 의해 영화화 되었다. 그들 중 1962년에 만들어진 유현목의 <성웅 이순신(1962)>에서는 매우 어려운 상황에 처해있음에도 불구하고 백의종군하면서 오직 나라를 위해 자신의 목숨을 바친 노량해전에서의 이순신 장군의 모습을 묘사하고 있다. 또한 이용민은 이순신 장군의 정신을 기리기 위해 그의 일대기를 묘사한 문화영화, <성웅 충무공(1968)>을 만들었다. 이순신 장군을 다루고 있는 이 시기의 또 다른 영화로는 난중일기를 바탕으로 온갖 모함으로 인한 고초와 백의종군을 의연하게 견디면서 거북선을 만들어 왜적을 물리치고 자애로운 장군의 모습을 묘사하고 있는 이규웅의 <성웅 이순신(1971)>을 들 수 있다. 한국 역사 속에서 대표적인 영웅인 이순신 장군은 이처럼 박정희 정권의 역사 속 인물의 영웅화와 맞물리면서 보다 집중적으로 조명되고 영화화 되었다.

일제강점기 해방을 위한 김구 선생과 독립투사들의 활약상을 묘사한 조긍하의 <상해 임시정부(1969)>도 이 시기에 등장했고, 이순신 장군과 더불어 한국역사 속, 그중에서 일제강점기의 대표적인 영웅인 안중근 의사에 관한 영화 역시 해방이후 몇 편이 등장하였음에도 주동진에 의해 <의사 안중근 (1972)>으로 또 다시 영화화되었다. 1972년 2월 16일 국도극장에서 개봉한 주동진의 <의사 안중근>에서는 조국의 독립을 위해 목숨을 바친 안중근 의사의 험난한 독립운동의 궤적을 다룬다. 영화는 안중근 의사가 블라디보스토크로 망명하는 모습과 북만주 일대에서 투쟁을 전개하는 모습, 그리고 이또 히로부미를 처단하고 체포되면서도 의연함을 잃지 않고 순국하는 영웅의 모습을 다루고 있다.

여기에 1972년에 제작되고 1973년 1월과 5월에 개봉된 두 편의 영화, 즉 일본의 침략으로부터 조선과 백성을 구하기 위해 분연히 일어나 싸운 서산대사를 영화한 전조명의 <서산대사>와 함락된 진주성의 승전잔치를 벌이고 있는 왜적의 장수를 껴안고 의암절벽에 몸을 던진 기생 논개를 다루고 있는 이형표의 <논개>도 이와 같은 흐름 속에 있는 영화라 할 수 있다.

이처럼 이 시기 한국영화는 과거의 역사주체라 할 수 있는 왕과 권력자들의 무능함과 권력투쟁으로 점철된 분열적 역사와 함께 국가와 민족을 위해 자신을 헌신한 인물을 대비적으로 묘사하였다. 이러한 대비적 구도는 조선의 멸망과 일제강점기, 한국전쟁으로 이어지는 역사와 빈곤, 가난으로 점철된 현실과 맞닿아 있다. 이는 한국의 역사 속에서 영웅적 행위를 한 인물의 영웅화가 박정희 정권의 민족정기 바로 세우기라는 목표와 부합하면서 과거의 퇴행적 역사적 유산으로부터 물려받은 정신적 태도를 떨쳐버리고 새로운 정신적 태도를 요구한 시대에 부응해야 한다는 것을 암시하고 있는 것이라 할 수 있다.

퇴행적 현실 속에서의 미래

'정신'에 대한 강조는 지나온 오래 된 과거의 역사와 유산에만 국한된 것이 아니라 동시대의 현실을 다루는 영화에도 적용되었다. 이는 주로 열악한 현실에 처한 인물이 강한 정신력과 의지로 이를 극복해가는 과정을 통해 묘사되고 있다. 그러므로 영화에서는 현실의 다양한 모습과 인물, 즉 현실정치의 부조리함과 안일하고 무계획적인 삶의 태도, 박약한 의지, 헛된 꿈을 향하고 있는 것들은 청산되어야 할 대상으로 제시되면서 주체적이고 독립적인 인물을 화면 전면에 드러내고 있다. 그리고 이것은 현실을 극복할 수 있는 강한 동력의 기제로 작용한다. 이는 시대적 상황에 부합하면서 '우리도 할 수 있다'는 정신력에 의한 미래에 대한 확신으로 이어진다. 이러한 정신력의 강조는 어쩌면 "물질세계의 수준에서 서구에 비해 열등함이 강조될수록 정신의 강조가 두드러지게 된다"[65]는 논리와 일맥상통하는 것이라 할 수 있다.

이와 같은 특징의 영화들은 5.16군사쿠데타 이후 1960년대 초, 중반에 집중되었고, 이는 돈 때문에 애인을 뺏기고 난 후 금광을 찾기 위해 산속을 헤매는 운칠을 묘사한 정창화의 <노다지(1961)>와 김수용의 <구봉서의 벼락부자(1961)>에서 나타난다. 특히 김수용의 영화에서는 이러한 특징이 보다 직접적으로 드러난다.

영화는 경쾌한 음악과 함께 내레이션을 통해 샐러리맨들의 애환을 묘사하면서 평범한 회사원 맹순진을 좋아하는 두 여인, 즉 자신이 다니고 있는 회사 사장 딸과 하숙집 딸과의 로맨스적 분위기로 이어진다. 그러나 이 영화의 중심적 에피소드는 한국전쟁기 북한 인민군 포로로 잡힌 미국의 베이커 중령을 구해준 대가로 그가 죽으면서 남기고 간 2,000만 달러를 맹순진에게 전달하기 위해 한국을 찾은 베이커 중령 부인의 등장을 들 수 있다. 영화는 베이커 부인의 남편이 남기고 간 2,000만 달러를 맹순진에게 전달하면서 벌어지는 해프닝과 갑자기 백만장자가 된 맹순진의 소식을 듣고 많

---

65) 황병주, 앞의 논문, 266쪽.

은 사람들이 찾아와 돈을 요구한 다양한 상황을 묘사하고 있다. 그 중에서
도 기성의 정치집단과 정치인들을 싸잡아 비난하면서 선거운동비 1,000만
원을 요구한 새로운 정치 지망생의 정치인 비판은 노골적인 의도를 띤다.
여기서 정치 지망생은 "도대체 정치를 한 사람들이 해놓은 것이 무엇이냐?
200만 전향 농가의 아우성 소리를 못들은 채 오직 이권과 정수리에 눈이 멀
어 물고 뜯고 할퀴고 당파싸움 외에 또 무엇을 했단 말인가. 그들은 기생충
이요, 사기 아니요. 나아가서는 망국적이다. 현 시국에 있어서 진정한 정치
를 할 수 있는 사람은 청렴결백한 이 사람을 빼놓고 또 어디 있단 말인가"
라고 하면서 열변을 토한다. 이 장면은 동시대의 정치인과 정치의 행태를 직
접적으로 비판하고 이를 청산해야 할 대상으로 여기면서 5.16군사쿠데타의
불가피성과 새로운 정치세력의 등장을 합리화하고 있는 장면이라 할 수 있
다. 이것은 마치 청산되어야 할 과거의 부정적인 역사적 유산을 현재의 기성
정치인, 세력들과 동일시함으로써 새로운 세력에 의한 새로운 정신적 기풍
의 새로운 시대의 필요성을 강조하고 있는 것과 다르지 않다.

이는 청소골이라는 두메산골을 배경으로 가난과 무지, 억압에 시달린 동
족들에게 희망을 주기 위한 것이 우리들의 사명이라고 하는 일제강점기 박
동혁과 채영신의 계몽운동을 묘사한 신상옥의 <상록수(1961)>도 그러한 기
조의 범위에서 이해 될 수 있는 영화라 할 수 있으며, 서울의 일상을 골목길
을 두고 벌이는 한의사와 양의사의 갈등을 코믹하게 묘사한 이형표의 <서
울의 지붕 밑(1961)>에서도 이러한 특징이 나타난다.

특히 이 영화는 골목길을 중심으로 서로 마주하고 있는 한의원과 양의원
사이에 내재되어 있는 갈등을 보여주면서 그것의 통합 과정에 초점을 맞추
고 있다. 영화에서는 이를 한의사 김학규가 손님이 많은 양의사 최두열을
못마땅해 하면서 끊임없이 시비 거는 모습을 통해 드러낸다. 이들의 대립적
관계는 김학규의 딸인 젊은 전쟁미망인 김현옥과 홀아비인 양의사 최두열

사이의 사랑으로 인해 완화된다. 이것은 한의사 김학규가 시기심으로 시의 원에 출마한다고 하자 최두열이 자신의 입후보를 취소하고 선거에 패배하여 경제적 어려움에 빠진 그를 대신해 빚을 갚아주는 장면을 통해서도 나타난다. 이처럼 영화는 한의원과 양의원이라는 대비적 관계를 구시대와 새로운 시대로의 이행이라는 시대적 변화로 암시하면서 시의원에 출마하여 패가망신한 김학규를 통해 현실정치의 부정적 측면을 묘사하고 있다. 평범한 사람들의 현실문제는 9남매의 가장이자 구청 세금 징수과에 근무하고 있는 고주사를 묘사한 박종호의 <골목안 풍경(1962)>에서도 나타난다.

영화는 늘어가는 인구로 인해 많은 사람들로 붐비는 복잡한 서울의 풍경에 부정과 편법이 난무한 현실에 맞서 어떠한 청탁도 받지 않은 청렴한 고주사의 모습을 보여준다. 그는 징수한 세금을 날치기 당해 어려움에 처하기도 하지만 다시 복직할 수 있다는 희망을 안고 있다. 또한 영화는 소설가로 성공한 동생 영택을 통해서 슬픔과 노여움, 기쁨을 간직한 인간의 보편적 삶을 묘사하기도 한다. 이러한 유형은 돈에 쪼들리면서도 성실하게 살아가는 회사원 박종달 계장의 모습을 묘사한 이봉래의 <월급쟁이(1962)>에서도 나타난다.

영화는 사장의 부재를 틈타 부정한 방법으로 돈을 벌 수 있다는 부장과 과장의 유혹을 거절한 박종달 계장이 그들로부터 해고를 당하지만 그의 정직함은 회사에 복귀한 사장에 의해 확인받고 승진하게 되는 과정을 묘사하고 있다. 영화는 비교적 단순한 이야기에 불과하지만 시대의 흐름과 결부된 몇 가지 메시지를 담고 있다. 이는 새로운 회사의 신입사원 채용 장면에 있어 박종달의 딸이 내정된 상황을 두고 혁명이후에는 온갖 실력주의가 되었다고 하는 역설적 의미의 풍자적 장면과 해고당한 후 취직시험에 탈락한 박종달이 스스로를 패배자로 인식하면서 자살 소동을 일으킨 후 가족 앞에서 어떠한 어려움이 있어도 부정과 정실에 빠져서는 안 되고 선한 사람보다 악한 사람이 많다고 하면서 그것을 극복해 나가는 힘이 있어야 하며 아무리 가난하고 돈이 없어도 정직하게 살아가야 한다고 주장하는 그의 모습을 통해 보여준다. 이는 실력, 정직, 어려움을 극복할 수 있는 의지와 힘의 강조가 박정희 정권의 기본 목표인 정신적 명제와 부합된다고 할 수 있다. 정신력이 모든 어려움을 극복할 수 있다는 확신은 신상옥의 <쌀(1963)>에서도 나타난다.

　실화에서 취재한 것이라는 자막과 함께 영화는 도심의 술집에서 행패를 부리고 있는 상이군인들의 모습과 아버지가 위독하다는 소식을 듣고 시골로 내려온 주인공 차용이 농토가 없어 쌀이 나지 않아 가난하게 살 수 밖에 없는 이곳을 떠나라고 하는 아버지의 말을 듣는 것으로 시작된다. 아버지가 죽은 후 차용은 가난을 극복하기 위해 강물을 끌어들여 황무지를 농토로 만들기로 한다. 많은 사람들의 회의감과 방해에도 불구하고 그는 마을 사람들의 협력으로 수로를 뚫어 물을 끌어들이는데 성공한다. 여기서 중요한 것은 차용이 어려움에 직면했을 때 5.16군사쿠데타가 일어나 그를 가장 적극적으로 반대했던 송의원이 체포되고, 그것을 부패한 구정권의 일이라고 치부한 혁명정부가 차용에게 하던 일을 계속하라고 독려하면서 그를 적극 밀어줄 것이라고 한 것이다. 이에 대해 차용은 국가재건에 나서야 할 때니 모든 사람이 힘을 합쳐야 한다고 화답한다. 이후 마을 사람들이 힘을 합쳐 수로를 뚫어 물을 끌어들이는데 성공한다. 이처럼 영화는 잘살기 위한 노력을 방해한 세력을 부패한 구정권의 세력으로 규정하고 박정희의 혁명정부는 이를 적극지지하고 지원하는 세력으로 도식화하고 있는 것이다. 이는 가난으로부터 벗어나기 위한 주인공 차용의 무모하지만 과감한 실천력이 박정희 정권의 지향과 맞닿아 있음을 암시한다. 이것은 일본사람들이 못한 것을 우리나라 사람들이기 때문에 할 수 있다는 민족적 시각도 동시에 제기하면서 영화는 박정희 정권의 의도를 충실히 구현하고 있다고 할 수 있다. 이러한 퇴행적 현실에서의 행위와 사고가 새로운 시대적 요청과 충돌한 전형적인 구조의 영화는 박상호의 <또순이(1963)>에서 명확하게 드러난다.

영화에서는 이를 극명하게 서로 다른 성격의 두 인물을 통해 나타낸다. 이는 돈에 엄격한 함경도 출신의 아버지 밑에서 자란 또순이와 스페아 운전자로 취직을 부탁하러 온 심재구와 남편의 사업자금을 빌리러 온 시집간 언니를 통해 묘사하고 있다. 이러한 구조는 심재구에게 담배를 사줬다는 이유로 아버지로부터 꾸중을 들은 또순이가 집을 나가고 난 후 그녀의 독립적인 생활을 통해 그것의 의도가 선명해진다. 그러므로 영화는 아버지로부터 이어진 또순이의 독립적이고 독자적인 경제생활과 태도에 안일하고 무계획적이면서 허황된 꿈을 꾸고 있는 의존적이고 생활력 없는 심재구와 언니가 대비적으로 묘사되고 있는 것이다. 따라서 영화는 닥치는 대로 일을 하면서 경제적 자립과 독립을 이뤄나가는 또순이의 모습이 중심에 위치하게 된다. 이는 "집에 들어가면 의존적인 마음이 생겨 독립적이 안 된다"고 하는 또순이의 확고한 말과 태도를 통해 경제적 독립과 정신적 독립을 일체화시키고 있는데서 알 수 있다. 이것은 경제개발 계획과 함께 가난과 굶주림에서 벗어나 자주경제를 지향한 시대적 지향과 맞닿아 있으며 새나라 자동차를 산 또순이를 향해 환호한 동네 사람들의 모습으로 마무리되는 장면을 통해 다시 한번 강조된다. 영화는 이처럼 독립적인 경제, 독립적인 정신의 일체성이 곧 새나라와 연결되고 있음을 구현하고 있는 것이다. 박정희 정권의 핵심적 목표라 할 수 있는 가난과 빈곤에 허덕이는 현실에서 벗어나 조국근대화를 이루기 위한 정책기조에 관한 내용은 이윤복이라는 초등학교 4학년생의 일기를 토대로 영화화한 김수용의 <저하늘에도 슬픔이(1965)>에서도 다뤄진다.

영화는 집세를 못내 허름한 움막으로 이사 가는 주인공 윤복이가 "왜 우리는 가난한지"에 대한 의문을 제기하면서 시작된다. 이후 영화는 열악한 윤복이의 상황들, 즉 노름에 빠진 병든 아버지, 집을 나간 어머니, 굶지 않기 위해 껌팔이, 구두닦이 하는 윤복이와 그의 동생들의 모습을 보여준다. 이어서 내레이션으로 "지독한 가난과 굶주림에 고통 받고 있는 자신들과 달리 돈을 물 쓰듯 하는 사람이 있는데 우리는 왜 이렇게 가난한지"에 대한 질문이 던져진다. 이는 투표와 연관된 돈 봉투가 오고 가는 사람들의 모습과 중첩되면서 현실의 부조리함으로 이어진다. 그러나 윤복이의 가난한 삶을 기록한 그의 일기장이 김동식 선생에 의해 책으로 출판 되고 언론에 알려지게 되면서 새로운 국면을 맞이한다. 그의 힘겨운 삶이 묘사된 책이 날개 돋친 듯 팔려나가자 윤복이는 가난으로부터 탈출하게 되고 집을 나갔던 어머니도 돌아와 다시 완전한 가정을 이루게 된다. 이로써 영화는 몇 가지 교훈적 의미를 제기한다. 우선 영화는 1960년대의 시대적 사명이라 할 수 있는 가난과 절대 빈곤 탈출에 대한 당위성을 보여주고 있다. 이는 경제적 자립이 가족의 해체를 막고 행복에 이르는 길이며 이를 위해 어떤 어려움에도 굴하지 않고 싸워 극복하자는 정신을 강조하고 있는 것이다. 이것은 남대문 지하상가에서 헤어진 어린 여동생과 극적으로 만난 윤복이를 취재하기 위해 몰려든 신문 기자들을 향한 다음과 같은 김동식 선생님의 호소에서도 드러난다. "우리들은 잘 살아야 합니다. 잘살기 위해서 그 누구도 윤복이의 설움을 되씹을 수는 없을 것입니다. 윤복이는 이긴 것입니다. 싸워서 이긴 것입니다. 우리는 눈앞에 있는 제2, 제3의 윤복이를 행동으로 도와야 합니다." 김동식 선생의 이 말은 이 영화가 절대빈곤 탈출에 대한 당위성과 개인주의와 싸워야 하는 공동체적 연대감, 실천력이 동반된 강력한 정신력과 의지를 다시 한 번 강조하고 있음을 보여주고 있는 것이다. 이러한 이유로 이 영화는 1960년대 박정희 정권의 조국근대화라는 정치적, 경제적 지향의 정신에 최적화된 영화 중 하나라 할 수 있다. 이와 같은 경향은 저수지 만드는 것을 두고 서로 다른 대립적 시각을 통해 농촌의 의식개혁과 새로운 변화로의 이행과정을 묘사한 유현목의 <태양은 다시 뜬다(1966)>에서도 나타난다.

영화는 낭주골의 고집불통 황춘보가 물 부족으로 농사를 안정적으로 짓지 못해 가난에 허덕이는 마을 사람들을 위해 저수지를 만들자는 도의원인 최학빈의 제안을 거부하면서 시작된다. 여기에 도의원 선거에서 패배한 강대창은 최학빈을 모함하여 황춘보와 함께 농사꾼들을 규합하여 저수지를 지으려는 것을 반대하도록 선동한다. 이들의 극한적인 대립은 저수지를 두고 벌어지는 마을 사람들 사이의 갈등과 가뭄의 지속으로 인해 냇가의 물을 두고 서로 다른 마을 사람들과 집단적인 충돌로 나타난다. 그리고 이들 사이의 갈등은 타들어가는 황춘보의 고구마 밭에 물지게로 물을 길어 나르고 있는 최학빈의 모습과 하늘의 구름과 비오는 장면을 통해서 해소된다. 이로써 저수지의 필요성은 충분한 공감을 얻게 되고 저수지 축조를 위한 발파 작업으로 영화는 마무리된다. 문제는 마을 사람들이 갈등과 화해로 이르게 되는 과정에서 저수지 축조를 반대하는 마을 사람들의 태도를 가난의 원인으로 돌리고 있다는 점이다. 영화에서는 이를 야학 선생인 황춘보의 아들 황동길을 통해 드러낸다. 황동길은 이를 "농군들은 눈앞에 있는 오늘 보이는 오늘을 사는 것뿐이며 미래에 대한 구성은 없다"고 하면서 그것을 가난 때문이라고 한다. 즉 가난은 눈앞에 닥친 현실만을 보게 하고 미래를 볼 수 없게 하는 근본적 요인이라는 것이다. 이런 이유로 가난을 해결하면 근시안적 현실에 대한 시각뿐 아니라 미래를 대비할 수 있다는 논리가 성립된다. 그러므로 가난은 이와 같은 악순환의 가장 근본적 요인이며 반드시 해결해야 하는 문제인 것이다. 이것은 현실을 넘어 미래로 나아가기 위해서는 현실에 기반하고 있는 수많은 삶에 관한 과거의 정신적 관습에 대한 도전이며 의지를 통해 나아갈 수 있다는 전형을 보여주고 있다. 이러한 형태가 박정희 정권의 가장 이상적 정신혁명이라 할 수 있다.

이와 같은 특징은 사회의 악으로서 깡패들을 단죄하고 새로운 삶을 계몽하는 김기덕의 <불타는 청춘(1966)>에서 엿볼 수 있으며, 신상옥의 <산(1967)>에서는 자기만 잘 살면 된다는 개인의 이기주의적 의식을 공산당보다 나을게 없다고 비판하면서 국가와 후손을 위한 지하자원, 즉 탄광개발에 미쳐있는 장교 출신 이일석을 통해 제시되고 있다. 또한 김수용의 <맨발의 영광(1968)>에서는 정신이 현실의 어려움을 어떻게 극복하는지를 구체적으로 보여준다.

영화는 가난으로 인해 가족이 해체되면서 고아원에 수용된 아이들이 강한 정신력을 통해 전국축구대회에서 우승한 성공사례를 다루고 있다. 이것은 열악한 고아원 생활을 보여주면서 패배주의에 빠져 있는 축구팀이 과거 축구선수였고 월남에서 제대한 오선생의 혹독한 훈련을 거치면서 전국축구대회에서 우승하게 되는 일련의 과정을 통해 묘사된다. 따라서 영화에는 시대적 흐름에 부합한 도식적 요소가 내포되어 있다. 우선 열악한 고아원의 환경이 제시되고 월남에서 제대한 군인 출신이라는 점을 들어 '안 되면 되게 하라'는 강력한 군인정신과의 결합이 성공에 이르는 이들의 비결이라는 것이 암시되어 있다. 이러한 논리가 이 시대의 지향과 연결되어 있는 것이다. 이와 같은 특징은 사회의 도덕적 전형, 즉 고지식하고 묵묵히 성실하게 자신의 일에 충실한 사람의 성공을 묘사한 심우섭의 코미디 영화 <번지수가 틀렸네요(1968)>에서도 찾아 볼 수 있다. 또한 정신력에 대한 강조는 이성구의 <장군의 수염(1968)>에 이르면 보다 민족적이고 자주적인 형태로 바뀌어 나타난다.

영화에서는 김철훈이라는 사진 기자가 미국에서 귀국한 정영필 박사를 취재하는 과정에서 그의 아들이 미국 이름과 영어로 대화하는 모습과 한국 음식과 문화를 비하하는 모습을 보고 역겨워하는 그의 태도와 외국 것이라고 하면 모든 사람들이 좋아하지만 아들 이름이라도 한국이름으로 하라고 하면서 서양식 이름은 주로 개 이름에 사용한다고 하는 김철훈의 일갈을 통해 민족적, 독자적 의식을 강조하고 있다. 여기서 그의 비판은 무조건적으로 서양문화를 숭배한 1950년대의 영화와는 다소 다른 의미의 흐름이라 할 수 있다. 인간의 정신과 의지를 강조한 것은 1972년에 제작되고 1973년에 개봉된 정진우의 <섬개구리 만세>를 통해서도 드러난다.

영화는 전남 신안의 사치분교 학생들이 제1회 전국 스포츠소년대회 농구부문에서 준우승한 실재적 사실에 근거하고 있다. 그러므로 영화에서는 온갖 어려움에도 불구하고 권선생 부부의 사명감과 헌신적인 지도를 통해 전국 스포츠소년대회 농구부문에서 준우승을 차지한 과정이 묘사되고 있다. 이러한 교훈적 결과는 이후 선착장이 없는 신안에 선착장을 만들기로 한 섬마을 주민들의 결심과 행위로 이어진다. 이로써 영화는 무엇이든 하면 된다는 인간의 정신과 의지를 보여준다.

이처럼 이 시기의 영화는 관습적 태도에 기반하고 있는 퇴행적 현실을 묘사하면서 이를 극복할 수 있는 것으로 강력한 정신력과 일치단결의 공동체의식을 강조하고 있다. 이러한 특징은 비판적 시각을 통해 현실의 모순을 겨냥하는 것에서 벗어나 현실을 개조하기 위한 박정희 정권의 지향, 정신과 연동되어 있는 것이다. 이것이 이 시기 한국영화의 또 다른 흐름을 형성하고 있다고 할 수 있다.

5. 경제개발 성과와 민족주의의 과잉

이 시기는 경제개발 성과와 국가에 대한 자부심이 강조된 민족주의에 대한 과잉의 영화들이 특별한 하나의 갈래를 형성하고 있다. 이러한 특징은 제1차 경제개발계획이 끝나고 제2차 경제개발계획이 실행된 직후인 1967년부터 보다 집중적으로 나타났다. 이들 영화는 주로 국가의 직, 간접적인 지원을 받고 만들어졌다. 이러한 이유로 이들 영화는 국책영화라는 범위로부터 벗어나기 어렵다고 할 수 있다.

그럼에도 불구하고 이들 영화는 이 시기 적지 않은 관객들로부터 호응을 받았으며, 이는 경제적 성과와 민족적 자부심을 많은 사람들에게 심어주는데 일정한 역할을 하였다고 볼 수 있다. 이와 같은 경향의 대표적인 영화로는 1967년 국립영화제작소에서 제작한 배석인의 <팔도강산(1967)>을 들 수 있다.

이 영화는 박정희 정권이 추진한 경제개발계획의 성과를 직접적으로 선전하고 있기에 영화 곳곳에는 정부의 목표와 의도가 구체적으로 묘사되고 있다. 이것은 영화 속 부부로 설정된 김희갑, 황정순이 살고 있는 배경이 서울의 협동한의원이라는 것에서도 알 수 있다. 즉 한의원의 이름인 협동은 박정희 정권의 경제개발추진전략의 중요한 가치라 할 수 있으며, 이는 이 영화 제작목표와 지향을 그대로 드러내고 있는 것이다. 그리고 이를 통합하여 구체적으로 드러내고 있는 것이 1남 6녀의 자녀들이 전국의 지역으로 흩어져 살고 있는 것의 정당성을 부여하고 있다. 이후 영화는 전국에 흩어져 살고 있는 자녀들을 방문하면서 벌어지는 다양한 에피소드를 다루고 있고 경제개발의 성과와 역사, 문화를 함께 보여준다. 이를테면 큰딸이 살고 있는 청주에서는 거대한 시멘트 공장과 찬란한 백제문화를 보여주고, 광주에서는 호남 비료공장과 부안의 간척사업, 섬진강 다목적 댐 건설 현장과 함께 내장산, 판소리, 춘향이의 절개 등을, 제주도는 제주도의 아름다운 풍경을, 부산에서는 조선공사, 화력발전소, 무역수출 현황을, 울산에서는 정유공장을, 경주에서는 다양한 경주의 문화 유적지를 보여준다. 강원도 속초에서는 어렵게 살고 있지만 배를 사기 위해 열심히 저축하고 있는 미애 부부의 모습을, 간첩 3명을 한꺼번에 잡은 휴전선의 정보참모실에 근무하고 있는 아들 김석구 대위를 통해서는 북녘에는 자유가 그리워 한숨짓고 있는 우리의 형제들이 있다고 하면서 우리의 자유와 경제력이 북한으로 넘쳐흐를 때 우리의 숙원인 통일도 이루어지고 70년이 되면 달라질 것이라는 언급이 이어진다. 이후 영화는 전국체전이 열리고 있는 춘천을 방문하고 난후 서울에서 노부부의 성대한 회갑잔치로 마무리 된다. 이 영화에서 중요하게 다루고 있는 것은 크게 두 가지로 볼 수 있다. 첫째는 전국에서 벌어지고 있는 경제개발현장을 보여주면서 변화된 현실과 미래에 대한 희망을 나타내고 있는 것이다. 이는 노부부가 부산 산업단지의 수출현장을 방문했을 때 몇 해 전만해도 남의 나라 물건만을 들여오던 것이 이렇게 달라졌다고 하는 김희갑의 말을 통해 드러나고, 둘째는 민족의 문화유산에 대한 자부심을 강조한 것이라 할 수 있다. 이는 백제와 신라의 문화를 찬란한 것으로 언급하면서 우리나라의 아름다운 자연풍경과 함께 어우러지는 화면을 통해 묘사된다. 이것의 모든 결론은 영화의 마지막, "팔도강산 좋구나 좋아"라고 하는 노부부의 말로 마무리 되는 장면을 통해 이루어진다. 결론적으로 이 영화는 박정희 정권이 지향하고 있는 목표인 반공과 통일에 대한 것에서부터 경제개발현장을 통해 달라진 현실과 우리나라의 아름다운 자연을 보여줌으로써 민족적 자부심과 자긍심을 집약시켜놓은 것이다. 따라서 이 영화는 다가올 미래에 대한 장밋빛 희망과 새로운 민족정신에 최적화된 영화라 할 수 있다. 이러한 정부의 선전은 국립영화제작소에서 제작한 양종해의 <속 팔도강산 세계를 간다(1968)>에서 그 범위가 세계로 확대되어 나타난다.

영화는 대한민국의 다양한 산업현장과 문화를 통한 민족의 자긍심을 강조한 이전의 <팔도강산>과 달리 세계 속에서 한국의 경제적 위상과 도전을 다루고 있다. 이를 영화에서는 세계 속에서 활약하고 있는 한국인들의 모습, 즉 미국, 프랑스, 네덜란드, 이스라엘 등과 같은 선진국과 브라질, 아프리카 등에 이르기까지 한국인들의 도전적인 근로 현장을 보여주고 있다. 이를 통해 한국의 민족적 자긍심과 화면 속에 보여지고 있는 선진국들의 모습에 한국의 미래 모습을 투영하고 있는 것이다. 그럼에도 불구하고 영화는 김희갑이 귀국한 후 한국의 영토와 풍경을 보여주면서 "내 나라가 제일이

요”, “내마누라가 제일”이라는 말과 함께 외국에서 사온 기념품을 가리켜 외국으로 수출한 한국제품이 많다고 하면서 “인정 많고 살기 좋은 곳이 우리나라”라고 마무리함으로써 민족적 자긍심을 고취시킨다.

이러한 민족의식은 전국 8도의 민속가곡을 수집해서 보존하고자 애쓴 박효천 명창을 묘사하고 있는 김효천의 <팔도기생(1968)>에서도 나타난다. 이와 같은 특징은 선유도라는 열악한 환경의 낙도 초등학교 학생들이 발전된 서울로의 수학여행을 통해 우리도 서울처럼 잘살려고 노력하겠다는 의지를 표명함으로써 이 시기 정부의 지향과 동일한 보조를 유지하고 있는 1968년 제작되고 1969년에 개봉한 유현목의 <수학여행>, 그리고 <팔도강산> 시리즈라 할 수 있는 강대철의 <내일의 팔도강산 제3편(1971)>에서 확인된다.

이 영화는 이전 두 편의 <팔도강산> 시리즈와 달리 박정희 정권의 조국 근대화의 구체적 성과와 장밋빛 전망의 1970년대, 여기에 계속 성장과 발전의 원동력을 직접적으로 묘사하고 있다. 이를 영화에서는 1970년에 개통된 경부고속도로와 그것의 편리성이 풍요로운 삶과 직결된다는 점과 충무공 정신으로 살아야 한다는 것을 강조하기 위해 고속버스를 타고 현충사를 방문하는 도중 김희갑, 황정순의 “세상이 참 좋아졌다”는 지속적이고 반복적인 언급, 여기에 텔레비전 방송에 출연하여 현시대를 “상전벽해처럼 변했다”고 하면서 고속도로를 통해 부산의 딸이 자갈치 시장에서 생선을 고속버스에 올리면 점심시간에 자신의 식탁에 오를 수 있다는 말로 일일 생활권을 강조하는 것으로 드러난다. 이어서 김희갑은 “1960년대 10년 동안 우리의 정열과 근면과 노력으로 이루어졌고, 머지않아 1970년대에는 수출 50억 불과 개인소득 500불이 돼서 복지사회를 이룩할 수 있다”고 하면서 농공병진의 중진공업국이 된다는 장밋빛 전망을 이야기한다. 뿐만 아니라 1976년까지 9개의 고속도로와 8개의 다목적 댐을 건설하고 23군데 공업단지를 건설할 것이라고 말한다. 이어서 속초에 사는 신영균에 의해 1970년대는 희망에 차있다고 하면서 이것이 내일의 팔도강산이라고 한다. 또한 60만 대군과 250만 예비군의 군사력을 언급하면서도 군대만 강하다고 싸움에서 이길 수 없고 힘 있는 영도자와 국민의 단합된 힘이 필요하다고 하면서 이전의 <팔도강산>에서처럼 "우리의 경제가, 우리의 자유가 북으로 넘쳐흐를 때 통일의 길이 열리고 그러기 위해서는 우리는 한 덩어리로 뭉쳐서 밀고 나가야 한다"면서 영화는 고속도로를 달리는 고속버스의 모습으로 마무리된다. 이처럼 영화 속 인물을 통해 제시된 박정희 정권의 경제적 성과는 반공주의와 민족적 자부심, 그리고 특정한 지도자의 필요성으로 연결되면서 노골적인 정치적 선동을 하고 있다. 경제개발로 인한 박정희 정권의 조국근대화 정책에 대한 몰입은 월남전에 참여한 예비역 4명의 사회적응기를 묘사한 이성구의 <월남에서 돌아온 김상사(1971)>에서도 나타난다.

영화는 4명의 예비역들이 사회를 위해 무엇을 할 것인가에 대해 반성하면서 야채장사를 하는 모습, 건설현장에서, 공장에서 일하는 모습을 보여준다. 월남 참전 예비역들의 사회적응과정은 그들이 월남에서 부산에 도착 한 후 박정희 정권의 경제개발과 조국근대화의 상징이라 할 수 있는 서울로 향하는 고속버스가 달리는 고속도로를 통해 제시되고 있다. 이것은 영화 마지막 부분에 트럭을 타고 고속도로를 달리는 김창호 상사, 오근태 중사, 우용길 하사, 어린이 합창단과 비행기를 타고 가는 박진영 병장의 모습으로 마무리되는 장면과 대응된다. 특히 영화의 시작부분과 마지막에서 고속도로를 보여주는 것은 박정희 정권의 경제적 성과를 직접적으로 묘사하고 있다고 할 수 있다.

국가의 직, 간접적인 지원을 받고 만들어진 이와 같은 영화들은 박정희 정권의 경제적 성과와 자부심, 민족의 일체성을 강조하는 특징을 지니고 있다. 이것은 이 시기의 영화가 시대적 지배 이데올로기라 할 수 있는 경제적 성과와 이를 위한 민족주의를 동원하고 있던 정권의 목표와 연동되어 있음을 의미한다. 이런 측면에서 이들 영화들이 국책영화라는 범위로 치부되면서도 이 시기 한국영화의 또 다른 하나의 특징을 형성하고 있다는 사실은 부인할 수 없다.

6. 조국근대화와 불안정한 현실

의도된 강한 남성 이미지

1960년대 한국영화에서 남성에 대한 묘사는 특별한 형태로 나타난다. 이는 5.16군사쿠데타 이전 한국전쟁을 거치면서 독립적인 강한 여성의 이미지가 부각된 것과 달리 이 시기 한국영화에서는 문제해결의 결정 주체로서 강한 남성의 이미지로 묘사된다. 이것은 여성이 아무리 말괄량이거나 남성과 동등함을 요구할지라도 이 시기의 영화에서는 남성에 순응한 여성의 모습으로, 남성이 여성과 사이에서 주도권을 가진 최종 결정권자로서 이전시기와 확연히 다르게 표현되고 있음을 의미한다. 이러한 의도된 남성 이미지는 강한 남성의 정체성을 보여주는 것이며, 그것은 군인들에 의한 5.16군사쿠데타와 경제개발계획정책이 강력한 힘을 상징하는 시대적 흐름과 연관되어 있다고 할 수 있다. 이와 같은 특징은 이 시기 다양한 형태의 영화에서 나타나고 있지만 결혼한 남성과 결혼하지 않은 여성 사이의 사랑과 이별을 다룬 영화에서 주로 나타난다. 이들 영화에서의 남성은 도덕적이고 윤리적으로 심각한 문제를 지니고 있음에도 불구하고 수세적으로 묘사되지 않는다. 이는 이전 시기의 영화에서 강한 여성 이미지가 부각된 것과 다른 전도된 현상이라 할 수 있다.

이것은 기존의 사회의식과 가치관으로부터 벗어나지 못한 옥희 엄마 이정숙과 그녀의 죽은 남편의 친구인 한선호의 우유부단한 모습을 묘사한 신상옥의 <사랑방 손님과 어머니(1961)>, 그리고 문제 해결에 있어 정면으로 맞서지 않고 회피하는 것처럼 보인 한의사 김학규를 다룬 이형표의 <서울의 지붕 밑(1961)> 등과는 다른 흐름이라 할 수 있다. 이러한 변화된 남성 이미지는 한형모의 <언니는 말괄량이(1961)>에서 확인할 수 있다.

특히 <언니는 말괄량이>에서는 이를 다소 극단적으로 묘사하고 있다. 영화는 홀아버지 밑에서 운동으로 단련된 거칠고 드센 두 딸의 모습, 이를테면 건달이나 도둑 등으로 대변되는 남성들을 힘으로 제압하는 모습을 보여주면서도 그녀들은 결혼과 동시에 자신들의 남편에게 한없이 연약한 여성으로써 순종적이고 현모양처의 모습으로 변모한다. 이러한 특징은 여성 감독 홍은원의 <여판사(1962)>에서도 확인된다.

영화에서는 어려운 고등고시를 통과한 허진숙이 판사가 되지만 시어머니와 의사인 남편으로부터 끊임없이 평범한 가정주부로서의 역할을 강요받는다. 사회의 병을 고치는 판사를 포기할 수 없다는 그녀의 주장은 "암탉이 울면 집안 꼴이 안 된다"고 하는 주변의 따가운 시선의 압력에 무력화된다. 이후 허진숙은 살인혐의를 받고 있는 시어머니의 사건으로 인해 판사를 그만두고 변호사가 되지만 많은 여성들의 지위향상을 위해 노력해야 한다고 마무리된 장면을 통해 역설적으로 남성중심의 한국사회가 직면하고 있는 현실의 문제를 제기한다. 이는 남성에 대한 순종이 곧 평화로운 가정을 이루는 요체라는 것을 암시하면서 여성의 정체성과 위치를 재조정하고 있음을 의미하고 있는 것이다. 이와 같은 남성에 대한 새로운 이미지 구축은 대영산업의 김사장과 조영하 교수의 불륜과 일탈을 묘사한 신상옥의 <로맨스 그레이(1963)>에서도 확인된다.

영화는 불륜을 저지른 두 인물의 참회와 반성을 통해 가정으로 복귀하는 것으로 마무리되지만 조영하 교수의 딸이 자신의 어머니에게 "남자란 존재와 남자의 세계를 이해해야 한다"는 말을 통해 남성의 세계, 남성의 본성을 이해하고 그들의 불륜과 일탈을 용서하는 이유로 삼는다는 점이다. 이는 이전 시기의 영화에서 여성의 주체성과 남성과 여성의 동등함을 요구하면서 남성의 잘못에 대해 가차 없는 응징을 주장했던 것과는 상당히 다른 흐름이라 할 수 있다.

또한 술집에서 일한 여성들의 사랑을 다루는 영화에서는 여성이 남성의 욕망의 대상으로 전락한다. 이를테면 이형표의 <명동에 밤이 오면(1964)>에서 박지점장은 자신을 사랑하고 있는 윤마담을 단순히 유희의 대상으로 생각하고 있음을 그의 인식을 통해 드러낸다. 이러한 기조는 비록 김기덕의 <말띠신부(1966)>에서 적극적이고 활동적인 모습과 남자 위에 군림하고 통제하려는 세 명의 말띠 여성들의 모습을 코믹하고 유쾌하게 표현하기도 하고, 영화 <또순이>에서도 주체적이고 독립적인 여성을 묘사하고 있기도 하지만 남성에 대한 직접적인 여성의 주도적 모습은 이전시기에 비해 크게 후퇴하고 있다는 사실은 부인 할 수 없다. 그리고 이는 정부의 경제개발추진 성과에 대한 선전을 다루고 있는 영화 <팔도강산> 시리즈에서 묘사된 거대한 공장, 간척사업, 나아가 전 세계를 상대로 한 무역현장 등에서 활약하고 있는 남성의 모습을 통해 강한 남성의 이미지를 구축함으로써 남성이 어려운 상황을 돌파해 가면서 문제해결의 최종적 위치에 존재하게 되는 것으로 나타난다. 이것은 이전 시기의 경향과는 다른 것이다. 이와 같은 변화는 군사쿠데타에서 경제개발계획추진으로 이어지는 역사적 사건과 화두가 남성을 기준으로 수직화되는 시대적 상황과 밀접한 관계에 있는 것이라 할 수 있다.

이러한 흐름은 남편의 용서로 마무리된 결혼 13년차인 주부의 춤바람과 탈선을 묘사한 이성구의 <댁의 부인은 어떠십니까(1966)>와 이규웅의 <젯트부인(1967)>, <치맛바람(1967)>에서 경제개발로 인한 돈과 자본에 대한 여성의 욕망이 연관되어 있을 때 여성 스스로가 잘못을 뉘우치거나 "사람이 살아가는 데는 돈 만이 전부가 아니고, 상부상조하길 바란다"는 남편의 도덕적이고 교훈적인 말을 통해 확인된다. 이것은 남성이 문제해결에 있어 도덕적 교훈을 제기함으로써 권위의 존재로 인식되어 최종결정권자로 자리매김하고 있음을 보여준다.

이와 같은 남성의 이미지는 시대상황과 직접적으로 부합되지 않은 역설적 모습을 통해서도 드러난다. 이는 초라하게 변한 과거 명배우였던 아버지가 딸과 함께 연기하면서 인생을 마무리하는 모습을 묘사한 김수용의 <어느 여배우의 고백(1967)>과 정소영의 <미워도 다시 한 번(1968)>에서 남자 주인공 김신호를 통해 나타난다.

특히 이 시기 수많은 관객의 눈물을 자아냈던 정소영의 영화는 궁극적으로 남자의 불륜에 대한 책임을 용인한 것이라 할 수 있다. 결혼한 줄 모르고 유부남 김신호를 사랑해서 아이를 가지게 된 혜영의 이루어질 수 없는 사랑을 묘사하고 있는 영화는 그녀의 아들을 두고 벌어지는 엄마와 아들의 이별과 서로 사랑하지만 이루어질 수 없는 그들의 안타까운 관계로 인해 많은 사람들의 눈시울을 적시면서 관객들의 마음을 사로잡았다. 그러나 영화에서는 이러한 상황의 근본적 원인이라 할 수 있는 김신호의 행위, 즉 자신이 유부남이라는 사실을 혜영에게 고백하지 않은 무책임과 아내를 향한 자신의 도덕적 책임에 대한 구체적 해명이 잘 드러나지 않는다. 영화는 오히려 여주인공인 혜영과 아들, 그들이 한 가족이 될 수 없는 현실에 집중함으로써 김신호의 도덕적 책임을 하위 요소로 두면서 남성에게 이와 같은 일이 일어날 수 있다는 가능성으로 치부되고 있는 것처럼 묘사되고 있다.

이러한 특성은 이 영화 이후 시리즈로 등장한 <속 미워도 다시 한 번(1969)>, <제3편 미워도 다시 한 번(1970)>, <대완결편 미워도 다시 한 번(1971)>에서도 이어진다. 문제는 영화 <미워도 다시 한 번>이 관객들의 많은 사랑을 받은 이후 이와 유사한 형태의 영화들이 등장했다는 점이다. 이것은 영화 <미워도 다시 한 번>과 같은 동일한 방식은 아니지만 남성의 도덕적 책임이 면제되는 이른바 기억 상실증이라는 새로운 형태로 남성의 일탈이 합리화된다는 것이다. 이러한 수법은 변장호의 <정과 애(1969)>에서 나타난다.

영화는 가정이 있는 유부남 한영민이 연평도 섬사람들의 생활실태 조사를 위해 출장을 가던 중 사고로 기억을 잃게 되면서 신애라는 여인을 만나 사랑하게 되지만 점차 기억이 돌아옴으로써 자신의 정체성이 회복되고 난 후 벌어지는 비극적 관계를 다루고 있다. 영화에서는 결혼한 남자가 의도적이든 의도하지 않았던 간에 다른 여성과의 이중적 관계에 이르게 되지만 그에 대한 도덕적 문제는 특별히 제기되지 않음으로써 남성 자체의 정체성을 훼손하지 않는다. 이것은 남성의 특별한 정체성을 수용하는 것으로 볼 수 있다.

이는 개성 강한 부인과 촉망받는 연구원인 남편과의 동등함을 다루고 있는 신상옥의 영화 <여성상위 시대(1969)>의 마지막 장면에서 제시된 자막과 내레이션으로 "여성 여러분! 어떻습니까? 여러분들은 이렇게 되기를 원하시겠지만 현실은 그렇지 않았습니다"라고 하는 남편의 말을 통해 여성의 위치를 다시 한 번 확인하면서 남성의 우위와 권위를 강제하고 있음을 알 수 있다.

이와 같은 흐름은 남자의 변태 성욕, 신분의 차이로 이루어진 결혼생활의 파탄 등을 다룬 영화로 번져나갔다. 이들 영화에서는 여성에게 잘못과 책임이 없는 일종의 희생자로 묘사되고 있음에도 남성의 폭력과 일탈을 일방적으로 수용해야 하는 입장으로 그려진다. 이러한 남성의 일방향성은 최경옥의 <애와사(1970)>에서 변태성욕자 남편인 대성에 희생당하는 부인 안희라의 모습을 통해, 그리고 사랑했던 여인 강애를 두고 오해로 빚어진 영훈의 복수를 묘사한 이두용의 <죄 많은 여인(1971)>에서도 다뤄지고 있다. 이들 영화에서는 주로 관계의 비극성과 비련의 여주인공에 대한 공감을 자아내는 상황만이 부각되고 남성의 불륜과 일탈에 대한 어떠한 도덕적 책임과 비난도 직접적으로 묘사되지 않는다. 이것은 남성을 의도적으로 통제하고 제어하면서 주체적이고 강한 모습의 여성을 묘사한 1950년대 영화와는 그 결이 확연히 다른 것이라 할 수 있다.

남성의 본성과 정체성을 드러내면서 그것의 이미지를 새롭게 구축하고 있는 저변에는 직접적으로 정부의 정책을 선전한 영화라 할 수 있는 일련의 <팔도강산> 시리즈가 주도하고 있다. 이는 무엇보다 1960년대의 경제개발계획추진이라는 시대적 상황, 즉 경제주체를 강하게 견인하고 있는 강한 남성에 대한 암묵적인 사회적 동의가 작동되었다고 할 수 있다. 이를 테면 강한 남성에 대한 요구는 경제개발의 최전선에 있는 남성의 역할과 연동되면서 형성될 수 있었던 것이다. 이것은 영화 <팔도강산> 시리즈에서 국내외의 거대한 산업현장에서 활약하는 남성의 역할과 모습을 보여주면서 자연스럽게 남성에 대한 강인함, 정체성과 연결되고 있다. 이 시기 또 다른 강한 남성 이미지 구축은 정반대 모습의 남성을 통해서도 드러난다.

이는 남성의 강인함, 정체성과 반대되는 모습의 역설적 의미인 것이다. 이것은 남성으로서의 기능 상실이라 할 수 있는 성적 결함을 다룬 영화들에서 찾아 볼 수 있다. 남성의 성기능 장애는 남성으로서 뿐만 아니라 부부사이와 가정에서 일어나는 갈등의 근원으로 이어져 가족 해체의 위기와 연결되어 있다. 특히 성기능 장애인 남편과 살고 있는 여성은 끊임없이 성적욕망에 노출되면서 자신의 도덕적 완전함을 확인받아야 하는 상황에 직면하게 된다. 이러한 경향의 영화는 성기능 장애를 안고 결혼한 김호진과 송윤희의 갈등과 해결을 다루고 있는 박종호의 <어떤 정사(1965)>와 전쟁으로 성불구가 된 남편과 살고 있는 부인의 내재되어 있는 성적 욕망과 일탈을 다루면서 육체적 본능과 도덕적 양심 사이에 괴로워하는 모습의 이만희의 <귀로>에서 나타난다.

　특히 영화 <귀로>에서는 이성과 감정의 불일치를 통해 실제적 진심, 나아가 진실이 무엇인지에 대한 근원적 질문을 던지면서 욕망과 도덕 사이의 내면적 갈등을 묘사하고 드러내는 효과적인 수단의 한 방식으로 인식되고 있다.

　이와 같은 유형의 영화로는 주인공 오장수가 기생집에서 우연히 살인사건에 휘말리게 되면서 자신이 성불구자라는 사실을 확인받게 됨으로써 무혐의로 풀려난 이형표의 <밤은 무서워(1968)>에서도 나타난다. 여기서도 영화는 부인 유정이 남편의 성불구로 인해 고통받고 있으며, 그녀를 사랑했던 또 다른 남자 박찬 검사는 그들의 관계를 알고 그녀를 유혹하지만 그녀는 남편 오장수에게로 돌아가면서 다시 평화로운 가정의 모습을 띠게 됨으로써 부인으로서의 위치를 다시 한 번 확인받는다. 일제강점기 징용으로 끌려간 남자들을 대신해 염전에서 생계를 위해 힘들게 살아가는 여성들을 묘사한 김수용의 <수전지대(1968)>에서도 이와 유사한 형태의 남성이 등장한다.

　영화는 노무자들의 임금을 착취하는 것에 항의한 영규가 염전 경비원으로부터 구타당해 다리를 다쳐 노동력이 상실되자 그의 젊은 부인 윤희가 일터에 나서게 되면서 죽음에 이르게 된 비극적 상황을 묘사하고 있다. 이는 이 시기 영화의 갈등과 전환의 중요한 지점이라 할 수 있는 남편의 성기능 장애와 하반신 부상이 곧 노동력의 상실이라는 의미를 갖게 되고, 그것은 여성의 본능적 욕망과 일탈을 견인하는 요소로 연결된다. 영화에서는 이를 도덕적이고 윤리적인 측면을 여성에 개입시켜 봉합하면서 확고한 수직적 구조 속에 여성의 위치를 유폐시키는 것이다. 성불구라는 남성의 극단적 모습을 상정한 것은 남편 성민이 성불구자의 가능성을 언급하고 있는 박종호의 <벽속의 여자(1969)>에서도 나타나고 있다. 이것은 1960년대의 강한 남성에 대한 요구가 여성에 의해 수용되는 형태로 마무리됨을 의미한다. 최하원의 <독짓는 늙은이(1969)>에서도 송영감의 비극적 자살은 그의 젊은 부인 옥수가 사랑했던 젊은 남자 석현과 만나 함께 떠남과 연관되어 있다. 이 영화는 송영감의 예술혼에 대해 묘사하고 있는 듯 하지만 영감이라는 주인공의 이름이 상징하고 있는 것처럼 신체적, 성적 기능의 약화가 젊은 부인과 관계를 지속할 수 없다는 의미와 함께 자신의 비극을 암시하고 있는 것이다. 옥수가 떠난 후 불가마 속에 스스로 몸을 던져 죽음을 택한 것은 송영감 스스로 이에 대한 자신의 실체적인 현실의 확인이며 좌절의 표현인 것이다. 남성의 사회적 역할로 인한 정체성에 관한 문제는 김기영의 <충녀(1972)>에서도 나타난다.

영화에서는 이를 주어진 삶의 조건의 반복으로 인한 여성의 비극과 남성과 여성의 전도된 사회적 역할을 통해 드러내고 있다. 이것은 영화 시작부분에서 정신병원에 입원하려는 김사장을 향한 정신병 최고참이라는 남성과 생물학자이자 벌레연구자를 통해 묘사된다. 예컨대 병실 최고참은 "부인족속들의 잔소리에 신경줄이 끊어져 성불능이 된 불쌍한 희생자들"이라고 남성을 규정하면서 김사장을 향해 "당신도 그렇죠?"라는 질문과 이 질문에 이어 주변에서 "공처가는 신종병중에서도 중환잡니다" "남권을 찾아야 돼" "남성은 너무 잃은 것이 많아"라고 하는 주변의 목소리와 함께 "암벌레가 교미를 끝내면 그 자리에서 수컷을 잡아먹는 생물본능을 주목하고 사람에 있어서는 어떻게 여성이 벌레처럼 남성을 잡아먹는지를 연구한다"고 하는 생물학자이자 벌레연구가의 말을 통해 드러낸다. 이는 이후 영화에서 사업가로서 왕성한 활동을 하지만 성불능이 된 남편 김사장을 사업가로서, 남편으로서 패배자로 단정한 부인의 말을 통해 확인된다. 이렇게 전도된 남성과 여성의 본래적 특성은 주어진 삶을 반복하게 된 여성, 명자에 의해 비극성을 갖게 되고 그것으로부터 벗어날 수 있는 해법, 즉 독점하려는 여자로부터 벗어나는 것, 그리고 여성과 남성의 본질적 특성의 다름을 인식하고 부부생활의 가치를 깨닫는 해법을 제시하면서 정신병원 침대위에서 책을 읽고 있는 김사장의 모습으로 마무리 된다.

이 시기의 영화에서는 남성의 성기능 문제라는 다소 선정적이고 자극적인 내용을 화면화하여 다루고 있지만 그것의 이면에는 오히려 강한 남성에 대한 시대적 요청의 역설적 의미를 지니고 있는 것이다.

이처럼 이 시기 영화에서는 여성의 주체성과 독립성을 강조한 이전 시기의 영화와는 다른 형태로 나타나고 있다. 특히 그것은 여성이 남성의 본성을 이해하는 모습으로, 또는 여성이 남성에게 순응하는 모습으로 묘사된다. 이와 같은 변화의 이면에는 군사쿠데타와 경제개발계획에 의한 산업화라는 역사적 사건과 거대한 국가전략 추진과정에서 남성의 절대적 힘을 필요로 한 사회적 현상과 밀접한 관계에 있다. 이러한 시대적 요구가 직접적으로 드러난 것이 <팔도강산> 시리즈의 영화라 할 수 있으며, 그것을 유연하게 견인하고 있는 영화들이 바로 여성의 남성에 대한 순응으로 나타난 것이다. 이것은 남성의 존재와 권위를 의도적으로 강하게 표출하고 있는 것과 다르지 않다. 강한 남성에 대한 사회적 요구는 역설적으로 성기능 장애를 가진 남성을 등장시킴으로써 오히려 그것의 의미를 더욱 강화하고 있다고 할 수 있다. 군사쿠데타, 경제개발계획에 의한 산업화를 위한 강한 추진력의 남성성을 요구하는 시대에 성기능 장애는 이와 같은 시대적 요구와는 별개의 것으로, 여성의 도덕적 순응에만 의존하는 쓸모없는 사회적 존재로 인식하게 됨으로써 강한 남성과 산업화 시대와의 역설적 의미로 작용하고 있는 것이다. 이는 "1960년대 산업자본주의의 급격한 성장이 남성들에게 많은 일자리를 제공했고, 공적영역인 생산현장에서의 남성의 역할과 사적영역인 가정에서의 여성의 역할을 구분하는 것으로 이어지면서 식민지, 전쟁기의 강인한 여성상을 대체하는 새로운 여성상인 현모양처에 대한 요구를 낳게 된 것이다."[66] 궁극적으로 이러한 변화는 1950년대 전쟁이후 여성의 주체성과 남

---

66) 이효인 외, 『한국영화사 공부 1960-1979』, 이채, 2004, 93쪽.

성과의 동등함에 대한 강한 이미지의 여성이 물러가고 1960년대 군사쿠데타와 경제개발계획에 의한 산업화가 추진되면서 강한 남성에 대한 시대적 요구와 연관되어 있다고 볼 수 있다.

자본과 신분상승의 욕구

자본, 즉 돈에 대한 인간의 욕망은 인간에게 내재되어 있는 가장 근본적 요소 중 하나라 할 수 있다. 특히 그것이 자본주의라는 범위 내에서 산업화, 경제개발이라는 시대적 화두와 결합되면 그것은 인간에게 그 어떤 것보다 우선한 가치로 작용한다. 이런 측면에서 경제개발계획이 추진되기 시작했던 1960년대 한국사회에서는 이에 대한 가치와 인식이 중요한 문제로 제기되었던 시기라 할 수 있다. 이것은 사람들에게 돈과 자본이 자신과 자신의 가족을 지키고 나아가 권력의 중심요체로 작용하고 있음을 현실적으로 느끼게 한 것과 다름없다. 이러한 특징은 이 시기 만들어진 영화 속 인물을 통해 빈번히 등장했다. 그것은 일확천금을 향한 꿈과 출세를 통한 신분상승에 대한 욕망으로 나타났다. 이는 자본, 즉 돈에 대한 가치를 우선하면서 그에 대한 집착과 이에 대한 해결을 단숨에 실현시키고자 한 인간의 환상과 코미디라는 형식을 통해 드러낸다.

이것은 돈이 없어 자신이 사랑한 여인을 뺏기고 가족의 해체와 아내의 비극적인 죽음으로 이어진 정창화의 <노다지(1961)>에서 찾아 볼 수 있다. 이에 대한 영화의 결말은 주인공 운칠이 금광의 발견으로 단숨에 거부(巨富)가 되면서 자신이 방치해왔던 딸과 새로이 정상적인 관계를 회복하는 것으로 마무리된다. 이와 같은 흐름의 영화로는 독립적이고 자주적인 경제주체의 의지와 실천을 억척스럽게 묘사한 박상호의 <또순이(1963)>, 죽어가면서도 돈에 대한 집착을 보여준 이강원의 <도망자(1965)>, 수전노처럼 돈을 모아 부자가 된 이봉래의 <마포 사는 황부자(1965)>를 들 수 있다. 또한 온갖 허드렛일을 통해 돈을 벌었지만 증권 사기꾼에 이용당해 파산한 은숙의 모습을 다룬 이봉래의 <육체의 문(1965)>과 돈이 있는 곳이라면 제트기처럼 빨리 온다는 고리대금업자인 강옥실 여사를 다룬 이규웅의 <젯트부인(1967)> 등도 이러한 범위의 영화라 할 수 있다. 돈에 대한 숭배와 욕망을 직접적으로 묘사하고 있는 이들 영화에서는 그것이 때론 자신과 가정, 의식의 주체성을 확립하는 기반이라는 긍정적 측면과 함께 그것에 대한 지나친 집착이 가져다주는 비인간적 면모도 동시에 제시되고 있다. 이를테면 영화 <노다지>, <또순이>, <도망자>, <마포사는 황부자>, <육체의 문>, <젯트부인> 등에서는 금광을 찾기 위해, 경제적 독립을 위해, 범죄라는 목숨을 담보로, 온갖 허드렛일을 통해, 비인간적 특성이라는 나름의 고통의 시간을 겪으면서 그 꿈의 실현과정을 다루고 있지만 이 시기의 또 다른 영화들에서는 돈에 대한 욕망을 우회하는 방식과 현상을 통해 드러난다. 그리고 이는 어느 날 갑작스럽게 벼락부자가 되는 환상으로 나타나기도 한다. 예컨대 김수용의 <구봉서의 벼락부자(1961)>에서는 벼락부자가 되는 꿈이 실현되는 그야말로 자다가 돈벼락 맞기를 바라는 사람들의 집약된 욕망이 묘사되고 있다. 이로써 영화에서 제기된 다양한 메시지는 약화되고 구봉서처럼 벼락부자가 되었으면 좋겠다는 욕망만이 남겨지게 된다. 이것은 이용민의 <맹진사댁 경사(1962)>에서처럼 조선시대의 양반사회, 가문의식에 사로잡힌 전통사회의 모순 등을 폭로하기 위해 양반집 딸 갑분 아가씨 대신 그녀의 시중을 들고 있는 이쁜이를 대신 시집보냄으로써 과거로부터 완벽하게 달라지는 일종의 신데렐라적 현상인 것이다. 이는 다름 아닌 신분의 변화를 의미하는 것이며, 그것의 현실적 구체성은 신분상승과 연결된다. 이러한 특징은 이만희의 <마의 계단(1964)>에서 병원장의 딸과 결혼하기 위해 자신의 애인 남진숙 간호사를 죽이는 의사 현광호를 통해 묘사되고 있다.

신분상승에 대한 욕망은 코미디적 요소를 통해 드러나기도 한다. 이를 테

면 실업자로서 직장을 구하러 다닌 용만과 무역회사 사장 딸 동숙과 결혼
에 이르게 되는 과정을 코믹하게 묘사한 심우섭의 <청춘사업(1965)>, 자동차
정비소에서 일하는 철수와 불란서 대사로 부임한 집의 가정부로 일하고 있
는 영희가 서로 자신의 신분을 속이면서 신분상승에 대한 희망을 다룬 정진
우의 <초우(1966)>에서 이러한 특징이 나타난다. 또한 당첨된 1,000만원의
복권이 들어있는 잃어버린 낡은 양복을 되찾기 위한 소동을 다룬 김기풍의
<단벌신사(1968)>에서도 벼락부자가 되는 행운이 코믹적 요소를 통해 묘사
된다. 그러나 대부분의 영화에서는 이러한 허황된 꿈이 헛된 욕망 혹은 사
행심으로 치부되고 진실하게 사는 사람들의 평범한 진리로 귀결된다. 벼락
부자와 신분상승에 대한 꿈과 욕망에 대한 교훈적 내용은 심우섭의 <번지
수가 틀렸네요(1968)>에서 보다 구체적으로 표현된다.

영화에서는 이를 여성에 대한 남자의 편향된 시각, 예컨대 "여자는 남자
의 보조를 받아야 한다"고 하면서 화장품 회사를 경영하고 있는 천순분의
딸을 이용해 그녀의 회사를 차지하고자 한 삼성화학사장 허태백의 간교한
모습과 천순분 회사의 급사와 수위로 취직한 두 명의 남자, 구만복과 서달
근의 진실한 모습을 통해 나타난다. 특히 구만복과 서달근은 천사장에게 딸
이 있다는 사실을 알고 그녀와 결혼하여 단번에 자신들의 신분상승에 대한
바람을 해결하려 한다. 그 과정에서 영화는 허태백에 의해 곤경에 처하게
된 회사를 구만복의 고지식하고 성실함으로 극복함과 동시에, 구만복이 천
사장의 딸과 결혼하게 됨으로써 신분상승의 꿈을 이룬다. 영화는 벼락부자,
일확천금이라는 돈과 자본에 대한 신데렐라적 환상을 드러내고 있지만 이
를 다양한 코미디적 요소에 성실한 태도와 진실한 마음이라는 교훈적 내용
을 결합시켜 그들의 바람을 현실화 시키고 있는 것이다. 이러한 특징은 심우
섭의 <내팔자가 상팔자(1969)>에서 일에 집중하고 있는 공생원을 통해 다시
한 번 환기시키고 있으며, 그것 사이의 간극은 박종호의 <돌아가는 삼각지

(1970)>에서 확인된다.

또한 이 시기 영화에서는 돈과 자본에 대한 사람들의 욕망을 시대적 상황과 결합시켜 풍자적으로도 묘사된다. 이는 심우섭의 <돈에 눌려 죽은 사나이(1971)>에서 나타난다. 영화는 1960년대라는 산업화와 도시개발로 인해 벼락부자가 된 인물을 코믹하게 표현함으로써 현실정책과 상황에 대한 풍자적 의미와 그 이면의 자본을 향한 인간의 욕망도 함께 드러낸다.

이처럼 이 시기의 한국영화에서는 산업화가 진행되면서 돈과 자본의 가치가 증대됨으로 이에 대한 욕망과 그것의 또 다른 형태인 신분상승에 대한 희망이 다뤄지고 있다. 영화는 이를 일확천금 혹은 벼락부자라는 막연한 꿈이 실현되는 환상과 함께 부잣집 딸과 결혼하게 됨으로써 그 꿈이 극적으로 실현되는 것으로 묘사하고 있다. 이러한 형태는 풍자와 낭만적 정서의 코미디적 요소를 돈과 자본, 신분상승이라는 시대적 가치와 연결시킨 이 시기 또 다른 한국영화의 흐름이라 할 수 있다.

현실 속에 드리워진 불안정성

1960년대 한국사회를 관통하고 있는 핵심이라 할 수 있는 것은 1962년부터 1971년까지 진행된 경제개발계획의 실천이다. 이것은 경제개발이라는 국가적 목표가 이 시기 사회 저변에 스며들면서 사람들 의식 속에 가장 우선한 가치로 자리잡게 되었음을 의미한다. 이는 가난과 빈곤의 탈출이라는 당면한 현실적 문제에 강력한 해결의지를 표명한 5.16군사쿠데타의 성공이 이를 증명해주고 있다. 이로 인해 산업화, 근대화, 도시화라는 개념은 1960년대의 경제개발이 낳은 상징적 의미로 작용하였다. 그러나 이것의 또 다른 이면에는 경제개발로 인해 사회적 성공의 욕망과 이로부터 소외된 사람들의 우울함, 외로움, 고립감은 더욱 증대되어갔다. 이것은 가난과 빈곤으로부터의 탈출이라는 산업화 시대의 명분 속에서 개인의 존재론적 가치는 사회의 흐름 속에 버려지고 마치 늪에 빠져 허우적거리면서 사멸해 가는 것처럼 보인다는 것이다. 산업화, 근대화, 도시화로 인한 현실과 그 속에 내던져진 인간의 이러한 불안정성은 이 시기 영화에서 중요하게 다뤄졌다.

이는 출세를 하지 말라고 하면서 "지위, 권세가 높아지면 교만, 방자해서 인간미가 사라져 평범하더라도 착실하고 인간미가 있는 사람이 되어 달라"는 윤중로 교장선생님의 정년 퇴임식으로 시작된 김용덕의 <와룡선생 상경기(1962)>에서 상징화된다. 이러한 기조는 순박한 청년의 순수한 사람을 묘사한 신상옥의 <벙어리 삼룡(1964)>과 세 명의 딸을 헌신적으로 키운 어머니를 묘사한 조긍하의 <육체의 고백(1964)>, 그리고 전쟁의 상처와 현실의 불안정성을 치과의사를 통해 묘사한 유현목의 <잉여인간(1964)> 등으로 이어진다. 이는 인구증가와 지독한 가난을 연결시킨 김기영의 <고려장(1963)>과 이만희의 <마의 계단(1964)>에서도 지속된다.

특히 이만희의 영화에서는 의사 현광호와 간호사 남진숙의 사랑과 배신, 복수를 범죄와 스릴러 방식을 통해 다루고 있다. 그러나 그것의 중심에는 병원장이 되고 싶은 현광호의 욕망과 자신의 애인이었던 간호사를 죽인 죄책감에 사로잡힌 그의 정신적 파멸이 묘사된다. 영화는 현실 속에 인간의 도덕적 가치를 개입시킴으로써 그것들 사이의 부조화가 파멸에 이르게 된다는 것을 병원의 계단을 통해 상징화하면서 보여주고 있다. 이러한 경향은 경제개발계획의 추진으로 산업화, 근대화, 도시화가 본격화되면서 그것의 그늘진 현실, 즉 자본 중심으로 빠르게 재편되고 있는 사회 속에서 점차 주변부로 밀려가고 있는 인간의 불안한 심리와 욕망을 다룬 영화로 이어진다. 이는 자유당 간부가 맡긴 거금을 흥청망청 다 사용한 후 자살을 택한 한 청년을 묘사한 김기덕의 <종점(1966)>도 4.19혁명이 실패로 인식된 이후의 시대적 흐름에 기인하고 있다고 할 수 있다. 이와 같은 특징은 제1차 경제개발계획이 끝나고 제2차 경제개발계획이 추진되는 1967년을 기점으로 몇몇 뛰어난 영화에서 산업화, 근대화의 표상이라 할 수 있는 현대화된 도시와 인간의 존재론적 가치가 위협받고 있는 모습으로 나타난다. 특히 산업화, 근대화, 도시화로 인한 사회적 변화와 인간의 본능적 욕망 사이의 괴리는 이러한 불안정성의 모순을 드러내는 예리한 현상의 포착이라 할 수 있다. 이는 이만희의 <귀로>에서 탁월하게 묘사된다.

영화는 한국전쟁기 부상으로 성불구자가 된 남편의 곁을 지키고 있는 부인, 지연의 삶을 다루고 있다. 이는 영화 시작과 함께 어두운 불빛에 휩싸인 커다란 주택과 2층 계단으로 올라가는 지연으로부터 남편에게 한 통의 편지가 건네지면서 목발과 함께 침대에 잠들어 있는 남편, 최동우의 모습을 보여주면서 드러낸다. 이어서 화면은 군복을 입은 최동우를 보여줌으로써 부상의 원인과 그가 소설가로 변신하게 된 이유, 그리고 그의 곁에 있는 지연의 모습을 통해 그녀의 현재적 상황을 일목요연하게 제시하고 있다. 이를 통해 영화는 신문에 연재되고 있는 남편의 원고를 신문사에 전달하기 위해 기차를 타고 인천에서 서울로 가고 오는 지연의 일상적 모습이 자연스럽게 중심에 위치하도록 한다. 따라서 영화는 남편의 소설과 현실, 지연의 심리가 분리되기도 하고 결합되기도 하면서 전개된다. 이것은 현실 속 지연의 실제적 모습과 소설 속 지연의 모습이 서로 중첩되고 경계를 넘나들면서 묘사되고 있음을 의미한다. 이는 남편의 원고를 신문사에 전달하고 난 후 집으로 귀가하기 전 회색빛 도심의 거리를 거닐면서 구경하곤 하는 지연의 일상적 모습을 통해 현실에 비친 그녀의 내면을 드러내고 있는 것이다. 이것은 남편의 소설 내용을 두고 신문사 부장의 "소설 속의 건강한 여인이 성불구자인 남편과 함께 살고 있는 이상화된 여자 주인공이 인간적 본성에서 벗어난다"고 말하면서 작가에게 여인의 변화에 대해 지연과 다음과 같은 논쟁을 통해 묘사된다.

부장: 작가는 여인을 신적인 존재로 그리고 있다.
지연: 이상이 없는 세상에 이상을 심어주는 게 작가의 임무 아닐까요?
부장: 부군의 서술은 시대감각에 뒤떨어져 있다.
지연: 진실이란 어느 시대에서건 변하지 않은 것이 아니겠어요.
부장: 성불구자와 결혼한 건강한 여자가 이상 때문에 순탄하게 살 수 있을
　　　까요? 여자의 희생을 진실로 볼 수 있을까요? 독자의 흥미와 초점은
　　　그 여인 행동에 쏠려있다. 여인의 자세에 벌써 변화가 왔어야 한다.
지연: 여자의 부정을 꼭 그려야 하나요?
부장: 어디까지나 인간은 인간다워야 하니까요.

　이들의 대화는 단순히 지연의 표면적 상황만을 제시하고 있는 것이 아니라 이 시기 변화하고 있는 현실이라는 시대적 가치와 변화하고 있지 않은 도덕적 가치가 충돌하고 있음을 드러낸다. 이를테면 부장은 욕망과 본능에 기반한 인간의 근원적 모습을 제시하면서 그것의 논리적 근거를 동시대 독자의 흥미와 관심에 근거하고, 지연은 진실의 불변함을 들어 이상과 도덕적 가치의 정당성을 말하고 있다. 이들의 논쟁은 이상과 도덕이 현실 속에서 얼마나 힘겹게 존재하고 있는지를 단적으로 보여주고 있다. 영화는 이것을 지연이 원고를 신문사에 전달하고 난 후 높은 빌딩 숲의 도심 속 거리를 거닐면서 구경하는 모습을 통해 그녀가 고수하고 있는 가치의 불안정성을 묘사하면서 나타낸다. 이것은 부인, 지연이 신입사원 강기자를 우연히 만나고 난 후 서울역에서 6시 인천행 기차를 놓치게 되면서 확인된다. 그녀가 6시 인천행 기차를 놓쳤다는 것은 자신의 일상적인 습관에서 벗어나 새로운 형태로 전개될 것이라는 것을 의미하며, 이는 젊은 강기자와 서울 근교에서 하룻밤을 보내는 것으로 나타난다. 그리고 남편 최동우에게서 벗어나 어디론가 무조건 떠나자는 강기자의 유혹을 받고 지연은 꼭 가겠다고 말하면서 화장대 앞에서 화장을 하고 떠나려 하지만 그녀는 떠나지 못하고 침대위에

누워 괴로워하는 모습으로 영화는 마무리된다. 영화는 이처럼 도시와 신문사 부장, 강기자로 이어지는 변화하고 있는 표면적 현실에 지연의 욕망과 본능을 이상과 도덕으로 간주하면서 억제해야 하는 불안정한 이중적 가치가 공존하고 있는 현실을 묘사하고 있다. 이것은 산업화, 근대화, 도시화라는 실제적 현실에 인간의 의식을 지배하고 있는 도덕적 유산이 공존하면서 혼란스러운 시대의 사회적 풍경을 묘사하고 있는 것이다. 이런 측면에서 현실에서 부유하면서 인간의 존재론적 의미를 다루고 있는 유현목의 <막차로 온 손님들(1967)>도 이와 유사한 형태의 영화라 할 수 있다.

영화는 이를 폐장육종으로 죽음을 눈앞에 두고 시한부 인생을 살고 있는 동민과 병원에 입원한 젊은 미망인, 세정과 가까워진 정신과 의사 경석, 일본에서 돈을 벌어 돌아왔지만 이미 집을 떠나버린 부인에 의해 이혼을 요구받고 좌절한 충현을 통해 묘사한다. 이들 세 명의 친구들은 각기 다른 현실, 즉 동민에게는 서서히 다가오는 죽음의 시간이고, 경석에게는 죽은 남편의 재산을 포기하는 조건으로 결혼하기로 한 세정의 파국적인 복잡한 인연의 시간이며, 충현에게는 화가로 인정받겠다는 광기와 같은 창작의 시간인 것이다. 여기에 경석과 세정의 결혼식 날 충현이 우연히 마주친 부인을 목졸라 살해하고 세정이 동민과 함께 지내고 있는 보영의 죽은 아버지 부인이었다는 사실이 드러나면서 결혼식장의 피로연은 복잡한 관계의 아수라장으로 변모한다. 이를 지켜보던 세 명의 친구들은 결혼식장을 떠나 술집에서 모여 밤늦게까지 술을 마시면서 주인에게 "여기 서부이촌동으로 가는 차가 지금도 있을까요?"라고 묻자 "지금 이 시간에는 어디 행이나 다 막차일 거라"는 말을 통해 이들이 처한 현실을 상징적으로 의미화 한다. 이는 술집을 나서는 세 명이 굿바이, 바이, 바이 하고 인사를 건네고 떠나면서 동민의 "어쩐지 모두 보기 싫다"고 하면서 "세상 모든 인연이란 것들이", "우리 언제 처음 만났지?"하는 허무하고 근원적 질문을 통해 현실에서의 인간관계의 무의미함을 드러냄으로써 그 의미는 다시 한 번 강조된다. 이어서 영화는 이를 집에서 기다리고 있던 동민이 보영과의 격렬한 입맞춤과 한밤중 지나가는 기차의 경적 소리를 통해 그들이 직면한 허무와 욕망, 배신으로 얼룩진 현실의 유한함으로부터 사랑을 통해서만 구원받을 수 있다는 것을 암시하면서 마무리된다. 현실에서의 불안정성은 산업화되고 도시화된 현실로부터 비롯된 인간의 삶과 그 존재의 위기를 묘사한 김수용의 <안개(1967)>에서도 나타난다.

이를 영화에서는 제약회사의 딸과 결혼하여 상무로 근무하고 있는 윤기준을 통해 묘사한다. 영화는 길거리, 자동차, 소음소리 등을 통해 도시의 풍경을 보여주면서 윤기준이 처해있는 상황을 드러낸다. 이는 기준이 끝이 보이지 않은 안개로 가득 찬 무진이라는 고향을 찾게 되는 이유로 작용한다. 그곳에서 기준은 서울로 가고 싶어 하는 음악선생 하인숙을 만나 사랑을 나누지만 회사의 전화로 다시 서울로 올라가는 그의 모습을 통해 도시로 표상된 현실로부터 벗어날 수 없음을 보여주고 있다. 이것은 한치 앞을 보기 어려운 안개로 뒤덮인 무진의 중의적 의미, 즉 도시의 풍경과 그 속에서 살고 있는 사람들을 상징하고 있는 것과 같은 의미이다. 이로써 영화는 기준의 고향으로서의 의미보다는 어쩌면 도시로 상징화된 현실과 그것이 주는 공허감, 소외감, 외로움 등과 같은 인간 내면을 병들게 하는 불안한 감성을 역설적으로 묘사하고 있다고 할 수 있다. 현실이 지니고 있는 허위와 위선은 산업스파이를 다루고 있는 이만희의 <원점(1967)>에서도 나타난다.

영화에서는 이를 다양한 사람들로 이루어진 설악산 여행모임에 주인공 석구와 거리의 여자 선이 신혼부부로 위장하여 합류한 장면을 통해 묘사된다. 불특정 사람들로 구성된 여행모임은 허위와 위선의 표본으로서 현대적 삶의 축소판으로 보여지면서 점차 사라져가는 인간의 본성의 회복을 역설적으로 강조하고 있다. 이러한 현실과 인간의 존재론적 가치를 극단적으로 묘사한 영화는 한국사회를 너무 어둡게 그렸다는 이유로 그 당시 상영금지 조치 당했던 이만희의 <휴일(1968)>에서 직접적으로 나타난다.[67]

영화는 가난한 연인들의 비극적이고 절망적인 모습을 통해 현실을 규정하고 있는 것처럼 보인다. 이를 영화에서는 허욱과 지연을 둘러싸고 있는 다양한 사회적 풍경을 들어 묘사한다. 이를테면 지연을 만나러 택시를 타고 가는 허욱을 향한 택시 운전자의 "요즈음 만나는 사람마다 모두 피로해 있다"고 하면서 "일요일에 만나는 사람은 더 그렇다"는 말을 통해 뭔가 힘들고 지쳐있는 듯한 현실을 정의한다. 이는 돈이 없어 다방 앞 길거리에서 만나는 허욱과 지연이 정처 없이 길거리를 거닐면서 강하게 불어오는 바람으로 순식간에 하늘이 잿빛으로 변하는 모습으로 상징화된다. 그리고 이들의 암울하고 절망적인 현실은 임신 6개월이 된 지연의 낙태 수술을 위해 수술비를 마련하려 돈을 구하러 다닌 허욱의 모습과 그가 친구들을 찾아다니면서 수술비 마련이 실패할 때마다 그를 기다리고 있는 지연을 향해 강하게 불어오는 바람으로 을씨년스러운 분위기를 자아내고 있는 공원의 모습을 통해 묘사된다. 급기야 허욱은 친구 규제의 집에서 돈과 시계를 훔쳐 수술비를 마련하여 지연이를 병원에서 수술 받도록 하지만 시간을 놓쳐 결국 그녀는 비극적으로 숨을 거둔다. 그는 밤거리를 미친 듯이 뛰면서 지연과의 사랑하고 행복했던 시절을 떠올리고 텅 빈 마지막 전차 안에서 종점이라는 차장의 말을 듣고 내린 후 밤거리를 걷다 멈춰 서서 뒤돌아본다. 이때 내레이션으로 서울, 남산, 전차, 하숙집, 일요일을 다 사랑하고 있지만 이제 다시 일요일을 기다릴 필요가 없다고 하면서 시작과 마찬가지로 허욱의 발을 클로즈업하면서 영화는 마무리된다. 이것은 미래에 대한 희망 없음을 영화의 마지막 장면인 허욱의 갈곳 잃은 발을 통해 어디로 가야할지 모르는 절망적이고 허무한 현실을 묘사하고 있는 것이다. 이로써 영화는 가난한 젊은 연

---

67) 한국영상자료원 엮음, 앞의 책, 71쪽.

인들의 비극적 운명과 우울한 잿빛 풍경의 도시를 통해 산업화, 근대화, 도시화로 점철된 시대성의 이면을 폭로하고 있다. 이 시기 현실에 대한 풍경은 1967년 구봉광산에서 작업 중 지하 300미터에 16일간 매몰된 양창선의 구출과정을 다룬 장편기록영화라는 자막으로 시작된 이만희의 <생명(1968)>에서도 찾아 볼 수 있다.

영화는 크게 영화 속 인물 김창선을 통해 갱 속에 갇힌 극한 상황에서 삶에 대한 그의 처절한 사투와 그를 구출하기 위한 땅위의 시도들, 그리고 이를 보도하는 언론사의 기자들로 이루어져 있다. 그러나 시간이 흘러가도 김창선의 구출시도에 진전이 없자 언론사의 기자들은 점차 흥미를 잃어간다. 영화는 이를 상징적으로 묘사하고 있다. 즉 시간이 지날수록 목숨이 위태로워지는 지하 갱 속 김창선의 상황에 비해 여배우가 보석을 밀수하다 걸리는 것, 유부녀의 간통사건 등이 더 흥미가 있다고 하는 기자의 말과 함께 일상처럼 여유로운 태도, 여기에 구출시도에 진전이 있자 오히려 더 지루해 하는 기자들의 모습을 통해 인간 생명에 대한 무관심과 흥미로 점철된 냉혹한 현대 사회의 어두운 면을 묘사하고 있다.

이처럼 이 시기는 경제개발로 인해 진행된 산업화, 도시화가 사회적 지배 담론과 사람들의 가치관에 적지 않은 변화를 가져왔다. 영화는 현실의 풍경을 묘사함으로써 그 이면에 존재하고 있는 이런 것들을 드러냈다. 김기영은 1971년 개봉된 영화 <화녀>를 통해 이러한 사회적 변화를 묘사하고 있다.

영화는 주인, 동식과 식모, 명자를 살해한 범인이 스스로 자백했다고 하는 것과 그 범인이 청소년이라는 사실이 밝혀지면서 형사는 "범죄이전에 누가 교육을 하느냐"라는 본질적 질문을 던지면서 시작된다. 이 질문은 영화가 전개되면서 살인사건의 실체가 밝혀지고 인간의 탐욕과 욕망이 결합된 사회적 현상과 연관되어 있음을 드러낸다. 작곡가인 동식과 그의 부인 정숙은 열심히 일하면서 자신들이 꿈꾸어왔던 삶을 향해 나아가고 있었다.

그러나 이들의 꿈은 정숙이 출산을 위해 친정으로 가게 되어 자신을 대신할 식모, 명자를 들임으로써 파탄에 이르게 된다. 즉 부인이 부재한 상태에서 동식은 명자의 순결을 빼앗고 그녀를 임신하게 한다. 이후 명자는 동식과 정숙의 설득으로 아이를 유산시키지만 정숙은 어떠한 변화도 없이 정상적으로 아이를 낳는다. 이러한 불합리한 상황에 직면한 명자는 분노한다. 급기야 그녀는 그들의 아이를 살해하고 그들이 지키고자 하는 가정의 명예를 이용하여 정숙에게 맞서면서 그들의 관계는 동등해지거나 오히려 역전된다. 이는 정숙이 보는 앞에서 동식을 자신이 머무는 2층으로 데리고 올라가는 명자의 모습을 통해 보여준다. 이러한 관계는 명자와 동식이 서로 쥐약을 탄 맥주를 마시고 자살에 이르게 됨으로써 마무리되지만 죽어가면서도 동식은 자신의 아내 정숙에게 우리의 명예를 지키기 위해 강도로 위장할 것을 요구하면서 자신의 등을 칼로 찌르도록 한다. 이처럼 영화는 부유해지는 것, 자신의 명예를 지키는 것의 이면에 존재하는 인간의 탐욕과 욕망의 무서운 파멸성을 묘사하고 있다. 이것을 영화는 정숙이 동식과 명자 사이의 불륜 이후 아이들을 친정으로 데리고 가면서 자신이 애쓰고 힘들여 지은 집을 향해 흉가라고 하는 장면으로 확인된다. 그리고 그것의 허망함을 경찰서에서 조사받고 나온 정숙이 자신의 구두 한 짝이 빗물에 의해 길가 작은 도랑으로 쓸려가자 그것을 잡으려 애쓰지만 결국 잡지 못하는 것을 통해 다시 한 번 강조된다. 이처럼 영화는 욕망, 탐욕으로 인간사이의 신뢰가 상실되었을 때 현실의 불안정성이 극대화될 수 있음을 묘사한다. 현실 속에 드리워진 불안정성에 대한 묘사는 하길종의 <화분(1972)>에서도 나타난다.

특히 이 영화에서는 직접적인 상징을 통해 그 의미를 확대한다. 이는 서울 근교 푸른색의 커다란 기와집을 배경으로 일어난 일련의 사건들, 이를테면 연못에 죽어있는 금붕어의 모습과 사업가 현마와 그의 첩 세란, 현마의 비서 단주와 세란의 동생 미란 사이에 얽히고설킨 내면의 욕망을 통해 드러난다. 현마는 세란과 표면적으로 부부관계이지만 실제로는 미란을 욕망하고 있고, 세란은 단주를 욕망하고 있다. 이로써 그들은 서로의 욕망을 채워주는 필요에 의한 관계임이 밝혀진다. 이들의 관계는 첫 월경이 시작된 미란과 단주의 사랑과 대비된다. 특히 욕망과 탐욕으로 점철된 현마와 세란의 관계는 그들로부터 벗어나 한강변에서 데이트를 즐기던 중 비를 피하기 위해 불도저의 운전석에 앉은 단주에게 미란이 건넨 질문을 통해 나타난다. 여기서 미란은 단주에게 불도저와 무슨 관계인지를 묻자 그는 "젊은 사람이면 누구나 불만의 모든 것들을 밀어버리는 불도저가 되고 싶지 않을까"라고 대답한다. 이러한 단주의 말은 직접적으로 현마와 세란으로 상징화된 부조리하고 부패한 기성세대를 겨냥한 것으로 보이면서 새로운 시작을 알린 미란의 첫 월경의 의미와 연결된다. 이는 현마와 세란의 집으로 단주와 미란이 돌아오자 현마가 단주를 창고에 가두는 장면을 통해 새로운 시작에 대한 그들이 나눈 대화의 의미를 다시 한 번 상기시킨다. 이어서 영화는 푸른 기와집 정원에서 현마와 세란의 파티가 열리고 다음 날 전화소리와 함께 빚쟁이들이 들이닥치자 해외로 도피하는 현마와 그들에게 강간당하는 세란의 모습, 그리고 푸른 기와집을 바라보면서 미란과 단주가 떠나면서 마무리되는 장면을 통해 확인된다. 영화는 이처럼 푸른 기와집을 현마와 세란의 욕망이 가득 찬 인간들의 모습으로 상징화하고 기성세대의 부조리한 현실을 미란과 단주의 말을 통해 격정적으로 비판하면서 새로운 시대의 현실을 기대하고 있는 것이다. 이를 영화는 유신시대가 코앞에 닥쳐온 1972년 미란과 단주를 통해 묘사하고 있다고 할 수 있다.

이처럼 이 시기의 많은 영화에서는 현실을 묘사하면서도 그것의 근본적 원인에 대해서는 직접적인 비판을 피하면서 영화 속 인물의 상황을 통해 바라본 현실을 묘사하고 있다. 그렇게 묘사된 현실은 회색빛으로 얼룩진 우울하고 외로운 현실로 나타난다. 이와 같은 이유로 이 시기 영화에서는 일반적으로 공격적이거나 직접적인 현실 비판에 이르지 못하고 있다. 이로써 영화는 현실을 겨냥하고 있지만 그 현실은 영화 속 한 인물의 상황에 종속된다. 이것의 이유는 다양하게 존재하지만 무엇보다 1960년대라는 특별한 상황, 즉 가난과 빈곤으로부터의 탈출을 도모하기 위해 추진된 경제개발계획이라는 시대적 과업이 많은 사람들로부터 동의된 상황과 연동되어 있다고 볼 수 있다. 이러한 시대적 상황은 현실의 변화에 민감한 영화적 특성에도 불구하고 그것의 이면에 존재하는 부조리하고 부정적 현실을 묘사하는데 일정한 한계를 가질 수밖에 없는 이유인 것이다.

7. 표현수법의 다양한 시도

1960년대 한국영화의 가장 두드러진 특징 중 하나는 무엇보다 영화제작의 폭발적 증가에 있다. 이것은 경제개발정책의 추진으로 산업화시기와 맞물리면서 한국영화제작 토대의 변화, 즉 영화의 기업화 정책과 연동되면서 이전 시기에 비해 영화가 압도적으로 많이 만들어졌음을 의미한다.[68] 특히 영화제작조건을 들어 정부가 몇몇 영화사에 영화제작을 집중하게 한 것은 스튜디오 기반의 제작시스템이 만들어지도록 강제하는 계기로 작용하였다. 이로 인해 이 시기는 많은 영화들이 만들어질 수 있었으며, 1950년대에 구축되기 시작한 영화적 갈래들이 보다 안정적이고 새로운 형태의 영화적 시도로 나타날 수 있는 토대가 되었다. 이는 반공주의를 표방한 것, 범죄를 다룬 것, 전통적인 이야기와 풍속에 근거한 것, 역사적 사건과 인물을 둘러싸

---

68) 1954년부터 1961년까지 작품제작편수는 평균 57.8편이고, 1962년부터 1972년까지 작품제작편수는 평균 170.4편에 이른다.-김강윤 외 감수, 앞의 책, 46쪽 참고.

고 벌어진 것, 애정을 다룬 것, 웃음과 풍자를 다룬 것에서부터 정부에 의한 민족정신의 강조와 근대화된 조국의 현실을 선전하기 위한 영화들과 문학작품을 토대로 한 문예영화, 일제강점기 만주를 배경으로 한 것, 많은 표절 논란을 야기한 청년을 다룬 영화들의 등장을 가져왔다. 이러한 갈래는 정부에 의한 영화사의 기업화 정책과 결부된 대량생산 체계 구축과 밀접한 관계 속에 있다고 할 수 있다. 이와 같은 이유로 이 시기의 한국영화는 다양한 형태의 시도가 가능해졌지만 일부 영화에서는 표절에 가까운 내용과 형식으로 창작의 한계를 드러내기도 했다.

이러한 흐름 중 이 시기 주목할 만한 것은 문학작품을 토대로 한 문예영화의 등장을 들 수 있다. 이것은 1960년대 한국영화에 대한 정부의 제도적 지원과 함께 기업화 정책이 이와 밀접하게 연결되어 있음을 의미한다. 이 시기 영화의 기업화로 인해 영화제작편수의 증가는 영화의 내용, 이른바 다양한 시나리오를 필요로 하였다. 이러한 현상을 타개하기 위한 가장 손쉬운 방법 중 하나가 문학작품을 각색하는 것이었다.

이는 유현목의 <오발탄(1961, 이범선 원작)>, 신상옥의 <사랑방 손님과 어머니(1961, 주요섭 원작)>에 이어 유현목의 <김약국의 딸들(1963, 박경리 원작)>, 김수용의 <혈맥(1963, 김영수 원작)>, 유현목의 <잉여인간(1964, 손창섭 원작)> 등을 비롯한 1960년대 초반의 몇몇 작품들이 소설을 영화화해 좋은 평가를 받았던 경험에 근거하고 있다. 이를 토대로 김수용의 <갯마을(1965, 오영수 원작)>, <유정(1966, 이광수 원작)>, <까치소리(1967, 김동리 원작)>, <안개(1967, 김승옥 원작)>, <봄봄(1969, 김유정 원작)>, 이만희의 <물레방아(1966, 나도향 원작)>, <싸리골의 신화(1967, 선우휘 원작)>, 이성구의 <메밀꽃 필 무렵(1967, 이효석 원작)>, <장군의 수염(1968, 이어령 원작)>, 유현목의 <카인의 후예(1968, 황순원 원작)>, <나도 인간이 되련다(1969, 유치진 원작)>, <분례기(1971, 방영웅 원작)> 등이 등장하였다.[69] 문학작품의 영화화는 이 시기 영화제작의 폭발적 증가로 소재의 빈곤에서 벗어날 수 있는 하나의 돌파구가 되었을 뿐만 아니라 이들 영화들이 우수영화와 예술영화로 인식되어 우수영화보상제도에 의한 외화수입쿼터를 받을 수 있는 기회로 작용했기 때문이다. 이와 같은 이유로 1966년부터 1968년 사이 문학작품을 토대로 한 영화 붐이 일어났다.

그러나 "1968년 후반기 우수영화제도에서 문예영화가 제외되면서 문학작품을 기반으로 한 문예영화 제작 현상은 이전에 비해 급격하게 쇠퇴하였다."[70] 이를 통해 문학작품을 영화화한 이유의 실체가 역설적으로 드러나게 된 것이다.

또한 이 시기에는 공간과 시간의 특이한 조합의 영화들이 등장했다. 이와 같은 영화는 주로 역사적 공간과 시기뿐만 아니라 내용 전개 방식의 불분명함을 특징으로 하고 있다. 이러한 유형의 영화들로는 무기를 만들 수 있는 광맥도를 두고 독립군 한동민과 일본 밀정 김창배, 일본헌병대 장교로 복무하고 있는 강지석을 묘사한 이용호의 <불붙는 대륙(1965)>, 그리고 마치 서부영화에서처럼 위기에 처한 가정이나 공동체를 구해주고 난 후 홀연히 떠나는 정의로운 인물, 장걸을 묘사하고 있는 신상옥의 <무숙자(1968)>, 만주를 배경으로 일본군에 의해 자신의 부인을 비롯한 가족이 학살당하고 이에 대해 독립군과 함께 아버지 동혁의 복수를 다루고 있는 임권택의 <황야의 독수리(1969)>, 금불상을 두고 청부업자로 가장한 애국지사 철수, 갱단인 태호, 악명 높은 일본 밀정 달건이 조국을 위해 투쟁하게 되는 과정을 묘사한 이만희 <쇠사슬을 끊어라(1971)> 등에서 나타난다. 이들 영화는 "일제강점기 만주를 배경으로 하고 있으며 항일운동을 하는 독립군, 만주벌판에서 암약하는 마적단, 아편장사꾼, 그리고 만주의 유흥가에서 노래를 부르는 가

---

69) 정종화, 『한국영화사』, 한국영상자료원, 2007, 138쪽 참고.-김미현 책임편집, 『한국영화사』, 커뮤니케이션북스, 2006, 199쪽 참고.
70) 정종화, 앞의 책, 139쪽.

희, 그런 사람들이 얽히고 섞이는 통속적인 드라마를 가지고 있다…… 만주물의 영화는 시대 고증이 제대로 되어 있지 않았고, 사실 근거도 희박한 픽션이 대부분이다. 그래서 무국적영화라고도 한다."[71] 이러한 영화들은 역사적 맥락도, 시대적 구분도 명확하지 않은 단지 일제강점기 항일의 역사적 모티프와 만주라는 공간적 배경에 아편, 마적단, 유흥가라는 흥밋거리가 내용에 인위적으로 버무려진 형태인 것이다. 만주물이라 불린 이런 영화들은 한편으로는 이 시기 한국영화의 소재와 제작의 목표가 얼마나 고갈되어있는지를 보여주고 있는 하나의 단적인 예라 할 수 있다.

영화의 기업화로 인해 다양한 영화적 시도를 견인하고 있던 또 다른 요인은 새로운 관객층의 형성을 들 수 있다. 이들은 해방 전 후 태어난 20대의 젊은 청춘세대를 가리키는 것으로 유년시절에는 한국전쟁을 경험했고 1960년에는 4.19혁명을, 1961년에는 5.16군사쿠데타를 거쳐 굴욕적인 일본과의 외교관계수립을 반대한 6.3사태라는 역사적 격동기의 중심에 있었다.[72] 무엇보다 이들은 해방이후 미국식 교육과 문화를 통해 형성된 세대로서 청바지와 가죽점퍼를 입고 트위스트를 추며 제임스 딘이나 말론 브란도의 그림자가 감지되는 세대이다.[73] 여기에 산업화로 인해 농촌의 젊은이들이 도시로 모여들게 되면서 영화를 보는 관객들의 성향은 크게 변하였다. 이와 같은 사회적 조건으로 인해 대중문화를 향유하는 계층의 변화는 자연스럽게 이들에 근거한 영화 제작을 추동하게 되었고, 이는 청춘영화라는 형태로 나타났다. 따라서 이들 영화는 "기성사회에 대한 반항심과 도시를 배경으로 한 젊은이들의 사랑, 정신적 방황, 그리고 성공에 대한 야망과 좌절

---

71) 호현찬, 『한국영화 100년』, 문학과 사상사, 2000, 145쪽.
72) 통계청의 인구조사에 의하면 1949년 국내의 총 인구가 20,167천 명 중 주요영화관객연령대라 할 수 있는 20세에서 29세까지는 3,213천명이었던데 비해 1966년 무렵에는 총 인구 29,169천명에서 4,543천명으로 약 130만 명이 늘어났다.-통계청, 앞의 책, 73쪽 참고.
73) 김미현 책임편집, 앞의 책, 188-189쪽.

을 다루고 있다."[74]

이러한 경향은 김기덕의 <가정교사(1963)>, 김수용의 <청춘교실(1963)>로부터 시작되었고 김기덕의 <맨발의 청춘(1964)>의 등장으로 본격화되었다. 문제는 이와 같은 흐름을 주도한 영화들이 일본의 원작소설과 영화로부터 비롯되었다는 사실이다. 예컨대 김기덕의 <가정교사>는 이시자카 요지로(石坂洋次郎)의 소설 <햇빛 쏟아지는 언덕길(陽のあたる坂道, 1957)>에 근거하여 다사카 도모타카(田坂具隆)가 만든 영화 <햇빛 쏟아지는 언덕길(陽のあたる坂道, 1958)>과 연관이 있고, 김수용의 <청춘교실> 역시 이시자카 요지로(石坂洋次郎)의 소설 <그 녀석과 나(あいつと私, 1961)>를 토대로 한 나카히라 고우(中平康)의 영화 <그 녀석과 나(あいつと私, 1961)>라는 것과 별개의 것이라 할 수 없다. 또한 김기덕의 <맨발의 청춘>은 후지와라 신지(藤原審爾)의 소설 <진흙투성이의 순정(泥だらけの純情, 1962)>을 영화화한 나카히라 고우(中平康)의 <진흙투성이의 순정(泥だらけの純情, 1963)>을 거의 표절에 가까운 형태로 만들었다. 이에 대한 확신은 영화평론가 이영일이 이 시기 "청춘영화를 일본영화와 소설의 표절하는 것으로부터 시작됐다"[75]고 단언한 것에서 확인된다. 문제는 이들 영화가 등장한 이 시기가 일본과 외교관계가 수립되지 않았을 때이고 일본과의 외교관계 수립에 있어 굴욕적이라 할 수 있는 정부의 비밀협약 내용이 알려지게 되면서 한일협정반대투쟁이 "1964년 3월 24일부터 이듬해 9월까지 350만 명이 참가하여 500여 명의 구속자와 수천 명에 이르는 연행자, 부상자, 제적생이 생겨났고"[76] 1964년 6월, 1965년 8월에 계엄령과 위수령이 선포되고 발동된 시기와 맞물린다는 점이다. 이러한 시대적 상황에도 불구하고 일본소설이나 영화를 토대로 표절에 가까운 형태의 영화를 만드는 행위는 역사적, 시대적 인식이 결여된 채 오직 돈을 위해서라

---

74) 정종화, 앞의 책, 146쪽.
75) 이영일, 『이영일의 한국영화사 강의록』, 도서출판 소도, 2006, 89쪽.
76) 오제연 외, 앞의 책, 62쪽.

면 어떠한 것도 만들 수 있다는 한국영화 창작의 빈곤과 수준에 대한 부정
적 인식을 대중들에게 오랫동안 뿌리 깊게 심어준 계기로 작용하였다. 이와
같은 경향의 이 시기 한국영화를 가리켜 이순진은 "관객은 새로웠으나 그들
이 놓인 시대 상황은 새로운 동시에 새롭지 않았고, 청춘영화를 만든 이들
은 미국 대중문화와도 접촉했지만 문화적 뿌리는 여전히 식민지시기에 두
고 있었다"[77]라고 비난했다.

그럼에도 불구하고 어려운 환경의 깡패와 청순하고 순진한 부유한 집 여
성사이의 사랑을 내용으로 하고 있는 이들 영화는 많은 관객들로부터 호응
을 얻게 되어 1967년까지 한국영화에서 하나의 흐름으로 자리 잡았다. 이
후 청춘영화는 빠른 속도의 감각적인 화면과 결합하였으며, 이만희 <흑맥
(1965)>, 정진우의 <배신(1964)>, <초우(1966)>, <초연(1966)> 등에서는 이미지
중심의 화면으로 변화하기도 했다.[78]

1960년대 시대적 화두는 이미 언급한 것처럼 경제개발에 근거한 산업화,
조국의 근대화였다. 이것은 이 시기가 경제적 규모 확대에 집중하였던 시
기라는 것을 말한다. 그러므로 이 시기는 경제성장의 토대를 구축하는 것
과 수출만이 살길이라는 팽창의 목표 실현이 하나의 미덕으로 작용한 시기
였다. 이러한 시대적 흐름은 영화에도 적용되어 기업화 정책으로 나타났다.
이것은 대량으로 영화를 제작할 수 있는 기반이 형성되었다는 것을 의미하
며, 그 중 몇몇 영화들은 수출이라는 국가의 시책에 부응하기도 했다. 그리
고 영화제작의 대량 생산 체제가 형성되면서 무엇보다 과감한 영화적 실험
과 시도가 이루어졌다는 점이다. 이것은 영화를 구성하고 있는 다양한 형식
적 측면을 의미하며, 그것의 시작은 내러티브의 단순화로부터 벗어나는 것
이었다. 이와 같은 특징은 정진우의 <하숙생(1966)>에서 찾아 볼 수 있다.

---

77) 김미현 책임편집, 앞의 책, 189쪽.
78) 정종화, 앞의 책, 146쪽.

영화는 사랑에 배신당하고 복수하는 통속적 형태의 애정을 다루고 있지만 하숙집을 배경으로 하숙하고 있는 다양한 사람들의 이야기를 다루고 있다. 이를테면 배신당한 사랑에 대한 강민구의 복수와 6.25때 잃어버린 아들을 기다리고 있는 하숙집 주인 송노인, 남편을 죽인 범인을 찾아 응징하려는 여인의 이야기를 영화는 소설가의 시각에 의해 구성한다. 이로써 영화는 비록 강민구를 배신한 황재숙이 정신병원에 입원하게 되고, 자신의 남편을 살해한 범인이 하숙집 주인 송노인의 아들이라는 예상치 못한 상황을 맞이하게 되지만 영화의 중간 중간 소설가에 의해 이야기가 구성되고 있다는 말을 통해 영화 속에서 전개되고 있는 이야기의 경계가 소설과 영화 사이에서 모호해진다. 이와 같은 내러티브 경계의 변화는 이만희의 <귀로>에서 선명하게 나타난다.

영화는 전쟁으로 성불구가 된 최동우와 부인 지연의 심리와 일상이 소설가로 변신하여 신문사에 연재하고 있는 최동우의 소설과의 경계가 매우 정교하게 결합되어 있다. 예컨대 신문사 부장이 독자를 들어 소설 속 여인이 지나치게 이상화되었다는 주장과 지연의 어느 시대에도 변하지 않은 진실이 존재한다는 두 가지 논쟁은 이후 영화에서 지연과 신입사원 강기자와의 관계와 그녀가 남편을 떠나지 않은 근거로 작용한다. 이는 영화의 주인공을 소설로 전환시키면서 영화 속에 또 다른 이야기를 개입시킴으로써 영화의 내러티브와 소설의 내러티브의 경계를 완벽하게 허물어뜨리는 것으로 영화의 이야기 전개 수법을 매우 높은 수준으로 격상시킨 형태라 할 수 있다.

이러한 형식적 시도는 이른 아침거리를 걷고 있는 허욱의 신발 클로즈업으로 시작되면서 내레이션이 이어지고 밤거리에 멈춰서 있는 그의 신발 클로즈업과 함께 내레이션으로 마무리 되는 처음과 끝의 동일함을 통해 이야기의 시작과 끝의 완결성을 묘사한 이만희의 <휴일>에서도 지속된다. 영화 속 서사의 이중구조 방식은 사고로 의사라는 직업을 그만 둔 영훈이 소설을 통해 일본제국주의 전쟁에 참여했던 자신의 과거 시절을 흑백 화면으로 묘사하면서 컬러와 흑백, 심지어 애니메이션과 같은 다양한 영화적 방식을 통해 인간의 의식 속에 내재하고 있는 이중성을 묘사한 김수용의 <시발점(1969)>에서도 나타난다. 이러한 인접예술 매체와의 경계를 완화한 시도는 화면의 표현수법에 대한 다양한 실험적 시도를 통해 보다 과감하게 전개된다. 이는 외설시비로 검열의 어려움을 겪은 유현목의 <춘몽>에서 나타난다.

영화는 치과병원에서 치료를 받기 위해 누워있는 김재호가 자신의 옆에서 치료를 받다 갑자기 의식을 잃은 여성 박문자를 깨우기 위해 의사와 간호사가 겉옷과 스타킹을 벗기고 마사지 하자 그녀의 깨어나는 소리를 들으면서 마취로 인해 의식이 몽롱해지는 그의 무의식의 세계를 묘사하고 있다. 이후 영화는 그의 상상의 무의식 속에 펼쳐진 장면들, 즉 클로즈업 된 그녀의 가슴, 입술 등과 사선으로 된 무대, 강렬한 흑백 톤과 같은 건축학적인 특징의 표현주의적 무대 양식을 보여준다. 특히 야수의 모습으로 변한 치과 의사로부터 그녀를 구한 재호는 마치 정액과 같은 하얀 빛깔의 야자수 열매를 먹이고 깨어난 그녀와 강렬한 키스와 성적교감을 나눈 후 칼로 그녀를 죽이고 난 후 무의식에서 깨어나고, 그녀 역시 가벼운 빈혈 증세에서 깨어나 밖으로 나간다. 이처럼 영화는 전통적인 영화예술의 역사적 기반이라 할 수 있는 표현주의적 양식과 무의식의 세계를 다룬 초현실주의를 결합하여 재호의 내면에 내재되어 있는 여성에 대한 성적욕망을 표현하고 있다. 영화 표현 양식에 대한 이러한 시도는 저수지 건설을 두고 마을 사람들의 갈등을 묘사한 유현목의 <태양은 다시 뜬다>에서도 나타난다.

영화에서는 저수지 건설의 필요성을 비쩍 마른 노인과 태양이 작열하는 날씨, 황소, 비가 내리지 않아 물이 말라 농사짓기가 어려운 상황을 묘사한 일련의 장면을 통해 그것의 의미를 드러낸다. 여기에 냇가의 물을 두고 낭주골 마을 사람들과 아랫마을 사람들이 대결하는 장면은 이전 화면으로 구축된 대립적 의미가 극대화된다. 특히 저수지 건설을 반대한 낭주골의 고집 불통인 황춘보가 부상을 당해 물이 말라 타들어가는 그의 고구마 밭을 향해 저수지 건설을 찬성한 최학빈 의원과 마을 사람들이 물지게를 들고 가는 언덕위의 장면을 멀리서 보여주고 하늘 위의 구름, 내리는 비를 환호하는 황춘보와 마을 사람들의 화해하는 모습에 이어 가마니 위에서 울고 있는 어린 아이를 하늘 위로 번쩍 들어 올리는 재길의 부인, 그리고 무성한 고구마 수확과 함께 황춘보와 며느리에 의해 다시 한 번 어린 아이를 하늘을 향해 들어 올리면서 활짝 웃는 모습으로 마무리 되는 장면은 영화 전개의 논리적 연속성을 특별한 의미를 지닌 화면구성으로 견인하고 있음을 보여주고 있는 것이다.

이처럼 화면이 지니고 있는 다양한 구성적 요소를 통해 의미를 발생시키는 유현목의 시도는 도섭 영감이 낫을 들고 박훈을 찌르려고 하는 순간 아래에 위치한 카메라로 도섭 영감의 얼굴과 낫을 클로즈업 시키는 장면을 묘사한 <카인의 후예>에서도 확인할 수 있다. 이는 그가 끊임없이 영화내의 화면을 구성하는 것과 화면과 화면사이에서 발생하는 의미에 기반한 영화창작가로서의 본질적 시도를 하였다고 할 수 있다. 이러한 화면 속 다양한 구성과 연속으로 배치된 화면을 통해 의미를 축적해 가는 것은 김기영의 <화녀>에서의 형식을 통해서 나타난다.

이를테면 한적한 시골의 코스모스가 피어있는 숲속에서 두 젊은 대장장이가 명자와 그녀의 친구를 강간하려 하려는 장면에서 영화는 쇠망치 소리와 붉게 달궈진 쇠덩어리가 교차편집 되면서 남자의 심리적 상태를 드러내고 있다. 뿐만 아니라 영화는 조명을 이용한 다양한 색과 화면구도의 변화를 통해 의미를 발생시킨다. 예컨대 동식의 집 거실에서 작곡가인 동식과 그의 부인 정숙이 맥주를 마실 때 화면은 기하학적인 유리 판넬에 의해 가려지고 카메라를 좌우로 이동하면서 그들의 말과 행위에 집중하도록 한다. 특히 그들

부부의 성적 장면에서는 정숙의 얼굴이 유리쪽으로 향하게 하면서 하나의
추상화 같은 느낌을 자아낸다. 이러한 화면 구성은 정숙이 아이를 낳기 위해
자식들과 친정으로 떠나기 전 동식에게 노래를 배우기 위해 모여 있는 사람
들을 묘사하는 거실의 장면을 통해 또 다시 시도된다. 이때 집안 거실은 기둥
들이 세워져 있고 화면 속 인물들은 기둥에 위치하게 되면서 인물들 사이의
경계와 전체 화면 사이에 입체감을 준다. 그리고 인물이 움직이게 되면 기둥
사이의 빈 공간에 또 다른 인물이 움직여 그 공간을 채운다. 이로써 영화는
입체적인 구조를 통해 동식을 중심으로 인물과 인물 사이의 미묘한 심리적
의미를 발생시킨다. 이후 정숙이 친정에서 돌아와 명자와 동식의 관계의 변
화를 눈치 챘을 때 영화는 강렬한 대비적 색깔, 즉 어두운 기조의 색감과 조
명, 파란색의 기둥으로 그들이 처해 있는 복잡하고 무거운 분위기의 상황을
묘사하고 있다. 이처럼 영화 <화녀>는 다양한 구조와 색의 톤을 통해 상황의
의미를 드러내고 암시하면서 영화의 전체적인 의미를 규정한다.

　이 시기의 영화는 정부의 기업화 정책으로 몇몇 영화사로 통합되어 대량
생산체계가 형성되면서 시대에 부응하는 산업화의 한 부분으로 자리 잡았
다. 이것은 양적 팽창을 의미하는 것이며, 그것의 결과는 이전 시기와 비교
할 수 없을 정도로 많은 영화들이 만들어질 수 있었다. 이는 1950년대에 구
축된 갈래에 다양한 형태의 영화가 등장했다는 것을 말하며, 그것을 견인하
는 것은 문학작품을 토대로 한 영화와 외국영화를 그대로 베낀 표절에 가
까운 영화, 여기에 온갖 다양한 역사적, 영화적 수법을 혼합한 영화들의 등
장을 가져왔다. 이와 더불어 영화자체의 문법이라 할 수 있는 형식적 시도
도 몇몇 감독들의 영화에서 나타났다. 그러나 이러한 사회구조의 부조리함
을 드러내고 새로운 표현시도에도 불구하고 양적 팽창과 동일한 수준의 질
적 팽창이 수반되지 못하는 불균형성이 이 시기 영화적 흐름의 한 지류를
형성하고 있다고 할 수 있다.

8. 맺음말

　1961년 5.16군사쿠데타에서부터 1972년 유신체제 이전까지의 한국영화는 박정희 정권이 혁명공약을 실천하는 과정에서의 다양한 정치적, 경제적, 사회적, 문화적 현상이 투영되었다고 할 수 있다. 이것은 박정희 정권의 반공주의와 가난과 빈곤으로부터 탈출하기 위한 경제개발을 통한 조국근대화 정책이 이 시기 한국영화에 깊은 영향을 주었다는 것을 말한다. 특히 박정희 정권이 추진했던 이 시기 다양한 정책들, 이를테면 일본과의 외교관계 수립, 서독으로의 간호사와 광부 수출, 베트남 전쟁 참여 등은 조국근대화를 실현하기 위한 박정희 정권의 의지이자 중요한 수단이었다. 이것은 산업화와 수출만이 살길이라는 신념이 이 시기 한국사회 속에 뿌리 깊게 내재화될 수 있는 이유이기도 했다. 그 중에서도 반공과 조국근대화의 기치는 이 시기 한국사회의 모든 가치를 종속시키는 기제였다고 할 수 있다.

　이는 정부에 의해 직접적으로 영화를 제작하거나 지원하는 체계의 구축과 영화법을 통해 기존의 군소 영화제작구조를 몇 개의 대형영화사로 재편하여 기업화를 이루게 하는 것으로 나타났다. 이것은 영화에서도 기업화를 통해 조국근대화의 기조의 틀을 유지하도록 한 것이며, 이는 역설적이게도 이 시기 다양한 형태의 한국영화가 등장할 수 있는 계기로 작용했다. 예컨대 반공과 민족 사이에서의 미묘한 균열을 다룬 영화를 만들 수 있었고, 조국근대화를 위한 새로운 정신적 기풍을 진작시키기 위해 역사를 다룬 영화도 만들 수 있었으며, 문학작품을 영화화하기도 하였고, 퇴행적인 현실의 부조리함을 다루기도 하였고, 경제적 성과를 노골적으로 선전하는 영화도 만들기도 하였지만 영화적 실험에 가까운 다양한 형식적 시도도 가능하였다. 이것은 조국근대화라는 지배이데올로기 속에서 한국영화제작의 기업화가 이 시기 등장한 다양한 형태의 영화들과 결코 무관하지 않다는 것을 말한다. 특히 이러한 전개 과정에서 조국근대화의 시대적 당위성에도 불구하고 이만희, 김기영을 비롯한 몇몇 감독들에 의해 어두운 사회적 그늘을 다룬 영화들이 등장했다는 것은 이 시기 한국영화역사에서 매우 의미 있는 일이라 할 수 있다. 이들 영화에서는 산업화, 도시화된 현실과 그로부터 훼손되고 있는 인간의 도덕적 가치의 불안정성을 현실과 인간의 본성, 진실 사이의 관계를 통해 우회적으로 묘사하고 있다. 이러한 특별한 방식은 "1960년대 한국영화가 보여주는 풍경들이 대부분 영화의 사회적 연관을 은폐하고 있지만, 그러한 은폐와 변용의 방식이 오히려 그 사회적 연관의 내부를 더 깊게 들여다보게 하는 계기를 제공할 수도 있다. 은폐의 기호들은 상징적인 가치를 품으면서 말로 전해지기 힘든 심리적 현실을 구성할 여지를 갖기 때문이다. 우리가 1960년대의 한국영화를 읽는다고 하는 것은 감정적 표현이 숨기고 있는 비의 속으로, 그 비의 속의 개인적이면서 사회적인 뿌리로 내려가는 것과 같은 말이 된다."[79)

이런 측면에서 1960년대의 한국영화는 박정희 정권의 조국근대화라는 목표 속에 종속되어있는 다양한 요소들, 이른바 반공주의, 정신개조, 역사에 대한 재규정, 일치단결 등으로 간주되면서 국민들에게 요구되는 시대적 당위성과 산업화, 도시화, 근대화의 이면에 존재하고 있는 그늘 속 인간존재의 불안정성 등이 영화 곳곳에 은폐되어 있다고 할 수 있다. 이것은 흔히 창작의 본질이자 미덕이라 할 수 있는, 즉 드러내지 않은 것 같지만 드러내고 있는, 마치 달빛이 떠 있는 밤하늘의 문틈으로 조용히 스며드는 바람 같은 예리한 비판의식이 이들 영화 속에 존재하고 있기 때문이다.

많은 사람들은 1960년대의 시기를 한국영화역사에서의 중흥기 또는 전성기로 간주한다. 그것은 1년에 200여편에 이르는 영화가 만들어지는 양적 현상에 중요한 의미를 부여하고 있는데 기인한 것이다. 그러나 이 시기를

---

79) 오영숙, 「1960년대 한국영화와 수치심」, 『영화연구』 69호, 한국영화학회, 2016, 90쪽.

한국영화역사의 중흥기, 전성기로 부를 수 있다고 한다면, 그 이유 중 하나
는 양적 팽창과 함께 특별한 몇몇 영화감독의 영화 속에 현실을 조용히 은
폐시킬 수 있는 탁월한 표현능력일 것이다. 이것은 한국영화가 자본의 기능
적 수단과 표현의 수동성에서 창작의 대상으로 선회하여 비로소 예술의 영
역으로 진입하였음을 의미한다. 이런 측면에서 이 시기는 한국영화역사에서
영화창작의 본질을 재발견하고 재개념화 한 시기라 할 수 있다.

제 4 장

유신이념과 성장이데올로기 사이, 역(逆)변증의 시기

1973-1979

1. 평화와 통일, 번영

유신체제 성립 이후 1970년대 한국사회를 지배하고 있던 핵심 이념은 평화와 통일, 번영이라 할 수 있다. 이는 1972년 10월 17일 19시 박정희 대통령이 발표한 4개항의 비상조치[1]에 관한 특별선언의 첫 번째 문장에서 나타난다. 박정희는 조국의 평화와 통일, 번영을 위한 특별선언을 통해 급변한 국제정세를 언급하면서 우리민족의 운명은 스스로 지켜야 하며 남북대화를 통한 민족의 웅비를 주창하였다. 국제정치 흐름과 변화, 민족주의적 감정에 근거한 그의 특별선언은 1969년 7월, 닉슨의 괌 독트린 선언[2]과 1971년 3월 한국에 주둔하고 있던 미군 제7사단의 철수, 1972년 2월 닉슨의 전격적인 중국 방문, 같은 해 5월 소련 방문 등과 같은 국제관계의 재정립 시기와 연관되어 있었다. 이것은 그동안 이데올로기적 적대관계였던 국가들이 자국의 이익에 의해 새로운 전략적 관계로 재편되고 있던 일련의 사건들이다. 이러한 국제정치적 환경변화는 박정희 정권으로 하여금 1970년 8.15선언을 통해 대북관계의 전환, 1971년 남북이산가족찾기운동, 1972년 7.4남북공동성명 발표 등과 같은 긴장완화 정책으로 호응하도록 하였다. 특히 7.4남북공동성명에서 발표된 조국통일 3원칙에 대한 합의, 즉 통일은 외세에 의존하거나 외세의 간섭을 받음이 없이 자주적으로 해결하여야 하고, 통일은 서로 상대방을 반

---

1) 박정희의 비상조치: 1) 1972년 10월 17일 19시를 기하여 국회를 해산하고 정당 및 정치활동의 중지등 현행 헌법의 일부 조항 효력을 정지시킨다. 2) 헌법조항의 기능은 비상국무회의에 의하여 수행되며 비상국무회의 기능은 현행 헌법의 국무회의가 수행한다. 3) 비상국무회의는 1972년 10월 27일까지 헌법개정안을 공고하며 공고한 날로부터 1개월 이내에 국민투표에 부쳐 확정한다. 4) 헌법개정안이 확정되면 개정된 헌법절차에 따라 늦어도 금년 연말 이전에 헌법질서를 정상화시킨다.

2) 닉슨의 괌 독트린: 1) 미국은 모든 안보 공약을 준수할 것이며, 2) 미국은 동맹국, 혹은 미국의 안보에 크게 중요한 국가가 외부로부터 핵위협을 받을 경우, 이들을 핵위협으로부터 보호할 것이며, 3) 미국은 핵위협 이외의 외부 공격에 대하여 동맹국이 요청하면 안보 공약에 의거해 그들에게 군사 및 경제 원조를 제공할 것이나 동맹국은 스스로가 자신의 방위에 대하여 일차적 책임을 져야한다.

대하는 무력행사에 의거하지 않고 평화적 방법으로 실현하여야 하며, 사상과 이념, 제도의 차이를 초월하여 우선 하나의 민족으로서 대단결을 도모하여야 한다는 원칙은 국민들에게 통일에 대한 구체적 실현가능한 신호로 받아들여졌다. 이처럼 1970년대로 접어들면서 미국과 중국, 소련과의 전략적 관계 변화는 국제정세와 남북 대치상황 속에서 이데올로기적 체제경쟁을 벌였던 박정희 정권에게 1961년 반공을 국시로 쿠데타를 통한 권력획득 과정과 명분의 논리를 허물어뜨릴 수 있는 상황이 도래한 것이다.

이와 함께 1970년대 유신체제의 출범을 견인한 또 다른 요인은 국내의 정치세력의 변화에 기인한다고 할 수 있다. 1971년 4월 27일, 제7대 대통령 선거에서 박정희는 김대중 후보에게 100만 표 미만인 8.07% 차이로 신승했다.[3] 이는 1967년 5월 3일 박정희, 윤보선과의 대통령 선거에서의 10.5% 보다 낮은 차이였다. 그리고 "1971년 5월 제8대 국회의원 선거에서 박정희 정권은 방대한 조직력과 풍부한 정치자금에도 불구하고 과반의석 보다 겨우 10석 많은 113석을 확보하는데 그쳤고, 반면 야당인 신민당은 국회의 단독 소집과 개헌저지를 가능케 하는 총의석수 1/3보다 20석이 많은 89석을 획득했다. 득표율에 있어서는 48.8%와 44.4%로 근소한 차이를 보임으로써 박정희 권력의 취약함이 드러나기 시작하였다."[4] 이것은 박정희 권력의 지배력 약화로 국내외적으로 정치적 위기 상황을 맞이할 수 있음을 의미했다.

여기에 국내의 경제적 상황 역시 박정희 정권에게 결코 유리한 환경이 아니었다. 특히 1960년대 말부터 침체기에 접어들기 시작한 세계경제는 한국의 경제성장에 적지 않은 타격을 주었다. "실제 경제성장률이 1968년

---

3) 1967년 5월 3일 실시된 제6대 대통령 선거에서 박정희가 51.4%, 윤보선이 40.9%를 획득한 것에 비해, 1971년 4월 27일 실시된 대통령 선거에서는 박정희 후보 6,342,828표, 김대중 후보 5,395,900표로 그 차이는 946,928표 차로 100만 표 미만이었다.-중앙선거관리위원회 (www.nec.go.kr)에서 대한민국 선거사 참고.
4) 한국정신문화연구원 편, 『1970년대 전반기의 정치사회변동』, 백산서당, 1999, 210쪽 참고.

12.6%, 1969년 15.0%에서 1970년에는 7.9%로 둔화되었다."[5] 이로 인해 "1970년대 초 한국경제는 인플레이션과 불황, 국제수지 악화라는 3중고를 겪고 있었으며, 수출산업과 내수 산업간, 대기업과 중소기업간, 도시와 농촌 간의 이중구조문제를 안고 있었다. 뿐만 아니라 만성적 국제수지적자에 따른 외채상환부담의 누증과 외자계 기업의 도산, 수출지원 금융을 위시한 정책금융 비중의 증대에 따른 금융 산업의 취약성 등 경제 전반에 걸쳐 총체적 위기국면이 초래되었다."[6] 이로 인해 "1970년대 전반의 정책기조는 안정기조의 고도성장이 천명되었고, 1971년 2월에 발표된 제3차 경제개발 5개년 계획(1972-1976)에서는 농어촌경제의 혁신적 개발, 수출의 획기적 증대, 중화학공업의 건설을 기본목표로 설정하였다."[7] 그 중에서 경공업중심에서 중화학공업 정책으로 선회한 제3차 경제개발 정책을 통해서는 철강, 화학, 비철금속, 기계, 조선, 전자 등 6개 업종이 전략 산업으로 선정되어 집중투자의 대상이 되었다. 이와 같은 국내의 경제적 상황과 패러다임의 전환은 박정희 정권에게 그리 우호적 환경이 조성되지 않았음을 의미한다.

　이러한 국내외 정치적, 경제적 위기 상황에 직면한 박정희 정권은 이를 돌파할 수 있는 새로운 해법이 필요하였다. 그것이 바로 조국의 평화와 통일, 번영이라는 명분을 통해 한국사회에 만연하고 있는 무질서, 비능률, 정치계의 파쟁과 정략의 갈등을 일소해야하고, 이를 위해 비상조치를 취할 수밖에 없음을 주장한 것이다. 이것의 결과는 4개항의 비상조치와 8개항의 계엄포고 1호[8] 조치로 나타났다.

---

5) 위의 책, 86쪽.
6) 위의 책, 87쪽.
7) 위의 책, 90쪽.
8) 계엄포고 1호: 1) 모든 정치활동 목적의 옥내외 집회 및 시위를 일체 금지한다. 정치활동 목적이 아닌 옥내외 집회는 허가를 받아야 한다. 2) 언론, 출판, 보도 및 방송은 사전검열을 받아야 한다. 3) 각 대학은 당분간 휴교 조치한다. 4) 정당한 이유 없는 직장이탈이나 태업행위를 금한다. 5) 유언비어의 날조 및 유포를 금한다. 6) 야간통행금지는 종전대로 시행한다. 7) 정상적 경제활동과 국민의 일상 생업의 자유는 이를 보장한다. 8) 외국인의 출입국과 국내 여행 등 활동의 자유는 이를 최대한 보장한다.

이로 인해 1970년대의 평화와 통일은 체제우위를 위한 반공 이데올로기, 민족의 정체성 논리로 이어졌고, 번영은 제3차 경제개발5개년계획에 이어, 제4차 경제개발5개년계획(1977-1981), 중화학공업육성 정책과 함께 1973년 1월 12일 연두기자회견에서 발표되고 국가산업기본모델로 정해져 1980년대 초 100억 달러 수출과 1인당 국민소득 1,000달러 달성 목표제시를 통한 경제성장제일주의 기치로 연결되었다. 따라서 유신체제 이후 1970년대는 한쪽으로는 민족, 반공을 기반으로 한 유신체제에 부합하지 않은 것들을 통제, 억압하면서 정부의 이데올로기 논리를 강요할 수 있는 이념적 기반을 만들었고, 또 다른 측면에서는 선명한 경제적 목표, 시책을 통해 성장의 논리를 국민들에게 각인시켰다. 전자는 국가의 제도적 장치와 정책을 통해 추진되었고, 후자는 가시적인 경제성장의 과정과 그 결과를 통해 이루어졌다. 그리고 이것은 국민들이 구체적으로 인식되고 구현될 수 있도록 정신기풍운동과 함께 병행되었다. 그것이 바로 1972년 문화예술진흥법 제정과 1973년 문예중흥선언, 1974년 제1차 문예중흥5개년 계획, 1973년 본격화된 새마을 운동과 더불어 제4차 영화법 개정을 통해 제도화된 것이다. 이러한 제도적 장치는 1970년대 한국의 문화적 흐름과 형성에 직접적인 영향을 미쳤다. 예컨대 문화예술진흥법 제정과 제1차 문예중흥5개년 계획을 통해서는 민족의 정체성을, 제4차 영화법 개정으로 인한 국책영화, 우수영화, 추천영화를 통해서는 유신체제와 이념을 확산시키는 역할을 하도록 했다. 또한 경제 성장으로 인한 텔레비전 수상기 보급의 확대는 시청각 매체의 변화를 유도하였고, 농촌인구의 도시집중과 베이비 붐 현상은 대중 미디어의 관객 변화로 이어져 이 시기 한국영화의 변화를 이끌었다.

이러한 특징들은 궁극적으로 1972년 비상계엄 선포와 함께 특별선언에서 나타난 조국의 평화와 통일, 민족의 번영으로부터 비롯된 이념이 유신체제 이후 1970년대 한국사회를 지배한 핵심적 가치이자 한국의 문화, 예술, 영화의 흐름과 형성에 깊은 영향을 미쳤음을 의미한다.

2. 개정영화법과 미디어의 재편

1972년 비상계엄 선포와 특별선언에서 발표된 평화와 통일, 번영은 유신체제 이후 한국의 정치, 사회뿐 아니라 문화와 예술정책의 근간이 되었다. 평화와 통일은 1970년대 한국 사회를 지배하는 이념으로서 민족주의와 반공이데올로기로 변주되면서 문화와 예술 창작의 한 축을 형성하였고, 번영은 제3차 경제개발계획의 핵심인 중화학공업 추진으로 한국사회를 경제성장위주의 사회로 변모시키면서 경제적 가치, 나아가 자본주의 가치를 문화와 예술을 통해 각인시키는데 중요한 역할을 했다. 특히 정치, 경제의 이데올로기 지배담론은 이 시기 문화와 예술의 영역에 영향을 미쳤다. 문화예술의 중흥정책은 이러한 기조 속에서 성립되었고 대중문화의 핵심적 역할을 했던 영화도 예외일 수는 없었다. 영화는 박정희 대통령의 특별선언에서 언급된 평화와 통일의 지배담론으로부터 비롯된 민족주의, 반공 논리에 기반한 정권의 통치 지배 방식을 지원한 매체였다. 그리고 이는 제4차 개정영화법을 통해 제도적으로 관리되었다. 이것은 1970년대 한국영화가 박정희 정권의 통치 지배 방식과 매우 밀접한 관계 속에서 형성되었고 1973년 제4차 개정된 영화법이 이 시기 한국영화에서 평화와 통일, 번영이라는 명분으로 초래된 유신체제를 구현하는데 주도적 역할을 하였음을 의미한다.

이러한 측면에서 4차 개정영화법은 이 시기 한국영화의 흐름과 특징을 파악하는 중요한 요소라 할 수 있다. 이는 영화법을 개정하기 위한 정부의 언급을 통해 명확하게 제시되고 있다. 즉 1973년 2월 16일 영화법의 제정 및 개정 이유는 "군소 영화업자의 난립과 저질영화의 제작을 방지하고, 영화계의 부조리를 일소하기 위한 제도개선을 기하는 한편, 영화진흥공사를 설립하여 대작영화의 제작 등 영화의 진흥사업을 적극적으로 수행하게 함으로써 영화산업의 육성발전을 촉진하고 영화예술의 질적 향상을 도모하며 민족예술의 진흥에 기여하게 하려는 것임"[9] 이라고 했다. 이것은 "1973년 초 23개의 영화제작사 가운데 20개가 불황으로 도산에 이르는 결과"[10]와 맞물리면서 개정된 영화법에서는 "영화산업의 육성, 영화예술의 질적 향상, 영화예술의 진흥에 관한 시책 강구(제3조), 영화제작업의 등록제에서 허가제로 전환(제4조), 극영화제작 영화업자만이 외국영화의 수입 추천을 받을 수 있도록 함(제10조), 국산영화진흥과 육성지원 사업을 위한 영화진흥공사 설립(14조)"[11]을 통해 구체화되었다. 개정된 영화법은 영화업의 허가제, 제작업과 수입업의 통합, 영화진흥공사 설립을 통해 한국영화의 질적 수준 향상과 진흥을 달성하고자 하는 것을 명분으로 했다.

이로 인해 한국영화는 인적 및 장비가 대규모로 투입된 영화들이 영화진흥공사를 통해 만들어지게 되었고 제작업과 수입업이 통합되고 영화업이 허가제로 바뀌었다. 그러나 그것이 한국영화의 질적 수준을 담보하고 있거나 영화산업의 육성, 나아가 민족예술에 기여했다고 보기는 어렵다. 오히려 개정된 영화법은 국가의 정책, 이념을 관객에게 직접 전달하게 함으로써 영화를 국가권력에 종속시키는 역할을 하였다. 특히 매년 발표된 실제 집행 규정인 영화시책은 영화를 통할하는 기본법인 개정 영화법에 근거해 정책 방향, 영화제작 편수, 외국영화수입 편수, 검열기준 등을 통해 세밀하게 조정, 통제했다. 그 중에서 유신체제 성립 이후 시책의 토대가 된 1973년 영화시책의 기본 방향은 다음과 같다.

> 1. 유신이념의 구현을 위하여 영화계의 부조리를 제거하고 영화기업을 적극 지원

---

9) 국가법령정보센터(www.law.go.kr)
10) 이영일, 『한국영화주조사』, 영화진흥공사, 1988, 450쪽.
11) 한국예술연구소, 『한국현대예술사대계IV』, 시공아트, 2004, 218쪽.

2. 우리 영화의 제작은 양보다 질에 치중하고 전통문화예술을 창조적으로
   개발
3. 외국영화는 우리의 유신이념의 구현에 도움이 될 수 있는 영화를 정선
   수입
4. 우리영화의 수출은 민족문화의 우수성과 유신한국의 해외선양에 기여할
   수 있는 영화를 정선 추천[12]

이와 같은 4개항은 1973년부터 1979년까지 한국영화 시행의 기본 지침으로 작용하였다. 이 시기 동안 매년 발표된 영화시책의 방향, 목표 및 검열 지침에서 나타난 핵심 사항은 유신이념과 민족문화발전(1973년, 1976-1979년)이다. 그 중에서도 1973년의 유신이념 구현은 1974년부터 1976년까지 국민총화와 유신이념으로, 1977년은 총화유신 이념으로, 1978년, 1979년에는 국민총화로 나타났다.[13] 그리고 시책의 목표는 국내영화의 제작지침, 영화편수 제한을 통한 영화수급계획(1973년 130편, 1974년 120편, 1975년 120편, 1976년 120편, 1977년 120편 이상, 1978년 90편 내외, 1979년 80편 내외), 다양한 우수영화보상제도(우수영화제작, 영화제작 상영실적, 영화제 수상)에 의한 외화수입권, 영화검열의 세부적 사항과 연결되어 있었다.[14]

특히 외화수입권은 검열제도 못지않은 강력한 한국영화에 대한 통제 정책이었다. 예컨대 "1972년 총 55편(정책수입권 5편포함)의 외화수입권이 보상된 이후, 1973년에는 47편(정책수입권 4편포함)이었고, 1974년부터는 편수를 구체적으로 배정하기 시작했다. 즉 우수영화 제작에 대해 12편, 영화제작 상영실적에 대해 24편, 영화제 수상 국산극영화 보상 3편, 수출실적에 대한 보상

---

12) 김강윤 외 감수, 『한국영화자료편람(초창기-1976년)』, 영화진흥공사, 1977, 225쪽.
13) 위의 책, 225쪽-239쪽.-김소동 외 편집, 『1978년도판 한국영화연감』, 영화진흥공사, 1979,
    160쪽.- 김민웅 편집구성, 『1979년도판 한국영화연감』, 영화진흥공사, 1980, 191쪽.
14) 김강윤 외 감수, 앞의 책, 226쪽-240쪽.-김소동 외 편집, 앞의 책, 159쪽.-김민웅 편집구성,
    앞의 책, 189쪽.

1편, 정책수입권 4편으로 총 44편이 보상되었고, 1975년에는 우수영화에 대한 보상 20편, 영화제작 상영실적에 대한 보상 14편, 영화제 수상 국산극영화 보상 3편, 수출실적에 대한 보상 1편, 정책수입권 3편으로 총 41편이 배정되었다. 1976년부터는 국책영화를 제작할 경우 수입쿼터를 주는 조항이 추가되었다. 이것은 영화진흥공사에서 만들었던 국책영화제작을 민간영화사로 이관하면서 나타난 현상이다. 그 결과는 우수영화 제작실적 보상 28편, 국책영화보상 10편, 대종상 최우수 작품상 1편, 국제영화제에서의 본상 수상 1편 내외로 총 40편이다. 1977년부터는 다시 우수영화제작실적에 대한 보상 38편, 영화제수상 작품에 대한 보상 2편(대종상 최우수작품상 1편, 국제영화제 본상수상작품 1편)으로 총 40편 내외의 외화수입권이 보상되었다. 1973년부터 1977년까지 우수영화에 대한 기준은 대체로 1973년 우수영화제작 및 수입방침의 우리영화 규정에 근거한다. 즉 10월 유신 구현, 민족의 주체성 확립, 새마을 운동, 농어민에게 꿈과 신념을 주는 것, 조국 근대화에 헌신하는 자, 국난을 극복한 역사적 사실 등을 다루고 있는 내용이었다. 이것은 총 30편 내외로 우수 및 추천영화 제작실적에 의해 배정된 것으로 1978년에는 우수 및 추천영화의 기준을 민족의 자주성, 미풍양속을 드높이는 건전하고 명랑하며 예술성이 높은 작품으로 한정하였다. 이와 같은 내용에 의해 영화 28편을 배정하고 대종상 최우수 작품상에 1편, 국제영화제 본상 수상작품에 1편으로 했다. 1979년은 1978년과 동일한 조건으로 총 25편 내외가 보상되었다.[15] 국가에 의해 유도된 이러한 방침들은 검열기준과 함께 연동되었다. 개정된 영화법에서의 검열은 다음과 같은 기준에 의해 이루어졌다.

1. 헌법의 기본질서에 위배되거나 국가의 권위를 손상할 우려가 있을 때

---

15) 김강윤 외 감수, 앞의 책, 225-240쪽.-김소동 외 편집, 앞의 책, 159쪽. 160쪽.-김민웅 편집 구성, 앞의 책, 189쪽. 190쪽,

2. 공서양속을 해하거나 사회질서를 문란하게 할 우려가 있을 때

3. 국제간의 우의를 훼손할 우려가 있을 때

4. 국민정신을 해이하게 할 우려가 있을 때.[16]

이러한 기준에 의한 검열은 매년 발표된 영화시책에 적시된 방법에 의해 시나리오 심의와 영화 검열로 이루어졌다. 그리고 그것의 최종 결정은 문화공보부에서 했다. 우선 시나리오 심의와 영화 검열은 개정 영화법 이후 1973년부터 1976년까지 한국예술문화윤리위원회에서, 1977년부터 1979년까지는 공연윤리위원회에서 진행되었다.

1973년에는 시나리오에 관한 특별한 심의 기준이 존재하지 않았지만 1974년은 작품의 질적 평가, 표절, 저작권 침해, 사상적 검토와 예술성, 오락성의 건전한 내용을 권장하면서 화면이나 대사의 수정은 영화 검열에서 하도록 하였다. 1975년부터는 역사적 고증이라는 것이 추가 되면서 작품의 전반적 평가로 확대되었다. 심의 결과는 문화공보부 장관에게 통보하도록 하였고 시나리오 내용에 따라 반송 또는 부분개작이나 전면 개작을 지시할 수 있었다. 여기에 1976년부터는 퇴폐, 음란, 폭력 등이 과다하게 묘사된 저질작품에 대해서는 시나리오 심의과정에서 철저히 규제한다고 했고, 1979년에는 지역 간 차별과 계층 간의 격차의식을 조장하는 내용도 제작에 이르지 못하도록 추가 되었다.[17]

영화검열은 영화 시나리오 심의와 마찬가지로 한국예술문화윤리위원회와 공연윤리위원회에서 했지만 1976년부터는 신중한 검열을 위해 통상 검열반과 확대 검열반을 두어 결정하기 어려운 사항은 확대 검열반을 소집해서 결정하도록 했다. 1979년부터는 공연윤리위원장의 추천에 따라 문화공

---

16) 국가법령정보센터(www.law.go.kr)

17) 김강윤 외 감수, 앞의 책, 230-240쪽.-김소동 외 편집, 앞의 책, 160쪽.-김민웅 편집구성, 앞의 책, 190쪽.

보부 장관이 위촉하는 인사로 구성되는 위원회에서 행해졌다. 이 시기 영화
시책에 언급된 검열 기준의 주요 내용은 시기에 따라 조금씩 다르지만 사
회질서 문란, 무사안일, 사치와 소비풍조, 퇴폐풍조 조장과 같은 사회기강
과 관련된 것과 국민총화와 국가안보 저해 요소에 대한 유신체제 유지에
관한 것을 주요 기본 내용으로 하면서 저질작품(1974-1975년), 폭력영화 규제
(1976-1979년), 중·고교생의 면학분위기 저해 내용 배제(1978년), 성행위 묘사
(1979년)에 대한 기준이 시기에 따라 추가되었다.[18] 이러한 기준에 의한 유신
시기의 영화검열은 무수정, 수정, 반려로 나뉘어져 1972년은 무수정 48편,
수정 55편, 반려 11편으로, 1973년은 무수정 17편, 수정 26편, 반려 19편,
1974년은 무수정 33편, 수정 3편, 반려 20편, 1975년은 무수정 7편, 수정
5편, 반려 23편, 1976년은 무수정 83편, 수정 21편, 반려 19편, 1977년은
무수정 152편, 수정 42편, 반려 8편, 1978년은 무수정 117편, 수정 26편, 반
려 19편, 1979년은 무수정 30편, 수정 53편, 반려 10편이었다.[19]

이와 같은 시나리오 심의, 영화검열 기준은 유신체제 출범 이후 영화가 어
떤 역할과 수단으로 이용되었는지를 확인해주고 있다. 이는 1973년 영화시
책에서 언급된 '우수영화제작 및 수입방침'을 통해 명확하게 드러난다. 우
리영화에 적용된 18개항과 외국영화에 적용된 15개항은 10월 유신이념 구
현, 민족의 주체성 확립, 새마을 운동에 적극 참여, 농어민에게 꿈과 신념을
주고 향토문화발전에 기여하는 것, 조국근대화를 위하여 헌신 노력하는 산
업전사, 국난극복의 역사적 사실을 주제로 한 것, 국가와 민족을 위하여 헌
신하는 공무원, 미풍양속과 국민정서에 기여하는 것, 순수문예물로서 예술
성을 높인 내용이고 여기에 사회정화와 청소년 계도에 도움이 되는 것, 공산
주의의 비인도성을 폭로하고 반공정신을 고취시킬 수 있는 내용으로 한정

---

18) 김강윤 외 감수, 앞의 책, 226-240쪽.-김소동 외 편집, 앞의 책, 160쪽.-김민웅 편집구성, 앞
   의 책, 191쪽.
19) 공연윤리위원회, 《공연윤리》, 1997년 9월호, 1997, 22쪽.

되어 제시되고 있다. 이것은 한국영화제작과 외국영화 수입의 기준이 되었고, 이는 1970년대 한국영화의 특징을 결정하는 척도가 되었다. 따라서 유신이후 1970년대 한국영화의 흐름과 특징은 4차 개정영화법에 포함된 유신체제의 통제 기준과 그 속에 내재되어 있는 사회적 현상과 밀접한 관계 속에서 형성되었음을 알 수 있다.

유신시기 한국영화의 특징 형성과 불가분의 관계에 있는 또 다른 요인은 텔레비전 수상기 보급으로 인한 미디어 환경 변화에 있다고 할 수 있다. 이는 1970년대 한국의 경제발전과의 관계 속에서 분석되어야 한다. 즉 1970년대의 한국은 공업구조의 고도화를 기치로 중화학공업화로 전환한 제3차 경제개발 5개년 계획과 제4차 경제개발 5개년 계획이 시행되었던 시기였다. 이로 인해 "1972년에서 1979년까지의 한국의 경제는 연평균 10%가 넘는 경제성장을 하였고, 1977년에는 1인당 국민소득 1,000달러와 100억 달러 수출을 달성하였으며, 1979년에는 1인당 국민소득이 1,713달러에 이르렀다."[20]

적지 않은 대외적 환경의 어려움에도 불구하고 빠른 경제성장으로 인한 국민소득의 증가는 비록 제한적이지만 텔레비전, 전화, 냉장고, 세탁기와 같은 가전제품 구입으로 이어졌다. 그 중에서 텔레비전 수상기 보급률은 전화, 냉장고, 세탁기의 증가율을 압도했다. 예컨대 "전화는 1970년 5.0%에 불과하였던 것이 1975년에는 9.7%, 1980년에는 24.0%에 이르렀고, 냉장고는 1970년 2.2%, 1975년 6.6%, 1980년에는 37.8%, 세탁기는 1975년 1.0%에서 1980년 10.4%였다."[21] 반면 텔레비전 수상기 보급의 증가 속도는 훨씬 빨랐다. 텔레비전 수상기 보급대수를 연대별로 보면 "1972년 905,365대에서 1973년 1,282,122대, 1974년 1,618,617대, 1975년 2,014,927대,

---

20) 국가통계포털(kosis.kr), <통계로 본 광복 70년 한국사회의 변화>, 2015.
21) 한국정신문화연구원 편, 『1970년대 후반기의 정치사회변동』, 백산서당, 1999, 167쪽.

1976년 2,809,131대, 1977년 3,804,535대, 1978년 5,135,496대, 1979년 5,967,952대로 증가했다."[22] 이것을 각 세대 당 보급률로 환산하면 "1972년 14.7%, 1973년 20.7%, 1974년 26.0%, 1975년 30.4%, 1976년 41.4%, 1977년 55.7%, 1978년 70.7%, 1979년 78.5%"[23]로서 텔레비전은 1970년대 모든 가정의 안방에서 가장 친밀하고 일상적인 대중매체로 자리 잡기 시작하였다.

이처럼 빠른 텔레비전 수상기 보급의 확산은 그동안 대중문화를 주도하여 왔던 영화의 역할에 심각한 변화를 이루도록 강제했다. 이것은 1961년 국영방송인 KBS의 개국에 이어 1964년 동양방송(TBC), 1969년 문화방송(MBC)이 가세하면서 어느 정도 예견되었던 일이다. 특히 경제성장과 더불어 텔레비전 수상기 보급이 전국화 되면서 일일드라마인 <아씨(1970, TBC)>, <여로(1972, KBS)>, <새엄마(1972, MBC)>와 범죄 드라마 <수사반장(1971, MBC)>, 반공 드라마 <113수사본부(1973, MBC)>, <추적(1975, TBC)> 등이 선풍적인 인기를 끌게 되고 텔레비전이 "영화, 라디오, 연극의 모자이크식 순열, 조합"[24]으로 대중문화의 장치로 정착하게 되면서 영화는 그만큼 위축될 수밖에 없었다.

이러한 현상은 이 시기 영화관객수의 변화를 통해 증명된다. 예컨 대 "한국영화 관람의 전체 관객 수는 1969년 173,043,272명을 기점으로 하락하기 시작하여 1970년 166,349,541명, 1971년 146,303,355명, 1972년 118,723,789명, 텔레비전 수상기가 100만대를 돌파한 1973년에는 114,625,241명, 1974년 97,375,813명, 1975년 75,597,977명, 1976년 65,700,738명, 그리고 텔레비전 수상기가 300만대를 돌파한 1977년에는

---

22) 영화진흥공사, 『1980년도판 한국영화연감』, 1981, 130쪽.
23) 문화공보부, 『문화공보 30년』, 1979, 215쪽.
24) 오명환, 「한국TV드라마 변천사 고찰-일일연속극을 중심으로」, 『방송연구』 제4권 제1호, 방송위원회발행, 1985, 184쪽.

64,928,935명을 기록했다. 텔레비전 수상기가 500만대를 돌파한 1978년에는 73,988,036명으로 미세하게 일시적으로 증가하였지만, 1979년에는 다시 65,518,581명으로 하락했다. 이러한 기조는 1인당 연간 평균 영화관람 횟수에도 적용된다. 즉 1969년, 1970년 각각 5.6회, 5.3회이었던 것이 1971년 4.6회, 1972년 3.7회, 1973년 3.5회, 1974년 2.9회, 1975년 2.2회로 떨어졌다. 급기야 1976년, 1977년에 이르러서는 각각 1.83회, 1.78회를 나타냈고, 1978년부터 1979년까지는 다시 2.01회, 2.74회로 소폭 상승했다."[25] 이처럼 전체 관객 수와 1인당 연간 관람횟수 증감 비율은 그동안 한국영화가 유지해 왔던 대중매체의 중심적 역할이 1970년대 들어서면서 상실되어 가고 있음을 증명하고 있는 것이다. 이것은 유신체제 이후 "박정희 정권이 텔레비전을 근대화의 상징이자 정권 홍보의 수단으로 중요하게 생각한 것과 깊은 관계를 지니고 있다고 할 수 있다."[26]

문제는 경제성장으로 인한 대중 매체의 환경 변화가 역설적으로 독자적인 영화창작의 조건과 기회로 주어졌음에도 불구하고 산업적 측면, 경제 이익적 측면, 이른바 흥행이라는 인식에 영화인들이 깊이 매몰됨으로써 영화 자체에 대한 혁신적인 창작적 대안을 지속시키지 못하고 한국영화의 발전에 어두운 역사를 드리우게 했다는 점이다. 따라서 이 시기 한국영화는 유신체제 성립 이후 제4차 개정영화법을 통한 통제, 검열제도와 미디어 매체의 변화로 맞이한 환경을 텔레비전과의 즉각적이고 감각적인 단순한 차별화를 통해 돌파하려 한 결과가 1970년대 한국영화의 특징 형성과 결부되어 있다고 할 수 있다.

---

25) 영화진흥공사, 앞의 책, 116쪽.
26) 이상록, 「TV, 대중의 일상을 지배하다」, 『역사비평』 113호, 역사문제연구소, 2015, 104쪽.

3. 청년문화와 영상시대

1970년대 한국사회는 베이비 붐 세대의 등장과 경제성장, 텔레비전 수상기 보급 등으로 인해 본격적인 대중문화의 시대로 진입하였다. 이와 같은 현상을 단적으로 보여주고 있는 것이 청년문화에 대한 언급과 논쟁을 들 수 있다.

청년문화는 1970년 2월《세대》지에 실린 남재희의 '청춘문화론(靑春文化論)'을 통해 공식적으로 거론되기 시작했다. 그는 여기서 한국의 학생운동과 선진외국의 학생운동 사이의 특징을 비교하면서 '청춘문화'를 언급하고 있다. 즉 "이제까지 한국의 학생운동은 사회일반이 수락하는 사회정의감에서 출발했다…… 그렇기 때문에 그것의 목표는 통념적 진리로의 복귀, 또는 현실을 통념적 진리의 수준으로 끌어 올리려는 것이다. 통념적 진리 중 주된 것은 민주주의와 민족주의이다…… 반면 선진외국의 학생운동은 통념적 진리를 따르지 않고 부정하면서 새로운 가치와 이념을 내세운다…… 이것은 젊은 세대들이 기성세대의 것과는 다른 새로운 문화를 형성하게 되고 그것을 청춘문화로 부르게 된다…… 그리고 이것은 재즈음악에서 돌파구를 찾고 연극, 영화, 미술, 문학 분야로 넓혀가고 있다…… 따라서 청춘문화의 본령은 오히려 그 정신적 자세에 있다. 그것은 이미 있는 것을 부정하고 새로운 것을 추구하는 정신이다."[27]

1970년 2월 19일《동아일보》김병익 기자의 '청년문화(靑年文化)의 태동(胎動)'이라는 글에서는 청년문화를 대학생들의 정치적 액티비즘으로부터 고고나 미니스커트의 풍속에 이르기까지…… 천(千)의 얼굴을 가진 젊은이들의 생태가 캠퍼스의 고식적인 울타리로부터 탈출하려는 새로운 감정의 발현으로 보았다.[28] 이러한 청년문화에 대한 언급은 1974년 3월 29일《동아

---

27) 남재희, <청년문화론>,《세대(1970년 2월호)》, 세대사, 1970, 123-128쪽.
28) 김병익,『문화와 반문화』, 도서출판 문장, 1979, 212-213쪽.

일보》 김병익 기자의 '오늘날의 젊은 우상(偶像)들'이라는 기사에서 소설가 최인호, DJ 이장희, 바둑 서봉수, 코미디언 이상용, 가수 양희은, 작곡가 김민기를 청년들의 우상이라 선정하면서 본격적으로 논쟁화되었다. 그는 이 기사에서 "청년문화가 이미 대학가와 재수로(再修路)에서 뻗어 명동과 무교동의 기성문화지대로 범람하고 있다…… 우리의 언어와 행동, 감각과 표현을 퇴폐적이라고 보는 것은 위선의 세대가 낀 획일주의적 색안경 때문에 생기는 어른들의 착각이다…… 그들의 문화가 퇴폐적인 발산이나 이유 없는 반항으로 그들은 무기력한 선배와 폐쇄적인 현실을 야유하면서 순진한 야성을 발휘한다. 그리고 그 야성은 정치적 좌절과 사회적 패배주의를 우회 극복하는 새 부대에 담길 새 포도주, …… 블루진과 통기타와 생맥주, 이것은 육당과 춘원, 3.1운동과 광주학생운동, 4.19와 6.3데모로 연연이 이어온 청년운동이 70년대에 착용한 새로운 의상(衣裳)이다"[29]라고 하였다. 여기서 김병익은 청년문화를 퇴폐, 획일주의로 바라보는 기성의 관점에 대해 비판적이었고, 청년문화를 기성세대를 대체할 수 있거나 현실에 대해 저항할 수 있는 새로운 형태로 의미규정 했다.

그러나 1974년 4월 18일, 고려대 교수 임희섭, 문학평론가 이어령, 출판평론가 이중환, 음악평론가 최경식이 참석한 기독교 방송 강당에서 열린 정기목요공개강좌, '청년문화(靑年文化)-그 구조(構造)와 상황(狀況)'에서 임희섭은 한국의 청년문화를 서구사회의 청년문화와 비교하면서 "서구사회의 청년문화는 기성문화의 정당성 중심 가치에 대한 회의, 도전에서 새로운 가치를 추구하는 반문화적이라고 하는데 특징이 있다고 지적했다. 그러나 우리 속에는 기성문화의 핵심가치에 정면도전하거나 새로운 가치의 제도화를 시도할만한 청년문화가 없는 이상, 있다는 그것은 반문화가 아닌 하위문화일 것이라고 말했다. 이런 하위문화는 필연적으로 대중성을 지니지 않을 수 없

---

29) 김병익, <오늘날의 젊은 우상들>, 《동아일보》, 1974.03.29.

으며 이런 문화를 선도적, 핵심적인 것으로 부각시키는 경향이 있다고 우려하면서 오늘의 청년문화가 내일의 한국문화라면 하루빨리 내부체계를 세워야 하며 그 선도적 역할을 어차피 대학문화가 맡아야 한다고 강조했다.”[30] 이에 대해 이어령은 “청년문화를 기성문화의 척도를 가지고 대중문화와 엘리트 문화로 구별할 수 없는 혼합적인 것이라고 규정하였다. 청년문화가 기성문화와 다른 형태로 나타나게 된 여건을 청년들이 부모와 공통된 경험의 부재, 10-20년의 긴 기간 동안 청년층이 형성되었고, 권위주의적 활자매체 대신 감각적이고 전일성을 지닌 전파미디어가 보급되었기 때문이라 하면서 젊은 세대의 특성을 기성문화의 양극을 왕복하는 반위선, 반권위적 아름다운 인간이라고 긍정적으로 평가했다.”[31] 임희섭은 청년문화와 하위문화를 구분하고 하위문화를 대중문화와 동일시하면서 그것을 선도할 대학문화의 필요성을 주장한 반면, 이어령은 그것의 구분 자체에 의문을 제기하면서 매체환경변화와 함께 기성세대에 대한 자연스러운 저항적 요소로 본 것이다.

그리고 소설가 최인호는 1974년 4월 24일,《한국일보》‘수요연재: 최인호 에세이-청년문화 선언’에서 “오늘날의 청년문화는 소수의 엘리트에 의해서 대표되는 그런 문화가 아니다. 오늘날의 청년문화는 서로 서로의 간격을 좁히려는 노력에서부터 비롯된다...... 즉 소수의 엘리트의 사고방식과 침묵의 대중의 사고방식의 간격을 좁히려는 것에서 시작되는 것이다. 전에는 침묵의 대중을 몇몇 엘리트들이 정의를 내리며 주도하였고 이끌었지만 오늘날의 청년문화는 엘리트를 인정치 않는다...... 그러니까 청년문화를 이야기할 때 환경적 분류를 내린다는 것은 근본적인 잘못이다. 왜냐하면 오늘날의 젊은이들에겐 고전이나 권위나 위선, 남녀 간의 차별 따위를 인정치 않으려는 집요한 노력이 있고, 그 노력의 갈등으로 아직 확실치는 않지만 청년문화가

---

30) 이부영, <반문화와 통기타 사이>,《동아일보》, 1974.04.22.
31) 이어령, <이상과 현실 사이의 유예>,《조선일보》, 1974.04.20.

생성되고 있기 때문이다."[32] 최인호는 "통기타와 고고춤, 장발과 미니스커트의 유행을 이해해야 한다고 주장하면서"[33] 대중현상으로서의 청년문화에 대해 기성 지식인들과 다른 방식으로 의미부여를 하고 있는 것이다.

그러나 한완상은 1974년 《신동아》 6월호에 기고한 '현대 청년문화의 제문제'라는 글에서 "청년문화를 젊은 인텔리겐차에 의해 주도되는 문화로 규정함으로써 그 주체를 분명히 하였고, 그 성격을 대항문화로 정의했다. 그에 따르면 한국에서는 대학생의 도전대상이 정치사회구조에 집중될 수밖에 없다. 그 이유는 한국처럼 역사 단축과정을 겪은 곳에서는 대항할 만큼 제대로 형성되어 있는 문화구조가 없기 때문이다…… 한국에서는 정치사회구조에 대한 대항운동은 있되, 대항문화 혹은 청년문화는 없다고 하였다."[34] 따라서 "대학가의 통, 블, 생(통기타, 블루 진, 생맥주)은 서양 저항문화의 표피만 들어온 것이며 그 아래로 창조적 저항 정신이 흐르지 않는다고 비판했다."[35] 또한 "철학자 차인석은 청년들의 사유양식이나 행동양식이 점점 내면화되고 심화되어서 직접 사회변동에 영향을 미칠 수 있는 단계에 이른 하나의 카운터컬처라고 의미 부여하였다. 하지만 이들도 한국의 청년문화를 서브컬처에 불과하다고 보는 지식인들과 마찬가지로 이념적, 형식적 구조에 대한 공격이 결여됐다는 점에서 체제 긍정적이라고 평가하거나 문화적으로 성숙되지 않고 행동으로만 표출되었다고 주장했다."[36]

이들의 논쟁에 청년문화의 당사자라 할 수 있는 대학가의 신문이 가세하였다. 1974년 4월 9일 고려대학교의 《고대신문》에서는 '청(靑)바지와 기타'란 청년문화의 상징으로 대표되는 "대학가의 청바지와 기타를 4.19세대,

---

32) 최인호, <수요연재: 최인호 에세이-청년문화 선언>, 《한국일보》, 1974,04,24.
33) 김경일 외 지음, 『한국현대생활문화사 1970년대』, 창비, 2016, 140쪽.
34) 역사비평편집위원회, 『논쟁으로 읽는 한국사2 근현대』, 2012, 370-371쪽.
35) 강준만, 『한국현대사 산책(1970년대 편 2권)』, 인물과 사상사, 2014, 140쪽.
36) 김경일 외 지음, 앞의 책, 138쪽.

6.3세대의 대학문화와 현격한 차이가 있다고 하면서 그것의 긍정적 측면보다도 부정적 측면이 더 크다"[37]고 비판하였고, 1974년 4월 30일,《고대신문》의 김준호는 '그는 우리의 대변자가 아니다'에서 대학문화가 하위문화를 견인하고 선도해야 하는 역할을 중시한 고려대 임희섭 교수의 논지를 옹호하면서 최인호의 청년문화선언에 나타난 "오늘날의 청년문화는 침묵의 다수에서부터 위로 올라가는 상향식의 문화라 규정하고 오늘날의 청년문화는 종래의 문화권을 극복해내려는, 즉 소수의 엘리트 문화와 다수의 다른 문화, 혹은 공돌이, 공순이 문화의 간격을 좁히려는 집요한 노력을 보이는 과도기에 머물러 있다"는 것을 엘리트문화인 대학문화와 구별하면서 비판하고 있다.[38]

또한 1974년 5월 20일 연세대학교 "《연세춘추》의 마광수는 캠퍼스 에세이 '청년문화비판'이라는 글에서 청년문화에 대한 논의를 엉터리 저널리즘의 횡포이며, 청년문화운동은 몇몇 사이비 지성인들이, 그리고 매스컴 종사자들이 그들의 얄쌍한 글에 대해 상품가치를 올리기 위해서 선량한 젊은이들을 악용하고 있으며 통기타와 청바지는 청년문화의 대변자가 될 수 없다"[39]고 하였다.

1974년 6월 3일 "서울대학교의 《대학신문》 '특집 청년문화(特輯 靑年文化) 그 시비(是非)를 가린다'의 서언(序言) <지금은 진정(眞正)한 목소리를 들어야 할 때다>에서는 청년문화를 도깨비로 비유하면서 빠다 냄새 물씬한 어느 외국산 용어의 억지 번역어로 비판했다."[40]

대학의 신문들은 청년문화에 대한 정의와 논쟁을 "대중매체가 대학생들의 건강성과 진정성을 오도하고 일부 퇴폐적인 소비문화를 청년문화의 실

---

37) 《고대신문》, 1974,04,09.
38) 《고대신문》, 1974,04,30.
39) 《연세춘추》, 1974,05,20.
40) 《대학신문》, 1974.06.03.

체인양 주장하고 있다고 비판한 것이다. 당시 청년문화론의 논쟁구도는 일간지들은 대부분 바람직하든 그렇지 않든 청년문화가 형성되고 있다는데 동의하는 반면 청년 세대의 엘리트들은 그것이 우리에게 존재하지 않는다는 강경한 부정론을 편 것이라고 할 수 있다."[41] 특히 전자의 "김병익이나 최인호는 젊은 세대의 자기표현과 기성세대의 의식을 거부하는 반문화로 정의했다. 이들이 사용한 핵심어휘는 반엘리트 문화, 대중의 자기표현, 아래로부터의 문화, 반상업주의, 획일주의 반대 등으로 요약된다. 오히려 기성세대가 지닌 무기력과 무사안일주의, 폐쇄주의, 상업화된 문화를 거부한 것으로 새로운 감수성을 표현하는 젊은 세대의 문화"[42]라고 했고, 후자의 "대학신문들은 대학문화와 청년문화를 분리하고 청년문화와 민족문화를 구분했다. 대학문화는 소수에 향유되는 타락한 청년문화가 아니라 전통문화의 재편성과정에 참여하고 민족문화의 활력소를 제공할 때, 진정한 대학문화가 될 수 있다고 주장한다. 이들은 대학과 민중의 이질감을 없애는 것이 청년문화운동이라고 규정한다."[43] 이어령을 제외한 "대부분의 지식인들은 청년문화란 서양 유스컬처 혹은 카운터컬처의 맹목적인 모방이며 대학생들의 민족주의적 반발에 동조하는 입장을 취했다."[44]

이렇듯 청년문화를 놓고 서로 다른 시각이 존재하는 것은 "청년문화가 서양에서 수입한 대중문화의 스타일과 풍속을 외피로 두르고 있으면서도, 국가권력의 지배이데올로기 및 민중문화론의 민족주의적 엄숙성에 대한 거부와 이탈을 동시에 보여준 특이한 케이스에 해당하기 때문이다. 분명 청년문화는 소비, 유행, 취향의 문제를 중심으로 전개된 대중문화의 한 지류이지

---

41) 송은영, 「대중문화 현상으로서의 최인호 소설」, 『상허학보』 15, 2005, 425쪽.
42) 주창윤, 「1970년대 청년문화 세대담론의 정치학」, 『언론과 사회』 가을 14권, (사)언론과 사회, 2006, 88-89쪽.
43) 위의 논문, 90-91쪽.
44) 송은영, 앞의 논문, 425쪽.

만, 동시에 민중주의가 독점해온 지배 권력에 대한 거부와 비판 의식 또한 보여준다. 이는 청년문화가 1970년대를 대변하는 대표적인 두 영역이었던 대중문화와 사회비판적 운동을 매개할 수 있는 특이한 위치를 점하고 있음을 의미한다."[45] 이것은 청년문화와 논쟁이 던지는 궁극적 의미라 할 수 있는 "문화현상을 어떻게 이해할 것인가, 그것은 의식적인 것인가 무의식적인가 등을 둘러싼 질문과 문화적 저항의 정치사회적 의미를 묻는 것이었다."[46] 이와 같은 논쟁, 즉 청년문화에 대해 "우리가 자랄 때는 이러지 않았는데 요즘 젊은이들은 도무지 이해 할 수 없다는 일부 기성세대 지식인들의 우려와 달리 청년문화의 상징이라 할 수 있는 블루진, 팝송, 기타, 고고 춤, 인스턴트 러브, 장발 등과 같은 스타일은 오히려 더 대중적으로 확산되었다."[47] 이러한 흐름은 이 시기 소비문화와 결합되면서 특정한 사회적 위치에 있는 대학생들로만 국한되지 않고 그 시대의 또 다른 청년들인 이른바 공돌이와 공순이들에게도 영향을 미쳤다. 이는 "청년문화의 스타일과 소비의 풍속들이 교육과 부모의 도움을 통해 학력자본과 문화자본을 축적하고 그것을 사회적으로 표현할 수 있게 된 청년층들의 자기표현이라는 차원을 넘어, 사회적으로 천시되던 계층의 계급적 소외감과 욕망들까지도 외화시키는 매개체였음을 의미한다."[48]

　이를 통해 확인할 수 있는 것은 청년문화에 대한 정의와 진단이 각각 다르게 규정되고 있었지만 그 속에 내재되어 있거나 이미 존재하고 있는 것을 극복하기 위한 새로운 것에 대한 도전과 시도가 1970년대의 한국사회에 보편적으로 나타나기 시작했다는 것이다. 이것은 한국사회의 특별한 문화적 현상과 가치가 이 시기 한국영화에도 일정한 관계 속에 적용될 수 있는가의

---

45) 위의 논문, 422쪽.
46) 역사비평편집위원회, 앞의 책, 372쪽.
47) 김동현, <르뽀 젊은 세대>,《신동아(1974년 7월호》, 동아일보사, 1974, 150-167쪽 참고.
48) 송은영, 앞의 논문, 438쪽.

문제와 연결된다. 이는 청년문화를 서구의 청년문화와 엘리트 문화로 엄격하게 구분하는 것에서 벗어나 그것의 간격을 분리하지 않고 하나의 자연스러운 시대적 흐름 속에서 특정한 세대의 특징으로 인식하고 있는 남재희의 청춘문화론에서부터 통기타, 청바지, 생맥주를 청년문화의 상징으로 인식한 김병익의 청년문화와 반위선, 반권위로 청년문화의 속성을 규정한 이어령, 그리고 엘리트 문화와 대중문화의 간격을 좁히고 권위, 위선, 차별을 인정하지 않으려는 태도로 정의한 최인호의 청년문화선언이 대중문화, 특히 영화 속에 내재되어 있는가의 문제이다. 이것은 이들의 청년문화논쟁에서의 함축적 의미, 즉 유신체제 사회 곳곳에 스며들어 있는 억눌림에 대한 젊은 세대의 저항적 의미와 새로움에 대한 갈망이 '영상시대'[49]의 지향과 맞닿아 있는지 여부로 귀결될 수 있다. 이런 측면에서 영화의 본질적 측면을 강조하면서 새로운 혁신적 목표와 방법을 시도하고 그 속에서 시대적 풍경과 상징으로서 청년들을 묘사한 영상시대는 청년문화의 시대적 현상과 그 의미를 이미 공유하고 있다고 할 수 있다. 이것은 영상시대가 청년문화 논쟁에서의 흐름, 지향과 결코 무관하다고 볼 수 없는 이유인 것이다.

이와 같은 시대성을 지니고 있는 영상시대는 1975년 7월 18일 영화평론가 변인식, 영화감독 김호선, 이장호, 하길종, 홍파, 이원세(하길종에게 위임)가 태화관 별관 홀에서 모여 결성되었다. 이들은 이곳에서 다음과 같은 선언문을 발표하였다.

> <비키니 섬의 거북이>처럼 영화의 본질에서 벗어나 방향상실로 허덕여 온 한국영화,…… 우리는 아직껏 이 땅에 영화는 있었어도 영화예술은 부

---

49) 영화평론가 변인식과 영화감독 김호선, 이장호, 하길종, 홍파, 이원세(이후 홍의봉)가 연대하여 결성한 동인체의 명칭이다. 이들은 선언문 낭독과 함께 공식적으로 발족한 1975년 7월 18일부터 계간지 여름호 《영상시대》가 발행된 1978년 6월 30일까지 약 3년여의 기간 동안 벌인 청년영화운동이다.-안재석, 「새 세대가 만든 새 영화-영상시대의 작품경향」, 『씨네포럼』 제14호, 2012, 418쪽.

재했음을 알고 있다…… 새 세대가 만든 새 영화, 이것은 구각을 깨는 신선한 바람, 즉 회칠한 무덤같은 권위주의를 향한 예리한 투창이어야 한다. 과연 이 땅에서 단 한 번의 누벨바그나 뉴 시네마 운동이 전개된 적이 있었던가?…… 때문에 여기 여섯의 영상공화국 주민은 서로 다른 개성을 통한 젊음의 구도를 제시할 것이며, 새로운 영화미학과 가치관을 모색하는 일에 머리를 맞대며 뜨거운 마음과 마음을 교화해 나가는 은막의 파수꾼이 될 것임을 선언한다.[50]

이들의 선언문에는 암흑기라 일컫는 1970년대의 한국영화를 영화예술의 부재와 구세대, 권위주의로 단정하고 그것을 극복하기 위해 새로운 세대에 의한 새로운 영화, 즉 "한국영화의 예술화에 있다고 보았다. 이들은 훌륭한 예술적 영화일수록 많은 관객을 모을 수 있다고 믿었고 영화예술의 잃어버린 본령을 되찾을 때 그때 불황은 분명히 없어질 것이라 확신했다."[51] 이를 구체화하기 위해 이들은 "한국영화의 예술화 캠페인! 이라는 목표를 정하고 그 방법론으로 영화연기자·스태프 선발, 순수영화예술 동인지 발간, 영화관람 회원권 발급(관객운동), 정기 영화세미나 강좌, 영화합평회 개최"[52] 등을 통해 한국영화의 패러다임을 새롭게 구축하려 하였다. 그러나 영상시대의 근본적, 최종적 목표는 영화의 예술적 측면을 통해 산업적 측면을 극복하는 것이었다.

이러한 고민은 1977년 《영상시대》 창간호에서 변인식의 「영상시대를 내면서」에서 나타난다. 여기서 그는 "이 시대가 감당하여야 할 사명은 어디에 있는가? 어떤 영화를 만들어야 또 다시 대중들의 뜨거운 박수갈채를 받을 수 있는가?"[53]라고 하면서 우수영화, 해외영화제출품, 대종상 수상으로 외

---

50) 변인식, <하길종과 영상시대>, 《스크린(1985년 2월호)》, 스크린사, 1985, 140쪽.
51) 안재석, 앞의 논문, 418쪽.
52) 변인식, 앞의 글, 142쪽.
53) 변인식, <영상시대를 내면서>, 《계간 영상시대(창간호, 1977년 여름)》, 영상시대사, 1977, 10쪽.

화 수입권을 위한 한국영화제작의 행태를 한국적인 테두리에서 맴돌다 마
는 낡은 영화라 비판했다. 변인식은 "그러한 낡은 영화를 만들지 말고 세계
적인 영화언어, 즉 영화의 표준어를 사용할 수 있는 '새영화'를 만들어야 한
다고 하였다."[54] 그는 관객의 외면을 받고 있는 한국영화의 문제 해결을 위
한 우선적인 방법으로 한국적 프레임이라는 틀의 경계에서 벗어나 영화의
보편성을 획득하는 새로운 영화를 주장한 것이다. 변인식의 새영화는 하길
종에 의해 구체적 개념으로 정의된다.

하길종은 《영상시대》 창간호의 「새세대, 새영화, 새정신」이라는 제목의
글에서 한국영화의 불황의 원인을 현대영화에 대한 오해로 들었다. 그는 그
것의 예를 영화선진국에서 영화를 어떻게 이해하고 제작하는지를 통해 설
명하고 있다. 하길종은 "대부분의 영화선진국가들에서는 제각기 당면하고
있는 지역적 특수성 속에서도 영화의 본질, 그리고 영화의 의미를 마치 삶
의 문제에 대한 접근을 시도하듯이 영화 미디어를 본질적인 면에서 탐구하
려 했다. 그러한 시도는 영화예술의 명맥을 지속시켰고, 영화산업의 세계적
인 사양추세를 방어한 근본적인 영화정신으로 평가되고 있다"[55]라고 하면
서 이를 구세대와 새세대의 영화로 구분하였다. 그에 의하면 "구세대의 영
화는 대체로 대중오락의 수단으로 수용되었다. 대중도 영화제작자도 영화
를 하나의 '눈요기'나 일주일에 한두 번 정도 가는 '오락물 욕탕'정도로만 이
해했다…… 그러나 새세대의 영화는 완전히 차원을 달리해 갔다. 구습적 영화
는 사회, 인류문명의식과 영화 미디어 자체에 대한 인식의 개발을 통해 보다
본질적인 차원에서 인간의 문제를 진지하게 구명하려는 작가의식이 생성됐
다. 이러한 현상은 영화 미디어 자체에 대한 인식의 변화를 말한다…… 새세

---

54) 변인식, <어떤 영화를 만들 것인가>, 《계간 영상시대(창간호, 1977년 여름)》, 영상시대사,
1977, 90쪽.
55) 하길종, <새시대·새영화·새정신>, 《계간 영상시대(창간호, 1977년 여름)》, 영상시대사,
1977, 27쪽.

대의 영화는... 한 사회를 영화에 의해 영향을 받아 그 사회가 진실로 적응하고 개선해 나가고자 하는 경향으로 영화가 선도하는 임무를 지니고 있다고 말한다...... 새세대 영화의 기능은... 단지 영화적인 재미를 통해 스토리를 서술하는 일차적인 차원을 떠나서, 새세대의 영화는 인간의 가치관과 기존 모랄을 재고하고 날카롭게 현실을 관찰하도록 대중을 선도하는 힘이다."[56]

이러한 하길종의 새세대 영화에 대한 논리는 영화관객의 세대교체에 근거하고 있다. 그는 "오늘날 영화관객의 절대다수가 새세대의 젊은 층이라는 것은 이미 알려진 사실이다...... 그런데 문제는 우리의 세대가 방화를 외면하고 있다는 점이다. 그들은 대부분 '방화는 리얼리티가 없고 진부하며 개성이 없다'라고 입을 모은다."[57] 하길종은 한국전쟁이후 베이비 붐 세대가 영화관객의 중심세력으로 등장하였음에도 불구하고 이에 대해 효과적으로 대응하지 못하고 있는 한국영화의 현실을 비판하고 있는 것이다. 이는 한국영화의 예술화의 목표가 영화의 질적 수준을 높이는 것뿐만 아니라 영화의 새로운 관객인 청년들의 문화와 정서를 정확히 포착하는 것에 있다는 것을 말하고 있다. 이것은 청년문화 논쟁이 대학생, 나아가 공돌이, 공순이로 확산된 대중문화의 상징적 현상인 세대에 기반하고 있는 것과 같은 것이다. 청년문화논쟁이 대중문화의 한계 내에서 진행된 현상적 방향과 영화적 본질론에 근거한 영상시대의 세대론과는 근본적으로 일치하지 않는다고 하면서 그것의 연관성을 미미하게 바라보는 측면[58]도 있지만, 영상시대는 청년문화 논쟁이 함축하고 있는 개념들, 즉 정치적, 사회적 현상에 대한 저항의 의미, 동시대 청년들의 고유한 문화, 기성세대 비판이라는 시대적 흐름과 일정부

---

56) 위의 글, 28쪽.

57) 위의 글, 29쪽.

58) 이정하는 『영화연구』 제30호(2006), 「1970년대 『영상시대』 읽기: 이식된 뉴웨이브의 이산적 자기정체성」에서 '청년문화가 영상시대의 감수성의 특징적 양상을 제공하지만 청년문화의 현상적 방향과 영화적 본질론에 근거한 세대론이 근본적으로 일치하는 것은 아니라'고 언급하고 있다.

분 동일한 보조를 취하고 있다. 이것은 영상시대 선언문과 새세대 영화의 정의에서 언급된 구각, 구습, 구세대, 권위주의 등의 용어로 간주된 기존의 한국영화에 대한 비판과 영화의 본질, 날카로운 현실 관찰, 새세대, 새로운 미학, 가치관 등과 같은 대립적 개념으로 확인된다.

뿐만 아니라 여기에 청년문화 논쟁을 불러일으켰던 요인 중 하나인 신문이나 잡지에 연재된 최인호, 조해일을 비롯한 소설가들의 대중소설들이 이 시기 영화화 되었고, 영상시대의 인적구성에 있어 1970년대 청년문화논쟁에 뛰어들었던 소설가 최인호, 문학평론가 이어령을 비롯한 소설가 김승옥이 영화평론가 안병섭, 변인식, 영화감독 하길종 등과 1977년《영상시대》창간호의 편집위원 또는 필진으로 참여하면서 청년문화논쟁의 화두였던 대중문화에 대한 개념과 인식의 흐름과 함께 하였다는 점이다. 이것은 영상시대, 또는 그들이 만든 영화에서 청년문화논쟁을 촉발시켰던 통기타, 청바지, 생맥주와 그것이 담고 있는 청년들만의 다양한 시대적 의미와 특별한 의식의 문화적 흐름과 함께 하였다는 사실로 증명된다. 이는 청년문화논쟁의 동력과 영상시대의 동력이 유신체제 이후 대중문화의 보편적 담론 형성의 동일한 시대 과정 속에서 인식될 수 있는 가능성을 나타내고 있는 것이다. 따라서 영상시대는 비록 서구영화인들처럼 격렬하고 날카롭게, 체계적으로 기성세대의 특정한 영화를 비판하지도 않으면서 오히려 그들을 선별적으로 분류하고 자신들의 역사성과 정체성을 자리매김하려 했지만 유신시기 당면한 한국영화의 문제점과 나아갈 방향을 청년문화에서 논의되었던 함축된 개념과 동일한 시대적 성찰을 통해 제시하고 있다. 이는 시대, 세대, 저항, 대중, 문화 등으로 정의된 청년문화의 개념을 영화의 본질적 문제와 병치시키면서 1970년대 한국영화형성의 역사에서 중요한 의미의 토대로 작용하였다.

이런 측면에서 청년문화논쟁에서 제기된 청년문화와 영상시대에서 새세대, 새영화, 새정신으로의 회귀는 청년들이 대중문화의 중심으로 위치하면서 그들의 문화적 흐름과 불가분의 관계에 있게 된 것이다. 이러한 특징들은 영상시대가 활동했던 기간에 만들어졌다고 일컬어진 9편의 영화-홍파의 <숲과 늪(1975)>, <어디서 무엇이 되어 다시 만나리(1977)>, 하길종의 <여자를 찾습니다(1976)>, <한네의 승천(1977)>, 이장호의 <너 또한 별이 되어(1975)>, <그래 그래 오늘은 안녕(1976)>, 홍의봉의 <캘리포니아 90006(1976)>, 김호선의 <여자들만 사는 거리(1976)>, <겨울여자(1977)>-에서뿐만 아니라 1970년대 일반적인 한국영화의 특징 속에 투영되었다고 할 수 있다.

4. 유신과 성장이데올로기

유신이념의 확산

유신이념은 1970년대 박정희 정권을 관통하는 핵심 통치 이데올로기이다. 박정희 대통령은 유신헌법 공포 이후 자신의 권력 공고화를 위해 정치, 경제, 사회, 문화, 예술을 사실상 국가로 귀속시키면서 유신이념을 국가전체로 확산시켰다. 그러므로 유신이념은 그 자체로서 국가의 목표와 수단이었다. 이것은 이 시기 한국사회에 적용되는 것으로 반공과 민족의 논리를 통한 체제유지 및 우위의 이데올로기로 연결된다. 그리고 이는 1972년 문예진흥법 제정과 1973년 민족문화중흥선언에 의한 1974년 제1차 문예중흥5개년 계획으로 구체화되었고, 영화도 이와 같은 흐름으로부터 예외일 수 없었다. 이것은 영화의 진흥과 통제라는 영화정책과 함께 이에 부응하는 일부 영화인들에 의해 구체화되었다.

이러한 현상이 가장 선명하게 나타난 것이 1973년 4월 3일 설립된 영화진흥공사에 의해 직접 제작된 영화들과 매년 발표된 영화 시책 고시에 의한 평가기준에 따라 우수영화보상제도(우수영화제작, 영화제작 상영실적, 영화제 수상 등)와 같은 간접적인 방식이었다. 이중에서 우수영화보상제도는 비록 국가기관의 직접개입으로부터 벗어나 제작되었지만 확실한 자본의 수입을 보장하는 외국영화의 판권을 확보하는 방편으로 이용되었기 때문에 그 성격 또한 국책영화와 크게 다르다고 할 수 없다. 이와 같은 영화들은 박정희 정권이 지향하고 있는 유신이념의 목표를 충실히 수행하면서 국가정책과 동일한 기조 속에서 그것을 대중화하는 역할을 하였다. 이러한 흐름 속의 영화들은 주로 반공이데올로기, 새마을운동, 산업화, 역사적 인물을 통해 이루어졌다.

그중에서 가장 중요하게 다루어졌던 것은 공산주의를 반대하는 반공이데올로기에 관한 영화들이다. 이 주제는 1970년대 미국과 중국, 미국과 소련이 새로운 데탕트 시대로 접어들면서 이념적 유연함이 증대되는 대외적 여건과 대통령 선거와 국회의원 선거를 통해 드러난 권력의 약화가 박정희로 하여금 유신헌법을 통해 자신의 정치적 견고성을 재정비할 필요성이 제기되었던 시점과 일치한다. 이는 한국전쟁을 통해 형성된 이데올로기의 극단성과 1961년 5.16군사쿠데타 성공 직후 발표되었던 반공을 국시로 한다는 기조를 더욱 선명하게 부각시킨 요인이 되었다. 이것이 유신이념과 반공이데올로기와 연결되는 지점이라 할 수 있다. 따라서 반공이데올로기는 박정희 정권의 당위성, 견고성을 확인해주는 매우 효과적인 수단이었고, 이는 영화진흥공사 설립을 통해 국가가 직접 제작에 참여하여 영화를 만들 수 있는 계기로 작용했다. 이를 통해 등장한 대표적 영화로는 임권택의 <증언(1973)>, <울지 않으리(1974)>, 이만희의 <들국화는 피었는데(1974)>, 김시현의 <잔류첩자(1975)>, 권영순의 <태백산맥(1975)>, 고영남의 <비목(1979)> 등을 들 수 있다. 이들 영화는 이 시기 많은 다른 유사한 형태의 영화들이 등장하게 된 원인이자 그것들의 지표가 되었다. 특히 임권택의 영화 <증언>은 유신헌법이후 한국전쟁의 역사를 파노라마적으로 보여준 대표적인 반공영화라 할 수 있다.

영화에서는 평온한 서울의 모습과 한국전쟁의 발발, 후퇴하는 국군, 피난민들, 북한 인민군들에 의한 인민재판과 무고한 민간인들의 학살 장면이 대비적으로 묘사된다. 따라서 영화는 평화로운 풍경과 이를 파괴한 북한 인민군들의 비인간적 잔혹성이라는 선과 악의 구조를 통해 이데올로기적 선명성을 강조한다. 무엇보다 공산주의자로서 고모 앞에 나타난 인물인 공가의 모습은 북한 공산주의자들에 대한 일상적 경각심을 불러일으키는 요소로 작용한다. 이것은 "북한 공산주의자들에게는 반드시 져서는 안되는 것이고, 우리 모두 하나가 되면 승리할 것이라는 것을, 서울 시민들은 알아야 할 것이다"와 "우리는 하나가 되어 이들을 반드시 극복하고 승리해야 하는 이유"라는 내레이션을 통해 우리에게 강한 정신적 무장을 요구하고 있는 것이다. 이와 같은 정신과 태도에 대한 강조는 국군의 서울 수복이후 애국가가 울려 퍼지면서 태극기를 향한 장욱 중위의 엄숙한 모습을 보여주면서 "다시는 침략을 당하지 않도록 우리의 힘을 길러야 한다"는 내레이션으로 마무리됨으로써 절정에 이른다. 이처럼 공산주의에 대한 경각심을 불러일으킨 방식은 한국전쟁을 배경으로 한 대부분의 영화에서 나타나는 하나의 도식화된 수법이다. 이러한 특징은 국민들에게 반공주의 논리를 확산시키면서 이념의 일체화를 강조한 것이라 할 수 있다.

반공 이데올로기를 직접적으로 드러낼 수 있는 방식은 한국전쟁을 소재로 다루는 것이다. 임권택의 <증언>이 북한 인민군의 비인간적 행위를 자행한 공산주의를 극복하기 위해 국민들의 일치단결을 강조했다면, 이만희의 <들국화는 피었는데>에서는 전쟁으로 파괴된 서울 근교의 평온한 한 가족의 힘겨운 삶을 통해 이를 묘사하고 있다.

이 영화에서도 평화와 전쟁, 즉 평화로운 시골의 모습을 배경으로 전쟁발발, 피난민들, 학살된 양민들의 모습, 힘겨운 피난살이를 대비시키면서 반공 이데올로기를 부각시키고 있다. 이것은 힘겨운 피난살이를 하고 있는 어린 소년, 돌이의 꿈속에서 과거 행복하고 즐거웠던 장면과 전쟁으로 인한 현실의 혹독한 삶과 북한 인민군들의 잔인한 학살의 흔적들을 묘사함으로써 드러난다. 이를 통해 영화는 우리의 정신자세, 즉 북한에 대해 동족이니 핏줄이니 하면서 안심하고 있던 우리 현실에 대한 비판과 남의 힘만 믿고 편안하게 있던 우리들의 어리석음을 자책하면서 북한과 공산주의에 대해 새로운 정신자세를 가다듬도록 요구한다. 이와 같은 특징은 유현목의 <불꽃(1975)>에서도 이어진다.

동굴속으로 피신한 부상당한 남자, 고현의 모습으로 시작된 영화는 그가 현재에 이르게 되는 과정의 역사를 현재적 시점에서 순차적으로 묘사하고 있다. 그 결과 영화는 일제강점기에서부터 한국전쟁기까지의 시기를 다루면서 대한독립만세를 외치다 일본군에 의해 사살당하는 아버지와 수많은 사람들, 강제징용으로 끌려가 탈출한 고현, 그리고 소련의 붉은 군대를 해방군으로 인식한 고현의 친구 연호와 공산주의자들, 한국전쟁기 할아버지와 마을 양민을 살해한 연호와 북한 인민군들의 모습을 차례로 보여준다. 이러한 수법은 고현과 그의 가족의 역사, 즉 아버지와 할아버지의 죽음을 통해 일제강점기 일본 군인의 잔인함과 북한 인민군들의 냉혹하고 야비한 비인간적인 공산주의자들의 면모를 동질성의 관점에서 묘사하고 있는 것이라 할 수 있다. 이를 통해 영화는 일제강점기와 한국전쟁기의 역사를 일본 군인과 북한 인민군으로 연결시키면서 반공이데올로기를 강조하고 있는 것이다. 반공 이데올로기를 역사적 맥락으로 연결시키려 한 것은 일제강점기부터 제3공화국까지의 시기를 나열하듯이 파노라마적 형식으로 묘사한 권영순의 <태백산맥>에서도 나타난다.

영화는 주인공 숙현과 태정의 엇갈린 운명과 함께 일제강점기에서부터 분단의 과정, 대한민국 정부수립, 한국전쟁기의 비극, 거제도 포로수용소, 휴전협정, 4.19혁명이라는 역사적 사건을 거친 뒤, 박정희의 제3공화국 탄생과 업적, 그리고 감동적으로 변한 한국의 모습을 보고 조국을 다시 사랑하게 되는 이들의 변화 과정을 다루고 있다. 따라서 영화는 지난한 역사 과정을 지나온 한국의 현대사를 보여주면서 비로소 올바른 조국에 대한 사랑과 마음을 가지게 되었다는 방식으로 박정희 시기의 유신이념을 충실히 묘사하고 있다.

전쟁을 통해 반공 이데올로기를 묘사한 영화는 3년간의 제작기간을 거쳐 1976년에 개봉한 임권택의 <낙동강은 흐르는가>에서도 나타난다.

어린 소년 천이병과 소녀 경숙의 평화로운 일상은 북한 인민군의 침략으로 파괴된다. 이러한 대비적 내용과 수법을 통해 영화는 반공이데올로기를 부각시킨다. 특히 동족상잔의 비극은 되풀이되지 않아야 한다는 사실을 깨닫고 국군에 투항한 북한의 탱크병을 통해서는 반공주의를 넘어 체제 우월성이 강조된다. 뿐만 아니라 반공 이데올로기는 고영남의 <비목>에서도 찾아 볼 수 있다.

휴전선 근처 동파리 마을에 살고 있는 할아버지가 고향을 떠나지 못하고 있는 이유를 설명하면서 영화는 전개된다. 그가 고향을 떠나지 못한 것은 그들이 오랫동안 살아온 삶의 터전이기 때문만이 아니라 한국전쟁에서 사망한 둘째 아들과 연관되어 있기 때문이다. 이런 측면에서 영화 <비목>은 반공 이데올로기적 특징을 직접적으로 드러내고 있지는 않지만 할아버지의 회상을 통해 한국전쟁의 다양한 흔적과 비극을 드러냄으로써 그에 대한 경각심을 일깨워주고 있는 영화라 할 수 있다. 이와 같은 기조는 박호태의 <나녀(1979)>에서도 묘사된다.

영화는 시골에서 부부 교사로 근무하고 있는 여교사가 서울로 떠난 남편을 기다리다 북한 인민군들로부터 겁탈당하고 자신의 어린 딸도 죽음에 이르게 되는 비극적 내용을 다루고 있다. 이로써 영화는 일상의 평화로운 풍경, 선한 사람과 비인간적이고 탐욕스러운 북한 인민군들과의 대비적 모습을 통해 공산주의자들에 대한 적대감을 갖도록 한다.

이처럼 1970년대의 한국영화는 반공 이데올로기에 대한 강조가 중요한 영화적 목표이자 수단이었다. 이것은 이 시기 권력 기반의 논리를 약화시키는 국내외의 다양한 정치적 변화와 조건을 견인할 수 있는 것으로 국민들에게 한국전쟁의 경험과 기억을 다시 불러내는 것이다. 그러므로 반공 이데올로기는 전가의 보도처럼 사용되었고, 영화는 그러한 시대의 첨병 노릇을 수행했다고 할 수 있다. 이로 인해 한국전쟁을 다룬 이 시기 대부분의 한국영화는 북한 인민군의 행위를 통해 적개심을 불러일으키도록 유도하면서 반공이데올로기를 강조하였고, 그것을 체제우월성으로 연결시켰다. 이 두 가지 특징, 즉 반공 이데올로기와 체제 우월성은 임권택의 <가깝고도 먼 길(1978)>에서 직접적으로 드러난다.

영화는 이를 한국전쟁 관련 자료필름과 조난 사고를 당해 북방한계선 너머로 휩쓸려간 어린 소년, 인철을 통해 묘사하고 있다. 이것은 '나는 공산당이 싫어요'를 외치는 인철과 북한의 동만과의 서로 다른 삶의 조건들인 옷, 시계, 자유로운 남한에서의 학교생활, 인민재판과 같은 통제된 북한에서의 생활 등이 대비적 모습으로 보여진다. 뿐만 아니라 인철에 의해 우리는 100억 달러 수출도 달성하였고, 통일이 되면 북한도 쌀밥에 고기반찬도 먹을 수 있다고 하면서 남한의 경제 성장의 우위를 언급하기도 한다. 여기에 힘든 노동으로 지친 동만의 가족과 행복한 인철의 가족을 보여주면서 남한 사회가 더 우월하다는 체제우위를 드러낸다. 이처럼 영화는 북한을 자유와 풍요로움이 상실된 집단으로 간주하면서 그 반대편에 풍요롭고 자유로운 남한의 체제를 상정하고 있다. 이러한 측면에서 임권택의 <가깝고도 먼 길>은 반공이데올로기와 체제 우월성을 묘사한 전형적 형태의 영화라 할 수 있다.

그러나 1979년에 접어들면서 한국영화는 반공주의에 대한 노골적 묘사에서 벗어나 한국전쟁으로부터 초래된 비극과 그 현상에 초점을 맞춘 영화들이 등장했다. 이와 같은 경향의 대표적인 영화로는 1979년에 만들어졌지만 1980년, 1981년에 각각 상영된 임권택의 <깃발 없는 기수>와 유현목의 <장마>를 들 수 있다.

임권택의 <깃발 없는 기수>는 해방직후 한국사회의 풍경을 허윤 기자의 시각을 통해 묘사하고 있다. 그러므로 영화는 해방직후 한국사회에 나타난 다양한 특징적 현상들, 즉 일본한자를 쓰지 말라는 신문사 부장, 해방이후 미군과 소련군의 진주로 서로 다른 이념의 대결장으로 재편된 한반도의 상황, 그리고 이를 대변하고 있는 국내 좌익과 우익의 모습을 보여준다. 이러한 풍경은 민족이라는 개념보다 미군과 소련군에 의한 점령 분할 통치와 좌, 우익 대결로 인한 분단의 비극적 현대사에 초점이 맞추어져 있음을 의미한다. 이것은 일본, 미국, 소련으로 이어지는 한반도의 비극적인 역사적 과정의 상징이라 할 수 있는, 이른바 미군들만 상대하는 술집 종업원을 향해 스스로를 엽전들이라고 비하하는 한국인들의 모습과 형운이 사랑했던 하얼빈 하숙집 딸이 일본군, 소련군, 미군 등에 짓밟힘으로써 정신 이상이 된 채로 서울에서 우연히 만나 함께 지내면서 자살하는 장면을 통해 묘사된다. 따라서 영화는 해방이후 강대국들의 대결장이 되고 전선이 된 한반도의 운명을 이데올로기적 대립구조를 통해 드러내면서 영화 속 인물인 허윤 기자가 추구한 자신의 깃발인 민족주의적이면서 인간주의적 시각은 한낱 낭만적이고 무의미해 질 수밖에 없다는 냉혹한 역사적 상황을 드러낸다. 반공이데올로기를 내세우면서도 그것에 대한 미묘한 변화, 즉 그것의 조심스러운 극복의 시도는 유현목의 <장마>에서 나타난다.

영화는 전쟁이 나자 시집간 딸의 집으로 피난 온 외할머니의 가족과 친할머니 가족과의 대립을 어린 동만의 시선을 통해 보여준다. 즉 외할머니에게는 3대 독자인 길준이 국군에 입대한 상태이고 친할머니에게는 빨치산이 된 아들 순철이 있다. 그러므로 두 할머니의 대립은 두 아들의 서로 다른 이데올로기적 행보에 기인한다. 이것을 영화는 길준의 국군입대와 순철의 빨치산 활동을 플래시백을 통해 표현한다. 그러나 길준의 사망 소식이 외할머니 가족에게 전해지고 산으로 다시 떠나는 순철의 모습에 이르러서는 이들의 대립이 극단으로 치닫게 된다. 영화는 이처럼 이데올로기 대립 구조 속에서 전개되지만 국군에 의해 빨치산이 토벌당하고 많은 빨치산이 살해되면서 그들은 서로를 이해하려 한다. 이것은 모든 것을 씻겨 내는 장맛비처럼 서로 다른 이념에 의한 대립을 넘어 새로운 역사로 나아가고자 하는 바람을 묘사하고 있는 것이다.

이 시기 한국영화에서 유신이념의 확산은 반공 이데올로기에만 국한된 것이 아니라 번영이라는 경제성장이데올로기를 통해서도 구현되었다. 이것은 영화제작에 관한 정부의 정책과 시책을 통해 유도되었고, 그것은 주로 박정희 정권이 추진했던 국가 정책을 지원하거나 부합하는 것들로 나타났다. 그 중에서도 1970년대부터 추진된 새마을 운동과 경제개발에 관한 영화들은 이 시기 박정희 정권의 경제정책을 지원하는 의미를 지니고 있다. 특히 1970년 4월 22일 전국 지방장관 회의석상에서 새마을 가꾸기 운동 또는 알뜰한 마을 만들기로부터 시작된 새마을 운동은 근면, 자조, 협동을 원리로 1973년부터 체계화되고 방향이 정해지면서 정신주의, 민족주의, 그리고 발전주의를 축으로 농촌을 넘어 전국적, 전계층적 운동으로 확산되었다.[59] 이것은 제3차 경제개발 5개년 계획과 1월 12일 중화학공업화선언과 육성, 1980년대 초 국민소득 1,000달러, 수출 100억 달러 달성이라는 경제적 목표와 맞물리면서 유신시기의 성장이데올로기를 대표하는 상징이 되었

---

59) 김경일 외, 앞의 책, 98쪽.

다. 그 결과 정부의 정책에 적극 호응하는 영화들, 이른바 새마을 영화와 유
신경제 영화의 전형적 형태들이 만들어지기 시작했다. 전자는 임권택의 <아
내들의 행진(1974)>과 임원식의 <어머니(1976)>를 들 수 있고, 후자는 최현민
의 <처녀사공(1973)>과 최훈의 <우리들에게 내일은 있다(1976)>를 들 수 있
다. 특히 임권택의 <아내들의 행진>에서는 유신시기 핵심 이념 기반인 반공
이데올로기와 새마을 정신을 결합시켜 표현하고 있다.

　영화는 공비들로부터 부모를 잃은 봉천 마을의 지순이 삼밭골 마을의 영
두에게 시집가면서 시작된다. 그녀는 삼밭골 마을을 봉천 마을처럼 잘사는
마을로 만들기 위해 쉬지 않고 노력하지만 남편 영두를 비롯한 삼밭골 마
을 사람들로부터 협조를 얻지 못한다. 그럼에도 불구하고 지순은 마을 사람
들에게 '할 수 있다'는 희망을 부여하면서 삼밭골을 잘사는 마을로 변모시
킨다. 이처럼 영화는 마을의 변화과정을 중심에 두고 있다. 특히 영화에서는
그 당시 박정희 정권이 추진하면서 강조하고 있는 새마을 운동과 정신, 가
치, 방법의 전형들로 이루어졌다. 예컨대 공비들에게 희생당해 고아로 살게
된 지순의 가족사, 결혼 예물을 삽과 호미로 대신한 지순 오빠의 결혼식, 삼
밭골 마을 사람들의 허례의식, 일하지 않고 노름판에 모여 있는 마을 남자
들, 척박한 땅을 방치하면서 자연재해에 대응하지 않고 받아들인 게으른 숙
명론, 비과학적 민간의술 등이 묘사된다. 이는 삼밭골 마을이 가난하게 살
수 밖에 없는 요인들이고 지순이 잘 살기 위해 새마을 운동을 하는 이유인
것이다. 따라서 영화는 지순이 새벽부터 자갈밭을 일구면서 절미운동, 마을
금고 및 마을 구판장 설치 등과 같은 운동을 주도하면서 점차 잘살게 되는
모습을 보여준다. 또한 이것은 단결과 사람의 의지를 통해 잘살 수 있다는
희망을 부여하면서 박정희 정권의 새마을 운동이 곧 정신개조 운동과 직결
되어 있음을 말한다. 그리고 이는 빨치산이었던 강구네 아버지를 자수시키
려 설득한 그의 아내와 마을 사람들을 통해 반공이데올로기를 환기시킨다.

특히 공비들에게 살해된 채로 발견된 강구네 아버지와 그의 아내를 위한 장례식을 치르고 난 후 다시 일터로 행진하는 마을 사람들의 언덕 위 모습을 길게 찍기로 마무리 하는 장면을 통해서는 영화 속에서 드러내고자 한 것, 즉 반공이데올로기와 정신개조 운동의 요체인 새마을 운동을 결합시켜 전 국민을 일체화 시키는 역할을 표현하고 있다고 볼 수 있다. 새마을 운동과 정신은 임원식의 <어머니>에서도 나타난다.

23살의 홍영애가 다섯 남매를 키우고 있는 가난한 상이용사 박경수에게 시집을 가게 되면서 영화는 시작된다. 그녀는 사랑과 정성으로 그들을 돌보면서 가난에서 벗어나고자 노력한다. 마을사람들은 그녀의 헌신적 노력에 감동하면서 그녀와 함께 둑을 쌓아 물을 끌어들여 버려졌던 토지를 성공적으로 개간한다. 의지를 갖고 노력하면 무엇이든지 이룰 수 있다는 사실을 체험한 그녀와 마을사람들은 내친김에 마을에 전기를 설치하고자 한다. 그러나 돈이 없어 난관에 부딪치자 마을의 유지인 허영감이 자신의 전재산을 홍영애에게 주겠다는 유언을 남기자 마을사람들은 잘살게 될 것이라는 미래의 희망을 가지게 된다. 이처럼 영화는 새마을 정신이 내포하고 있는 헌신, 노력, 의지, 단결이면 잘살 수 있을 뿐만 아니라 무엇이든 할 수 있다는 것을 강조하고 있다. 이러한 흐름은 비록 일제강점기를 시대배경으로 하고 있지만 농촌에 대한 계몽운동을 다루고 있는 임권택의 <상록수(1978)>에서도 나타난다.

유신시기는 새마을 운동으로 인한 농촌 근대화와 함께 수출로 상징화된 산업화가 경제개발정책의 핵심이었다. 특히 수출은 이러한 경제개발의 동력을 달성할 수 있는 전략적 수단이었다. 이러한 흐름을 반영한 한국영화의 전형적 형태는 최현민의 <처녀사공>에서 나타난다.

경상북도 월성군의 한 어촌을 배경으로 아버지의 병환으로 가족의 생계를 책임지게 된 처녀 신황숙이 고기를 잡으러 바다에 나갔다가 기관 고장으로 표류하면서 우연히 장어 떼를 만나 엄청난 양의 장어를 잡고 30만원어치나 수출하게 된 과정을 영화는 묘사하고 있다. 이 일로 신황숙은 마을 사람들로부터 환영을 받는다. 이어서 그녀는 자신을 둘러싸고 있는 마을 사람들을 향해 '우리도 하면 된다'는 신념을 언급하면서 자조, 자립, 협동의 새마을 운동의 정신을 상기시킨다. 이것은 이후 신황숙이 산업중흥에 기여한 산업대상의 수상자가 되고 그 동안 가난으로 흩어졌던 가족들이 다시 모여 행복하게 살게 되는 요인으로 작용한다. 따라서 영화는 유신시기 박정희 정권이 추진하는 경제 성장 정책과 목표를 충실히 반영하고 있다고 할 수 있다. 이 영화가 수출로 잘살게 되는 희망을 제시하였다면 산업화 과정에서의 그것은 최훈의 <우리들에게 내일은 있다>를 통해서 나타난다.

영화는 '배우면서 일하고 일하면서 싸우는 산업 전사들의 모습'을 한일합섬회사 부설 한일여자실업학교를 배경으로 제10회 전국모범청소년상을 받은 실제인물 이혜련양의 실화에 근거하고 있다는 사실을 자막으로 설명하면서 주인공 한정아를 통해 묘사한다. 이후 화면은 기숙사 생활을 하면서 낮에는 공장에서 일하고 밤에 공부하는, 이른바 일하면서 배우고 배우면서 일하는 산업전사로서의 여공들을 보여준다. 그리고 유신시대의 다양한 상징적 장면들, 예컨대 교실 곳곳에 보이는 유비무환, 총력안보태세, 우리민족 빛나는 내일을 위해 전진해야 한다고 칠판에 쓰는 선생님의 모습과 오일쇼크로 인해 어려워진 회사 상황을 새마을 운동 노래와 함께 절약정신으로 극복해나가는 장면, 여기에 술집으로 간 옥자를 다시 회사로 끌어들이면서 "우리에게 내일은 있을 거야"라는 미래 희망에 대한 표현은 영화가 거의 완벽하게 유신시대의 정책과 목표를 구현하고 있음을 확인시켜주고 있다. 이것은 미래를 위해 현실의 어려움과 고통은 다같이 총력안보태세로 단결하여 극복하자는 유신시기의 메시지와 다름없는 것이다.

이 시기 한국영화에서 유신이념의 확산과 연동되어 있는 또 다른 것은 바로 민족, 애국에 대한 강조이다. 이것은 어쩌면 반공, 새마을 운동, 산업화라는 직접적인 주제의 마지막에 위치하면서도 국민들을 초월적 개념인 민족과 애국이라는 이름으로 통합하고 있다. 그렇기 때문에 유신시기에 제작되었던 역사적 사건과 인물을 다룬 영화들은 유신이념의 확산과 박정희 권력의 공고화와 결코 무관하다고 할 수 없다. 이와 같은 영화들로는 조선 말기 개화파를 다룬 신상옥의 <삼일천하(1973)>, 1978년 상영된 장일호의 <난중일기>와 1978년에 제작되고 1979년에 개봉된 고려인들의 호국정신을 다룬 <호국팔만대장경>, 최인현의 <세종대왕(1978)> 등을 들 수 있다. 이런 영화들은 유신시기 반공과 새마을 운동, 경제적 번영이라는 이름이 비판적 시각을 둔화시켰던 것처럼 역사적 사건과 인물을 통해 민족, 애국의 개념을 관객들에게 자극하면서 이에 대한 동시대의 비판적 논의를 완화하는 효과를 지니고 있다고 볼 수 있다. 다만 제국주의 일본과 몰락해 가는 조선의 최참판가를 둘러싸고 벌어지는 다양한 사람들의 모습을 묘사한 김수용의 <토지(1974)>와 일본인 가지야마 토시유키(梶山季之)의 소설을 토대로 1930년대 일제강점기 창씨개명을 집요하게 요구하는 조선총독부에 700년을 이어온 조상의 계보를 들어 이를 끝까지 거부하면서 죽음으로 맞서는 설진영을 통해 한 가문과 조선 민족의 정체성을 강조한 1979년 개봉된 임권택의 <족보>는 직접적인 유신이념의 확산과는 다소 다른 의미의 영화라 할 수 있다.

그럼에도 불구하고 유신이념은 반공, 새마을 운동, 산업화, 민족, 애국이라는 개념을 빌어 이 시기 많은 영화들 속에 투영되어 확산되었다. 한국영화는 그것을 충실하게 구현하였고, 그것의 결과가 유신시기 한국영화역사의 한 특징으로 자리매김하게 된 것이다.

번영의 그늘

유신시대의 또 다른 중요한 이념적 기반은 번영의 성장이데올로기이다. 이는 평화와 통일을 위한 반공이데올로기와 함께 박정희 체제 유지의 당위성을 견인하는 핵심 요소라 할 수 있다. 이것은 제3차, 제4차 경제개발 5개년계획과 1973년 중화학공업 정책진입으로의 선언이 강력하게 추진되면서 1980년 100억 달러 수출 달성과 1,000달러 소득이라는 목표가 현실적으로 가시화가 되면서 더욱 그러했다. 이는 경제제일주의, 성장우선주의가 목표달성의 현실화와 성공이라는 개념을 사회전반으로 확산시키는데 중요한 기제로 작동하였음을 말하고 있다. 동시에 이를 위해 무엇이든 다른 것들을 희생할 수 있다는 논리의 토대가 한국사회에 구축되었음을 의미한다. 이러한 인식은 산업화, 도시화 과정에서 한국사회 곳곳에 스며들었다. 이것은 한국의 전통적인 가부장적 가치와 결합되면서 희생과 헌신의 여성, 성공한 남성의 가족관계, 소외된 인간의 모습으로 나타났다. 이는 산업화, 도시화, 성공이라는 개념 속에 내포되어 있는 1970년대 일그러진 사회적 표상이었다. 한국사회의 이러한 뒤틀린 현상은 이 시기 한국영화 속에 다양한 형태로 반영되어 표현되었다.

이와 같은 특징, 즉 남성의 사회적 성공과 연결되어 있는 여성의 헌신적인 희생은 멜로드라마의 전형적 요소가 되었고, 그것은 주인공의 직업이 호스티스인 경우, 이른바 호스티스 멜로드라마로 불리는 영화에서 보다 선명하게 나타났다. 특히 1970년대 한국영화의 주요한 흐름 중 하나인 호스티스 멜로드라마는 두 가지 특징을 가지고 있다. 첫째는 남자의 성공을 위한 맹목적인 여성의 헌신과 사랑이고, 둘째는 유신시기의 성장이념과 결합되면서 산업화, 도시화의 과정 속에서 희생된 혹은 그 과정에서 나타난 사회적 현상을 들 수 있다. 전자는 변장호의 <눈물의 웨딩드레스(1973)>에서 그와 같은 특징을 찾아 볼 수 있다. 즉 거리의 여자로 전락한 여성, 경희는 경찰서에서 우연히 만난 고등학생 김영의 성공을 위해 맹목적인 헌신적 희생을 마다하지 않는다. 이런 이유로 이 영화를 1970년대 호스티스 멜로드라마의 시작으로 보기도 한다. 반면 후자는 보다 광범위한 요소들을 포함하고 있다. 그것은 호스티스라는 직업에 종사한 여성을 대상으로 하기도 하지만 비정상적인 가족관계와 인간소외, 배신과 복수라는 틀 속에서 묘사되고 있다. 이들을 견인하고 있는 토대는 산업화, 도시화의 최종 결과물인 사회적 성공이라는 개념과 연결되어 있다. 이러한 경향의 주요 영화로는 이장호의 <별들의 고향(1974)>, 1974년에 제작되어 1975년 개봉된 <어제내린 비>, 김호선의 <영자의 전성시대(1975)>, 변장호의 <O양의 아파트(1978)>, 박호태의 <나는 77번 아가씨(1978)>, 1978년 제작되고 1979년에 개봉된 정인엽의 <꽃순이를 아시나요> 등을 들 수 있다. 특히 최인호의 소설을 원작으로 한 이장호의 <별들의 고향>은 이러한 측면에서 특별한 의미를 지닌다.

영화는 서울 도시의 겨울 풍경과 함께 문호가 눈 덮인 나무 사이로 죽은 경아의 유골함을 들고 걸어가는 모습으로 시작되고, 그가 나룻배를 타고 유골을 뿌리는 장면으로 마무리 된다. 따라서 영화는 경아와 문호의 관계를 축으로 죽음에 이르게 되는 그녀의 삶의 과정이 경아의 시점에 따라 전개된다. 그 결과 경아와 문호의 현재적 모습과 그녀의 과거 모습이 번갈아 묘사된다. 이런 이유로 영화는 술집에서 일하고 있는 경아를 만난 문호와의 관계와 그녀가 술집에서 웃음을 팔게 되는 다양한 원인들로 이루어졌다. 그것은 자신의 애인이었던 대학생 영석으로부터 순결을 빼앗기고 버림받은 경아의 모습과 죽은 부인에 대한 강박관념을 가진 만준과의 파국적인 결혼생활, 그녀를 끊임없이 쫓아다니면서 괴롭힌 또 다른 남자, 동혁에 의해 술집 여자로 전락하게 된 현재의 경아 모습을 보여준다. 그리고 이에 대한 결과가 더 이상 살아갈 힘을 상실하면서 수면제를 먹고 눈밭에 쓰려져 스스로 죽음에 이르게 되는 경아의 모습이다. 이것은 영화가 남성으로부터 버림받은 여성의 운명을 묘사하고 있지만 인간의 고독감, 외로움을 겨냥하고 있음을 말한다. 이는 남자들로부터 버림받은 경아가 갈 수 있는 곳이 어둠 속에 자신의 모습을 감출 수 있는 술집이고 화가인 문호가 도시의 또 다른 상징이라 할 수 있는 아파트에 고립되어 있는 이유이다. 술집과 아파트는 그들의 외로운, 고립감이 만나는 장소인 것이다. 이는 문호가 알콜 중독 치료를 위해 수용되어 있는 경아에게 "서울이 싫어졌고, 지쳤고 도시는 초조하고 불안하다"고 하면서 "서울을 떠나겠다"고 언급할 때, 그리고 "그 말이 무엇을 뜻하는지 결국은 혼자뿐이라는 것을 우리는 알고 있다"고 하는 경아의 말을 통해 뒷받침 되고 있다. 이것은 영화가 단순히 남자로부터 버림받은 한 여성과 도시 속에 고립된 한 남성에 대한 묘사를 넘어 산업화로 인한 도시화 과정 속에서 인간의 욕망과 이기심, 외로움, 고독감을 통해 인간 소외의 문제와 삶을 연결시키고 있는 것이다. 이는 영화가 차가운 겨울의 눈 덮인 서울 풍경으로부터 시작되고 한강변에서 경아의 유골을 뿌리면서 술 마시는 문호의 모습으로 마무리 되는 장면을 통해 의미화 된다. 성적 요소를 외피로 하면서도 일정한 사회적 요소를 내포하고 있는 호스티스 멜로드라마의 특징은 김호선의 <영자의 전성시대>에서도 나타난다.

무엇보다 이 영화의 제작 시점은 국가의 산업중흥정책으로 농촌의 젊은 이들이 도시로 대거 몰려들었던 시기와 맞물린다.[60] 그러나 도시에 특별한 기반이 없는 대부분의 농촌 젊은이들은 힘겨운 도시 생활을 할 수밖에 없었다. 김호선은 이를 영화 속 인물 영자와 창수를 통해 표현하고 있다. 그는 이 시기 한국영화의 주요한 형식적 수법이라 할 수 있는 인물의 현재적 모습을 보여주면서 그것의 원인을 설명하는 방식, 즉 과거에서 현재에 이르게 되는 과정을 통해 묘사한다. 따라서 영화는 현실과 과거로의 회상을 번갈아

---

60) 1970년대 농촌에서 도시로의 이동 인구수는 약 116만 명으로, 1970년에서 1975년까지는 약 50만 명이 1976년에서 1980년까지는 66만 명으로 추산된다.-강준만, 『한국현대사 산책(1970년대 편 1권)』, 인물과 사상사, 2014, 28쪽 참고.

보여주면서 전개된다. 이러한 방식에 의해 영화는 경찰 단속반에 연행된 거리의 여자들 속 영자와 길거리에서 싸움에 휘말린 창수가 경찰서에서 우연히 만나는 장면으로 시작되고 영자가 창녀로 변모하게 된 과정을 보여준다. 즉 서울의 한 가정집 가정부로 일한 영자가 대학생 아들로부터 순결을 잃게 되는 장면, 열악한 재봉공장에서의 힘겨운 노동과 저임금에 시달린 모습, 고향 언니의 권유로 술집을 나가게 된 상황, 버스 안내양으로 일하다가 사고로 한쪽 팔을 잃게 되는 것과 자살시도, 자신의 직업으로 인해 창수의 사랑을 뿌리치고 다른 남자와 결혼 생활하는 장면 등이다. 이에 비해 영자를 만나는 계기가 된 공장생활, 군대입대와 월남파병, 군제대후 목욕탕의 때밀이, 자신의 노력으로 자신이 원하는 양복가게의 주인으로 성공하는 창수의 모습이 이어진다. 영화는 온갖 어려운 도시 생활을 하는 두 젊은이들을 묘사하면서도 창녀로 전락해 가는 영자에 초점을 맞추고 있다. 이는 영자와 창수가 서로 사랑하지만 여성으로서 망가져버린 영자의 삶의 역사 탓에 그들의 사랑은 이루어지지 않는다. 그녀가 창녀로 전락해 가는 과정 속에서 이미 산업화로 도시화된 사회구조의 한 단면이 나타나고 있다. 이는 성장과 성공이 주는 환상이 농촌에서 서울로 올라온 영자의 삶을 송두리째 망가지게 하는 요인임을 드러내고 있는 것이다.

이와 같은 특징, 즉 농촌과 도시의 관계를 통해 산업화의 성장 이데올로기와의 불협화음을 드러낸 것은 정인엽의 <꽃순이를 아시나요>에서 주인공 은하가 도시에서 타락해가면서 변해가는 모습을 통해서도 나타난다.

그러나 이들 영화와 달리 사회적 맥락과 무관한 성적 함의를 겨냥하고 있는 영화들도 이 시기에 등장하였다. 이는 순진한 학교 선생님과 창녀와의 사랑을 묘사한 김호선의 <여자들만 사는 거리(1976)>, 가난한 아버지의 약값을 벌기 위해 호스티스가 된 미영이의 사랑을 다룬 변장호의 <O양의 아파트>, 그리고 호스티스였지만 무능한 남편으로 인해 어린 딸과 힘겹게 살아가는 윤고나를 묘사한 박호태의 <나는 77번 아가씨> 등을 들 수 있다. 이런 종류의 영화들은 호스티스라는 직업의 사회적 관계보다는 그 직업이 주는 성적 호기심에 기대면서 관객의 흥미를 유도하였다. 이는 호스티스 여성의 문제를 다루면서 사회문제를 드러내보려는 시도를 긍정적으로 평가한 하길종의 의미부여[61]와 그 결이 다른 것으로 여성을 성적 대상화하려는 시도와 함께 한국영화에 대한 노골적 비난의 서막으로 작용했다고도 할 수 있다.

산업화, 도시화 과정에서 등장한 성공이데올로기는 영화에서 정상적인 가족관계가 훼손된 비정상적인 가족관계를 통해서도 묘사된다. 이런 영화들은 주로 사회적 성공과 그 결과를 아버지의 욕망과 연결시키면서 가족관계가 파괴됨으로써 비극적인 결말로 마무리된다. 이와 같은 특징의 영화들로는 한 여자를 놓고 이복형제의 삼각관계를 다룬 이장호의 <어제 내린 비>와 유부남과 미망인의 부적절한 관계를 묘사한 이형표의 <속 이별 (1974)>, 아버지의 외도에 대한 반항으로 호스티스가 된 정숙을 묘사한 변장호의 <O양의 아파트>, 그리고 입주가정교사인 문하영이 17살 여학생으로부터 22살짜리 엄마를 가졌다고 하는 김기의 <상처(1978)>, 돈으로 성공한 아버지의 욕망에 대한 반항으로 대학생인 장미가 유부남과 사랑에 빠지면서 비정상적인 애정관계를 보여준 정진우의 <가시를 삼킨 장미(1979)> 등을 들 수 있다. 이들 영화에서 나타난 기형적 형태의 가족관계는 산업화 과정에서 성취된 성공신화 이면의 어두운 면을 드러내고 있는 것과 다름없다. 이처럼 유신시기 산업화 과정에서 한국사회를 지배하고 있던 성장이데올로기는 곧 성공과 동일시되었던 문화였다. 이는 성공을 위해서는 정신적, 도덕적 가치는 언제든지 버리고 포기할 수 있는 것이었고 인간 개인의 신뢰에 토대하고 있는 사랑도 예외는 아니었다. 이러한 경향을 직접적으로 드러내고 있는

---

61) 하길종, <실패로 끝나버린 몸부림>, 《월간 독서(1978년 10월호)》, 내외출판사, 1978, 35쪽.-이 잡지에서 하길종은 호스티스 영화들을 오락적인 기능 속에 사회문제를 터치해 보려는 시도로서 고무적 현상으로 보고 있다.

영화는 임권택의 <내일 또 내일(1979)>과 김기의 <청춘의 덫(1979)>을 들 수 있다.

영화 <내일 또 내일>에서는 규화가 오랫동안 자신에게 헌신했고 사랑을 준 여인 미연을 외면하고 자신이 다니는 회사 사장의 딸인 가희와 결혼함으로써 성공에 대한 집착을 나타냈고, <청춘의 덫>에서는 동우가 오랫동안 사랑하던 여인 윤희를 버리고 자신의 회사 사장 딸 영주와 결혼함으로써 출세에 대한 욕망을 드러낸다. 그러나 이들 영화에서는 여성들이 더 이상 한 남자의 성공을 위해 헌신적인 모습으로 묘사되지 않고 오히려 복수와 증오의 주체로 그려진다. 이러한 변화는 성공이라는 사회적 가치에 도덕적 가치가 요구되고 있는 현상이라 할 수 있다.

이처럼 이 시기 영화는 산업화, 도시화 과정 속에서 배태된 성장, 성공 이념으로부터 파생된 사회적 현상을 호스티스, 비정상적인 가족관계, 사랑과 배신 등의 방식으로 묘사하고 있다.

반면 성장의 이면을 보다 직접적으로 드러낸 영화들도 이 시기에 등장했다. 이들 영화에서는 산업화, 도시화 과정에서 밀려나면서 상실되고 있는 인간의 삶의 터전과 정체성에 대한 문제로 나타난다. 이러한 특징은 이만희의 <삼포가는 길(1975)>, 임권택의 <왕십리(1976)>, 김기영의 <이어도(1977)> 등에서 찾아 볼 수 있다.

이만희의 <삼포 가는 길>은 추운 겨울을 배경으로 서로 다른 삶의 궤적을 가진 세 사람이 우연히 만나 동행하게 되면서 자신의 고향을 찾아가는 이야기이다. 이를테면 공사판을 떠돌아다니던 노영달은 힘든 도회지 생활에 지쳐 10년 만에 고향, 목포로 가고자 하고, 감옥에서 출소한 정가는 자신에게 딸이 있다고 하면서 삼포로 간다. 여기에 술집으로 팔려왔지만 탈출해 특별히 갈 곳 없는 백화가 합류한다. 이들은 남쪽을 향해 가면서 자신들의 삶 속에 내재되어 있는 알 수 없는 슬픔의 근원을 확인하면서 서로의 처지를 이해한다. 그러나 고향에 가까워질수록 그들은 서로 다른 선택을 한다. 백화는 서울행 기차를 타지 않고, 노영달은 고향 가기를 포기하고 다시 공사판을 향해 떠난다. 따라서 그들 중 오직 정가만이 고향 삼포로 향한다. 그러나 그곳은 개발 사업으로 바다위에 신작로가 생겨 이미 변해버린 곳이다. 영화는 이처럼 세 사람 모두 자신들의 기억 속에 존재한 고향을 꿈꾸지만 그것은 사라지고 변해버린 낯선 현실과 마주하게 된다. 이는 고향을 찾지 않고 애써 회피한 노영달과 변해버린 고향을 찾은 정가의 모습이 처음부터 고향이 없는 백화와 다를 바가 없는 것이다. 그러므로 영화는 고향을 찾아가는 세 사람의 여정을 묘사하고 있지만 그들이 최종적으로 마주한 것은 번영, 성장 이데올로기를 상징하고 있는 산업화, 도시화로 인해 파괴된 인간 삶의 터전과 소외, 정체성 상실의 현실인 것이다. 인간의 정체성 문제를 묘사한 것은 임권택의 <왕십리>에서도 찾아볼 수 있다.

영화는 이를 갑작스러운 아버지의 죽음으로 가족들 간의 재산 싸움이 일어나자 상속권을 포기 하고 외국으로 떠난 후 14년 만에 다시 한국으로 돌아온 준태를 통해 묘사한다. 따라서 영화는 14년이란 시간의 흐름과 준태가 왕십리로 돌아오게 된 이유들로 이루어져 있다. 이로 인해 영화는 자연스럽게 변한 것과 변하지 않은 것, 다시 말하자면 순수함을 잃어버린 것과 순수함을 유지하고 있는 것과의 대비적 구조로 구성되어 있다. 전자의 대표적인 것은 과거 연인이었던 정희와 그녀의 남편 충근을 들 수 있고, 후자는 왕십리의 당구장 주인과 호스티스 윤애이다. 특히 "정희는 준태가 왕십리라는 자신의 장소 정체성의 기원을 찾게 한 요인이자 자신에 대한 환상을 간직하고 있는 그의 마음을 끊임없이 이용하여 돈을 뜯어내는 인물이다."[62] 반면 변함없이 왕십리를 지키고 있는 당구장 주인과 호스티스 윤애는 준태

---

62) 김선아, 「1970년대 전후 한국영화의 감정구조에 대한 고찰」, 『문학과 영상』 1호, 문학과 영상학회, 2008, 377쪽 참고.

가 14년이란 시간의 흐름의 간극을 메워주면서 왕십리에 정착하도록 하는데 중요한 역할을 한다. 이는 준태가 나그네처럼 살아온 자신의 삶을 후회하면서 왕십리에 뿌리를 내리고 주인의식을 가지고 열심히 살아가고자 결심한 이면, 즉 변하지 않은 것은 당구장 아저씨밖에 없다는 준태의 말과 윤애의 순수한 마음을 통해 다시 한 번 자신의 정체성을 확인하면서 획득된다. 영화는 시간의 흐름 속에 변하는 것들을 자연스럽게 전제하고 있으면서 정희와 충근을 통해서는 돈에 대한 끊임없는 욕망을 드러내고 있고, 그 반대편에 당구장 아저씨와 고향으로 선을 보러 가는 윤애를 대비시키고 있다. 이런 측면에서 영화는 14년이란 시간 속에 봉인된 것에 돈을 개입시킴으로써 자본에 대한 욕망으로 점철된 현실을 비판하고 있는 것이다.

산업화, 도시화로 인한 우려는 김기영의 <이어도>에서도 나타난다. 영화는 이를 이어도에 전해 내려온 전설을 다양한 인물, 즉 술집여자, 관광회사의 부장 선우현, 무녀, 기자, 박여인, 민자 등을 통해 언급하며, 이를 개발 사업으로 훼손되고 있는 전통문화, 환경문제를 자본과 현대화에 대한 욕망으로 연결시키면서 그것의 파괴적 위험을 묘사하고 있다.

이 시기의 한국영화는 번영, 성장, 성공 이데올로기를 산업화, 도시화 과정에서 발생하는 다양한 사회적 문제로 연결시키고 있다. 이것은 성장이데올로기와 성공이라는 개념이 사회 전반으로 확산되면서 나타난 특징의 이면들이 영화 속에 투영된 것이다. 이는 남자의 성공을 위해 헌신한 여성에서 가족을 위해, 나아가 여성의 정체성과 독립적 존재로서, 그리고 배신한 남성을 응징하는 형태로 변모해왔다. 이것은 성장이데올로기가 한국사회에 확산되면서 성공이라는 개념변화와 밀접한 관계 속에 있음을 의미한다. 이는 이 시기의 영화가 단순히 남성과 여성, 농촌과 도시 등의 관계 속에 나타난 현상만을 묘사하고 있는 것이 아니라 번영의 그늘에 대한 다양한 사회 비판적 요소들을 내포하고 있다는 것을 말한다.

과감한 성 해석과 낭만적 저항

성의 해방

이 시기 한국영화에서 나타난 특징 중 하나는 파리에 머물고 있는 작곡가 호일이 과거의 부인이었던 영옥과 약혼녀인 카트리느 사이에서의 혼란스러운 사랑을 묘사한 신상옥의 <이별(1973)>, 진실한 사랑을 강조한 정소영의 <내가버린 여자(1978)>와 달리 주체적 존재로서의 여성과 성에 대한 과감한 해석을 들 수 있다. 이것은 기존의 남성과 가족이라는 관계 속에서 자리매김했던 여성이 산업화, 도시화가 진행되면서 인간 개인 존재로서의 정체성과 독립성을 향해 나아가기 시작했다는 것을 의미한다. 이러한 형태의 영화들은 주로 도시를 배경으로 직장에 다니거나 사회적으로 성공한 여성, 혹은 대학생으로 형상화된다. 이는 결혼에 대해 근본적 회의를 느끼면서 독립적인 생활을 결심한 여성, 미스리의 모습을 묘사한 김수용의 <야행(1977)>과 여성 사업가로 성공한 공도희와 섬에서 살고 있는 김명자 사이에서의 진정한 자신의 정체성이 무엇인지를 찾고자 하는 <화려한 외출(1978)>에서 나타난다. 이들 영화는 남자와 결혼이라는 관계적 속박으로부터 벗어나는 여성의 모습과 더불어 성공한 이후의 자신의 정체성 문제를 제기하고 있다.

이와 함께 이 시기 한국영화에서 가장 혁신적인 측면이라 할 수 있는 것은 성 해석에 대한 도전성을 들 수 있다. 이는 성이 지니고 있는 다양한 본질적 측면을 탐구하면서 그것의 관계, 즉 권력관계뿐 아니라 사회적, 윤리적 제도로부터 벗어나 성에 대한 해방까지도 묘사하고 있다. 이러한 시도는 여성과 성에 대한 기존의 인식과 가치의 과감한 전도를 불러일으킨 것이라 할 수 있다. 이러한 특징은 김기영의 영화에서 두드러지게 나타난다.

김기영은 여성의 성을 온갖 권력이 충돌하는 상징적인 대상으로 바라보고 있다. 따라서 그의 영화에서 성은 권력을 위한 투쟁의 장소이다. 그러므로 여성의 진정한 해방은 그러한 관계로부터 벗어나면서 자신의 정체성을 확인함으로써 획득된 독립성이다. 특히 그의 1975년 <육체의 약속>과 1980년에 개봉한 <느미>는 남성과 여성의 권력관계를 결정하는 요소인 성을 탐구하고 있다.

영화 <육체의 약속>은 우발적인 살인을 저지르고 감옥에 간 효순이 교도관의 배려로 고향 여수로 특별 휴가를 떠나면서 벌어진 이야기를 다루고 있다. 그녀는 기차에서 만난 한 청년으로부터 결혼을 제안 받고 특정한 장소에서 다시 만나기로 약속하지만 그 청년은 살인사건에 휘말리게 되면서 약속 장소에 나타나지 않는다. 효순의 기다림은 출옥 후에도 지속되지만 그가 나타나지 않자 그녀는 서울역으로 다시 돌아오면서 영화는 마무리된다. 그러나 영화는 이러한 단순한 이야기 구조와 달리 성이 지니고 있는 속성과 그 관계를 파헤치고 있다. 그것은 성을 번식을 위한 직접적이고 노골적인 생물학적 개념으로 정의하면서 시작된다. 이 개념은 동시에 성이 철저히 남자의 성적 대상으로 전제되어 있음을 의미하기도 한다. 이와 같은 시각은 다방에서 홀아비가 낯선 여인에게 다가가 어린 아이에게 우유를 먹여달라고 부탁하거나 여자는 자식을 낳고 기르는 것 외에는 다 헛된 것이라는 것, 심지어 어린 아이의 어머니가 되어 달라고 하는 남자를 통해 뒷받침 된다. 이런 측면에서 여성은 도구로서의 수동적 존재가 되면서 남성에 의해 끊임없이 유혹과 성적 대상으로 작용한다. 뿐만 아니라 이것은 여성과 남성 사이에 성적 권력관계가 이미 형성되어 있다는 것을 의미한다. 따라서 진정한 여성의 해방은 이러한 성적관계로 얽혀있는 관계를 청산하는 것이고, 그것을 영화는 마지막 장면인 홀로 된 효순의 서울역 장면으로 수렴되고 있다. 김기영은 남성과 여성이 얽혀져 있는 다양한 권력관계를 성을 통해 묘사하고 그것으로부터 벗어날 때 진정한 해방이 존재한다고 말하고 있는 것이다. 이러한 특징은 영화 <느미>에서 보다 정교하게 묘사된다.

영화는 말 못하는 아름다운 여인 느미를 두고 세 남자, 즉 벽돌공장장 신영감, 트럭 운전자 곽기사, 대학을 졸업한 후 회사에 다니고 있는 준태의 이야기를 통해 전개된다. 느미와 함께 살고 있는 신영감은 주변의 남자들로부터 끊임없이 유혹을 받고 있는 그녀를 엄격하고 혹독하게 다루면서 통제한다. 그리고 그녀를 마음에 두고 있는 트럭 운전자 곽기사는 그런 신영감을 석연찮은 과실로 죽음에 이르게 하고 벽돌공장 근처에 살고 있는 준태는 그녀의 아름다움에 반해 그녀를 유혹하여 그녀와 함께 살게 된다. 그러나 그들의 관계는 준태 아버지의 완강한 반대로 인해 느미가 떠나가게 되고 준태는 그녀를 붙잡기 위해 뒤쫓다 트럭에 부딪쳐 죽게 되면서 영화는 마무리된다. 한 여자를 두고 벌어지는 이 영화는 몇 가지 인간의 본질적 개념을 제시하고 있다. 비록 말을 못하지만 아름다운 느미를 두고 벌어지는 세 명의 남성, 즉 신영감, 곽기사, 준태의 죽음과 사고는 각각의 이기심과 욕망을 위한 투쟁이고, 그것은 궁극적으로 자신들을 파멸에 이르도록 한 원인, 결과와 연결되어 있다. 이는 "사람은 이기적이기 때문에 자신을 희생하지 않는다"고 한 곽기사가 신영감의 죽음을 과실치사로 말하게 되는 이유이기도 하다. 또한 느미와의 관계를 준태의 회사 사람들이 알고 난 이후 그들의 태도변화에도 주목할 필요가 있다. 즉 말도 못하고 배우지 못한, 이른바 수준에 맞지 않은 여자와 함께 살고 있다는 사실로 그들은 준태를 소외 시킨다. 이때 준태는 이를 보호받지 못한 자신의 사생활에 대한 폭력이라 하고 일류대학 출신의 부인들은 다 못생겼다고 하면서 인간의 허위의식, 편견, 이중성을 폭로한다. 이는 느미가 준태와 함께 자살하려 한 순간에 "사랑이란 자기희생이다"라는 준태의 말을 통해 확인한다. 또한 영화는 여자가 남자에게 어떤 존재로 작용하는가에 대해서 다양하게 규정하고 있다. 이를 영화에서는 인간, 무엇보다 남성을 욕망과 탐욕의 정점에 서 있는 이기적인 존재로 묘사하고 있다. 반면 여성에 대해서는 여자는 약하지만 남자의 운명을 좌우한다는 곽기사의 말을 빌어 언급하고 있다. 이러한 정의들은 준태가 떠나가는 느미를 붙잡기 위해 달려갈 때, 즉 준태의 사랑이 끝나갈 때, 인간이 지상에서 삶의 목표를 잃었을 때 죽음의 신이 목숨을 걷어간다는 자막으로 상징화되면서 나타난다. 이처럼 김기영의 영화 <느미>는 인간의 본성을 관통하는 욕망, 탐욕의 이기심을 위장하고 있는 것들을 드러내면서 그 본질을 규정하려 하였다.

반면 김호선은 영화 <겨울여자(1977)>에서 성적 자유와 인간구원이라는 다소 파격적인 테마를 다루고 있다. 그는 성 자체에 집중되어 있는 역학 관계보다는 그것을 정신과 육체로 분리함으로써 나타나는 현상을 탐구한다. 이를 위해 영화는 미지의 인물로부터 자신의 일상을 관찰한 편지를 받게 되는 주인공 이화의 모습과 대학에 입학한 후 그동안 편지를 보냈던 남자의 등장, 그리고 그가 바로 자신의 맞은편 집에 살고 있는 소심하고 유약한 민요섭이라는 인물을 통해 묘사된다. 이러한 일련의 전제는 어느 날 이화와 함께 별장에 놀러간 민요섭이 그녀에게 자신의 감정을 표현하려 하지만 거부당하자 자살하게 되고, 이는 그녀가 이후 영화의 목표인 성적 자유와 인간구원으로 나아가는 계기로 작용한다. 영화는 이를 기점으로 육체와 정신의 분리를 시도하면서 성의 해방으로 나아간다. 즉 이화는 민요섭의 감정과 행위를 받아들이지 못함으로써 그를 죽음으로 몰고 갔다는 죄책감으로 인해 자신의 육체를 해방시키기로 결심한다. 이것은 그녀가 남자들의 성적 요구를 거부함으로써 죽음에 이르게 되는 현상을 접하면서 마음과 육체를 분리하고 진정한 자신의 본질은 마음이라고 스스로 규정하게 되는 요인인 것이다. 이는 이화가 만난 남성들, 즉 학생운동과 관련된 석기와 이혼한 자신의 고등학교 선생인 허민을 만나면서 확인된다. 특히 허민 선생과의 만남은 이를 논리적으로 구체화하고 있다. 그것은 다름 아닌 이화가 허민과 결혼에 대한 논쟁을 통해 나타난다. 이화는 가족이 생기면 이기적이 될 것 같아 시집을 안가고 남을 위해 살고자 한다면서 상처받은 사람을 육체를 통해 치유하고자 한다고 한다. 이것은 인간의 본질을 정확히 보고 본질에 충실해야 한다고 하면서 진실은 하나라고 주장하고 자신의 육체를 해방시키는 것이 곧 본질에 충실한 행위라고 말한 이화와 서로 다른 진실이 있다고 주장하는 허민 선생과의 대립적 구도를 통해 드러난다. 이 논쟁은 이화가 육체와 마음을 분리하여 외롭고 불쌍한 사람들을 위해 자신의 육체를 헌신하는 것에 대한 논리적 정당성 확보에 관한 것이라 할 수 있다. 이처럼 영화는 육체와 마음의 이중적 구조를 분리시키고 육체의 해방, 나아가 성적해방이라는 매우 파격적인 개념을 드러낸다. 이는 목사인 이화 아버지의 직업과 연결되면서 종교와 도덕의 가치를 과감하게 훼손하면서 1970년대의 다양한 사회적 코드, 즉 굳게 닫힌 대학교의 교문, 흑백 필름으로 보여진 텅 빈 강의실 등과 결합될 수 있는 여지를 두고 있다. 이것은 이화가 우석기와 만났을 때 언급한 세 종류의 인간, 즉 진실을 똑바로 보고 진실을 향해가는 사람, 진실을 외면하는 사람, 진실이 무엇인지 모르고 살다간 사람으로 규정하고 있는 것과 같은 상징적 의미를 지닌다. 영화는 이를 민요섭, 우석기, 허민을 들어 설명하고 있는 것이다. 그리고 그것의 최종적 결과가 이화가 이혼한 허민 선생의 부인을 찾아가 재결합하도록 유도하고 강변을 걸으면서 웃는 모습으로 마무리됨으로써 그의 육체와 정신의 분리는 일정한 설득력을 갖고 있는 것처럼 보인다.

이 시기는 여성의 주체성, 독립성에 관한 것뿐 아니라 성이 지니고 있는 권력의 역학관계와 그것의 본질적 측면을 탐구하면서 성의 해방을 시도하였다. 그것은 그 자체로서의 단순한 파격적 해석에만 머물러있는 것이 아니라 동시대의 사회적 관계의 모순적 현상을 은유적으로 함축하고 있는 것이다.

낭만적 저항

유신시대의 한국영화는 매체변화와 검열정책으로 인해 이중적 어려움에 직면해 있었다. 제작편수의 하락과 유신이데올로기에 의한 도식화된 영화는 이러한 현상의 원인과 결과로서 증명되고 있다. 이것은 이 시기 한국영화의 심각한 위기를 말하고 있는 것이며, 그것은 관객의 감소로 인한 영화제작의 선순환 구조가 붕괴되었다는 사실을 의미한다. 이를 타개하기 위해 몇몇 영화인들은 영화에 대한 기존의 개념으로부터 탈피하여 영화를 재개념화하고, 영화에 자신들의 창작논리를 적용하고자 시도했다. 그 과정에서 이들은 영화의 본질과 세계영화의 흐름, 그리고 그것이 관객과 어떻게 조우하고 있는지에 대한 분석을 하였다.

이러한 시도와 분석은 그들의 논리에 정당성을 부여하면서 한국영화 현실에 대한 비판의 근거로 작용했다. 그들이 언급한 영화의 본질과 세계영화의 흐름은 궁극적으로 텔레비전이라는 새로운 매체와의 경쟁과 베이비붐 세대의 등장으로 관객의 분화가 이루어진 상태, 즉 영화 관객의 급속한 감소로 인한 영화의 위기를 해결해 나갈 수 있는 수단을 찾는 새로운 영화였다. 그것에 대한 새로운 방법이 바로 영화의 본질적 측면을 재규정하는 것이고, 세계영화의 흐름과 함께 위기상황에 처한 한국영화를 타개하는 현실적 방법으로 여겼기 때문이다. 이러한 전략은 일정 부분 타당성 있는 것이라 할 수 있다. 예컨대 프랑스의 누벨바그는 영화언어 문제로 회귀하면서 그 문제를 해결하였고, 뉴 아메리칸 시네마는 영화 창작의 혁신, 즉 실험적 방식으로, 뉴 할리우드 시네마는 영화관객의 변화에 초점을 맞추면서 해결했다. 이들의 목표가 텔레비전 수상기 보급으로 인한 매체 경쟁의 위기적 상황에 직면했음에도 불구하고 일정한 상업적 성공을 거둘 수 있었던 것은 혁신적인 영화창작의 시도와 함께 영화관객층의 변화를 상정했기 때문이다.

　유신시기 한국영화의 어려움에 대한 몇몇 영화인들의 돌파는 바로 이러한 시도의 전례를 인식하고 있었다고 할 수 있다. 특히 그것이 미국영화의 흐름에 기반한 것이라면 더욱 유사한 형태를 띨 수밖에 없다. 이런 측면에서 이 시기 한국영화는 텔레비전 수상기 보급과 다양한 검열에 의해 창작적 시도가 봉쇄된 지점에서 선택할 수 있는 하나의 전략으로 베이비 붐 세대에 토대한 그들만의 고유한 정서와 문화를 영화 속에 개입시키면서 현실에 대한 묘사와 접목시키는 것이었다. 그렇기 때문에 이 시기의 많은 영화들 속에는 유신시기 사회의 풍경을 직접적으로 드러내기보다는 동시대의 세대들과 공감대를 형성하는 자신들만의 정서와 문화가 묘사되고 있다. 이런 이유로 이들 영화에는 정치적, 이념적, 사회적 현실에 대해 치열한 저항적 요소가 나타나지 않고 오히려 그들이 갖는 특권을 향유하면서 합리화하는 모습으로 표현되기도 한다. 그러나 이들 영화 속에는 유머와 코미디, 혹은 그들만의 고유한 낭만적 요소로 정치적, 사회적 현실에 대한 묘사를 내포하고 있다. 이러한 낭만적 저항, 즉 직접적으로 현실에 기반하고 있지 않은 비판적 요소의 특징은 이 시기 몇몇 하이틴 영화들과 대학생들의 문화를 다룬 영화들에서 찾아볼 수 있다.

　특히 1972년 강대선의 <여고 시절>로 시작해서 김응천의 <여고졸업반(1975)>, <소녀의 기도(1976)>, 문여송의 <진짜 진짜 잊지마(1976)> 등과 같은 영화에서의 슬픈 사랑 이야기가 중·고등학생들로부터 폭발적인 인기를 끌면서 이들을 대상으로 한 하이틴 영화는 1970년대 후반 한국영화에 활력을 불어넣었다. 이는 고등학생들의 생활을 재미있게 묘사한 석래명의 <고교얄개(1977)>가 서울 관객 26만 명을 동원하면서 얄개시리즈를 양산하게 된 계기로 이어졌다. 이런 현상의 표면적 원인은 한국전쟁이후 태어난 베이비 붐 세대가 중·고등학생으로 성장하면서 새로운 영화 관객으로 등장한 것과 밀접한 관계에 있지만 "교복을 입은 고등학생을 주인공으로 내세워 사랑과 우정, 학교생활 등을 멜로드라마, 코미디, 청춘영화 등의 다양한 장르 컨벤션과 혼합해 형상화함으로써 또래 관객들의 열렬한 호응을 이끌어냈기 때문이다. 이로 인해 1976년에만 25편의 하이틴 영화가 제작되었고, 그 중 10여 편이 흥행에 성공하게 되었다."[63]

그러나 "홍수처럼 쏟아진 하이틴 영화는 한결같이 비슷한 유형에 정형화된 묘사에 빠져 갈수록 매력을 잃어갔으며, 1977년 상반기 우수영화선정에서 하이틴 영화가 제외되자 제작자들 역시 이들 영화의 제작에 흥미를 잃게 된다. 결국 1977년 말부터 서서히 퇴조하기 시작한 하이틴 영화의 붐은 1978년 김응천, 문여송, 석래명 감독의 옴니버스 영화 <우리들의 고교시대>를 끝으로 막을 내리게 된다."[64] 하이틴 영화의 급속한 퇴조는 위에서 언급한 우수영화선정에서 제외된 것도 하나의 이유가 되겠지만 영화시책에서 청소년의 불량함에 대한 언급이 직접적인 원인으로 작용했다고도 볼 수 있다. 즉 1977년, 1978년 영화시책의 검열기준에 '중·고교생의 면학분위기 저해내용 배제'라는 것이 삽입되었고[65] 이로 인해 중·고등학생들이 등장한 하이틴 영화는 자취를 감추게 되었던 것이다.

그렇다면 중·고등학생은 대학생과 달리 박정희 정권에 직접적인 위협요인이 되지 않았음에도 불구하고 무엇 때문에 영화시책의 검열기준에서 중·고교생의 면학 분위기 저해 내용배제라는 것이 추가되었을까? 오히려 이 시기 대부분의 하이틴 영화들은 일상적인 학교생활을 배경으로 사랑과 이별, 우정을 다루면서도 정부의 정책을 충실히 이행한 측면이 있다. 예컨대 영화 곳곳에서 묘사되고 있는 의도적인 계층 간의 화해, 서울에서 지방으로 전학온 학생들 간의 우정, 수학여행을 통해 민족문화 유산에 대한 강조, 나라사랑에 대한 애국심을 주제로 한 표어와 웅변대회 등은 이 시기 국민총화라

---

63) 김미현 책임 편집, 『한국영화사』, 커뮤니케이션북스, 2006, 243쪽.
64) 위의 책, 247쪽.
65) 김강윤 외 감수, 앞의 책, 241쪽.-김소동 외 편집, 앞의 책, 160쪽.

는 이념을 충실하게 반영하고 있다. 심지어 이와 같은 특징적 요소들로 인해 몇몇 비평가들은 하이틴 영화들, 특히 남학생이 주인공인 얄개 시리즈 에서 "성격 좋고 부유하지만 공부는 별로인 인물과 성적은 뛰어나지만 가난한 학생과의 우정과 격려를 통해 극복해 가는 과정의 결론을 들어 하이틴 영화들을 당시 사회적 갈등과 모순을 통합하려는 의지가 내밀하게 녹아있다고"[66] 비판적으로 바라보고 있다.

그러나 그 반대편의 또 다른 측면에서는 이들 영화에서 묘사된 교련복, 제식훈련과 같은 유신시대의 군사 문화가 고등학교의 일상을 지배하고 있던 풍경의 현실적 모습과 권위주의적 기성세대인 교장선생님을 비롯한 선생님, 아버지와 누나 등을 골탕 먹이면서 재미있어 하는 학생들의 모습이 유신시대에 그리 긍정적 측면으로만 보였던 것은 아닐 수도 있다. 따라서 1977년, 1978년 검열기준에서 중·고교생의 면학분위기 저해 내용 배제는 이들 영화에서 나타난 슬픈 사랑으로 인한 비관적 정서, 교실에서의 위계질서 전복에 대한 우려와 함께 어른들을 골탕 먹이면서 즐거워하는 미묘한 세대 간의 반항적 모습과 학교생활에서의 일상화된 군사문화가 드러나는 것에 대한 과도함으로 초래된 부정적 이미지 형성 때문으로 보는 것이 타당하다고 할 수 있다.

중·고등학교학생을 다룬 영화에서 유머와 코미디적 요소를 통해 일상화된 군사문화와 권위주의적인 세대를 골탕 먹이면서 통쾌함을 획득했다면, 젊은 청년들과 대학생을 다룬 영화에서는 이를 권위주의적 사회와 문화를 기성세대와 동일시하였다. 이것은 현실을 직접적으로 드러내면서 저항적 요소를 묘사하는 것이 아니라 청년문화, 그 중에서 대학문화를 배경으로 비현실적이고 이상적인 현실에 근거한 낭만적 요소로 표현했다는 것을 말한다. 이와 같은 형태의 기저에는 "지적 엘리트로서의 특권의식이 소수로서의 대

---

66) 강준만, 『한국현대사 산책(1970년대 편 3권)』, 인물과 사상사, 2014, 58쪽 참고.

학생이라는 사실에서부터 비롯되었다."[67] 이러한 특징의 전형적 형태는 하길종의 <바보들의 행진(1975)>에서 나타난다.

영화에서는 유신시기의 풍경을 병태와 영철, 영자와 영숙이라는 대학생들을 통해 은유적이면서도 때론 직접적으로 드러낸다. 영화는 이를 이들의 꿈, 희망과 현실, 절망이라는 서로 다른 개념을 통해 묘사한다. 특히 현실은 이들의 꿈과 희망을 가로막는 직접적 요인이다. 그렇기 때문에 영화는 끊임없이 유신시기의 숨 막힐 듯한 현실의 풍경을 묘사하면서 그들의 꿈과 희망이 어떻게 무너져 가고 있는지를 표현하고 있다. 그 시작은 군입대 신체검사 장면에 이어 철학과 수업에서 교수의 강의, 즉 "플라톤의 이론은 예술이 이상 국가를 건설하는데 무용지물이라고 하였고, 이것은 아리스토텔레스의 이론과는 아주 정 반대가 되는 이론으로서 플라톤이 유토피아를 건설하는데 예술이 무용지물이라고 극단적인 표현을 한 것은 그 나름대로 이유가 있으며, 그것은 예술이 그 본래의 목적을 달성키 위해서는 필요한 허구가 이상을 무형화 할 수 있다"는 관념적 의미로부터 시작된다. 이러한 관념적, 은유적 표현은 이후 현실을 풍자하기 위한 병태와 영철의 다양한 행위와 말에 대응된다. 예컨대 장발단속을 피해 도망가다 파출소에 끌려와 그들이 나눈 대화, 즉 "우리 머리가지고 왜들 그럴까?" "혐오감을 준대", 그리고 영자의 연극공연이후 맥줏집에서 "아무것도 할 수 없다"고 한탄하는 영철과 "우리는 쪼다"라고 스스로를 비하하면서 맞장구치는 병태, 여기에 혼자 남은 텅 빈 강의실에서 칠판위의 플라톤의 '이상 국가' 글씨를 지우면서 '사구라'(거짓말이라는 의미)로 만드는 병태의 모습, 교정에서 담배를 피운다고 교수에게 뺨을 맞고 격분하여 달려간 이른 새벽 바닷가 포구에서 마치 그물에 걸려있는 것처럼 창살과 같은 철제빔 사이 너머로 걸어가는 병태와 영철의 모

---

67) 이혜림, 「1970년대 청년문화구성체의 역사적 형성과정」, 『사회연구』 제2호, 사회조사연구소, 2005, 23쪽.

습을 통해 그들이 처해 있는 현실과 고래를 잡으러 떠나는 영철이 바닷가 절벽으로 떨어지는 장면에 이어 휴교결정 공고문을 바라보는 병태의 모습을 번갈아 보여주면서 군대 입영 열차의 모습으로 연결되는 것은 그들의 꿈과 희망이 어떻게 좌절되고 있는지의 현실적 상황을 묘사하고 있다. 이것은 "동해 바다로 예쁜 고래를 잡으러 갈 것이다"라는 내면화된 영철의 이상과 영자와 영철에게 "자기는 꿈이 있고" "우리의 꿈은 이루어질 것이다"라고 하는 병태의 모습을 통해 이상과 현실의 꿈을 은유적으로 보여주면서 그것이 결코 양립될 수 없는 현실임을 묘사하고 있는 것이다. 이로써 영화는 그들의 꿈을 가로막는 것이 무엇인지를 보여주면서 현실적 상황의 엄혹함을 빗대고 있다. 이는 하길종이 현실적이든 이상적이든 간에 그들의 꿈과 희망이 무엇에 의해 좌절되고 있는지를 묘사함으로써 유신시기의 현실을 겨냥하고 있는 것이라 할 수 있다. 영화에서는 이를 영화 속에 삽입된 짧은 반공궐기대회 장면을 통해 상징화한다. 이로써 영화는 현실을 통제하고 있는 것이 반공이라는 이데올로기와 그것을 통해 일상적인 보편적 삶이 장악되고 있는 시대를 비판하고 있는 것이다. 이러한 시대적 현실에 대한 은유적 비판은 영화 <겨울여자>에서 이화가 군대 가는 석기를 만나기 위해 찾아간 굳게 닫힌 대학교의 교문 장면에서도 나타난다. 하길종의 <바보들의 행진>에서 제기된 이와 같은 날카로운 낭만적 시대 비판은 <병태와 영자(1979)>에서는 사라진다.

영화에서는 오히려 동시대의 문화와 현실에 대한 무기력한 태도와 평범함으로 전락되고 만 병태와 영자가 묘사된다. 이는 <바보들의 행진>에서 반공궐기대회와 같은 짧은 영상 장면이 불가피하게 삽입된 것처럼 보였던 것과 달리 이 영화에서는 처음부터 비록 군대 훈련 장면에서의 표어이지만 '때려잡자 김일성, 무찌르자 북괴군, 쳐부수자 공산당'으로 나타난다. 그리고 인물들은 현실적 상황에 적응해가는 모습들로 보여진다. 즉 영자는 산

부인과 의사와 결혼을 앞두고 있고, 병태는 졸업 후 꿈이 없다고 하면서 뭐가 뭔지 모르겠고 세상이 온통 회색으로만 보이고 색깔이 하나도 없다고 읊조리면서 경직된 시대를 풍자한다. 현실에 순응한 듯한 그의 태도가 극적으로 전환된 순간은 병태가 산부인과 의사와의 약혼식에서 영자를 데리고 나오는 장면을 들 수 있다. 이를 계기로 그들은 결혼하게 되고 쌍둥이를 출산하면서 그들을 향해 우리들의 작은 고래새끼라고 하면서 영화는 마무리 된다. 영화는 비록 1975년 <바보들의 행진>과 별개로 존재하지만 <병태와 영자>는 <바보들의 행진>에서의 병태와 영자라는 이름을 그대로 가져왔기에 전작과의 연속성이 있다고 할 수 있다. 그러나 <바보들의 행진>에서 보여준 꿈과 희망을 통한 시대상황에 대한 묘사는 <병태와 영자>에서 무기력한 현실적 인물로 대체되었고, 그들의 저항과 비판의 근본적 요인이자 핵심적 개념으로 상징화된 예쁜 고래는 병태와 영자의 쌍둥이 자식으로 환원됨으로써 <바보들의 행진>에서 제기되었던 낭만적이고 은유적인 풍자의 날카로움이 상실되었다. 이로써 엄혹한 유신시기에 새세대, 새영화, 새정신을 통해 저항과 비판을 견지한 이 시대의 영화는 현실을 수용하면서 평범함으로 마무리되고 말았다. 이것은 궁극적으로 이들이 주창한 영화의 본질, 세계영화의 흐름을 빌어 분화된 영화관객에 대한 고려를 통해 한국영화의 위기를 돌파하고자 한 것이 유신시기의 정치, 사회, 문화에 대한 철저하고 치열한 창작논리구축과 실천에 있어 일정한 한계를 드러냈음을 의미한다.

그럼에도 불구하고 이 시기 이들의 영화에는 비록 낭만적 요소일지라도 시대에 대한 저항의 흔적들이 곳곳에 내재되어 있다고 할 수 있다. 그것은 청년문화의 흐름과 영상시대의 영화적 본질 탐구를 위한 새로운 영화적 시도와 밀접한 관계 속에서 등장하였다는 사실로 확인된다.

5. 맺음말

1970년대의 한국영화는 정치와 사회의 엄격함 속에서도 새로운 시도가 존재했다고 할 수 있다. 이것은 화면의 시간과 공간 속에 인간의 삶과 역사가 투영된 것이 영화의 본질이라는 점을 환기시키듯 1970년대 한국영화를 이해하는데 있어 하나의 해법을 제공한다. 이런 측면에서 1970년대의 한국영화는 이 시기 한국사회의 문화와 예술을 결정지은 유신체제의 출범과 밀접한 관계에 있다. 이는 이 시기 한국영화의 특징이 유신체제를 초월해서 존재하기 어렵다는 것을 의미한다. 이러한 이유로 1970년대의 한국영화는 유신체제를 강고하게 유지하기 위한 이념이 영화 속에 어떻게 개입했는가와 그로부터 파생된 다양한 정책의 제도화 과정 속에서 형성되었다는 것이 타당성을 지니게 된다. 그리고 그것의 구체적 실체가 정부에 의한 영화진흥공사 설립과 제4차 개정 영화법을 들 수 있다. 이 두 가지 실천은 이 시기 한국영화가 정부에 의해 강력하게 통제되었다는 것을 의미하며, 동시에 유신체제의 이념을 확산시키는 전진기지 역할을 했다는 것을 말한다. 이러한 정부의 기관과 제도는 이 시기 많은 반공주의와 산업화, 새마을 운동의 성공신화에 관한 영화들을 양산하도록 견인하였다. 여기에 경제성장으로 인한 텔레비전 수상기 보급은 영화를 더욱 위축시켰다. 이것은 이 시기 한국영화가 정부에 의해 제작의 범위가 통제되었고 경쟁매체의 등장으로 어려움에 처하게 되었음을 보여준다. 특히 1970년대에 접어들면서 급격한 관객의 감소는 이를 증명하고 있다. 따라서 1970년대의 한국영화는 정부의 지침에 적극적으로 참여하면서 그에 부합한 영화를 만들었거나, 성적표현을 통해 관객의 호기심을 자극한 영화를 만들었거나 현실의 문제를 우회적으로 드러낸 영화를 만드는 등 다양한 방식으로 시대에 대응하면서 그 특징이 형성되었다. 이들 경향 중 의도적인 성적 표현으로 호스티스 영화로 불린 영화는 산업화 과정에서 주변부로 밀려났거나 돈벌이를 위해 서울로 상경한 젊은 여성들의 고단한 삶을 묘사하면서 도시와 농촌, 계층 간의 계급적 차이, 상류층의 비도덕성으로 얼룩진 1970년대 한국사회의 일그러진 모습을 폭로하고 있다. 이들 영화에서의 성은 가난하고 소외된 사람들에게 인생의 마지막 생존을 위한 하나의 피난처였던 것에 반해 성공한 사람들과 지식인, 대학생들에게는 사회적 지배층으로서의 특권과 자유로 포장된 권력의 주체로 묘사되고 있다. 이와 같은 영화적 흐름은 남성에 의한 기존의 성의 개념을 여성의 주체와 자유의 상징으로 전복시키는 의도치 않은 변화를 촉발시켰다. 따라서 호스티스 영화로 불리는 이 시기의 영화들은 1970년대 한국사회구조의 불평등과 함께 성에 대한 기존 개념에 대항하는 새로운 의미의 영화가 되었다. 그리고 이것은 베이비 붐 세대의 등장과 함께 청년의 대중문화 논쟁이 촉발되면서 한국영화에 대한 비판적 논의, 새로운 시도와 연결되었다. 이는 청년문화, 대중문화와 하길종, 변인식을 비롯한 이른바 영상시대가 일정한 문화적 시대성을 공유한 것으로 볼 수 있다.

영상시대의 핵심인물들은 기본적으로 유신시기의 숨막힐 듯한 영화검열과 제도에 대해 비판적 시각을 견지하면서도 텔레비전 수상기 보급으로 인한 영화 관객 수 감소로 인한 산업적 타격에 주목했다. 이러한 영화산업의 실질적인 어려움을 돌파하기 위해 영상시대는 기존의 영화제작의 행태에서 벗어나 보다 정확한 관객 목표를 설정하고 그들에 부합한 새로운 제작수법을 통해 이를 극복하고자 했다. 여기에는 베이비 붐 세대의 성장으로 인한 대중문화의 주체세력이 바뀌었다는 현실적 문제도 고려되었다. 따라서 이 시기 영상시대의 목표는 대중성을 확보함으로써 어려움에 처한 한국영화를 구출하는 것이었다. 그들의 진단은 비교적 정확했다. 그 결과 등장한 것이 기존 영화의 관습적인 시각으로부터 벗어나 성에 대한 과감한 해석과 청년문화 논쟁을 통해 대중문화의 주류로 떠오른 대학생과 젊은 청년들을 대상화하는 것이었다. 그러나 그들의 시도, 즉 젊은 청년들을 대상화함으로써 현실사회에 대한 부조리함을 드러내고자 한 것은 낭만적 저항과 순응주의로 귀결되었다. 따라서 1970년대의 영화적 시도는 시도로서의 의미가 있는 것이다. 문제는 바로 이 지점, 영상시대를 중심으로 1970년대 한국영화를 이끌었던 많은 영화감독들의 좌절이 유신이라는 거대한 정치체제로 우리에게 다가오면서 1970년대 한국영화 역사에 대한 판단을 흐리게 한다는 사실이다. 이러한 판단 이면에는 역사적 책임에 대한 교묘한 논리가 숨어있다고 할 수 있다.

우선 1970년대 한국영화는 유신체제라는 강력한 정부의 통제 정책으로 인해 창작의 자유가 제한되어 있었고 텔레비전이라는 경쟁매체로 인해 급격한 관객 감소라는 상황에 직면해 있었다. 이 두 가지 요인으로 인해 1970년대 한국영화는 침체될 수밖에 없었다는 사실에 대해서는 대체로 동의하고 있다. 그런데 문제는 이 두 가지 요소가 영화의 역사를 결정한 매우 중요한 것임을 인정함에도 불구하고 그것을 극복한 사례들은 다른 많은 영화 역사 속에서 찾아 볼 수 있다는 점이다. 예컨대 급격한 관객 감소에도 혁신적인 창작 법칙과 전략으로 극복한 프랑스의 누벨바그, 미국의 뉴 할리우드 시네마가 그러한 전형적 예인 것이다. 그렇기 때문에 1970년대 한국영화의 어려움을 유신체제와 같은 외부적 요인에만 전적으로 돌리는 것은 그리 합리적이라 할 수 없다. 오히려 경계해야 할 것은 많은 영화인들이 유신체제의 정치와 이데올로기에 협력하면서 이 시기 한국영화의 어려움을 불가피한 외부적 상황으로 돌리고 영화 내부의 역량문제를 드러내지 않고 있다는 사실이다. 이로 인해 이 시기의 영화와 사람들은 스스로 시대의 면책특권을 부여받으면서 오히려 영화의 본질을 호도하고 있다는 점이다.

변증법은 모든 역사가 발전하고 진보하는 것을 상정하고 궁극적으로는 그 방향으로 나아가고 있음을 확고한 신념으로 믿는 이론이다. 그렇지만 때론 전쟁과 강력한 독재자가 지배한 시기에서는 역사의 발전과 진보가 일시적으로 후퇴할 수도 있는 역변증(逆辨證)의 역사도 존재한다. 문제는 그것의 본질을 호도하지 않으면서 자신의 시대적, 역사적 책임을 성찰할 때 역변증이라는 역사의 수레바퀴에서 벗어날 수 있다는 것이다.

제 5 장

비극의 탄생과
문화적 회유의 시기

1980-1987

1. 비극의 탄생과 투쟁의 지속

1979년 10.26사건으로 박정희 정권의 유신체제가 막을 내린 후 많은 한국인들은 새로운 민주주의 시대가 올 것으로 기대했다. 이는 1979년 10월 27일 새벽 2시에 소집된 비상국무회의에서 국무총리인 최규하를 대통령 권한대행으로 의결하고 12월 6일 통일주체국민회의에서 제적대의원 2,560명 중 2,549명이 참석하여 2,465표의 찬성을 통해 제10대 대통령으로 선출되고 난 후 그 다음날인 12월 7일 긴급조치 제9호의 해제를 의결하면서 한국의 민주주의는 가시화 되는 듯 보였다.[1] 비록 제주도를 제외한 전국비상계엄이 유지되고 있었던 상황이었기에 일말의 불안감은 존재했지만 한국에서의 민주주의 도래는 역사적 흐름으로 여겨졌다.

그러나 새로운 시대에 대한 한국인들의 염원이 한낱 헛된 꿈에 지나지 않고 더 큰 비극으로 다가오고 있었다는 사실을 확인하게 된 것은 그리 오랜 시간이 걸리지 않았다. 그것은 1979년 12월 12일 '생일 집 잔치'라는 암호명으로 경복궁 30경비사단실에 집결한 전두환 휘하의 군대 사조직인 '하나회' 중심의 쿠데타로부터 비롯되었다. 그들은 이날 박정희 대통령 시해사건과 관련하여 김재규의 내란 방조죄로 정승화 육군참모총장 등 5명의 장성을 연행하기 위해 12.12사태를 일으켰다. 그 과정에서 국군통수권자인 최규하 대통령의 사전 허락 없이 전후방의 부대를 불법으로 출동시켜 계엄사령관인 정승화 대장을 구금했다.[2] 그리고 그들은 "쿠데타 다음 날인 13일자로 이희성 중장을 대장으로 승진시켜 육군참모총장 겸 계엄사령관으로 임명하였고, 수도경비사령관에는 노태우 소장, 특전사령관에는 정호용 소장, 유병현은 합참의장, 황영시는 육군참모차장, 김복동은 육사교장, 유학성은 3군사령관,

---

1) 김행선, 『1980년대 전두환 정권의 수립』, 도서출판 선인, 2015, 36쪽.
2) 위의 책, 43쪽.

박준병은 국군보안사령관의 자리를 차지했다. 서로 별을 달아주면서 좋다는 자리는 모두 자기들 것으로 만들어 버린 것이다."[3] 12.12사태로 권력을 장악한 이들 신군부세력은 이후 한국사회변화의 중심이 되었다.

이러한 상황전개를 많은 한국인들은 매우 우려스럽게 바라보았고 민주화를 향한 정치일정 역시 불투명해져 갔다. 최규하 정부는 1980년 2월 29일자로 전 신민당 대통령 후보였던 김대중 등 575명에 대해 일반복권을, 천주교 지학순 주교 등 112명에 대해 특별복권조치를 하는 등 모두 687명에 대해 복권 조치를 내리고 초, 중, 고등학교 각 급 학교 교과서에 반영되어 있는 유신이념에 관한 내용을 조사해서 1981년 신학기부터는 이를 제외시켜 가르칠 방침이라고 밝혔다.[4] 그러나 전두환의 신군부 세력에 의해 장악된 한국사회의 민주화는 한국인들의 염원과 달리 빠른 속도로 안개 속에 휩싸여 멀어져 가는 듯 보였다. 이런 상황 속에서도 정치권을 비롯한 민주세력은 보다 진전된 민주화와 투명한 정치일정을 정부에 요구했다. 이때부터 광주항쟁이 일어나기 전까지 한국에서는 전두환의 신군부세력의 정권장악 기도를 저지하기 위한 정치권을 비롯한 다양한 민주세력과 신군부세력간의 팽팽한 긴장감이 조성되었다. 특히 긴급조치 제9호가 해제된 1980년 초 서울의 봄이라 일컫는 김대중, 김영삼, 김종필로 대변되는 3김씨의 정치활동 재개와 학생들의 민주화 요구, 노동자들의 노조설립과 노동조건의 개선 요구는 이를 대변해주고 있다. 그 중에서도 1980년 3월 15일 야당인 신민당의 '민주화촉진궐기대회'에서 조국의 민주화를 민족의 지상명령이자 역사의 도도한 흐름이며, 누구도 억누를 수 없는 온 국민의 열망임을 확인한다고 한 것은 민주화에 대한 열망과 당시 신군부가 장악하고 있던 사회에 내재되어 있는 불안감이 공존했음을 보여준 장면이라 할 수 있다. 이러한 불

---

3) 박세길, 『다시 쓰는 한국현대사3』, 돌배게, 2018, 20쪽.
4) 김행선, 앞의 책, 37쪽.

안함에도 불구하고 그동안 억눌렸던 민주화에 대한 요구는 다양한 영역에서 분출되었다. 이를테면 1980년 3월 4일 구로공단의 '남화전자'에서 시작된 신규노조결성투쟁은 경남 지역에서 15개 신규노조가 탄생되는 등 각지로 퍼져나가 5.17신군부쿠데타가 발생하기 전까지 약 8만 명이 새로운 노동조합에 가입하도록 견인했으며[5] 4월 9일 청계피복노동조합의 농성을 효시로 동시다발적으로 발생한 노사분규와 연결되었다. 특히 4월 21일부터 24일까지 강원도 사북의 동원탄좌광업소에서 노동자와 주민이 합세해 어용노조퇴진, 노조지부장 직선제, 비인간적 처우개선, 임금인상 및 도급제도의 개선, 기타 후생복지제도의 개선을 요구하며[6] 치열하게 전개되었던 투쟁은 이후 인천제철, 일신제강, 동국제강, 원진 레이온 등 대규모 사업장에서 경찰과의 충돌로 이어졌다.[7]

여기에 1980년 3월 28일 서울대를 시작으로 4월 초순 무렵 전국의 주요 대학에서 학생회 건설이 마무리 되면서 학생들은 본격적인 학원민주화 투쟁으로 나아갔다. 그것은 유신체제와 밀접한 관련을 맺고 있는 총학장, 어용교수, 폭력, 무능교수 퇴진 및 족벌재단의 비리척결, 병영집체교육 거부 등이었다. 특히 4월 병영집체훈련 거부문제가 전면에 등장하게 되면서 학내의 자율화와 민주화에 집중되었던 그간의 투쟁은 점차 비상계엄해제, 과도기단축, 정치일정단축, 민주화일정촉진, 언론자유확대, 유신잔존세력 퇴진, 유신잔재 청산 등 전면적인 민주화 시위로 양상이 바뀌어갔다.[8] 학생들은 1980년 5월에 접어들자 투쟁목표를 '계엄령 해제'로 집중하면서 가두시위의 필요성을 제기하였다.[9] 그 결과 5월 14일 새벽 4시 30분 고려대 총학생

---

5) 박세길, 앞의 책, 27쪽.
6) 김행선, 앞의 책, 53쪽.
7) 박세길, 앞의 책, 31쪽.
8) 김행선, 앞의 책, 55쪽, 57쪽.
9) 박세길, 앞의 책, 34쪽

회장실에 모인 서울지역 27개 대학의 총학생회 대표 40명은 학생시위의 가두진출 여부를 놓고 토론한 끝에 "우리의 평화적 교내시위는 이제 끝났다. 교문을 박차고 나가 싸울 것이다"라고 결의한 후 그날 정오를 기해 7만여 명에 달하는 학생들이 일제히 거리로 쏟아져 나왔다.[10] 이튿날인 5월 15일에는 규모가 확대되어 서울역 앞에는 서울시내 대학의 학생 10만여 명이 운집해 계엄철폐를 외치면서 민주화 일정 제시를 요구했을 뿐만 아니라 지방에 있는 26개 대학에서도 투쟁에 참가하였다. 이날 서울역 광장에 집결한 학생들은 신군부의 전두환과 최규하 정부에 대한 대규모 성토대회를 열었다. 또한 이날 학생들의 주장을 전폭적으로 지지하는 각계 저명인사들의 시국성명이 발표됐고, 김대중, 김영삼은 16일 긴급회동을 갖고 협력을 다짐하면서 즉각적인 비상계엄 해제를 건의하기로 하였다.[11] 그러나 총학생회 대표들은 "시민들의 호응이 없는 상황에서 야밤중에 군인들과 충돌하는 것은 현명치 못하다는"[12] 이유로 오후 8시 30분경 시위를 해산하고 철야농성을 위해 교내로 돌아가기로 결정했다. 이것이 이른바 '서울역 회군'인 것이다.[13] 이로써 서울역 앞 시위는 막을 내리게 되었다.

실제로 1980년 봄 이 시기는 한국정치가 군사독재체제로 가느냐 아니면 민주화로 진전되느냐 하는 중요한 분기점에 있었다.[14] 이러한 상황임에도 불구하고 계엄령 해제를 요구한 대학생들을 비롯한 재야인사, 정치인들의 민주화에 대한 시국인식은 전두환을 비롯한 신군부 세력의 권력욕망을 넘어서지는 못했다고 할 수 있다. 신군부 세력은 이와 같은 상황을 예상하고 군부대에 진압훈련인 충정훈련의 실시를 1980년 2월 18일에 실시하

---

10) 강준만, 『한국현대사 산책(1980년대 편 1권)』, 인물과 사상사, 2014, 99쪽.
11) 박세길, 앞의 책, 37-38쪽 참고.
12) 김충식·이도성 공저, 『남산의 부장들3』, 동아일보사, 1993, 160쪽.
13) 강준만, 『한국현대사 산책(1980년대 편 1권)』, 앞의 책, 103쪽.
14) 김행선, 앞의 책, 61쪽.

면서 이에 대비하고 있었다. 전두환의 신군부 세력은 이러한 기회를 놓치지 않았으며 곧바로 이들을 제압할 수 있는 비상계엄확대조치를 최규하 대통령에게 강압적으로 요구했다. 전두환은 당시 국방장관이었던 주영복과 함께 최규하 대통령으로부터 계엄확대 요구를 승인받고 5월 17일 밤 12시를 기해 비상계엄선포지역을 전국일원으로 확대하기로 의결하고 5월 18일 오전 2시 30분경 전국 92개 대학과 국회를 포함한 136개 주요보안 목표에 계엄군 2만 5천명을 배치하였다.[15] 그리고 미리 작성된 명단에 따라 김대중을 비롯한 정치인들과 문익환, 리영희 등의 재야인사들을 차례로 체포하였고 5월 18일 발효된 포고령 10호에 의해 모든 정치활동이 금지되었다. 이로써 전두환의 신군부 세력의 집권 목표는 차근차근 진행되어갔고 동시에 이는 광주의 비극 탄생을 예고하고 있었다.

　5.17비상계엄확대조치로 전국은 급속도로 전두환을 비롯한 신군부 세력에게로 권력이 집중되었고, 이는 박정희 정권에 이어 또 다른 군사정부가 시작된 것과 다름없었다. 이로 인해 정치인들과 재야인사, 학생들, 노동자들은 사실상 저항력을 상실했다. 그러나 광주에서는 모든 시위를 중단했던 서울에서와 달리 16일에도 시위가 열렸으며 휴교령이 내려지면 '오전 10시 전남대 정문', '정오 도청 앞'이라는 행동방침을 정해놓고 있었다. 비극의 시

---

15) 위의 책, 63쪽. 참고로 이때 발표된 계엄확대 포고령10호의 주요내용은 다음과 같다. 가. 모든 정치활동을 중지하며, 정치목적의 옥내외 집회 및 시위를 일체 금한다. 정치활동 목적이 아닌 옥내외 집회는 신고를 하여야 한다. 단, 관혼상제의 의례적인 비정치적 순수종교 행사의 경우는 예외로 하되 정치적 발언을 일체 불허한다. 나. 언론, 출판, 보도 및 방송은 사전검열을 받아야 한다. 다. 각 대학(전문대학 포함)은 당분간 휴교 조처한다. 라. 정당한 이유 없는 직장 이탈이나 태업 및 파업 행위를 일체 금한다. 마. 유언비어의 날조 및 유포를 금한다. 유언비어가 아닐지라도 1. 전·현직 국가원수를 모독 비방하는 행위, 2. 북괴와 동일한 주장 및 용어를 사용, 선동하는 행위, 3. 공공집회에서 목적 이외의 선동적 발언 및 질서를 문란시키는 행위는 일체 불허한다. 바. 국민의 일상생활과 정상적 경제활동의 자유는 최대한 보장한다. 사. 외국인의 출입국과 국내여행 등 활동의 자유는 최대한 보장한다. 본 포고를 위반한 자는 영장 없이 체포, 구금, 수색하며 엄중 처단한다.-한국역사연구회 현대사연구반, 『한국현대사4』, 풀빛, 1991, 28-29쪽.

작은 5월 18일 비상계엄확대조치로 전남대학교에 진주하고 있던 7공수 군인들이 학교에 남아있거나 공부하기 위해 등교한 학생들을 폭력적으로 제지하면서 피투성이가 되도록 구타한 행위로부터 촉발되었다. 이후 학생들은 학교를 점령한 공수부대를 향해 "비상계엄 해제하라", "공수부대 물러가라"를 외치면서 도청으로 집결하여 시위를 벌였다. 전두환은 즉각 공수부대를 광주시내에 투입하여 무자비한 진압작전을 전개하였다. 이를 본 광주시민들의 분노가 이어져 학생들의 시위는 점차 시민항쟁으로 변하기 시작했다. 19일 11공수여단이 광주에 증파되었고, 20일, 21일에는 군인들에 의해 사상자가 발생했음에도 올바른 보도를 하지 않는 언론에 대한 항의로 시위대에 의해 광주 MBC, 광주 KBS 건물이 차례로 불타올랐다. 5월 20일 새벽 6시경 사직공원 근처 전남양조장 공터에서 한 노동자의 시체가 발견되면서 시위는 완전히 다른 양상으로 변모하였다. 즉 오후 6시경 택시 운전기사 200여 명이 각종 차량을 몰고 전남도청을 향해 시위를 벌였고 전남도청을 중심으로 집결한 수많은 시민들의 공세에 밀린 공수부대는 발포로 응수했고 사망자가 늘어나기 시작했다. 그 다음날인 5월 21일 새벽녘 공수부대에 의해 무참히 학살된 두 구의 시신이 발견되었고, 이를 보고 분노한 시민들이 아세아 자동차 공장에서 장갑차와 자동차를 몰고 도청 앞의 시위대에 합류하였다. 그리고 오후 1시경 광성여객 버스가 계엄군 근처에 접근했을 때 애국가가 연주되면서 공수부대 군인들에 의해 일제히 사격이 시작되었다. 이때 수많은 희생자가 발생되었고 시민들은 자발적으로 파출소 등의 무기고에 몰려가 총을 들고 무장하기 시작하였다. 이때부터 무장시위대가 등장한 것이다. 시민군이 출현하자 계엄군은 오후 5시경 광주시 외곽으로 철수해 광주시를 봉쇄했다. 이때가 이른바 해방 광주의 시기라 할 수 있다. 이 무렵 수습대책위원회가 구성되고 상황실이 운영되었다. 그리고 5월 26일 오후 3시부터 '제5차 민주수호 범시민궐기대회'가 시작되었지만 그것이 해방 광주의 마지막 순간이었다. 그 다음날인 5월 27일 새벽 2시를 전후해 광주 시내에는 "사랑하는 우리 형제, 우리 자매들이 계엄군의 총칼에 숨져가고 있습니다. 우리 모두 일어나서 끝까지 싸웁시다. 우리는 광주를 사수할 것입니다. 우리를 잊지 말아 주십시오. 우리는 끝까지 싸울 것입니다. 시민 여러분! 계엄군이 쳐들어오고 있습니다"라는 가두방송을 혼자 처절하게 하고 있던 송원대 여학생 박영순의 목소리를 뒤로 하고 3시 30분 계엄군의 총소리가 사방에 울려 퍼지고 마지막까지 도청을 사수하고 있던 최후의 시민저항군들이 무참히 죽어가고 체포되면서 광주항쟁은 비극적으로 진압되고 말았다. 계엄령해제와 민주주의를 요구한 광주시민들을 향해 전두환의 신군부 세력들이 광주에 투입한 병력은 3개의 공수여단, 즉 3공수, 7공수, 11공수와 20사단의 병력을 포함하여 2만 명에 육박하였다.[16] 그들은 자신들의 권력 찬탈을 위해 수많은 광주의 시민들을 학살하고 희생시켰던 것이다. 이후 광주시민들은 폭도로, 심지어 북한군의 조정을 받은 시민으로 폄하되었고 1980년 광주항쟁 때와 같이 광주는 고립된 외로운 대한민국의 섬이 되었다. 이것은 "5.18 1주기를 맞이해 학살당한 사람들을 기억해야하는 광주시민들의 슬픔과 분노, 비통함을 대변해주고 있는 '세월은 덧없고 인간은 무심하다 하던가요!'라는 광주의 대학생들이 만든 유인물을 통해 나타나고 있다."[17] 광주의 비극은 이렇게 전두환을 비롯한 신군부 세력들의 권력욕망에 의해 탄생되었다.

　광주항쟁을 진압한 이후 전두환은 그동안 치밀하게 준비해왔던 다양한 조치들을 일사천리로 단행했다. 그것은 5월 31일 비상계엄 하에서 대통령이 계엄업무를 지휘 감독하고 내각과 계엄당국 간의 협조를 긴밀하게 하기 위해 대통령의 자문보좌기관으로 국가보위비상대책위원회(국보위)를 설치하여

---

16) 박세길, 앞의 책, 78쪽.
17) 김정한 외 지음, 『한국현대생활문화사 1980년대』, 창비, 2016, 40쪽.

전두환 스스로가 상임위원장을 맡게 됨으로서 실질적인 최고 권력자가 되었다. 8월 19일에는 임기 7년 단임, 선거인단에 의한 간접선거를 하는 새헌법안을 확정지었으며 8월 27일 전두환은 통일주체국민회의 선거에 단독 출마하여 2,525명의 투표자 가운데 무효 1표를 제외한 2,524표라는 100% 득표율로 제11대 대통령에 당선되었다. 10월 28일에는 국회를 대신해 만들어진 국가보위입법회의법이 공포되었다. 국가보위입법회의(입법회의)는 국회가 개원하기 전날인 1981년 4월 10일까지 존속한 것으로 제5공화국 출범 이후 전개될 정치의 틀을 재조정하는 역할을 담당하였다. 입법회의에서는 기성정치인의 활동을 8년 동안 금지하는 것을 주 내용으로 하는 정치활동규제법, 그리고 규제법에 규제되는 사람은 공직선거에 출마하거나 특정후보자를 지지 또는 반대하는 행위를 할 수 없는 것은 물론, 정치적 사회단체 등의 범위에 관한 규정이 정한 사회단체나 정치적 집회에 관여할 수 없도록 한 집회 및 시위에 관한 법률 개정안이 확정되었다. 이와 함께 방송공영화, 신문과 방송의 겸영금지, 신문 통폐합, 중앙지의 지방주재 기자철수, 지방지의 1도 1사제, 통신사 단일화를 내용으로 한 1980년 11월 12일 발표된 언론 통폐합 조치,[18] 언론기본법, 국가보안법 개정안, 노동법 개정안, 대통령 간선제를 위한 선거법 등이 통과되었다. 전두환은 국가보위입법회의법의 대통령 간선제에 의해 1981년 2월 25일 또 다시 통일주체국민회의 선거를 통해 제12대 대통령으로 선출되어 3월 3일 취임식을 하였다. 여기서 그는 1980년 9월 1일 11대 대통령 취임사에서 밝힌 '민주주의 토착화' '복지사회의 건설' '정의사회의 구현' '교육혁신과 문화 창달'을 제5공화국의 4대 국정지표로서 더욱 다져 튼튼하게 뿌리내리겠다고 했다. 이중 어느 것 하나도 부합되지 않는 정

---

18) 언론 통폐합이 시행되기 전 한국에서는 63개의 언론사가 존재했다. 그 중 방송사는 29개였으나 라디오를 포함해서 KBS, MBC, CBS 3개 방송사만 남았다. 특히 텔레비전 방송은 TBC가 KBS에 통합됨으로써 KBS와 MBC만 남게 되었다.-김학선 지음, 『24시간 시대의 탄생』, 창비, 2020, 132쪽.

통성이 결여된 전두환 정권의 4대 국정지표는 애초부터 자기모순이었다. 이는 이 시기 실시한 여론조사를 통해 나타났다. 예컨대 현대사회연구소에서 실시한 1981년의 여론조사에서는 1,218명의 응답자 중 77%가 경제발전에 다소 지장이 있더라도 민주주의는 꼭 실현되어야 한다고 했고, 1982년의 경우 1,196명의 응답자 중 79%가 그렇다고 하였다.[19] 또한 1983년 2,338명을 대상으로 사회정치적 태도척도를 구성하는 여론조사에서도 66.5%가 국가발전을 위해서는 국가 안보에 설령 어려움이 따르더라도 민주주의는 꼭 실현되어야 한다고 했다.[20] 쿠데타에 의한 전두환 정권 등장의 역사적 모순은 경제성장과 반공의식보다 오히려 민주주의에 대한 한국인들의 열망을 보여주고 있는 것에서 확인되고 있었던 것이다. 이는 1980년 광주학살을 통해 성립된 전두환 정권의 폭력적 탄압에도 불구하고 민주주의를 위한 한국인들의 지속적인 저항과 투쟁을 견인하였다고 할 수 있다. 이것이 표면적으로 드러나기 시작한 것 중 하나가 쿠데타로 권력을 찬탈한 전두환 정권에 대한 미국의 용인으로 비롯된 반미의식이었다.

그것은 1980년 12월 9일 밤 가톨릭농민회 전남연합회 광주분회 몇몇 회원들이 광주미문화원의 지붕을 뚫고 방화한 사건을 시작으로 1982년 3월 18일 부산미문화원방화사건, 1983년 레이건 미국대통령 방한 반대사건, 1985년 5월 23일 73명의 학생들에 의한 서울미문화원점거농성으로 나타났다. 한국에서의 미문화원방화사건과 미국대통령방한반대사건은 광주항쟁과 전두환 정권, 미국과의 연결고리를 폭로하는 것이었고, 이는 한국사회에서 반미의식을 불러일으키는 계기가 되기도 했다. 여기에 1983년 12월부터 전두환 정권의 탄압의 강도가 점차 완화되기 시작한 일련의 유화정책, 즉 "해직교수복직(1983년 12월 6일), 제적학생 복교·복적(1983년 12월 21일), 정치

---

19) 김동일, 「국민의식 변화 연구」, 『현대사회』 겨울호, 1982, 115쪽.
20) 현대사회연구소, 『국민의식에 관한 조사 연구』, 현대사회연구소, 1983, 96쪽.

활동규제자 해제(1983년 2월 25일 1차 해금에 이어 1984년 2월 25일 2차 해금, 1984년 11월 30일 3차 해금), 학원 투입경찰병력 철수(1984년 2월 29일), 구속학생석방(1984년 3월 2일), 교복자율화(1984년 4월), 김대중, 김영삼 등 미해금자 14명에 대한 해금조치(1985년 3월 6일)"[21] 등으로 인한 기조변화는 광주항쟁으로 촉발된 민주화에 대한 끊임없는 저항이 빠른 속도로 전국적으로 전개되는 계기가 되었다. 이 무렵 "민주화 투쟁에 참여한 대학생들의 규모는 비약적으로 확대되었으며 학생운동을 마감하고 사회에 진출한 청년들은 '민주화운동청년연합(민청련,1983년 9월)'을 결성했고, 야당 정치인들은 '민주화추진협의회(민추협, 1984년 5월)'를 결성하여 대정부 공세를 강화하기 시작하였다."[22] 또한 "1984년 5월 대구에서 택시 운전기사 1,000여명이 사납금 인하, 노조 결성 방해 중지 등의 요구사항을 내걸고 총파업에 돌입하자 부산, 대전, 마산, 강릉 등지로 파급되어 1984년 한 해 동안 200여개의 노동조합이 새로 결성되었다."[23] 그리고 1984년 무안 농민대회에 이어 1985년 소 값 파동으로 농민들의 시위가 발생했다. 특히 이 시기 대학생들의 민주화를 위한 저항은 전방입소반대투쟁으로 이어졌고 1985년 민청련 김근태의 고문사건, 1986년 5.3인천 투쟁 조사과정에서의 성고문 등이 폭로되면서 전두환 정권의 폭력성과 부도덕성이 또 다시 드러났다. 이러한 일련의 투쟁, 사건과 함께 "1985년 6월 24일에서 29일 사이 일어난 구로동맹파업은 노학(勞學)연대의 결실이 구체적으로 드러난 사건으로, 이는 한국전쟁 이후 최초의 노동자 정치투쟁으로서 1987년 7-9월 노동자대투쟁의 가능성을 담보하면서 민주화 투쟁이 전방위적 계층으로 확대되었다는 것을 의미하였다."[24]

---

21) 홍덕률, 「1980년대 한국사회의 지배구조 변화」, 『사회과학연구』 Vol.2 No.1, 대구대학교 사회과학연구소, 1995, 365쪽.
22) 박세길, 앞의 책, 161쪽.
23) 위의 책, 169쪽.
24) 김정한 외 지음, 앞의 책, 42-43쪽.

이러한 투쟁이 재야, 대학생들을 중심으로 이루어졌다면 정치권에서는 김대중, 김영삼의 야당이 1985년 2월 12일 12대 국회의원 선거에 전격적으로 참여하면서 새로운 국면을 맞이하였다. 이때 야당이 선거에 참여한 결과 여당인 민주정의당이 획득한 득표율은 35.25%에 불과한 반면 신한민주당 29.26%, 민주한국당 19.68%, 한국국민당 9.16%로 야당이 압도적인 득표율을 기록하였다. 이때 한 지역에서 2명의 국회의원을 뽑는 중대선거구제를 채택한 선출방식에 의해 민주정의당은 지역구 87석, 신한민주당 50석, 민주한국당 26석, 한국국민당 15석, 기타 6석으로 야당의 우세가 확실해졌다.[25] 이러한 민심을 확인한 신한민주당은 1986년 3월 11일 전격적으로 개헌추진위원회를 결성하여 서울지부부터 순차적으로 전국의 지부를 결성하기 시작하였다. 이 결성대회에는 수많은 사람들이 몰려들었고 특히 광주에서 있었던 개헌추진위원회 결성 대회에는 30만 명이 몰려들어 전두환 정권에 대한 반감이 국민들 속에 얼마나 뿌리 깊게 내재되어 있는지를 보여주었다.

그리고 1987년 1월 서울대생 박종철 군이 고문으로 사망한 사건이 발생했다. 전두환 정권은 이 사건을 은폐하였고 그동안 수많은 저항과 투쟁을 통해 민주주의를 요구한 국민들의 개헌요구를 거부하면서 장기집권을 획책할 목적으로 4.13호헌조치를 발표했다. 그러나 1987년 5월 18일 광주항쟁 7주년 추모미사에서 김승훈 신부가 박종철 군이 고문으로 사망했고 고문한 경관이 모두 5명임을 폭로했다. 이후 5월 27일 '민주통일민중운동연합(민통련)'과 야당인 '통일민주당'이 주축이 되어 광범위한 민주세력을 묶어 2,200여명의 대규모 발기인으로 '민주헌법쟁취국민운동본부'를 발족시켜 본격적인 투쟁에 나섰다. 6월 9일에는 시위도중 연세대생 이한열 군이 경찰이 쏜 최루탄에 맞아 의식을 잃은 사건이 또 다시 발생했다. 민주헌법쟁취국민운동본부

---

25) 정태일, 「1980년대 한국의 민주화운동과 정치구조의 변화」, 『한국동북아논총』 제63호, 한국동북아학회, 2012, 196쪽-197쪽.

는 잠실체육관에서 민주정의당(민정당) 대통령 후보 선출식에 맞춰 6.10국민대회를 열었다. 전국에서 수많은 사람들이 모여 호헌철폐, 독재타도, 미국반대를 외쳤다. 이러한 역사적 흐름을 확인한 민정당의 대통령 후보인 노태우는 직선제 개헌을 수용하고, 구속자를 석방하고, 김대중씨를 사면, 복권하지 않으면 대통령 후보를 사퇴하겠다는 6.29선언을 발표했다. 그리고 7월 2일 그동안 사경을 헤매고 있던 이한열 군이 숨을 거두고 7월 9일 서울시청 앞 광장에서 열린 장례식에는 100만 여명이 넘는 인파가 몰려들었다. 이후 대한민국은 1980년 광주항쟁에서부터 비롯된 민주화 투쟁의 구체적 성과물인 직선제 개헌을 이끌어내 민주화의 시기로 접어들 수 있는 토대를 마련하였다. 이것은 전두환을 비롯한 신군부 세력의 권력 욕망을 "남산의 국가안전기획부(현 국가정보원), 용산 서빙고의 국군보안사령부 분실(현 군사안보지원사령부), 남영동의 치안본부 대공분실 등 정보, 공안 기관들을 중심으로 정부에 비판적인 사람들의 인간성을 말살하면서 폭력정치를 자행해 온"[26] 통치가 서서히 막을 내리게 되면서 민주화로 이행하기 시작하였다는 것을 의미한다. 이는 이 시기가 전두환과 신군부 세력의 권력 탈취과정과 이에 대한 저항과 투쟁의 과정 속에 존재했고, 한국영화는 이러한 역사적 전개과정으로부터 결코 벗어날 수 없었으며, 이로부터 형성된 시대적 요청과 현실에 대한 이해와 대응이 이 시기 영화의 특징과 연결되었다고 할 수 있다.

2. 문화적 회유와 영화

쿠데타로 정권을 찬탈한 전두환의 제5공화국은 정통성이 결여된 정부였다. 이것은 전두환 정권이 1979년 12.12쿠데타와 1980년 5.18광주학살을

---

26) 김정한 외 지음, 앞의 책, 41쪽.

통해 집권했기에 정치적 정당성이 애초부터 존재하지 않았다는 것을 의미한다. 이와 같은 이유로 전두환 정권은 다양한 형태의 문화정책을 통해 이를 가리고자 하였다. 이러한 목표는 1980년 9월 1일 제11대 대통령 취임식에서 국정지표로 제시한 민주주의 토착화, 복지사회의 건설, 정의사회의 구현, 교육혁신과 문화 창달을 이듬해인 1981년 제5공화국 출범에서 다시 한 번 강조함으로써 확인된다. 그 중에서 문화 창달을 실현하기 위한 방안으로 전두환은 재임기간 동안 4차례에 걸쳐 문화에 대한 중장기 계획을 발표하면서 이를 구체화하였다. 우선 "1981년에는 '새 문화 정책'을 발표했다. 이때의 목표는 첫째, 문화적 주체성의 확립, 둘째, 문화적 혜택의 복지적 분배, 셋째, 창조적 문화역량의 제고, 넷째, 각종 문화시설의 사회교육 역할 제고였다. 두 번째 그의 문화정책은 1983년 제5차 경제사회발전 5개년 수정계획 문화예술부문 계획을 발표하면서 제시한 목표를 통해 드러난다. 이때 등장한 목표는 첫째, 문화시설의 확충과 지방 문화의 육성으로 국민 모두가 문화를 향유할 기회를 갖도록 하는 것, 둘째, 전통문화 유산의 개발과 창작 여건의 개선으로 문화의 주체성을 확립하여 가치관의 혼란을 막고 건전한 사회발전의 기초를 마련하는 것, 셋째, 86아시안 게임, 88올림픽을 계기로 민족문화의 우수성을 국제적으로 선양하는 것이었다. 그리고 세 번째 문화정책은 1984년 '지방문화 중흥 5개년계획'을 발표하면서 1984년부터 1988년까지 160억 5천만 원을 투입하여 시·도별로 일정 수준의 공연장과 전시실을 갖춘 종합문화회관 6개의 건립을 지원하는 등 지방 문화 활동과 문화시설을 확충하는 방안을 담고 있었다. 전두환 정권의 마지막 문화정책은 1986년 '제6차 경제사회발전 5개년 계획 문화부문 계획(1987-1991)'을 발표하면서 제시한 5대 목표를 통해 나타났다. 첫째는 문화 복지의 구현, 둘째가 문화적 주체성의 확립, 셋째가 문화 창조 능력의 활성화, 넷째가 문화의 국제화, 다섯째는 문화의 국가 발전 동력화이다."[27] 문화에 대한 전두환 정권의 이러한 일련의 정책과 목표는 문화관련 예산의 증가로 이어졌다. 이를테면 "1980년에는 281억 8천만에서 1981년에는 313억 6천만 원, 1982년에는 398억 3천만 원으로 상승했고, 1983년에는 388억 2천만 원에서, 1984년에는 437억 원, 1985년에는 586억 원, 1986년에는 746억 2천만 원, 1987년에는 688억 4천만 원으로 문화예산에 대한 지원이 증대되었다."[28] 문화정책에 대한 이러한 우호적 태도는 쿠데타와 광주학살을 통해 성립된 전두환 정권이 정통성에 대한 시비로부터 회피하기 위한 하나의 의도적 방편이라 할 수 있다. 이는 전두환 정권의 문화정책과 예산증가가 역설적으로 제5공화국의 성격을 규정하고 있는 것이다.

이 시기 전두환 정권의 또 다른 적극적 행보는 1980년 1월 19일 최규하 대통령에 의해 포기되었던 서울 올림픽 유치신청서를 11월 30일 IOC에 제출 한 것이었다. 여기에 같은 해 12월 1일부터 전격적인 컬러TV 방송시대가 열렸고, 1981년 5월 28일부터 6월 1일까지 5일간 여의도에서 전국대학생 민속국악 큰잔치라는 부제 아래 '국풍81'이 열렸다. 이러한 이벤트성 행사는 1981년 9월 30일 제24회 올림픽개최지로 서울이 확정된 것과 11월 26일 인도 뉴델리에서 제10회 아시안 게임의 서울개최가 만장일치로 결정되면서 더욱 가속화하였다. 특히 올림픽 게임, 아시안 게임과 같은 국제적인 스포츠 행사가 서울 유치로 결정된 이후 대한민국은 명실공히 스포츠 공화국으로 진입했다. 이는 제5공화국 정부 성립과정에서 자행된 수많은 불법과 잔인함으로 인식된 정권의 이미지를 약화시킬 수 있는 기회로 작용하였다. 이것은 올림픽 게임과 아시안 게임의 서울 유치가 불가피하게 자유화,

---

27) 구광모, 「우리나라 문화정책의 목표와 특성」, 『중앙행정논집』 제12권, 중앙대학교 국가정책연구소, 1998, 4-5쪽.
28) 이병량, 「한국 문화정책의 변화 추이와 내용에 관한 분석, 문화예산을 중심으로」, 『한국정책과학학회보』 8호, 한국정책과학학회, 2004, 107쪽.

개방화의 기조를 유지할 수밖에 없는 전두환 정권의 상황과 연결되었다. 이로 인해 한국사회는 예상치 못한 자유화, 개방화라는 위장된 외피 속으로 스며들었다. 이것은 컬러TV 방송에 이어 국풍81과 같은 노골적인 의도성이 보이는 이벤트성 축제와 함께 보다 공세적이고 적극적인 문화적 회유가 작동되었음을 의미한다.

이것이 표면적으로 나타나기 시작한 것이 1982년 1월 5일 밤 12시를 기해 전방 접경지역과 후방 해안지역을 제외한 전국에서의 통행금지 해제였다. 1945년 9월 7일 미군정 사령관 하지(J. Hodge)의 군정포고 1호로 통행금지가 시작된 이래 무려 36년만의 해제였다.[29] 이로 인해 그동안 하루 24시간에서 차압당했던 4시간이 국민들의 품으로 다시 돌아오게 되었다. 통금 해제는 이전까지 경험하지 못했던 새로운 밤의 문화를 열었다. 이에 대해 가장 민첩하고 신속한 반응은 통금 해제이후 한 달이 지난 2월 6일 서울극장에서 개봉한 정인엽의 영화 <애마부인>의 심야상영이었다. 이 영화는 6월 11일까지 장기 상영되어 31만 명의 관객을 동원하였고, 이후 1980년대 한국영화의 흐름변화에 특별한 역할을 하였다.

뿐만 아니라 1982년 3월 23일에는 지역연고 기반의 프로야구가 출범하여 전 국민을 프로야구에 몰입하도록 했다. 특히 지역연고의 프로야구 출범은 지역에 의한 편향된 시각 고착화라는 집단 인식을 형성하도록 하여 전두환 정권의 쿠데타와 광주학살에 대한 국민의 시각을 분열시키는데 중요한 작용을 하였다. 이로써 전두환 정권은 광주항쟁을 지역화, 고립화하는 데 어느 정도 성공하여 역사적인 비극적 사건으로서 한국사회에서 공론화되는 것을 통제하였다고 할 수 있다. 제5공화국에 의해 제공된 이러한 다양한 놀거리, 볼거리는 학생들의 교복 및 두발자유화 조치로 이어지면서 전두환 정권이 마치 자유적이고 개방적인 정부라는 위장된 이미지를 심어줄 수 있는

---

29) 강준만, 『한국현대사 산책(1980년대 편 2권)』, 인물과 사상사, 2014, 83쪽.

기제로 작용했다. 여기에 1983년 10월 4일부터 12일까지 서울에서 열린 제 70차 국제의회연맹(IPU) 개최는 전두환 정권으로 하여금 자유화, 개방화 노 선을 보다 적극적으로 전시한 또 다른 행사였다. 이와 같은 기조는 1983년 1월 1일부터 50세 이상이 1년간 은행에 200만원을 예치해 놓는 조건으로 1년에 1회씩 자유롭게 해외여행이 가능하도록 하였고, 1987년 9월부터는 해외여행 연령을 45세로 낮추면서 해외여행 자유화조치에 이르러 절정에 달했다.[30] 이른바 아시안게임과 올림픽게임을 앞두고 자유화, 개방화의 상 징적 정책들이 이 시기에 전개되었다. 이로 인해 한국사회는 예상치 못한 자 유화, 개방화라는 사회 속에 존재하게 되었고, 그것은 이 시기 문화적 현상 으로 나타났다. 이러한 현상은 다양한 문화적 이벤트를 통해 국민들의 관심 을 다른 쪽으로 유도함으로써 정권의 정통성 시비를 완화하는 전형적인 전 략과 맞닿아 있었다. 이와 같은 이유로 이 시기에는 크고 작은 다양한 이벤 트성 행사들이 많이 열렸고, 서울 올림픽과 아시안게임 유치와 프로야구 출 범의 스포츠 행사는 전두환 정권의 문화적 회유가 드러나는 하나의 상징이 었으며, 이는 취약한 정권의 정통성 시비를 가릴 수 있는 기제로 기능했다. 이렇듯 전두환 정권의 자유화, 개방화의 위장된 이미지 속에 내재되어 있는 문화적 회유는 다양한 국제적 행사를 통한 전시효과와 스포츠, 영화 등과 같은 감정의 출구를 열어놓은 정책을 통해 정권 유지를 위한 효과적 수단 으로 사용되었던 것이다. 궁극적으로 이것은 "광주학살이라는 만행을 저지 른 전두환 정권이 피로 얼룩진 정권 이미지에 부드러운 가면을 씌우고 국민 의 정치의식을 마비시키기 위해 각종 이벤트와 조치를 양산해낸 것이라 할 수 있다."[31] 특히 언론통폐합조치와 언론기본법을 통해 언론을 완전히 장악 한 상태에서 영화를 비롯한 여타의 매체들에게는 어느 정도 자유롭고 유연

---

30) 이희용, <이희용의 글로벌 시대, 해외여행 자유화 30년, 글로벌 에티켓은 몇 점?>, 연합뉴
　　스, 2019.01.07.
31) 강준만, 『한국현대사 산책(1980년대 편 2권)』, 앞의 책, 48쪽.

한 형태를 유지하도록 하여 이벤트성 국제행사 및 스포츠로 전두환 정권의 정통성 문제의 시비로부터 벗어나도록 유도한 것이다. 이것은 쿠데타와 동시에 언론을 장악하기 위한 신속한 조치에 비해 영화라는 매체를 전두환 정권의 권력유지에 있어 그리 중요한 것으로 인식하지 않았다는 것을 의미하기도 한다. 이를 단적으로 보여주고 있는 것이 1984년이 되어서야 비로소 영화법에 대한 개정이 이루어졌다는 점에서 알 수 있다. 전두환 정권의 이러한 인식, 즉 문화적 회유라는 틀 속에서 이용 대상으로 전락한 이 시기 영화는 그럼에도 불구하고 이에 대해 적극적으로 호응했다고 할 수 있다. 특히 이 시기 영화의 자극적이고 선정적인 성적 표현은 전두환 정권이 의도하고 있는 문화적 회유의 효과에 최적화된 형태로 부응하였다. 이와 같은 한국영화의 행태를 직접적이고 상징적으로 드러낸 것이 1977년 하길종이《영상시대》창간호에서 한국영화를 비판하기 위해 사용하기도 했던 "일제강점기 대동아연방이라는 말에서 비롯된 변방의 영화라는 의미의 '방화'라는 단어로 지칭되었다는 사실이다."[32] 이러한 시각은 자유화, 개방화라는 전두환 정권의 문화적 회유 속에 이루어진 영화시책들과 1984년, 1986년, 1987년 총 3차례에 걸쳐 개정된 영화법을 통해 적용되었다.

전두환 정권의 영화에 대한 정책 방향은 1981년 1월 1일부터 적용된 영화시책에서부터 나타나기 시작했다. 여기서는 외국영화 수입쿼터제를 유지하면서 극영화일 경우 편수를 22편 내외로 제한하였다. 그리고 영화업자별 의무제작편수 4편을 규정하여 이를 이행하지 않은 자는 외국영화 수입권 배정대상에서 제외했다. 영화시책에서는 새롭게 정립된 우수영화 개념인 예술성을 지니고 많은 사람이 보고 즐길 수 있으며 관객에게 감명을 주고 사회의 계도성과 교양성을 갖춘 독창적인 작품을 제작한 업자에게 외국영화 수입권을 주었다.[33] 이는 이전의 우수영화가 국가의 지배이데올로기를 충실

---

32) 정종화 지음, 『한국영화사』, 한국영상자료원, 2007, 190쪽.
33) 영화진흥공사, 『1981년도판 한국영화연감』, 1982, 149-150쪽.

히 묘사한 영화들이었던 반면 1981년에는 예술성과 대중성 확보가 중요한 기준이 된 것이다. 이와 같은 변화는 전두환 정권의 문화에 대한 전략과 일맥상통한 것이라 할 수 있다. 비록 1981년의 시책과 달리 1982년, 1983년의 영화시책의 목표와 별도 항목에서 과거에 중요한 기준이었던 반공과 안보 이데올로기를 다룬 영화제작이 다시 유도되었지만, 이는 정치권력과 밀접한 관계 속에 있는 텔레비전의 컬러화와 향후 영화를 어떤 수단으로 자리매김할 것인가에 대한 정권의 인식이 비교적 명확하게 드러나고 있었다.

또한 이 시기 영화제작 및 특징을 포함한 영화문화에 보다 직접적인 영향을 미친 것은 1981년 12월 31일 개정되고 1982년 3월 1일 시행된 소극장 설립에 관한 공연법을 들 수 있다. 공연법 개정안 제3장 제7조의 설치허가 등과 관련한 조항에서 공연장을 설치경영하고자 하는 자는 설치예정지를 관할하는 서울특별시장, 직할시장 또는 도지사의 허가를 받아야 하지만 대통령령이 정하는 소규모의 공연장 및 특수목적을 위한 공연장은 예외로 한다고 하여 소극장을 보다 쉽게 설치, 운영할 수 있도록 하였다. 이에 대한 구체적 규정은 대통령령이 정하는 공연법 시행령 제8조 '허가의 예외' 제3항을 들 수 있는데, 여기서는 객석이 300석이하이거나 객석의 바닥 면적이 300제곱미터 이하인 공연장은 설치를 자유롭게 할 수 있도록 하였다.[34] 이로 인해 소극장 수가 급격하게 증가하였고 개봉관과 재개봉관으로 구분되어 있던 기존의 상영구조에서 개봉관이 상대적으로 독점적 이익을 누리던 상황에 변화를 가져오게 되었다.[35] 이는 영화를 상영하는 방식과 공간의 다양성이 확보됨으로써 전통적인 극장상영 구조와 소비 방식에 대한 헤게모니가 붕괴

---

34) 국가법령정보센터(https://www.law.go.kr)

35) 김동호 외, 『한국영화정책사』, 나남출판, 2005, 259쪽, 261쪽.-일반극장과 소극장의 비율은 1982년, 일반극장 393개 소극장 9개에서 1983년 376개, 74개, 1984년 350개, 184개, 1985년 313개, 248개, 1986년 305개, 335개, 1987년 280개, 393개로 소극장의 수는 빠른 속도로 증가하였고 1986년에 이르면 소극장 수가 일반극장 수를 추월했음을 보여주고 있다.-영화진흥공사, 『1988년도판 영화연감』, 1988, 137쪽 참고.

되기 시작하였다는 것을 말한다. 이러한 정책방향은 "1984년 전두환의 영화 예술 및 영화산업 활성화 방안 지시에 의해 5월 영화진흥공사 주최로 영화법 개정을 위한 공청회를 개최하여 영화제작 자유화, 한국영화제작과 외국영화 수입의 연계 폐지, 스크린쿼터제의 운영방안, 진흥자금 조성을 통한 국산영화진흥방안에 관해 논의로 이어졌다."[36] 이를 토대로 1984년 12월 31일 제5차 영화법이 개정되고 공포되어 1985년 7월 1일 시행되었다. 제5차 영화법 개정의 주요내용은 영화의 제작 및 수입업을 하고자 할 때는 일정한 기준 하에 등록만 하면 별도의 허락 없이 영화업을 할 수 있도록 한 것이다. 1985년 7월 3일에는 동일 시행된 영화법 시행령 제2조 영화업 등록기준에 따라 5천만 원 이상의 자본금과 일정한 예탁금 납부로 일부개정 되었다. 특히 7월 5일 시행된 영화법 시행규칙 제2조 '예탁금의 금액 및 반환 등'에 의하면 극영화제작업일 경우 1억5천만 원, 극영화가 아닌 영화제작업은 6백만 원, 외국영화수입업은 7억 원으로 정해졌다.[37] 그리고 등록된 영화제작사가 정당한 사유 없이 1년 이상 영화를 제작 또는 수입한 실적이 없을 경우 등록취소요건에 해당되었다. 그러므로 영화업을 지속하기 위해서는 최소한 연간 1편 이상의 영화를 만들어야만 했다. 전두환 정권의 영화제작에 관한 자유화 정책의 일환으로 평가할 수 있는 것은 영화법 제5조의 2항 '영화의 독립제작제도' 조항을 들 수 있다. 즉 영화업자가 아니어도 문화공보부 장관에게 제작에 대한 일정한 요건을 갖추고 영화제작을 신고한 때는 연간 1편에 한해 영화를 제작할 수 있었다.[38] 그동안 영화제작자만 수입추천을 받을 수 있도록 되어 있던 이전 영화법에 적시된 조항을 삭제함으로써 영화제작자 이외의 업자도 외국영화를 수입할 수 있는 공간을 확보했다. 이는 곧 제

---

36) 김동호 외, 앞의 책, 273쪽.
37) 국가법령정보센터(https://www.law.go.kr)
38) 국가법령정보센터(https://www.law.go.kr)

작업자와 수입업자가 분리될 수 있는 것이었다.[39] 영화에 대한 전두환 정권
의 이러한 변화는 그 동안 국가기관에서 해 온 검열의 주체를 공연윤리위원
회로 변경한 것에서도 나타났다. 물론 공연윤리위원회의 구성은 문화공보부
장관의 추천으로 이루어졌지만 외형상 검열이 심의로 바뀌면서 영화에 대한
국가의 직접 지배력을 약화시켰다. 따라서 제5차 영화법 개정의 중요한 특
징은 영화업의 허가제에서 등록제로의 변경과 독립영화제작제도, 검열주체
의 변화 등 그동안 영화인들이 제기하였던 문제들이 일정부분 수용되었다고
할 수 있다. 이를 가리켜 이 시기 영화인들은 제5차 개정영화법을 이전시기
(1962-1973년)의 통제영화법에서 개방영화법으로 불렀다.[40] 이것은 자유화를
통한 전두환 정권의 문화 전략의 일환이었고, 올림픽게임, 아시안게임 유치
로 인한 개방화의 일환이었던 것이다.

　그러나 제5차 영화법 개정은 미국의 통상압력과 맞물리면서 새로운 상황
을 맞이하게 된다. 즉 "1982년부터 한국이 대미 무역흑자를 기록하면서 미
국은 1983년 한국산 컬러 TV를 덤핑 혐의로 제소, 1984년에 평균 10.65퍼
센트의 고율관세를 매기면서부터, 본격적인 무역 마찰이 시작되었다. 이를
전후해 미국은 한국에 대해 초콜릿, 오렌지, 담배 등 48개의 일반상품의 시
장개방을 강력히 요구함으로써 통상 압력의 포문을 열었다. 이후 미국은
3차 산업인 서비스시장 개방과 지적 소유권 보호도 요구하였다."[41] 이러한
통상압력에는 미국영화수출협회(MPEAA)가 한국정부의 과도한 검열 및 연
간외국영화 수입편수를 한국시장의 20-30%로 제한해 왔다는 사실이 불공
정교역에 해당된다고 하면서 미국 무역대표부(USTR)에 제소하였고, 미국 무
역대표부는 이를 기회로 통상법 301조를 적용하여 한국영화시장개방을 요

---

39) 김동호 외, 앞의 책, 275-278쪽
40) 영화진흥공사, 『1986년도판 영화연감』, 1986, 44쪽.
41) 임혜란 지음, 『1980년대 한미 통상협상, 1985년 301조 사례를 중심으로』, 경인문화사,
　　2020, 33쪽.

구했다.[42] 그들의 요구는 "첫째, 외국인의 외화 수입사 등록금지법규제 철폐, 둘째, 수입가 상한선 철폐, 셋째, 스크린쿼터제 철폐 혹은 완화, 넷째, 외화수입사의 등록예탁금 철폐 혹은 인하, 다섯째, 검열완화 등이었다."[43] 당시 한국정부는 미국의 통상압력에서 불공정무역국으로 지정되는 '오명'을 피하는 것이 중요한 과제였다.[44] 이러한 수세적 입장에서 미국 측의 요구를 놓고 협상한 결과 "첫째, 한국정부가 1987년부터 미국영화업자의 한국 내 지사 설치를 허용하는 방향으로 현행 법규를 개선하는 것, 둘째, 외국영화 수입사의 예탁금(7억 원) 및 수입영화에 대한 국산영화진흥기금(편당 1억 5천만 원)에 대한 제도개선을 검토하는 것, 마지막으로 미국 측은 한국의 현행 스크린쿼터제를 인정하는 것 등이었다."[45] 이는 문화공보부령 제91호에 의해 1986년 5월 2일 시행된 영화법시행규칙 제2조 '예탁금의 금액 및 반환 등'에 반영되었다. 즉 극영화제작업과 외국영화수입업의 예탁금이 5천만 원으로 동일하게 인하 적용되었고, 극영화가 아닌 영화제작업에는 6백만 원으로, 그리고 독립영화제작자는 영화제작비의 10%로 감소되어 영화제작과 수입의 문호가 보다 자유롭게 되었다.[46] 이를 바탕으로 1986년 12월 31일 개정되고 1987년 7월 1일 시행된 제6차 영화법 개정이 이루어졌다. 또한 이 영화법 개정에는 영화법 제4조의 2항 '영화업자의 결격사유' 규정에서 기존의 영화법에서는 대한민국의 국적을 가지지 아니한 자와 외국의 법인 또는 단체로 한정하고 있었으나 새 영화법에서는 금치산자·한정치산자, 파산선고를 받고 복권되지 아니한 자로 규정하고 있어 국적에 상관없이 영화업을 할 수 있게 하였다.[47] 이것은 새 영화법이 미국과의 협상 결과를 반영하

---

42) 좌승희·이태규, 『한국영화산업 구조변화와 영화산업정책』, 한국경제연구원, 2006, 104쪽.
43) 김동호 외, 앞의 책, 285쪽.
44) 임혜란 지음, 앞의 책, 15쪽.
45) 김동호 외, 앞의 책, 286쪽.
46) 국가법령정보센터(https://www.law.go.kr)
47) 국가법령정보센터(https://www.law.go.kr)

기 위한 것임을 보여주고 있는 것이다. 이는 영화제작과 수입의 개방화로 인해 한국영화가 무한경쟁의 시대로 본격적으로 진입하게 되었음을 의미한다. 정부는 이러한 급격한 변화를 최소화하기 위해 "국내 영화시장을 단계적으로 개방하는 대신 146일로 되어 있는 한국영화 의무상영일수를 엄격하게 지킬 것과 인구 30만 이상 도시 소재의 영화관에서는 외국영화상영 이후 반드시 한국영화를 상영해야 하는 교호상영제를 철저히 이행해야 할 것, 인구 50만 이상 도시 소재의 개봉관에서는 한국영화 편당 최소 7일 상영을 준수할 것을 1987년 영화시책에 명시하고 이에 대한 실태를 점검하겠다고 하였다."[48] 여기에 정부는 1987년 9월 1일부터 영화계의 오랜 숙원이었던 시나리오 사전심의제도를 폐지하였다. 그 동안 공연윤리위원회는 영화제작 전 시나리오를 미리 심의하여 제작여부를 판정하였고 완성된 이후에도 작품을 다시 심의해서 삭제, 단축, 수정을 요하는 이중심의를 시행해 왔던 것이다.[49] 이러한 시나리오 사전심의제도 폐지는 미국영화 개방으로 인한 한국영화산업의 타격을 고려한 정부의 대응 조치의 일환이라 할 수 있다. 그리고 1987년 11월 28일 시행된 제7차 영화법 개정은 심의에 있어 극영화를 텔레비전 방송에 방영하고자 할 때에는 다시 방송법에 의하여 설치된 방송위원회의 검열을 받아야 된다는 것 외에 특별히 새로운 개정사항은 없었다.[50] 이것은 전두환 정권이 언론 및 방송과 영화를 어떻게 차별적으로 인식하고 대처하였는지를 보여주고 있는 하나의 단적인 예라 할 수 있다.

이처럼 전두환 정권은 쿠데타와 광주학살을 통해 형성된 제5공화국 정부의 비정통성으로부터 벗어나기 위해 유연한 문화정책을 채택하여 많은 국민들에게 볼거리, 놀거리를 제공함으로써 자유화, 개방화라는 개념의 이미지를 유포하였다. 이것은 "1980년대의 대중정책이 대중문화를 대상으로 삼

---

48) 김동호 외, 앞의 책, 290쪽.
49) 영화진흥공사, 『1988년도판 한국영화연감』, 1988, 49쪽.
50) 국가법령정보센터(https://www.law.go.kr)

았으며 그 방향은 대체로 규제완화의 방향을 취했다는 평가에서 알 수 있다."[51] 이런 측면에서 이 시기의 문화정책은 문화적 회유라는 프레임 속에서 작동하였고 한국영화 역시 그러한 기조 속에서 존재했다고 할 수 있다. 특히 제5차 영화법 개정에는 그러한 목표와 의도가 그대로 나타나고 있었다. 비록 미국의 통상개방 압력에 의해 전두환 정권의 문화적 회유의 상징이라 할 수 있는 제한된 자유화가 빠른 속도의 개방화로 이어졌지만 이 시기 한국영화도 제5공화국 정부의 문화적 회유라는 정책과 기조로부터 크게 벗어나지 않았다는 것이다. 이것은 전두환 정권의 자유화, 개방화가 어떤 의미를 지니고 있었는지에 대한 본질적 질문이기도 하다. 그것의 결과는 이 시기 한국영화가 현실로부터 멀어지고 에로티시즘에 깊이 탐닉함으로써 '방화'라는 멸시적 조롱에도 대응할 수 없던 현실이었다.

3. 사회구조의 모순과 현실

현실은 창작에 있어 불변의 모티프와 대상이다. 따라서 영화는 사회를 관통하고 있는 구조와 모순을 정교한 내용과 형식을 통해 얼마나 예리하게 드러내면서 실제적 현실과 마주하게 하는 것인가에 달려 있다. 그러므로 창작에 있어 현실을 묘사하는 것은 사회구조와 직결되어 있다고 할 수 있다. 이런 측면에서 현실에 대한 묘사는 창작의 가장 중요한 요소이면서 사회를 정상적으로 유지, 작동하도록 견인하는 마지막 보루인 셈이다. 쿠데타를 통해 권력을 찬탈한 전두환 정권의 엄혹한 시기에 이러한 창작의 본질을 수행하는 것은 그리 쉬운 일이 아닐 수도 있었다. 그럼에도 불구하고 이 시기 한국사회의 구조와 모순을 겨냥하면서 현실의 풍경을 다루고 있는 몇몇 영화들

---

51) 이해영 외, 『1980년대 혁명의 시대』, 새로운 세상, 1999, 221쪽.

이 등장했다. 이를 가능하게 했던 것은 1985년 2.12총선에서 야당이 승리하기 전 쿠데타와 광주학살, 올림픽 게임과 아시안 게임의 서울 유치로 인한 정권의 자유화, 개방화라는 기조변화에 있었다. 이때 한국영화에서 한국사회구조의 모순과 현실을 드러내는 방식은 크게 3가지로 전개된다.

첫째는 아파트와 산동네라는 서로 대비되는 시각적 묘사를 통해 사회구조의 모순과 현실을 드러내는 방식이다. 이는 1980년 전국인구 대비 35.5%가 수도권에 살고 있었고, 1990년에 이르러서는 42.8%로 증가한 것과 연관되어 있다. 이것은 수도권 집중 현상 속에서 아파트와 산동네가 이 시기 한국사회에서 어떤 의미를 지니고 있는지를 보여주는 하나의 전형적 예라 할 수 있다.[52] 둘째는 아파트 내부의 삶을 통해 묘사하고 있다. 즉 아파트에 살고 있는 사람들의 다양한 삶의 행태와 조건들을 들여다보면서 한국사회가 직면하고 있는 다양한 현상의 부조리함을 드러내고 있는 것이다. 마지막으로는 이러한 사회구조의 모순과 현실에 대한 근원적 원인을 묘사하려 시도한 점을 들 수 있다.

이 시기 시각적 대비로 사회구조의 모순과 현실을 겨냥하고 있는 것은 이장호를 비롯한 임권택, 이원세, 배창호, 김기의 영화들에서 주로 나타난다. 이들 영화에서는 도심과 변두리, 아파트와 산동네의 허름한 판잣집, 도시와 농촌이라는 서로 다른 공간을 형상화하고 부유한 사람들과 가난한 사람들, 도시인과 농촌 및 어촌 사람들, 대학생과 대학을 다니지 못한 젊은 청년들과 같은 대비적 인물을 화면에 배치하면서 현실 속에 존재하는 사회구조의 모순을 들춰낸다. 이와 같은 방식은 이장호의 <바람불어 좋은날(1980)>에서 주요한 특징으로 나타난다.

영화는 농촌의 모내기 장면에 이어 들판을 달리는 기차와 버스를 타고 서울로 상경한 3명의 젊은이들인 덕배, 길남, 춘식의 모습으로 시작된다. 그들

---

52) <통계로 본 수도권 과밀의 현주소>, 대한민국 정책브리핑, 2004.6.19.

은 각각 중국집 배달원, 여관 종업원, 이발소 견습생으로 일한다. 그러나 복
싱챔피언이 되고자 한 덕배, 호텔을 짓고자 한 길남, 사랑하는 여인과 행복
하게 살고자 한 춘식의 꿈은 그들이 마주한 차가운 도시 현실에서 이루어
지지 않는다. 이들은 오히려 부유한 집안의 여대생 명희의 희롱 대상이 되거
나 애인 진옥에게 자신의 꿈을 말할 때 멀리 보이는 아파트를 통해서, 그리
고 부동산 투기와 개발업자 김회장의 유혹에 허물어져가는 미용사 미스 유
를 속절없이 바라보면서 좌절한다. 특히 어려운 가정형편으로 인해 미스 유
가 사랑하는 연인 춘식을 두고 자신의 몸을 부동산 개발업자 김 회장에게
허락한 장면은 돈과 자본에 굴복한다는 상징적 의미를 지닌다. 이러한 관계
의 극대화는 자신이 빼앗긴 땅 위에 지어진 김 회장의 건물 준공식에 목을
매고 자살한 노인의 모습을 통해 드러난다. 이로써 영화는 돈과 자본의 비
정하고 탐욕스러운 속성을 폭로하면서 도시에서 벌어지고 있는 이 시기 한
국사회의 현실을 묘사하고 있다. 영화는 이를 김 회장의 돈에 대한 탐욕과
욕망을 획득해 가는 과정을 미스 유와의 성적 관계와 노인의 죽음으로 상징
화하고 있는 것이다. 이로써 영화는 도시와 농촌의 불균형적 관계뿐 아니라
부조리한 한국사회의 구조와 그 현실을 드러낸다. 이를 가리켜 영화평론가
허창은 "낭만과 꿈에 들떠 현실을 감각적으로 헤엄치던 젊은이들이 이 영화
에서는 가난하고 소외당하는 현실에 맞서 의식의 현주소를 분명히 밝혀놓
고 있다"[53]고 하였고, 또 다른 영화평론가인 김시무는 기존의 장르에서 나
타난 특정한 인물에 초점을 맞추면서 "가진 자와 못 가진 자, 배운 자와 못
배운 자, 잘난 자와 못난 자의 이분법적 대립의 잘 짜여진 닫힌 결말이 아니
라 다양한 인물을 통한 열린 결말의 구조를 택한 것이라"[54]했다. 이것은 이
영화가 도시와 농촌 뿐 아니라 계층적 대립의 구조를 현실이라는 사회 속에

---

53) 허창 외, 『한국영화 70년-대표작 200선』, 영화진흥공사, 1989, 307쪽.
54) 김시무, 「바람불어 좋은 날, 바보선언, 나그네는 길에서도 쉬지 않는다를 중심으로-이장호
　　감독의 작품세계」, 『공연과 리뷰』 74호, 현대미학사, 2011, 57쪽.

일반화 시키는 형식적 전략임을 보여주고 있는 것이라 할 수 있다. 사회구조의 모순을 겨냥한 현실에 대한 풍경은 임권택의 <복부인(1980)>에서 보다 직접적으로 나타난다.

이것을 영화에서는 아파트와 산동네 사람들의 삶을 시각적으로 대비시켜 묘사한다. 영화는 부동산 투기로 인해 그것이 어떻게 변해 가고 있는지를 영화 속 인물 한 여사(경희엄마)를 통해 구체화한다. 이는 복부인의 권유로 아파트 청약에 당첨되어 돈을 벌게 된 한 여사의 모습과 이후 그녀가 본격적으로 부동산 투기에 나서게 되면서 많은 돈을 벌게 됨으로써 나타난 한 여사의 삶의 공간과 형태, 즉 집과 의상, 행동, 남편과의 관계 변화를 통해 묘사된다. 영화는 궁극적으로 토지 사기단에 의해 사기를 당하고 난 후 검거된 그들 일당과 함께 유치장에 있는 그녀의 모습으로 마무리되지만 부동산 투기의 실제적 현장인 아파트 청약을 위해 몰린 수많은 사람들과 복부인, 각종 사기 부동산업자로 붐빈 모습을 보여주면서 돈과 자본에 대한 탐욕과 욕망으로 점철된 한국의 비정상적인 사회 현실을 폭로하고 있다. 비록 영화에서는 복부인들의 투기 이익을 서민들의 피해와 직결되는 반사회적 의미로 규정하고 있지만 이 시기 아파트는 한국사회의 구조를 가르고 모순을 드러내는 가장 실제적인 상징적 대상임을 보여주고 있는 것이다. 이것은 염전 근처에서 난장이 아버지를 비롯한 5명의 가족이 힘겹게 살아가면서 비극적 결말로 마무리 된 이원세의 <난장이가 쏘아 올린 작은 공(1981)>을 통해서도 나타난다.

영화는 주인공인 어린 영수와 명희가 안개가 자욱한 길을 걸어오면서 시작된다. 이들의 운명을 상징화한 이 장면은 이후 영수 아버지와 유흥업소에 나간 명희의 자살로 연결된다. 이어서 화면은 염전을 폐쇄하여 공장을 짓겠다는 명분으로 그곳에 살고 있는 사람들에게 집을 철거하겠다는 통보장면으로 이어진다. 그러나 그곳은 공장 대신 아파트가 지어질 예정이며, 문제는

50여만 원을 받고 쫓겨난 그들이 임대 아파트 150만 원, 분양아파트 500만 원을 주고 그곳에 들어갈 능력과 그 가능성이 애초부터 불가능하다는 데 있다. 이를 알고 있는 부동산업자들은 그들에게 주어진 아파트 입주권을 싼값에 닥치는 대로 사들인다. 이와 같은 현실의 불공정성과 불합리성이 극적으로 묘사된 것은 영수의 동생 영희가 자신의 집을 산 부동산업자에게 몸을 매개로 아파트 입주권을 확보하면서 즐거워하는 모습과 동시에 아버지의 투신자살 장면이다. 이 장면은 아파트라는 가시적 대상과 교환하는 수단으로 전락한 성(性)과 자본에 의해 자행되고 있는 한국사회의 현실을 형상화하고 있다. 이는 더 이상 밀려날 곳이 없는 소외된 사람들의 현실을 통해 그들이 어떻게 부동산업자, 가진 자로부터 착취당하고 있으며, 그 속에서 돈과 자본의 힘이 어떻게 작동되고 있는지의 사회적 현실을 드러내고 있는 것이다.

한국사회의 구조적 모순과 그 현실을 상징하고 있는 아파트는 이 시기 영화에서 중요한 묘사 대상이었다. 이것은 1970년대부터 아파트가 중산층과 등가화(等價化) 의미로 정착되는 한국사회의 현상과 연동되어 있다. 이때 서구식 고등교육을 받은 30대가 아파트를 선호하면서 중산층의 주택으로 그 수요가 늘어났다.[55] 이후 아파트는 한국사회에서 "계층 간의 위화대상으로 자리했다는 점인데, 아파트가 중산층의 선호대상으로 정리되면서 중산층 이하와 중산층을 나누는 의미가 된 것이다."[56] 그러므로 아파트는 서울에서뿐만 아니라 한국사회에서 중산층으로의 편입과 사회적 성공의 상징이었다. 아파트가 지니고 있는 이러한 의미는 이 시기 영화 속 인물을 통해 끊임없이 성공과 스스로의 계층적 위치를 확인시켜 줌으로써 사회구조의 모순과 현실을 각인시켜 주는 기제였다.

---

55) 문근종, 「한국영화에 드러난 아파트 이미지에 관한 연구」, 서울대학교 대학원 박사학위논문, 2013, 45쪽.
56) 위의 논문, 46쪽.

이것은 이장호의 <어둠의 자식들(1981)>에서 창녀 경심이 용구와 데이트할 때 배경으로 보여진 한강다리 건너편의 즐비한 아파트의 모습을 통해 그들이 처한 사랑의 암울한 미래를 암시하고 있는 것으로 드러나기도 한다. 시각적으로 보여진 이와 같은 의미는 영화 속 인물들에 의해 의도적으로 거부되곤 하는데, 이는 창녀들의 대중목욕탕 장면을 통해 묘사된다. 여기서 화숙은 "옷을 벗으면 사람 위에 사람 없고, 사람 아래 사람 없다"는 말과 영화 마지막 부분에서 다른 창녀들이 거부한 앉은뱅이 손님을 받아들이는 카수 영애의 모습으로 이어진다. 특히 화숙의 말과 영애의 행위는 영화에서 의도적이고 다소 작위적으로 보이지만 그로 인해 오히려 불합리하고 불평등한 사회구조와 모순의 현실을 드러내고 있다고 할 수 있다. 이러한 시각적 특징에 근거한 영화는 1982년에 개봉된 이장호의 <그들은 태양을 쏘았다>에서도 나타난다.

이것은 영화 속 인물, 도석과 종배가 범죄를 저지르고 난 후 도심을 스쳐 지나갈 때 보이는 현대식 고층건물과 그들이 살고 있는 변두리 지역에서 멀지 않은 아파트의 모습을 통해 의미화 된다. 영화는 이 시기 성공, 혹은 중산층이라는 상징적 의미로서의 아파트를 화면의 배경으로 개입시킴으로써 소외되거나 패배자로 인식된 인물의 범죄와 욕망의 요소로 연결시키면서 그들로부터 분리된 도시의 사회를 묘사하고 있는 것이다. 이처럼 이 시기 한국영화에서의 아파트는 한국사회 구조 속에서 돈과 자본으로부터 소외된 열악한 삶 속에 처해진 사람들을 가르는 핵심 요소로 작동하고 있다. 이와 같은 사회적 현실을 좀 더 노골적인 의도로 묘사한 것은 임권택의 <오염된 자식들(1982)>에서 확인된다.

이는 정직하고 성실하게 살아가고 있었지만 가난으로부터 벗어나 출세를 위해 사랑했던 연인 형자와 헤어지고 소아마비를 앓고 있는 사장의 딸 명희와 결혼한 병구를 통해 묘사된다. 병구의 욕망은 명희의 소아마비가 치료되고 난 후, 그녀로부터 버림받게 되고 죽음을 암시한 그의 모습을 통해 인생의 가혹함으로 귀결되지만, 길거리에서 헤어진 형자를 우연히 만나면서 나눈 대화를 통해서도 드러난다. 여기서 형자는 "동생이 결혼해서 12평짜리 아파트를 얻었다"고 하자 병구는 "형자를 위해 20평짜리 아파트를 사줄 수도 있다"고 말한다. 아파트는 자신의 존재적 가치를 송두리째 버리고 그가 사랑했던 형자를 버린 대가로 병구가 얻을 수 있는 것이었고, 성공과 중산층으로 편입될 수 있는 하나의 상징적 존재였던 것이다.

이처럼 이 시기 몇몇 영화들에서는 산동네, 변두리, 창녀촌이 보여지고 그 경계 너머에 아파트가 존재한다. 이것은 아파트가 부유하고 풍요로운 사람들과 소외되고 가난한 사람들을 분리하는 하나의 경계이면서 사회구조의 모순과 현실을 드러내는 상징적 수단으로 작용하고 있음을 말한다. 이와 같은 특징은 배창호의 <꼬방동네 사람들(1982)>에서도 예외는 아니다.

이 영화에서도 멀리 아파트가 보이고 그 너머 변두리의 허름한 무허가 건물에 사는 사람들 모습으로 이야기가 시작된다. 이어서 화면은 소매치기로 감옥에서 출소한 후 택시운전자가 된 주석과 경제적 어려움으로 그를 떠나 다른 남자와 살고 있는 명숙과의 재결합 과정을 중심으로 전개되면서 꼬방동네에서 힘겹게 살아가고 있는 가난한 사람들의 모습으로 이어진다. 그들이 직면하고 있는 현재의 실제적인 어려운 삶은 허름한 산동네 근처 철길 위에서 놀고 있는 아이들 너머로 보여진 아파트의 모습을 통해 그 의미가 강화된다. 이러한 대비적 배경은 공간으로 분리된 사회구조의 경계를 명확하게 드러내고 있을 뿐만 아니라 이 시기 한국사회의 현실을 은유하고 있는 것이라 할 수 있다.

산동네가 가난한 사람들의 애환의 상징으로 묘사되고 있는 것은 영화 속 인물 홍말숙의 결혼과 산동네 겨울 풍경으로 마무리되는 1984년에 상영된 이장호의 <과부춤>에서도 엿볼 수 있다. 또한 1985년 개봉된 김기의 <도시

에서 우는 매미>에서는 아파트가 주는 사회적 의미와 욕망이 다소 극단적으로 나타난다.

이는 이 시기 영화에서 나타난 전형적 형태라 할 수 있는 산동네에 살고 있는 선주와 그녀의 집에 세들어 살고 있는 만근, 그리고 아파트라는 도식으로 묘사된다. 이후 선주와 결혼하게 된 만근은 동업자인 후배들의 배신으로 공장을 잃게 되어 중동의 노무자로 파견된다. 선주는 남편 만근이 보내온 돈으로 아파트 분양을 받지만 부동산 사기꾼들로부터 사기를 당해 돈과 아파트 모두를 잃을 상황에 처하게 된다. 그때 부동산 사기꾼 허 사장으로부터 자신과 한 달 동안만 동거하면 아파트를 주겠다는 제안을 받고 선주는 의도치 않게 그와 동거에 들어가게 된다. 그러나 얼마후 그녀는 경찰에 의해 부동산 사기꾼 일당과 함께 검거되고 만다. 그 무렵 중동에서 돌아온 만근은 잃어버렸던 자신의 공장을 되찾게 되고 경찰로부터 선주에 관한 모든 사실을 전해 듣고 그녀를 용서한다. 영화는 이처럼 결혼한 선주의 몸을 아파트로 교환할 가치로 대상화하고 있다. 이는 영화 시작과 함께 보여준 산동네의 선주, 만근의 삶이 사회적 성공, 중산층으로의 신분이동이라는 사회적 현실과 맞물려 있음을 드러내고 있는 것이다. 이처럼 이 시기를 다룬 몇몇 영화들에서는 "돈을 쫓는 욕망의 분출과 아파트 투기로 인한 가족의 해체, 도시유목민들의 부유현상이 대두되고 있다."[57]

이와 같은 특징과 연동된 이 시기 또 다른 경향, 즉 아파트 내부에서 벌어지고 있는 다양한 형태의 모습을 통해서도 사회적 현상이 드러나고 있다. 이것은 아파트와 산동네라는 외형적인 대비적 구조를 통해 드러나던 한국 사회구조의 모순과 현실이 아파트 내부에서 벌어진 에피소드를 통해 개인과 사회적 문제로 옮겨가면서 새로운 차원으로 전환된다는 의미이다. 이와 같은 특징은 김호선의 <세 번은 짧게 세 번은 길게(1981)>에서 나타난다.

---

57) 위의 논문, 46쪽.

영화는 광고 시사회에서 탁월한 능력을 인정받은 효과맨 종실이 아랍인들로부터 독점계약을 조건으로 백지수표를 받으면서 시작된다. 그는 동료들과의 술자리에서 만취한 상태로 자신의 집으로 돌아오는 도중 젊은 창녀, 미아가 살고 있는 위층의 아파트를 자신의 아파트로 착각하고 들어가 하룻밤을 보낸다. 이후 영화는 종실이 미아의 집에 머물게 되면서 벌어지는 해프닝을 다루고 있다. 이는 집에 오지 않은 종실을 그의 아내가 경찰에 가출신고함으로써 그와 미아가 직면하고 있는 개인적 문제가 사회적 문제로 확대된다. 특히 아내에 의한 종실의 가출신고는 백지수표로 상징된 돈에 대한 사람들의 욕망과 연결된다. 그리고 이는 예상치 못한 상황 전개로 이어져 종실이 미아의 아파트에 계속 머물게 되는 이유가 되고, 그들 서로가 직면한 문제로 이어진다. 이것은 미아가 종실의 일을 하찮게 여긴 세간의 인식과 달리 소리를 채집하여 새로운 효과를 만들어내는 그의 직업을 상상력으로 이야기를 구성하고, 가짜소리를 진짜소리로 만들어내는 예술가라고 칭찬하면서 의미부여 된다. 그녀는 종실로 하여금 이제껏 가지지 못했던 자신이 하는 일에 대한 자부심과 자존감을 갖게 하는 견인차 역할을 하고 있는 것이다. 미아의 이 말은 이후 자신이 실종되어 사망했다고 단정한 세상 사람들에게 자신이 죽지 않고 살아있음을 증명하기 위해 그녀의 아파트 문을 박차고 나서는 종실의 모습으로 이어진다. 비록 '세 번은 짧게 세 번을 길게'라는 특별한 초인종 소리의 신호가 갖는 의미로 미아가 종실에게 비난받기도 하지만 그녀는 종실을 사회 속에서 재탄생시키는 역할을 한다. 이를 통해 영화는 백지수표와 창녀를 통해 현대사회 속에서의 물질과 욕망에 대한 현대인의 위선과 이중성을 폭로하면서 인간의 정체성과 그 가치를 환기시키고 있다. 영화에서는 획일화되어 있는 아파트 내부에서 벌어지고 있는 미아의 은밀한 행위와 종실의 백지수표를 통해 이를 구현하고 있는 것이다. 이런 경향은 배창호의 <적도의 꽃(1983)>에서 명예와 욕망, 물질을 갈망하는 사람들을 경멸하면서 회사를 그만두고 아파트에 살고 있는 미스터 M의 일상을 통해서도 묘사된다.

어느 날 미스터 M은 맞은편 아파트로 이사 온 오선영의 일상을 엿보게 된다. 그는 그녀가 김성두 사장의 숨겨진 애인으로 살고 있으면서 그를 사랑하지만 가정 있는 그와 결혼 할 수 없음에 괴로워하고 있다는 사실을 알게 된다. 따라서 그녀가 살고 있는 아파트는 희망 없는 김성두와의 불륜 장소에 불과한 것이다. 이러한 그들의 관계는 미스터 M에 의해 폭로되면서 파국을 맞는다. 이후 오선영은 자신의 모든 것을 알고 있는 미스터 M에게 사랑을 갈구하지만 그로부터 거부당하자, 더 이상 삶의 가치를 느끼지 못하고 자살하고 만다. 아파트는 이처럼 서로와 서로를 엿볼 수 있는 가까운 거리의 공간이기도 하면서도 개인으로 철저히 고립된 도시의 공간이기도 하다. 이를 영화에서는 아파트 내부에서 벌어지고 있는 일상을 미스터 M과 오선영의 관계를 통해 드러내면서 현대사회의 특징으로 연결시키고 있다. 이것은 영화의 시작과 마지막 장면, 즉 "뿌연 안개에 싸여 열기를 뿜어내는 후경화된 근대의 풍경과 사막처럼 황폐하게 전경화된 길을 가르면서 저 멀리 보이는 도시의 화려한 풍경과 그 안의 미스터 M과 선영과 같은 삶을 마치 신기루처럼 모호하고 부정적이며 비현실적인 허위의 것으로 상징화 하고 있는 것에서 나타난다."[58] 이는 아파트가 지니는 "폐쇄적 공간이라는 속성 때문에 사회적 담화공간은 약화되어 고독, 소외, 피곤함, 익명성 등의 부자연스러운 공동체 생활이 부각되었다는"[59] 의미라 할 수 있다.

반면 1985년에 개봉된 김기영의 <육식동물>에서는 사회적 구조의 모순과 현실을 이전의 아파트와 산동네라는 대비적 구조에서 벗어나 현대적인 고급 아파트와 허름한 아파트로 재구조화하면서 아파트 내부 사람들의 모

---

58) 현대영화연구소, 『글로컬 시대의 한국영화와 도시공간』, 박이정, 2018, 54쪽.
59) 문근종, 앞의 논문, 46쪽.

습을 통해 드러낸다.

　이는 출판사 사장, 김동식과 돈 잘 버는 부동산업자인 그의 부인, 오 여사가 살고 있는 아파트에서 벌어진 행위를 통해 나타난다. 즉 김동식의 아파트에서는 딸의 생일을 맞아 명품 구찌 핸드백과 이태리 구두를 부모로부터 선물 받고 아들에게는 당구장을 차려주는 장면이 제시된다. 반면 가정의 생계를 책임지기 위해 술집에 나오게 된 명자는 허름한 아파트에 살고 있다. 영화는 이처럼 아파트와 그것의 외형뿐만 아니라 그 속에서 이루어지고 있는 완벽하게 서로 다른 요소를 통해 그들이 처한 사회적 관계와 그 차이의 현실을 묘사하고 있다. 영화는 궁극적으로 인간 사이의 신뢰가 망가짐으로써 파멸에 이르게 되는 과정을 김동식과 오 여사, 명자를 통해 묘사하고 있지만 그것의 한 축을 견인하고 있는 것은 아파트라는 외형적 형태와 내부적 형태의 차이를 확인함으로써 나타나는 사회구조의 모순과 현실인 것이다. 이 시기 사회구조의 모순과 현실을 드러내는 또 다른 흐름은 한국사회 속에 내재되어 있는 불평등, 불합리성의 현상과 그 원인을 제기한 영화들이 등장했다는 점이다. 이러한 특징은 김수용의 <도시로 간 처녀(1981)>에서 엿볼 수 있다.

　영화에서는 농촌과 도시, 멀리 보이는 아파트와 허름한 건물이 대비적으로 묘사되고 있지만 그것의 중심에는 농촌을 떠나 서울로 향한 스무 살의 젊은 처녀 이문희가 버스 안내양으로 취직한 후 겪게 된 다양한 사회적 불평등과 불합리성이 자리하고 있다. 특히 자신이 모은 돈 마저도 버스 회사 직원으로부터 삥땅으로 오해받고 몸수색을 당하는 현실에 분노한 이문희는 건물 옥상에 올라가 투신함으로써 자신의 결백함과 회사 측의 부당함을 알린다. 그녀의 행위는 이후 골절로 목발을 한 이문희의 모습과 개선된 작업환경, 즉 '이문희를 기억하자'라는 버스 창문에 붙인 표어로 상징화된다. 비록 영화에서는 이문희를 통한 변화의 주체를 노동자로 귀결시킴으로써 지배이데올로기와 영합하고 있지만 사용자와 노동자의 관계라는 사회구조의 모순을 제기했다는 측면에서 의미를 지닌다고 할 수 있다. 이것은 이 영화가 이 시기 한국사회를 외형적 조건, 즉 아파트와 산동네라는 대비적 묘사를 통해서 사회구조의 모순과 현실을 드러낸 것과 달리 사용자에 대한 여성 노동자의 인권과 노동조건의 불합리성을 제기하여 노동자와 사용자를 서로 다른 집단의 범위 속에 위치시킴으로써 그것의 관계가 재설정되는 과정을 묘사하였다는 것을 말한다. 사회적 현실에 대한 문제는 그 연관성에 있어 다소 그 결이 다를 수 있지만 임권택의 <만다라(1981)>에서도 나타난다.

영화는 부처님의 도를 깨우치기 위하여 지산 스님과 법운 스님의 서로 다른 수행과정을 묘사하고 있다. 그 중에서 지산 스님의 수행 방식은 법운 스님과 달리 현실과 매우 밀접한 관계 속에서 이루어진다. 이는 굶주림과 병, 그리고 가난으로 얼룩진 현실의 모습을 한 인간을 닮은 부처 목상으로 만들고 있는 지산 스님의 모습을 통해 의미화된다. 이것은 궁극적으로 깨달음을 위한 그들의 만행(萬行)이 현실과 분리될 수 없음을 보여주면서 이를 아름다운 자연과 다양한 인간의 삶이 지배하고 있는 현실의 풍경을 통해 묘사하고 있는 것이다.

이와 달리 1983년에 개봉된 영화로 사회구조의 모순이 내부적으로만 작동하여 그것의 실체가 드러나는 것을 집단적으로 차단하고 있는, 이른바 사회의 폐쇄성을 폭로하고 있는 임권택의 <안개마을>에서는 매우 특별한 방식으로 한국사회가 직면하고 있는 적나라한 또 다른 현실의 모습을 겨냥하고 있다.

이것은 서울에서 경상도 수하리 마을이라는 두메산골 초등학교로 파견된 선생님 수옥이 버스에서 내린 후 시작된 그녀의 내레이션으로부터 비롯된다. 집성촌인 그곳에는 두 명의 특별한 이방인이 있는데 한명은 떠돌이 깨철이라는 남성이고, 또 다른 한명은 술집의 산월이라는 여성이다. 그 중에서 아무 때나 밥을 주고 재워주는 깨철이에 대한 마을 사람들의 태도는 매우 특이하다고 할 수 있다. 이에 대한 이상함은 마을 아낙네들과 깨철이와의 은밀한 암묵적 관계를 통해 드러난다. 이는 산월이와 마을 남자들과의 관계에도 적용된다. 이후 영화는 그것의 실체가 깨철이와 마을 아낙네들, 그리고 산월이와 마을 남자들과의 성적관계에 있음을 밝힌다. 즉 아낙네들은 깨철이와 은밀한 성적관계를 통해, 마을 남자들은 산월이와의 성적관계를 통해 즐거움을 얻는다. 특히 깨철이가 마을에서 특별한 존재로 대접받고 있는 이유는 바로 그가 많은 사람과 성적관계를 맺었기 때문이다. 이들의 비도덕성과 비윤리성은 마을 사람들이 이구동성으로 깨철이를 빙신, 천치, 고자로 부름으로서 스스로를 보호하고 차단하는 것으로 나타난다. 이것은 그들이 스스로의 치부를 가리기 위한 의도성에서 비롯된 것임을 의미한다. 이러한 관계는 수옥이 깨철이로부터 강간당하게 되면서 확실해지고, 그녀 자신마저도 그와의 관계가 알려질까 두려움에 휩싸이게 된다는 사실을 통해 확인된다. 안개에 감싸져 있는 마을의 풍경은 이러한 의미를 더욱 강하게 견인하고 있는 영화적 장치라 할 수 있다. 문제는 이 영화가 강력한 시대적 의미를 함축하고 있다는 점이다. 즉 집성촌이라는 폐쇄적인 곳의 마을 사람들이 자신들의 부도덕하고 비윤리적인 행태를 깨철이와 산월이라는 인물로 희생시키면서 스스로의 정당성을 확보해나간 방식은 마치 1980년대 한국사회로 확대하여 적용해 볼 수 있는 가능성이 존재하기 때문이다. 특히 광주학살을 통한 전두환의 권력 장악은 이후 특정 지역의 고립화로 이어지는 현상과 연결되어 있다. 이를테면 1980년 전두환의 신군부의 권력 장악 기도에 저항하지 못하고 그와 연대하지 않았던 많은 사람들은 자신들의 비겁함과 용기 없음의 진실이 드러나는 것을 가리고 차단하기 위해 정권의 지배이데올로기에 편승하여 특정지역을 제물삼은 행태와 다름없는 것이라 할 수 있다. 이는 안개가 걷히면 부도덕한 추악한 진실이 드러날까 두려워 그 진실은 더욱 짙은 안개에 휩싸인 마을의 모습으로 마무리됨으로써 상징화되고 있다. 영화에서는 이를 최대한 객관화시키기 위해 수옥이라는 인물의 내레이션을 통해 서술하면서 한국사회 속에 내재되어 있는 모순된 집단적 폐쇄성을 드러내고 있는 것이다. 동시대 현실의 다양한 층위의 모순을 드러내고 있는 이 시기의 특징은 이장호의 <바보선언(1984)>에서도 나타난다.

영화는 사회적 현실을 겨냥한 다양한 요소들로 구성되어 있다. 이를 영화에서는 옥상에서 뛰어내린 영화감독, 산동네의 사람들, 스포츠에만 관심 있는 사람들, 부잣집 사위가 되어 호사스럽게 살고자 한 동칠이의 희망과 평범하고 행복한 가정을 꿈꾸고 있는 혜영의 꿈을 통해 보여준다. 하지만 동칠과 혜영의 꿈은 서로의 정체를 확인하고 노숙자와 창녀의 현실로 돌아오면서 좌절된다. 이런 이유로 영화는 다양한 비유들이 사용된다. 이를테면 영화 시작과 함께 옥상에서 뛰어내린 영화감독의 모습과 모든 사람들이 스포츠에만 관심 있다고 하는 것, 그리고 먼저 나라와 그의 정의를 구하라는 성경말씀과 교회의 모습 등을 통한 동시대의 풍경들이 그것이다. 이와 같은 장면들은 산동네, 창녀촌, 여기에 호텔의 청소부 겸 웨이터로 취직한 동칠과 육덕이 부유한 사람들의 난장판 파티에서 만난 혜영이 죽음에 이르게 되는 모습을 통해 한국 사회에 존재하고 있는 불평등하고 부조리한 사회적 현실을 드러내는 요소로 작동한다. 이는 혜영의 장례식을 치른 후 여의도 광장에서 동칠과 육덕이 웃옷을 벗어버리고 무언의 몸부림치는 행위를 통해 상징화된다. 이것은 그들의 행위, 즉 몸부림 너머로 희미하게 보인 국회의사당을 보여줌으로써 사회구조의 모순과 현실의 근원성이 동시대 정치권력과 불가분의 관계에 있음을 암시하고 있는 것이다. 이 장면은 "마음이 가난한 자들, 평화를 위해 일하는 사람들, 올바른 일을 하다가 박해를 받는 사람들은 행복하다"고 하면서 "우리나라는 행복합니다"라는 어린 아이의 목소리로 마무리 되면서 현실사회에 대한 풍자적 의미는 더욱 강화된다.

이러한 한국사회구조의 모순과 현실은 김효천의 <인간시장, 작은 악마 스물두 살의 자서전(1983)>에서의 장총찬에 대한 사람들의 환호를 통해, 임권택의 <티켓(1986)>에서 티켓 다방으로 흘러들어온 여성들의 애환을 묘사하면서 마담 민지숙이 '목적이 정당하고 순수하면 그 수단과 방법 또한 정당하고 순수해야만 그 가치를 보존할 수 있다'고 하는 교훈적 내용을 통해 현실을 살아가는 동시대 사람들에게 의미부여 되기도 한다.

이처럼 이 시기 한국영화는 사회구조의 모순을 현실을 통해 나타냈다. 그것은 아파트가 주는 상징적 의미를 시각적 대비 효과를 통해 드러내기도 하였고, 아파트 내부 사람들의 서로 다른 다양한 삶의 형태를 통해 구체화되기도 했으며, 특정한 집단을 통해 한국사회 전체의 모습을 바라보기도 하였다. 이로 인해 드러난 다양한 현실은 한국사회 구조와 모순의 현실이라는 보다 근원적인 문제로 확대되면서 이 시기 한국영화 속에 묘사되었다.

4. 터부에의 도전

이념과 전쟁의 상처

1981년 1월 1일부터 적용된 '새시대, 새역사 창조에 기여하는 영화제작 유도'라는 목표와 '예술성을 지니고 많은 사람들이 보고 즐길 수 있으며 관객에게 감동을 주어 사회의 계도성과 교양성을 갖춘 독창적 영화'로 재정의(再定義)된 우수영화의 개념이 1982년 1월 1일부터 적용된 영화시책에서는 반공안보영화제작을 유도하기 위한 목표로 변경되어, 기존의 우수영화 개념과 별도로 '반공영화제작'이라는 항목이 신설되었다. 그리고 1983년 1월 1일부터는 '반공안보영화제작을 유도하고 자주 국방태세 확립에 기여'하는 영화시책으로 다시 회귀하였다.[60] 그럼에도 불구하고 1981년 올림픽 게임 서울 유치와 아시안 게임 서울 확정은 그 동안 정권에 의해 전가의 보도처럼 사용되었던 반공의 이념적 공세를 완화할 수 있는 여지를 주었다. 특히 1980년 제22회 소련의 모스크바 올림픽 게임과 1984년 제23회 미국의 로스앤젤레스 올림픽 게임이 각각 미국을 비롯한 서구권, 소련을 비롯한 동구권 국가들의 불참으로 반쪽짜리로 치러진 대회였기 때문에 서울에서 열릴 제24회 올림픽 게임은 정치적, 이념적 패권구도에서 벗어나 전 세계의 모든 국가들이 참여하여 진정한 지구촌의 축제가 될 수 있도록 하는 것이 가장 중요한 목표가 되었고, 이는 서울 올림픽 성공 개최와 직결되는 것이었다. 이런 상황 속에서 쿠데타로 집권한 전두환 정권에게 노골적인 정치적, 이념적 갈래를 통한 이슈화는 서울 올림픽 개최 이전 우호적 분위기 조성을 위해서는 그리 유리한 요인이 아닐 수 있었다. 이것은 전두환 정권의 과감한 조치를 통해 확인된다. 즉 "1982년 무렵 금기시 되던 이념도서의 출판이 공식적으로 허용되었다. 사회주의이론의 허구성과 시대적 변화에 따른 문제점을 학술적 차원에서 구명하여 차원 높은 이론적 반공교육을 실시하겠다는 취지로 문화공보부가 이시야 벌린(Isaiah Berlin)의 1939년『칼 마르크스, 그의 생애 그의 시대(Karl Marx : His Life and Environment, 신복룡 역, 평민사, 1982)』에 대한 납본필증을 교부함으로써 이데올로기연구 및 비판서, 대체로 프랑크푸르트학파, 실존주의를 비롯한 뉴레프트사상, 종속이론과 제3세계사회론, 해방신학, 네오마르크스주의 이론 번역 출판 붐이 조성되기에 이르렀다."[61] 이러한 정권의 분위기는 이 시기 영화제작에도 적지 않은 영향을 주었다고 할 수 있다. 이로 인해 나타난 것이 북한을 향한 정치적, 이념적 대

---

60) 영화진흥공사, 『1981년도판 한국영화연감』, 1982, 149-150쪽 참고.-영화진흥공사, 『1982년도판 한국영화연감』, 1983, 139-140쪽 참고.-영화진흥공사, 『1984년도판 한국영화연감』, 1984, 129쪽 참고.
61) 이봉범, 「1980년대 검열과 제도적 민주화」, 『구보학보』 20집, 구보학회, 2018, 167쪽.

결구도에서 벗어나 이념적 화해의 시도와 전쟁으로 인한 사람들의 상처를 다룬 영화들이었다. 이러한 측면에서 1983년에 개봉된 지리산 빨치산 토벌을 배경으로 한 임권택의 <짝코>는 이 시기의 흐름을 가늠할 수 있는 의미 있는 영화라 할 수 있다.

전직 경찰관이었던 송기열이 행려 노인으로 경찰에 의해 갱생원으로 보내지는 장면과 그가 위암에 걸렸다는 사실로 시작된 영화는 이념의 허망함을 짝코로 불린 빨치산 백공산과 그를 30년 동안 추적한 송기열을 통해 묘사한다. 이후 영화는 송기열이 오랫동안 추적해왔던 짝코를 갱생원에서 우연히 만나게 되면서 각자의 회상을 통해 그들의 관계를 설명하는 방식으로 전개된다. 송기열의 회상을 통해서는 경찰로서 자신의 행복했던 시절과 빨치산 소탕작전, 그리고 체포된 망실공비 백공산 짝코를 호송하다 놓치게 되면서 파면당하고 난 후 풍비박산 난 그의 인생을 보여주고, 머슴살이 하다 빨치산이 된 짝코의 회상을 통해서는 토벌군에 쫓기면서 사랑하던 여인 점순과 헤어지고 창녀촌에서 다시 만난 그녀와 자살을 시도하게 된 이유를 보여준다. 그러나 영화는 30년 동안 쫓고 쫓기는 그들의 삶이 죽음 앞에 얼마나 무의미한 것인가에 초점이 맞추어져 있다. 즉 망실공비 빨치산 짝코를 찾아 반드시 명예를 회복하겠다는 송기열은 이미 위암 판정을 받고 있었고, 도망자 짝코도 죽음을 앞둔 깊은 병에 걸린 상태였다. 이것은 송기열이 짝코를 공산주의자로 고발하려하자 짝코가 그를 향해 "언제 죽을지 모르는데 빨갱이, 망실공비면 어쩔거냐", "언제 죽을지 모르는데 그런 것은 따져 뭐하냐"는 말을 통해 죽음 앞에 이데올로기의 적대성이 지니는 무의미함을 드러내고 있는 것이다. 이는 그들이 갱생원을 탈출하고 난 후 고향을 향해 가고 있는 기차 안에서 죽음을 맞이한 짝코의 모습으로 마무리 되면서 다시 한 번 확인된다. 궁극적으로 영화는 30년이란 인생의 소중한 시간을 희생시킨 이데올로기의 허망함과 무의미함을 죽음과 죽음을 앞에 두고 있는 그들의

모습을 통해 묘사하고 있는 것이다. 이와 유사한 경향은 이두용의 <최후의
증인(1980)>에서도 확인할 수 있다.

영화는 총소리와 함께 '구악을 일소하고 새 시대를 확립하려는 1980년
이 시대에 어제의 진실이 무엇이고 가짜가 무엇이라는 것을 한 수사관의 집
념적인 인간보호를 통해 가식 없이 토론하고 싶다'고 하면서 '80년대에는
이러한 어둠이 사라졌으면 한다'는 자막으로 시작된다. 이어서 화면에는 김
중엽 변호사의 피살과 양조장 주인 양달수의 살인 사건이 보도되고 전직 형
사였던 오병호가 이들 사건을 추적하는 방식으로 펼쳐진다. 이런 이유로 영
화에서는 사건 해결의 실마리를 제공하고 있는 인물인 조익현 선생, 빨치산
강만호, 지리산 총사령관 손석진의 딸인 손지혜의 회상을 통해 전개된다. 오
병호는 양조장을 하는 양달수의 살인사건을 해결하기 위해 그의 주변을 탐
색하던 중 그가 한국전쟁 때 지리산의 공비를 사살함으로써 부자가 되었다
는 사실을 그 당시 학교 선생이었던 조익현으로부터 듣게 된다. 그리고 그
때 자수한 4명 중 살아있는 강만호가 이 상황을 알고 있다는 사실을 확인
한다. 이후 강만호를 만난 오병호는 그로부터 지리산 총사령관인 손석진이
숨겨놓은 보물 지도와 그의 딸 손지혜의 존재, 그들 집안의 머슴이었던 황
바우, 민간인 한동주가 자수하기 위해 청년 단장이었던 양달수를 만나게 된
상황과 강만호가 계엄사에서 2년 동안 복역한 후 은둔하면서 지내고 있다
는 사실, 황바우와 손지혜가 부부로 살게 되지만 그녀의 재산을 가로채기
위해 양달수가 한동주와 당시 검사였던 김중엽과 공모하여 황바우에게 사
라진 한동주의 살인누명을 씌워 종신형을 받게 하였다는 이들의 관계를 공
판기록을 통해 확인하고 김중엽과 양달수의 피살 사건이 서로 연결되어 있
음을 알게 된다. 그러나 영화에서는 누가 그들을 죽였는지 범인을 명확하게
특정하지 않고 오병호가 한동주를 경찰서에 넘기면서 지금까지 전개된 사
건의 과정을 마무리한다. 영화는 이후 이 사건의 피해자라 할 수 있는 인물

들, 즉 한강변에 시체로 발견된 황바우와 그의 옆에서 자살한 손지혜, 그들의 남겨진 아들, 태영이 정신병원에 있는 상태를 보여준다. 이와 같은 비극적 상황을 확인한 오병호 역시 자신의 권총으로 스스로 목숨을 끊는다. 이처럼 영화는 한 인물의 살인사건을 추적하면서 한국전쟁기 지리산 빨치산과 국군, 민간인이 복잡하게 얽혀있는 서로 다른 이념의 충돌 속에 감춰져 있는 인간의 탐욕, 욕망으로 얼룩진 한국 현대사의 비극을 묘사하고 있다. 그것은 동시대뿐만 아니라 현재의 모든 사람에게 남겨져 지속되고 있으며, 이는 반드시 단절되고 청산되어야 하는 것임을 스스로 죽음을 택한 황바우, 손지혜, 오병호, 정신병자가 된 태영을 통해 보여주고 있는 것이다. 따라서 영화는 빨치산을 적대화하기 위한 이념적 공세라기보다는 오히려 한국전쟁과 같은 비극적인 현대사가 되풀이되지 말아야 함을 강조한 것이라 할 수 있다.

이 시기는 최하원의 <종군수첩(1981)>과 임권택의 <아벤고 공수군단(1982)>, 고영남의 <내가 마지막 본 홍남(1984)>에서와 같이 한국전쟁의 비극과 국가에 대한 애국심을 젊은 대학생들에게 주입시키면서 투철한 국가관을 새로이 정립시키려는 목표를 드러내고 있거나 북한의 침공과 그들의 잔혹한 행위를 그리거나 북한의 탄약 창고를 폭파한 전쟁의 영웅적 행위를 다루면서 전쟁의 비극과 이산의 고통을 묘사한 영화들도 등장하였다. 그러나 전쟁과 이념으로부터 비롯된 아픔 등을 강조하는 것에 초점이 맞추어진 영화들이 이 시기 더욱 새로운 의미를 지닌다고 할 수 있다. 이는 한국전쟁 때 헤어진 두 자매의 서로 다른 운명을 묘사한 배창호의 <그해 겨울은 따뜻했네(1984)>에서 나타난다.

영화는 어린 시절의 수지, 수인 자매의 행복했던 장면에 이어 비오는 날 응급실로 실려 온 수인과 이를 보고 괴로워하는 수지의 모습과 함께 한국전쟁기로 거슬러 올라간다. 이후 영화는 수지의 내레이션에 의해 전개되면서 피난 도중 폭격으로 엄마를 잃고 굶주림에 지친 수지가 동생, 수인(오목)에게 떡을 구해서 오겠다고 약속하였으나 돌아가지 않고 헤어짐으로써 서로 다른 삶을 살게 된 자매를 묘사한다. 수지는 피난처인 부산에서 오빠를 만나 어려운 상황 속에서도 대학을 다니면서 정상적으로 성장했지만 혼자 버려진 수인은 고아원에 맡겨져 그곳에서 살게 된다. 이후 언니, 수지는 동생을 버렸다는 죄책감에 사로잡혀 수인을 찾으러 다니면서 그녀를 찾았지만 그녀가 자신의 결혼 상대인 탄광회사 사장으로부터 겁탈당했다는 사실을 알고 난 후 동생임을 확인하지 않고 서울을 떠나도록 요구한다. 그러자 수인은 고아원에서 만나 결혼한 자신의 남편 일환의 취직을 그녀에게 부탁하고 탄광촌에 살게 된다. 그러던 중 비오는 날 탄광의 갱도가 무너지는 사고로 일환이 사망하고 이를 보고 쓰러진 수인이 병원에 실려 오자 그때서야 수지는 그녀가 가지고 있는 목걸이를 향해 헤어질 때 자신이 준 것이라고 하면서 자신이 언니라고 고백한다. 수인은 "왜 이제야 언니라고 말하는지", "언니를 얼마나 기다렸는지 모른다"고 하자 수지는 "자신을 용서해 줄 수 있겠니"라고 한다. 수지를 향한 수인의 이 말은 그녀가 산동네에 살고 있는 수인을 찾아갔을 때 전쟁 시기 가족을 버린 사람들을 이해 할 수 있다고 말한 것에 대한 역설적 의미로 연결된다. 이는 수인이 죽어가면서 자신이 동생임을 인정하면서도 친자매임을 거부한 것에서 알 수 있다. 이것은 그들의 비극적 운명이 한국전쟁에 기인하고 있지만 그로부터 형성된 상처는 여전히 지속되고 있으며 때로는 화해할 수 없는 영역으로 남아있음을 의미한다. 이는 어쩌면 전쟁으로 인한 자신의 잘못을 스스로 인정해야 하는 고통과 그로부터 벗어나고자 한 현실의 상황에 근거하고 있다고 할 수 있다. 이것은 수지가 수인을 찾으러 다니면서, 그녀가 자신의 동생임을 확신하면서도 자신이 동생을 버렸다는 죄책감과 그 사실을 인정하기를 두려워하는 심리적 요인으로 인해 받아들이기 어려웠던 상황과 연결되어 있는 것이다. 한국전쟁으로 인한 비극성은 헤어진 남매의 슬프고도 파국적인 만남을 통해 묘사한 김수형의 <뜸부기 새벽에 날다(1984)>에서도 나타난다.

영화는 어느 늦가을 새벽 간이역에서 젊은 여자, 춘희가 죽은 채로 발견되면서 시작된다. 사건을 규명하기 위해 오형사가 투입되고 그는 한국전쟁 때 잃어버린 자신의 동생일지 모른다는 생각으로 사건을 추적한다. 그 과정에서 그는 사망한 그녀가 어려운 생활을 전전하다 사창가로 흘러들어왔다는 것과 전쟁 통에 잃어버린 오빠를 찾겠다는 희망으로 살아왔다는 사실을 알게 된다. 그리고 영화는 어느 날 그녀가 자신의 손님으로 온 백인탄이라는 남자로부터 어린 시절에 관해 이야기를 듣던 중 그가 자신의 오빠임을 확신한다. 이런 어처구니없는 만남에 절망한 춘희는 창녀촌을 뛰쳐나와 간이역에서 죽음에 이르게 된 것이다. 이 사실을 확인한 오형사는 백인탄을 만나 그녀는 우리 모두의 동생이라고 하면서 자신의 동생 이름을 부르고 오열하는 모습으로 영화는 마무리된다. 영화는 사건이 발생하고 형사가 투입되면서 그것을 추적해 가는 도중 사건의 실체와 이야기의 진실에 접근해 가는 방식과 그것의 결론을 한 개인에게 부과하지 않고 살아있는 현재의 사람들과 역사로 돌리는 형태를 취하고 있다. 이러한 수법은 이두용의 <최후의 증인>과 유사한 형식을 취하고 있음을 보여준다. 그러므로 이들 영화는 선명한 반공논리와 체제대결로 인해 그것의 근본적 원인과 인간주의적 비극이라는 관점으로 다뤄지지 않았던 이전 시기의 영화적 경향에서 벗어나 새로운 영역의 가능성을 담보하고 있는 것이다. 전쟁과 분단으로 인한 이산의 아픔이 현실과 강한 충돌을 일으키면서 비극성을 극대화한 것으로는 1986년에 개봉된 임권택의 <길소뜸>을 들 수 있다.

이 영화에서는 잃어버린 자식을 찾았지만 그를 거부하는 부모의 모습을 통해 전쟁이 주는 비극성을 최고의 수위로 높이고 있다. 영화는 1983년 텔레비전에서의 이산가족찾기 방송을 보고 방송국으로 향하는 주인공 화영

의 어린 시절의 회상으로 시작된다. 이어서 해방과 함께 고향 황해도 길소
뜸으로 돌아온 화영의 가족과 전염병으로 부모를 잃고 혼자 남게 된 그녀
가 아버지 친구의 집에서 그의 아들 동진과 함께 살게 되면서 서로 좋아하
고 사랑하게 된 상황들이 묘사된다. 그로 인해 화영이 임신하게 되자 그녀
는 쫓겨나다시피 춘천에 있는 동진의 이모 집으로 보내진다. 시간이 흐른
후 화영은 동진의 집에서 아이를 낳고자 다시 길소뜸으로 향하고 동진은 그
녀를 만나러 춘천으로 향한다. 그들의 엇갈린 행보는 전쟁으로 인해 동진
이 춘천에 머물게 되면서 화영과는 서로 다른 삶을 살게된 이유이다. 영화
는 전쟁으로 인한 화영과 동진의 서로 다른 삶의 궤적을 각각의 회상을 통
해 전개시켜 나간다. 이는 이산가족찾기 방송국 앞에서 만난 그들이 지나온
자신들의 살아온 이야기를 하면서 과거시절을 떠올리는 장면으로 연결된
다. 이것은 화영과 동진 사이의 잃어버린 아들을 찾기 위한 것이다. 그들은
춘천으로 향하고 그곳에서 아들, 성운으로 추정되는 성인이 된 맹석철을 만
난다. 아들임을 확인하기 위하여 혈액검사를 거쳐 석철이 그들의 아들로 확
인되지만 화영은 확신할 수 없다는 이유로 거부하면서 자신의 집으로 향한
다. 그녀의 이런 태도를 본 동진은 화영이 준 명함을 쓰레기통에 버린다. 이
어서 화면은 자동차를 몰고 자신의 집으로 떠나는 화영의 모습으로 마무리
된다. 이처럼 영화는 전쟁이라는 배경 속에서 이산이라는 상처를 묘사하고
있지만 그것은 오히려 현실의 삶 속에서 거부의 대상으로 작용한다. 특히
화영이 현재의 남편, 딸과의 전화통화 너머로 들리는 다정한 목소리는 그녀
가 이와 같은 상황을 거부하는 근거가 된다. 그러므로 그녀에게 자식을 찾
는다는 것은 부모로서의 역할을 다하지 못한 죄책감을 환기시키는 것이며
동시에 평온한 현재의 가족과 자신의 삶에 커다란 변화를 요구받게 되는 것
이다. 이런 이유로 화영은 자신의 아들로 추정됨에도 불구하고 100%의 과
학적 확신을 요구하면서 이를 거부한 것이다. 이러한 그녀의 태도는 현실의

화영이 과거의 화영으로 되돌아가는 것을 부정한 것과 같은 것이며, 그것의 근원에는 전쟁과 이별의 상처가 내재되어 있다. 이것을 영화는 과거 한국의 역사적 상황에서 가져온다. 즉 다큐멘터리를 통해 일제강점기로 인해 38선 분단이 되었다는 역사적 사실과 지주였던 동진의 아버지가 반동으로 몰려 살해되었고, 수복 후 전투경찰이었던 동진의 형이 아버지를 죽인 사람들을 색출하여 보복 살해하였으며, 1.4후퇴 때는 형의 가족과 그의 아내가 좌익에 의해 학살되었고, 그들에게 복수하기 위해 좌익들을 찾아다니다가 정신 병원에서 비참하게 살고 있다는 것을 통해 드러내고 있다. 영화에서는 이것을 "죽은 자나 죽인 자 모두 불행한 것은 양쪽 다 마찬가지이며 동족간의 비극은 우리들의 의지와는 무관한 강대국들의 대리전쟁을 치른 피에로에 불과하였다"라는 대사로 확인시켜준다. 이것의 결과가 동진과 화영의 아들로 추정되는 석철이 해병대에 입대하여 월남전에 참전한 후 그곳에서 자신을 버린 어머니에 대한 미움으로 베트콩을 죽였다고 하는 것으로 귀결되고 자식을 거부한 동진과 화영의 모습을 통해 나타난다. 영화는 이처럼 일제강점기로부터 비롯된 제국주의와 이념에 의한 분열과 강대국들에 의한 분단이 한국전쟁으로 이어져 수많은 희생자를 낳고 헤어진 이산의 비극성을 초래한 한국의 역사를 소환하여 묘사하고 있는 것이다. 남한과 북한으로의 분단은 이러한 한국의 현실적 모순을 가장 적나라하게 드러내고 있는 현상이라 할 수 있다. 이는 1988년에 개봉된 이장호의 <나그네는 길에서도 쉬지 않는다>에서도 확인된다.

영화는 어두운 갈색 톤의 우울한 분위기 속에서 큰길 멀리서 순석과 최 간호사가 대화를 나누면서 걸어오는 장면으로 시작된다. 이후 순석은 북한이 고향인 3년 전 죽은 아내의 유골을 그곳과 최대한 가까운 곳에 뿌리기 위해 동해로 향하던 중 속초의 물치라는 곳에 내리면서 우연히 만난 사람들과 기묘한 일들을 겪게 된다. 이후 영화에서는 휴전선 너머의 월산이라는 고향에서 죽음을 맞이하고자 한 병든 노인을 돌보고 있는 최 간호사의 이야기가 전개된다. 그 과정에서 영화는 순석의 주관적 환영들이 이따금씩 그의 인식 속으로 파고들면서 묘한 분위기를 자아낸다. 그가 접하는 낯선 풍경들 속에 그의 뇌리를 스쳐 가는 과거의 기억들 및 환영들이 중첩되고, 이는 순석이 여행 도중 만난 죽은 아내와 닮은 세 명의 여자와 연결된다. 순석은 이들 두 명의 여자들과 동침을 하게 되는데, 그들 모두는 원인모를 구토나 교통사고로 죽는다. 이와 같은 상황이 꿈인 듯 생시인 듯 전개된다. 그 과정에서 그가 만난 여자는 고향에서 죽음을 맞고자 한 이북 출신의 병든 노인을 돌보고 있는 간호사 최씨였다. 순석은 아내의 유골을 휴전선 근처에 뿌리지만 자신이 태어난 고향 월산에서 죽음을 맞이하고자 한 노인은 끝내 뜻을 이루지 못하고 자식들에 의해 다시 남쪽으로 되돌아간다. 이로써 영화는 휴전선으로 상징화된 더 이상 갈 수 없는 분단된 한국의 현실을 자연스럽게 묘사한다. 이는 영화의 처음 장면에서처럼 넓은 큰 길을 따라 순석과 걸어오는 최 간호사가 자신이 돌보던 노인이 지니고 있던 고향 사진이 더 이상 필요 없게 되었다면서 찢어 버리는 행위를 통해 강조된다. 그리고 영화는 순석의 이러한 초월적 경험과 간호사 최씨의 신내림으로 마무리 되는 장면을 통해 분단이 주는 의미를 다시 한 번 상기하도록 한다. 이것은 "분단 상황이라는 우리의 아픔이 마치 무속적 운명처럼 거역할 수 없는 힘으로 우리의 의식을 역설적으로 보여주고 있는 것이다."[62] 이처럼 영화는 휴전선에서 멈춰 설 수밖에 없는 분단된 한국의 현실을 순석의 아내와 고향에서 죽음을 맞고자 한 병든 노인을 통해 묘사하고 있다.

이 시기의 영화들에서는 이념과 전쟁으로 인한 분단된 현실의 비극과 상처를 인간의 탐욕과 욕망, 인생의 유한함, 그리고 현재까지 지속된 죄책감이라는 고통을 통해 묘사하고 있다. 이러한 형태는 반공이데올로기에 천착

---

62) 김시무, 앞의 논문, 69쪽.

하면서 비인간적이고 잔인한 북한의 행태를 부각시키면서 체제우월성을 강조한 이전 시기의 영화들과는 다소 다른 경향이라 할 수 있다. 이는 이 시기 영화제작 현황을 통해 확인된다. 이를테면 1980년부터 1987년까지 제작된 영화들 중 군사와 반공을 표방한 영화를 범 반공의 영역으로 포함시킨다고 해도, 1980년 반공 4편, 1981년 반공 1편, 1982년 군사 1편, 반공 1편 1983년 군사 1편, 반공 1편, 1984년 군사 1편, 반공 3편, 1985년 반공 2편, 1986년 반공 2편, 1987년 반공 2편의 제작에 불과했다.[63] 이것은 국가와 체제이데올로기가 강하게 작동할 수 있는 영화가 이 시기 매우 적게 제작되었다는 것을 말하며, 이는 이 시기 영화가 그러한 흑백대결 구도에서 점차 벗어나기 시작했음을 의미한다. 이것은 전쟁과 분단으로 인한 상처를 인간적 측면에서 제기함으로써 오히려 인생의 허망함과 전쟁의 근본적 원인, 그리고 인간의 회귀적 본능 등과 같은 보다 본질적 문제에 근거하도록 하여 이데올로기의 적대성을 상쇄하고 있는 것이다. 그러므로 이들 영화는 이 시기 영화제작의 범위를 확대하여 새로운 영역으로 나아갈 수 있는 토대를 구축했다고 할 수 있다.

베트남 전쟁의 소환

이 시기 영화의 또 다른 특징 중 하나는 베트남 전쟁에 대한 새로운 시도를 들 수 있다. 일반적으로 한국영화역사에서 베트남 전쟁을 다룬 영화는 크게 세 가지 형태로 구분된다. 베트남 전쟁에 참여하기 전 병사들의 훈련 모습과 환송식을 다룬 영화, 그리고 베트남 전쟁에 참여 한 후 적극적으로 조국근대화의 주역으로 활동한 모습을 다룬 영화, 마지막으로 전쟁을 겪으면서 형성된 전쟁 자체에 대한 근본적 의문과 상처가 개인에게로 향하는 영

---

63) 영화진흥공사, 『1988년도판 한국영화연감』, 1988, 102쪽.

화이다. 앞의 두 가지 경향의 영화는 베트남 전쟁과 전쟁 참여에 대한 집단성의 긍정적 이미지를 부여한 것이고, 나머지 한가지는 전쟁의 한 복판에 있었던 사람에게 부여된 것으로 개인의 정신적 상처를 통해 전쟁 자체에 대한 성찰을 요구하고 있다. 따라서 이것은 앞의 두 가지 형태와 대립적인 의미로 존재하게 된다.

이런 측면에서 베트남 전쟁에 참여하기 위한 훈련이나 파견되는 장병들의 환송식은 강력한 국가 이미지가 부여된 영화들이라 할 수 있다. 이와 같은 영화들로는 베트남 파병을 위해 훈련 도중 잘못 던진 부하의 수류탄을 자신의 몸으로 덮쳐 수많은 병사들의 목숨을 구한 강재구 소령을 다룬 고영남의 <소령 강재구(1966)>와 맹호부대 용사들의 전투작전과 대민 봉사활동을 다룬 김묵·설봉·박호태의 <맹호작전(1966)> 등을 들 수 있다. 또한 파월장병가족들을 위한 무료 전국일주여행을 다루고 있는 김귀섭의 <관광열차(1967)>도 이러한 유형의 영화라 할 수 있다.[64] 뿐만 아니라 이 시기 다큐멘터리와 뉴스 영화에서도 베트남 전쟁 참여 장병의 환송식은 주요 에피소드로 다뤄지기도 하였다.

여기에 베트남 전쟁에 참여한 장병들이 한국으로 돌아와 산업과 농촌, 어촌 등의 현장에서 조국 근대화의 기수로 활약하고 있는 모습을 다룬 영화들도 등장했다. 주로 1960년대와 1970년대에 집중적으로 제작된 이와 같은 영화들로는 서울에서 의과대학을 졸업한 명식이 주변의 만류에도 불구하고 낙후된 섬마을의 교사와 의사로 활동하면서 섬마을을 근대화시키려는 모습을 묘사한 김기덕의 <섬마을 선생(1967)>과 이성구의 <월남에서 돌아온 김상사(1971)>, 노진섭의 <소띠 아저씨(1974)> 등을 들 수 있다. 이들 영화는 제대한 군인들이 근대화된 한국의 현실을 보여주는데 앞장서고 박정

---

64) 조서연, 「한국 '베트남전쟁'의 정치와 영화적 재현」, 서울대학교 대학원 박사학위논문, 2020, 39쪽.

희 정권의 개발정책과 새마을 운동의 견인차로서의 모습을 보여준다. 그러므로 이런 종류의 영화들은 베트남 전쟁에 대해 부정적 측면이 아니라 박정희 시대의 반공이데올로기를 강조하거나 조국 근대화를 위해 '할 수 있다'는 강한 정신 무장의 토대로 작용한다. 베트남 전쟁에 관한 이러한 긍정적 이미지는 1980년대에 접어들면서 개인의 기억 속에 존재하고 있는 전쟁의 모습으로 소환되어 새로운 의미의 영역으로 전환된다.

이와 같은 특징은 유년시절부터 친구였던 재희와 서하의 엇갈린 사랑의 관계를 다룬 정지영의 <거리의 악사(1987)>에서 엿볼 수 있다. 이는 영화 속 서하의 남편 정태가 베트남 전쟁에 지원하여 참가하였다는 사실과 전투장면을 통해 묘사된다. 이에 대한 구체적 현상은 베트남 전쟁 때 입은 부상으로 정태가 아이를 가질 수 없는 이유가 되고, 서하의 아들이 그녀가 이전에 사랑했던 재희의 남편 윤수의 아들이라는 것으로 증명된다. 이로써 베트남 전쟁은 정태로 상징화된 불임, 즉 정상적인 남성으로서의 존재가치가 훼손되었다는 의미와 이미지를 획득하게 된다. 이것은 한 개인의 상처를 통해 베트남 전쟁을 규정하고 있는 것이라 할 수 있다. 이러한 특징은 1988년 개봉된 송영수의 <우리는 지금 제네바로 간다>에서 구체적으로 묘사된다.

영화는 베트남 전쟁에 참여한 필운이 전쟁 트라우마로 가정과 사회에 적응하지 못한 채 열차를 타고 정처 없이 어디론가 떠나는 모습과 고향을 찾아가는 순나와 우연히 동행하게 되면서 발생한 에피소드를 통해 드러난다. 이는 베트남 전쟁의 상처를 안고 있는 필운이 누구를 위해, 무엇을 위해 싸웠는지 모르는 절규와 그의 폭력을 견디지 못한 아내의 절망적 외침으로 나타난다. 영화는 이를 베트남 전쟁에 관한 필운의 회상장면을 통해 묘사한다. 이것은 영화 시작과 함께 서울역에서 누군가를 기다리고 있는 순나의 모습과 월남전에서 무공훈장을 탔다고 허풍을 떨며 자랑하듯이 떠드는 열차 안 순나의 애인 승호의 모습에 이어 베트남에서의 전투상황이 묘사되고 죽어가는 병사와 괴로워하는 필운의 모습으로 나타난다. 여기서 필운의 모습은 그의 베트남 전쟁에서의 경험, 즉 베트콩과의 전투에서 치명상을 입은 부하를 권총으로 죽인 경험, 성매매 여성이 베개 밑에서 칼을 꺼내려는 순간 그녀를 목졸라 죽인 경험, 전투 중 수류탄을 던져 다수의 베트콩을 죽인 경험, 베트콩과의 육탄전 중 목이 졸렸던 경험 등과 같은 기억의 파편들이다.[65] 이와 같은 기억들은 베트남에서 돌아온 필운의 현실 속 일상과 연동된다. 이는 폭력에 시달린 그의 아내가 "하루 이틀도 아니고 이제 더 이상 견딜 수 없다"는 말과 순나로부터 멱살을 잡히는 순간 베트콩으로 착각하고 그녀를 목졸라 죽이려는 의도치 않은 그의 행위를 통해 드러난다. 여기에 순나와 함께 고향을 가기로 했던 승호가 그녀의 돈을 훔쳐 달아나자 절망감에 자살을 시도한 그녀를 발견한 필운이 순나를 업고 병원으로 뛰어가는 장면에서도 필운의 기억은 반복된다. 순나를 업고 병원을 향해 뛰어가는 필운의 모습은 베트남 전쟁에서 부상당한 부하를 업고 달리는 모습과 번갈아 보여지면서 그가 여전히 베트남 전쟁으로부터 벗어나지 못하고 있음을 보여준다. 이렇듯 필운에게 베트남 전쟁의 기억은 현실 속에 파고들어 존재하고 있었던 것이다. 그럼에도 불구하고 필운이 베트남 전쟁으로 받은 무공훈장을 금은방에 맡기고 치료비를 구하는 장면은 순나의 돈으로 유흥업소에서 흥청망청 쓰고 있는 승호의 모습과 대비되면서 그가 지니고 있는 본래의 마음을 보여주는 것으로, 이는 순나로부터 위로를 받게 되는 계기로 작용한다. 이것은 필운과 순나의 상처가 인간적 관계를 통해 회복된다는 의미이며, 필운이 순나를 고향까지 동행하는 이유이고, 그가 다시 기차를 타고 서울로 향하면서 새로운 시작을 알리는 것으로 마무리 되는 장면과 연결된다. 영화는 이처럼 베트남 전쟁의 후유증으로 가정과 직장을 잃고 고통 속에서 살아가고 있는 한 인간, 필운을 묘사하고 있다. 이것은 베트남 전쟁이 국가라는

---

65) 위의 논문, 177쪽.

차원에서 뿐만 아니라 우리에게 어떤 의미로 존재하고 있는지를 한 개인의 기억을 통해 제기하고 있는 것이다. 따라서 <우리는 지금 제네바로 간다>는 이전의 국가주의적 시각에서 벗어나 개인에게 집중함으로써 베트남 전쟁을 새롭게 이해하도록 요구하고 있는 영화라 할 수 있다.

이처럼 이 시기 한국영화에서는 "파병 기간 내내 선전되었던 자유의 십자군, 무적의 따이한, 조국 근대화의 기수가 아닌 트라우마적 기억에 사로잡혀 삶이 망가진 초라한 개인임이 폭로됨으로써 피상적으로 참전이라는 과거의 정당성을 심문한다."[66] 이는 베트남 전쟁을 국가의 영역이 아닌 한 개인의 영역으로 재설정하면서 베트남 전쟁의 의미와 그 속에서 희생된 한 개인의 운명을 통해 그것이 어떻게 현재까지 지속되고 있는지를 성찰하도록 요구하고 있는 것이다. 이런 차원에서 이 시기 비록 많은 편수의 영화가 만들어지지는 않았지만 몇몇 영화에서 다루고 있는 베트남 전쟁은 다양한 역사적 의미에 대한 재해석과 새로운 시도로 영화 창작의 범위를 확장시켰다고 할 수 있다.

미국의 환상 허물기

한국사회에서 미국에 대한 인식은 해방이후 정부수립과 한국전쟁을 거치면서 형성되었다고 할 수 있다. 특히 경제적 원조와 한국전쟁에서 보여준 미국의 모습은 한국인들의 뇌리에 풍요롭고 강력한 힘을 가진 선진국으로 자리매김해왔다. 이러한 이유로 그 동안 미국은 한국에 있어 동경과 부러움의 대상이었지 비판의 대상이 되기 어려웠다. 이와 같은 특징은 이전 시기 많은 한국영화에서 묘사되었다.

그러나 이런 기조는 광주학살을 통한 전두환의 신군부 세력의 권력 장악을 계기로 변모하기 시작하였다. 이에 대해 "1985년 당시 주한 미국대사였

---

66) 위의 논문, 175쪽.

던 글라이스틴은 일본의 아사이 신문과의 인터뷰에서 (미국은 이와 관련이 없다는) 미국 입장의 일방적인 해명"[67]으로 일관했다. 그러나 많은 한국인들은 미국이 신군부 세력의 행위를 묵인하였거나 그들에게 협조하였을 것이라는 강한 의구심과 함께 한국에 대한 미국의 지원이 자신들의 국제 전략 목표 중 한 요소로 작동되고 있음을 인식하게 된 것이다. 이로 인해 미국에 대한 한국인들의 인식은 이전과 다른 형태로 변하였다. 이는 1980년 광주미문화원 방화사건, 1982년 부산미문화원 방화사건, 1983년 레이건 미국대통령 방한 반대사건, 1985년 서울미문화원 점거농성 등으로 나타났다. 이와 같은 사건들은 그 동안 정치적, 경제적, 문화적 영역에서 무비판적으로 수용되었던 미국에 대해 주체적인 시각을 갖게 한 요인이 되었다. 뿐만 아니라 이 무렵 슈퍼 301조를 동원한 미국의 파상적인 통상압력은 한국인들에게 그러한 시각을 더욱 강하게 갖도록 견인하였다. 이러한 일련의 상황들은 그 동안 반공, 체제 경쟁이라는 도식 속에 있던 한국인들에게 민족의 개념을 불러오게 된 계기로 작용한 것이다. 이는 다름 아닌 "1980년대 그 동안 냉전체제하에서 억눌려왔던 민족주의의 폭발적 분출이 문화적 민족주의의 재발흥으로 나타났다. 이것은 1980년대 민족주의가 당대뿐만 아니라 냉전체제 속에서 누적되어온 한국사회의 구조적 모순을 극복할 수 있는 대안적 이념으로서 변혁운동을 지녔다는 사실이며, 그것은 곧 당대 권위주의정권의 지배이데올로기와 결코 화해할 수 없었다는 점을 강조하기 위한 것이다."[68] 이는 미국을 비롯한 외국이 경계의 대상으로 한국인들에게 인식되기 시작했다는 것을 의미하며, 이러한 특징은 이 시기 한국영화에 자연스럽게 스며들었다. 물론 그것은 처음부터 직접적이고 노골적으로 표현되지는 않았으며 한국의 전통문화와 대립적 개념으로 서양이라는 다소 애

---

67) 한용 외, 『80년대 한국사회와 학생운동』, 청년사, 1989, 125쪽.
68) 이봉범, 앞의 논문, 178쪽.

매모호한 형태로 조심스럽게 묘사되었다. 실제로 미국, 미국인임에도 불구하고 영화에서 그들은 서양, 서양인의 프레임 속에 위치했다. 이러한 흐름을 보여주고 있는 영화로는 이장호의 <과부춤>과 <무릎과 무릎사이(1984)>를 들 수 있다.

결혼상담소를 배경으로 하고 있는 <과부춤>에서는 한국과 미국의 군사훈련을 알린 팀스피리트 참가 환영식과 미스 유니버스 대회, 축구경기의 스타디움, 국제의회연맹 제70차 총회 개최, 아웅산테러사건의 장례식 장면들이 힘들어하는 한국의 노동자, 서민들의 삶과 함께 전개된다. 이러한 장면들은 한국인들의 일상생활을 묘사하면서 한국이 처한 현실과 다양한 국제행사로 점철된 정권을 비판하기 위한 것이기도 하지만, 이는 결혼상담소장이 사기 사건으로 구속된 이후 미국노래에 몰두하고 있는 젊은 남자와 판소리를 공부하라는 엄마의 서로 다른 대립적 모습을 통해 그 숨겨진 의도를 드러낸다. 그리고 이는 엄마의 바람대로 그녀의 아들이 판소리에 매진하기로 하면서 그것의 의미가 구체화된다. 이로 인해 영화는 비록 산동네에서 어렵게 살고 있는 사람들과 목사의 사기 행위를 통해 한국사회의 현실을 풍자하면서도 미국을 비롯한 서양에 대한 경계심을 한국의 전통문화를 통해 나타내고 있는 것이다. 이러한 미국과 외국에 대한 경계심과 우려의 실체는 영화 <무릎과 무릎사이>에서 선명한 방식으로 표현된다.

영화에서는 이를 전통악기인 대금을 전공하고 있는 조빈과 서양 악기인 플루트를 전공하고 있는 자영을 통해 보여준다. 이후 조빈의 대금은 판소리, 거문고로, 자영의 플루트는 성악, 마이클 잭슨, 나이트클럽 등으로 연결된다. 전자는 정신적 가치, 민족의 정체성을 의미하고, 후자는 육체적, 물질적 가치로 구분된다. 이를 영화는 어린 자영이 서양인으로부터 플루트 레슨을 받을 때 그로부터 받았던 성적 자극을 통해 묘사한다. 그러나 자영의 어릴적 성적 자극은 어머니에 의해 강하게 견제 받음으로써 그녀가 성적 자극에 거부할 수 없는 무의지 상태로 노출되고 만다. 이는 비오는 날 성악가로 부터, 시골에서의 밴드 마스터들로부터 강간당한 그녀의 태도를 통해 드러 난다. 문제는 그녀를 강간한 자들이 모두 서양 음악을 전공하고 있는 자들 이라는 점이다. 이것은 영화 말미에 "한국인에게 맞지 않은 서구식 생각이 나 생활 때문에 우리 모두 열병을 앓고 있다"고 하면서 "정신적 순결"을 강 조한 정신과 의사의 말로 연결되기도 한다. 이는 음악을 사람들의 정신과 마음에 가장 빠르게 파고드는 문화라 규정하면서 자극적이고 충동적인 서 양음악, 문화에 대한 경계심을 묘사하고 있는 것이다. 궁극적으로 이것은 한국문화에 대한 새로운 인식과 정체성이 무엇보다 중요하다는 것을 강조 한 것이며, 성적 쾌감에 무의지한 자신을 자책하면서 자살을 시도한 이후 정 신과 치료를 받고서야 비로소 자영이 조빈과 함께 할 수 있는 장면을 통해 이를 확인해주고 있다.

영화 <무릎과 무릎사이>가 미국, 서양과 한국을 문화라는 키워드로 대립 적인 구조 속에서 정체성과 주체성 문제를 제기했다면 이후 몇몇 영화에서 는 이태원을 비롯한 기지촌 풍경을 배경으로 미군부대라는 구체적 대상과 지역을 통해 미국에 대한 부정적 이미지를 구축하였다고 볼 수 있다. 이것은 이 시기 영화에서 미군기지 주변을 범죄와 퇴폐의 온상으로 묘사함으로써 그 의미를 드러낸다. 이와 같은 유형의 영화들로는 미군기지 주변을 밀매와 퇴폐행위를 일삼고 있는 장소로 묘사한 장길수의 <밤의 열기 속으로(1985)> 를 들 수 있다.

미군기지 주변의 도시를 중심으로 활동하고 있는 청년 민기는 대학생인 인희와 만나 사랑하게 되면서 자신의 잘못된 삶을 청산하고자 그 동안 검은 거래의 대상이었던 미카엘 일당과의 관계를 단절하고자 한다. 하지만 그들 은 그에 대한 보복으로 인희를 납치한다. 이를 통해 영화는 미카엘 일당을 올바른 삶을 살아가려고 하는 민기를 방해하는 세력으로 상정함으로써 미국, 서양에 대한 인식을 부정적으로 묘사하고 있다.

서양, 서양인이라는 다소 불명확한 범위 속에서 묘사되었던 이 시기 영화
들은 점차 미국, 미국인이라는 명확한 대상으로 나타나기 시작하였다. 이를
테면 배창호의 <고래사냥2(1985)>에서 주인공 병태는 자신의 첫 키스 상대
였던 미영의 성당 결혼식에 난입하여 그녀가 단지 미국에 가고 싶어 결혼한
다는 것을 폭로하면서 정확히 미국이라는 국가를 지칭하고 있다. 이러한 경
향은 미국인들의 해방구라 할 수 있는 이태원을 묘사한 이원세의 <여왕벌>
에서 나타난다.

1986년 개봉된 <여왕벌>은 영화 <무릎과 무릎사이>에서처럼 한국의 전
통문화와 이태원에서 이루어지고 있는 서양의 문화를 대비시킨다. 영화에
서는 이를 낮에는 한국무용을 가르치는 선생으로, 밤에는 이태원에서 백인
남자들과 어울리는 여왕벌로 변신한 미희의 모습을 통해 묘사된다. 이와 같
은 그녀의 이중생활은 그녀가 어렸을 때 흑인남자로부터 강간당한 엄마의
모습을 목격한 기억과 연결되어 있다. 이것은 그녀가 미국에 대한 부정의 요
인, 즉 한국여성들의 미국인들에 대한 태도를 지적하면서 드러난다. 이를테
면 미국인들과 술을 마시고 있거나 품에 안겨있는 한국여성들을 향해 미희
는 가차없이 "꿈 깨"라는 말을 한다. 이처럼 영화는 이태원을 중심으로 미국
인들에 대한 한국여성들의 태도, 행위와 한국여성들에 대한 미국인들의 태
도, 행위를 통해 그것의 실체를 드러내고 있다. 이것은 서울 한복판의 미군
부대에서 헬기가 뜨고 있는 장면과 중첩됨으로써 한국과 미국의 실체적 관
계 속에서 그것의 의미가 더욱 강조되고 있는 것이다. 그리고 이는 한국여성
을 데리고 모텔로 올라가는 미국인을 향해 "더러운 병균"이라고 한 중년의
모텔 주인의 말과 사진작가로 행세하는 리차드와 사귀고 있는 정희를 향해
"사대주의"라고 비판한 그녀의 순진하고 무기력해 보이는 한국인 남자친구
의 모습을 통해 그들에 대한 인식을 드러낸다. 이것은 미희가 사진작가 행

세를 하는 미국인 리차드로부터 성적 농락을 당하고 있는 자신의 동생, 정희를 위해 그를 유혹한 후 그의 성기를 거세하는 행위로 나타난다. 이러한 영화 속 장면들은 1980년대 미국에 대해 달라진 한국의 상황과 인식으로부터 비롯된 것이라 할 수 있다.

미국에 대한 부정적 이미지는 기지촌 술집 마담인 김향숙을 찾아 온 의대생이었던 그녀의 아들 민우가 밀매를 하는 범죄 집단에 합류하게 되면서 자기 스스로를 파국으로 밀어 넣은 곽지균의 <겨울 나그네(1986)>에서도 나타난다.

이들 영화에서 나타난 공통점은 이태원과 미군기지 주변이라는 한국의 특정한 공간 속에 미국인을 배치함으로써 그것에 대한 부정적 이미지를 구축하여 한국의 고유한 정신적 가치의 중요성과 정체성을 환기시키고 있다는 점이다. 이것은 궁극적으로 한국사회와 사람들 내면에 존재하고 있던 미국에 대한 환상이 허물어지고 있는 하나의 현상이라 할 수 있다.

이와 같은 경향은 미국에서의 실제적 삶이 제시되면서 구체화된다. 이러한 유형의 영화로는 미국에 대한 환상을 지닌 영화 속 인물 탄야가 최혁에 속아 결혼하여 미국에 갔지만 그녀가 직면한 현실은 강간과 인종차별에 괴로워 자살을 시도하게 된다는 이야기를 다루고 있는 노세한의 <탄야(1982)>에서도 언급된다. 또한 이 시기 미국에 대한 환상을 허물어뜨리는 대표적 영화로는 미국에서 살아가고 있는 한국인들 삶의 실체를 묘사한 배창호의 <깊고 푸른 밤(1985)>에서 확인할 수 있다.

영화는 미국에 불법 체류한 백호빈이 한국의 아내를 미국으로 데려오기 위해 미국에서 바텐더로 일하고 있는 이혼한 제인과 위장 결혼함으로써 영주권을 얻고자 노력하는 모습을 통해 제시된다. 영화에서는 이를 백호빈을 비롯한 제인의 아메리칸 드림, 즉 미국에 대한 환상과 실제가 어떻게 다른지, 그 꿈이 어떻게 좌절되었는지에 집중하면서 드러낸다. 이는 백호빈이 제인과 위장 결혼식을 한 이후 "한국에서 대학교를 나온 여성들이 재미교포 사업가라고 하면 뻑간다"는 말과 제인이 흑인 마이클과 결혼하여 "미국에 오면 긴 드레스를 입고 매일 밤 파티가 열릴 줄 알았다"는 것을 통해 아메리칸 드림, 미국에 대한 환상이 얼마나 허황된 것이었는지를 묘사한다. 이것은 백호빈이 영주권을 획득한 후 "돈을 벌어 비버리 힐스 저택을 사고, 경비행기도 사겠다"고 말하자 제인도 "처음에는 자신도 그런 꿈을 꾸었다"고 하는 말로 이어진다. 동시에 그러한 꿈은 미국에서 실현되지 못한 환상으로 남게 될 것임을 강하게 암시한다. 이러한 그들의 꿈과 환상은 술 취한 남편 마이클의 폭력으로 인한 이혼과 한국에 있는 부인으로부터 다른 사람과 결혼하겠다는 소식으로 돌아왔으며, 그것은 바로 그들이 현재 미국사회에서 직면하고 있는 냉혹한 현실의 삶인 것이다. 이것은 제인이 백호빈의 이마를 향해 총을 쏴서 살해하고 본인도 자살을 시도한 상태로 마무리되는 장면을 통해 미국에 대한 백호빈의 아메리칸 드림에 대한 환상을 파괴함으로써 미국의 실체를 정확하게 인식하도록 하고 더 이상 이에 대해 허황된 꿈을 갖지 말라는 경고의 의미로 결론짓는다. 미국에 대한 환상을 허물어뜨리는 것은 배창호의 <기쁜 우리 젊은 날(1987)>에서도 나타난다.

영화는 주인공 혜린이 연기하는 연극무대로 시작된다. 그녀를 오랫동안 좋아했던 대학생 영민은 혜린에게 자신의 사랑을 고백하지만 그녀는 미국으로 유학 갈 예정이라고 하면서 거절한다. 그리고 그녀는 산부인과 의사와 결혼하여 미국으로 떠난다. 반면 아버지의 바람대로 종합상사에 취직한 영민은 어느 날 우연히 서울의 지하철에서 혜린을 다시 만난다. 그녀는 이혼 후 한국으로 돌아온 것이다. 영민이 그녀로부터 들은 미국생활은 "브로드웨이는 극장의 문을 여는 것이 아니라 불을 밝힌다"라고 하는 말로 상징되듯이 그동안 자신이 가졌던 미국에 대한 환상이 단 한편의 연극을 보는 것으로 끝났고 재미교포 의사인 줄 알았던 남편은 룸펜에 지나지 않았으며 바텐

더, 웨이트레스, 베이비 시터, 캐셔, 공장에서의 힘든 생활로 점철된 것이 혜린의 실제적 미국생활의 현실이었다. 혜린의 이런 말들은 그녀 스스로가 미국에 대한 자신의 환상이 얼마나 허황된 것이었는지를 확인해주고 있는 것이다. 동시에 이는 미국에 대한 환상으로부터 그 실체를 정확하게 인식하도록 요구하고 있는 것이라 할 수 있다. 미국에 대한 인식은 소녀시절부터 12년 동안 영화감독 Y에 대한 사랑을 기록한 것을 토대로 전개된 이장호의 <와이의 체험(Y Story, 1987)>에서도 나타난다.

특히 이 영화에서는 실제적인 내용전개와 상관없이 영화시작과 함께 Y가 자동차를 타고 난 후 운전기사에게 한 말, 즉 한국을 향해 "20년 전 일본과 같다"고 하고 "일본 흉내 내지 말아야 한다"고 하면서 "여기가 어디 한국이냐 작은 미국이지"라는 매우 직접적이고 노골적인 일본과 미국에 대한 감정을 통해 드러난다.

이처럼 이 시기 한국영화에서는 미국과 미국의 상징이라 할 수 있는 이태원, 동두천이라는 구체적 공간을 범죄와 퇴폐의 온상으로 묘사하면서 그것의 부정적 이미지를 부각시킨다. 이것은 미국에 대한 실체를 정확하게 인식하도록 요구한 것이며, 이는 미국에서의 실제적 삶을 통해 강조되기도 하였다. 이들 영화가 겨냥하고 있는 것은 한국의 사회, 문화 속에 내재되어 있는 서양과 미국에 대한 무비판적 의식, 나아가 아메리칸 드림에 대한 환상을 깨는 것이었고, 이것은 1980년 광주항쟁을 기점으로 광주미문화원 방화사건, 부산미문화원 방화사건, 서울미문화원 점거사건 등을 통해 미국에 대한 기존의 인식을 재정립하도록 요구한 것이다. 이로써 이 시기 한국영화는 한국에서 혹은 미국에서의 구체적 실체를 대상화하여 한국인들의 아메리칸 드림, 미국에 대한 환상의 허구성을 폭로함으로써 보다 주체적 인식을 갖도록 자극한 것이라 할 수 있다.

5. 성적표현의 탐닉

이 시기 한국영화를 가로지르는 특별한 특징 중 하나는 사회 구조의 모순과 현실, 이데올로기와 전쟁의 상처, 민족문화 전통의 강조, 미국에 대한 환상 등을 다룬 영화에서 여성의 몸과 성적행위가 중요한 표현수단으로 대상화된다는 점이다. 이러한 특징은 언론을 장악한 전두환 정권이 영화를 자신들의 정권유지 전략에 있어 그리 중요한 대상으로 취급하지 않았다는 것과 연결된다. 이것은 전두환 정권이 영화를 자신들로 향한 국민들의 저항을 스포츠와 함께 다른 곳으로 배출할 수 있게 하는 하나의 부가 수단정도로 취급하였다는 것을 의미한다. 이는 1981년 영화 시책을 통해 확인된다. 이전까지 영화에 대한 정부의 주요 정책 목표 중 하나는 북한과 이데올로기 및 체제경쟁을 선전하기 위해 반공과 남한의 체제 우월성을 다룬 영화를 제작하도록 유도한 것에 있었다. 그리고 그것은 우수영화의 개념으로 나타났다.

그러나 1981년 전두환 정권의 영화시책에는 기존의 영화정책으로 규정된 이와 같은 개념에서 벗어나 우수영화의 개념을 '예술성을 지니고 많은 사람이 보고 즐길 수 있으며 관객에게 감명을 주고 사회의 계도성과 교양성을 갖춘 독창적인 작품이다'라고 새롭게 규정하고 있다. 이것은 창작의 자유를 일정부분 보장하는 듯한 이례적인 규정이었다. 비록 얼마 지나지 않아 반공과 국가안보에 대한 영화제작을 다시 강조함으로써 기존의 시각을 유지하였지만 영화에 대한 전두환 정권의 시각은 1981년 영화시책의 기조에서 크게 벗어나지 않았다. 이는 1982년 통행금지해제 조치와 정인엽의 <애마부인>이 심야극장을 통해 보여지고 난 후 성을 노골적으로 묘사한 영화들이 집중적으로 제작되었던 것에 비해 이것에 대한 제재는 그리 엄격하게 적용되지 않았다는 것에서 알 수 있다. 예컨대 "1970년대의 문화정책이 원칙적으로 외래 퇴폐문화를 금지하면서 모든 문화에 대한 규제를 했던 반면 1980년대에는 퇴폐문화에 대한 선별적 해금을 실시하면서 이런 조치가 체제와 그리 불편하지 않게 어울리도록 관리하는 양상을 취했다. 즉 정책담당자가 보기에 퇴폐적이지만 별달리 위협적이지 않은 한도 내에서는 방치한다는 것이 당시 문화정책의 이데올로기로 보인다는 것이다."[69] 문제는 이와 같은 전두환 정권의 전략적인 책략에 일부 영화인들이 저속한 성적표현으로 관객을 끌어들이는데 몰두하였다는 점이다. 이러한 행태는 이 시기 많은 영화에서 나타났고 이로 인해 전례 없는 여성의 몸과 성적표현이 화면에 필수요소로 등장하였으며, 이는 한국영화가 '방화'라는 범위 속에 스스로를 유폐시킨 원인으로 작용했다. 이것은 정권이 마치 시혜처럼 베푼 반공이데올로기와 국가안보라는 규정을 완화하는 순간 이 시기 일부 영화인들이 창작의 자유를 노골적인 성적표현의 시각으로 스스로를 한정시키면서 상업적 태도로 일관하였다는 것을 말한다. 이와 같은 흐름은 1981년 개봉한 정진우의 <뻐꾸기도 밤에 우는가>에서 엿볼 수 있다.

이는 남사당패인 어머니로부터 버림받은 어린 순이가 길을 잃어 깊은 산속에서 숯을 만들어 생계를 이어가는 현보와 함께 살게 되면서 뛰어난 미모로 성장한 그녀의 모습을 묘사할 때 드러난다. 영화에서는 이를 순이가 산속 개울가에서 목욕할 때 물에 젖어 농염하게 보이는 그녀의 엉덩이, 젖가슴으로 이어지는 카메라의 움직임은 화면의 의도가 어디에 있는지를 명확하게 보여준다. 여기에 몸이 드러나는 옷을 입고 생활하는 순이의 모습과 숯불을 배경으로 이루어진 현보와의 성적장면 등은 그것의 의미를 더욱 강화한다. 이러한 이유로 산림간수 김주사의 농간으로 감옥살이를 하고 나온 현보가 자신이 선물한 옥가락지를 다 타버린 불가마 잔해 속에서 찾아냄으로써 순이가 자신을 겁탈하려는 김주사를 안고 숯가마 속으로 뛰어들면서 자

---

69) 강준만, 『한국현대사 산책(1980년대 편 2권)』, 앞의 책, 54쪽.

신의 사랑을 지키고자 한 그녀의 순수한 사랑의 의미는 흐려진다. 자극적인 성적표현은 유치원 원장이자 술집 콜걸로 이중생활하고 있는 윤소희를 다루고 있는 김성수의 <색깔있는 여자>에서도 나타난다.

1981년에 개봉된 이 영화에서 나타난 윤소희의 성적장면은 붉은색 톤의 조명아래 클로즈업 된 얼굴과 몸을 신음 소리와 함께 느린 카메라 움직임을 통해 반복적으로 보여주면서 자극적으로 묘사된다.

이와 같은 수법은 1970년대 유신시기 영화에서의 성적묘사가 일정부분 사회적 현실과 연결되었던 것과 달리 1980년대 전두환 정권 시기의 영화들에서는 그러한 관계와 무관한 성적표현 그 자체에 집중하고 있음을 보여준다. 이는 영화의 시대적 배경과 내용, 갈래를 초월하여 노골적이고 자극적으로 묘사되고 있는 성적장면들이 빠지지 않고 이 시기 많은 영화들에서 등장하고 있다는 사실로 확인된다. 특히 성적행위를 묘사할 때 수시로 나타나는 완만하고 느린 속도로 여성의 몸을 탐색하는 카메라 움직임과 클로즈업된 여성의 얼굴 표정, 그리고 신음소리가 동반되면서 반복적으로 보여주는 수법은 이 시기 많은 영화에서 묘사된 성적표현의 전형적 형태라 할 수 있다.

이것은 평범한 여인이 남편의 무관심으로 우연히 만난 남자와의 일탈로 파괴되어 가는 가정을 묘사한 박호태의 <자유부인 81(1981)>, 가수를 지망하던 시골 처녀가 다양한 인생을 경험하면서 창녀촌으로 유입된 카수 영애와 그 너머의 삶을 묘사한 이장호의 <어둠의 자식들>, 종배와 도석이 강도를 저지른 이후 느닷없는 성적장면을 묘사한 <그들은 태양을 쏘았다>, 백지수표를 지닌 한 남자가 술에 취해 우연히 창녀가 사는 아파트에 들어가 하룻밤을 보내면서 벌어지는 해프닝을 다룬 김호선의 <세 번은 짧게 세 번은 길게> 등에서 나타난다.

이들 영화에서는 비록 기존의 가치관과 다양한 사회 구조의 모순과 그 현실을 드러내려 했지만 영화 속에서 불연속적으로 나타난 노골적이고 자극적인 성적묘사로 인해 애초의 영화적 의도가 방해받는다. 이러한 성적표현의 노골성은 통행금지 해제로 인한 심야극장의 등장으로 더욱 강화되었다고 할 수 있다. 문제는 일부 영화인들이 이와 같은 성적표현을 이 시기 한국영화의 제작영역을 넓혀가는 일환으로 바라보았다는 점이다. 이를테면 영화평론가 이영일은 1982년에 출간된 1981년도판 『영화연감』에서 이를 "성적표현의 개방, 에로티시즘의 대담한 표현이란 곧 포르노그라피로 치닫는 것을 말하는 것이 아니라 영화에 있어서의 성적표현의 의미, 다시 말하면 인생적인 의미, 윤리적인 의미, 사회적 의미, 문명적 의미를 상징하는 깊은 뜻을 가지게 되며…… 성적표현, 그 에로티시즘은 80년대의 한국영화가 넓혀가고 있는 영화미학의 한 영역임이 틀림없다"[70]고 했다. 이것은 과감한 성적표현이 곧 제작의 자유를 가져올 뿐만 아니라 한국영화의 주제와 소재 확장을 견인할 수 있는 것으로 인식하고 있었던 것과 다르지 않다.

　이러한 인식과 함께 등장한 정인엽의 <애마부인>은 성적표현에 있어 이 시기 새로운 전환점이 되었다고 할 수 있다. <애마부인>에서 나타난 성적묘사는 이후 수많은 '부인' 시리즈와 그 아류의 영화들의 등장을 가져왔을 뿐만 아니라 1980년대 한국영화를 에로티시즘(eroticism)이라는 이미지로 고착화 시키는데 결정적 작용을 하였다. 특히 영화의 주인공 수비와 문오와의 성적장면에서 표현된 조명과 색감을 통한 다리, 엉덩이, 허리, 가슴과 입술, 혀로 이어지는 여성의 특정 부위의 강조와 배우의 과도한 표정과 신음소리, 반복적 묘사 등은 1980년대 한국영화에서 에로티시즘 영화의 특징과 제작이 본격화되는 계기가 되었다. 이후 한국영화는 영화 제목에서부터 이야기 전개 중 나타나는 성적묘사에 이르기까지 성적호기심을 자극하는 에로티시즘 표현이 노골화되었고 사회 구조의 모순과 현실, 제국주의 속성을 드러내고자 하는 영화에서도 성적묘사는 필수 불가결한 요소였다. 이로 인해 한국

---

70) 영화진흥공사, 『1981년도판 한국영화연감』, 1982, 52쪽.

사회의 도덕적 경계 중심에 위치하고 있던 성은 더 이상 은밀하고 감추어야 할 대상으로 존재하지 않고 성적욕망에 사로잡힌 여성의 능동성이 본격적으로 드러나기 시작했다.[71]

이와 같은 흐름은 <애마부인> 이후 등장한 부인 시리즈와 이경태의 <여자의 함정(1982)>, 박호태의 <애인(1982)>, <빨간앵두(1982)>, 이영실의 <반노(1982)>, 정인엽의 <김마리라는 부인(1983)>, <지금 이대로가 좋아(1984)> 등과 같은 수많은 영화들에서 확인된다. 이들 영화에서는 <애마부인>에서 표현되었던 것처럼 내러티브와 상관없이 완만하고 느린 성적 묘사와 함께 배우의 신음소리가 중첩되면서 여인의 육체를 탐하는 남성의 모습과 이에 흥분한 여성의 모습을 과도하게 보여줌으로써 에로틱한 감정을 극대화하고 있다. 이는 1984년 개봉된 정인엽의 <애마부인 2>와 1985년의 <애마부인 3>에서도 지속된다.

이러한 특징은 시대와 갈래의 경계를 넘어 전방위적으로 나타났다. 심지어 사회적 현실과 그 구조의 모순과 아시안 게임 및 올림픽 게임 유치에 대해 비판적 관점을 드러내고 있는 영화들에게서 조차도 이와 같은 표현수법은 없어서는 안 될 요소가 된 것이다. 이를테면 임권택의 <오염된 자식들(1982)>에서 병구는 출세를 위해 사랑하는 여인을 버리고 소아마비 장애를 가진 자신의 회사 사장 딸과 결혼한다. 물질에 대한 정신적 가치 상실의 비판을 묘사하고 있는 이 영화는 장애를 가진 부인과의 성적 장면으로 인해 그 의미가 퇴색된다. 즉 화면은 병구가 사랑했던 여인을 연상하면서 이루어지는 부인과의 성적행위를 여성의 특정한 부위의 육체를 클로즈업을 통해 반복적으로 보여줌으로써 애초의 영화적 의도인 물질, 출세에 대한 왜곡된 욕망에 대한 비판은 약화된다. 이는 창녀로 전락하여 전국으로 팔려 다니게 된 기구한 여성의 삶을 묘사한 정진우의 <백구야 훨훨 날지 마라>에서도

---

71) 현대영화연구소, 앞의 책, 18쪽.

나타난다.

1983년 개봉된 이 영화에서도 바닷가로 팔려온 창녀 은주가 우연히 만나 사랑하게 된 두진과의 관계에서 보여지는 빈번한 그녀의 나체와 성적표현은 매우 자극적으로 묘사되고 있다. 따라서 그녀가 섬을 탈출할 때 자유로움을 드러내기 위한 나체의 의미는 강한 설득력을 획득하지 못하게 된다.

클로즈업 된 얼굴 표정과 신음소리, 여성의 몸을 탐색하듯이 느린 화면 속도로 반복적으로 보여주는 성적장면은 김성수의 <여자가 밤을 두려워하랴(1983)>에서도 빈번하게 사용되고 있다. 40대 부인이 남편의 불륜을 목격하고 난 후 자신의 성적본능과 욕망에 충실하게 됨을 묘사한 홍파의 <외출(1983)>에서도 성적장면은 영화의 중요한 요소라 할 수 있다. 이러한 표현수법은 술 취한 세 명의 젊은이들과 술집여인과의 정사장면으로 시작된 김기의 <도시에서 우는 매미>에서 하숙집 주인 딸 선주와 만근 사이의 성적장면을 클로즈업 된 얼굴표정과 신음소리, 그리고 지나칠 정도로 완만하고 느리게 묘사된 카메라 움직임을 통해서도 나타난다. 에로틱한 표현은 동성애를 다루면서도 스릴러적 요소를 가미한 1985년 개봉된 이황림의 <달빛 멜로디>에서 뿐만 아니라 송영수의 <창밖에 잠수교가 보인다(1985)>에서도 애인과 팔짱을 끼고 잠수교를 걸어보고 싶은 꿈을 가지고 있는 미스터 A를 만난 윤희는 그와 데이트 한 후 키스와 정사를 상상한다. 이를 영화에서는 클로즈업과 롱 쇼트로 번갈아 묘사함으로써 그것의 의도를 드러낸다.

이와 같은 특징은 시, 공간을 넘어선 영화들, 즉 조선시대와 일제강점기를 배경으로 하고 있는 영화들에서도 나타난다. 예컨대 가문을 중시하는 신분사회 속에서 양반들의 위선을 묘사한 1984년 개봉된 이두용의 <여인 잔혹사 물레야 물레야>에서도 성적묘사는 영화의 중요한 표현 중 하나이며, 1985년에 개봉된 하명중의 <땡볕>에서 느리게 묘사되고 있는 춘호와 향심의 성적장면과 고리대금업자이자 일본의 앞잡이인 이주사가 순이의 육체를 탐하는 장면은 일제강점기라는 시대적 공간을 무색하게 만드는 요소라 할 수 있다. 또한 이장호의 영화 <어우동(1985)>에서는 성을 조선시대의 억압된 신분구조와 결합시켰지만 영화의 마지막 부분, 즉 갈매와 어우동의 성적장면이 느리고 완만한 수법으로 묘사되고 과장된 행위와 신음소리, 다리, 엉덩이, 가슴 등을 차례로 보여주면서 에로틱한 장면을 최대한 끌어올리게 됨으로써 시대와 사회구조의 알레고리는 일정부분 퇴색된다. 1986년 개봉된 이두용의 <뽕>에서도 안협이 자신의 생계와 욕망을 위해 몸을 팔게 되면서 묘사된 성적장면은 자극적이고 에로틱하게 표현되어 일제강점기의 시대적 공간의 의미 역시 약화된다. 엄종선의 <변강쇠(1986)>는 특별한 메시지적 장치도 상정하지 않고 성을 직접적이고 노골적으로 대상화하여 묘사한 영화라 할 수 있다. 특히 옹녀와 변강쇠의 과장되고 빈번한 성적장면은 18세기 영조시기 판소리 '가루지기' 열두 마디 중 하나인 '변강쇠가'라는 설명과 함께 에로틱한 상업성을 탈피하여 해학적 의미로 영상미를 순화시켰다는 말을 부끄럽게 만들고 있다. 1987년 개봉된 임권택의 <씨받이>에서는 대가집 종손 상규의 부인 윤씨가 보는 앞에서 남편과 씨받이 옥녀의 합방 장면을 자극적이고 노골적으로 묘사함으로써 남성 위주의 조선시대 사회구조의 모순과 시대적 공간을 약화시키는 기능을 한다. 이러한 특징은 1988년에 개봉된 변장호의 <감자>에서도 나타난다.

나이 많은 홀아비에게 팔려온 복녀는 자신의 삶과 욕망을 위해 다양한 사람들과 성적 관계를 갖는다. 영화는 이들의 성적 관계를 에로틱하게 묘사함으로써 힘들게 살았던 일제강점기의 역사적 공간과 계급적 관계를 실종시킨다.

이 시기 한국영화에서의 에로티시즘은 88서울 올림픽 게임, 86아시안 게임 유치를 계기로 우리의 문화와 정신을 훼손시키는 자로서의 외국인, 그 중에서도 미국인을 묘사하는 영화에서도 나타난다. 이와 같은 경향의 영화들에서는 외국인, 미국인이 한국인들의 정신과 문화를 침탈하고 훼손하는 주체로 묘사된다. 이러한 특징이 비교적 선명하게 드러난 영화는 이장호의 <무릎과 무릎사이>를 들 수 있다.

영화는 플루트를 전공한 자영의 절제할 수 없는 성적 충동의 원인이 어렸을 때 외국인 플루트 과외 선생으로부터 비롯되었다는 사실을 통해 한국의 정신과 육체를 훼손시키는 주체를 외국인으로 명확히 제시하고 있다. 그러나 영화는 다양한 형태의 성적장면을 관능적이고 에로틱한 표현으로 묘사함으로써 이질적인 외부세력의 문화에 전도되고 있는 현실에 대한 경계심의 집중력을 약화시키고 있다. 이는 이원세의 <여왕벌>에서도 나타난다.

영화는 미국인을 탐욕적이고 정직하지 못한 제국주의적 인물로, 그리고 흑인에게 강간당한 엄마의 모습을 기억하고 있는 미희를 한국의 전통무용을 전공한 인물로 설정함으로써 명확한 문화적 대립 관계를 구축하고 있다. 이와 같은 관계 속에서 영화는 미군의 헬기 이륙장면과 함께 미희의 동생 정희의 몸을 애무하는 리차드, 동생을 구출하기 위해 그를 유혹한 미희와 리차드의 성적묘사, 한국의 전통 의상을 입은 미희의 모습 등을 통해 한국이 처한 현상을 알레고리적 수법으로 묘사하고 있다. 이러한 명확한 의도에도 불구하고 영화는 미국인과 정희, 미희의 성적 장면을 관능적으로 표현함으로써 그 본래적 의미가 약화될 수 있는 여지를 준다.

미국인을 탐욕적인 이민족으로 묘사하고 있는 장길수의 <밤의 열기 속으로(1985)>에서도 성적 표현은 중요한 요소로 작용한다. 이는 민기와 인희의 정사장면과 미카엘 일당이 인희를 납치하여 추행하는 장면을 클로즈업 등을 통해 느리면서도 반복적인 형태를 통해 드러낸다.

이처럼 이 시기 많은 한국영화들에서는 주제와 갈래, 시대와 공간에 상관없이 성적 호기심을 자극하고 연상시키는 노골적인 제목과 의도적인 표현수법, 즉 클로즈업으로 강조된 다리, 엉덩이, 허리, 가슴, 얼굴, 입술로 이어지는 화면과 배우의 신음소리, 여기에 느리고 반복적인 카메라 움직임을 통한 에로틱한 표현이 영화의 지배적 요소로 등장했다. 이와 같은 요소들은 영화 그 자체로, 혹은 영화 속에서 내러티브와 관계없이 불연속적인 방식으로 나타난다. 그 결과 성적묘사는 영화적 의도를 변질시키는 핵심 요소로 기능할 뿐만 아니라 성에 대한 여성의 가치 변화, 사회의 현실과 구조, 자본과 민족의 모순 등을 비판하고자 한 영화적 의도를 시대와 공간을 넘어 철저한 상업 논리 속에 위장하고 있는 것으로 자리매김하게 되는 것이다. 이러한 현상에 대해 1983년 영화평론가 김종원의 한국영화를 향해 "인간이란 벗기 위해 존재한다고 착각될 만큼 거의 맹목적으로 벗겨지고 있다"[72]고 일갈한 비판이 오히려 설득력을 지닌다. 이런 측면에서 "1980년대 한국 에로티시즘 영화에 있어서 성은 더욱 강도 높게 사물화 되었다"[73]고 할 수 있다. 따라서 성적 묘사를 통한 에로티시즘은 이 시기 한국영화에서 상수로 작용하게 된다. 이것은 이 시기가 "정치적 자유를 억압하는 대신 그 반대급부로 윤리적 규제를 다소 완화시켰던 것이"[74] 하나의 이유가 될 수 있겠지만 동시에 이 시기의 한국영화가 얼마나 상업적 논리에 치열하게 대응했는지를 단적으로 보여주고 있는 것이다. 이는 이 시기 많은 한국영화들이 어느 시대보다 상업 논리와 철저하게 타협한 결과물이라는 것을 증명하고 있는 것이라 할 수 있다. 그리고 이것의 결과는 영화에서 의도하고 도달하려고 하는 목표가 에로틱한 표현으로 인해 그것의 본래적 의미가 상당부분 실종되고 퇴색되고 있다는 사실로 이어진다. 이것은 현실사회구조의 문제와 이념의 상처를 날카롭게 제시한 것에서뿐만 아니라 시대를 초월한 영화들에서도 성적표현은 간과되지 않고 있다는 사실로 확인된다. 이는 곧 여성의 몸을 느리고 반

---

72) 영화진흥공사, 『1984년도판 한국영화연감』, 1984, 48쪽.
73) 김금녀, 「1980년대 한국영화의 성적 욕망 담론에 관한 연구」, 『한국언론정보학보』 통권 14호, 한국언론정보학회, 2000, 40쪽.
74) 김시무, 앞의 논문, 53쪽.

복적으로 노출시키면서 자극적인 표정의 얼굴과 신음소리를 동반함으로써 이 시기 영화가 여성을 성적욕망의 대상으로 혹은 성적표현을 통한 에로티시즘을 극대화하고 있음을 보여주고 있는 것과 다름없다. 이와 같은 현상을 영화평론가 변인식은 "경직된 사회 현상에 대한 허탈감, 민주주의에 대한 짙은 허무 등이 성애물을 선택하게끔 만들었다고"[75] 변호하기도 했지만, 정권에 대한 직접적인 표현은 여전히 금기시되었을 지라도 제한된 범위 내에서의 표현의 자유화는 1980년대 초반의 에로티시즘 영화의 범람을 가져왔다고 하는 것이 더 정확한 평가라 할 수 있다.[76] 이것은 영화를 자신의 권력을 유지하는데 유용한 하나의 수단으로 규정하고 있는 전두환 정권의 의도, 즉 한국영화에 선물처럼 던져 준 검열완화가 지니고 있는 행간의 의미를 정확히 포착하지 못하고 성적표현을 극단적인 상업적 목표와 결합시킨 영화들이 이시기 한국영화의 한계를 여실히 보여주고 있는 것이다. 이러한 표현과 수법은 이후 매체의 변화, 즉 비디오 수상기의 보급으로 인해 각 가정의 안방으로까지 파고들어 저급한 수준의 방화라는 이미지를 구축하는 데 중요한 역할을 하였다. 이는 영화가 정치적, 사회적, 예술적 토대로부터 형성되었다는 본질적이고 근본적 인식이 이 시기 일부 영화인들에게 부재했다는 것을 스스로 드러낸 것이라 할 수 있다. 이와 같은 인식을 단적으로 보여주고 있는 것 중 하나가 이 시기 한국영화에 나타난 세밀하고 과장된 성적 표현을 개방과 미학으로 치부하거나 저급한 성 영화들이 한때나마 영화산업의 붕괴를 막아준 역할도 하였다고 하면서 이런 경향을 시대의 추세라고 주장하고 호도한 사실이다.[77] 심지어 1985년 하반기부터 성적 표현이 난무한 영화적 경향에 대해 공연윤리위원회가 심의를 강화하였음에도 불구하고 여전히 등장하고 있는 것에 대해 관객의 기호와 산업사회를 거치면서 기존

---

75) 변인식, 「1980년대의 한국영화」, 『영화평론』 Vol.7, 한국영화평론가협회, 1995, 134쪽.
76) 좌승희·이태규, 앞의 책, 103쪽.
77) 영화진흥공사, 『1986년도판 한국영화연감』, 1986, 52쪽.

의 도덕적 가치관의 붕괴, 퇴영적인 사회풍조의 만연과 관련 있다는 어처구니없는 주장도 제기되었다.[78] 이러한 시각이 1980년 광주학살의 비극적 역사와 그로부터 촉발된 1980년대의 역사적 공간이 노골적인 성적 표현의 탐닉에 의해 역사로서의 의미를 약화시키는 하나의 이유가 되기도 했다.

여성을 성적표현의 대상화로 인식한 것이 이 시기 지배적인 한국영화의 표현수법 중 하나라고 할 수 있지만 가정과 사회에서의 여성의 존재를 드러내면서 그 가치가 손상되었을 때 과감하게 한 인간으로서의 존재가치를 실제적인 삶 속에서 구현해 나가는 과정을 다룬 특별한 영화들, 이를테면 1987년에 개봉된 박철수의 <안개기둥>, 정지영의 <위기의 여자(1987)> 등이 등장했다는 것은 그나마 위안거리라 할 수 있다. 이들 영화는 여성을 성적으로 대상화하고 성적표현의 도구로 탐닉한 것과는 다른 방식으로 이후 새로운 여성영화의 흐름으로 자리매김하는데 의미 있는 토대로 작용하게 된 것이다.

6. 낭만과 현실 사이

해방이후 한국현대사에서 역사적 변화의 중요한 국면에는 청년, 대학생들이 존재했다. 이승만 정권의 독재를 무너뜨린 것도, 박정희 정권의 유신시대 장기집권의 몰락을 가져온 것도 대학생들의 저항으로 비롯되었고, 전두환의 쿠데타를 저지하기 위해 수많은 사상자를 낸 광주항쟁도 대학생들의 투쟁으로 촉발되어 시민으로 확대되었다. 그리고 전두환 정권의 폭압적인 정권의 지속을 저지하고 6.29 선언을 이끌어내 민주화를 가져온 결정적 순간도 대학생들의 희생이 있었다. 이것은 대학생들이 한국사회에서 중요한

---

78) 영화진흥공사, 『1987년도판 한국영화연감』, 1987, 51-52쪽.

역사적 전환의 핵심으로 작용했다는 것을 말한다. 따라서 과거 역사를 통해 증명된 대학생들의 시대적 역할은 쿠데타로 집권한 전두환의 제5공화국 정부에서 가장 부담스러운 존재였다고 할 수 있다. 이는 완벽하게 장악된 언론을 통해 국민들에게 정권의 일방적인 정보제공과 홍보에도 불구하고 대학생들은 여전히 중요한 통제와 관리 대상이었음을 의미한다.

그러나 이 시기 몇몇 영화들은 스크린, 스포츠, 섹스라는 정체불명의 3S정책으로 일컬어지고 있는 제5공화국의 문화정책과 연동되면서 대학생들의 낭만, 사랑, 이별, 결혼, 사회 초년생으로서 혹독한 현실을 살아가는 모습 등을 묘사하였다. 그러므로 이들 영화는 사회구조의 모순과 현실에 대해 고민하고 저항하는 형태를 띠지 않는다. 이러한 특징은 이강윤의 <속 병태와 영자(1980)>에서 엿볼 수 있다.

영화는 대학을 졸업한 병태와 영자의 결혼식에 이어 실업자인 병태가 취직하는 과정과 사회초년생으로서의 힘든 직장생활을 보여준다. 어렵게 취업한 병태는 재일교포 사업가와 회사의 계약을 성사시킨 후 해고 위기에서 극적으로 살아남아 영자와 함께 우리의 꿈을 위해 달릴 것을 약속한다. 그러나 영화에서는 그들의 꿈이 무엇인지 구체적으로 특정하지 않고 대학을 졸업한 젊은 청년이 치열한 생존의 사회적 환경에 적응해 가는 현실 속 인물로 묘사하는데 그치고 만다. 이렇듯 영화는 그들이 직면하고 있는 실제적인 생활의 문제를 제기함으로써 현실과 사회변동이라는 연결성에서 벗어나게 한다.

이러한 흐름은 대학생들의 캠퍼스의 낭만과 사랑, 이별 등을 다룬 영화들, 예컨대 김응천의 <모모는 철부지(1980)>, <갈채(1982)>, <대학얄개(1982)>, <대학 신입생 오달자의 봄(1983)>, <송골매의 모두 다 사랑하리(1983)>, <대학들개(1983)>, <스물하나의 비망록(1983)>, <대학 괴짜들(1984)>, <춤추는 청춘대학(1985)>, <말괄량이 대행진(1986)>, <얄숙이들의 개성시대(1987)>, 문여

송의 <사랑만들기(1983)>, <짧은 포옹 긴 이별(1984)>, 장성환의 <대학별곡(1985)>, 오성환의 <졸업여행(1985)>, 이봉원의 <내일은 뭐할 거니(1987)> 등에서 두드러지게 나타난다. 이들 영화는 주로 1970년대 고등학생들의 사랑과 우정, 이별을 주제로 만들었던 감독들과 배우들인 손창호, 이덕화, 이승현, 강주희를 비롯한 전영록, 이미숙 등이 주도하였다. 특히 몇몇 하이틴 영화의 스타들이 이들 영화에서 다시 대학생으로 등장하게 된 것은 시간의 흐름으로 나타난 자연스러운 현상이라 할 수 있지만 이는 고등학생이 대학생으로 성장한 이 시기 관객층의 변화, 즉 베이비붐세대의 성장과 관련 있다고 할 수 있다. 이를테면 1980년대는 "1970년대 하이틴 영화의 관객이었고 청년문화를 동경했던 청소년이 20-30대의 청장년으로 성장하여 대중문화의 주요 소비층을 형성하고 있었다...... 또한 1970년대생들이 청소년으로 성장하였다. 1980년대 후반에 이르게 되면 베이비붐세대와 1970년대에 출생한 10-30대의 젊은이가 전체 인구에서 가장 큰 비중을 차지한다."[79] 그렇기 때문에 이를 겨냥한 이들 영화에서는 고등학교 학생들을 대상으로 했던 영화와 유사한 형태의 내용, 수법들이 다시 동원되었고 사회적 구조와 모순을 드러내는 것은 그들에게 그리 중요한 문제로 다가오지 않았다. 따라서 이들 영화는 대학생들의 순수한 낭만과 사랑, 이별 등을 유쾌하게 다루면서도 한편으로는 그들이 직면한 실제적 현실을 극복해 가는 과정을 묘사하고 있다. 이러한 특징은 다소 결이 다를 수도 있지만 배창호의 <고래사냥(1984)>에서도 찾아 볼 수 있다.

영화는 병태와 민우가 창녀로 전락한 춘자의 잃어버린 말과 고향을 찾아

---

79) 박유희, 「한국영화사에서 '1980년대'가 지니는 의미」, 『영화연구』 제77호, 한국영화학회, 2018, 263쪽. 참고로 1980년에는 총인구가 37,407천명에서 10대에서부터 30대까지의 인구수는 20,558천명이었고, 1985년에는 총인구 40,420천명에서 22,803천명이었으며, 1990년에는 총인구 43,390천명에서 24,580천명으로 10대에서 30대가 총인구의 절반이 넘는 점유율을 보이고 있다.-통계청, 『통계로 본 광복 70년(한국사회의 변화)』, Jihan M&B, 2017, 73쪽.

주는 과정을 로드 무비 형식을 빌어 묘사하고 있다. 영화는 대학생들의 축제 현장을 보여주면서 대학을 떠나 기행을 일삼은 민우와 소심한 철학과 학생 병태를 통해 드러낸다. 이것은 병태와 민우가 대학교라는 제도권을 여전히 벗어나지 못한 경계에 있는 인물로 묘사됨으로써 그들이 여전히 낭만과 현실사이에 존재하고 있음을 보여준다. 이는 춘자의 잃어버린 말과 고향을 찾아주고 난 후 나누는 그들의 대화로 연결된다. 즉 민우는 고래를 잡기 위해 집을 가출한 병태에게 "고래 잡았니?" 하고 묻자 병태는 "고래는 내 마음 속에 있었다"고 하면서 대학생으로서 자신의 위선을 탓하는 것으로 마무리된다. 이것은 영화가 비록 원래 말을 못했던 춘자가 아니었고 세상이 그녀의 말을 빼앗아 갔다고 하면서 세상과의 실낱같은 의미의 연결고리를 암시하고는 있지만 이는 병태가 자신의 방황을 자신의 마음과 위선으로 돌림으로써 사회적 현실과 시대적 의미는 상실되고 만다. 이러한 자기 성찰적인 순응적 모습은 배창호의 <고래사냥2(1985)>에서도 이어진다. 즉 이 영화에서의 병태는 소매치기단의 영희를 구출하기 위해 왕초도사와 함께 미군부대의 나이트클럽 등지를 돌아다니면서 그녀의 어머니를 추적하는데 집중하지만 시대적 현실에 민감한 대학생으로서의 모습으로는 뚜렷하게 부각되지 않는다.

이 시기 몇몇 영화에서 묘사된 대학생들은 캠퍼스의 낭만과 사랑, 우정, 이별 등과 함께 생활인으로서 사회에 적응해 가기 위한 미래 사회에 대한 고민으로 점철된 모습으로 등장하였다. 이는 이 시기 프로야구의 출범과 연동되면서 현실의 어려움을 극복해 가는 과정을 묘사하는 형태의 영화로 이어졌다. 이러한 특징은 이장호의 <이장호의 외인구단(1986)>, 이규형의 <청블루스케치(1986)>, <미미와 철수의 청춘 스케치(1987)> 등에서 확인된다.

<이장호의 외인구단>에서는 엄지를 향한 순수한 사랑으로 좌절했던 야구천재 오혜성이 부상을 극복하고 다시 프로야구로 돌아오게 된 과정을 묘

사하고 있고, <청 블루스케치>에서는 유미와의 사랑으로 잠시 방황했던 지훈이 다시 야구선수로 복귀하게 되는 과정을 다루고 있다. 반면 <미미와 철수의 청춘 스케치>는 대학생 미미와 철수의 사랑과 죽음을 앞둔 보물섬이라는 친구와 이별 여행을 다루고 있다.

이처럼 대학교와 대학생들을 중심으로 한 낭만과 사랑, 이별, 좌절, 극복 등을 다룬 이들 영화는 1980년대 전두환 정권 시대의 사회적 흐름과는 무관한 듯 보인다. 그러면서도 당시 인기 스포츠로 떠오른 프로야구와의 연계성은 매우 민첩하게 작동됨으로써 상업적 전략을 중요한 요소로 인식하고 있었다는 것을 보여주고 있다. 이것은 이들 영화가 그 동안 관객층에서 소외되었다고 여긴 대학생, 청년들을 상업적 전략의 대상으로 상정하고 있었음을 말한다. 이는 이 시기 영화제작 경향을 통해 확인된다. 비록 대학생, 청년이라는 갈래로 세밀하게 분류되지 않지만 이들 영화를 범 '청소년 영화'로 분류해놓은 영화연감을 통해 그것의 실마리를 찾아 볼 수 있다. 이 시기 청소년들에 관한 영화는 1983년을 기점으로 7편이 등장하여 1984년 7편, 1985년 8편, 1986년 17편, 1987년 15편으로 증가하였다는 사실에서 알 수 있다.[80] 이것은 청년들, 특히 대학생들을 대상으로 한 영화들이 1983년부터 등장하기 시작하여 1986년 이장호와 이규형의 영화가 성과를 거두게 되면서 증가한 것으로 볼 수 있다. 이는 대학생을 비롯한 청년세대들의 실제적인 모습과 그들이 직면하고 있는 현실적 문제를 다루면서 동시대의 인기 스포츠인 프로야구와 결합됨으로써 상업적 성공과 연결된 것이다. 이것은 1980년대 대학생들이 사회참여라는 시대적 소명을 지니고 있는 것과는 별개로 그들의 실제적인 대학생활이라 할 수 있는 낭만과 사랑, 우정, 이별 등이 영화의 중요한 흐름으로 존재하고 있음을 알 수 있다. 이런 이유로 이들 영화는 의도치 않게 전두환 정권의 대중관리 정책과 불가피하게 연결될 수

---

80) 영화진흥공사, 『1988년도판 한국영화연감』, 1988, 102쪽.

있다는 프레임에서 자유로울 수 없게 된 것이다.

그럼에도 불구하고 이들 영화가 비록 대학생들을 대학교의 캠퍼스라는 공간적 범위 속의 낭만성으로 한정 짓고 있다 할지라도 그들이 상상했던 실제적인 대학교와 대학생활을 그리면서 치열하게 전개되었던 그 시대의 사회변동 속에서 잠시 숨을 돌리며 자신을 다시 들여다 볼 수 있는 작은 여지는 주었다고 할 수 있다. 그렇기 때문에 이들 영화는 어쩌면 현실과 무관한 것처럼 보이지만 오히려 동시대의 현실을 떠올리게 하는 이 시기 낭만과 현실 사이에서 특별하게 존재했던 영화적 갈래라 할 수 있다.

7. 맺음말

1980년대의 한국은 쿠데타와 광주학살로 권력을 찬탈한 전두환의 신군부 세력과 광주항쟁으로 비롯된 민주화를 위한 투쟁이 1987년 6.10항쟁으로 이어져 마침내 노태우의 6.29선언을 통해 민주주의를 담보한 직선제개헌을 쟁취한 시기였다. 그러므로 이 시기는 전두환의 신군부 세력과 민주주의를 염원했던 사람들 간의 대결이 가장 강력하게 충돌했던 시기 중 하나라 할 수 있다. 따라서 폭력과 탄압은 어느 시대 못지않았고 민주화를 향한 투쟁 역시 어느 시대 못지않게 강했다. 이것은 이 시기가 전두환의 권력과 민주주의를 놓고 치열하게 대립된 역사의 시기였다는 것을 말한다. 그 과정에서 전두환 정권은 자신의 권력획득 과정을 은폐하고 가리면서 유지하기 위해 몇 가지 신속한 문화적 조치를 취했다. 이는 1981년 전두환의 제5공화국이 출범되면서 재차 천명된 4대 국정지표와 새문화정책으로 뒷받침되고 있으며, 전격적인 컬러텔레비전 방송, 국풍81, 올림픽 게임과 아시안 게임 유치, 프로야구 출범 등은 이러한 형태의 결과물들이었다. 이러한 문화적 이벤트는 자신들을 향한 다양한 저항과 투쟁을 제어하거나 완화하는 문화적 회유의 일환이라 할 수 있다.[81] 이 시기 한국영화는 이러한 흐름에 매우 빠르고 적극적으로 합류하였다.

이것은 예술성과 대중성이 강조된 1981년의 영화시책과 1982년 통행금지 해제 조치, 심야극장 영업으로 이어지면서 구체화되었다. 이는 1984년, 1986년, 1987년 영화법 개정과 함께 제작여건의 토대 변화뿐 아니라 이 시기 한국영화 기조 유지의 기본적인 방향으로 작용했다. 이로 인해 나타난 이 시기 한국영화의 가장 큰 변화는 유신이념을 구현하는 작품으로 지칭되었던 반공영화, 계몽영화, 새마을 영화, 국책영화가 거의 만들어지지 않았다는 점이다. 이것은 1981년 예술성과 대중성이라는 영화시책의 기조가 어느 정도 지속되었음을 의미한다.

이장호를 중심으로 임권택, 이원세, 배창호 등의 영화에서 주로 나타난 한국사회의 현실묘사는 이러한 현상을 반영하고 있다. 특히 시각적 대비를 통한 현실 묘사는 이 시기 한국사회구조의 모순을 직접적으로 드러내고 있다는 점에서 의의를 지닌다. 뿐만 아니라 기존에 터부시되어 왔던 영역을 허물어뜨리는 시도들은 이 시기 한국영화의 새로운 특징으로 자리매김하기도 했다. 이를테면 해방과 한국전쟁을 거치면서 오랫동안 한국사회를 지배하고 있었던 체제경쟁이라는 대결적 반공논리는 한 인간 개인의 삶과 운명 앞에서 얼마나 무의미하고 허망한 가치인 것인가로 폭로되면서 우리 모두가 안고 가야할 공동의 역사적 책임으로 제시되고 있다. 여기에 한 개인이 겪는 트라우마를 통해 소환된 베트남 전쟁은 우리가 기존에 알고 있던 인식과 다

---

81) 이를 전두환 정권의 문화적 회유라고 볼 수 있는 이유는 1985년 2.12총선에서 야당이 승리하자 그 해 5월 이념서적에 대한 압수선풍이 출판계와 대학가를 휩쓸면서 신공안정국이 조성되었다는 점이다. 대대적인 단속으로 이념서적 140종 9백 권, 불온유인물 110종 3,259가 압수 조치되었다. 당시의 압수 기준은 1.반국가단체와 공산계열의 활동을 찬양, 고무한 것, 2.공산주의 혁명이론에 편승, 폭력투쟁을 선동한 것, 3.좌경사상을 담은 외국출판물을 불법반입 복사한 것, 4.현실을 왜곡 비판하거나 허위사실을 유포한 것 등이다.-이봉범, 앞의 논문, 172쪽 참고.

른 새로운 의미로 다가왔으며, 이는 개인의 영역에서 베트남 전쟁을 다루게 되는 중요한 선언이었다. 또한 한국사회에서 오랫동안 성역처럼 존재했던 미국에 대한 실체를 비판적으로 드러내는 영화들의 등장은 이 시기 한국영화에서 매우 의미 있는 변화이자 특징이라 할 수 있다. 이들 영화가 비록 광주항쟁과 미국의 연결고리를 폭로하기 위한 투쟁에 힘입은 바 크지만 미국에 대한 실체를 드러내 그 환상을 허물어뜨리는 시도는 터부시된 어떠한 주제의 장벽도 존재하지 않을 수 있다는 제작영역의 확장을 의미하였다.

문제는 다양한 이벤트성 축제로 점철된 1980년대가 전두환 정권의 문화적 회유전략과 연결되어 있다는 것이며, 이 시기 한국영화가 이러한 분위기에 즉각적으로 편승하였다는 사실이다. 그것은 정진우, 김성수의 영화로부터 정인엽의 영화에서 본격화된 성적 탐닉의 영화들에서 나타났다. "특히 정인엽의 <애마부인>에서 묘사된 관능적인 성적 표현은 이러한 흐름에 하나의 기폭제가 되었다. 이후 이 시기 수많은 영화에서 묘사된 성적 표현은 고전과 현대라는 시대와 갈래를 넘고 초월하여 내용을 압도하는 알파와 오메가였다. 심지어 사회 구조의 문제, 계급간의 문제, 정치적, 이데올로기 문제마저도 전방위적으로 묘사된 노골적이고 자극적인 성적 표현으로 인해 그 본래의 의미를 실종시키고 변질시켰다. 따라서 여성의 육체를 묘사한 성적 표현은 1980년대 한국영화의 지배적 요소가 되었고, 그것은 역사적 공간의 은폐라는 전두환 정권의 의도에 영화감독들이 상업적 책략으로 화답한 것이라 할 수 있다."[82] 무엇보다 이들 영화에서 묘사된 과도한 성적묘사는 이 시기 한국영화 전체 이미지를 부정적으로 고착화시키는 데 중요한 작용을 하였다. 그럼에도 불구하고 일부 영화인들은 이를 두고 영화제작의 영역이 넓어졌다거나 더 나아가 자유화, 개방화라는 이름으로 평가하기도 했다. 그러나 그 평가가 무색할 정도로 지나친 성적 묘사의 탐닉은 이 시기 한국

---

82) 현대영화연구소, 앞의 책, 32쪽.

영화 전체를 방화라는 이름으로 낙인찍게 하는 데 결정적 역할을 하였다고 할 수 있다. 여기에 1980년대 전두환 정권과의 치열한 투쟁 속에서 전위대 역할을 한 청년, 대학생들의 모습을 현실적 문제라는 개인의 프레임 속으로 한정한 것은 이러한 기조에 부가적 요소로 기능했다.

쿠데타와 광주학살을 통한 전두환 정권은 자신들의 권력찬탈 과정의 잔인함과 부당함을 은폐하고 가리기 위해 문화적 회유를 동원하였다. 그 과정에서 스포츠와 더불어 영화는 그들에게 최적화된 매체였고 영화는 다양한 방식으로 이에 대응하여 왔다. 비록 사회구조의 모순을 통해 현실을 직접적으로 드러내거나 과거 터부시되었던 것들을 화면화하기도 하였지만 많은 영화들에서 나타나고 있는 성적표현에 대한 탐닉은 영화 본래의 의도와 의미를 퇴색시키는 원인이 되었고, 그것이 이 시기 영화가 폄하 받고 있는 이유가 되었다. 그럼에도 불구하고 이 시기 사회구조의 모순과 연계된 현실, 반공논리와 한국전쟁에 대한 이데올로기의 정체를 인간의 운명과 연결시키면서 우리 모두의 공동책임으로 문제 제기한 점, 국가차원에서의 베트남 전쟁을 개인의 영역으로 끌어내려 그것의 이면을 드러내려 시도한 점, 그리고 그동안 우리에게 일방적으로 이식되었던 미국에 대한 환상을 실체를 통해 비판적으로 바라보려 한 점 등은 이 시기 한국영화가 새로운 특징형성을 위해 나아가려 했다고 할 수 있다.

제 6 장

서울 올림픽과 북방정책, 세계화 속 전형화의 시기

1988-1997

1. 서울 올림픽, 북방정책에서 세계화로

서울 올림픽이 개최된 1988년부터 국제통화기금(International Monetary Fund, IMF)에 구제 금융을 요청한 1997년까지의 한국은 올림픽의 성공과 북방정책, 그리고 신자유주의 기조 아래 세계화가 정부의 핵심 추진 의제였다. 이러한 의제들은 한국 사회와 문화뿐 아니라 영화의 변화를 견인한 중심 가치이자 요소로 작용했다. 이것은 할리우드에 의한 한국영화시장의 개방과 세계화와 연동된 산업화 개념으로 구체화되었고 영화에 대한 기존의 인식을 충무로의 영화인들에게 재정립하도록 강제하여 이 시기 한국영화의 특징 형성에 깊은 영향을 주었다. 이와 같은 변화는 서울 올림픽을 전후로 본격화되었다고 할 수 있다.

1988년 9월 17일부터 10월 2일까지 열린 제24회 서울 올림픽은 올림픽 역사상 최대 규모인 160개국이 참가한 대회였다. 따라서 서울 올림픽은 서로 다른 이데올로기 진영의 국가들이 총 집결한 진정한 의미의 올림픽 정신이 구현된 대회라 할 수 있다.[1] 이는 소련의 아프가니스탄 침공에 반발하여 미국을 비롯한 서방 국가들이 대거 불참한 1980년 모스크바 올림픽과 이에 대한 보복으로 소련을 비롯한 14개의 공산권 국가들이 1984년 미국의 로스앤젤레스 올림픽에 참가하지 않아 반쪽짜리 대회에 불과하였던 이전 두 번의 올림픽을 한국정부가 과감한 정책 전환을 통해 이루어냈다. 특히 "올림픽 개최를 앞두고 발생한 1987년 11월 29일 KAL기 폭파사건으로 남·북한이 분단된 대한민국의 상황에서 서울 올림픽의 성공적 개최는 더욱 절실하게 다가왔다."[2] 이는 노태우 정부가 남·북한의 대결구도 종식과 함께 사회주의권 국가들과의 관계개선에 서울 올림픽의 성공 개최가 달려있음을

---

1) 현대영화연구소, 『글로컬 시대의 한국영화와 도시 공간Ⅱ』, 박이정, 2018, 13-14쪽.
2) 위의 책, 23쪽.

의미했다. 이를 위해 노태우 정부는 다양한 형태의 조치를 선제적으로 취했다. 이것은 1988년 2월 25일 노태우 대통령이 취임할 때 밝힌 민족자존의 새 시대를 선언하면서 민주개혁과 국민화합을 국정운영의 지표로 제시하고 민족자존, 민주화합, 균형발전, 통일번영이라는 4대 국정운영 방향 속에 내재되어 있었다.[3] 이는 1988년 7월 7일 노태우 대통령의 '민족자존과 통일번영을 위한 특별선언'을 통해 구체화되었다. 총 6개항으로 이루어진 7.7특별선언은 첫째, 남북 동포간의 상호 교류를 적극 추진하고, 해외동포의 자유로운 남북 왕래를 위해 문호를 개방한다는 것. 둘째, 인도주의적 차원에서 이산가족의 생사·주소 확인, 서신왕래, 상호방문을 적극 주선·지원한다는 것. 셋째, 남북 교역의 문호를 개방하고 남북 간 교역을 민족 내부의 교역으로 간주한다는 것. 넷째, 민족경제의 균형 발전을 추구하고, 비군사적 물자에 대해 우방국들이 북한과 교역하는 것을 반대하지 않는다는 것. 다섯째, 남북 간 소모적인 경쟁 및 대결 외교를 지양하고 남북 대표가 국제무대에서 자유롭게 만나 민족 공동이익을 위해 협력하자는 것. 여섯째, 한반도 평화정착을 위해 북한의 대미·대일 관계개선에 협조할 용의가 있으며, 남한 또한 중·소를 비롯한 사회주의 국가와 관계 개선을 추구하겠다는 것이다.[4] 이 선언 이후 후속조치로 "남북적십자 실무회담 개최 제의, 남북 교육당국회담 제의, 전향적인 대북 외교시책 시행, 북한 및 공산권 자료 개방, 대북 비난 방송 중지, 대북 경제개방조치 추진 등이 정부에 의해 발표되었다."[5] 이것은 노태우 대통령이 남북관계의 개선과 함께 북방정책 추진을 공식화한 것이며 서울 올림픽이 이념과 체제의 다름을 넘어 세계의 평화로운 축제가 되기를 바라는 목표에 걸림돌이 되는 것들을 선제적으로 제거하겠다는 것

---

3) 한국행정연구원, 『대한민국 역대 정부 주요 정책과 국정운영 노태우 정부』, 도서출판 대영문화사, 2014, 46-47쪽.
4) 서중석, 『한국현대사 60년』, 역사비평사, 2007, 214쪽.
5) 정규섭, 「남북기본합의서: 의의와 평가」, 『통일정책연구』 제20권 1호, 통일연구원, 2011, 3쪽.

이었다. 그러므로 이 시기 노태우 정부의 북방정책은 남북관계 개선과 동시에 추진되었다. 이런 측면에서 북방정책은 서울 올림픽에 사회주의권 국가를 참여시키는 외교적 노력으로 보아야 하고 이를 구체화한 것이 1988년 7.7선언이라 할 수 있다.[6]

　북방정책은 원래 "우리정부의 공식문서인 외교백서에는 북방외교의 개념을 한반도의 평화 정착과 궁극적인 통일 여건 조성을 위하여 소련, 중국, 동구 제국 등 공산주의 국가와의 관계 개선을 적극적으로 모색코자 하는 외교적 노력을 총체적으로 의미한다고 규정하고 있다."[7] 따라서 서울 올림픽 개최를 계기로 노태우 정부의 북방정책 목표는 "동북아 한반도의 영구적 평화와 안전 구축, 교역 확대로 인한 국익 증대, 국제적 지위 향상과 평화통일 환경 조성이었다."[8] 그리고 이는 소련의 개혁, 개방정책과 동유럽의 민주화로 인한 공산주의권의 몰락으로 형성된 탈냉전의 분위기와 맞물리면서 북방정책을 적극적으로 추진할 수 있었다. 그 결과 1989년 2월 1일 헝가리와 외교관계 수립을 시작으로 1989년 4월 3일 한국에 소련의 무역사무소가 개소되었고, 4월 13일에는 한국의 코트라(KOTRA)가 폴란드에 무역사무소를 열었다. 그리고 1989년 11월 1일 폴란드와 12월 28일에는 유고슬라비아와 외교관계가 수립되었고 같은 해 12월 8일에는 소련과의 영사관계가 수립되어 1990년 2월 22일 주소련 대한민국 영사처가 개설되었다. 또한 1990년 3월 22일에는 체코슬로바키아, 3월 23일에는 불가리아, 3월 26일에는 몽골, 3월 30일에는 루마니아와 외교관계를 각각 수립하였다……1990년 9월 30일 소련의 외무장관 에두아르드 셰바르드나제(Эдуáрд Шеварднáдзе)와 한국 외무부장관 최호중이 '한·소 수교 공동성명서'에 서명함으로써 외교관계가 수립되었고 1991년 8월 22일에는 알바니아와 1992년

---

6) 강원택 편, 『노태우 시대의 재인식』, 나남, 2012, 174쪽.
7) 한국행정연구원, 앞의 책, 78쪽.
8) 위의 책, 60쪽.

8월 24일에는 중국과 수교를 통해 북방정책이 완결되었다.[9]

　이러한 노태우 정부의 북방정책은 남북관계 개선의 의지와 연동됨으로써 7.7선언을 통해 보다 진전된 형태로 나타났다. 이를테면 노태우 대통령은 1988년 제43회 8.15광복절 경축사를 통해 남북정상회담 개최를 알렸고, 서울 올림픽이 끝난 10월 18일 유엔총회 연설을 통해서는 7.7선언의 의의와 남북정상회담 개최를 통한 남북불가침 공동선언을 제의하였다.[10] 이후 1989년 9월 11일 국회에서 특별선언 형식으로 완전한 통일을 이룩하기 위해 먼저 남북교류협력을 활성화시켜 민족공동체를 회복, 발전시키고, 이를 바탕으로 정치적 통일이 이루어질 수 있도록 한 '한민족공동체 통일방안'[11]이 제시되었다. 그리고 1991년 9월 17일 제46차 유엔총회에서 남북한 유엔동시가입이 실현되었고, 12월 13일 제5차 남북고위급회담에서는 4장 25조로 구성된 '남북 사이의 화해와 불가침 및 교류협력에 관한 합의서'라는 명칭의 일명 '남북기본합의서'와 내용 구성에 합의한 후 이를 채택했으며, 12월 31일에는 핵무기 시험, 제조, 접수, 사용금지, 핵의 평화적 이용, 핵 재처리, 농축시설 보유 금지, 핵사찰 등 6개항으로 구성된 한반도의 비핵화에 관한 공동선언이 발표되었다. 이것은 1992년 2월 19일 제6차 남북고위급회담에서 남북기본합의서, 비핵화 공동선언, 남북고위급회담 분과위원회 구성·운영에 관한 합의서로 발효되었다.[12] 특히 "남북기본합의서는 통일

---

9) 강원택 편, 앞의 책, 177-178쪽.

10) 정규섭, 앞의 논문, 4쪽.

11) 한민족공동체 통일방안은 총 5개항으로 구성되었고 그 내용은 다음과 같다. 1. 통일의 원칙으로 자주·평화·민주를 제시하고 통일국가의 미래상으로는 자유·인권·행복이 보장되는 민주국가를 제시한다. 2. 통일국가의 수립절차는 남북대화의 추진으로 신뢰회복을 기해나가는 가운데 남북정상회담을 통해 민족공동체헌장을 채택한다. 3. 남북의 공존공영과 민족사회의 동질화, 민족공동생활권의 형성 등을 추구하는 과도적 통일체제인 남북연합을 건설한다. 4. 통일헌법이 정하는 바에 따라 총선거를 실시하여 통일국회와 통일정부를 구성함으로써 완전한 통일국가인 통일민주공화국을 수립하는 것이다. 5. 남북연합단계에서는 민족공동체 헌장에서 합의하는데 따라 남북정상회의·각료회의·평의회·공동사무처 등을 두기로 규정한다.-행정안전부 국가기록원(https://www.archives.go.kr)

12) 정규섭, 앞의 논문, 6쪽.

을 한민족의 공동 번영을 위한 과정으로 전제하고 남북관계 개선과 평화통일을 향한 기본 틀을 제시하고 있다는 점에서 의의가 크다고 할 수 있다. 이것은 남북기본합의서가 남북관계를 통일 과정의 잠정적 특수 관계라고 규정하고 남북한이 당장 통일을 이룩할 수 없는 현실을 감안해 서로 상대방의 체제를 인정하고 군사적으로 침범하거나 파괴, 전복하지 않으며, 교류, 협력을 통해 민족동질성을 회복함으로써 단계적으로 통일을 이룩해 나가야 한다는 약속을 내외에 천명한 것이다."[13] 이처럼 이 시기 노태우 정부의 북방정책은 서울 올림픽의 성공적 개최와 연결되어 있고, 이는 남북관계 개선 및 통일정책과 연동되면서 추진되었다. 이것은 3단계로 추진된 노태우 정부의 북방정책, 즉 "1단계는 여건을 조성하는 단계로 소련, 중국, 동구권과의 수교를 추진하는 것이었고, 2단계에서는 남북관계로 그것은 남북기본합의서의 채택으로 이어졌다. 3단계는 북방정책의 최종 목표로 우리의 생활, 문화권을 연변, 연해주 등에까지 확대시켜나간다는 전략을 통해 확인된다."[14] 이는 북방정책을 "협의의 개념으로 북한을 제외한 미수교 동구 공산국가와의 외교관계 수립을 위한 정책을 의미하고, 광의로는 남북화해와 협력과 공존을 통해 평화 통일의 길로 나아가자는 대북 포용정책과 새로운 통일정책까지를 포함하는 것이었다."[15] 이처럼 서울 올림픽 개최를 계기로 추진된 북방정책과 남북관계의 변화는 이후 미국을 중심으로 한 신자유주의가 확대되면서 한국을 또 다른 차원의 새로운 세계 질서 속에 빠르게 편입되도록 하였다. 1993년 출범한 김영삼 정부는 이를 세계화 정책으로 대응했다.

일반적으로 세계화는 소련을 비롯한 사회주의권 국가 블록의 해체로 확인된 "냉전체제의 붕괴로 인한 신자유주의와 시장의 승리로 그동안의 국가

---

13) 한국행정연구원, 앞의 책, 98쪽.

14) 김연철, 「노태우 정부의 북방정책과 남북기본합의서」, 『역사비평』 97호, 역사비평사, 2011, 87쪽.

15) 이정철, 「탈냉전기 노태우 정부의 대북정책, 정책연합의 불협화음과 전환기 리더십의 한계」, 『정신문화연구』 제35권 제2호, 한국학중앙연구원, 2012, 134쪽.

간 무역체제였던 관세무역일반협정(General Agreement on Tariffs and Trade, GATT)의 문제점을 해소하기 위해 1986년부터 시작된 다자간 무역체제 협정을 위한 우루과이라운드(Uruguay Round) 협상이 1994년 타결됨으로서 세계 단일 경제 블록을 지향한 세계무역기구(World Trade Organization, WTO) 체제의 출현과 밀접한 관계에 있다고 할 수 있다. WTO 체제는 기존의 시장 거래의 방해적인 요소를 제도적으로 소멸시키면서 시장의 시대를 완성하는 계기를 제공함으로써 등장한 것이다…… (궁극적으로) 이것은 미국식 자본주의의 운영방식을 골간으로 하는 글로벌 자본주의로 동형화(isomorphism)되어 가고 있음을 부인할 수 없다."[16] 이러한 의미를 내포하고 있음에도 세계화는 김영삼 정부의 핵심 정책으로 추진되었다. 이는 1993년 김영삼 대통령이 취임할 때 문민정부를 기치로 변화와 개혁을 통한 신한국 창조를 천명하면서 이를 위한 국정운영의 목표로 깨끗한 정부, 튼튼한 경제, 건강한 사회, 통일된 조국, 세계화 등 다섯 가지를 채택하였고, 국정과제로는 1. 부정부패 척결로 사회기강 확립, 2. 역사 바로 세우기, 3. 권위주의 청산과 깨끗한 정치 실현, 4. 국가 경쟁력 강화와 경제정의 실현 등을 통해 나타났다.[17] 김영삼 정부가 국정운영의 목표로 삼은 세계화는 1994년 11월 17일 제2차 아시아태평양 경제협력체(Asia-Pacific Economic Cooperation, APEC) 정상회의 후 호주 순방길에 시드니에서 열린 기자간담회를 통해 세계화 구상을 표명한 후 이듬해인 1995년 1월 21일 세계화추진위원회가 발족되고, 1월 25일 세계화 구상이 발표되면서 구체화되었다. 김영삼 정부가 세계화 구상을 추진하게 된 이유는 전 세계가 21세기 세계화 시대라는 대격변을 맞이하고 있다는 전제로부터 비롯되었다. 이는 "첫째, 동서 체제의 냉전이 종식되었고, 둘째, 정보통

---

16) 박길성, 「세계화와 한국사회의 변화: 굴절과 동형화의 10년」, 『사회과학』 제40권 제1호, 성균관대학교 사회과학연구소, 2001, 86쪽.
17) 한국행정연구원, 『대한민국 역대 정부 주요 정책과 국정운영 김영삼 정부』, 도서출판 대영문화사, 2014, 37쪽, 41쪽.

신 및 항공, 교통기술의 발달과 세계가 시공간적으로 동시화, 지구촌화되었으며, 셋째, WTO 체제의 성립으로 각국의 경제적 상호의존이 크게 증대되었다는"[18] 판단에 근거하고 있었다. 특히 1995년 1월 출범한 WTO 체제는 세계가 하나의 시장으로 통합되고 국내 시장의 개방이 가속화되면서 나타난 위기의식과 연관되어 있었다. 김영삼 정부는 이러한 새로운 세계 질서의 변화라는 시대적 인식에 의해 세계화를 추진하였던 것이다. 이를 위해 다섯 가지의 방향과 다섯 가지의 세부 목표가 정해졌다. 우선 다섯 가지 방향으로는 "1. 세계경영 중심국가로의 발전, 2. 국가 간의 경쟁과 협조를 조화시킬 정책과 인력 개발, 3. 세계화를 겨냥한 제도와 인식의 개혁 추진, 4. 창의성을 가진 자가 성공하는 사회 건설, 5. 물질적 번영 못지않은 정신과 인성이 중시되는 사회건설이다."[19] 이에 따른 다섯 가지 세부 목표는 "1. 일등국가가 된다. 2. 생활의 모든 면을 합리화한다. 3. 계급, 지역, 계층 간 차이를 넘어 국가적 통합을 달성한다. 4. 성공적인 세계화를 달성하기 위한 기초로 국가 정체성을 강화한다. 5. 모든 인류와의 공동체 인식을 고양한다"[20]로 정해졌다. 문제는 "김영삼 정부의 세계화는 몇몇 정책을 정당화하기 위한 방편으로 사용되었다는 점이다. 이를테면 쌀 개방 절대반대에서 쌀 개방으로의 정책적 전환을 위한 방안으로서, 재벌지원정책으로 향한 재개의 방편으로서, 노동의 유연성을 확보하기 위한 사전 정지작업으로서, 경제협력개발기구(Organisation for Economic Co-operation and Development, OECD) 가입의 논리로서 활용되었다."[21] 이는 김영삼 정부가 세계화를 비록 국가경쟁력 차원으로 추진하였다고 하지만 "세계화의 이념이나 전략의 실체에 대한 정의도 없이 그저 사회경제적 과제의 실행을 위한 정당성 확보의 차원에서 무리하게, 급속히 세계화

---

18) 위의 책, 140쪽.
19) 위의 책, 138쪽.
20) 위의 책, 138쪽.
21) 박길성, 앞의 논문, 89쪽.

를 수용하였고, 이는 심각한 사회적, 경제적 문제를 야기 시키는 원인이 되었다…… 특히 세계화의 논리를 앞세운 개방지향의 정책, 특히 자본시장의 개방화는 어떠한 제도적 안전장치도 마련하지 않고 한국의 취약한 금융, 자본 시장에 대한 접근을 국제 금융 자본에게 허용하였으며, 이는 1997년 외환위기라는 비극적 결과로 이어지게 하였다."[22] 궁극적으로 세계화는 신자유주의를 지나 WTO의 출범과 OECD 가입으로 국가 경쟁력 확보를 위한 세계질서 변화에 대한 대응이었지만 이에 대한 실체 파악과 의미를 정확하게 인지하지 못함으로써 어려운 역사적 상황을 맞이하게 된 것이다.

서울 올림픽을 계기로 남북관계 개선과 소련을 비롯한 동유럽 국가들을 대상으로 한 북방정책, 그리고 세계화 정책은 이 시기 한국영화의 내용과 형식의 지형에 적지 않은 변화를 가져왔다. 특히 남북관계 개선의 시도와 북방정책은 한국사회에서 그동안 이념적 지형을 통해 통치해 오던 정부의 통치 전략을 일정부분 스스로 걷어내는 기회가 되어 사회주의권 국가들의 문화와 예술에 대한 통제를 완화시켰다고 할 수 있다. 이것은 이 시기 한국영화 속에서 과거의 이념에 사로잡힌 고정된 편견에서 벗어나 우리 안의 다양한 현실을 볼 수 있고 인식할 수 있는 여유를 주었음을 의미한다. 또한 세계화는 한국 영화를 산업이라는 개념으로 확실하게 자리매김하도록 강제함으로써 영화 제작에 대한 인식을 전환시켰다. 그 결과 대기업을 비롯한 금융회사의 자본이 유입될 수 있는 공간을 만들어 시장이라는 터전에서 영화와 관객의 간격을 좁히는 새로운 형태의 영화가 등장하는데 영향을 미쳤다. 그러므로 서울 올림픽과 북방정책, 세계화는 이 시기 한국사회를 관통하는 핵심 요소일 뿐만 아니라 한국영화의 특징과 성격을 규정하는데 있어 중요한 요소였다고 할 수 있다.

---

22) 박돈해, 「한국 사회의 신자유주의적 세계화 도입에 관한 고찰, 신제도주의적 시각을 통한 분석」, 『한국사회학회 사회학대회논문집』, 한국사회학회, 2004, 730쪽.

2. 할리우드의 공세와 충무로의 대응

서울 올림픽, 북방정책과 세계화로 상징화된 이 시기는 미국의 통상무역법 301조를 통한 압력이 강력하게 작동된 시기이기도 했다. 특히 미국정부를 통한 할리우드의 한국 영화시장에 대한 공세는 한국 영화의 상징적 메카인 충무로가 심각한 어려움에 직면하게 됨을 의미했다. 이러한 상황은 미국 할리우드의 첨병 UIP가 1988년 9월 24일 직배를 통한 영화를 한국의 몇몇 극장에 상영하면서 현실화되었다. 미국 할리우드의 한국영화 시장에 대한 공세는 1985년 9월 10일 미국영화수출협회(MPEAA)가 한국정부의 과도한 검열과 외국영화 배급업자의 한국 내 지사 설치제한 등을 불공정무역행위라고 비난하면서 이를 미국무역대표부(USTR)에 제소하면서 시작되었다.[23] 미국정부는 미국영화수출협회의 제소를 통상무역법 301조와 연계하여 한국영화시장을 개방하도록 요구하였고, 이는 1985년 제1차 한미영화협상과 1988년 제2차 한미영화협상의 결과로 이어졌다. 제1차 한미영화협상에서 합의된 주요 내용은 "첫째, 미국영화사의 한국 내 지사 설치 허용, 둘째, 국산영화진흥기금 납부제도 폐지(외국수입영화 편당 1억 원), 셋째, 시판용 비디오테이프의 합작투자, 생산판매허용, 넷째, 외국영화수입사 예탁금 7억 원을 5,000만 원으로 인하, 다섯째, 외화수입가격 상한 선 및 수입쿼터제도 조기 철폐였고 미국 측의 양해 사항으로는 스크린쿼터제도를 유지 인정하는 것 등이었다."[24] 이를 토대로 한국에서는 1986년 12월 31일 제6차 영화법이 개정되고 1987년 7월 1일 시행되어 외국 영화사들도 한국에서 영화업을 할 수 있게 되었다. 이후 "1988년 1월 27일 정부는 광고 및 영화배급, 영화제작업에 대해 외국인 투자를 허용하고 수입업의 투자허용범위를 확대

---

23) 김동호 외, 『한국영화정책사』, 나남출판, 2005, 285쪽.
24) 최진용 외, 『한국영화정책의 흐름과 새로운 전망』, 집문당, 1994, 216-217쪽.

한다는 발표를 하였다."[25] 이에 따라 1988년 3월 9일 UIP-CIC를 시작으로 8월 19일 20세기 폭스, 1989년 12월 15일 워너브라더스, 1990년 10월 9일 컬럼비아 트라이스타, 1993년 1월 21일 월트디즈니가 차례로 한국에서 영화 사업을 위해 등록을 했다.[26] 동시에 미국은 한국 내 활동을 제한하는 각종 제도와 시책들, 이를테면 2단계로 되어 있는 외국영화 수입절차를 1단계로 간소화하고 심의 신청편수를 1회사당 1편으로 제한되어 있는 것을 확대하여 외국영화 수입 복사 필름 벌수제한을 완화하도록 또 다시 요구하였다. 미국 측의 이러한 요구는 1988년 10월 한국정부에 전달되었고, 이로 인해 제2차 한미영화협상이 이루어졌다. 이 협상의 결과는 첫째, 1989년 1월 1일부터 수입심의용 영화필름 통관추천제 폐지, 둘째, 외국영화 수입(복사) 필름 벌수 제한 완화 및 폐지(기존에 10벌로 제한되던 것을 1989년에는 12벌, 90-93년까지 매년 1벌씩 추가 허용하다가 1994년에는 완전히 폐지하도록 함), 셋째, 1989년 1월 1일부터 영화심의 신청편수를 기존 1회사당 1편에서 2편으로 확대, 넷째, 통관추천, 수입추천 2단계로 되어 있는 기존의 외국영화 심의절차를 1990년 1월 1일부터 1단계로 축소, 간소화 하는 것이었다.[27] 특히 이 협상 내용 중 1994년부터 적용된 영화 프린트 벌수의 완전한 폐지는 한국에서 미국 할리우드 영화의 제한이 사라진다는 것을 의미했다. 이것은 할리우드 영화가 마치 미국에서처럼 한국 전역에서도 얼마든지 자신들의 영화를 극장을 통해 동시에 상영할 수 있게 되었다는 것을 말한다.

할리우드 공세의 효과는 한국영화의 제작 및 시장에 즉각적으로 반영되어 나타났다. 이를테면 극영화 기준 한국영화의 제작 상황은 1988년에는 87편을 시작으로 1989년 110편, 1990년 111편, 1991년 121편으로 늘어났지만 1992년에는 96편, 1993년 63편, 1994년 65편, 1995년 64편, 1996년 65편,

---

25) 김동호 외, 앞의 책, 296쪽.
26) 최진용 외, 앞의 책, 223쪽.
27) 위의 책, 218쪽.

1997년 59편으로 감소하였다.[28] 반면 외국영화의 수입편수는 한국영화제
작 편수의 감소와 달리 크게 증가했다. 예컨대 1987년에는 84편이 수입된
것에 비해 1988년에는 176편으로 늘어났고 1989년 278편, 1990년 276편,
1991년 256편, 1992년 319편, 1993년 345편, 1994년 382편, 1995년
359편, 1996년 403편, 1997년에 이르러서는 무려 431편이 수입되었다.[29]
이는 한국영화와 외국영화의 관객점유율 변화로 이어졌다. 1987년 외국영
화 대비 한국영화의 관객점유율은 73% 대 27%를 기록했지만 1988년 한
국영화 관객 점유율은 23.3%로 하락하였고 외국영화는 76.7%로 증가하
였다. 이후 외국영화와 한국영화 사이의 관객점유율은 1989년 79.8% 대
20.2%, 1990년 79.8% 대 20.2%, 1991년 78.8% 대 21.2%, 1992년에 이르
러서는 81.5% 대 18.5%를 기록함으로써 10%대로 진입하였으며 1993년
에는 84.1% 대 15.9%로 이 시기 최저 관객점유율을 나타냈다. 이러한 관객
점유율의 변화추세는 1994년 79.5% 대 20.5%, 1995년 79.1% 대 20.9%,
1996년 76.9% 대 23.1%, 1997년 74.5% 대 25.5%를 기록하면서 다시 20%
대로 회복하였다.[30] 이것은 외국영화수입편수, 한국영화제작편수와 관객점
유율 사이의 변화가 미국정부를 앞세운 할리우드의 한국영화시장 개방에 대
한 집요한 공세의 결과로 이어진 것이다. 이는 1988년에서 1997년까지 수입
된 영화 총 3,225편 중 절반이상인 1,680편이 미국영화에 집중되어 있다는
사실을 통해 확인된다.[31] 이것은 한국영화시장이 제작보다 직배를 통한 미국
영화 중심의 수입과 유통으로 재편되기 시작했음을 의미한다.

　이러한 상황변화에 민첩하게 대응한 것은 국내의 극장 소유자들이었다.
이들은 수입된 많은 영화들을 소화하고 수입을 극대화하기 위해 극장의 부

---

28) 영화진흥공사 엮음, 『1998년도판 한국영화연감』, 집문당, 1998, 85쪽.
29) 위의 책, 91쪽.
30) 위의 책, 97쪽.
31) 위의 책, 90쪽.

대시설을 확충하고 현대화했다. 이로 인해 등장한 것이 1989년 7월 29일 서울극장을 재건축해 개관한 서울 시네마타운이었다. 서울 시네마타운은 70mm 대형영화를 상영할 수 있는 1천2백석의 대형영화관 2개관과 600석의 중형 스크린 1개관의 총 3개관으로 구성되었다.[32] 한 공간에서 다수의 영화들을 동시에 상영할 수 있는 복합상영관은 이 시기 관객들의 관심을 끌기에 충분한 것이었고 이후 1998년 4월, 11개의 스크린을 구비한 CJ ENM의 'CGV강변11'을 시작으로 본격적인 멀티플렉스 영화관의 시대에 돌입하게 되었다. 이것은 극장 소유자들의 상당수가 미국 직배사와 연계를 통해 외화시장을 선점하고자 하는 의도가 있었음을 보여주고 있는 것이다.[33] 따라서 이 시기 할리우드의 공세에 실제적 타격을 받은 것은 극장 소유자들이 아니라 한국영화 제작자와 이와 연결된 일선 영화인들이었다. 이런 이유로 미국 할리우드의 공세에 충무로 영화인들의 대응은 즉각적으로 이루어졌다. 우선 UIP의 직배를 반대하고 저지하기 위한 영화인들의 각종 투쟁과 시위가 이어졌다. 그러나 극장 소유자들을 비롯한 일부 영화업자들과 제작을 중심으로 한 영화인들 사이의 이해관계 불일치와 1988년 8월 17일 올림픽 기간 동안 정부에 의해 집회 및 시위가 금지된 평화구역이 선포됨으로써 영화인들의 투쟁과 시위는 큰 효과를 거두지 못했다. 이것은 할리우드 공세의 최종적 대응은 한국정부에 의해 이루어질 수밖에 없다는 현실적 문제로 귀결된 것이나 다름없었다. 특히 1, 2차 한미영화협상의 결과로 외국영화 수입 개방이 이루어지면서 한국영화에 미치는 영향이 심각한 상황으로 드러나자 정부는 이에 대해 다양한 지원정책을 수립하여 추진하였다.

　이것은 외화수입 개방으로 인해 한국영화 제작과 해외시장 개척을 위한 지원 확대방침을 추진한 1988년, 1989년 노태우 정부의 영화시책으로 나

---

32) 현대영화연구소, 앞의 책, 205쪽.
33) 좌승희·이태규, 『한국영화산업 구조변화와 영화산업정책』, 한국경제연구원, 2006, 106쪽.

타났다. 그 중에서도 1988년 연간 10편 내외의 좋은 영화를 선정하여 편당 1억 원을 보상해주는 것과 연간 5편 이내로 편당 1억 원의 사전 제작비를 융자해주는 '좋은 영화 제작 집중지원' 제도와 기자재 현대화, 운용에 각각 연간 15억 원씩의 투입과 종합촬영소 건립 계획 등은 현실적 의미를 지니고 있었다. 이는 1989년 기자재 구입 계획 및 종합촬영소 건립 추진으로 진척되었고, 500석 규모의 한국영화전용관 설치를 위해 5억 원이 책정되었으며, 1989년에서 1993년까지 5년간 영화진흥기금 200억 원 적립과 시나리오 창작기금 5천만 원을 운용하겠다는 계획과 함께 제도개선으로 영화제작 기자재 수입관세를 40%에서 15%로 낮추었다.[34] 그리고 1986년부터 10여 편 내외의 좋은 영화를 선정해 감독, 작가, 배우, 기술인 등의 제작진에게 60%를 지급하고 제작사에게 40%를 지급하여 왔던 '좋은 영화제작 지원' 제도에 의해 1988년에는 5편, 1989년에는 17편, 1990년 18편, 1991년 14편, 1992년 13편, 1993년 10편이 선정되었다. 지원 금액은 1988년까지는 편당 1,500만원이었던 것에서 1989년부터 1992년까지는 편당 3,000만원으로, 1993년에는 편당 5,000만원으로 증액되었다. 여기에 정부는 1989년부터 시행된 '극영화 제작 사전 지원' 제도를 통해 편당 3,000만원으로 책정하여 1989년 2편, 1990년 5편, 그리고 편당 5,000만원으로 상향된 1991년에는 5편, 편당 3,000만원으로 다시 조정된 1992년에는 5편을 지원했으며 편당 1억 원으로 증액된 1993년에는 14편을 선정하여 14억 원을 지원하였다.[35] 1991년 4월 17일에는 영화인들의 숙원 사업 중 하나였던 남양주 종합촬영소의 기공식이 열렸다. 또한 영화관객의 저변 확대를 위해 좋은 영화 감상회, 주제별 한국영화 감상회, 청소년 등을 위한 야외 및 순회상영회, 기업 및 직능단체에 좋은 영화프린트 대여 및 상영지원 등의 다양한 프로그램을 통

---

34) 최진용 외, 앞의 책, 185-188쪽.
35) 위의 책, 202-203쪽.

한 우리 영화보기 운동이 정부 주도로 펼쳐졌다.[36]

　한국영화에 대한 노태우 정부의 이러한 지원정책은 많은 부분에서 현실화되었고 1993년 출범한 김영삼 정부에서도 그 기조가 유지되었다. 김영삼 정부의 한국영화지원 정책은 "1993년 7월에 발표한 새문화, 체육, 청소년 진흥 5개년 계획 중 문화부문인 신한국 문화 창달 5개년(1993-1997)과 연계되어있다. 여기에는 민족정기의 확립, 지역문화 활성화와 문화 복지 균점화, 문화 창조력 제고와 문화 환경개선, 문화산업 개발과 기업문화 활성화 지원, 한겨레 문화조성과 우리 문화의 세계화 등 총 5개 부류의 정책과제 군으로 구성되어 있었다."[37] 이러한 문화정책에 대한 방향은 이 시기 세계화 담론과 연결되었다. 특히 1993년 대통령 연례 보고서에서 할리우드 영화 <쥬라기 공원>의 수익이 자동차 150만대의 수출과 맞먹는다는 내용이 보고되자 영화는 문화산업이라는 개념으로 재정립되었다. 이는 "1993년 7월에 발표한 신경제 5개년 계획 중 '산업발전 전략부문'에 영상산업을 제조업 관련 지식서비스산업으로 명시하여 제조업 수준의 금융, 세제 지원을 위한 근거가 되었고 문화체육부가 영상산업을 국가전략산업으로 중점 육성하겠다는 의지를 표명하도록 한 이유였다."[38] 이것은 1993년 영상산업의 국가전략산업화와 1995년 1월 5일 '영상진흥기본법'의 제정을 통해 구체화되었다. 영상진흥기본법 제1조 '목적'에는 영상문화의 창달과 영상산업의 진흥을 위한 시책의 기본이 되는 사항을 정함으로써 국민의 문화생활 향상 및 영상산업의 경쟁력 강화에 이바지함을 목적으로 한다고 되어 있다. 이것은 영상산업을 제조업 관련 지식서비스산업으로 명시하여 영화를 비롯한 영상산업이 제조업 수준의 금융, 세제 지원을 받을 수 있는 근거로 작용하였고, 이를 통해 1995년 3월 통상산업부에서 영화업을 서비스업에서 제조업에 준

---

36) 위의 책, 204쪽.
37) 김동호 외, 앞의 책, 305쪽.
38) 위의 책, 306-307쪽.

하는 산업으로 그 분류체계를 조정하는 조치를 취하게 된다. 이로써 영화업은 금융 및 세제상의 혜택을 받게 되었을 뿐만 아니라 한국영화가 산업이라는 개념으로 새롭게 인식하게 하여 제조업의 한 형태로 자리 잡게 되었다. 이는 1995년 7월 21일 제정된 영상진흥기본법 시행령 제6조 '분야별 전담반의 설치' 부문에서 문화체육부장관, 통상산업부장관, 정보통신부장관, 과학기술처장관 및 공보처장관은 관련제도의 개선과 영상진흥종합시책의 분석, 평가에 관한 사항, 영상문화 및 영상산업의 진흥을 위한 기술개발에 관한 사항, 기타 영상진흥종합시책의 수립 및 효율적인 운영에 필요한 사항을 위해 전담반을 구성, 운영할 수 있도록 한 것으로 이어졌다.[39] 영화에 대한 김영삼 정부의 이러한 인식은 1994년 영화진흥금고의 설립 및 운용을 계획하고 1996년까지 100억 원의 기금을 적립할 것이라는 발표로 이어졌으며, 그것의 첫 단계로 30억 원을 문예진흥기금에서 출연하여 적립하기로 하면서 구체화되었다...... 그리고 1994년 2월부터 영화진흥공사는 30억 원의 한도에서 편당 최고 2억 원까지 융자해주는 사업을 실시했다. 융자 사업은 한 영화사당 한 작품만 신청이 가능하였으며 융자기간은 1년, 금리는 연 3%로 하였다.[40] 이러한 지원정책은 영화법의 폐지 이후 1995년 12월 30일 제정되어 1996년 7월 1일 시행된 새로운 '영화진흥법'에서 명문화되었다. 총 8개의 장과 부칙으로 구성된 영화진흥법에는 제1장 총칙에서 단편영화, 소형영화, 전용상영관이라는 정의가 추가되었고 제2장 '영화의 제작 및 수입' 부문에서 등록제는 여전히 유지되고 있었지만 제8조 '영화의 독립제작' 부문 1항에서 독립제작을 1년에 2편까지 제작이 가능하도록 허용하였다. 영화진흥법에서의 새로운 규정은 제4장 '영화의 상영' 부문 제15조 '전용상영관에 대한 지원'과 제6장 '영화진흥금고' 부문을 들 수 있다.[41] 특히 1996년

---

39) 국가법령정보센터(https://www.law.go.kr)
40) 김동호 외, 앞의 책, 309쪽.
41) 국가법령정보센터(https://www.law.go.kr)

6월 29일 제정된 영화진흥법 시행령 제18조 '전용상영관에 대한 지원'에서 전용상영관은 한국영화, 문화영화, 단편영화, 소형영화, 기타 문화체육부령이 정하는 영화(애니메이션 영화, 예술·실험영화, 어린이·청소년·가족영화 등)를 연간 상영일수의 5분의 3이상 상영하여야 한다고 규정하고 있다.[42] 그리고 영화진흥금고 부문 제28조 '금고의 설치' 제1항에는 영화의 진흥을 위한 사업 및 활동을 지원하기 위하여 영화진흥금고를 설치한다고 규정하고 있다. 그것의 재원으로는 문화예술진흥기금의 출현금과 금고의 자금운용수익금, 기타 수익금으로 하고 용도로는 영화예술 및 영화산업의 진흥을 위한 연구·조사, 영화의 창작·제작 및 배급, 영화를 상영하는 공연장 시설의 보수·유지 및 개선, 영화전문인력의 양성, 기타 영화산업의 진흥 및 육성으로 정했다.[43] 영화진흥법은 1996년 10월 4일 <닫힌 교문을 열며>를 사전 심의 없이 상영하여 불구속 기소된 장산곶매 대표 강헌이 1993년 10월에 낸 영화법 위헌신청에 대한 판결로 또 다른 변화를 맞이했다. 즉 영화법의 사전 심의규정에 대해 헌법재판소는 "영화는 단순히 오락이 아니라 학문 및 예술의 표현수단이므로 언론에 상응하는 표현의 자유를 누려야 한다는 것과 이렇게 중요한 영화를 공연윤리위원회가 사전에 심의하여 자르거나 금지해서는 안 된다"[44]라는 이유를 들어 위헌을 선고함으로써 기존의 사전 심의제도는 더 이상 존속될 수 없게 되었다. 이로 인해 심의에 관한 영화진흥법 규정 개정이 불가피하게 되어 1997년 4월 10일 제1차 영화진흥법이 개정되었다. 그 결과 제3장 '심의 및 영화필름 등의 제출' 제12조 '상영등급의 부여' 제1항에서 기존의 공연윤리위원회에서 한국공연예술진흥협의회로 심의 주체가 변경되었고, 교육 목적 등으로 제작되는 단편영화, 소형영화 및 영화제에서 상영되는 영화는 제4항에 적시되어 있는 상영등급 규정과 관계없이 상영이 가

---

42) 국가법령정보센터(https://www.law.go.kr)
43) 국가법령정보센터(https://www.law.go.kr)
44) 강준만,『한국현대사 산책(1990년대 편 2권)』, 인물과 사상사, 2017, 341쪽.

능하도록 하였다. 총 4개로 분류된 4항의 상영등급은 1. 모든 관람객이 관람할 수 있는 등급, 2. 12세 미만인 자는 관람할 수 없는 등급(다만, 부모 또는 이에 준하는 보호자 동반 시 관람가), 3. 15세 미만인자는 관람할 수 없는 등급, 4. 18세 미만인 자는 관람할 수 없는 등급으로 구분하였다.[45] 또한 이 시기에는 한국영화 의무상영일수에 대한 변화도 일어났다. 한국영화 의무상영일수는 극장 연간 상영일수의 5분의 2로 유지되어 1년 내내 영화를 상영하는 극장이라면 146일 동안 한국영화를 상영해야 하였지만 장관의 재량으로 20일 범위 내에서 의무상영일수를 감경할 수 있었다. 이런 이유로 한국영화 의무상영일수는 실제로는 126일이었다. 여기에 일정한 지역(인구 30만 이상의 도시)의 극장들은 외국영화를 상영한 다음 반드시 한국영화를 상영해야 하는 교호상영제도가 있었다. 그러나 기존의 이 제도는 1996년 7월 1일 제정된 영화진흥법 시행규칙 제23조 '연간 의무상영일수의 감경기준'에 의해 변경되었다. 즉 매년 신정, 설, 추석 당일의 6일 전부터 그 당일까지의 7일 중에 한국영화를 상영하기 시작하여 연속 7일 이상 한국영화를 상영하는 경우, 매년 7월 16일부터 8월 24일까지의 사이에 연속하여 7일 이상 한국영화를 상영하는 경우에는 상영일수를 3분의 5일로 계산한다는 것이었다. 여기에 매년 1월 1일부터 12월 31일까지 (입장권) 전국통합전산망에 참여하는 경우에는 20일을 감경한다고 하였다.[46] 그 결과 장관 재량의 20일과 위에서 적시된 기간의 상영으로 인한 20일을 합하여 총 40일을 감경받을 수 있게 됨으로써 한국영화 의무상영일수는 실제로는 106일이 되었다.

이처럼 이 시기 할리우드 영화의 공세에 한국의 충무로는 미국의 요구를 대부분 수용할 수밖에 없었으며 정부의 지원정책 외에는 특별한 대응 수단이 없었다. 이러한 상황 속에서 한국영화는 점유율 하락이라는 실제적 어려

---

45) 국가법령정보센터(https://www.law.go.kr)
46) 국가법령정보센터(https://www.law.go.kr)

움에 직면하였고 영화인들은 냉혹한 시장으로 내몰리게 되었다. 이들은 정부의 지원정책과 서울 올림픽 개최, 북방정책, 세계화로 인해 다소 완화된 규제로부터 넓어진 제작공간에서 한국영화의 생존을 모색하게 되었다. 특히 김영삼 정부의 영화 <쥬라기 공원>의 수익에 근거한 영화의 산업화 개념은 충무로의 영화인들이 산업화라는 프레임 속에서 영화를 새롭게 바라보게 된 계기로 작용했다. 그리고 이는 한국영화 특징의 변화를 불러일으킨 하나의 전환점이 되었다. 이것은 그 동안 영화적 행위를 예술적 인식과 상업적 수단 사이의 애매한 경계 위에 존재해 왔던 영화인들 스스로가 자신들에게 부여하여 왔던 영화에 대한 이중적 태도의 장벽을 제거하는 역할을 하게 했다. 이후 이들은 대기업, 금융투자사 등의 참여로 선명해진 한국영화의 산업, 시장이라는 상황에 부합하면서 한국영화의 변화와 성장, 발전의 토대가 되었다. 그러므로 이 시기는 서울 올림픽을 계기로 미국 할리우드의 공세에 한국의 충무로가 치열하게 대응해 왔던 시기라 할 수 있다.

3. 매체의 다변화와 새로운 자본의 유입

한국영화의 변화와 특징 형성의 또 다른 추동력은 매체의 다변화와 영화가 영상이라는 개념으로 확대됨으로써 이에 대한 새로운 수요가 증가하던 시기였다는 데 있다. 한국의 몇몇 대기업들이 이러한 현상을 빠르게 포착하고 시대적 흐름에 적극적으로 참여하면서 한국영화는 새로운 국면을 맞이했다. 그것은 다름 아닌 1980년대 저유가, 저금리, 저환율의 3저 현상으로 인한 높은 경제성장률과 서울 올림픽을 기점으로 확산된 비디오카세트 레코더(Videocassette Recorder, VCR)인 비디오기기의 빠른 보급을 들 수 있다.[47]

---

47) 1981년부터 1987년까지의 평균 경제성장률은 10.07%였고 1988년 서울 올림픽 시기부터 1997년까지는 평균 8.44%였다.-통계청,『통계로 본 광복 70년』, Jinhan M&B, 2015, 3쪽.

비디오기기의 보급은 그 동안 극장에서만 소비되던 영화를 가정에서 소비하는 형태로 변모시켰다. 이것은 비디오카세트 레코더 보급률의 변화과정을 통해 알 수 있다. 이를테면 1987년에는 전국에 151만대가 보급되어 14%에 불과했던 것이 서울 올림픽이 개최된 1988년에는 216만대가 보급되어 보급률 21%를 기록하였고, 1989년에는 320만대로 26%, 1990년에는 436만대로 36%, 1991년에는 515만대로 45%, 1992년에는 645만대로 전국 가정의 절반 이상인 57%가 보급되었고, 1993년에는 805만대로 76%, 1994년에는 829만대로 80%, 1995년에는 854만대로 85%, 1996년에는 903만대로 87%, 1997년에는 1,040만대로 거의 대부분의 가정이 소유하게 된 90%의 보급률을 기록하였다.[48] 이렇게 빠른 속도로 비디오기기가 보급된 이유는 무엇보다 1980년대의 높은 경제성장률을 토대로 서울 올림픽 경기 장면을 녹화, 재생하기 위한 것과 1989년부터 시작된 TV과외가 수요를 폭발적으로 증가시킨 요인이라 할 수 있다.[49]

뿐만 아니라 이것은 사람들의 영화관람 행태의 변화를 촉발시켰다. 이는 1989년 영화와 비디오 관람 형태 변화에 관한 공연윤리위원회 조사에서 영화 대 비디오 연평균 관람 횟수가 2.02회 대 14.3회로 비디오 관람이 7배 정도로 높게 나타난 것에서 알 수 있다.[50] 이는 1990년 방송위원회가 발간한 《방송90》 9월호에 실린 서울의 319명을 대상으로 한 조사에서도 유사한 결과로 나타났다. 이 조사에 의하면 서울 시민들의 비디오 시청 시간은 일주일 평균 5시간 이하가 55.8%였고 5시간에서 10시간 정도가 30.4%, 10시간에서 15시간이 11.6%에 이를 정도로 많은 시간을 보내고 있었다. 영화 한 편을 90분으로 환산하면 1주일에 최소 3편에서 많으면 5-6편까지 비

---

48) 현대영화연구소, 앞의 책, 229쪽.
49) 위의 책, 229쪽.
50) <영화보다 비디오 7배 더 봐>, 《한겨레》, 1989.12.02.

디오를 통해 본다는 것이다.[51] 이러한 영화 관람 행태의 변화는 비디오 시장의 매출 규모를 통해 확인된다. 예컨대 1987년 비디오 시장 매출 규모는 426억 원이었지만 1988년에는 780억 원, 1989년에는 1,360억 원, 1990년에는 1,850억 원, 1991년에는 1,760억 원, 1992년에는 2,500억 원에 이르렀고, 1993년에는 2,797억 원, 1994년은 2,817억 원, 1996년에는 2,719억 원, 1997년 2,305억 원을 기록했다.[52] 비디오 시장은 1989년을 기점으로 매출액 1천억 원을 가볍게 돌파하였다. 이는 1993년 케이블 TV가 출범함으로써 프로그램과 연동된 영화채널을 소유한 대기업들이 비디오 시장을 더 이상 무시할 수 없는 사업 영역으로 자리매김 했음을 의미한다. 이것은 대기업이 비디오 시장에 진출하게 된 결정적 이유로 작용했다. 실제로 대기업이 영상산업에 참여했던 기업과 시기는 "1984년 선경의 SKC가 홈비디오 유통과 제작·수입·배급을 통해 참여하면서부터 비롯되었다. 이후 삼성은 1988년 삼성영상사업단을 비롯한 계열사를 통해 영화제작 수입 및 배급, 유료영화 케이블 TV '캐치원' Q채널 운영과 드림박스, 스타맥스 등의 비디오 프로그램 공급 등의 사업을 하였고, 같은 해 대우는 대우영상사업단을 통해 영화제작 수입 및 배급, 홈비디오 유통(우일영상, 씨네마트, 세음미디어)과 영화채널 DCN을 운영하였다. 그리고 현대는 금강기획을 통해 1996년 영화제작 수입 및 배급과 홈 비디오 유통(미라맥스)과 현대방송을 운영하였고, 같은 해 새한은 새한디지털미디어를 통해 참여하였으며, 제일제당은 1995년 드림웍스에 11%인 3억 달러 투자와 음악채널인 Mnet 개국을 시작으로 1996년부터 본격화하여 극장사업 진출에 이어 배급, 멀티플렉스 상영관 CGV를 운영하였다."[53] 문제는 비디오기기와 재생, 녹화할 수 있는 테이프 사업과 함께 그것에 무엇을 제공할 것인가 하는 것이었다. 그것은 비디

---

51) <비디오 가장 큰 매력, 아무 때나 볼 수 있다>, 《매일경제》, 1990.09.09.
52) 현대영화연구소, 앞의 책, 231쪽.
53) 좌승희·이태규, 앞의 책, 110쪽.

오 프로그램에 관한 것으로 이는 비디오 시장과 밀접하게 연동되어 있었다.

비디오 시장의 프로그램 확보는 1988년 7월부터 국내에 직배를 시작한 UIP의 비디오 판매담당사인 CIC(Cinema International Corporation)가 1년 만에 전국 3천여 곳의 가맹점을 확보함으로써 위력을 증명했다.[54] 이것은 국내의 대기업들이 해외 영화사들과 독점계약을 맺게 된 이유 중 하나로 작용했다. 대우는 RCA, 컬럼비아사, MGM/UA, 오리온, 금성은 CBS/폭스, 워너브라더스, 캐논, 소니-EMI, 랭크, 삼성은 랭크, NGS, 선경은 BBC, 실버트리 등과 라이선스 계약을 맺고 외국영화를 보급하였다.[55] 뿐만 아니라 대기업들은 "국내영화사와 제휴를 맺고 이들의 작품을 독점적으로 공급받고 있었다. 금성이 한국미디어와 손을 잡고 미디아트라는 이름으로 태흥영화사와 계약을 했고, SKC는 판영화사와 현대전자는 우진필름, 합동영화사와 홈비디오판권의 독점공급권 계약을 체결하였다."[56] 이것은 비디오 시장의 선점을 위해 국내 영화의 판권을 미리 구매하는 방식이었다. 이로써 대기업들은 비디오 판권확보에 유리한 위치를 확보했다. 그 결과 대기업들은 비디오 판권확보를 위해 흥행이 될 만한 국내영화들의 판권을 구매하는 방식으로 눈을 돌렸다. 어차피 비디오 산업은 영화를 복제, 가공한 것을 상품화하는 것이기 때문에 영화는 비디오 시장을 견인할 핵심원천이었던 것이다. 이러한 대기업의 영화 판권확보를 위한 투자는 자연스럽게 영화산업의 참여로 이어졌다. 대기업이 영화사와의 제휴를 통한 참여에서 개별 영화작품에 직접적이고 본격적인 참여는 삼성이 제작비의 25%인 1억 5천만 원을 투자해 비디오 판권형태로 투자한 1992년 익영영화사 제작, 신씨네 기획의 <결혼이야기(김의석)>부터라 할 수 있다. 이 영화의 성공은 대기업이 개별 영화

---

54) <비디오문화>, 《경향신문》, 1990, 05.18.

55) <미국산 저질 비디오영화 판친다>, 《한겨레》, 1989.04.22.

56) 한정곤, 「영화산업에 진출하는 대기업 자본」, 『길을 찾는 사람들』 Vol.92, 사회평론, 1992, 209쪽.

작품에 투자하는 기폭제로 작용했다.[57] 이는 1995년을 기점으로 비디오판권과 영화제작의 부분투자에서 삼성의 <돈을 갖고 튀어라(1995, 김상진)>, 대우의 <아름다운 청년 전태일(1995, 박광수)>, SKC의 <박봉곤 가출사건(1996, 김태균)> 등에서처럼 보다 과감한 전액투자로 옮겨가는 요인이 되었다. 이로써 1984년부터 비디오 시장에 간접적으로 참여했던 대기업은 영화에 부분투자를 거쳐 직접적인 전액 투자로 바뀌면서 이 시기 한국영화제작의 새로운 변화를 이끌었다. 이것은 1998년 현대, 선경, 1999년 삼성, 대우의 자본이 IMF 사태 이후 철수할 때까지 이 시기 한국영화의 주요한 특징과 흐름을 주도했다는 것을 의미한다. 그리고 1993년 김영삼 정부가 신경제 5개년 계획 중 산업 발전 전략부문에서 영상산업을 제조업 관련 지식 서비스 산업으로 명시한 후 1995년 3월부터 통상산업부의 조치와 함께 금융자본이 영화제작에 유입되는 선례로 작용했다. 그 중에서 일신창투는 1996년 2월에 개봉한 <은행나무 침대(강제규)>에 투자한 후 이 영화가 성공하자 <본투킬(1996, 장현수)>, <피아노맨(1996, 유상욱)> 등에 연속적으로 투자하였고, 이후 국민기술금융, 미래창투, 삼부 파이낸스 등 다양한 금융자본이 영화제작에 투입될 수 있도록 견인차 역할을 하였다.

　대기업이 영화제작에 투자자로 참여하게 된 것은 비디오기기의 확산과 케이블 TV의 등장으로 다양한 프로그램 수요에 선제적으로 대응하고자 한 전략과 맞닿아 있었다. 이것은 1980년대 중반부터 시작된 대기업들의 영화업 진출의 이면에는 이들이 비디오기기를 생산하고 있는 전자회사라는 점과 그것이 보급됨으로써 그 내용을 채워 넣어야 할 프로그램에 대한 부가가치의 필요성에 의해 이루어졌다는 것이다. 여기에 1993년부터 시작된 케이블 TV방송은 어느 때보다 영화의 중요성을 더욱 부각시켰다. 그 결과 대기업이 영화업으로의 참여는 자연스러운 현상이 되었고, 이는 영화제작에서

---

57) 황동미(책임연구원), 『한국영화산업구조분석』, 영화진흥위원회, 2001, 25-27쪽.

뿐만 아니라 한국의 영화적 환경 변화를 이끈 주역으로 자리매김하게 되었음을 말한다. 비록 이 시기 대기업의 영화업 진출로 인해 영화적 행위가 자본에 종속될 수 있다는 우려의 시선도 있었지만 적지 않은 영화인들은 이를 긍정적 시각으로 바라보았다. 이를테면 시나리오 작가 강대성은 "대기업들의 영화투자가 한국영화를 풍요롭게 가꿀 수 있는 활력소"라 하였고, 영화감독 권영순은 "산업과 예술의 밀월에서 동반시대로의 개혁"이라고 하였으며, 영화평론가 김종원은 "영화 제작업에 국내 대기업의 참여는 너무도 당연하다고 하면서 오히려 늦었다"고 했다.[58] 따라서 이 시기 할리우드 공세로 인한 영화시장의 개방은 대기업이 영화업 진출로 이어지는 자연스러운 과정이었다고 할 수 있다. 이것은 미국 직배사의 배급으로 어려움에 처해있던 한국영화에게 아이러니하게도 대기업의 참여와 금융자본의 유입이 새로운 돌파구가 되었다는 것이다. 이로써 한국영화는 할리우드의 공세에 정부의 지원정책과 대기업, 금융자본이 참여함으로써 한국영화의 위상을 다시 회복하는 기회가 되었고, 이는 외국영화에 대한 한국영화의 점유율 상승으로 증명되었다.

4. 지속된 시대적 기류

이 시기는 1987년 6월 항쟁과 직선제 개헌 쟁취, 서울 올림픽 개최, 북방정책, 세계화로 인해 이전의 폭력적이고 억압적인 정권과는 다소 다른 정치적, 사회적 기류가 형성된 시기라 할 수 있다. 이것은 역설적으로 이전 시기부터 존재했던 정권의 음울한 현상들이 세상으로 드러날 수 있는 기회가 되었음을 의미한다. 이로 인해 한국인들의 의식을 짓누르고 있던 이전 시기 과

---

58) 한정곤, 앞의 논문, 209-210쪽.

거의 기억들과 연동되어 지속된 동시대의 사회적 풍경들이 영화 속에 투영될 수 있었다. 이러한 측면에서 박광수의 <칠수와 만수(1988)>는 중요한 의미를 지닌 영화라 할 수 있다.

영화는 사이렌 소리와 함께 민방위 훈련 장면으로부터 시작된다. 이어서 극장의 영화간판 그리는 일을 하고 있는 장칠수와 아파트, 광고판 등의 도색작업으로 살아가고 있는 박만수가 등장한다. 이후 만수는 영화간판 일을 그만둔 칠수와 우연히 함께 지내게 된다. 그러므로 그들은 서로의 실체를 정확하게 알지 못한 상태라 할 수 있다. 특히 칠수는 자신의 정체를 숨기고 끊임없이 포장하는 인물이다. 이를테면 아르바이트 여대생 지나를 만날 때는 자신을 미대생으로 사칭하고 만수에게는 미국에 있는 형이 초청한다고 거짓말을 한다. 이러한 이유는 그가 동두천의 하우스 보이였던 술주정뱅이 아버지와 미국으로 간 양공주였던 누나를 둔 자신의 처지를 스스로 인식하고 있기 때문이다. 칠수는 이러한 자신의 상황을 일거에 벗어날 수 있는 유일한 수단이 미국에 가는 것이라 믿고 있다. 이것은 그가 미국영화를 보는 것과 미국 국기가 그려진 티셔츠를 입고 있는 모습을 통해 보여준다. 영화는 이런 칠수의 모습을 통해 미국이란 존재가 한국사회에서 어떻게 인식되고 있는지를 드러내고 있다. 이 시기 한국사회의 또 다른 풍경은 양심수로 30여 년간 복역하고 있는 아버지로 인해 노동자가 된 여동생과 박만수의 모습을 통해 묘사된다. 특히 신원조회로 그의 중동파견근로자 지원이 좌절되는 것은 이 시기 한국사회의 지배체제의 특성을 드러내는 상징적 장면이라 할 수 있다. 결론적으로 영화는 미국에 대한 환상과 반공논리에 기반하고 있는 사상적 문제가 한국사회를 여전히 지배하고 있는 체제논리라는 것을 암시하고 있다. 이것은 영화 시작과 함께 민방위 훈련에 이어 선거유세 장면의 정치현장과 중첩되고 섹시한 여자 모델의 양주 광고판 도색작업을 하고 있는 칠수와 만수의 모습으로 수렴된다. 그리고 이는 광고판 도색작업을 하다 잠시 휴식을 취하면서 만수에게 온 여동생의 편지를 읽고 난 후 그의 실체를 알게 된 칠수가 자신도 동두천 하우스보이였던 아버지의 존재와 미국 초청장이 없다는 사실, 자신이 좋아했던 지나가 멋있고 잘나고 돈도 있고 학벌 좋은 놈하고 약혼했다는 사실을 만수에게 고백하는 장면으로 이어진다. 서로의 실체를 알게 된 그들은 높은 광고판 위에서 자신들이 직면하고 있는 처지를 "서울에 있는 높은 놈, 배운 놈, 잘난 놈, 있는 놈, 모두 다 내 애길 좀 들어보라"고 외친다. 그러나 그들의 말과 행위는 사람들에게 시위하는 것으로 인식되어 노사문제로 비화되고 전투경찰이 동원됨으로써 시국사건처럼 묘사된다. 칠수와 만수의 개인적 토로가 시위 행위와 노사문제, 사회적, 정치적 문제로 확대된 것이다. 이와 같은 해프닝은 이전시기부터 지속된 사회적 기류가 이 시기에도 여전히 한국사회를 지배하고 있음을 보여주고 있다. 이러한 특징은 1989년에 개봉한 이명세의 <개그맨>에서도 나타난다.

영화에서는 이를 영화배우를 꿈꾸는 이발사 문도석과 영화감독을 꿈꾸는 밤무대 개그맨 이종세, 부유층의 부인을 꿈꾸는 여자 선영을 통해 드러낸다. 이들 세 인물에 의해 이 시기 한국사회의 풍경은 영화에서 다양하게 묘사되고 풍자된다. 여름을 배경으로 흑백 사진 포스터에서 컬러로 변해가면서 이발사 문도석과 코믹한 모습의 개그맨 이종세 사이의 영화에 관한 이야기로 시작된 장면은 꿈보다 빵, 낭만보다 현금을 사랑한 현시대를 언급한 도석과 채플린 모습을 한 이종세의 모습으로 이어진다. 그리고 영화는 영화 촬영 장면을 보여주면서 영화라는 매체를 빌어 현실에 대한 그들의 인식을 영화 속에 개입시킨다. 이를테면 영화감독과 배우들을 향해서는 테마의 낡음과 진부함으로, 만화를 통해서는 경도되어 있는 스포츠를, 영화 <대부>를 통해서는 미국영화의 존재감을 확인시키면서 이에 대한 원인을 현실과 유리되어 있는 문학적 요소와 연극적 신파성으로 진단한다. 여기에 공수부대 표식의 군복을 입고 M16 소총을 든 이종세의 모습은 이 시기가 여전히 이전 시기의 지배체제의 문화로부터 결코 단절되지 않았음을 보여준다. 또한 명작이 없는 시대에 살고 있다고 하면서 명작을 위해 은행을 터는 갱단 놀이로 경찰에 포위된 채 부동산 값 폭등의 현실적 기사와 함께 꿈에서 깨어난 이종세의 모습을 통해서는 그들의 상상이 마치 한 편의 영화 속 영화로 존재하게 한다. 따라서 영화는 이발하고 있는 개그맨 이종세의 꿈을 빌어 영화 속 영화를 통해 다양한 사회적 현상들을 드러내고 있다. 이로써 영화는 현실과 영화의 경계를 형식적으로 무너뜨리면서 동시대의 사회적 기류를 풍자하고 있는 것이다.

이 시기 현실 사회에 대한 풍경 묘사는 김호선의 <서울 무지개(1989)>, 장길수의 <불의 나라(1989)>, 진유영의 <89 인간시장 오 하나님(1989)>과 같은 영화들에서도 찾아볼 수 있다. 이들 영화에서는 노동자들의 투쟁, 학생들의 시위와 희생 장면 등을 영화 중간에 삽입하면서 자본과 정치에 의한 권력의 논리를 드러내며 동시대의 현실을 언급하고 있다. 이러한 경향은 정치 지도자의 도덕성뿐만 아니라 정치권력의 무자비함을 언론과의 관계를 통해 묘사한 강우석의 <누가 용의 발톱을 보았는가(1991)>에서도 나타난다.

이들 영화가 사회 변혁이라는 목표와 지배 권력과의 충돌로 인해 나타난 사회적 기류를 대상화했다면 박종원의 <우리들의 일그러진 영웅(1992)>에서는 권력의 생성과 행위가 어떻게 작동되고 있는지 그 실체적 원리를 묘사함으로써 사회구조의 암울함을 묘사하고 있다.

영화는 권력의 생성과 작동이 단순히 권력자 개인에 의해서만 이루어지는 것이 아니라 그와 타협한 많은 사람들에 의해 이루어지고 있다는 역사 이행과정의 불편한 진실을 드러내고 있다. 이와 같은 사실은 시대가 변해도 변하지 않은 인간에 의한 사회적 속성이라는 비관적 형태로 규정된다. 영화는 서울에서 학원 강사로 일하고 있는 한병태가 초등학교 5학년 담임선생이었던 최성식의 부고를 듣고 기차를 타고 가는 도중 자신의 초등학교 시절을 회상하면서 시작한다. 이후 영화는 서울에서 강원도로 좌천된 아버지를 따라 시골 초등학교로 전학가게 된 병태가 그곳에서 경험한 특별한 학교생활을 묘사한다. 즉 5학년으로 전학 온 병태는 그곳에서 무소불위 권력을 휘두르고 있는 급장 엄석대를 만난다. 그의 권력은 담임 선생님이 자신의 해야 할 일의 권한을 그에게 일임한 것과 이를 묵인한 학생들의 동조로 이루어진 것이다. 한병태는 엄석대의 절대 권력에 저항해보지만 번번이 실패하게 됨으로써 그에게 굴복하여 그가 주는 권력의 편안함과 달콤함에 빠져든다. 그러나 엄석대가 쌓아 온 그의 권력은 1960년 4.19 무렵 새로 부임한 젊은 담임 선생님 김정원의 등장으로 위기를 맞는다. 즉 김정원 선생은 칠판에 '진실'과 '자유'를 쓰고 진실과 자유에 의해 공부를 가르치고 싶다고 한다. 그의 말은 라디오를 통해 3.15부정선거 시위와 4.19혁명을 통해 구시대가 물러가고 새로운 시대가 왔다는 말과 연결된다. 이는 엄석대가 급장을 그만두게 되는 요인으로서 그의 권력이 하루아침에 무너져 사라지게 되는 것으로 증명된다. 영화는 권력이 어떻게 생성되고 유지되는지를 매우 함축적이고 비유적으로 묘사하고 있다. 이를테면 학생들을 우리들이라 가정하면 엄석대는 우리들이 암묵적으로 위임한 지도자로 상정될 수 있다. 우리들이 그 지도자에 대한 감시와 견제를 적절하게 하지 않으면 그 관계는 항상 역전될 수 있음을 담임 선생님, 엄석대, 학생들을 통해 묘사하고 있는 것이다. 그리고 그것의 왜곡된 현상을 엄석대와 그가 장악하고 있는 학생들과의 관계를 통해 드러내면서 그것의 실체가 폭로됨으로써 권력구조와 권력에 대한 태도와 인식의 속성을 보여준다. 그러나 영화의 마지막 부분에서 새로운 담임 선생님이었던 김정원이 국회의원신분으로 오고 엄석대의 조화가 배달됨으로써 권력 구조와 작동은 여전히 유사한 형태로 전개되고 있음을 암시하고 있다. 이처럼 영화는 지배체제 권력의 작동원리의 실체와 그 속성을 예리하게 드러내면서 현실사회의 변화를 회의적으로 묘사하고 있다. 이러한 사회 구조 작동원리에 의한 시대적 기류의 풍경은 김홍준의 <장미빛 인생(1994)>에서도 확인된다.

영화는 서울 가리봉동에 위치한 만화방에 갈 곳 없는 다양한 유형의 사람들이 하룻밤을 보내기 위해 몰려들면서 시작된다. 이들을 통해 영화는 동시대의 사회적 풍경을 묘사하고 규정한다. 이것은 전화번호부 책의 암호를 통해 은신하라는 메시지를 전달받은 수배자인 젊은 청년과 4.13호헌조치를 발표하는 텔레비전 속 전두환을 통해 드러난다. 따라서 영화는 권력에 의한 탄압이 여전히 지속되었던 1987년에서 1988년 사이를 배경으로 하고 있음을 알 수 있다. 만화방은 이러한 시대적 상황을 상징하는 다양한 인물들, 이를테면 만화방 주인 신 여사, 일용직 노동자들, 다방 종업원 미스 오, 조폭을 피해 다니는 동팔, 민지오라는 가명으로 공장 노동자로 위장 취업하여 시국사범이 된 김기영, 소설가 지망생인 만화방 총무 최유진 등이 집결된 장소이다. 여기에 법질서를 강조하면서 불법시위 엄단과 수배자 검거 상황과 함께 서울 올림픽과 평화적 정권이양이라는 뉴스를 전하면서 전두환의 모습과 시위장면, 경찰, 대학생, 최루탄이 난무하는 화면으로 연결된다. 따라서 뉴스는 이 시대를 지배하는 지배체제 이념으로서 작동되고 만화방에 모여든 사람들은 그것과 불가분의 관계로 위치지어진다. 이것은 누나인 만화방 주인 신 여사에게 도피자금을 요청한 수배자 김기영의 모습으로, 특별한 경험을 위해 만화방 총무로 일하게 된 소설가 지망생 최유진, 그리고 그를 향해 특별한 일 말고 누구나 경험한 것들, 사랑, 일, 결혼 등을 쓰라고 하는 다방 종업원 미스 오를 통해 드러난다. 그러나 미스 오의 말은 최유진이 정치상황을 빗대어 쓴 무협지로 인해 졸지에 수배가 되었다는 말로 이어진다. 이처럼 영화는 만화방이라는 작은 공간에 모여든 다양한 유형의 사람들을 통해 이 시기 한국사회가 직면하고 있는 사회적 기류를 드러내고 있다. 이것은 경찰에 포위된 민지오를 구하기 위해 스스로 희생한 동팔의 모습과 서울 올림 픽에 대비해 섬머타임즈제를 실시한다는 라디오 소리와 함께 교도소를 출 소한 민지오와 최유진을 기다리는 신여사의 모습으로 마무리됨으로써 상징 화된다. 이처럼 영화는 1980년대와 1990년대 사이의 시대적 기류를 만화 방에 몰려든 다양한 유형의 사람들을 통해 묘사하면서 동시대의 일상성과 시대성을 결합시키고 있다. 이러한 시대적 풍경을 다룬 영화는 <바보선언> 에 대한 후속 시리즈로 등장한 이장호의 <천재선언(1995)>에서도 드러난다.

영화는 시대가 직면하고 있는 다양한 문제를 마치 스케치 하듯이 제기하 고 있다. 이를테면 포르노 영화감독 안상기를 통해서는 동시대의 젊은 문화 적 경향을, 돼지와 개소리로 비유된 국회의원들의 싸우는 모습을 통해서는 암울한 한국사회의 정치적 현실을 묘사한다. 이러한 모습 중간에 한국에서 일어난 붕괴사고, 폭발사고, 추락사고, 침몰사고, 수뢰사건과 횡령사고가 삽 입되고 정치인들의 패거리 문화와 사이비 영화감독, 텔레비전과의 결탁이 이루어진 장면이 이어진다. 이를 영화에서는 상업적 흥행을 위한 선정성, 폭 력성 등과 미국영화 시스템으로 변한 한국영화의 현실과 창작의 독창성 문 제를 제기하면서 정치와 언론, 영화, 나아가 대중문화와 연결된 한국사회를 비판한다. 이것은 "이기적이고 돈을 사랑하고 감사할 줄 모르며 난폭하고 쾌락을 더 사랑했지만 회개하고 정신을 차리고 살았기 때문에 지금처럼 세 계 제1의 나라가 되었다"는 영화 시작처럼 어린아이의 내레이션으로 마무 리됨으로써 그것의 역설적 의미는 더욱 강화된다. 이처럼 이 시기의 영화는 시대를 지배하고 있는 사회적 현상에 대한 기류를 통해 그 시대를 비판하고 있다. 이는 이전 시기와 단절될 수 없는 동시대의 사회적 현상과 불가분의 관계에 있음을 상기시키고 있는 것이다.

이와 같은 기조는 숨겨놓은 비자금을 통해 부패하고 기만적인 권력자들 의 추악한 모습을 풍자한 김상진의 <돈을 갖고 튀어라(1995)>에서도 확인할 수 있고, 대학입시에 실패한 세 명의 친구들을 통해 한국사회에 가득한 편견과 모순을 묘사한 임순례의 <세 친구(1996)>에서도 나타난다.

특히 임순례의 영화에서는 이를 미용사가 되고 싶은 섬세와 평생 비디오만 보고 살고 싶다는 삼겹, 그리고 만화가를 꿈꾸고 있는 무소속을 통해 이들의 꿈이 어떻게 좌절되는지에 집중하고 있다. 섬세는 베트남 전쟁 참여를 회상하는 아버지의 강한 남성관에 의해, 삼겹은 뚱뚱한 몸때문에 민첩하지 못한 그의 행동에 의해, 무소속은 유명 만화가의 권위적인 행위에 의해 꿈이 가로 막힌다. 그럼에도 불구하고 이들에게는 군대에 가서 성격을 바꿔보고자 하는 바람과 남자다운 몸을 만들기 위해 아령으로 운동을 하는 섬세와 바퀴벌레가 발견된 짬뽕을 아무렇지 않게 먹어야 진정한 남자라는 삼겹의 말을 통해 이전 세대로부터 이식된 강한 남성에 대한 열망이 내재되어 있다. 그러나 아이러니하게도 그들은 정신과 진료 기록과 과체중으로 군대를 면제받게 되고 만화가가 되고자 한 무소속만 군대에 가게 된다. 군대에 간 무소속은 제도화된 또 다른 폭력에 희생당한다. 그는 고등학교 시절 선생님의 구타로 잃은 한쪽 청력에 군대 선임의 폭행으로 또 다시 반대쪽 청력을 상실하게 된다. 영화는 완전히 청력을 잃은 채로 제대한 무소속이 시장 사이를 걸어가는 모습으로 마무리됨으로써 한국사회 속 곳곳에 뿌리 깊게 내재되어 있는 위계와 질서로 상징된 폭력의 군사문화를 비판하고 있는 것이다.

이러한 기조는 사창가를 전전하게 된 주인공 영은의 삶의 궤적을 통해 1970년대 박정희 정권의 YH노조 사건에서 광주항쟁의 비극적 사건과 서울 올림픽으로 이어지는 1980년대의 지배 권력, 집단에 한 개인의 운명이 수평적으로 존재하지 못하고 있는 시대성을 비판하고 있는 임권택의 <창(노는 계집 창, 1997)>에서도 나타나며, 부산의 한 대중목욕탕인 억수탕에서 벌어진 다양한 사람들의 이야기를 다룬 곽경택의 <억수탕(1997)>에서도 드러난다.

영화 <억수탕>에서는 프레임을 통해 세상을 바라보는 영화감독과 사진작가가 등장한다. 영화감독은 남탕에서 벌어지는 다양한 사람들의 행위를, 누드사진작가는 여탕에서 벌어지는 다양한 사람들의 행위를 목욕탕이라는 공간을 통해 동시대의 일상과 풍경을 묘사한다.

이처럼 이 시기 영화에서는 이전시기부터 지속된 정치적, 사회적 기류를 다룬 영화들이 등장하였다. 이들 영화에는 정치권력이 바뀌고 올림픽 축제로 인해 이념의 지형이 옅어지면서 세계화와 개방화로 나아가고 있었지만 사회저변의 흐름 한편에는 여전히 권력이 주는 경직성과 그로부터 형성된 사회구조의 다양한 부정적 요소들에 대한 우려가 존재하고 있었다. 이 시기 영화는 바로 이러한 현상들을 포착하여 특별한 경향을 만들어 냈던 것이다.

5. 축적된 지배체제의 모순과 현실

서로 다른 계급의 실체

서울 올림픽이 끝나고 얼마 지나지 않은 1988년 10월 8일 영등포교도소에서 충남 공주교도소로 이감되던 중 탈출한 4명의 탈옥수들이 서울 서대문구 북가좌동의 한 가정집에 침입하여 인질극을 벌인 사건이 발생했다. 문제는 그들 중 한명이 외친 "무전유죄 유전무죄"라는 이 시기 한국사회구조의 실체를 드라마틱하게 폭로한 말에 있었다. 이들의 탈출은 절도죄의 잡범에 불과한 자신이 무려 17년을 살아야 하는 것에 비해 73억 6천만 원 횡령, 새마을신문사 10억 원 탈세, 4억 1천7백만 원의 이권 개입 등 7가지 죄목으로 기소된 새마을운동협회 중앙본부 회장이었던 전두환의 동생 전경환이 7년에 불과한 형량에 분노한 것이 직접적 이유였지만 그들이 외친 "무전유죄 유전무죄"는 이 시기 한국사회를 관통하고 있는 계층 간, 계급 간의 불평등한 구조를 상징화한 것이었다.[59] 그들의 외침은 실제로 한국사회 곳곳에 내재되어 있는 현실 속 모순의 폐부를 찌르는 것과 다름없었다. 한국사회에서 펼쳐지고 있는 이러한 굴절된 서로 다른 계층 간, 계급 간의 이질적 영역들은 다양한 형태로 이 시기 한국영화에 투영되었다.

이것은 서울 올림픽 개최를 위한 도시환경 미관 조치로 시행된 도심지와 주택개량 재개발 사업과 고속도로, 철도 연변, 공항로, 호텔, 경기장, 고가도로, 지하철 지상구간, 올림픽 대교, 백화점, 문화재 주변 가시권 등의 대대적인 도시 개조사업으로 인한 철거민들의 삶과 연결되어 있었다.[60] 이는 상계동 철거민의 실제적 현장을 촬영한 김동원의 다큐멘터리 <상계동 올림픽(1988)>에서 그 징후를 엿볼 수 있다.

다큐멘터리에서는 철거민들과 철거를 집행하는 사람들 사이의 관계가 묘사됨으로써 철거민들의 사회적 위치가 명확히 드러난다. 이것은 이 시기 한국영화에서 계급적 시각이 하나의 흐름으로 형성되고 있다는 것을 보여주고 있는 것이다. 이는 노동자들의 모습을 직접적으로 묘사하거나 가난한 사람들의 일상적 삶의 모습을 통해 드러난다. 그리고 그 반대편에는 물질적 풍요로 인해 나타난 다양한 부조리한 현상들이 자리한다. 이를 통해 한국사회에 실재하고 있는 불평등한 사회 구조의 실체가 폭로된다. 이것은 노동자들과 노동운동, 노조설립과정 등을 직접적으로 보여주기도 하고 영화 속 한 장면으로 삽입되어 묘사되기도 한다.

이는 성과 자본, 권력과의 유착관계를 폭로한 김호선의 <서울 무지개>에서 사진작가 김준의 사진을 통해 노동운동, 노동투쟁으로 나타나고, 장길수

---

59) 지강헌 일당의 '무전유죄 유전무죄'의 외침은 1989년 5월 전경환에 대한 대법원의 판결, 즉 징역 7년·벌금 22억원·추징금 9억의 형이 확정되고 1991년 6월 가석방과 1992년 1월 사면복권으로 증명되었다.

60) 박해남, 「1988 서울올림픽과 시선의 사회정치」, 『사회와 역사』 제110집, 한국사회사학회, 2016, 372-373쪽.

의 <불의 나라>에서는 파업 투쟁하는 노동자들의 모습을 영화에 삽입함으로써 이를 드러낸다. 노동자들에 대한 이러한 산발적 묘사는 박종원의 <구로아리랑(1989)>에서 보다 직접적으로 묘사된다.

영화에서는 구로공단의 열악한 노동조건을 개선하기 위한 노조설립과정이 다뤄진다. 따라서 영화는 장시간 노동시간과 임금체불 등과 같은 불평등한 상황에 처해있는 노동자들의 모습이 중심에 위치한다. 이것은 노동자들의 노조설립 시도에 대한 당위성으로 작용하고 노동자, 농민들이 힘을 키워 사회구조를 바로잡는 것이 중요하다고 한 위장 취업자 현식의 말로 연결된다. 그러나 노동자들의 노조설립 시도와 투쟁은 회사 측의 다양한 공작, 즉 프락치를 이용하거나 노조설립자들을 빨갱이로 매도함으로써 와해시키고자 하는 전형적 수법들로 위협받는다. 그럼에도 불구하고 그들은 인간의 평등사상을 기치로 투쟁으로 나아간다. 이로써 영화는 착취당하고 있는 노동자들의 사업 현장을 통해 노조설립 당위성과 과정을 묘사함으로써 계급적 시각을 명확하게 드러내고 있다. 이러한 경향은 노동계급을 위한 지하조직과 연결된 노동 운동가 한태훈과 폐광을 앞둔 광부들의 투쟁을 묘사한 박광수의 <그들도 우리처럼(1990)>에서도 나타난다.

영화는 지식인들의 사회변혁에 회의감을 느낀 한태훈이 강원도 탄광촌으로 김기영이라는 가명으로 숨어들면서 시작된다. 그가 탄광촌에서 마주한 것은 폐광을 앞둔 광부들과 어머니를 버린 아버지에 대한 분노로 가득찬 광업소 부사장 성철, 그리고 기영과 성철 사이의 다방 종업원 송영숙이다. 그곳에서 기영은 생존을 위한 광부들의 치열한 현실적 삶을 경험하면서 자신들의 사회변혁에 대한 희망의 초라함을 인식한다. 이는 폐광문제로 노동자들의 파업과 태업에 부녀자들이 합세하여 투쟁하는 장면을 통해 보여준다. 이것은 버림받은 어머니의 사망 소식을 접한 후 분노에 휩싸인 성철의 폭력으로부터 영숙을 보호하기 위해 그와 충돌한 기영이 경찰에 연행되어 고문당하면서도 자신의 정체를 숨기고 풀려난 장면과 이로 인해 그녀와 가까워진 관계로 이어진다. 이는 기영이 영숙에게 자신이 수배자인 한태훈이라는 사실을 밝히게 되는 계기가 되고 영숙 또한 자신이 이금란이라는 본래의 이름을 밝히는 요인이 된다. 그러나 그들의 실제적 모습은 태훈이 자신의 정체가 드러날 수 있음에 대한 우려로 탄광촌을 떠나게 되는 이유가 되고 그와 함께 떠나고자 한 금란이 자신의 떠남을 방해하는 성철을 우발적으로 죽이게 됨으로써 경찰에 연행되는 비극적 상황을 맞이하면서 드러나지 않는다. 이것은 영화 속에서 "희망에 비해 현실은 초라했고 거기서 시작하는 것이다"라는 태훈의 말을 상기하면서 기차를 타고 탄광촌으로 숨어드는 시작 장면과 마찬가지로 떠나가는 그의 모습으로 마무리됨을 통해 묘사된다. 영화는 비록 태훈과 금란 사이 발전되지 못한 감정의 아쉬운 여운이 짙게 드리우고 있지만 서울 올림픽과 북방정책이라는 동시대의 사회적 풍경 속에서 어려움에 처한 노동운동가의 고뇌를 통해 계급적 인식을 드러내고 있는 것이라 할 수 있다. 노동자들이나 노동운동가의 모습을 직접적으로 묘사하지 않으면서 계급사이의 간극을 드러내는 또 다른 방식은 영화적 배경을 통해서도 이루어진다. 이러한 특징은 장선우의 <우묵배미의 사랑(1990)>에서 엿볼 수 있다.

배일도와 민공례의 아픈 사랑을 다루고 있는 이 영화는 서울 변두리 지역의 미싱 공장, 비닐하우스 등을 배경으로 하고 있다. 비록 그들이 남몰래 사랑을 나눈 공간 그 자체로는 어떠한 계급적 특성을 지니고 있다고 보기 어렵지만 서울 변두리 지역으로 이사 가는 도중 서울 도심을 가로질러 가면서 보여지는 아파트는 작은 트럭의 배일도 가족의 단출한 살림살이와 대비되면서 잘사는 사람과 못사는 사람 간의 사회적 경계가 명확하게 구분되어 있음을 보여주고 있는 것이다. 이는 탄광 막장에서 일하면서 검정고시를 통해 대학에 입학한 영훈과 부유한 집안 출신의 혜연 사이의 갈등에는 경제적 격차로 인한 서로 다른 시각이 존재하고 있다는 것을 묘사하고 있는 곽지균의 <젊은 날의 초상(1991)>에서도 나타난다. 이러한 계급적 인식과 시각은 1970년 근로기준법 준수를 외치면서 분신한 노동자 전태일을 영화화한 박광수의 <아름다운 청년 전태일(1995)>에서 드러난다.

　영화는 수배중인 김영수가 근로기준법 준수를 외치면서 분신한 역사 속 22살 전태일이라는 인물을 만나 그에 대한 이야기를 쓰면서 시작된다. 그러므로 영화는 김영수의 내레이션에 의해 전개되면서 1970년대의 암울한 시대적 풍경과 함께 전태일의 삶을 병치시키고 있다. 이는 전태일의 삶을 흑백으로 1990년대 김영수의 삶을 컬러로 시대를 구분하여 묘사한다. 그러나 흑백과 컬러로 구분된 화면은 전태일의 분신장면에서 컬러로 변하면서 평화시장의 김영수와 '전태일의 삶과 죽음'이라는 책을 들고 있는 젊은이들 속에 살아있는 전태일의 모습으로 마무리된다. 따라서 영화는 전태일의 시대와 김영수의 시대를 넘나들면서 1970년대 평화시장의 열악한 공장내부와 허름한 산골동네, 보일러실 등을 주요 배경으로 제시한다. 특히 공장의 폐쇄적이고 협소한 공간들은 숨 막힐 듯한 당시의 노동조건들뿐 아니라 당시의 사회적 분위기를 실제적으로 나타내주고 있다. 이러한 수법은 표면적 풍경, 즉 시각적 묘사를 통해 계급적, 사회적 암울함을 드러내면서도 그 의미 자체에 집중하도록 하는 것이다. 다시 말하자면 영화에서 제한된 공간에서의 세밀한 묘사는 공간 그 자체 내에서 무엇이 발생하고 이루어지고 있는가에 대한 의미로 몰입하게 한다. 이와 같은 묘사는 길게 찍기를 통한 시각적 수법과는 확연히 다른 것으로 그 당시 열악한 노동현장과 조건에 집중하게 함으로써 영화 속에서 그 의미가 확연히 다른 의미로 재편되고 있음을 나타내 주고 있는 것이다. 그러므로 영화는 공간과 시대를 넘나들면서 치열했던 전태일의 삶을 통해 노동자의 시각에 근거한 계급적 인식을 불러일으키고 있다고 할 수 있다.

이 시기 또 다른 영역에서는 물질적 풍요로 인해 나타난 부조리한 사회적 현상들이 영화화되었다. 이것은 1987년 이후 부동산값이 크게 오르고 주식 시장이 한동안 폭등하여 자산 소득이 크게 늘어난 것과 결부되어 있다. 이 시기 집이나 땅을 가지고 있던 사람은 10년 이상 근로하여 벌 수 있는 금액 상당의 자산 소득을 1, 2년 사이에 획득했다.[61] 이로 인해 부동산이나 주식을 통해 졸지에 부자가 된 사람들이 생겨났고 이들에 대한 사회적 인식은 대체로 부정적이었다. 이는 이 시기 여론 조사를 통해서 확인된다. 이를테면 "1989년 11월 7일 한국응용통계연구소가 서울시내 거주자 1천5백14명을 대상으로 실시한 '부자와 돈에 대한 여론조사'에서 부자가 재산을 모은 방법으로 응답자의 44.8%가 부동산 투기 등 불로소득을, 23.0%가 권력층과의 연계를 꼽았다. 특히 응답자의 89.3%는 부자 가운데 졸부가 많다고 지적했다."[62] 이러한 현상은 한국사회의 구조가 가난한 사람들과 부유한 사람들로 분리되면서 그 경계가 명확해지고 있음을 나타낸 것이다.

이와 같은 특징은 영화 속에 서로 다른 계층의 사람들을 배치함으로써 불평등하고 불합리한 사회구조를 드러내고 있는 장길수의 <불의 나라>에서 찾아 볼 수 있다.

영화에서는 이를 시골에서 올라온 백찬규, 한길수와 그룹 비서실장인 김민호, 그의 애인이자 술집 마담인 정은하를 통해 묘사하고 있다. 이는 은하를 도와줌으로써 그녀의 술집에 취직한 찬규와 쓰레기 치우는 일을 하면서 벌집으로 불리는 열악한 집에서 살고 있는 길수의 모습, 그리고 은하의 술집에서 벌어진 풍경, 즉 일본인 사업가, 공무원, 은행 관계자들의 난잡한 장면을 통해 드러낸다. 영화에서는 이를 길수의 주거 공간에 아파트, 술집 등을 대립시키면서 이 시기 한국사회가 처하고 있는 심각한 도덕적, 경제적 불

---

61) 강철규, <중간층 어디로 가고 있나 (3)>, 《동아일보》, 1991.07.06.
62) <"우리나라 부자 졸부 많다" 89%>, 《경향신문》, 1989.11.08.

균형적인 사회구조를 묘사하고 있다. 이들의 서로 다른 모습은 1989년 건설부가 실시한 통계를 통해 증명된다. 통계에 따르면 "1989년 전국의 무주택 가구는 전체 가구의 48.4%나 됐고 무주택 가구의 주거 실태는 사글세가 162만 가구, 전세가 139만 7천 가구였다. 이들 세입자 중 150만 가구는 5평 안팎의 단칸방에 살고 있었다. 주택난이 가장 심한 서울의 경우에는 전체 2백34만 7천 가구 중 57.5%에 해당하는 1백35만 가구가 셋방살이를 하고 있었다."[63] 이러한 계급적 불균형성은 1991년 출간된 유하의 시집 『바람 부는 날이면 압구정동에 가야한다』로 상징된다. 압구정동은 힘겹게 살아가고 있는 많은 사람들과 달리 졸부들의 유산으로 혜택을 받은 젊은 세대의 욕망과 소비주의, 물질주의가 드러난 상징적 공간이었다. 이런 압구정동의 행태를 즐기는 상류층 젊은이들을 가리켜 압구정동 오렌지라는 말이 나왔으며, 이를 흉내 내는 중하층의 젊은이들을 가리켜 낑깡, 감귤족, 탱자족이라고 칭했다. 언론은 신세대를 압구정동 오렌지족이라는 부정적 의미로 불렀으며, 그런 부정적인 여론에 편승해 정부는 압구정동의 오렌지들을 강력하게 다스리겠다고 나서기도 했다.[64] 따라서 압구정동이라는 용어 속에는 계급을 구분한 특성이 존재하고 있었을 뿐만 아니라 압구정동은 이 시기 한국사회의 가치변화를 함축하고 있는 상징적 공간이었다. 이러한 시대적 풍조를 묘사한 것이 바로 1993년에 개봉된 유하의 영화 <바람부는 날이면 압구정동에 가야 한다>였다.

이를 영화에서는 시인이자 영화감독인 장영훈의 8mm 영화 찍는 장면을 통해 묘사하고 있다. 영화는 자막으로 함성호의 시 <비와 바람 속에서>와 함께 비디오 가게, 댄스음악, 랩형식의 노래, 그리고 성형하는 여성들의 모습을 보여주면서 "흥행을 위해서라면 무엇이든 못해"라는 자본주의적 속성

---

63) <주택정책의 초점을 '셋방살이'에>, 《한겨레》, 1989.10.25.
64) 강준만, 『한국현대사 산책(1990년대 편 1권)』, 인물과 사상사, 2017, 204쪽.

을 의미하는 감독의 말이 이어지면서 시작된다. 이 시기 한국사회를 규정하고 있는 듯한 이 말은 예술창작의 본질에 집중하고자 한 영화 속 영훈의 모습과 대비된다. 이어서 영화는 나이트클럽, 폭주족, 고급 외제차, 최신 유행의 의상과 헤어스타일을 한 압구정동에 모여든 젊은이들의 행태에 집중한다. 이는 그들의 즉흥적인 사랑과 CF스타로 부상하고 있는 영훈이 좋아하는 오혜진의 "바로 지금 이순간이 자신에게 중요하다"는 말로 이어진다. 이러한 물질성과 즉흥성은 압구정동의 오렌지족을 취재하기 위해 만난 조현재에게 던지는 민소영의 "우리사회 빈부격차와 노동문제를 어떻게 생각하는지"에 대한 질문과 연결된다. 따라서 영화는 두 가지 서로 다른 모습을 통해 이 시기 한국사회의 분리된 계급을 확인하려 한다. 이는 창작의 본질에 충실하고자 한 영훈과 혜진의 즉흥성으로, 사회비판적 시각의 민소영을 오렌지족인 조현재의 물질성과 대립시키면서 이를 드러내고자 한 것이다. 이로써 물질적 풍요와 자극적인 즉흥성의 문화가 집약되어 있는 압구정동은 이 시기 한국사회에서 가장 불평등한 사회구조를 드러내는 상징적 장소가 된 것이다. 이러한 특징은 김영빈의 <비상구가 없다(1993)>에서도 이어진다.

영화는 압구정동에서 열린 패션쇼와 이를 찍고 있는 박준표의 모습으로 시작된다. 이어 갑자기 증권회사를 향한 총소리가 들리고 패션쇼는 아수라장이 된다. 그리고 외국 스포츠카가 등장하고 준표가 좋아하는 모델이자 호스트바 매니저인 안영숙의 모습과 건물을 방역하는 장동오의 모습이 등장한다. 특히 영화에서의 압구정동이라는 특정한 공간은 물질적 풍요로 인한 부조리한 모습들, 예컨대 패션쇼로 상징화된 화려한 외형과 외국 스포츠카, 호스트바로 대변되는 성적 퇴폐성 등으로 묘사되고 있다. 따라서 방역장면은 물질적 풍요가 집결되어 있는 압구정동의 모습과 적대적 관계의 의미를 지니고 있는 것이다. 이는 방역하는 장동오가 성적욕구에 사로잡힌 노파와 성적욕망에 찌든 호스트바 사장 등을 살해함으로써 증명된다. 그의 살인행위는 마치 더럽혀진 공간을 방역하는 것처럼 압구정동으로 상징화된 물질주의와 성적 퇴폐성으로 오염된 인간을 제거하는 것과 같은 의미인 것이다. 이는 동오가 사람을 죽인 후 부동산, 재산공개, 도덕성을 적시한 신문을 읽고 있는 모습으로 연결된 장면을 통해 확인된다. 따라서 압구정으로 상징화된 특정한 공간은 이 시기 한국사회의 모순이 집결된 곳이면서 노동자들을 직접적으로 묘사한 영화들의 가장 먼 곳에 위치함으로써 또 다른 측면에서의 계급적 인식을 노골적으로 드러낸 영화라 할 수 있다.

이렇듯 이 시기 한국 영화에서는 노동자들을 직접적으로 묘사하거나 혹은 대립적 배경의 공간을 통해, 그리고 오렌지족이나 압구정동으로 상징화된 과도한 물질적 풍요의 현상을 화면으로 대상화함으로써 극단적 위치에 존재하는 서로 다른 계급적 실체를 드러내면서 한국사회를 비판하고 있다고 할 수 있다. 이는 배창호의 <젊은 남자(1994)>에서도 나타난다.

영화는 모델 이한과 부유한 계층 여자들과의 성적관계를 표면적으로 다루면서 압구정동으로 상징화된 젊은 세대들의 일상적 모습이라 할 수 있는 클럽, 스포츠카, 즉흥적 섹스 등이 함께 묘사된다. 이들 영화에서 나타난 서로 다른 계급의 실체는 이창동의 <초록 물고기(1997)>에서는 다소 다른 방식으로 드러난다. 비록 변두리 조폭을 다루면서 명확한 계급적 특징을 드러내고는 있지 않지만 영화는 그것을 초월하여 가장 소박하고 가장 본성적인 인간의 보편적 바람을 통해 이를 묘사하고 있다.

영화는 흑백사진으로 어린 시절과 청소년기를 보여주면서 기차를 타고 제대하는 막동의 모습으로 시작된다. 이를 통해 영화는 막동의 삶 속에 존재하고 있는 경험의 편린들과 정체성에 관한 것임을 알 수 있게 한다. 이것은 그의 가족이 살았던 허름한 주택과 아파트로 둘러싸여 있는 일산신도시의 모습을 통해 확인해준다. 따라서 아파트 단지는 막동의 가족에게 상실된 삶의 터전이자 그가 뿔뿔이 흩어져 살고 있는 가족을 다시 모여 살게 하기 위해 영등포 조폭에 들어가게 한 이유인 것이다. 그리고 그것의 대가는 얼마나 비열하고 잔인해야 하는지를 배태곤과 막동의 비극적 죽음을 통해 보여준다. 이들의 관계를 통해 영화는 인간에게 삶의 터전이 상실되었을 때 인간의 정체성도 함께 상실된다는 것을 보여주면서 가족이 모여 함께 식당을 운영 하면서 평범하게 살아가고자 한 꿈이 목숨을 담보로 해야 할 정도로 얼마나 어려운 것인가를 영화 속 막동이의 삶과 일산이라는 장소를 통해 묘사하고 있는 것이다. 이것은 "장소는 곧 생물학적 필요가 충족되는 가치의 중심"[65]임에도 불구하고 '장소성의 해체로 인해 자신뿐 아니라 가족의 정체성까지 붕괴된다'[66]는 자본주의의 비정함을 드러내고 있는 것과 다르지 않다. 이런 측면에서 <초록 물고기>는 자본주의의 파괴적 의미를 부여함으로써 인간에게 필요한 존재 조건인 정체성과 자본의 냉혹한 속성인 비인간성의 문제를 제기하고 있다. 그러므로 생존을 위한 노동자, 농민들의 어려운 삶과 부동산 투기 등으로 풍요로운 삶을 살아가는 사람들의 모습이 대립되어 나타나는 이 시기 많은 영화들과 달리 이창동의 <초록 물고기>는 과연 인간의 행복이 무엇인지 그 본질적 의미를 다시 한 번 생각하게 하면서 계급으로 분리된 한국사회 구조의 모순을 겨냥하고 있는 것이다.

이처럼 이 시기 한국영화에서는 서로 다른 실체를 드러내면서 서로 다른 계급의 모습을 통해 한국사회가 직면하고 있는 모순을 드러내고 있다. 그것은 노동자와 그들의 투쟁을 통해 묘사되기도 하고 때론 압구정동으로 상징화되는 한국사회 불평등의 구조를 통해 드러내기도 하였다. 여기에 이러한 경계 구분에서 벗어나 인간의 소박한 본성에 근거함으로써 오히려 더 큰 계급적 정서의 효과를 나타내기도 한다. 따라서 이들 영화들이 다루고 있는 내용과 형식들은 이 시기 한국사회를 바라본 시각과 깊게 연동되어 한국영

---

65) 이 푸 투안, 구동회·심승회 옮김, 『공간과 장소』, 대윤, 1995, 17쪽.
66) 최지훈, 「장소성의 해체와 정체성의 붕괴, 영화 <초록 물고기>」, 『공간과 사회』 9호, 한국 공간환경학회, 1997, 246쪽.

화의 특징을 이루었다고 할 수 있다.

이념과 역사의 후유증

서울 올림픽을 계기로 시도된 남북관계의 개선과 북방정책 추진은 이념적 문제와 함께 예민한 역사적 사건이 대상화되는 기회로 작용하였다. 특히 남북한 화해와 협력에 기반 한 노태우 대통령의 7.7선언에 이은 북한에 대한 후속조치, 그리고 소련, 중국, 동유럽을 비롯한 공산권국가들의 문화사절단 파견, 서울 올림픽 참여로 인한 우호적 협조는 그 동안 한국인의 의식에 오랫동안 형성되어왔던 반공이데올로기의 단순한 흑백논리의 틀을 벗어날 수 있는 계기가 되었다. 이와 같은 현상은 서울 올림픽을 전후로 그 동안 한국사회에서 권력의 억압적 도구로 이용되었던 이념의 장벽이라는 무기가 더 이상 강력한 효력을 가질 수 없게 되었고, 이것은 사상의 자유, 정치적 자유의 공간이[67] 확대될 수 있는 여지를 주었음을 의미한다. 이런 측면에서 서울 올림픽은 한국의 대 공산권에 대한 교량역할을 하였고 시야를 세계로 향하게 하는 기폭제로 작용했다.[68] 이는 1991년 서울 올림픽 3주년 기념 학술대회에서 안광식의 발표를 통해 확인된다. 그는 자신의 실증적 조사를 들어 서울 올림픽이 이데올로기 변화에 미친 영향에 대해 73%가 긍정적 평가를 내렸고 이념의 변화를 주도하였다고 하였다.[69] 이것은 서울 올림픽 개최가 이 시기 한국사회의 이념적 공간을 확대하였을 뿐만 아니라 선험적으로 학습되어 왔던 반공이데올로기에 대한 새로운 접근을 가능케 하여 한국인들에게 반공논리에서 벗어날 수 있는 계기가 되었음을 의미한다. 특히 서울 올

---

67) 김하영·임태성, 「서울 올림픽이 한국의 정치, 외교적 변동에 미친 영향」, 『한국체육학회지』 33권 제2호, 한국체육학회, 1994, 206쪽.
68) 이윤근·김명수, 「서울 올림픽이 한국의 정치, 경제, 사회에 미친 영향」, 『한국교육문제연구』 제6호, 중앙대학교 한국교육문제연구소, 1990, 200쪽.
69) 김하영·임태성, 앞의 논문, 206쪽.

림픽 전후로 취해진 노태우 정부의 공산권 국가들의 자료공개범위 확대와 월북 작가의 예술작품에 대한 규제 완화 등과 같은 실제적 조치는 자연스럽게 이념에 대한 태도 변화를 이끌었다. 이러한 기조는 영화부문에서도 예외가 아니어서 소련을 비롯한 동유럽 국가의 영화 수입으로 나타났다. 이를테면 소련영화 세르게이 본다르추크(Сергей Бондарчук)의 <전쟁과 평화(Война и мир, 1967)>, 블라디미르 멘쇼프(Влади́мир Меньшо́в)의 <모스크바는 눈물을 믿지 않는다(Москва слезам не верит, 1979)>, 유고슬라비아의 에밀 쿠스투리차(Емир Кустурица)의 <아빠는 출장 중(Otac Na Sluzbenom Putu, 1985)> 등 우리나라에서 볼 수 없었던 동구권 영화들이 한국관객들에게 선보여지게 된 것이다.[70] 여기에 1989년 11월 9일 서독과 동독의 자유왕래에 이은 베를린 장벽의 붕괴와 1991년 12월 25일 미하일 고르바쵸프(Михаи́л Горбачёв)에 의한 소련의 해체 선언, 1994년 7월 8일 김일성의 사망으로 이데올로기는 더 이상 이전시기처럼 한국사회의 가치를 통제하고 결정하는 강력한 기제로 작동될 수 없었다. 이와 같은 국내외 변화는 한국영화제작에 있어 이념적 공간이 확대될 수 있는 여지를 주어 이데올로기로 초래된 역사적 사건의 후유증을 영화화 할 수 있게 하였다. 이러한 분위기 속에서 등장한 것이 정지영의 <남부군(1990)>이었다.

영화는 1945년 해방이후부터 1952년 3월 9일 주인공인 이태가 토벌군에 체포된 시기까지의 일련의 역사적 사건을 자료화면과 자막을 번갈아 보여주면서 전개된다. 그러므로 영화는 이 시기 역사의 소용돌이 속으로 휘말린 합동통신사 기자 이태의 내레이션에 의한 궤적을 따라 그가 지리산으로 스며들게 되면서 경험한 역사적 상황을 묘사하고 있다. 이것은 그가 겪은 체험을 기반으로 날짜가 적시된 구체적 사실에 근거하여 서술되고 있다는 것을 의미하며, 이로 인해 영화는 역사적 사건을 객관적으로 묘사하고 있는

---

70) 김동호 외, 앞의 책, 298쪽.

것처럼 보인다. 이러한 이유로 영화는 지리산 빨치산들에 대한 이념적 적대성을 노골적으로 드러내기 보다는 해방이후 한국의 비극적 역사를 초래한 그 원인에 초점이 맞추어져 있다. 이는 빨치산들 스스로가 자신들의 비극을 어느 쪽이든 승리는 없다고 하면서 일본제국주의 침략자들을 우리 스스로의 힘으로 몰아내지 못하고 외세에 의해 해방을 얻은 데서 비롯된 것이라 말하는 모습과 남과 북 그 어느 쪽이 이기든 그것은 소련이나 미국의 승리라고 단정하는 장면에서 확인된다. 이것은 영화 중간 어린아이가 강아지를 데려오기 위해 교전이 일어나는 토벌군과 빨치산 사이에 위치하게 될 때 잠시 전투가 중지되면서 일제 강점기의 설움을 노래한 <눈물 젖은 두만강>을 함께 부른 장면을 통해 묘사된다. 이는 해방이후 우리민족의 역사적 비극성을 극적으로 드러내는 것으로 이데올로기의 대결적 구도에서 벗어나 객관적인 역사적 사실을 들어 우리 민족의 시각에 의해 재구성하고 있는 것이다. 역사적 사건에 근거한 사실 자체의 강조와 그로부터 발생한 비극성의 강조는 이 시기 한국영화가 이념적 프레임에서 벗어나 새로운 시각으로 보기 시작했음을 보여주고 있다. 이러한 경향은 박광수의 <베를린 리포트(1991)>에서도 나타난다.

베를린 장벽을 부수는 사람들의 모습을 자료화면으로 보여주면서 시작된 영화는 프랑스의 군인가족에 입양된 이영희와 그녀의 양부 살인사건을 접하고 난 후 그녀에게 흥미를 갖게 된 파리 특파원 박성민, 동독으로 망명한 사회주의자인 그녀의 오빠 이영철을 중심으로 전개된다. 프랑스와 베를린을 배경으로 하고 있는 이 영화는 다양한 요소를 통해 분단된 한국의 현실을 상징하고 있다. 이는 영화가 양부로부터 성적학대를 받고 있던 영희와 그를 권총으로 살해한 영철의 도피 이후의 상황, 즉 영철을 체포하려는 프랑스 경찰의 감시로 인해 자유롭게 만나지 못하는 설정을 통해 드러난다. 그리고 이것은 영화 속 상징적 관계의 요소들에 의해 증명된다. 이를테면 영철과 영희 남매의 비극적 관계는 영희를 성적으로 학대 한 군인의 제복으로 표상된 제국주의자인 양부로부터 비롯되었다. 이는 분단된 한국의 역사적 근원을 암시하고 있는 것이며, 그것은 분단된 한국의 현실인 것이다. 이것은 이들 남매의 비극적 관계를 안타깝게 바라본 객관적 관찰자이자 조력자인 성민에 의해 강화된다. 이는 몰락한 동독의 현상과 중첩되면서 베를린에서 영희와의 만남을 주선한 성민이 차안에서 영철에게 던진 질문과 대답을 통해 구체화된다. 성민은 영철에게 "당신이 영희를 버리고 베를린에서 얻은 것이 무엇이냐?"고 질문하자 영철은 "베를린 장벽이 무너지는 장면을 보면서 희망, 이상적인 변혁, 아름다운 만남"이라 대답하면서 "그때 진정한 인민의 권력을 창조하는 뜨거운 불길을 보았다"라고 한다. 계속해서 그는 "당은 인민을 배반하고 인민은 사회주의를 버렸어. 이게 진실이다"라고 말한다. 그리고 "통일은 아름다운 화해고 사랑이어야 된다"고 하면서 "조국에서 버림받은 나도, 영희도 당신은 이해 못한다"고 단정하고 영희의 양부를 향해서는 "제국주의가 낳은 정신병자"라고 규정한다. 이는 마치 분단된 한국의 현실과 역사의 근원을 상기하는 것처럼 보인다. 영철의 이런 단호한 역사적 정의는 영화 마지막에 객관자의 전형적 형태라 할 수 있는 박성민의 공허하고 낭만적인 바람인 "조국으로부터 버림받았던 영희와 영철은 다시 만나게 될 것이다"라는 자막으로 이어지면서 마무리된다. 따라서 영화에서 배경이 된 프랑스와 베를린은 변화의 장소이자 공간이지만 여전히 이념으로부터 벗어나지 못하고 있는 동시대 분단된 한국을 의미하고 있는 것이다. 역사적 사건에 의한 이데올로기의 후유증을 다룬 영화로는 박광수의 <그 섬에 가고 싶다(1993)>를 들 수 있다.

영화는 자신을 고향에 묻어달라는 아버지 문덕배의 유언에 따라 그의 아들 문재구가 아버지 영정사진과 꽃상여를 배에 싣고 귀성도라는 섬에 이르면서 시작된다. 그러나 섬 마을 사람들은 재구의 배가 섬에 들어오지 못하도록 격렬하게 반대한다. 재구와 함께 배를 타고 온 친구 김철은 그들 사이의 대치과정에서 빠져나와 섬마을을 둘러본다. 그곳에서 그는 우연히 흑백사진 한 장을 보게 되고 귀성도 주민들이 왜 문재구의 배가 섬으로 들어오는 것을 반대하는지를 알게 된다. 이후 영화는 김철의 기억과 함께 40여 년 전 과거로의 시간이동을 통해 마을이 겪은 한국전쟁을 소환한다. 영화에서는 이를 조강지처를 버리고 임신한 젊은 첩을 섬으로 데리고 온 문덕배와 마을 사람들 사이의 갈등과 한국전쟁을 결부시킨다. 그것은 문덕배가 전쟁이 발발한 후 경찰에게 무심코 던진 마을 사람들 중에 빨갱이가 있을지 모르겠다는 말로 비롯된다. 그의 말에 따라 경찰들은 빨치산들을 색출하기 위해 인민군 복장을 하고 지주, 선주, 경찰, 공무원들을 색출하여 처단하겠다고 하면서 이에 동조하는 사람들을 가려낸다. 이어서 곧바로 국방군 복장을 한 경찰들이 등장하여 빨치산들을 색출하기 위하여 연극을 했다고 한다. 문덕배로 비롯된 경찰의 비인간적 병정놀이로 인해 이데올로기가 무엇인지 모른 채 평화롭게 살아가던 많은 섬마을 주민들이 경찰에 의해 희생당했고 그들의 일상과 그 관계는 송두리째 파괴되었다. 이러한 비극적 사건이 내재되어 있는 귀성도는 한국전쟁기에서부터 현재까지 서로 다른 이념이 충돌하고 있는 한국 역사의 축소판이자 전형적 장소인 것이다. 그리고 이는 마을 사람들에 의해 꽃상여가 불타는 장면을 통해 그것의 후유증이 여전히 해결되지 않은 채로 지속되고 있음을 보여주고 있다. 한국전쟁과 이데올로기의 비극성을 다루고 있는 것은 임권택의 <태백산맥(1994)>에서도 확인된다.

영화는 한국의 분단 상황을 이데올로기적 대결의 비극성으로 환원하고 이를 미국과 소련이 만들어낸 가장 비극적인 세력균형의 산물이라는 것을 자막을 통해 드러내면서 시작된다. 이것을 영화에서는 1948년 10월 19일 여수·순천사건 이후부터 1953년 7월 27일 휴전협정 사이 일어났던 지리산 일대와 보성, 벌교의 좌익분자를 소탕하기 위한 대토벌 작전을 공산주의자 염상진과 우익 반공주의자 염상구, 그리고 이들을 객관적으로 보고자 한 부유한 지식인 김범우를 중심으로 묘사한다. 따라서 영화는 지리산일대를 배경으로 크고 작은 다양한 사건을 자막을 통해 시기별로 제시하면서 지리산에서 일어나는 상황들을 보여준다. 그러므로 지리산 일대는 빨치산이라는 좌익과 국군, 청년대인 우익이 서로 충돌하는 이념의 장소이자 공간인 것이다. 이것은 지리산이라는 특정한 장소가 이데올로기로 인해 민족적 비극을 생산한 공간임을 강조한 것과 다름없다. 특히 인천상륙작전으로 인해 민간인에게 보복하면서 후퇴하는 빨치산을 보고 김범우는 염상진에게 "당신들은 실패했다"라고 단정하고 "대체 어디서부터 무엇이 잘못된 걸까, 할 수만 있다면 처음부터 다시 시작하고 싶다"라는 염상진의 혼잣말은 이데올로기의 오류성을 드러내고 있다. 영화는 이처럼 지리산이라는 역사적 사건의 구체적 공간을 제시함으로써 체제를 위한 이데올로기가 아닌 민족의 비극적 역사를 드러내는데 초점이 맞추어져 있다. 이러한 방식은 지리산이라는 장소를 통해 그 동안의 경직된 이데올로기적 시각에서 벗어나 새로운 관점으로 바라보고자 한 것이라 할 수 있다. 이것은 이전처럼 국가 주도하의 대결적 요소로서 이데올로기가 아니라 그것이 주는 비극성을 영화화함으로써 이데올로기의 후유증이 현재까지 지속되고 있는 한국의 역사적 현실을 나타내고 있는 것이다.

이런 측면에서 베트남 전쟁과 광주항쟁을 대상화한 것은 또 다른 역사적 사건과 그 후유증의 여진을 다루고 있는 것이라 할 수 있다. 베트남 전쟁과 관련된 영화는 베트남으로 파병되었던 사랑한 연인의 실종과 부상, 그리고 성공을 위해 자신의 딸을 조카로 속이면서 활동해야 하는 배우 오유미의 상황을 묘사한 배창호의 <천국의 계단(1991)>에서 찾아 볼 수 있고, 이에 대한 후유증이 보다 직접적으로 나타나고 있는 영화로는 정지영의 <하얀전쟁(1992)>을 들 수 있다.

영화 <하얀전쟁>은 베트남 전쟁과 박정희 암살에 대한 김재규의 심문, 군인들의 모습 등을 통해 혼돈스러웠던 1970년대 말에서 1980년대로 이어지는 한국의 상황을 보여주고 서울 도심의 허름한 아파트에 혼자 살면서 잡지에 베트남 전쟁에 관한 소설을 연재하고 있는 한기주의 모습으로 시작된다. 이어서 영화는 박정희 대통령 사진이 붙어있는 출판사 벽을 지나 소설에 대해 직원과 논의하는 한기주의 모습을 보여준다. 이를 통해 영화는 동시대로부터 박정희 정권의 베트남 전쟁시기로 거슬러 올라간다. 이것을 영화에서는 허름한 서울 도심의 아파트와 출판사, 베트남, 기지촌 등의 공간을 통해 나타난다. 그 중에서 한기주에게 갑작스럽게 걸려온 변진수의 전화와 권총 배달은 그의 베트남 전쟁에 관한 소설 쓰기가 과거 속에만 존재하는 것이 아니라 현재까지 지속되고 있음을 각인시키는 기제로 작용한다. 따라서 영화는 베트남 전쟁 상황과 현재가 번갈아 제시되면서 전개된다. 이것은 베트남 전쟁이 끝났음에도 불구하고 아직 전쟁의 참혹한 기억으로부터 헤어나오지 못하고 있는 변진수의 모습을 통해 묘사되고 있다. 이는 나이트클럽의 미국병사들 앞에서 댄서로 일하고 있는 변진수의 부인과 베트남 전쟁의 모습을 번갈아 보여주면서, 이를 최루탄이 난무하는 학생들의 시위 장면과 결합됨으로써 역사적, 사회적 구조의 문제로 연결된다. 이것은 여전히 베트남 전쟁의 악몽 속에서 벗어나지 못한 채 살아가고 있는 변진수를 한기주가 권총으로 사살하는 파국적 장면과 "인간의 아름답고 행복한 미래를 다루는 소설이 정말 좋은 소설"이라고 마무리 되면서 강화된다. 이처럼 영화는 한 병장과 변일병으로 불리우고 있는 한기주와 변진수의 기억 속에 존재하고 있는 전쟁의 참상을 통해 베트남이라는 장소를 불러내면서 동시대의 한국적 상황과 연동시키고 있다. 이것은 그 동안 외면하고자 했지만 여전히 한기주와 변진수의 기억 속에 존재함으로써 결코 피할 수 없는 역사를 소환하여 환기시키고 있는 것이다. 이러한 굴곡진 이념의 역사는 여균동의 <세상

밖으로(1994)>에서도 찾아 볼 수 있다.

　영화는 한국사회의 모순과 현실을 목포 교도소에서 이감도중 다른 재소자들의 버스 탈취로 길거리에 버려져 탈옥수가 된 성근과 경영, 그리고 이들과 우연히 합류하게 된 혜진이 함께 한 여정을 다루고 있다. 따라서 영화는 그들의 여정에서 만난 사람들을 통해 한국사회가 직면하고 있는 사회적, 역사적 문제와 조우하도록 한다. 이를테면 그들은 실향민인 할머니와 쌀 수입 개방 반대 시위, 휴게소에서의 미군들과 차례로 만난다. 우여곡절 끝에 서울에 온 그들이 마주한 것은 아무도 반겨주지 않은 서울 야경을 바라보면서 일본으로 떠났다는 성근의 부인 소식뿐이다. 이어 그들은 어설픈 행위로 은행을 털지 못하고 강원도로 향하는 기차 화물칸에서 밖의 풍경을 보기도 하고 눈 오는 날 탄광촌의 중국식당에서 자신들이 북으로 갈 수 있다는 뉴스를 접하기도 한다. 이어 혜진이 "북한에도 목욕탕 이런 것이 있을까?"라고 묻자 "그렇지 않으면 다시 내려오면 되지"라는 성근의 무심한 대답과 엄마 품에서 잠을 자면서 벽속의 그림 속으로 들어가곤 했다는 경영의 모습으로 이어진다. 이들 사이의 무심코 이루어진 대화는 한국사회가 직면하고 있는 현실이며 분단으로 인한 역사적 현장을 의미한다. 이것은 차가운 겨울 바다 해안가의 철책선을 배경으로 해안경비대 군인에 의해 총에 맞아 죽은 경영과 권총으로 자살하는 성근의 모습을 통해 극적으로 묘사된다. 이처럼 영화는 세 사람의 여정을 통해 한국사회가 직면한 현실과 분단이 지니고 있는 역사적 현실을 드러내고 있다고 할 수 있다.

　이처럼 이 시기 몇몇 영화들은 동시대의 예민한 문제들에 반응하였다. 이것은 어쩌면 영화창작의 가장 중요한 임무 중 하나일 것이다. 이런 측면에서 1980년 비극적인 광주항쟁을 영화화 하는 것은 영화감독에게 매우 의미 있는 시도라 할 수 있다. 이는 여전히 우리 사회의 금기에 가까운 주제에 도전하는 것이기 때문이다. 이러한 경향은 1990년에 제작되고 1993년에 등장한 이정국의 <부활의 노래>와 장선우의 <꽃잎(1996)>을 들 수 있다.

특히 장선우의 영화 <꽃잎>은 1980년 5월 광주항쟁 당시 진압군의 모습을 담은 자료화면과 시골 들판에서 영화 속 인물을 지칭한 '우리들' 앞에서 발랄하게 춤추고 노래하는 어린 소녀의 모습을 보여주면서 군대에서 의문의 죽음을 당한 친구의 기일을 맞아 그녀의 가족을 찾아 나서는 '우리들'로부터 시작한다. 이어서 영화는 정신이 반쯤 나간 상태로 변해 버린 어린 소녀가 인부 장으로부터 수차례 강간과 폭행을 당하면서 떠올리는 광주항쟁 당시의 기억들인 총소리, 시위장면, 도망가는 사람들, 총소리와 함께 쓰러지는 어머니의 모습 등을 흑백 화면으로 번갈아 보여준다. 이를 통해 영화는 광주항쟁이라는 비극적 사건이 소녀의 비극을 초래한 직접적인 원인임을 드러낸다. 문제는 어린 소녀의 모습을 통해 상징화하여 묘사하고자 했던 광주항쟁의 역사적 비극성이 오히려 비정상적으로 변질된 역사성으로 각인될 수 있는 가능성을 지니고 있다는 점이다. 특히 인부 장으로부터 성적 학대를 받고 있는 정신이상의 어린 소녀의 모습을 통해 광주항쟁의 비극적 역사를 폭력성, 잔인성으로 상징화하고 있는 자극적 장면들은 오히려 광주항쟁에 대한 역사적 실체와 의미를 변질시키거나 현실적 역사 인식으로부터 벗어나 '우리들'의 역사적 행위의 피난처로 작용될 수 있는 여지를 줄 수 있다는 점에서 다소 우려스럽다고 할 수 있다. 이는 소녀를 찾지 못하고 떠나는 '우리들'의 내레이션을 통해서도 드러난다. 즉 "당신은 무덤가를 지날 때 아니면 강가에서나 어느 거리 모퉁이에서 어쩌면 이 소녀를 만날지 모릅니다. 찢어지고 때 묻은 치마 폭 사이로 맨살이 눈에 띄어도 못 본 척 그냥 지나쳐 주십시오. 어느 날 그녀가 당신을 쫓아오거든 그녀를 무서워하지도 말고 무섭게도 하지 마십시오. 그저 잠시 관심 있게 봐주기만 하면 됩니다." 이런 '우리들'의 감상적 내레이션은 영화에서 제시되고 있는 광주시내의 금남로, 허름한 건물 안, 무덤이라는 장소와 공간이 광주항쟁의 역사적 비극성과 실체적 진실을 드러내는데 있어 특정한 지역과 이미지로 제한하게 함으로써 우리 모두의 책임과 부채 의식을 상징하고 있는 '우리들'이라는 다소 불특정 개념으로 환원하여 역사적 책임으로부터 벗어나게 할 수 있는 여지를 준다는 점이다.

이처럼 이 시기는 해방기와 한국전쟁을 거치면서 이데올로기로부터 초래된 역사뿐 아니라 베트남 전쟁, 광주항쟁의 비극적 사건들이 영화화되었다. 영화에서는 좌익과 우익의 극단적 입장에서 벗어나 제3의 인물을 통해 혹은 공동의 역사적 책임을 강조한 불특정 인물을 통해 묘사되기도 하였다. 이것은 한국사회에 내재되어 있는 이념과 역사의 후유증이 여전히 지속되고 있다는 것을 의미할 뿐만 아니라 영화에 투영됨으로써 이 시기만의 특별한 경향을 형성토록 하게 한 것이다.

외세와 민족정서의 대립

북방정책, 서울 올림픽, 세계화로 이어지는 이 시기는 무엇보다 한국사회를 지배하고 있던 기존의 많은 인식과 가치를 교정해야 하는 시기였다. 그 중에서도 서울 올림픽 성공개최를 위한 노태우 정부의 북방정책 추진과 1980년 광주항쟁에 대한 미국정부의 책임 의혹, 여기에 강압적인 미국의 통상 압력, 그리고 올림픽 개막식에서 보여준 무질서하고 거만한 미국 선수들의 태도는 이러한 흐름에 직접적 영향을 미쳤다. 이는 서울 올림픽 게임에서 미국선수보다 오히려 소련선수들을 응원하는 사태를 초래하기도 했다. 이것은 비록 이념적, 정치적 반미가 아닌 경기장에서의 정서적 반미라 하더라도 한국사회에서 미국에 대한 반감이 직접적으로 드러나는 현상이었다.[71] 이와 같은 기류는 이 시기 한국영화에도 영향을 미쳐 미국에 대한 실체를

---

71) 현대영화연구소, 앞의 책, 14쪽.

드러냄으로써 미국을 비롯한 외세에 대한 경계감으로 나타났고 동시에 민족적 정서에 기반한 영화들이 등장하게 된 계기로 작용했다. 이러한 경향은 장길수의 <아메리카 아메리카(1988)>에서 확인된다.

영화는 불법체류자인 허동만과 캘리포니아 주 감옥에서 출소한 강현우, 그리고 샌프란시스코 환락가에서 몸을 팔며 살아가는 스잔 킴, 세 사람이 우연히 자동차로 세크라멘토, 레이크 타호, 로스앤젤레스로 가는 도중 미국의 자연풍경과 함께 그들이 경험한 미국의 삶에 대한 실체를 드러내는 방식으로 전개된다. 그 과정에서 화면은 미국의 다양한 실체적 현상들을 묘사한다. 이를 테면 길거리 급식소에서 배급을 받고 있음에도 노숙자는 미국을 '기회의 땅'이라고 말하고 세크라멘토의 친구를 찾아가는 허동만 역시 '미국은 꿈이 있는 곳'이라 한다. 그러나 스잔 킴에 의해 '그것은 꿈이 아니라 잠꼬대'로 폄하되고 그의 친구가 불법체류자로 추방되었다는 사실로 대응된다. 여기에 부모들의 힘겨운 이민생활로 인해 스잔 킴이 비행 청소년이 된 이유가 더해지고 식료품 가게를 하면서 납치와 강간을 당한 부인 자영과 인종차별 등으로 살인을 하게 됨으로써 송두리째 망가져 버린 강현우의 삶이 존재한다. 영화는 비록 로스앤젤레스에서 부인 자영을 다시 만난 강현우의 모습과 허동만과 스잔 킴의 사랑으로 마무리되지만 인종차별, 범죄가 난무하는 미국의 구체적 상황과 미국에서 살아가고 있는 한국이민자들의 힘겨운 삶의 모습을 보여주면서 미국에 대한 실체를 드러낸다.

이러한 경향은 도박과 마약, 살인, 문란한 성생활로 점철된 이석기의 <낙타는 따로 울지 않는다(1991)>에서도 엿볼 수 있으며, 유영진의 <아그네스를 위하여(1991)>에서도 남편 황미호를 살해한 혐의로 사형에 처해진 아내 강여진의 비극적 상황의 이면, 즉 미국유학 중 미국인들로부터 강간당한 사건이 존재하고 있음을 드러낸다.

미국에 대한 한국인들의 인식은 이처럼 현지 촬영을 통해 보다 구체적 사례들을 묘사함으로써 그것의 실체를 드러내는 방식을 취하고 있다. 미국에 대한 이와 같은 부정적 시각으로의 선회는 서울 올림픽, 북방정책과 세계화로 이행해 가는 과정에서 기존의 맹목적이고 이분법적인 가치관에서 벗어나기 시작했음을 의미하는 것이고, 이는 다양한 역사적 사건을 경험하면서 형성된 미국에 대한 인식 변화로 나타났음을 말한다. 이러한 시대적 흐름을 드러내는 대표적인 영화중 하나로 장길수의 <은마는 오지 않는다(1991)>를 들 수 있다.

영화는 한국전쟁이라는 시대적 배경을 토대로 평화로운 마을에 인천 상륙작전 이후 미군의 진주로 오랫동안 유지되어 왔던 전통과 윤리가 무참하게 무너져 내리는 상황을 묘사하고 있다. 이는 마을에 진주한 미군들이 한밤중 닥치는 대로 부녀자들을 강간하는 장면을 통해 드러난다. 남편을 잃고 어렵게 어린 남매인 만식과 난희를 키우고 있는 언례도 그들로부터 피해를 당한다. 그 사실이 마을에 알려지자 그녀는 마을 어른으로부터 떠날 것을 요구받지만 온갖 비난에도 불구하고 가족의 생존을 위해 마을 옆에 건설된 기지촌에서 일한다. 그러나 중공군의 남하로 기지촌을 떠나 피난 대열에 합류한 언례와 그녀의 아들 만식이는 미군부대가 없는 곳에서 살자고 하면서 영화는 마무리 된다. 이처럼 영화는 한국전쟁이라는 시대를 마을이라는 한 장소를 통해 미군에 의해 공동체와 윤리가 파괴되는 과정을 보여주면서 미국에 대한 기존의 인식을 재인식하도록 요구하고 있다. 이것은 한국전쟁이 힘없고 분열되어 있는 우리들 스스로의 자기모순을 드러내는 역사적 사건임에도 미국에 대한 부정적 시각을 표현하고 있는 것이다. 뿐만 아니라 미국에 대한 반감은 미국으로 이민 간 한국인들의 미국생활 실체를 드러냄으로써 묘사되기도 한다. 이는 의사가 되기를 바라는 부모와 연기를 하고 싶다는 딸 지수와의 갈등을 묘사한 장길수의 <웨스턴 애비뉴(1993)>에서 나타난다.

이민 2세인 지수는 가족들의 반대에도 불구하고 연기를 하고 싶다고 한다. 그러나 부모, 오빠들은 "한국인인 동양인이 미국에서 배우로 TV에 나올 수 있겠느냐고"하고 큰 오빠도 "보이지 않은 유리 천장이 있다"고 하면서 그녀의 연기자로의 진로수정을 반대한다. 이것은 미국사회의 벽을 뛰어넘을 수 없다고 확신하는 부모와 이를 뛰어넘을 수 있다고 생각한 지수와의 갈등이 영화의 중심에 위치하고 있음을 의미한다. 그러나 이들의 갈등의 중심에는 미국사회의 인종에 대한 차별적 상황이 존재하고 있다. 이것의 실증적 예로 영화는 백인과 흑인 사이의 인종차별을 상징한 로드니 킹(Rodney King) 사건 당시 한국인들이 운영하던 상점들이 불타버린 피해를 언급한다. 이것은 미국에서 한국인을 포함하여 이민족들이 살아가기가 결코 쉽지 않다는 사실과 인종차별이 존재하는 미국의 사회를 폭로하고 있는 것이다. 이를 통해 영화는 한국인들과 한국사회에서 아메리칸 드림으로 포장된 것이 얼마나 허황된 것인지를 정확하게 인식하도록 요구하고 있다. 미국을 향한 이러한 막연한 꿈들이 우리의 의식을 얼마나 직, 간접적으로 지배하고 있는지는 정지영의 <할리우드 키드의 생애(1994)>를 통해 적나라하게 드러난다.

미국영화 포스터 위의 자막으로 시작된 영화는 집에 불이 났음에도 영화 포스터로 인해 어린자식을 구하지 못해 실어증이 걸린 임병석과 이를 찾아온 친구 윤명길의 모습으로 시작된다. 이어서 화면은 명길의 회상을 통해 병석과 함께 했던 과거의 어린 시절로 돌아간다. 미국영화에 매료되고 이에 대한 해박한 지식을 가지고 있는 중학교 시절의 병석과 명길, 그리고 '황야의 7인'이라는 영화 서클을 조직한 고등학교 시절을 지나 어른으로 성장하면서 서로 다른 모습으로 변한 그들의 모습이 이어진다. 그러나 실어증으로 정신병원에 입원함으로써 더 이상 영화 스태프로 일할 수 없게 된 병석은 자신을 찾은 명길에게 자신이 쓴 시나리오를 건넨다. 명길은 그의 시나리오로 영화를 찍게 되고 각종 영화제에서 수상한다. 얼마 후 명길은 병석의 시나리오로 찍은 영화가 할리우드 영화의 내용과 결말이 유사하다는 사실을 알게 된다. 그는 자신이 찍은 영화의 모든 내용을 분석하면서 할리우드 영화를 짜깁기한 것이라는 것을 확인하고 이를 병석에게 보여준다. 문제는 병석 자신도 자신의 시나리오는 스스로 창작했다고 하면서 자신도 속았다고 말한다. 이처럼 영화는 우리 의식 속에 자신도 모르게 내면화되어 있는 외부의 정신적, 문화적 지배력에 대한 경각심을 제기하면서 외래문화에 대한 종속주의를 비판하고 있다. 이것을 영화는 할리우드 영화로 상징화하면서 미국의 문화적 요소들에 대해 우려하고 있는 것이다.

이처럼 이 시기 한국영화는 우리 안에 지속된 미국에 대한 인식의 교정을 시도하고 있다. 그것은 미국의 실체를 드러냄으로써 가능했다. 이는 한국전쟁기 미군들의 행위를 통해, 미국 이민자들이 겪는 삶의 애환을 통해, 미국에 존재하고 있는 인종차별을 통해, 우리 문화 속에 침투되어 있는 미국의 문화를 통해 드러냈다. 이것은 미국의 실체를 드러냄으로써 그것의 위험성에 대한 경각심을 강도 높게 불러일으키고 있는 것과 다름없다. 이러한 기조는 서울 올림픽과 북방정책, 세계화로 이어진 이 시기 한국의 개방정책과 연동되면서 이와 정반대의 강한 민족주의 정서를 표방한 영화들이 등장하게 된 계기가 되었음을 의미한다. 이는 미국을 비롯한 일본 등과 같은 외세에 대한 부정적 묘사와 함께 민족주의적 정서가 강력하게 작동되었던 시기라는 것을 말한다.

이러한 특징은 장길수의 <불의 나라>에서 정부 공무원, 은행권자들과 결탁한 일본 사업가들에 대한 부정적 묘사로 나타나고, 진유영의 <89 인간시장 오 하나님>에서 미국인들과 어울려 다니는 한국여자를 향해 "민족적 자존심이 없느냐"고 힐난하는 장총찬의 모습과 함께 일본인, 미국인들에게 성 상납하는 것을 암시한 장면을 통해서도 드러난다. 민족주의 정서에 근거하고 있는 영화로는 임권택의 <아제아제 바라아제(1989)>에서도 확인된다.

영화에서는 이를 개인의 불행한 운명에 한국의 역사적 궤적을 연동시키고 있다. 이는 영화 속 인물인 순녀의 아버지를 통해 베트남 전쟁을 끌어들이면서 백제의 역사와 동학농민전쟁을 쓰고자 한 현종 선생의 역사에 대한 평가, 즉 백제를 멸망시킨 신라의 김유신, 김춘추를 외세를 끌어들인 최초의 우리 역사라고 규정하고 동학농민군의 우금치 전투를 언급하면서 민족 주체성의 역사를 환기시킨다. 그리고 이것은 백제의 역사와 동학농민전쟁, 한국전쟁기 빨치산, 광주항쟁의 역사적 사건들로 다시 연결된다. 영화는 출가에 실패한 순녀가 다시 환속하게 되는 과정을 묘사하고 있으면서도 역사를 통해 외세에 대한 민족과 역사의 독립성을 명확하게 보여주고 있다. 이러한 경향은 1990년 개봉한 장길수의 <추락하는 것은 날개가 있다>에서도 나타난다.

영화는 스스로를 자학적으로 규정하고 있는 한국인을 통해 한국인과 한국사회의 정체성을 올바르게 인식하도록 강요하고 있다. 이를 영화는 자유분방한 성격의 서윤주와 지방에서 올라온 법대 출신 임형빈 사이의 관계를 통해 묘사한다. 서윤주는 이태원 나이트클럽을 전전하면서 한국인들에 대한 미국인들의 인식을 전하는 인물이다. 그녀는 한국인들을 엽전, 다리 짧고 볼품없는 토종 땅개라고 하면서 이들의 특징이 윤리라는 이름의 편견, 김치처럼 인습에 젖은 도덕의 소유자라고 비하한다. 이러한 윤주의 말은 결혼 이후 미국으로 파견된 임형빈과 조우하면서 또 다시 강조된다. 즉 경제적 파산으로 미국인들의 갈보가 되었다고 한 그녀는 한국 사람들이 싫다고 말하면서 형빈을 향해 지독한 엽전이라고 비난한다. 그녀의 이런 비난은 임형빈에 의해 그녀가 살해당하는 직접적 이유가 된다. 서윤주와 임형빈의 파국은 역설적으로 한국인들에게 민족적 개념을 환기시키는 기능으로 작용하고 있는 것이라 할 수 있다.

민족 정서와 정체성은 스웨덴으로 입양 보내져 온갖 인종차별 등으로 고통 받으면서 이방인으로 살아가고 있는 수잔 브링크의 모습을 묘사하고 있는 장길수의 <수잔 브링크의 아리랑(1991)>에서도 언급되고 있다. 또한 임권택의 일련의 영화들, <장군의 아들(1990)> <장군의 아들2(1991)>, <장군의 아들3(1992)> 시리즈도 그러한 기조의 흐름 속에 존재하고 있다고 볼 수 있다. 이 시기 민족에 대한 주체성, 정체성의 정서는 외세의 침탈이 극심한 19세기 말 동학사상의 포교에 관해 묘사하고 있는 임권택의 <개벽(1991)>을 통해 보다 선명하게 드러난다.

영화는 제1대 교주 최제우가 처형되고 난 후 한양에는 왜놈들, 청나라놈들, 미국놈들, 불란서놈들, 아라사놈들이 들어와 난장판으로 변해 버린 조선말기, 교조신원운동을 명분으로 거사를 일으킨 이필제의 영해부 습격으로 피신하게 된 제2대 교주 최시형의 강원, 충청, 호남순회를 대상화하고 있다. 이어서 동학의 정체를 드러내는 공주집회, 삼례집회를 비판하면서 때를 기다려야 한다는 최시형의 모습과 광화문에서의 복합상소가 실패한 후 왜적과 양적이 나라의 심장부에 들어와 난동을 부리고 있어 서울은 오랑캐의 소굴이 되어 있다고 한탄하면서 우리 민중의 힘을 보여줄 수밖에 없다고 하는 동학교도들의 주장, 이를 받아들인 최시형의 보은 집회 장면이 이어진다. 이곳에서 전봉준은 신앙의 자유가 이루어지면 개벽이 이루어진다는 최시형의 말에 대해 "외세를 몰아내지 않는 한 신앙의 자유는 이루어질 수 없으며, 나라를 구하지 않는 한 백성들의 삶 또한 구원 될 길이 없다"고 하면서 역성혁명을 통한 개벽을 주장한다. 그리고 척양, 척왜, 보국안민을 기치로 내건 동학군들이 파죽지세로 전주성을 함락하자 그들의 봉기를 진압하기 위해 출병한 관군과 왜군에 맞서기 위해 최시형은 불가피하게 동학교도들에게 기포(起包)를 재가하지만 크게 패배하고 만다. 이후 동학의 제2대 교주 최시형과 전봉준 장군이 체포되어 처형당함으로써 영화는 비극적으로 마무리된다. 이처럼 영화는 혼란스러운 조선 말기를 배경으로 외세에 대한 민족주의적 시각을 선명하게 대립시키고 있다. 이는 서양에서 발원한 서학과 동양에서 발원한 동학을 달리 구분하면서 외세에 대한 저항과 배격의 의미로서[72] 뿐만 아니라 반외세적 척왜양적 사상이 동학의 기본사상으로 내재되어 있음을 통해 확인되고 있다.[73] 영화는 궁극적으로 구체적인 역사적 사건을 들어 민족의 개념을 상기시키고 있는 것이다. 또한 이를 효과적으로 표현하기 위해 화면 구성에 있어 역사적 사건 속 인물을 영웅적으로 부각시키거나 민중들의 모습을 역동적으로 묘사한 민족기록화[74] 수법과 유사한 방식을 취하고 있다. 이는 주로 사람과 민중들 속의 최시형과 전봉준을 묘사할 때 드러난다. 이를 통해 영화는 외세에 의해 국가가 침탈되고 있는 조선 말기의 정세를 배경으로 민족의 저항을 강조함으로써 민족적 정서를 묘사하고 있다고 할 수 있다.

이처럼 이 시기 민족적 정서와 정체성을 영화의 중심에 위치시키고 이를 집중적으로 제기한 감독은 장길수와 임권택이라 할 수 있다. 장길수는 미국과 연관된 인물과 공간을 일치시키면서 그곳에서의 실제 삶을 통해 우리의 정체성을 환기시키는 형태를 취하고 있다. 그는 우리 사회에서 형성된 문제와 의식에 기반하여 실제로 일어난 사건과 그것을 경험한 인물을 통해 그에 대한 환상과 허상을 무너뜨리는 방식을 취한다. 그렇기 때문에 그의 영화에서 제기된 민족의 정서는 보는 사람들로 하여금 아프지만 매우 강렬하게 다

---

72) 이덕일, 「동학혁명사상의 형성과정에 대한 연구」, 『동학학보』 제49호, 동학학회, 2018, 295쪽, 298쪽.

73) 성주현, 「동학농민혁명의 근대사적 의미」, 『동학농민혁명 120주년 기념 국제학술대회 자료집』, 2014, 324쪽.

74) '민족기록화'는 1967년 7월 12일부터 8월 31일까지 경복궁 미술관에서 열렸던 '민족기록화전'부터 비롯되어 1970년대 후반까지 지속된 박정희 체제를 유지하기 위한 민족주의 정서를 자극한 그림을 지칭한다. 그리고 이는 국난극복의 사례를 미술 작품화하여 민족의 긍지를 함양한다는 목표로 1973년부터 '기록화 5개년 계획'이 다시 세워졌다. 이후 1976년 국립현대미술관에서 <구국위업편>이 개최되어 많은 역사적 인물을 묘사한 그림들이 전시되었다. 이때 전시된 것 중 하나가 오승윤의 <동학교주 전봉준>이다.-채효영, 「박정희 정권의 민족정체성과 민족기록화 사업」, 『동아시아문화와 예술』 제7집, 동아시아문화학회, 2010, 73쪽, 77쪽.

가와 경도되었던 우리의 역사와 문화를 냉정하게 재인식하도록 요구한다.

반면 임권택의 영화에서 나타난 민족적 정서와 정체성은 우리 안의 역사적 사건의 결과를 객관적 자료에 의해 재구성함으로써 그것의 근원을 부각시키고 강조함으로써 제기된다. 그렇기 때문에 정치권력에 의해 감추어져있거나 의도적 간과를 통해 형성된 그 동안의 역사적 인식, 문화 등은 실체에 보다 가까이 다가가게 함으로써 기존에 형성되었던 인식을 허물어뜨린다. 이로 인해 임권택의 영화는 우리의 역사를 보다 정확하게 확인하게 함으로써 우리의 정체성을 인식하도록 강제한다. 이는 장길수 영화에서처럼 강렬하고 격정적이지 않지만 다양한 외부적 요인에 의해 지금까지 호도되었던 내부의 논리를 허물어뜨리고 재정비하도록 요구하고 있는 것이다.

이러한 민족적 정서를 자극한 것은 한 여성의 이름을 통해 한국의 기구한 역사변환 과정을 통해 드러낸 이장호의 <명자 아끼꼬 쏘냐(1992)>에서도 엿볼 수 있다.

영화는 러시아어 내레이션으로 명자의 서로 다른 세 개의 이름과 한국의 근현대 역사 과정의 비극을 묘사하면서 시작된다. 이후 영화는 일본 동경 유학생인 남편 유민호를 찾아 온 명자와 마약쟁이로 전락한 남편을 대신에 아끼꼬라는 이름으로 일본의 기생집에서 일하게 된 사연과 함께 사회주의 운동가인 민영준의 체포로 소련 사할린으로 피신하여 쏘냐로 살아가고 있는 그녀의 삶의 궤적을 통해 한국의 역사를 연동시킨다. 그러므로 영화는 한국의 비극적 역사를 여인의 이름 변환과정과 동일화시키면서 전개하고 있다. 이는 사회주의자 동진이 소련의 사할린에서 자신이 사모했던 명자를 우연히 만나면서 다시 한 번 강조된다. 즉 세르게이로 살아가고 있던 동진은 이후 한국으로 돌아가게 되지만 북조선 국적을 갖게 된 명자는 여전히 이방인으로서 소련에 남게 된다. 이런 상황은 곧 분단된 한국의 역사를 강조하고 있는 것이라 할 수 있다. 따라서 영화는 세 개의 이름으로 불렸던 여인의 운명의 궤적을 지난했던 한국의 역사에 투영시킴으로써 민족적 비극을 묘사하고 있는 것이다. 인물을 통해 한국의 역사와 민족적 정서를 자극하는 것은 인질극으로 재일 조선인에 대한 일본사회의 차별과 편견을 폭로한 김영빈의 <김의 전쟁(1992)>에서도 이어진다.

무엇보다 이 시기 민족적 정서가 강하게 드러난 또 다른 영화는 임권택의 <서편제(1993)>를 들 수 있다. 이는 한국전쟁이후부터 1960년대 초의 시기를 배경으로 한국의 전통예술인 판소리를 통해 묘사된다.

영화는 동호라는 한 사내가 소릿재 주막에 들러 소릿재라는 이름의 연유를 물어보면서 과거 회상으로 넘어가면서 시작된다. 이어서 떠돌이 젊은 소리꾼 유봉과 젊은 과부의 아들인 동호, 그리고 유봉과 젊은 과부 사이에서 태어난 송화의 이야기가 펼쳐진다. 따라서 영화는 동호를 고수로, 송화를 판소리하는 여인으로 키우고자 한 유봉의 목표를 중심에 두고 있다. 반면 변화해 가고 있는 시대는 그들이 직면한 실질적 어려움이다. 이것은 유봉과 그의 친구인 낙산거사와의 주막집 장면을 통해 보여준다. 여기서 유봉은 "왜정 때는 엔까가, 해방되고 난후에는 양놈의 노래가 판을 치고 있다"고 한탄한다. 이는 유봉 앞을 지나가는 서울의 악극단에 환호하는 시장 사람들의 모습으로 묘사된다. 이 장면은 전통 예술인 판소리의 위상이 쇠락해 가는 현상을 상징적 의미로 겹쳐 보여주면서 아버지를 떠나 약재상으로 변한 동호가 송화를 만나 소리에 북장단을 맞추고 난 후 서로 다른 곳으로 떠나는 장면을 통해 그 의미는 강조된다. 영화는 이를 지켜보는 수법인 길게 찍기를 통해 시대적 변화과정뿐 아니라 그것을 견인하고 있는 요소가 무엇인지를 결합시킨다. 이러한 수법은 애절하고 정한이 많다고 하는 서편제처럼 우리 민족의 고유한 문화와 예술이 시대변화를 거치면서 점차 쇠락하게 되는 과정을 객관적으로 바라보고 받아들이면서 민족의 정서와 정체성을 다시 한 번 확인하고 강조하고 있는 것이다. 이것은 김영삼 대통령을 비롯한 청와대 관계자들을 상대로 청와대에서 영화 <서편제> 시사회가 열렸다는 사실과 함께 이 영화에 대한 언론의 의미부여를 통해서 확인된다.[75] 특히 1993년 한 해를 정리하는 동아일보의 기사는 이를 상징적으로 보여주고 있다. 신문기사는 220만 명 관람이라는 흥행기록을 언급하면서 이 영화를 우루과이라운드 태풍으로 불어 닥친 개방화, 국제화의 높은 파도 속에서 국민들에게 '우리 것의 소중함'을 새삼 일깨워준 역할을 하였다는 것과 영화를 보고 난 관객들의 우리전통문화가 이렇게 좋은 줄 미처 몰랐다는 반응을 통해 민족의 정서와 정체성을 강조하고 있다.[76] 이처럼 민족의 정서에 의해 정체성이 강조되고 확인받는 상징으로서의 <서편제>는 이 시기 한국이 처한 시대적 상황과 연동되며, 영화와 시대가 불가분의 관계에 있음을 드러낸 것이라 할 수 있다.

민족적 정서를 자극한 이 시기 또 다른 영화는 한국의 전통적인 장례절차를 영화화한 박철수의 <학생부군신위(1996)>와 임권택의 <축제(1996)>를 들 수 있다.

이중에서도 임권택의 <축제>는 오랫동안 치매를 앓고 있던 작가 이준섭의 노모의 죽음으로 인한 가족 장례식을 묘사하고 있다.

이를 영화는 이준섭의 문학세계를 취재하러 온 기자 장혜림의 시선으로 드러내기도 하고 영화 중간 준섭의 딸 은지의 내레이션에 의한 동화적 내용으로 묘사하기도 한다. 이는 민간 장례절차를 전통의 방식으로 구현하면서 준섭의 가족들을 비롯한 사람들이 죽음을 대하는 다양한 모습을 통해 보여준다. 이것은 장례식이 시작되면서 그동안 깊어졌던 가족들 사이의 갈등과 감정의 골이 장례가 진행되는 동안 서서히 풀리고 궁극에는 서로가 화해하는 계기로 나타난다. 이것의 의미는 둥지가 없어 이곳저곳 떠도는 빗새로 비

---

75) <서편제, 청와대 시사회>, 《한겨레》, 1993.05.01.
76) <서편제 국민영화로 승화 임권택 감독>, 《동아일보》, 1993.12.31.

유된 용순이가 준섭이 준 동화책을 읽고 눈물 흘리는 장면과 장례식이 마무리되면서 그녀가 가족 구성원으로 합류하게 되면서 찍은 가족사진을 통해 구체화된다. 따라서 한국에서의 장례식은 죽은 사람의 사랑과 지혜를 각자 가슴 속에 새기는 순간이며 그간의 갈등과 불화를 버리고 새롭게 시작하는 축제라 할 수 있다. 따라서 영화는 한국의 전통 장례절차를 세밀하게 구현함으로써 그것이 갖고 있는 의미를 한국의 고유한 문화 정체성으로 환원하고 있는 것이다.

이처럼 이 시기는 민족이라는 정서와 정체성을 강조하는 영화들이 다양한 형태로 등장했다. 이는 서울 올림픽과 북방정책, 세계화를 계기로 형성된 개방화의 기조 속에서 미국을 비롯한 외세의 실체를 정확하게 인식하는 것과 그와 대립되는 민족적 정서와 정체성을 위치시킴으로서 우리의 정신 상태를 재정비 하는 것이다. 이것은 우리의 의식 속에 내면화되어 있던 미국에 대한 환상에서 그 실체를 구체적으로 드러냄으로써 미국을 비롯한 외세에 대한 경각심을 명확하게 표명한 것이었고, 이는 민족이라는 개념으로 수렴되었다. 특히 1982년 진보적 영화단체라 할 수 있는 '서울영화집단'의 결성과 1986년 '서울영상집단'으로의 통합을 거쳐 단편영화 <파랑새> 사건으로 홍기선, 이효인이 구속된 후 민족이라는 화두를 내세우면서 1988년 설립된 '민족영화연구소'와 1989년 3월 '민족영화연구소' '민족영화제작소'로 개편된 일련의 과정은 이러한 흐름과도 연결된다.[77] 이들에 의해 제기된 민족 담론은 미국을 비롯한 외세에 대한 비판적 시각과 민족적 정서를 환기시킴으로써 이 시기 한국영화의 기조에 또 다른 영향을 주었다고도 할 수 있다.

---

77) 한상언 편, 『영화운동의 최전선』, 한상언영화연구소, 2022, 18-19쪽.

독립된 존재로서의 여성

　여성을 다룬 영화가 이 시기 특별한 의미를 갖는 것은 독립된 여성의 존재로 나아가는 치열함을 묘사하고 있기 때문이다. 유진선의 <매춘(1988)>에서처럼 남성 포주와 여성 창녀의 착취, 피착취 구조 속에서 남자를 위해 헌신하다 배신당하는 과거의 전형적 구조의 수법이 나타나기도 하지만 몇몇 영화에서는 독립된 인간으로서 투쟁해가는 여성을 다루고 있다. 이러한 특징은 김유진의 <단지 그대가 여자라는 이유만으로(1990)>를 통해 나타난다.

　영화는 여성이 개별적 인간 주체로서의 온전한 독립성을 지향하고 있다는 점에서 이전까지 여성의 권리, 주체가 전통적인 가부장적 사회구조 속에서 제기되었다는 점과는 확연히 다르다고 할 수 있다. 이는 1980년대 실제 사건에 근거해 재구성했다는 자막과 함께 영화 속 평범한 주부 임정희의 법정 투쟁을 통해 묘사된다. 영화 속 사건은 임정희가 어느 날 저녁 늦게 귀가하다가 젊은 불량배로부터 성폭행을 당할 위기에 처하게 되자 그의 혀를 깨물어 버린 행위로부터 비롯된다. 그녀로부터 혀가 절단된 성폭행범 최종민은 임정희를 고소한다. 그녀는 법정에서 남성주의 시각에 의한 온갖 모욕적인 심문과정을 거치고 난 후 어이없게도 성폭행범의 혀가 5분의1이 절단되었기에 방어한계를 넘었다고 판단되어 유죄판결을 받는다. 여기에 집행유예로 풀려난 이후 그녀는 가족들을 비롯한 주변사람들의 차가운 시선으로 더욱 절망한다. 이런 어이없는 상황을 접한 임정희는 여성 변호사의 도움으로 재판의 부당한 결과에 맞서 맞고소를 진행한다. 결론적으로 그녀는 법정 투쟁을 통해 무죄로 확정되지만 영화에서 제기된 그녀의 메시지는 최후변론인 "내게 또 다시 이 사건이 닥치면 순순히 당하고 아무에게도 이야기하지 않겠다. 여자들에게 반항하는 것도 안되고 재판을 받는 것은 절대 안된다고 말하고 싶다"는 마지막 장면에서 강렬하게 보여주고 있다. 자포자기식 역설적 의미를 지니고 있는 임정희의 이 말은 한국사회가 얼마나 오랫동안 뿌리 깊게 남성편의주의 사회구조로 지속되어 왔는지를 적나라하게 폭로하고 있는 것이다. 이 영화의 특별함은 여성의 정당방위가 최초로 인정받은 사건을 다루고 있다는 것에도 있지만 그녀의 최후변론을 통해 인간으로서 여성의 자주성과 독립성을 묘사하고 있다는 점에 있다.

여성에 대한 사회적 편견 속에서 온전한 한 인간 존재로서의 능력과 가치를 평가받고자 한 여성의 극단적 상황은 남장을 하면서 직장 생활을 하고 있는 인물, 김혜선을 통해 묘사하고 있는 신승수의 <가슴달린 남자(1993)>에서와 현대사회 속 여성을 대식증과 거식증을 통해 묘사하고 있는 박철수의 <삼공일, 삼공이(301, 302, 1995)>에서도 엿볼 수 있다. 이와 다소 결이 다를 수 있지만 역사적 범죄의 피해자인 위안부 여성의 시위와 삶을 다룬 변영주의 다큐멘터리 <낮은 목소리, 아시아에서 여성으로 산다는 것(1995)>도 온전한 인간으로서 여성의 존재를 역사 속에서 환기시키고 있는 영화라 할 수 있다. 이와 같은 경향은 남성과 여성을 집단적 대립구조로 변환하여 묘사한 이민용의 <개같은 날의 오후(1995)>에서도 나타난다.

특히 영화 <개같은 날의 오후>에서는 섭씨 40도가 육박한 무더운 여름날 5층짜리 도심의 서민 아파트에서 일어난 다양한 일상적 풍경, 즉 빈집을 침입한 도둑들, 아파트 옥상에서 일광욕하는 여자, 혼자 사는 여자와 바람난 영희 엄마의 전파사 남편 등의 모습을 통해 드러난다. 이러한 일상적 풍경 속에서 의처증을 가지고 있는 남편 성구로부터 상습폭행당한 정희가 아파트 광장으로 도망쳐 나오자 이를 본 아파트 여성 주민들이 합세하여 반대로 성구를 구타한다. 이는 남성과 여성의 싸움으로 변하면서 자연스럽게 성 대결로 전환된다. 여기에 그녀들로부터 집단 구타를 당한 성구가 병원으로 이송 도중 사망하였다는 소식이 전해지자 남성과 여성의 문제는 이들을 살인혐의로 체포하려 한 경찰이 가세함으로써 공권력과의 또 다른 전선을 형성하게 된다. 이는 여성들이 남성들로 표상된 제도화된 사회의 지배체제 이데올로기인 공권력과 대립관계 속에 존재하고 있음을 의미한다고 할 수 있다. 여성들은 이들을 피해 옥상으로 피신하여 더위와 배고픔에 지치면서도 자신들이 경험한 다양한 사회적 차별을 성토한다. 이를테면 외모지상주의에 대한 사회적 편견과 남편으로부터 구타당하고 사는 여자의 힘들고 괴로운 심정을 토로하면서 여성으로서의 유대감을 갖게 된다. 그리고 성차별 없는 세상을 요구하는 아파트 부녀회장 박순자의 인터뷰 방송이 전국적으로 화제가 되어 많은 사람들로부터 공감을 얻게 되면서 다시 가족과 무사히 재회함으로써 영화는 마무리된다. 이로써 영화는 개별적 여성으로서가 아니라 남성과 여성이라는 선명한 집단적 구도의 정립을 통해 여성의 독립적인 주체를 강조하고 있다. 이것은 여성이 한 개인으로서가 아니라 사회적 차별과 편견에 대한 투쟁을 통해 연대감을 형성하면서 여성의 독립적인 주체와 존재감을 묘사하였다는 점에서 이전 영화와 구별되고 있는 것이다. 독립적 존재로서의 여성의 문제를 다루고 있는 영화는 오병철의 <무소의 뿔처럼 혼자서 가라(1995)>에서도 나타난다.

영화는 누구보다도 똑똑하고 강인하다고 생각한 대학동창이자 단짝인 세 명의 여성 친구인 혜완, 영선, 경혜의 삶에 대한 각각의 태도와 해법에 근거하고 있다. 이들의 이야기는 혜완의 내레이션을 통해 전개된다. 이어서 그들의 젊은 대학시절에 이어 대학동창과 결혼한 혜완, 감독 지망생과 결혼한 영선, 산부인과 의사와 결혼한 경혜의 삶이 화면에 펼쳐진다. 따라서 영화는 대학졸업 이후 그들의 결혼 생활이 중심이 된다. 그 중 혜완은 작가이지만 불의의 사고로 아들을 잃고 혼자 살아가고 있고, 영선은 남편의 성공을 자신의 성공으로 생각하지만 모스크바 유학시절 남편의 외도를 목격하고 난 후 의부증과 알콜 중독에 빠지고 자신의 결혼에 대해 좌절감을 느끼면서 우울증으로 고통 받고 있다. 방송국 아나운서로 일하고 있는 경혜 역시 풍요로운 가정생활로 행복해 보이기도 하지만 남편의 외도를 확인하고 난 후 자신도 외도를 하는 당찬 성격의 여성이다. 영화는 이처럼 젊은 시절 자신들이 꿈꾸었던 결혼생활이 자신의 의지와 달리 전개되는 것을 보여준다. 이러한 장면들은 결혼이후 그들의 관계변화와 여성을 성적 대상화하는 사회적 현실에 힘겨워 하면서 좌절하는 모습으로 이어진다. 이는 우울증에 빠진 영선의 아파트 투신자살로 나타난다. 그리고 원고지에 유서처럼 남겨진 그녀의 글, "소리에 놀라지 않는 사자와 그물에 걸리지 않은 바람과 무소의 뿔처럼 혼자서 가라"를 통해 친구들에게 새로운 삶의 태도를 제시한다. 영선의 이 글은 대기 발령 받은 경혜와 새로운 소설 쓰기를 다시 시작하는 혜완으로 연결되고 세상을 살아가는 모든 여성들에게 적용되기를 바라는 마음으로 남겨짐으로써 영화는 여성의 독립성을 드러낸다.

이처럼 이 시기 여성을 중심에 둔 영화들은 사회적인 구조를 언급하거나 주장을 통해서가 아니라 투쟁을 통해 독립된 인간존재로서 혹은 여성이라는 집단성을 확인함으로써 남성과 대비시켜 그 관계를 재정립하거나 남성과 별개의 삶을 살아가는 주체적이면서 독립적인 여성의 태도를 강조함으로써 특별함으로 존재하게 한다.

드러난 욕망과 허위

1991년 소련의 해체가 공식화되면서 자본주의는 국가와 민족, 인간의 삶을 이끌어 가는 유일한 대안으로 간주되었다. 이것은 공산주의와 자본주의 대결에서 자본주의의 승리로 귀결되는 것이었고 미국을 중심으로 전개된 신자유주의 물결이 세계의 질서를 재편하는 핵심 이데올로기가 되었음을 의미한다. 이러한 세계적 흐름은 우리에게도 즉각적인 영향을 미쳐 자본의 논리가 한국사회의 중요한 사회적 가치로 인식되었다. 이는 성공과 출세의 욕망 속에 내재되어 있는 다양한 탐욕, 허위, 위선, 과시 등으로 이 시기 한국영화에 투영되어 나타났다. 이러한 현상을 직접적으로 묘사한 이 시기의 영화는 장선우의 <성공시대(1988)>를 들 수 있다.

"성공한 자 만이 자유롭다. 아니다. 리얼리즘은 영원히 위대하다. 아니다"라는 자막으로 시작된 영화는 성공이 곧 자본, 돈을 절대화 시키는 것이라는 것을 영업사원 김판촉을 통해 드러낸다. 이는 회사면접을 위한 결연한 의지의 표정과 함께 4시간이상 자면 실패한다고 하면서 자신의 얼굴이 새겨진 1만 원짜리 액자를 향해 히틀러처럼 제스처를 취하고 난 후 집을 나서는 김판촉의 모습으로 이어진다. 이것은 그가 돈, 자본에 절대 권력을 부여하고 있음을 의미한다. 이는 김판촉이 막강그룹 유미사의 판촉과에 입사한 후 마치 전쟁 작전을 수행하듯이 목표를 향해 질주하는 모습을 통해 뒷받침된다. "강함과 성공이 자유롭게 한다"는 신념에 따라 그는 성소비라는 술집 마담을 이용해 경쟁회사인 감미사의 비밀을 알아내는데 성공한다. 그러나 그는 감미사의 새로운 제품 개발로 인해 실패하게 되면서 강원도 횡계 영업소장으로 좌천된다. 그곳에서 김판촉은 자연의 맛이라는 새로운 제품과 판촉 전략을 가지고 본사를 찾지만 그의 아이디어는 받아들여지지 않으면서 교통사고로 사망하게 된다. 이처럼 영화는 김판촉의 성공과 실패를 통해 자본, 돈을 인간의 가치와 동일시하고 있는 냉혹한 사회를 묘사한다. 이는 김판촉의 행위, 즉 자신의 얼굴이 새겨진 1만 원짜리 액자에 히틀러에게 하듯 충성을 맹세하는 행위와 우리시대의 영웅은 자본에서 나온다고 하면서 자본으로 인해 자유로워진다는 말 등을 통해 상징화 된다. 이러한 자본주의 논리는 어린 시절 아버지의 '공수래 공수거'의 인생철학과 눈 덮인 산 속에서 자신이 살았던 집을 통해 그것의 위험성을 경고하고 있지만 돈과 자본, 성공으로 이어지는 그의 욕망은 교통사고로 죽음에 이르게 되는 파국의 원인이 되고 만다. 이처럼 영화는 성공, 자유, 소비사회로 상징화된 자본가치의 숭배를 통해 이 시기 욕망으로 점철된 한국사회를 비판하고 있는 것이다.

이러한 경향은 자본과 권력의 부도덕성을 겨냥하면서 모델로서 성공하고자 한 유라의 강한 욕망의 파국성을 묘사하고 있는 김호선의 <서울 무지개>에서도 나타나고, 출세와 성공을 위해 언제든지 자신의 신념과 성을 이용할 준비가 되어있는 그룹 비서실장인 김민호와 술집마담 정은하 사이의 사랑과 배신을 묘사하고 있는 장길수의 <불의 나라>에서도 드러난다. 또한 1990년에 개봉된 유영진의 <물의 나라>에서도 수단과 방법을 가리지 않고 자신의 성공과 출세에 대한 허영심 가득한 한 인간의 욕망이 묘사되고 있으며, 유진선의 <돈아 돈아 돈아(1991)>에 이르러서는 돈으로 육체적 쾌락을 교환할 수 있는 상황이 상정되기도 한다.

이와 같은 흐름은 한국사회에서 출세의 욕망을 가장 안정적으로 담보하고 있다고 인식된 고등학생들의 대학입시를 다룬 영화에도 투영되어 있다. 이들 영화는 명문 대학으로의 입학이 사회적 출세와 연동되어 있다는 학력중심사회의 보편적 인식에 기반하고 있으며 여기에 어른들의 욕망이 결합되어 있는 것이다. 이 시기 대학입시에 내던져진 고등학생들을 다룬 일련의 영화들이 화제를 불러일으키게 된 이유는 바로 이러한 사회적 기조와 무관하다고 볼 수 없다. 이러한 특징이 묘사된 영화로는 강우석의 <행복은 성적순이 아니잖아요(1989)>를 들 수 있다.

영화는 한국사회에서의 성공과 출세를 보장하고 있는 이른바 명문 대학과 연결된 고등학생들이 처한 상황을 다루고 있다. 부모에 의해 끊임없이 주입된 이 논리는 학생들로 하여금 심각한 정신적 압박감에 시달리게 한다. 이는 부모의 성공에 대한 욕망이 자식에 투영되어 있는 것이며 결국 자신들의 자녀를 죽음으로 내몰게 되는 비극적 결말로 이끈다. 이를 영화에서는 성적 하락에 대한 압박감과 두려움으로 스스로 목숨을 끊은 은주의 모습을 통해 보여준다. 따라서 영화는 지나친 입시경쟁으로 인한 과도한 학업성적 부담으로 스스로 목숨을 끊는 비극적 사건의 이면에 부모들의 욕망과, 허위의식, 출세주의가 존재하고 있음을 드러내고 있는 것이다.

조금환의 <있잖아요 비밀이에요(1990)>에서는 시한부 삶을 살아가는 여고생 혜나를 통해 서로 다른 세대의 단절된 소통의 문제를 제기하고 있으며, 김성홍의 <그래 가끔 하늘을 보자(1990)>에서는 성적위주의 입시경쟁으로 인한 고등학생들의 비극성을 다루고 있다. 특히 <그래 가끔 하늘을 보자>에서 묘사된 성적위주의 입시경쟁은 고등학생들의 꿈과 우정, 심지어 인간성까지 말살할 뿐만 아니라 영화 속 인물 태호가 스스로 목숨을 끊게 되는 직접적 원인이 된다. 이처럼 이 시기의 영화에서는 치열한 입시경쟁이 불러온 성적위주의 폐해를 고등학생들의 모습을 통해 제기하고 있다. 황규덕의 <꼴찌부터 일등까지 우리 반을 찾습니다(1990)>에서도 이러한 문제가 다뤄지고 있다. 이 영화에서도 대학입시에 맞추어진 한국사회 교육의 문제와 부모들의 지나친 욕망이 더해지면서 고등학생들의 희망과 바람이 좌절되는 상황이 묘사되고 있다. 이것은 성공과 출세에 대한 한국사회의 강박관념적인 욕망을 청소년 세대에 투영시켜 제기하고 있는 것이다.

이와 같은 욕망은 한국 사회구조 속에서 자본과 권력의 출세를 가능케 하여 그와 동일시되기도 하고 때론 성적 욕망을 실현할 수 있는 전리품으로 인식되기도 한다. 이러한 관계는 객관적 진리, 혹은 진실을 추구하는 학문과 예술의 영역에서도 이어진다. 이는 장선우의 <경마장 가는 길(1991)>에서 두드러지게 나타난다.

영화는 프랑스 유학 중 3년 반 동안 동거했던 R과 J가 한국에서 재회한 이후의 상황을 다루고 있다. R은 결혼한 유부남이지만 프랑스에서 J와 동거하면서 그녀의 박사학위 논문을 대신 써줬고 이를 토대로 J는 한국에서 문학비평가로 데뷔하게 된다. R은 J와의 성관계를 매개로 박사학위 논문을, J는 자신의 성을 매개로 R로부터 박사학위 논문을 받은 것이다. 그들 사이는 성을 매개로 거래가 이루어진 것이다. 그러나 그들은 한국에서 완전히 다른 상황에 직면하게 된다. 한국으로 귀국한 R은 프랑스에서의 관계를 계속 이어가고자 하지만 J는 그 관계를 단절시키고 싶어 한다. 왜냐하면 그녀에게 한국에서의 삶은 새로운 시작이기 때문이다. 이는 그녀의 결혼계획으로 집약되어 나타난다. 영화는 바로 이들의 서로 다른 목적과 욕망을 다루고 있다. 따라서 R은 끊임없이 그녀를 비난하면서 이전의 관계, 즉 원하는 성관계를 지속하고 싶어 하지만 J의 교묘한 이유로 거부당한다. 영화는 이들의 관계를 통해 지식사회의 위장된 욕망과 허위를 폭로한다. 이는 성을 매개로 성립된 R과 J 사이의 박사학위논문, 그로부터 형성된 문학평론가 데뷔와 교수초빙공고를 통해 허위의 지식으로 가득 찬 한국사회의 현실을 드러낸다. 여기에 R의 지속적이고 반복적인 말 속에 내재되어 있는 상징적 의미의 이중성, 즉 온통 십자가로 넘친 서울의 밤거리를 마치 프랑스의 공동묘지 같다고 하는 것과 J를 귀족 행세하는 쁘띠부르주아로 비판하면서 성관계를 거부한 그녀를 향해 박사학위 논문 값으로 3천만 원을 요구하는 모습을 통해 보여준다. 이는 지식의 교환가능성과 함께 말(의식)과 감정을 대립시키면서 그것의 말과 감정의 불완전성으로 연결된다. 영화는 반복된 말과 반복된 상황을 통해 이를 뒷받침하고 보편적 진리라고 믿었던 사람들의 보편적 인식의 기반 위에 있던 지식 세계의 허위와 위선을 묘사하고 있는 것이다. 이러한 특징은 장선우의 <너에게 나를 보낸다(1994)>에서도 나타난다.

<경마장 가는 길>에서처럼 영화는 보편적으로 불리는 이름이 아닌 '나(남성)'와 '바지(여성)'로 지칭된 인물과 나의 친구 '은행원'이라는 명칭에 의해 전개된다. 어느 날 똑같은 꿈을 꾸었다고 하면서 나에게 찾아온 바지와 나는 동거하게 되고 그녀는 툭 튀어나온 엉덩이로 인해 성적대상이 되었다고 말한다. 이후 그녀는 성적 대상으로 상징화된다. 영화는 이어서 허구와 허위로 가득한 세계를 문학창작과정과 연결시킨다. 영화 속 인물인 나는 신춘문예에 당선되었지만 표절시비로 회사 진급용 논문 등의 글을 대필해주면서 살아간다. 점차 나는 광적인 독서가인 바지에게 대필을 맡기기 시작한다. 영화

는 이들의 관계를 통해 문학의 본질과 그것의 허위를 폭로한다. 이는 가상의 베스트셀러 작가인 나와 바지의 인터뷰 형식으로 묘사된다. 즉 "바지는 나에게 문학이 무엇이라 생각하냐?"라는 질문을 던진다. 나는 "잘 모르겠는데 진실을 말하는 것이다. 왜 문학가가 되고 싶은 것인가? 진실을 찾고 싶은 것, 훌륭한 문학이란 진실해야 한다. 그러면서 소설을 읽는다는 것은 옆집 사람들이 무엇을 하고 있는지 궁금해서, 열쇠 구멍을 통해 세상을 보려고 하는 것이다"라고 한다. 그러나 이러한 그의 말은 바지가 나를 성적으로 지배하면서 그의 정신세계, 즉 소설을 지배한다고 한다. 그리고 바지는 내가 도색소설을 쓰게 된 사실을 알게 된다. 영화는 '다 해결되었다'는 자막과 함께 글을 쓰고 있는 나의 모습으로 이어진다. 이는 은행원의 젊은 베르테르의 슬픔에서 바나나 껍질을 모아 말리면 대마가 된다는 말로 의미화된다. 이것은 궁극적으로 창작과 표절의 경계가 구분하기 어렵다는 것을 상징화한 것이라 할 수 있다. 이후 영화는 광고감독의 눈에 띠어 유명배우가 된 바지와 문학산이라는 필명으로 소설가가 된 은행원, 바지의 운전기사로 변한 나의 모습으로 나타난다. 이들의 관계는 바지와 문학산의 대담프로에서 나눈 사회의 구조화된 병폐와 전도된 가치를 통해 극대화 되고 바지에게 자신의 소설을 나에게 전하면서 읽고 난 후 쓰레기통에 처넣으라는 말로 소설과 세상을 은유화한다. 그리고 바지는 나에게 소설을 쓰라고 권하지만 자동차 밖으로 버려진 문학산의 소설과 나는 운전기사가 편하다고 하면서 마무리된다. 이처럼 영화는 창작과 표절, 진실과 허위가 난무하는 사회와 함께 그 경계가 모호한 요지경의 세상을 이들을 통해 묘사하고 있는 것이다.

강아지 미용사를 프랑스 유학파 헤어드레서로 사칭하여 사기행각을 벌인 앙리 박의 모습을 통해 한국사회에 가득한 허위의식을 꼬집은 최진수의 <헤어드레서(1995)>도 이와 같은 기조 위에 있는 영화라 할 수 있다. 이 시기 지식과 예술의 영역에서 허위와 욕망의 세계를 다루고 있는 것은 홍상수의 데뷔작인 <돼지가 우물에 빠진 날(1996)>에서도 확인된다.

이 영화에서도 소설과 소설가가 등장한다. 이는 자신의 소설에 무관심한 후배의 출판사로부터 원고를 회수해 온 소설가 효섭을 중심으로 형성된 관계를 통해 묘사된다. 극장 매표원인 민재는 효섭을 좋아하고 효섭은 유부녀인 보경을 좋아하고 민수는 민재를 좋아한다. 이들의 복잡한 관계는 보경이 자신의 남편의 외도를 의심하면서 효섭과 함께 떠나기로 약속하였지만 민재가 효섭을 좋아하는 사실을 확인하고 민수에 의해 효섭과 민재가 살해당함으로써 보경과 효섭은 떠나지 못하게 된다. 이후 영화는 보경이 아침 신문을 보고 난 후 그 신문을 거실 바닥에 펼쳐놓고 그 위를 걸어가면서 아파트 베란다 창문을 여는 모습으로 마무리 되는 장면으로 이어진다. 이를 통해 효섭이 회수해 간 소설의 내용이 영화에서 전개된 것과 동일한 것일 수 있다는 생각을 하면서 영화는 소설과 영화 매체와의 와해된 경계뿐 아니라 이들의 관계를 통해 인간의 욕망이 지니는 파괴성에 주목한다. 이것은 영화 제목에 이미 암시되어 있는 것으로 욕망의 탐욕성을 돼지로 상징화하고 그것의 파괴성과 파국성을 우물에 빠진 것으로 의미화 되어 있다. 영화는 인간의 욕망이 탐욕스러우면 궁극적으로 파국을 불러올 수 있다는 것을 이들의 엇갈린 관계를 통해 묘사하고 있는 것이다. 인간이 지니는 욕망의 또 다른 이면을 드러내고 있는 것은 김기덕의 <악어(1996)>에서도 나타난다.

이는 한강에서 투신한 사람들의 지갑을 훔치거나 시체를 숨겨서 돈을 벌어 살아가는 한강다리 밑의 악어인 용패를 통해 묘사된다. 영화는 용패라는 인물을 통해 인간의 가장 저열하고 잔인한 욕망의 요소를 끄집어내어 인간이 지니고 있는 악마적 극단성을 폭로하고 있다. 이것은 인간이 지니고 있는 내면의 한 부분일 수 있고, 그것이 곧 사회와 세계를 이루는 파멸의 한 부분일 수 있음을 경고하고 있는 것이라 할 수 있다.

이처럼 이 시기의 영화는 이념적 대립이 와해되면서 돈으로 상징화된 자본주의적 가치가 성공과 출세의 욕망으로 점철된 현상들을 대상화했다. 이들 영화에서는 인간의 본성에 내재되어있는 것에서부터 사회적 성공과 출세, 심지어 자신의 욕망 실현을 청소년들에게까지 사회적 제도와 가치로 강요하였을 뿐만 아니라 지식사회의 허위성 폭로로 나타났다. 이 시기 유독 인간의 삶에 대한 성찰을 다룬 불교 영화들, 이를테면 임권택의 <아제아제 바라아제(1989)>, 배용균의 <달마가 동쪽으로 간 까닭은(1989)>, 배창호의 <꿈(1990)>, 정지영의 <산산이 부서진 이름이여(1991)>, 장선우의 <화엄경(1993)>이 등장한 것은 이 시기가 얼마나 성공의 욕망이라는 허위의식에 사로잡힌 시기였는지를 역설적으로 보여주고 있는 현상이라 할 수 있다. 이들 영화는 종교적 원리와 인간의 삶을 시대적 흐름과 대비시킴으로써 인간과 시대를 성찰하도록 견인하고 있는 것이다.

6. 영화의 전형화

이 시기 한국영화를 관통하는 것 중 하나는 대기업과 금융자본의 영화 참여라 할 수 있다. 할리우드 영화의 공세로 수세에 몰린 한국영화의 위기 순간에 참여한 대기업과 금융자본은 이 시기 한국영화의 특징형성에 깊은 영향을 미쳤다. 그것은 기획영화로 불렸고 그 속에는 이미 충무로의 영화제작 관행에 대한 다름을 내포하고 있었을 뿐만 아니라 자본이 투입되면 반드시 수익을 창출해야만 하는 기업과 금융의 특성과 연관되어 있었다. 이는 다름 아닌 수익이 창출될 수 있도록 하는 분석이 대기업에 의해 시도되었음을 의미하는 것이며, 그것은 관객의 영화에 대한 기호로 시대적 흐름 속에 내재되어 있는 대중들의 욕망과 바람을 구체화시키는 것이었다. 이때 이들이 포착한 것이 정부가 통치전략의 일환으로 이용한 중산층 신화와 신세대 문화였다. 그 중

에서도 사람들의 욕망을 자극하여 자신을 중산층으로 착각하게 만들면서 이
상적 모습을 상상하도록 한 중산층 이데올로기는 노태우 정부가 보다 많은
사람들로 하여금 자신을 중산층으로 여기게끔 하여 중산층의 보수적 성향을
정권안보의 초석으로 삼고자 한 정치적 목적과 결부되어 있었다.[78] 그러므로
한국에서의 중산층은 계급적 개념이라 할 수 없다. 원래 중산층은 "소득이 일
정수준에 달하여 소득이 안정되고 노동자나 농민 수준을 훨씬 넘는 여가 및
소비생활을 영위하는 사회집단이다."[79] 이러한 개념에 근거한 중산층 신화
의 이데올로기적 허구성은 다음과 같은 자료를 통해 확인된다. 즉 1989년 경
제기획원이 발표한 1988년 사회지표 가운데 교육, 소득, 직업, 재산 등을 감
안 할 때 '귀하는 어느 계층에 속한다고 생각하느냐'는 질문에 60.6%가 스스
로를 중산층이라고 생각했다.[80] 1991년 1월 7일 한국개발연구원(KDI)이 작
성한 '중산층 실태분석과 정책과제'라는 보고서에 의하면 자신을 중산층이
라고 믿는 자기만족의 중산층의 사람은 61.5%에 이르렀다. 그러나 소득, 사
회적 지표(교육, 직업), 중산층 의식을 기준으로 한 실질적인 중산층은 도시지
역에는 36.4%, 군(郡) 지역은 14.4%로 나타났다."[81] 이러한 중산층 신드롬에
대해 1991년 7월 6일자 《동아일보》의 강철규는 "길가는 사람 아무에게나
'당신은 중산층이요?'라고 물으면 10명 중 6,7명은 그렇다고 대답한다고 하
면서 오늘날 한국인의 대부분은 스스로 중간층에 귀속된다고 하였다."[82] 이
와 함께 1990년에 접어들면서 박영한, 유순하, 현기영, 최성각, 윤정모, 김상
열 등을 비롯한 많은 소설가들에 의해 중산층의 투기바람, 이기주의, 허위의
식 등에 사로잡힌 삶을 다룬 문학작품들이 대거 쏟아져 나와 이 시기 중요한

---

78) 강준만, 『한국현대사 산책(1980년대 편 4권)』, 인물과사상사, 2014, 198쪽.
79) 남은영, 「한국 중산층의 소비문화-문화자본과 사회자본의 함의를 중심으로」, 『한국사회
　　학』 44호, 한국사회학회, 2010, 131쪽.
80) <국민 60% 내 생활 중류>, 《매일경제》, 1989.01.23.
81) <자기만족 중산층 의외로 많다>, 《매일경제》, 1991.01.09.
82) 강철규, <중간층 어디로 가고 있나 (3)>, 《동아일보》, 1991.07.06.

문화적 흐름을 형성하였다.[83] 이러한 현상은 어쩌면 한국 사람들의 허위의식 속에 내재되어 있는 자존심 가득한 욕망의 발현이라고 할 수 있다.

그리고 이는 이전시기와 자신들을 단절시킴으로써 자신을 특별한 집단의 세대로 인식시키도록 한 신세대 문화와 결합되었다. 즉 신세대 문화는 "1991년 출간된 유하의 시집 『바람부는 날이면 압구정동에 가야 한다』에서 새로운 소비문화의 등장을 알렸고, 1992년 가요계에 데뷔한 '서태지와 아이들'이 젊은 세대로부터 선풍적인 인기를 끌었다. 1980년대 사회과학의 시대에 뒤이어 다소 급작스럽게 문화의 시대가 열린 것이다. 신세대란 말이 선도적으로 쓰인 것은 1988년 한국일보의 기획기사 <신세대: 그들은 누구인가>에서였다……. 신세대 문화는 탈권위주의, 감성주의, 소비주의를 특징으로 하며, 한국적 개인주의를 알리는 서곡이기도 했다. 이 시기 신세대 담론은 몇 가지 단계를 거쳐 발전해왔다. 첫 번째는 1992년 서태지와 아이들의 등장으로 시작된 신세대 담론이 출현한 시기였다. 이 시기의 신세대는 새로운 팬덤 문화와 탈권위주의적이고 개인주의적인 성향을 가진 하위문화세대로 규정됐다. 두 번째는 1990년대 중후반 정보사회의 도래와 진전을 배경으로 N(Net)세대론이 본격화된 시기였다. 인터넷과 이동전화, 온라인 게임 및 커뮤니티로 상징되는 디지털문화의 확산이 신세대의 새로운 문화적 기반을 이룬 단계였다."[84] 따라서 이 시기 중산층 이데올로기는 한국 사람들의 허위의식 속에 내재되어 있는 일종의 경쟁심과 자존심이라는 욕망을 자극하였고, 이는 대중문화 구매력을 지닌 신세대 문화와 결합되었던 것이다.[85] 대기업은 이러한 시대적 흐름을 포착하였고, 그것에 근거한 전략에 의해 몇 가지

---

83) 양헌석, <중산층소설이 쏟아지고 있다>,《세계일보》, 1990.12.11.

84) 김호기·박태균 지음, 『논쟁으로 읽는 한국 현대사(김호기, 신세대 논쟁)』, 메디치미디어, 2019, 225-226쪽.

85) 이 시기 15세에서 29세까지의 인구분포는 1985년 총인구 40,420,000명 대비 12,631,000명이고, 1990년에는 43,390,000명 대비 13,179,000명이며, 1995년의 경우 44,554,000명 대비 12,305,000명 이다.-통계청, 앞의 책, 73쪽.

특별한 특징을 만들어 냈다. 그것은 젊은이들의 다양한 형태의 사랑을 다루면서 세련된 형식에 의미부여를 하였으며 자극은 좀 더 강화되었다.

이러한 특징이 특별한 형식과 내용으로 표면화된 영화적 경향은 젊은 세대의 사랑과 결혼, 직장생활을 다룬 로맨틱 코미디 영화였다. 이들 영화 속에는 경제성장과 민주화, 중산층 형성이라는 낙관적인 분위기 속에서 중산층 생활양식을 상징하는 마이카, 외식, 여가 등의 일상에 신세대의 세계관이 겹쳐졌다.[86] 이것이 이 시기 로맨틱 코미디로 불린 영화들의 주요 배경이 되었다. 따라서 로맨틱 코미디 영화는 이전시기의 치열함과 혹독함, 엄숙함에서 벗어나 낭만성과 코미디적 요소를 결합하여 가볍고 유쾌한 정서를 자극하여 중산층 이데올로기와 신세대의 문화를 매우 적절하게 결합하면서 등장한 것이라 할 수 있다. 그리고 이는 우연한 만남에서 갈등, 갈등의 최대치, 순정의 연애감정으로 갈등해소, 다시 불화, 갈등 해결이라는 해피엔딩으로 귀결되는 내러티브 구조로 형성되었다. 여기에 똑똑하고 예쁜 신세대 고학력에 전문직을 가지면서 남성을 압도할 정도의 주체성이 강한 성격을 지닌 여성 인물이 배치되었다.[87] 그러므로 로맨틱 코미디 영화에는 신세대 남성과 여성의 동등한 위치로 인해 발생된 갈등과 화해가 중심에 있고 그 과정에서 발생한 남성과 여성의 만남, 결혼, 갈등, 화해를 코믹하게 풀어낸다. 이와 같은 구조로 전형화된 로맨틱 코미디 영화는 이 시기 한국영화에 새로운 자극제가 되었다. 이것은 1991년 임권택의 <장군의 아들2>에 이어 한국영화 흥행성적 2위를 기록한 이명세의 <나의 사랑 나의 신부(1990)>가 이러한 흐름의 전조적 기준이 되었다.

영화는 연극처럼 무대의 커튼이 열리고 작가가 꿈인 영민이 자신의 인생을 서술하면서 대학동창인 미영과의 만남과 사랑, 갈등, 결혼에 이어 현재에

---

86) 김정환 외 지음,『한국현대 생활문화사 1980년대』, 창비, 2016, 123쪽.
87) 유지나 외,『한국영화사 공부 1980-1997』, 이채, 2005, 103쪽.

이르게 되는 과정을 낭만적이면서도 코믹하게 묘사하고 있다. 이 영화의 특별함은 누구에게나 적용될 수 있는 결혼에 이르게 되는 과정과 결혼 후 직면하게 되는 일상의 문제를 낭만적이고 유쾌하게 다루었다는 점이다. 이는 이 시기 젊은 관객들뿐 아니라 과거 자신의 유사한 경험에 기반한 사람들의 보편적 정서에 부합하였다. 이로 인해 로맨틱 코미디 영화는 이 시기 중요한 영화적 특징을 형성할 수 있었고 대기업들의 영화제작 참여에 있어 또 다른 안정적 기반으로 작용하였다. 이는 김의석의 <결혼이야기(1992)>를 통해 구체화되었다.

결혼에 대한 온통 부정적 언급으로 시작되는 영화는 라디오 방송국 PD인 김태규와 신참 성우인 최지혜의 결혼식 장면으로 이어진다. 이후 영화는 이들의 만남과 사랑, 결혼 생활을 주요 내용으로 전개된다. 특히 결혼 이후 그들의 일상생활과 직장에서의 충돌은 여성에 대한 남성의 전통적인 인식과 여성 개인의 역량과 주체의식 사이의 간극에서 발생한다. 이것은 이들이 별거를 거쳐 이혼에 이르게 되는 직접적 이유이자 신세대 젊은 부부, 좀 더 구체적으로 말하자면 여성의 달라진 위상을 보여주는 것이다. 영화는 이러한 시대적 변화를 각인시키면서 그들의 사랑이 서로에 의해 다시 확인되면서 재결합하는 것으로 마무리된다. 이처럼 이 시기 영화는 신세대의 젊은 사람들이 결혼에 이르게 되는 과정과 결혼 이후의 다양한 현상들을 낭만적이고 코믹하게 묘사함으로써 이전 시기 결혼을 다룬 영화들과는 다르게 묘사되었다.

어느 날 형준은 매일 만취한 채 집으로 들어오는 자신의 모습에 더 이상 참지 못하고 어린 아이를 남겨두고 떠나버린 아내를 대신해 육아를 직접하게 되는 상황에 처하게 된다. 이를 계기로 같은 사무실에 근무하는 영주와 사랑에 빠진 형준의 새로운 신혼생활을 묘사한 강우석의 <미스터 맘마(1992)>도 그러한 범위의 영화라 할 수 있다. 신승수의 <아래층 여자와 위층

남자(1992)>에서도 이와 같은 특징이 나타난다. 즉 양철수와 유영희는 오랜 연애, 즉 1,101일 만에 결혼하게 된다. 그들은 여느 신세대 신혼부부처럼 신혼생활을 즐기고 가사도 평등하게 분담한다. 그러나 대학 때 가르쳤던 여학생을 만나는 철수의 모습이 목격되고 난 후 영희는 참지 않고 그에게 이혼을 요구한다. 친구의 아이디어로 한 집 위층과 아래층에 살게 된 그들은 어느 날 영희가 임신하게 된 사실을 알게 되면서 다시 재결합하게 됨으로써 그들의 관계는 행복하게 마무리된다. 이렇듯 영화는 결혼 생활에서 발생한 갈등을 낭만적이고 코믹하게 묘사하고 있다.

박현우라는 남자를 두고 거침없는 성격의 방송국 PD인 진희와 미국에서 돌아온 여성스러운 유라의 관계를 묘사한 유동훈의 <사랑하고 싶은 여자 결혼하고 싶은 여자(1993)>도 이러한 흐름에서 크게 벗어나지 않는 영화라 할 수 있다.

이처럼 대기업의 참여로 충무로의 영화는 현대적인 도시에 살면서 직장을 다니고 있는 젊은 남녀들 사이의 사랑과 결혼생활을 대상화하면서 안정적인 수익 창출을 시도하였다. 이들 영화 속에 등장하는 도시 공간, 아파트, 직장과 인물들의 주체적이고 과감한 인식과 행동은 동시대의 많은 사람들이 꿈꾸던 바람이었다. 이 점이 사람들에게 많은 흥미를 불러일으킨 중요한 요소가 되었다. 대기업은 이러한 시대적 흐름을 예리하게 간파하였던 것이다. 이로 인해 로맨틱적 요소와 코미디적 요소의 결합은 우리의 일상에서 볼 수 있거나 그럴 것으로 생각되는 인식영역의 범위를 통해 다양한 형태로 확대되면서 안전한 수익획득의 방식으로 작용했다. 이들 영화는 낭만적 요소와 코믹적 요소가 결합된 것이지만 그것은 점차 새로운 영역의 갈래로 분화되어 코믹적 요소에 형사적 요소와 범죄적 요소가 결합되어 나타났다. 이런 특징은 국가 공권력의 최전선에 있는 경찰의 사회정의와 부패 행위 사이를 오가며 범죄라는 갈래에 코믹적 요소를 더해 그 경계를 교묘하게 조절하

면서 묘사한 강우석의 시리즈 영화라 할 수 있는 <투캅스(1993)>, <투캅스
2(1996)>와 <마누라 죽이기(1994)>에서 나타난다.

특히 영화 <마누라 죽이기>는 사랑해서 결혼했지만 영화사 운영에서 소
외된 사장 봉수와 실권자인 기획실장 소영과의 갈등과 해소 과정을 다루고
있다. 비록 영화는 영화배우 혜리와 내연관계에 있는 봉수가 아내의 임신 사
실을 알게 되면서 그녀의 소중함을 깨닫게 된다는 내용이지만 그들의 의식
속에 있는 것들, 즉 혜리의 이혼 요구에 전문킬러를 고용해 아내를 없애려
시도 한 봉수와 이 사실을 알게 된 소영이 반대로 남편이 고용한 전문킬러
를 다시 고용해 남편을 없애달라는 살인 청부를 하는 과정에 코믹적 요소와
범죄적 요소가 결합되어 묘사된다. 여기에 영화사의 실제적 권한을 지닌 자
가 남편 봉수가 아닌 아내 소영으로 설정되어있다는 것과 남성의 바람을 사
회생활 중 일부로 인식한 봉수와 달리 당장 이혼을 요구하고 있는 소영, 그
리고 성에 대한 여성의 적극성도 하나의 특징으로 포착된다. 이와 같은 인
물구성은 신혼생활에 이은 불륜, 스릴러적 요소와 혼재된 범죄행위로 이어
진다. 그리고 이 모든 것들은 자신의 역할을 수행하지 못한 바보스러운 전
문킬러의 등장으로 인해 코믹적 요소로 해소된다. 이로써 영화는 코믹한 형
태로 마무리 되는 것이다. 이러한 특징은 여성의 일탈이나 전복이 이루어지
지만 그것은 가부장적 질서로 환원되고 여성들이 그 질서에 무리 없이 순치
되는 것으로 봉합되는 멜로 코미디와는 확연히 다르다고 할 수 있다.[88]

이와 같은 흐름은 계약관계에서 연인관계로 발전한 젊은 남녀의 사랑
을 묘사하고 있는 신승수의 <계약커플(1994)>과 아내와 사별하고 초등학교
1학년 아들과 함께 살아가고 있는 치과의사 봉준수와 황여진의 사랑과 결
혼을 다룬 이광훈의 <닥터봉(1995)>에서도 확인된다. 유부남, 유부녀들의 불

---

88) 박유희, 「파토스에의 거리와 합리적 거래의 감성화-1990년대 한국영화 장르의 변전과 감
　　성의 재편」, 『대중서사연구』 제25권 3호, 대중서사학회, 2019, 26쪽.

륜과 욕망을 사랑이라는 이름으로 합리화하고 있는 듯한 김동빈의 <엄마에게 애인이 생겼어요(1995)>에서도 이들의 관계는 그리 심각하게 묘사되지 않는다.

신세대 젊은이들을 중심으로 한 로맨틱 코메디 영화와는 다소 결이 다르긴 하지만 김태균의 <박봉곤 가출사건(1996)>에서도 도덕, 윤리, 풍속을 넘나들면서 낭만적 요소로 갈등을 해소하고 있다. 즉 가수가 되고 싶었던 박봉곤은 남편의 외도와 무시로 자신의 존재와 자신의 잃어버린 꿈을 찾아 떠난다. 영화는 조명의 변화, 흑백과 컬러의 혼용 등의 다양한 형식적 수법을 통해 묘사하면서 서로 다른 대상과 결혼함으로써 마무리 되는 그들 사이의 그간의 행위는 낭만성으로 해소되고 있다. 뚱뚱한 속옷 디자이너로 외모 콤플렉스를 가지고 있는 공선주의 사랑을 다루고 있는 정병각의 <코르셋(1996)>과 신혼생활을 즐기고자 하는 신세대들의 결혼관과 삶의 가치관을 보여주고 있는 양윤호의 <미스터 콘돔(1997)>도 이와 같은 흐름의 연장선에 있는 영화라 할 수 있다.

이러한 낭만적, 코믹적 요소를 통해 즐거움을 유발하는 영화들의 또 다른 측면에는 시대를 넘은 사랑의 절절한 순수함 혹은 일방적인 사랑과 같은 복고적인 형태의 다양한 사랑의 유형으로 나타났다. 이것은 신세대들의 사랑과 결혼, 신혼생활을 통해 남자와 여자 사이의 수평적이고 심지어 그 관계의 역전성을 묘사하던 흐름과는 다른 형태인 것이다.

이는 1995년 제작되고 1996년에 개봉된 천년이라는 시간을 두고 공주인 미단과 궁중악사, 그리고 그녀의 사랑을 갈구한 황장군을 묘사한 강제규의 <은행나무 침대>를 시작으로 등장한다. 교통사고로 죽은 아내 인주를 잊지 못하고 살아가는 지석의 지고지순한 사랑을 묘사한 한지승의 <고스트 맘마(1996)>와 시한부 인생인 환유와 정인의 절절한 사랑을 묘사한 이정국의 <편지(1997)>, 장윤현의 <접속(1997)>에서도 이런 경향은 이어진다.

특히 영화 <접속>에서는 비오는 날 극장을 나서는 동현과 수현의 모습, 서울의 밤풍경을 배경으로 "때로는 먼 길을 원한다"라는 상징적 의미의 심야 라디오 음악방송의 내레이션으로 시작되는 장면을 통해 전개된다. 이후 영화는 음악방송 PD 권동현에게 '벨벳 언더그라운드(The Velvet Underground)' 앨범이 전달되고 같이 살고 있는 희진이 남자친구 기철을 데리고 오자 수현은 집을 나와 한밤중 도로를 달리는 자동차 안에서 라디오를 타고 흘러나온 벨벳 언더그라운드의 음악 '페일 블루 아이즈(Pale blue eyes)'를 듣는 장면과 연결된다. 음악을 듣던 중 그녀는 가까스로 교통사고를 피하지만 그곳에서 차량이 전복되는 또 다른 사고를 목격한다. 이후 수현은 이 노래를 PC통신을 통해 방송국 심야 음악프로그램에 신청한다. 이를 보고 권동현은 어느 날 사라진 자신이 사랑했던 민영혜가 아닐까 하는 생각으로 수현과 PC통신을 하게 된다. 수현은 자신이 권동현이 알고 있는 민영혜의 친구라 속이면서 그와 채팅을 이어간다. 그러나 그녀는 자신의 말이 거짓이었다는 사실을 어느 날 권동현에게 고백하고 자신의 미안한 마음을 담은 편지와 폴라로이드 사진을 그에게 보낸다. 이후 그들은 다시 PC통신에 접속하고 서로의 일상과 사랑에 관해 묻고 답한다. 이를 통해 영화는 그들의 어긋난 사랑과 엇갈린 만남을 드러낸다. 이는 대학시절 선배 상호의 애인이었던 민영혜를 사랑했던 음악방송 PD 권동현, 그를 좋아한 방송국 작가 은희, 자신의 친구 희진의 애인 기철을 좋아했던 수현의 엇갈린 사랑의 관계인 것이다. 이들의 관계는 권동현과 수연의 사랑이 민영혜의 연인이었던 제대를 앞둔 상호의 자살과 민영혜의 사라짐으로 파국을 맞이했고, 수현은 친구 희진과 기철의 결혼으로 이루어지지 않는다. 이를 통해 영화는 어긋난 만남으로 인한 일방적 사랑의 파국적 위험성을 환기시킨다. 이것은 선배의 여인이었던 민영혜를 향한 권동현의 사랑과 권동현을 향한 은희의 사랑이 그것이고 기철에 대한 수현의 사랑인 것이다. 이는 권동현이 선물한 앨범

을 민영혜가 다시 권동현에게 돌려주고 수현이 목격한 자살에 가까운 교통
사고로 죽음을 택한 민영혜를 통해 묘사된다. 영화는 이들 관계의 비극성을
벨벳 언더그라운드 앨범에 수록된 '페일 블루 아이즈'를 통해 연결시킨다.
따라서 영화는 벨벳 언더그라운드 음악을 통해 아직 치유되지 않은 사랑의
상처 속에 살아가고 있는 사람들을 소환하고 있는 것이다. 이는 한밤중 흘
러나온 음악처럼 도시의 야경 속에 부유하고 있는 사람들의 모습과도 같은
것이다. 익명의 사람들과 소통할 수 있는 PC통신은 이러한 의미를 상징하
고 있는 것이라 할 수 있다. 그러나 이것은 권동현이 한국생활을 정리하고
호주로 떠나기 전 수현에게 주었던 벨벳 언더그라운드의 앨범을 원래 주인
이었던 그에게 다시 돌려주기 위해 극장 앞에서 권동현을 기다리고 있는 수
현의 모습을 통해 그 의미는 전환된다. 이는 커피숍 2층에서 그녀를 지켜보
고 있는 권동현의 모습, 그리고 앨범을 프런트에 맡기고 그를 뒤로 하고 자
동응답 전화기에 음성메시지를 남기고 떠나는 수현을 쫓아가서 다시 만나
는 장면으로 마무리됨으로써 "때로는 먼 길을 원한다"라는 영화 시작의 내
레이션이 내포하고 있는 오랫동안 그들을 짓눌러왔던 어긋난 만남과 사랑
을 뒤로 하고 경쾌한 음악(A Lover's concerto)과 함께 새로운 시작을 알리면
서 마무리 되는 것이다. 이처럼 영화는 심야음악방송과 도시의 야경, 그리고
PC통신이라는 시대적 변화 속에 사랑에 상처받은 부유하고 있는 인간들의
모습과 도시의 사회적 현상을 상징적으로 묘사하고 있다. 이를 가리켜 전우
형은 "밤의 도시와 PC통신은 이 영화가 찾아낸 로맨스 장르의 새로운 화소
였는지 모른다고 하면서 영화 <접속>을 '만남'이라는 고전 로맨스의 상투
성과 그에 따른 부담으로부터 해방되어 로맨스 영화의 새로운 기원이 되었
다"[89]라고 의미부여 한다.

---

89) 전우형, 「접속하는 도시에 투영된 <접속>의 무의식적 욕망」, 『현대영화연구』 Vol.29, 현대
영화연구소, 2017, 50쪽.

이처럼 이 시기의 영화는 낭만적이고 코믹하게 묘사된 젊은 신세대 부부들의 사랑과 결혼, 그리고 삶의 경계를 초월한 사랑의 순수함을 거쳐 이기심으로 가득 찬 어긋난 만남으로 엇갈린 사랑의 상처를 안고 있는 현대적 사랑의 형태로 옮겨 갔다. 기업과 금융의 자본이 이 시기 한국영화 제작에 참여하면서 생겨난 전형화된 영화로 일컬어진 기획영화는 로맨틱 코미디에서부터 다양한 유형의 사랑을 다룬 영화로 나아가는 기폭제가 되었다. 이는 화면에 의미를 부여한 형식적 시도를 통해 세련되고 감각적인 영화들, 이를테면 색을 통해 사람과 사랑을 규정하고 묘사하고 있는 이현승의 <그대 안의 블루(1992)>, 대식증과 거식증에 걸린 여성의 심리적 원인을 독특한 색감과 디자인, 카메라 움직임으로 파헤치고 있는 박철수의 <삼공일, 삼공이(301,302, 1995)>, 여기에 발전된 테크놀로지 수법이 더해진 강제규의 <은행나무 침대>, 다큐멘터리적 수법으로 제작된 장선우의 <나쁜영화(1997)>, 모텔의 좁은 공간에서 바라본 다양한 사랑의 유형을 묘사하고 있는 박기용의 <모텔 선인장(1997)> 등의 등장을 가능하게 했다. 이러한 영화들은 기획영화로 불린 한국영화의 전형화에 일정한 타당성의 논리를 부여하고 있다.

이 시기 두드러진 또 다른 영화적 현상은 폭력이 난무한 조폭영화의 등장이라 할 수 있다. 이것은 낭만적이고 감성적인 코미디 영화와는 전혀 다른 성향의 영화가 등장한 것이다. 이는 멋진 인생을 꿈꾸며 서울의 조폭 생활에 합류한 용대를 묘사하고 있는 장현수의 <게임의 법칙(1994)>에서부터 강정수의 <리허설(1995)>, 장현수의 <본투킬(1996)>, 유영진의 <보스(1996)>, 김상진의 <깡패수업(1996)>, 김영빈의 <나에게 오라(1996)>, 김성수의 <비트(1997)>, 송능한의 <넘버3(1997)> 등으로 이어진다. 이와 같은 경향은 주로 1996년에 집중되어 나타났다. 이것은 이 시기 한국영화 제작의 중요 토대였던 대기업의 자본과 함께 1995년 금융자본인 일신창투가 처음으로 영화업에 진출하기 시작한 시점과 연관되어 있다. 이는 이들 몇몇 영화가 대기업과 금융회사의 자본과 직, 간접적으로 연결되어 있음을 의미한다. 문제는 조폭영화들이 어떠한 긍정적 의미의 사회적, 미학적 관계도 부재한 강한 남성성만을 자극함으로써 선과 악의 도덕적 경계를 허물어뜨렸다는데 있다.

이처럼 이 시기 한국영화에서는 로맨틱 코미디, 조폭영화라는 일정한 패턴의 전형화된 영화들이 등장하였다. 대기업과 금융 자본의 참여와 관계있는 이들 영화는 많은 사람들에 의해 기획영화로 불렸고, 그것은 할리우드 영화의 공세로 어려움에 빠져있던 한국영화제작의 행태와 문화에 영향을 미쳤다. 특히 다양한 형태의 영화적 내용과 형식을 세련되게 결합하여 동시대 관객들의 취향에 부합함으로써 사라졌던 관객들을 영화관으로 다시 불러들인 것은 대기업과 금융자본이 한국영화에 중요한 역할을 하였음을 보여준다.

그럼에도 불구하고 이 시기 대기업과 금융회사의 자본으로 만들어진 영화는 제작자와 감독중심으로 형성된 한국영화의 자율성과 다양성의 문화에 적지 않은 훼손을 초래했다. 그것은 영화의 수익을 극대화하거나 손실을 최소화하기 위해 시도된 것들이 일정한 패턴을 지닌 전형화의 형태를 띠는 것으로 나타났기 때문이다. 그러므로 기획영화는 영화적 경향을 결정한 제작관행과 문화와의 차별화를 의미하는 것이기도 하지만 다양성이 축소된 내용과 형식의 일정한 공식이 존재한다는 것을 말하기도 한다. 이것의 의미를 좀 더 확대하면 기획영화는 "문화가 상품의 부가가치를 높이는 경제적 수단이면서 동시에 자본주의적 재생산을 위해 대중의 욕망과 이데올로기를 관리하고 통제하는 주요 전략이 된 것이다."[90] 따라서 영화 관객들의 변화와 시대적 흐름을 포착하여 흥행을 주도했던 기획영화는 이 시기 한국영화 전형화의 또 다른 의미이며, 이는 다양한 도전과 과감한 시도가 차단될 수 있는 가능성을 내포하고 있다는 것이기도 하다. 이것은 대기업과 금융자본

---

90) 강내희 지음, 『신자유주의 금융화와 문화정치경제』, 문화과학사, 2014, 19쪽.

의 영화제작 참여로 인한 이 시기 기획영화들이 증명하고 있는 것이다.

7. 맺음말

　서울 올림픽이 개최된 1988년부터 국제통화기금 IMF에 구제 금융을 요청한 1997년까지의 한국영화는 다양한 변화를 강요받던 시기였다. 특히 서울 올림픽의 성공적인 개최와 북방정책추진, WTO 체제의 출범으로 세계경제질서 재편에 대응하기 위한 세계화 전략은 이 시기 한국영화의 변화를 강제한 핵심 요소라 할 수 있다. 이는 한국영화가 동시대의 흐름과 밀접한 관계 속에서 특징과 경향이 형성되었음을 의미한다.

　이 시기 한국영화에서 나타난 변화의 특징 중 하나는 남북관계의 개선과 북방정책의 추진, 소련을 비롯한 공산권 국가들의 서울 올림픽 참가와 1991년 소련의 해체로 공산주의 이데올로기와 역사에 대한 인식의 전환으로부터 비롯된 것이다. 이것은 이 시기 한국사회의 정치적, 사회적 기류뿐만 아니라 그 동안 축적되어왔던 지배체제의 모순과 현실을 다룬 주제들과 노동자들을 중심으로 묘사된 서로 다른 계급간의 간극, 이념과 뒤섞여 있는 역사적 문제, 미국을 비롯한 외세와 민족 정서를 대립시키는 것, 독립된 인간으로서 여성의 존재를 강조한 것, 욕망과 허위로 점철된 현실사회의 모순과 허위의식 등을 대상화 하는 것으로 나타났다. 이와 같은 내용들은 서울 올림픽이라는 축제와 북방정책추진, 소련의 붕괴로 공산주의 이데올로기 벨트가 와해되면서 그 동안 한국사회를 지배하고 있던 이데올로기에 의한 정치권력의 통제 장치의 약화로 가능했다. 이로 인해 이 시기 한국영화는 과거와 같은 경직되고 엄격한 정치적, 사회적 기조로부터 다소나마 벗어날 수 있었고 다양한 영역에서의 새로운 흐름을 형성할 수 있었다.

그리고 이 시기 한국영화의 변화를 강제한 또 다른 요인은 할리우드 영화 사들의 한국영화시장 개방 요구로부터 비롯되었다. 미국정부를 통한 할리우드 영화사들의 한국영화시장 개방 압력은 1988년 광고, 영화배급, 영화 제작에 대한 외국인 투자를 허용한다는 정부의 방침으로 나타났고 직배상 영이 현실화되자 충무로의 한국영화는 심각한 위기상황에 직면했다. 이것은 1993년 15.9%로 하락한 한국영화의 점유율로 증명되었다. 여기에 서울 올림픽과 TV과외로 인한 비디오기기 보급이 확대되면서 형성된 비디오 시장마저도 할리우드 영화사들의 영향권에 들어가게 됨으로써 한국영화는 안팎으로 어려움에 처하게 되었다. 이러한 상황 속에서 1993년 김영삼 정부의 <쥬라기 공원>으로 빗댄 영화의 산업성이 확인되면서 영상산업이 국가 전략산업으로 지정되고 정부의 다양한 지원정책이 이어지자 영화는 산업이라는 개념으로 재정립되기 시작하였다. 이는 세계화 전략 추진과 맞물리면서 예술적 행위와 상업적 행위의 경계 위에 있던 영화에 대한 기존의 인식이 산업이라는 관점으로 점차 탈바꿈하게 되는 계기로 작용했다. 영화에 대한 정부의 이러한 인식변화와 정책은 1993년 케이블 TV의 출범과 함께 그 동안 비디오 프로그램 수요에 대해 수세적으로 대응해왔던 대기업이 본격적으로 영화업에 참여할 수 있는 토대가 되었다. 이로 인해 삼성을 비롯한 현대, 대우, SK, 제일제당 등과 같은 대기업의 자본과 금융자본이 유입될 수 있었고, 그 동안 지방흥행업자의 자본으로 유지되던 한국영화 제작은 동시대 영화관객들의 수요에 부합하여 수익을 창출할 수 있는 체계로 바뀌어 갔다. 이것은 중산층 이데올로기와 신세대 문화가 결합한 로맨틱 코미디 영화와 조폭영화를 통해 나타났다. 특히 1992년 김의석의 <결혼이야기>의 성공과 1994년 장현수의 <게임의 법칙> 등으로 이어지는 일련의 영화들은 대기업과 금융자본의 유입으로 형성된 이 시기 기획영화로 불리며 전형화 된 한국영화의 새로운 경향인 것이다.

그러므로 이 시기 한국영화는 서울 올림픽과 북방정책, 공산주의 이데올로기 벨트의 해체로 기존의 터부시 되었던 주제와 소재로부터 벗어나 새로운 영역을 영화화 할 수 있었다. 또한 할리우드의 공세로 위기에 빠진 한국영화가 대기업과 금융자본에 의해 산업화로 점차 전환되기 시작하면서 새로운 전형화의 토대가 이루어진 시기라 할 수 있다.

제 7 장

우선된 자본의 가치,
재인식된 민족의 동질성,
세계화로의 시기

1998-2007

1. IMF 사태와 가치 변화

　　1997년 11월 김영삼 정부의 강경식 부총리겸 재정경제원 장관, 김인호 청와대 경제수석, 이경식 한국은행 총재는 외환위기로 국가가 부도사태에 직면하고 있음을 인지하고 있었음에도 대통령에게 신속하게 보고하지 않았다. 김영삼 대통령은 1997년 11월 10일 홍재형 전 경제부총리의 전화를 받고서야 사태의 심각성을 알게 되었고, 11월 14일 아침 강경식의 보고를 받고 IMF 행을 결정했다.[1] 그리고 11월 16일 국제통화기금(International Monetary Fund, IMF) 총재 미셸 캉드쉬(Michel Camdessus)가 한국을 비밀리에 방문하여 강경식, 이경식과 IMF의 지원방안에 대해 협의하였다. 여기서 이경식은 300억 달러를 요청하였고, 캉드쉬는 지원조건으로 대통령 당선자의 동의서를 요구했다.[2] 이후 새로 임명된 임창열 경제 부총리, 김영섭 경제수석, 이경식 한은 총재는 20일 IMF 체제로 가기로 최종 결론을 내렸다.[3] 김영삼 대통령은 21일 이러한 정부의 정책을 설명하고 경제위기 타개를 위한 협조와 동의를 받기 위해 새정치국민회의 김대중, 신한국당 이회창 대통령 후보와 조순 한나라당 총재, 박태준 자유민주연합(자민련) 총재를 청와대로 초청했다. 이날 저녁 10시 임창열은 200억 달러 이상을 IMF로부터 지원 받겠다는 내용을 발표하였다. 이를 두고 당시 자민련 부총재였던 김용환은 1997년 11월 21일을 1910년 경술국치와 1950년 6.25전쟁 중 군사작전을 미군에 넘긴 사건과 함께 민족 수치를 온 국민에게 안겨 준 날로 규정했고, IMF 협상을 주도했던 임창열도 6.25이후 한국 최대의 국난의 시작이라 회고했다.[4] 그리고 휴버트 나이스(Hubert Neiss) 국장이 이끄는 IMF 실무단이

---

1) 동아일보 특별취재팀 지음, 『잃어버린 5년-칼국수에서 IMF까지, YS문민정부 1,800일 비화 2』, 동아일보사, 1999, 220쪽.
2) 위의 책, 223쪽.
3) <캉드쉬 지난달16일 극비 방한, 협상 막전막후>, 매일경제, 1997.12.02.
4) 강준만, 『한국현대사 산책(1990년대 편 3권)』, 인물과 사상사, 2014, 86쪽, 88쪽.

방한하여 협상을 통해 12월 3일 외환위기를 겪고 있는 한국에 구제 금융을 지원하기로 최종 합의하면서 한국은 IMF 관리체제에 놓이게 되었다.

1998년 2월 25일 대한민국 최초로 여·야 사이의 수평적 정권 교체를 이루면서 "작지만 강한 나라 건설, 참여민주주의 공고화, 경제위기를 단기간에 극복하고 안정성장의 궤도로 진입하는 동시에 경제적 재도약의 기반을 구축하겠다"[5]는 비전을 가지고 출범한 김대중 정부는 이렇듯 IMF 관리체제하에서 시작되었다. 이때 김대중 정부 앞에 놓인 것은 1998년 초 국민총생산 4,000억 달러의 37%에 달하는 1,500억 달러에 이르는 한국의 총 외채와 1993년부터 1997년까지 평균 경제성장률이 7.82%였던 것이 1998년에는 마이너스 5.5%로 추락한 경제적 상황이었다.[6] 여기에 그 동안 한국 경제 성장의 상징이자 신화였던 대기업들이 무너지기 시작하였고 그 파장은 한국경제 전역으로 확산되었다. 이것의 실상은 부도 기업의 수로 나타났다. 예컨대 1997년 17,168개에서 1998년 22,828개, 1999년에는 6,718개의 크고 작은 업체들이 부도가 났다.[7] 그리고 주가의 하락과 이자율, 환율의 급등은 기록적이었다. 이를테면 1994년 말 종합주가지수 1,027.37이었던 것이 1997년 12월 3일에는 379.31까지 떨어졌고, 이듬해인 1998년 6월 16일에는 280.00까지 추락했다.[8] 1996년 말 12.6%였던 이자율은 1997년 12월 23일 31.1%까지 뛰었다.[9] 1996년 1달러에 844.2원 하던 환율은 1997년 1,695원까지 치솟았고, 1998년에는 1,204원대를 기록했다.[10] 1997년 10월 2.1%에 불과하였던 실업률은 1998년 12월에는 7.9%, 1999년 2월에는

---

5) 한국행정연구원, 『대한민국 역대 정부 주요 정책과 국정운영 김대중 정부』, 대영문화사, 2014, 46쪽.
6) 강준만, 앞의 책, 173쪽.-통계청, 『통계로 본 광복 70년』, Jinhan M&B, 2015, 3쪽.
7) 이규성, 『한국의 외환위기』, 박영사, 2015, 900쪽.
8) <외환위기 직후 280에서 2,000까지>, 한겨레, 2007.07.24.
9) 정창영, 『IMF 고통인가 축복인가』, 문이당, 1998, 19쪽.
10) 통계청, e-나라지표(https://www.index.go.kr)

8.6%로 치솟았다. 1998년 9월 실업자 수는 157만 명에 이르렀고 실업률은 7.3%였지만, 실업자 수는 국제적 기준으로 따지면 최소 200만에서 최대 400만 명으로 추정되었다. 1998년 1인당 국민소득은 7년 전인 1991년의 6,400-6,700달러 수준으로 후퇴했고 근로자들의 임금 역시 평균 9% 정도의 삭감을 당했다.[11] 그 결과 거리엔 노숙자가 나타나기 시작하였고 자살과 생계형 범죄가 늘어났다. 이를 두고 "1998년 5월 16일자 《워싱턴 포스트》지는 한국인들이 생활고로 매일 25명씩이나 자살하고 있으며, 절도는 1998년 1-2월에 50%가 늘었으며, 이 중 상당수 사람들이 초범인 IMF형 생존범죄라고 보도했다."[12] 실제로 "1998년 강도와 절도는 각각 32.1%, 26% 증가했고, 이혼율은 1997년도 같은 분기에 비해 33.5% 상승했다."[13] 자살률도 1997년 10만 명당 13.1명에서 1998년에는 18.4명으로 증가했다.[14] IMF 사태는 이처럼 한국사회와 한국인들의 실제적인 삶에 커다란 충격을 주었다.

문제는 IMF 사태로 초래된 후유증, 즉 불확실하고 불안한 경제 상황 속에서 대책 없이 무한경쟁의 시장 논리 속으로 내몰리게 된 한국인들의 의식 속에 각인되어 내재화된 가치의 변화였다. 그것은 다름 아닌 "나의 삶을 보장해 주지 않으면 그 어떤 것도 미련두지 않겠다는 탈착 현상이 가속화 되었다는 것이다."[15] 이와 같은 현상을 단적으로 보여준 것이 직업선택의 조건이었다. 외환위기 이전인 1995년에는 직업선택의 조건으로 "안정성 29.6%, 장래성 29.2%, 수입 27.1%로 균형적인 비율로 나타났다...... (그러나) 외환위기 이듬해인 1998년 조사에서는 안정성 41.5%, 장

---

11) 이영문, 「경제위기 상황과 정신건강의 함수」, 『사회비평』 제19권, 나남출판사, 1999, 84쪽.
12) 정창영, 앞의 책, 15쪽.
13) 이영문, 앞의 논문, 85쪽.
14) 통계청, 앞의 책, 165쪽.
15) 박길성, <IMF 10년, 그 후 한국은 어떤 가치도 돈 앞에 무릎 꿇다>, 《이코노미스트(통권 880호)》, 2007.03.27.

래성 20.7%, 수입 18.2%로 조사됐다."[16] 직업 선택에 있어 안정성이 가장 중요한 요소로 등장했다. 이것은 IMF 사태 이후 한국 사회가 그만큼 불안정한 상태에 있다는 것을 나타내 주고 있는 것이다. 이는 IMF 사태 이후 한국사회의 실제적인 사회구조변화를 증명하고 있는 소득격차를 통해 확인된다. 이를테면 이 시기 소득계층별 소득증가율을 보면 "1997년 상위 20%와 20-40%의 계층에서는 각각 20.9%, 26.6%의 증가율을 보였고, 40-60%의 계층에서는 4.5%의 증가에 그쳤으며 나머지 60-80%는 -9.9%, 80-100%는 -8.2%를 기록하였다. 이러한 빈부격차는 IMF 사태 이후인 1998년과 1999년에 이르면 상위 20%의 계층에서는 각각 5.6%, 3.7%가 증가하였던 것에 비해 나머지 20-40%에서는 각각 -3.3%, -1.3%로, 40-60%의 계층에서는 -3.6%, -2.3%로 하락하였고, 60-80%의 계층에서는 -6.4%, -3.6%, 80-100%의 계층에서는 무려 -10.3%, -8.4%로 나타났다."[17] IMF 사태를 통해 영향을 거의 받지 않은 계층은 상위 20%의 계층이었고 나머지 계층은 소득증가율에 심각한 타격을 받았다. 이것은 IMF 사태를 통해 한국사회구조가 양극화의 심화와 함께 사회 불평등이 고착화되기 시작하였음을 의미한다. 이는 소득 불평등 정도를 나타내는 지니계수의 변동을 통해서도 확인된다. 즉 1997년 지니계수는 0.283을 기록했지만 경제위기 이후인 1998년에는 0.316, 1999년에는 0.320으로 최고치를 기록했으며, 2000년에는 0.317, 2001년에는 0.319, 2002년에는 0.312, 2003년에는 0.306으로 하락했지만 2004년, 2005년에는 다시 0.310으로 상승하였고 2006년에는 0.306, 2007년은 0.312를 기록하였다.[18] 이는 이후 IMF 사태 극복과정에서 국민의 정부 시기 내수 진작으

---

16) 위의 잡지, 2007.03.27.

17) 김문겸·이일래·인태정, 『여가의 시대-문화사적 관점에서 본 자본주의와 여가』, 호밀밭, 2021, 128쪽.

18) 통계청, e-나라지표(https://www.index.go.kr)

로 인한 신용카드와 현금서비스 한도 폐지로 카드사들의 과당경쟁을 불러일으켜 참여정부 시기 표면화된 신용불량자들의 증가(1998년 160만 명이었던 것이 2003년 4월 309만 명을 넘어서고 2004년 4월 382만 5000명으로 정점을 기록함)[19]와 94%의 상승률을 기록한 서울 25평 기준[20]의 아파트가격은 IMF 사태 이후 한국사회의 소득 불평등과 계층 간의 양극화가 더욱 심화되었음을 보여주고 있다. 이러한 현상은 IMF 체제라는 냉혹한 현실을 거치면서 한국인들 스스로가 자신의 위치를 재조정하는 계층인식의 변화로 나타났다. 이는 통계청에서 실시한 주관적 사회계층에 대한 의식조사 결과에서 확인된다. 예컨대 주관적 사회계층 인식에서 1994년에는 60.4%가 스스로를 중산층으로 인식하고 있었으나 IMF 사태를 겪고 난 후 1999년에는 54.9%, 2003년에는 56.2%, 2006년에는 53.4%로 하락하였다.[21] 그리고 2006년 중앙일보가 현대경제연구원과 함께 신년기획으로 <나는 어느 계층에 속하나>의 조사에서 하층이라고 응답한 비율이 1994년 18.3%, 1997년 34.6%였지만 외환위기 이후인 1999년에는 54.3%, 2005년에는 43.0%로 나타난 것에서 알 수 있다.[22] 이러한 인식의 변화는 한국인들 스스로가 IMF 사태로 인해 상당한 열패의식을 지니고 있음을 보여주고 있는 것과 다름없다. 이와 같은 현상과 궤를 같이하고 있는 것이 바로 개인의 성공 조건에 관한 인식변화이다. 2006년 '취업포털 커리어'가 조사한 <한국사회에서 개인의 성공조건>에 관한 자료에 따르면 한국 사회에서 개인의 성공 조건으로 "돈(재력) 53.7%, 처세술 11.7%, 직업선택 11.7%, 노력 7.3%, 사회적 지위(가문) 6.8%, 학벌 4.0%, 연고관계 3.9%, 운 0.8%

---

19) 참여정부 국정브리핑 특별기획팀 지음, 『노무현과 참여정부 경제5년』, 한스미디어, 2008, 62쪽.
20) <집값 잡겠다던 진보정부가 더 올려…통계로 증명된 '부동산 규제' 역설>, 서울경제, 2020.07.22.
21) 통계청, e-나라지표(http://www.index.go.kr)
22) <2006 신년기획 중산층을 되살리자>, 중앙일보, 2006.01.02.

로 나타났다."[23] 이른바 "능력, 소질, 인간관계와 같은 전통적인 덕목이 돈의 위력을 넘을 수 없다는 극단적인 배금주의가 확산되고 있었던 것이다."[24] 특히 노력하면 성공할 수 있다고 믿는 사람이 겨우 7% 정도에 머물고 있다는 것은 IMF 사태 이후 한국 사회와 그에 대한 인식이 어떻게 변해가고 있고 무엇을 향해 가고 있는지를 상징적으로 보여주고 있다. 이것은 한국사회에서 돈의 가치, 즉 자본의 가치가 그 어떤 가치보다도 중요한 요소로 선회하게 된 사실을 설명하고 있다. 이는 그동안 한국 사회를 지배해 왔던 도덕, 윤리와 집단주의에 토대한 전통적인 가치관의 약화를 의미한다. 이제 한국 사회는 전통적 개념인 인간관계에 기반을 둔 인간적 정서와 개인 노력의 가치는 축소되고 돈의 가치가 성공과 실패를 가르는 가장 중요한 가치 평가의 척도가 되었다. 이것은 타인을 누르는 것에 부끄러움을 느끼는 도덕적 이상인 '진정성의 에토스(Ethos of Authenticity)'가 주도적 가치로서의 위치를 잃고 생존 중심의 신자유주의로 변화하였음을 의미한다. IMF 사태를 기준으로 한국인들은 매 순간 생존의 위협을 느끼는 상태에서 집단적 가치보다는 개인의 생존과 이익을 중요시하게 되었고 집단의 도덕적 기반은 그 지위를 잃어간 것이다.[25] 특히 1980년대 민주화운동의 역사적 경험을 통해 형성된 강력한 집단주의와 공동체 의식은 개인과 가족의 생존 앞에 힘을 발휘하지 못하게 되었다. 이는 5년마다 국제 협력에 의해 실시되는 세계가치관조사

---

23) 2006년 '취업포털 커리어' 자료, <한국사회에서 개인의 성공조건>.-박길성, 앞의 잡지, 2007.03.27일자에서 재인용.

24) 위의 잡지, 2007.03.27.

25) 김경준·이윤석, 「IMF 외환위기 이후 한국 사회의 탈도덕화: 공평성, 순수성 변화를 중심으로」, 『한국사회학』 제55집 제2호, 한국사회학회, 2021, 30쪽. 사회과학에서의 도덕은 두 가지 의미로 사용된다. 첫 번째 의미는 정의, 공평성에 대한 우려와 관련된 옳고 그름의 보편적 기준이고 두 번째 의리는 사람이나 집단마다 다른 도덕을 가지고 있다는 도덕적 주관성과 상대주의를 기반으로 하면서 다른 사람을 돕거나 해치면 안 된다는 것을 넘어서 어떻게 행동해야 하는 것이 옳은지와 사람들이 무엇을 믿고 느껴야 하는지를 포함한다.-위의 논문, 32쪽.

에서 '자녀들에게 어떤 가치를 강조하는가'라는 질문에 대한 답으로 나타난다. 여기서 한국은 배려, 존중에 대한 인식이 2000년에는 64.7%, 2005년에는 56%, 2010년에는 45.3%로 빠르게 낮아져 가고 있음을 보여준다.[26] 이것은 IMF 사태가 한국인들로 하여금 냉혹한 현실에 눈을 돌리게 하였을 뿐만 아니라 이후 한국인들의 가치관 형성에 얼마나 지대한 영향을 미쳤는지를 보여주고 있는 것이다.

IMF 사태로 인한 우울하고 어두운 현실 풍경은 이 시기 한국영화에서 역설적으로 그것의 근원이 무엇으로부터 비롯되고 어디에 있는지에 대한 탐구로 이어졌다. 그 결과 이 시기 많은 한국인들은 문제가 발생한 특정한 시점에서 다시 시작하고자 하는 과거 회귀적 경향을 띠면서 현재 자신의 모습을 바라보고 성찰하거나 그것으로부터 회피하고자 하였다. 또 다른 이들은 한국 사회의 모습을 자본의 패권적 가치에 의해 소외된 인간과 인간 사이의 관계와 인간의 본성적 특성과 존재의 무력함에서 찾고자 했다. 이들은 표면적 현실 속에 감춰져 있는 인간의 다양한 욕망 속에서 극단적 자본주의 논리로 내몰린 한국사회의 현실을 보고자 한 것이다. 이와 같은 특징들은 1998년에서부터 2007년까지 존재했던 한국영화에 투영되어 이 시기 한국영화의 주요한 흐름을 이루었다.

2. 새로운 남북관계

1998년에서 2007년까지 한국 영화의 또 다른 특징 형성은 김대중·노무현 정부에서 추진되었던 남북 관계의 변화와 연관되어 있다. 이것은 1998년 김대중 대통령이 취임사에서 밝힌 '화해와 협력, 평화를 통한 남

---

26) 한준 외, 『외환위기 이후 20년 한국사회구조와 생활세계의 변화』, 대한민국역사박물관, 2018, 37쪽.

북 관계의 개선'이라는 목표와 이를 추진하기 위한 3원칙에 근거하고 있다. 김대중 정부가 공표한 3원칙은 "첫째, 어떠한 무력도발도 결코 용납하지 않는다. 둘째, 우리는 북한을 해치거나 흡수할 생각이 없다. 셋째, 남북 간의 화해와 협력을 가능한 분야부터 적극적으로 추진해나간다"[27]는 것이었다. 김대중 정부의 이러한 대북 정책의 기조는 "한반도의 평화 정착과 점진적 평화 통일을 목표로 분단 상황을 평화적으로 관리하기 위한 것이고 다른 하나는 분단을 극복하고 통일을 이룩하기 위해서는 통일 과정에 가로놓여 있는 냉전 구조라는 장애물들을 어떻게 제거하는가의 문제에 기반한다."[28] 이러한 목표에 따라 김대중 정부는 그동안 단절되었던 북한과의 대화 채널을 다양하게 가동하기 시작하였다. 그 결과 그동안 기능이 마비되었던 '군사정전위원회'를 판문점 장성급 회담으로 재개하여 정전관리 체제를 다시 복원했다. 그리고 1998년 4월 30일 정부의 '남북경협활성화 조치'가 발표되었고, 6월에는 정주영 현대그룹 회장이 북한을 직접 방문하여 '현대그룹'과 '조선아시아태평양평화위원회'간의 금강산 관광 및 개발 사업에 합의하였으며, 11월 14일 2박 3일 일정으로 승객 415명, 승무원 423명을 태운 현대 금강호가 북한 장전항을 향해 시험운항을 하면서 역사적인 금강산 관광이 시작되었다.[29] 이후 금강산 관광은 1998년 1만554명을 시작으로 1999년 14만8,074명, 2000년 21만3,009명, 2001년 5만7,879명, 2002년 8만4,727명, 2003년 7만4,334명을 기록하였고, 2003년 2월부터 육로관광이 시작되면서부터는 관광객 수가 급증하여 2004년 26만8,420명, 2005년 29만8,247명, 2006년 23만4,446명, 2007년 34만5,006명에 이르게 되면서 남북 관계의 새로운 변화를 상징적으로 보여주

---

27) <김대중 대통령 취임사>, 1998년 02.25.
28) 최성, 「김대중 정부의 포괄적 대북포용정책」, 『세계지역연구논총』 Vol.13, 한국세계지역연구협의회, 1999, 17쪽.
29) <현대 금강호 오늘 아침 귀항>, 매일경제, 1998.11.16.

었다.[30] 이러한 남북 관계의 변화는 교역의 규모에도 커다란 영향을 가져왔다. 예컨대 1998년에는 2억 2천만 달러에 불과하였지만 1999년 3억 3천만 달러, 2000년 4억 2천만 달러, 2001년 4억 달러, 2002년 6억 4천만 달러, 2003년 7억 2천만 달러, 2004년 6억 9천만 달러를 거쳐 2005년에는 10억 5천만 달러에 이르렀으며 2006년에는 13억 5천만 달러, 2007년 18억 달러를 기록함으로써 한국은 북한에게 있어 중요한 교역 대상국이 되었다.[31] 이와 같은 남북 관계의 변화와 발전을 가장 극적으로 보여준 장면은 2000년 6월 13일 김대중 대통령이 평양의 순안공항에 도착하여 마중 나온 김정일 국방위원장과 두 손을 맞잡는 모습과 6월 13일부터 15일까지 평양에서 열린 역사적인 남북정상회담을 통해 합의되어 발표된 6.15 '남북공동선언'이었다. 다섯 개 항으로 이루어진 남북공동선언문은 다음과 같다.

1. 남과 북은 나라의 통일문제를 그 주인인 우리 민족끼리 서로 힘을 합쳐 자주적으로 해결해 나가기로 했다.
2. 남과 북은 나라의 통일을 위한 남측의 연합 제안과 북측의 낮은 단계의 연방제안이 서로 공통성이 있다고 인정하고 앞으로 이 방향에서 통일을 지향시켜 나가기로 했다.
3. 남과 북은 올해 8·15에 즈음하여 흩어진 가족, 친지 방문단을 교환하며 비전향 장기수 문제를 해결하는 등 인도적 문제를 조속히 풀어나가기로 했다.
4. 남과 북은 경제협력을 통하여 민족경제를 균형적으로 발전시키고 사회, 문화, 체육, 보건, 환경 등 제반 분야의 협력과 교류를 활성화하여 서로의 신뢰를 다져 나가기로 했다.
5. 남과 북은 이상과 같은 합의 사항을 조속히 실천에 옮기기 위하여 빠른 시일 안에 당국 사이의 대화를 개최하기로 했다.[32]

---

30) 통계청, 국가통계포털(https://kosis.kr)
31) 통계청, e-나라지표(https://www.index.go.kr)
32) 홍석률·박태균·정창현, 『한국현대사 2』, 푸른역사, 2015, 296쪽.

　남북 정상의 만남과 6.15공동선언문 발표는 그동안 이데올로기적 대결을 통한 체제 우위 경쟁을 했던 남북 관계에 새로운 전환점을 가져왔다. 이 시기를 기점으로 남북 관계는 관광뿐 아니라 정치, 국방, 경제, 문화 등으로 확대되어 상호 교류가 본격화되었다. 특히 남북정상회담 이후 "2000년 7월 개최된 제1차 남북장관급 회담과 8월에 열린 제2차 남북장관급 회담에서 남북한은 경의선 철도(서울-신의주)와 도로(문산-개성)를 연결키로 합의했고, 2002년 8월에 개최된 제7차 남북장관급 회담에서는 경의선 철도·도로와 동해선 철도·도로의 착공 등에 합의함으로써 2002년 9월 18일 비무장지대 내에서 경의선 철도·도로와 동해선 철도·도로 연결공사 착공식을 남북한에서 동시에 개최하였다. 그리고 경의선 철도·도로 연결공사가 2001년 12월 말 완료되어 최북단 도라산 역사가 2002년 4월 30일 준공되었다."[33] 이러한 남북한의 교류는 김대중 정부의 화해와 협력, 평화를 위한 구체적 현상이었다.

　남북관계에 있어서 많은 변화를 이끈 김대중 정부의 대북 정책 기조는 2003년 2월 25일 취임한 노무현 대통령의 참여정부에서도 유지되었다.

　노무현 정부는 김대중 정부 때 추진되었던 남북한 간의 화해와 협력, 평화 정착 정책의 성과를 계승, 발전시키면서 한반도의 평화를 증진하고 남북한의 공동 번영을 통해 동북아 경제중심으로 나아가고자 하는 이른바 '평화번영정책'을 추구하였다. 이를 위하여 노무현 정부는 김대중 정부 때 추진되었던 3대 경협 사업, 즉 경의선과 동해선의 철도와 도로공사, 개성공단 건설, 금강산의 육로관광 사업을 발전시켰다. 특히 육로관광은 2003년 2월 4일-5일 사전답사와 시범관광이 실시되었으나 북측 도로공사 사정으로 일시 중단되는 상황을 맞이했지만 2003년 9월 1일 재개되어[34] 2004년도에는 월 평균 관광객이 2만 명을 넘어 총 26만 명에 이르렀다. 그리고 금

---

33) 강정모·박원규, 「경제특구 활성화를 통한 남북한 경제협력 체제의 구축」, 『비교경제연구』 제11권 제2호, 한국비교경제학회, 2004, 58쪽.
34) 국가기록원(https://www.archives.go.kr)

강산 관광에 이어 2005년 8월 26일부터 9월 7일 사이 3차례에 걸쳐 개성 관광이 시범적으로 실시되었다. 개성 관광은 2007년 12월 5일부터 본격화되어 2008년 11월 29일을 마지막으로 중단될 때까지 11만 549명의 관광객이 다녀갔다.[35] 관광 사업과는 별도로 2003년 11월에는 남과 북을 출입하는 인원과 물자 수송 등 교류 협력의 활성화를 위한 남북한 출입사무소가 파주의 도라산역에 개설되었고, "2004년 4월 남북 철도·도로연결실무협의회 제4차 회의에서 남북 사이에 열차 운행에 관한 기본 합의서에 가서명함으로써 차량 운행 합의서와 더불어 철도·도로 연결에 따른 기본적인 제도적 장치가 마련되었다."[36] 뿐만 아니라 2000년 8월 22일 현대아산과 북한의 조선아시아태평양위원회 사이 개성지역 일대 약 2천만 평 규모를 3단계에 걸쳐 공단과 배후도시를 건설하기로 체결된 '공업지구 건설·운영에 관한 합의서'에 따라 2003년 6월 개발계획의 5%인 1단계 1백만 평에 대한 부지 조성공사 착공식이 거행 된 후 2006년 6월 부지조성 및 시범단지가 완료되었다.[37] 시범단지 입주기업에 대한 계약 체결에 이어 2005년 9월에는 개성공단 1단계 1차로 24개 기업이 분양되었고, 2007년 6월에는 1단계 2차로 183개 기업이 분양되었다.[38] 이와 같은 남북한 교류를 보다 활성화시키고 안정적으로 실현하고 관리하기 위하여 2007년 10월 2일 오전 9시 5분 경 노무현 대통령이 분단 이후 한국의 국가원수로서는 처음으로 도보로 군사분계선을 넘어 육로를 통해 평양에 도착했다. 그리고 10월 2일부터 4일까지 노무현·김정일 간의 제2차 남북정상회담이 열렸다. 10월 4일 노무현 대통령과 김정일 국방위원장은 6.15공동선언의 정신을 재확인하고 남북관계

---

35) 국립통일교육원(https://www.uniedu.go.kr)

36) 김영재, 「노무현 정부의 대북정책」, 『국제문화연구』 Vol.24, 청주대학교 국제협력연구원, 2006, 60쪽.

37) 허련, 「개성공단 개발사업의 성과와 함의」, 『대한지리학회지』 제46권 제4호, 대한지리학회, 2011, 523쪽.

38) 통일부, 개성공단 사업추진경과(https://www.unikorea.go.kr)

발전과 한반도 평화, 민족 공동의 번영과 통일을 실현하는데 따른 제반 문제들을 협의하면서 총 8개항으로 구성된 다음과 같은 '남북관계 발전과 평화번영을 위한 선언'을 발표하였다.

> 1. 남과 북은 6·15 공동선언을 고수하고 적극 구현해 나간다.
> 2. 남과 북은 사상과 제도의 차이를 초월하여 남북관계를 상호존중과 신뢰 관계로 확고히 전환시켜 나가기로 하였다.
> 3. 남과 북은 군사적 적대관계를 종식시키고 한반도에서 긴장완화와 평화를 보장하기 위해 긴밀히 협력하기로 하였다.
> 4. 남과 북은 현 정전체제를 종식시키고 항구적인 평화체제를 구축해 나가야 한다는데 인식을 같이하고 직접 관련된 3자 또는 4자 정상들이 한반도지역에서 만나 종전을 선언하는 문제를 추진하기 위해 협력해 나가기로 하였다.
> 5. 남과 북은 민족경제의 균형적 발전과 공동의 번영을 위해 경제협력사업을 공리공영과 유무상통의 원칙에서 적극 활성화하고 지속적으로 확대 발전시켜 나가기로 하였다.
> 6. 남과 북은 민족의 유구한 역사와 우수한 문화를 빛내기 위해 역사, 언어, 교육, 과학기술, 문화예술, 체육 등 사회문화 분야의 교류와 협력을 발전시켜 나가기로 하였다.
> 7. 남과 북은 인도주의 협력 사업을 적극 추진해 나가기로 하였다.
> 8. 남과 북은 국제무대에서 민족의 이익과 해외 동포들의 권리와 이익을 위한 협력을 강화해 나가기로 하였다.[39]

비록 제17대 대통령 선거를 2개월 앞둔 시점에서 제2차 남북정상회담이 열렸지만 이는 남북관계의 또 다른 변화를 가져왔다. 그것은 1999년 이후

---

39) 편집부, 「남북관계 발전과 평화번영을 위한 선언 전문」, 『북한』 11월호, 북한연구소, 2007, 215-218쪽.

남북 간 군사적 충돌이 지속적으로 일어났던 서해 지역을 공동 어로구역으로 설정하고, 평화지대를 설치한다는 방안을 비롯해 남북한 간의 군사적 충돌을 완화하는 내용이 포함되어 있었다.[40] 이는 남북한 간의 평화적 관계가 지속적으로 유지될 수 있다는 가능성을 보여주었다.

이처럼 1998년에서 2007년 사이 진행되었던 남북한 간의 상호 교류 확대와 증진으로 남북 관계는 중요한 변화의 국면을 맞이하였다. 이것은 김대중, 노무현 정부를 거치면서 남북문제, 즉 분단문제를 바라보는 시각 자체가 변하였음을 의미한다. 여기에 IMF 사태를 겪으면서 그 누구도 도와주지 않은 고립된 국가의 모습에 민족주의적 정서가 이입되면서 그 동안 한국 영화에서 묘사된 대결적 방식의 남북문제, 분단문제의 관습적 수법은 커다란 변화를 맞이하게 되었다.

3. 영화의 산업화와 수직화

이 시기 한국에서 영화의 새로운 개념은 1998년 2월 25일 김대중 대통령이 취임사에서 언급한 영화를 포함한 문화를 '민족문화의 세계화'와 영상산업을 '무한한 시장이 기다리고 있는 부의 보고이자 21세기 기간산업'이라고 규정한 것으로부터 비롯된다.[41] 이후 문화는 정부에 의해 산업으로서 그 중요성이 더욱 강조되었다. 이는 선진경제가 되기 위해서는 문화산업이 반드시 갖추어 나아가야 할 분야이자 국가경쟁력의 토대로 인식되었다.[42] 이것은 김대중 정부와 노무현 정부의 문화정책 영역에서 영화가 문화

---

40) 홍석률·박태균·정창현, 앞의 책, 320쪽.
41) 김대중 대통령 취임사(대통령기록관, https://www.pa.go.kr)
42) 노무현 대통령 취임 2주년 국정연설(대통령기록관, https://www.pa.go.kr).-한국문화예술위원회 출범 축하 메시지(대통령기록관, https://www.pa.go.kr)

라는 범주 속에서 산업으로서의 경쟁력 확보를 우선하고 있음을 말한다. 이
는 '지원은 하되 간섭은 하지 않는다'는 문화와 예술에 대한 김대중 대통령
의 철학과 IMF 사태로 인한 현실 인식과 연결되어 구체화되었다. 이것은
1994년 김영삼 정부가 거절했던 빌 클린턴 정부의 '한미투자협정(Bilateral
Investment Treaty, BIT)'을 IMF 사태로 한국에서 이탈했던 자본을 다시 유치
함으로써 대외 신인도를 높이기 위해 김대중 정부에서 다시 추진했던 것에
서 알 수 있다. '한미투자협정'은 1998년 6월 9일 김대중, 빌 클린턴 정상회
담에서 합의됨으로써 시작되었고, 이후 실무회담이 진행되었다. 7월 21일
워싱턴에서 열린 제1차 한미투자협정 실무회담에서 미국은 한국의 스크
린쿼터제가 현지 생산품(local content) 사용의무를 금지한 양자 간 투자협
정 표준문안 제6조 A항에 위배된다고 지적했다. 이에 대해 외교통상부는
전향적으로 수용하겠다는 뜻을 밝혔지만 문화관광부는 한국의 문화 정체
성 보호를 위해 불가하다고 거부했다.[43] 영화인들 역시 한국영화의 시장점
유율이 40%에 이를 때까지 스크린쿼터제의 유지를 약속했던 김대중 대통
령의 공약을 언급하면서 한미투자협정 협상에 반대하였다.[44] 김대중 대통
령의 약속 상기는 1998년 12월 29일 국회 문화관광위원회에서 한국영화
의 시장점유율이 40%가 될 때까지 스크린쿼터제를 현행대로 유지 할 것
을 촉구하는 결의안과 1999년 1월 5일 국회 본회의에서 '한국영화 의무상
영제 유지 촉구 결의안' 채택으로 이어졌다.[45] 당시 문화부장관이었던 신낙
균도 1월 11일 한국영화의 국내 시장 점유율이 40%를 넘을 때까지 스크
린쿼터제를 현행대로 유지하겠다고 했다. 이로써 김대중 정부에서 추진되

---

43) 김정수, 「한미 투자협정과 스크린 쿼터:양면게임 모델을 응용한 협상 분석」, 『국제통상연
　　구』 제9권 제1호, 한국국제통상학회, 2004, 98-99쪽.
44) 조종국, <뇌사위기의 한국영화!>, 《한겨레21》 제237호, 1998.12.17.
45) 이동현, 「한미투자협정과 스크린쿼터제에 관한 연구」, 연세대학교 경제대학원 석사학위
　　논문, 2006, 18쪽.

었던 한미투자협정은 미국 측의 스크린쿼터제 완전폐지와 한국 측 영화인들의 강력한 저항으로 2차, 3차 협상에서도 최종 합의에 이르지 못하고 지지부진한 상태에 머무르게 되었다. 스크린쿼터제 폐지와 유지 문제로 협상이 사실상 중단된 한미투자협정은 한미 자유무역협정(Free Trade Agreement, FTA)체결을 위한 과정에서 다시 등장했다. 특히 2003년 8월부터 자체적 로드맵을 통해 한미 FTA를 준비해왔던 노무현 정부는 원활한 협상을 위해 한미투자협정의 갈등요소였던 스크린쿼터제를 선제적으로 축소하였다. 이에 대한 근거는 김대중 대통령의 공약과 국회, 장관이 언급하였던 한국영화 점유율 40%라는 가이드라인에 있었다. 즉 이전까지 40%를 밑돌았던 한국영화의 점유율은 2001년부터 40%를 훌쩍 넘긴 50.1%의 점유율을 보였고, 2002년 48.3%, 2003년 53.49%, 2004년 59.33%, 2005년 58.71%, 2006년 63.8%, 2007년 50%를 기록했다.[46] 이러한 한국영화 점유율에 근거하여 정부는 2006년 6월 5일 워싱턴에서 개최된 제1차 한미 FTA 협상과 동시에 2006년 10월 26일 제정되어 10월 29일 시행된 '영화 및 비디오물의 진흥에 관한 법률 시행령' 제19조 1항 연간 상영일 수 5분의 1이상 한국영화를 상영해야 한다는 규정을 통해 73일로 축소하였다.[47] 스크린쿼터제에 대한 한국정부의 선제적 조치는 2007년 4월 2일 타결되어 6월 3일 워싱턴에서 서명하기까지 한미 FTA 협상의 중요 변수로 작용했음을 의미했다. 사실 이 시기 많은 한국 영화인들은 한국영화점유율이 40% 이상을 지속적으로 유지하고 있는 순간 한미투자협정 협상과정에서 중단되었던 스크린쿼터제가 한미 FTA 협상과정을 통해 축소될 가능성을 어느 정도 예측하고 있었다고 볼 수 있다. 한국정부가 한미투자협정과 한미 FTA 협상과정을 통해 스크린쿼터제의 축소가 불가피하다고 판단하였다는 사실은 이 시기 다양

---

46) 영화진흥위원회, 『2008년도판 한국영화연감』, 2008, 56쪽.
47) 국가법령정보센터(https://www.law.go.kr)

한 영화진흥정책과 병행되어 나타났다.

특히 국민의 정부는 출범 첫 해인 1998년 10월 19일 제2의 건국을 실현하기 위한 실천적 문화정책방향을 제시했다. 여기서 김대중 대통령은 문화를 "보고 즐기는 차원이 아니라 고부가가치 창출, 사회통합, 남북통일 등의 실현을 위한 전략적 가치로 우리민족의 생존 및 발전과 직결되는 요체"라 하였다. 문화관광부는 이와 같은 정책의 기본 구도 아래, 게임, 애니메이션, 음반, 영상산업, 방송영상 등 문화산업 거점부문을 중점 육성키로 하면서 2001년까지 문화예산 1%를 확보하는 한편 각종 문화관련 규제의 대대적 철폐 등을 통해 21세기 문화입국의 초석을 다진다는 계획 하에 10대 중점과제, 즉 "1. 정책기반 구축, 2. 문화기반시설의 확충 및 운영 개선, 3. 지식정보사회에 대비한 기반조성, 4. 창조적 예술 활동 여건조성, 5. 문화복지 구현, 6. 문화유산의 보호·계승·발전, 7. 문화산업의 발전체제 구축, 8. 지역 간 균형발전 및 사회통합 추구, 9. 문화를 통한 민족통합, 10. 문화정체성을 바탕으로 한 보편적 세계주의 지향을 확정하고 90개의 주요 사업내용을 정했다."[48] 그리고 1998년 10월 20일 '문화의 날'을 맞아 김대중 대통령은 제2의 건국을 위한 국정지표로 문화 창달을 바탕으로 한 '창조적 지식국가의 건설'을 제시한 바 있다고 하면서 "문화산업이 고부가가치를 창출하는 21세기의 핵심적인 기간산업"이라 역설했다. 여기서 발표된 국민의 정부가 추구하는 다섯 가지 문화정책을 요약하면 다음과 같다.

첫째, 전통문화를 계승, 발전시켜 우리 문화의 정체성을 확립하고 세계문화의 보편가치를 적극 수용함으로써 세계 속의 한국문화를 만들어 갈 것이다. 둘째, 자유롭고 창의적인 문화예술 활동을 제약하는 각종 규제를 폐지하고 완화할 것이다. 셋째, 문화예술의 발전을 위한 제도적, 물질적 지원을

---

48) <국민의 정부 새 문화정책>, 국정신문, 1998.10.26.

강화할 것이며, 문화예술인들의 생계안정을 위해 적극 힘쓸 것이다. 넷째, 문화, 관광산업을 진흥시켜 해외시장을 개척하는데 전력을 다하고 영상산업, 애니메이션, 컴퓨터게임 등을 국가경제 발전의 보고로 만들 것이다. 다섯째, 문화 인프라를 대폭 확충하고 문화예술의 생산자와 소비자가 손쉽게 만날 수 있는 문화시장을 활성화 할 것이다.[49]

이러한 정책을 법적으로 제도화한 것이 1998년 말 국회를 통과하여 1999년 5월 9일 시행된 '문화산업진흥기본법'과 '영화진흥법'인 것이다. 특히 문화산업진흥기본법은 21세기 고부가가치 지식기반산업인 문화산업을 국가기간산업으로 육성, 발전시키기 위한 정부의 적극적 의지를 표명한 것으로 문화산업진흥을 위해 필요한 전문 인력 양성에 대한 노력, 문화산업기반시설 일환으로 문화산업단지 조성, 각종 부담금 등의 면제, 문화산업진흥기금 조성, 세제지원 등으로 구성되어 있다. 1999년 2월 8일 처음 제정된 이 법은 2002년 1월 26일 전부 개정되었는데, 법률의 기본 골격은 그대로 유지하면서 디지털문화콘텐츠에 관한 규정들이 추가되었다. 이는 '문화상품' 제2조 2항에서 유·무형의 재화 개념에 문화관련 콘텐츠 및 디지털문화콘텐츠를 포함한다고 되어 있는 것에서 알 수 있다. 그리고 제31조, '한국문화콘텐츠진흥원의 설립'에서는 문화산업의 진흥, 발전을 효율적으로 지원하기 위해 한국문화콘텐츠진흥원 설립을 적시하면서 문화산업발전에 관련된 다양한 조항과 함께 유통활성화와 마케팅, 국제협력 및 해외진출의 지원을 주요 사업 중 하나로 규정하고 있다.[50] 이후 문화산업진흥기본법은 일부 개정되었지만 기본 골격은 2002년 전부 개정된 문화산업진흥기본법에 토대하고 있는 것이다.

또한 2000년 3월 30일 영화진흥위원회는 '21세기 영상문화시대의 영화

---

49) 대통령 기록관(htttps://www.pa.go.kr)
50) 국가법령정보센터(https://www.law.go.kr)

진흥정책안'을 발표하여 2004년까지 한국영화의 시장 점유율을 현재 36%에서 50%이상 높이고, 1인당 연간 영화관람 회수도 0.86회에서 1.72회로 늘어나도록 하고, 연간 상업영화 1백편이상, 독립 장편영화 50편 이상 제작하도록 지원하며, 한국영화 및 예술영화 전용관의 설치를 후원하는 한편 단편영화 상영공간도 확보키로 했다. 여기에 소요되는 예산은 2004년까지 총 2천2백80억 원으로, 2003년까지 조성되는 1천7백억 원의 영화진흥금고와 방송판권 등으로 충당할 계획이라 하면서 한국영화 제작 활성화, 종합촬영소의 디지털 인프라 구축 및 경쟁력 강화, 아카데미 운영 및 우수 영상전문인력 양성, 영화산업 정책연구와 정보화 사업 지원 등 5대 중점 추진 과제를 위해 1차 년도인 올해 우선 7백70억 원을 집행하기로 했다고 발표했다.[51]

영화를 비롯한 문화에 대한 이러한 인식 전환의 결과 2001년까지 문화예산 1%를 확보하기로 한 목표는 "2000년 정부예산에서 차지하는 문화예산 비율이 최초로 1%를 넘어섰고 2001년에는 1조원의 예산을 확보하는 등 문화 분야에 대한 정부의 지원이 획기적으로 늘었다."[52]

그리고 이 시기 영화진흥법에는 1997년 4월 10일 일부 개정된 상영 전 한국공연예술진흥협의회로부터 4개의 상영등급 규정-1. 모든 관람객이 관람할 수 있는 등급, 2. 12세 미만인 자는 관람할 수 없는 등급(다만, 부모 또는 이에 준하는 보호자 동반시 관람가), 3. 15세 미만인 자는 관람할 수 없는 등급, 4. 18세 미만인 자는 관람할 수 없는 등급-으로 구분된 조항이 1999년 2월 8일 전부개정에서 영상물등급위원회로 이관되었고, 영화진흥위원회 설치에 관한 규정들이 등장했다.[53] 이는 2002년 1월 26일 개정되어 5월 1일 시행된 영화진흥법, 제21조 '상영등급분류'에서 5개의 상영등급, 즉 1. 모든 연령의 자가 관람할 수 있는 영화, 전체 관람가, 2. 12세미만의 자는 관람할 수

---

51) 김휴종, <영진위 발표 영화진흥정책 진단>, 《중앙일보》, 2000.04.06.
52) 한국행정연구원, 앞의 책, 65쪽.
53) 국가법령정보센터(https://www.law.go.kr)

없는 영화, 12세 관람가, 3. 15세 미만의 자는 관람할 수 없는 영화, 15세 관
람가, 4. 18세 미만의 자(이하 '연소자'라 한다)는 관람할 수 없는 영화, 18세 관
람가, 5. 상영 및 광고·선전에 있어서 일정한 제한이 필요한 영화, 제한 상
영가로 정비되어 상영등급을 분류하면서 이전까지 존재했던 등급 보류 제
도를 폐지해 사전 검열의 법적 근거를 없앴다. 또한 24조 3항을 통해 영화
를 비롯한 영상 자료를 취합하고 체계화하여 연구할 수 있는 한국영상자료
원 설치가 추가되었다.[54] 이로써 이 시기 영화를 문화와 산업이라는 개념으
로 활성화하기 위한 제도적 지원 체계는 어느 정도 마무리되었다고 할 수
있다. 그러므로 "김대중 정부의 문화산업정책은 상업적으로도 세계적 경쟁
력을 가지는 문화상품을 만드는 것을 목표로 보다 적극적이고 공격적인 태
도를 취하였다는 것을 알 수 있다."[55] 이러한 기조는 "노무현 정부의 문화
산업 진흥과 자율, 참여, 분권 및 선택과 집중 방식으로 창작과 향유에 있어
중앙과 지방 사이의 격차를 해소하면서 국제 경쟁력 확보를 위한 전문 인
력, 문화산업기술개발, 투자와 유통환경 개선과 육성 등의 정책과제로 이
어졌다."[56] 특히 2003년 12월 17일 문화관광부의 '세계 5대 문화산업 5대
강국 실현'을 위한 참여정부 문화산업 정책비전보고회에서는 문화산업 정
책비전과 정책지원기관 주요사업 추진계획, 문화산업강국실현을 위한 계
획이 발표되었다.[57] 그리고 이는 2005년 7월 6일 콘텐츠(Contents), 창의성
(Creativity), 문화(Culture)를 바탕으로 한 '문화강국 C-Korea 2010'을 통해
구체적 청사진이 마련되었다.[58]

---

54) 국가법령정보센터(https://www.law.go.kr)
55) 김동호 외,『한국영화정책사』, 나남출판, 2005, 329쪽.
56) 한국행정연구원,『대한민국 역대 정부 주요 정책과 국정운영 노무현 정부』, 대영문화사,
  2014, 60쪽.
57) 문화관광부,『세계 5대 문화산업강국 실현을 위한 참여정부 문화산업 정책비전보고』,
  2003.12.17.
58) 김희남, 문화관광부, <'문화강국 2010' 보고>, SBS News, 2005.07.06.

　　이렇듯 이 시기 영화를 비롯한 문화에 대한 제도정비와 지원정책은 IMF 사태를 맞이하여 수세적인 형태에서 적극적인 공세적 전략으로 인식의 패러다임을 전환시켰다. 이것은 정부의 단순한 제도적, 경제적 지원과 달리 일정한 시장의 자율성이 담보된 상태에서 존재하고 있음을 역설적으로 말하고 있는 것이다. 이는 한국영화가 자연스럽게 자본의 산업구조 논리와 밀접하게 결합되어 있음을 의미한다. 일반적으로 "한국영화산업에 있어 자본 형태는 크게 1980년대까지 지방흥행사 자본의 시대와 1990년대 중반에 있었던 대기업 자본 유입의 시대, 그리고 1990년대 말부터 변화하기 시작한 금융자본의 창업투자자본의 시대로 구분한다."[59] 그러나 한국영화산업이 본격적으로 확대되고 그 규모가 커진 것은 IMF 사태 이후 기존의 삼성, 대우, 현대, 선경 등의 대기업 자본이 물러가고 그 자리를 1995년 제일제당, 1999년 오리온과 롯데 등의 새로운 대기업들이 대신하면서부터 비롯되었다. 이들 대기업들은 한미투자협정과 IMF 사태를 거치며 진행된 한미 FTA 협상과정에서 문화를 산업화하고자 한 이 시기 정부의 문화산업정책에 즉각적이고 효율적으로 대응하여 투자, 제작, 배급, 상영에 이르기까지 영화의 유통 전 과정에 깊이 개입하였다. 그것은 대기업의 거대 동일 자본에 의해 투자, 제작, 배급, 상영이 결합된 한국영화산업의 수직계열화로 나타났다. 이는 대기업이 영화제작에 참여하면서 이미 예견된 것으로 "한국영화가 소규모 기업과 자본에서 탈피한 산업구조의 변화뿐 아니라 본격적인 산업화 단계로 접어들었다는 것을 의미한다."[60] 수직계열화는 이러한 영화공급의 전 부문, 즉 투자, 제작, 배급, 상영을 수행하는 경우도 있지만 "한 업체가 제작 및 배급 또는 배급 및 상영을 동시에 수행하는 것을 가리킨다. 영화제작사가 배급부문에 진출하거나, 배급사가 상영부문에 진출하는 것은 전방수

---

59) 이동연, 「한국의 문화자본은 어떻게 형성되는가?」, 『문화과학』 제59호, 문화과학사, 2009, 99쪽.

60) 좌승희·이태규, 『한국영화산업 구조변화와 영화산업정책』, 한국경제연구원, 2006, 148쪽.

직통합의 한 예로 볼 수 있으며, 이와 반대로 상영업자가 배급부문, 나아가 제작부문, 투자부문까지 진출하는 것을 후방수직통합이라 할 수 있다."[61] 특히 CJ 그룹의 CJ ENM은 1995년 영화와 1996년 극장, 1997년 미디어 사업에 진출한 이후 1998년 최초 멀티플렉스 상영관인 'CGV강변11'을 개관함으로써 최초로 수직계열화를 완성했다. 그리고 오리온 그룹은 1999년 미디어플렉스 설립으로 영화 사업과 함께 영화관 사업을 위해 메가박스(메가박스는 2007년 7월 호주계 은행자본인 맥쿼리펀드의 한국법인 KMIC에 매각하였음)를 설립하였고, 2002년 쇼박스를 통해 영화 투자, 배급을 시작함으로서 투자, 제작, 배급, 상영 전 부문의 수직계열화를 완성하였다. 또한 롯데 그룹은 롯데 시네마를 통해 1999년 멀티플렉스 영화관 사업에 진출하였고, 2003년 롯데 엔터테인먼트를 통해 제작, 투자와 배급을 하게 됨으로써 수직계열화를 이루었다.[62] 여기에 1993년 전통적인 충무로 자본에 기반한 강우석 프로덕션에서 출발한 시네마서비스는 부침을 거듭하면서 2002년 플레너스로 회사명을 변경하고 극장사업에도 진출해 프리머스 시네마를 창립하여 투자, 제작, 배급, 극장 운영 등으로 수직계열화 했지만 2004년 CJ 그룹에 인수됨으로써 한국영화산업은 대기업 중심의 수직계열화로 완전히 재편되었다. 영화산업의 수직계열화는 영화투자에 대한 기업의 수익성을 안정적으로 담보할 수 있지만 이후 독과점으로 인한 심각한 폐해도 동시에 안고 있다고 할 수 있다.

그럼에도 불구하고 영화산업의 수직계열화는 경제 주권이 상실된 IMF 사태를 경험한 한국사회 이후의 상황, 즉 생존의 문제에 어떠한 도덕적 기준에 의한 합리적 이해도 무의미한 것이 되어버린 강자의 논리가 작동될 수

---

61) 박영은, 『영화산업 기업전략(영화진흥위원회 연구보고서 2007-2)』, 영화진흥위원회, 2007, 337쪽.
62) CJ그룹(https://www.cj.net), 쇼박스(https://showbox.co.kr), 롯데시네마(https://www.lottecinema.co.kr)에서 참고.

밖에 없는 시기와 연결되어 있었다. 따라서 한국영화의 수직계열화는 필연적으로 문화를 산업으로 규정하면서 새로운 성장 동력을 만들어야 했던 정부의 인식, 정책과 결합될 수밖에 없었다. 그리고 이것은 한국영화의 점유율이 높아지면서 대기업 자본의 논리와 수직계열화에 대한 정당성 부여의 실제적 현실이 된 것이다. 그러므로 이 시기 한국영화는 정부의 산업화를 위한 정책, 제도화에 신속하게 대응하여 구조화한 대기업의 수직계열화를 통해 또 다른 형태의 한국영화 가능성이 형성되었다고 할 수 있다.

4. IMF 사태의 그림자와 변화된 가치

우울한 현실의 풍경

IMF 사태로 기업들이 하루아침에 무너지고 다니던 직장에서 쫓겨나 거리로 내몰리게 된 상황은 한국인들에게 적지 않은 충격으로 다가왔다. 이것은 한국사회가 우울하고 불안한 현실 속으로 깊이 빠져 들어가고 있음을 의미했다. 이는 IMF 사태로 초래된 개인의 절망감과 가족의 이기주의, 그리고 알 수 없는 현실과 미래에 대한 막연한 불안감의 표출로 나타났다. 이러한 현상들은 한국영화에 즉각적으로 반영되어 이 시기 한국영화의 주요한 흐름을 형성하였다. 특히 강우석의 <생과부 위자료 청구소송(1998)>은 IMF 사태 이후 한국사회에서 벌어진 이와 같은 상황을 직접적으로 드러내는 영화라 할 수 있다.

이를 영화는 다니던 회사에서 중역의 꿈을 안고 있는 추형도와 사업가인 그의 친구 희수를 통해 묘사하고 있다. 추형도는 회사를 위해 자신의 모든 것을 희생하고 헌신하였지만 회사가 어려움에 처하게 되자 정리해고 대상으로 전락한다. 이는 대기발령 받은 그의 모습과 "어차피 자신도 짤릴 것"이라는 자신의 운명을 예견한 말을 통해 확인된다. 이 말은 이제껏 자신이 이루고자 한 그의 꿈이 사라짐을 의미한다. 그것의 최종적 이유로 그는 "하필 나라꼴이 이렇게 돼서"라는 한탄으로 결론짓는다. 이러한 추형도의 어려운 상황은 부도난 회사로 인해 가정이 파괴되어 자살로 내몰린 친구 희수로 연결된다. 이는 절망에 빠진 친구 희수를 찾은 추형도가 "죽으면 안 돼", "우린 살아야 돼"하고 울면서 서로 껴안은 절규의 장면으로 이어진다. 이처럼 영화는 추형도와 그의 친구 희수를 통해 IMF 사태로 인해 한국사회가 직면하고 있는 어려운 시대적 상황을 묘사하고 있다. IMF 사태 이후 한국사회에서 나타난 또 다른 현상으로는 사회공동체의식에서 벗어나 개별 가족의 이기주의, 즉 가족주의 심화를 들 수 있다. 이는 김지운의 <조용한 가족(1998)>에서 찾아볼 수 있다.

영화는 산장을 개업했지만 찾아오는 사람이 없어 얼마간의 무료한 시간을 보내고 있는 한 가족과 이곳에 투숙한 사람들의 모습을 묘사한다. 이곳 산장에 투숙한 사람들은 다양한 이유로 죽음을 시도하거나 그 대상이 된다. 그들의 죽음은 고독을 피하기 위해, 동반자살을 위해, 이복동생을 살해함으로써 재산을 독점하기 위한 것과 연결되어 있다. 이를 통해 영화는 두 가지 현상을 드러낸다. 첫째는 산장에 투숙한 사람들이 선택한 죽음 자체에 대한 것이고, 둘째는 죽음을 은폐해야만 하는 가족들의 행위인 것이다. 고립된 산장은 죽음이 이루어지는 최적의 장소이면서 동시에 고단한 현재의 삶을 함축적으로 내포하고 있는 곳이다. 그러나 가족들에게는 그러한 사실이 드러나면 산장 영업에 치명적 요소로 작용하게 된다. 따라서 가족이라는 공동의 이익을 위해 산장에서 자살하거나 살해된 시체는 은폐되어야만 한다. 이는 죽음의 사실을 은폐하기 위해 자살하거나 살해된 사람을 가족들이 일치단결하여 처리하는 모습을 통해 나타난다. 죽은 시체를 어설프게 땅에 묻고 처리하는 모습을 통해 영화는 가족의 폐쇄성과 이기주의를 드러낸다. 영화는 이를 통해 IMF 사태 이후 한국사회에서 벌어지고 있는 현상과 변화를 암시하고 있다.

그것은 죽음을 통해 우울한 이 시기 사회적 풍경을 스케치하듯 묘사하면서 극단화되어가는 개별화된 가족의 이기주의를 드러내고 있는 것이다. 이러한 특징은 고립된 산장의 외부와 다소 어두운 산장 내부의 모습으로 시작되면서 제시되고 시내에서 산장으로 옮긴지 13일이라는 영화 속 인물 미나의 내레이션을 통해 의미화 된다. 그리고 이것은 '안개산장'이라는 산장의 이름을 통해 한 치 앞을 내다볼 수 없는 현실 사회로 확장되며, 이는 북한 잠수함 침투사건과 '문맹정부'로 불린 문민정부의 터무니없는 산 개발로 연결된다. 여기서 영화는 뚜렷한 해결책이 보이지 않은 현상의 이유로 관습적인 반공논리와 문민정부의 무능함을 겨냥하고 있는 것이다. IMF 사태 이후 한국 상황에 대한 묘사는 경찰과 범죄조직을 다룬 영화에서도 언급되고 있다.

이는 김상진의 <투캅스3(1998)>에서 한국의 범죄조직이 중국의 범죄조직에게 무기 밀매 대금을 달러로 주기로 약속하였지만 한국 화폐인 원화로 주면서 그 이유를 "달러구하기가 힘들다"고 말하는 장면을 통해서도 드러난다. 이처럼 이 시기 많은 한국영화들에서는 IMF 사태를 직접적으로 묘사하고 있다. 이로 인한 한국사회의 우울한 풍경은 호정과 연이, 순이라는 세 여성의 서로 다른 삶의 지향을 다룬 임상수의 <처녀들의 저녁식사(1998)>에서 엿볼 수 있다.

실내 건축 디자인 회사를 운영하고 있는 호정은 주체적이고 독립적이면서 자유로운 성적 관계를 즐기는 인물이고, 그녀와 함께 살고 있는 연이는 고급 레스토랑에서 일하면서 가야금을 연주하듯이 애무하고 싶은 남자를 찾아 결혼하고 싶어 한다. 그리고 대학원생인 순이는 경제적 독립을 꿈꾸면서 살아가고 있다. 그러나 이들 각자의 바람은 무산되고 만다. 호정은 유부남과의 간통사건으로 파산하게 되면서 파리로 도망치듯 떠나게 되고, 연이는 애인 영작과의 불투명한 미래 속에서 만화가 규식과의 어긋난 만남으로 관계가 훼손되며, 순이는 친구 연이의 애인인 영작과 한 번의 섹스로 임신하게 되어 학업을 그만두고 혼자 아이를 낳아 기르겠다는 목표로 지리산에 오르지만 폭우를 만나 유산을 하게 된다. 영화는 이들 세 여성의 거침없는 성적 담론과 표현, 행위를 통해 그들을 독립적이고 주체적인 존재로 묘사하고 있다. 그러나 이것들은 오히려 자신들 인생의 궤도수정을 하게 되는 결정적 요인으로 작용한다. 이는 자신들의 바람이 욕망의 경계를 넘어 초래된 현상으로, 마치 IMF 사태 이후 한국의 상황과도 연결될 수 있다. 이것은 연이가 호정으로부터 독립하기 위하여 방을 구하러 다닐 때 만난 여학생의 모습, 즉 그녀가 시청하고 있는 미국방송과 영작과 자신이 꿈꾸던 성관계 이후 연이가 바라보는 창문 너머 도심의 저녁 무렵 도로 풍경으로 상징화된다. 영화는 이처럼 일정한 수위를 넘나들면서 묘사된 성적 담론, 행위를 통해 이 시기 한국인들의 인식 속에 드리워진 우울한 현실의 그림자들을 들춰내면서 IMF 사태 이후 한국사회를 의미화하고 있는 것이라 할 수 있다. IMF 사태 이후 한국사회의 우울한 풍경은 박광춘의 <퇴마록(1998)>에서도 나타난다.

영화는 20년 전 사교집단의 집단자살 사건에서 살아남은 5명의 생존자들이 차례로 살해되어 가는 과정을 다루고 있다. 특히 영화에서는 마지막 생존자인 승희를 구하기 위해 신부를 비롯한 몇몇 사람들의 노력을 묘사하면서 컴퓨터 그래픽을 통해 유령, 악령, 죽음, 공포를 드러낸다. 이러한 것들은 궁극적으로 보이지 않은 거대한 세계에 대한 두려움을 겨냥하고 있다. 언제 나타날지 모르고 실재하지 않는 알 수 없는 것에 대한 막연한 불안감은 어쩌면 IMF 사태 이후 한국인들이 직면하고 있는 다가올 미래사회에 대한 현재의 상황과 유사함을 상정하고 있는 것이다. 이것은 IMF 사태 이후 한국사회에 드리워진 막연한 불안함과 무관하다고 볼 수 없는 이유라 할 수 있다. 이들 영화가 IMF 사태의 시작과 직후의 동시적 상황을 묘사했다면, 그것이 개인의 일상적 삶으로 침투하면서 변화된 한국사회의 실재를 묘사한 것으로는 정지우의 <해피엔드(1999)>를 들 수 있다. 이런 측면에서 이 영화는 IMF 사태 이후 한국인들의 구체적 일상과 연결될 수 있는 하나의 전형적 형태라 할 수 있다.

이를 영화는 6년 동안 다닌 은행으로부터 퇴직당한지 3개월이 지난 서민기와 영어 학원을 운영하고 있는 그의 아내 최보라, 그리고 그녀의 과거 애인이었던 김일범을 통해 묘사한다. 실직한 서민기는 주로 헌책방에서 소설을 읽거나 가사일로 시간을 보내고 있고, 아내는 학원 운영과 함께 과거 애인이었던 일범과 재회하면서 그의 오피스텔에서 밀회를 즐긴다. 이런 사실을 알게 된 서민기는 이에 대한 응징으로 아내를 죽이고 김일범을 범인으로 완벽하게 위장시킨다. 그러나 영화의 주요부분을 차지하고 있는 이와 같은 내용은 마지막 부분, 즉 아파트 복도로 나와 담배를 피우면서 바람에 날려 아파트 외벽에 걸린 사람의 죽음을 알린 조문의 풍등을 잡으려는 보라의 모습과 거실에서 딸 서현과 자고 있는 민기의 모습을 통해 이중적 의미로 제시된다. 영화는 실직한 남편과 불륜에 빠진 아내의 모습을 죽음의 풍등으로 상징화하면서 일상의 평범함이 주는 소중함을 환기시키고 있는 것이다. 이는 낮잠에서 깨어나 자신의 딸 서현을 바라보고 있는 민기의 거실 풍경을 통해 강조되고 있다. 이를 영화는 서민기가 읽었던 소설 속 이야기와 영화 속 현실의 경계를 형식적으로 와해시키면서 전개시키고 있다. 따라서 영화는 소설과 영화라는 형식적 경계를 무너뜨리면서 IMF 사태가 던져주는 상황을 가능성의 현실로 환원하여 경고하고 있는 것이라 할 수 있다. IMF 사태로 초래된 한국사회에 대한 현실은 김지운의 <반칙왕(2000)>을 통해서도 상징적으로 묘사된다.

평소 지각을 하거나 실적이 저조 할 때마다 자기가 다니는 은행 부지점장으로부터 헤드락(Headlock)을 당하는 은행원 임대호의 모습으로 영화는 시작된다. 이때 부지점장은 "세상은 정글이다. 힘없으면 빠져나올 수 없다"는 사회의 현실을 그에게 말한다. 대호는 부지점장의 헤드락으로부터 벗어날 수 있는 기술을 배우기 위해 레슬링 체육관에 등록한다. 영화는 복면 쓴 대호가 레슬링을 배우는 과정과 경기를 통해 한국사회의 현실과 부지점장의 말이 겹치도록 한다. 즉 레슬링 기술인 헤드락은 힘없으면 빠져나올 수 없는 세상의 원리와 지배 권력을 상징하고 사각의 링은 아무도 도와줄 수 없는 냉혹한 사회와 현실을 의미한 것이다. 이것은 영화의 마지막 부분에서 대호가 자신에게 헤드락을 한 부지점장을 향해 달려가지만 그의 앞에서 쓰러짐으로써 세상의 원리가 무엇에 의해 어떻게 작동되고 있는지를 IMF 사태를 경험한 한국인들에게 보다 냉정하게 인식하도록 요구하고 있는 것이라 할 수 있다. IMF 사태 이후 한국사회의 풍경은 임순례의 <와이키키 브라더스(2001)>에서도 나타난다.

영화는 나이트 클럽에서 일하는 4인조 밴드 '와이키키 브라더스'의 고별 무대 장면으로 시작된다. 이후 울릉도 공연 제안과 드럼연주자인 강수의 신세 한탄, 원래 7인조였던 것이 3명이 떨어져 나가 현재 4명이 되었다는 사실, 그리고 섹스폰 연주자인 현구가 밴드를 그만두고 부산의 가족에게로 돌아가겠다는 말을 통해 그들이 처한 현실의 어려움이 묘사된다. 이러한 그들의 상황은 "청년 취업률이 OECD 평균보다 크게 낮아졌다"는 아나운서의 뉴스 보도와 겹쳐지면서 이 시기 한국사회의 시대적 상황과 연결된다. 이것은 밴드의 리더인 성우가 10년 동안 한 번도 찾지 않았던 고향 충주의 수안보 와이키키 호텔에서 일하게 되는 이유이기도 한 것이다. 고향에 온 그는 고등학교 시절 함께 했던 밴드의 친구들을 찾아 나선다. 이어서 화면은 4명이 함께 꿈꾸었던 밴드 시절의 고등학교 시기로 전환되어 변해 버린 현재의 모습, 즉 약국을 하고 있는 민수, 시청 건축계에서 일하고 있는 수철, 환경운동가로 변모한 인기를 병치시킨다. 여기에 고등학교 시절 자신이 좋아했던 여고생 밴드의 리더 조인희의 억척스러운 삶과 술 중독으로 폐인이 된 음악학원 원장의 모습이 더해진다. 이러한 현실은 모두 떠나가 와해된 밴드에 혼자 남은 성우가 룸살롱에서 연주하는 모습으로 상징화된다. 이는 뺑소니 사고로 죽기 전 수철이가 술집에서 성우에게 건넨 "행복하냐?"라는 본질적 질문으로 이어진다. 그의 질문에 성우는 경제적 어려움에 처한 현재의 자신을 들여다보면서 행복하다고 말할 수 없어 침묵으로 대신한다. 화면은 또다시 고등학교 시절 밴드를 꿈꾸면서 즐거웠던 4명의 바닷가 장면으로 전환된다. 이후 영화는 성우가 인희와 함께 여수의 한 나이트 클럽에서 일하는 장면을 보여주면서 마무리 된다. 영화는 이처럼 온갖 수모에도 불구하고 자신의 꿈을 지속해 가는 성우의 모습에 삶이라는 현실적 문제를 제기한다. 그리고 그 현실은 환경운동가들의 시위에서 보여준 '환경파괴 조장하는 신자유주의 결사반대'라는 피켓을 통해 구체적으로 나타난다. 여기서 제기된 이들의 경제적 어려움은 IMF 사태 이후 신자유주의로 상징된 한국의 정치적, 사회적, 경제적 조건들과 연결된 우울한 현실인 것이다. 김기덕의 영화 <빈집(2004)>에서는 IMF 사태 이후 한국사회에 드리워진 현실의 이면을 다양한 사람들의 모습을 통해 묘사하고 있다.

영화 속 인물 태석은 아무도 없는 빈집에 잠입하여 청소도 하고, 고장 난 시계도 고치고, 빨래도 한다. 그는 주인 없는 빈집에 들어가서 그곳이 마치 자기 집인 것처럼 행동하고 머물다가 집 주인이 오기 전 떠난다. 그는 빈집을 찾아다니면서 다양한 사람들의 삶을 만나고 있는 것이다. 그가 만난 사람은 사진작가의 사진 속의 젊은이들, 가정 폭력에 시달리고 있는 여자, 평범하게 살아가는 사람들, 허름한 아파트에 혼자 죽어있는 노인 등이다. 그들의 다양한 모습은 일상 속에 감춰져 있는 한국 사회의 한 단면이라 할 수 있다. 사진작가의 사진을 통해서는 젊은이들의 문화적 흐름을, 폭력에 시달리는 여성을 통해서는 변질되고 왜곡된 사랑을, 평범한 가정을 통해서는 평범한 사람들의 일상적 삶을, 노인을 통해서는 인간의 소외 문제를 묘사한다. 이러한 이유로 이 영화는 IMF 사태 이후 동시대 한국인들이 직면하고 있는 시대상의 축소판이라 할 수 있다. IMF 사태 이후 한국 사회의 우울한 풍경은 이준익의 <즐거운 인생(2007)>에서는 다소 다르게 표현된다.

영화는 실직당하고 이혼당한 가장들이 친구의 죽음을 계기로 그동안 잊고 지냈던 과거의 꿈이었던 밴드를 재조직하여 현실을 타개해 나가는 내용을 담고 있다. 따라서 영화는 과거의 어떤 특정한 사건에 토대하고 있는 것이 아니라 IMF 사태이후 과거의 기억과 추억을 불러내 현재의 어려운 상황을 타개해 나가고자 하는 것에 초점이 맞추어져 있다. 이러한 이유로 이 영화에서 과거는 현재를 설명하기 위한 원인의 결과로서가 아니라 현재를 구체적으로 묘사하기 위한 실마리로서만 작용하고 있다. 그러므로 이 영화는 IMF 사태 이후 한국 사회의 현재를 굴절된 과거의 시간과 역사 속에서 찾는 것이 아니라 과거의 추억과 꿈을 통해 현실을 헤쳐 나가는 모습에 중점을 두고 있다고 할 수 있다.

이처럼 이 시기 한국영화는 IMF 사태가 초래한 현상에 기반하면서 그것을 직접적으로 드러내기도 하고 그로 인해 형성된 사회적 풍경을 묘사하기도 한다. 그리고 IMF 사태가 일상생활에 깊이 스며들면서 나타난 다양한 현상들이 영화에서 대상화되고 있다. 그것이 IMF 사태와 동시적 상황이든지, 아니면 그로 인한 사회적 풍경이든지, 혹은 그로부터 발생한 개별 이기주의든지, 막연한 두려움이든지, 아니면 경제적 능력을 상실한 가장의 실체를 드러내는 것이든지 간에 이 시기 한국영화는 IMF라는 사태와의 연관 속에서 중요한 하나의 흐름을 형성했다고 볼 수 있다.

권력자들과 부조리한 사회 비판

IMF 사태 이후 한국인들에게는 왜 이런 상황이 도래했는지 그 이유에 대한 해답을 찾는 것이 무엇보다 중요한 문제였다. 이에 대해 많은 한국인들은 한국을 지배, 통치했던 무능하고 탐욕스러운 권력자들과 관습화된 한국 사회 구조의 부조리함에 원인이 있다는 것에 동의하지 않을 수 없었다. 이것

은 영화에 나타난 특정한 시기의 정부와 권력자들을 겨냥한 직접적 비판이
이를 확인해준다.

이는 김지운의 <조용한 가족(1998)>에서 문민정부를 문맹정부로 비하하
는 것에서 알 수 있으며, 강우석의 <생과부 위자료 청구소송(1998)>에서의
노골적인 표현을 통해서도 나타난다.

영화 <생과부 위자료 청구소송>에서는 이를 추형도가 정리해고 위기에
처하게 되자 그의 부인 이경자가 회사 업무로 바쁜 남편으로 인해 자신이
생과부로 살아온 날들을 보상하라며 회사에 제기한 2억 원의 위자료 청구
소송을 통해 드러낸다. 이는 회사를 위해 희생하고 헌신해 왔던 추형도가
정리해고 대상이 된 상황과 부실 경영으로 회사가 위기에 처했음에도 기업
을 운영한 총수와 그의 친인척들은 이에 영향받지 않고 여전히 건재한 모습
을 대비적으로 묘사함으로써 보여준다. 정리해고 위기에 처해 개인과 가족
이 심각한 생존의 문제와 직결되는 것과 달리 IMF 사태를 비켜간 이들의 모
습은 불공정한 한국사회의 모순 그 자체일 뿐만 아니라 윤리적 정당성이 훼
손된 한국의 현실을 폭로하고 있는 것이다. 영화에서는 이러한 한국적 현실
을 '좆도민국'이라 일갈하고 재판과정에서 이경자의 말을 빌려 다음과 같이
격렬하게 비판한다. 즉 "나라경제를 이렇게 만든 놈들은 정말 사형시켜야
한다. 공산주의 같았으면 그 사람들 벌써 죽었다. 악질 반동이다…… 한 가정
을 파탄시키고, 도적이 날뛰고, 멀쩡한 가장을 정신병자로 만들고, 자살하게
만들고, 나라전체를 흔들흔들하게 하고, 대체 누가 이렇게 만들었어요? 전
듣고 싶었어요"라는 그녀의 말은 실제적 현실에 근거하여 정부와 한국사회
의 지배 권력자들을 비판하고 있는 것이다. 이와 같은 특징은 김상진의 <주
유소 습격사건(1999)>에서 보다 직접적으로 드러난다.

영화는 기성세대로부터 상처받은 노마크, 딴따라, 페인트, 무대뽀로 불리
는 4명의 청년들이 특별한 이유 없이 주유소를 습격하면서 시작된다. 주유

소를 접수한 이들은 주유소 사장을 비롯한 몇몇 사람들을 인질로 삼으면서 이들의 기회주의적이고 기만적인 행태를 폭로한다. 이는 시대적 경계에 대한 명확한 인식을 드러내고 있지는 않지만 기성세대를 권력자들과 동일시하는 장면을 통해 묘사된다. 이것은 페인트가 주유소 벽에 IMF 사태를 극복하기 위한 김대중 정부의 "제2의 건국 다시 시작합시다"라는 표구액자를 보고 "다 개소리야, 어려운 말 쓰는 새끼들 다 죽여 버려야 돼"라고 하면서 그것을 박살낸데 이어 김영삼, 노태우 정부의 "신한국건설", "보통사람들의 위대한 시대"가 쓰여진 표구액자 역시 개소리라고 하면서 박살내 버리는 장면을 통해 드러난다. 여기에 평소처럼 돈도 내지 않고 기름을 넣으려 한 경찰을 향해 "더 이상 공짜는 없다"고 한 노마크의 말을 통해서는 관습화된 한국사회의 뿌리 깊은 부조리한 현실을 묘사한다. 영화는 이처럼 기성세대와 권력자들을 동일시하면서 이들에 대한 적개심을 드러내고 있다. 이것은 궁극적으로 IMF 사태의 직접적인 책임의 당사자를 겨냥하면서 부조리한 한국사회를 비판하고 있는 것이라 할 수 있다. 이러한 흐름 속에서 지배 권력자들에 대한 비판을 코믹하고 풍자적으로 집약시킨 영화는 김상진의 <광복절 특사(2002)>라 할 수 있다.

사기죄로 감옥에 수감된 유재필이 광복절 특사가 무산되자 경찰관과 결혼하겠다는 애인 한경순의 소식을 듣고 이를 저지하기 위해 빵을 훔친 죄로 수감된 최무석과 함께 교도소를 탈출하면서 영화는 시작된다. 하지만 그들은 교도소를 탈출한 후 자신들이 광복절 특사에 포함되었다는 사실을 신문을 통해 알게 되어 다시 교도소로 되돌아가야하는 다소 황당한 상황에 직면한다. 여기에 국회 법사위원회 방문을 앞두고 있는 교도소 측은 이들의 탈출 사실을 인지했지만 그들에게 교도소로 복귀하면 없었던 일로 하겠다는 제안을 한다. 이후 영화는 한정된 시간으로 인해 벌어지는 코믹한 상황으로 전환되고, 이는 국회의원들의 교도소 방문과 재소자들의 난동으로 한국사회 지배 권력자들의 실체적 모습과 연결된다. 국회의원들이 교도소장의 업무보고를 듣는 동안 재소자들이 난동을 일으켜 국회의원들을 억류한다. 그들 중 한 국회의원이 "나는 소외받고 억압받는 사람들 편"이라고 하자 난동 주동자인 용문신이 그를 향해 "니가 첫 빳따"라고 하면서 그의 말을 일축한다. 그러면서 용문신은 국회의원들에게 "니들이 배고픈 것이 뭔지 아느냐?" "이런 좆같은 세상"이라고 일갈한다. 그리고 소외받고 억압받는 사람 편이라고 한 국회의원은 용문신 앞으로 다가가 "나는 자네들 편이라고 하고 사람들은 나를 민주화운동하다 투옥된 줄 아는데 조작된 것이라고 하고 사기죄이자 전과자"라고 하면서 "현직 의원들 중 전과자들이 굉장히 많다"고 폭로한다. 이어서 그는 자신의 국회의원 뺏지를 떼면서 "이거 다 꽝이야. 전과자, 전과자"라고 말한다. 이후 국회의원들은 용문신 앞에 차례로 나와 음주운전, 뺑소니, 원조교제, 공금횡령, 뇌물공여, 간통을 저지른 범죄자라 스스로 고백한다. 영화는 비록 유재필과 최무석이 감옥으로 다시 들어와 재소자들의 난동을 제압하면서 마무리되지만 국회의원들의 실체적 모습을 드러냄으로써 한국사회 지배 권력자들의 실체를 풍자하고 있는 것이다.

이러한 권력자들에 대한 비판은 세계챔피언에 도전한 복싱선수 김득구의 실제적 삶에 근거하여 만들어진 곽경택의 <챔피언(2002)>에서 박정희의 사진과 태극기, 전두환의 사진으로 이어지는 장면을 통해 그의 장렬한 죽음이 단순히 개인으로서만 존재하고 있지 않음을 드러내며 이어진다. 권력자와 그로부터 발생한 풍경은 이 시기 등장한 봉준호의 <살인의 추억(2003)>에서 폭력이 난무한 1980년대의 시대를 IMF 사태 이후 우울하고 스산한 한국사회의 시대적 기류와 연동시켜 묘사되고 있다.

이를 영화에서는 평화로운 농촌 풍경과 가을의 청명한 날씨를 대비시키면서 1986년 10월 23일 최초로 일어난 화성 연쇄살인사건을 통해 드러낸다. 사건 현장을 찾은 박두만 형사는 의심 가는 용의자를 모조리 검거하여 강압적인 방식과 폭력으로 자백을 강요하는 수사를 하는 인물이다. 그러나 그의 수사방식은 살인사건이 또 다시 연쇄적으로 발생함으로써 낡은 수법으로 전락한다. 그러자 객관적 자료와 과학적 방식을 신봉하는 서울의 서태윤 형사가 화성 경찰서에 자원하여 수사에 참여하게 된다. 그는 자신의 방식을 통해 사건을 수사하면서 사체로부터 채취한 정액과 범인이라고 믿고 있는 박현규의 유전자를 미국으로 보내 유전자 감식을 의뢰한다. 그러나 서태윤 형사는 자신이 범인으로 확신했던 박현규의 유전자가 범인의 것과 일치하지 않다는 의견의 서류를 받음으로써 그 역시 살인사건의 범인을 잡는데 실패한다. 그리고 이것은 마치 사건이 미궁에 빠지게 될 수 있음을 암시하고 있는 것처럼 어두운 터널 속으로 사라지는 박현규의 모습으로 연결된다. 문제는 이러한 화성연쇄살인사건과 수사방식, 즉 고문과 폭력으로 강요된 자백으로 범인을 잡으려는 박두만 형사의 모습이 영화 속 중간 중간에 삽입된 전두환 대통령의 북중미 방문 환영에 동원된 여고생들과 시위 학생들, 최루가스, 폭력적 진압 장면과 병치되고 있다는 점이다. 여기에 라디오와 텔레비전을 통해 묘사된 부천 경찰서 수사관의 성고문 사건, 민방위 훈련이 더해지면서 그 시대의 정치적, 사회적 기류 속에 이 사건이 존재하고 있음을 강조한다. 이것을 상징화한 것이 조용구 형사가 신고 있는 군화이다. 그에게 군화는 일상이고 일상은 폭력이다. 그의 폭력은 취조실에 앉아있는 백광호를 비롯한 모든 용의자들에게 뿐만 아니라 시위 진압과정에서 끌고 가는 여대생을 향해서도 이루어진다. 특히 조용구 형사가 룸살롱에서 술집 여자를 성추행할 때 소파 위로 드러나 보여진 그의 군화 밑바닥은 이에 대한 상징적 의미를 지닌다.[63] 조용구 형사의 군홧발은 나무에 달린 못에 찔려 파상풍으로 다리를 절단해야하는 상황에 이르러서야 비로소

---

63) 김용수, 「폭력과 그 너머: 봉준호, 박찬욱의 영화」, 『인문학연구』 14집, 한림대학교 인문학연구소, 2008, 35쪽.

멈추게 된다. 이것은 1980년대 폭력으로 얼룩졌던 음울하고 스산했던 한국의 정치적, 사회적 분위기를 화성연쇄살인사건의 수사 방식을 통해 묘사하고 있는 것이다. 이는 1980년대를 지나 2003년 형사를 그만둔 박두만이 최초의 살인사건이 일어난 현장을 다시 찾게 되면서 어린 소녀로부터 며칠 전 이곳을 찾아왔던 사람의 인상착의, 즉 뻔한 얼굴이고 평범하다는 말을 통해 1980년대의 범죄, 폭력, 억압적 요소들이 IMF 사태 이후인 현재에도 평범한 삶 속에서 지속될 수 있음을 경계하고 있는 것이라 할 수 있다.

이 시기 영화에서는 시대적 흐름과 연동시켜 권력자들을 재인식하게 함으로써 IMF 사태 이후의 한국사회를 묘사하고 있다. 이것은 유하의 <말죽거리 잔혹사(2004)>에서 "구국의 유신으로 새 역사를 창조하자"라는 교문 앞 표어와 일렬로 도열해 있는 교직원, 학생들 사이로 교장 선생의 출근 인사 장면, 군복을 입은 채로 수업시간에 들어가는 선생의 모습을 통해서 드러난다. 이는 영화 속 인물 김현수의 "대한민국 학교 좆까라"고 외치면서 학교를 떠나는 장면을 통해 폭력, 권위주의, 군사문화로 점철된 시기의 한국사회로 의미화된다. 이와 같은 특징은 임찬상의 <효자동 이발사(2004)>에서도 엿볼 수 있다.

영화는 효자동의 평범한 이발사인 성한모를 통해 1960년 3.15부정선거 시기부터 전두환의 등장까지 권력자들의 특징과 시대적 기류를 묘사하고 있다. 그 속에는 권위적이고 폭력적인 온갖 굴절된 한국 권력자의 역사가 존재하고 있다. 이러한 역사는 고문 받아 일어서질 못하는 영화 속 성한모의 아들로 상징화되고, 성한모가 청와대 일을 그만두게 되면서 그의 아들이 다시 일어서게 되어 함께 자전거 타는 모습으로 마무리되는 장면을 통해 그 의미가 강조된다.

1979년 10월 26일 발생한 박정희 대통령 시해사건을 토대로 대통령과 권력을 중심으로 권력자들의 암투와 그 이면을 묘사한 임상수의 <그때 그

사람들(2005)>도 이런 범위의 영화라 할 수 있다. 또한 조선시대 연산군 시기를 배경으로 장생과 공길의 남사당패가 '폐왕(廢王)'으로 불린 연산군과 장녹수, 신하들을 풍자하면서 이를 민중들의 봉기와 연결시킨 이준익의 <왕의 남자(2005)>도 지배 권력자들에 대한 비판과 연결된다. 조선시대 말 외딴섬 동화도의 제지소를 두고 벌어진 연쇄적인 참혹한 살인사건을 파헤치면서 그 이면에 존재하고 있는 시대적 혼란과 서로 다른 정치적 견해, 그리고 이와 결탁한 권력, 돈에 휘둘리는 민심, 여기에 서학과 동학의 충돌 등을 날짜별로 묘사한 김대승의 <혈의 누(2005)>도 이러한 경향의 한 흐름에 있다고 볼 수 있다. 이것은 라희찬의 <바르게 살자(2007)>에서도 엿볼 수 있는데, 원칙론자인 강력계 형사였던 정도만이 도지사에 의해 문책성 인사로 교통경찰로 전보조치 되고 삼포경찰서장으로 새로 부임한 이승우가 본연의 임무에 충실하지 않고 언론을 이용해 자신의 실적을 과시하면서 출세에만 몰두하고 있는 모습을 통해 권력자들의 전형을 풍자하고 있는 것에서 확인된다.

이처럼 이 시기 영화들은 IMF 사태로 초래된 상황을 직, 간접적으로 묘사하면서 권력자들을 비판하고 있다. 이는 시대적 흐름과 연동된 묘사였다고 볼 수 있다. 이들 영화들이 지배 권력자들과 굴절된 시대성을 상정하고 있었다면, 또 다른 측면에서는 한국사회에 관습적으로 내재되어 있는 부조리한 사회구조의 모순적 현상을 드러냄으로써 이를 비판하고 있는 것이다. 이와 같은 특징은 이명세의 <인정사정 볼 것 없다(1999)>에서는 다소 우회적 수법으로 나타난다.

영화는 흑백화면으로 묘사된 소매치기 사건과 조직폭력배를 검거하는 우영민 형사의 모습에서 자막과 함께 컬러로 바뀌면서 시작된다. 이후 영화는 창문을 경계로 낮잠을 즐기고 있는 어르신의 평온한 집안 풍경과 마약을 두고 치열한 폭력, 살인으로 얼룩진 외부의 모습, 이를 극대화하기 위해 쏟아진 빗줄기로 씻겨나간 핏물 등을 통해 내부와 외부 사이의 서로 다른 경계를 형식적으로 명확하게 구분 짓고 있다. 이것은 내부와 외부에서 벌어진 상황의 의미를 비와 빗물, 창문, 붉은 피로 형상화하고, 여기에 비지스(Bee Gees)의 '홀리데이(Holiday)' 음악이 감각적으로 어우러지도록 하여 그 효과를 극대화한다. 이러한 형식적 요소들은 마약사건의 주범 장성민을 체포하기 위한 형사들의 움직임, 그를 놓치는 장면을 느린 동작으로 처리하거나 비오는 탄광촌에서 장성민과 우형사가 벌이는 격투 장면에서도 이어진다. 이와 같은 방식은 이 영화의 내용 전개를 흥미롭게 유도하고 있다고 볼 수 있다. 영화에서 상위 권력자들에 대한 시각은 부상당해 병원에 입원해 있는 김동석 형사를 병문안 온 우형사가 다음날 대서특필 된 장성민의 검거 소식을 두고 정작 "범인을 잡은 자신들 이름은 전혀 거론되지 않는다"는 말을 통해 관습화된 한국사회의 구조와 인식의 일단을 드러낸다. 이러한 사회구조의 모순적 현상은 봉준호의 <플란다스의 개(2000)>에서 선명하게 나타난다.

영화는 교수채용에 관한 문제로 준표 선배와 통화하면서 개 짖는 소리로 방해받은 시간강사 고윤주가 이웃집 개, 삔돌이를 아파트 지하실에 가둬놓는 사건으로부터 비롯된다. 이것은 이후 잃어버린 개를 찾으려 한 여자아이를 대신해 포스터를 붙이고 다니는 아파트 관리소 직원 박현남의 모습과 교수가 되기 위해 돈을 준비해 학장을 만나라는 준표 선배의 말로 이어진다. 그리고 삔돌이가 수술을 통해 짖지 못한다는 사실을 알게 된 고윤주는 실제로 짖는 할머니의 개를 납치해 옥상에 올라가 던져 버린다. 이후 화면은 아파트 지하실에서 보신탕을 끓이고 있던 관리소 경비원 변씨가 관리소 주임과 마주치자 뜬금없이 아파트 보일러 수리 담당자인 김씨에 관한 괴담. 즉 그가 건축업자들의 부실공사 비리를 비판하자 시공업자들이 김씨를 살해한 후 벽에 시멘트를 발라 묻어버렸다는 이야기와 "우리나라는 원칙대로 되는 것이 하나도 없다"는 고윤주의 말로 연결된다. 특히 고윤주의 원칙론적인 말들은 자신의 부인이 퇴직금으로 산 반려견 순자의 실종과 교수가 되기 위해 1,500만 원이 든 상자를 들고 학장을 만나러 가는 그의 모습을 통해 이 기적이면서 자의적인 행위의 역설로 묘사된다. 이것은 교수가 되어 학생들에게 강의하는 그의 모습으로 그 의미는 극대화되며, 현실은 여전히 그렇게 지속된다는 의미로 남는다. 이는 영화 마지막 부분에서 카메라를 향해 거울을 비치는 관리소 여직원 박현남의 모습을 통해 또 다시 현재 우리들의 모습으로 연결된다. 궁극적으로 영화는 한국사회에서 지배 권력이 어떻게 형성되고 관습화되어 부조리한 모습을 띠게 되는지를 비판적으로 묘사하고 있다. 그리고 이것은 우리 안의 이중적 태도와 결코 무관하지 않음을 제기하고 있는 것이다.

이러한 경향은 가난하고 힘없는 학생들을 상대로 한 성희롱, 성추행, 성폭력과 입시비리, 성적조작, 횡령 등으로 얼룩진 사립학교재단과 이와 연결된 검사, 정치인을 묘사한 윤제균의 <두사부일체(2001)>를 통해서도 드러난다. 이는 조폭들을 사회정의와 연결시키는 매우 부적절한 방식으로 가치관의 혼란을 일으킬 수도 있다는 우려를 낳기도 하지만 거대한 조폭과 같은 한국사회구조의 이면을 드러내는 것이라 할 수 있다. 이와 같은 내용은 이후 시리즈로 제작된 김동원의 <투사부일체(2006)>, 심승보의 <상사부일체(2007)>에서도 지속된다.

관습화되어 부조리한 사회적 현상을 드러내는 기법은 회사에서 아이디어를 갈취당하면서 책임은 혼자 뒤집어쓰고 성적으로 희롱당하면서도 호구지책 때문에 어쩔 수 없이 회사에 다니고 있는 나난과 동미의 싱글 라이프를 묘사한 권칠인의 <싱글즈(2003)>와 살인사건 수사를 두고 언론과 검찰 사이의 밀접한 관계를 드러냄으로써 한국사회의 부조리함을 폭로한 장진의 <박수칠 때 떠나라(2005)>에서도 확인된다. 반면 다소 억지스럽지만 산동네 재개발 추진을 위해 동원되었던 깡패 필제가 자신의 과거를 청산하고 동양챔피언에 도전하고자 한 명란의 매니저로 변신함으로써 힘들었던 시절이 마치 젊은 날의 추억처럼 지나가길 바라는 윤제균의 <1번가의 기적(2007)>에서는 고단한 한국사회의 모습을 희망으로 전환하고 있다.

이처럼 이 시기 한국영화에서는 IMF 사태에 대한 근본적인 책임을 규명하기 위해 국가권력을 지배하고 있는 권력자들에 대한 문제를 제기하고 있다. 이를 통해 한국의 사회적 현실은 이들의 책임과 불가분의 관계에 있으며, 이는 지배계급의 권력자들에 의해 조성된 관습화된 부조리한 사회구조와 연동되어 있음을 폭로하고 있는 것이라 할 수 있다.

과거를 통해 바라본 현재

이 시기 한국영화에서 나타난 두드러진 특징 중 하나는 과거를 통해 현재를 들여다본다는 점이다. 이는 현재의 모습을 과거 속에서 찾고자 한 것이며, 이를 통해 현재를 규명하고 성찰하고자 한 것이다. 이것은 과거 속에서 현재가 규정되고 과거와 현재는 결코 분리될 수 없으며 공존하고 있음을 의미한다. 이 시기 영화는 이를 크게 두 가지 차원에서 묘사하고 있다. 하나는 개인의 경험에 근거한 것이고, 다른 하나는 역사적 층위에 관한 것이다. 두 가지 형태 모두는 현재의 모습을 설명하기 위해 지나간 과거를 소환하고 있다. 여기서 과거는 순수함 그 자체로 존재하면서 현재 삶의 근원일 뿐만 아니라 성찰의 기제로 작동된다. 그러므로 영화 속에서의 과거는 현재를 성찰하면서 재구성하고자 하는 바람과 연결되어 있다. 이런 이유로 영화에서는 시간과 공간을 넘나들면서 과거에서 현재적 결과에 이르게 되는 과정을 묘사한다. 따라서 이 시기 영화에서는 과거의 모습이 대상화되어 소환되는 것이며, 순수함을 소환하는 것과 다름 없다. 그리고 이것의 중심에는 시간이 존재하고 있음을 의미한다. 이러한 흐름은 1998년에 개봉된 허진호의 <8월

의 크리스마스>에서 엿볼 수 있다.

영화는 과거와 현재를 명확하게 구분 짓지 않으면서 시간이 지니고 있는 특징을 통해 이를 묘사하고 있다. 이는 영화 시작과 함께 사진관을 운영하고 있는 정원의 스쿠터 타고 가는 모습과 병원에서의 모습을 보여주면서 "내가 어렸을 때 텅 빈 운동장에서 돌아가신 어머니를 생각하고 나도 언젠가는 사라져버린다는 생각을 하곤 했었다"라는 그의 내레이션을 통해 드러난다. 이것은 주차 단속반 김다림의 교통위반 증거를 위해, 어린 남학생들이 좋아하는 여학생의 모습을 간직하기 위한 사진 확대 요구로 의미화된다. 이는 과거 자신이 좋아했던 여동생 친구 지원을 우연히 만나고 난 후 "사랑도 언젠가는 추억으로 묻힌다"는 그의 내레이션을 통해 규정된다. 이것은 병원으로부터 시한부 인생을 선고받고 그 사실을 담담하게 받아들이면서 일상을 살아가고 있는 정원에게 시간을 고정시킴으로써 순간을 유지하고 싶은 사람들의 바람이 얼마나 헛된 것인가를 자신의 삶을 통해 역설적 의미로 보여주고 있는 것이다. 따라서 자신의 삶의 유한성은 자신이 운영하고 있는 초원사진관에서 사진을 통해 순간을 고정시키고자 한 인간의 바람과 모순적 관계에 있다고 할 수 있다. 이는 어느 날 늦은 저녁 무렵 한복을 곱게 차려입고 낮에 가족과 찍은 독사진이 맘에 들지 않는다고 하면서 다시 사진 찍기를 원하는 할머니의 모습을 통해서도 드러난다. 이와 같은 의미의 장면은 비오는 날 정원과 함께 우산을 쓰고 가는 다림의 모습과 저녁 약속을 지키지 않은 그녀가 그냥 오기 싫었다고 하면서 나가는 장면, 서울 랜드에서의 데이트 하는 모습을 통해 정원을 향한 다림의 설레는 마음과 대비된다. 그리고 자신이 사라진 후 남겨질 아버지를 위해 비디오, 사진현상기 작동법을 꼼꼼하게 가르쳐 주거나 기록하는 정원의 모습을 통해서도 나타난다. 이는 병원에 입원해 있는 정원과 닫힌 사진관 앞에서 그를 기다리면서 자신의 마음을 담은 편지를 사진관 속으로 밀어 넣는 다림의 모습과 병원에서 퇴원한 정원이 그녀의 편지를 읽고 있는 장면에 이어 자신의 영정사진을 찍고 있는 모습으로 연결된다. 얼마 후 정원이 세상에서 사라진 후 다림을 찍은 흑백 사진이 사진관에 놓여있는 것을 본 다림이 그가 다시 돌아 왔을 것으로 추측하면서 웃음으로 떠나는 모습에 언젠가는 추억으로 묻히게 되는 것이 아니라 "사랑을 간직한 채 떠날 수 있게 해 준 당신께 고맙다는 말을 남깁니다"라는 정원의 내레이션으로 마무리 되는 장면을 통해 영화는 인간의 삶 속에 존재하고 있는 시간의 유한성인 변하는 것과 사랑의 무한성인 변하지 않은 것을 연결시키고 있다. 이것은 사라짐이라는 과거와 존재라는 현재의 시간이 인간의 삶을 지탱하게 하는 근본적 요소라는 것을 의미하고 있는 것이라 할 수 있다.

이러한 기조는 사랑의 상처를 안고 있는 두 남녀, 즉 휴가 나온 한철수와 결혼식 비디오 촬영가인 이춘희가 서로 티격태격하면서 자신들만의 사랑을 마치 시나리오 한편을 완성해가는 것처럼 묘사한 이정향의 <미술관 옆 동물원(1998)>과 강원도 산골 마을 초등학교로 부임한 총각선생님 김수하를 좋아해 결혼에 이르게 된 늦깎이 학생 윤홍연의 순수했던 사랑 이야기를 다루고 있는 이영재의 <내마음의 풍금(1999년)>에서도 나타난다.

반면 이 시기 많은 영화들에서는 과거의 순수했던 시절을 통해 어긋난 현재 상황에 대한 반작용의 의미로 묘사된다. 이는 영화 속에서 시간과 공간을 뛰어넘는 방식으로 전개된다. 이러한 특징, 즉 과거와 현재가 직접적으로 연결된 영화로는 김정권의 <동감(2000)>에서 나타난다.

영화는 흑백화면으로 무선통신(HAM) 동아리의 복학생 지동희를 좋아하고 있는 영문과 학생 윤소은이 낡은 무선기기를 집으로 가져오는 장면을 보여주면서 시작된다. 이어서 화면은 1979년 성수대교 개통 등의 뉴스를 전하면서 소은의 시간과 공간 역시 1979년으로 규정한다. 그리고 갑자기 무선기기를 통해 수신이 들어와 교신하게 되는데, 그것은 다름 아닌 그녀가 사랑했던 지동희의 아들 지인인 것이다. 전혀 다른 시간과 공간 속에 존재하고 있다는 사실을 서로 인지하지 못한 그들은 무선교본을 전하기 위해 신라대 시계탑 앞에서 만나기로 약속한다. 그러나 그들은 서로 다른 시간 속에 존재하고 있기에 그들의 만남은 이루어지지 않는다. 즉 소은은 77학번이고 지인은 99학번이며 윤소은은 1979년의 상황이고, 지인은 2,000년의 상황인 것이다. 20여 년의 시간적 간격을 영화는 1979년과 2000년 사이의 시기를 번갈아 보여주면서 전개된다. 서로 다른 시간과 공간 속에 존재하고 있다는 사실을 인지한 진이는 소은에게 앞으로 일어날 일에 대해 말해주고 소은은 이를 자신이 좋아했던 지동희에게 전한다. 소은은 이후 지인이 자신의 아버지가 지동희이고 어머니가 허선미라 말하자 자신과 이루어지지 않은 미래 상황에 대해 실망한다. 영화는 이처럼 현재를 과거와 혹은 과거를 현재와 연결시키면서 어디서부터 잘못되었고 어긋났는지를 확인하고 있는 것이다. 이와 같은 수법은 이현승의 <시월애(2000)>에서도 나타난다.

여기서도 시간과 공간은 초월되어 전개된다. 그것은 영화 속 인물 성현에게 2년 후의 시간, 즉 미래에서 온 편지로부터 비롯된다. 이는 한석진 교수가 아들 한성현을 위해 바다 위에 지었던 일마레(IL MARE)라는 이름의 집에 1997년 성현에 이어 1999년 은주가 살고 있음을 통해 보여준다. 따라서 그들 사이에는 2년간의 시간 공백이 있는 것이다. 이것은 1999년 은주가 앞으로 일어날 일에 대해 1997년 현재의 인물 성현에게 알려주는 것으로 묘사된다. 성현은 1997년 12월 28일자로 은주에게 편지를 보내고 은주는 1999년 12월 29일자로 자신이 지나왔던 경험을 편지로 우편함을 통해 성현에게 전한다. 1997년에 살고 있는 성현은 그녀의 편지에 적시된 것처럼 실제로 일어난 일들을 경험한다. 그리고 그들은 편지를 통해 서로 다른 시간과 공간에서 벌어진 일상을 소통한다. 성현은 은주의 편지를 토대로 그녀의 과거를 쫓아가기도 하고 자신의 바람을 녹음기를 통해 은주에게 전해주기도 한다. 심지어 성현은 1998년 사망한 아버지 한석진 교수의 자료를 은주에게 부탁하기도 한다. 은주는 교통사고를 당하면서도 아들을 위해 일마레를 지었던 사실 등을 밝혀 뒤틀어져 버린 아버지와 아들이 화해하기를 바라면서 그의 부탁을 들어준다. 영화는 이처럼 성현의 시점과 은주의 시점을 넘나들면서 시간과 공간을 초월해 전개된다. 그리고 그것은 현재와 과거로 분리된 각각의 시간의 영역들이 서로 깊이 스며들면서 현재와 과거가 함께 공존하고 있음을 확인하게 만든다. 영화는 이를 마치 IMF 사태의 1997년과 새로운 밀레니엄 시대가 시작되는 세기말적 현상을 묘사한 것처럼 조형적인 색감과 같은 회화적 요소를 통해 묘사하고 있다. 과거와 현재가 결합되어 있는 이 시기의 영화적 특징은 곽재용의 <엽기적인 그녀(2001)>에서도 엿볼 수 있다.

영화는 전반전, 후반전, 연장전이라는 시간적 구분을 통해 그녀와 견우의 만남을 코믹하게 묘사하고 있지만 영화 속 그들의 현재적 관계는 죽은 남자친구를 잊지 못하는 그녀의 과거 상처로부터 벗어나지 못함에 있다. 그리고 이것은 그녀와 견우가 2년 후 읽어보기로 하고 산등성이 소나무 밑에 묻어둔 타임캡슐로 상징된 봉인된 시간이다. 견우보다 1년 늦게 나타난 그녀는 할아버지로부터 벼락 맞아 죽은 소나무 대신 비슷한 모양의 새로운 소나무를 다시 심은 견우의 사연을 듣고 난 후 비로소 죽은 남자친구로부터 해방된다. 이는 견우의 고모가 그에게 소개시켜주려 했던 여자가 바로 그녀였다는 사실로 연결된다. 이로써 현재는 과거로부터 벗어날 때 비로소 새로운 영역으로 나아갈 수 있다는 의미로 확장되고 "운명이란 노력하는 사람에게 놓아주는 다리"라는 말을 통해 이를 확인해 준다. 따라서 영화는 현재를 설명하는 기제로 과거라는 시간 속에 인간의 노력이라는 의지를 부가하고 있는 것이다.

서울과 강릉이라는 공간을 두고 사운드 엔지니어 상우와 지방방송국 라디오 피디 은수 사이의 만남, 사랑, 이별을 묘사한 허진호의 <봄날은 간다 (2001)>에서도 시간은 중요한 의미로 작용한다. 이것은 상우와 은수의 만남 과 사랑, 이별이라는 변화가 시간에 의해 통제되고 조율되고 있음을 말한 다. 이는 은수에게 새로운 남자가 나타나면서 상우에게 헤어지자고 한 그녀 의 말에 "어떻게 사랑이 변하니"라는 상우의 말로 의미화 된다. 사랑에 대한 상우의 이 말은 그가 고모와 함께 보고 있는 앨범 속 젊은 시절의 할머니 사 진과 그녀의 죽음을 통해 대비적 의미로 다시 한 번 강조된다. 이로써 영화 는 단순한 은수와 상우의 만남, 사랑, 이별을 묘사하는 것에서 벗어나 유한 한 인간의 삶의 과정이라는 철학적 의미로 나아간다. 이러한 깨달음은 은수 와 헤어진 상우가 홀로 풀숲에서 소리를 녹음하면서 웃는 모습으로 마무리 되는 장면을 통해 상징화되고 있다. 비록 직접적인 시간과 공간을 초월하여 묘사되고 있지는 않지만 순수한 인간적 사랑이 현재를 성찰하게 하면서 한 인간의 변화를 이끈 송해성의 <파이란(2001)>도 이와 같은 유형에서 크게 벗 어나지 않은 영화라 할 수 있다.

이는 먼 친척을 찾아 한국에 온 중국 여성 파이란과 위장 결혼한 인천의 삼류 건달 강재를 통해 묘사된다. 그들은 서로 만난 적도 없지만 그녀는 자 신을 한국에 올 수 있도록 결혼해 준 강재에게 진심으로 고마움을 가지고 있다. 그러던 어느 날 강재는 자신이 결혼했다는 사실도 모른 채 자신의 아 내인 파이란이 병으로 죽었다는 소식을 듣고 그녀의 시신을 수습하기 위해 강원도 간성으로 향한다. 간성으로 가는 도중 그는 기차 안에서 자신과 결 혼해 주어 감사하다는 파이란의 편지를 읽으면서 복잡한 심경에 휩싸인다. 이는 간성에 도착하여 그녀의 시신을 수습하고 난 후 유골함을 들고 부둣 가에서 감사하고, 고맙고, 좋아하게 되었으며 죄송하고 친절하다는 강재를 향한 파이란의 부치지 못한 편지를 읽고 오열하는 그의 모습으로 연결된다. 강재는 뒤늦게 그녀의 진심을 알게 되면서 그 동안 무의미하게 살아왔던 자신의 인생을 되돌아본다. 이후 그는 자신의 삶을 청산하고 고향으로 가고자 결심하지만 자신이 속해있는 용식의 조직원에 의해 살해당하면서 그 뜻을 이루지 못한다. 영화는 이를 죽어가는 강재 눈앞에 파이란의 모습을 담은 영상을 보여주면서 그의 뒤늦은 후회와 깨달음의 의미를 더욱 가슴 아프게 다가오도록 한다. 이로써 영화는 강재와 파이란의 행적을 겹치지 않고 분리시켜 전개해 가면서 현재와 사람을 변화시키는 것은 죽은 파이란의 순수하고 진심어린 사랑임을 확인하고 있는 것이다.

이는 조폭을 다룬 곽경택의 <친구(2001)>에서 현재 친구들의 일그러진 관계를 과거 순수했던 어린 시절을 함께 보냈던 장면을 통해 묘사되기도 한다. 시간과 공간을 넘어 순수했던 과거와 현재를 연결시키는 것은 동성애적 요소로 풀어낸 김대승의 <번지 점프를 하다(2001)>에서도 나타난다.

영화는 1983년 비오는 날 서인우의 우산 속으로 뛰어든 인태희의 모습으로 시작된다. 국문과 학생인 인우와 조소과 학생인 태희는 그날 이후 서로 사랑하는 사이가 된다. 그리고 태희는 음악 감상실에서 자신의 얼굴이 그려진 라이터를 인우에게 선물한다. 얼마 후 군대에 입대하게 된 인우는 용산역에서 태희를 기다리지만 그녀는 모습을 드러내지 않는다. 왜냐하면 이른 아침 인우를 배웅하러 가던 태희가 트럭에 치여 사망했기 때문이다. 그녀에 대한 이루지 못한 인우의 안타까운 사랑은 시간이 흘러 2003년 3월 그가 고등학교 국어 선생님이 되어 신입생 조회에서 '인연'을 언급하면서 지속된다. 그러던 어느 날 인우는 학생 임현빈이 자신이 군대 가기 전 태희에게 되돌려 주었던 라이터를 가지고 있음을 보게 된다. 라이터를 통해 인우는 임현빈에게 사랑했던 태희의 흔적을 떠올린다. 영화에서는 이를 과거 자신과 태희의 사랑했던 시간과 자신의 학생과 마주하고 있는 현재를 번갈아 묘사하면서 전개된다. 이어서 화면은 인우가 태희에게 약속했던 뉴질랜드에서의 번지점프를 위해 현빈과 함께 떠나면서 마무리 된다. 이처럼 영화는 과거와 현재의 관계를 순수했던 사랑을 통해 묘사하면서 현재는 과거라는 시간과 불가분의 관계에 있으며, 이는 현재가 끊임없이 과거로부터 영향받고 지배받고 있음을 보여준다. 이한의 <연애소설(2002)>도 현재에서 과거를 회상하고 추적하는 방식을 취하고 있다.

영화는 둘도 없는 친구사이인 수인, 경희와 사진 찍기를 좋아하는 지환 사이의 사랑과 우정을 묘사한다. 어느 날 어린 시절 흑백 사진을 동봉한 편지가 지환에게 배달된다. 그리고 5년 전, 사진 찍는 모습의 지환의 렌즈에 수인과 경희가 들어오고 수인에게 사랑을 고백하지만 거절당하자 시간을 다시 한 시간 전으로 되돌리겠다고 말하면서 그냥 편한 친구로 만나자고 한다. 이처럼 영화는 현재에서 과거로 넘나들면서 전개된다. 이후 영화는 과거 지환과 수인, 경희가 친구였던 시절과 자신에게 전해진 편지를 따라 그들을 찾아나서는 현재 지환의 모습으로 이루어진다. 이어서 영화는 셋이 여행했던 시절, 즉 수인이 다녔던 고등학교, 바닷가 등이 묘사되면서 그들의 얽힌 관계를 편지를 통해 보여준다. 애초 경희를 좋아했던 지환이 자신의 편지를 수인에게 전해달라고 부탁하지만 수인은 지환의 편지가 자신을 향한 것인 줄 알고 찢어버리고, 병이 깊어진 수인이 지환에게 전해달라는 편지를 경희에게 부탁하지만 그녀 역시 수인처럼 전하지 않고 찢어버린다. 얼마 후 지환이를 찾아 온 경희는 그가 불편해졌다고 말한다. 그들의 사랑과 우정 사이의 엇갈린 오해는 그들의 관계를 멀어지게 하고 그렇게 시간이 흘러간다. 그러던 어느 날 지환은 이들의 흔적을 찾아 나서고 그들이 다녔던 고등학교 선생님으로부터 많이 아팠던 그들이 서로의 이름을 바꿔 불렀던 수인과 경희의 특별했던 관계와 5년 전 수인이가 죽었으며, 경희도 몸이 더 나빠진 상태라는 소식을 듣는다. 그리고 지환은 경희를 짝사랑하던 우편배달부 민식이가 수인과 경희가 자신에게 부치지 못한 편지를 대신 부쳤다는 사실을 알게 된다. 이어서 영화는 지환이 수인과 경희가 남기고 간 마지막 편지를 읽으면서 마무리된다. 이처럼 영화는 현재에 이르게 되는 과거의 시간을 다루고 있다. 과거는 현재를 설명하기 위해 영화에 부분적으로 삽입되는 것이 아니라 현재를 규명하는 실마리로써 존재하고 있는 것이다.

한편, 장선우의 <성냥팔이 소녀의 재림(2002)>에서는 현재를 규명하고 성찰하기 위해 과거를 끌어들인 것이 아니라 현재와 가상현실을 통해 현재뿐 아니라 미래를 겨냥하고 있다.

"이 영화는 한 편의 시로부터 시작되었습니다"라는 자막과 함께 영화는 오락실에서 일하는 희미를 짝사랑하여 프로게이머를 꿈꾸는 자장면 배달원인 주가 어느 날 그녀를 닮은 성냥팔이소녀에게 라이터를 사고 라이터에 적힌 전화번호에 전화를 걸게 되자 성냥팔이 소녀의 재림이라는 게임에 접속하게 되면서 시작된다. 이는 "영화적 서사에 게임의 서사를 접목시키는 새로운 방식인 것이다."[64] 이런 이유로 영화 속 게임은 현실에서 일어날 수 있는 다양한 의미를 상정할 수 있게 된다. 이를테면 성냥팔이 소녀를 두고 벌이는 게임에서 게이머는 그녀가 다른 사람에게 라이터를 팔지 못하도록 하여 게이머 자신에게 사랑을 품고 얼어 죽게 하면 승자가 되는 것이다. 그리고 승자에게는 엄청난 배당금과 그녀와 함께 행복한 세상으로 떠날 수 있는 특전이 주어지고 캐릭터에 맞지 않은 무리한 행위를 하는 경우 뇌에 상처를 주어 뇌사 상태에 빠질 수 있다는 정부시책에 의한 경고문이 뒤따른다. 이를 통해 영화는 현실과 게임이라는 비현실 사이의 경계를 와해시키면서 게임에 접속함으로써 현실의 바람이 이루어지고 게임 속에서 일어나는 일, 즉 그녀를 구하기 위한 시도들이 현실 속에서 구현되는 것처럼 인식되게 한다. 이는 가상세계와 실제세계를 명확하게 구분하지 않고 있음을 의미한다. 이것은 가상세계와 현실세계를 의도적으로 혼돈상태에 놓아둠으로써 그것의

---

64) 조보라미, 「열려진 영화론으로 본 <성냥팔이 소녀의 재림>: 장선우 영화의 연속성을 위한 시론」, 『한국극예술연구』 제71집, 한국극예술학회, 2021, 293쪽.

분별을 관객의 판단에 맡기고 있는 것이다.[65] 이는 세 가지 형태의 결말, 즉 성냥팔이 소녀가 낯선 남자를 따라감으로써 갑자기 끝나는 것, 주가 시스템 본부로 진격하여 죽음을 맞는 것으로 주가 중국집 배달원이라는 일상으로 복귀하는 것, 주가 게임에 접속하여 성냥팔이 소녀의 사랑을 얻고 행복하게 살게 되는 것으로 나타난다.[66] 이러한 방식은 영화 서사에 있어 다양한 선택지를 제공하는 특별한 수법이라 할 수 있다. 여기에 영화에서의 게임 시스템은 마치 거대한 국가조직과 사회라는 의미의 상징성을 획득하게 된다. 그러므로 이것은 단순히 게임을 넘어 현실과 함께 미래사회를 겨냥하고 있는 것처럼 보이도록 한다. 이로써 영화는 현실을 게임이라는 가상현실 속에 투영시키면서 현실과 다가올 미래를 연결시키고 있는 것이다. 이런 측면에서 <성냥팔이 소녀의 재림>은 과거를 기반으로 현재를 성찰하도록 한 이 시기 영화들과 그 지향이 다소 다르다고 할 수 있다. <성냥팔이 소녀의 재림>과 달리 이 시기 많은 영화들에서는 과거를 중심에 놓으면서 현재를 설명하는 방식을 취하고 있다. 이러한 전형적 특징은 2003년에 개봉한 곽재용의 <클래식>에서도 나타난다. 이것은 <클래식>이 이전 영화들에서처럼 현재를 과거의 시간과 연결시키면서 전개되고 있음을 의미한다.

영화는 이점을 딸 지혜의 사랑과 엄마 주희의 사랑을 묘사함으로써 드러낸다. 클래식 음악이 흐르고 시골의 아름다운 풍경을 배경으로 다락방을 청소하고 있는 지혜가 아빠의 죽음과 외국으로 여행 중인 엄마를 언급하면서 엄마의 첫사랑과 관련된 편지를 읽으면서 영화 <클래식>은 시작된다. 이어서 화면은 현재 지혜와 수경이 연극 동아리 선배 상민을 좋아하고 있는 상황이 제시된다. 지혜도 수경처럼 상민을 좋아하지만 그녀는 수경의 부탁으로 그녀 대신 상민에게 메일을 보낸다. 이러한 상황은 오준하가 지혜의 엄

---

65) 위의 논문, 301쪽.
66) 위의 논문, 296쪽.

마 성주희를 좋아했지만 그녀의 부잣집 정혼남인 윤태수 대신에 편지를 쓰는 것과 동일한 상황인 것이다. 이후 영화는 어렸을 때부터 서로 좋아했던 준하와 주희의 이루지 못한 사랑의 이야기가 전개된다. 여름날 시골에서 우연히 만난 그들은 서로 좋아하고 사랑에 빠진다. 이런 사실을 모른 태수는 같은 고등학교 친구인 준하에게 정혼자인 주희에게 보낼 편지를 대신 써달라고 부탁한다. 준하는 주희를 향한 자신의 마음을 태수의 편지 속에 담아 전한다. 비록 성주희가 알지 못하지만 윤태수로부터 받은 편지는 그녀를 향한 오준하의 마음인 것이다. 태수는 주희에게 사랑을 고백하지만 준하와 주희가 서로 사랑하는 사이라는 사실을 알게 된 후 자살을 시도한다. 그의 자살시도로 충격을 받은 준하는 월남전 파병에 지원입대 한다. 영화는 마치 준하와 주희의 엇갈린 사랑처럼 지혜가 좋아했던 상민이 수경과 연인이 된 상황을 병치시킨다. 그러나 비오는 날 지혜는 상민에게 우산을 전해주면서 서로의 사랑을 확인한다. 그리고 화면은 다시 월남전에서 실명한 채로 돌아온 준하의 모습과 주희와 결혼한 태수가 지혜를 낳고 사망한 상황으로 전개된다. 그리고 준하는 자기가 죽으면 주희와 인연을 맺었던 강에 뿌려달라고 하는 편지를 남긴다. 이들의 이루어지지 않은 사랑은 이후 주희가 준하에게 준 목걸이를 상민이 지혜에게 걸어줌으로써 이들이 주희와 준하의 딸과 아들임을 확인한다. 영화는 현재 지혜와 상민의 관계가 이루지 못한 어머니와 아버지의 관계를 연동시키면서 과거가 현재로 이어지는 모습으로 마무리된다. 이처럼 영화는 현재를 설명하기 위해 시간과 공간을 넘어 과거를 소환하고 있는 것이다.

반면 과거는 현재를 합리화할 수 있는 수단으로 이용되기도 하지만 현재의 파국적 상황을 설명하기 위한 토대로 작용하기도 한다. 이를테면 한 가족의 비극적 역사는 과거의 불륜과 해결능력이 없는 무능력한 아버지로부터 비롯된 것이라는 것을 묘사한 김지운의 <장화, 홍련(2003)>이 바로 그러한 형태의 영화라 할 수 있다. 또한 과거는 지나온 시간을 의미하므로 그 자체로 아름답고 순수함으로 존재하기도 한다. 따라서 과거는 현재를 성찰할 수 있는 거울로 작용하기도 한다. 촌지를 받아 물의를 일으켜 강원도 '산내 분교'로 전근가게 된 후 그곳의 순수한 아이들을 보고 변화하게 되는 초등학교 교사 김봉두를 묘사한 장규성의 <선생 김봉두(2003)>는 이러한 유형의 영화라 할 수 있다. 또한 김기덕의 <봄 여름 가을 겨울 그리고 봄(2003)>에서도 사계절을 통해 과거와 현재의 불가분의 관계를 드러낸다.

특히 이 영화는 인간이 성장하면서 겪는 과정을 계절별 에피소드 형식으로 구성하고 있다. 예컨대 봄으로 비유된 동자승은 산속에서 물고기, 개구리, 뱀을 잡아 실에 돌을 매달아 움직이지 못하도록 하자 이를 본 노스님이 그가 자고 있을 때 커다란 돌을 그의 허리춤에 묶어 똑같은 고통스러움을 느끼도록 한다. 청년으로 성장한 스님이 절을 찾은 소녀와 사랑에 빠지게 되자 노스님은 "욕망은 집착을 낳고 집착은 살의를 품게 한다"고 경고한다. 시간이 흘러 가을 어느 날 노스님은 아내를 살해한 살인사건에 관한 신문 기사를 본다. 얼마 후 절을 떠났던 그가 찾아와 노스님과 대화한다. 그는 아내가 불륜을 저질렀던 사실로 그녀를 살해했음을 고백하고, 노스님은 "가진 것을 놓아야 할 때가 있다"고 말한다. 화면은 다시 겨울이 오자 무공을 익히는 장년의 스님을 보여주고 부처상 앞에서 흐느끼면서 어린아이를 두고 떠난 여인이 호수가에 몸을 던져 자살한 장면으로 이어진다. 장년의 스님은 남겨진 그 어린아이가 자신과 관련 있다는 것을 깨닫고 스스로 고행을 한다. 영화는 또 다시 봄이 오고 어린 동자승의 물고기와 개구리, 뱀 입에 돌을 집어넣는 모습으로 마무리된다. 영화는 이처럼 인간의 삶을 계절을 통해 의미화하고 있다. 그리고 현재의 삶은 과거 자신의 삶으로부터 결코 분리될 수 없다는 사실을 불교의 윤회사상과 결합시켜 세상의 근본 원리를 깨닫도록 한다. 현재와 연결되는 과거의 순수함은 그 자체의 본질적 의미를 강조하면서 인간의 가치가 앞으로 나아가도록 한다. 김상진의 <귀신이 산다(2004)>도 순수함과 그 가치의 본질에 근거하고 있는 영화라 할 수 있다.

3대째 셋방살이를 한 박필기가 온갖 어려움을 통해 내 집 마련에 성공하여 이사하지만, 그 집에는 돌아오지 않은 남편을 기다리고 있는 귀신이 된 연화가 있다. 영화는 이 둘이 맞닥뜨리면서 시작된다. 영화에는 현실 속 박필기와 죽은 연화가 서로 자기 집이라고 주장하는 사연이 존재한다. 즉 이 집은 생전의 연화가 첫사랑 기태와 만나 결혼하여 지은 집이다. 그들은 신혼여행 겸 집을 지은 기념으로 여행을 떠났지만 사고로 둘 다 죽게 된다. 죽어 귀신이 된 연화는 자신이 지은 그 집에서 남편 기태를 기다리고 있고, 남편은 의식이 없는 채로 병원에서 아내를 기다리고 있었던 것이다. 그러던 중 남편이 현실을 초월하여 죽은 아내를 만나는 순간 그는 사망판정을 받고 다시 부부로 이어져 이승을 떠나게 된다. 이 장면은 동시대 한국사회의 풍경을 상징하는 부동산 업자, 박필기라는 현실 속 인물과 대비되어 죽은 부부의 깊은 사랑을 통해 그것의 본질적 가치를 강조하고 있는 것이다. 이러한 특징은 과거와 현실, 삶과 죽음의 경계를 넘나들면서 사랑의 순수함을 묘사하고 있는 곽재용의 <내 여자 친구를 소개합니다(2004)>와 이재한의 <내 머리속의 지우개(2004)>에서도 찾아볼 수 있다.

특히 영화 <내 머릿속의 지우개>에서는 건망증이 심한 부유한 건설회사 사장의 딸 김수진과 건설현장에서 일하고 있는 최철수를 통해 묘사된다. 유부남과 사랑의 상처를 지니고 있는 패션디자이너인 수진은 편의점에서 자신이 산 콜라를 두고 가다 되돌아 온 후 철수의 콜라를 자기 것으로 착각하여 마신다. 그리고 그들은 우연히 일로 다시 만나 사랑하게 되면서 결혼에 이른다. 이후 철수는 건축사 자격증을 획득하여 건축사로 활동하지만 수진은 기억이 점차 사라지는 알츠하이머 병을 앓게 된다. 자신의 병을 알게 된 수진은 철수에게 피해를 주지 않기 위해 집을 가출하여 강릉의 한 요양소로 잠적한다. 영화는 철수가 사라진 수진을 찾아 자신의 차에 태우고 떠나면서 그녀를 향해 '사랑해'라고 하면서 마무리된다. 영화는 이를 통해 인간 사이의 순수함과 헌신성이라는 인간의 본질적 가치를 제시한다. 이는 어쩌면 그동안 잊어버렸거나 간과하고 있던 현시대 인간에게 이를 재점검하도록 강제하고 있는 것이라 할 수 있다.

　이러한 인간의 근본적 가치의 강조는 홀어머니가 두 아들을 키우면서 겪은 다양한 사건을 통해 형제애, 가족애를 다룬 안권태의 <우리형(2004)>, 그리고 160억이 당첨된 로또를 들고 도주한 장끝순을 찾기 위해 고립된 섬마을을 찾은 건달 엄재철, 나충수가 욕심 없이 살고 있는 섬마을 아주머니, 할머니들의 모습을 통해 순수함과 진실함의 가치를 인식하게 되는 추창민의 <마파도(2005)>에서도 찾아볼 수 있다. 특히 영화 <마파도>에서는 물질적 욕망을 바람과 환상, 꿈과 같은 것으로 묘사하면서 인간의 본원적 가치로 회귀해야 함을 강조하고 있다. 여기에 에이즈에 걸린 여자를 사랑한 시골 노총각의 사랑 이야기를 다루고 있는 박진표의 <너는 내운명(2005)>과 각기 다른 여섯 커플의 사랑을 일주일이라는 한정된 시간 속에서 다층적인 스토리 구조를 통해 순수한 사랑의 가치를 보여주고 있는 민규동의 <내 생애 가장 아름다운 일주일(2005)>도 이러한 경향 속에 존재하는 영화라 할 수 있다. 특히 이 영화에서는 개인, 한 사람으로 인해 행복한 누군가가 있다는 것을 알게 함으로써 인간 존재의 소중함을 일깨워주고 있다. 인간은 누군가에게 소중한 사람이고 기쁨을 주는 존재임을 스스로 인식하고 확인해야 하며, 이는 단관 극장 소유자인 곽민철이 오선희를 향해 오드리 헵번의 영화처럼 사랑을 묘사한 장면으로 이를 보여주고 있다. 또한 실존인물을 토대로 마라톤 완주를 통해 자폐증을 극복하는 청년의 모습을 묘사한 정윤철의 <말아톤(2005)>과 열병을 앓아 8살 지능을 가지고 있는 40살 소년 엄기봉을 묘사한 권수경의 <맨발의 기봉이(2006)>도 온갖 어려움을 극복하는 인간의 순수함과 도전성에 기반하고 있다. 이러한 유형의 영화들이 이 시기에 등장하게 된 것은 어쩌면 IMF 사태 이후 경제적 어려움으로 손상된 개인의 소중한 가치를 다시 강조함으로써 이를 극복하고자 하는 사회적 바람과 연관되어 있다고 할 수 있다.

이들 영화와는 다소 결이 다르다고 할 수 있지만 과거에 대한 참회와 성찰, 용서를 통해 미래로 나아가고자 한 것은 송해성의 <우리들의 행복한 시간(2006)>에서 나타난다.

영화는 해가 떠오르는 아침 서울 도심에서 발생한 살인사건으로부터 시작된다. 이는 자막에 이어 차안에서 자살을 시도하는 문유정의 모습으로 이어진다. 그리고 사형수가 된 살인범 정윤수는 유정이 부른 애국가를 듣고 싶다고 교도소에서 교화활동을 하고 있는 그녀의 고모인 모니카 수녀에게 말한다. 이후 이들은 유정의 면회를 통해 교도소에서 만나게 되면서 서로 과거의 불행했던 삶, 즉 어머니로부터 버림받아 고아원에서 살게 된 윤수의 삶과 15살 때 사촌오빠로부터 강간당한 유정의 사건을 공유하게 된다. 이들은 서로의 상처를 토로하면서 지나온 자신들의 삶을 되돌아보게 되고 평온한 일상의 소중함을 인식한다. 이는 정윤수가 유정에게 살고 싶다고 말하는 것으로, 유정은 강간당한 자신을 책망했던 어머니에 대한 적대감을 용서해보려 한 시도로 나타난다. 영화는 윤수의 사형 장면을 지켜보는 유정의 모습으로 마무리되지만 마치 거울을 보듯이 서로를 통해 과거를 바라보면서 반성과 참회, 화해를 유도한다. 이를 통해 현재는 과거의 총체적 요체이고 과거는 현재를 구성하는 통로임을 확인시키고 있는 것이다. 이준익의 <라디오 스타(2006)> 역시 과거를 통해 인간사이의 소중한 가치를 다시 확인하는 방식을 취하고 있다.

영화는 1988년 서울 올림픽 시기 가수왕상을 수상한 최곤이 시간이 흘러 사람들에게 잊혀지게 되면서 미사리 카페 통기타 가수로 전락한 2006년의 모습으로 시작된다. 이어서 영화는 최곤이 마음 내켜 하지 않은 상태에서 강원도 영월 방송국 DJ를 하게 되면서 우연히 다양한 영월 사람들의 일상적이고 실제적인 모습을 소개하며 다시 대중의 사랑을 받게 되는 상황으로 이어진다. 이로 인해 최곤이 '스타팩토리'라는 기획사의 제안을 받게 되자 오랫동안 그의 매니저 역할을 했던 박민수는 그의 재기를 위해 떠난다. 매니저가 떠난 후 최곤은 그의 부재를 느끼게 되면서 그를 다시 찾게 되고 서로의 진심을 확인하면서 영화는 마무리된다. 영화는 스타팩토리라는 기획사로 상징되는 돈과 물질에 인간사이의 가치를 대비시키면서 사람 사이의 중요하고 소중한 가치가 무엇인지를 다시 환기시키고 있는 것이다.

이러한 흐름의 역설적 의미는 박찬욱의 <싸이보그지만 괜찮아(2006)>에서도 나타난다. 영화는 디지털 기술 기반의 사회에서 기계적이고 비인간적인 장치가 난무하는 사회와 그 속에서 인간성을 잃어가는 사람들의 모습을 영군과 일순으로 상징화된 인물을 통해 사랑이라는 해법을 통해 묘사하고 있다.

이처럼 이 시기의 영화는 현재와 그 상황을 묘사하기 위해 과거를 영화 속에 끌어들였다. 여기서 과거는 순수함으로 존재하게 하면서 현재를 견인한다. 그러므로 과거의 순수함을 상실했을 때 현재는 굴절된 상태로 나타난다. 따라서 과거는 현재를 설명하는 가장 핵심적 기제라 할 수 있다. 그렇기 때문에 이 시기 많은 영화들에서 과거를 소환하고 있는 것이다.

이러한 영화적 표현 수법은 역사와 사회를 가로지르는 한국의 시대적 변화를 묘사한 영화에도 적용되었다. 이와 같은 경향의 대표적인 영화로는 2000년 1월에 개봉한 이창동의 <박하사탕>을 들 수 있다.

영화는 IMF 사태를 겪으면서 억압과 폭력 위에 세워진 압축 성장의 한국 사회가 얼마나 허망한 것인가를 영화 속 인물 김영호를 통해 묘사하고 있다. 이는 1999년 봄 과거 공장 동료들의 야유회에 참석한 김영호가 자살을 감행하기 위해 철길 터널 앞에서 "나 다시 돌아 갈래"라는 외침으로 비롯된다. 그가 왜 자살을 하려고 하고, 왜 과거로 돌아가고자 하는지에 대한 설명은 영화 시작에서부터 가장 가까운 시간 순서대로 순차적으로 거슬러 올라가면서 묘사된다. 그리고 그 끝에는 터널을 통한 시간 여행의 마지막 순간, 즉 김영호의 순수함의 원형이라 할 수 있는 1979년 그의 첫사랑 시기가 존재한다. 그러나 순수했던 그의 모습은 1980년 한국 현대사에 있어 가장 비극적인 사건 중 하나인 광주항쟁에 그가 계엄군으로 투입되어 한 여학생을 살해한 후 변모되기 시작한다. 이 사건을 계기로 김영호는 더 이상 첫사랑 윤순임으로부터 박하사탕을 건네받은 순수한 감정의 소유자가 아닌 것이다. 1984년 그는 경찰직에 투신하였고, 1987년 한국의 정치적 상황에서 시국사건으로 잡혀 온 학생들에게 고문을 자행하면서 더욱 잔인한 인간의 모습으로 변해간다. 1994년 그는 사업가로 변신하였고, 1997년 말 IMF 사태를 지나 1999년 사업이 망하게 되면서 한국 사회의 낙오자로 전락한다. 이와 같은 김영호의 변모는 한국 사회의 흐름과 동일한 단계의 과정인 것이다. 즉 영화 속 현재 그의 모습은 1980년대 광주항쟁, 경찰의 고문 사건, 호헌 철폐, 올림픽 개최 등과 1990년대 이데올로기가 한국 사회의 중요 가치 판단에서 한 발 물러나게 되는 사회주의 종주국 소련의 해체와 IMF 사태 이후 신자유주의가 휘몰아치면서 자본주의의 논리가 한국 사회의 최고의 미덕으로 인식되고 있는 시기와 일치한다. 영화 속 인물 김영호의 모습은 바로 이러한 한국 사회 변화의 흐름을 직접적으로 형상화한 것이다. 이런 측면에서 영화는 IMF 사태 이후 1999년 한국 사회가 처해 있는 현재의 모습을 김영호라는 인물로 치환한 것이고 상징화한 것이라 할 수 있다. 따라서 좌절하고 막다른 골목에 처해 있으면서 사회의 낙오자로 전락한 김영호는 단순히 한 개인이 아니라 한국 사회 전체로 확대될 수 있는 상징화된 존재이며 그 시기 한국 사회가 지니고 있는 모순의 전형을 보여주는 인물인 것이다. 영화에서는 이러한 모순을 그의 순수했던 인간적 면모와 파행적으로 흘러왔던 한국 사회의 변화 과정들을 대비시키면서 그 시기 한국 사회를 진단하고 있다. 이를 위해 영화는 터널을 통해 과거로 회귀하여 그 속에 존재하고 있는 시간과 역사적 사건을 결합시키면서 현재의 근원을 드러내고자 했던 것이다. 영화 <박하사탕>에서 처럼 과거의 시간을 끌어들여 이미 변해 버린 현재를 설명하고 있는 영화로 는 2007년 1월 개봉한 임상수의 <오래된 정원>을 들 수 있다.

영화는 16년 8개월 만에 감옥에서 출소한 오현우에 관한 이야기를 다루고 있다. 영화의 대부분은 그가 스스로를 사회주의자라고 주장하고 감옥에서 보낸 16년 8개월 이전 시기에 만나고 경험했던 사람들과 사건들로 구성되어 있다. 이러한 특징을 지니게 된 이유는 그의 모든 기억과 추억이 16년 8개월 이전으로 멈춰져 있기 때문이다. 따라서 영화는 자연스럽게 현재로부터 과거로의 시간여행이라는 수법을 취한다. 그러나 영화에서 중요한 부분 중 하나는 영화 앞부분에 짧게 묘사되는 엄마의 모습이다. 그녀는 오현우가 감옥에서 출소할 때 백화점에서 1천만 원이 넘는 옷을 거리낌 없이 사줄 정도로 강남에서 부동산으로 많은 돈을 벌었다. 이런 엄마의 모습은 오현우가 광주에서 현실 사회에 적응하고 있는 옛 동지들을 만나면서 그들의 모습과 중첩된다. 이 두 장면, 즉 엄마의 모습과 광주에서의 옛 동지들과의 만남은 영화에서 많은 부분을 차지하고 있지는 않지만 한국 사회가 어떤 가치와 상황 속에서 작동되고 있는지를 상징적으로 보여주고 있다. 이것은 오현우가 16년 8개월 이전의 시간, 즉 치열하게 싸우고 경험 했던 역사적 사건들과 그 속에서 사랑했던 여인과의 아름다운 추억 속으로 여행할 수 있는 직접적 토대로 작용하고 과거에 그가 주장했던 것들이 얼마나 허망한 것인가를 동시에 보여준다. 따라서 영화는 현재를 통해 과거의 모습을 비판하고 있는 것이 아니라 영화 속 인물의 과거 사건과 경험을 통해 변화된 한국 사회의 단면을 묘사하고 겨냥하고 있는 것이다. 이런 흐름은 1980년 광주항쟁 10일전 상황을 다룬 김현석의 <스카우트(2007)>에서도 드러난다.

영화는 자막을 통해 영화의 내용이 99% 픽션이라고 하면서 시민항쟁으로 전개된 1980년 5월의 광주를 소환한다. 이어서 화면은 고려대에 3연패의 치욕을 떨쳐버리기 위해 광주일고의 초고교급 투수인 선동열을 스카우트하기 위해 광주로 파견된 연세대 측 호창의 동분서주하는 모습과 그곳에서 과거 헤어졌던 연인 세영을 우연히 다시 만나게 되는 상황이 제시된다. 그 결과 영화는 호창과 세영의 재회의 과정에서 벌어지는 다양한 에피소드들과 함께 날짜별로 적시된 광주항쟁의 전개과정이 병렬식으로 묘사된다. 따라서 영화는 광주항쟁에 대한 역사적 사건을 호창과 세영을 통해 묘사함으로써 이 시기 역사적, 사회적 문제에 대한 시각을 드러내고 있는 것이다.

영화 속에서 과거를 소환하고 있는 것은 어쩌면 순수함과 그 본질에 대한 중요성을 드러내기 위한 것이며, 이는 순수함과 그 본질이 상실됨으로써 굴절되고 어긋난 현재와 결부되어 있기 때문이다. 이 시기 이러한 경향의 영화들이 유독 많이 만들어진 이유는 IMF 사태 이후 전통적인 공동체적 가치가 와해되고 자본의 가치가 우선시되는 한국사회의 현실과 결코 무관하다고 할 수 없다. 이것이 오히려 과거의 순수함, 헌신성, 책임감에 대한 일종의 강박관념으로 나타났다고 볼 수 있다. 이와 같은 경향은 이 시기 한국영화가 현재를 과거의 시간과 역사로 연결시키면서 현재의 한국 사회를 진단하고 그 원인을 규명하고자 한 시도인 것이다. 이를 위해 과거 속에 있는 꿈과 추억을 불러내기도 하고 과거의 사건으로 되돌아가 그 시절과 시대를 소환하기도 한다. 그 과정에서 다양한 이야기를 특별한 형식을 통해 묘사함으로써 한국영화가 발전할 수 있는 토대가 되었다고 할 수 있다.

두 가지 유형의 욕망

인간의 현실은 생각보다 훨씬 다양한 모습을 지니고 있다. 왜냐하면 현실은 그 이면의 은밀한 인간적 욕망과 탐욕 등으로 구성되어 있기 때문이다. 이와 같은 특징의 현실은 세련됨으로 현실 그 자체를 호도하면서 일상성이라는 외피를 통해 우리들에게 다가온다. 그러므로 일상성은 현실을 본질로부터 벗어나게 하면서도 그 본질로 회귀하게 하는 특징을 지니고 있다. 이에 근거하여 이 시기 한국 영화는 평범한 일상적 현실에서 벌어지고 있는 것들을 표면으로 내세우면서 그 이면에 존재하고 있는 다양한 욕망의 현상들을 포착하고 있다. 그것은 크게 두 가지 형태로 나타난다. 첫째는 성적 욕망에 대한 것이고, 둘째는 돈과 자본에 대한 탐욕인 것이다. 그 중에서 성적 욕망을 향한 묘사는 이를 가장 직접적으로 드러내고 있다. 이는 인간의 심리적 변화를 통해 관계를 변화시켜 성적관계로 이어지는 방식으로 나타난다. 따라서 일상성 속에서 사랑이란 이름으로 위장된 개념은 인간의 심리와 관계의 변화를 통해 성적 관계라는 일차원적 목표와 연동된다. 이러한 흐름은 이재용의 <정사(1998)>를 통해 엿볼 수 있다.

영화는 건축가 남편 윤준일과 10살짜리 아들을 두고 평범하게 살아가고 있는 중년 여성 김서현이 미국에 있는 동생의 결혼식 준비를 대신하는 과정에서 그녀의 결혼 상대인 우인을 만나 불륜에 빠진다. 이로써 가족 관계는 파국을 맞게 된다. 이를 통해 결혼으로 위장된 인간 개인의 욕망이 가족의 관계를 넘어서는 극단적 상황을 제시하고 있다. 이것은 개인의 욕망이 그 어떤 것보다 중요한 것일 수 있다는 것을 말하고 있는 것이다.

일상성 속에서 인간의 욕망은 홍상수의 일련의 영화들에서 성적 요소와 연동되어 묘사되고 있다. 홍상수는 이를 일상에서 벌어지고 있는 있음직한 이야기에 토대하고 있다. 그렇기 때문에 그의 영화는 정형화되거나 치밀한 전통적인 영화적 형식의 틀을 벗어나고 있는 것처럼 보인다. 그런 이유로 그의 영화 속에서는 사건들이 끊임없이 우리가 살고 있는 현실 공간에서 일상처럼 발생하고 있음을 강조한다. 이와 같은 특징은 영화 <강원도의 힘

(1998)>에서 나타나고 있다.

영화의 제목과 배경으로 사용되고 있는 강원도는 서울의 도시 생활에서 겪은 마음의 상처를 풀어내는 공간으로 상정된다. 그리고 이 영화에 등장한 세 명의 젊은 여자들과 시간강사 상권의 행위는 이러한 의미를 뒷받침하고 있다. 이를 위해 사용된 영화적 장치는 역설적으로 홍상수의 의도적인 표현 수법들이다. 이를테면 화면 속에 노출된 붐 마이크와 자연광, 길게 찍기 등은 일반적으로 영화 수법에서 사용되고 있는 형식 구조로부터 크게 벗어나는 것들이다. 그러나 이런 장치와 수법은 현실로부터 이탈된 효과를 가지게 되면서 오히려 현실의 실재성을 더욱 강조하는 장치로 사용된다. 즉 영화 속의 장면과 실제적 현실의 경계를 와해시키면서 현실에 존재하는 인간들의 다양한 의미를 드러내고 있는 것이다. 이는 유부남 상권과 사랑의 상처를 안고 친구들과 강릉을 찾은 지숙의 행적과 후배와 강릉을 찾은 상권의 행적의 유사함을 통해 드러낸다. 특히 영화 중간에 교수 임용을 위한 상권의 행위와 강릉에서 술집여자와의 성적장면, 교수가 된 상권이 동료 교수들의 음담패설에 이어 지숙을 다시 만나 성적행위로 이어지는 것은 일상성 속에 인간의 욕망이 공존하고 있음을 보여준다. 비록 영화의 마지막 부분에서 한 마리밖에 남지 않은 어항 속 물고기를 통해 인간의 근원적 존재의 의미를 다시 확인하는 의미를 취하고 있지만, 영화는 결국 일상성 속에 감춰져 있는 인간의 욕망을 들여다보고 있는 것이다. 이러한 욕망을 성적행위와 폭력성으로 연결시켜 묘사한 것은 김유민의 <노랑머리(1999)>를 통해 나타난다.

영화는 가출하여 서울 외곽 파주 운정의 비닐하우스에 살고 있는 유나와 상희가 춤추는 카페에서 만난 영규를 자신들의 거처로 데려와 차례로 성관계를 갖는 장면을 보여주면서 시작된다. 그러나 그에게는 자신을 사랑한 회사 동료였던 애인 한은미가 있다. 이 사실을 안 유나와 상희는 어느 날 영규가 자신을 떠나갔다고 여기고, 돌아온 그를 분노에 차 살해하고 은미 마저도 죽인다. 영화는 특별한 원인이 부각되지 않은 이야기와 성적 장면으로 이루어졌다. 비록 권력과 폭력의 상징으로 남성을 암시하고 있을 지라도 영화 속에서의 노골적 성적장면은 그것을 해소할 뿐만 아니라 욕망의 발현으로 인식하게 만든다.

이러한 특징은 가학적 성적장면을 통해 영화를 촬영하고 있는 상황과 내러티브 속 이야기가 병행되면서 전개되는 장선우의 <거짓말(2000)>에서도 나타난다. 일상성 속에 내재되어 있는 인간의 욕망을 드러내는 방식은 홍상수의 또 다른 영화 <오! 수정(2000)>에서 다뤄지고 있다.

영화 <오! 수정>은 일상에서 벌어지고 있는 인간들의 모습과 그 이면에 존재하는 모습이 서로 다르다는 것을 드러내면서 인간의 표면적 모습에 대한 환상을 버리도록 강요한다. 이를 위해 영화는 재훈과 수정, 영수의 관계 속에서 각 인물들 간의 욕망과 심리 변화, 관계 변화를 반복적인 유사한 형식 구조를 통해 묘사하고 있다. 이는 흑백 화면으로 제시된 숫자와 자막을 통해 영화감독인 영수와 작가인 수정, 영수의 후배인 재훈 사이의 관계 변화를 보여주면서, 이를 반복적인 만남과 행위로 연결한다. 그리고 그들의 변화는 수정과 재훈과의 성적관계의 변화로 이어진다. 즉 수정이 재훈이 기다리고 있던 호텔을 찾아가 성관계를 하면서 처녀임을 확인함으로써 마무리 되는 것을 통해 나타난다. 따라서 영화에서의 형식적 수법은 반복적인 일상성에 의존하면서도 그 일상성이 인간의 다양한 욕망과 연결되어 있는 표면적 현실의 이중성을 드러내는 장치로 사용되고 있는 것이다.

홍상수 영화에서 일상성을 강조하거나 드러내는 또 다른 장치로는 우연성을 들 수 있다. 이는 영화 <생활의 발견(2002)>에서 춘천에서 만난 경수와 명숙, 여기에 기차에서 우연히 만난 경수와 선영의 관계를 통해 나타난다. 이것은 일상성을 강조하기 위해 일상성의 하나로 우연을 끌어들인 것이다. 그러나 그 우연성은 현실을 만나게 되면 일회성으로 치부되고 아무런 의미를 갖지 못하고 사라져가는 일상성만을 지니게 된다. 영화 <오! 수정>에서처럼 숫자와 자막을 통해 전개된 이 영화에서는 배우인 경수가 춘천에 살고 있는 선배 작가 성우를 통해 만난 무용가 명숙과 성관계로 이어지는 과정과, 기차 안에서 우연히 만난 결혼한 여자 선영을 만나 성관계로 이어지는 과정을 통해 드러난다. 두 여성과 우연한 만남이 성관계로 연결되는 것은 춘천, 경주라는 낯선 장소와 여행이라는 개념이 어우러져 일상성, 우연성 속에 내재되어 있는 성적욕망의 발현인 것이다. 이것은 역설적으로 영화제작사에서 영화가 진행되지 못했음에도 수당을 받아가는 경수에게 "우리 사람 되는 거 힘들어, 힘들지만 우리 괴물은 되지 말자"고 한 영화 속 감독의 말이 성우와 명숙에게 그대로 적용되어 반복된다는 것이다. 이는 어쩌면 일상의 표면성이 인간의 욕망과 평화롭게 공존하기 어렵다는 것을 의미한다. 2003년에 개봉된 박찬옥의 <질투는 나의 힘>도 이러한 유형의 영화에 포함될 수 있다.

영화는 애인으로부터 유부남을 사랑한다는 말을 듣고 헤어진 대학원생 이원상이 편집장 한윤식의 잡지사에 취직하는 것으로 시작된다. 잡지사에서 일하게 된 그는 일로 수의사이자 아마추어 사진작가인 박성연을 만나 호감을 갖게 되고 하룻밤을 함께 보낸다. 그러나 그녀 역시 한윤식과 가까워지고 그녀를 좋아했던 이원상은 자신의 역량 부족, 즉 사회적 지위와 경제적 현실을 수용할 수밖에 없는 현실에 절망한다. 이는 서로 다른 남자와 여자에 대한 인식과 태도, 방식을 보여주고 있다. 그리고 이들 사이의 질투는 오히려 인간이 삶을 살아가는 원동력이자, 남자가 여자를 향해 표출하는 욕망이고, 여자가 남자를 향해 표출하는 욕망인 것이다. 이러한 특징은 시대를 초월하여 소문난 정절녀 숙부인 정씨와 조선시대 최고의 바람둥이 조원을 통해 인간 욕망의 발현을 자극적으로 묘사한 이재용의 <스캔들-조선남녀상열지사(2003)>에서도 드러난다.

영화는 유림으로 상징화된 도덕, 가문, 풍습이라는 유교적 사회 속에서 인간의 욕망이 희생당하고 있음을 적나라하게 드러낸 여성의 몸과 노골적인 성적묘사를 그린 추문록과 유사한 행위를 통해 묘사하고 있다. 이는 엄격한 도덕적 윤리에 인간의 욕망을 배치하면서 모순된 사회구조를 겨냥하고 있는 것이라 할 수 있다.

임상수의 <바람난 가족(2003)>에서는 결혼은 하였지만 성적 만족을 느끼지 못하는 부부가 서로 각자의 성적 파트너가 있음을 통해 인간의 성적 욕망이 가부장적 질서의 가족이라는 틀을 하위에 두고 있음을 보여준다. 이는 변호사인 주영작이 젊은 여자와 바람나는 장면과 요양원에 있는 남편 주창근을 두고 다른 남자와 바람난 홍병환의 모습, 그리고 주영작의 부인 은호정이 자신의 성적 욕구를 건너편 집의 고등학생 신지운과 해결하는 장면을 통해 드러난다. 이후 주영작과 은호정은 이혼하고 각자의 길을 가게 된다. 따라서 영화에서는 음주운전으로 사고를 낸 우편배달부의 생계여부와 주영작의 아버지와 아들의 죽음이 그리 중요한 요소로 등장하지 않고 오히려 성적 요소가 판단의 중요한 요소로 작용한다.

일상성에서 인간이 지니고 있는 욕망의 발현은 홍상수의 <여자는 남자의 미래다(2004)>에서 선영을 찾아간 헌준, 문호와 우연히 만난 문호의 학생들을 통해 보여 진다. 영화감독 헌준과 서양화가인 문호가 똑같이 중국집에서 일하는 젊은 여자를 향해 배우와 모델에 관심 있는지를 물어보면서 접근하는 태도는 여성에 대한 남성의 성적 욕망에 대한 일반적 형태를 보여주는 것이고, 이것을 구체화한 것이 바로 선화를 두고 벌이는 헌준과 문호의 심리와 행위이다. 이는 둘 다 과거 자신들이 좋아했던 선화를 향한 마음을 표현한 것이지만 중국집에서 일하는 젊은 여자를 향한 배우와 모델제의, 문호와 여학생의 성적관계 등은 항상 새로운 여성을 찾고 있는 남자의 욕망의 전형을 드러내는 것이다. 이것은 선화가 "남자들은 다 섹스만 하려고 하는 개새끼들"이라고 말하는 장면에서 상징적으로 의미화된다. 따라서 영화는 끊임없이 여성을 갈구하고 그것이 성적관계로 이어지길 바라는 남성의 일상성 속 욕망에 대한 묘사라 할 수 있다.

반면 영화 <극장전(2005)>에서는 상원과 영실, 동수와 영실의 관계를 통해 영화와 현실의 경계를 명확히 구분 짓지 않으면서 욕망의 현상을 드러낸다. 이는 대학입학시험이 끝난 상원이 우연히 자신의 첫사랑이었던 영실을 종로의 안경점에서 만나면서 자살시도로 이어지는 장면과 김동수가 아는 형인 영화감독의 회고전을 통해 우연히 알게 된 여배우 최영실과의 만남이 성적관계로 이어지는 장면을 통해 드러난다. 영화는 루머와 이미지의 허구성을 최영실과의 성관계 도중 몸에 상처가 있다는 소문을 확인하는 것과, 최영실의 '여배우라 특별한 것이 아니고 똑같은 여자'라는 사실을 언급하는 것을 통해 일상성이 다양한 인간의 욕망과 바람의 결정체인 것임을 드러낸다. 이는 영화 마지막에 동수가 "정말로 생각이 중요한 것 같애, 생각만이 나를 살릴 수 있어"라고 한 내레이션을 통해 이를 역설적 의미로 뒷받침하고 있다. 특히 이 영화에서는 실재하는 현실을 제시하고 그 속에 또 다른 영화, 즉 또 다른 현실이 존재하는 것처럼 보여주면서 현실과 영화의 경계를 무너뜨리고 있다. 이와 같은 수법은 영화 속에 또 다른 영화가 존재하기 때문에 실제 보여지고 있는 영화는 마치 현실에 토대한 것으로 인식되고 사실성을 획득하게 되는 것처럼 보인다. 이를 통해 홍상수는 인간의 욕망, 즉 성적 욕망을 일상적 삶과 분리될 수 없는 지극히 평범하고 자연스러운 현상임을 강조하고 있다. 따라서 그는 우리가 일상적으로 마주하고 있는 일상성과 인간 내면의 일체성이 밀접한 관계 속에 있음을 드러내고자 한 것이다. 이러한 특징은 <해변의 여인(2006)>을 통해서도 나타난다.

이전 홍상수의 영화들이 한 여자를 두고 두 남자의 심리에 기반하여 성적 욕망을 표현했다면 이 영화에서는 한 남자를 놓고 서로 다른 두 여성의 심리를 통해 묘사하고 있다. 영화는 감독 김중래가 시나리오를 쓰기 위해 후배 원창욱, 김문숙과 함께 떠난 서해안 신두리 바닷가 여행지에서 생긴 일을 토대로 하고 있다. 그곳에서 김중래는 기적에 관한 자신의 시나리오를 이야기하면서 김문숙과 은밀한 밀회를 즐긴다. 그러나 그녀와 하룻밤을 지낸 후 김중래의 태도는 미묘하게 변했고, 그들은 다시 서울로 향한다. 얼마 후 김중래는 혼자 또 다시 신두리 바닷가를 찾아 인터뷰를 핑계로 최선희라는 여성을 만나 하룻밤을 보낸다. 이때 그를 찾아 신두리로 온 문숙에게 지난 밤 있었던 일을 추궁당하지만 김중래는 이미지 형성과 파괴라는 논리로 설명하면서 이를 피해간다. 그러나 김중래의 말은 이후 문숙과 선희가 만나게 되면서 그의 말이 거짓임이 드러나고 서울로 다시 가는 문숙의 모습으로 이어진다. 영화는 피서지 바닷가를 욕망이 발현되고 실현되는 곳이며, 또 다른 욕망을 갈구하는 곳이라고 상정하면서 김중래, 김문숙, 최선희를 통해 이를 묘사한다. 특히 문숙과 선희가 만났을 때 세상에서 가장 무서운 것이 문숙은 "집착하는 것"이라 하고 선희는 "배신당하는 것"이라고 하는 장면은 일상성과 인간의 욕망이 끊임없이 내재적으로 충돌하는 연속의 삶이라는 것을 말하고 있다. 이처럼 홍상수의 영화에서는 "가장 통속적이고 상투적인 삼각관계 구도 속에 사랑이라는 환상과 낭만성을 벗겨내고 섹스에 대한 생물학적 욕망으로 남녀관계를 정의하면서 그 안에 들어있는 강력한 욕망과 여러 복합적인 요소를 영화를 통해 드러낸다."[67] 아마도 홍상수는 성적 욕망만큼 인간의 속성을 잘 드러내는 것이 없다고 판단하고 있는 것 같다. 그렇기 때문에 그의 영화에는 끊임없이 일상 속에 내재되어 있는 인간들의 욕망을 모방과 반복이라는 패턴을 통해 형식화하고 있는 것이다. 이것은 일상성을 규정하는 가장 일반적인 특징이다. 특별할 것이 없는 인간의 일상적 삶

---

67) 조혜정, 「생활의 발견 혹은 일상의 정신병리학」, 『비교한국학』 20권 1호, 국제비교한국학회, 2012, 127쪽.

의 단편들 속에서 내재되어 있는 인간들의 속성을 끄집어냄으로써 불현듯 보지 못한 새로운 혹은 낯선 일상이 되게 하는 것이다.[68]

이러한 인간의 삶 속에 내재되어 있는 욕망은 엄격한 신분제도와 유교라는 조선시대의 사회적 틀 속에서 추월색(秋月色)이라는 필명으로 당대 최고의 문장가인 김윤서와 고신 전문가인 이광헌의 그림으로 이루어진 음란소설이 날개 돋친 듯 팔려나가는 현상을 묘사한 김대우의 <음란서생(2006)>을 통해서도 묘사된다. 이는 김윤서가 왕실 그림을 모사한 자를 체포하기 위해 급습한 작업실에서 황가에게 난잡한 음란소설에 대해 묻자 "꿈꾸는 것, 꿈에서 보는 것, 꿈에서라도 맛보고 싶은 것, 그것이 진맛이다"라는 그의 대답을 통해 드러난다.

이들 영화들이 욕망의 발현을 성적 요소로 대상화했다면 이 시기 몇몇 영화에서는 욕망을 돈, 자본으로 치환하여 보여준다. 이것이 이 시기 영화에서 다루고 있는 두 번째 욕망의 발현이다. 이는 최동훈의 <범죄의 재구성(2004)>에서 언급된다.

영화는 김선생을 비롯한 몇몇 인물들이 한국은행에서 50억을 털기 위해 벌이는 범죄과정을 묘사하고 있다. 이는 "상식보다 탐욕이 강하면 사기의 대상이 된다"라는 영화 마지막 장면에서의 자막을 통해 인간의 욕망과 탐욕의 경계심과 위험성을 드러낸다. 이것은 돈과 자본, 성적 욕망이 결합되어 도덕적 경계를 넘어 파국적 형태를 초래한다는 것이다. 이는 김기덕의 <사마리아(2004)>에서 적용되어 나타난다.

영화에서는 이를 두 명의 여학생 재영, 혜진을 통해 보여준다. 이들은 유럽 여행을 목적으로 돈을 벌기 위해 원조교제를 하면서 다양한 계층의 사람들을 만난다. 그 과정에서 재영은 경찰의 검문을 피하려다 건물에서 떨어져 죽는다. 그녀의 죽음을 충격으로 받아들인 혜진은 재영이 원조교제를 했

---

68) 위의 논문, 122쪽.

던 사람들을 차례로 만나 돈을 다시 돌려준다. 형사인 혜진의 아버지는 우연히 여관에서 나온 자신의 딸을 보고 충격을 받고 삶의 의미를 상실한다. 그리고 그는 딸이 만났던 사람들을 하나씩 찾아다니면서 응징을 한다. 이와 같은 내용의 영화 <사마리아>는 돈을 위해서라면 자신의 모든 것을 교환할 준비가 되어 있는 사람들과 그것에 편승하여 도덕적 가치를 상실한 다양한 사람들의 모습을 통해 극대화된 물질적 가치와 욕망으로 얼룩진 한국 사회의 모습을 폭로하고 있는 것이다. 돈에 대한 욕망은 최동훈의 또 다른 영화 <타짜(2006)>에서 확인된다.

영화는 인생에서 한 번에 전세를 뒤집을 수 있는 욕망을 속임수 기술 전문가인 타짜를 통해 드러내고 있다. 이것은 영화가 자본 중심의 물질사회에 인간의 욕망을 결합시키고 있는 것이라 할 수 있다. 화면에서는 이것이 꽃을 가지고 하는 싸움, 즉 화투를 통해 고니와 정마담, 평경장, 아귀 등과 함께 묘사된다. 영화는 과거, 현재가 일직선으로 전개되면서 고니를 비롯한 타짜들의 속고 속이는 현란한 기술을 선보이고 그들 이면에 내재되어 있는 돈에 대한 욕망을 텔레비전을 통해 성수대교 붕괴, 삼풍백화점 붕괴 사건과 연결시켜 그것의 파국성을 암시한다. 이러한 현실을 영화 <범죄의 재구성>에서처럼 영화에서는 몇 가지 경구와 같은 말로 의미화한다. 이는 자막과 함께 시작된 정마담의 "사람들이 노름을 왜 하는지 아세요? 화투판에서 사람 바보 만드는 것이 뭔지 아세요? 바로 희망, 그 안에 인생이 있죠. 일장춘몽"이라는 말을 통해 언급된다. 그리고 성수대교가 무너진 뉴스를 보고 "이게 말이 되냐"고 하는 고니에게 최고의 타짜인 평경장은 "넌 세상이 아름답고 평등하다고 생각하니?"라는 역질문과 정마담의 "다음해 서울에서 백화점이 무너졌을 때 고니는 더 이상 놀라지 않았어요"라는 말로 뒷받침된다. 이에 대한 결과는 영화의 마지막 부분에서 아귀와 정마담, 고니의 화투 게임 이후 돈이 불타고 있는 장면과 소화기로 불을 끄려 애쓰는 정마담의 모습을 통해 묘사된다. 이것은 곽철용의 부하로부터 기차 안에서 습격당한 후 돈이 들어 있는 가방이 기차 밖 객차 고리에 걸려 있는 돈가방을 잡으려 애쓰는 고니의 모습과 돈이 바람에 날려가는 장면, 카지노에서 사람들이 도박하는 장면을 통해 극대화된다.

돈과 자본에 대한 욕망은 2007년에 이르러서 유괴, 납치 사건과 같은 직접적인 범죄와 연관되어 나타난다. 실제 일어난 유괴 사건에 기반하여 2007년 개봉된 박진표의 <그 놈 목소리>는 이러한 형태의 전형적 예라 할 수 있다.

범죄와의 전쟁이 선포되었던 1990년대를 배경으로 영화는 방송국 뉴스 앵커 한경배의 9살 아들 한상우를 유괴하여 현금 1억 원을 요구한 범죄를 다루고 있다. 영화에서는 한상우를 유괴한 범인이 전화를 통해 그의 부모인 한경배와 오지선을 어떻게 협박하는지를 날짜별로 묘사하면서 평온했던 가족이 파괴되어 가는 과정을 마치 실제처럼 묘사하고 있다. 그 과정에서 영화는 사건의 이면에 존재하는 한국사회의 현실, 즉 공권력에 대한 무능함과 불신, 찬송가 등을 통한 종교의 무익함을 여지없이 드러낸다. 이는 유괴 25일째 되던 날 살해된 채로 발견된 상우를 통해 증명된다. 따라서 영화는 1억 원으로 상징된 돈과 자본에 대한 인간의 욕망과 탐욕에 무능한 정부와 무익한 종교를 연결시킴으로써 이를 비판하고 있는 것이다. 돈과 자본으로 상징화된 인간의 욕망이 권력과 결합되면서 극대화되는 현상은 1986년 9월 아시안 게임기간에 임춘애 선수의 금메달 소식이 흘러나오고 목포 앞바다에서 극락도 주민의 토막 난 시체인 머리가 낚싯줄에 걸려나오면서 시작된 영화 김한민의 <극락도 살인사건(2007)>에서 나타난다.

영화는 극락도라는 섬마을에 총 17명의 살인사건이 연쇄적으로 발생하여 이를 해결하기 위해 마을 사람들이 노력하지만 극도로 흥분된 상태 속에서 분열되어 서로를 의심하면서 점차 패닉 상태로 빠져든 상황을 묘사하고 있다. 그 과정에서 영화는 극락도 보건소장인 제우성을 연쇄살인사건의 원인으로 지목한다. 그는 다름 아닌 기적의 신약 톡시아린을 만든 만민제약 제우성 박사이다. 그는 자신이 만든 신약의 결과를 지켜보기 위해 극락도 마을 사람들에게 톡시아린을 투입한다. 그 결과 신약은 부작용으로 인하여 사람들을 환각상태의 흥분상태에 빠지게 하고 그것이 잔인한 살인사건으로 연결된 것이다. 영화는 인간의 무한한 욕망, 탐욕을 신약과 화투판의 돈과 돈가방으로 상징화하고, 그것이 오히려 인간 스스로를 파괴하는 요소임을 드러낸다. 영화는 이를 만민제약회사 사장과 제우성, 여기에 위장된 모습의 정치권력과의 결탁을 통해 묘사하고 있는 것이다.

반면 욕망의 발현을 재조정하거나 도덕적 원리를 통해 그것의 보편적 진리를 강조한 영화도 이 시기에 등장했다. 특히 김상진의 <권순분여사 납치사건(2007)>에서 권순분 여사는 교도소에 있는 만삭의 아내를 위해 2천만 원의 보석금을 마련하기 위해 국밥집으로 큰 부자가 된 자신을 납치한 범인들에게 국밥 조리 비법을 전수해 줌으로써 그들이 새로운 삶을 살아갈 수 있는 토대를 마련해준다. 또한 그녀는 그들과 공모하여 헛된 꿈과 욕망으로 점철된 자식들의 삶에 대한 태도를 교정하여 부모와 자식 사이의 관계를 전통적 관계로 재정립하도록 한다. 대한민국 최고의 음식점인 운암정의 대를 잇기 위해 최고의 요리사를 가리는 과정을 다룬 전윤수의 <식객(2007)>도 이러한 흐름 속에 있는 영화라 할 수 있다.

영화는 5년 전 편법을 동원한 기만적 행위로 운암정의 최고 요리사가 된 오봉주와 대결에서 패배하여 시골로 내려간 성찬이 조선시대 최고 요리사인 대령숙수의 칼이 발견됨으로써 그 칼을 놓고 또 다시 요리대결을 펼치는 장면을 묘사하고 있다. 이 대결에서 성찬이 승리하여 조선 최고의 요리사인 대령숙수의 칼을 차지하게 되고 다시 운암정의 최고 요리사로 복귀함으로써 진실이라는 보편적 원리의 중요성이 강조된다.

이처럼 이 시기 영화는 인간의 욕망이 발현된 현상에 집중했다. 그리고 그 것이 가장 직접적이고 노골적으로 드러난 것이 성과 자본에 대한 욕망이라 할 수 있다. 이 시기 영화는 이러한 인간의 일상적 삶 속에 내재되어 있는 그 와 같은 것들을 다양한 수법을 통해 표면으로 끌어올렸다. 문제는 이러한 욕망들이 개인에게만 국한되어 있지 않다는 점이다. 오히려 그것은 인간 개 인의 영역에서뿐만 아니라 거대한 사회구조 속에서 내재되어 발현되고 있 다는 것이다. 이러한 관계의 특징이 이 시기 영화에서 성과 자본의 욕망이 어떻게 인간과 그 사이, 그리고 사회구조 속에서 밀접하게 연결되어 발현되 고 있는지를 묘사하고 있다.

복수와 응징, 심판의 시간

IMF 사태이후 한국사회는 이전시기와 비교할 수 없을 정도로 국가와 사 회, 개인의 가치가 변했다고 할 수 있다. 개인이 사회와 일치되어 국가를 형 성하였던 공동체의 가치는 IMF 사태라는 냉혹한 현실을 경험하면서 돈과 자본의 가치가 보다 중요한 것으로 인식되었다. 이로 인해 개인과 사회, 국 가는 치열한 경쟁의 논리 속으로 빠져들었고, 돈과 자본을 위해서는 어떠 한 가치도 희생할 수 있다는 인식이 한국사회에 팽배해져 갔다. 이는 철저 한 자본주의 논리가 한국사회에 적용되기 시작하였음을 의미했다. 이것은 보이지 않은 것에 대한 신뢰보다는 가시적이고 현실적인 실체를 더욱 중요 하게 여겼음을 말하는 것이며, 개인의 이익이 침해받거나 희생은 더 이상 용납되지 않으며, 그러한 것들이 어떠한 이유로도 손상되었을 경우 복수와 응징, 심판이 뒤따랐다. 이러한 특징은 박기형의 <여고괴담(1998)>에서 엿 볼 수 있다.

영화는 여자고등학교를 배경으로 어느 날 늦은 시각 허은영 선생에게 전 화해 죽은 진주가 나타났다고 한 박기숙 선생이 목매달려 죽은 채로 발견되면서 비롯된다. 선생의 죽음 이면에는 학창시절 가난 때문에 그녀로부터 온갖 편견과 무관심으로 상처받고 죽은 진주라는 학생이 존재한다. 이것은 학창시절 같은 반 친구였던 허은영이 학생들의 집안사정 등을 비교한 박기숙 선생의 교무수첩을 통해 확인해 준다. 따라서 박기숙 선생의 죽음과 학교의 공포 분위기는 죽은 진주가 귀신으로 나타나 벌이는 일종의 복수이자 응징인 셈이다. 그리고 이는 친구였던 허은영 선생이 진주라고 이름이 새겨진 책상에 앉아보거나 어려움에 빠진 진주를 도와주지 못했던 미안함과 후회를 표출하는 것으로 드러난다. 이것은 죽었던 진주의 등장과 박기숙 선생의 자살로 조성된 공포분위기를 통해 경제적 수준과 학벌에 의해 구획되고 공동체 의식과 인간성이 상실된 경쟁사회로 내몰린 한국사회를 비판하고 있는 것이다. 장윤현의 <텔미 썸딩(1999)>에서도 이러한 특징이 나타난다.

영화는 잔인하게 살해되어 토막 난 시체가 서울 시내 곳곳에서 발견되어 이를 해결하기 위해 수사본부가 설치되면서 시작된다. 특징적인 것은 살인사건의 희생자들이 박물관 유물복원실에서 근무하고 있는 채수연과 관계된 사람들이라는 점이다. 따라서 영화는 이들 살인사건을 추적해 가는 과정에 집중한다. 이 사건을 추적하던 조형사는 채수연이 화가인 아버지로부터 성적 학대에 시달려왔다는 사실을 알게 되고 프랑스로 떠난 그녀가 이와 관련된 범인일 수 있다는 단서를 포착한다. 그것은 다름 아닌 수연이 아버지의 집착과 성적 학대로 인한 정신적 상처가 자신에게 집착하거나 좋아한 사람에 대한 살인으로 이어진다는 것이다. 이는 채수연이 아버지로부터 받은 정신적 충격을 자신을 좋아하거나 집착한 사람에게 그대로 적용하여 응징하는 방식이다. 소방관들의 영웅적, 희생적 모습을 묘사한 양윤호의 <리베라 메(2000)>도 이러한 흐름 속에 존재한다고 할 수 있다.

방화범으로 오랜 형기를 마친 희수가 출소하자마자 교도소 보일러실이 폭파되고 도심에서 폭발사고와 화재사건이 연달아 발생한다. 이는 누나가

방화로 스스로 목숨을 던진 것을 목격한 희수의 어릴적 트라우마적 현상에 대한 그의 대응인 것이다. 이러한 복수와 응징, 심판은 공적인 영역인 사회 정의와 연관되어 나타나기도 한다. 이는 2002년에 개봉한 강우석의 <공공의 적>에서 돈 문제로 아버지와 갈등 관계에 있는 펀드 매니저 조규환이 자신의 부모를 살해함으로써 드러난다. 이러한 패륜적 행위는 경찰 생활 12년째인 강철중 형사가 조규환으로 상징되는 다양한 범죄를 한국사회의 공공의 적으로 간주해 응징하고 척결해야 하는 대상으로서의 당위성으로 존재하게 한다. 돈과 자본이 복수의 원인이 되고 복수가 또 다른 복수를 낳게 되어 결국 모든 것을 파국으로 몰고 가는 형태를 띠고 있는 영화로는 박찬욱의 <복수는 나의 것(2002)>을 들 수 있다.

영화 속 인물인 청각장애인 류는 신부전증으로 신장 이식을 받아야 하는 누나의 수술비를 마련하기 위해 장기 밀매단에게 자신의 장기를 넘겨주지만 사기를 당하고 만다. 사기를 당하고 난 후 류는 병원으로부터 누나에게 적합한 신장을 찾았다는 연락을 받고 1천만원의 수술비가 필요하다는 소식을 듣는다. 누나의 수술비를 마련하기 위해 류는 애인, 영미와 함께 중소기업 사장인 동진의 딸 유선을 유괴하기로 한다. 그러나 이 사실을 알게 된 류의 누나는 스스로 목숨을 끊는다. 그리고 류와 애인 영미가 유괴한 동진의 딸도 사고로 강물에 빠져 죽는다. 이로써 류에게는 범죄의 원인과 대상 모두가 사라진 상태가 된다. 범죄에 대한 근본적 두 요인은 사라졌지만 남아 있는 사람들의 복수가 시작된다. 즉 류는 장기밀매단을 향해 잔혹한 복수를 하고, 동진은 죽은 딸의 복수를 위해 류의 친구 영미를 전기고문을 통해 죽게 하며 류를 자신의 딸이 죽었던 장소로 끌고 가서 죽인다. 동진 역시 영미와 관련 있는 혁명적 무정부주의자들의 일원으로부터 살해당한다. 영화에서 복수의 시작과 근원은 류의 누나 신장 이식에 필요한 1천만 원이지만 여기서의 1천만 원은 단순한 돈의 의미가 아닌 현대 사회에서의 자본과 물질주의의 표상이고 상징인 것이다. 이것은 영화 속에서 영미가 혼자 외치고 있는 미군 축출, 재벌 해체 속에 내재되어 있는 자본의 논리, 자본의 가치가 초래한 극대화된 물질주의 우선과 연결된다. 이것이 곧 사람들을 복수의 사회로 이끄는 것이다. 따라서 영화는 인간과 사회를 파국적으로 몰고 간 근본적 요인으로 자본주의의 냉혹함을 지적하고 있다. 영화 <복수는 나의 것>에서 복수의 근원이 자본주의적 가치와 모순에 있는 것이었다면 박찬욱의 또 다른 영화 <올드보이(2003)>에서 복수의 근원은 도덕적, 윤리적, 신뢰 관계를 상실한 인간관계에 있다고 할 수 있다.

영화는 어느 날 누군가에 의해 갑자기 사라져 15년 동안 감금되어 있다가 풀려난 오대수의 복수에 관한 이야기를 다루고 있다. 그는 일식집 여자 요리사인 미도를 통해 자신이 감금되어 있던 장소를 찾아내 자신의 기억을 통해 그 패거리들을 처단한다. 그러나 실제로 자신을 감금했던 당사자인 이우진이 나타남으로써 자신이 감금당했던 이유를 비로소 알게 된다. 그것은 자신의 친구였던 이우진의 누나의 죽음과 연관되어 있었다. 즉 오대수는 고등학교 시절 친구 이우진이 자신의 누나를 사랑하고 임신까지 시켰다는 사실을 떠벌리고 다녔던 것이다. 이우진은 오대수의 폭로가 누나로 하여금 스스로 목숨을 끊게 한 직접적인 이유라고 생각하고 그를 15년 동안 감금함으로써 복수했던 것이다. 이우진을 향해 복수를 다짐한 오대수는 그로부터 '왜 자신이 오대수를 풀어줬을까'에 대한 말을 듣는다. 그것은 오대수가 일식집에서 만나 사랑한 여자 미도가 바로 자신의 딸이라는 사실을 알게 하기 위해서이다. 즉 오대수는 그 여자와 하룻밤을 지내게 되지만 이우진에 의해 미도가 자신의 딸임을 알게 된다. 이로써 이우진의 복수가 완성된 셈이다. 따라서 영화는 오대수를 향한 이우진의 복수 과정과 결과를 통해 인간의 도덕과 윤리, 신뢰에 대한 의미를 다시 환기시키고 있는 것이다.

이러한 복수와 응징에 대한 정당성은 2005년 개봉한 강우석의 <공공의

적2>에서 형사에서 검사로 변한 강철중이 범죄 혐의자 한상우를 향한 그의 내레이션, 즉 "착한 어린이가 되도, 공부를 열심히 해도, 힘을 길러도, 아무리 개지랄을 떨어도 안 되는 것은 안 되는 것이었다. 똑같은 일을 해도 결과가 전혀 달라지는 그렇게 그놈과 나는 다른 출발선에 있었던 것이다"라는 말을 통해 드러난다. 이후 영화는 명선재단 사건의 한상우의 범죄 행위를 단순히 한 개인의 범죄가 아니라 정치 지도자와 연관되어 있음을 통해 사회적 장벽, 애초부터 근원적으로 불평등한 한국사회의 구조를 비판한다. 강철중은 이를 국가기강, 공공논리에 해가되는 세력을 공공의 적으로 간주하여 힘을 가진 자가 세상을 지배하고 있는 한상우와 같은 인물과 범죄를 척결함으로써 응징하는 것이다.

또한 교통사고로 병원 수술실에서 남편과 아내의 보호자로 만난 서영과 인수가 배신당한 사실을 알고 괴로워하면서 자신들의 사랑을 찾아가는 과정을 묘사한 허진호의 <외출(2005)> 역시 복수와 응징을 다룬 또 다른 유형의 영화라 할 수 있다.

영화에서는 인수가 사고 난 자동차에서 아내의 휴대폰을 통해 그녀의 메시지와 행적을 알게 되고, 서영 역시 남편의 휴대폰을 통해 그의 메시지, 행적을 알게 되면서 배신감으로 고통 받는 그들의 모습을 통해 묘사된다. 아내와 남편의 불륜 사실을 알게 된 그들의 배신감은 아직 깨어나지 못한 그들의 남편과 아내가 깨어나면 어떻게 할 것인지를 물어보는 서영의 질문에 인수가 "복수하고 싶다"고 하면서 자신과 사귀자고 말하는 장면에서 이루어진다. 이후 영화는 인수와 서영의 관계로 옮겨가면서 하룻밤을 같이 보내게 되고 눈 오는 날 강원도에서 다시 만난 그들의 모습을 통해 인수와 서영이 아내와 남편의 불륜과 배신에 대해 복수로 응징하고 있음을 보여준다.

인간의 다양한 욕망과 자본에 대한 숭배는 표면적 현실 사회뿐 아니라 그 이면에 존재하는 도덕적 윤리의 범위를 결정하는 요소이기도 하다. 이러한 요소는 한국 사회의 현실을 나타내기도 하고 때론 한국 사회를 구성하고 있는 내면의 가치를 드러내기도 한다. 그러나 이것이 내면에 감춰져 있거나 밖으로 노출되어도 그 모두는 한국 사회가 지니고 있는 다양한 모습의 표상이다. 왜냐하면 그것은 우리 사회를 구성하고 있는 인간의 욕망과 자본의 논리가 충돌하면서 생산해낸 것들이기 때문이다. 이 시기 영화들은 그러한 한국 사회의 특징을 반영하고 있다. 앞에서 언급한 것처럼 이 시기 한국영화가 집중하고 있는 것 중 하나는 현실의 모순이 자본과 물질에 대한 인간의 탐욕과 욕망으로부터 비롯된다는 데 있다. 이것은 인간과 사회의 도덕적 윤리의 범위를 규정하면서도 그것을 초월하기도 한다. 이러한 이행 과정은 인간의 행위가 신에 의해 통제될 것이라는 믿음에 때론 심각한 의문을 불러일으키기도 한다. 그러므로 자본과 물질에 대한 인간의 탐욕과 욕망으로부터 초래된 행위와 결과는 그 어떤 것도 의심의 대상이 된다. 이와 같은 특징을 다룬 영화로는 박찬욱의 <친절한 금자씨(2005)>와 이창동의 <밀양(2007)>을 들 수 있다.

영화 <친절한 금자씨>는 주인공 이금자가 자신의 아이를 해치겠다는 유괴범 백한상의 협박에 의해 그가 저지른 범죄를 대신 뒤집어쓰고 13여 년 동안 감옥에서 복역한 후 출소하여 그에게 복수한다는 내용을 담고 있다. 따라서 이 영화는 애초부터 종교적 판단이 배제되어 있다. 이러한 특징은 이금자가 감옥에서 출소할 때 찬송가가 울려 퍼지고 다시는 죄 짓지 말라는 전도사에게 "너나 잘 하세요"라고 하면서 이에 대한 불신감을 표현한 데서 나타난다. 짧은 이 한마디는 이금자가 종교에 기반한 도덕적 기준으로 인간에 대한 가치를 판단하는 것을 배제하겠다는 의지의 표현인 셈이다. 이와 같은 그녀의 의지는 내 마음 속에 있는 천사를 부르는 행위가 기도라는 역설적 의미의 내레이션이 흐르면서 강화된다. 이것에 대한 정당성은 감옥에 있는 금자의 의지를 표현한 복수하는 장면과 과거의 사건과 현실이 번갈아 묘사되면서 확립된다. 이에 대한 보편성 획득은 금자가 감옥에서 만난 다양한 사람들, 즉 남파 간첩에서부터 강도, 간통에 이른 범죄자들의 모습을 통해 뒷받침된다. 영화는 감옥에서 출소한 금자의 복수의 이유를 출소해서 만난 빵집 종업원, 근식을 통해 설명한다. 즉 백한상이 자신에게 좋은 유괴와 나쁜 유괴가 있다고 해서 도왔는데 그만 백한상이 자신이 유괴한 박원모를 죽이고 금자에게 그 죄를 뒤집어쓰지 않으면 그녀의 딸을 죽이겠다고 해서 금자가 대신 감옥에 들어가게 된 것이다. 그러므로 금자는 범인이 아니었고 그녀의 동거남인 백한상이 진짜 유괴범이었던 것이다. 그리고 금자는 그의 아내인 박이정의 수면제로 잠에 빠진 백한상을 잡아 결박한 후 박원모뿐 아니라 더 많은 아이들을 유괴하여 살해했다는 필름 등과 같은 증거를 찾아낸다. 이후 그녀는 유괴되어 살해당한 아이들의 가족들을 불러서 백한상의 만행을 담은 영상을 보여주고 난 후 그에게 복수할 기회를 준다. 영화의 마지막 부분에서 "이금자는 그토록 원하던 영혼의 구원을 얻지 못하였다. 그렇기 때문에 금자씨를 좋아한다"는 내레이션이 흐른다. 이것은 인간의 도덕과 양심 위에 존재한다고 여긴 신이라는 존재에 심각한 의문을 제기하고 있는 것일 뿐만 아니라 인간이 그러한 것을 통제하였을 때 파국으로 치닫게 되는 사회 현상을 역설적으로 설명하고 있는 것이라 할 수 있다. 이와 같은 문제를 인간과 종교로 대비시켜 묘사한 영화로 <밀양>을 들 수 있다.

영화의 주인공 이신애는 남편이 교통사고로 죽자 아들 준과 함께 남편의 고향인 밀양으로 내려가 피아노 학원을 운영하면서 살고 있다. 그녀는 교회 신자들로부터 하나님은 당신을 사랑하고 있다며 교회에 나오라고 권유받는다. 그러던 어느 날 피아노 학원 근처에 있는 약국의 약사가 신애를 붙잡고 하나님에 관해 말하고 있는 동안 그녀의 아들 준이 유괴된다. 얼마 후 준은 돈을 요구하는 범인, 즉 그가 다니던 학원 원장에 의해 살해된 채로 발견된다. 이신애는 "모든 곳에 하나님의 사랑이 존재한다고 하는데 왜 아무 죄 없는 준이가 죽어야 하는가"하고 절규한다. 그녀는 이러한 의문에 답을 얻기 위해 열심히 교회를 다닌다. 이신애는 교회 부흥회 때 보이지 않는 것도 믿어야 한다고 주장하는 목사의 말에 따라 아들 준을 죽인 범인을 용서하기 위해 감옥을 방문한다. 그러나 그곳에서 그녀는 뜻밖의 상황을 맞이한다. 범인은 "하나님이 자신의 죄를 용서하였고 자신은 구원받았다"고 말한 것이다. 이러한 범인의 모습을 보고 이신애는 가장 소중하고 자신의 전부인 것을 잃고 고통 받고 있는 자신은 용서하지 않았는데 하나님이 용서했다는 그의 뻔뻔한 태도에 분노한다. 그녀는 어떠한 인간의 행위도 하나님의 용서만 받으면 된다는 이런 어처구니없는 논리에 강한 의문을 제기한다. 이 논리의 허구성을 폭로하기 위해 이신애는 운동장에서 목사가 설교할 때 <거짓말이야> 라는 대중가요를 틀기도 하고, 교회의 장로를 유혹하기도 한다. 이러한 그녀의 행위는 모든 인간의 행위와 결과에 대한 판단을 하나님으로 돌렸을 때 인간의 존재와 인간의 역할은 무엇인가로 귀착된다. 즉 인간의 행위와 도덕은 인간 스스로가 느끼고 책임을 져야 됨에도 불구하고 하나님으로부터 구원받았다는 말로 용서된다면 인간의 존재와 삶, 사회를 구성하는 것들은 무엇에 의해 이루어지는가에 대한 의문인 것이다. 따라서 영화는 이신애와 교회를 통해 종교가 오히려 인간의 존재 가치와 삶, 사회에 있어 발생하는 모순의 정점에 있는 것이 아닌가 하는 문제를 진지하게 제기하고 있다. 이와 같은 유형의 특징은 원신연의 <세븐데이즈(2007>에서도 나타난다.

영화는 어느 날 운동회에 참석한 승률 100%의 냉혈 변호사인 유지연이 자신의 딸 은영이 납치되면서 시작된다. 이후 영화는 범인의 일방적 지시로 억울한 누명을 쓰고 사형선고를 받은 사건을 2심 판결에서 무조건 무죄판결을 이끌어내도록 유지연에게 요구한다. 그리고 범인은 일주일의 시간을 그녀에게 준다. 이후 영화는 날짜별로 묘사되며 긴박함과 긴장감을 조성하면서 전개된다. 결론적으로 유지연은 자신의 딸을 다시 만나게 되고 유괴범에 의해 살해된 장혜진의 어머니 한숙희가 사람을 시켜 자신의 딸을 살해한 것으로 확신한 정철진을 불에 태워 죽여버리고 자신에 대한 변호를 유지연에게 부탁하면서 마무리된다. 여기서 영화는 한숙희의 복수와 응징을 통한 심판이라는 기조를 유지하면서 유지연의 변호과정에서 드러난 부장검사의 아들과 국회의원 공천으로 상징되는 검찰과 정치권력이 결탁되어 있는 한국사회 지배 권력의 이면도 동시에 폭로하고 있다는 점이다. 이는 복수와 응징, 심판의 대상이 한국사회 곳곳에 내재되어 있음을 암시한다.

이처럼 이 시기의 한국 영화는 인간 사이의 복수와 응징뿐 아니라 이를 종교와 대비시키면서 묘사하였다. 영화는 이러한 인간 행위의 근본적 요인을 물질과 자본에 대한 인간의 욕망과 탐욕에 근거하면서 그것을 단순한 도덕적 윤리의 범위에서 탈피하여 자본가, 정치 권력자를 중심으로 공공의 질서와 이익을 해치는 영역으로 확대했다. 이것들을 대상화함으로써 이 시기 한국 영화의 특징들이 형성된 것이라 할 수 있다.

사람사이의 소통에 관하여

IMF 사태는 한국인들에게 많은 변화를 주었다. 특히 돈과 자본에 대한 새로운 인식은 한국인들의 삶을 근본적으로 변화시켰다. 개별 존재가 집단보다 우선한다는 것은 이 시기 한국사회의 가장 큰 변화 중 하나라 할 수 있다. 이것은 IMF 사태 이후 한국인의 가치 판단이 공동체라는 집단 사이의 경계를 허물어뜨리면서 개별 인간 사이의 경계로 넘어갔다는 것을 말한다. 이는 개별 인간관계의 변화를 통해 이 시기 한국사회가 직면하고 있는 현상을 묘사할 수 있음을 의미한다. 그러므로 이 시기 한국 영화에서 나타나는 개별화된 인간의 모습은 개별 그 자체로서 뿐만 아니라 인간과 인간 사이의 관계를 함축하고 있는 소통의 문제이며, 그것은 한국 사회 전체의 모습으로 확장될 수 있는 요소를 지니고 있다. 이와 같은 특징의 영화로는 김기덕의 <파란대문(1998)>을 들 수 있다.

영화는 에곤 쉴레(Egon Schiele)의 그림, <서있는 검은 머리 누드 소녀(Black-Haired Nude Girl, Standing, 1910)>를 가지고 바닷가 근처로 팔려온 진아가 등장하면서 시작된다. 그녀가 들고 있는 그림의 의미는 진아가 '새장 여인숙'으로 들어가면서 매춘을 위해 고용된 여자라는 의미와 겹쳐진다. 그러나 이 영화에서 중요한 것은 그림과 새장 여인숙과의 의미가 단순하게 중첩되는 것이 아니라 그녀를 둘러싸고 있는 다양한 사람들과의 관계이다. 진아는 새장 여인숙의 가족, 경찰, 대학생 등과 직, 간접적인 관계를 맺고 있다. 이것은 그들이 서로 다른 계층에 속하고 서로 다른 직업을 갖고 있을지라도 그녀의 삶과 별반 다르지 않은 똑같은 사람임을 강조하고 있는 것이라 할 수 있다. 영화는 "이러한 인물들의 관계를 통하여 모든 인물들이 서로 유기적인 관계를 맺으며 거미줄처럼 얽히고설켜 살고 있음을 말한다."[69] 이것은 곧 사회 구성의 보편적 형태를 보여준다. 그럼에도 불구하고 진아는 매춘이라는 직업 때문에 그들로부터 고립되고 분리되어 있다. 그녀는 사회 구성의 보편적 형태로부터 벗어나 있는 것이다. 영화에서 드러내고자 하는 의도가 여기에 있다. 사회 구성에 있어 보편성 획득은 인간관계에서 배제되는 것이 아니라 사람 사이의 소통으로부터 비롯된다는 점이다. 이것이 사회를 구성하는 가장 근본적 요건이다. 그리고 소통의 진정성은 상대를 온전히 이해하려는 노력에서부터 비롯된다. 이는 동갑내기인 진아와 혜미의 행위를 통해 확인된다. 즉 진아는 새장 여인숙집 딸인 대학생 혜미와 똑같이 행동하

---

69) 김금동, 「김기덕 영화 파란대문에 나타나는 미학적 특징과 관객의 새로운 역할」, 『영화연구』 25호, 한국영화학회, 2005, 26쪽.

고, 혜미는 아픈 진아 대신 남자를 받기 위해 그녀의 방으로 들어가면서 이들의 소통은 진정성을 획득하게 된다. 그러므로 소통은 인간과 인간 사이의 인식과 행동이 일치하는 지점에서 이루어진다. 영화에서는 진아를 둘러싸고 있는 다양한 사람들을 통해 삶과 사회 구성의 보편성을 묘사하면서 그것을 효과적으로 작동하기 위해 인간관계의 소통을 제시했던 것이다. 따라서 소통의 진정성이야말로 인간의 삶과 사회를 구성하는 가장 중요한 요소가 된다. 영화에서는 진아와 혜미를 통해 보여주고 있는 것이다. 이런 문제는 김기덕의 <섬(2000)>에서도 나타난다.

영화 <섬>에서는 낚시터를 관리하면서 몸을 파는 희진과 불륜을 저지른 아내의 정부를 권총으로 살해하고 낚시터로 은신한 전직 경찰 현식을 통해 이를 드러낸다. 이들은 일반적인 사회구성원의 일원으로서 이탈하여 삶의 규범을 상실한 상태이다. 여기에 낚시터에서 은신하고 있는 현식을 향한 희진의 사랑과 질투는 다방 아가씨와 기도인 망치를 호수에 빠뜨려 또 다른 살인을 저지르도록 한다. 그럼으로써 그들은 자신들을 돌이킬 수 없는 극단의 마지막 순간으로 밀어 넣는다. 그 순간 그들은 피할 수 없는 극단적 상황 속에서 자신들만의 일체화를 이룬다. 이들 사이의 일체화는 그들만의 소통이 이루어졌음을 의미한다. 동일한 조건과 상황에서만 진정한 의미의 소통이 가능하다는 방식은 이 영화에서도 지속되고 있는 것이다. 그리고 2002년 1월 개봉된 <나쁜 남자>에서는 극단적인 폭력성과 과격함으로 인간 사이의 소통이 어떻게 이루어지는지 그 과정을 묘사하고 있다.

영화는 한 남자의 폭력적인 욕망이 한 여성을 어떻게 무너뜨리는지 그 과정에 집중하고 있다. 영화 속 인물 한기는 감옥에서 출소한 후 우연히 여대생 선아를 보고 그녀와 강제로 키스한다. 그는 선아와 남자 친구, 주변 사람들로부터 제지와 모욕을 받는다. 이후 한기는 선아를 강제로 창녀촌으로 끌고 와서 창녀로 만들어 버린다. 그는 그녀가 창녀로 전락해 가는 전 과정을 지켜본다. 그러던 어느 날 한기는 선아를 풀어주지만 그녀는 갈 곳도 자신을 받아줄 곳도 없음을 깨닫고 다시 창녀촌으로 돌아온다. 이제 선아는 사회로부터 단절되어 가장 밑바닥 인생을 살고 있는 한기와 다를 바가 없게 된 것이다. 이러한 사실을 선아 스스로가 인식하게 되는 그 순간 그녀는 한기와 동질감을 느끼게 된다. 이것은 대학생인 선아가 한기와 같이 사회의 가장 밑바닥 계층으로 끌어내려질 때 서로에 대한 이해가 이루어짐을 의미한다. 이러한 측면에서 진정한 의미의 이해와 소통은 서로 다른 계급과 계층에 기반하고 있는 시각을 통해서는 불가능하다는 것을 폭력적 수법을 통해 말하고 있다. 인간 사이의 진정한 이해와 소통에 냉소적인 김기덕의 영화에서와 달리 이정향의 <집으로(2002)>에서는 전혀 다른 방식으로 소통의 가능성이 제시된다.

영화는 남편과 이혼한 후 도시생활의 고단함으로 지친 엄마가 산골에 살고 있는 친정어머니에게 어린 아들 상우를 잠시 맡기면서 벌어지는 다양한 에피소드를 통해 묘사하고 있다. 즉 도시에서 생활한 상우와 산골에서 살고 있는 할머니 사이에는 서로 다른 문화적 환경과 현격한 세대차이, 여기에 말도 못하고 듣지도 못하는 할머니의 장애가 존재한다. 따라서 할머니와 어린 손자는 애초부터 소통이 불가능한 상태인 것이다. 영화에서는 도시생활과 어린 손자의 상징이라 할 수 있는 햄버거와 장난감 등을 통해 이를 확인해준다. 그럼에도 불구하고 이들은 시간이 지나면서 점차 서로를 이해하게 된다. 즉 손자가 원하는 것을 들어주기 위해 한글을 배우고 애쓰는 할머니의 모습은 도시와 산골, 세대 간의 간격뿐 아니라 말을 듣지도 하지도 못한 장애를 넘어 서로의 이해 간격을 넓혀 점차 소통으로 나아가고 있는 것이다. 이는 상우가 다시 도시로 가기 위해 할머니와 헤어질 때 슬퍼하는 모습을 통해 그들이 처음 만났을 때 서로 답답해한 그간의 모습과는 전혀 다른 상황 제시로 설명된다. 이것은 계급과 계층을 초월하여 의식과 인식의 완전한 일체화를 통해 이루어진다는 김기덕의 소통에 대한 시각과 서로에 대한 이해의 노력으로 그 간격을 완화해 소통에 이를 수 있다는 이정향의 지향이 근본적으로 다르다는 것을 의미한다. 이들 영화가 이해와 소통을 개별 인간 사이의 관계로 다루었다면 다양한 인간과 사회 집단의 관계로 확대시켜 표현한 영화로는 이창동의 <오아시스(2002)>를 들 수 있다.

영화는 두 가지 차원에서 인간 사이의 소통에 관한 문제를 다루고 있다. 첫 번째로는 전과자 홍종두와 뇌성마비 장애인 한공주 사이의 소통 과정을 묘사하였고, 두 번째로는 이들 사이에 소통이 이루어지고 난 후 사회적 편견에 의한 사회 집단과의 불소통 과정을 표현하고 있다. 홍종두와 한공주가 소통에 이르게 되는 것은 전과자로 내몰린 홍종두와 장애인 한공주가 사회로부터 벗어난 존재이기 때문일 것이다. 이들은 사회 속에서 온전한 인간으로서의 존재 가치를 인정받지 못하고 있다는 공통된 상황의 범주에 처해 있다. 이러한 사실은 이들이 장애인과 비장애인의 경계를 허물어뜨리고 소통에 이르게 하는 요인으로 작용한다. 그럼에도 불구하고 이들이 사회로부터 보편적 존재 가치를 획득하기란 쉬운 일이 아니다. 왜냐하면 이들은 사회적 편견과 선입관으로부터 결코 자유롭지 못하기 때문이다. 이를 단적으로 묘사한 장면이 영화의 마지막 부분에 등장한 홍종두와 한공주 가족들의 태도에서 확인된다. 즉 한공주 오빠는 홍종두를 강간범으로 몰아가면서 합의금을 챙기려 하고, 홍종두의 형은 이 일을 계기로 이들의 관계를 떼어놓을 기회로 삼고자 한다. 그들 각각의 목표는 다름 아닌 돈과 체면이다. 이런 이유로 홍종두와 한공주는 그들만의 소통으로 끝나게 되고 주변인을 통한 사회적 소통으로 나아가는 데는 실패하고 만다. 이러한 흐름은 김용화의 <오! 브라더스(2003)>에서도 엿볼 수 있다.

영화는 이를 불륜사진 촬영으로 생계를 이어가는 오상우가 바람이 나 집을 나간 아버지의 사망 소식을 전해 듣고, 그로부터 남겨진 조로증에 걸린 이복동생 오봉구를 떠맡게 되면서 벌어진 상황을 통해 묘사한다. 영화에서는 오상우가 오봉구의 어머니를 찾아 그를 그곳에 맡겨 놓는 것으로 마무리 되지만 그들 사이의 다양한 상황제시로 이해와 소통에 이르게 되는 모습을 보여준다.

이처럼 이 시기 한국 영화는 인간과 인간 사이에서 벌어지고 있는 이해와 소통의 다양한 유형을 다루고 있다. 이를 통해 인간 사이의 진정한 이해와 소통에 이르게 되는 방식뿐 아니라 개별화된 한국사회의 변화와 가치를 드러내고 있는 것이다.

5. 재인식된 민족의식

1991년 사회주의 종주국이라 할 수 있는 소련이 해체되고 사회주의 블록권이 무너지면서 이념과 이데올로기 대결 구도 자체의 논리는 그 기반이 점차 와해되기 시작했다. 그럼에도 불구하고 남북 관계에 있어서 그 논리는 여전히 남과 북 상호 간의 정치적 판단의 유용한 대상으로 작용하고 있었다. 이러한 기조 속에서도 남북 관계는 1998년 국민의 정부와 2003년 참여정부의 출범으로 획기적 변화를 맞이했다. 그것은 김대중, 노무현 대통령이 취임사에서 밝힌 화해와 협력에 토대한 평화정책과 평화번영정책에 기인한다. 북한에 대한 이러한 정책변화는 남북 관계뿐 아니라 북한에 대한 태도의 변화를 가져왔다. 북한을 적대적 상대로서가 아니라 언젠가는 같이 해야 할 민족의 일원으로 보게 되었다는 것이다. 이러한 시각은 2000년 남북정상회담 결과 발표된 6.15공동선언문으로 구체화되었다. 선언문에는 남과 북의 다양한 협력뿐 아니라 통일에 있어서 우리 민족끼리 힘을 합쳐 해결해나가자는 내용이 담겨 있었다. 이것은 적대적이고 대결적이던 관계의 남북이 민족공동체 의식을 갖도록 하는데 중요한 역할을 하였다. 이러한 민족의식은 남북 분단을 역사적 현상 그 자체로 받아들이는 것이 아니라 그것의 원인을 조심스럽게 드러내면서 민족의 개념을 재조정하도록 하게 한 것이다. 여기에 IMF 사태로 인해 미국을 비롯한 어느 나라도 도와주지 않은 고립된 상태의 냉혹한 세계 질서를 경험한 한국인들에게 민족이라는 개념은 이전보다 더욱 중요한 가치로 다가왔다. 이는 IMF 사태를 탈출하기 위해 전 국민이 참여한 금 모으기 운동이 한국사회에서의 민족주의 열기를 보여준 하나의 전형이라 할 수 있다.[70] 이러한 시대적 흐름은 이 시기 한국 영화형성에 적지 않은 영향을 주었다. 이것은 두 가지 흐름으로 나타났다. 첫째는 독립적이고 자주적인 한국의 역사적 근원성과 행위를 강조한 것이고, 둘째는 남북관계의 변화로 북한에 대한 인식의 변화를 들 수 있다. 이와 같은 특징은 민족이라는 동질성의 개념이 어느 시대보다도 중요한 의미를 지니고 있다는 것이며, 한국사회에 내재되어 있는 북한에 대한 기존의 관습적 인식에 상당한 변화를 동반하는 것이다. 이러한 기조 속에서 민족의 독립성을 자극함으로써 정체성을 드러내고자 한 것은 1952년부터 1953년 휴전협정시기까지의 한국전쟁을 배경으로 한 이광모의 <아름다운 시절(1998)>에서 드러난다.

영화는 '오빠생각'으로 시작되는 동요의 역사적 상징성을 통해 이 시기를 의미화하고 있다. 이는 빨갱이 색출에 혈안이 되어 있는 사람들과 미군 지프를 따라다니는 어린아이들의 모습, 그리고 미군에게 몸을 파는 여인의 모습 등을 통해 묘사된다. 이와 같은 장면들은 영화 속에서 반복적으로 등장한다. 즉 학교 운동장에서의 빨갱이를 쳐부수자! 라는 구호와 버려진 시골 방앗간에서 벌어지는 미군과 한국여인과의 성적 관계는 이를 확인해주고 있다. 특히 방앗간에서 벌어진 미군과의 은밀한 관계는 단순히 양공주의 문제로서

---

70) 강준만, 앞의 책, 173쪽.

만 아니라 이 시기 평범한 여인들에게로 확대되어 나타난다. 이는 미군부대에 다니고 있는 성민 아버지 최씨의 주선으로 미군들의 옷을 세탁해주는 일을 하게 된 의용군으로 끌려간 창희 어머니를 통해 묘사된다. 어느 날 창희 어머니는 미군들의 세탁물을 잃어버리게 되자 이에 대한 보상으로 미군으로부터 성적 보상을 요구받는다. 문제는 최씨의 주선으로 방앗간에서 이루어진 미군 병사와 창희 어머니 사이의 은밀한 만남을 그녀의 아들인 창희와 최씨의 아들 성민이 목격하게 된다는 사실이다. 이후 창희는 다니던 학교에 모습을 드러내지 않는다. 그러던 어느 날 방앗간에 커다란 화재가 발생한다. 이 장면은 불타고 있는 방앗간을 배경으로 그 앞에 미군 지프가 서있는 장면을 통해 또 다시 미군과 한국여성과의 은밀한 만남이 있었음을 암시한다. 이 화재로 미군병사가 희생되었고, 미군은 이에 대한 범인을 찾기 위해 방앗간 근처에서 발견된 고무신의 크기를 근거로 어린 창희를 지목하여 데려간다. 이후 창희의 행방은 드러나지 않는다. 그리고 그 동안 미군과 밀접한 관계 속에서 풍요로운 삶을 살아가고 있던 최씨 가족도 미군의 물건을 빼돌렸다는 혐의로 고초를 겪고 새로 이사 온 집과 마을을 떠나게 될 뿐만 아니라 미군 장교 스미스 중위의 아이를 임신하고 있던 성민의 누나 영숙마저도 그로부터 버림받는다. 이는 미군에 의해 한국인들이 이용당하고 농락당했던 상황을 보여주고 있는 것이다. 이것은 친구들에 의해 행방불명된 창희의 가관과 가묘를 만들어 장례식을 치루고 있는 사이를 미군지프가 지나가는 장면을 통해 상징적으로 묘사된다. 이로써 영화는 미군과 미국이 어떤 존재인지 그 실체를 재인식하도록 관객들에게 요구하고 있는 것이다. 영화에서는 이에 대한 객관성을 확보하기 위해 한국 전쟁기의 역사를 연도별로 적시하거나 멀리 찍기 수법을 사용하였다. 이는 인물의 감정과 표정을 직접적으로 드러내 개별적인 구체적 상황을 이해하고 파악하는 것을 원천적으로 차단함으로써 역사 객관성을 확보하는 것에 주력했기 때문이다. 이러한 수법은 한국전쟁기 미군과 미국인에 대한 인식을 재조정하도록 하는데 중요한 기능을 했다고 할 수 있다. 민족의 문제를 역사와 연관시켜 묘사한 것은 유상욱의 <건축무한육면각체의 비밀(1999)>에서도 나타난다.

영화는 이상의 시(詩)를 졸업논문으로 준비하고 있던 신용민이 우연히 이상 시인의 동호회를 발견하고 가입한 후 벌어진 일련의 상황에 근거하고 있다. 즉 1932년 김해경이 이상이라는 필명으로 처음 발표한 <건축무한육면각체>라는 시 이후 2년 동안 사라진 그의 공백에 대해 동호회원들이 '건축무한육면각체의 비밀'이라는 소설을 PC 통신에 쓰기로 하면서 벌어진 상황을 묘사하고 있는 것이다. 그들은 이 시기 1719부대 사단장인 하야시 나초와 박정희가 이 부대에 근무했다는 설에 근거하여 소설을 PC통신에 올린다. 이를 규명하기 위해 이들은 안기부에 접속하여 제3공화국 관련 자료를 검색하면서 자신들의 소설 내용이 설득력 있음을 확인하고 이상의 시에 근거하여 경복궁, 광화문, 중앙박물관 지하통로를 통해 경회루에 이르게 된 길을 찾게 된다. 그 과정에서 그들은 알 수 없는 세력으로부터 살해협박을 받거나 살해당하기도 한다. 이로써 영화는 이상의 시를 통해 여전히 한국내부에 존재하고 있는 일본 제국주의의 잔재를 폭로한다.

미국과 일본에 대한 종속으로부터 탈피하기 위해 핵잠수함을 놓고 벌이는 승조원들의 갈등을 묘사한 민병천의 <유령(1999)>도 민족의식을 묘사한 일련의 경향에 포함될 수 있다. 또한 민족 근원의 역사를 다룬 김영준의 <비천무(2000)>, 김성수의 <무사(2001)>와 마지막 의열단원인 상구를 통해 좌익과 우익으로 분열된 역사를 떠나 민족주의를 내세운 유영식의 <아나키스트(2000)>, 그리고 2000년에 개봉된 고전소설에 근거해 판소리를 영화화한 임권택의 <춘향뎐>도 이러한 흐름 속에 등장한 영화라 할 수 있다. 이시명의 <2009 로스트 메모리즈(2002)>에서는 안중근 의사, 윤봉길 의사, 미국의 원폭투하 등의 역사를 나열하면서 일제 강점기가 2009년까지 지속되어 조선은 존재하지 않고 일본국가가 되어 있는 가상의 상황을 가정하여 묘사하면서 안중근 의사, 독립운동가들, 유공자들의 사진을 바라보는 어린 아이의 웃는 모습으로 마무리함으로써 한국의 역사를 다시 환기시키고 민족의 정체성을 강조한다. 이러한 기조는 김현석의 <YMCA야구단(2002)>을 통해 지속된다.

영화는 강대국들에 의해 국권이 침탈당하고 있던 조선 말기 어지러운 정세 속에서 선교사에 의해 YMCA야구단원이 된 양반자제 이호창을 통해 이를 드러낸다. 영화는 이를 구한 말 개화기 일본에 의한 을사늑약체결로 비분강개하여 자결한 민영환과 친일파들의 모습 등을 보여주면서 일본의 성남 구락부와의 경기에서 이호창의 극적인 홈런으로 야구단이 승리함으로써 민족적 정서를 강조하고 있다.

장승업의 불타는 창작 욕구를 묘사하고 있는 임권택의 <취화선(2002)>과 2007년 개봉된 영화로 <서편제(1993)>와 연결되어 있는 <천년학>에서도 민족 문화의 정체성 문제는 대상화되고 있다. 사투리라는 코믹한 방식으로 고구려, 백제, 신라의 패권 전쟁을 묘사한 이준익의 <황산벌(2003)>에서도 민족적 인식은 내재되어 있다. 이는 당나라군과 신라군의 연합장면을 통해 백제가 멸망한 황산벌 전투를 통해 묘사된다. 특히 이 전투를 통해 자연스럽게 당나라와 신라, 고구려와 백제라는 구도가 상정되며, 이는 외세의 힘을 빌린 역사라는 사실을 부각시키면서 민족의 자주성을 역설적으로 자극하고 있는 것이다. 이러한 정서에 기반한 영화로는 1939년 비행사가 되기 위해 일본으로 밀항한 조선인 최배달이 일본 무도계를 정복해 가는 과정을 다룬 양윤호의 <바람의 파이터(2004)>와 일본에서 온갖 차별과 시련을 딛고 프로레슬링 스타가 된 조선인 역도산을 묘사한 송해성의 <역도산(2004)>에서도 민족의 정체성은 강조된다. 강우석의 <한반도(2006)>에서는 남북한의 통일 과정에 일본을 개입시켜 민족적 감정을 자극한다.

특히 <한반도>에서는 남과 북이 통일을 약속하면서 경의선 철도 개통을 추진하지만 일본은 1907년 경의선 운영권을 영구히 넘긴다는 약속을 앞세워 방해한다. 이를 해결하기 위한 방안으로는 그 당시 문서에 찍힌 국새가 가짜임을 밝혀내는 것이다. 이를 두고 영화는 한국 내 친일파와 조선 말기의 친일파를 시대를 초월하여 수평비교 한다. 즉 조선말 고종 때 친일 세력과 현재 총리를 중심으로 한 관리들의 친일적 행위를 통해 역사의 반복성을 고종 시기와 현재의 대통령 시기를 수평적으로 비교한 것이다. 따라서 영화는 국새를 찾으려는 세력과 이를 방해하는 세력을 통해 민족주의적 시각과 친일주의적 시각을 명확히 구분하여 묘사한다. 그리고 국새를 찾아 1907년 문서가 가짜임을 확인함으로써 영화는 마무리 되지만 대통령과 총리의 서로 다른 정치적 노선을 통해 우리 안의 친일 세력의 존재에 대해 경각심을 불러일으키고 있다. 이들 영화 대부분이 일제강점기를 배경으로 하고 있거나 아니면 일본이라는 나라와의 관계 속에서 혹은 민족적 전통을 통해 민족의 정체성을 강조했다면 봉준호는 영화 <괴물(2006)>을 통해 동시대 한국을 통제하고 있는 것이 어떤 세력인지에 대한 문제를 제기한다.

영화는 미군 실험실에서 독성 물질인 포름알데하이드를 대량으로 한강에 방류하는 장면과 낚시꾼에 의해 기형의 물고기가 발견되는 모습, 그리고 한강에서 자살하려는 남자에 의해 커다랗고 시커먼 물고기의 존재가 확인되고 난 후 타이틀 자막이 등장하면서 시작된다. 이후 영화는 한강 둔치에서 매점을 하고 있는 아버지 박희봉의 일을 도와주는 박강두의 모습과 한강 다리에 매달려 있는 괴물체를 바라보는 사람들로 이어진다. 이어서 정체를 알 수 없는 거대한 괴물체가 갑자기 나타나 한강 둔치 위의 사람들을 물어뜯고 잡아먹는다. 중학생인 현서는 아버지 강두와 괴물체를 피해 도망가다 그만 손을 놓쳐 괴물체에 의해 한강 속으로 사라진다. 괴물체에 의해 수많은 희생자가 발생하자 정부는 한강 둔치를 폐쇄하고 바이러스 감염사실

여부를 확인하기 위해 사람들을 병실에 격리하는 조치를 취한다. 그곳에서 강두는 현서로부터 전화를 받고 그녀가 죽지 않고 살아있음을 알게 된다. 이후 영화는 현서를 구하기 위해 병실을 탈출한 박강두 가족과 정부 사이의 서로 다른 대처 모습을 대비적으로 보여준다. 이는 현서를 구하기 위해 병실을 탈출한 가족들이 수배자로서 검거 대상이 되었다는 사실과 강두가 자신의 아버지인 박희봉의 희생에도 불구하고 또 다시 검거되어 병실에 격리된 장면을 통해 묘사된다. 이후 과거 운동권이었던 박남일이 원효대교 북단 근처에 현서가 있다는 사실을 알고 양궁선수인 동생 박남주에게 연락을 취하고 그녀는 이 사실을 다시 오빠인 강두에게 알린다. 병실에 격리된 강두는 미국인으로부터 바이러스가 없다는 말을 듣고 바이러스 공포를 조장했던 미군과 정부의 행위가 허구였음을 알게 된다. 이는 강두가 병실을 또 다시 탈출하면서 마주한 바깥의 풍경, 즉 미군과 한국경찰들의 고기 굽는 장면과 "살인범죄 무단살포", "지나가던 개가 웃는다. 바이러스가 웬 말이냐"의 환경단체와 대학생들의 시위 피켓을 통해 뒷받침된다. 이후 현서를 찾아다니던 강두는 괴물체를 발견하고 그것의 아가리 속에서 죽은 자신의 딸 현서를 꺼낸다. 그리고 노숙자가 괴물체의 주둥이에 휘발유를 뿌리고, 여기에 남주의 불화살이 눈에 명중되자 분노에 찬 강두가 괴로워하면서 한강으로 향한 괴물체의 입에 쇠파이프를 꽂아 넣어 쓰러뜨림으로써 마무리된다. 이를 통해 영화가 제기하고자 하는 것은 한국사회가 어떤 세력에 의해 통제되고 있는가에 대한 것이다. 영화는 다양한 요소를 통해 이에 대한 해답을 제시한다. 우선 영화에서 다루고 있는 내용은 2000년 2월 9일 용산 미8군 기지에 근무하는 군무원 앨버트 맥팔랜드(Albert L. McFarland)가 20박스 분량의 포름알데하이드를 한강에 무단 방류한 사건에 근거하고 있다. 따라서 영화에서 괴물체가 출현한 장소는 용산 미8군 기지와 가까운 원효대교를 중심으로 전개된다. 이는 현서가 괴물체에 끌려간 후 원효대교 북단에 있다는 사실을 통해 확인된다. 문제는 미군과 연동된 정부가 바이러스라는 공포심을 자극하여 한국인들을 격리시키면서 마치 실험 대상으로 여긴다는 점이다. 이는 바이러스 감염사실 유무를 확인하기 위해 격리된 많은 한국인들을 상대로 정체불명의 마취 주사와 각종 실험 장면을 통해 묘사된다. 또한 괴물체를 향해 박남일의 화염병 던지는 행위가 어이없는 모습으로 실패하는 장면은 역사와 사회 변화 주체로서 한 사람의 영웅성이 지니고 있는 의미에 대해 시사하는 바가 크다고 할 수 있다. 이는 영화 마지막 장면인 한강 둔치 매점에서 괴물체에 희생당한 딸, 현서와 함께 있다 살아난 어린 아이와 식사하는 강두의 모습 뒤로 텔레비전 뉴스를 통해 "바이러스가 검출되지 않았다"는 미국 정부의 발표를 통해 한국사회가 어떤 세력과 연동되어 통제되고 있는지 그 실체를 정확하게 인식하도록 강제하고 있음을 알 수 있다.

김대중, 노무현 정부의 남북정상회담으로 상징화된 남북관계의 변화는 북한에 대한 기존의 대결적 상황에서 벗어나 언젠가는 함께 해야 할 같은 민족이라는 인식으로 전환하게 되는 계기가 되었다. 이러한 변화와 특징은 기존의 남북관계로부터 형성된 인식을 민족이라는 문제로 치환하면서 등장한 1990년대 한국 영화의 최대 흥행작 중 하나인 강제규의 <쉬리(1999)>를 통해 드러난다.

영화는 남북 분단 상황이 주는 긴장감을 배경으로 하고 있다. 특히 남한과 북한을 대표하는 유중원과 박무영의 대립은 남북 분단이라는 특수한 상황과 결합되면서 영화 전체의 긴장감을 높이는 데 중요한 작용을 한다. 그러나 이 영화에서의 핵심은 이들이 대결하고 있는 근본 원인이 무엇인가에 있다. 이들의 대결은 남한의 잠실 운동장에서 열린 남북 축구 경기를 관람하러 온 남북 정치 지도자들을 제거하기 위한 것에 있는 것이다. 즉 북한의 박무영은 이들의 만남을 민족 통일을 가로막는 정치꾼들의 정치 놀음으로 간주하고 이들을 제거하는데 목적이 있고 유중원의 임무는 그런 박무영을 막는데 있다. 이들의 대결은 남한과 북한 각자의 이데올로기와 체제 수호를 내세우면서 서로를 전복시키기 위한 것이 아니라 민족 통일이라는 과제를 가로 막는 정치 세력에 초점이 맞추어져 있는 것이다. 이것은 이전의 남북 분단에 관한 영화가 상대방을 무너뜨리고 전복시킴으로써 자신의 이데올로기와 체제에 대한 우월감을 확인하는 것이었다면, 이 영화에서는 남북 분단 상황을 고착화하려거나 유지하려는 정치 세력에 초점이 맞추어져 있는 것이다. 유중원과 박무영의 대결 속에 내재되어 있는 이러한 목표는 북한에서 파견된 특수요원인 이방희가 자신의 애인인 남한의 유중원에 의해 저격되면서 남북 분단의 비극적 상황을 최고의 감정적 지점으로 끌어 올리면서 뒷받침된다. 또한 영화 마지막 부분에서 이방희가 누구였냐는 조사관의 질문에 유중원은 "남북 분단의 비극이 만들어낸 머리 여섯 개 달린 히드라"라는 말을 남기면서 자신들의 대결과 이방희의 죽음이 무엇으로부터 비롯되었는가를 다시 한 번 환기시키면서 남북 분단 자체에 대한 비극성을 부각시키고 있다. 이것은 오히려 역설적으로 민족의 동질적 의식을 고양시키는 의미로 작용하고 있다. 이처럼 영화 <쉬리>는 북한을 이데올로기와 체제 수호에 기반을 둔 적대적 대상으로 설정한 것이 아니라 남북 분단 자체의 비극적 상황을 드러내는 데 초점을 맞추고 있으며 유중원과 박무영, 이방희는 그것의 비극적 표상인 것이다.

어리숙한 남파간첩 리철진이 남한에서 겪는 모습을 다룬 장진의 <간첩 리철진(1999)>도 이전 시기 간첩을 묘사한 방식과 다르게 인간적 면모를 드러내고 있다. 또한 복잡한 지정학적 현실을 통해 남북 분단 문제를 바라봄으로써 민족의 비극성과 동질성을 묘사한 것으로는 박찬욱의 <공동경비구역 JSA(2000)>를 들 수 있다.

영화에서는 남북 분단으로 얽혀 있는 국제 정치학적 상황과 남북의 권력층, 그리고 남북의 민족 구성원들이라는 세 가지 측면이 복합적으로 연결되어 있다. 영화는 시간, 날짜를 자막으로 처리하면서 마치 실제 사실에 근거한 것처럼 총소리와 함께 시작된다. 이어서 시간과 날짜, 총소리의 진원이 무엇인지, 북한 병사 두 명을 살해하고 탈출한 남한의 이수혁 병장의 진술서와 함께 그날 무슨 일이 있었는지에 대한 구체적 내용이 전개된다. 최전방 지역에서 지뢰를 밟은 이수혁 병장을 북한군 초병들이 구해주고 난 후 이들은 밤마다 북한군 초소에서 만나 형제와 같은 관계로 발전한다. 이들 사이에 존재하는 북한군과 남한군으로서의 적대적 관계는 일시적으로 와해된다. 이른바 최전방에 위치한 판문점에서 그들은 그들만의 통일을 이루고 있던 것이다. 특히 북한군 초소 내부에서 남한과 북한의 초병들이 사진을 찍을 때 뒤쪽에 걸려있는 김일성, 김정일 사진을 가리기 위해 병사들이 서로 밀착하는 장면은 매우 시사적이다. 이들 사이는 이미 작은 통일을 이루고 있는 데 비해 그것을 가로막고 있는 요인이 최고 권력자들의 정치 논리일 수 있음을 상징적으로 보여주고 있다. 여기에 이 사건을 조사하기 위해 파견된 중립국 조사관 소피 장으로 상징화된 복잡한 국제정치적 관계가 덧붙여진다. 그리고 이러한 남북 분단의 비극적 상황의 결과는 북한군 초병을 살해하고 스스로 목숨을 끊은 이수혁 병장을 통해서 부각된다. 따라서 이 영화는 남북 분단의 상황을 판문점 초소에서 근무하고 있는 남북한 초병들의 관계를 통해 민족의 동질성을 확인하면서 그것의 반대편에 남북한 최고 지도자들과 표 장군, 소피 장으로 대표되고 있는 복잡하게 얽혀 있는 국제정치적 상황을 대비시키고 있다. 민족의 동질성 확인과 비극의 상징이었던 이수혁 병장과 북한군 초병들의 죽음이 이러한 외부적 요인들로 인해 발생한 것임을 이 영화는 보여주고 있는 것이다.

또한 이 시기에는 남북 분단 자체가 주는 비극적 상황과 통일에 대한 염원을 묘사한 영화들도 등장했다. 이와 같은 경향의 영화로는 2001년 개봉한 김기덕의 <수취인 불명>과 <해안선(2002)>을 들 수 있다.

영화 <수취인 불명>은 1970년대 미군 기지촌의 다양한 풍경을 배경으로 하고 있다. 그것은 미군 병사의 성 노리개로 전락한 여고생, 짧은 영어를 사용할 줄 아는 학생들의 우월감, 자신의 꿈을 미군 병사를 통해 실현시키려고 하는 양공주의 미국에 대한 환상, 서로 믿지 못하고 서로 멸시하는 기지촌 사람들 사이의 내부적 갈등, 미군을 향해 총을 쏘는 김중호 하사의 아들, 논바닥에 처박혀 죽은 혼혈아 등으로 이루어져 있다. 이들로 대변되는 기지촌은 한국 역사의 모순과 현실이 그대로 집약 되어 있는 곳이다. 이런 모순의 근원은 6.25전쟁까지 거슬러 올라간다. 여기에 6.25전쟁을 기지촌과 연결시킨 영화 속 인물은 스스로를 전쟁 영웅이라고 칭하는 김중호 하사이다. 그는 기지촌의 존재와 유지를 설명하는 역사적 이행과정의 상징적 인물이다. 영화는 그를 통해 한국 역사의 모순이 남북 분단과 6.25전쟁으로 인해 발생했음을 암시하고 있다.

김기덕의 또 다른 영화 <해안선>에서는 <과거는 흘러갔다>라는 대중가요로 상징화되듯이 통일된 한반도에 대한 그리움과 분단된 한반도의 실제적 현실이 묘사되고 있다. 한국 사회에서 벌어지고 있는 모순과 왜곡의 직접적 원인은 남북 분단 상황과 연결되어 있음을 영화는 드러내고 있다. 이는 군대에서 해안 경비를 맡고 있는 철저하게 훈련된 군인 강한철을 통해 묘사된다. 어느 날 강한철은 금지되어 있는 해안 철책선을 넘어 들어온 사람들을 발견하고 군대 수칙에 따라 총격을 가한다. 그의 총격에 의해 사살된 사람은 동네의 젊은 청년이다. 강한철은 군대 수칙을 철저하게 지켰다는 이유로 포상 휴가를 가게 되지만 동네 사람들은 그를 살인자로 매도하고 항의한다. 강한철은 자기가 사람을 죽였다는 사실과 살인자로 매도된 현실에 정신적 충격을 받는다. 이런 어처구니없는 상황과 비극은 영화 마지막 부분에서 그물이 쳐져 있는 한반도를 배경으로 족구를 하는 군인들의 모습과 그물이 다시 걷어지는 모습을 통해 남북 분단으로부터 비롯되었음이 암시되고 있다.

그리고 북한사람들을 평범하고 다소 코믹하게 묘사한 영화들도 이 시기에 등장했다. 남북의 대학생들이 연변에서 유적지 발굴단에 함께 참여하면서 서로 사랑하게 된 상황을 묘사한 정초신의 <남남북녀(2003)>와 바다 보트위에서 낚시를 즐기다가 만취상태로 남한으로 내려오게 된 북한군 해군 장교와 병사가 비키니 차림의 젊은 여성들이 가득한 바닷가 풍경 등을 보고 충격을 받은 모습을 코믹하게 묘사한 안진우의 <동해물과 백두산이(2003)>도 이러한 기조 속에서 등장한 영화라 할 수 있다.

반면 강우석의 <실미도(2003)>는 남북관계가 정치적 상황에 따라 어떻게 영향 받는지를 적나라하게 보여주고 있다.

영화는 1968년 1월 21일 박정희 대통령을 제거하기 위해 파견된 북한의 124부대 31명의 침투사건에 똑같이 대응하기 위한 남한정부의 전략의 일환으로 강제로 차출된 31명이 실미도라는 섬에서 겪은 혹독한 훈련과정을 묘사하고 있다. 이는 1968년 창설된 실미도 684부대가 역사적 사실임을 자막을 통해 규정하면서 증명한다. 이어서 684부대원들에게 그들의 혹독한 훈련과정은 나라를 위해서라는 애국심을 끊임없이 심어주는 장면으로 이어진다. 여기서 그들의 애국심은 곧 북한의 김일성을 제거하는 것과 같은 의미인 것이다. 그러나 그들에게 주입된 애국심은 남북관계의 변화, 즉 정치적 환경의 변화로 무의미하게 되었고, 오히려 정부에 부담이 되는 존재로 취급 받는다. 이는 부대원들이 국가권력자들에 의해 이용당했다는 사실을 알고 실미도를 탈출하여 탈취한 버스를 타고 서울로 향하는 도중 '남북적십자 제1차 본 회담 개최'라는 도로 육교에 붙어 있는 표어를 통해 확인된다. 이것의 결과는 실미도 684부대원들이 버스 속에서 자폭으로 자신들의 삶을 마무리하는 것으로 나타난다. 이로써 영화는 분단된 상황의 비극뿐 아니라 국가권력자에 의해 언제든지 정치적 카드로 남북관계가 이용될 수 있음을 보여주고 있는 것이다. 강제규의 <태극기 휘날리며(2004)>에서는 이런 대결적 관계의 비극성을 한국전쟁에 참여한 두 형제를 통해 묘사하고 있다.

영화는 한국전쟁 참전용사 유해 발굴 장면으로 시작된다. 이어서 생존해 있는 할아버지 이진석은 두밀령 전투 유해발굴단으로부터 이진석이 발굴되었다는 소식을 전달받는다. 이어서 영화는 형 이진태와 동생 이진석이 차출되어 참여한 1950년의 참혹한 한국전쟁시기로 되돌아간다. 특히 형은 전쟁에서 자신이 무공훈장을 받으면 동생을 제대시키는 것이 가능하다는 사실을 알고 난 후 전쟁광으로 변모해간다. 이로 인해 이진태는 태극무공훈장을 받게 되지만 동생 이진석을 제대시키는 그의 목표는 시시각각 변하는 전쟁 상황으로 인해 이루어지지 않는다. 그리고 중공군의 개입으로 국군이 다시 퇴각하게 되자 국민보도연맹을 비롯한 우익들은 일반 사람들마저도 무차별적으로 좌익, 빨갱이 분자로 몰아 살해한다. 진태의 결혼상대인 영신도 그들에 의해 희생당한다. 이 상황을 본 진태는 동생 진석 역시 죽었다고 생각하고 자신의 전쟁 목표를 상실한다. 이는 이진태가 북한인민군 소좌가 되어 나타나는 것으로 확인된다. 살아있는 진석 역시 대전 병원에서 치료를 마치고 난 후 국군으로 전쟁에 또 다시 투입된다. 한국전쟁의 비극성은 전쟁 자체의 잔혹성과 좌익과 우익의 무차별 살해를 통해서도 드러나지만 이들 형제끼리의 대결구도를 통해 함축적으로 극대화 된다. 이는 북한 인민군과 국군 사이의 백병전을 통해 드러난다. 이진석은 백병전에서 사람 죽이는 광기의 군인이 되어있는 북한 인민군 소좌 이진태의 모습을 목격한다. 생사를 넘나드는 상황임에도 진태는 동생 진석을 알아보고 그를 구하면서 사망한다. 영화는 제대한 이진석의 모습으로 마무리되지만 오직 어머니, 동생 진석, 결혼상대인 영신만이 인생의 목표이자 행복이었던 이진태가 이들을 잃었을 때의 상실감과 분노로 사람 죽이는 군인으로 변모해가는 모습을 통해 한국전쟁의 비극성을 드러내고 있는 것이다. 이를 영화에서는 한국전쟁을 형제끼리의 싸움이라는 상징적 의미로 표현하면서 이념, 국가의 개념을 제거하고 평범하고 행복한 가족의 일상이 얼마나 중요하고 소중한 것인가를 묘사하고 있다. 이러한 경향은 곽경택의 <태풍(2005)>에서도 엿볼 수 있다.

영화는 가족과 함께 남한으로 귀순하려 했으나 정부에 의해 외면당한 후 북한의 가족이 몰살당함으로써 남한정부에 적대적인 감정을 소유하고 있는 해적 최명신과 삼척 대간첩 작전에서 사망한 아버지를 둔 강세종 사이의 대결 구도를 그리고 있다. 이 역시 궁극적으로는 분단으로부터 비롯된 비극적 상황을 묘사하고 있는 것이다.

이렇게 남북 분단을 다룬 영화들 대부분은 분단으로 인해 발생한 비극적 상황을 묘사하고 있다. 그것은 이들 영화가 민족 동질성 확보와 민족 내부의 통합을 가로막는 요인을 남북 분단에서 찾고 있기 때문이다. 이것은 남북의 화해와 민족의 동질성 회복의 필요성을 역설적으로 강조하고 있는 것이라 할 수 있다. 이런 이유로 이 시기 남북 분단 문제를 다룬 영화에서는 남북한의 정치 지도자들의 정치적 논리와 복잡하게 얽혀 있는 국제정치적 시각이 중요한 요소로 부각된다. 이런 측면에서 6.25한국전쟁 직후 1950년 9월을 배경으로 하고 있는 박광현의 <웰컴 투 동막골(2005)>에서는 통일된 남북 관계의 이상향을 아름답게 제시하고 있다.

부하를 잃은 북한 병사와 부대를 탈영한 남한 병사, 여기에 비행기 추락 사고를 당했지만 간신히 목숨을 건진 부상당한 미군 조종사 스미스가 우연히 동막골에 머물게 된다. 처음에는 북한군 장교 리수화와 남한군 표현철 사이에 적대적인 긴장감이 조성되지만 서로가 서로에게 점차 인간적 친밀감을 느끼게 되면서 그들의 경계는 허물어진다. 반면 비행기 추락 사고를 당한 스미스 대위를 구출하기 위해 미군이 동막골을 폭격하려는 계획을 세우자 목표 지점을 다른 곳으로 위장하고 유도하기 위하여 남북한 병사들은 그들의 폭격에 대항하여 전투를 벌인다. 이것은 남북한 병사들 사이에 이미 통일이 이루어졌고 남북한과 미군이라는 대결 구도를 통해 남북 분단 상황에 대한 인식을 내부적 대결로서가 아니라 민족과 다른 세력과의 대결로 전환하고 있는 것이다. 이러한 상황은 환상적인 나비 장면 등과 결합되어 민족의 염원이자 꿈인 통일에 대한 이상향을 드러내고 있다. 이는 조명남의 <간 큰 가족(2005)>에서 통일된 상황 제시를 통해 그것의 정당성을 부여하고 있다.

영화는 통일이 되면 50억 상당의 땅을 상속받을 수 있다는 사실을 알게 된 자식들이 통일된 상황을 연출하면서 발생하는 다양한 에피소드를 묘사하고 있다. 어린아이의 내레이션으로 시작된 영화는 김 노인이 북한에 두고 온 아내와 딸을 찾기 위해 서류를 접수하는 모습을 보여주는데, 그는 3개월의 생존이 가능한 간암 말기라는 진단을 받는다. 그리고 자식들은 아버지가 통일이 되면 50억 상당의 재산을 자신들에게 분배하겠지만 통일이 안 되면 자신의 재산을 통일부에 넘겨주라는 유언을 했다는 사실을 변호사로부터 듣는다. 자식들은 이에 대해 수정을 요구했지만 김 노인은 요지부동이다. 이 때 큰 아들 명석은 동생 명규에게 가짜로 통일이 되었다는 상황을 연출하자고 제안하여 통일된 상황을 조성한다. 이후 화면에서는 남북 통일안에 대한 전격합의와 남북 탁구 단일팀, 노무현 대통령과 김정일의 만남, 통일 방송 등과 함께 다양한 통일된 상황이 연출된다. 그러나 얼마 지나지 않아 그 사실을 눈치 챈 김 노인은 이산가족 상봉단에 선정되고 북한의 외사촌 김순임을 만나 자신의 누나인 김정심이 사고로 사망했다는 것과 어머니도 돌아가셨다는 사실을 알게 된다. 이어서 영화는 김순임을 포함한 가족을 그린 어린 소녀의 그림과 함께 "세상에서 가장 슬픈 것은 사랑하는 사람을 만나지 못하는 것이고, 더 슬픈 것은 사랑하는 사람을 남겨두고 떠나는 것이다. 좀 더 크면 사랑하는 사람을 좀 더 자유롭게 만나는 세상이 올 것"이라는 어린 소녀의 내레이션을 통해 마무리된다. 영화는 이산가족을 통해 분단의 아픔과 통일의 당위성을 묘사하고 있다. 이러한 비극성은 안판석의 <국경의 남

쪽(2006)>에서도 지속된다.

　영화는 선호와 연화의 슬픈 사랑을 통해 이를 묘사하고 있다. 북한에 살고 있는 선호는 가족모두가 북한을 탈출하여 남쪽으로 가기로 결정하였다고 하면서 연화에게 함께 갈 것을 제안하지만 불가피한 이유로 그녀는 북한에 남게 된다. 남한으로 온 선호는 연화가 북한에서 다른 남자에게 시집갔다는 잘못된 정보를 믿고 남한의 여자인 경주와 결혼하게 된다. 이 사실을 알지 못한 연화는 얼마 후 선호를 만나기 위해 북한을 탈출하여 남한으로 온다. 그러나 그녀는 선호의 결혼 사실을 알게 되고 연화 역시 다른 남자와 결혼하게 된다. 서로 사랑했지만 엇갈리게 된 그들의 운명에는 남북분단의 비극성이 존재하고 있는 것이다. 이러한 경향은 시골에서 선생님이 되기 위해 서울로 올라온 공영탄이 겪은 사건을 코믹하게 묘사한 김종진의 <만남의 광장(2007)>에서도 나타난다.

　흑백 자료 필름을 통해 한국전쟁을 보여주면서 강원도 청솔리 마을을 두고 미군과 소련군에 의해 휴전선이 설치되는 장면으로 영화는 시작된다. 미군과 소련군의 작업을 도왔던 청솔리 마을 사람들은 마을을 가로지르는 휴전선이 설치된 후 이전처럼 자유롭게 왕래할 수 없게 된다. 졸지에 자유롭게 살았던 마을 사람들은 남과 북으로 나뉘어 이산가족이 된 것이다. 그들은 이를 타개하기 위해 땅굴을 파 중간지점에 만남의 광장을 만든다. 그곳에서는 휴전선으로 분단되어 만날 수 없었던 마을 사람들이 모여 집안의 대소사를 논의하곤 한다. 그리고 삼청교육대에 끌려가 트럭으로 이동하는 도중 낙오된 공영탄이 잘못된 표지판으로 길을 잃어 지뢰를 밟은 것으로 착각하여 오도 가도 못한 장근 선생의 역할을 대신 하게 된다. 이 사실을 모르는 마을 사람들은 공영탄을 파견된 장근 선생으로 알고 마을에서 함께 생활한다. 그러던 어느 날 영탄에 의해 그들의 땅굴이 발각되자 이를 무마하기 위해 마을 사람들은 그를 북쪽에 있는 선미와 결혼시키기로 한다. 이런 어처구니없는 상황들은 분단의 비극성에 근거하고 있고, 이는 현식 어머니의 칠순잔치를 통해 직접적으로 제기된다. 즉 칠순이 된 현식 어머니는 아들을 따라 남쪽으로 가겠다고 하고 "죽든 살든 우린 뭉쳐야 한다"고 선언한다. 이후 화면은 청솔리 마을 사람들이 남쪽의 한 섬에서 살고 있는 모습으로 전환되고 "같이 살고 있는 것이 다행이다"라는 말을 통해 또 다시 분단의 비극성과 민족의 동질성이 강조되고 있다.

이 시기의 한국영화는 대북 정책의 변화로 인한 남북 관계의 발전이 영화 제작방향의 전환을 가져왔다고 할 수 있다. 그리고 그것의 중심에는 남북 분단에 대한 새로운 인식이 존재하고 있었다. 이전의 영화가 주로 이데올로기적 대결과 그것으로부터 초래된 비극에 초점이 맞추어져 있다면, 이 시기 영화에서는 남북 분단 상황 자체의 비극뿐 아니라 그것이 낳은 다양한 모순들을 보여준다. 그 결과 남북 분단을 소재로 한 영화는 남북 분단 상황을 초래하거나 유지하고 있는 근본적 이유들을 작품 속에 투영시켰다. 그리고 그 과정에서 남북한의 정치 논리와 국제정치로 얽혀있는 상황들이 이 시기 영화에서는 민족 동질성이라는 이름을 통해 묘사되었다.

6. 블록버스터, 웰 메이드 영화와 세계화

IMF 사태 이후 한국에서 영화에 대한 인식은 본질적 변화를 맞이했다. 그 동안 예술과 산업 사이에서 애매한 지점에 위치하고 있었던 한국영화는 IMF 사태로 인해 산업의 한 부분으로 확실하게 편입되었다. 이것은 문화가 21세기 기간산업으로 규정되면서 문화산업진흥기본법과 영화진흥법으로 구체화되었다. 이로 인해 금융자본과 CJ ENM, 오리온 그룹, 롯데 그룹 등이 투자, 제작, 배급, 상영에 이르기까지 영화의 전 과정에 개입하여 주도적 역할을 할 수 있는 토대가 되었으며, 이는 대기업 주도의 수직화를 이루게 되는 계기로 작용했다. 여기에 영화진흥위원회와 중소기업진흥공단이 중심이 된 공적자금이 민간 벤처자본과 결합하여 다양한 형태의 영상전문투자조합이 형성되어 이 시기 영화제작에 중요한 역할을 하였다.[71] 이것은 한국영화제작 문화가 이전 시기와 확연히 다르게 조성되기 시작했음을 말한다. 이는 큰 규모의 자본이 다양한 영화제작 전반에 민첩하게 투입될 수 있는 조건이 마련되어 한국에서도 블록버스터 영화가 등장할 수 있는 토대가 형성되었음을 의미한다.

원래 "블록버스터(blockbuster)라는 말은 제2차 세계대전 중에 영국 공군이 사용한 4.5톤짜리 폭탄으로 한 구역을 송두리째 날려버릴 위력을 지녔다고 해서 붙여진 이름이었다."[72] 이 명칭은 미국의 할리우드에서 1억 달러의 수입이 불가능할 것으로 여겼던 벽(block)을 1975년 스티븐 스필버그(Steven Spielberg)가 영화 <죠스(Jaws)>를 통해 1억2천9백만 달러가 넘는 수입을 올리면서 1억 달러의 벽을 깨뜨린다(buster)는 의미로 사용되었다. 이후 조지 루카스(George Lucas)의 3부작 영화 <스타워즈(Star Wars, 1977)>, <제국의 역습(The Empire Strikes Back, 1980)>, <제다이의 귀환(Return of the Jedi, 1983)>, 그리고 스필버그의 <레이더스(Raiders of the Lost Ark, 1981)>, <E.T.(1982)>, <인디에나 존스(Indiana Jones and the Temple of Doom, 1984)>가 1억 달러를 넘는 수입을 기록하면서 본격적인 블록버스터 영화의 시대로 진입했다.[73] 따라서 블록버스터 영화를 가르는 기준은 대규모의 흥행 수입과 그것을 위한 다양한 전략들이 판단 근거로 작용한다. 예컨대 "이전과 더 많은 스타들이 등장하고, 더 많은 제작비가 투입되고, 더욱 자극적인 이야기와 소재들이

---

71) 한국영상자료원 엮음, 『21세기 한국영화』, 앨피, 2020, 26쪽.
72) 김병철, 「한국형 블록버스터의 지형도」, 『영화연구』 21호, 한국영화학회, 2003, 14쪽.
73) 김경욱, 「할리우드 블록버스터의 전개과정과 이데올로기」, 『영화연구』 19호, 한국영화학회, 2002, 171쪽.

등장하고, 여기에 새로운 테크놀로지가 사용된 영화들인 것이다."[74] 이것들
은 대규모 관객을 통해 대규모 수익을 얻는 것에 초점이 맞추어져 있다. 이
와 같은 미국 할리우드 영화의 목표와 전략은 이 시기 한국 영화에도 적용
되었다. 즉 정부의 정책과 대기업, 영상전문투자조합의 자본이 한국영화에
투입되면서 한국에서도 블록버스터 영화가 가능해지기 시작했다

이는 1998년 영화 <퇴마록>의 포스터에 '한국형 블록버스터가 온다'라
는 문구를 통해 나타났다. 이 영화에는 이전 시기인 1997년 평균영화제작
비가 13억 원, 1998년에는 15억 원이었던 것에 비해 24억 원의 제작비가 투
입되었다. 여기에 디지털 테크놀로지에 기반한 특수효과와 같은 볼거리와
서울 27개관, 전국 70개관의 대규모 동시개봉을 추진했다는 점에서 한국
형 블록버스터 영화의 형태를 띠고 있다고 할 수 있다.[75] 그럼에도 불구하고
이 영화는 기대만큼 흥행 수입을 올리지 못했다. 이런 측면에서 기존의 수
입을 뛰어넘는 것이 블록버스터 영화의 중요한 판단근거 중 하나라고 본다
면, 이 영화가 한국영화역사에서 블록버스터 영화로 상정되기에는 다소 미
흡하다고 할 수 있다. 그러므로 이 시기 본격적인 한국영화의 블록버스터의
시작은 기존의 평균 제작비를 뛰어넘은 자본의 투입과 마케팅 전략, 전국적
인 극장 개봉방식으로 블록버스터의 형태를 취한 1999년 등장한 강제규의
<쉬리>를 들 수 있다.

이것은 <쉬리>의 대규모 수익 창출 성공 요인인 마케팅홍보전략(Marketing
Public Relation, MPR) 분석을 통해 드러난다. 즉 영화에서 "마케팅홍보전략은
관객에게 영화라는 상품을 팔기 위해 기획 단계부터 촬영, 편집, 그리고 개
봉 전까지를 통합하는 전략을 수립하고 각 시기마다 그 전략을 탄력적으로

---

74) 위의 논문, 175쪽.
75) 박영은, 『영화산업 기업전략(영화진흥위원회 연구보고서 2007-2)』, 영화진흥위원회,
　　2007, 317쪽.-정종화, 『한국영화사』, 한국영상자료원, 2007, 232쪽.

실행에 옮기는 작업을 일컫는다."[76] 이것은 단계별 마케팅홍보전략으로서 "제1단계는 호기심 유발(Attention)단계로 주로 전철, 인터넷, 극장, 전광판을 중심으로 배너광고와 홈페이지 홍보를 통한 친숙도를 높이기 위한 것이다. 여기에 촬영이 80-90%정도 진행되었을 때는 강렬한 인상의 티저 예고편과 제작 에피소드를 노출시킨다. 제2단계에서는 인지도 확산 및 이미지 호감 확보(Interest) 단계로 전단, 버스광고, 극장을 통해 영화의 정보 제공을 통한 흥미 유발, 그리고 예고편, 뮤직 비디오를 통한 감각적 편집을 개봉 5주전에 하고 개봉 3주전에는 배너와 인쇄 매체를 통해 극장 전시와 블록버스터임을 강조하여 영화에 대한 포괄적 이미지를 전달한다. 제3단계에서는 욕망 유발 및 행동 결심(Desire)단계로 인쇄매체와 방송, 인터넷을 통해 독자적 이미지 전달과 영화와 관련된 보도와 인터뷰 등을 개봉 1-2주전에 한다. 그리고 제4단계는 실행(Action)단계로서 개봉 후 TV와 인쇄매체를 통해 스타시스템 활용과 뉴스거리 제공, 다수의 극장 확보 및 차별적 협찬품으로 관객을 유인한다."[77] 이러한 마케팅홍보전략에 따라 영화 <쉬리>는 꾸준히 언론에 노출되었고 이를 구체화하기 위해 다양한 설문조사 결과를 영화의 제작과정에 반영하였다. 이렇게 등장한 영화 <쉬리>는 1999년 2월 13일 개봉하고 난 후 전국 관객 수 582만 명이라는 기록을 수립할 수 있었다.

<쉬리>의 성공은 이후 대규모 관객을 동원하여 수익을 창출하기 위한 블록버스터를 지향한 한국영화의 하나의 방식으로 자리 잡았다. 이를테면 관객, 580여만 명을 동원한 영화 <공동경비구역 JSA(2000)>, 관객 818만 명을 기록한 영화 <친구(2001)>, 그리고 불가능하게 보였던 1,000만 명을 돌파한 강우석의 <실미도(2003)>는 이 시기 한국영화가 블록버스터의 시기로 진입하였다는 확실한 전환점이 되었다. 이후 1,000만 명이라는 상징성은 강

---

76) 이수범, 「한국 블록버스터 영화의 마케팅 PR전략에 관한 연구」, 『홍보학 연구』 Vol,4 No.2, 한국PR학회, 2000, 154쪽.
77) 위의 논문, 155쪽.

제규의 <태극기 휘날리며(2004)>에서 1,100만 명을, 이준익의 <왕의 남자(2005)>에서 1,200만 명을, 봉준호의 <괴물(2006)>에서는 1,300만 명을 훌쩍 넘김으로써 그 의미를 지속시켰다.[78] 그러므로 박광현의 <웰컴 투 동막골(2005)>이 800만 명, 김지훈의 <화려한 휴가(2007)>가 700만 명, 심형래의 <디워(2007)>가 800만 명 대의 관객 수를 기록한 것은 이제 더 이상 그리 특별한 것이 아니었다.

이와 더불어 한국영화의 점유율 역시 크게 상승했다. 비록 1998년 한국영화의 점유율은 25.10%에 불과하였지만 2001년에 이르면 50.10%를 기록하게 되었고, 2002년에 48.30%로 떨어진 이후 2007년까지 단 한번도 50% 이하로 점유율이 하락한 적이 없었다. 2006년에는 한국영화 점유율이 무려 63.80%라는 경이적인 기록을 세우기도 하였다.[79] 이러한 한국영화 점유율 상승은 분명 정부의 정책과 대기업, 영상전문투자조합이 영화제작에 참여한 결과라 할 수 있다. 특히 한국영화 점유율을 직접적으로 견인한 블록버스터 영화의 등장에는 대기업이 영화산업을 완전히 장악한 수직계열화 된 한국영화 생태계와 밀접한 연관이 있다는 사실이다. 즉 투자, 제작, 배급, 상영을 장악한 대기업들이 대규모의 제작비를 들여 만든 영화를 자신들의 배급망과 멀티플렉스 극장을 통해 상영함으로써 가능했던 것이다. 멀티플렉스 극장은 원래 한 공간에서 다양한 영화를 관객이 선택할 수 있도록 하는 것이었지만 대규모 자본이 투입된 영화들은 수익을 창출하기 위해 스크린을 장악함으로써 멀티플렉스 극장 애초의 목적과 달리 관객들의 선택지를 원천적으로 차단함으로써 특정한 영화를 볼 수밖에 없도록 관객들을 강제한 것과 다름없다. 그러므로 이 시기 한국에서 블록버스터 영화의 등장은 막대한 투자로 제작과 마케팅홍보전략을 통해 안정적인 배급망을 거

---

78) 영화관입장권통합전산망(https://www.kobis.or.kr)
79) 영화진흥위원회, 앞의 책, 56쪽.

쳐 멀티플렉스 극장의 스크린을 독점함으로써 가능했던 것이다. 이러한 독점적 행태는 영화제작비 투입 자본의 상승과 연관되어 있다. 이는 1998년 평균 영화제작비가 15억 원이었던 것이 1999년에는 19억 원, 2000년에는 21억 5천만 원으로 상승했고, 2001년에는 25억 5천만 원, 2002년에는 37억 2천만 원, 이듬해인 2003년과 2004년에는 각각 41억 6천만 원으로 늘어났으며, 2005년에는 39억 9천만 원, 2006년에는 40억 2천만 원, 2007년에는 37억 2천만 원을 기록했다.[80] 이것은 특정한 영화로 제작 자본이 집중되었을 경우 그 영화의 수익창출을 위한 목표와 수단은 더욱 공격적이 될 수밖에 없다는 것을 말한다. 이는 대규모의 자본을 통해 만들어진 영화들이 흥행 실패로 끝났을 때 그 타격이 영화뿐 아니라 영화제작 형태의 변화를 가져올 수 있다는 점을 의미하기도 한다. 이를 테면 이시명의 <2009로스트 메모리즈(2002)>, 정윤수의 <예스터데이(2002)>, 윤상호의 <아유 레디?(2002)>, 장선우의 <성냥팔이 소녀의 재림(2002)>, 백운학의 <튜브(2003)>, 민병천의 <내추럴 시티(2003)>, 김문생의 <원더플 데이즈(2003)>, 김의석의 <청풍명월(2003)>, 이광훈의 <천년호(2003)> 등은 이에 대한 하나의 유효한 전형이라 할 수 있다.[81] 이들 영화의 흥행 실패는 자본가들이 대규모 제작투입의 위험성을 인식하게 한 직접적 요인이 되었다.

이로 인해 투자자들은 합리적 자본으로 수익을 창출할 수 있는 영화에 눈을 돌리게 되었다. 그것은 영화감독들이 자신들의 창작적 지향을 화면에 투영시키면서 일정한 흥행적 요소를 지니고 있는 영화들을 일컫는다. 투자자들의 수익과 영화감독들의 예술적 지향이 제휴할 수 있는 환경이 조성되어 함께 공존할 수 있는 형태의 영화가 등장할 수 있게 되었다. 이는 한국영화 역사에서 중요한 전환기적 흐름이라 할 수 있다. 이제 무엇보다 "기획력이

---

80) 위의 책, 31쪽.
81) 김미현 책임편집, 『한국영화사』, 커뮤니케이션북스, 2006, 371쪽.

나 창작자의 개성이 더 중요하게 되었고, 상업영화와 작가영화 사이에서 절묘한 균형이 이루어진 것이다."[82] 이를 통해 등장한 것이 이른바 잘 만들어진 영화, 즉 웰 메이드(Well Made)로 지칭된 영화들이다.

이러한 형태의 영화들로는 봉준호의 <살인의 추억(2003)>, 장준환의 <지구를 지켜라!(2003)>, 권칠인의 <싱글즈(2003)>, 임상수의 <바람난 가족(2003)>, 이재용의 <스캔들-조선남녀상열지사(2003)>, 박찬욱의 <올드 보이(2003)> 등을 들 수 있다.

이들 영화는 블록버스터를 표방하여 대규모 제작비를 들인 영화들과 달리 영화감독의 독특하고 독창적인 표현수법과 시대를 향한 특별한 관점들이 나타나 관객들로부터 좋은 평가를 받고 흥행으로 이어진 것들이다. 이러한 경향은 크게 두 가지 특징으로 나타난다. "첫째는 스펙터클보다는 인물에 맞는 연기자를 선택하여 관객들의 공감을 이끌어가는 경향이고, 둘째는 영화의 완성도를 떨어뜨리는 미술과 사운드, 그리고 후반작업 등에 많은 투자를 함으로써 영화의 완성도를 높인다는 점이다."[83] 이는 블록버스터가 대규모 제작비를 통해 다양한 볼거리를 제공하는 반면에 이들 영화는 영화의 내적인 부분에 집중함으로써 영화의 실질적인 완성도를 높이는 데 있다. 블록버스터 영화에서 잘 만들어진 웰 메이드 영화로 중첩되면서 변해가는 이 시기, 즉 2003년을 영화평론가 김형석은 "21세기 한국영화의 화양연화(花樣年華)로 불러도 좋을 만큼 충무로가 미처 깨닫지 못했던 잠재적 역량이 빅뱅을 일으킨 해였다"[84]고 진단했다. 이는 대기업의 수익 창출이라는 목표와 연동된 블록버스터 영화에서 다소 비켜있었던 것들이 다양성으로서 뿐만 아니라 뛰어난 수준의 독창성과 완결성으로 나타나 한국영화가 세계로 나아갈 수 있는 토대로 작용하였다. 이것의 객관성은 이 시기 한국영화들이 세계

---

82) 한국영상자료원 엮음, 앞의 책, 35쪽.
83) 김미현 책임편집, 앞의 책, 373쪽.
84) 한국영상자료원 엮음, 앞의 책, 35쪽.

중요 영화제에서 뛰어난 평가를 받기 시작했다는 점이다.

이는 1999년 박광수의 <이재수의 난>이 스위스의 로카르노 영화제(Festival del film Locarno)에서 젊은 비평가상 수상을 시작으로, 2000년 이창동의 <박하사탕>이 체코의 카를로비 바리 국제영화제(Mezinárodní filmový festival Karlovy Vary)에서 심사위원 특별상을, 2001년에는 문승욱이 <나비>로 로카르노 영화제에서 젊은 비평가상 수상으로 나타났다. 2002년에는 임권택의 <취화선>이 프랑스의 칸느 영화제(Festival de Cannes)에서 감독상을 수상했고, 이탈리아 베니스 국제영화제(Mostra internazionale d'arte cinematografica)에서 이창동의 <오아시스>가 감독상을 수상함으로써 한국영화는 기존의 불가능했던 인식을 깨뜨림으로써 진정한 의미의 블록버스터(blockbuster)가 되어 본격적으로 세계에 각인되기 시작하였다. 그리고 2003년에는 장준환의 <지구를 지켜라!>가 러시아의 모스크바 국제영화제(Московский Международный Кинофестиваль)에서 감독상을 수상했고, 같은 해 김기덕은 <해안선>으로 카를로비 바리 국제영화제에서 카를로비 바리상을 받았으며, <봄 여름 가을 겨울 그리고 봄>을 통해서는 스페인의 산세바스티안 영화제(Festival de San Sebastián)에서 관객상을, 로카르노 영화제에서는 젊은 비평가상을 각각 수상했다. 또한 봉준호는 <살인의 추억>을 통해 산세바스티안 영화제에서 최우수 감독상과 신인감독상을 수상했으며, 2004년 김기덕은 <사마리아>로 독일의 베를린 국제영화제(Internationale Filmfestspiele Berlin)에서 감독상을, <빈집>으로는 베니스 국제영화제 감독상을 수상했다. 박찬욱은 <올드보이>로 칸느 영화제에서 심사위원대상을 받았으며, 2007년에는 박찬욱의 <싸이보그지만 괜찮아>가 베를린 국제영화제 특별상인 알프레드 바우어상을 수상했고, 전도연은 이창동의 <밀양>을 통해 칸느 영화제에서 여우주연상을 수상했다. 이로써 한국영화는 블록버스터, 잘 만들어진 영화를 통해 축적된 역량을 세계 영화제를 통해 확인받으면서 한국문화의 핵심으로 존재하게 되었다.

이 시기 한미투자협정, 스크린 쿼터제 축소, 한미 FTA 체결 등을 통해 위기에 빠진 한국영화는 김대중, 노무현 정부의 체계적이고 조직적인 지원책을 통해 영화에 대한 기존의 개념을 재조정하였다. 여기에 대기업의 자본과 영화진흥위원회와 중소기업공단을 중심으로 다양한 투자조합이 결성되어 영화제작에 투입되면서 한국영화제작의 활성화를 견인했다. 이런 측면에서 이 시기 대기업을 중심으로 형성된 영화적 환경으로 독과점의 위험성은 여전히 존재하지만 한국영화가 시장에서 영화적, 문화적 패권을 유지할 수 있게 된 것은 정부의 정책과 대기업, 다양한 투자조합의 영화참여가 중요한 역할을 한 것은 부인할 수 없다. 이것이 한국영화의 규모와 내용의 다양성과 독창성을 견인하면서 한국영화와 문화가 세계로 확산되는데 주도적 역할을 할 수 있었던 요인이라 할 수 있다.

7. 맺음말

한국영화역사에 있어 1998년은 매우 중요한 시기라 할 수 있다. 이 해는 한국이 IMF 관리체제로 본격 진입한 시기이자 수평적 정권교체를 이룬 김대중 정부가 출범한 시기이다. 1998년 한국인들이 직면한 이와 같은 상황은 한국사회뿐만 아니라 한국영화역사를 크게 변화시킨 요인이었다.

IMF 관리체제로의 진입은 한국경제의 파산을 선언하는 것이었으며, 이는 경제적 어려움에 처한 한국인들에게 우울한 현실과 미래사회에 대한 불안감이 엄습해 오고 있음을 뜻했다. 또한 이것은 한국인들이 지니고 있던 기존의 인간적 정서에 토대한 공동체 의식의 균열을 의미한 것이기도 했다. 당장 살아남아야 하는 생존의 현실 앞에서 관습적으로 내재되어 있던 전통적 가치관은 더 이상 무의미한 것이 되었다. 이러한 시대적 풍조는 한국사회 전역으로 퍼져 나갔고 이 시기 한국영화도 예외일 수 없었다. 이는 영화인들의 영화에 대한 개념의 변화로 드러났다. 이전 시기까지 영화에 대한 영화인들의 인식은 상업적 성공을 지향하면서도 예술적 행위를 수행하고 있다고 스스로 여긴 이중성에서 크게 벗어나지 않았다고 할 수 있다.

그러나 IMF 사태는 영화의 산업적 기능이 무엇보다 중요하고 우선하다는 인식으로 변모하게 만들었다. 이는 IMF 사태로 조성된 사회적 패러다임의 변화와 김대중 정부의 영화에 대한 규정으로부터 비롯되었다. 김대중은 1998년 대통령 취임사에서 문화를 21세기 기간산업으로 정의하면서 영화에 대한 체계적인 정책을 추진했다. 이것은 1999년 2월 '문화산업진흥기본법' 제정으로 나타났다. 이 법은 21세기 고부가 가치 지식 기반산업인 문화산업을 국가 기간산업으로 육성, 발전시키기 위한 정부의 조치로 한국 영화의 정책, 제도 구축에 깊은 영향을 미쳤다. 이 법을 통해 영화는 중소기업 창업지원법의 혜택을 받는 업종으로 지정되어 비로소 안정적인 재원을 마련할 수 있었다.[85] 또한 1999년 2월 전부 개정된 영화진흥법을 통해서는 그동안 국가의 통제를 받았던 영화진흥공사가 민간인이 참여하는 영화진흥위원회로 개편하여 다양한 영화를 만들 수 있는 기관으로 변모되었고, 영화 사업도 등록제에서 신고제로 바꾸면서 일정한 절차에 따라 누구나 영화 사업을 할 수 있게 하였다.

이러한 정부의 조치는 CJ ENM을 비롯한 몇몇 대기업의 참여와 금융자본, 다양한 영상전문투자조합이 결성되어 영화제작에 투자하게 함으로써 한국영화에 새로운 활력을 불어넣었다. 이들은 한국영화의 투자, 제작, 배급, 상영에 이르기까지 한국영화의 전반적인 생태계를 새롭게 구축했을 뿐만 아니라 IMF 사태와 연동된 한국의 다양한 사회적 현상들을 영화화하는

---

85) 김동호 외, 앞의 책, 330쪽 참고.

데 중요한 역할을 하였다.

　이를 통해 IMF 사태로 어려움에 처한 한국인들의 모습과 우울한 사회적 풍경에서부터 지배 권력자와 사회구조의 모순을 드러내거나 시간과 공간을 초월하여 과거로 회귀하여 왜 이런 문제가 발생했는지 그 근원적 문제에 집중한 영화들이 등장할 수 있었다. 또한 현실 속에 감춰져 있는 인간의 성적, 자본에 대한 욕망을 노골적으로 드러내면서 자기모순에 빠진 인간의 모습과 복수와 응징, 심판을 통해 인간의 악마적 요소와 간교함, 이중성을 폭로했으며, 개별화된 인간으로 인해 발생한 인간 사이의 소통이 어떻게 이루어져야 하는지를 대상화할 수 있었다. 이러한 형태의 영화들은 IMF 사태로 인해 변화된 한국사회가 직면한 현실과 밀접하게 연동되어 있는 것들이다.

　이 시기 한국영화에서 나타난 또 다른 경향은 민족에 대한 인식의 재조정과 연관되어 있다. IMF 사태로 인해 누구도 도와주지 않은 냉혹한 국제질서를 경험한 한국인들은 김대중, 노무현 정부로 이어지는 대북포용정책을 통해 북한을 적대적 대상으로서가 아니라 민족공동체의 일원으로 새롭게 인식하였다. 이는 남북관계에 민족이라는 개념이 개입할 수 있는 공간이 마련되어 분단에 대한 근원적 모순과 통일의 당위성을 강조한 영화들이 등장할 수 있게 하는 요인으로 작용했다. 이로 인해 이념과 체제를 넘어 민족의 동질성을 확인하는 영화들이 집중적으로 제작되어 이 시기 한국영화의 또 다른 특징을 형성하게 된 것이다. 이처럼 이 시기 한국영화에서는 한국사회의 변화된 가치와 현상들에서부터 새로운 남북관계에 근거한 민족주의 시각에 이르기까지 다양한 영화들이 만들어졌다. 이들 영화는 규모의 측면에서 블록버스터라는 명칭으로, 때론 잘 만들어진 영화로 지칭되어 변화와 발전을 거듭하면서 국내에서뿐만 아니라 세계영화제를 통해 뛰어남을 인정받기 시작했다. 이러한 현상은 단순히 한국영화의 세계화를 의미하는 것뿐만 아니라 한국문화 확산에 이 시기 영화가 첨병 역할을 하였다는 것을 의미한다.

  따라서 이 시기 한국영화는 영화에 대한 새로운 개념 정립과 정부의 체계적이고 조직적인 지원정책에 힘입어 대기업, 금융자본, 영상투자전문조합을 중심으로 형성된 제작지원 시스템이 새롭게 구축됨으로써 한국영화의 제작이 활성화되었으며, 그 과정에서 블록버스터, 잘 만들어진 영화들을 비롯한 다양한 형태의 영화들이 등장하여 국내영화의 점유율 상승과 세계영화제에서의 수상으로 이어진 것이다. 그러므로 이 시기는 진정한 의미에서 한국영화의 혁신과 발전, 도약을 이룬 상징적 시기라 할 수 있다.

제 8 장

실용주의와 국민행복, 문화지형 재구축의 시기

2008-2016

1. 실용주의와 국민행복의 역설

2008년에서 2016년까지 지속된 한국영화의 특징은 이명박, 박근혜 정부의 국정철학과 목표의 기조 속에서 형성되었다고 할 수 있다. 특히 이명박 정부는 자신을 탄생시킨 시대정신을 발전, 통합으로 보고 이에 부합해야 할 대한민국의 장기적 국가비전을 '선진화를 통한 세계일류국가'로 인식하였다. 이것은 다함께 잘사는 국민, 따뜻한 사회, 강한 나라를 의미하였다.[1] 이러한 목표를 달성하기 위해 이명박 정부는 실용주의를 제시했다. 이는 선진화의 원년으로 선포한 대통령 취임사에서 구체적 개념으로 드러났다. 즉 실용정신은 동서양의 역사를 관통하는 합리적 원리이자 세계화 물결을 헤쳐 나가는데 유효한 실천적 지혜이면서 인간과 자연, 물질과 정신, 개인과 공동체가 건강하고 아름답게 어우러지는 삶을 구현하는 시대정신이며 대한민국의 선진화를 이룩하는데 나와 너가 따로 없고, 우리와 그들의 차별이 없으며 협력과 조화를 향한 실용정신으로 계층갈등을 녹이고 강경투쟁을 풀고자 한다고 정의되었다.[2] 실용주의로의 지향은 이명박 대통령이 2007년 3월 13일 대선출마를 공식 선언하면서 5년간의 임기 중 연평균 7% 경제성장을 달성해 10년 내 1인당 국민소득 4만 달러의 7대 경제 강국 시대를 열겠다는, 이른바 747 경제 공약 비전에서와 대통령직 인수위원회에서부터 국정철학으로 포함되어 있었다. 인수위원회에서는 현시대를 세계화와 정보화 시대로 규정하고 자유주의 대 사회주의, 시장주의 대 국가주의, 보수주의 대 진보주의라는 이념적 대결 패러다임이 약화되었다고 보고 이념과 지역을 넘어서는 실용주의가 필요하다고 하였다.[3] 이것은 대통령 취임사에서 다시 한 번 강조

---

1) 한국행정연구원, 『대한민국 역대 정부 주요 정책과 국정운영, 이명박 정부』, 대영문화사, 2014, 44쪽.
2) <제17대 이명박 대통령 취임사>, 2008.02.25.
3) 신중섭, 「실용주의와 한국정치」, 『동서사상』 제8집, 동서사상연구소, 2010, 90쪽.

되었다. 그리고 이는 이명박 정부의 출범 초기 '비즈니스 프렌들리' 정책으로 상징화되었고, 공기업 민영화 및 통폐합, 법인세 인하, 의료 산업화(민영화), 경쟁 교육 강화, 신문사의 방송 진출, 대운하 건설 시도 등으로 나타났다.[4] 이와 같은 의미의 실용주의는 이명박 정부 출범과 함께 창조적이라는 단서가 붙으면서 창조적 실용주의로 사용되었다. 창조적 실용주의는 선진화를 통한 세계일류국가를 달성하기 위한 국가비전의 실천적 행동규범이었다. 선진 일류국가를 실현하기 위한 행동규범으로서 이는 다섯 가지로 구성되었는데 "첫째, 성과주의의 원칙이다. 모든 정책과 국정 운영은 객관적인 사실과 자료에 기초해야 하며 실질적인 성과를 창출해야 한다는 것이다······ 둘째, 현실적 합성의 원칙이다. 실용주의는 결국 적합한 수단을 찾아낼 수 있느냐에 성패가 달려있다. 셋째, 비판의 개방성의 원칙이다. 모든 정책과 국정운영은 국민들에게 공개되고 비판적으로 검증돼야 한다는 것이다. 넷째, 유연성의 원칙이다. 추구하는 목표를 변화하는 현실의 맥락 속에서 늘 재조정하고 재설정하는 것을 의미하는 원칙이다. 다섯째, 입체적 문제 해결의 원칙이다. 문제를 복합적인 체계 속에서 입체적으로 바라보면서 균형 잡힌 문제 해결 방법을 모색하고 추진 중에 있는 정책이라도 상황의 복합성에서 편익보다는 비용이 많이 들 경우 지체 없이 수정하고 보완하는 과정 중시의 문제 해결을 추진하는 것을 의미하는 원칙이다."[5] 창조적 실용주의는 2009년에 이르게 되면 새로운 방향으로 전환된다. 이는 "2009년 6월 22일 이명박 대통령이 청와대 수석비서관 회의에서 우리 사회가 지나치게 좌우, 진보, 보수라는 이념적 구분을 하는 것 아니냐, 사회적 통합이라는 것은 구호로만 되는 것이 아니다. 사회 전체가 건강해지려면 중도가 강화되어야 한다"[6]고 언급하면서 비롯되었다. 이것은 2009년 8월 15일 제64주년 광복절 경축사에서 중도강화와 중

---

4) 김동철·김문성 지음, 『최근 한국 현대사』, 책갈피, 2020, 497쪽.
5) 한국행정연구원, 앞의 책, 45-46쪽.
6) 신중섭, 앞의 논문, 93-94쪽.

도실용으로 드러났다. 여기서 이명박 대통령은 "분열과 갈등을 뛰어넘어 화합과 통합의 구심력을 만들어 내려면 중도실용의 길을 따라가야 합니다. 어설픈 좌와 우의 절충이 아닙니다. 대한민국을 이끌어왔던 헌법 정신, 즉 자유민주주의와 시장경제의 가치를 존중하면서 이를 더욱 발전시키려는 관점입니다. 중도는 기계적 평균이 아닙니다. 중도는 이상과 현실의 균형을 잡는 것입니다. 중도는 미래를 향해 누구도 피해갈 수 없는 역사의 길목을 선점하는 것입니다. 중도는 국가발전이 국민의 행복으로 이어지는 위민(爲民)의 국정철학입니다. 실용은 중도를 실현하는 방법론입니다. 실용은 국민의 삶과 괴리된 관념과 구호로부터 벗어나 현실에 대한 올바른 이해를 가로막는 우리 마음속의 편견과 장벽을 허무는 것입니다. 실용은 창조적 실용이어야 합니다. 바람직한 개혁과 변화를 위해 가장 창의적이고 효과적인 방법을 찾아내야 합니다…… (그리고) 중도실용은 우리가 둘로 나누어 보았던 자유평등, 민주화와 산업화, 성장과 복지, 민족과 세계를 모두 상생의 가치로 보자는 것입니다"[7]라고 언급했다. 그러므로 이명박 정부에서의 중도실용주의는 "이념적으로 중간지대, 즉 보수와 진보 이념의 가운데 위치함을 의미하지는 않는다…… 이는 보수·진보와 별개의 이념적 속성을 갖는 것이기보다는 정책 추진의 태도, 정책 형성의 방식과 같은 절차적, 도구적 의미를 갖는다는 해석이 더 적절해 보인다. 다시 말해 중도실용이란 원칙이나 가치의 문제보다는 쟁점에 대한 접근방식, 정책 추진의 방법론 등을 의미하는 것이다. 요약하면 중도실용 정치는 보수 이념을 기반으로 하더라도 이념적 교조성에서 벗어나 실용적인 통치 스타일을 추구하겠다는 것으로 이해할 수 있다."[8] 이는 "취임초기 이념의 시대를 종식하기 위해 실용주의를 강조하였으나 이제 중도를 실현하기 위한 방법으로 실용주의를 강조하면서 취임초기의 실용주의가 중도강화

---

7) 이명박, <제64주년 광복절 경축사>, 2009.08.15.
8) 정정길 외, 『중도실용을 말하다』, 랜덤하우스, 2010, 128-129쪽.

와 만나 중도실용주의로 탈바꿈한 것을 말한다."[9] 이것을 구체적으로 실체
화하면 보수가 건설한 체제의 근간을 유지하면서 필요한 진보주의 정책을
선택적으로 채용하고자 한 정치사상인 것이다.[10] 따라서 이명박 정부에서의
중도실용주의는 다분히 보수적 정책의 기조를 의미하고 있는 것이라 할 수
있다. 이러한 이명박 대통령의 중도실용주의를 뒷받침하기 위해 정부와 한
나라당은 서민 살리기, 민생 살리기라는 기조 속에서 영세상가 살리기, 통신
요금 인하, 악덕 사채 근절, 상조피해 방지, 희망근로 프로젝트, 취업 후 상환
학자금 대출제도, 근로 장려금 확대, 미소금융과 같은 서민금융지원강화, 보
금자리 주택 등과 같은 정책을 내놓았다.[11] 이명박 정부에서 중도실용주의로
의 국정기조 변화에는 국내외 정치적, 경제적 상황 변화와 밀접한 관계에 있
다고 볼 수 있다. 특히 미국발 서브프라임 모기지(subprime mortgage) 사태와
투자은행 리먼 브라더스(Lehman Brothers)의 파산으로 인해 "2009년 초 글로
벌 금융위기의 영향이 본격화되고, 우리나라 경제가 심각한 국면으로 치닫
고 있을 때 실용의 정신에 민본과 애민이라는 가치를 더해 친서민을 겨냥해
서 구체화한 것이라 할 수 있다. 그리고 이는 2010년 공정사회의 추진이라
는 새로운 정책기조를 탄생시켰고 2011년에는 공생 발전이라는 국정운영의
기조로 확장됐다."[12] 이를 통해 확인된 것은 이명박 정부의 국정철학과 기조
가 실용주의로 수렴되고 있다는 것이다.

그럼에도 불구하고 이명박 정부의 국정철학과 기조가 수많은 논란을 불
러일으켰던 것은 대통령직 인수위원회의 인적구성과 첫 번째 내각의 진용
을 통해 드러난 고려대 출신, 소망교회 신도, 영남출신을 지칭한 '고소영'이
라는 상징적 의미의 신조어에 내재되어 있었다. 이를테면 이경숙 대통령직

---

9) 신중섭, 앞의 논문, 96쪽.
10) 정정길 외, 앞의 책, 74쪽.
11) 신중섭, 앞의 논문, 100쪽.
12) 한국행정연구원, 앞의 책, 46-47쪽.

인수위원장, 강만수 기획재정부 장관, 박미석 사회정책 수석 등은 소망교회 신도였고, 2009년 2월 장관, 차관, 청와대 비서관급 이상, 주요 공공기관장과 감사 등 고위직 인사 322명 중 출신지가 확인된 경우는 315명이었으며, 이 가운데 45퍼센트(142명)는 영남 출신이었다. 국가정보원장, 법무부 장관, 국군기무사령관 등 사정기관은 100퍼센트 영남출신으로 채워졌다.[13] 여기에 국정원, 검찰, 경찰, 국세청 등 4대 권력기관의 주요 보직을 차지한 14명 중 이명박의 고향인 영남과 모교인 고려대학교 출신은 각각 절반인 7명이었으며, 14명 중 영남, 고려대학교 합집합은 10명으로 지연, 학연으로 엮이지 않은 비영남·비고려대 출신의 공직자는 서울중앙지검장, 대검중수부장, 경찰청차장, 경찰대학장 4명에 불과했다.[14] 이를 두고 당시 국회의원이었던 정두언은 대통령 주변 일부 인물들을 거론하면서 청와대엔 국정수행보다 전리품 챙기기에 골몰한 사람들이 있다고 비난하였다.[15] 무엇보다 이러한 인적구성은 실용주의와 경제적 이익 앞에 어떤 것도 희생시킬 수 있다는 가시적 이익 논리가 내포되어 있었다. 이것은 2009년 1월 20일 용산역 일대를 재개발하기 위해 철거민들의 반대를 무릅쓰고 진압하는 과정에서 화재로 6명이 사망하고 23명의 부상자가 발생한 용산참사와 일방적인 구조조정에 반대해 2009년 5월 22일부터 8월 6일까지 약 77일 동안 공장을 점거하고 파업에 돌입한 쌍용자동차 노조원들에 대한 진압, 2010년 한진중공업 정리해고 시도와 이듬해인 2011년 1월, 290명에게 예고 정리해고 통지서 발송 등으로 나타났다. 이는 이명박 정부가 기업과 가진 자들의 이익에 치우쳐 있음을 보여주고 있는 단적인 예라 할 수 있다. 이러한 기조는 2008년 미국산 소고기 수입 반대 시위 중 정부가 국가정보원을 통해 진보인사와 단체를 비

<hr>

13) 강준만·김환표 지음, 『약탈정치-이명박·박근혜 정권 10년의 기록』, 인물과 사상사, 2017, 99쪽.
14) 최재영, <4대 권력기관 요직 14명중 非영남·非고려대 출신 4명>,《경향신문》, 2009.02.17.
15) 이주현, <정두원 의원, 민심 떠난 청와대 '권력투쟁' 치고받기>,《한겨레》, 2008.06.08.

난하고 매도하는 댓글부대 운영뿐만 아니라 2010년 경북 포항·영일 출신 중앙부처 5급 이상 공무원들의 친목 모임인 '영포회'가 주도한 국무총리실의 민간인 불법사찰 파문으로 이어졌다.

2011년부터는 이명박 정부의 비리들이 본격적으로 드러나기 시작했다. 비리 유형은 절대 다수가 기업체로부터 돈을 받은 혐의였다. 세무조사 무마, 저축은행 퇴출 저지, 상가 개발사업 수주 등을 이유로 기업체에서 금품을 받은 것이다…… 그동안 물밑에 있던 각종 비리가 권력의 힘이 빠지는 집권 4년차에 접어들면서 동시다발적으로 터져 나오기 시작한 것이다.[16] 이를테면 2011년 서울시장 보궐선거 때 선거관리위원회 웹사이트 디도스 공격 의혹, 내곡동 사저 의혹(이명박이 내곡동 사저 부지를 매입하면서 청와대 공금을 쓴 의혹, 편법 증여 의혹, 부동산실명제 위반 의혹 등), 한나라당 전당대회 돈 봉투 사건 등이 줄줄이 이어졌다. 뿐만 아니라 2007년 대선 때 겨우 덮었던 이명박의 BBK 실소유주 의혹을 더욱 짙게 하는 새로운 증거도 나오기 시작했다.[17] 여기에 2011년 이명박의 대선 캠프 출신 은진수 전 감사원 감사위원이 부산저축은행 비리 사건에 연루되자 임태희 대통령실장은 청와대에 동지는 없고 동업자만 있다고 하면서 탄식했다.[18] 이런 상황을 빗대어 《경향신문》 사설에서는 "자고 나면 새 의혹이 불거진다 할 정도로 돈 냄새가 여권을 휘감고 있으나 한나라당은 모르쇠로 일관하고 있다"[19]고 힐난했다. 이른바 가치동맹이 아닌 이익동맹으로 결합된 이명박 정부의 이와 같은 실용주의는 한국의 정치와 경제에서뿐만 아니라 이 시기 사회와 문화, 예술, 영화 등의 영역에서도 지배적인 가치로 작용하였다.

이것은 경쟁과 산업이라는 이명박 정부의 실용주의의 실제적 개념이 문

---

16) 박영환·박홍두, <역대 정권보다 친인척·실세비리 광범위>, 《경향신문》, 2012.01.29.
17) 김동철·김문성 지음, 『최근 한국 현대사』, 책갈피, 2020, 485쪽.
18) 손동우, <동지同志>, 《경향신문》, 2011.05.30.
19) <돈 냄새 진동, 한나라, 언제까지 오불관언할 텐가>, 《경향신문》, 2012.01.31.

화, 예술 창작에도 이미 적용되어 작동되고 있었음을 의미한다. 이는 이명박 정부 출범이후 9개월 만에 '품격 있는 문화국가 대한민국'이라는 문화비전 발표를 통해 나타났다. 여기에서는 멋있는 한국인, 잘사는 한국인, 정겨운 한국인, 신나는 한국인이라는 4대 목표가 세워졌고, 문화 향유 기반확대 사업, 콘텐츠산업의 경쟁력 확보, 선진형 관광레저산업 활성화, 생활체육의 활성화라는 각각의 구체적 방안이 정해졌다.[20] 이를 통해 콘텐츠산업진흥법의 제정, 콘텐츠산업진흥위원회 구성, 저작권 보호 사업으로 콘텐츠산업이 강화되었다. 특히 2010년 6월 제정된 콘텐츠산업진흥법은 콘텐츠산업의 기반을 조성하고 그 경쟁력을 강화하여 국민생활의 투자활성화를 위한 모태펀드 등으로 조성되기도 했다.[21] 이처럼 이명박 정부는 정치, 경제에서뿐만 아니라 사회와 문화, 예술, 영화에 산업과 경쟁이라는 실용주의 가치가 제도적으로 적용될 수 있도록 하였다.

한편 박근혜 정부는 이명박 정부의 국정기조인 실용주의에 근거한 정책에서 다소 벗어나 있었다고 볼 수 있다. 이는 2013년 2월 25일 대통령 취임사에서 나타난다. 여기서 박근혜 대통령은 국정비전의 최고 가치를 국민행복으로 정하면서 이것을 실현하기 위한 4대 국정기조를 제시했다. "첫째는 경제부흥이었다. 이를 위해 창조경제와 경제민주화를 추진하겠다고 하였다. 창조경제는 과학기술과 산업이 융합하고, 문화와 산업이 융합하고, 산업 간의 벽을 허문 경계선에 창조의 꽃을 피우는 것이라 하면서 그것의 중심에는 과학기술과 IT산업이 있다고 했다."[22] "둘째는 국민행복이었다. 국가가 아무리 발전한다 해도 국민의 삶이 불안하다면 아무 의미가 없을 것이라 하

---

20) 원도연, 「이명박 정부 이후 문화정책의 변화와 문화민주주의에 대한 연구」, 『인문콘텐츠』 제32호, 2014, 229쪽.
21) 위의 논문, 232쪽.
22) 대한민국정부, 『박근혜 정부 정책백서, 1권 총론』, 문화체육관광부, 2017, 71쪽.-<제18대 박근혜 대통령 취임사>, 2013.02.25.

면서 경제부흥이 국민 개개인의 삶을 변화시킬 때 경제부흥이 진정한 의미를 갖는다고 했다. 이는 경제부흥의 성과가 국민행복으로 연결되고, 국민행복이 다시 경제부흥의 원천이 되는 선순환구조를 만들어야 한다는 것을 말한다."[23] "셋째는 문화융성이다. 21세기는 문화가 국력인 시대이며, 국민 개개인의 상상력이 콘텐츠가 되는 시대라 규정하면서 문화의 가치가 사회 전반에 확산되어 정치, 경제 등 모든 분야의 기본원리로 작동하고, 국가발전의 토대를 이루며, 국민 개개인의 행복 수준을 높이는 것을 의미한다. 특히 문화융성을 국정기조로 제시한 것은 타 정부와 확연히 구분되는 점이다...... 문화를 국민행복의 구현과 창조경제의 실현을 위한 필수불가분의 요소로 인식하였다. 문화복지, 문화콘텐츠산업, 한류문화 등은 취임사에서도 독립적으로 언급되었다. 넷째로는 평화통일기반 구축이다. 박근혜 정부는 국민행복과 함께 평화통일 기반 구축을 4대 국정기조의 하나로 천명했으며, 이를 실현해 나가기 위해 튼튼한 안보, 한반도 신뢰프로세스, 신뢰외교 등의 추진전략을 설정하였다."[24] 박근혜 대통령은 "국민이 행복한 국가가 되기 위해서는 경제부흥이 필수적으로 전제되어야 하고 지속적으로 부가가치가 창출되는 경제를 만들어 국민행복의 기초를 닦아야만 한다고 했다. 경제부흥은 일자리와 복지 교육경로를 통해 국민행복으로 연결된다고 보았던 것이다...... 경제가 부흥하고 국민이 행복하기 위한 또 다른 축은 문화융성이다. 문화융성은 그 자체로서 국민행복의 요소가 되기도 하고, 또한 경제부흥의 주요인이 되기도 한다고 하였다...... 국정비전의 최종 모습은 경제부흥, 문화융성, 국민행복의 다방향 선순환 구조였다."[25] 이처럼 박근혜 정부의 국정비전과 기조는 이명박 정부의 그것과 다르다고 할 수 있다.

특히 문화에 대한 이명박 정부와의 차별화는 대통령 취임 이후 2013년

---

23) 대한민국정부, 앞의 책, 74쪽.-<제18대 박근혜 대통령 취임사>, 2013.02.25.
24) 대한민국정부, 앞의 책, 77-79쪽.-<제18대 박근혜 대통령 취임사>, 2013.02.25.
25) 위의 책, 68쪽.

7월 25일 문화융성위원회의 출범을 통해 확인된다. "문화융성위원회는 출범과 함께 문화가 있는 삶-8대과제(인문가치 정립 및 확산, 전통문화의 생활화, 생활 속 문화 확산, 지역문화의 자생력 강화, 예술계 자율적 창작생태계 조성, 문화융합 모델 발굴 및 육성 지원, 문화가치의 국내외 확산, 아리랑의 재해석과 국민 축제화), 콘텐츠산업발전전략, 인문정신문화진흥법안 등과 같은 핵심 추진전략을 제시했다."[26] 그리고 "10월 25일 문화융성정책: 문화융성시대를 열다-문화가 있는 삶 8대과제의 하나로 국민들에게 문화시설의 문턱을 낮추고, 한 달에 한 번이라도 문화를 누릴 수 있도록 문화가 있는 날을 지정, 운영하기로 한다고 발표했다. 2014년 1월부터 매달 마지막 수요일을 '문화가 있는 날'로 정해 국민들이 영화관, 공연장, 전시장 등 주요 문화시설에서 무료 또는 할인된 가격으로 혹은 연장개방의 혜택을 누릴 수 있도록 하였다."[27] 이를 구체화하기 위해 12월 국회의결로 다양한 문화관련 법안, 이를테면 문화기본법, 대중문화예술산업발전법, 지역문화진흥법, 문화예술후원활성화에 관한 법률이 제정되었고 예술인 복지법이 개정되었다. 그 중에서 2013년 12월 30일 제정되어 총 13개 조항으로 구성된 문화기본법 제2조 '기본이념'과 제3조 '정의'에서는 문화가 민주국가의 발전과 국민 개개인의 삶의 질 향상을 위하여 가장 중요한 영역 중 하나임을 인식하고 문화의 가치가 교육, 환경, 인권, 복지, 정치, 경제, 여가 등 우리 사회 영역 전반에 확산될 수 있도록 국가와 지방자치단체가 그 역할을 다하도록 하였고, 문화를 문화예술, 생활양식, 공동체적 삶의 방식, 가치체계, 전통 및 신념 등을 포함하는 사회나 사회 구성원의 고유한 정신적, 물질적, 지적, 감성적 특성의 총체라고 규정하였다. 또한 제4조 '국민의 권리'를 통해서는 모든 국민은 성별, 종교, 인종, 세대, 지역, 사회적 신분, 경제적 지위나 신체적 조건 등에 관계없이 문화 표현과 활동에서 차

---

26) 대한민국정부, 『박근혜 정부 정책백서, 6권 문화융성』, 문화체육관광부, 2017, 62쪽. 65쪽.
27) 위의 책, 77쪽.

별을 받지 아니하고 자유롭게 문화를 창조하고 문화 활동에 참여하며 문화를 향유할 권리를 가진다는 이른바 문화권이 최초로 명시되었다.[28] 문화와 예술에 대한 이와 같은 규정은 문화와 예술에 대한 일반인들의 향유와 함께 창작의 다양성과 산업적 기반을 강화하는 토대로 작용한 것처럼 보였다.

그러나 국정의 최고 가치로 국민행복을 전면에 내세웠음에도 불구하고 박근혜 정부에서도 이명박 정부와 마찬가지로 특정한 지역과 집단, 인물에 의존한 인적 구성이 여전히 지속됨으로써 목표를 실현하는데 일정한 한계를 보여주었다. 이를테면 "대한민국 국가 의전 서열 상위 10위까지의 11명 중 73퍼센트인 8명이 영남권 출신이며, 충청권 출신 2명, 호남권 출신은 1명에 불과했다."[29] 이에 대한 불합리성은 박근혜 정부를 가로지르는 치명적 사건으로 드러났다. 그것은 다름 아닌 2014년 4월 16일 제주도로 수학여행을 떠난 경기도 안산 단원고 2학년 학생 325명을 포함해 총 476명을 태운 여객선 '세월호'가 서해의 진도 앞바다에서 침몰한 참사였다. 특히 사고 직후 희생을 최소화할 시간이 있었음에도 불구하고 299명이 사망하고 5명이 실종된 상황을 초래한 것은 국민들로 하여금 정부가 정상적으로 작동되고 있는지에 대한 강한 의구심을 갖게 하였다. 이는 사고가 난 후 8시간이 지난 오후 5시 무렵 중대본부에 나타난 박근혜 대통령의 "학생들이 구명조끼를 입고 있었다고 하는데 왜 발견하기 힘드냐"고 물어보는 장면을 통해 대통령을 비롯한 정부가 초기 상황 파악에서부터 구조 실패에 이르기까지 국가의 총체적인 시스템이 전혀 작동되지 않고 있음을 국민들에게 적나라하게 보여주었다. 그리고 11월 28일 《세계일보》의 '정윤회 국정개입은 사실'이라는 특종기사를 통해 정윤회가 여권 비선 실세로 알려진 3인방과 매달 두 차례 모임을 가져왔다고 보도되면서 대한민국의 실제적 권력지

---

28) 국가법령정보센터(http://www.law.go.kr)
29) 강준만·김환표 지음, 앞의 책, 416쪽.

형에 대한 현상이 수면 위로 드러나기 시작했다. 이것은 청와대에 파견된 경찰 출신 행정관 박관천이 박근혜 정부의 권력서열을 최순실이 1위, 정윤회가 2위, 박근혜가 3위라고 언급함으로써 세계일보의 보도가 사실임을 확인해주었다. 이는 2015년 6월 국내에서 발생한 중동 호흡기 증후군인 메르스(MERS) 사태의 대처에서도 세월호 참사와 비슷한 형태를 보이게 되면서 정부의 시스템이 정상적으로 작동되고 있지 않음을 다시 한 번 입증해주었다. 급기야 2016년 7월 26일과 8월 2일 미르재단과 K스포츠재단 설립을 위한 대기업의 모금에 청와대가 깊숙이 개입한 의혹이 있다는 사실이 TV조선을 통해 보도됨으로써 세월호 참사와 메르스 사태를 통해 정부의 시스템이 작동되지 않았던 이유의 실체라 할 수 있는 박근혜, 최순실 게이트의 서막이 올랐다.[30] 이후 JTBC 방송국이 최순실의 태블릿 PC를 특종보도하면서 그녀가 국정에 개입한 정황들이 속속 드러났다. 이로 인해 박근혜 대통령의 탄핵안이 국회에서 상정된 12월 9일 지지율은 5퍼센트에 머물렀고 81퍼센트의 국민들이 탄핵을 지지하였다.[31] 국회는 박근혜가 대통령의 권력을 남용하여 국가의 권력과 정책을 최순실 등의 사익 추구 도구로 전락하게함으로써 국민주권주의(헌법 제1조)와 대의민주주의(헌법 제67조 1항)의 본질을 훼손하는 등 헌법 위법행위를 한 것을 비롯해 제3자 뇌물죄와 세월호 참사 부실대응이 탄핵사유로 적시하여 박근혜 탄핵 소추안을 가결했다. 국회의 탄핵 소추안은 2017년 3월 10일 8명의 헌법재판소 재판관의 만장일치로 '피청구인 대통령 박근혜를 파면한다'는 주문으로 끝났다. 이로써 박근혜의 국민행복 시대는 최순실을 비롯한 측근들만의 행복시대로 마감되었다.

이처럼 서로 다른 다양한 차원의 가치가 공존할 수 있음을 표방한 이명박 정부의 실용주의 국정철학과[32] 국민행복을 최고의 가치로 설정한 박근혜

---

30) 강아영, <TV조선, 미르·K스포츠 의혹 '결정타' 보도할까>, 《한국기자협회》, 2016.10.04.
31) <박근혜 대통령 탄핵 찬성 81%...지지율은 5%>, 《조선일보》, 2016.12.09.
32) 정정길 외, 앞의 책, 16쪽.

정부의 국정비전은 탐욕스러운 권력 지향자들의 집결로 인해 결국 이율배
반적인 형태로 전락하고 말았다. 이와 같은 기조 속에서 한국영화는 예외적
으로 존재할 수 없었으며, 오히려 이러한 사실들이 이 시기 한국영화 특징형
성에 적지 않은 영향을 주었다.

2. 문화권력 헤게모니 재구축과 영화

한국영화는 이 시기 이명박, 박근혜 정부의 문화지형 재구축 시도와의 직
접적인 관계 속에서 존재했다. 이것은 이명박, 박근혜 정부의 국정철학과 비
전인 실용주의와 국민행복 실현이라는 목표와 맞물리면서 다양한 방식으
로 추진되었다. 특히 문화지형 재구축은 김대중, 노무현 정권 10년 동안 문
화권력의 지형이 좌파 세력에 의해 장악됐다는 판단에서 비롯되었다. 이명
박, 박근혜 정부는 이러한 불균형적 구조를 청산하여 자신들의 색깔에 맞는
문화인력을 재구축함으로써 보수정부에 우호적인 세력을 통해 권력의 안
정성을 유지하고자 하였다. 이와 같은 문화지형 재구축 작업은 이명박, 박
근혜 정부 출범 이전부터 이미 시작되었다고 할 수 있다. 그것은 1998년,
2002년 대통령 선거에 이어 2004년 총선에서도 보수 정당인 한나라당이
패배하자 보수 지식인들의 위기의식으로부터 비롯되었다. 이때 등장한 것
이 2004년 11월 '자유주의연대'이다. 자유주의연대는 다음과 같은 10대 보
수개혁혁신을 들고 나왔다.

첫째, 과거 청산보다 미래 건설에 초점을 맞춘다. 둘째, 국가주도형 방
식에서 시장주도형 방식으로 경제시스템을 전환한다. 셋째, 자유무역협정
(FTA)을 통해 열린 통상 대국을 건설한다. 넷째, 특권을 철폐하고 기회균등
을 보장하되 결과에 승복하는 합리적 사회문화를 창출하며, 청부(淸富)를 권

장하고 빈곤 해소를 추구한다. 다섯째, 법치주의, 다원주의, 사회적 공동선
을 중시한다. 여섯째, 학생과 학교의 자율성을 중시하는 교육혁신을 추구한
다. 일곱째, 대북정책의 최우선 과제로 북한 대량살상 무기 문제의 근원적
해결을 통해 전쟁 가능성을 제거하고 공고한 평화체제를 구축한다. 여덟째,
한반도 전역의 민주주의 실현을 위해 북한 인권 개선 및 민주화를 추구한
다. 아홉째, 기존의 한미 동맹을 21세기 상황에 걸맞게 발전시키며, 주변국
가와의 우호관계를 강화한다. 열째, 문화·예술 등 연성권력(soft power)을 신
장시키며, 세계민주화에 기여한다.[33]

결론적으로 자유주의연대는 시장주도형 경제시스템을 강조함으로써 신
자유주의를 지지했고, 북한의 인권과 민주화를 중시함으로써 김대중, 노무
현의 대북포용정책에 반대를 표명했다.[34] 이러한 보수 우파의 기조는 검인
정 '근현대사' 교과서를 두고 기존의 한국정부에 대해서 비판적 시각을 가
지면서 북한 정권에 대해서는 긍정적으로 표현했다고 비판한 한나라당과
조선일보 계열사의 관점을 이어받아 미래세대를 올바르게 인도하고 각종
근현대사 교과서를 분석, 비판하여 대안을 제시 하겠다는 목표로 2005년
1월 '교과서포럼'이 조직되도록 하였다.[35] 이어서 2005년 3월에는 '뉴라이
트 싱크넷'이 결성되었고, 10월에는 개별적으로 전개해왔던 뉴라이트 단체

---

33) 김호기·박태균 지음, 『논쟁으로 읽는 한국 현대사』, 메디치미디어, 2019, 279-280쪽.
34) 위의 책, 280쪽.
35) 위의 책, 286쪽. '교과서포럼'은 2006년 2월 『해방전후사의 인식』을 비판하기 위해 『해
    방전후사의 재인식』과 2008년 『대안교과서 한국근현대사』를 출간했다. 이러한 교과서
    포럼의 활동으로 이명박 정부는 기존의 '근현대사' 검인정 교과서에 대한 수정요구와 함
    께 2009년 제7차 교육과정을 수정해 '근현대사' 교과목을 없애고 '한국사'로 통폐합했다.
    2011년부터 사용된 한국사 교과서에 대한 논란이 다시 제기되자 정부는 역사교과서를 국
    정화로 하였다. 교과서포럼은 2011년 5월 '한국현대사학회'로 이름을 바꾸고, 2013년 교
    학사에서 한국사교과서를 발간해 검인정을 통과했다. 이 교과서에는 일제강점기를 긍정적
    으로 묘사하고 김구 선생과 안중근 의사를 테러활동을 한 사람으로 표현하고, 5·16 군사
    쿠데타를 혁명으로 미화하고 4.19혁명과 광주민주화 운동을 폄하한 내용 등으로 논란을
    일으켰다.-이와 관련된 내용은 신주백의 「교과서 포럼의 역사인식 비판(역사비평 제76호,
    역사비평사, 2006)」을 참고하길 바람.

들이 연대한 '뉴라이트 네트워크'로 이어졌으며, 11월에는 김진홍 목사의 주도로 '뉴라이트 전국연합'이 창립되었다.[36] 이후 뉴라이트 계열의 시민운 동단체들이 빠른 속도로 증가했다. 그리고 2006년 2월 박세일의 『대한민국 선진화 전략』이 출간되었다. 여기서는 '공동체 자유주의'와 이에 기반한 '선 진화'가 제시되었다. 이 책에서 박세일의 핵심 주장은 한국도 산업화와 민주 화의 갈등을 넘어 선진화를 이룩하는 것이 새로운 국가 목표가 되어야 한다 는 것이었다. "선진화론은 철학으로서의 공동체 자유주의와 국가비전으로 서의 선진화로 이루어졌다. 공동체 자유주의는 공동체의 가치를 소중히 하 는 자유주의를 뜻한다……선진화론은 민주화를 넘어서는 보수의 새로운 시 대정신, 즉 이념적, 정책적 좌표를 제시하는 데 나름대로 성공한 것으로 보 인다. 박세일의 제도와 정책의 선진화를 위한 5대 핵심 전략으로는 교육·문 화의 선진화, 시장 능력의 선진화, 국가 능력의 선진화, 시민 사회의 선진화, 국제관계의 선진화가 그것이다."[37] 2007년 4월 대통령 선거를 앞두고서는 뉴라이트 정책 위원들에 의해 『2008 뉴라이트 한국보고서』라는 정책보고 서가 출간되었다.

　이와 같은 흐름에 편승하여 소설가 복거일을 대표로 한 40여명이 2006년 11월 21일 서울 정동의 세실 레스토랑에서 정부의 좌편향적 문화 정책을 비판하고 중도와 자유주의를 표방한 '문화미래포럼'을 출범시켰다. 이들은 창립 취지문에서 정부는 진보와 보수, 반미, 친미, 반일과 친일, 통일 과 반통일 등의 단순한 이분법적인 논리로 사회의 다양한 현상들을 설명하

---

36) 정해구, 「뉴라이트운동의 현실인식에 대한 비판적 검토」, 『역사비평』 제76호, 역사비평사, 2006, 221-225쪽. '뉴라이트'라는 표현은 2004년 11월 8일부터 이듬해 2월 23일까지 4 부작 25회에 걸쳐 연재된 동아일보 뉴라이트 기획에서 비롯되었다. 그리고 뉴라이트를 동 아일보에서는 자유주의와 시장경제를 옹호하는 집단, 합리적 자유주의를 지향하는 범보 수. 중도그룹으로 규정했다.-백철, <뉴라이트는 왜 8년 만에 몰락하게 됐나>.《주간경향》 983호, 경향신문사, 2012.07.10.
37) 김호기·박태균 지음, 앞의 책, 283쪽.

려 한다면서 마치 반미와 반일, 통일 그 자체가 곧 진보를 상징하고, 민족의 뜻을 대변하는 듯 단순한 논리를 전개시켜 나가고 있다고 꼬집고, 자유주의를 근간으로 한 문화정책개발, 문화예술계의 다양한 목소리를 수렴해 건강한 문화관을 조성하고, 악습과 정치권의 과도한 영향력으로부터 훼손된 문화예술을 복원할 것이라고 했다. 포럼은 앞으로 자유주의, 전체주의, 그리고 예술, 참여정부의 문화정책과 예산 집행 등의 심포지엄을 차례로 개최할 예정이라 하면서 보수적 이념의 지향을 표출하였다.[38] 이들의 활동은 이후 문화미래포럼 총서시리즈 형태로 나타났다. 다양한 공동 집필자에 의해 총 4권으로 출간된 단행본은 첫 번째가 2007년 1월『자유주의, 전체주의 그리고 예술』, 두 번째가 2007년 6월『세계화 시대의 문화와 관광』, 세 번째가 2008년 11월『새 정부의 문화예술정책』, 네 번째가 2011년 5월『문화와 사회』였다. 이중에서 영화와 직접적으로 관련된 것은 총 7명의 필자에 의해 애니메이션에서부터 영화, 한국예술문화단체총연합회, 문화예술위원회의 문제를 다루고 있는『새 정부의 문화예술정책』을 들 수 있다. 이 책에는 머리말과 함께 영화와 관련된 4개의 글이 실려 있다. 책의 머리말에는 좌파 10년 사이 한국영화가 황폐화되고 영화산업이 완전히 붕괴되었다고 단정하고 있다. 이를 토대로 영화진흥위원회 출범 및 운영과정의 파행성과 이념적 스펙트럼에 의한 동질 세력에 의해 조직이 장악됨으로써 나타나는 영화 운동적 현상들을 비판했다. 이러한 예로 영화진흥위원회 인적 구성과 함께 영상미디어센터(미디액트)의 운영을 들었다. 즉 미디액트의 시민영상창작, 독립영화제작활성화, 퍼블릭엑세스 활성화를 위한 교육 프로그램은 영상을 이용한 미디어운동을 지향하고 있다고 하였다.[39] 또 다른 곳에서는 영화문화의 다양성 확보 문제와 영화진흥위원회 부산 이전의 오류를 지적하

---

38) <'좌파문화정책은 가라' 문화미래포럼 출범>, 《데일리NK》, 2006.11.21.
39) 김세훈 외,『새 정부의 문화예술정책』, 집문당, 2008, 75-76쪽.

고 있으며, 스크린쿼터제의 축소, 영화 산업의 독과점화, 다양성 악화, 영화인 세대 간의 갈등, 비정규직 영화인 양산, 지원제도의 불합리하고 불투명한 정책 실행에 따른 불신조장과 위계화 등으로 한국영화가 총체적 악재의 연속에 직면하고 있다고 하면서 이를 타개할 방안 중 하나로 영화진흥위원회를 영화+애니메이션+게임을 묶어 영상산업의 시너지 효과가 창출될 수 있도록 영상문화진흥원으로 전환할 것을 제안했다.[40] 이와 같은 내용들은 영화진흥위원회 인적구성의 이념성을 부각시켜 그것의 편향성과 정책적 오류를 지적하여 영화진흥위원회의 해체를 통한 재구성을 겨냥하고 있는 것이라 할 수 있다. 이는 자유주의연대, 교과서포럼, 뉴라이트 전국연합, 대한민국 선진화 전략이라는 보수 우파의 정치권력 획득을 위한 전략 속에 문화미래포럼이 존재하고 있음을 드러내고 있는 것이다. 이러한 이념적 지향과 목표는 2008년 8월 청와대 기획관리비서관실에서 작성된 이명박 정부의 '문화권력 균형화 전략'과 2013년 3월 박근혜 정부의 '문화융성 기반정비'사업의 토대로 작용했다고 볼 수 있다.

특히 이명박 정부의 '문화권력 균형화 전략'은 다음과 같은 총 6개 항목으로 구성되어 있다. I. 문화권력은 이념지향적 정치세력, II. 좌파세력의 문화권력화 실태, III. 균형화 추진전략, IV. 주요대책(안), V. 추진체계 및 재원계획, VI. 향후 일정이다. 이 문건은 문화권력을 이념적 정치세력으로 규정하면서 문화를 수단으로 하여 일정한 정치적 이념을 실현하고자 하는 세력을 의미하고 문화를 국민 의식개조 및 정권유지를 위한 선전, 선동의 수단으로 생각하는 좌파에서 조직적으로 활용하고 있다고 규정하고 있다. 또한 좌파세력의 문화권력화 실태에서는 보수의 문화권력에 대한 미비한 활동을 지적하면서 좌파 정부 10년간 정부의 조직적 지원 하에 한국민족예술인총연합(민예총)을 중심으로한 단체들이 문화권력의 주도세력으로 부상하였다고

---

40) 위의 책, 172쪽. 176쪽.

했다. 그리고 대중이 쉽게 접하고 무의식중에 좌파 메시지에 동조하게 만드는 좋은 수단인 영화를 중심으로 국민의식 좌경화를 추진했다고 하면서 이에 대한 구체적 사항으로 반미 및 정부의 무능을 부각시킨 <괴물>, 북한을 동지로 묘사한 <공동경비구역 JSA>, 국가권력의 몰인정성을 비판한 <효자동 이발사> 등을 예로 들었다. 이러한 문화, 예술적 흐름을 조정하기 위해 이명박 정부는 크게 두 가지 방법을 동원하였다. 그것은 좌파성향 문화, 예술인들에 대한 인적청산과 좌파 집단에 대한 재정지원 중단이었다. 이와 동시에 건전문화 세력 형성에 대한 지원과 기업을 활용하여 우파 문화, 예술 제작을 위해 자본의 방향을 조정하였다. 특히 좌파집단에 대한 인적청산은 한국문화예술위원회, 영화진흥위원회 등 핵심기관을 향해서는 아직 내부에 많은 수의 좌파실무자들이 근무하고 있어 이에 대한 청산의 필요성이 요구된다고 하면서 소리 없이 지속적으로 실시해야 한다고 했다.[41] 이러한 목표에 의해 영화진흥위원회와 영상자료원을 비롯한 영화관련 기관들의 기관장 교체가 이루어졌다. 이를테면 영화진흥위원회 위원장은 2008년 안정숙의 사표로 강한섭, 2009년 조희문, 2011년 김의석으로, 영상자료원은 2009년 조선희 원장에서 이병훈으로 교체되었다. 그리고 한국영화의 진흥정책과 지원을 총괄하고 있는 영화진흥위원회에 대한 인적청산 작업도 주도면밀하게 행해졌다. 이를 위한 몇 가지 실행 원칙들이 만들어졌는데, 그것은 1. 열성 노조 분자, 2. 참여정부지지자, 3. 문화부 갈등 관련자 등으로 직원들을 분류하여 인사조치 했다는 점이다. 그 결과 참여정부 시기의 안정숙 위원장과 김혜준 사무국장과 가깝다고 평가되던 이들이 (성분 불량자 가운데) 1순위였고, 낙하산 위원장에 반대했던 이들도 여기에 포함됐다. 또한 정년이 얼마 남지 않은 10여명을 우선 정리해고하고, 진보적 인사로 분류된 계약직

---

41) 김완, <블랙리스트 공작, 국정원이 개입했다>, 《한겨레21》 통권1150호, 2017.02.20.

연구원들은 재계약하지 않는 방식으로 솎아냈다.[42] 결론적으로 이명박 정부의 문화권력 균형화 전략은 문화권력의 지형이 진보정권에 의한 좌파 세력에 의해 장악되었다는 판단으로 정부의 주요 문화, 예술 기관에 종사하고 있던 기관장의 교체와 구성원들의 성향 조사를 통해 인적청산이 이루어졌음을 보여주고 있다.

  이명박 정부의 문화지형을 재구축하기 위한 또 다른 수법으로는 진보 성향의 문화, 예술관련 기관과 단체를 파악한 후 정부의 지원금을 대폭 줄이거나 차단함으로써 활동영역을 위축시킨 점이다. 이는 '문화권력 균형화 전략 문건'에서 나타난 좌파 세력에 대한 정부지원금 평가 및 재조정-문화부 및 기재부의 엄격한 사업 결과 평가를 통해 2009년부터 좌파단체 지원 예산을 근절하라는 것으로 드러났다.[43] 이와 달리 보수 우파 문화 단체와 사람들에게는 전폭적인 자금 지원을 집중함으로써 문화권력 및 세력을 균형화하려 하였다. 이것은 정부를 비롯한 다양한 기업으로부터 후원을 받아 조성된 펀드를 젊은 소장학자를 중심으로 우파의 새로운 싱크탱크로 인식된 '문화정책포럼'과 문화실행기관으로서의 '한국문화산업연구소' 등과 같은 우파 문화단체를 표방하며 설립된 기관들에 대한 지원과 영화제작 등에 대한 투자방향을 통해 나타났다. 특히 영화제작은 자본의 힘에 의해 방향이 결정된다고 보고 CJ, KT, SKT 등 영화자본과 협력하여 투자방향을 우파로 선회하도록 유도하였다. 이를 위한 방안으로는 우파 지원을 위한 모금회 및 펀드(문화산업 모금회), 우파 인사들이 활동할 문화센터(창조문화센터) 등을 건립하되, 정부의 직접 지원은 최소화하면서 삼성, 현대차, CJ, KT, SKT 등 기업이 국가나 단체에 기부하는 형식을 추진해야 한다고 했다. 이는 1천억 규모의 우파 영화 제작 지원 펀드를 조성하기 위해 SKT가 미래저축은행에서

---

42) 위의 기사
43) 위의 기사

630억 원의 차명 대출을 받아 '베넥스인베스트먼트'라는 투자 펀드를 조성한 것에서 알 수 있다.[44] 이것은 정부와 기업의 지원금을 우파 쪽으로 배정하고 이를 체계적으로 관리하고 있었음을 의미한다.

이처럼 이명박 정부의 문화권력 헤게모니 재구축 작업은 좌파 문화권력에 대한 체계적인 인적 청산, 재정지원 차단과 함께 자금조성을 통한 보수 우파에 대한 선별적 지원 전략 수립으로 나갔다. 그 중에서도 영화는 이명박 정부에 있어 문화예술의 핵심영역으로 간주되어 인적청산 및 영화제작 지원 체계를 변경함으로써 통제하려 하였다고 할 수 있다.

이명박 정부의 문화지형 재구축 시도는 박근혜 정부에서도 그대로 유지되면서 더욱 세밀화되었다. 이는 2013년 3월 작성된 '문화융성 기반정비'라는 문건을 통해 확인된다. 이것은 문화계 좌파대응 활동과 문화계건전세력육성계획이라는 목표 하에 이명박 정부의 기조를 이어받은 것이라 할 수 있다. 이러한 행태는 2016년 실시된 박영수 특검팀의 블랙리스트 관련자 공소장을 통해 드러난다. 공소장에는 2013년 9월 9일 청와대 수석비서관 회의에서 김기춘 대통령 비서실장이 "영화 <천안함 프로젝트>가 메가박스에서 상영되는 것은 종북세력이 의도하는 것이며 제작자와 펀드 제공자는 용서가 안 된다"고 하면서 여러 차례 문화예술계 정화를 지시하고 좌파 성향 단체들에게 현 정부가 지원하는 실태를 전수 조사하여 그에 대한 조치를 마련한 것으로 나타났다. 이는 《한겨레21》 김완 기자가 이명박 정부의 '문화권력 균형화 전략문건'을 김기춘의 발언과 지시사항을 비교한 것에서 확인된다. 여기서 박근혜 정부의 김기춘은 15년 동안 종북세력이 문화계를 장악했다고 하면서 좌편향 문화예술계에 문제가 많다고 단정하고 있다. 그리고 그는 산하 부처별로 좌파에 대한 지원 현황을 전수조사 하여 보고하라 하면서 문화예술계 지원 배제 명단을 적용하라 하였으며, 이를 수용하

---

44) 위의 기사

지 않은 문체부 실장 3인으로부터 사표를 받으라고 지시했다. 여기에 예술을 가장한 이념과 정치성향은 지양되어야 한다고 하면서 <다이빙벨>을 비롯한 문화계술계의 좌파 각종 책동에 투쟁적으로 대응하라 하고 이를 '건전문화예술 생태계 진흥 및 지원방안'에 근거하여 추진하라고 했다.[45] 이는 박근혜 정부에서도 이명박 정부와 마찬가지로 진보 정권을 거치면서 문화부 ->위원회 ->시민단체로 이어지는 조직구성과 예산, 사업 등 정부 지원을 통해 세력이 확대된 좌파 진영의 문화적 헤게모니를 차단하는데 목적이 있었음을 보여주고 있는 것이다.[46] 동시에 박근혜 정부의 문화지형 재구축 작업은 이명박 정부의 문화권력 균형화 전략에 비해 보다 적극적이고 세밀하게 대응하고 있음을 확인하여 주고 있는 것이라 할 수 있다. 이것을 증명하고 있는 것이 박영수 특검을 통해 드러난 문화예술계 지원 배제 명단인 블랙리스트이다.

블랙리스트는 보수 우파 가치의 확산을 위해 정부에 비판적인 활동을 한 문화예술인과 단체에 대한 지원을 배제하기 위한 명단이다. 이것의 구체적 사항은 2019년 2월 발간된 『문화예술계 블랙리스트 진상조사 및 제도개선위원회 백서』에서 증명된다. 백서에서의 문화예술계 블랙리스트 문건 현황에 근거하면 이명박 정부시기에는 '문화권력 균형화 전략', '문화·연예계 정부비판세력'으로 2건이었고, 박근혜 정부시기에는 '문화예술계 건전화로 문화융성 기반정비', '문예계 내 좌성향 세력 현황 및 고려 사항', '국정원이 문체부에 선별·통보한 181명', '문체부 예술정책과 관리리스트', '문제단체 조치 내역 및 관리방안', '청와대 정무리스트', '9,473명 시국 선언명단'으로 총 7건으로 나타났다.[47] 이를 통해 드러난 것은 인적청산과 재정지원 차단으

---

45) 위의 기사

46) 위의 기사

47) 문화예술계 블랙리스트 진상조사 및 제도개선위원회, 『문화예술계 블랙리스트 진상조사 및 제도개선위원회 백서』, 문화체육관광부, 2019, 28-29쪽.

로 진보 좌파적 문화예술인들과 단체를 통제했던 이명박 정부와 함께 박근
혜 정부에서도 문화예술단체뿐 아니라 인물의 정치적 성향까지 파악된 통
합적 리스트를 통해 정부의 각종 지원정책에서 이들을 배제함으로써 활동
을 위축시켜 그들이 말한 문화권력의 불균형과 문화융성을 위한 기반정비
를 단행했다는 점이다. 특히 영화는 문학, 공연, 시각, 전통, 음악, 방송 등 다
른 분야에 비해 블랙리스트 피해 사례 규모가 압도적으로 높게 나타났다.
백서에 적시된 총 9,100건의 피해 사례에서 영화는 2,468건으로 27.1%를
차지하고 있다.[48] 이것이 어떻게 적용되어 실행되었는지는 『영화진흥위원
회의 블랙리스트 문제해결 현황과 과제에 관한 토론회 자료집』에서 구체적
으로 나타난다. 이는 부산국제영화제 외압사건, 독립영화전용관 상영검열
및 지원배제, 영진위 블랙리스트 실행사건, 독립영화 제작지원 심사위원 배
제, 2009-2010 미디액트 운영자 배제, 영화상영등급분류면제추천제도 개
정을 통한 문제영화 상영 방해, 다양성영화전문투자조합 출자 사업지원 배
제, 예술영화전용관지원배제, 천안함 프로젝트 상영방해사건과 모태펀드
운용과정에서 국가기관의 부당한 개입 의혹 사건이다.[49] 이 중에서 영화제
작을 위한 자금 조달의 한 방안으로 운영된 한국벤처투자 모태펀드 운영과
정에서 국가의 부당한 개입이 있었음을 확인하였다는 것과 이에 대한 블랙
리스트, 화이트리스트 적용에 있어 사실관계 파악 및 재발방지 대책 수립의
필요성을 적시한 것은 이 시기 한국영화의 경향성 형성과 밀접한 관계에 있
다고 할 수 있다.[50] 모태펀드는 2004년 12월 중소벤처기업에 대한 투자를
확대하기 위해 '벤처기업 육성에 관한 특별법'에 의해 설립된 것으로 문화계
정과 영화계정을 통해 현재까지 영화제작의 안정적인 재정지원의 한 축을

---

48) 위의 책, 34쪽.
49) 김홍천 작성, 『영화진흥위원회의 블랙리스트 문제해결 현황과 과제에 관한 토론회 자료
   집』, 영화진흥위원회, 2019.10.16. 43쪽.
50) 위의 자료집, 22쪽. 37쪽.

이루고 있다. 이는 이명박, 박근혜 정부 시기 영화진흥위원회 영화계정 투자조합의 한국영화 투자 현황을 살펴보면 알 수 있다. 이를테면 2008년 한국영화 총 113편 중 46편에 316억 8천만 원이 투자되었고, 2009년에는 총 138편 중 51편에 387억 8천만 원, 2010년에는 총 152편 중 67편에 633억 3천만 원, 2011년에는 총 216편 중 84편에 785억 3천만 원, 2012년에는 총 229편 중 78편에 698억 6천만 원, 2013년에는 총 183편 중 75편에 778억 4천만 원, 2014년에는 총 217편 중 62편에 476억 9천만 원, 2015년에는 총 232편 중 53편에 241억 7천만 원, 2016년에는 총 302편 중 30편에 177억 7천만 원이 각각 투자되었다······ 문화계정에서의 영화투자 현황은 2013년 전체 100% 대비 투자 비율 52%로 1,151억 8천만 원이 투자되었고, 2014년에는 59.5%로 1,279억 2천만 원, 2015년에는 47.5%로 978억 4천만 원, 2016년에는 36.4%로 737억 5천만 원이 투자되었다.[51] 이처럼 모태펀드는 한국영화 제작 활성화에 있어 매우 중요한 역할을 해 오고 있었다. 문제는 이러한 모태펀드가『문화예술계 블랙리스트 진상조사 및 제도개선위원회 백서』에서 지적된 것처럼 이명박, 박근혜 정부의 '문화권력 균형화 전략'과 '문화융성 기반정비'를 목적으로 한 블랙리스트와 화이트리스트를 통해 특정한 정치적 이념에 의거하여 배제 혹은 지원으로 이용되었다면, 이것이 이 시기 한국영화의 특징 형성에 적지 않은 영향을 미쳤다고 볼 수 있는 것이다. 왜냐하면 정권에 비판적인 인물이나 단체에게는 영화제작지원을 배제했을 것이고, 보수 우파 정권에 우호적인 인물이나 단체에게는 적극적인 제작지원이 이루어졌을 것으로 추정되기 때문이다.

이처럼 문화와 영화에서 헤게모니를 재구축하기 위한 이명박, 박근혜 정부에서의 다양한 시도는 진보 좌파라고 판단된 인물과 단체에게는 인적청

---

51) 김미현, 「한국영화 제작자본에 대한 영상전문투자조합 정책의 기여도 평가」,『한국콘텐츠학회논문지』Vol.19, No.9, 한국콘텐츠학회, 2019, 216-217쪽.

산과 재정지원 차단으로, 보수 우파 세력에게는 적극적인 지원을 아끼지 않았다. 그리고 이를 효율적으로 관리하기 위해 블랙리스트가 만들어졌다. 과거 한국의 역사 속에서 한국영화의 발전을 오랫동안 가로막았던 것 중 하나가 검열이었다. 검열은 주로 정권을 비판하는 작품에 초점이 맞추어져 있었다. 이런 이유로 한국영화는 오랫동안 독창성과 창의성, 다양성이 부족하다는 비판을 받고 외면당했던 뼈아픈 상처를 지니고 있다. 이와 같은 역사를 지나왔음에도 이명박, 박근혜 정부는 사람과 단체라는 창작주체를 겨냥한 블랙리스트를 통해 영화제작활동을 봉쇄했다. 검열은 제작자가 정부의 직할체제 속에서 작동된 범위를 피하면 작품을 만들 수 있는 가능성이 존재하지만 블랙리스트에 적시된 인물과 단체는 자신도 모른 채 작품을 만들 수 있는 기회가 박탈되는 것이다. 대규모의 자본과 인력이 동원되는 측면에서 영화는 더욱 그렇다. 그러므로 블랙리스트는 검열에 비해 더 교모하고 혹독하다고도 할 수 있다. 따라서 이 시기 한국영화는 문화지형 재구축 시도와 연동된 또 다른 경향의 특징으로 존재하게 된 것이다.

3. 극단화된 한국사회

그들만의 리그

이 시기 한국영화의 특징 중 하나는 한국사회의 구조를 형성하고 있는 다양한 계층 사이의 관계가 더 이상 중요하게 드러나지 않고 있다는 점이다. 이것은 영화가 전체 사회 구조 속에서 피억압자들을 통해 한국사회구조의 불균형적 모순을 폭로하고 비판했던 이전의 수법에서 벗어나 한국사회가 어떻게 구조화되어 있는지에 대한 실재적 현상에 초점이 맞추어져 있음을 의미한다. 이는 권력과 자본을 통제하고자 한 집단을 묘사함으로써 한국사회의 특징을 드러내고 있는 것과 다름없다. 이것은 지연, 학연, 종교연 등 특정한 집단의 관계망을 통해 추진된 이명박, 박근혜 정부의 지향, 성격과 일정부분 연관되어 있다고 볼 수도 있다. 이와 같은 특징은 기업과 검찰, 정치, 언론으로 이어지는 동일체적 결탁으로 구체화되어 나타났고, 이들 집단이 한국사회를 어떻게 지배하고 있는지, 그 현상에 주목하도록 했다. 이런 이유로 이 시기 한국영화에서는 이들 집단이 어떤 관계로 이루어져 한국사회를 지배하고 있는지 그 현실에 주목하게 된 것이다. 그러므로 이들 영화에서는 현실 속 평범한 인물들에 의한 사회구조의 모순과 비판이 더 이상 특별한 의미를 지니지 않는다. 그리고 그 자리에 이들이 범접할 수 없는 압도적인 지배 권력층의 권력자들이 등장한다. 이러한 경향은 이명박, 박근혜 정부 시기 드러난 비리 사건으로 더욱 설득력을 갖게 되었다. 이와 같은 흐름 속에서 등장한 영화는 조폭들을 사회의 악으로 규정하고 척결하는 열혈 형사를 묘사한 강우석의 <공공의 적 1-1(2008)>과는 사뭇 다른 양상으로 나타난다. 이는 강우석의 또 다른 영화 <이끼(2010)>에서 엿볼 수 있다.

영화는 오랫동안 소식을 끊고 살아온 유해국이 아버지 유목형의 사망 소식을 듣고 서울에서 고립된 시골 마을로 내려가면서 시작된다. 그는 마을 슈퍼마켓의 작은 방에 기거하면서 아버지의 장례를 치르고 난 후 사망신고를 하던 중 마을의 이장 천용덕의 명의로 이전된 토지대장을 발견한다. 이를 이상하게 여긴 유해국은 그 이유를 추적하면서 아버지와 전직 형사였던 천용덕이 범죄자들을 모아 마을을 만들었으나 서로 다른 목표를 지니고 있었음을 알게된다. 따라서 이상향의 마을을 만들고자 했던 유목형과 현실에 기반한 마을을 건설하고자 했던 천용덕 사이에는 뿌리깊은 갈등이 존재했던 것이다. 이것은 그동안 유목형이 천용덕에 의해 감시받고 통제받은 이유였다. 이는 천용덕이 공장과 땅을 헐값으로 매입하여 막대한 부를 축적해가면서 절대 권력의 상징인 마을 전체가 내려다보이는 집과 경찰을 비롯한 읍내에 까지 미친 그의 영향력을 통해 나타난다. 그러나 천용덕의 절대 권력은 유해국과 그의 친구인 박민욱 검사에 의해 범죄행위가 하나둘씩 밝혀지면서 파국을 맞는다. 영화는 이를 정신적 가치와 물질적 가치의 대립을 통해 천용덕이 절대 권력자로 군림하게 된 과정에 집중하도록 한다. 이는 사건이 마무리되고 난 후 마을을 방문한 유해국과 어린 시절 성폭력의 피해자였던 영지의 모습을 통해 다시 한 번 강조된다. 이것은 유해국이 성인이 된 영지가 마을을 정비하면서 마치 천용덕처럼 마을과 자신을 내려다보고 있는 의미심장한 모습을 보고 아버지의 사망 소식을 전화로 처음 전했던 목소리를 상기함으로써 드러낸다. 영화는 천용덕의 모습과 영지의 모습을 중첩시키면서 마무리된 마지막 장면을 통해 또 다른 절대 권력자의 출현이 언제든지 반복될 수 있음을 암시하고 있는 것이다. 이처럼 영화는 특정한 인물이 절대 권력을 획득해 가는 과정을 묘사하면서 한국사회구조의 현실을 겨냥하고 있다고 할 수 있다. 이러한 특징은 권력을 향한 개인에서 특정한 집단의 모습으로 변모하여 나타나기도 한다. 이는 류승완의 <부당거래(2010)>에서 확인된다.

김나리양의 시신이 발견됐다는 뉴스보도로 시작된 영화는 한국사회를 실질적으로 지배하고 있는 현실의 원리를 주류와 비주류의 관계를 통해 포착하고 있다. 주류는 특정한 학연으로 형성된 고위 경찰 간부들과 검찰, 정치인, 언론인, 그리고 그들의 자금 역할을 하고 있는 기업인이라 할 수 있으며, 비주류는 여기서 배제된 사람들을 지칭한다. 영화 <부당거래>에서는 이를 탁월한 성과에도 불구하고 번번히 승진에서 밀려난 비경찰대 출신 최철기를 통해 묘사하고 있다. 이후 영화는 유력한 범죄 용의자가 경찰에 의해 살해당하게 되자 이를 수습하기 위한 과정을 보여주면서 건설업자의 비리 수사, 검사와 부동산 대기업과의 유착관계를 드러낸다. 이는 비경찰대 출신 최철기에게 승진을 조건으로 해동건설 대표이사인 장석구 수사를 중단하고 위장된 범인을 만들어 김나리양 사건을 마무리하라는 경찰대 출신 강 국장과 태경그룹 김양수 회장으로부터 경제적 지원을 받고 뒤를 봐주고 있는 주양 검사의 관계가 바로 그것이다. 특히 주양 검사는 자신의 스폰서 역할을 하고 있는 태경그룹 회장을 입찰비리 혐의로 구속한 최철기와 해동건설 장석구와의 관계를 포착해 거래를 시도한다. 뿐만 아니라 그는 무료급식 봉사활동 모습으로 자신을 포장하도록 기자를 이용하면서 자신이 인지한 사건에 관한 정보를 그에게 유출한다. 이로써 영화는 기업과 경찰, 검찰, 언론으로 연결된 이른바 자본, 권력, 언론의 견고한 카르텔을 폭로한다. 이는 한국사회구조의 단면을 묘사하고 있는 것이다. 그리고 이것이 지속될 수 있다는 가능성을 비리혐의를 받고 있는 주양 검사가 피의자이면서도 "곧 괜찮아 질 것이다"라고 한 말을 통해 확인해 준다. 따라서 영화에서는 피해자가 누구이고 범인이 누구인지 평범하고 일반적인 사람들은 전혀 중요한 존재로 인식되지 않는다. 이것은 한국사회구조가 특정한 집단에 종속되어 있음을 의미한다. 이러한 흐름은 자본이 권력화되어 그것의 무한성을 누리고 있는 상류층을 소재로 한 임상수의 <하녀(2010)>에서도 묘사된다.

영화에서는 거대한 규모의 집, 자본으로부터 해방된 듯한 훈과 그의 가족들 모습에 의해 계급적 간격을 성취의 대상으로서가 아니라 완벽하게 분리된 그들만의 세계로 인식하게 한다. 이것은 비록 그 속에 살고 있는 사람들의 거만함과 탐욕스러움, 폭력적 태도의 추악한 면이 노출되더라도 자본의 권력은 무한하고 그것을 누리고 있는 상류층 역시 변하지 않을 것이라는 확신의 사회적 현상을 묘사하고 있는 것이다. 이는 2000년부터 5년 간 청각장애아를 상대로 성폭력과 학대를 저지른 자애학원의 교장과 교사들을 폭로한 황동혁의 <도가니(2011)>에서도 나타난다.

영화는 이들의 행위를 문제 삼은 교사 강인호, 인권센터 간사 서유진과 학생 김연두에게 성추행과 폭력을 행사한 교장과 그들을 비호하고 있는 경찰, 교회, 검찰, 재판부, 여기에 지역사회와 연결되어 있는 고리를 통해 묘사하고 있다. 영화에서 이는 성추행과 폭력을 일삼은 교장과 교사들이 재판을 통해 집행유예로 풀려난 장면을 통해 확인시켜 주고 있다. 이것은 견고한 카르텔로 형성되어 있는 한국사회 지배 권력층의 모습과 힘 없고, 돈 없고 특별한 학연 없이 살아가는 것이 한국사회에서 얼마나 힘든 것인가를 피해자들과 강인호, 서유진을 통해 묘사하고 있는 것이다. 2012년에 개봉한 윤종빈의 <범죄와의 전쟁 : 나쁜놈들 전성시대>에서도 특정한 지역과 혈연과의 관계를 통해 이러한 특징들이 나타난다.

영화는 1990년 범죄와의 전쟁 선포 당시 벌어진 사건에 근거한 픽션이라는 자막과 함께 박정희, 전두환의 쿠데타, 민주화 시위에 관한 흑백 스틸사진이 이어지면서 시작된다. 그리고 비리 사건으로 체포된 최익현의 모습과, 그가 세관원 시절 순찰 중 적발한 히로뽕을 일본으로 밀수출하기 위해 부산의 조폭과 손을 잡는 장면이 이어진다. 영화는 이후 그가 어려움에 처할 때마다 집안사람이라는 혈연을 통해 위기를 극복해 가는 장면을 보여준다. 예컨대 범죄혐의로 구속될 위기에 직면했을 때 최익현은 혈연관계의 검사를 이용하기도 하고, 심지어 조폭 두목 최형배도 같은 집안이라고 하면서 그 관계를 새롭게 설정하기도 한다. 이는 2012년 최익현의 아들이 검사로 임용되는 장면을 통해 앞으로도 견고하게 지속될 혈연, 지연 등으로 얽혀 있는 한국사회구조의 특징을 드러내고 있는 것이라 할 수 있다.

실제적 사건에 근거하여 2011년에 제작되고 2012년에 개봉된 정지영의 <부러진 화살>에서는 이와 같은 관계에서 벗어났을 때 마주하게 되는 냉혹한 현실을 묘사함으로써 한국사회에서 지배계층의 권력관계가 얼마나 견고한지를 역설적으로 보여주고 있다. 영조시대 얼음 독점권을 두고 벌이는 지배계층의 이권투쟁을 묘사한 김주호의 <바람과 함께 사라지다(2012)>도 자본과 권력의 관계를 드러낸 영화의 유형이라 할 수 있다. 임상수의 <돈의 맛

(2012)>에서는 자본, 즉 돈을 통해 최상류층이 어떻게 한국사회를 지배하고 있는지를 적나라하게 묘사하고 있다.

특히 영화 속 윤경선 회장의 "돈에 대한 중독과 끊기가 무서웠으며 그렇게 모욕적이다"라는 말을 통해 그것의 이중성을 드러내면서도 돈은 어려움에 처할 때마다 여전히 자신들을 한국사회의 최상위 계층으로 존재하게 하는 강력한 수단임을 검찰과 재벌, 정치인, 공무원과 연결되어 움직이는 거대한 연결고리를 통해 보여준다. 그러므로 윤경선 회장과 그의 부인 백금옥, 그들의 딸인 윤나미, 주영작 실장을 통해 얽히고설킨 그들의 탐욕스러운 욕망의 행태는 단순히 그들의 일탈을 엿보는 수준에 머물고 만다. 따라서 이들에게 돈은 쌍용 자동차 사건과 싸구려 아파트를 장만하기 위해 노력하는 대부분의 사람들을 경멸할 수 있는 기제이면서 동시에 한국사회를 지배하게 하는 견고한 도구인 것이다.

2013년에 개봉한 이환경의 <7번방의 선물>에서도 권력의 직접성이 한국사회 속에서 어떻게 작동되는지를 경찰청장의 딸이 사망한 사건을 신속하게 해결하기 위해 6살 지능을 가진 주인공 이용구의 딸 예승이를 이용하여 그를 사형에 처하도록 한 경찰들의 행위를 통해 보여주고 있다. 이러한 특징은 2015년에 개봉한 유하의 <강남 1970>에서도 드러난다. 여기서는 1970년 대통령 선거를 앞두고 선거자금 확보와 연관된 강남개발을 정치권력과 국회의원, 건달, 복부인과의 관계를 통해 묘사하고 있다. 이러한 연결고리는 류승완의 <베테랑(2015)>에서 나타난다.

영화에서는 자본과 권력의 관계를 재벌 3세와 경찰을 통해 묘사하고 있다. 광역수사대 서도철 형사는 임금체불로 인해 사망한 화물차 운전자 배 기사의 사건을 수사하게 되면서 재벌 3세인 조태오가 배후에 있음을 알게 된다. 영화는 일방적인 임금체불과 계약해지를 하면서 화물연대노조원들을 향해 빨갱이라 하고, 임금을 받으러 온 화물차 배 기사를 향해 모욕적 행위를 일삼은 기득권의 모습과 배 기사의 죽음 이면에 감춰진 재벌의 횡포를 드러내면서 이들의 행위가 무엇으로부터 비롯되었는지를 묘사하고 있다. 이를 영화에서는 아들의 취직과 딸의 음악연주회, 국회의원에 출마하려는 경찰서 김서장과의 유착관계를 통해 드러낸다. 이것은 서도철 형사의 수사가 방해받고 난항을 겪는 직접적 이유로 작동하게 된다. 이로써 재벌, 경찰, 정치로 이어지는 그들만의 관계는 한국사회구조의 일반적 경향임을 드러내고 있다. 우민호의 <내부자들(2015)>에서는 이러한 특징들이 보다 구체적으로 나타난다.

미래자동차의 3,000억 비자금조성, 장필우 의원의 외압, 오현수 회장의 별장에서 이루어진 성접대에 관한 깡패 출신 연예기획사 대표 안상구의 인터뷰 장면으로 시작된 영화는 2년 전 상황으로 돌아가면서 전개된다. 이후 영화에서는 미래자동차 회장 오현수, 대한민국의 여론을 주도하는 조국일보 논설주간 이강희, 대통령 후보 선거에 나선 검사출신 국회의원 장필우, 청와대 민정수석 오명환, 서울지검 특수부 부장 최충식, 경찰 출신의 우장훈 검사와 안상구 등의 관계가 펼쳐진다. 이들 중 오명환은 최충식을 통해 대통령 후보 김석우가 유리하도록 장필우의 비자금을 수사하도록 요청한다. 최충식은 우장훈으로 하여금 장필우의 비자금을 수사하도록 하지만 비자금 파일이 안상구를 통해 장필우를 정치계로 이끈 고등학교 친구 이강희에게 전해진다. 그리고 오현수 회장과 이강희 논설주간이 만난다. 여기서 기업과 언론의 유착관계와 한국사회에 대한 그들의 시각이 적나라하게 묘사된다. 그들은 비정규직 노동자를 종북세력이라 칭하고 국가경제에 심각한 타격을 주는 빨갱이라 비난할 뿐만 아니라 대중들을 개, 돼지라고 간주하면서 언론사와 기업은 마케팅 파트너십이라 말한다. 여기에 장필우 의원이 합류하면서 여성 접대부들과 함께 질펀한 술자리가 펼쳐진다. 이와 같은 그들의 인식과 회합은 조국일보 편집회의에서 회사방침이 정해지는 장면과 함께 이강희, 김국장 사이의 "화이또 다이조부요, 화이또 다이조부데스"라는 일본말을 통해 조국일보가 어떤 역사적 문화 정체성에 기반하고 있는지를 보여준다. 이러한 특징은 은행장 석명관의 자살사건을 빌미로 좌천된 후 안상구와 연관되었다는 이유로 위기에 처한 우장훈에게 최충식이 건네는 "잘하지 그랬어", "잘 좀 태어나든가"라는 말을 통해 다시 한 번 재벌, 언론, 정치, 검찰로 이어지는 그들의 학연, 혈연, 지연의 기득권 카르텔이 얼마나 견고한지를 보여준다. 이후 영화는 이강희에게 배신당한 안상구가 신정당 대통령 후보로 선출된 장필우를 성관계 동영상 유포를 통해 좌절시키면서 재벌회장 오현수, 논설 주간 이강희, 정치인 장필우, 민정수석 오명환, 검사 최충식을 통해 재벌, 언론, 정치, 검찰이 어떻게 연결되어 한국사회를 농락하고 있는지를 신랄하게 묘사하고 있다. 2016년에 개봉한 이일형의 <검사외전>에서도 이와 같은 권력과 기업의 특별한 관계를 확인할 수 있다.

영화는 이를 철새도래지에 리조트를 개발하기 위해 용역을 시위대로 둔갑시켜 개발을 반대하는 단체들을 와해시키는 조직에 대해 조사하고 있는 변재욱 검사를 통해 묘사한다. 그는 리조트 사업을 추진하는 극동개발 장현석 대표와 관련된 수사로 우종길 차장검사와 갈등관계에 놓인다. 이로 인해 변재욱은 사건을 취조하던 중 차장검사에 의해 살해된 천식환자 이진석의 살인범으로 몰려 오히려 구속되는 상황에 처한다. 교도소에 수감된 그는 창조국민당 강형석 의원, 수원지검 우종길이 극동개발 리조트 건설 현장에 장현석과 함께 참석한 사실을 알게 되면서 자신의 구속이 이와 연결되어 있음을 확신한다. 또한 이 장면은 정치, 검찰, 부동산 개발업자가 밀접한 관계에 있음을 보여주고 있는 것이다. 이는 한국사회를 구성하고 있는 지배 권력의 연결고리를 드러내는 것이며, 변재욱의 사주를 받은 사기꾼 한치원이 양민우 부장 검사를 만날 때 "휘문고 95기"라고 말하자 반색하는 그의 모습을 통해서도 확인된다. 이처럼 영화는 기업, 정치, 검찰로 연결된 한국사회구조의 현상을 다양한 의미의 상징들을 통해 폭로하고 있다. 수많은 사람들에게 배당금과 이자를 준다는 금융투자회사 '원네트워크'의 사기행각을 금융감독원 국장, 국회의사당으로 암시된 정치인과 창조경제, 운하로 상징되는 시대와 연결시킴으로써 한국사회의 지배 권력, 자본이 어떻게 형성되는지를 묘사한 조의석의 <마스터(2016)>도 이러한 경향의 영화라 할 수 있다.

특히 원네트워크의 진현필 회장이 지능범죄수사팀장인 김재명에게 푼돈으로 장난치는 것을 사기꾼이라고 하고, 10억, 100억이 되면 경제사범이라고 높여 부르고, 조 단위로 감옥 들어간 분들은 다 사면 받는다고 하면서 그게 세상이라고 일갈하는 그의 말은 한국사회구조의 현실을 직접적으로 드러낸다. 자치단체 시장, 형사, 검사가 재개발을 둘러싸고 벌이는 다양한 이권의 갈등을 묘사한 김성수의 <아수라(2016)>도 이러한 범주 내에 있는 영화라 할 수 있다. 또한 2017년 1월에 개봉한 한재림의 <더킹>에서는 자신들에게 주어진 권력을 자신들의 출세와 연결시킨 정치화된 검찰의 모습을 적나라하게 다루고 있다.

영화는 자동차 안에서 안동 하회탈의 웃는 모습과 삼베, 대마의 관계를 농담처럼 주고받는 한강식, 박태수, 양동철 검사의 모습과 함께 전두환의 대통령취임식, 시위장면, 교황방문, 대통령 선거의 노태우와 서울 올림픽, 김영삼 대통령과 성수대교, 삼풍백화점 붕괴 사고, 전두환, 노태우의 재판, 김대중 대통령과 김정일의 만남, 2002년 월드컵, 노무현의 대통령 당선과 탄핵으로 인한 촛불시위, 그리고 이명박 대통령으로 이어지는 최근의 역사를 파노라마처럼 펼쳐놓으며 시작된다. 이어서 전라도 출신 박태수의 출세와 좌절, 정치계로의 진입을 통해 검찰 집단의 모습이 묘사된다. 이는 부장 검사 한강식과 연관되어 있는 여학생 성폭행 가해자인 지역유지이자 국회의원 아들인 송백호 사건을 무마하기 위해 박태수를 찾아온 양동철이 학교 선배임을 강조하면서 출세와 직결되는 검찰 내 '전략부'를 보여주면서 추천하겠다는 제안으로 나타난다. 여기서 양동철은 전략부를 박태수에게 불리한 일이 생기거나 여론 전환용으로 사건을 묵혔다가 터트리는 곳으로 설명한다. 이어 그를 따라 파티 모임에 간 박태수는 박회장, 주안일보 정치부 백기자, 국내 최대 로펌 관계자를 차례로 소개받는다. 이곳에서 다시 만나게 된 송백호에 대해 박태수가 거부감을 드러내자 한강식은 그를 향해 "집안도 별 볼일 없고", "민주화 운동 그거 해서 그러냐"고 힐난한다. 이어서 그는 박태수에게 역사적으로 흘러가듯 가라고 하면서 권력 옆에 있으면서 자존심 버리라고 말한다. 우리나라에는 그런 역사가 없다고 단정하고 "지금 친일파들 다 재벌이고 장, 차관하고, 독립군들 한 달 60만 원 없으면 밥 굶고 산다"고 하면서 역사공부 좀 하라고 일갈한다. 박태수는 그의 말이 "구구절절 맞는 것이 좋같다"고 하면서 받아들인다. 영화는 이렇게 한국사회가 직면하고 있는 부정할 수 없는 현실을 노골적으로 드러내고 있다. 이것은 박태수를 만난 양동철이 그에게 학번을 물어보는 장면과 파티에서 박회장, 언론사의 백기자, 그리고 송백호를 통해서는 학연, 기업과 언론의 유착관계를, 선거의 결과에 민감한 전략부의 검사들을 통해서는 정치화된 검찰의 모습으로 뒷받침된다. 특히 검찰이 얼마나 정치화되어 있고 권력 지향적인지는 다음 대통령선거에서 누가 당선될 것인가를 무속인에게 묻는 장면으로 상징화된다. 이러한 현상들은 한강식이 박태수에게 말한 역설적 의미의 역사 공부, 즉 정의롭지 못한 우리의 굴절된 역사와 연결된다. 이는 영화시작과 함께 묘사된 전두환의 5공화국에서부터 이명박 정부까지를 파노라마식으로 묘사하고 있는 장면, 즉 권력의 변화에도 불구하고 지속될 것이라는 확신과 연관되어 있다. 따라서 영화에서는 박태수의 고향 친구인 조폭 최두일과의 우정 에피소드는 그리 중요한 의미로 부각되지 않고 실재와 같은 한국사회 구조의 실체를 폭로하고 있는 것이다.

　이처럼 이 시기 영화에서는 특정한 집단을 대상화함으로써 그것이 어떻게 작동되어 한국사회를 지배하고 있는지를 묘사하고 있다. 이는 혈연, 학연, 지연 등을 기반으로 검찰, 정치, 언론, 기업으로 연결된 그들만의 견고한 카르텔 형성을 통해 자본과 권력을 독점화함으로써 한국사회의 지배세력으로 남아 권력을 유지하는 것으로 나타난다. 그렇기에 이들 영화에서는 계층 간의 대립과 모순들이 중요한 문제가 아닌 것으로 치부되었고 지배 권력의 독점을 놓고 벌이는 그들만의 리그가 중요하게 다뤄지게 된 것이다.

길 위의 사람들

견고한 카르텔을 통해, 그들만의 리그로 한국사회를 지배하고 있는 모습을 다룬 영화들의 반대편에는 그들에 의해 착취당하고 희생당하는 사람들의 모습을 다룬 영화들이 존재한다. 이러한 영화들은 한국사회에서 실제로 일어났거나 이를 암시한 사건을 통해 사건 자체뿐 아니라 극단화된 한국사회 구조의 현실을 보여주고 있다. 이와 같은 특징은 박찬옥의 <파주(2009)>에서 찾아볼 수 있다.

영화 <파주>에서는 이를 크게 두 가지 주요 축을 통해 묘사하고 있다. 하나는 영화의 대부분을 차지하고 있는 김중식과 최은모 사이의 경계 지어진 미묘한 감정에 근거하고 있고, 또 다른 하나는 파주를 배경으로 이루어지고 있는 재개발에 관련된 문제이다. 이는 파주라는 공간 속에 두 가지 서로 다른 내용이 배치되어 연결됨으로써 나타난다. 이것은 저녁 무렵 인도 여행을 마치고 안개가 자욱한 도로를 따라 파주로 향하는 택시 안에서 운전자의 개발에 관한 이야기를 듣고 있는 은모의 모습과 타이틀 자막에 이어 등장한 국가보안법 관련 뉴스와 중첩되면서 시작되는 장면을 통해 드러난다. 그리고 뉴스는 8년 전 상황, 즉 첫사랑이었던 학교 선배 집에서 숨어 지내는 중식이 그녀와 성관계 도중 그녀의 어린아이가 뜨거운 물에 화상을 입게 되자 도망치듯 빠져나와 형이 있는 파주의 교회에서 지내게 되면서 은수, 은모

자매를 만나게 되는 상황으로 연결된다. 이후 영화는 재개발에 반대한 철거대책위원회를 이끌고 있는 중식이 3년 전 자신의 구속과 관련되어 떠난 이유를 다시 돌아온 은모에게 묻는 장면과, 은모가 가스폭발로 사망한 언니의 사망보험금이 자신에게 양도된 이유를 보험조사관으로부터 들으면서 7년 전 상황으로 전환된다. 예컨대 7년 전 중식과 결혼한 언니로 인해 혼자 남겨진 은모의 모습과 그녀의 가출, 사진 속 중식을 가위로 잘라내다 의도치 않게 가스관을 손상시켜 일어난 폭발사고, 길가의 봉고차에서 음료를 팔면서 은모를 기다리는 중식과 되돌아온 그녀의 모습으로 이어진다. 그런데 그들의 평온한 일상은 어느 날 변화를 맞이한다. 중식의 첫사랑이었던 선배가 찾아와 아이의 수술 경과가 좋다는 말과 함께 세상과의 소통을 다시 시작한 중식의 모습, 이로 인해 또 다시 혼자 남겨지게 되는 은모의 상황이 묘사된다. 이를 통해 영화는 3년 전 중식의 구속에 이런 은모의 혼자 살아가야 하는 외로움, 두려움이 연관되어 있다는 것을 보여준다. 이후 여행에서 돌아온 은모는 철거대책위원회를 이끌고 있는 중식과 만나 그의 진심을 확인하고 싶어 하지만, 그는 또 다시 그녀에 의해 보험사기사건으로 경찰서에 구속되고 만다. 이런 반복된 중식의 구속 이면에는 세상에 홀로 남겨질 은모의 외로움과 두려움이 내재되어 있는 것이다. 이를테면 부모의 사망으로 자매만 남아있는 현실에서 결혼으로 언니를 중식에게 빼앗기는 상황은 은모에게 세상에 온전히 홀로 남겨지게 되는 외로움과 두려움을 의미한다. 이는 "언니를 건드리지 말라"는 은모의 요구에 그 이유를 묻는 중식을 향해 "혼자 못살아갈 것 같아서"라는 대답을 통해 나타나고, 중식이 첫사랑 선배와 만남으로 인해 또 다시 그 상황이 반복될 위기에 이르자 은모가 그를 경찰서에 고발하게 된 이유이며, 중식이 보험사기사건으로 구속된 것과도 연결된다. 영화는 이런 중식과 은모와의 관계에 집중하면서도 이를 재개발이라는 사회적 문제와 연결시키고 있다. 이렇게 서로 다른 이질적 요소들이 영화의 두 축을 이루고 있는 것 같아 보이지만 그 속에는 외로움과 두려움이라는 공통의 의미가 내재되어 있다. 즉 재개발을 위한 용역들의 폭력적인 진압 장면은 많은 희생자를 낳은 용산 재개발 참사와 유사한 형태를 띠고 있으면서 자본과 결탁된 권력의 폭력성을 상징하고 있다. 이는 김중식의 구속으로 "이주자 대책을 보상하라", "살고 싶다"라는 생존권 문제를 두고 투쟁한 철거대책위원회 사람들의 저항이 무뎌지고 이탈자가 속출하면서 그들이 와해되는 장면을 통해 묘사되고 있다. 그들의 저항과 이탈의 이면에는 더 이상 버티기 어려운 고립된 자신들만의 외로운 싸움이라는 한계성과 자본과 권력을 통해 압박해오는 힘에 대한 두려움이 존재한다. 이것은 은모가 부모를 잃고 난 후 중식과 언니의 결혼으로 혼자가 된 후 느낀 외로움과 두려움이고, 중식이 세상과 소통하게 되면서 또 다시 혼자가 될 수 있다는 외로움과 두려움이 철거대책위원회의 상실감과 중첩되는 것이다. 영화는 이처럼 외로움과 두려움이라는 의미를 중식과 은모, 중식과 철거대책위원회를 연결시키면서 평범한 사람들이 속수무책으로 권력과 자본에 의해 해체되고 홀로 남겨지게 됨으로써 직면하게 되는 고립된 두려운 현실을 묘사하고 있다. 이러한 특징은 김병우의 <더 테러 라이브(2013)>에서도 나타난다.

　　라디오 생방송을 진행하고 있는 윤용화 앵커는 테러범으로부터 한강다리를 폭파하겠다는 협박전화를 받지만 가볍게 무시한다. 그러나 한강다리는 그의 눈앞에서 실제로 폭파된다. 이어서 영화는 곧바로 특종을 보도할 기회를 잡았다고 여긴 방송국, 윤용화 앵커와 테러범으로 지목된 남자와의 전화통화를 통해 그 이유가 드러난다. 테러범은 자신을 창신동의 건설인부 박노규라 밝히고 2년 전 나라의 행사로 큰 손님들이 지나가는데 보기 좋지 않다고 하여 마포대교를 보수하는 공사에 참여했다는 사실과 3명이 보수공사를 하다가 사고로 죽었는데 나라, 즉 경찰, 소방서 등은 아무도 도와주지 않았으며, 심지어 옆집 개가 죽은 것보다 쉽게 생각했다고 하면서 자신들이 얼마나 비인간적인 대우를 받았는지에 대해 말한다. 그리고 그는 대통령에게 정식으로 죽은 사람과 유가족에게 고개 숙여 사과 할 것을 요구한다. 그러나 윤용화 앵커는 "정부, 정치, 언론과 같은 사회기득권자들은 절대 변하지 않는다"고 그에게 말하면서 한국사회의 지배 권력층의 속성을 폭로한다. 영화는 이처럼 막다른 골목으로 내몰린 사람들의 절규를 통해 정부, 정치, 언론이라는 한국사회의 지배 권력층의 현실과 사회구조를 겨냥하고 있는 것이다. 이는 부지영의 <카트(2014)>에서 보다 선명하게 묘사된다.

영화는 실화를 바탕으로 재구성된 것이라는 자막을 통해 이 영화가 실제 한국사회의 현실에 기반하고 있음을 드러낸다. 이어서 열악한 환경 속에서도 성실하게 일하는 '더 마트' 여성 직원들, 즉 정규직 전환을 눈앞에 두고 있는 한선희, 싱글맘인 이혜미, 청소부원 강순례 등을 보여준다. 그러던 어느 날 더 마트는 그들의 업무를 용역업체를 선정해 이관한다는 발표를 하면서 직원들에게 일방적인 해고통보를 한다. 이후 영화는 회사 측의 행위에 대한 직원들의 대응, 즉 노동조합 결성, 투쟁, 와해의 과정을 묘사하고 있다. 이를테면 노조에 가입한 직원들에 대한 회유와 협박, 분열, 공권력 투입, 손해배상청구 등을 통해 회사가 노동조합을 어떻게 와해시키는지를 보여준다. 영화는 비록 노동조합 지도부들의 복직을 포기하는 조건으로 나머지 노조원들의 복직이라는 절반의 성공을 이루었다는 자막으로 마무리되지만 한국사회에서 평범한 사람들이 사회구조 속에서 어떤 존재로 자리매김하고 있는지를 여실히 보여주고 있다. 이는 더 마트에서 일하고 있는 한선희 아들의 아르바이트하는 장면을 통해 구체적으로 의미화된다. 즉 부모의 직업이 마치 자식에게 그대로 이어지는 것임을 암시한 이 장면은 한국사회가 고정된 계급사회로 고착화되어가고 있는 현실을 상징하면서 과연 공정하고 평등한 기회를 제공하고 있는 사회구조인가 하는 의문을 갖게 한다. 길 위로 내몰린 사람들의 절박한 상황을 묘사한 또 다른 영화로는 2014년에 개봉한 김태윤의 <또 하나의 약속>에서도 나타난다.

　<카트>에서와 마찬가지로 실화를 바탕으로 재구성된 것임을 자막으로 보여주면서 시작된 영화는 진성반도체 회사에서 근무하다 백혈병에 걸려 투병하다 사망한 한윤미와 그의 가족을 묘사한다. 영화에서는 백혈병에 걸려 회사를 그만두게 된 한윤미의 투병과정과 그녀에게 사표를 받기 위해 찾아온 진성반도체 인사팀이 산재신청을 포기하도록 요구하는 모습을 통해 기업의 비인간적 행태를 보여준다. 문제는 이러한 회사의 태도에 대해 한윤미의 아버지 한상구는 동일한 피해를 입은 사람들과 연대하여 백혈병 발병원인을 사회에 쟁점화하려 노력하지만 언론, 공무원 등의 벽에 가로막힌다는 사실이다. 한상구의 시도는 오히려 회사로부터 가족이 미행당하기도 하고 협박과 압력을 받는 요인으로 작용한다. 이는 진성반도체가 표방하고 있는 '세계 최고의 기업, 국가에 기여하는 기업, 사원을 향해서는 최선을 다하는 기업'이라는 이미지와 정반대의 모습인 것이다. 이와 같은 진성반도체의 이중적 태도는 올림픽 유치를 위한다는 정부의 명분으로 진성그룹 회장이 특별 사면되는 모습과 겹쳐진다. 이로써 영화는 대기업의 실체를 드러내면서 한국사회의 지배 권력자, 집단들과 그들에 의해 희생된 사람들, 즉 반도체 생산 공정 과정에서 백혈병으로 사망한 피해자들의 사진을 보여주면서 마무리되는 장면을 통해 극단화된 한국사회를 묘사하고 있는 것이다. 이러한 경향은 2015년에 개봉한 김성제의 <소수의견>에서도 찾아볼 수 있다.

　'이 영화의 사건은 실화가 아니며 인물은 실존하지 않습니다'라는 자막으로 시작된 영화는 이 자막으로 인해 오히려 특정한 사건에 기반하고 있음을 역설적으로 암시하고 있다. 이것은 뉴타운 재개발을 놓고 충돌한 철거민과 진압경찰 사이에서 희생된 젊은 두 청년들을 통해 묘사된다. 이후 영화는 경찰을 죽인 현행범으로 경찰에 의해 희생된 청년의 아버지 박재호를 체포하면서 사건을 서둘러 은폐하고 축소하여 마무리하고자 하는 측과,

무죄라고 주장하는 박재호의 변호를 맡게 된 국선변호사인 윤진원과 신문기자 공수경을 통해 전개된다. 특히 윤진원과 공수경은 박재호의 무죄를 입증하기 위해 경찰과 검찰에 자료를 요청하지만 원천적으로 차단된다. 이것은 경찰과 검찰에 의해 자료들이 통제되어 있기 때문이다. 이런 이유를 영화에서는 담당검사인 홍재덕을 둘러싸고 있는 관계, 즉 대학동기이자 친구인 판사, 국회의원, 나아가 청와대까지 연결된 권력의 지배계층을 통해 드러낸다. 이로써 뉴타운 재개발에는 시공업자인 도림개발업자, 학연으로 연결된 법조인과 정치, 정부의 견고한 카르텔이 존재하고 있음이 드러난다. 이것을 영화에서는 대형 로펌인 광평의 변호사가 된 홍재덕이 윤진원에게 "국가란 누군가는 희생을 하고, 누군가는 봉사를 하고, 그 기반 위에서 유지되는 것"이며 "박재호는 희생을, 자신은 봉사를 한 것"이라고 하면서 마무리된 장면을 통해 각인시켜준다. 이것은 봉사와 희생의 역할이 한국사회에서는 이미 구분되어 있음을 의미하는 것이며, 영화 시작 부분의 옥상장면에서 철거민들과 이를 진압하는 경찰 특공대 사이로 보여진 '1% 자본가를 제외한 99% 온 국민 여러분이 우리 모두가 예비 철거민'이라는 현수막을 통해 확인해준다.

　이처럼 이 시기 한국영화의 또 다른 흐름에는 극단화된 사회구조 속에서 지배 권력자들에 의해 길 위의 막다른 골목으로 내몰린 평범한 사람들이 묘사되고 있다. 그리고 그들을 대상화하고 있는 대부분의 영화는 실제로 일어났던 사건과 상황에 기반하고 있다. 그렇기 때문에 이들 영화들은 어쩌면 더 많은 권력, 더 많은 돈을 위해 그들끼리 형성한 견고한 카르텔을 통해 더 많은 지배력을 독점하고자 한 사람들과 정반대의 지점에서 길 위로 내몰린 사람들의 실제적 삶을 통해 극단화된 한국사회구조의 현실을 폭로하고 있는 것이라 할 수 있다.

4. 내재된 편견의 지속

일반적으로 편견의 의미는 한쪽으로 치우쳐 공정하지 못한 생각과 판단을 의미한다. 그렇기 때문에 이것은 객관적이지도 합리적이지도 않다. 그럼에도 불구하고 편견은 남성과 여성, 국가와 국가, 민족과 민족, 이념과 이념, 지역과 지역 사이 등 인간의 모든 삶에서 끊임없이 작동하여 사고와 행동에 영향을 주기도 한다. 이것이 인간의 삶에서 중요한 요소로 작용하게 된 것은 자신과 타인을 경계 지음으로써 자신의 정체성을 확인하기 위한 것이기도 하지만 무엇보다 그것이 권력과 이익에 연관되어 있기 때문이다. 이는 한국사회에서도 동일하게 적용된다. 이것은 편견의 고착화가 한국사회 속 뿌리 깊게 내재되어 있음을 의미한다. 한국사회에서 편견의 형성과 지속은 정치와 경제 권력의 주도권 경쟁에서 상대를 제압하기 위해 적대화 하는 과정에서 이루어진 측면이 있다. 그 과정에서 가장 노골적으로 드러난 것이 특정한 지역과 사람을 긍정적 존재로, 특정한 지역과 사람을 부정적 존재로 이미지화 시킨 것이다. 여기에 남북분단으로 초래된 반공이라는 이념적 도구가 더해지면서 편견은 더욱 지속되었다. 이를 통해 기득권은 특정한 인물, 지역, 세력을 노골적으로, 때론 은유적으로 비하하면서 자신들을 우월적 존재의 모습으로 포장하면서 그것을 유지해왔다. 이러한 특징은 한국의 영화와 텔레비전에서 오랫동안 끊임없이 변주되면서 반복되고 유포되어 왔다. 이와 같은 경향은 이 시기 몇몇 영화에서 찾아볼 수 있다. 이는 대마도 서부에서 발생한 지진으로 인한 메가 쓰나미가 부산 해운대를 덮쳐 발생한 재난 상황을 묘사한 윤제균의 <해운대(2009)>에서 나타난다.

영화는 2009년 여름 평화로운 해운대의 피서지 풍경과 대형 쓰나미가 올 것으로 예측하면서 상황을 체크하고 있는 국제해양연구소 지질학자 김휘의 모습을 통해 긴장감을 자아내면서 시작된다. 이후 서로 사랑하지만 사랑을 고백하지 못하고 있는 최만식과 강연희, 부산 해운대로 놀러온 서울의 희미와 해양구조대인 만식의 동생 형식 사이의 이야기를 토대로 영화는 전개된다. 따라서 영화에서는 그들 사이의 사랑과 함께 그들 사이를 가로지르는 인간관계, 여기에 재난 영화의 특징이라 할 수 있는 볼거리로써의 거대한 쓰나미가 중심에 위치한다. 이와 함께 영화 속에는 부산 특유의 정서라 할 수 있는 특징들, 즉 속마음을 겉으로 표현하는데 서투르고 거칠지만 의리 있고 순박한 모습의 사람들이 묘사된다. 이는 사랑하지만 자신으로 인해 사망했다고 생각한 연희 아버지의 죽음 때문에 청혼을 하지 못하고 있는 만식의 모습과 자신을 좋아한 희미의 남자 친구를 구하기 위해 쓰나미가 몰려온 바다 속으로 뛰어 들어간 형식의 모습, 탐욕스러운 사람인 줄로만 알았던 작은 아버지 최억조의 희생으로 그동안 드러나지 않은 속 깊었던 그의 따뜻한 마음을 통해 드러난다. 영화는 수많은 희생과 피해를 남긴 채 물러간 쓰나미 이후 만식과 연희가 결혼하게 되고 다시 평화로운 일상을 찾은 모습으로 마무리 되면서 가족, 친구, 지역의 강한 연대의식과 희생, 사랑, 진심을 통해 재난을 극복하는 과정이 묘사되고 있다. 이것은 'since 1930 우리가 어데 남인교?'라는 만식 어머니가 운영하는 식당의 벽지 포스터를 통해 그 의미가 강하게 드러난다. 따라서 이 문구는 부산이라는 지역과 사람들에 대한 강한 연대감을 의미하고 있는 상징적 표현이라 할 수 있다. 문제는 이것이 1992년 대통령 선거에서 특정한 지역 사람들끼리의 연대감을 강조하기 위한 정치적 목적과 연결되었던 과거의 부정적 의미를 지니고 있다는 점이다. 이러한 역사성에도 불구하고 이 문구가 영화 속에서 그대로 사용되었다는 것은 역사적 인식을 초월한 의식이 특정한 지역에서 여전히 지속되고 있음을 보여주고 있는 것이라 할 수 있다.

한국사회에 내재되고 있는 이러한 사고방식을 소재로 삼은 영화로는 광주 출신 순정만화가 조현준과 부산 출신 진다홍 사이의 결혼 문제가 지역감정으로 인해 겪게 되는 다양한 상황을 코믹적으로 묘사한 김진영의 <위험한 상견례(2011)>를 들 수 있다. 영화에서는 이를 야구선수였던 아버지들 사이의 문제로 연결시키면서 이전 세대부터 형성된 한국사회에 내재되어 있는 편견의 문제를 드러낸다. 또한 경상도와 전라도의 사투리로 화제가 된 영화 <황산벌(2003)>에 이어 나·당 연합군의 고구려 침공을 묘사한 이준익의 <평양성(2011)>도 특정한 시각에 의해 주도된 역사적 관점에 근거하고 있는 것이라 할 수 있다. 이러한 일련의 영화들에서 코믹적 요소로 특정한 지역 사이의 의도적 통합은 오히려 한국사회 속에서 이용된 지역감정의 폐해와 문제점의 존재를 인식하게 하는 것과 다르지 않다. 특히 조근현의 <26년(2012)>은 이러한 흐름을 고착화시키면서 지속화하고 있다.

영화는 '1980년 5월, 대한민국 국군이 민주화를 요구하는 무고한 시민들을 학살했으며, 이때의 사망자, 부상자 수는 총 4,122명이었고, 당시 군의 최고 권력자는 이 만행을 발판으로 대한민국 11대 대통령이 되었다'라는 자막으로 시작된다. 그리고 국가대표 사격선수인 심미진의 사격 장면에 이어 타이틀이 등장하고 1980년 5월, 광주라는 자막과 함께 애니메이션으로 젊은 부부가 어린 딸의 이름을 짓기 위해 서로 이야기하는 도중 어디선가 날아오는 총에 의해 심미진의 엄마가 사망하는 장면이 제시된다. 이어서 광주 도청 앞 시위 군중들의 모습과 군인들의 총격으로 권정혁의 누나가 사망하는 장면과, 시체로 발견된 곽진배 아버지의 모습이 보여진다. 화면은 다시 11대 대통령의 취임식, 1983년 대통령의 활동, 1988년 12대 대통령의 퇴임 만찬, 1997년 특별 사면되어 사저로 돌아온 전두환의 모습이 차례로 이어진다. 이후 계엄군이었던 보안업체 김갑세 회장의 비서이자 아들인 김주안이 전두환을 응징하기 위해 5.18유가족인 국가대표 사격선수 심미진과, 경찰관이 되었지만 누나의 죽음으로 고통받고 있는 권정혁, 광주의 건달 곽진배를 모은다. 영화는 그들의 암살 모의와 실행 장면들을 보여주면서 깨진 창문 사이에 위치하고 있는 그 분을 향한 심미진의 저격 장면과 총소리로 마무리된다. 5.18광주항쟁의 비극성과 주모자인 전두환을 제거하기 위한 과정을 다룬 이 영화는 의도와 달리 특정한 지역의 문제로 경계 지어졌다는 점에서 적지 않은 문제점을 노출시키고 있다. 이는 그 분을 저격하기 위한 심미진의 모습에서 드러나는데, 특히 '해태 타이거즈'라는 프로 야구단을 상징한 모자를 쓰고 있는 것은 1982년 지역적 연고를 기반으로 출범한 프로 야구단의 역사에 비추어 볼 때 그녀의 행위뿐 아니라 광주항쟁이라는 역사적 사건을 특정한 지역으로 한계 지음으로써 한국사회에서 조장된 지역적 편견을 고착화시키는 작용을 하고 있다는 점이다. 이런 측면에서 이 영화는 한국사회 속에 내재되어 있는 편견이라는 인식에서 벗어나고 있지 못하고 있을 뿐만 아니라 오히려 고착화시키는 역할을 하고 있다고 볼 수 있다.

영화감독은 역사를 영화화할 때 무엇보다 객관적인 자료에 근거하여 자신의 역사적 관점을 묘사하여야 한다. 이것은 단순히 영화의 내용뿐 아니라 그것을 표현하는 형식적 요소도 유기적으로 체계화되어야 함을 의미한다. 이와 같은 세밀함이 결여되어 있으면 영화는 감독의 의도와 달리 언제든지 다른 의미로 해석될 수 있는 여지를 제공하는 셈이 된다. 특히 그것이 한국사회 속에서 편향되고 불균형적인 기존의 인식이 강하게 작동되는 부분이라면, 그 묘사는 더욱 신중하고 세밀해야만 하는 것이다. 그러므로 영화감독은 창작의 자유를 거론하면서 역사를 임의대로 대상화해서, 임의대로 해석 할 수 있는 자유에 신중해야 한다. 한국사회에서 지속된 이러한 편견의 실체는 2016년에 개봉된 이경미의 <비밀은 없다>에서 노골적으로 나타난다.

영화는 젊은 뉴스 앵커 출신 김종찬이 한국당 국회의원으로 '대산시' 선거 지역에 출마한 상황을 보여주면서 시작된다. 그는 무소속으로 출마한 4선 의원인 노재순과 치열한 선거운동을 벌인다. 영화는 김종찬의 선거와 함께 그가 자신의 딸 김민진 문제로 만나게 된 담임선생 손소라와 불륜으로 벌어진 비극적 사건을 다루고 있다. 그는 손소라와의 성관계 동영상을 가지고 협박하는 사람이 자신의 딸인지 모르고 사람을 시켜 살해하도록 한다. 즉 아버지가 자신의 불륜사실이 탄로 날까 사람을 시켜 딸을 죽인 셈이다. 이러한 비극적 사실과 함께 영화에서는 선거 국면에서 벌어진 특정한 지역에 대한 비난이 노골적으로 드러난다. 특히 경상도 사투리를 쓰고 있는 지역 '대산시' 선거에서 노재순 캠프는 김종찬의 부인 김연홍이 전라도 출신이라는 사실을 문제 삼아 다음과 같이 공격한다. "염병으로 애가 죽어도 밤일은 숨넘어가듯이 한다"는 말과 그녀가 광주 토박이라는 사실을 인터넷에 올릴 뿐만 아니라 홍어라는 단어가 적혀있는 피켓을 들고 있는 선거운동원의 모습 등을 통해 끊임없이 전라도 사람들을 비하한다. 특정지역에 대한 이러한 직접적 비하는 김연홍이 자신의 딸이 변사체로 발견되고 난 후 김종찬에게 한 말로 대응된다. 그녀는 우선 '대산시'를 미친 동네로 표현한다. 즉 "미친 동네에서는 아무도 믿으면 안 돼. 여기는 근본도 없고 썩어빠진 동넨게"라고 말한다. 이어서 그녀는 "믿기 어렵겠지만 이 동네가 좋았다. 여기는 내 남편이 태어난 곳이고 내 딸이 자라날 곳이다"라고 언급한다. 그녀의 내레이션은 특정한 지역을 비이성적 집단과 사람으로 묘사하는데, 연홍이 자신의 딸의 죽음을 추적하던 중 모든 사실을 알게 됨으로써 그들의 이중성이 폭로된다. 이후 그녀는 자신의 딸이 가지고 있던 남편과 담임 선생과의 성관계 동영상 파일을 상대편인 노재순의 선거사무실에 보냄으로써 사건을 마무리한다. 따라서 영화는 두 가지 축으로 구성되어 있다. 하나는 김종찬을 둘러싼 불륜으로 인한 파국적 상황을 들 수 있고, 다른 하나는 선거라는 프레임을 통해 경상도가 전라도를 어떻게 인식하면서 비하하고 있는지를 묘사하고 있는 것이다.

이처럼 이 시기 한국영화에서는 편향되고 왜곡되어 관습화된 유산이 제거되지 않고 무비판적으로 승계되어 지속되고 있는 경향의 몇몇 영화들이 등장하였다. 이들 영화들은 특정한 지역의 동일체성을 강조하거나 특정한 역사적 사건을 프레임화 하여 공간적으로나 시간적으로 한계 지으면서 폄훼하는 형태를 취한다. 일반적으로 창작의 목적은 인간 사회의 모순과 관습화된 인식, 그 체계를 지적하고 비판하면서 사고의 영역을 확장하는데 기여함으로써 역사를 발전시키는데 있다. 그러므로 편향되고 왜곡된 논리를 그대로 수용하는 것은 창작의 근본 목적에 대한 무지와 연결된다. 영화를 만드는 행위도 이와 크게 다르지 않다고 할 수 있다.

5. 인간의 본성과 사람의 속성, 실체

인간의 서로 다른 본성

인간에게는 선함과 악함이라는 서로 다른 극단적 본성이 존재한다. 이에 대한 논의는 지금까지 수많은 사람들에 의해 지속되어 왔다. 그리고 이것은 "우리 몸 안에 선 또는 악의 씨앗이 뿌리내려 있는 것인지, 인간의 본성은 타고난 것인지, 아니면 외부 환경과의 교호 작용 속에서 만들어지는 것인지, 더 나아가 인간 본성이라는 것이 있기나 한 것인지 등의 문제로"[52] 논의되었다. 맹자와 순자의 성선설과 성악설에서부터 그 두 가지 서로 다른 요소가 인간 내부에 공존하면서 끊임없는 갈등 구조 속에서 살고 있다는 요한 볼프강 괴테(Johann Wolfgang von Goethe)를 거쳐 인간의 본성을 사회적 관계 속에서 파악하고자 한 카를 마르크스(Karl Marx)에 이르기까지 인간 본성에 대한 탐구는 끊임없이 이어져오고 있다. 그 중에서도 괴테의 『파우스트

---

52) 홍일립, 『인간본성의 역사』, 에피파니, 2017, 978쪽.

(Faust)』에 나타난 "내 가슴 속에 두 개의 영혼이 깃들어 있으니, 그 하나는 음탕한 사랑의 쾌락 속에서 달라붙는 관능으로 현세에 매달리려 하고, 다른 하나는 억지로라도 이 속세의 먼지를 떠나 숭고한 선조들의 광야로 오르려 하는 것이다"[53]라는 대사는 현실 세계에 집착하는 인간의 욕망이자 현실 세계로부터 벗어나 새로운 천상의 세계로 가고자 한 인간의 또 다른 욕망을 의미한다. 이러한 현시적 모습들이 인간에게 드리워져 서로 다른 형태의 정반대 유형의 정서로 나타난 것은 특정한 이 시기의 영화들에서 찾아볼 수 있다. 이것은 일상 속에서 가족, 친구, 연인 등을 향한 순수하면서 헌신적인 선한 마음과 정서를 통해 드러나기도 하지만 잔인함과 사악함 그 자체로 나타나기도 한다.

　이와 같은 특징은 2008년 개봉한 초능력을 상실하였지만 스스로를 슈퍼맨으로 인식하여 소소한 일상에서 어려운 상황에 처한 사람들을 도와주는 남자를 묘사한 정윤철의 <슈퍼맨이었던 사나이>, 자신도 알지 못하는 사이 아버지와 할아버지가 된 연예인 남현수를 통해 가족의 소중함을 일깨워 준 강형철의 <과속 스캔들(2008)>, 선생님을 향한 양미숙의 오랜 사랑을 코믹한 로맨스로 풀어낸 이경미의 <미쓰 홍당무(2008)>, 그리고 결혼과 함께 베트남 전쟁에 참전하게 된 남편 상길을 우여곡절 끝에 만남으로써 그를 향한 아내 순이의 진실한 사랑을 묘사하고 있는 이준익의 <님은 먼 곳에(2008)> 등에서 나타나는데, 이들 대부분은 인간 본래의 선하고 순수한 감정의 정서에 기반하고 있는 영화들이다. 여기에 헤어진 연인들의 모습을 몽유병을 통해 표현하면서 서로에 대한 미련을 묘사한 김기덕의 <비몽(2008)>, 루게릭병을 앓고 있는 종우에 대한 장례 지도사 지수의 헌신적이고 애틋한 사랑을 묘사한 박진표의 <내 사랑 내 곁에(2009)>, 소설가가 되고 싶었던 박애자와 암에 걸린 엄마와의 여행을 통해 서로에 대해 속 깊은 이해와 모녀의 사랑

---

53) 요한 볼프강 폰 괴테, 이인웅 옮김, 『파우스트1』, 문학동네, 2017, 75쪽.

을 묘사한 정기훈의 <애자(2009)>, 중국과 합작영화로 국적을 넘은 사랑을 묘사한 허진호의 <호우시절(2009)>도 이러한 유형에 속한다. 그리고 과거 봉인되었던 요괴들이 등장하여 세상을 어지럽히자 그들을 잡는 조건으로 봉인에서 풀려난 전우치의 일탈을 제어하기 위해 만파식적을 놓고 도사인 화담과의 대결을 묘사한 최동훈의 <전우치(2009)>도 평온한 세상을 지향한다는 측면에서 인간의 선한 본래적 정서와 연결된 영화라 할 수 있다. 또한 연애에 서툰 젊은 남녀를 연결해주는 김현석의 <시라노 연애조작단(2010)>도 궁극적으로 인간의 선한 의도에 기반하고 있다. 이와 다르게 인간의 정서를 선과 악이라는 대립적 관계를 통해 묘사한 영화로는 김민석의 <초능력자(2010)>을 들 수 있다.

영화에서는 이를 누구와도 눈을 마주치지 않고 자신의 특별한 능력인 초능력을 이용해 범죄를 저지르면서 살아가는 초인과 교통사고로 다니던 직장을 잃고 유토피아라는 전당포에서 일하고 있는 성실하고 유쾌한 성격의 또 다른 초능력자인 규남을 통해 묘사한다. 초인은 자신의 특별한 능력으로 돈을 훔치려 하지만 규남에게 가로막혀 그의 소중한 사람을 죽이게 된다. 이로 인해 그들의 관계는 선과 악의 대결로 전환된다. 이러한 형태는 영화가 선과 악이라는 구조를 통해 인간의 순수하고 선한 정서와 탐욕스런 악한 정서를 드러내고 있는 것이라 할 수 있다. 이것은 어떠한 인간적 면모도 드러내지 않지만 현실이라는 지옥에서 벗어날 수 있고, 미래를 기대하게 하는 것이 있다면, 그것이 사랑일 수 있음을 2011년에 개봉된 김태용의 <만추>에서 묘사된다.

영화는 남편의 폭력으로 살인자가 된 애나가 어머니의 사망 소식에 수감된 감옥으로부터 7년 만에 72시간의 외출을 허락받아 버스를 타고 시애틀로 향하면서 시작된다. 버스에서 애나는 누군가에 쫓기고 있는 훈을 만나면서 그와 미묘한 사랑의 감정에 휩싸인다. 버스에서의 짧은 만남에도 훈은 애나를 향해 결혼하겠다고 하고 그녀가 출소하는 날 그들이 잠시 머물렀던 휴게소에서 다시 만나자는 지키지 못할 약속을 한다. 이후 영화는 감옥에서 출소한 애나가 훈이 말했던 그 장소에서 누군가를 기다리고 있는 모습으로 마무리된다. 이로써 영화는 고단하고 힘들었던 현실 속에 그들의 짧은 만남과 사랑을 묘사하면서 인간이 존재하고 살아가는 이유에 대한 근원적 질문을 던진다. 인생황혼기 노인들의 고독과 죽음, 사랑을 묘사한 2011년 개봉한 추창민의 <그대를 사랑합니다>도 이와 같은 흐름 속에 있는 영화라 할 수 있다. 이러한 정서적 반향은 주로 과거의 추억을 소환하면서 묘사된다. 이는 과거와 현실을 넘나들면서 여고시절 칠공주라 불렸던 7명의 여성들을 묘사한 강형철의 <써니(2011)>에서 나타난다.

영화는 돈 잘 버는 유능한 남편과 결혼한 임나미의 평범한 일상과 등교하는 여고생들의 모습을 보여주면서 그녀가 수술로 입원해 있는 엄마의 병원을 찾고 난 후 자신의 여고시절 앨범을 펼쳐보는 장면으로부터 시작된다. 이는 엄마와 같은 병원에 입원해 시한부 삶을 살고 있는 친구 하춘화와 우연히 재회하면서 여고시절 친구들을 만나고 싶다는 그녀의 말에 의해 그들을 차례로 찾아나서는 나미의 모습으로 이어진다. 그러므로 영화는 임나미의 시선으로 현재적 관점에서 과거 여고시절을 회상하는 방식으로 전개된다. 이는 전라남도 벌교에서 서울 진덕여고로 전학 온 1980년대 임나미의 여고시절과 이 시기의 다양한 사회적 풍경, 즉 애국가가 울려 퍼지면 가던 걸음을 멈추고 길 위에 서있는 장면, 시위하는 대학생들과 전경들의 모습 등이 겹쳐지면서 칠공주라 불리는 7명의 여고시절이 묘사된다. 즉 주부로 살고 있는 임나미와 하춘화에 이어 보험설계사가 되어 있는 김장미, 욕쟁이 황진희, 시어머니와 어렵게 살아가고 있는 서금옥, 전라도 출신 새엄마로 인해 나미를 이유 없이 싫어했던 정수지, 술집을 전전하는 모습으로 전락한 미스코리아가 꿈이었던 류복희의 모습이 과거와 번갈아 보여진다. 현재의 삶과 순수하고 즐거웠던 여고시절이 교차되면서 영화는 하춘화가 사망하자 그 동안 흩어졌던 친구들이 하나 둘씩 장례식장에 모이게 되고, 그 곳에서 임나미는 자신의 재산을 친구들에게 남겨준 춘화의 유언장을 낭독한다. 그리고 그 동안 자취를 감췄던 수지가 장례식장에 나타나 여고시절 축제 때 추지 못했던 춤을 노래 '써니(Sunny)'에 맞춰 추면서 영화는 마무리된다. 영화는 이처럼 1980년대라는 시대적 배경 속에서 즐거웠던 여고시절로 기억된 시기를 소환하여 시간이 흐른 후 현실 속 다양한 인생을 묘사하고 있는 것이다. 이는 아름다운 기억으로 존재하고 있는 여고시절의 순수한 정서를 통해 각박한 삶을 살아가고 있는 현실 속 친구들과 사람들에게 일종의 치유의 선한 정서로 작용하게 한다.

귀신이라는 초월적 요인에 의해 서로를 향한 마음이 방해받기도 하지만 궁극적으로 마술사 조구와 강여리 사이의 사랑을 로맨틱 코미디 수법으로 묘사하고 있는 황인호의 <오싹한 연애(2011)>도, 무뚝뚝한 의사 남편의 아내로서, 바쁜 일상에 쫓기고 자신만 아는 자식들의 어머니로서, 치매에 걸린 시어머니를 돌보고 있는 며느리로서, 가족들을 위해 살다 정작 자신의 건강을 잃게 되어 암으로 죽게 되는 한 여성의 삶을 묘사한 민규동의 <세상에서 가장 아름다운 이별(2011)>도 우리시대의 평범한 사람들의 모습을 헌신과 사랑이라는 개념으로 묘사하고 있다. 이러한 인간의 본성을 자극하고 있는 영화로는 음주 폭행사건에 휘말린 프로야구 김삼남 투수가 청각장애아들로 구성된 충주성심학교 야구부 임시코치직을 맡게 되면서 선한 감성의 인간으로 변모해 가는 과정을 다룬 강우석의 <글러브(2011)>와 야구선수 최동원, 선동열 사이의 치열했던 경쟁관계를 인간적 면모와 함께 묘사한 박희곤의 <퍼펙트 게임(2011)>, 또한 멀어져간 아내를 통해 아내의 소중함을 다시 알게 된 민규동의 <내 아내의 모든 것(2012)>, 1980년대를 거쳐 1990년대 민주화에 대한 열망과 함께 그 동안 잃어버렸던 젊은 시절의 꿈이었던 댄스가수에 도전하는 정화와 우연한 기회에 서울시장 후보가 된 정민의 모습을 묘사한 이석훈의 <댄싱퀸(2012)>도 현실이라는 문제로 포기했던 과거의 꿈에 다시 도전하고 있다는 측면에서 위와 같은 범주의 영화라 할 수 있다. 오히려 인간의 순수한 정서를 보다 직접적으로 다룬 영화로는 조성희의 <늑대소년(2012)>에서 찾아 볼 수 있다.

영화는 과학적 실험을 통해 만들어진 늑대소년 철수와, 요양을 위해 엄마와 함께 강원도 시골에서 머물고 있는 소녀, 순이 사이의 순수한 이야기를 다루고 있다. 이것은 철저하게 고립된 상태에서 살아 온 다른 유형의 소년 철수가 자신을 향해 손을 내밀어준 소녀에게 애틋한 감정을 가지게 되는 상황, 이를테면 위기적 상황에서는 위협적인 야성의 본능을 드러내 어려움에 처하기도 하지만 할머니가 되어 돌아온 소녀를 여전히 기다리고 있는 모습, 즉 편지와 기타를 전하는 장면은 마치 동화책을 읽고 있는 것처럼 그동안 잊어버리고 지내왔던 순수한 사랑의 정서를 사람들에게 다시 복원시키고 있는 것이라 할 수 있다. 이와 같은 정서는 이용주의 <건축학 개론(2012)>에서도 나타난다.

영화는 건축 설계사가 된 이승민에게 어느 날 첫사랑이었던 양서연이 15년 만에 불쑥 나타나 제주도 바닷가에 자신을 위한 집을 설계해 달라고 부탁하는 모습으로 시작된다. 자신의 이름으로 처음 집을 짓게 된 승민은 서연의 집을 지으면서 대학시절 서연과의 기억을 떠올린다. 따라서 영화는 서른다섯 살의 현재와 스무 살 젊은 시절이 번갈아 묘사되면서 전개된다. 그러므로 영화는 아직 결혼하지 않은 상태로 건축 설계 사무실에 다니고 있는 승민과 의사와 결혼했지만 3년 전 이혼한 서연의 상황에 그들이 만났던 스무 살 순수했던 과거 대학시절의 모습이 영화의 중심에 위치한다. 이후 영화는 음대생이었던 서연이 승민을 처음 만나게 된 '건축학 개론' 수업 장면과 과제를 같이 하면서 음악도 함께 들었던 마음 설레었던 대학 1학년 시기,

강남으로 이사 간 이후 서연에 대한 오해로 멀어진 상황들이 이어진다. 이러한 모습들은 영화에서 그들이 과거의 추억을 되살려 사랑을 완성해 가는 기대를 갖도록 의도하지만 승민이 약혼녀와 유학을 떠나는 장면을 통해 허물어진다. 이어서 영화는 첫눈 올 때 만나자는 그들의 약속을 다시 불러내지만 서연에 대한 오해로 승민이 약속장소에 나타나지 않고 그곳에서 시디 플레이어로 혼자 음악을 듣는 서연의 모습으로 마무리된다. 이 장면을 통해 영화는 서툴고 순수했던 지나간 과거의 시간을 불러옴으로써 어긋나 있는 현실에 더욱 깊은 여운의 정서가 남도록 한다. 또한 인간의 선한 정서는 가족과의 관계를 통해서도 묘사된다.

삶을 스스로 꾸릴 능력이 없는 자식들이 하나둘씩 엄마의 집에 모여들어 함께 살게 되면서 벌어지는 일상을 다룬 송해성의 <고령화 가족(2013)>도 이와 같은 유형의 영화라 할 수 있다. 특히 '누구에게나 전성기가 있으며 어디선과 삶은 지속되고 인간의 삶은 주어진 대로 의미가 있다'는 말은 이들 가족과 인간의 삶에 대한 긍정적 의미와 가치를 상기시켜주고 있는 것이다. 영화에서 인간의 선함은 주로 순수하고 아름다웠던 과거의 시기를 소환함으로써 이루어진다. 이런 방식은 2014년에 개봉된 황동혁의 <수상한 그녀>에서도 나타난다.

영화에서는 이를 자식을 위해 치열하게 살아왔지만 나이가 들어 요양원에 가게 된 오말순을 통해 묘사된다. 오말순은 자신이 요양원으로 갈 수 있음을 알게 된 후 심란한 마음으로 밤거리를 거닌다. 그리고 그녀는 오드리 헵번 사진이 걸려있는 사진관을 보고 영정사진이나 찍어야 겠다는 마음으로 '청춘사진관'으로 들어간다. "50년은 더 젊어 보이게 해 드릴게요"라는 사진사의 말과 함께 영화는 19살, 20살 시절로 바뀐 오말순을 보여준다. 이어서 손자인 반지하의 밴드 보컬로 노래하면서 자신의 재능을 뽐내는 오말순의 모습에 파독광부로 파견되어 사망한 남편의 모습 등과 같은 그녀의 고단했던 지나온 삶의 장면들이 이어진다. 이러한 그녀의 헌신적이고 희생적인 삶은 피를 흘리면 세포가 노화되어 다시 늙어버린다는 사실을 알고 있음에도 교통사고를 당한 손자에게 수혈을 해주며 다시 할머니로 돌아가는 것을 주저하지 않으면서 "좋은 꿈꾸었네, 참말로"라는 말과 함께 마무리된다. 이로써 영화는 자식과 가족을 위해 헌신한 어머니, 할머니로서의 모습을 의미화하고 있다.

인간의 순수한 정서를 자극하는 것은 2014년 개봉된 한동욱의 <남자가 사랑할 때>에서도 나타난다. 여기서는 냉혹하고 폭력적인 사채업자 한태일이 병든 아버지를 모시며 수협을 다니고 있는 주호정을 사랑하게 되면서 변화하는 모습으로 묘사된다. 이를 통해 영화는 인간을 변화시키는 순수한 사랑의 의미를 상기하도록 만든다. 강형철의 <타짜: 신의 손(2014)>도 이러한 범주에 속해 있으며, 범죄의 행위를 바둑의 다양한 수법을 통해 묘사한 조범구의 <신의 한수(2014)>에서도 신의 한 수는 없다고 하면서 하루하루 묵묵히 사는 것, 그것이 최선이라는 가장 평범하고 보편적인 진리를 역설적으로 확인해주고 있다. 고등학교를 졸업한 스무 살 청년들의 모습을 유쾌하게 다룬 2015년에 개봉된 이병헌의 <스물>도 과거 어린 시절의 정서를 묘사하고 있다는 측면에서 이와 같은 범위의 영화에 속한다고 할 수 있으며, 1970년대 송창식, 윤형주, 조영남 등의 통기타 가수들의 활동을 재현함으로써 과거를 낭만적으로 묘사한 2015년 개봉한 김현석의 <쎄시봉>도 이러한 기조 위에 있는 영화이다. 뿐만 아니라 실재 사건을 토대로 다큐멘터리 방식을 통해 8,750미터 에베레스트 데쓰 존(Death Zone)에서 조난당한 후배 대원들의 시신을 수습하기 위해 위험을 무릅쓴 엄홍길 대장과 휴먼원정대를 묘사한 이석훈의 <히말라야(2015)>도 동료들에 대한 도덕적 책임감과 함께 순수하고 선한 인간애를 다루고 있는 영화라 할 수 있다. 인간을 향한 인간의 선함은 치매 노인을 소재로 하고 있는 강제규의 <장수상회(2015)>에서도 나타난다.

영화는 이를 동네 재개발 추진을 완강히 반대하고 해병대 110기로 베트남 전쟁에 참여하여 달러를 벌어들였다는 자부심으로 장수마트에서 일하면서 혼자 살아가고 있는 노인 김성칠을 통해 묘사한다. 그런 그에게 어느 날 자신의 앞집에 임금님이라는 고운 할머니의 가족이 이사 온다. 그들을 향한 무뚝뚝한 태도의 김성칠은 시간이 흐르면서 점차 호감으로 바뀐다. 이와 같은 상황은 치매에 걸린 김성칠이 새로운 공간에서 새롭게 시작하도록 도운 가족의 배려에 의한 것이다. 즉 그들이 젊었을 때 처음 만나 사랑하고 결혼하여 지내왔던 것과 유사한 상황을 만들어 잃어버린 과거의 기억과 함께 새로운 삶을 다시 살아가도록 한 것이다. 치매에 걸린 노인 김성칠에 대한 가족들의 이러한 따뜻한 모습은 이 시기 많은 사람들에게 특별한 의미로 다가오게 했다. 지나간 시간과 세월은 비록 그것을 잊어버렸다 해도 언제나 아름답고 순수한 것으로 사람들에게 기억되기 마련이다. 영화는 바로 이러한 감성을 자극하고 있는 것이라 할 수 있다. 또한 인간이 지니고 있는 본래의 특성을 외부적 요소에 의해 결정하게 함으로써 그 본성을 회피하거나 재규정하는 형태의 영화도 이 시기에 등장했다. 이런 특징은 종교적 의미를 다룬 영화에서 주로 묘사된다. 장재현의 <검은 사제들(2015)>이 이런 경우에 속한다고 할 수 있다.

영화는 마치 범죄 스릴러와 같은 방식으로 김범신 신부와 엄격한 심사를 거쳐 선발된 최부제가 교통사고를 당한 소녀, 영신의 몸에 악령이 들어감으로써 의문의 증상을 보인 그녀를 구하는 장면을 묘사하고 있다. 영신의 몸속에 들어간 악령은 비밀결사체로 불린 장미십자회에서 쫓고 있는 12형상 중 하나로 반드시 봉인해야만 하는 것이다. 그것은 악령이 그녀의 몸으로부터 풀려나 세상을 어지럽히는 것을 막아야 하기 때문이다. 이는 악령이 더 큰 힘을 발휘하지 못하도록 소녀 영신이 온 힘을 다하여 악령을 붙잡고 있는 상황에서 지옥으로 소환당하도록 해야 함을 의미하기도 한다. 따라서 장미십자회 소속인 김범신 신부에게는 최부제와 함께 악령을 쫓는 퇴마의식을 통해 영신과 세상을 구원해야 하는 임무가 주어진 것이다. 그들은 악령으로부터의 온갖 위협과 협박에도 불구하고 영신을 살리는 퇴마의식을 성공시킨다. 특히 영화에서는 퇴마의식을 거행하면서 김범신 신부가 최부제에게 '짐승은 자기보다 큰 것은 덤비지 않으며, 그들이 하는 말에 두려워하지 말고, 그들의 얼굴에 떨지 말라'는 말로 악령을 쫓는 장면을 통해 다양한 의미로 해석될 수 있는 여지를 제공한다. 이는 악령의 본질적 특성을 규정하는 것으로 인간 세상의 평온한 질서와 선한 행위가 보이지 않은 거대한 악령과 같은 존재로부터 끊임없이 위협받을 수 있음을 보여주고 있는 것이라 할 수 있다. 인간의 선한 본성을 다소 코믹하게 묘사한 영화로는 2016년에 개봉된 이계벽의 <럭키>를 들 수 있다.

영화에서는 이를 목욕탕에서 비누를 밟아 넘어져 과거의 기억을 잃어버린 전문 킬러 최형욱과 그의 부유한 삶을 잠시 누린 배우 지망생 윤재성을 통해 묘사하고 있다. 과거를 잃어버린 형욱은 목욕탕 열쇠를 바꿔치기 한 재성으로 인해 배우 지망생 재성으로 살아가면서 배우가 되기 위해 노력한다. 그 과정에서 그는 과거의 기억을 되찾았음에도 불구하고 더 이상 전문 킬러로서가 아니라 배우의 길을 가게 되고 성공하여 재성과 촬영장에서 만나면서 영화는 마무리된다. 영화는 냉혹한 전문킬러에서 배우로의 변화를 통해 인간 본성에 내재되어 있는 선함으로 향하는 모습을 보여주고 있다.

반면 냉혹하고 잔인한 모습을 통해 인간이 지니고 있는 또 다른 유형인 악한 본성을 드러내는 영화들도 이 시기에 등장했다. 이런 종류의 영화들은 피로 얼룩진 폭력과 냉혹한 살해 장면을 직접적으로 묘사하면서 악한 인간의 본성을 드러낸다. 이와 같은 특징은 여성들을 무차별적으로 살해한 범인의 잔혹한 행위를 묘사하고 있는 나홍진의 <추격자(2008)>, 전당포를 운영하면서 살아가고 있는 전직 특수요원 차태식이 홀로 방치된 어린 소녀 장소미를 돕기 위해 장기밀매와 적출을 일삼고 있는 마약거래 범죄 집단을 잔인한 방식으로 응징하는 모습을 다루고 있는 이정범의 <아저씨(2010)> 등에서 나타난다. 그리고 나홍진의 또 다른 영화 <황해(2010)>에서도 이와 같은 특징들이 드러난다.

네 개의 에피소드로 구성된 <황해>의 첫 번째 에피소드 '택시운전수'에서는 한국으로 돈 벌러 간 아내로부터 소식이 끊긴 상황과 도박으로 진 빚을 갚기 위해 살인청부를 받고 한국으로 향하는 중국 조선족 김구남의 모습을 묘사하고 있고, 두 번째 에피소드 '살인자'에서는 한국에 온 김구남이 아내를 찾으러 다니는 모습과 자신의 청부살인 대상인 김승현 교수가 다른 사람에게 살해당하면서 자신이 오히려 살인혐의를 받고 쫓기는 신세로 전락한 상황을 다루고 있으며, 세 번째 에피소드 '조선족'에서는 버스회사 대표인 김태원이 사업 갈등으로 살해한 김승현과 연관이 있는 김구남과 조선족 깡패 두목 면정학을 없애기 위해 그들을 쫓지만 오히려 그들로부터 역습을 당하는 장면과 김구남의 부인, 리화자가 한국에서 만난 남편에 의해 토막 살해되었다는 사실이 묘사된다. 특히 이 에피소드에서는 김태원의 부하들을 태연하게 살해하고 토막 내서 버리는 면정학 부하들의 잔인한 모습을 보여준다. 네 번째 에피소드 '황해'에서는 김승현의 아내가 김정환이라는 남편 회사의 과장과 내연의 관계에 있음을 암시하면서 김태원과 면정학이 죽고 화장한 아내의 유골을 가지고 황해를 건너 중국으로 향하는 배에서 김구남이 출혈로 사망하면서 마무리된다. 영화에서는 범죄와 얽혀있는 사람들 관계를 묘사하면서도 사람을 살해할 때 어떠한 감정의 동요도 보이지 않은 중국 조선족의 잔인한 모습을 통해 인간의 악한 본성을 묘사하고 있다. 이런 특징은 국정원 경호 요원인 김수현의 약혼녀, 장주연이 한밤중 살인자, 장경철에게 이유없이 살해당한 후 똑같은 방식으로 복수하는 김수현을 묘사한 김지운의 <악마를 보았다(2010)>에서도 나타난다.

영화는 이를 눈 내리는 밤 자동차 고장으로 견인차를 기다리고 있는 장주연을 망치로 내리친 후 의식을 잃고 피 흘리고 있는 그녀를 하얀 눈 위로 끌고 가는 장경철의 모습을 통해 묘사한다. 발가벗겨져 피투성이가 된 채 비닐에 싸인 장주연은 장경철에게 아이를 가졌다고 말하지만 그는 어떠한 감정의 동요도 없이 시체를 토막 내 해체한 이후 이곳저곳에 버린다. 이러한 그의 잔혹한 행위는 또 다른 여성을 상대로 계속되고 심지어 사람고기를 먹는 집단의 엽기적인 행위로까지 이어진다. 장경철이 자신의 약혼녀를 살해한 범인임을 그가 은신하고 있는 창고 하수구에서 발견한 약혼반지를 통해 알게 된 김수현은 똑같은 방식으로 더 고통스럽게 그에게 되갚아주기로 결심한다. 이후 그는 장경철에게 GPS 기능의 캡슐 위치추적기를 투입하고 그의 행동반경을 포착하여 수시로 그를 잡아 강력한 폭력으로 응징한다. 장경철은 김수현이 투입한 위치추적기의 존재를 알아차리고 난 후 그의 장인과 처제를 향해 반격을 한다. 이후 영화는 김수현과 장경철의 서로 쫓고 쫓기는 과정을 게임처럼 묘사하다 장경철의 아버지, 어머니가 보는 앞에서 김수현이 설치해 놓은 살인기구를 통해 그의 목이 잘려나감으로서 마무리 되지만 영화는 잔인한 폭력과 살해 장면들로 가득 채워져 있는 화면을 통해 인간의 악함의 끝이 어디까지인지를 보여준다. 인간의 악함을 다룬 이러한 유형의 영화는 아내를 살해한 혐의를 받고 있는 용의자 한철민을 두고 확실한 증거가 없는 상황에서 무죄를 입증하려는 변호사와 또 다른 범죄와 연루시켜 용의자의 유죄를 입증하려는 검사 측의 법정싸움을 묘사하고 있는 손영성의 <의뢰인(2011)>에서도 나타난다. 특히 범죄를 입증할 수 있는 증거를 암시하고 있는 영화의 마지막 장면을 통해 인간의 사악함과 간교함이 묘사된다.

무엇보다 인간의 잔인함은 타인을 지속적으로 괴롭히는 사악함을 통해 드러나기도 한다. 상대가 자신보다 열등한 조건임을 포착하고 이를 약점 삼아 괴롭히는 행위는 가장 사악하고 잔인한 인간의 표상이라 할 수 있다. 이런점은 친구들의 괴롭힘으로 자살한 아들이 왜 죽어야 했는지 이유를 알기 위해 죽은 아들의 고등학생 친구들을 찾아다니는 아버지의 모습을 묘사한 2011년에 개봉된 윤성현의 <파수꾼>에서 나타난다. 영화에서는 한 친구를 고립시키고 집단적으로 괴롭히는 모습을 통해 인간이 지니고 있는 이기적이고 사악한 인간 본성의 실체를 드러낸다. 또한 자신이 처한 어려움으로부터 벗어나기 위해 혼자 살고 있는 여자 강선영을 살해하고 그녀를 사칭해서 살아가고 있는 차경선의 행복한 삶에 대한 빗나간 욕망을 다루고 있는 2012년 개봉된 변영주의 <화차>도 인간의 극단적 이기심을 드러내고 있는 영화라 할 수 있다. 그리고 15년 전 연곡 연쇄살인범, 이두석을 잡지 못한 채 공소시효가 끝나 사건을 해결하지 못한 죄책감으로 괴로워하는 형사 최형구를 묘사하고 있는 정병길의 <내가 살인범이다(2012)>도 인간의 범죄와 집념에 근거하고 있다. 이와 함께 김기덕의 <피에타(2012)>에서도 인간이 얼마나 잔인해 질 수 있는지와 그 너머에 존재하고 있는 또 다른 이면의 정서를 보여준다.

영화는 돈을 빌리고 갚지 못한 사람들의 신체를 불구로 만들어 보험금을 타내 갚도록 하는 영화 속 인물 이강도를 통해 묘사한다. 이는 영화 시작과 함께 불구가 된 남자가 스스로 목숨을 끊는 장면을 통해 상징화된다. 이어서 영화에서는 빚을 갚지 못한 채무자들에게 가한 이강도의 잔혹하고 냉혹한 장면들이 이어진다. 이들 사이의 잔인함은 채무자들 대부분이 소규모의 작은 공장과 가게를 운영하고 있으며 이강도 역시 대부업체에 고용된 생존이라는 현실의 혹독함에 처해진 사람들이라는 점에 있다. 여기에 이강도의 잔혹하고 냉혹한 모습은 30년 동안 혼자 살아가고 있는 것, 즉 엄마의 부재와 연관되어 있다. 이것은 엄마라고 주장하는 장미선의 등장과 이강도의 변화를 통해 확인된다. 어느 날 그 앞에 엄마라는 한 인물, 장미선이 등장한다. 그녀는 이강도를 향해 자신이 너를 버린 엄마라고 하면서 그의 주변을 배회한다. 그녀의 주장을 믿지 않은 이강도는 자신의 살점을 잘라 미선에게 먹도록 하면서 엄마임을 확인하려 하고 심지어는 미선의 성기를 가리키면서 이곳으로 자신이 나온 것이 맞냐고 하면서 다시 들어가겠다고 한다. 이러한 그의 행위는 현존재인 자신의 삶을 스스로 부정하는 것이기도 하면서 급격한 그의 심리적 상황 변화를 견인하기도 한다. 이는 장미선을 엄마로 인정한 후 이강도의 변화된 모습, 즉 그가 이전과 달리 채무자들에게 다소의 자비를 베풀기도 하고 엄마를 위한 선물을 사는 장면으로 나타난다. 이후 이강도는 채무자들과 자신의 행위를 결정하고 있는 '돈이 무엇이냐'는 근원적 질문을 장미선에게 던진다. 그러자 그녀는 "모든 것의 시작이자 끝이지. 사랑, 명예, 폭력, 분노, 증오, 질투, 복수, 죽음"이라고 말한다. 돈에 대한 이런 그녀의 정의는 자신의 아들이 돈 때문에 자살에 이르게 되었고 인간이기를 포기한 듯한 이강도의 잔인한 행위 역시 돈과 결부되어 있음을 의미한다. 그리고 이강도에 의해 장애인이 된 자가 장미선을 칼로 위협하자 그녀는 '엄마가 버려서 사랑 없이 자라서 그렇다'고 하면서 그를 변호한다. 이로써 영화는 이강도의 행위를 두 가지로 구분한다. 즉 채무자와 이강도 사이의 파멸적 관계를 돈이라는 자본주의의 비정한 세계로 묘사하고 있고, 이강도의 잔혹한 비인간적 행위를 와해된 가족, 즉 엄마의 부재에 의한 사랑의 부재로 묘사하고 있다. 이어서 장미선은 죽은 아들의 복수를 위해 계획대로 납치를 가장해 사라진다. 장미선을 어머니로 여긴 이강도는 그녀를 찾으러 다니면서 자신에 의해 불구가 되어 비참하게 살아가고 있거나 자살한 사람들을 목격한다. 장미선은 자신의 아들이 자살한 공장에서 이강도를 향해 "왜 그렇게 잔인했는지, 돈으로 인간을 시험하는 악마야"라고 하고 난 후 그를 고용한 대부업체 장사장을 찾아가 죽인다. 그리고 장미선은 이전에 심어놓은 소나무가 보이는 버려진 건물 위에서 죽은 아들 상구를 부르면서 "놈은 죽은 거야, 가족을 잃은 고통으로 빈껍데기만 남고 미쳐서 살아가겠지" 하면서 이강도가 불쌍하다고 하고 떨어져 죽는다. 그녀는 아들 상구가 묻힌 소나무 옆에 묻히고 영화는 자신에 의해 불구가 된 사람의 트럭 밑에 매달려 자살하려 한 이강도의 모습으로 마무리된다. 영화는 극단적인 자본주의 사회의 비정함을 이강도와 장미선을 통해 묘사하고 있다. 이것은 돈 앞에 무력해지고 비인간적으로 변하는 파괴적인 인간의 잔인함을 보여주면서도 인간의 잔인한 본성을 회복시킬 수 있는 것은 사랑을 통해 가능하다는 것을 동시에 제시하고 있는 것이라 할 수 있다. 인간의 도덕적 경계와 욕망 사이의 균형이 무너짐으로써 나타나는 파멸적 상황을 묘사한 것은 김기덕의 또 다른 영화 <뫼비우스(2013)>를 통해서도 드러난다.

영화는 남편의 외도에 분노한 아내가 그의 성기를 거세하려다 실패하자 아들의 성기에 치명적 상처를 주고 집을 나가버리는 충격적 장면으로 시작된다. 아버지는 자신으로 인해 불행해진 아들에 대한 죄책감으로 자신의 성기를 제거한다. 심각한 상처를 안고 있는 아들은 동네 불량배들과 어울려 아버지의 불륜상대였던 슈퍼 여주인에 대한 집단 강간 사건에 휘말린다. 아버지는 아들이 성기능 장애라는 모멸적인 실제적 모습을 통해 무죄를 입증한다. 이어서 영화는 아들의 성기를 복원하기 위해 아버지의 성기를 이식하는 수술 장면을 보여준다. 그리고 얼마 후 집을 나갔던 어머니가 돌아온다. 그러나 문제는 정상적으로 기능하지 않던 아들의 성기가 어머니를 향해서 반응을 보인다는 점이다. 이는 어머니가 돌아옴으로써 그 관계는 더욱 파멸적 상황이 될 수 있음을 의미한다. 이것은 아버지를 권총으로 살해한 어머니가 스스로 자살하고 아들이 그 권총으로 자신의 성기를 향해 발사하는 이유가 된다. 이들 사이에 벌어진 성적 욕망을 두고 특정한 시각, 즉 라캉의 욕망이론을 적용하여 분석하기도 하지만[54] 영화는 인간의 본성을 결정지은 근원으로서 인간의 성적 욕망이 내재하고 있음을 경고하고 있는 것이며, 이로부터 벗어날 수 있는 것은 불상을 향해 절을 하는 아들의 모습을 통해 묘사된 구도자와 같은 삶에 있음을 보여주고 있다.

인간의 악한 본성을 다룬 것은 범죄와 관련된 영화에서 주로 나타난다. 이를테면 경찰이 거대한 기업으로 발전한 조직형 범죄 집단에 잠입하여 그 조직의 우두머리가 된다는 유위강(劉偉强)·맥조휘(麥兆輝)의 홍콩영화 <무간도(無間道, 2002)>와 유사한 구조와 내용으로 2013년에 개봉된 박훈정의 <신세계>에서 나타난 다양한 잔혹한 살인 장면은 그러한 전형의 영화라 할 수 있다. 여기에 인간의 내면에 존재하고 있는 악의 표상이라 할 수 있는 폭력과 살인을 이기적인 질투심과 욕망으로 상징화시켜 묘사하고 있는 것은 박찬욱의 <스토커(Stoker, 2013)>에서 엿볼 수 있다.

영화는 "꽃이 자기 색을 고를 수 없듯 내가 무엇이 되든 그건 내 책임이 아니야. 그걸 깨달아야 자유로워지고, 어른이 된다는 건 바로 자유로워진다는 거야"라는 주인공 인디아의 내레이션으로 시작된다. 이어서 화면은 열여덟 번째 인디아의 생일에 갑작스럽게 죽은 아버지 리차드의 장례식이 거행되고, 그때까지 존재를 몰랐던 삼촌 찰리의 등장으로 스토커 가문의 숨겨진 비밀스러운 이야기가 펼쳐진다. 이는 엄마 이블린과 그녀의 딸 인디아만 남게 된 저택에 삼촌 찰리가 머무르게 되면서 삼촌과 이블린, 그리고 인디아 사이의 뒤틀린 애정행각과 아버지의 서랍에서 발견된 사진과 편지에 의해 삼촌의 실체뿐 아니라 아버지의 사망과 이후 일어난 살인사건의 전모를 이해하도록 만든다. 사진과 편지를 통해 인디아는 아버지의 형제가 애초 3명이었다는 것과 그 중 리차드의 사랑을 받은 막내 조나단이 찰리의 질투

---

54) 영화 <뫼비우스>에 대한 분석은 2015년 '한국문학이론과 비평학회'의 『한국문학이론과 비평』 제69집에 실린, 조규찬의 「김기덕의 <뫼비우스>에 나타난 타자의 욕망 양상 고찰」을 참고할 것.

심으로 살해당했다는 사실을 알게 된다. 찰리의 이러한 폭력성과 잔인함은 그가 크로포드 정신병원에 장기간 수감된 근거였고, 이것은 찰리를 데리러 간 리차드가 그를 자신의 딸 인디아 곁에 둘 수 없어 집이 아닌 뉴욕의 아파트에 살도록 하게 한 이유로 작용했다. 찰리는 이러한 형의 행위에 격분하여 그를 돌로 내리쳐 살해한 것이다. 인디아는 그가 등장한 후 주변 인물들이 하나둘씩 사라지고, 찰리가 착용하고 있는 선글라스가 아버지의 것과 동일하다는 사실을 통해 그가 이들의 죽음과 관련 있음을 알게 된다. 그럼에도 불구하고 이블린은 찰리와 밀회를 즐기고 인디아 역시 엄마처럼 삼촌에게 연정을 느낀다. 이는 찰리로부터 뉴욕으로 떠나자는 제안을 받은 인디아와 이를 알게 된 이블린이 그녀 대신 자신을 데려가라고 한 장면을 통해 드러난다. 이러한 이들 욕망의 심리적 갈등은 리차드의 혁대로 이블린을 목졸라 죽이려 한 찰리를 인디아가 사냥총으로 살해하면서 끝이 난다. 이어서 자동차를 타고 집을 떠나는 인디아가 도로 위에서 만난 보안관의 목을 가위로 찌르고, 풀숲으로 도망가는 그를 향해 사냥총을 겨누면서 영화는 마무리된다. 이처럼 영화는 스토커 가문의 어두운 이면과 그들이 와해되어가는 과정을 묘사하고 있다. 그리고 그 과정의 중심에 인간의 이기적인 질투심과 욕망을 위치시킨다. 이것은 조나단에 대한 찰리의 살인 행위로 나타나고, 그런 찰리를 두고 이블린과 인디아의 성적욕망과 찰리에 대한 환상으로 드러난다. 따라서 이기적 질투심은 강한 욕망을 자극하고, 그것은 인간의 악한 본성의 상징이라 할 수 있는 폭력과 살인을 불러오는 근본적 이유가 되는 것이다. 이러한 폭력과 살인은 영화 속에서 아버지와 함께 사냥하는 인디아의 모습을 통해 대물림되며, 이는 "때론 나쁜 짓을 해야 더 나쁜 짓을 안 하게 된다"라는 아버지, 리차드의 말로 뒷받침된다. 나쁜 짓으로 합리화된 이러한 폭력과 살인에 대한 정당성은 스토커 집안의 파국과 연결된다. 이것은 인디아의 내레이션으로 시작된 "꽃이 자기 색을 고를 수 없듯 내가 무엇이

되든 그건 내 책임이 아니야. 그걸 깨달아야 자유로워지고, 어른이 된다는
건 바로 자유로워진다는 거야"라는 암시를 통해 자신으로부터 분리된 도덕,
책임, 양심, 순수 등으로부터 벗어난 자기 합리화라는 괴물의 모습인 것이
다. 따라서 영화는 폭력과 살인의 조건을 인간의 내면에 존재하는 악한 감
정을 어떻게 통제하는 것인가로 귀결시키고 있다고 할 수 있다.

또한 아동성폭력 사건을 다루고 있는 이준익의 <소원(2013)>도 인간의
가장 비열하고 잔혹한 폭력의 상징이라 할 수 있는 이기적인 성적 욕망에
기반하고 있다. 여기에 고등학교 여학생에 대한 집단 성폭행사건을 다룬
2014년에 개봉된 이수진의 <한공주>도 사회적 편견과 인간의 욕망이 잔인
함으로 드러나고 있는 전형이라 할 수 있다.

특히 음악적으로 뛰어난 재능을 지니고 있음을 보여주는 "조용히 머릿속
에 음계를 그리면 눈앞에 순간 음표로 바뀐다"와 "전 잘못한 게 없는 데요"
라는 주인공 한공주의 두 가지 서로 다른 의미의 내레이션으로 시작된 영화
<한공주>는 도망치듯 전학 간 새로운 학교에서 아카펠라 동호회에 가입하
여 노래 부르는 모습으로, 그녀가 수영을 배우는 이유와 한강으로 뛰어드는
마지막 장면에서 한공주를 외치는 소리로 이어진다. 이는 영화의 중심적 의
미를 이루고 있는 것, 즉 그녀가 남학생들로부터 집단 강간을 당하는 장면
과 그 책임을 한공주로 돌리려 하는 가해자 측의 모습, 이에 동조하는 다양
한 사회적 시선들과 연결된다. 이것은 가해자 측 학부모들의 반성 없는 태
도와 당분간 근신하고 있으라는 학교 교장선생의 말, 이혼한 아버지의 합의
탄원서 등을 통해 구체화된다. 이러한 행태는 가해자와 피해자의 역전현상
을 드러낸다. 즉 가해자는 떳떳하고 피해자가 숨어야 하는 한국사회의 뿌리
깊은 성폭력에 대한 잘못된 인식과 남성을 비롯한 인간의 극단적인 이기적
이고 사악한 욕망이 내재되어 있는 것이다. 인간의 간교하고 사악한 본성은
2014년 개봉된 이한의 <우아한 거짓말>에서도 찾아볼 수 있다.

이는 풍족하지는 않지만 엄마 현숙과 씩씩하게 살아가고 있는 두 딸, 만지와 천지를 통해 묘사된다. 영화에서는 여중생인 천지가 화연이라는 친구에 의해 왕따를 당하고 결국에는 자살에 이르게 되는 과정이 묘사된다. 따라서 영화는 천지가 화연의 주도로 어떻게 친구들로부터 왕따를 당하고 괴롭힘을 당했는지를 만지에 의해, 천지가 종이에 써서 남기고 간 실마리를 통해 하나둘씩 밝혀진다. 특히 화연의 거짓말과 비열한 행위는 부모들의 태도와도 연결된다. 이는 천지의 담임선생으로부터 화연이 천지를 괴롭혀서 그들을 떼어놓아야 한다는 말을 들은 현숙이 화연의 엄마가 운영하고 있는 중국집에 찾아가서 "영특하게는 키워도 영악하게 키우면 안되죠"라고 하자 "애를 곰처럼 키우는 당신이 잘못이지"하는 답변을 통해 드러난다. 이를 통해 영화는 학생들의 문제는 학생들 그 자체로서 뿐만 아니라 그 부모로부터 결코 분리될 수 없음을 보여준다. 이것은 학생들의 문제를 부모와 연동시킴으로써 인간 본성의 성립 조건을 기성세대의 사회적 인식, 행위, 책임과 연결시키고 있는 것이다.

문제는 이를 다룬 이 시기 적지 않은 영화들이 결손 가정을 배경으로 하고 있다는 점에 있다. 예컨대 <파수꾼>에서는 어머니의 존재가 뚜렷하게 드러나지 않고 있고, <한공주>에서도 이혼한 부모와 열악한 경제적 상황이 하나의 배경으로 작용하고 있으며, <우아한 거짓말>에서도 아버지가 부재한 상태에서 살아가고 있는 엄마 현숙과 만지, 천지의 불완전한 가정이 묘사된다. 이와 같은 배경 설정은 이것이 일반적이고 보편적인 사회 문제임에도 불구하고 특정한 형태의 가정환경과 연결될 수 있다는 잘못된 인식을 심어줄 수 있다는 점이다. 이러한 경향은 초등학생들 사이의 비극적 문제를 다루고 있는 윤가은의 <우리들(2016)>을 통해서도 이어진다. 인간의 이기심과 잔인함은 이 시기 범죄조직과 행위를 묘사한 영화에서 보다 직접적으로 나타난다. 이런 점은 한준희의 <차이나 타운(2015)>에서 엿볼 수 있다.

영화는 지하철 10번 보관함 앞에 버려진 아이가 사채업자에게 팔려가 일 영이라는 이름을 얻고 일을 하게 되면서 벌어진 사건들을 묘사하고 있다. 그녀는 엄마로 불리는 사채업자의 일을 여느 때처럼 수행하던 중 필리핀으로 돈을 벌러 간 아버지를 둔 박석현을 만나 차이나타운 이외의 또 다른 세계에 대해 알게 된다. 그를 만나면서 거칠고 무자비한 조직 속에서 살았던 일영은 점차 인간적 감정을 지니게 된다. 그녀의 변화를 눈치 챈 엄마는 돈을 갚지 못한 아버지를 대신해 박석현의 장기적출을 명령한다. 사채업자인 엄마는 일영에 의해 살해당하는 것으로 마무리 되지만 영화는 장기적출 장면을 통해 돈 앞에서 어떠한 자비심도 없는 냉혹한 면모를 묘사함으로써 인간의 악한 본성을 드러내고 있다.

이런 측면에서 코믹하게 묘사되고는 있지만 뛰어난 추리실력으로 최대미제살인사건 블로그를 운영하고 있는 강대만과 형사 노태수가 공조하여 살인사건 범인으로 누명을 쓰게 된 친구의 혐의를 벗겨주는 것을 다루고 있는 김정훈의 <탐정: 더 비기닝(2015)>에서도 인간의 악함과 선함이 동시에 존재하고 있음을 보여주고 있다고 할 수 있다. 괴테가 파우스트를 통해 인간 내면의 이중성을 언급한 것처럼 선과 악에서 헤매고 있는 인간의 모습을 묘사한 것은 나홍진의 <곡성(2016)>을 통해 드러난다.

영화는 "그들은 놀라고 무서움에 사로잡혀서, 유령을 보고 있는 줄로 생각하였다. 예수께서는 그들에게 말씀하셨다. 어찌하여 너희는 당황하느냐? 어찌하여 마음에 의심을 품느냐? 내손과 내발을 보아라. 바로 나다. 나를 만져보아라. 너희가 보다시피 나는 살과 뼈가 있다"라는 누가복음 24장으로부터 시작된다. 그리고 외지인으로 불리는 일본인의 낚시하는 모습에 이어 곡성이라는 마을에 일련의 살인사건이 발생한다. 살인사건의 이유를 영화에서는 병원으로부터 버섯을 잘못 먹어 발생한 것으로 통보받고 이를 믿는 경찰관 전종구와 이를 믿지 못하는 그의 동료들의 서로 상반된 반응으로 보여준다. 그러나 전종구의 시선은 연이어 발생한 살인사건과 자신의 딸, 효진의 발병으로 인해 일본인으로 불린 외지인에게로 향한다. 여기에 가톨릭 성직자 부제인 양이삼과 신적 능력을 소유한 무명, 무당 일광이 가세하면서 영화는 과학적으로 나타난 가시적 결과, 즉 보이는 것에서 보이지 않은 초월적 요소의 문제로 전환된다. 이후 영화는 일본인과 일광이 연계되어 있음을 그들이 입고 있는 훈도시를 통해 드러내고 그 반대편에 위기에 빠진 전종구와 그의 가족을 구하기 위해 노력하는 또 다른 신적 능력의 소유자인 무명을 배치한다. 이로써 영화는 보이지 않은 서로 다른 두 영적 요소의 대립양상을 구축한다. 그리고 그들은 끊임없이 전종구를 향해 상대방이 귀신이라고 유혹한다. 즉 일광은 처음 일본 외지인을 악질 중에서도 갑중의 갑이라고 하면서 그를 귀신이라고 하지만 이후 그는 그를 사람들을 살리려는 무당이라고 하면서 오히려 마을과 전종구의 가족을 살리려 애쓰는 무명을 귀신이라고 호도한다. 한밤중 자신의 딸을 찾으러 다닌 전종구에게 무명은 왜놈이 귀신이라고 하면서 닭이 3번 울기 전에 집에 들어가지 말라는 충고를 한다. 전종구 가족과 마을을 지키기 위해 안간힘을 쓰고 있는 것처럼 보인 여자 무명의 이 말은 가톨릭 부제 양이삼이 일본인을 찾아가 묻는 장면, 자신이 스스로 악마라고 말한 장면과 연동된다. 그러나 경찰관 전종구는 무명의 말을 믿지 못하고 집으로 들어가 자신의 딸에 의해 죽음을 맞은 아내와 장모의 참혹한 상황을 눈으로 확인한다. 이러한 장면은 이후 일본인이 부제를 향해 "어찌하여 마음에 의심이 일어나느냐. 내 손과 내 발을 보아라. 바로 나다"라는 조롱 섞인 말을 통해 영화 시작 부분의 성경 자막과 대응되어 마무리된다. 이로써 영화는 예수가 체포되기 전 베드로에게 해가 뜨기 전 자신을 3번 부인할 것이라는 말과 닭이 3번 울기 전 2번 울고 난 후 집으로 들어간 경찰관 전종구의 모습을 통해 보이는 것과 보이지 않은 것을 두고 부유하고 있는 인간의 심리를 보여준다. 이는 성경의 인용에서부터 가톨릭

사제, 무당, 굿을 비롯한 알 수 없는 의식들이 행해지면서 신 혹은 종교적 흔적이 어지럽게 흩어져 있는 것에서 의미화된다.[55] 이러한 이유에 대해 조혜정은 영화 <곡성>을 한국사회에서 일어나는 이해하기 어려운 재앙과 이에 대한 대처와 관련 있어 보인다고 하면서 재앙은 불현 듯 우리를 덮치고 공권력이나 시스템은 무기력하거나 무능하다 못해 외려 상황을 더욱 악화시킨다. 그래서 우리는 스스로 자신과 가족을 지켜내야 하는데, 그 역경과 고통이 더할 나위 없이 쓰리다고 한다.[56]

이렇듯 이 시기 영화는 인간의 본성을 다양한 관점으로 묘사하고 있다. 그것은 과거의 추억과 평범한 일상, 그리고 인간 사이의 사랑을 화면으로 불러와 인간의 순수하고 선한 마음을 묘사하기도 하고, 그 맞은편에서는 인간의 마음 속 한 구석에 내재하고 있는 악함을 잔혹하고 냉혹한 모습으로 드러내기도 한다. 이 시기 영화에서는 이러한 서로 다른 인간의 극단적 특성을 영화화함으로써 인간의 본성을 드러내고 있다.

사람의 속성과 실체

사람은 다양한 모습으로 세상에 존재한다. 그것은 현실이라는 삶에서의 상호작용을 통해 다양한 형태로 변화된다. 이러한 변화의 가능성에도 불구하고 그 본질은 쉬이 변하지 않는다. 그것을 우리는 '실체'라고 부른다. 일반적으로 철학에서의 실체는 "객관적 실재의 변화하는 다양한 현상들을 통일적이고 불변적이며 지속적으로 담지하고 있는 것"[57]을 의미한다. 변화 속에서도 변화하지 않는 것, 실제로 존재하는 것을 말하는 것이다. 실체에 필

---

55) 조혜정, 「2016년 한국영화에 대한 비판적 리뷰」, 『현대영화연구』 Vol.27, 현대영화연구소, 2017, 20쪽.
56) 위의 논문, 22쪽.
57) 한국철학사상연구회 편, 『철학대사전』, 동녘, 1989, 785쪽.

연적으로 귀속되는 것이 '속성'이다.[58] 속성은 사물로 비유되어 다음과 같이 정의될 수 있다. "사물의 속성이란 해당 사물이 체현하고 있는 성질이다. 사물의 성질은 그것을 체현하고 있는 물질적 실체만 보고서는 알 수 없다. 사물의 성질은 그 사물의 운동(상호작용)을 통하여서만 객관적으로 표현된다. 그러므로 어떤 사물이 어떤 성질을 체현하고 있는가 하는 것은 그 사물이 어떤 운동을 하는가, 사물과 어떤 상호작용을 하는가 하는 것을 통하여 인식하게 된다."[59] 여기서 사물을 사람으로 대체하면 속성이란 사람이 체현하고 있는 어떤 성질이며 상호작용을 통해 드러난다는 것이다. 따라서 사람의 속성이란 유, 무형 사이의 행위, 즉 역동적 관계 속에서 형성되어 나타나는 특징이라 할 수 있다. 이런 이유로 속성은 변화의 가능성이 존재하지만 실체는 여전히 변화하지 않은 본질을 의미하는 것이다. 결론적으로 현실은 속성을 견인하고, 속성은 실체를 드러내는 표상인 것이다. 예술은 이를 드러내기 위해 현실 속 삶을 동원하기도 하고, 때론 그 현실을 초월하여 묘사하기도 하고, 때론 사람의 본성을 자극하여 속성과 실체를 겨냥하기도 한다. 영화 역시 현실 자체를 겨냥하기도 하고, 사람의 행위를 통해 속성을 드러내기도 하고, 이를 다양한 형태로 변주하면서 그것의 본질을 파고들며 실체라는 최종적 목표를 향해 나아간다.

이러한 경향은 여느 남성들처럼 스페인 프로축구를 즐기면서 또 다른 남자와 사랑에 빠져 결혼 하고자 한 유부녀인 주인아를 묘사한 정윤수의 <아내가 결혼했다(2008)>에서 보여진다. 여기서 영화는 그간의 다양한 사회적 제도와 장치를 통해 구축된 남성우위의 인식에서 벗어나 젠더 헤게모니의 역전 현상을 묘사함으로써 인간으로서 동일하거나 동등하고자 한 욕망의 발현을 현실 속에서 실현하고자 한 것이다. 이는 여성으로서가 아닌 인간으

---

58) 위의 책, 717쪽.
59) 황장엽, <인간의 본질적 속성에 대하여>,《시대정신》18호, 도서출판 시대정신, 2002. 66쪽.

로서 현실에서 평등과 동등의 가치를 구현하고자 한 사람의 속성이라 할 수 있다. 또한 평범한 사람들 삶의 아름다움을 묘사한 천재화가 신윤복을 다루면서 김홍도, 신윤복, 강무, 설화의 서로 엇갈린 사랑을 다룬 전윤수의 <미인도(2008)>도 인간들 속에 내재되어 있는 욕망이라는 속성을 겨냥하고 있다. 무엇보다 현실적 삶 속에서 사람의 속성을 집요하게 탐구하면서 그것의 서로 다름과 다양한 유형의 형태를 묘사한 것은 홍상수 영화에서 두드러지게 나타난다. 그의 <밤과 낮(2008)>은 이와 같은 전형을 보여주고 있다.

영화는 2007년 초여름 화가 김성남이 우연히 만난 미국 유학생들과 대마초를 처음 피우게 되었는데 그 중 한 명이 경찰에 붙잡혀 자신의 이름을 언급했다는 사실을 알게 되자 두려움으로 다음날 프랑스 파리로 도망갔다는 자막으로 시작된다. 이후 영화는 파리 민박집에 머물고 있는 그의 모습을 일기 형식처럼 날짜별로 순차적으로 묘사한다. 예컨대 프랑스 남자와 결혼한 10년 전 사귀었던 여자 장민선을 우연히 만나기도 하고, 보자르 미대(Ecole des Beaux-Arts)에 다니고 있다고 한 이유정과 유학생 조현주를 만나기도 하며, 파티에서 북한의 유학생 윤경수 등을 만난다. 그리고 김성남은 파리의 한국식당에서 이유정과 조현주로부터 '위대한 화가의 꿈을 아직도 가지고 있느냐', '미술이 무엇이냐'라는 근본적 질문을 받는다. 이러한 김성남에 대한 그들의 질문은 한국 화가들이 모여 있는 스튜디오를 방문할 때 '작가들의 환상조작을 받아들일 때'라는 것과 '한국 사람들은 노력을 많이 하지만 앞서기 위해서는 남을 짓밟아 올라서는 경향이 많다'고 하면서 '여기 사람들은 저희들 보다 좀 더 많이 순수한 경우'라는 말과 연결된다. 이는 민박집 주인이 아는 사람의 파티에 간 김성남이 보자르 미대에 입학한 그 집 사촌 여동생의 그림이 이유정의 그것과 동일한 것임을 발견한 장면을 통해서도 이어진다. 특히 사촌 여동생으로부터 자신의 그림이 '사상누각'이라는 주제에 들어갈 그림이라고 설명하면서 이유정이 자신의 그림을 포트폴리오로 이용하려 한 사실로 학교를 그만두게 되었다는 말을 듣는 장면을 통해서는 창작의 문제를 제기하고 있는 것이라고 볼 수 있다. 또한 영화에서는 프랑스에서 아르바이트 하다 인종차별을 당한 이유정의 이야기에 이어 파티에서 김일성을 두고 김성남과 윤경수의 서로 다른 견해를 통해 차별과 다름의 의미를 드러낸다. 이는 파티이후 길거리에서 우연히 다시 만난 윤경수가 김성남에게 "내가 그렇게 미웠습니까?"라고 묻자 김성남은 "자라온 환경이 달라서"라는 함축적인 말로 대답을 대신한다. 이것은 사람의 사고가 무엇으로부터 형성되는지 그 근원을 제시하고 있는 것이라 할 수 있다. 이와 함께 영화는 김성남을 통해 끊임없이 도덕적 문제를 개입시킨다. 이는 아내와의 전화통화, 성경을 읽고 있는 김성남의 모습을 이유정과의 연애와 병치시키면서 묘사된다. 이와 같은 도덕적 관계의 파국성은 자신으로 인해 6번의 중절 수술을 한 민선의 자살과 그 소식을 들은 김성남의 오열로 의미화된다. 이후 영화는 임신했다는 아내의 전화를 받고 한국으로 돌아온 김성남이 자신의 아내를 향해 사랑한다고 하면서 꿈속에서 다른 여자의 이름을 부르는 모습으로 마무리되면서 평온한 일상을 살아가는 프랑스 사람이 부럽다고 한 김성남을 비롯한 인간에게 내재되어 도사리고 있는 본능적인 욕망의 실체를 드러낸다. 영화는 이를 서둘러 한국을 떠나 파리로 향하는 연약한 정신의 소유자이면서도 자신의 행위가 도덕적 기준에 부합하지 않아도 끊임없이 자기 자신을 위장하면서 욕망을 향해 가는 김성남을 통해 사람의 속성을 규정하고 있는 것이다. 그것은 서로 이질적인 것이면서도 결코 분리될 수 없는 동전의 양면과 같은 경계가 모호한 밤과 낮과 같은 이치이다. 홍상수의 또 다른 영화 <잘 알지도 못하면서(2009)>에서도 사람의 다양한 모습들이 시간의 흐름에 따라 전개되면서 이와 같은 특징들이 나타난다.

이는 제천국제음악영화제에 심사위원으로 참가한 구경남과 강의하러 제주도에 간 그의 모습을 통해 보여진다. 그는 영화평론가와 배우, 관객들로부터 환호를 즐기면서 영화제 관계자들과 술자리를 하며 제천에 살고 있는 지인 부상용을 만난다. 영화는 술자리에서의 모습, 즉 감독을 향한 여배우의 모습과 구경남을 통해 현실과 술 취한 상태 사이의 경계를 와해시키면서 사람의 욕망과 그것으로부터의 회피를 투영시킨다. 이는 김 감독에게 술 취한 상태에서 강간당한 공현희 팀장이 구경남을 향해 '다시는 자신 앞에 나타나지 말라', '주둥이만 살아있고 쓰레기야', '무책임한 사람'이라는 말과 함께 인간관계를 단절한 행위로 나타난다. 이러한 그의 모습은 제주에서도 유사하게 전개된다. 자신의 영화를 상영하기 위해 초대받아 제주도에 온 구경남은 한 여학생들로부터 '왜 사람들이 이해도 못하는 영화를 계속 만들고 있느냐'는 질문을 받는다. 이 질문에 대해 그는 자신의 영화창작을 발견하는 과정이라는 포장된 철학으로 대답한다. 문제는 그의 창작관이 학생들과의 뒤풀이 술자리서 모순된 상황으로 나타난다는 점이다. 그리고 이것은 술자리에 나이 많은 화가 양천수가 합류하여 여학생과 부적절한 관계를 암시하는 장면으로 이어진다. 이를 두고 이튿날 자신을 초대한 고국장의 불평에 구경남은 '위선 떨지 말라'고 하면서 전화를 끊는다. 이와 같은 상황은 자신이 좋아했던 후배 고순과 살고 있는 양천수가 급히 서울로 떠난 후 그녀와의 성적 관계를 가짐으로써 반복된다. 유사한 패턴으로 이루어진 두 가지 에피소드가 성적 장면으로 마무리되는 것을 통해 영화는 인간의 위장된 허위의식과 내면의 욕망을 드러낸다. 이는 영화 마지막 부분 바닷가 장면에서 구경남이 자신과 성관계 한 이유를 고순에게 묻자, 그녀는 구경남에게 "젊으니까, 내가 심심하니까. 남자니까. 당신들도 그러잖아"라는 말로 대응되고 자신의 행위를 합리화하려는 구경남의 말과 행동에 대해 "딱 아는 만큼만 안다고 해요"라는 고순의 충고의 말로 그의 실체와 본질을 드러내면서 보편적 의미로서의 인간을 상징한다.

도박장에서 300만 원으로 6배인 1,800만 원을 땄지만 탈주범에게 뺏기면서 어려움에 처한 시골형사 조필성의 이야기를 다룬 이연우의 <거북이 달린다(2009)>도 돈에 대한 탐욕으로 빚어진 인간의 속성을 묘사하고 있으며, 400년 만에 발견된 안견의 '벽안도'와 그것의 복원을 놓고 갤러리 '비문'의 배태진 회장, 신의 손을 가졌다는 복원 전문가 이강준, 그리고 권마담, 복제기술자 박가 등에 의해 최고가 경신이라는 사기극을 묘사한 박희곤의 <인사동 스캔들(2009)>도 인간의 궁극적 문제 중 하나인 돈에 대한 욕망과 연결되어 있다. 인간의 속성을 통해 그 실체를 파헤친 영화로 봉준호의 <마더(2009>를 들 수 있다.

영화는 약재상을 하면서 지능이 떨어지는 것처럼 보이는 28살 도준과 시골에서 살고 있는 엄마를 통해 이를 보여준다. 어느 날 저녁 그들이 살고 있는 마을에 여고생 살인사건이 발생한다. 경찰은 도준을 살인범으로 확신하고 체포한다. 엄마는 도준의 무죄를 증명하기 위해 살해된 여고생의 장례식에 가서 자신의 아들이 범인이 아니라고 하기도 하고, 무성의한 변호사를 대신해 도준과 함께 어울린 진태의 집에 몰래 들어가 단서를 취합하기도 한다. 그 결과 그녀는 열악한 환경에 처한 문아정의 성적장면이 촬영된 휴대폰을 입수한다. 또한 그녀는 유일한 목격자인 고물상 노인을 찾아가 그로부터 한밤 중 여고생의 '바보'라는 말에 격분한 도준이 그녀를 살해했다는 말을 듣게 되자 고물상에 불을 질러 그를 살해한다. 자식에 대한 엄마의 맹목적인 노력으로 새로운 인물인 동팔이 범인으로 지목되면서 도준이 석방된다. 그리고 석방된 도준은 불탄 고물상에서 평소 가지고 다니던 엄마의 침통을 가져다준다. 이로써 도준의 바보스러운 행위는 그동안 그가 자신의 실체를 철저하게 은폐하여 왔음을 보여준다. 이것을 영화에서는 5살 때 엄마의 동반자살 시도에 근거하면서 동반살인자로 연결시키고 있는 것이다.[60] 따라서 불탄 고물상에서 그녀의 침통을 다시 갖다 주는 그의 행위는 엄마에게 또

---

60) <마더는 내 최초의 본격 섹스 영화다>, 《딴지일보》, 2009.06.10.

다른 굴레를 확인시켜주고 있는 것과 다름 없다. 이것은 아들과 엄마가 살인자가 되었고 죄없는 사람이 아들 대신 감옥에 갔다는 사실이다. 그러므로 이들에게는 과거와 미래가 다 봉쇄된 것이다.[61] 그리고 이들 사이의 암묵적인 관계는 엄마가 관광버스에서 자기 허벅지에 침을 놓고 광기어린 춤을 추면서 마무리되는 장면을 통해 의미화된다. 이로써 영화는 평범한 엄마와 아들이 살인자가 된 이후의 관계변화를 통해 진실이 현실이라는 괴물 앞에 마주했을 때 사람의 속성이 어떻게 드러나고 작동되고 존재하게 되는지를 묘사하고 있다. 박찬욱의 <박쥐(2009)>는 인간에 내재되어 있는 근본적 욕구라 할 수 있는 생존과 성적 욕망을 병치시키면서 사람의 실체에 다가간다.

영화에서는 이를 병원에서 근무하는 신부 상현과 그의 친구 아내인 태주를 통해 묘사된다. 상현은 병원에서 죽어가는 환자를 보고 자신의 무기력함을 느낀다. 그러던 차에 그는 엠마누엘 연구소가 진행하고 있는 새로운 백신개발에 참여하게 된다. 그는 실험도중 죽음에 이르게 되지만 정체불명의 수혈을 통해 뱀파이어로 다시 살아난다. 뱀파이어가 된 상현은 이제 피를 원하는 본능적 욕구와 신부로서의 신앙심이라는 갈등 앞에 놓이게 된다. 영화는 여섯 달 만에 한국으로 돌아온 상현의 이러한 내적 갈등에 집중한다. 그러나 그의 갈등은 유일하게 살아 돌아온 자신의 영험함을 믿고 찾아온 어릴 적 친구 강우와 그의 아내 태주를 만나면서 혼란에 빠진다. 즉 상현은 태주를 만나면서 갑자기 억누를 수 없는 욕망의 유혹에 빠지게 되고 태주는 답답하고 지옥 같은 시어머니와 남편 강우의 한복집에서 벗어나고자 한다. 급기야 이들의 바람은 도덕적 경계를 넘어 육체적 관계로 이어지면서 태주의 남편 강우를 살해하는 상황에 이르게 된다. 문제는 상현과 함께 낚시터 연못에 남편을 빠트려 죽인 태주가 죽은 남편에 대한 환상을 본다는 것, 즉

---

61) 심은진, 「기억과 망각: 봉준호의 <마더>」, 『씨네포럼』 제37호, 동국대 영상미디어센터, 2020, 79쪽.

도덕적 자각으로 인해 자신의 잘못을 인식하게 된다는 점이다. 성직자와 신앙심을 비롯한 자신의 모든 것을 태주에 대한 사랑을 위해 버렸던 상현은 이런 태주를 죽이고 피를 빨아 먹는다. 이어서 화면은 이들의 파국적 욕망을 태양이 뜨는 바닷가 자동차 위에 있는 상현과 태주가 검은 재로 변하면서 사라지는 마지막 장면을 통해 보여준다. 궁극적으로 영화는 사람이 자신의 생존과 욕망을 위해 뱀파이어가 된 상현처럼 남의 피를 빨아먹어야 생존이 가능하다는 것과 상현이 죽은 태주를 자신의 피를 통해 다시 살리는 장면을 통해 악함과 선함이 교차하는 것, 즉 세상은 끊임없이 또 다른 뱀파이어를 양산하고 그들과 어우러져 살아가야 하는 욕망으로 가득 찬 세상 속 인간의 삶을 상징화하고 있음을 보여주고 있다.

반면 2010년에 개봉된 강대규의 <하모니>는 교도소에 수감된 여성 범죄자, 즉 어린 아들과 함께 살고 있는 홍정혜, 남편의 불륜을 참지 못하고 자동차로 살해한 김문옥 음대교수, 계부로부터 성폭행 당하려는 순간 그를 죽이게 된 음대출신의 강유미 등이 합창단을 조직하는 과정과 감동적인 무대를 통해 이를 묘사하고 있다. 이를 통해 영화는 사건의 가해자이자 피해자이기도 한 이들이 본래 지니고 있는 순수한 마음과 자신의 행위와의 화해를 모색하고 있는 것이다. 사람의 속성과 실체를 드러내는 것은 이몽룡과 성춘향에 의해 전개되었던 전통적 서술 방식에서 벗어나 방자를 중심으로 묘사된 김대우의 <방자전(2010)>에서도 엿볼 수 있다. 이로 인해 영화는 권력과 부조리한 현상을 묘사하면서도 신분상승에 대한 인간의 강한 욕망을 드러낸다. 현실 속 사람의 속성과 실체를 창작의 문제와 연결시키면서 드러내고 있는 것은 이창동의 <시(2010)>에서 찾아볼 수 있다.

영화는 낡은 아파트에서 이혼한 딸의 아들인 중학생 손주 종욱을 돌보면서 문화원의 시 강좌를 듣고 한편의 시를 완성해 가는 알츠하이머 초기 증상의 60대 중반의 할머니 양미자를 통해 이를 묘사하고 있다. 이는 자살한 여학생 희진이 강물 위로 떠내려 오는 모습과 병원 응급실 앞에서 오열하는 그녀의 어머니 모습을 지나쳐 노인을 간병하는 일을 하면서 문화원 시 강좌를 듣고 시 한편을 잘 쓰기 위해 노력하는 양미자의 모습으로 연결된다. 이후 그녀는 희진의 죽음이 자신의 손자가 가담한 성폭행 사건과 연관되어 있다는 사실을 알게 된다. 따라서 영화는 손자로부터 성폭행당한 뒤 자살한 소녀를 둘러싼 주변인의 이야기와 미자가 손자를 대신해 죄를 갚아가는 과정 속에서 탄생하는 한편의 시가 영화의 핵심인 것이다.[62] 이는 그녀가 위자료 500만 원을 마련하기 위해 자신이 간병하고 있는 김 노인과 원하지 않은 성관계를 갖고, 죽은 희진의 위령 미사에 참석하면서 그녀가 겪었던 고통을 느끼기 위해 자살했던 장소 등을 찾아다니는 모습으로 이어진다. 이러한 양미자의 행위는 희진의 죽음에 대해 어떤 양심의 가책도 가지고 있지 않은 손자 종욱을 경찰에 고발하여 연행되도록 하는 근거로 작용한다. 그리고 문화 강좌 마지막 날 마침내 그녀는 자신이 완성한 <아네스의 노래>라는 시 한편을 남기고 사라진다. 이것은 희진의 죽음에 자신의 손자가 죄책감을 가지고 속죄해야 한다고 생각했지만 오히려 가해자가 피해자에게 던지는 모멸의 칼날이 되고 만 현실에 대해 양미자는 자신을 용서할 수 없어 죽음으로 대신하고자 한 것이다.[63] 이로써 영화는 창작이 지니는 의미, 즉 온갖 추잡한 인간의 행위로 이루어진 현실 속 삶에서 비로소 시 한편이 써진다는 점을 의미화한다. 이것은 현실과 창작의 관계에 대해 시를 잘 쓰기 위해 가장 중요한 것으로 '관찰하기'를 강조한 영화 속 문화원 강사 김용탁의 강의와 "시란 눈에 보이는 아름다운 꽃처럼 아름다운 것뿐만 아니라 추하고 더러운 것 뒤에 숨어있는 아름다움을 찾는 것"[64]이라고 한 이창동 감독

---

62) 송광호, <시란 추한 곳에서 아름다움 찾는 것>, 《연합뉴스》, 2010.05.19.

63) 황혜진, 「시에 대한 가치론적 물음과 응답의 영화, <시>」, 『국어교육학연구』 제40집, 국어교육학회, 2011, 636쪽.

64) 송광호, 앞의 기사, 2010.05.19.

의 인터뷰와 연결된다. 인간의 속성과 실체를 드러내는 데 있어 탁월한 능력
은 이미 언급한 것처럼 홍상수의 영화에서 나타난 특징이다. 이런 측면에서
2010년에 등장한 두 편의 영화, <옥희의 영화>와 <하하하> 역시 그러한 기
조 속에 있는 영화라 할 수 있다.

<옥희의 영화>는 '주문을 외운 날', '키스 왕', '폭설 후', '옥희의 영화'라는
4개의 에피소드로 구성되어 있다. 주문을 외운 날에서는 대학교에서 벌어진
모순되고 부조리한 현상과 일상에서 반복적으로 일어난 유사한 것들에 대
해 묘사하면서 주제가 없는 것이 자신의 영화라고 한 영화감독 남진구를 다
루고 있고, 키스 왕에서는 옥희와 진구가 성적관계를 통해 친구에서 연인관
계로 변모해 가는 모습을, 폭설 후에서는 성욕과 사랑을 놓고 벌이는 옥희,
진구, 송 감독의 이야기를 통해 사람 마음의 변화를 묘사하면서 송 감독이
학교를 떠나는 것을 다루었고, 옥희의 영화에서는 옥희의 내레이션을 통해
아차산이라는 동일한 장소에서 만난 나이 먹은 유부남 송감독과 젊은 사
람, 진구와의 차이를 비교하고 있다. 이 두 가지 차이를 옥희는 나이든 사람
에게는 사랑을 느꼈고, 젊은 남자에게는 언젠가 헤어질 거란 예감이 들었다
고 하면서 많은 일들이 반복되면서 또 어떤 차이를 가지는 것인지, 인생이라
는 것이 무엇인지 끝내 알 수 없겠지만 제 손으로 두 그림을 붙여놓고 싶었
다는 이야기로 마무리된다. 이로써 영화는 사람 사이의 서로 다름과 차이의
실체를 인식하면서 그것을 통합하고자 한 인간 삶의 형태를 묘사하고 있는
것이다. 영화감독 조문경과 영화평론가 방중식이 동일한 장소에서 동일한
경험을 일상적 삶의 형태를 통해 드러낸 <하하하>도 이러한 맥락 속에 있
는 영화라 할 수 있다.

영화는 캐나다로 떠나기로 한 조문경이 선배 방중식을 청계산에서 만나
자신들의 통영 여행 경험을 서로 나누면서 시작된다. 조문경은 복국집을 하
고 있는 어머니 집에 머무르는 동안 통영에서 살고 있는 해병대 출신 시인

강정호의 애인인 관광해설사 왕성옥을 만나 집요한 만남을 요구하면서 겪게 되는 에피소드와 결혼한 방중식이 애인 안연주와 함께 통영을 여행하면서 후배인 강정호와 그의 또 다른 여인 노정화를 만나면서 일어난 일을 묘사한다. 이들의 관계, 즉 조문경과 방중식 사이의 왕성옥과 강정호의 관계는 영화 속에서 조문경의 어머니 복국집을 통해 겹쳐진다. 이어서 영화는 현재와 과거가 흑백과 컬러로 묘사되면서 동일한 장소와 동일한 사람에 대해 서로의 경험과 느낌, 인식의 다름을 통해 전개된다. 이것은 사람의 경험, 성격, 상황, 느낌, 만남, 운명 등 모든 것이 서로의 다름과 차이를 의미한다. 이것을 함축적으로 드러내고 있는 것이 그들 사이의 갈등이 아니라 방중식과 안연주, 강정호와 노정화가 술 먹고 있는 바닷가 부두에 앉아 있는 한 부랑자를 가리키면서 벌어진 실체에 관한 강정호의 주장을 통해 드러난다. 여기서 강정호는 노정화를 향해 외형의 외피를 보고 규정한 것을 두고 "남이 심어준 데로 보고서 평생 그렇게 사는 거야"라고 하고, 방중식을 향해서는 속물이라 하면서 똑같은 감정, 똑같은 욕망의 소유자로 비난한다. 그들 사이의 갈등은 조문경이 떠나고, 강정호에게 전화하는 왕성옥의 목소리를 통해, 방중식과 애인 안연주가 여수로 향하는 모습에 이어 조문경과 방중식이 서로 잘들었다는 말로 마무리 된다. 이처럼 영화는 인간의 인식과 삶은 마치 영화 속에서 묘사된 사람과 장소의 동일성에도 불구하고 그것을 느끼고 인식하는 것은 실체와 달리 전혀 다른 인식에 의한 자의적 해석으로 이루어지고 있음을 보여주고 있다.

그리고 스스로 질문하고 답하는 형식을 통해 자신이 처한 현실 상황 속에서 자신의 다양한 욕망과 영화 창작의 행적을 묘사하고 있는 김기덕의 <아리랑(2011)>, 프랑스와 이탈리아에서 이명수를 찾아다닌 여성이 방독면을 쓴 남자에게 강간당한 후 경찰서에 나타난 그를 이명수라고 부르면서 여성에 의한 남성의 구원이라는 도식적인 관념으로 남성의 욕망을 묘사한 <아

멘(2011)>도 사람의 속성과 실체와 연관된 것이라 할 수 있다. 또한 마카오의 카지노에 숨겨져 있는 2,000만 달러의 가치를 지닌 '태양의 눈물'로 불리는 다이아몬드를 훔치기 위해 모인 한국과 중국의 전문 도둑들 사이의 긴장과 음모, 배신을 통해 개인의 욕망을 묘사한 최동훈의 <도둑들(2012)>도 자본에 대한 욕망과 속성을 드러내고 있는 것이라 할 수 있다. 인간의 속성과 실체 그 자체를 탐구하는 것은 홍상수 영화를 구성하고 있는 핵심적 요소이다. 이런 특징은 <다른 나라에서(2012)>도 나타난다.

영화는 이모부에게 보증을 잘못 서 모항이라는 바닷가 근처 펜션으로 피신해 온 어머니 박숙과 딸 원주를 통해 이를 묘사한다. 특히 무료하고 불안한 원주는 모항을 배경으로 전주에서 만난 프랑스 영화감독을 주인공으로 단편영화 시나리오를 쓴다. 따라서 영화의 내용은 원주의 시나리오를 빌어 3개의 에피소드로 전개된다. 첫 번째는 프랑스 영화감독인 안느와 친분이 있는 영화감독 종수와 임신한 그의 아내 금희가 놀러 와서 보냈던 일들이 다뤄지고, 두 번째는 자동차 회사 부사장의 아내로 서래마을에 살고 있는 안느가 중년의 영화감독 문수와의 불륜관계에 있는 상황이 묘사된다. 이는 펜션에 먼저 도착한 안느가 그를 기다리다 우연히 만나게 된 안전요원, 뒤늦게 나타나 이를 질투하는 문수, 안전요원에게 등대가 어디 있는지 묻는 그녀의 모습이다. 이 에피소드에서는 유사한 상황이 이전의 영화에서처럼 반복된다. 세 번째 에피소드에서는 한국여자 때문에 이혼당한 안느가 민속학자 박숙과 함께 모항 해변으로 놀러와 종수와 금희 부부를 만나는 장면이다. 박숙과 근처의 사찰을 찾고 바비큐 파티를 하는 중 안느는 자신이 이혼하여 혼자라는 사실을 고백한다. 이것은 임신한 금희가 자는 동안 종수가 안느와 해변을 걷는 모습으로 연결되면서 남성들의 숨겨진 내면을 드러낸다. 이는 안느와 종수가 키스하려는 순간 금희가 내뱉은 "한국남자들 다들 섹스에만 미쳐가지고"라는 말과 연동된다. 그리고 다음날 삼거리에서 어느 쪽으로 가야할지 고민하고 난 후 오른쪽으로 가는 안느의 모습을 보여준다. 이어서 "안 가본 길을 향해 떠나려고 한다"는 안느의 메시지와 함께 술취한 그녀가 안전요원에게 등대가 어디 있는지 물어보고 혼자 우산을 들고 길을 떠나는 모습으로 마무리된다. 영화는 3개의 에피소드로 구성된 원주의 단편 시나리오를 통해 전개되고 있지만 마치 안느가 다른 나라에 던져진 것처럼 인간은 자신의 존재와 그 정체성을 잃어버렸을 때 등대를 향해 가듯이 자신의 목표와 좌표를 끊임없이 찾게 되며, 결국 아무도 가보지 않은 길을 스스로 가야하는 존재임을 인식하게 하는 것임을 묘사하고 있다. 이런 이유로 이 영화는 홍상수가 인간 존재 자체에 대한 성찰적 의미를 드러내고 있는 영화라 할 수 있다. 이와 같은 특징은 2013년에 개봉된 홍상수의 <누구의 딸도 아닌 해원>에서도 드러난다.

영화는 서로 다르지만 연속된 해원의 3개의 이야기로 구성되어 있다. 2012년 3월 21일 첫 번째 이야기는 완전히 자유로운 삶을 살기 위해 오빠가 있는 캐나다로 이민 가려고 하는 엄마의 모습과 과거의 연인이었던 감독이자 영화과 교수인 성준과의 만남을 묘사하고 있다. 여기서 등장한 성준은 이후 해원의 두 번째, 세 번째 이야기와 연동되어 있다. 2012년 3월 27일 남한산성을 배경으로 하고 있는 두 번째의 이야기는 해원이 전 남자친구와 잤다는 이유로 크게 싸우고 난 후 저녁 무렵 음악을 들으면서 흐느끼는 성준의 모습으로 마무리된다. 그리고 2012년 4월 3일 마지막 세 번째의 이야기는 해원이 성준과의 관계를 친구에게 털어놓는 장면을 꿈으로 묘사하면서 미국에서 결혼할 사람을 찾아 한국에 온 교수와의 만남, 7년 동안 유부남 중식과 만나고 있는 언니, 연주와 함께 안개가 자욱한 남한산성을 오르면서 집을 나왔다는 성준으로부터의 전화로 또 다시 만나게 된 상황이 묘사된다. 여기서 성준은 해원에게 "더 이상 힘들어 더 이상 못할 것 같다"라고 하고 해원은 "원하는 것 다 어떻게 하고 사느냐"고 하고 자신도 힘들다고 하면서 하나도 포기 안하려고 하는 성준을 비난한다. 그러나 이런 장면들은 모두 꿈으로 드러난다. 그리고 꿈에서 깨어나 생각해보니 남한산성에서 자신에게 막걸리를 준 사람이 아저씨인지, 그곳에서 혼자 음악을 듣고 흐느끼고 있는 성준인지, 미국의 교수인지를 특정하지 않은 채 "꿈에 본 아저씨는 착한 아저씨인 것 같았다"라는 내레이션으로 마무리 된다. 이처럼 영화는 꿈을 통해 현실을 묘사하고 현실을 통해 꿈을 묘사함으로써 그 경계를 특별히 구분 짓지 않는다. 왜냐하면 꿈으로 묘사된 무의식은 의식의 또 다른 발현이기 때문이다. 그러므로 의식과 무의식은 인간 자체로부터 분리될 수 없는 것이다. 이는 독립된 존재를 향한 해원이 의식과 무의식의 경계와 구분되지 않은 상태로 존재하고 있는 것과 같은 의미이다. 이것이 사람의 실체인 것이라 할 수 있다. 이에 대한 홍상수의 탐구는 <우리 선희(2013)>에서도 나타난다.

영화에서는 이를 일상에서 반복된 사람들의 말과 행위를 통해 드러낸다. 미국유학을 준비하고 있는 선희는 최동현 교수에게 추천서를 받으면서 그에게 들었던 "끝까지 부딪쳐 봐야 자신의 한계가 무엇인지 안다"고 하는 말을 학교에서 우연히 만난 선배 문수에게 똑같이 반복한다. 이 말은 문수가 나이 많은 선배 감독인 재학에게 건넨 "끝까지 파봐야 안다"는 유사한 말로 이어진다. 이처럼 사람들은 일상에서 일어난 많은 일들이 반복되고 자신도 모르는 원인과 이유를 해결하지 못한 상태로 지속되는 것이다. 이는 문수가 선희에게 헤어진 이유를 묻자 나중에 이야기해준다고 하면서 자리를 뜨는 것처럼 재학에게 변하는 것에 대해 묻자 재학 역시 나중에 이야기해준다고 하는 장면을 통해서도 드러난다. 한편 선희는 추천서 내용 문제로 최동현 교수와 갈등을 겪는다. 그것은 예쁜 선희를 좋아하게 된 최동현의 심리와 연결되면서 최동현은 자유롭게 살아가고 있는 것처럼 보인 그런 재학을 부러워하는 것으로 묘사된다. 그리고 재학을 찾아온 선희는 그로부터 좋아하는 것을 하라고 하고 '끝까지 한 번 파보라고' 하면서 너의 한계가 어디인지, 너가 누구인지를 알게 된다는 최동현의 말과 동일한 의미의 말을 듣는다. 그런 재학에게 선희는 내가 누군지 아는 것이 진짜 중요한 것이라 말하지만 영화에서 최동현이 선희에게 한 말은 문수와 재학, 선희에게로 다시 전해지면서 반복된다. 영화는 일상이 지니는 반복성, 남성이 여성에 대해 가지는 심리, 남성을 향한 여성의 불변의 태도를 선희와 3명의 남자와의 관계를 반복적 상황과 말을 통해 보여주면서 영화 속에 삽입된 최은지의 노래 '고향'으로 이를 다시 한 번 강조한다. 이런 사람의 속성과 실체는 지식인이든, 혹은 아니든 그리 중요한 것이 아닌 것이다. 사람은 자기가 보고 싶은 대로, 자기가 이해한 대로 이해하고 판단한다는 것임을 창경궁에서 우연히 만난 세 사람이 먼저 떠난 선희에 대해 각자 규정하는 마지막 장면을 통해 보여준다. 이러한 특징은 홍상수의 <자유의 언덕(2014)>에서도 이어진다.

영화는 병으로 요양을 하고 난 권이 자신이 근무했던 어학원에 들러 일본인 모리로부터 자신에게 온 편지를 전달받는 것으로 시작된다. 편지의 내용은 자신을 다시 찾아오겠다는 것이지만 어학원 계단을 내려오는 도중 잠시 의식을 잃어 편지를 놓치면서 그 순서가 뒤죽박죽된다. 마치 몽타주처럼 영화는 순차적이지 않은 순서에 따라 전개되고 권과 결혼하고 싶은 모리의 바람은 꿈으로 마무리된다. 영화는 뒤죽박죽된 편지의 내용을 통해 진실과 객관은 알 수 없으며, 그것에 다가갈 수 없음을 제시한다. 심지어 그것은 사람에 따라 다양한 방식의 해석을 낳는 자의적일 수 있다는 것임을 보여준다. 이는 권이 모리의 편지를 읽는 장면을 통해 증명되고 어쩌면 '자유의 언덕'이라는 의미의 일본어 카페의 이름(JIYUGAOKA)이 주는 자유가 영화의 본질적 특징을 규정하고 있을 뿐만 아니라 인간의 삶 역시도 그러한 것임을 의미한다고 할 수 있다.

그리고 암에 걸린 아내를 헌신적으로 간병하고 있는 화장품 회사의 상무인 50대의 오정석과 그에게 활력을 주고 있는 젊은 미모의 대리 추은주 사이의 관계를 하루하루 소멸해 가는 생명력과 역동적이고 활력 있는 생명력을 대비하여 묘사하고 있는 2015년 개봉된 임권택의 <화장>에서도 아내의 죽음이후 일상으로 복귀한 오정석을 통해 욕망을 넘어 현실을 살아가야 하는 사람의 모습을 묘사하고 있다. 매일 매일 다른 얼굴로 살아가는 남자 우진의 모습을 통해 현대사회 속 인간의 내면을 묘사한 백종열의 <뷰티인사이드(2015)>도 이러한 범주에 있는 영화라 할 수 있다. 일상이라는 현실 속에서 사람의 속성과 실체를 드러내는 것은 홍상수의 <지금은맞고그때는틀리다(2015)>에서 나타난다.

영화는 이를 비슷한 두 개의 에피소드를 통해 묘사한다. 첫 번째 에피소드에서는 강의를 위해 하루 일찍 수원으로 내려간 영화감독 함춘수가 복원된 수원화성에서 화가 윤희정을 만나 커피를 마시고 그녀의 작업실에 들러 그림을 보기도 하고 저녁에는 함께 술을 마시면서 하루를 보낸다. 다음 날 강의 중 그는 사회자로부터 "영화란 무엇일까요?"에 대한 질문을 받고 다소 격정적으로 '말은 중요하지 않고, 오히려 방해가 된다'고 하면서 서둘러 강의를 마무리한다. 그의 이 말은 "삶의 표면에 숨겨진 것들의 발견만이 우리의 두려움을 이겨내는 길이라는 생각에 공감한다"는 영화 속 주영실이 건넨 책에 쓰여진 글귀로 결론지어진다. 두 번째 에피소드에서는 첫 번째 에피소드에서 묘사되었던 상황, 장소, 말, 행동이 유사한 형태로 반복된다. 다만 중요한 것은 윤희정이 자신의 그림 그리는 일상의 의미를 아무 이유 없이 하는 일, 순수하게 하는 일, 매일 할 수 있는 일이라는 것으로 의미 부여했던 것을 함춘수에 의해 자기연민, 상투적인 것으로 비판받으면서 그들의 관계가 갈등으로 전환된다는 사실이다. 그들의 갈등은 이후 술집으로 이어져 함춘수가 주머니에서 반지를 꺼내 윤희정에게 끼워주자 우리 결혼반지라고 말하는 윤희정을 통해 그들이 감정을 좀 더 노골적으로 표현하게 된 이유가 된다. 그러나 그들의 변화는 계속 이어지는 술자리에서 술 취한 함춘수가 강원도로 가자고 제안하지만 윤희정이 집으로 향하면서 그가 바라는 일은 일어나지 않는다. 이후 함춘수의 강의는 끝이 나고 눈오는 날 영화를 보고 나오는 윤희정의 모습으로 마무리된다. 따라서 영화는 사람 사이의 관계 변화가 인식의 변화를 가져오고 실체에 근접하게 될 수 있음을 드러낸다. 이것은 일상 속 인간 사이의 관계를 상징하고 있는 것처럼 보이는 주영실이 전한 책의 글귀를 통해 묘사되고 있는 것이다. 어쩌면 사람의 속성과 실체를 드러내는데 가장 직접적인 수법은 남자와 여자 사이의 내면의 관계를 통해 묘사하는 것일지 모른다. 이러한 특징은 홍상수의 <당신 자신과 당신의 것(2016)>, 2017년 3월 개봉한 <밤의 해변에서 혼자>에서 나타난다.

특히 <당신 자신과 당신의 것>에서는 화가인 영수와 민정을 통해 이를 드러낸다. 즉 영수는 중행으로부터 민정이 술 먹고 누군가와 크게 싸웠다는 소식을 듣는다. 이로 인해 영수와 민정은 갈등 관계로 전환되고 민정은 당분간 보지 말자고 하면서 그의 집을 나가버린다. 영수는 그녀를 찾으러 다니지만 민정과 닮은 여자는 다른 몇 명의 남자를 만난다. 그들과 만나고 있는 민정은 제대로 된 사람을 만나고 싶다고 말한다. 그리고 그녀는 길거리에서 영수를 만났지만 자신은 민정이 아니라고 말한다. 이어서 화면은 영수와 민정이 마치 처음 만난 사람처럼 술을 마시는 장면으로 전환되는데, 그들은 서로가 잘 맞는다고 하면서 칭찬을 주고받는다. 민정은 영수를 비롯한 모든 남자에게 처음 만난 사람이라고 주장한다. 영수는 그런 민정의 의도를 받아들이고 "당신이 느끼고 당신 있는 그대로 받아들일 것이다"라고 말한다. 그리고 다시 평온한 관계가 이어진다. 이로써 영화는 남성에 대한 여성의 바람을 여성에 대한 남성의 태도를 보여주면서 남성과 여성 사이의 속성을 보여주고 있는 것이다. 이는 유부남과 여배우의 사랑을 묘사한 <밤의 해변에서 혼자>에서도 엿볼 수 있다. 영화에서는 이를 여배우가 나답게 사는 것, 흔들리지 않은 것, 그리고 사랑은 보이지 않는 것 등으로 규정하지만 사회적, 도덕적 범주에서 벗어난 자신의 상태를 텅 빈 바닷가에 홀로 남겨진 모습으로 묘사하면서 그 길을 가고 있는 모습으로 마무리함으로써 사랑을 향해 나아가는 사람과 그 실체를 의미화하고 있는 것이다.

이처럼 이 시기 영화에서는 인간의 다름을 욕망을 통해 현실 속에서 사람의 속성과 실체를 묘사하고 있다. 그것이 비록 사람과 사람 사이의 사회라는 구조 속에서 유사한 형태와 수법들로 반복되고 있는 일상일지라도 그 속에는 사람의 다름을 욕망을 통해 그 속성과 실체를 드러내고 있는 것이라 할 수 있다.

6. 시대를 은유하고 비판하기

이 시기 한국영화의 또 다른 특징은 유기적으로 작동되지 않는 정부의 시스템과 지도자들의 수행능력에 대한 무능력과 안일함으로 점철된 현실을 상징화하고 은유함으로써 시대를 비판하고 있는 영화들이 하나의 흐름을 형성하고 있다는 점이다. 이와 같은 특징은 나홍진의 <추격자(2008)>에서 엿볼 수 있다.

영화는 이를 전직형사였던 포주 엄중호와 사이코패스 살인자 지영민을 통해 드러낸다. 엄중호는 자신이 관리하던 매춘부들이 하나둘씩 사라지자 그들을 찾아 나선다. 사라진 매춘부들을 찾는 과정에서 그는 특정한 전화번호가 지영민과 연결되어 있다는 사실을 확인하고 그를 쫓기 시작한다. 이후 주택가 골목길 사이를 두고 그들의 쫓고 쫓기는 장면을 긴박한 카메라 움직임과 화면전환을 통해 보여주고 지영민의 잔인한 살해 장면이 더해지면서 영화는 긴장감과 공포감을 증폭시킨다. 영화의 대부분을 차지하고 있는 이와 같은 장면들은 경찰과 검찰 조직, 서울 시장이라는 정치인과 병치된다. 이는 유력한 범죄 용의자로 지영민을 체포했음에도 증거불충분으로 풀어주고 그를 앞에 두고도 순찰차에서 낮잠을 자고 있는 경찰의 나태함으로 인해 또 다른 희생자가 발생한 장면을 통해 의미화된다. 이것은 이들의 무능함을 진급이라는 상위 권력을 향한 그들의 속성을 통해 드러내고, 오물사건으로 병원에 있던 서울시장이 나오면서 보좌관을 향해 기자를 찾는 모습을 통해서는 정치인의 실체를 보여준다. 이러한 장면들은 살해당한 김미진의 어린 딸 은지를 보기 위해 병원으로 향하는 엄중호의 모습과 겹쳐지면서 한국사회의 지배 권력자들이 어떤 가치에 의해 작동되고 있는지를 상징적으로 보여주고 있다.

그리고 아버지의 복수를 위해 악질 상호신용금고 회장 김현태의 현금 수송차를 강탈하고 금괴를 밀반출하려 한 안현민을 붙잡은 특별수사반장 백성찬이 그를 풀어줌으로써 진짜 사회악이 누군지를 재인식하게 하여 부조리한 한국사회의 모습을 묘사한 곽경택·안권태의 <눈에는 눈, 이에는 이(2008)>도 이러한 범주의 영화라 할 수 있다. 이와 같은 흐름은 공수창의 <GP 506(2008)>에서 구체적으로 나타난다.

영화에서는 이를 비무장지대 부대에서 발생한 한 사건을 날짜와 시간별로 묘사하면서 한국사회 속에 내재되어 있는 문제점을 드러낸다. 이는 유정우 중위를 둘러싸고 있는 그의 조건, 즉 참모총장의 아들이라는 사실과 연관된다. 어느 날 GP에서 근무한 부대원들이 알 수 없는 바이러스에 걸려 이성을 잃고 마치 좀비처럼 서로를 공격하여 사망한 사건이 발생한다. 생존자인 유정우 중위는 GP에서 발생한 사건이 외부로 알려지면 자신과 육군참모총장인 아버지가 곤란한 상황에 처하게 될 것을 우려하여 본대에 신속하게 보고하지 않고 후속 조치를 취하지 않는다. 이 장면은 비합리적인 한국사회 구조의 경직성을 그대로 보여주고 있는 것이라 할 수 있다. 이에 대한 구체성은 사건해결을 위해 파견된 노성규 원사와 유정우 중위에 대한 비판과 항변으로 드러난다. 즉 신속한 보고를 하지 않았다는 노성규 원사의 비판에 대해 "506 부대원이 개처럼 죽어가고 있을 때 높으신 양반들은 어디서 무엇을 하고 있었는지"라는 유정우 중위의 격렬한 말로 대응된다. 영화는 바이러스가 외부로 전파되지 않도록 노성규 원사를 비롯한 수색대의 자결에 가까운 행동을 통해 그들의 희생정신을 보여주고 있지만 유정우 중위를 둘러싸고 벌어진 문제들은 한국사회가 얼마나 비합리적 구조 속에 존재하고 있는지를 보여주면서 그 경직성을 비판하고 있는 것이다.

영화는 다른 어떤 창작 수단보다 현실을 가장 유사한 형태로 묘사한다. 그런 이유로 영화는 불가피하게 시대와 밀접한 관계 속에 존재한다. 비록 그것이 과거를 대상으로 하고 있다 할지라도 화면에서 펼쳐진 거의 모든 장면들은 동시대의 일상과 그 지배체제와 연결될 수 있음을 의미한다. 이러한 영화적 특징은 오직 권력을 향한 당쟁으로 국가를 위태롭게 한 조정의 관리들과 자신의 백성을 죽이면서 일본군으로부터 피신하기 바쁜 선조의 무능함에서 벗어나 대동 세상을 꿈꾼 이몽학을 묘사한 이준익의 <구르믈 버서난 달처럼(2010)>에서와 정조 16년 1792년 왕으로부터 공납비리 문제를 밝히라는 지시를 받은 명탐정의 활약상을 묘사하고 있는 김석윤의 <조선 명탐정: 각시투구 꽃의 비밀(2011)>에서도 나타난다.

특히 <조선 명탐정: 각시투구 꽃의 비밀>에서는 공납비리를 저지른 관리들과 이를 밝히려는 명탐정의 수사과정을 화려한 미장센과 코믹한 수법으로 묘사한다. 영화는 여기서 그치지 않고 이 시기 한국의 정치적 상황과 연결될 수 있는 다양한 상징적 의미의 장면들을 전개시킨다. 이는 명탐정과 한 객주의 말을 통해 공납비리와 연루된 사람들이 지위 고하를 막론하고 사또에서 판서에 이르기까지 퍼져있다는 사실과 부정한 자금을 그림으로 세탁하는 그들의 수법 등으로 구체화된다. 뿐만 아니라 임판서의 공납비리를 수사하는 과정에서 조선이 적대시했던 기독교에 관해 서필에게 건넨 명탐정의 "보이는 것만 믿지 말게, 때론 믿어야 보이는 것도 있다"라는 말과 한 객주가 전해준 치부책을 보면서 "나랏일 하는 놈이 그 잘난 공납 때문에 사람을 죽여" 하면서 분노하는 장면을 통해 드러난다. 명탐정의 이 말들은 영화 마지막 부분에서 한 객주의 치부책을 다시 손에 넣은 임 판서가 명탐정을 향해 내뱉은 일갈 "이 나라 발전을 막는 놈이 누군데, 개혁이란 미명하에 근본 없는 서얼들이나 감싸 돌고 멀쩡한 한양을 두고 뭐 천도, 정치를 그따구로 하니까 너희 같은 천주쟁이들이 미쳐 날뛰는 게지, 삐뚤어진 하늘이여, 죽여 없애야 할 역적의 자식일 뿐, 이 나라 조선의 개혁 따위는 필요 없어"라는 말로 대응된다. 임 판서는 평등의 가치를 지향하면서 천도와 개혁을 주장한 세력들을 천주쟁이와 근본 없는 서얼과 역적의 자식으로 간주하면서 비난하고 있는 것이다. 이런 그의 말은 부정과 부패로 얼룩진 이 시기 정치적, 시대적 분위기를 매우 상징적이고 은유적으로 드러내고 있다고 볼 수 있다. 이런 측면에서 이 영화는 사도세자의 아들이었고 개혁적 군주였던 정조에 반대한 조선의 관리들의 모습을 이 시기 한국의 시대적 상황으로 치환하여 묘사하고 있는 것이다.

열악하게 살아가고 있는 다문화가정의 현실과 가정의 복원을 다루면서 이들을 바라보는 한국사회의 인식의 실체를 묘사하고 있는 이한의 <완득이(2011)>도, 진리 탐구라는 미명 하에 대학교의 위선을 고발한 정지영의 <부러진 화살(2012)>도 이러한 기조 위에 있는 영화라 할 수 있다. 이는 인간의 뇌에 침투하여 물속에 뛰어들도록 유도하여 죽음에 이르도록 하는 변종 바이러스 연가시를 소재로 한 박정우의 <연가시(2012)>에서도 엿볼 수 있다.

영화는 짧은 잠복기와 높은 치사율을 지닌 연가시가 4대 강을 따라 전국적으로 확산됨으로써 수많은 사람들이 죽음에 이르게 되고 위기에 빠진 한 가족과 한국사회의 혼란스러운 상황, 즉 정부의 대처 능력에 대한 문제제기와 치료제인 구충제를 놓고 벌이는 사람들의 아귀다툼, 그리고 이를 이용하여 주식으로 돈을 벌고자 한 연구원들의 탐욕 등을 통해 묘사하고 있다. 궁극적으로 이것은 돈과 자본에 대한 인간의 욕망과 탐욕이 지배적 가치로 점철되어 있는 동시대 한국사회의 현실을 겨냥하고 있는 것이다.

36시간 내 사망에 이르게 되는 원인모를 바이러스의 출몰로 공포에 휩싸인 대한민국의 상황을 묘사한 김성수의 <감기(2013)>도 이와 유사한 유형으로 간주될 수 있다. 또한 입양 간 백성수가 형 백성철을 모함하면서 겪게 되는 트라우마적 현상과 살고 싶은 집에 대한 욕망을 주희를 통해 묘사한 허정의 <숨바꼭질(2013)>도 도덕적 위기와 경쟁에서 밀려난 사람들의 모습을 통해 한국사회가 직면하고 있는 현실을 묘사하고 있다고 할 수 있다. 이런 측면에서 김종서, 황보인 등을 죽이고, 조카인 단종을 폐위시키면서 정권을 잡은 수양대군을 묘사한 한재림의 <관상(2013)>은 보다 상징적이고 은유적인 수법을 통해 동시대의 정치적, 사회적 지형을 겨냥하면서 풍자하고 있다고 볼 수 있다.

이는 자신의 목이 잘릴지도 모른다는 천재 관상가 김내경의 말 때문에 두려움에 떨고 있는 늙은 한명회의 모습으로 시작된 장면과 거사에 성공한 젊은 한명회가 칩거해 살고 있는 그를 찾아가 나눈 영화의 마지막 부분에서의 대화를 통해 나타난다. 여기서 김내경은 한명회에게 거사를 위해 그날 모인 사람들의 면면을 다음과 같이 묘사한다. "염치없는 사기꾼 상도 있고, 피 보기를 쉬이 여기는 백정의 상도 있고, 글 읽는 선비의 상도 있고, 어디서나 볼 수 있는 얼굴들이었소. 그냥 수양은 왕이 될 사람이었단 말이오. 난 사람의 얼굴을 보았을 뿐 시대의 모습을 보지 못했소. 시시각각 변하는 파도만 본 격이지, 바람을 보아야 하는데, 파도를 만드는 것은 바람인데 말이요." 그러자 한명회는 "그렇다면 우리의 역모를 아무도 막을 수 없었을 거란 얘기잖소"라고 되묻는다. 그러자 김내경은 "당신들은 그저 높은 파도를 잠시 탔을 뿐이오. 우리는 그저 낮게 쓸려가고 있는 중이었소만. 뭐 언젠가 오를 날이 있지 않겠소. 높이 오른 파도가 언젠가 부숴지듯이 말이오"라고 하면서 한 명회의 얼굴을 보고 "끝이 좋지 않구려. 당신 목이 잘릴 팔자요"라고 한다. 영화는 시작과 마찬가지로 늙은 한명회가 자신의 과거를 회상하는 형식을 취하면서 마무리되고 있지만 이들의 대화는 이 시기 한국의 정치 지형과 권력자들을 암시하고 있음을 어렵지 않게 알 수 있다. 따라서 시대를 상징하고 은유적으로 풍자하고 있는 것은 이 영화를 관통하고 있는 핵심인 것이다. 이런 측면에서 이 영화는 다분히 동시대와 밀접하게 연결되어 있는 것이라 할 수 있다.

이와 같은 기조 속에서 1981년 9월 공안당국에 의해 부산의 사회과학 독서 모임의 학생, 교사 등을 체포하여 용공분자로 만든 학림사건의 변호를 맡으면서 인권변호사로 변하게 된 송우석을 묘사한 양우석의 <변호인(2013)>도 이러한 시대적 흐름 속에 있는 영화라 할 수 있다. 국내 동시대의 정치적, 사회적 문제를 직접적으로 겨냥하고 있지 않지만 인류가 직면하고 있는 보편적 문제와 현상을 은유하면서 비판하고 있는 영화로는 2013년 봉준호의 <설국열차(Snowpiercer)>를 통해 나타난다.

영화는 2014년 7월 1일 오전 6시 79개국의 지도자들이 지구 온난화 문제를 해결하기 위해 대기 상층부에 인공 냉각제 CW7을 살포하여 지구의 평균기온을 적정수준까지 떨어트리는 혁신적인 방법에 대한 뉴스 보도의 내레이션으로 시작된다. 이후 세계는 얼어버렸고 모든 생명체는 멸종된 가운데 인류의 마지막 생존자들이 탑승한 열차가 예카테린 다리를 기점으로 17년 동안 멈추지 않고 달려 2031년에 이르게 된 것이다. 영화는 무임승차한 꼬리 칸에서부터 열차 전체를 통제하는 엔진 칸에 이르기까지 철저하게 계급적으로 구분된 열차 안의 다양한 사람들을 보여준다. 그리고 이들 객차 사이의 구분과 경계는 무장한 군인들에 의해 이루어진다. 그 중에서 열차의

맨 마지막 칸은 협소한 공간, 부실한 음식, 불평등한 대우 등으로 가장 열악한 환경에 처해 있는 사람들로 채워져 있다. 이들이 이런 열차의 맨 마지막 꼬리 칸을 벗어나기 위해서는 자신의 재능과 능력이 앞쪽 칸의 사람들에 의해 선택받거나 엔진 칸에 의해 구획된 지배체제를 전복시키거나, 열차 자체로부터 탈출하여 새로운 삶의 공간을 찾는 것이다. 이를 영화에서는 보스턴 교향악단 출신의 바이올린 연주가 제라드와 폭동을 일으킨 커티스, 열차 탈출을 시도한 남궁민수를 통해 상징화한다. 특히 맨 앞에 있는 엔진 칸으로 이동할 기회를 끊임없이 노리고 있는 꼬리 칸의 커티스는 자신이 정신적 지도자로 인식한 길리엄을 향해 "우리가 엔진을 통제하면 우리가 세계를 통제하는 거"라고 하면서 "이전의 모든 혁명들이 실패한 이유는 그들이 엔진을 장악할 수 없었기 때문이라고"하는 말을 통해 이를 드러낸다. 이러한 커티스의 목표는 엔진 칸을 통제하고 있는 윌포드가 세운 질서와 규칙에 반항하는 사람의 팔을 자르는 형벌과 함께 꼬리 칸 사람들을 향해 7분 간 주어지는 메이슨 장관의 다음과 같은 연설 내용과 대립한다. "열차는 우리의 집이나 마찬가지다. 따뜻한 가슴과 혹독한 추위를 가르는 것은 단 한 가지, 질서이다. 나는 모자이고 여러분은 신발이다. 나는 머리에 어울리고 당신들은 발에 어울린다. 일등석, 이코노미석, 여러분같은 무임승차 자들. 영원한 질서가 신성한 엔진에 의해 규정되어 있다…… 나는 앞 칸에 속하고 여러분은 꼬리 칸에 속한다. 발이 머리를 위한 자리를 쫓으면 신성함이 어겨진 것이다. 자신의 위치를 알고, 자신의 위치를 지키라. 신발처럼." 질서와 무질서를 삶과 죽음으로 상징하고 있는 메이슨 장관의 연설은 지배체제이데올로기에 의해 지속된 고정된 질서를 전복시키고자 한 커티스의 목표와 명확하게 대립된다. 이러한 대립적 의미는 영화의 중심적 구조를 이룬다. 이어서 커티스에 의해 앞 칸으로 향한 꼬리 칸 사람들의 저항의 전복이 시작된다. 여기에 열차의 보안장치를 설계한 남궁민수와 그의 딸, 요나가 합류한다. 우여곡절 끝에 커티스와 길리엄을 비롯한 꼬리 칸 사람들은 중요한 물 공급 구역을 장악하면서 메이슨 장관을 붙잡고 그동안 사라진 아이들의 행방을 추궁한다. 여기서 길리엄은 앞 칸으로 계속 나갈 것인지를 커티스에게 물으면서 4년 전 맥 그레고르보다 멀리 왔다고 한다. 커티스는 아직 반도 오지 않았고 엔진 칸까지 가지 못한다면 의미가 없다고 대답한다. 그리고 그는 온실 칸, 수족관 칸을 지나 윌포드의 기관차에 대한 사랑과 업적, 15년 전 기차가 운행한지 3년째 되던 해 7명의 승객이 밖으로 나가려고 했던 7인의 반란사건을 어린아이들에게 설명하면서 기차 밖으로 나가거나 엔진이 멈추면 모두 죽는다고 하는 선생 모습의 교실 칸과 라운지, 수영장, 사우나, 클럽 칸 등을 차례로 지나간다. 엔진 칸에 다다른 커티스는 윌포드가 있는 최종문 앞에서 남궁민수와 대립한다. 그는 남궁민수를 설득하기 위해 열차의 꼬리 칸에 가본 적 있느냐고 물으면서 그곳의 참혹한 상황을 말한다. 그곳은 윌포드의 병사들이 모든 것을 빼앗아가 음식도 물도 없어 노약자와 어린아이들을 잡아먹게 되는 참혹한 곳으로 자신도 그 중 하나였다고 고백하면서 커티스는 남궁민수에게 문을 열어달라고 부탁한다. 그러자 남궁민수는 문을 열어주지 못하겠다고 하면서 바깥으로 향하는 다른 문을 열고 나가자고 그에게 제안한다. 그는 "18년째 꽁꽁 얼어붙은 채로 있다 보니까 벽처럼 생각하고 있는 것 같은데 사실 문에 불과하다"고 한다. 또한 10년 전 추락해 보이지 않던 비행기의 몸통과 꼬리날개가 점점 드러나 보인다고 하면서 이것은 눈과 얼음이 줄어들어 녹을 준비가 되어 있다고 말한다. 남궁민수의 새로운 제안은 커티스에게 받아들여지지 않는다. 커티스는 윌포드를 향해 계속 전진하고 마침내 그와 만나게 된다. 여기서 윌포드는 꼬리 칸의 사람들을 향해 메이슨 장관이 했던 같은 의미의 말을 그에게 반복한다. 윌포드는 자기 자리도 단점이 있다고 하면서 모두 각자가 배정받은 자리가 있다고 말한다. 그는 기차를 폐쇄 생태계라고 하면서 물, 음식, 인구의 최적화된 균형을 유지하기 위해 강경한 대책이 필요할 때가 있다고 하면서 개개인이 다른 개개인을 죽이도록 그런 분위기를 때때로 조장해야만 한다고 한다. 이에 대한 구체적 사례로 7인의 반란, 맥 그레고르 폭동, 커티스의 혁명을 예로 든다. 그리고 반란자들을 꼬리 칸으로 되돌아가 죽임을 당한 사람들로 인해 사람들 사이의 공간이 넓어짐을 만끽하도록 하는 것이 윌포드 자신과 길리엄 사이의 계획이었다고 말한다. 계속해서 윌포드는 우리는 삶을 이어가기 위해 불안, 근심, 재앙, 두려움 사이의 적절한 균형을 유지할 필요가 있다고 하면서 균형이 없으면 우리가 만들어야 한다고 한다. 그의 말을 들은 커티스가 움직이는 거대한 엔진 앞에 무릎 꿇고 흐느끼자 영원한 질서를 유지하고자 한 윌포드는 자신은 늙었다고 하면서 그에게 자기 대신 자신의 자리를 맡아달라고 부탁한다. 그러면서 그는 다리를 건너면 구역과 구역들은 언제나 있어왔고 또 그대로 있을 거라고 하면서 지금 이 순간 사람 수가 딱 적당하고 모두 제 위치에 있다고 한다. 그것은 인류를 위해서이고 이 기차가 인류이고 우리가 인류라는 말과 함께 윌포드는 커티스에게 당신이 없으면 인류는 멸망할 것이라고 말한다. 그는 지도자가 없는 인류가 어떻게 되는지 보지 않았냐고 하면서 아수라장이 된 장면이 이어진다. 윌포드의 논리에 동요되던 커티스는 엔진 장치 속에 투입된 어린 티미를 보고 열차의 운영체계의 실체를 깨닫게 되면서 남궁민수의 제안이 대안이 될 수 있음을 확신하게 된다. 커티스가 이 사실을 깨닫게 된 순간에도 각자에겐 각각의 위치가 있다는 윌포드의 말은 계속 이어진다. 그리고 거대한 눈사태로 인해 열차가 폭파되고 붕괴되는 순간 커티스와 남궁민수는 티미와 요나를 위해 희생한다. 이는 인간이 달 착륙과 같이 미지의 세계로 발걸음을 내디딤으로써 새로운 인류의 역사가 펼쳐졌듯이 요나와 티미가 하얀 눈 위를 향해 나아가는 모습을 통해 새로운 인류가 시작된다는 의미의 마무리 장면으로 연결된다. 이로써 영화는 몇 가지 문제점들을 인간에게 던져준다. 기존의 질서에 순응하면서 살아가거나 아니면 이를 전복시키고 새로운 질서를 구축하느냐 하는 것이다. 아니면 이러한 질서 자체로부터 벗어나 또 다른 세계로 나아가는 이른바 창조적 파괴를 통해 전혀 다른 새로운 세계의 역사를 시작하느냐의 문제인 것이다. 특히 끊임없이 질서와 균형을 강조하는 메이슨 장관과 윌포드를 통해서는 기존의 세계질서를 고수하려는 특정한 세력의 지배체제이데올로기가 작동되고 있음이 드러난다. 이러한 실체에 순응하느냐, 혹은 이에 저항함으로써 역사발전의 동력과 궤적을 스스로 만들어내느냐 하는 것이 중요한 문제라 할 수 있다. 이러한 역사발전 법칙에 대한 보편성의 획득은 열차를 구성하고 있는 백인, 황인, 흑인 등을 통해 이루어진다. 그리고 남궁민수와 요나, 티미를 통해서는 이러한 역사발전의 순환관계를 고정된 틀로 인식하게하여 완전히 새로운 방식으로 세계를 재구축할 수 있다는 또 다른 가능성을 제시하고 있다. 따라서 영화는 특정한 계급에 의한 반복적이고 고정된 지배권력의 이데올로기와 이에 대한 실체를 인식하는 피지배계급자들 사이의 관계를 통한 역사발전을 묘사하고 있는 것이다. 여기에 이런 고정되고 관습화된 역사발전의 틀을 완전히 벗어나 새로운 방식을 통해 도달할 수 있는 가능성을 보여주고 있다. 이러한 의미는 궁극적으로 모순된 현실에 기반하면서도 이를 극복할 수 있는 방안에 대한 새로운 인식으로의 전환을 요구하고 있는 것이라 할 수 있다. 동시대의 정치적, 사회적 흐름에 대한 암시는 2014년에 개봉된 김성훈의 <끝까지 간다>에서도 엿볼 수 있다.

이는 마약유통의 실제적 주범이자 일본 야쿠자와 관련된 박창민 형사와 그와 연관된 살인용의자 이광민을 쫓고 있던 고건수 형사를 통해 묘사된다. 고건수 형사는 어머니 장례식에 가는 도중 박창민의 돈과 마약을 가지고 있는 이광민을 의도치 않게 교통사고로 죽이게 된다. 그는 이를 은폐하기 위해 이광민을 돌아가신 자신의 어머니 관 속에 은폐한다. 이들 세 사람의 관계는 고건수가 박창민이 숨겨놓은 돈의 주인이 되는 것으로 마무리되지만 영화는 악한 형사와 더 악한 형사의 대결로 구도화되면서 한국경찰의 부도덕성을 폭로한다. 여기에 정의사회구현이라는 신임경찰청장의 취임식에서 박근혜 정부가 표방했던 4대악, 즉 학교폭력, 가정폭력, 불량식품, 성폭력 추방에 관한 시연은 이 시기 정부의 정책을 은유적으로 풍자하고 있는 것이라 할 수 있다. 이 시기 경찰의 악행을 묘사한 영화는 2014년에 개봉된 창 감독으로 불린 윤홍승의 <표적>에서도 나타난다.

영화는 살인사건의 누명을 쓰고 쫓기는 백여훈 형사와 그를 치료해주는 의사 이태준, 돈을 위해 살인청부도 서슴없이 하는 광역수사대 반장 송기철을 통해 부패한 경찰을 묘사한다. 이와 같은 유형의 영화들은 주로 액션과 추격, 스릴러 수법으로 도덕성을 상실한 경찰에 대한 불신을 드러낸다. 구체적 연구결과가 존재하지 않는 조작된 줄기세포를 통해 학문적 권위와 권력을 획득해 가는 과정을 묘사한 임순례의 <제보자(2014)>도 수단과 방법을 가리지 않은 성과와 결과 중심의 한국사회를 겨냥하고 있는 영화라 할 수 있다. 이와 같은 기조는 김기덕의 <일대일(2014)>에서도 찾아 볼 수 있다.

이는 여고생 오민주의 살해와 이를 두고 벌어지는 다양한 국가폭력의 주체를 상징화하면서 나타난다. 특히 한밤중 살해당한 여고생의 이름이 민주라는 사실과 신념을 두고 싸움을 벌이는 남녀의 모습, 여기에 다양한 복장의 사람들에 의해 군인을 비롯한 사회 지도층 사람들을 납치해 응징하는 장면은 이들의 행위가 역사적 사건과 사회구조의 문제로 확장되어 의미화된다. 이로 인해 영화는 국가폭력이 작동될 수 있는 사회구조를 문제 삼으면서도 그것으로부터 희생당한 사람들의 속성을 폭로한다. 이는 복수와 응징을 위해 모인 그들 사이의 내분과 적당한 타협주의로 나타난다. 특히 복수와 응징의 순환 고리를 참회하는 그림자 리더를 자신들만의 방식이라 할 수 있는 군복차림의 방독면 쓰고 응징하는 모습은 그러한 전형이라 할 수 있다. 따라서 영화는 국가폭력과 사회구조의 근본적 문제를 지적하면서도 비루한 평범한 사람들이 왜 계속 그 위치에서 지속될 수밖에 없는 것인가를 보여주고 있는 것이다. 특히 자막으로 "나는 누구인가?"라는 명제를 통해 그들의 속성과 전복의 의미를 상징함으로써 이를 드러내고 있는 것이다.

이들 영화들이 주로 일선의 권력집단과 권력화 과정을 묘사함으로써 이 시기 한국사회구조와 가치의 흐름을 겨냥하고 있다면 역사적 층위를 배경으로 동시대의 정치적 집단을 상징적이고 은유적 수법을 통해 비판하기도 한다. 이런 측면에서 정조에 대한 암살 시도를 영화화한 이재규의 <역린(2014)>은 이 시기 한국의 정치적, 사회적 흐름 속에서 이해될 수 있는 여지를 주고 있다.

영화는 사도세자의 아들로서 왕이 된 정조, 그를 지키는 금위대장 홍국영, 그리고 아들을 지키려는 혜경궁 홍씨와 정조를 위협하는 인물인 노론의 수장 정순왕후를 중심으로 24시간 동안 벌어진 정조에 대한 암살시도를 시간 대별로 묘사하면서 전개된다. 조선의 왕 중에서 가장 개혁적인 인물로 평가되는 정조가 끊임없이 주변으로부터 암살위협에 시달리면서 위태로운 상황에 직면하고 있는 모습은 이 시기의 정치적 상황과 연결될 수 있는 여지로 해석될 수 있다. 2014년 7월 30일 개봉된 한국 역사상 최고의 영웅인 이순신 장군을 묘사한 김한민의 <명량(2014)>은 동시대의 지배 권력층과 지도자를 겨냥하고 있다고 볼 수 있다.

영화는 온갖 모함으로 파직당하고 고초를 겪으면서도 파죽지세로 한양을 향해 오던 왜군을 저지하지 위해 다시 삼도수군통제사로 임명된 이순신 장군이 전라도의 장흥, 회령포, 원균의 칠천량 해전에서 살아남은 12척의 배를 가지고 조총으로 무장한 300여척의 배가 집결해 있는 일본군을 격파한 역사적 사건을 묘사하고 있다. 영화에서는 무엇보다 압도적인 왜군의 숫자에도 불구하고 이순신 장군의 용기와 의연함, 담대함, 판세를 뒤집을 수 있는 치밀한 전략, 수군들의 역량을 한곳으로 모을 수 있는 집중력, 승리를 백성으로 돌리는 겸손함, 이른바 최악의 어려운 상황 속에서 발휘되는 지도 자로서의 면모를 보여주고 있다. 이러한 이순신 장군의 모습은 이 시기 수 많은 희생자가 발생한 '세월호' 침몰 사건이라는 비극적 상황 속에서 대통 령을 비롯한 정부 관리들의 대처 능력과 중첩되면서 상징적으로 의미화 된 다. 이런 측면에서 역대 최고의 관객을 동원한 영화 <명량>은 동시대의 시 대적 상황과 밀접한 관계 속에 있는 것이다.

1861년 철종 13년 백성에 대한 양반과 탐관오리의 착취가 극에 달해 이 를 견디지 못하고 지리산으로 숨어들어 '추설'이라는 의적단에 합류한 도 치의 행적을 다섯 개의 에피소드로 묘사한 윤종빈의 <군도: 민란의 시대 (2014)>도 이와 같은 흐름 속에 있는 영화라 할 수 있다. 2015년에 개봉된 김 성윤의 <조선 명탐정: 사라진 놉의 딸>에서는 정조 19년 1795년 조선명탑 정 김민이 은광 채굴이 금지되었음에도 조선 전역에 불량 은괴가 유통되고 있는 실체의 배후에 돈이 세력이고 돈이 끈이라고 한 동문수학했던 형님이 있음을 알게 된다. 이로써 영화는 출세를 위해서는 돈이 가장 중요하다는 것을 현실의 세태와 연관시키고 있다. 이와 같은 형태는 뒤늦게 얻은 아들이 완벽한 왕이 되기를 바라는 영조와 이에 부응하지 못한 세자가 뒤주에 갇혀 비극적인 죽음을 맞게 되는 과정을 묘사한 이준익의 <사도(2015)>에서도 나 타난다.

영화는 아버지와 아들 사이의 서로 다른 기대와 이상으로 인해 사도세자 가 뒤주에 갇히게 되면서 죽음에 이르게 되는 과정을 전면에 드러내고 있지 만 그 이면에는 왕위계승의 정통성을 두고 영조에게 끊임없이 위협이 되었 던 노론과 소론, 궁중 세력 사이의 정치적 갈등 속에 희생된 사도세자를 묘 사하고 있는 것이다. 그러므로 영화는 영조시대뿐 아니라 그 시대를 초월하 는 정치적 의미를 담고 있다고 할 수 있다. 이와 더불어 한국사회가 지향하고 있는 가치의 실제적 모습은 1978년 부산에서 실제 발생한 어린아이 유괴사건을 토대로 만들어진 곽경택의 <극비수사(2015)>에서도 엿볼 수 있다.

영화는 1970년대 후반 대학생들의 시위장면과 성은주의 유괴 사건 발생을 시간대별로 묘사하면서 시작된다. 이는 수사과정에서 도사로 불린 김중산의 예측과 함께 유괴된 성은주가 서울에 있다는 제보를 통해 부산경찰서와 서울경찰서가 함께 수사하게 되면서 그들의 주도권 다툼으로 나타난다. 김중산 도사의 예측을 믿고 있는 부산경찰서 소속 공길용 형사는 유괴된 성은주가 있는 곳을 발견하고 사건을 주도적으로 해결한다. 그러나 그의 노력에 대한 대가는 경찰국장에 의해 후순위로 밀려난다. 이는 고생한 사람 따로 있고 칭찬받고 승진한 사람 따로 있다는 일선 형사들의 푸념을 통해 불합리하고 불공정한 사회구조의 일면을 드러낸다. 2016년 개봉한 박정우의 <판도라>에는 이러한 특징이 보다 직접적으로 나타난다.

영화는 이를 강진으로 폭발 위기에 처한 노후화된 한별 1호기 원자력발전소를 둘러싸고 정부의 안일한 태도와 지도자들의 무능함을 통해 묘사한다. 이것은 대통령과 국무총리의 정치적 대립, 언론 통제를 통해 사고를 감추기 바쁜 정부, 여기에 노후화된 원자력 발전소의 실태를 보고한 박평섭 소장의 경질과 새로 임명된 원자력 발전소에 문외한인 신임소장 등을 통해 나타난다. 이는 이후 한별 1호기의 냉각수 문제로 방사능이 노출될 위험에 처하게 되자 아수라장이 된 주민들의 대피 행렬과 심지어 작동되지 않고 무너져버린 경찰과 군대의 지휘체계로 이어진다. 이와 같은 정부의 안일함과 무능함은 손상된 원자력발전소의 냉각수 복구를 위해 국민들에게 지원자를 호소하는 대통령의 텔레비전 보도를 본 강재혁의 말을 통해 드러난다. 즉 "사고는 지들이 쳐놓고 수습은 국민들에게 하라고, 개새끼들, 나쁜 새끼들"이라고 일갈하는 장면과, 재혁의 친구인 길섭이 복구 작업에 나서겠다고 하자 재혁은 또 다시 "그리 위험하다고 경고를 했어도 들은 척도 안하고 자

빠져 있다가, 덜컥 사고가 나니까 아무것도 못하고 숨기기만 하려고 하다가 사람들 다 죽게 만들어 놓고, 이제 와서 뒷수습은 국민들 보고 하라고”라는 말을 통해 정부를 격렬하게 비판한다. 이런 강재혁의 비판은 ‘한국은 세계에서 원전 밀집도 1위 국가이다. 후쿠시마 원전사고 이후 탈핵을 결정했지만 4기의 건설계획이 진행중이다’라는 자막으로 연결되면서 마무리되지만 정부와 지도자의 안일함과 무능함이 어떤 결과를 초래하는지를 영화는 직접적으로 보여주고 있는 것이다. 이러한 정부와 지도자의 안일함과 무능함에 대한 비판을 보다 강력한 시대성으로 연결시킨 것은 연상호의 <부산행(2016)>이라 할 수 있다.

영화에서는 이를 부산행 KTX 열차를 타고 있는 펀드매니저인 석우와 그의 딸 수안, 임신한 성경과 그녀의 남편 상화, 그리고 천리마고속 상무 용석 등의 다양한 말과 행위를 통해 은유적으로 묘사하고 있다. 영화는 정체불명의 바이러스에 감염된 사람이 좀비로 변해 열차 안의 수많은 사람들을 해치는 상황이 제시되면서 시작된다. 이로 인해 아수라장이 된 열차는 정차예정인 천안·아산역을 통과하여 대전으로 향한다. 이어서 영화는 텔레비전 뉴스보도를 통해 안산공단에서 촉발된 시위가 전국단위 대규모 폭동으로 변한 것에 대한 정부의 대책 발표를 보여준다. 즉 “국가전복을 시도한 폭력시위대에 대해 정부는 발빠른 대응으로 폭력수위는 점차 잦아들고 있고, 조속한 시일 내 마무리될 것으로 보이며, 현 사태와 관련하여 악성 유언비어에 동요하지 마시고 현명한 자세로 가정에서 자리를 지키시길 바라며, 정부를 믿고 슬기롭게 극복하는 데 역량을 모아야 할 것이며, 국민 여러분의 안전에는 이상이 없을 것”이라고 발표한다. 정부의 이 발표는 무고한 수많은 고등학생들이 사망한 안산이라는 특별한 의미의 상징적 장소와 중첩되면서 더욱 심각해진 열차 내부의 상황으로 대전까지만 운행하겠다는 기관사의 방송과 겹쳐진다. 이로써 영화는 특정한 장소와 사건, 상황을 상징화함으로써 시대적 특징을 반영하고 있음을 드러낸다. 이러한 혼란 속에서도 석우는 격리된 대전을 벗어날 수 있는 출구를 자신의 증권 회사 고객인 대전의 민대위와 전화 통화로 알게 되어 수안과 함께 그곳으로 향한다. 이때 그의 딸 수안이 "다른 사람에게도 이 사실을 알려주어야 한다"고 하자 석우는 "각자 알아서 하는 거야"라고 대답한다. 이 말은 좀비를 피해 온 할머니에게 자리를 양보한 수안을 향해 "지금 같은 상황에서는 자기 자신이 가장 우선이다"라고 한 이전 장면에서의 석우의 말과 연동된다. 이는 아빠를 향해 "자기밖에 모른다"고 하면서 "그러니까 엄마가 떠난 것"이라는 수안의 말로 대응되면서 개인주의화된 한국사회의 현실을 꼬집는다. 그리고 기차는 대전을 지나 부산을 향해 가지만 이미 사고로 철길이 막힌 동대구역에서 또 다시 멈춘다. 동대구역에서의 장면은 보다 강력한 상징적 의미로 나타난다. 우선 동대구라는 장소성이다. 흔히 보수의 심장으로 일컬어진 대구는 이 시기 한국정치권력의 중심이었다. 영화는 열차가 파괴되어 불타고 있는 장면과 충돌로 인해 사선으로 기울어져 있는 모습을 통해 2014년 바다 속으로 침몰하고 있는 '세월호'를 연상시키면서 이 사건의 책임문제를 우회적으로 제기하고 있는 것이라 할 수 있다. 이는 승객들에게 더 이상 갈 수 없다는 기관사의 말과 함께 그로부터 선택할 수 있는 다음과 같은 두 가지 안이 제시된다. 즉 "이곳에서 구조대를 기다리는 것과 다른 열차를 타고 부산으로 진입하는 것 중 하나를 선택해야 될 것 같습니다. 차량기지로 가서 운행 가능한 열차를 좌측 끝 선로위에 올려놓겠습니다"라는 기관사의 말이 반복적으로 이어진다. 이것은 열차가 동대구에서 멈춘 장면과 함께 이 사태의 근본 문제가 무엇으로부터 비롯되었는지에 대한 인식의 전환을 요구하며 새로이 선택하고 결정해야만 한다는 의미로 해석될 수 있는 여지를 내보인다. 이는 긴박감 속에서 성경의 "구조대가 올까요?"라는 말을 통해 고립된 상황 속에서 이루어져야 하는 선택의 불가피성으로 묘사되고 사선으로 뉘어져 있는 열차를 지나 수안과 성경, 석우가 좌측 끝에 놓여져 있는 열차로 향하는 모습으로 나타난다. 그들을 발견한 수많은 좀비들이 달려오지만 석우는 그들로부터 수안과 성경을 구하고 철저한 이기주의자의 표상인 용석에 의해 감염됨으로써 스스로 죽음을 선택한다. 이어서 수안과 성경을 태운 열차가 터널 앞에 멈춰서고 터널의 끝을 향해 걸어가는 그들은 군인들에 의해 구조됨으로써 영화는 마무리된다. 이처럼 영화에는 은유적인 의미의 상징적 장면들이 곳곳에 내재되어 있다. 표면적으로 드러나는 것은 자식과 아내, 즉 사랑하는 사람을 구하기 위한 석우, 상화 등으로 묘사된 아버지, 가장으로서의 역할과 공동체와 개인주의에 대한 표상일 수 있다. 이는 할머니에게 자리를 양보하고 대전역에서 수안을 향한 석우의 말과 이혼소송중이라는 가족의 해체와 연결된다. 이에 대한 실제적 의미는 9호차에서 13호차에 있는 수안, 선경 등을 구한 후 상화가 석우에게 "너 딸이랑 많이 못 놀아 주지? 바빠서, 너 딸이 좀 더 크면 너가 왜 그렇게 기를 쓰고 사는지 알게 되지 않겠냐. 아빠들은 원래 맨날 욕먹고 인정 못받고 그래도, 뭐 희생하면서 사는 거지 뭐"라는 말로 합리화되기도 하지만 이는 공동체와 개인주의로 분리된 한국사회의 현실을 지칭한 것으로부터 비껴가기 어렵다고 할 수 있다. 이들의 모습을 통해 드러난 변해버린 한국사회의 위기의 모습은 비극적인 세월호 사건과, 정부와 지도자의 무능함과 무책임을 암시하는 것으로 나타난 것이다. 이는 더 이상 앞으로 나아갈 수 없는 열차의 마지막 목적지 부산과 격리된 열차가 주는 죽음, 고립이라는 의미와 함께 바이러스에 의한 좀비의 출현으로 아수라장이 된 열차 내부의 상황 속에서 저마다 살기위해 생존의 문제 앞에서 보여지는 공동체의식과 개인주의의 대립이 갖는 파국적 현상인 것이다. 그리고 영화는 바이러스 좀비 출현의 또 다른 근원적 원인으로 돈을 위한 증권사의 작전 때문에 생존하게 된 회사 유선바이오와 연관되어 있다는 사실을 통해 자본에 대한 인간의 탐욕이 바이러스에 의한 좀비라는 괴물의 탄생을 가져왔고, 그것이 수많은 사람을 죽게 만들었으며 공동체의식과 개인주의를 분리시켜 인간성을 상실하게 만들었다는 한국사회의 또 다른 현실을 겨냥하고 있는 것이다. 결론적으로 자본에 대한 인간의 탐욕이 인간성의 상실을 가져왔고 여기에 정부의 무능함과 무책임, 낡은 이념적 지향이 더해지면서 나타나는 한국사회의 자화상을 통렬하게 비판하고 있는 것이라 할 수 있다. 개통된 지 한 달이 채 되지 않은 터널 안에 갇힌 자동차 영업 대리점 과장 이정수의 생존기와 그를 구출하기 위한 사람들을 묘사한 김성훈의 <터널(2016)>도 이러한 범위의 영화이다.

영화는 터널이 무너지면서 암흑 속에 홀로 갇힌 이정수가 82% 충전된 휴대폰의 배터리, 생수 두 병으로 버텨야 하는 상황과 "대한민국의 안전이 또 무너졌습니다"라는 뉴스 앵커의 말로 시작된다. 이후 영화에서는 터널에 갇혀있는 이정수의 모습과 그를 구조하기 위한 외부의 상황이 대비적으로 전개된다. 특히 생명을 유지하기 위한 이정수의 처절한 모습은 과잉적인 취재 경쟁과 선정적인 언론의 보도형태, 체계적이지 못하고 우왕좌왕하는 정부의 보여주기식 행태와 대조된다. 이러한 정부의 모습은 시간이 흘렀음에도 구조에 성과를 내지 못하면서 점차 구조에서 생존여부로 옮겨가는 익숙한 장면으로 연결된다. 이는 설계에 맞춰 시공되지 않아 구조작업에 차질을 빚고 있는 장면과 이정수의 구조 작업으로 인해 그동안 멈추었던 제2터널 공사의 경제적 손실, 즉 하루 15억 원씩 적자를 보고 있으며 피해액이 500억이 넘어 국가경제에 손실이 있다는 경제논리로 이어진다. 이 장면은 이정수의 부인 세현이 남편 이정수의 구조를 포기하도록 압박하는 요소로 작용한다. 이것은 사람의 생명보다 경제논리가 앞서는 한국사회의 실체를 보여주고 있는 것이다. 이는 이정수가 구조된 이후 밝히는 소감으로 대변된다. 즉, 이정수는 소방구조대장 김대경의 노력으로 붕괴 35일째 되던 날 구조되는데 많은 사람들이 그에게 몰려들어 소감을 묻자, 그는 김대경의 입을 빌려 "다 꺼져 개새끼들아"라는 말로 나타난다. 특히 영화에서는 이 말의 의미를 이해하지 못하겠다는 표정을 한 김영자 장관의 "한사람의 생명의 무게가 지구보다 무겁다는 걸 새삼 다시 한 번 느꼈다"는 말에 개가 짖는 소리가 겹쳐지고 욕설로 공무원의 품위 손상에 대한 시말서를 쓰고 있는 김대경의 모습을 통해 정부와 관리들의 무능함과 철학이 빈곤한 경제논리의 공허한 한국사회를 풍자하고 있는 것이다.

여기에 섬처럼 고립되고 소외된 한국사회 속 노인의 모습을 성적문제로 묘사한 이재용의 <죽여주는 여자(2016)>, 실제 사건에 기반하여 2017년 2월 개봉한 김태윤의 <재심>도 이와 같은 흐름 속에 존재하고 있는 것이라 할 수 있다. 특히 영화 <재심>에서는 강압적인 수사로 택시기사 살인사건의 범인이라는 억울한 누명을 쓴 조현우가 15년형을 선고받고 복역하다가 재심을 통해 무죄 판결을 받음으로써 한국사회 속에서 여전히 작동하고 있는 국가권력의 폭력성과 그 가능성을 묘사하고 있다.

이 시기 한국영화는 다양한 시대와 상황을 통해 동시대의 한국사회를 상징적으로 묘사하면서 은유적으로 비판하고 있다. 영화에서 제시된 것들은 한국에서 실제 일어났던 사건들을 모티프로 삼고 있기에 더욱 설득력을 갖는다. 그것은 때론 범죄를 통하여, 때론 과거 역사를 통하여, 때론 새로운 인물과 상황을 상정하여 묘사된다. 그리고 그것의 이면에는 자본에 대한 탐욕으로 불거진 인간성의 상실과 비상식적 혼란에 빠진 극단적인 정치적 지형과 행위로 인한 정부와 권력자들의 무능함이 내재되어 있다. 이 시기 영화에서는 이러한 한국사회의 총체적인 동시대의 문제를 상징화하여 은유적으로 비판하고 있는 것이다.

7. 이념과 국가

이념의 재정립

이 시기 한국영화에서 나타난 특징 중 하나는 민족동질성과 반공의식을 겨냥한 영화들이 혼재되어 나타났다는 점이다. 이는 2000년 6월 15일 '남북공동선언'과 2007년 10월 4일 '남북관계발전과 평화번영을 위한 선언'으로 민족공동체 의식이 강조된 김대중, 노무현 정부의 시기에서 2008년 이명박 대통령의 북한이 핵을 포기하고 개방하면 1인당 국민소득 3천 달러에 도달 할 수 있도록 지원하겠다는 '비핵·개방·3,000구상', 2009년의 '신평화구상', 2010년의 '통일세' 제안 등과 박근혜 대통령의 '한반도 신뢰프로세스', 2014년 1월 6일 신년 기자회견에서 "통일은 대박이다"라는 통일대박론, 3월 독일 드레스덴에서 발표한 '한반도평화통일을 위한 구상'으로 나타난 북한에 대한 서로 다른 정책적 지향과 연관되어 있다고 볼 수 있다. 특히 이명박 정부는 남북관계에 민족주의적 특수성을 적용하기보다는 협상과 거래를 통한 시장주의적 관계로 설정하였고 일반 국가의 보편성에 역점을 두었다.[65] 이것은 이명박 정부가 북한을 특수한 국가가 아닌 일반국가로서 상호주의 원칙에 기반하여 상대하고 있음을 의미한다. 이와 같은 기조는 박근혜 정부의 대북정책, 즉 튼튼한 안보, 신뢰, 균형에 의한 한반도 신뢰프로세스와 북한의 인구, 자원을 흡수하여 발생하는 경제효과로 침체된 한국 경제가 재도약할 수 있는 계기가 되어 막대한 통일비용 부담을 상쇄할 수 있다고 한 통일대박론, 남북한주민의 인도적 문제 해결, 공동번영을 위한 인프라구축, 남북한 주민 동질성 회복을 방안으로 제시한 드레스덴 선언에서도 나타난다.[66] 박근

---

65) 조순구, 「이명박 정부의 대북정책과 남북관계: 현황과 문제, 그리고 평가」, 『동북아연구』 Vol.27, No.2, 사회과학연구원, 2012, 114쪽.

66) 이홍종, 「박근혜정부의 한반도 신뢰프로세스정책: 김대중정부와 이명박정부의 대북정책과의 비교를 중심으로」, 『정치정보연구』 제18권1호, 한국정치정보학회, 2015, 59쪽.

혜 정부의 대북정책을 가로지르는 핵심은 남북한 간의 합의 이행을 통한 신뢰구축이다. 여기에는 북한이 그동안 신뢰를 얻을 만한 행동을 하지 않았다는, 즉 약속을 지키지 않았다는 북한에 대한 불신이라는 기본인식이 깔려 있다.[67] 이러한 이유로 이명박, 박근혜 정부에서 북한이 대화상대로서 조건이 충족되지 않으면 남북관계는 진전될 수 없을 뿐만 아니라 어떤 돌발적 상황이 발생하게 되면 쉽게 허물어질 수 있는 가능성이 내포되어 있었다. 이는 2008년 7월 11일 발생한 금강산 관광객 피격사건과 이에 대한 정부의 진상조사 요구에 대한 북한의 묵살, 2009년 5월 25일 북한의 2차 핵실험, 2010년 3월 26일 백령도 근처에서 발생한 천안함 침몰사건으로 인한 대북봉쇄조치의 일환으로 나타난 5.24조치, 2010년 11월 23일 연평도 포격사건, 2013년 2월 12일 3차 핵실험, 2016년 1월 6일 4차 핵실험과 미사일 발사로 인한 2016년 2월 10일 개성공단가동전면중단 발표를 통해 확인되었다. 이것은 남북관계가 언제든지 대결적 구도로 전환될 수 있음을 보여주고 있는 것이다. 여기에 2010년 남한으로 망명한 황장엽의 암살 시도와 남한 내 5만 명의 간첩이 암약하고 있으며 심지어 권력핵심부에도 침투해 있다[68]는 확인되지 않은 말들이 2013년 3월 15일, 채널A의 '직언직설'에 출연한 3명의 패널을 통해 반복되었다. 심지어 2013년 9월 3일 TV조선의 '황금펀치'에 출연한 이건개 전 대검찰청 공안부장은 남한 내 간첩이 무려 12만 명에 달한다고 주장하기도 했다. 또한 2014년 11월 18일 YTN의 '시사탕탕'에서는 남파간첩이라고 주장한 선글라스를 낀 남자가 출연해 남한 내 고정간첩의 활동에 관해 언급하였다. 이러한 말들의 재생산은 이 시기 정부의 북한에 대한 정책기조와 결합되면서 남한 내부의 반공의식을 자극하는 기제로 작용했다. 이와 같은 시대적 분위기는 한국사회뿐 아니라 영화제작에도

---

67) 안문석, 「박근혜정부 대북정책에 대한 비판적 평가」, 『동향과 전망』 95호, 한국사회과학연구회, 2015, 193쪽.

68) 김필재, <한국기관 회의 내용이 즉각 김정일 책상 위에>, 《NewDaily》, 2010.12.13.

적지 않은 영향을 주었다고 할 수 있다.

이로 인해 이 시기 한국영화는 두 가지 형태를 띠었다. 첫째는 김대중, 노무현 정부에서 강조되었던 민족동질성의 가치가 남북한 사이의 협력적 관계의 모습으로 지속되어 나타난 것이고, 둘째는 남한 내부의 일상생활에 침투해있는 간첩을 묘사하면서 반공의식을 자극한 것이었다. 이와 같은 기조 속에서 한국영화는 마치 이념의 딜레마에 빠진 것처럼 서로 다른 가치의 영화들이 동시에 등장했다. 이것은 장훈의 <의형제(2010)>에서 확인할 수 있다.

영화에서는 이를 전직 국정원 요원 이한규와 북한의 남파 공작원 송지원을 통해 묘사하고 있다. 이는 한국에서 사라진 동남아 사람들을 찾아주는 이한규의 사업에 송지원이 합류하여 함께 지내게 되면서 알게 되는 서로의 상황, 즉 이한규는 송지원이 북한으로부터 버림받았다는 사실을, 송지원은 이한규가 국정원으로부터 파면 당했다는 사실을 통해 드러난다. 특히 송지원이 북한에 있는 아내와 딸의 재회를 갈망하고 있음을 딸을 두고 이혼한 이한규가 알게 되면서 그들은 서로를 더욱 이해하게 된다. 아내와 딸이라는 가족의 모티프는 그들이 동남아 조폭들과 싸움에 휘말리게 되고, 핵관련 과학자를 사살하기 위해 파견된 북한의 특수 요원과 대립되는 상황으로 이어진다. 여기서 국가와 체제, 이념은 제거된다. 비록 김대중, 김정일의 정상회담과 함께 국정원의 대공수사팀이 축소되었다는 사실을 드러내면서 반공문제에 있어 이전 정부에 대해 비판적 시각을 드러내고 있지만 이는 추석 명절 때 송지원을 위해 이한규의 차례를 준비하는 것과, 가족을 만나러 런던으로 향하는 비행기 안에서 이한규와 송지원의 재회를 통해 그들이 운명공동체라는 사실을 확인시켜줌으로써 남한과 북한사이의 민족동질성의 가치는 강조된다. 이러한 특징은 비무장지대를 배경으로 남북한의 감청부대를 묘사한 계윤식의 <꿈은 이루어진다(2010)>에서도 나타난다.

영화에서 "비무장지대가 주는 긴장관계는 2002년 남한에서 열린 월드컵

대회를 계기로 축구를 좋아하는 북한의 분대장과 남한군인들 사이에 조성된 다양한 우호적 장면들에 의해 해소되고 있다. 비무장지대에서 근무하고 있는 남, 북한 군인들은 함께 모여서 축구시합도 하고 한국대표팀의 축구경기를 보면서 응원하기도 한다. 이러한 장면은 비무장지대가 남, 북한의 대결과 긴장의 상징적 공간에서 벗어나 민족이라는 이름으로 통합될 수 있는 공간으로의 가능성을 보여주고 있다. 특히 남한 군인들과의 잦은 교신과 만남을 눈치챈 북한의 상급부대 조사관이 감청부대 분대장을 의심하면서 취조하자 그의 분대원들은 지체 없이 분대장을 남한으로 탈출시키려는 계획을 세우고 도와주는 장면으로 뒷받침된다. 이것은 우리민족의 가치 앞에 서로 다른 이데올로기는 더 이상 문제가 되지 않는다는 사실을 확인시켜 주고 있는 것이다. 이와 같은 장면은 타율적 시각에 의존해 휴전과 비무장지대의 비극성을 강조하는 형태에서 벗어나 점차 우리민족 내부가 해결해야 할 '내부적 문제의 시선'으로 변해가고 있음을 보여주고 있다. 그리고 이러한 시선의 변화 기저에는 꿈같은 현실이 가능하다는 희망이 내재되어 있는 것이다."[69] 71명의 학도병들이 포항을 지켜야 하는 낙동강 전투에 투입된 한국전쟁기의 실재적 사실을 배경으로 하고 있는 이재한의 <포화 속으로(2010)>에서도 이와 같은 흐름은 지속된다.

이는 학생들이 전쟁에 참여하게 된 이유와 전쟁의 참혹한 장면들이 화면에서 묘사되고 있지만 학도병 대장 오장범이 어머니에게 보낸 편지를 통해 드러난다. 여기서 그는 자기가 아는 북한 괴뢰군은 머리에 뿔이 달린 줄 알았는데 그들이 죽어가면서 나오는 소리가 어머니였다는 것과 전쟁은 왜 하는지에 대한 근본적인 질문이었다. 이를 통해 영화는 북한에 대한 이념적 적대성보다는 참혹한 장면을 통해 전쟁 자체의 비극성을 부각시키는 데 집중

---

69) 정태수, 「휴전의 상징, 비무장지대를 배경으로 한 한국영화의 영화적 특징에 관한 연구」, 『영화연구』57호, 한국영화학회, 2013, 380-381쪽.

하고 있음을 보여주고 있다. 이러한 경향은 한국전쟁을 배경으로 하고 있는 장훈의 또 다른 영화 <고지전(2011)>에서도 이어진다.

영화는 1953년 휴전회담이 진행되는 동안 주인이 수시로 바뀌는 동부전선의 최전방 애록고지를 두고 남한의 국군과 북한의 인민군 사이에서 벌어진 참혹한 전투를 묘사하고 있다. 휴전협정이 조인 된 후 12시간 안에 애록고지를 자신들의 지역으로 만들기 위해 그들은 더욱 치열한 전투를 벌인다. 그러면서 영화는 이 전쟁에 대해 근본적 질문을 던진다. 이는 부상당한 수혁이 북한 인민군으로 끌려가면서 그들에게 "왜 싸우는지를 물어보겠다"고 하는 장면과 남북한의 군인들이 애록고지로부터 후퇴하면서 묻어 놓은 물건을 서로 확인할 때, 정전협정 발효 전 최후의 전투를 앞두고 국군과 인민군들이 노래 <전선야곡>을 함께 부를 때, 그리고 인민군 현정윤과 방첩대장 강은표가 애록고지 참호에서 만나 술을 마시면서 담배 피우는 동안 무전기를 통해 흘러나오는 정전협정 발효소식을 듣고 허탈한 웃음을 짓고 있는 장면을 통해 민족의 동질성을 확인하면서 한국전쟁의 무의미함을 묘사하고 있다. 따라서 방첩대장 강은표가 애록고지의 악어부대 중대장 몸속에서 아군탄알을 발견함으로써 누가 적과 내통하고 있는지 여부를 조사하는 것은 영화에서 그리 중요한 것으로 작용하지 않는다. 이런 측면에서 휴전선을 넘나들면서 서울에서 평양까지 3시간 만에 무엇이든 배달하는 풍산을 다룬 전재홍의 <풍산개(2011)>는 의미 있는 영화라 할 수 있다.

영화는 오래 전에 헤어진 이산가족의 소식을 비디오나 편지, 유품 등을 전하는 풍산을 통해 분단된 한국의 상황을 묘사하고 있다. 여기에 망명한 북한의 관리와 국정원 직원의 대화를 통해 천안함 침몰 사건이 언급되기도 한다. 국정원은 그런 풍산에게 망명한 북한 관리의 요청으로 김인옥이라는 여성을 북한에서 데려와줄 것을 부탁한다. 풍산은 단지 돈을 받고 남한과 북한의 요청을 수행할 뿐 그 어느 쪽에도 속하지 않은 이념과 체제로부터 자유로운 인물이라 할 수 있다. 그럼에도 불구하고 국정원과 남파된 북한 간첩에 의해 그는 남한편인지 북한편인지를 끊임없이 질문받고 강요당한다. 이는 국정원 요인들이 탈북녀 술집에서 술을 먹고, 북한에서 남파된 간첩이 남한 여자 술집에서 술을 먹는 아이러니한 상황과 대비된다. 이어서 풍산에 의해 폐쇄된 특정한 장소에 집결된 국정원 요원들과 간첩들을 통해 남북관계가 상징화된다. 그곳에서 그들은 서로 치열하게 싸운다. 권총과 자동소총을 차례로 넣어주면 그들은 그것을 가지고 서로 보복하고 서로를 향해 총부리를 겨눈다. 여기에 그들 앞에 수류탄이 던져진다. 수류탄이 터지면 모두가 죽는다는 것을 아는 국정원 요원들과 남파 간첩들은 총을 서로 내려놓자고 하지만 서로를 믿지 못한다. 사격으로 조명이 꺼진 후 또 다시 어두워진다. 이 에피소드는 분단된 한국의 상황과 이를 둘러싸고 있는 주변국들로부터 이용당하고 있는 남북한의 모습을 상징하고 있다. 이후 영화는 임진각 벽 앞에서 통곡하는 남자와 인옥의 사진, 그리고 누군가에 의해 휴전선을 넘는 풍산이 저격당함으로써 죽어가는 그의 모습이 이어지면서 임진각 벽의 사연으로 마무리된다. 이처럼 영화는 분단된 상황을 통해 민족의 동질성이 훼손된 우리의 상황을 직접적으로 묘사하고 있다. 특히 휴전선을 자유롭게 넘나드는 풍산을 향해 끊임없이 누구의 편이냐고 묻는 장면과 누군가 그를 저격하여 죽음으로 몰아넣는 행위는 이념과 체제에 사로잡힌 어리석은 우리의 분단된 상황을 보여주고 있는 것이다. 여기서도 남파된 간첩들이 영화에서 묘사되고 있지만 그것은 분단 상황에 처해있는 현재 상황의 하위요소로 기능하고 있다. 이러한 시대적 변화와 흐름의 고민을 투영시킨 것으로 탁구 남북단일팀을 영화화한 문현성의 <코리아(2012)>를 들 수 있다.

영화는 실화를 바탕으로 각색하여 재구성된 작품이라는 것과 60여 년 전 휴전협정 이래 지구상에 존재하는 유일한 분단국가라는 사실이 자막을 통해 제시하면서 시작된다. 이어서 1990년 북경 아시안게임 이후 남북단일팀

구성에 합의한 1991년 제41회 세계탁구선수권대회에 남북단일팀으로 참가한 선수들의 모습이 이어진다. 여기서 남북단일팀은 작은 통일의 상징으로 남과 북의 서로 다른 이질적인 문화적 요소는 단일팀이라는 민족의 동질성에 의해 해소된다. 이는 현정화와 리분희가 주축이 된 여자 단체전 우승이라는 결실로 감동을 주게 되면서 민족 동질성의 의미는 극대화된다. 이러한 민족의 동질적 가치는 1993년 제42회 세계탁구선수권대회에서 한국팀과 북한팀이 따로 참가하게 되면서 극단적인 모습으로 변모한다. 이와 같은 상황을 영화는 현정화, 리분희 선수의 스틸사진으로 마무리하면서 민족의 동질성 가치에서 또 다시 남한과 북한사이의 대결적 구도로 회귀하는 안타까운 모습을 통해 이 시기 혼란스러운 상황을 묘사한다. 이런 측면에서 오랫동안 남한에서 정착한 고정 간첩을 묘사한 우민호의 <간첩(2012)>은 이와 다소 결이 다르다고 할 수 있다.

　1983년 아웅산 테러사건, 무장공비침투사건, 북한간첩사건, 황장엽 망명사건으로 시작된 영화는 남한으로 망명한 북한 외무상 리용성을 처단하기 위해 파견된 북한의 최고 암살자 최 부장이 남파된 지 40년차인 공무원으로 근무하고 퇴직한 윤 고문, 무역회사로 위장하여 불법 비아그라를 판매하고 있는 22년차 김 과장, 부동산 중개인이 된 15년차인 강 대리, 농부로 일하고 있는 13년차 우 대리와 회합하면서 벌어진 사건을 다루고 있다. 영화는 리용성을 처단하기 위한 최 부장, 고정간첩들과 이를 막아야 하는 국정원들과의 관계에 집중하고 있지만 미국산 소고기 수입 반대와 FTA 체결 반대 시위를 주도하는 듯한 우 대리의 모습을 시위대와 중첩시킴으로써 당시 촛불시위에 참석한 국민들의 행동을 마치 북한에서 파견된 고정간첩의 선동에 의한 것처럼 연결시키고 있다. 이는 자료필름을 통해 시작된 영화의 의도가 수많은 인파 속으로 걸어가는 김 과장의 휴대전화에 뜨는 '목란이 폈다'라는 암호 메시지를 통해 한국사회의 일상에 침투해 있는 간첩을 떠올리게 하여 반공의식을 자극하고 겨냥하고 있는 것이라 할 수 있다.

베를린을 배경으로 북한 대사 리학수의 망명시도와 비밀요원인 표종성, 그리고 그의 아내 련정희가 남한과 거래를 하고 있다는 누명을 씌워 그들을 제거하기 위해 평양에서 파견된 동명수와 이들을 쫓는 철저한 반공주의자인 국정원 요원 정진수 사이의 대결구도를 묘사하고 있는 2013년 개봉한 류승완의 <베를린>도 이와 유사한 형태를 띠고 있다. 다만 영화에서는 이들 사이의 쫓고 쫓기는 대결구도와 함께 남한으로 전향하려고 한 표종성을 대통령의 러시아 순방외교 때 평양을 경유한 대륙횡단 가스관 사업 발표 조건으로 북한에 넘기려 한다는 사실을 알게 된 정진수가 그에게 "누구한테도 눈에 띠지 말고 그냥 그렇게 사는 거야 먼지처럼"하고 말하면서 그를 풀어주지만 아내를 죽게 한 동명수의 아버지 동중호에게 복수하기 위해 블라디보스토크로 향하는 표종성의 모습으로 영화는 마무리된다. 이처럼 영화는 북한 권력자들에 의해 이용당하는 표종성의 모습을 묘사하면서도 남, 북한 권력자들의 실체를 환기시키고 있다. 이 시기에는 해외에서 혹은 한국에서 북한과 남한의 요원들이 격돌하는 장면을 묘사한 영화들이 빈번하게 등장한다. 2013년에 개봉된 이승준의 <스파이>도 그런 유형의 영화라 할 수 있다.

영화는 6자회담의 북한 대표부 중 핵물리학자인 백무진 딸의 망명요청을 두고 벌이는 남북한의 정보요원들과 한국에서 전쟁의 위험을 극대화하여 한국의 주식을 대량으로 사들이려고 하는 세력들 간에 일어난 액션과 코미디적 상황을 통해 묘사된다. 위에서 언급한 두 가지 특징, 즉 반공의식을 자극하면서도 정치적 상황변화에 의해 언제든지 버려질 수 있다는 북한공작원의 현실은 장철수의 <은밀하게 위대하게(2013)>에서도 나타난다.

영화는 북한의 남파 특수공작부대인 5446부대 출신인 원류환, 리해랑, 리해진이 혹독한 훈련을 거쳐 남파되어 달동네의 백수로, 가수 지망생으로,

고등학생으로 평범하게 살아가고 있는 모습을 보여준다. 한국에서 고정간첩으로 살아가고 있는 그들에게 북한의 인민무력부 위원장은 남한과의 관계 개선을 목적으로 5446부대의 존재를 없애기 위해 명예롭게 자결하도록 지시를 내린다. 이러한 상황을 파악하고 있는 국정원은 원류환, 리해랑, 리해진이 아직 젊기 때문에 살려야 한다고 주장한다. 하지만 인민무력부 리무혁 대장은 이를 실행하기 위해 그들이 살해되거나 자결하도록 내버려두기로 국정원과 이야기가 끝났다고 보고한다. 그럼에도 불구하고 국정원의 서팀장은 이들 3명이 이전처럼, 평범한 가족, 이웃과 함께 일상을 보내고 싶어 하는 바람을 알고 있기에 그들을 살리려 애쓴다. 문제는 이들이 남북한의 정치적 상황변화에 따라 이용당하고 버려지는 존재라는 사실이다. 영화는 이를 통해 정치권력에 희생당하는 보통 사람들을 묘사하면서도 동시에 남한에 암약하고 있는 간첩들의 존재를 드러냄으로써 한국사회에 반공의식을 환기시키고 있는 것이다. 이러한 특징은 아내를 살해한 리광조를 찾기 위해 남한으로 망명한 북한의 특수부대 출신 지동철과 국가정보원으로부터 간첩혐의를 받고 있는 기무사 민세훈 대령이 협력하여 부도덕하고 탐욕스러운 국정원 대북정보담당 김석호 실장을 제거하는 내용을 다룬 원신연의 <용의자(2013)>에서도 나타난다.

영화 시작과 함께 탈북자 수가 매월 수백 명, 매년 수천 명 국내로 들어오면서 2만 명이 넘는 시대가 되었다는 내레이션에 이어 탈북자는 잠재적인 간첩이라는 김석호 실장의 말을 통해 남한 내 반공의식을 자극하고 있다. 이처럼 남북한 관계를 통한 체제와 이념에 대한 재정립의 시도는 이 시기 적지 않은 한국영화에서 제기되었다고 할 수 있다. 이러한 특징은 김학순의 <연평해전(2015)>에서 명확하게 드러난다.

영화는 2002년 튀르키예와 월드컵 3,4위전이 벌어지는 6월 9일 서해 연평도 부근에서 벌어진 북한 해군과의 교전으로 6명이 전사하고 18명이 부상당한 실제 사건에 근거한 연평해전을 다루고 있다. 이를 영화는 휴전의 역사와 함께 바다에 설정된 NLL 경계선과 평택 제2함대 사령부, 서해 고속정 전진기지를 보여주면서 북한의 치밀한 전략에 의한 도발임을 상정하면서 전개된다. 이후 이것은 연평해전의 원인을 북한의 동향을 상부에 보고했음에도 적절한 조치를 취하지 않았을 뿐만 아니라 예정대로 금강산 관광교류와 월드컵 폐막식, 결승전에 참석하기 위해 일본으로 출국하는 대통령의 모습에 연평해전으로 희생된 군인들의 합동영결식 장면을 배치함으로써 김대중 정부의 대북 인식에 대한 비판과 연결된다.

한국전쟁기 인천상륙작전을 묘사한 이재한의 <인천상륙작전(2016)>, 또한 해방과 함께 3.8선으로의 분할로 발생한 한국전쟁의 참혹함을 보여주면서 실존했던 해군 어린이 합창단을 모티프로 2016년에 개봉된 이한의 <오빠생각>도 이러한 기조의 영화라 할 수 있다.

다만 남북한 접경지역에서 어부 생활을 하면서 가족과 함께 평범하게 살아가고 있던 남철우가 그물에 모터가 걸려 바다 경계선을 넘어 남한으로 넘어오고 이후 북한으로 돌려보내지게 된 과정을 묘사한 김기덕의 영화 <그물(2016)>에서는 남한과 북한에서 유사하게 나타나는 경직된 체제를 폭로하고 있다.

바다 경계선을 넘어 남한쪽으로 넘어오게 된 남철우를 국정원은 간첩으로 판단하고 그의 자백을 받아내기 위해 강압적 수사를 한다. 온갖 고초에도 불구하고 사상보다는 가족이 우선이라고 하는 그에게 국정원은 발전된 서울을 보여줌으로써 전향하도록 유도한다. 그러나 남철우는 '보는 것이 없어야 말할 것도 없어 가족을 보호할 수 있다'고 하면서 눈을 감고 다닌다. 남철우는 오직 아내, 딸과의 평온한 삶을 원하고 있는 것이다. 그가 북한으로 돌려보내졌을 때 북한 보위부에서의 조사 행태는 국정원의 행태와 동일한 방식으로 진행된다. 그는 국정원에서 했던 것처럼 보위부에서도 조사서를 작성하도록 반복적으로 강요받는다. 그리고 이는 국정원이 그를 전향시켜 이용하려 했던 것처럼 북한의 보위부에서도 인위적 모습의 사진 촬영으로 나타난다. 이로써 영화는 체제와 이념에 사로잡힌 남한과 북한의 속성을 폭로하면서 집으로 돌아왔지만 어업을 할 수 있는 기회를 박탈당한 남철우의 비극적 죽음으로 마무리된다. 이처럼 영화는 분단된 남한과 북한이 서로 다른 이념과 체제로 인해 평온한 일상을 누리던 가족이 붕괴되는 상황을 포착하고 있다. 남한과 북한 사이의 민족동질성을 다시 한 번 확인하는 영화로는 2017년 1월에 개봉된 김성훈의 <공조>를 들 수 있다.

영화는 북한에서 위조지폐 동판을 훔친 차기성이 한국으로 잠입하는데, 그를 잡기 위해 북한이 남한 정부에 공조수사를 요청하는 것으로 시작된다. 이어서 차기성에 의해 임신한 아내를 잃은 림철영은 남북장관급 회담의 일원으로 넘어와 남한의 강진태 형사와 차기성을 체포하기 위한 공조수사를 벌인다. 영화에서는 수사과정에서 일어나는 이들의 다양한 에피소드를 묘사하고 있다. 특히 북한의 림철영과 남한의 강진태는 외모적으로 비교되지만 동질적 요소가 있는 것으로 묘사된다. 예컨대 CCTV를 통해 감시당하고 있는 것은 남북한이 동일하며 남북한이 분단되었지만 한민족이라고 하면서 강진태의 집에 머물게 된 림철령에게 동포라고 말한다. 이러한 동질적 요소의 강조는 서로 인간적으로 이해하게 되는 마음을 갖게 되어 끝까지 공조를 통해 차기성을 죽이고 마무리되는 것으로 연결된다. 따라서 영화는 이념과 체제의 대결적 구도를 넘어서 민족적 가치를 재확인시켜 주고 있다.

이처럼 남북관계를 다루고 있는 이 시기 영화는 몇 가지 흐름을 형성하고 있다. 우선 민족 동질성의 가치에 대한 의미를 찾는 것이다. 이는 서로 다른 대결적 상황과 함께 한국전쟁을 묘사하고 있음에도 같은 민족이라는 사실을 잊지 말아야 한다는 점을 강조함으로써 나타난다. 또 다른 흐름으로는 북한의 고위 관리들의 망명과 남한 내 고정간첩들을 폭로하고 한국전쟁을 묘사하면서 한국 사회 내 반공의식을 다시 자극하는 경향이다. 이 시기의 또 다른 기조는 남북한 정치구조와 권력자를 비판적으로 묘사하고 있다는 점이다. 이는 평범한 인간들이 남북한의 정치적 상황변화에 의해 언제든지 버려지거나 소외됨으로써 일상의 평온함이 상실되는 현상을 통해 묘사된다. 문제는 이러한 변화가 한국의 정치적 기류 변화와 밀접한 연관 속에 있다는 점이다. 이것은 영화가 자본에 의해 작동되기도 하지만 여전히 정치적 기조의 변화에 영향 받고 있음을 이들 영화가 보여주고 있는 것이다. 이처럼 한국영화에서 남북한의 대결적 상황은 영화 속에서 정치적 변화에 따라 끊임없이 다양한 기조를 띠게 된다. 그리고 그것의 근본적 원인을 다룬 영화들도 한국영화역사 속에서 쉽지 않게 찾아 볼 수 있다. 이런 측면에서 1948년 4월 3일 수많은 제주의 사람들이 빨갱이로 몰려 희생당한 사건을 흑백화면으로 묘사한 오멸의 <지슬(2013)>은 분단된 한국의 역사적 비극을 다시 한 번 성찰하도록 요구하고 있는 것과 다름없다. 이것은 이데올로기라는 허울이 그 어떤 것보다 권력과 폭력의 지배논리를 은폐시키는 강력한 수단이기에, 적대적 대결이라는 민족의 비극적 굴레에서 하루빨리 벗어나야 한다는 것을 의미하기도 한다.

국가주의 향수

한국영화의 또 다른 경향은 국가라는 가치를 상기시키는 영화들이 하나의 흐름으로 존재했다는 점이다. 이는 국가의 가치가 개인의 가치에 전면적으로 우선한다는 것은 아니지만 국가의 존재를 확인시키는 영화들이 이 시기 등장했음을 말한다. 이러한 특징은 국가주의 영화로 정의되어 범주화 할 수 있다. 원래 국가주의란 "정치철학분야에서 이론화되었는바, 국가가 그것을 구성하는 개인, 집단, (시민)사회보다 우월하며 그 구성 요소를 초월하는 실재성과 가치를 갖는다는 사고를 지칭한다. 이러한 사고에 따르면 개인이 국가를 위해 희생하는 것은 당연시되며, 이 점에서 국가주의는 자유주의와 정면으로 대립한다."[70] 즉 국가주의는 국가권력이 개인의 자유나 권리보다 우월한 지위에 있다고 주장하는 입장이고, 자유주의에서 국가는 개인의 자유를 침범할 수 없고 개인의 자유를 보장하기 위해 존재한다는 입장인 것이다.[71] 그러므로 "국가주의는 개인의 권리는 거의 무시하고, 개인의 존재는 국가 안에서만 인정하며, 개인은 국가를 위해 헌신하고 희생해야 하는 존재로서만 파악된다."[72] 이와 같은 개념은 한국사회에서 경제개발우선정책을 지향하면서 국가의 역할이 증대된 시기의 이론적 토대로 작용하였다. 그리고 이는 국가가 적극적으로 개입하여 경제개발정책을 주도한 박정희 시대의 개발독재, 발전국가론, 동아시아 경제발전모델, 또는 국가독점자본주의 등의 다양한 개념을 통해 이론화되었다. 따라서 한국에서 국가주의는 경제성장과 발전을 이룩한 과거 역사의 긍정적 경험이 작동될 수 있는 여지를 제공해 준다. 이런 측면에서 2004년 아테네 올림픽에서 은메달을 딴 국가대표 여자 핸드볼 선수들의 감동적인 실화를 다룬 임순례의 <우리생애 최고의 순간(2008)>은 이 시기 이를 자극시킨 하나의 계기로 작용했다고 볼 수 있다.

영화는 국가대표를 은퇴한 몇몇 여자 핸드볼 선수들이 합류하게 된 상황과 혹독한 훈련과정, 부상에도 불구하고 투혼을 발휘해 아테네 올림픽에서 은메달을 목에 걸게 되기까지의 감동적인 장면을 묘사하고 있다. 이를 위해 영화에서는 인기 없는 한국 여자 핸드볼 실업팀의 어려운 상황과 은퇴한 선수가 경제적 어려움을 뒤로 하고 국가대표팀에 다시 복귀하기까지의 다양

---

70) 강정인, 「박정희시대의 국가주의-국가주의의 세 차원-」, 『개념과 소통』 제20호, 한림과학원, 2017, 123쪽.
71) 위의 논문, 124쪽.
72) 박찬승, 「20세기 한국 국가주의의 기원」, 『한국사연구』 제117호, 한국사연구회, 2002, 201쪽.

한 개별적 상황들이 보여진다. 그러므로 국가대표와 올림픽 메달은 한국에서 여자 핸드볼의 인기와 개인의 문제를 해결할 수 있는 설득과 명분으로 작용할 뿐만 아니라 국가대표 여자 핸드볼 선수들이 어려운 훈련과정을 극복하고 단결할 수 있는 요인으로 작용한다. 이런 이유로 국가대표와 올림픽 메달은 그들에게 직면한 문제를 일거에 해결할 수 있는 수단이자 목표인 것이다. 이것은 개인이 국가대표와 올림픽 메달이라는 목표에 복무하고 있는 것이며, 영화의 마지막 부분에서 보여준 자료 필름은 그 의미가 더욱 극대화되도록 유도한다. 이를 통해 영화는 국가와 대표라는 의미를 다시 한 번 상기시키고 있는 것이다. 이러한 흐름은 김용화의 <국가대표(2009)>에서도 이어진다.

새로운 스키점프 국가대표를 구성하기 위해 은퇴한 선수들을 규합하고 열악한 운동 환경과 이를 극복해 가는 과정을 다루고 있는 수법은 <우리생애 최고의 순간>과 유사하다고 볼 수 있다. 다만 3천만 원에 자신을 미국에 팔았다고 하면서 한국에 적대적인 태도를 보인 차헌태라는 인물을 통해 입양의 문제를 제기한 점이 차이가 있다고 할 수 있다. 그러나 차헌태가 제기한 입양의 문제는 1996년 무주 동계 올림픽 유치를 위해 방종삼 코치가 국가대표 스키 점프 선수로 그를 설득하는데 있어 그리 중요한 요소로 작용되지 않는다. 여기서 차헌태가 제기한 문제와 국가 사이의 모순적 관계의 이중성이 드러나고 있지만 국가대표라는 의미는 그를 설득하는데 주요 기제이자 수단인 것이다. 이는 개인의 감정적 상황이 국가와 대표라는 것의 하위요소로 당연하게 인식되고 있는 것과 다름없다. 따라서 실화를 바탕으로 각색하여 재구성된 국가대표 스키 점프 선수단 구성은 이 영화에서 그 어떤 것보다 상위의 개념으로 존재하게 하여 국가와 그 가치를 강조하고 있는 것이다. 이러한 특징은 국가기관에 근무하고 있는 사람을 주인공으로 묘사할 때도 드러난다. 이는 신태라의 <7급 공무원(2009)>에서 엿볼 수 있다.

영화는 이를 연인관계인 수지와 재준이 국가정보원이라는 신분을 서로 속이면서 벌어지는 상황을 코믹하게 묘사하면서 드러낸다. 그들은 산업스파이를 쫓는 과정에서 서로의 정체를 알게 되지만 사랑하는 연인이라는 그들의 개인적 관계는 국가정보원으로서의 역할에 충실하고 헌신하는 모습을 통해 이해되고 수용된다. 이로 인해 국가라는 개념이 다시 한 번 강조되고 있다. 이는 개인이 국가를 위해 희생하는 것이 당연시되고, 개인의 권리와 자유보다 국가권력이 우월한 위치에 있는 이른바 국가주의에 부합하고 있는 영화라 할 수 있다. 가족의 일대기를 한국 현대사와 연결시킨 윤제균의 <국제시장(2014)>은 이런 측면에서 시대적 의미를 지니고 있는 영화이다.

영화는 부산 국제시장을 배경으로 1950년대 한국전쟁 시기부터 현재까지의 시대적 변화를 파노라마식으로 묘사하면서 늙은 덕수와 영자가 자신의 꿈을 이야기하면서 시작된다. 이어서 손녀가 덕수에게 기억에 대해 물어보자, 영화는 한국 전쟁 시기 아버지와 여동생을 잃어버린 홍남부두 철수 장면과 어린 시절 부산에서의 고단한 피난 생활, 휴전협정과 1963년 가을, 청년이 된 덕수가 가족을 위해 파독광부로 지원하게 된 이유와 그곳에서 파독 간호사, 영자를 만나 결혼하게 된 사연, 그리고 베트남으로의 파견과 종전으로 다시 국제시장으로 돌아온 장면, 새마을 사업, 1983년 여름, 잃어버린 아버지 윤진균과 여동생 윤막순을 찾기 위해 KBS의 이산가족 찾기 프로그램에 출연하여 로스앤젤레스로 입양 간 여동생을 찾는 장면 등을 차례로 묘사한다. 이어서 즐거워하는 가족들의 모습과 함께 다시 현재의 덕수가 찾지 못한 아버지의 사진 앞에 서서 지나온 자신의 인생이 진짜 힘들었다고 말하면서 홍남부두에서 자신에게 입혀준 아버지의 옷을 붙잡고 흐느끼는 장면으로 이어진다. 영화는 이후 늙은 덕수와 영자가 자신의 꿈을 이야기하면서 시작된 장면처럼 부산의 도시와 바다를 보면서 마무리된다. 이처럼 영화는 덕수와 그 가족의 일대기를 현재, 과거, 현재라는 시간과 함께 묘사하고 있다. 그러나 이 영화에는 국가적 가치가 강조된 몇 가지 의미 있는 논리가 작동된다. 이것의 토대는 전쟁이 휴전협정을 통해 마무리되자 이를 향해 "나라가 힘이 없어서"란 덕수의 말에 근거하고 있다. 여기서 '나라의 힘'은 이후 먹고살기 위한 것, 즉 경제적 궁핍으로부터 벗어나기 위한 것으로 그 의미가 치환되면서 국제시장에서 덕수가 '꽃분이네'라는 가게를 지키는 이유와 살기위해 온갖 어려움을 겪고 견디는 과정과 연동된다. 이는 자연스럽게 부강하고 부유한 나라를 위한다는 명분으로 산업화를 주도한 박정희 시대와 연결될 수 있는 여지를 제공한다. 그리고 이것의 결과는 편안하고 즐거운 가족들의 모습을 통해 현재라는 시대성과 결합된다. 그러므로 덕수와 그의 가족 일대기를 다루고 있는 영화 <국제시장>이 산업화시대에 대해 우호적 시각을 유지하고 있다는 해석으로부터 자유로울 수 없다고 할 수 있다. 박정희 대통령과 필연적 관계에 있는 박근혜 정부에서 이 영화가 등장했다는 점은 그런 측면에서 더욱 설득력을 갖게 한다.

일반적으로 국가주의는 정치적 국가주의, 경제적 국가주의, 대외적 국가주의로 나뉜다. 정치적 국가주의는 국가가 개인, 집단, (시민)사회보다 우월한 것이고, 경제적 국가주의는 산업화 경제발전에 있어 국가가 적극적으로 개입하여 주도적 역할을 하는 것이며, 대외적 국가주의는 국가의 자주성을 확보할 때 비로소 완성되는 것이다. 박정희 시기의 주요한 통치전략 중 하나로 사용되었던 국가주의는 국가를 위해 개인과 집단, 시민사회가 헌신해야 한다는 것이 전제되어 있으며, 이는 국가라는 상위 개념에 지배 권력의 오류들이 가려지게 할 수 있다는 점이다. 이미 지나온 한국의 역사 속으로 사라진 국가주의 이데올로기가 이 시기 한국영화 속에 등장한 것은 국가주의에 대한 향수가 이 시기 시대성과 결합되어 한국사회 속에 여전히 남아있음을 의미한다.

8. 독립투쟁의 역사와 민족의 정체성

독립투쟁의 역사와 민족의 정체성은 한국영화역사에서 가장 빈번하게 다루어진 주제 중 하나이다. 이는 주변 국가들로부터 수많은 침입에 투쟁적으로 저항해 온 한국의 역사에 기인한다. 그러므로 독립투쟁의 역사는 특정한 시기를 막론하고 한국영화에서 가장 중요한 주제가 되어왔다. 그리고 그것은 민족의 영웅으로서 누구나 동의할 수 있고 이론의 여지가 없는 이순신, 안중근, 유관순 등과 같은 역사 속 인물을 주로 대상으로 삼았다. 이러한 이유로 이 시기 한국영화에서는 이들의 모습과 함께 민족의 독립과 자주, 정체성으로 연결된 다양한 시기의 투쟁적 모습들이 영화화되었다. 특히 이 시기는 이념적 논란을 초월한 영웅적 인물을 다루어 왔던 그간의 영화적 경향과 달리 그동안 다뤄지지 않았던 인물과 단체들이 중요한 의미로 부각되었다. 이는 일제강점기 무장투쟁의 상징처럼 여겨졌던 의열단과 김원봉, 김상학 등을 비롯한 개별 인물들의 치열한 투쟁을 영화에서 복원시키는 것뿐만 아니라 민족의 역사와 정체성을 다양한 층위로 확대하고 있음을 의미한다. 이러한 기조는 김대중, 노무현 정부를 지나면서 확장된 이념의 스펙트럼과 이명박, 박근혜 정부의 문화산업기반 강화전략이 결합됨으로써 관객들이 즉각적으로 반응할 수 있는 소재와 주제를 한국영화가 포착하였음을 말한다. 여기에 동시대의 대외적 문제, 즉 일본의 독도영유권 주장, 일본의 역사교과서 왜곡문제, 일본과의 군사협력체결문제와 위안부 문제가 불거지면서 이러한 영화들의 등장은 더욱 설득력을 갖게 되었다.

마치 서부영화처럼 만주평원을 무대로 보물지도를 두고 벌이는 박도원, 박창이, 윤태구 세 사람의 대결을 다룬 김지운의 <좋은 놈, 나쁜 놈, 이상한 놈(2008)>도 이러한 흐름과 무관하다고 볼 수 없다. 이는 박창이가 "사람들은 언젠가 죽을 거라는 것을 뻔히 알면서도 자기는 꼭 안 죽을 것처럼 산다"

고 하면서 "오래 살았지 뭐", "나라 팔아먹고"라는 말과 함께 친일파 김판주를 칼로 죽이는 행위와 일제강점기 조선의 현실에 기반한 박도원의 "나라는 없어도 돈은 있어야지"라는 말과 지도를 손아귀에 넣은 윤태구가 벌판에서 독립운동가 서재식을 만나는 장면 등을 통해 묘사된다.

또한 1430년 세종시기 세계최초 조선의 비밀병기인 다연장 미사일 신기전을 두고 명나라와 대립적 관계를 묘사한 김유진의 <신기전(2008)>도 민족의 독립성과 주체성을 강조한 영화라 할 수 있다. 이는 2008년에 개봉된 정용기의 <원스 어폰 어 타임>과 정지우의 <모던보이(2008)>에서도 엿볼 수 있다.

<원스 어폰 어 타임>에서는 해방되기 전 1944년 10월 4일 석굴암 본존불상의 미간 백호상 동방의 불빛을 두고 경성 최고 사기꾼 봉구와 일본 군부 실력자 총감, 그리고 재즈 가수 춘자와의 관계 속에서 민족의 독립운동과 해방으로 이어지는 역사를 묘사하고 있으며, 영화 <모던보이>에서는 1937년 비밀 구락부에서 댄서로 활동하고 있는 독립운동가 조난실을 두고 사랑에 빠진 조선총독부 1급 서기관 이해명과 일본인 조선총독부 고등검사 신스케를 통해 민족의 독립과 관련된 문제를 묘사하고 있다. 특히 조난실에 의한 조선총독부 건물 폭파로 인해 진정한 독립군으로 변모한 이해명의 모습과 그들의 조선독립을 염원하는 장면으로 마무리된 것은 이를 확인시켜 주고 있다.

동성애와 왕비를 사이에 두고 왕과 총관의 사랑과 질투를 소재로 삼은 유하의 <쌍화점(2008)>도 고려 말 원나라와의 종속관계 속에서 부원파들을 비판한다는 점에서 민족정신을 엿볼 수 있다. 장진의 <굿모닝 프레지던트(2009)>에서는 동해상에서 일본의 군사행동으로 대치하고 있는 상황을 "굴욕의 역사는 가지고 있지만 굴욕의 정치는 하지 않는다"는 대통령의 말을 통해 민족의 독립적 투쟁의 자세를 보여주고 있다. 김용균의 <불꽃처럼 나비

처럼(2009)>에서는 혼란스러운 조선시대 말 제국주의 열강의 모습을 보여줌으로써 강한 민족의 투쟁의식을 유도하였으며, 선조 25년 백성의 삶이 피폐해 가는 상황 속에서 평등 세상을 꿈꾸며 대동계를 조직하여 조정을 대신해 조선으로 쳐들어온 왜군과 싸우지만 오히려 역모의 혐의로 몰린 이몽학을 묘사한 이준익의 <구르믈 버서난 달처럼(2010)>에서도 무능한 왕과 동인, 서인의 당쟁으로 얼룩진 당파 싸움으로 적전분열된 조선의 현실을 묘사하면서 독립적이고 자주적인 나라를 위한 조건을 역설적으로 드러내고 있다. 또한 1637년 인조 14년, 병자호란으로 일컬어지는 청나라의 조선침략으로 인한 전쟁을 다룬 김한민의 <최종병기 활(2011)>에서는 남이가 탁월한 활 솜씨로 청나라 정예부대 니루와의 전쟁 모습과 포로로 청나라로 끌려가고 있는 자신의 동생 자인과 혼례를 올린 서군뿐 아니라 조선의 백성을 구해 다시 조선 땅으로 돌아오게 한 장면을 통해 영토와 민족의 소중함을 다시 느끼도록 한다. 전쟁이나 투쟁의 역사를 통해 영토와 민족의 독립성을 강조한 이들 영화와 함께 문화적, 정신적 정체성을 강조한 영화도 이 시기에 등장했다. 이런 요소는 임권택의 <달빛 길어올리기(2011)>에서 잘 나타난다.

조선왕조실록 복분화 사업을 담당했던 전주시 공무원들의 실화를 토대로 한 것이라는 자막으로 시작된 영화는 공무원인 필용과 뇌경색으로 거동이 불편한 지공예가인 그의 아내 효경, 한지 제작과정을 다큐멘터리로 촬영하고 있는 지원을 통해 이를 묘사하고 있다. 영화에서는 뛰어난 우수성에도 불구하고 수지타산이 맞지 않아 사라져 버린 한지 제조공들을 찾아다니면서 전통적인 한지 제조 과정의 복원을 담고 있다. 그리고 이는 비단이 500년인데 비해 한지는 1,000년을 간다고 하면서 보름달이 뜰 때 제조과정을 촬영하고 있는 지원을 향한 효경의 "한지를 어떻게 생각하느냐"는 질문에 대한 지원의 대답으로 설명된다. 지원은 한지를 '영혼과도 같은 것이며, 일백 번을 해서 만들어진다고 해서 백지라고 한다'고 하고 '쌀은 육체와 같고 한지는 정신적인 것'이라 말한다. 이어서 효경은 한지를 달빛과 비교하면서 '달빛은 아무리 보아도 눈이 부시지 않으며, 고요하고 은근하고 부드러우면서도 질 긴 한지의 품성과 닮았다고 하고 우리의 마음이 순수하고 담담하고 조용해 졌을 때 한지와 같다'고 한다. 이처럼 영화는 한지 만드는 전통적 제조과정 을 통해 민족의 독립성과 정신의 주체성, 정체성의 의미를 강조하고 있음을 알 수 있다. 독립성과 주체성은 외부의 세력으로부터 영토를 비롯한 정신적 인 독자성을 의미한다. 이는 인간 개인으로서 뿐만 아니라 국가와 민족에 투 영된 고유의 가치인 것이다. 이를 위해 개인과 국가와 민족의 합리적 평등주 의와 투쟁이 존재하게 된다. 이는 수많은 역사가 증명해주고 있다. 이런 측면 에서 추창민의 <광해, 왕이 된 남자(2012)>는 의미 있는 영화라 할 수 있다.

영화는 평소 정적들로부터 역모의 악몽에 시달리던 광해가 자신과 닮은 외모의 광대 하선을 통해 이를 피하고자 하면서 발생한 사건을 다루고 있 다. 이는 광해의 정치적 상황과 지향을 암시하고 있는 것이며, 광해를 대신 한 하선이 광해처럼 편전에 머물면서 백성을 위한 다양한 개혁조치를 취하 는 모습과 그의 대역이 탄로 날 즈음 신하들의 사대주의 행태에 대해 "부 끄러운 줄 알라"고 꾸짖고 비판하면서 떠나는 장면을 통해 묘사된다. 특히 이 장면은 광해와 하선의 경계가 실질적으로 와해되는 순간으로 다양한 의 미의 정치적 함의를 드러내고 있다. 이것은 광해가 왕이 된 시점인 1608년 2월, 명나라를 대신하여 후금이 동아시아의 새로운 패권자로 부상하던 시 기와 연관된다. 이러한 시대적 변화를 냉철하게 바라본 광해는 명과 후금 사이의 패권경쟁에 휩쓸리지 않고 정치적 현실주의 입장을 유지한다. 그러 나 광해군의 중립 외교노선은 명나라에 대한 신의를 중시하는 신하들로부 터 강한 반대를 불러온다.[73] 영화에서 신하들을 향해 부끄러운 줄 알라고

---

73) 김광린, 「조선 광해군정부의 평화주의 외교정책」, 『평화학 논총』 Vol.3, No.1, 지구평화연 구소, 2013, 10쪽.

하는 장면은 현실을 인식하지 못하고 명분에만 매달려 있는 그들에 대한 비판인 것이다. 그리고 "땅을 가진 이들에게만 조세를 부과하고 제 백성을 살리려 명(나라)과 맞선 단 하나의 조선의 왕이다"라는 자막으로 마무리되는 이 영화는 비록 천한 광대가 광해를 대신해 백성을 위한 임금이 되는 것을 묘사하고 있지만 실제로는 독립적인 조선의 왕 광해의 모습을 다루고 있는 것과 다름없다. 온전한 국가로서 존재하기 위한 투쟁의 민족역사는 임진왜란의 이순신 장군을 묘사한 김한민의 <명량(2014)>에서도 나타난다.

특히 영화는 치밀한 전략과 전술로 남아있는 12척의 배로 300여척이 넘는 배가 집결해 있는 일본군을 격파하여 전쟁의 판세를 뒤집어 대승을 거둔 이순신 장군을 통해 투쟁의 역사와 민족의 정체성을 각인시키고 있다. 이러한 특징은 조선건국의 시기를 배경으로 고래가 삼킨 국새를 두고 벌어진 이야기를 다루고 있는 이석훈의 <해적: 바다로 간 산적(2014)>에서도 선명하게 나타난다.

영화에서는 이를 이성계의 위화도 회군에 반기를 들고 산적이 된 장사정과 해적단을 이끌고 있던 여월, 개국세력에 합류한 모홍갑 등을 통해 묘사한다. 특히 국새를 찾기 위해 모여든 장사정과 여월, 모홍갑의 대결은 고려에서 조선으로 넘어가는 역사적 상황을 상징적으로 암시하고 있다. 이는 이성계의 침실에서 장사정이 자신의 정체를 밝히면서 그에게 전한 마지막 장면에서의 대사를 통해 드러난다. 여기서 장사정은 이성계에게 "나는 어느 나라 백성이오? 조선이라는 이름을 명나라가 줬으니 명나라 백성이오? 나는 그런 나라의 백성이고 싶지 않소. 한낮 미물인 고래가 국새를 먹은 까닭은 국호를 받았으나 그들에게 받은 국새로 정사를 펼치지 말라는 하늘의 지엄한 뜻이오…… 어떤 세상을 만들지 잘 생각해 보시오"라고 말한다. 장사정의 이 말은 독립적이고 자주적인 새로운 조선을 향한 것일 뿐만 아니라 이에 대한 민족의 정체성 문제를 동시에 제기하고 있는 것이라 할 수 있다.

이러한 기조는 일제강점기를 배경으로 김원봉의 의열단원들을 묘사한 최동훈의 <암살(2015)>에서도 나타난다.

영화는 간도참변을 일으킨 조선주둔사령관 카와구치 마모루와 1911년 경성 손탁호텔 폭파사건에서 매국노 이완용과 만나고 있던 데라우치 총독을 암살로부터 구해 승승장구한 친일파 강인국을 제거하기 위해 모인 독립군 제3지대 저격수 안옥윤, 신흥무관 출신 속사포 추상욱, 폭탄전문가 황덕삼, 그리고 돈을 받고 이들을 쫓는 하와이 피스톨과 밀정 염석진을 통해 묘사하고 있다. 영화는 데라우치를 살해하려 시도한 의열단원이었던 염석진을 강인국 부인이 빼돌리려다 발각되어 사살된 후 타이틀 자막의 등장과 함께 1949년 '반민족행위특별조사위원회(반민특위)' 조사실로 연결된다. 그곳에서 자신이 밀정이었음을 고백하는 사람에 이어 화면은 의열단 단장인 김원봉, 김구의 만남과 안옥윤, 추상욱, 황덕삼, 그리고 하와이 피스톨에게 이들에 대한 살해를 의뢰한 밀정 염석진이 묘사된다. 이후 그들은 밀정으로 전락한 염석진에 의해 정체가 발각되었음에도 불구하고 카와구치 마모루와 강인국을 처단하는데 성공한다. 여기에 저격수 안옥윤을 돕고 청계천으로 향하는 비밀 통로를 통해 도피하는 하와이 피스톨과 함께 한 영감이 맨홀 뚜껑을 열고 나오기를 기다리고 있던 염석진과 일본군들 사이의 장렬한 전투는 독립투쟁의 처절함을 묘사하고 있다. 이어서 영화는 1945년 해방된 조선에서 김구를 비롯한 김원봉 등의 대한민국 임시정부 요인들의 모습을 화면에 보여주면서 1949년 진행된 반민특위법에 의한 재판과정에서 염석진의 뻔뻔한 태도와 석방, 반민특위 해체 시위로 이어진 변질된 한국역사의 실체를 묘사한다. 이후 영화는 석방된 염석진이 안옥윤을 비롯한 독립군들에 의해 처단되면서 마무리된다. 이처럼 <암살>은 실제적 내용에 근거한 일제강점기 독립투쟁을 묘사하고 있다. 이것은 정리되지 못한 한국의 역사적 궤적과 함께 민족 역사의 정체성을 상기시키고 있는 것이다. 일제강점기 민족의 정체성이 어떻게 훼손되었는지는 조선호랑이를 통해 민족의 정신을 묘사한 박훈정의 <대호(2015)>에서도 찾아볼 수 있다.

영화에서는 이를 호랑이 사냥을 더 이상 하지 않고 지리산에서 약초를 캐면서 살아가는 일제강점기 조선 최고의 명포수 천만덕을 통해 묘사한다. 그러나 그의 삶은 전리품으로써 호랑이 가죽에 매혹되어 있는 일본군인 마에조노에 의해 훼손된다. 특히 포수 류는 도포수 구경에게 일본으로 귀국예정인 마에조노에게 대호를 선물하자고 한다. 이후 그들은 죽은 새끼를 미끼로 덫을 놓기도 하고 다양한 방식을 시도하지만 포획에 실패하고 오히려 대호의 습격으로 많은 사람들이 희생당한다. 이 상황을 빨리 마무리하기 위해 포수들과 마에조노는 대호에게 아들을 잃은 천만덕을 불러낸다. 천만덕은 대호의 굴을 찾아가 기다리다 만나지만 누구도 찾을 수 없는 절벽으로 함께 떨어진다. 이어서 영화는 만덕과 대호의 평화로운 일상의 모습과 겨울 지리산에서 대호와 함께 죽은 만덕의 모습으로 마무리된다. 영화에서는 몇 가지 상징적인 의미로 읽힐 수 있는 장면들이 전개된다. 이를테면 조선의 정신과 영혼을 상징하는 영물인 호랑이가 일본군의 전리품으로 전락하여 포위당하고 사냥당하는 모습은 마치 조선이 그들에 의해 철저하게 약탈당하는 것이자, 평화로운 일상이 상실됨을 의미하는 것과 다름없다. 궁극적으로 영화는 조선민족의 정신과 영혼을 상징하는 호랑이를 사냥하는 행위를 통해 일제강점기 일본의 침탈 목적이 조선의 독립 의지와 정체성을 완전히 제거하는 데 있음을 보여주고 있다. 이처럼 민족의 독립투쟁과 정체성을 직접적으로 드러낸 것은 일제강점기를 묘사한 영화에서 가장 선명하게 나타난다. 이는 1943년 윤동주가 경찰에 체포된 후 후쿠오카 형무소에서 일본 형사에 의해 취조받는 장면으로 시작되는 2016년에 개봉된 이준익의 <동주>에서도 이어진다.

영화는 중국 명동촌에서 태어난 이후 평양 숭실중 편입과 중퇴, 연희전문문과 졸업, 교토대학(京都大學) 문학부 불합격, 릿쿄대학(立教大學) 입학과 교토의 도시샤대학(同志社大學) 문학부로의 편입과 일본 경찰에 체포되어 후쿠오카 형무소에 수감되면서 죽음에 이르기까지 그의 일생이 흑백 화면으로 펼쳐진다. 여기에 서로 상반된 성격의 운명공동체인 윤동주와 같은 집에서 태어나 같은 연희전문을 졸업하고 일본으로 유학하여 후쿠오카(福岡)의 같은 형무소에서 죽음을 맞이한 사촌 송몽규를 통해서는 그들이 직면하고 있는 일제강점기의 역사가 묘사된다. 누구보다 행동주의적인 열혈 청년 송몽규는 동아일보 신춘문예에 당선되기도 하고 중국 낙양군관학교에 들어가는가 하면 독립운동 단체에서 활동하다 일본 경찰에 체포되기도 한다. 그리고 그는 일본 교토대학에서 재교토 조선인 학생 민족주의 그룹 사건을 조직하여 항일투쟁과 독립운동의 선봉에 선다. 반면 윤동주는 내면 지향적 인물로 송몽규와 달리 신춘문예에 낙방하고 교토대학과 도호쿠대학(東北大學) 시험에 낙방하여 릿쿄대학을 거쳐 도시샤대학으로 옮긴다. 이런 이유로 영화 <동주>는 형사의 취조와 이에 대한 윤동주의 대답 혹은 회상을 통해 이야기를 풀어가면서 그의 시 <별 헤는 밤>, <참회록>, <자화상>, <서시> 등을 얹힌다. 이들은 각 시퀀스의 모티프이자 스토리를 견인하는 기능으로 작용하지만 실은 윤동주와 대척점에 있는 송몽규를 대비시키면서 중요한 서사가 되어 전개된다.[74] 이들 사이의 서로 다름은 시와 문학도 세상을 바꿀 수 있는가를 두고 벌인 논쟁에서 나타난다. 몽규는 "인민을 나약한 감상주의자로 만드는 게 문학가"이며 "세상을 바꿀 용기가 없어 문학 속으로 숨는 거"라고 단정한다. 여기에 동주는 "사람들 마음속에 살아있는 진실을 드러낼 때 문학은 온전하게 힘을 얻는 거고 그 힘이 하나하나 모여서 세상을 바꾸는 거"라 한다. 영화는 일본 경찰과 윤동주와의 구조 속에서 전개되는 듯하지만 실제로는 윤동주와 송몽규의 관계를 통해 묘사된다. 이러한 그들의

---

74) 조혜정, 앞의 논문, 28쪽.

서로 다른 성향은 일본 형사가 취조문에 서명을 강요하자, 꼼꼼히 읽고 서명하는 송몽규와 "이런 세상에 태어나서 시를 쓰기를 바라고 시인이 되기를 원했던 게 너무 부끄럽고 앞장서지 못하고 그림자처럼 따라다니기만 한 게 부끄러워서" 서명을 못하겠다며 심문조서를 찢어버리는 윤동주의 모습을 통해 드러난다. 이를 두고 김남석은 "윤동주의 시대에도 정의감이 있었고, 명분이 있었고, 출세욕과 공명심이 있었지만 반면 죄의식도 있었고 미안함도 있었으며, 서로를 향해 자신을 제어하려는 양심도 있었다는 사실을 증언할 수 있었다. 그래서 동주와 몽규는 서로를 의지해야 했고, 그 시절을 살아내야 했던 것이다"[75]라고 했다. 영화에서 송몽규는 윤동주를 통해, 윤동주는 송몽규를 통해 일제 강점기를 들여다 보는 것이었고, 그들 모두는 독립에 대한 투쟁과 저항이라는 식민지 시기 조선인들에게 부여된 자화상인 것이다. 일제강점기 독립투쟁의 역사는 1922년 의열단에 의한 주요 통치시설 파괴와 요인암살 시도에 현직 경부(警部)였던 황옥이 가담한 사건을 모티프로 삼아 이를 1920년대 조선인 출신 일본경찰인 이정출, 의열단의 김우진, 연계순을 통해 묘사한 김지운의 <밀정(2016)>을 통해서도 확인된다.

이는 경성의 주요시설 폭파를 위해 폭약을 경성으로 가지고 오는 도중 밀정에 의해 내부의 정보가 노출되면서 겪게 되는 위험에도 불구하고 임무를 성공적으로 마쳤다는 소식을 전해들은 감옥에 수감된 김우진의 모습과 "단원들 이곳을 다녀가다"라는 벽의 문구로 마무리되는 장면을 통해 독립투쟁의 역사와 민족의 정체성을 상기시켜주고 있다.

대한제국의 마지막 황녀인 덕혜옹주의 일대기를 한택수라는 인물과의 관계 속에서 묘사한 허진호의 <덕혜옹주(2016)>도 이런 기조 속에 있는 영화라 할 수 있다.

---

75) 김남석, 「윤동주와 그의 시대 : <동주>」, 『영상문화』 제21집, 부산영화평론가협회, 2016, 99쪽.

한편 1930년대 일제강점기 시기 일본을 동경하고 일본인이 되고 싶은 인물을 음란하고 변태적인 탐욕스러운 욕망과 연결시킨 박찬욱의 <아가씨(2016)>는 이들 영화와 결이 다소 다른 의미의 영화라 할 수 있다.

영화는 총 3부로 구성되어 있다. 숙희의 내레이션과 시점으로 시작된 제1부는 후지와라 백작의 음모를 다루고 있다. 사기꾼 후지와라 백작은 막대한 재산을 물려받을 히데코가 자신을 사랑하여 결혼할 수 있도록 도와달라는 제안을 숙희에게 한다. 그리고 그는 숙희를 히데코의 하녀로 추천한다. 여기에 영화는 조선인 아내와 이혼하고 히데코의 이모와 결혼함으로써 일본인으로 귀화한 코우즈키가 살고 있는 대저택을 통해 일본에 대한 그의 인식, 태도를 연결시키고 있다. 이곳에서 코우즈키로부터 통제된 삶을 살고 있는 히데코에게 숙희는 연민을 느끼지만 후지와라와의 약속을 지키기 위해 그녀를 정신병원에 데려가는 데 성공한다. 그러나 정신병원에서는 히데코를 끌고 가지 않고 자신을 끌고 가자 후지와라 백작과 히데코 사이의 계략에 자신이 속았다는 사실을 알게 된다. 제2부는 히데코의 내레이션과 시점으로 시작된다. 여기서는 히데코의 어린 시절부터 현재 그녀가 처한 상황에 집중한다. 특히 이모의 자살로 히데코가 일본의 귀족들이 참석한 연회에서 음란한 내용을 낭독하는 시연은 그녀가 코우즈키에 착취당하고 있음을 보여주고 있다. 이는 후지와라 백작이 히데코에게 혐오스러운 이모부의 집에서 탈출하여 자신과 결혼하자고 제안을 하는 이유가 되고, 그녀는 하녀를 통해 자기를 대신해 정신병원에 집어넣고 새로운 신분으로 자유를 찾겠다는 역제안으로 나타난다. 이후 히데코는 후지와라 백작의 계략을 따라가는 것처럼 보이지만 애초의 의도와 달리 숙희에게 매혹되고 그녀를 사랑하게 되면서 히데코의 목표는 다시 수정된다. 이것의 결과는 화면에서 보여진 그들의 에로틱한 장면을 통해 묘사된다. 코우즈키가 잠시 집을 떠난 후 숙희는 그의 음란서적 및 그림을 훼손하고 저택을 탈출한다. 제3부에서는 히데코 대신 정신병원으로 끌려간 숙희와 히데코의 공모가 성공하여 정신병원을 탈출하여 함께 상하이로 떠나는 모습과 그들에게 속아 넘어간 후지와라 백작과 코우즈키가 죽음에 이르게 된 상황이 묘사된다. 영화는 이처럼 재산을 획득하기 위한 탐욕의 수단으로 여성을 성적으로 대상화한 남성을 배제함으로써 여성들 사이의 관계에 집중하고 있다. 이를 위해 영화에서는 미장센을 통해 그 의미를 강화한다. 그만큼 미장센이 중요한 상징성을 띤다는 것이다. 특히 코우즈키의 저택과 건축양식, 일본 귀족들의 연회 장소인 그의 서재 등은 이런 측면에서 특별한 의미를 지닌다. 이를테면 코우즈키 저택의 외관은 양관(洋館)과 화관(和館)으로 구성되어 있고 하인들의 거처는 조선식 건물로 재현되어 있다. 그리고 그의 서재는 영국식 건축양식에 일본식 실내정원 및 도코노마를 갖추고 있다. 특히 영국은 일본이 근대화 국가의 모델로 선망한 나라이다.[76] 여기서 서구로 대표된 영국과 일본, 조선으로 이어지는 위계질서가 성립된다. 영화에서 나타난 이러한 상징적 의미는 후지와라 백작과 코우즈키의 대화에서 나타난다. 후지와라는 일본인과 혼인하기 위해 코우즈키가 버렸던 전처 사사키를 언급하면서 "제가 누군가의 이불로 숨어든다면 거절할 여성은 이 지붕 아래 딱 한사람입니다"하며 "사사키 부인도 포함되느냐"고 하자, 코우즈키는 "아직도 그녀와 잠자리를 한다"고 대답한다. 그러자 후지와라는 아내를 버리면서까지 일본인이 되려고 애쓰는지를 코우즈키에게 다시 묻는다. 그때 코우즈키는 "조선은 추하나 일본은 아름답기 때문이다. 조선은 무르고 흐리고 둔해서 글렀다"고 한다. 이러한 그의 태도는 숙희와 함께 떠나면서 히데코가 남긴 편지를 통해 역설적 의미로 다시 한 번 강조된다. 즉 "나고야의 백작 앞에서 흠 없는 일본어를 말한답시고 귀족적인 목떨림까지 연구하는 모습을 지켜볼 때마다 제 마음이 얼마나 짠한지 모릅니다. 이제 그럴 필요가 없습니다. 백작은 제주도 머슴의 자식입니다." 그리고 "이모부에게 간

---

76) 조혜정, 앞의 논문, 16쪽.

백작에게 현실세계에서는 억지로 한 관계에서 쾌락을 느끼는 여자는 없다”고 말하는 편지의 내레이션을 통해 보여준다. 이로써 영화는 탐욕, 음모, 사랑, 배신과 함께 국적을 초월한 여성들 사이의 연대감으로 향한다. 이는 “일제강점기라는 시대의 특수성이 부여하는 관념과는 거리를 둔 여성연대가 그에게 더 매혹적으로 다가왔기 때문일 것”[77]이라는 박찬욱의 영화적 목표와 연결되어 있다. 문제는 이러한 것들이 1930년대 일제강점기라는 시대성을 허물어뜨리고 있다는 점이다. 박찬욱의 영화에서 여성 동성애는 가부장제에 맞서는 저항의 의미도 지니지만 감독이 더 무게중심을 두는 것은 대칭적 관계를 통한 계급성의 해체이다.[78] 이는 김수경 기자의 영화 <아가씨> 마지막 장면이라 할 수 있는 정사장면에서 숙희와 히데코의 가위자세, 즉 데칼코마니 같은 대칭을 이루고 있는 구도를 선택한 이유에 관한 질문에 박찬욱의 “이 두 주인공이 신분상으로도, 나이상으로도, 민족 정체성에 있어서도 격차가 굉장히 크지 않나. 그렇게 격차가 큰 상태에서 시작해서 점점 없어지는 방향으로 가는 것이 이 영화의 여정인데, 시각적으로 보았을 때 대칭 구도라는 것이 중요한 모티프였다”[79]는 대답을 통해 확인된다. 두 인물 사이의 격차를 없애는 그의 이런 의도적 평등의 시도는 화려한 미장센과 결합되어 미학적 의미를 지니고 있을지라도, 유감스럽게도 1930년대 일제강점기라는 반드시 기억해야 할 치욕의 역사적 관계가 영화에서 제거되어 있는 것처럼 느껴진다. 이것은 세계주의에 포섭되는 것처럼 보이기도 하고, 언뜻 보면 계급의

---

77) 위의 논문, 16쪽.

78) 김용희, 「박찬욱 영화 <아가씨>의 구성과 스토리텔링분석」, 『한국문예창작』 제15권 제3호, 한국문예창작학회, 2016, 173쪽.

79) 김수경, <‘아가씨’ 박찬욱 감독, ‘아가씨’는 격차를 점차 줄여나가는 여정>, 《텐 아시아(한국경제신문사)》, 2016.06.08. - 2016년 한국문예창작학회, 『한국문예창작』 제15권 제3호에 실린 김용희의 논문 「박찬욱 영화 <아가씨>의 구성과 스토리텔링분석」 174쪽에는 이를 식민지 시대 일본과 조선, 그런 계급 차이 이런 것들의 격차를 무력화시키고 싶었고, 그래서 대등한 생태로 발전돼 가는, 그런 모티프가 가장 중요했다는 박찬욱의 인터뷰 내용이 서술되어 있다.

무력화라는 매우 급진적 관점을 제시하고 있는 것처럼 보이지만 독립투쟁과 조선민족의 정체성을 끊임없이 확인하면서 고단한 식민지적 상황 속에서 살아가야 했던 1930년대 일제강점기를 배경으로 하고 있는 영화에서 그것은 다양한 오해를 불러일으킬 요소가 다분하다고 할 수 있다. 1860년대 영국 빅토리아 시대를 배경으로 사랑과 음모, 배신이라는 통속 주제를 다룬 세라 워터스의 <핑거스미스(Fingersmith, 2002)>를 일제강점의 시기로 변용했을 때는 그 이유가 명확해야 하고 그 시기의 역사를 쉬이 보지 말고 간과하지 말아야 하는 것이다.

이와 같은 흐름은 일제강점기의 혹독했던 민족의 역사를 1943년 14세였던 어린 나이로 일본군의 위안부로 끌려가 겪었던 참혹했던 경험을 할머니가 된 영옥을 통해 묘사하고 있는 2017년 개봉된 조정래의 <귀향>에서도 나타난다.

독립투쟁의 역사는 주변 국가들과의 관계 속에서 성립되어 정신적 태도의 문제와 연결된다. 그리고 그것을 우리 내부에서 끊임없이 확인함으로써 나타나는 것이 정체성이다. 이것은 서로 분리된 것이 아니며 이에 대한 인식이 강한 민족은 주변 국가들로부터 쉬이 여겨지지 않으며 어려움에 처했을 때, 저항과 투쟁이 발생하게 하는 강력한 기제가 된다. 그러므로 독립투쟁의 역사는 정체성을 견인하고 정체성은 독립된 인간, 민족으로 존속을 가능케 한다. 이런 형태의 영화가 등장하게 된 것은 우리의 역사를 저항과 반항, 그리고 대항과 신념으로 기억하고 싶어 하는 욕구가 잠재되어 있기 때문이기도[80] 하지만 무엇보다 시대적 흐름, 즉 독립투쟁의 역사와 민족의 정체성이 훼손되거나 그 가치가 전도되는 상황이 도래했을 때 이를 상기시켜 정상화하려는 의식의 행위와 밀접한 관계 속에 있다고 할 수 있다.

---

80) 김남석, 앞의 논문, 79쪽.

9. 디지털매체로의 전환

이 시기 한국영화는 영화제작에서부터 배급, 상영에 이르기까지 급격한 기술적 변화를 맞이했다. 이는 영화제작에서부터 배급, 상영의 전 과정에 디지털 기술이 빠른 속도로 적용되었음을 의미한다. 이러한 현상은 디지털 매체로 제작된 박철수의 <봉자(2000)>, 임상수의 <눈물(2000)>을 비롯하여 송일곤의 <꽃섬(2001)>, 문승욱의 <나비(2001)>와 같은 장편영화들에서 확인된다.[81] 2006년에는 박찬욱의 <싸이보그지만 괜찮아>에 이어 디지털 기기로 제작되어 네트워크 전송으로 상영된 국내 최초 디지털 기반의 영화 송일곤의 <마법사들>이 등장하였고, 2007년에는 강경훈의 <죽어도 해피엔딩>이 파일 형태로 전국 극장에 전송됨으로써 필름 없이 영화를 보는 시대로 진입했다.[82] 그리고 2008년 김진영의 <아기와 나>, 이윤기의 <멋진 하루>에 이어 2009년 김용화의 <국가대표>가 기존 카메라보다 가볍고 가격 또한 저렴하면서도 화질은 동일한 수준의 4K 디지털 카메라 '레드원'에 의해 촬영됨으로써 국내 영화제작 환경에서 디지털 매체로의 전환은 더욱 빠른 속도로 이루어졌다.[83] 여기에 2009년 12월 17일 국내에서 개봉된 제임스 카메론(James Cameron) 감독의 3D영화 <아바타(Avatar)>가 1,300만 명이 넘는 관객을 동원하고 1,250억 원 이상의 수익을 올린 것은 한국영화의 기술적 논의와 디지털 기술로의 진입에 확실한 근거를 제공해주었다.[84] 이는 2008년 개봉영화의 10%가 디지털카메라로 제작되고, 같은 해 전체 스크린 수의 8.4%에 불과했던 디지털 상영관이 2009년 27.5%, 2010년에는 56.6%, 2011년에는 82%, 2012년에는 93.7%로 늘어난 변화를 통해 증명

---

81) 한국영상자료원 엮음, 『21세기 한국영화』, 엘피, 2020, 289쪽.
82) 위의 책, 288쪽. 291쪽.
83) 위의 책, 291-292쪽.
84) 영화진흥위원회 통합전산망 '역대 박스오피스' 통계자료에 근거한 것임.

된다.[85] 이 시기를 기점으로 국내 대부분의 극장에 디지털 영사기가 설치되었다. 그리고 2013년 봉준호의 <설국열차>를 끝으로 필름 카메라로는 더 이상 촬영되지 않았으며, 2014년 1월 서울필름현상소가 영업을 중단하면서 한국에서의 필름시대는 사실상 막을 내리게 되었다.[86]

한국영화가 디지털 매체로 전환한 것은 이러한 기술적 발전에 따른 시대적 흐름에도 기인하지만 이를 둘러싸고 있는 한국영화가 처한 환경과도 밀접한 관계에 있다고 볼 수 있다. 이는 한국영화의 높은 점유율에도 불구하고 2008년부터 2011년까지 나빠진 투자수익률, 즉 2008년 -43.5%, 2009년 -13.1%, 2010년 -11.0%, 2011년 -14.7%, 2012년 13.3%, 2013년 14.1%, 2014년 6.5%, 2015년 3.4%, 2016년 8.8%를 기록한 것이 적지 않은 영향을 미쳤음을 의미한다.[87] 이것은 1999년부터 시작된 온라인 VOD(Video On Demand) 서비스와 2004년 등장한 인터넷을 기반으로 한 TV 방송용 IPTV(Internet Protocol Television) 시장이 2006년부터 합법적인 다운로드로 전환되고 2008년부터 본격화되면서 영화를 중심으로 한 부가시장이 점차 활기를 되찾게 되는 시점과 연결된다.[88] 이는 IPTV 및 디지털 케이블, 인터넷 VOD와 패키지 상품(DVD, 블루레이)의 부가시장 규모가 2009년 888억 원, 2010년 1,109억 원, 2011년 1,709억 원, 2012년 2,158억 원, 2013년 2,676억 원, 2014년 2,971억 원, 2015년 3,349억 원, 2016년 4,125억 원으로 늘어난 것을 통해 확인된다.[89] 이를 통한 부가시

---

85) 한국영상자료원 엮음, 앞의 책, 55쪽.

86) 위의 책, 289쪽.

87) 한국영화점유율은 2008년 42.1%, 2009년 48.7%, 2010년 46.5%, 2011년 51.9%, 2012년 58.8%, 2013년 59.7%, 2014년 50.1%, 2015년 52.0%, 2016년 53.7%이다.-영화진흥위원회, 『2017년도판 한국영화연감』, 2017년, 19쪽, 63쪽.

88) 한국영상자료원 엮음, 앞의 책, 71쪽.

89) 영화진흥위원회, 『2014년도판 한국영화연감』, 2014년, 240쪽.-영화진흥위원회, 『2017년도판 한국영화연감』, 2017년, 120쪽.

장은 2010년에 비해 2011년에는 54.1%가 증가하였으며, 이 기간 동안 평균 25% 넘게 성장했음을 보여주고 있다. 이것은 부가시장이 한국영화 환경에 중요한 의미로 작용하고 있음을 뜻한다. 이러한 부가시장의 증가와 함께 1억 5,341만 명의 관람객으로 63.8%라는 한국영화 최고의 점유율을 기록했던 2006년 이후 하락하였던 한국영화 점유율이 2011년을 기점으로 다시 50% 이상 수준으로 회복하면서 한국영화의 관객 수도 8,200만 명을 넘어 2012년에는 가볍게 1억 명을 돌파했다.[90] 이는 2011년을 기점으로 영화산업의 전체적인 규모가 회복되어 확대되었음을 의미한다. 이것은 영화산업이 극장에서뿐만 아니라 부가시장과 연동된 수익창출 구조로 점차 변해가고 있음을 말한다. 이와 같은 현상은 이 시기 시장주의를 표방한 정부의 가치와 결합되면서 한국의 영화문화와 특징 형성에 적지 않은 영향을 미쳤다. 이로 인한 특징은 두 가지 형태로 나타났다. 첫째는 영화제작에 투자했던 자본에 대한 빠른 회수를 위한 유통방식의 변화이고, 둘째는 이것이 영화의 내용과 형식에 적지 않은 영향을 미친 점이다.

투자한 자본에 대한 빠른 회수의 방식은 특정한 영화를 극장의 스크린을 대규모로 점유하는 방식을 통해 이루어졌다. 이것은 제작, 배급, 상영에 관한 절대 권력을 가지고 있는 기업들이 특정한 영화를 위해 관객들의 선택의 폭을 통제함으로써 자신들이 제공하는 특정한 영화만을 보도록 강제하여 수익을 극대화하는 것이다. 이는 이 시기 연도별 최다 스크린 점유 영화를 통해 확인된다. 이를테면 2008년 국내 전체 스크린 수 2,004개 중 <좋은 놈, 나쁜 놈, 이상한 놈>이 824개를 확보했으며, 2009년에는 <해운대>가 전체 2,005개 중 764개를, 2010년에는 <포화 속으로>가 전체 2,003개 중 742개를, 2011년에는 <도가니>가 전체 1,974개 중 756개를 각각 차지했

---

90) 영화진흥위원회, 『2014년도판 한국영화연감』, 2014, 15쪽.-영화진흥위원회, 『2017년도판 한국영화연감』, 2017년, 70쪽.

다. 2012년부터는 한 영화가 1,000개가 넘는 스크린을 통해 개봉한 사례가 등장했는데, 이는 전체 2,081개의 스크린 중 1,091개를 확보한 <도둑들>과 1,001개를 확보한 <광해, 왕이 된 남자>였다. 스크린 수에 대한 이러한 독점적 행태는 이후 한국영화에서 하나의 방식으로 반복, 지속되었다. 예컨대 2013년에는 전체 2,184개의 스크린 중 <은밀하게 위대하게>가 1,341개를, <관상>이 1,240개를, <설국열차>가 1,128개를 점유했고, 2014년에는 전체 2,281개의 스크린 중 <명량>이 1,587개를, <군도: 민란의 시대>가 1,394개를, <역린>이 1,054개를, <수상한 그녀>가 1,027개를, 그리고 2015년에는 전체 2,424개의 스크린 중 <암살>이 1,519개를, <사도>가 1,210개를, <내부자들>이 1,129개를, <베테랑>이 1,115개를, <검은 사제들>이 1,109개를, <히말라야>가 1,095개를, <국제시장>이 1,044개를, <연평해전>이 1,013개를 통해 개봉하였다. 2016년에는 전체 2,575개의 스크린 중 <검사외전>이 1,812개를, <부산행>이 1,788개를, <마스터>가 1,501개를, <곡성>이 1,485개를, <밀정>이 1,444개를, <럭키>가 1,234개를, <판도라>가 1,184개를, <아가씨>가 1,171개를, <터널>이 1,105개를, <인천상륙작전>이 1,049개의 스크린에서 상영되었다.[91] 이것은 영화진흥위원회의 극장통합전산망을 통해 영화산업의 대표적 지표로 인정되고 있는 흥행순위, 즉 1,000만 영화관객이라는 의미가 전국에 산재되어 있는 스크린을 독점함으로써 이루어진 것임을 나타내주고 있다. 그러므로 최대의 관객, 최대의 수익으로 기록된 것이 얼마나 허망한 의미인지와 자본 중심의 대기업 영화산업 전략이 이 시기 한국영화 형성에 절대적 위치를 차지하고 있음을 구체적으로 보여주고 있는 것이다. 이는 독점적 지위를 통해 빠른 자본회수를 지향하면서 한국영화의 점유율을 높이고 다양한 주제와 수법의 영역 확장에 기

---

91) 영화진흥위원회, 『2017년도판 한국영화연감』, 2017, 223쪽.-영화진흥위원회 통합전산망 박스오피스 '연도별' 통계자료에 근거한 것임.

여하고 있지만 관객들의 호기심을 자극하기 위한 지나친 폭력과 선정적인 잔인한 표현의 영화들이 난무하게 된 계기가 되기도 하였다. 이러한 영화적 흐름은 신속성과 효율성으로 장착된 시장우선주의라는 경제적 측면이 즉각적이고 세밀한 디지털 매체와 효과적으로 결합되면서 한국영화의 문화, 특징 형성을 견인하고 있음을 말한다. 2008년 유튜브(YouTube)가 국내에 진출하고 2010년 CJ가 티빙(tving)을 출시한 이후 2016년 글로벌 온라인 동영상인 OTT(over-the-top)회사 넷플릭스(Netflix)와 국내의 왓차(WATCHA)가 서비스를 시작하면서[92] 영화는 소비재 상품으로서의 가치가 창작이라는 본래의 고유한 요소를 빠른 속도로 지워나가고 있었다. 이러한 시대적 변화의 중심에 디지털 매체가 있는 것이다.

10. 맺음말

2008년부터 2016년까지 한국영화는 실용주의와 국민행복의 실현, 그리고 문화지형의 헤게모니 재구축이라는 정부의 목표와 특별한 관계 속에 놓여있었다. 이것은 비즈니스 프렌들리로 상징화된 신자유주의 시장논리에 의해 영화의 상업적 특성이 강화되고, 새로운 문화 권력 지형을 위한 재조정이 시도되었음을 의미한다.

특히 신자유주의 시장논리는 대기업 중심으로 수직 통합되었던 한국영화가 상업적 기조로 완벽하게 재편되는 계기가 되었고, 여기에 방송법 개정으로 다양한 영상 채널이 등장함으로써 나타난 콘텐츠의 수요는 이를 더욱 강화하는 요인으로 작용했다. 이와 같은 환경은 투자된 자본을 빠른 시간

---

92) 정영주·박성순, 「한국 OTT 논의 지형의 특성과 정책적 함의」, 『방송과 커뮤니케이션』 제
    20권 3호, 한국방송학회, 2019, 6쪽.

내에 회수하기 위해 대규모의 스크린을 독점하여 공급하는 것과 짧은 홀드
백(Hold back) 기간을 통해 콘텐츠로서의 효용성을 극대화하는 것으로 나타
났다. 이것은 영화의 상업적 특성이 오히려 모든 영역에서 영화의 내용과 형
식의 새로운 시도를 가능케 하였다는 것을 의미하기도 한다. 이로 인해 이
시기 한국영화계에서는 한국사회구조와 현실에 대한 문제에서부터 잔인하
고 냉혹한 폭력에 대한 묘사뿐 아니라 한국인들의 의식을 지배해왔던 편견
과 욕망, 그리고 그것의 실체, 이념의 정체성에 이르기까지 다양한 형태의
영화들이 등장할 수 있었다.

그 중에서도 가장 두드러진 특징 중 하나로는 특정한 계층의 사람들을 특
정한 방식으로 묘사하면서 굴절된 한국사회구조의 실체를 겨냥하고 있다
는 점이다. 이런 유형의 영화들은 한국사회의 특정한 지배계층 사람들의 화
려한 삶을 보여주면서, 어떻게 그러한 삶을 영위할 수 있는지, 그 이면에 집
중하였다. 그 과정에서 그들이 관계 맺고 있는 사회적 연결고리인 지연, 학
연, 종교연 등을 비롯한 경찰, 검찰, 언론, 정치, 기업으로 구축되어 있는 한
국사회의 견고한 지배계층의 카르텔 구조, 즉 그들만의 리그가 폭로된다.
그리고 그 반대편에는 이들로부터 소외된 사람들의 치열하고 힘겨운 삶의
모습들이 보여진다. 이러한 방식은 한 편의 영화 속에 서로 다른 환경과 상
황에 처한 사람들의 모습을 비교하여 묘사하는 기존의 방식에서 벗어나 특
정한 계층의 사람들을 집중적으로 다룸으로써 극단적으로 분리된 한국사
회가 직면하고 있는 구체적 현실을 드러낸다. 여기에 오랫동안 내재되어 있
으면서 지속되어 온 정치적, 지역적, 종교적, 이민족에 대한 한국사회의 편견
들을 다룬 영화들도 등장했다. 또한 냉혹하고 잔인한 폭력 묘사와 함께 과
거의 시간을 현재로 소환하여 인간의 순수한 정서를 환기시키기도 하고, 욕
망으로 점철된 인간의 내면과 실재적 현실 모습과의 상이함을 폭로하면서
다양한 형태로 존재하고 있는 인간의 실체를 탐구하기도 하였다.

이와 함께 이 시기 한국영화의 또 다른 흐름은 이명박, 박근혜 정부가 이념적 정체성을 강화하기 위해 영화를 비롯한 문화, 예술에 대한 헤게모니 지형을 재구축하려 했던 시도로부터 비롯된다. 이는 크게 두 가지 방식으로 이루어졌다. 첫째는 특정한 단체와 사람들을 지원, 배제하기 위한 체계적이고 조직적인 관리를 통해 이루어졌고, 둘째는 정부와 보수언론을 통한 이념 공세였다. 이것의 구체적 현상이 블랙리스트로 나타났고, 특정한 사람들을 언론에 노출시켜 한국사회 속에서 암약하고 있다고 여긴 간첩들의 존재를 확인시키는 것이었다. 이로 인해 한국사회에서 활동하고 있는 간첩들의 존재를 다룬 영화들과 과거 권위주의 정부시기의 특징이었던 국가주의를 다룬 영화들이 등장할 수 있었다.

문제는 이러한 시도들에도 불구하고 이 시기 한국영화는 정부의 의도대로만 전개되지 않았다는 점이다. 예컨대 간첩의 존재를 끊임없이 노출시켜 이념의 정체성을 강조하였음에도 여전히 남과 북은 민족이라는 차원에서 다뤄진 영화들이 등장했다. 특히 일제강점기의 항일투쟁을 다룬 영화들이 많은 사람들로부터 사랑을 받게 된 것은 이러한 정권의 시도가 무력해졌음을 보여주고 있는 하나의 단적인 예라 할 수 있다. 오히려 이 시기는 이명박, 박근혜 정부의 시장 우선주의 정책이 대기업의 상업성과 결합되어 다양한 내용과 형식의 시도로 이어져 이 시기 한국영화를 풍요롭게 하였다. 이는 국제영화제 수상 등을 통한 한국영화의 질적 수준의 탁월함을 기반으로 한국영화가 한국과 동아시아를 넘어 점차 세계의 보편적 가치의 영역으로 나아가는 계기로 작용했다. 이것은 한국영화가 동아시아의 가치를 통해 관객의 확대를 겨냥한 이전의 규모의 영역에서 벗어나 인간에 대한 본질적 의미와 인류가 직면하고 있는 환경과 계급 등의 문제로 옮겨가면서 세계의 관객들이 공감할 수 있는 보편적 영역으로 확장되었다는 것을 말한다. 이는 미국의 할리우드가 보편적 주제와 소재를 통하여 전 세계의 영화 시장을 주도해나가고 있는 것처럼, 디지털 매체로의 빠른 전환을 적극적으로 수용하고 있는 이 시기 한국영화에서도 보편적 주제와 소재를 통해 세계로 나아가고 있음을 의미한다. 이 시기 한국영화의 뛰어남과 탁월함은 바로 이 지점에 있는 것이다. 비록 부정부패와 수많은 사람들이 희생당한 비극적 사건의 발생으로 지배 권력층의 무능력과 무책임이 드러나면서 굴절된 한국사회의 구조와 실체가 적나라하게 노출되기도 했지만, 창작성과 상업성이 어우러진 이 시기의 한국영화는 또 다른 차원으로 발전하였다. 이런 이유로 이 시기는 단순히 한국영화의 새로운 흐름으로서만 존재하는 것이 아니라 한국영화의 진정한 발전과 도약이 이루어져 세계 속에 한국영화의 존재를 확인시켜주었던 시기라 할 수 있다.

제 9 장

촛불혁명과
새로운 위기의 시기

2017-2022

1. 국민의 나라, 정의로운 대한민국을 위해

대한민국의 최고 권력자가 국민으로부터 위임받은 권력을 사익추구와 사유화로 분노한 국민들이 촛불시위로 새로운 정부를 출범시킨 이 시기는 봉준호의 <기생충>이 2019년 프랑스의 칸느 영화제(Festival de Cannes)에서 황금종려상을 수상하고 2020년 미국의 아카데미 영화상(Academy Awards)에서 작품상 등 4관왕을 달성한 데 이어 정이삭의 <미나리(Minari)>에 출연했던 한국의 윤여정이 2021년 아카데미 영화상에서 여우조연상을 수상함으로써 한국영화의 우수성이 세계영화의 흐름과 역사 속에 다시 한 번 각인되었던 시기이다. 분절된 사회구조의 극단성을 보여주고 질곡의 역사궤적을 내포하고 있는 이들 영화와 함께 이 시기 한국영화는 촛불혁명으로 탄생한 문재인 정부라는 시대성의 자장과 그 궤를 같이 한다고 볼 수 있다. 이것은 문재인 정부의 철학과 비전의 토대라 할 수 있는 대한민국 헌법의 기본정신과 가치, 즉 헌법 제1장 1항 "대한민국은 민주공화국이다", 2항 "대한민국의 주권은 국민에게 있고 모든 권력은 국민으로부터 나온다"는 것과 연결될 수 있는 가능성을 말한다. 대한민국의 헌법 제1장이 유독 강조된 이유는 2014년 세월호 참사와 2015년 메르스(MERS) 사태에 이어 2016년 9월 20일 국회 대정부질문에서 미르·K스포츠재단 불법모금 의혹이 처음으로 제기되면서 대기업들이 수백억 원의 거금을 출연한 미르재단과 K스포츠재단 설립에 대통령 박근혜의 측근인 최순실 씨가 개입되었다는 의혹으로부터 비롯되었다.[1] 이는 2016년 9월 23일 더불어민주당 최고위원회에서 '최순실 사건'이라는 이름으로 언급되었고, 2016년 10월 29일 민중총궐기투쟁본부가 주최한 '모이자! 분노하자! 내려와라 박근혜!'라는 구호의 제1차

---

[1] 조대엽·정상호·윤태범, 『촛불시민혁명과 문재인 정부』, 대통령직속 정책기획위원회, 2022, 31쪽.

촛불집회가 서울의 청계광장에서 열리면서 본격화되기 시작했다. 11월 9일 서울에서는 1,500여 개의 시민단체가 총 망라된 '박근혜 정권 퇴진 국민비상행동'이 발족되었고, 11월 12일 '국민비상행동'이 처음으로 주최한 3차 촛불집회에는 100만 명이 넘는 인파가 광화문을 가득 메웠다. 촛불집회는 급격하게 규모가 확대되면서 매주 토요일 저녁마다 진행되었으며, 문재인 정부 출범 이전 2017년 4월 29일까지 총 23회에 걸쳐 서울과 전국 150여 곳 시군지역에서 연인원 1,700만 명이 촛불시위에 참가했다.[2] 이러한 흐름에 편승한 "국회는 2016년 12월 9일 박근혜 대통령의 국정농단과 헌정유린 책임을 물어 탄핵소추안을 의결하여 대통령으로서의 권한행사를 정지시켰고, 2017년 3월 10일 헌법재판소는 탄핵을 결정하여 박근혜를 대통령직에서 파면했다."[3] 그리고 2017년 5월 9일 대통령 선거를 통해 문재인이 새로운 대통령으로 당선되면서 5월 10일 촛불혁명에 의한 정부가 출범하게 되었다. 이와 같은 역사 전개과정 속에서 등장한 문재인은 대통령 취임연설에서 "기회는 평등할 것이고, 과정은 공정할 것이며, 결과는 정의로울 것"이라 하면서 "나라를 나라답게 만드는 대역사가 시작 된다"고 선언하였다.[4] 이는 촛불시민이 시위도중 외친 구호 중 하나인 헌법 제1조의 정신에 근거한 것이었고, 이에 대한 근본적 답이 헌법 제1조의 정신에 있음을 확인하는 것이었다. 이를 토대로 문재인 정부의 비전이 성립되었다. 이것은 단순히 박근혜 정부만을 겨냥한 것이 아니라 권력을 사익추구와 사유화로 초래된 이명박·박근혜 정부 9년 집권기간 동안 발생한 부조리에 대한 반작용이었다. 2017년 5월 출범한 국정기획자문위원회에서는 '국민의 나라', '정의로운 대한민국'이라는 비전 아래 1. 국민이 주인인 정부, 2. 더불어 잘사는 경제, 3.

---

2) 위의 책, 34쪽.
3) 위의 책, 35쪽.
4) 문재인 대통령 취임사, 2017.05.10.-행정안전부 대통령기록관(https://www.pa.go.kr/index.jsp)

내 삶을 책임지는 국가, 4. 고르게 발전하는 지역, 5. 평화와 번영의 한반도라는 5대 국정목표로 구체화되었다. 5대 국정목표는 20대 국정전략과 연결되는데 '국민이 주인인 정부'에는 촛불민주주의 실현, 소통으로 통합하는 광화문 대통령, 투명하고 유능한 정부, 권력기관의 민주적 개혁이 있고, '더불어 잘사는 경제'에는 소득주도성장을 위한 일자리경제, 활력이 넘치는 공정경제, 서민과 중산층을 위한 민생경제, 과학기술 발전이 선도하는 4차 산업혁명, 중소벤처가 주도하는 창업과 혁신성장이 있으며, '내 삶을 책임지는 국가'에는 모두가 누리는 포용적 복지국가, 국가가 책임지는 보육과 교육, 국민안전과 생명을 지키는 안심사회, 노동존중·성평등을 포함한 차별 없는 공정사회, 자유와 창의가 넘치는 문화국가가 있고, '고르게 발전하는 지역'에는 풀뿌리 민주주의를 실현하는 자치분권, 골고루 잘사는 균형발전, 사람이 돌아오는 농산어촌이 있으며, '평화와 번영의 한반도'에는 강한안보와 책임국방, 남북 간 화해협력과 한반도 비핵화, 국제협력을 주도하는 당당한 외교로 정해졌다.[5] 이를 실현시키기 위해 구성된 100개의 실천 과제들에서도 '국민의 나라', '정의로운 대한민국'이라는 문재인 정부의 비전은 곳곳에 내재되어 있었다. 이것은 문재인 정부가 권력을 통한 사익추구와 사유화로 그동안 우리 사회 곳곳에 쌓여져왔던 불합리하고 정의롭지 못했던 대한민국을 헌법 제1조에 근거하여 다시 세우는 작업에 돌입한 것이라 할 수 있다. 이러한 모든 것들은 '적폐청산'이라는 이름으로 수렴되었다. 그러므로 적폐청산은 국민의 나라, 정의로운 대한민국을 위해 이 시기 필요했던 하나의 과정이었던 것이다.

적폐청산은 더불어민주당의 제19대 대통령 선거 공약집 『나라를 나라답게』에서 제시된 4대 비전 가운데 첫 번째 '촛불혁명의 완성으로 국민이 주

---

5) 국정기획자문위원회, 『국정기획자문위원회 백서(국민의 나라, 정의로운 대한민국)』, 문화체육관광부, 2017, 49쪽.

인인 대한민국' 중 '부정부패 없는 대한민국'이라는 이름으로 채택된 제1공약이었다.[6] 이를 위해 문재인 정부는 대통령 직속기구로 '적폐청산위'를 설치했다.[7] 이것은 광우병 파동, 4대강 정비사업, 한국사교과서 국정화 사태, 세월호 침몰 사건, 일본군 위안부 밀약논쟁, 개성공단 폐쇄조치 등과 같은 이명박·박근혜 집권 9년 동안 발생한 사건들을 겨냥하고 있지만 실은 대한민국이 출범한 이후 지속된 적폐들, 이를테면 일제강점기의 역사를 청산하지 못한 '일제적폐'에서부터 분단과 반공으로 인한 군사주의 사회를 지칭한 '분단적폐', 재벌중심적 자본주의에 의한 '자본적폐', 성불평등 사회의 지속에 관한 '가부장적 적폐', 언론과 교육, 종교 문제에 근거한 '문화적폐'이다.[8] 가부장적 적폐를 제외하고 이들 적폐들은 실제로 일제적폐로부터 비롯된 것이라 할 수 있으며, 일제강점기 시기와 불가분의 관계에 있음이 역사 속에서 확인된다. 중요한 것은 이 시기 문재인 대통령과 정부가 한국사회에서의 적폐의 근원을 이러한 일제강점기 역사와 분리시켜 보지 않았다는 점이다. 이는 일제강점기라는 역사가 존재하지 않았다면 해방과 분단, 전쟁은 일어나지 않았을 것이라는 가정의 역사적 시각에 토대하고 있지만 '일제강점기 친일세력이 해방이후 분단, 전쟁을 거치면서 친미, 반공으로 그때그때 화장을 고치면서 독재와 관치경제, 정경유착으로 기득권을 유지하여 한국사회의 지배계급으로 군림하고 있는 세력으로 자리 잡았다는 보편적 인식에 근거하고 있다.'[9] 따라서 적폐는 일제강점기를 지나 해방이후부터 이명박·박근혜 정부를 거쳐 현재에 이르기까지 정치, 경제, 교육, 문화, 예술 등을 비롯

---

6) 추미애, 『나라를 나라답게』, 더불어민주당, 2017, 15-17쪽 참고.

7) 오유석, 「한국의 '적폐'정치」, 『경제와 사회』 통권 제121호, 비판사회학회, 2019, 41쪽.

8) 김귀옥, 「적폐청산의 시대, 화해와 소통을 위한 사회운동의 방향」, 『통일인문학』 제76집, 건국대학교 인문학연구원, 2018, 129-143쪽 참고.

9) 최광승, 「문재인 정부의 항일(抗日) 내러티브」, 『한국동북아논총』 Vol.27 No.1, 한국동북아학회, 2022, 123쪽.-문재인, 『대한민국이 묻는다 완전히 새로운 나라, 문재인이 답하다』, 21세기 북스, 2017, 64-67쪽 참고.

한 한국사회 곳곳에 쌓여왔던 것이고, 이를 청산하여 바로 잡는 것이 이 시기 당면한 시대의 과제인 국민의 나라, 정의로운 대한민국을 세울 수 있는 길이었다. 그 중에서도 적대적, 대결적 구도로 인해 전쟁의 위협이 상존하고 있는 남북문제는 일제강점기로부터 비롯된 직접적인 역사적 결과로 이 시기 정부가 우선적으로 관리하면서 해결해야 할 사안 중 하나였다.

이것은 2017년 7월 6일 독일 쾨르버 재단(Körber-Stiftung) 초청 연설에서 문재인 대통령의 '신 한반도 평화비전', 즉 '신 베를린 선언'에서부터 시작되었다. 여기서 5대 정책방향과 4대 실천과제가 제시되었는데, 그것은 오직 평화를 추구하는 것, 한반도 비핵화, 종전과 한반도 평화 협정 체결, 한반도 신경제 구상, 비정치적 교류협력 사업의 지속과 함께 북한붕괴, 흡수통일, 인위적 통일추구를 원하지 않는다는 대북 3노(NO) 원칙 역시 재확인되었다.[10] 이에 대해 북한의 김정은 국무위원장이 이듬해 1월 1일 신년사를 통해 2018년 2월 9일부터 25일까지 평창에서 열린 동계올림픽에 참가하겠다는 의사를 밝힘으로서 남북관계는 2015년 말 개성공단에서 열린 차관급 만남이후 끊겼던 대화의 물꼬가 다시 복원되기 시작했다.[11] 그리고 2018년 4월 27일 판문점 남측지역 '평화의 집'에서 '도보다리 회담'으로 불린 제1차 남북정상회담이 열렸다. 이 자리에서 "한반도의 평화와 번영, 통일을 위한 '판문점 선언'이 채택되었다."[12] 2018년 5월 26일에는 판문점 북측 '통일각'에서 미국의 도널드 트럼프(Donald Trump) 대통령과의 싱가포르 북미정상회담을 앞두고 김정은 국무위원장과 제2차 남북정상회담이 열렸다. 특히 "6월 12일 싱가포르 센토사(Sentosa) 섬에서 열린 제1차 북미정상회담에서는 4개항-1. 새로운 북미관계 수립, 2. 한반도 평화체제 구축, 3. 한반도의 완

---

10) 국정백서 편찬위원회, 『문재인 정부 국정백서, 평화와 번영의 한반도 16』, 문화체육관광부, 2022, 50쪽.
11) 문재인 대통령 비서실, 『위대한 국민의 나라』, 한스 미디어, 2022, 250쪽.
12) 위의 책, 251쪽.

전한 비핵화, 4. 미군 유해 송환-에 합의하는 결과가 도출되기도 했다."[13] 제3차 남북정상회담이 2018년 9월 18일부터 20일까지 '평화, 새로운 미래'라는 표어로 평양에서 열렸다. 이 회담에서는 '한반도에서 실질적인 전쟁 위험 제거, 민족경제의 균형 발전, 이산가족 문제의 근본적 해결, 다양한 분야의 교류 협력 적극 추진, 한반도의 핵무기와 핵위협이 없는 평화의 터전 조성, 김정은 국무위원장의 서울 방문'이라는 '9월 평양공동선언문'이 발표되었다. 남북정상 간의 만남은 2019년 2월 27일부터 28일까지 베트남의 하노이(Hà Nội)에서 개최된 제2차 북미정상회담으로 이어졌고, 6월 30일 판문점에서 역사적인 '남북미' 정상회담을 추동했다. 이러한 일련의 회담은 남북미가 서로 만족할 만한 성과에 이르지는 못했을지라도 평화를 과정으로 보고 추진한 '한반도 평화 프로세스', 즉 "대북정책이 이념과 색깔론이 아닌 철저한 평화를 위한 전략적 차원에서 다루어지기를, 그것이 어떠한 전략이든 오직 한반도의 번영을 향한 담대한 전진이 되기를 기원"[14]하는 문재인 정부의 남북관계 개선에 대한 노력이라 할 수 있다. 비록 2020년 코로나19의 확산과 민간단체의 대북전단 살포를 빌미로 북한의 일방적 남북 통신선 차단과 6월 16일 남북공동연락사무소가 폭파되는 과정을 겪기도 했지만[15] 문재인 정부는 이전시기의 대결적 남북관계에서 벗어나 한반도에서 전쟁의 위협이 사라진 평화로운 삶이 지속되기를 바라는 촛불시민들의 염원을 실현코자 했다.

이 시기 문재인 정부가 직면한 또 다른 과제 중 하나는 역사 전개과정에서 자신의 모습을 민첩하게 변신시키면서 한국사회의 지배계급으로 자리잡은 기득권 세력에 의해 형성된 사회구조인 자본적폐와 연결된 소득불균형에 관한 개선이라 할 수 있다. 이는 문재인 정부의 비전인 국민의 나라, 정

---

13) 국정백서 편찬위원회, 앞의 책(『문재인 정부 국정백서, 평화와 번영의 한반도 16』), 67쪽.
14) 문재인 대통령 비서실, 앞의 책, 254쪽.
15) 국정백서 편찬위원회, 앞의 책(『문재인 정부 국정백서, 평화와 번영의 한반도 16』), 45쪽.

의로운 대한민국과 함께 "기회는 평등할 것이고, 과정은 공정할 것이며, 결과는 정의로울 것"이라고 하는 대통령 취임사에서 뿐만 아니라 '더불어 잘 사는 경제'라는 국정목표와 소득주도성장, 공정경제, 민생경제, 4차 산업혁명, 창업과 혁신성장이라는 국정전략에 포함되어 있었다. 이에 대한 구체성은 "일자리 소득주도 성장, 공정경제, 혁신성장의 가치를 강조하면서 '사람 중심 경제'라고 한 이 시기 경제정책의 방향으로부터 비롯된다. 이것은 고용 안정성과 복지를 유지하면서도 정부주도로 일자리를 창출하고 최저임금을 높여 비정규직들의 생활과 소비를 개선함으로써 내수성장으로 선순환 할 수 있도록 할 뿐 아니라 대기업과 재벌의 불공정을 견제하고 중소기업을 보호하여 서민과 중산층의 민생경제를 활성화하고자 한 것이다."[16] 이를 위해 문재인 대통령은 2017년 5월 10일 취임하자마자 1호 업무로 대통령직속기구인 '일자리위원회'를 만들라는 지시를 내렸다. 이렇게 시도된 정책수행의 결과는 이 시기 소득분배지표라 할 수 있는 지니계수, 상대적 빈곤율, 5분위 배율의 지표를 통해 확인된다. 예컨대 소득 불평등을 나타내는 지니계수는 2017년 0.354에서 2018년 0.345, 2019년 0.339, 2020년 0.331로 낮아졌지만 2021년에는 전년도에 비해 다시 0.333으로 증가했다. 또한 처분가능소득을 기준으로 한 상대적 빈곤율 역시 2017년에는 17.3을 기록했지만 2018년 16.7, 2019년 16.3, 2020년 15.3에서 2021년 15.1로 낮아졌다. 그리고 상위 20%와 하위 20%를 기준으로 한 처분가능소득 5분위 배율은 2017년에는 6.96, 2018년 6.54, 2019년 6.25, 2020년은 5.85로 낮아졌다. 그러나 지니계수와 마찬가지로 5분위 배율 역시 2021년에는 다시 5.96으로 상승했다.[17] 이와 같은 지표를 통해 확인된 것은 코로나19라

---

16) 조영호, 「문재인 정부 평가: 정치, 경제, 사회」, 『의정연구』 Vol.28 No.1, 한국의회발전연구회, 2022, 20-21쪽.

17) 통계청(https://www.kostat.go.kr), <2023년 가계금융복지조사 결과>, 통계청 보도자료(2023. 12.07) 4쪽.

는 특별한 상황이 존재했음에도 이 시기는 전체적으로 소득 불평등이 다소 완화되었다는 점이다. 따라서 "문재인 정부는 일자리 소득주도 성장, 공정 경제, 혁신성장을 추진하면서 불평등을 완화하고 노동을 비롯한 다양한 이해관계자의 입장을 반영하는 경제 생태계를 구축하고자 하였다고 할 수 있다."[18] 그러나 이러한 가치 중심적 정책은 코로나19라는 전대미문의 팬데믹(pandemic) 현상으로 인해 한국판 뉴딜(New Deal)이라고 부르는 디지털 뉴딜, 그린 뉴딜, 여기에 휴먼 뉴딜이라는 '선도국가 및 경제성장 기조의 경제정책'으로 전환되면서 촛불혁명과정에서 제기된 경제적 불평등 문제와 그것의 상징인 자본적폐는 당면한 과제에서 다소 벗어나게 되었다. 그럼에도 불구하고 이러한 상황들, 즉 정치, 경제, 사회, 문화, 예술 등을 비롯한 한국 사회 곳곳에 내재되어 있는 다양한 적폐의 근원이 일제강점기 역사와 불가분의 관계에 있다는 사실을 다시 한 번 한국 사람들에게 상기하게 했다는 점은 의미를 가진다. 이는 2019년 7월 1일 일본의 한국에 대한 기습적인 수출규제 발표를 통해 증명되었다.

일본은 수출규제 발표이후 사흘 뒤 반도체에 필요한 3개의 품목(불화수소, EUV용 포토레지스트, 불화폴리이미드)의 수출절차를 강화하는 조치를 즉각 시행했고, 8월 2일에는 한국을 수출절차 간소화 우대국인 백색국가에서 제외하였다.[19] 문제는 이러한 일본의 수출규제 조치가 일제강점기로부터 촉발된 양국 간의 뿌리 깊은 역사적 갈등에 기인하고 있다는 점이다. 이것은 '신일철주금(新日鉄住金)' 회사를 상대로 한 일제강점기 강제징용 피해자들의 손해배상 청구가 2018년 10월 30일 한국의 대법원 확정 판결에서 승소하게 되고, 2018년 11월 29일에는 '미쓰비시중공업(三菱重工)', 2019년 1월 18일에는 일본의 군수기업인 '후지코시(不二越)' 등에 손해배상 책임을 물은 것과

---

18) 조영호, 앞의 논문, 25쪽.

19) 국정백서 편찬위원회, 『문재인 정부 국정백서, 일본 수출규제 대응과 소부장 산업 경쟁력 강화 04』, 문화체육관광부, 2022, 33-35쪽 참고.

후쿠시마 원전 사고로 일본 수산물 등에 관한 한국의 수입규제 조치에 대응하여 2013년 10월부터 일본이 제소한 WTO 분쟁해결기구로부터 2019년 4월 'WTO 협정을 위반하지 않는다'는 한국에 유리한 최종 판결과 연결되어 있다.[20] 여기에 박근혜 정부 시기인 2015년 12월 28일 이면 합의 논란을 일으켰던 '한·일 일본군 위안부 협상 타결'에 대한 문재인 정부의 새로운 역사적 해석의 시도가 더해지면서 이에 대한 대응차원으로 일본은 한국에 대한 수출규제 조치를 전격적으로 단행한 것이다. 따라서 일본의 조치는 다분히 정치적 목적에서 비롯되었을 뿐만 아니라 그 이면에는 일제강점기라는 역사적 사실에 기인하고 있음을 보여주고 있는 것과 다름없다. 이러한 의미를 지닌 일본의 수출규제 조치에 대해 문재인 정부는 두 단계의 전략을 통해 이를 돌파해 나갔다. 그것은 2019년 8월 5일 '소부장 1.0'으로 불린 '소재, 부품, 장비 산업' 이른바 '소부장' 경쟁력 강화 대책을 통해 1) 100대 품목 조기 공급 안정성 확보, 2) 소부장 산업 전반의 경쟁력 강화, 3) 강력한 추진체계를 통한 전방위적 지원이라는 전략이었다.[21] 이에 따라 새로운 기술개발과 공장의 설립과 증설, 인수합병, 해외투자 유치를 통해 국내생산을 확대하고 미국, 중국, 유럽 등으로 수입처를 다변화하였다. 그 결과 일본이 수출을 막았던 3대 품목은 안정적으로 공급될 수 있었다. 나아가 '코로나 19'와 미, 중 무역 분쟁 등에 따른 글로벌 공급망 재편에 선제적이고, 공세적으로 대응하기 위해 2020년 7월 8일 '소부장 2.0' 전략을 발표했다. 이것은 일본을 넘어 글로벌 차원으로 경쟁력의 지평을 확대하는 것이다. 소부장 2.0 전략은 소부장 1.0에서 정한 100대 품목을 전세계 338+α개 품목으로

---

20) 임영언·허성태, 「일본 수출규제조치에 대한 한일 갈등요인과 대응방안 고찰」, 『재외한인연구』 제54호, 재외한인학회, 2021, 101쪽 참고.
21) 국정백서 편찬위원회, 앞의 책(『문재인 정부 국정백서, 일본 수출규제 대응과 소부장 산업 경쟁력 강화 04』), 109쪽.

확장한 것이다.[22] 이로 인해 일본을 비롯한 중국, 미국 중심의 수입 의존도에서 다양한 국가로의 변화가 이루어졌다. 일본의 수출규제 조치는 위기를 기회로 여긴 정부의 즉각적이고 신속한 대응으로 어느 정도 극복될 수 있었다. 오히려 일본의 행위는 한국 사회 속 곳곳에 내재되어 있는 적폐가 일제 강점기와 밀접한 관계에 있다는 역사를 소환하였을 뿐만 아니라 적폐청산의 근본원인과 당위성을 한국인들에게 다시 한 번 확인시켜 '시대적 당위성'을 갖게 되는 계기로 작용하였다. 이는 국민의 나라, 정의로운 대한민국을 위한 적폐청산이라는 시대성이 한국사회로 확산케 하는 이유가 되었고, 이 시기 한국영화의 흐름, 특징을 결정하는 내용과 형식에도 다양한 형태로 스며들게 되었음을 의미한다.

그러나 이와 같은 흐름은 2020년 코로나19가 국내뿐 아니라 전 세계의 팬데믹 현상으로 퍼져 나가자 그간의 문재인 정부의 국정 목표와 전략은 불가피하게 변화를 맞이할 수밖에 없었고, 극장을 통해 존재했던 한국영화, 영화는 이전까지 경험해 보지 못한 어려움에 처하게 되었다.

2. 사회적 거리두기와 영화의 위기

2020년 전 세계로 확산된 감염병 코로나19로 인한 팬데믹 현상은 국민의 나라, 정의로운 대한민국을 표방하면서 출범한 문재인 정부의 적폐청산의 기조를 바꾸어 놓았다. 이것은 문재인 정부가 그 동안 추진해왔던 국정 목표와 전략이 코로나19에 대한 총력 대응체계로 전환했음을 의미한다. 그러므로 이 시기는 코로나19 이전과 이후로 구분될 뿐만 아니라 완전히 서

---

22) 이성용, <스페셜 리포트: 일본수출 규제 정면 대응>, 《특허뉴스》 통권 제191호, 한국특허신문사, 2022, 42쪽.

로 다른 국면으로 존재했다는 것을 말하기도 한다. 이와 같은 현상은 한국사회뿐 아니라 한국영화에도 적용될 수 있다.

코로나19는 한국사회 전체의 어려움뿐만 아니라 극장을 기반으로 한 한국영화에도 위기를 가져왔다. 이것의 시작은 2020년 1월 20일 국내에서 코로나19 첫 확진자가 발생하면서 비롯되었다. 이후 확진자 수가 빠른 속도로 증가함에 따라 정부는 주의, 위기, 심각 등으로 경계 단계를 격상했지만 백신이나 치료제가 개발되지 않은 초기단계에서 코로나19는 개별감염에서 집단감염으로 확산되어 갔다. 이를 차단하기 위해 문재인 정부는 '마스크 착용'과 '사회적 거리두기' 조치를 취했다. 이 두 가지 조치는 백신개발로 인한 백신접종과 함께 코로나19에 대처하는 가장 효과적인 방역대책으로 여겨졌다. 그럼에도 불구하고 "코로나19의 1차 대유행으로 2020년 2월 말 전국적으로 종교시설, 사업장 등에서의 집단감염이 확산되자 정부는 2020년 2월 29일 '사회적 거리두기(Social Distancing)'를 선언했다. 문재인 정부는 국민들에게 사회적 거리두기를 준수해 줄 것을 당부하고, 가급적 자택에 머물며 최대한 외출과 이동을 자제하고 사람들 간의 접촉을 최소화 할 것을 권고하였다."[23] 여기서 "사회적 거리두기란 개인 또는 집단 간 접촉을 최소화하여 감염병의 전파를 감소시키는 공중보건학적 감염병 통제전략을 의미한다."[24] 반면 일반적 의미로는 서로 팔을 뻗어도 닿지 않을 2m 정도의 신체 간 간격을 뜻한다. 그러므로 사회적 거리두기는 그 정도의 물리적 간격을 확보하라는 규범적 권고인 셈이다. 이는 코로나19라는 감염병 예방을 위해 불편을 감수하더라도 서로 간에 물리적 거리를 두어야 한다는 강제 메시지라 할 수 있다.[25] 이것은 사람들 간의 접촉을 통제하는 모임의 인원규모

---

23) 국정백서 편찬위원회, 『문재인 정부 국정백서, 국민과 함께 만든 K-방역 08』, 문화체육관광부, 2022, 133-134쪽.
24) 위의 책, 132쪽.
25) 김홍중, 「코로나19와 사회이론」, 『한국사회학』, Vol.54 No.3, 한국사회학회, 2020, 171쪽.

제한, 시간제한, 시설제한 등으로 지역별, 단계별로 구체화되었다. 이로 인해 사회적 거리두기는 감염 상황에 따라 강화된 사회적 거리두기(2020년 3월 22일-2020년 4월 19일), 완화된 사회적 거리두기(2020년 4월 20일-2020년 5월 5일), 생활 속 거리두기(2020년 5월 6일-2020년 6월 7일)로 변화하였다. 다양한 명칭으로 사용된 용어는 이후 혼란을 최소화하기 위해 2020년 6월 28일 '사회적 거리두기'로 통일되었고, 코로나19 확산 정도에 따라 3단계 거리규칙으로 다시 발표되었다. 그러나 거리두기 조정과정에서 2020년 11월 7일에는 5단계로 개편되었고, 2021년 7월 1일에는 다시 4단계로 전환되어 2022년 4월 18일 사회적 거리두기가 해제될 때까지 그 이름으로 사용되었다.[26] 이와 같은 정부의 조치에도 불구하고 "2020년 1월 20일 코로나19 첫 환자가 보고 된 이후 2023년 8월 30일 전수감시 종료까지 국내 코로나 확진자는 34,572,554명에 이르렀고 사망자는 35,605명이 발생했다."[27] 이러한 위기적 상황은 한국영화에도 예외 없이 적용되었다. 이로 인해 2022년 4월 18일 사회적 거리두기 해제에 이어 4월 25일부터 '영화관·실내체육시설·종교시설 등 실내 다중이용시설에서의 음식물 섭취 금지조치의 해제'가 이루어지기 전 통제적 의미의 사회적 거리두기로 한국영화는 어려움에 빠지게 되었다. 이는 코로나19 이전과 이후 시기의 비교를 통해 증명된다.

그것은 코로나19 이전 시기의 국민의 나라, 정의로운 대한민국을 표방한 문재인 정부의 5대 국정목표와 20대 국정전략, 100대 국정과제 속에 포함된 다양한 정책을 통해 알 수 있다. 그 중에서도 문화, 예술의 중요성이 강조된 국정목표는 5대 국정목표 중 세 번째 '내 삶을 책임지는 국가'에 포함된

---

26) 김정아·이희언·김지원·장다슬·최남경, 「국내 코로나19 대유행에 대한 예방접종 및 사회적 거리두기 정책」, 『KFDC규제과학회지』, Vol.18 No.2, 한국에프디시규제과학회, 2023, 129-130쪽.

27) 최소영·류보영·정세진·장민정·안미숙·박신영·김성순, 「코로나바이러스감염증-19 전수감시 기간 사망자 분석 결과」, 『PHWR』 Vol.17 No.29, 질병관리청, 2024, 804쪽.

국정전략 '자유와 창의가 넘치는 문화국가 수립'에서 구체적으로 확인된다. 이는 "생활문화 시대, 예술인의 창작권 보장, 문화산업 생태계 및 세계 속 한류 확산, 미디어의 건강한 발전, 휴식 있는 삶, 국민의 스포츠 향유, 관광복지 확대와 관광산업 활성화에 초점을 맞춘 일곱 가지 국정과제로 구체화되었다."[28] 이와 같은 목표에 따라 2018년 5월 16일 '새문화정책준비단'에 의해 <문화비전 2030-사람이 있는 문화>가 수립되었다. "문화비전 2030에는 '경쟁과 효율보다는 사람과 생명이 먼저인 문화로', '젠더 불평등에서 젠더 평등의 문화로', '4차 산업혁명 시대, 인간소외가 아닌 인간 감성의 문화로', '일 중심에서 쉼이 있는 문화로', '갈등과 혐오에서 협력과 다양성의 문화로', '중앙집권에서 자치분권의 문화로', '불공정과 독과점에서 공정과 상생의 문화로' 드러났다."[29] 이를 위한 3대 방향으로 개인의 자율성, 공동체의 다양성 실현, 사회의 창의성이 제시되었고, 9개의 의제가 정해졌다.[30] 이러한 정책의 기조는 영화에도 적용되었다. 이것은 2019년 9월 17일 문재인 대통령의 '콘텐츠산업 3대혁신전략' 발표에 이어 2019년 10월 14일 문화체육관광부의 '한국영화산업 발전계획'에서 나타난다. 여기서는 '세계적 수준으로 성장한 한국영화산업의 새로운 도약기반 마련'이라는 목표와 '영화가 있는 삶, 내일이 있는 영화'라는 비전 아래 다음과 같은 3개의 핵심전략 및 과제가 정해졌다. 그것은 첫째, 창작자 중심의 새롭고 다양한 한국영화(중소영화 창작·투자 기반 확대, 다양한 가치를 표현하는 독립·예술영화 생태계 강화, 창작자 권리 보호를 위한 제도개선. 합법유통 확산, 양성 평등한 영화 창작 환경 지원), 둘째, 영화산업 지속성장 기반 강화(공정·상생 영화산업 환경 조성, 영화인 근로 환경 개선 및 전문 인력 양성, 한국영화 해외진출 확대 위한 전략시장 지원, 첨단영상기술 확산으로 실감콘텐츠 시

---

28) 국정백서 편찬위원회, 『문재인 정부 국정백서, 문화, 세계를 선도하는 문화국가 10』, 문화체육관광부, 2022, 61쪽.
29) 새문화정책준비단, 『문화비전 2030-사람이 있는 문화』, 문화체육관광부, 2018, 6쪽.
30) 위의 책, 13쪽.

대 대비), 셋째, 일상 속 영화 향유 문화 확산(영화 향유 활성화로 관객 저변 확대, 고른 향유 기회를 보장하는 기반 조성, 영화 문화유산의 보존 및 확산)이다.[31] 그러나 이와 같은 정부의 목표는 코로나19의 확산으로 사회적 거리두기의 시작과 해제, 즉 사회적 거리두기 지속으로 인해 효과적으로 달성되지 못했다. 이는 이 시기 한국영화의 실질적 결과라 할 수 있는 극장매출과 관객 수, 1인당 관람 횟수, 한국영화 점유율에 관한 수치를 통해 드러난다. 예컨대 코로나19가 등장하기 전 2019년 한국영화의 극장매출은 1조에 가까운 9,708억 원이었다. 코로나19로 인한 사회적 거리두기 조치가 시행되기 시작된 2020년에는 3,504억 원이었고, 2021년에는 1,734억 원으로 추락했으며, 2022년에 이르러서는 다시 6,310억 원을 기록했다. 이를 토대로 극장매출 증감률은 2019년에는 2018년 대비 6.4% 증가한데 비해 2020년에는 –63.9%, 2021년에는 –50.5%, 2022년에는 2021년에 비해 263.9%였다. 한국영화 관객 수는 2019년에는 11,562만 명이었던 것이 2020년에는 4,046만 명으로, 2021년에는 1,822만 명으로 감소했고, 2022년에는 6,279만 명으로 상승했다. 이에 대한 관객 수 증감률을 보면 2019년도의 관객 수는 2018년에 비해 5.0% 증가했지만, 2020년에는 –65.0%, 2021년에는 –55.0%를 기록했고, 2022년에는 2021년에 비해 244.7%로 올랐다.[32] 1인당 한국 영화관람 횟수 역시 2019년에는 2.23편이었던 것이 2020년에는 0.78편, 2021년에는 0.35편, 2022년에는 1.22편에 불과했다. 이 시기 한국영화의 점유율은 2019년에는 51.0%였던 것이 2020년에는 68.0%였고, 2021년에는 30.1%로 하락했으며, 2022년에는 55.7%로 상승했다.[33] 이러한 변화의 실체를 상징적으로 보여주고 있는 것이 영화진흥위원회 통합전산망의 '박스 오피스'

---

31) <세계적 수준으로 성장한 한국영화산업의 새로운 도약기반 마련>, 문화체육관광부 보도자료, 2019.10.14.

32) 영화진흥위원회 엮음, 『2023년도판 한국영화연감』, 영화진흥위원회, 2023, 36쪽.

33) 위의 책, 108쪽.

이다. 즉 2017년, 2018년, 2019년 박스 오피스 1위 영화인 <택시운전사>, <신과 함께-인과 연>, <극한직업>은 모두 1천만 명을 넘은 관객 수를 기록하고 있지만 2020년, 2021년 1위인 <남산의 부장들>과 <모가디슈>는 각각 475만 명, 361만 명에 불과했다. 반면 거리두기가 해제된 2022년 박스 오피스 1위인 <범죄도시 2>는 또 다시 1천 만 명을 훌쩍 넘겼다. 이와 같은 결과는 코로나19로 인한 사회적 거리두기가 2년 1개월 동안 지속됨에 따라 한국영화가 심각한 위기 상황에 처했다는 사실과 영화가 극장과 밀접한 관계 속에 존재하고 있음을 보여주고 있다. 이는 이 시기 한국에서의 영화 및 영상산업의 시장 변화를 통해 나타난다. 2019년 한국영화의 극장 비중은 2018년 66.3%에 이어 64.6%를 차지하고 있었지만 사회적 거리두기가 시작된 2020년에는 31.3%, 2021년에는 31.7%로 축소되었고, 2022년에는 41.9%로 소폭 상승했다. 이것은 영화가 어려움에 처해있을 때 그 간극을 파고들었던 비대면 영상 매체인 OTT(Over-the-Top media service)의 성장을 통해 설명된다. 이를테면 이 시기 영상의 다양한 소비 형태에서 차지하는 OTT의 비중이 2018년과 2019에는 각각 22%, 26.8%에 불과했지만 코로나19로 인한 사회적 거리두기가 시행되고 지속되었던 2020년에는 60.3%, 2021년에는 60.2%, 2022년에는 53.2%로 상승했다는 것으로 증명된다.[34] 이러한 특징을 종합적으로 보여주고 있는 것이 2019년 대비 2022년 한국의 극장 시장 성장률이 –45.3%를 기록한 것이다.[35] 이 현상은 OTT, IPTV(Internet Protocol TV) 등과 같이 극장을 직접적 매개로 하지 않은 영상 매체의 산업적 영역이 이전과 비교할 수 없을 정도로 확대되었음을 말한다. 이와 같은 현상을 단적으로 보여주고 있는 것이 "2020년, 2021년 극장개봉을 목적으로 제작된 윤성현의 <사냥의 시간(2020)>, 이충현의 <콜(2020)>,

---

34) 위의 책, 28쪽.
35) 위의 책, 30쪽.

2019년에 제작된 조성희의 <승리호(2021)> 등이 극장을 거치지 않고 글로벌 OTT 회사인 '넷플릭스(Netflix)'에서 상영되었다는 사실이다."[36] 이것은 영화가 극장을 통해 상영되었던 기존의 방식이 다양한 매체를 통해 이루어질 수 있음을 실제적으로 보여주고 있는 것이며, 영상이라는 매체의 범주 속에 포함되어 하나의 콘텐츠로서 인식하게 한 직접적 사례라 할 수 있다.

이는 기존의 영화법과 음반·비디오물 및 게임물에 관한 법이 2006년 4월 28일 제정된 '영화 및 비디오물의 진흥에 관한 법률'로 통합된 '영화비디오법'에서 이미 내포되어 있었다. 이 법은 영화와 비디오물을 각각의 정의로 구분하고 있지만 비디오가 영화의 한 부분임에도 동일한 의미의 개념적 혼동과 이미지를 불러일으킬 수 있는 가능성을 포함하고 있다는 것이다. 이에 대해 영화진흥위원회는 2023년 5월 '영화 및 비디오물의 진흥에 관한 법률 전면 개정 방안 연구' 보고서를 통해 영화에 대한 정의를 재개념화 하려 시도했다. 이 보고서에 의하면 "영화는 필름 또는 디지털매체에 담긴 저작물로서 영화상영관 등에서 상영하거나 판매나 대여 또는 정보통신망을 통하여 시청에 제공할 수 있도록 제작된 것을 말한다"[37]고 적시 되어 있다. 이것은 필름을 비롯한 디지털매체를 통해 만들어진 영상이 극장을 포함한 다양한 상영관에서 상영할 수 있도록 하고 있음을 의미한다. 이는 영화의 확장으로도 볼 수 있지만 영화에 대한 범위와 정의가 새로운 영역으로 규정될 수 있는 여지를 제공하고 있는 것이다. 이와 같은 인식은 2021년 코로나19로 인한 한국영화의 위기를 타개하기 위해 영화진흥위원회가 일련의 과정을 통해 수립한 종합적인 계획안, 즉 '포스트코로나 영화정책 추진단 구성(2020.8-10)', '현안인식포럼 개최(2020.11.17.-11.19)', '정책과제포럼 개최(2021.2.23.-2.26)'를 통해 정책의 당위성을 확보하고 '포스트코로나 영화정

---

36) 김숙 책임연구원, 『영화산업의 가치사슬과 구조 변화』, 영화진흥위원회, 2022, 3쪽.
37) 황승흠 책임연구, 『영화 및 비디오물의 진흥에 관한 법률 전면 개정 방안 연구』, 영화진흥위원회, 2023, 182쪽, 183쪽, 220쪽 참고.

책, 기초보고서 완성(2021.5)'에 이어 2021년 9월에 작성된 최종 보고서『포스트코로나 영화정책 2022』에서 나타난다.[38] 이 보고서는 '디지털 미디어로 한 폭 더 넓어지는 한국영화'라는 최종 목표를 위해 5대 정책과제, 11대 세부과제, 27개 세부추진내용으로 구성되어 있다. 특히 5대 정책과제는 첫째, 영화·비디오물 종합지원기구로 영화진흥위원회 역할 확대와 새로운 정책 협력 네트워크 체계 구축의 '정책 수행전략 혁신', 둘째, 영화·비디오물 관련 법률 정의 현행화와 정책 재원조달 구조 보완 및 영상물 포괄지원체계 구축의 '영화·비디오물 법제도 개선', 셋째, 실효 있는 기획개발 지원과 제작비 조달원 다각화의 '혁신적인 창작·제작 생태계 구축', 넷째, 영화인경력인증체계 구축 운영과 창작자·제작자의 저작권 행사 환경 조성, 신규인력 유입 및 창업 지원의 '영화인 직업 환경 안정화', 다섯째, 다양한 관람문화 활성화와 창작과 향유의 다양성 확대의 '관객·창작·향유의 다양성 확대'로 이루어져 있다.[39] 따라서 디지털 미디어로 한 폭 더 넓어지는 한국영화라는 최종 목표 속에는 '영화에 디지털 매체'를 영화의 확장 개념으로 인식하고 있으며, 이는 영화·비디오물에 관한 법과 그것의 개정 시도와 연관되어 있음을 보여준다. 그러므로 코로나19로 인한 OTT, IPTV와 같은 비대면 매체의 성장은 곧 영화라는 범위에 자연스럽게 포함될 수 있는 근거를 정부와 영화진흥위원회 스스로 제공하고 있는 것이다. 이것은 영화·비디오법을 통해, 포스트 코로나라는 정책보고서를 통해 제작과 관람 문화로서 디지털 영상이라는 확장된 개념 속에 영화가 포함되어 있는 것이라 할 수 있다. 다만 코로나19로 인한 사회적 거리두기가 시행되어 극장이 어려움에 빠지게 되면서 영화 전체의 생태계가 위태로워진 상황에 이르게 되자 전통적 의미의 영화라는 개념이 다시 부각된 것이다. 이는 극장을 기반으로 발전해 온 한국영

---

38) 포스트코로나 영화정책추진단, 『포스트코로나 영화정책 2022』, 영화진흥위원회, 2021, 27쪽.
39) 위의 책, 7-8쪽.

화, 영화에 대한 개념과 정의의 불명확성을 보여주고 있는 것과 다르지 않다. 이런 측면에서 영화란 개념에 대한 근본적 논의와 재정의가 필요하다고 할 수 있다. 그것은 뤼미에르 형제(Auguste & Louis Lumière)의 영화가 어떤 이유로 세계영화역사의 시작으로 자리매김했는지에 대한 질문으로부터 비롯되어야 한다.

이것은 에디슨(Thomas Edison)과 딕슨(W.K.L. Dickson)의 키네토그라프(Kinetograph), 키네토스코프(Kinetoscope)뿐 아니라 뤼미에르 형제의 시네마토그라프(Cinématographe)로 촬영된《리옹의 뤼미에르 공장을 나서는 노동자들(Sortie des Usines Lumière à Lyon)》이 1895년 3월 22일 파리의 국가산업진흥위원회(Société d'Encouragement à l'industrie Nationale) 모임에서 일반 공개했음에도 이를 세계영화역사의 시작으로 보지 않고 1895년 12월 28일 짧은 몇 편의 단편을 '그랑 카페(Grand Café)'라는 공간에서 1프랑의 돈을 받고 사람들에게 상영했던 시점을 영화역사의 시작이라고 규정한 이유와 연결된다.

세계영화의 역사가 뤼미에르 형제의 영화로부터 비롯되었다는 것은 영화가 만들어지고 극장을 통해 영화를 관람하는 각각의 과정이 지금의 영화적 형태와 동일한 요소, 즉 구성요건을 지니고 있기 때문이다. 이것은 뤼미에르 형제가 촬영한 필름을 사람들에게 보여준 영화에는 특별하고 고유한 영화의 특징적 요소들이 존재함을 의미한다. 이를 네 가지 요소로 규정할 수 있는데, 그것은 다름 아닌, 첫째, 문학이나 연극, 회화 등과 같은 인접예술의 공연, 시연 사이 끼워 넣은 방식으로 영화를 보여주었던 것이 아니라 영화라는 유일 매체만이 카페에서 상영되었다는 이른바 매체의 독립성(매체)을 지녔다는 점이다. 이것은 영화가 여타의 다른 매체로부터 독립적으로 존재하기 시작했음을 말한다. 둘째, 그랑 카페라는 특정한 공간에서 영화만이 상영되었다는 점이다. 이를테면 영화가 연극이나 다른 인접 매체의 부대조건

중 하나로 상영되는 것이 아니라 오직 영화 매체 단독으로 특정 공간에서 상영되었다는 것이다. 이것은 영화만을 상영하기 위한 공간이 존재했다는 것을 말하며, 이는 영화를 위해 존재하는 극장과 연결된다. 그러므로 뤼미에르 형제의 영화 상영은 극장이라는 공간의 독자성(공간)을 지니고 있다. 셋째, 뤼미에르 형제는 영화를 보기 위한 사람들로부터 1프랑이라는 돈을 받았다는 사실이다. 이것은 영화를 보여주기 위해, 영화를 보기 위해 돈을 받고 혹은 지불했다는 것을 말한다. 이로써 영화는 애초부터 상업성, 산업성과 불가분의 관계 속에 존재함을 의미하며, 이는 현재 돈을 지불하고 영화를 보는 관객의 행위와 같다. 그러므로 뤼미에르 형제의 영화 상영에는 영화의 상업성(자본)이 포함되어 있다. 넷째, 영화는 일반적으로 단지 한 사람만을 위한 것이 아니라 많은 사람들이 한 공간에 집결해 동일한 정보와 감성을 공유하는 행위, 즉 동시적 규모의 대중성을 특징으로 하는 집단성(집단)을 지니고 있다. 결론적으로 영화는 비록 테크놀로지의 발전과 시대적 변화에 따라 유연하게 정의될 수 있는 가능성이 존재하지만 이 '네 가지 요건'이 부합되었을 때 비로소 영화로 규정될 수 있는 것이다. 따라서 뤼미에르 형제가 그랑 카페라는 공간에서 1프랑을 받고 사람들에게 짧은 몇 편의 영화를 상영했다는 사실은 지금의 영화가 제작되고 유통되면서 극장에서 사람들이 돈을 지불하고 보는 행위와 동일하다 할 수 있다. 이것이 1895년 12월 28일 그랑 카페에서 상영된 뤼미에르 형제의 영화가 세계영화역사의 시작으로 규정되고 있는 이유이다. 그런 측면에서 코로나19 시기 사회적 거리두기로 인해 영화가 비대면 영상 매체를 통해 유통되는 형태 속에는 극장이라는 공간성과 그 공간에서 사람들이 함께 보는 집단성이 사라져 있으며, 극장에서 영화를 보기 위해 직접 돈을 지불하는 상업성이라는 고유한 영화의 요건에서 벗어나 영화라는 매체의 독립성이 훼손되었다고 볼 수 있다. 이와 같은 영화 구성 요건에 의한 범위의 엄격성은 OTT 회사인 넷플릭스를 통해 유통된 봉준호의 <옥자>가 2017년 칸느 영화제의 경쟁부문에 진출할 때 제기되었던 논란을 통해서도 확인된다.

영화는 끊임없이 과학기술의 발전에 따라 개념과 정의, 범위의 변화 속에서 발전해 오면서 존재해왔다. 유사 매체인 텔레비전이 등장했을 때도 영화는 심각한 어려움에 처해졌었고, 코로나19로 인한 사회적 거리두기 시행과 함께 비대면 영상 매체의 발전은 영화를 또 다시 위기에 빠트렸다. 그럼에도 불구하고 영화는 여전히 매체, 공간, 자본, 집단이라는 네 가지 고유하고 특별한 요소를 기반으로 역사, 미학, 비평 담론을 형성해 왔다. 이것이 가능했던 것은 영화가 창작이라는 본연의 정체성을 극장이라는 퍼포먼스를 통해 이루어지면서 존재하기 때문이다. 그러나 많은 사람들은 매체적 상황 변화만을 들어 영화의 범위를 확장하고 재개념화 해야 하는 것처럼 말한다. 문제는 그들의 논의 속에는 영화를 구성하고 있는 본질, 조건, 범위에 대한 진지한 성찰이 결여되어 있다는 점이다. 이는 영화를 결정하는 본질이 무엇인지를 고려하지 않고 변화하는 매체 자체만을 보기 때문이다. 그렇기에 그들이 이끌어 가고자 한 논리는 어쩌면 창작에 근거한 영화에 관한 담론이 아닐 수도 있다. 사회적 거리두기로 인한 한국영화, 영화의 위기는 영화의 정체성과 본질의 위기가 아니라 영화를 구성하고 있는 매체, 공간, 자본, 집단이라는 요소의 균형이 일시적으로 붕괴됨으로써 나타난 현상인 것이다. 왜냐하면 그것은 영화를 위협하는 상황, 즉 코로나19로 인한 사회적 거리두기가 사라지고 나면 영화의 정체성과 그 본질은 다시 회복될 것이기 때문이다.

따라서 코로나19로 인한 사회적 거리두기는 한국영화뿐 아니라 영화를 구성하고 있는 조건을 붕괴시켜 영화의 위기를 가져왔으며, 그때의 진공상태를 OTT로 상징되는 비대면 영상 매체가 파고들었고, 그것을 시대성이라는 이름으로 영화의 확장으로 일컬어지는 매체에 의해 영화가 규정되는 지금의 담론으로 이어졌다. 사회적 거리두기 조치가 해제된 현재의 한국영화와 영화는 이전처럼 다시 극장과 집단이라는 방식으로 존재하고 있다. 분명 영화를 둘러싸고 있는 환경은 빠르게 변하고 있는 것은 부인할 수 없다. 그러나 영화가 창작이라는 본질을 잃지 않으면서 자신의 고유한 정체성인 매체의 독립성과 극장이라는 공간성, 자본이라는 상업성, 그리고 관객이라는 집단성이 훼손되지 않는다면 한국영화, 영화도 그러한 형태로 존재하면서 발전하게 될 것이다. 이런 측면에서 사회적 거리두기로 초래된 한국영화, 영화의 위기는 장-루이 코몰리(Jean-Louis Commolli)와 장 나르보니(Jean Narboni)가 "우리가 연구해야 하는 것은 자기 고유의 역사 속에 있는 영화이고, 작품생산, 영화제작, 영화배급, 영화의 독해"[40]라고 오래전에 주장했던 것처럼 단순히 상업적, 매체적 시각에 근거한 생존의 문제로서만 이해되어서는 안 된다. 텔레비전이 등장했을 때 다양한 창작의 시도로 위기를 돌파했던 뛰어난 세계영화 창작가들의 경험처럼 한국영화도 사회적 거리두기로 인한 어려움을 영화의 본질에 근거한 정체성의 공고화를 통해 새로운 차원의 한국영화로 발전해야하기 때문이다.

3. 남북관계의 재구축

한국에서의 남북관계는 가장 극적으로 변하는 대표적인 정치적 사안 중 하나이다. 보수에서 진보로, 진보에서 보수로 권력이 바뀔 때 마다 남북관계는 서로 다른 정책과 목적으로 변화의 중심에 위치하곤 했다. 이명박·박근혜 정부에서 문재인 정부로의 정권교체가 이뤄진 이 시기도 예외일 수 없다. 이것은 금강산 관광객 피격사건과 핵무기개발 문제 등으로 단절되었던 이전 정부의 남북관계가 새 정부에 의해 바뀌었다는 것을 말하며 새로운 정

---

40) 이윤영 엮고 옮김, 『사유속의 영화』, 문학과 지성사, 2012, 250쪽,

책과 지향, 실천의 결과로 재구축되었음을 의미한다. 베를린 선언 등을 통해 남북관계 재구축에 대한 의지를 피력했던 문재인 대통령과 평창에서 개최된 동계 올림픽에 참가하겠다는 북한 김정은 국무위원장의 선언은 한반도가 새로운 남북관계로 나아가는 계기가 되었다. 이로 인해 판문점과 통일각, 평양과 백두산에서 두 정상들의 만남은 이전 시기와 다른 남북관계로 선회하고 있음을 알린 상징적 장면들이었다. 이것은 한국사회 내부의 이념적 경각심을 강조하면서 대결적 상황을 조성한 이전 정부의 남북관계 흐름과는 다른 것이었다. 이와 같은 시대적 변화는 남북관계를 다룬 몇몇 한국영화에 영향을 주면서, 이 시기 한국영화의 주요한 갈래를 형성하도록 견인했다. 이는 양우석의 <강철비(2017)>에서 확인된다.

영화는 북한에서 발생한 쿠데타로 인해 정찰총국 소속이었던 엄철우가 북한 1호와 함께 남한으로 피신하게 되면서 핵전쟁의 위기에 처해진 한반도를 중심으로 한 가상의 이야기를 상정하고 있다. 영화에서는 긴박한 상황에 처한 남한과 북한을 번갈아 보여주면서 분단된 남북관계의 근본 원인을 '21세기 한민족의 이데올로기는?'이라는 주제로 청와대 외교안보수석 곽철우가 대학생들을 향해 '20세기 민족은 무엇으로 시작했을까요?'라는 질문을 통해 제기한다. 여기서 그는 학생들에게 경술국치, 36년간의 식민통치, 한반도의 분단, 냉전시대 최초의 미국과 소련 사이의 대리전쟁이라 할 수 있는 1950년 한국전쟁으로 이어진 우리민족의 역사를 언급하면서 전 인구의 4분의 1 혹은 5분의 1이 죽었던 20세기 우리 한 민족의 이데올로기는 일본이었다고 주장한다. 이것은 현재까지 지속되고 있는 한반도의 역사적 비극이 일본으로부터 비롯되었음을 규정하고 있는 것이다. 영화는 이러한 역사를 상기시키면서 북한의 급변사태로 초래된 한반도에서 핵전쟁의 위협을 둘러싸고 벌어지는 상황을 묘사하고 있다. 이는 북한 1호가 북한 내부의 쿠데타로 심각한 부상을 당한 상태와 정권 교체기에 나타난 한국의 현직 대통령과 차기 대통령 사이의 서로 다른 시각, 철저히 자국의 이익에 기반하고 있는 미국과 중국의 태도 등으로 나타난다. 이것은 엄철우와 곽철우의 말을 통해 현재 당면하고 있는 남북문제의 본질적 의미로 연결된다. 엄철우는 대북제재로 인한 어려움을 들어 위원장에 대한 군부의 시각, 즉 "핵을 권력 유지 수단으로 쓰지, 공화국을 위해 쓸 생각은 아니다"라는 언급과 영화 시작과 함께 강의에서 제기되었던 곽철우의 "분단국가 국민들은 분단 그 자체보다 분단을 정치적 이데올로기로 이용한 자들에 의해 더 고통 받는다"라는 말로서 표현된다. 곽철우의 이 말은 쿠데타의 주역인 정찰총국장 리태환과 그의 부하들을 향한 엄철우에 의해 다시 한 번 반복된다. 그리고 엄철우가 곽철우에게 자신이 정찰총국장 리태환을 만나는 지점을 폭격하게 함으로써 한반도에서 핵전쟁의 위험을 제거하는 장면과 연결된다. 이어서 '원래 하나였던 것은 다시 하나가 되어야 한다'는 신념을 가진 새로운 대통령의 취임식과 곽철우의 확실한 평화보장을 위해 북한이 가진 핵의 절반을 남쪽으로 보내고 북한 1호를 송환함으로써 영화는 마무리된다. 여기서 강조된 것은 핵전쟁이 임박했다고 판단한 미국, 중국, 일본의 자국민들에 대한 소개조치(疏開措置)와 달리 엄철우와 곽철우가 성은 다르지만 이름이 동일한 의미인 체제는 다르지만 같은 민족이라는 사실과 엄철우를 향한 곽철우의 "반포동에서 모여 살자"고 하고 "가끔 소주도 한잔 하면서"라는 말을 통해 이를 재확인함으로써 남북관계의 특별한 실체와 본질을 인식하도록 요구하고 있다는 점이다. 이런 측면에서 <강철비>는 이 시기 남북관계의 변화를 빠르게 포착하고 반영하여 이전 시기의 시혜적, 혹은 대결적 태도에서 벗어나 체제는 다르지만 같은 민족, 나아가 공동 운명체임을 환기시켜주고 있는 영화라 할 수 있다. 또한 이 시기 영화에서는 남북관계의 속성이 권력자들의 실체를 통해 폭로되기도 한다. 이것은 2018년에 개봉한 윤종빈의 <공작>에서 드러난다.

이를 영화는 북한의 핵개발을 둘러싸고 벌어진 한반도의 긴장상황과 북한 권력층에 침투한 흑금성이라는 암호명을 가진 안기부 요원을 통해 보여준다. 그의 존재와 활동의 실재성은 자료 필름과 날짜별로 적시된 자막, 구체적 인물과 사건에 의해 묘사된다. 이는 핵개발을 저지하기 위해 조선족 핵물리학자 김장엽을 입국시키는 것과 오랜 기간 정치적 적대자인 김대중의 총선과 대통령 선거에서의 승리를 좌절시키기 위한 안기부의 조직적인 공작으로 나타난다. 특히 대통령 선거에서 우세한 김대중 후보를 떨어뜨리기 위한 안기부 실장의 공작, 즉 흑금성에게 집권 여당의 편지를 북한으로 전달해 달라는 요청과 북한으로 건넨 48만 달러의 대가로 백령도, 대청도, 휴전선을 중심으로 전쟁에 준하는 도발을 요청하는 모습, 북한도 노회한 정치가인 김대중 후보를 원하지 않다고 하면서 "외부의 적이 있어야 버틸 수 있을 텐데"라고 하는 여당 정치인의 언급은 남한과 북한의 정권이 서로 의존적 관계로 존재했음을 보여주는 장면이라 할 수 있다. 이것은 어려운 상황에 처해 있는 북한의 인민들과 지도층과의 대비적 모습을 보여주면서 흑금성이 제기한 문제인 북한 공산정권이 한국에서 공산주의자라고 호도된 김대중이 대통령이 되는 것을 원하지 않는다는 모순적 사실로 뒷받침된다. 영화는 김대중 후보가 대통령에 당선되고 10년 만에 성사된 남한과 북한 사이의 광고 촬영으로 마무리되지만 남북관계가 민족의 동질성과 미래를 희생시키면서 자신들의 권력을 위해 서로 의존적 관계였다는 것과 그 동안 남북관계를 가로막았던 것이 무엇이었는지 그 실체를 드러내고 있는 것이다. 지진으로 인해 한반도에 재앙이 될 수 있는 백두산의 전면 폭발을 막아야 하는 이야기를 다루고 있는 이해준·김병서의 <백두산(2019)>도 이러한 범위에 포함되는 영화라 할 수 있다.

한반도의 완전한 비핵화 뉴스와 북한 함경북도에 진도 7.8 규모의 지진 발생과 백두산 폭발로 초토화된 서울과 평양의 모습으로 영화는 시작된다.

이어서 백두산의 전면 폭발을 막기 위해 성공 가능성은 희박하지만 한국정부와 재미 과학자 강봉래 박사는 미국이 북한의 핵무기를 회수하기 전 핵을 확보해 마그마를 폭발시켜 백두산의 전면 폭발을 막자는 결정을 한다. 이를 실현하기 위해 군대 전역을 앞둔 한국의 특전사 폭발물 처리반 대위 조인창은 기폭장치에 필요한 우라늄을 확보하기 위해 황해도 인근 수용소에 갇혀 있는 무력부 1급 자원인 리준평을 구출하기로 한다. 이러한 한국정부의 목적을 포착한 미국은 중국 접경지역에서 핵이 사용되는 것을 거부하면서 작전을 강제 종료토록 한다. 중국 역시 리준평과 기폭장치를 두고 거래하려 하지만 미국에 의해 저지당하고 만다. 그 사이 강봉래 박사의 탄착지점이 7번 탄광 라-24구역으로 변경되고 조인창의 작전에 리준평이 합류하게 된다. 그는 자신의 딸 순옥을 조인창에게 부탁하고 자신의 목숨을 희생함으로써 작전을 성공적으로 수행한다. 이후 영화는 핵폭발로 인해 백두산의 화산 압력이 낮아져 서울과 평양 모두 다시 평온해진 모습으로 마무리된다. 그러나 영화에서는 핵폭발을 위한 기폭장치 확보를 두고 벌이는 과정에서 미국과 중국의 태도가 묘사된다. 특히 한국정부를 향한 미국의 전시작전권 종료, 군함을 통해 미군 가족들과 관계자들을 소개조치하는 과정에서 드러난 미국인이 우선이고 한국인은 미국인을 다 태우고 난 후 타야 된다고 하는 미군의 말과 마그마를 폭발시키기 위해 필요한 기폭장치를 가진 북한의 리준평과 남한의 조인창이 미군의 추적을 받고 있는 장면 등은 미국과 한국의 목적이 다르다는 것을 나타내고 있는 것이다. 이를 통해 미국을 포함한 어떤 국가라도 오직 자국의 이익만을 우선한다는 국제질서의 논리가 자연스럽게 환기된다. 1년 후 '한반도 재건위' 출범에 맞춰 재미 과학자 강봉래 박사의 '백두산 화산 고압 증기를 이용한 신재생 에너지에 관한 연구'로 다시 한국을 방문한 모습은 남북한 관계를 다룬 영화가 정권의 변화와 얼마나 밀접한 관계에 있는지를 단적으로 보여주고 있는 상징적 장면이라 할 수 있다. 이 시기 남북관계를 다룬 또 다른 영화로는 양우석의 연작이라 할 수 있는 <강철비 2: 정상회담(2020)>을 들 수 있다.

이 영화에서도 시대적 흐름에 부합한 남북관계 변화의 특징적 요소들이 다양하게 묘사된다. 이는 '전 세계에서 마지막으로 남은 냉전체제는 한반도뿐이다'라는 자막과 함께 한반도를 중심으로 미국과 중국, 일본과의 영토 갈등을 보여주면서 북한과 미국의 평화협정을 위해 정상회담을 주선하는 중재자로서 한국의 대통령 한경재의 모습으로 나타난다. 그러나 이것은 북한 원산에서 평화협정 체결을 위한 회담 도중 "핵무기 내주고 개혁, 개방하면 남조선에 흡수 된다"고 하면서 이를 반대하는 호위총국장 박진우에 의한 쿠데타로 방해받는다. 이로 인해 한국, 북한, 미국의 지도자들은 북한 전략 핵잠수함 백두함의 비좁은 함장실에 감금된다. 그곳에서 이들의 의도치 않은 회담이 이루어져 한반도를 둘러싸고 있는 미국, 중국, 일본의 목적이 무엇인지가 구체적으로 드러난다. 이를테면 미국은 일본을 이용해 중국과 충돌을 유도하여 미국의 경쟁자로 떠들던 중국의 오만함을 작살내고 자신들의 최대 무기 시장이 되게 함으로써 위대한 나라로 계속 존속하게 하는 것이고, 중국은 일본 우익을 이용해 독도에서 무력충돌을 일으켜 한국과 미국, 일본 사이의 삼각동맹을 깨는 것이며, 일본은 미국의 의도를 역이용해 독도를 두고 한국과의 전쟁을 통해 일본의 정신이 다시 살아날 것을 기대하는 것이다. 문제는 여기서 남한과 북한은 종속변수로 묘사된다는 점이다. 이는 쿠데타의 주역인 북한의 호위부 총국장인 박진우가 중국으로부터 경제적 지원에 대한 약속을 믿고 있는 것과 일본으로부터 5억불을 받았다는 사실로 드러난다. 특히 5억불은 일본이 한국과의 전쟁을 명분 삼기 위해 독도 근처에서 자신들의 순시선을 격침시켜달라고 박진우에게 요청한 대가였다. 이 말을 들은 한국의 한경재 대통령은 "돈 때문에 우리 민족을 팔아먹고 식민지배도 모자라 나라가 두 동강나서 이렇게 싸우고 있는게 누구 때문인데" 하면서 그를 매국노 취급하면서 격렬하게 비난한다. 영화는 다시 비좁은 잠수함 함장실에 있는 한경재 대통령, 북한의 위원장, 미국의 스무트 대통령 사이의 대화가 이어진다. 그 과정에서 북한의 위원장과 미국의 스무트 대통령 사이 갈등과 대립이 초래되자 한국의 대통령 한경재는 화를 내면서 일본이 한반도를 식민 지배할 때 가장 먼저 점령한 곳이 독도였다는 역사적 사실을 설명한다. 그리고 잠수함 내에서 북한군인들 사이 총격전이 벌어지고 두 명만 탈출할 수 있다고 하자 한국의 대통령은 북한과 미국이 '평화협정'을 체결할 수 있도록 그들에게 기회를 양보하고 혼자 남는다. 이후 영화는 일본을 향한 북한의 핵폭탄 발사를 저지하기 위한 일본과 북한 사이의 군사적 충돌을 극복하고 바다 위로 부상한 백두함 위에 한국의 대통령과 북한의 부함장 장기석이 한국 해군을 바라보고 있는 모습과 북한과 미국 사이의 평화협정 체결 장면으로 연결된다. 이어서 남북정상회담이 광화문에서 열리고 한경재의 "통일은 대통령 한 사람의 의지와 힘만으로는 절대 이루어지지 않습니다......앞으로 평화가 정착이 되고 남북한의 신뢰가 쌓이고 서로를 이해하는 데만도 수십 년의 시간이 걸릴 것입니다....국민여러분의 노력이 없인 아무것도 이루어지지 않는다는 것입니다. 이제 제가 국민 여러분에게 묻습니다. 국민여러분 통일 하실 겁니까?"라는 질문으로 마무리된다. 이로써 영화는 한반도를 둘러싸고 있는 국제정치 속 남북관계의 복잡함과 어려움을 돌파하기 위해 끊임없는 국민들의 의지와 노력이 필요하다는 화두를 제기하고 있다. 여기에 남북관계의 문제가 무엇으로부터 비롯되었는지 근본적 원인도 다시 한 번 상기시키고 있는 것이다. 문제는 영화에서 제기된 이와 같은 장면들이 지나치게 이 시기 정부의 흐름에 부합하고 있는 것처럼 보인다는 점이다. 이러한 방식들이 상업적, 혹은 정치적 의도에서 비롯되었는지는 가늠할 수 없지만 영화적 표현수법의 무한함이 존재하고 있음에도 직접적 비유로 그 의도를 드러내고 있는 것은 오히려 이에 대한 효과를 반감시킬 수 있는 기제로 작동될 수 있는 여지가 되는 것이다.

이에 대한 반작용은 중국 국경 근처에서 북한으로 보내려 한 권총 토카레프 5천정이 한국으로 넘어갔다는 사실을 포착한 국정원 요원들의 활약상을 다룬 김형주의 <미션 파서블(2021)>에서 불법무기 밀수의 책임자인 전훈이 대한민국을 향해 "공권력이 약한 나라, 배부른 놈이 더 많이 시위하고 떼쓰고, 드러누으면 정부가 챙겨주는 나라, 이런 나라에 과연 미래가 있을까요"라는 말을 통해 동시대 한국사회에 대한 비판적 시각으로 나타나기도 한다. 그럼에도 불구하고 이 시기 민족의 동질성에 근거한 남북관계 재구축의 기조는 류승완의 <모가디슈(2021)>에서도 이어진다.

1980년대 한국의 유엔가입을 위한 외교 총력전의 일환으로 1987년 아프리카 소말리아에 파견된 외교관들의 생존을 위한 탈출 이야기를 다루고 있는 영화는 자막을 통해 시간과 공간을 순서대로 적시함으로써 실제적 사건에 토대하고 있음을 보여준다. 영화에서는 유엔 가입을 위한 남북한 외교관들의 치열한 외교전이 묘사되기도 하지만 그 시기 소말리아 정부군과 반군 사이의 내전으로 어려움에 처하게 된 남한과 북한 외교관들의 모습이 영화의 중심에 위치하고 있다. 특히 1990년 12월 30일 반군이 소말리아 수도 모가디슈(Mogadishu)에 입성하게 되면서 "그깟 UN 가입하려 동포를 팔아먹는다"고 힐난한 북한의 외교관들과 한국의 외교관들은 고립되어 혼란에 빠지게 된다. 이러한 상황 속에서 반군의 습격을 받은 북한 외교관들은 자신들의 투쟁목표를 생존으로 변경하고 대사관을 빠져나와 불타고 있는 중국 대사관을 지나 대한민국의 대사관을 찾아와 갈 곳이 없다고 하면서 도움을 요청한다. 한국의 한신성 대사와 강대진 참사는 고민 끝에 이들을 받아들이면서 한국대사관에서 함께 지내게 된다. 비록 영화는 그들 사이의 의심과 불신으로 서로에 대한 그간의 인식의 단면들을 보여주지만 탈출이라는 공동의 목표를 위해 역할을 분담하여 이탈리아 대사관으로의 탈출 작전을 실행한다. 성공적으로 탈출한 남한과 북한의 대사와 가족, 직원들은 1991년 1월 12일 구조기를 타고 각자 파견된 요원들이 기다리고 있는 케냐의 몸바사(Mombasa) 공항에 도착하고 약속한 대로 서로를 향해 돌아보지도 않고 모른척 하면서 헤어진다. 영화는 서로 다른 차에 탄 남한의 한신성 대사와 북한의 림용수 대사의 다양한 의미를 내포하고 있는 듯한 무표정한 얼굴을 근접 촬영으로 번갈아 보여주면서 마무리한다. 이것은 영화가 사건의 실제성과 민족의 동질성, 분단된 남북관계의 비극성을 관객들에게 다시 한 번 강조하고 있는 것이라 할 수 있다. 남북관계의 변화를 다룬 영화는 이석훈의 <공조 2: 인터내셔날(2022)>에서도 나타난다.

여기서는 10억불 계좌를 들고 한국으로 잠입한 북한의 특수요원 출신이자 마약제조범인 장명준을 북한으로 송환하기 위해 파견된 북한의 조장동지 림철영과 그와 공조하게 된 한국의 형사 강진태를 통해 묘사된다. 이는 오랜만에 만난 림철영과 강진태 사이에 벌어지는 재미있는 상황들과 북한과 수교협정을 앞두고 있는 미국 FBI 소속, 잭을 통해서 한국과 북한, 미국 사이의 서로 다른 목적으로 나타난다. 예컨대 북한은 공화국 인민들이 배불리 먹을 수 있는 10억불이라는 돈과 함께 미국과의 평화협정이 깨지게 되면 또 다시 고난의 행군이 시작될지 모른다는 림철영 상관의 우려로 반드시 장명준을 잡아 북한으로 송환해야 하는 입장이고, 미국의 잭은 북한과의 수교협상에서 유리한 위치를 차지하기 위해 그를 잡아야 하는 것이다. 그러므로 강진태는 장명준의 체포를 위해 림철영과 공조하면서도 림철영과 잭 사이의 갈등을 조정하는 역할을 하는 인물로 설정된다. 이와 같은 구도는 이 시기 남북미 회담이라는 시대적 상황과 중첩된다. 이와 동시에 강진태, 림철영, 잭 사이에 민족과 이념의 동질성 및 이질성을 환기시키는 장면이 영화 곳곳에 배치되어 있다. 이를테면 잭이 강진태 집 화장실에서 한국경찰의 도청 기구를 발견하고 자신의 상관에게 보고하는 과정에서 북한과 한국이 서로 싸우는 것 같아도 같은 족속이기 때문에 오히려 남한의 형사인 강진태를 조심하라고 한 상관의 말을 통해 드러난다. 이 말은 북한 당국자가 림철영에게 한 말, 즉 "남조선 형사 너무 믿지 말라"고 하면서 "한민족이니 어쩌니 해도 결국 미국하고 한 통속"이라고 한 말과 대응된다. 결국 영화에서의 한국은 미국으로부터 민족 동질성의 문제로, 북한으로부터는 미국과의 이념적 동일성의 관계로 인해 믿지 못할 대상으로 여겨진다. 이러한 묘사는 관객들에게 한국이 처한 상황에 대한 이성적 판단과 독자성, 자주성을 환기시키고 있는 기제라 할 수 있다. 이와 같은 관계는 이후 북미 고위급 회담을 위해 북측 대표단이 한국으로 입국하는 장면과 장명준이 한국에 독가스를 살포하려 계획하고 있다는 사실을 알게 된 림철영이 그를 체포하러 가고, 잭은 인질로 잡혀있는 강진태의 가족을 구하러 가면서 재정립되기도 한다. 장명준이 설치해 놓은 독가스 살포를 강진태와 림철영이 공조하여 해결하고 비록 유니세프를 통해 10억불의 식량을 북한에 지원하는 방식으로 마무리되지만 영화는 서로 다른 목적을 위해 서로 의심하고 불신하면서도 한국과 북한, 미국이 공조하는 형태의 모습을 통해 북한에 대한 이전의 대결적 시각과는 달라진 새로운 시대성을 투영하고 있다고 할 수 있다. 민족 동질성에 근거하면서도 실제적 현실에 근거한 남북관계를 다룬 영화는 군사 분계선까지 날아온 1등에 당첨된 로또를 두고 벌어지는 해프닝을 코믹하게 다룬 2022년에 개봉된 박규태의 <육사오(6/45)>에서도 드러난다.

영화는 1등에 당첨된 로또가 바람에 날려 남한과 북한의 군사들이 대치하고 있는 최전방 군사분계선에까지 이르게 되면서 벌어진 해프닝을 다루고 있다. 로또는 처음 남측 초소에 근무하고 있는 병장 박천우가 소유하게 되지만 그것은 또 다시 바람에 의해 북한군 리용호에게로 넘어간다. 북한의 리용호는 자신이 주은 로또가 1등에 당첨된 사실을 알게 된다. 이때부터 영화는 장기하의 <우리 지금 만나>, 노사연의 <만남> 등의 노래가 화면과 함께 지속되면서 첨예하게 대립하고 있는 군사분계선의 최전선 초소의 긴장된 상황과 1등에 당첨된 로또를 두고 벌이는 남북한 군인들의 코믹적 상황이 서로 다른 풍경을 이루면서 전개된다. 이는 1등에 당첨된 로또를 원래 자신의 소유였다고 주장한 박천우가 로또를 돌려받기 위해 북한의 리용호를 만나 협상하면서부터 본격화된다. 그들의 협상과정과 모습은 마치 지난했던 그간의 남북관계 협상의 역사를 소환하기도 한다. 박천우와 리용호 사이의 협상이 결렬되자 남한의 소초장은 "남북문제가 그렇게 쉬운 줄 아느냐" "협상은 원래 붙였다, 깨졌다"하는 거라고 하면서 "다시 끈을 이어봐야지"라는 말을 통해 의미화된다. 그리고 다소 코믹한 표현으로 불린 JSA(Joint Supply Area) 이른바 공동급수구역에서 남한과 북한 각각 3명씩 만나 당첨금을 50대 50으로 나누자고 하면서 돈을 찾아 가져오는 동안 이를 보증하기 위해 남한 쪽 군인 중 한 명은 북한으로, 북한쪽 군인 한 명은 남한으로 각각 포로처럼 교환하여 서로 근무하기로 한다. 이후 영화는 남한의 보급관에 의한 협상타결과 함께 코믹하고 낭만적이면서도 상징적 의미를 지닌 장면들, 이를테면 북한말과 남한말을 서로 배우는 모습과 박천우와 리연희 사이의 낭만적 관계, 자신들이 모여 있는 공간인 공동급수구역을 '평화의 뒷문'이라고 칭하면서 남조선의 대통령도 그렇게 판문점을 넘어왔다고 하고 서로의 경계를 넘어가서 족구 경기하는 모습 등으로 이어진다. 이와 같은 장면들은 그 동안 몇몇 한국영화에서 보여 졌던 대결적 관계를 평화적 관계로 묘사한 상징적 표현이었다. 비록 당첨금의 10분의 1인 40만 달러만이 최종적으로 그들에게 남겨졌지만 박천우를 향한 리용호의 "통일이 별거가, 보고 싶을 때 볼 수 있는게, 그거이 통일이지"라고 하면서 서로 헤어진 후 각자의 일상으로 돌아가면서 마무리되는 장면은 통일에 대한 새로운 인식과 함께 이 시기 남북관계의 지향과 목표가 반영된 것이다.

그러므로 이 시기 남북관계는 이전 시기의 시혜적, 대결적 태도로 인해 단절되었던 것에서 벗어나 민족의 동질성과 통일에 대한 현실적 의미로 재정립된 상황들이 시대의 흐름과 조우하면서 영화화 되었다고 할 수 있다.

4. 역사가 주는 교훈들

4-1. 시대를 은유화한 역사

한국영화의 주된 주제나 소재 중 하나는 역사이다. 이것은 역사가 한국영화의 경향과 특징을 이루고 있는 주요한 요소임을 의미한다. 역사를 영화화 한다는 것은 역사를 통해 드러난 긍정과 부정의 다양한 측면을 마주하게 함으로써 과거를 되돌아보고 현재를 들여다보면서 미래를 상상하도록 한다. 이는 역사가 주는 교훈을 사람들에게 내면화하도록 강제하는 것과 다름없다. 이러한 이유로 최근에 발생했던 현대의 역사를 영화화하거나 오래전에 일어났던 과거의 역사를 영화화하는 것은 시대적 흐름과 밀접한 관계속에 존재한다는 것을 말한다. 이것은 주로 사건 자체에 근거한 역사를 형상화하거나 역사 속 중요한 인물들을 묘사하면서 나타난다. 이 두 경우 모두는 시대의 경계를 넘어 은유적으로 현재의 시기를 겨냥하고 있다. 그리고 그것은 연도와 날짜를 비롯한 시간을 영화 속 화면에 적시함으로써 그것의 객관성과 실제성을 확보하려 한다. 이와 같은 특징은 역사를 다룬 영화에서 흔히 나타나는 하나의 현상이다. 이는 1980년 5월 18일 광주에서 벌어진 사건을 취재하기 위해 한국으로 파견된 독일 기자 위르겐 힌츠페터(Jürgen Hinzpeter)와 그를 광주에 데려다 주면서 의도치 않게 1980년 5월 광주항쟁의 참상을 목격하게 된 택시 운전사 김만섭을 묘사하고 있는 장훈의 <택시 운전사(2017)>를 통해 나타난다.

실화를 바탕으로 재구성되었다는 자막과 함께 날짜별로 전개된 실재적 상황, 실존 인물인 택시 운전사 김사복을 찾으러 한국에 온 위르겐 힌츠페터의 회고 장면으로 영화는 이루어져 있다. 이를 통해 영화에서 묘사되고 있는 내용은 광주항쟁이 역사적 사실에 근거하고 있음을 강조하고 있는 것이다. 이것은 영화 속 인물인 힌츠페터의 카메라라는 장치와 목격자로서 김만섭의 시각에 의해 객관성이 더해지면서 역사적 사실로서 의미가 부가된다. 이로 인해 영화 <택시운전사>는 군인들에 의한 국가폭력의 현장을 객관화시킴으로써 비극적인 역사적 사실을 드러낸다. 이러한 방식은 전두환 정권의 폭력성이 정점에 달했던 1987년을 시대적 배경으로 하고 있는 장준환의 <1987(2017)>에서도 이어진다.

영화는 자막을 통해 실제적 사건을 모티프로 제작되었다는 사실을 밝히면서 1987년 1월 14일 스물 두 살의 대학생 박종철 군이 경찰의 고문으로 사망하게 됨으로써 촉발된 일련의 사건들, 즉 전두환의 4.13호헌조치, 이에 항의하는 대학생들과 국민들의 시위, 그 과정에서 경찰의 최루탄에 또 다시 희생된 대학생 이한열 군, 민정당 대표인 노태우의 6.29선언으로 대통령 직선제 수용에 이르기까지 6개월간 한국에서 벌어진 긴박하고 치열했던 민주화로의 역사이행 과정을 묘사하고 있다. 이 영화에서도 역사적 실제성을 강조하기 위해 다양한 자료 필름인 전두환의 동정을 다룬 대한뉴스와 광주항쟁을 기록한 비디오, 100만 여명의 인파가 모인 서울 시청 앞 광장에서 이한열의 노제 등을 촬영한 영상자료들이 영화의 시작과 중간, 마지막 부분에 삽입되어 있다. 이것은 영화에서 묘사된 내용이 역사적 사실에 기반하고 있음을 증명하고 있는 것과 다름없다. 이러한 실재적 사건에 기반하고 있는 영화가 갖는 의미는 역사 그 자체로서 뿐만 아니라 이 시기 정부의 성격과 토대가 이전 시기의 정부와는 다르다는 것을 암시한다. 비록 구체적인 역사를 적시하지는 않았을 지라도 특정한 시기의 역사를 연상시킴으로서 시대를 은유화한 영화는 연상호의 <반도(2020)>에서도 찾아볼 수 있다.

　4년 전 정체불명의 바이러스로 폐허가 된 한국을 떠나온 전직 군인이었
던 한정석은 홍콩의 범죄조직으로부터 한국의 오목교에 있는 2,000만 불의
돈이 들어있는 트럭을 가져오라는 제안을 받는다. 바이러스로 인해 좀비로
가득 찬 한국에서 생존해 있는 사람들을 탈출시키는 과정을 다루고 있는
이 영화에서는 한국의 역사와 중첩되는 몇몇 장면들이 배치되어 있다. 이를
테면 좀비로 점령되어 폐허가 된 영화 속 반도를 커다란 배를 타고 탈출하
는 모습은 마치 한국전쟁기 흥남부두철수 상황을 상상하도록 한다. 폐허가
된 반도에 살아남은 민정 가족과 한미 사령부에서 자신들을 구해줄 것이라
고 믿고 있는 할아버지, 여기에 UN 표식의 구조 헬기로 이들이 구출된 장면
은 이러한 역사와 밀접한 관계에 있음을 보여준다. 이와 같은 장면들은 폐
허가 된 반도의 상황을 통해 과거 한국의 역사를 상정하도록 유도하면서도
헬조선으로 불리는 한국의 현실을 동시에 겨냥하고 있는 것이라 할 수 있
다. 그럼에도 불구하고 제기될 수 있는 문제는 영화에서 사용하고 있는 제
목, '반도'가 일제강점기 "일본인들이 우리의 강역을 반도로 국한시키기 위
하여, 우리의 기상을 꺾기 위하여 역사를 날조, 은폐하기 위해 만들어 낸 비
하어"[41]라는 사실이다. 이런 이유로 우리 국토의 영역을 축소하기 위해 사용
된 '반도'라는 명칭을 영화제목으로 정한 것은 역사적 측면에서 고려되어야
할 부분이라 하지 않을 수 없다. 구체적 사건과 인물의 행태에 근거하여 역
사를 묘사한 영화로는 1979년 10월 26일 발생한 박정희 대통령 암살 사건

---

41) 김기빈 지음, 『일제에 빼앗긴 땅이름을 찾아서』, 살림터, 1995, 23쪽.-김기빈은 이 책, 15
쪽, 17쪽에서 일제강점기를 거치면서 잃어버렸던 한국의 다양한 명칭과 이름을 상세하게
밝히고 있다. 이 중 대표적인 것으로 1897년 고종34년 고종이 '조선'이라는 이름을 버리
고 크다, 많다, 높다는 뜻의 '한'에 근거하여 '대한'이란 국호를 선포한 후 이를 사용하였
지만 1910년 10월 1일 일본이 대한제국을 강제로 병합한 후 초대 총독인 데라우치(寺内)
가 시무식 훈시에서 '이 땅 이 판도는 오늘부터 대한제국이 아니라 조선이라 부른다고 하
면서 일본제국의 신민이기보다 한민족이기를 원하지만 나를 믿고, 지시대로 봉공하라'고
한 것이다. 그리고 총독부는 '반도신문'이니 '반도시론'이라는 간행물을 발간해 이 땅을
반도로 부르는데 앞장서도록 했다.

을 토대로 한 우민호의 <남산의 부장들(2020)>에서도 드러난다.

　권력자들의 암투와 실체를 묘사하고 있는 영화는 자막을 통해 1979년 대통령 암살 사건을 바탕으로 사건이 일어나기 전 40일을 재구성한 이야기라는 것을 밝히면서 1961년 발생한 군사 쿠데타와 그간의 박정희 정권의 모습을 담은 흑백사진과 함께 시작된다. 이어서 코리아게이트 사건으로 미국 청문회에 참석하여 한국정부를 비판하는 전 중앙정보부장 박용각의 모습과 그가 살해되는 정황이 이어지고 박정희 정권 말기, 권력을 두고 벌이는 중앙정보부, 경호실, 군부 사이의 암투와 그들 사이의 실체적 모습들이 폭로된다. 이것은 1979년 10월 26일 일어난 10.26사태 전후 기존의 권력자들과 새로운 군부세력이 등장하게 되는 역사적 상황을 보여주고 있는 것이다. 영화는 이러한 일련의 전개과정을 자막과 함께 사건 순서대로 드러낸다. 대통령 암살 사건을 설명하는 합동수사본부장 전두환의 목소리와 10.26사건을 일으키게 된 김재규의 최후진술이 육성으로 마무리되는 장면을 통해 역사는 누구에 의해 무엇이, 어떻게 기록되는지를 보여주면서 이 시기 역사 이행이 몇몇 권력자들의 탐욕으로 비롯되었다는 권력자들의 실체를 상기하게 한다. 실제적 사건과 인물을 영화화 한 것은 한국역사에서 민주주의의 상징적 인물로 평가받고 있는 김대중의 정치이력을 토대로 만든 변성현의 <킹메이커(2022)>에서도 나타난다.

　"세상에서 제일로 열불터지는 것이 무엇인지 아오? 바로 믿었던 사람한테 배신을 당하는 것이요"라는 내레이션과 함께 "이 영화는 실제 사건과 인물을 모티프로 제작되었으나 허구임을 밝힙니다"라는 자막으로 영화는 시작된다. 이후 영화는 김운범 후보가 1961년 5월 13일 강원도 인제 보궐선거에서 유세하는 장면과 선거 사무실로 찾아온 선거 전략가 서창대가 그를 돕는 모습을 보여준다. 서창대가 선거에 합류한 이후 김운범은 보궐선거에서뿐 아니라 1963년 11월 26일 제6대 국회의원 선거, 1967년 4월 28일 제

7대 국회의원 선거에서 정권의 노골적인 방해에도 불구하고 승리한다. 그리고 1971년 9월 29일 신민당 대통령후보 지명대회에서 김운범은 김영호 후보를 누르고 신민당 대통령 후보로 최종 지명된 후 서창대에게 자신을 처음 만났을 때 했던 말을 기억하고 있는지를 묻는다. 여기서 김운범은 "세상 바뀌는 거 보고 싶다고, 엄한 사람이 빨갱이로 몰려서 핍박받지 않은 세상, 자기 목소리 내는데 겁먹지 않고 국가한테 희생을 강요받지 않은 세상, 그런 세상을 만드는 것이 바로 이 김운범의 대의"라고 하면서 "어떻게 이기는 것이 중요한 것이 아니고, 왜 이겨야 하는 것이 중요하다"고 한다. 이에 대해 서창대는 "그래서 세상은 바뀌었습니까? 독재는 여전히 계속되고 있고요, 친일했던 새끼들은 아직 떵떵거리면서 잘 살고 있습니다. 저들이 그럴 수 있는 것이 그 잘난 국민들 때문이다"라고 반박하자, 김운범은 "그러면 우린 저들과 뭐가 다른가? 수단이 목적을 삼켜 불면 나라 팔아먹은 것도, 독재하는 것인 마냥 합리화 시킬 수 있는 것이네. 자네는 준비가 안 된 것이 아니고 정치를 하면 안 되는 사람이네, 절대로"라고 말한다. 영화에서 이들의 대화는 목적과 수단의 대립을 묘사하면서도 그들이 결별하게 되는 결정적 순간임을 확인시켜준다. 이후 서창대는 김운범을 떠나 반대편인 공화당 대통령 선거 전략가로 포섭되어 가장 저열하고 노골적인 지역감정을 자극하는 선거 전략을 이용하여 김운범을 패배시킨다. 시간이 흘러 1998년 김운범 후보가 대통령에 당선되어 취임식 장면과 함께 영화는 마무리된다. 영화는 서창대를 통해 한국의 현대 정치사에서 지역감정이 본격화되는 역사적 상황, 즉 배신으로 점철된 수단이 목적이 되었을 때 나타나는 폐해를 보여주면서 수단이 목적을 정당화 할 수 없음을 정치인 김운범을 통해 보여주고 있다. 따라서 이 영화 역시 실재적인 인물을 상정하여 한국의 현대사를 묘사하고 있기에 이 시기 한국영화의 흐름에 부합한다고 할 수 있다. 한국의 현대사를 영화의 중심에 위치시키고 있는 또 다른 영화로는 이정재의 <헌트(2022)>를 들 수 있다.

이는 자막을 통해 1980년대를 배경으로 제작되었다는 사실을 통해 드러난다. 이로 인해 영화는 1980년대에 일어났던 사건들을 스케치하듯 쿠데타로 권력을 찬탈한 전두환 신군부의 등장, 대학생들과 국민들의 시위, 간첩 조작 사건, 금융사기 사건, 남북한의 치열한 첩보전, 북한 조종사 귀순 사건, 광주항쟁, 아웅산 테러 사건 등이 뒤섞이면서 어지럽게 한국의 현대사를 묘사하고 있다.

뿐만 아니라 이 시기에는 오래된 과거의 역사를 영화화하거나 위대한 업적을 이룬 뛰어난 인물을 묘사함으로써 역사적 사건과 지도자의 전형을 제시하고 있는 영화도 등장했다. 이것은 이 시기 역사 전개과정에서 나타난 역사적 사건과 인물의 대상화가 특정한 시대에만 국한되어 있지 않고 있음을 말하고 있는 것이다. 이는 과거의 역사와 인물을 통해 당시의 역사뿐 아니라 현재의 역사를 은유적으로 겨냥하고 있음을 의미한다. 이러한 흐름은 '병자호란'을 다루고 있는 황동혁의 <남한산성(2017)>에서 확인된다.

영화는 1636년 인조 14년 청나라로부터 공격을 받자 남한산성으로 피신한 인조와 신하들, 백성들이 생존을 두고 벌인 치열한 저항의 전쟁을 묘사하고 있다. 그러나 영화의 중심에는 생존과 명분을 두고 대립하는 최명길과 김상헌의 서로 다른 주장이 위치하고 있다. 그것은 순간의 치욕을 견디고 나라와 백성을 지켜야 한다는 최명길과 끝까지 싸워 대의를 지켜야 한다는 김상헌의 대립이며, 살아남아 있어야 후일을 도모할 수 있다는 최명길의 현실론과 조선의 자존과 명예를 지키고자 한 김상헌의 명분론 사이의 대립인 것이다. 이들의 서로 다른 주장의 이면에는 명나라에서 청나라로 옮겨가는 국제정세의 시대적 흐름을 읽지 못한 무능한 지도자인 조선의 왕 인조가 존재한다. 무능한 지도자의 결말은 자신의 백성으로부터 버림받고, 청나라의 요구를 수용한다는 인조의 서신을 전하기 위해 회한에 가득 찬 얼굴로 다급하게 청나라의 진지로 향하는 최명길의 모습과 완만하고 느린 동작으로 청나라 황제에게 항복하는 인조의 모습으로 이어진다. 이후 화면은 청나라와 전쟁이 끝난 후 김상헌이 최명길을 향해 건넨 "백성을 위한 새로운 삶의 길이란, 낡은 것들이 모두 사라진 세상에서 비로소 열리는 것이요. 그대도, 나도, 그리고 우리가 세운 임금까지도 말이요. 그것이 이 성안에서 내가 깨달은 것이요"라는 말과 그의 자결로 연결된다. 이어서 텅 빈 궁궐로 돌아오는 인조의 모습을 멀리서 보여주고 '전쟁 후 50만의 조선인들이 끌려갔다'는 자막과 장면을 통해 지도자의 무능함이 어떤 역사적 결과를 초래하는지를 상징적으로 보여주면서 마무리된다. 따라서 영화는 역사주체와 그 세력의 무능함을 낡은 것들로 치부하면서 그것들이 청산되었을 때 비로소 새로운 세상이 도래하게 된다는 역사적 교훈을 제시하고 있는 것이다. 역사를 형상화하면서 권력자들을 겨냥하고 있는 것은 박희곤의 <명당(2018)>에서도 드러난다.

영화에서는 운명을 바꿀 수 있는 땅의 기운을 두고 몰락한 흥선군의 세력과 조선의 조정을 장악하고 있던 장동 김씨 우두머리 김좌근 세력 사이의 권력투쟁이 전개된다. 그들의 투쟁의 중심에는 2대에 걸쳐 왕이 배출된다는 천자지지(天子之地)로 불린 명당, 즉 땅의 기운이 강해 이를 누르기 위해 사찰이 지어져 있는 곳이다. 흥선군은 장동 김씨 가문과 치열한 투쟁을 통해 최종적으로 그 땅을 차지하게 된다. 천하의 천재 지관인 박재상은 이곳은 왕이 배출되기도 하지만 나라를 망하게 할 흉지(凶地)라고 하면서 흥선군을 설득한다. 그러나 권력은 땅을 지배하는 곳에서 나온다고 믿고 있는 흥선군에게 박재상의 요청은 받아들여지지 않는다. 이에 대한 결과는 시간이 흘러 조선 말기에서 일제강점기로 바뀐 시대를 배경으로 박재상을 찾아온 젊은 남자들이 조선독립을 위해 무관학교를 세워 후학을 양성하기 위한 좋은 터를 찾아달라고 하자, 그는 새롭게 흥하는 기운이 강한 곳, 신흥(新興)이라는 학교 이름을 지어주면서 서간도 땅을 가리키는 장면으로 증명된다. 영화는 이처럼 권력자들의 탐욕이 어떤 결과를 초래하는지 조선 말기에서 일제 강점기로 이어지는 역사를 통해 보여주면서 그들을 비판하고 있는 것이다. 이러한 흐름은 위대한 역사적 업적을 이룬 뛰어난 인물을 묘사함으로써 역사적 사건과 지도자의 전형을 제시하고 있는 영화를 통해서도 지속된다. 이는 20만 대군을 앞세워 고구려를 침공한 당나라 황제 이세민을 5,000명의 군사로 물리친 고구려 변방의 안시성 성주 양만춘을 다루고 있는 김광식의 <안시성(2018)>에서 찾아 볼 수 있다.

영화는 20만 대군과 5,000명의 군사가 싸우는 대규모 전투장면이 중심을 이루고 있지만 몇 가지 중요한 지도자의 품격을 묘사하고 있다. 그것은 양만춘 장군이 전쟁에서 승리하게 된 원동력을 가리키는 것으로 백성들에게는 한없이 친절하고, 격의 없이 권위를 세우지도 않고, 싸울 때 싸울 줄 아는 용기를 가지면서 결국 승리를 쟁취하는 모습이다. 이는 영화가 전쟁 승리의 역사를 묘사하는 것 자체도 중요하지만 그것을 승리로 이끈 지도자의 역량과 품격에 초점이 맞추어져 있음을 보여준다. 이러한 양만춘 장군의 모습은 이 시기 한국의 지도자들과 겹쳐지면서 진정한 지도자가 어떤 모습으로 존재해야 하는지를 은유하고 있는 것이라 할 수 있다. 이와 함께 지도자의 또 다른 전형은 세종대왕과 조선의 천재과학자 장영실을 묘사하고 있는 허진호의 <천문(2019)>을 통해서도 나타난다.

영화에서는 관노로 태어나 종3품 대호군이 된 조선의 천재 과학자 장영실과 그를 발탁해 위대한 업적을 남긴 세종대왕이 이야기의 중심에 위치한다. 이를 객관화하기 위해 영화는 자막을 통해 역사적 사실에서 영감을 받았다는 것과 1442년 3월 16일 세종이 타고 다니는 안여(安輿) 사고 발생 4일 전이라는 세종실록의 구체적 시간을 적시하면서 역순(逆順)으로 전개된다. 그리고 노쇠한 세종과 천문연구를 중단하라는 명나라 사신의 모습에 이어 풍비박산 나는 서운관(書雲觀)과 천문사업을 멈춰서는 안 된다고 주장하는 장영실로 이어진다. 이후 화면은 세종과 장영실이 처음 만난 20년 전 세종 4년으로 돌아간다. 이런 이유로 영화에는 세종과 장영실이 만나 이루어냈던 조선의 획기적인 과학적 성과물인 간의(簡儀), 혼천의(渾天儀), 자격루(自擊漏), 갑인자(甲寅字) 등과 한글 창제 과정이 중심에 위치한다. 이와 함께 영화에서 끊임없이 강조된 것은 그들이 만든 위대한 과학적 발명과 한글창제가 지니고 있는 역사적 중요성이다. 이는 영화 시작 부분에서 이미 명나라와 내통하고 있는 조선의 신하들이 있다는 사실로서 영화가 지향하고 있는 것이 무엇인지를 나타낸다. 이것의 의미를 효과적으로 묘사하기 위해 영화에서는 서로 대립된 구조, 즉 세종대왕과 장영실을 한 축으로 하면서 명나라와 내통하고 있는 조선의 권력자들인 신하들을 그 반대편에 배치하고 있다. 이러한 구조는 장영실의 과학적 발명품과 세종의 한글 창제를 설명하는 데 매우 유효한 수법이라 할 수 있다. 이를 통해 영화는 물시계의 원리를 코끼리 그림을 놓고 "조선의 것으로 조선에 맞는 것을 만들면 된다"고 하는 장영실의 말과 "명나라 절기가 우리와 맞지 않다"는 것에 착안하여 만든 천문기계를 향해 "우리 땅에 맞는 조선의 시간을 갖게 되었다"는 세종의 말로 상징화한다. 이것은 이후 세종의 한글창제와 연결된다. 그러므로 세종과 장영실의 말과 행위는 진정한 의미의 조선의 홀로서기를 의미한다. 따라서 천문기구 발명과 한글창제는 조선의 정신과 영혼의 독립을 의미하는 것이면서 자주성 확보를 위한 결과이다. 뿐만 아니라 이는 명나라의 조선에 대한 지배력 약화를 가져오는 것이고 이와 연결된 당시 기득권자들의 세력이 약화될 수 있음을 의미한다. 이러한 이유로 조선과 백성을 중심에 둔 세종과 장영실은 이들과 반대편에 위치하면서 갈등구조를 가질 수밖에 없는 것이다. 그리고 영화는 1442년 장영실이 곤장 80도의 형벌을 받고 그의 생사에 대한 기록이 없다는 것과 2년 뒤 조선 최초의 천문역서 『칠정산(七政算)』이

편찬되었다는 사실과 함께 1446년 '훈민정음'이 반포되었다는 것으로 마무리된다. 그러나 이 영화는 단순히 조선시대 세종대왕과 장영실의 업적만을 묘사하고 있지 않다는 점이다. 그것은 다름 아닌 그들이 조선의 시간을 만들고, 조선의 글자를 만들어서 진정한 의미의 자주적인 조선을 꿈꾸었다는 사실이다. 이런 이유로 영화는 한국사회의 현실과 부합될 수 있는 여지를 제공하고 있다. 이는 조선의 홀로서기를 위해 신분을 가리지 않고 관노였던 장영실을 면천하고 종3품인 대호군으로 임명하여 그에게 연구할 수 있는 기회를 준 지도자로서의 세종과 자신의 지위와 재산, 권력 확대를 위해 명나라 편에 선 조선의 지배 권력자들 사이의 대조적 모습은 한국사회를 구성하고 있는 지금의 현실과 크게 다르지 않다는 것을 은유하고 있는 것이다.

또한 1801년 순조 1년, 주자학에 맞서 서학에 관심을 가졌다는 이유로 흑산도로 귀양 간 정약전이 집필한 어류도감 『자산어보』의 서문을 토대로 만들었다고 한 이준익의 <자산어보(2021)>도 수탈 대상으로 전락해 힘겹게 살아가고 있는 백성들의 모습을 통해 그 시대의 지배이데올로기와 세력을 묘사하고 있다는 점에서 이러한 시대적 경향에 포함된다고 할 수 있다. 이와 같은 흐름은 한국역사에서 불세출의 전쟁 영웅이라 할 수 있는 이순신 장군을 영화화한 김한민의 <한산: 용의 출현(2022)>에서도 나타난다.

영화는 1592년 4월 13일 부산성을 무너뜨리고 20일 만에 한양을 점령한 일본 왜군을 피해 선조가 평양성으로 피신하고 의주로 파천했다는 소식이 전해진 그야말로 위기에 빠진 조선을 구하기 위한 이순신 장군의 한산 해전을 다루고 있다. 그러나 영화에서 다루고 있는 것은 학익전이라는 전술을 통해 왜군을 물리치면서 조선을 구한 이순신 장군의 한산 해전에만 국한되어 있지 않다. 오히려 이순신 장군의 탁월한 지도력인 담대함과 신중함, 치밀함, 모든 백성들과 함께 하는 헌신성이 한산 해전을 통해 묘사되고 있다. 이런 점들은 조선의 왕인 선조가 왜군을 피해 명나라로 들어갈 것을 염두에 두면서 의주로 피신한 사실과 전술에 골몰하고 있는 이순신을 향해 제 임금조차도 국경 끝까지 도망간 판국이라고 한 조선으로 귀순한 항왜, 준사의 말을 통해 확인된다. 이는 한산 해전을 앞두고 항왜인 준사가 이순신에게 "이 전쟁이 무엇입니까" 하고 묻자 이순신 장군은 "의(義)와 불의(不義)의 싸움이다"라고 규정한 것에서 나타난다. 이순신 장군의 이 말은 육로로 전라 좌수영을 치러 내려온 왜군을 저지하기 위해 전라도 웅치에서 필사적으로 전투를 벌이고 있던 황박 대장이 "의를 위한 싸움이다"라고 하면서 의의 깃발을 세우는 장면을 통해, 영화 마지막 부분에 또 다시 준사의 질문에 이순신 장군이 "의와 불의의 싸움이지"라고 말하는 장면을 통해 반복된다. 영화는 학익진 전술을 통한 대승, 1592년 7월 11일 3차 출동인 부산포 포격으로 대미를 장식하면서 마무리되지만 이순신 장군에 의해 규정된 '의와 불의의 싸움'은 이 시기 특별한 의미로 해석될 수 있는 여지를 준다. 즉 나라와 나라 사이의 싸움, 전쟁은 시작과 끝이 있는 한정적인 시기로 존재하지만 의와 불의의 싸움은 인간의 삶과 사회 속에서 끊임없이 맞닥뜨리면서 마주해야 하는 것이다. 그렇기 때문에 어쩌면 의와 불의의 관계는 훨씬 치열하고 지속적일 수밖에 없으며 훨씬 광범위하고 포괄적 의미를 지닌다고 할 수 있다. 이런 측면에서 영화는 조선과 일본 사이 벌어진 전쟁의 역사를 나라와 나라 사이에만 적용시키고 있는 것이 아니라 이 시기 한국사회의 내부를 겨냥하고 있는 것이기도 하다. 그 과정에서 영화는 가장 중요한 것으로 이순신 장군으로 상징화된 지도자가 갖추어야 할 요건의 전형을 제시하고 있다. 안태진의 <올빼미(2022)>에서는 앞을 보지 못하지만 뛰어난 침술을 지니고 있는 천경수를 통해 지도자와 권력, 나아가 나라의 미래운명을 연결시키고 있음을 보여준다.

8년 만에 조선으로 돌아온 소현세자의 죽음을 기록한 인조실록 23년 6월 27일 발생한 사건에 기인한다는 자막으로 영화는 시작된다. 이어서 남한산성의 치욕으로 청나라에 볼모로 잡혀갔던 아들 소현세자가 돌아온다. 그의 귀환은 인조에게는 기쁜 일이기도 하지만 소현세자는 과거 청나라로부터 당한 자신의 치욕적인 경험을 상기시키게 한 인물이기도 하다. 여기에 소현세자와 함께 청나라의 새로운 문물을 받아들어야 한다는 신하들의 태도는 인조를 더욱 못마땅하게 한다. 이는 인조가 자신의 아들을 정치적 경쟁자로 인식하여 어의(御醫) 이형익을 통해 소현세자를 살해하도록 사주하게 하는 결정적 이유로 작용한다. 밤에만 눈이 희미하게 보이는 침술사 천경수는 인조가 어의를 사주하여 소현세자를 독살하게 된 사실을 우연히 목격하고 이를 뒷받침 할 수 있는 증좌를 영의정 최대감에게 전한다. 그러나 최대감은 천경수가 전해준 증좌를 가지고 인조와 다음 왕을 놓고 거래한다. 이후 화면에서는 권위를 상실한 왕의 모습이 이어지고 실제적 사건의 실체는 사라진다. 영화는 소현세자가 죽은 뒤 4년이 지난 후 쓰러진 인조의 정수리에 침을 놓고 그가 죽자 사망원인을 학질이라고 말하고 떠나는 천경수의 모습으로 마무리된다. 영화는 이런 모든 사건의 전개과정을 자막으로 구체적 시간을 표기해가며 묘사하고 있다. 그러므로 영화에서 일어난 사건은 마치 역사적 사실에 기반하고 있는 것처럼 인식하도록 관객을 유도하고 있는 것과 다름없다. 이로써 영화는 권력의 속성과 권력을 향한 탐욕이 시대적 흐름을 읽지 못하고 조선이라는 나라와 백성들의 미래를 훼손하였다는 사실과 진실과 정의는 항상 변질되고 왜곡될 수 있는 위기를 맞게 된다는 점을 보여준다. 또한 자신이 겪은 경험으로부터 형성된 강박관념과 열등감은 사람과 사물을 객관적이고 냉정하게 바라보지 못하게 하여 타인뿐 아니라 자신마저도 파멸에 이르게 한다는 사실을 지도자로서 인조의 모습을 통해 드러내고 있다. 이러한 경향은 고려 제일 검으로서 의적단의 두목 우무치와 바다를 평정한 해적선의 해랑이 흔적도 없이 사라진 왕실의 보물을 해길도를 따라 찾아 가는 과정을 자막으로 년도와 시기를 적시함으로써 마치 역사적 사실에 근거한 것처럼 묘사한 김정훈의 <해적: 도깨비 깃발(2022)>에서도 나타난다.

특히 고려에서 조선으로 이어지는 과정에서 고려를 지키고자 했던 우무치의 "고려는 이미 재건됐어, 조선이라는 이름으로"라는 언급에 이어 "백성이 곧 나라요, 천년 왕국의 대들보 아닌가"라는 논리로 역사 이행과정을 수용하면서 정당화하고 있는 모습과 해랑의 "세상에 완벽한 곳은 없다"라는 말로 뒷받침된 장면은 역사의 지속성을 견인하고 있다고 할 수 있다.

이처럼 이 시기 역사와 역사 속 인물을 묘사하고 있는 영화들은 사건 자체뿐 아니라 인물을 통해 그 시기의 역사적 상황에 접근하면서도 현재, 지금 당면하고 있는 시대적 상황을 겨냥하고 있다. 이런 측면에서 역사를 다루고 있는 영화들은 오히려 현재의 시기를 가장 직접적이면서도 은유적으로 드러내고 있는 것과 다르지 않다.

4-2. 자강(自强)을 위한 역사

스스로 강해져야 하고 독립적이어야 한다는 주체로서의 강한 인식은 주변 국가들과 오랜 투쟁의 역사를 지나오면서 한국인들의 의식 속에 깊게 자리 잡고 있는 핵심적 요소라 할 수 있다. 자강(自强)의 인식은 이 시기 남북관계 문제를 평화적으로 해결하려 시도한 점과 한국을 향한 일본의 전격적인 수출 통제 및 백색국가 배제, 전 세계를 자국 우선주의로 돌아서게 만든 코로나19로 인한 팬데믹 현상 등이 겹쳐지면서 한국인들에게 더욱 강하게 나타났다. 이와 같은 시대적 경향은 이 시기 한국영화에 투영되었다. 이것은 역사를 영화화하는 그 자체로서 이미 그 의미가 내포되어 있는 것이다. 그 중에서도 일본과의 다양한 갈등관계 속에서 일제강점기 역사를 영화화한 것은 스스로 강해지고 독립적이어야 하는 자강의 당위성을 보다 직접적으로 드러내고 있다. 왜냐하면 일제강점기 역사를 영화화한다는 것은 그 시기를 소환하여 치욕의 역사를 다시는 되풀이하지 말아야 한다는 역사의식과 함께 독자적인 한국의 미래 역사를 동시에 상정하고 있기 때문이다.

이런 측면에서 자막을 통해 고증과 역사적 사실에 충실했다고 하면서 일제강점기 박열과 일본인 후미코의 항일 투쟁을 다룬 이준익의 <박열(2017)>과 어린 시절 일본군의 위안부로 끌려간 나옥분 할머니가 미국에서 열리게 될 '위안부 청문회'에서 자신의 경험을 영어로 증언하기 위해 영어를 배우는 모습을 묘사하고 있는 김현석의 <아이 캔 스피크(2017)>, 실제 역사적 사실로부터 영감을 받아 제작되었다는 류승완의 <군함도(2017)>도 이러한 흐름 속에 있다고 할 수 있다.

이들 중 돈을 벌 수 있다는 말에 속아 일본의 군함도에서 혹독한 탄광 노동에 처해진 조선인들을 다루고 있는 영화 <군함도>는 경성침투를 위한 광복군의 훈련모습과 다양한 유형의 친일파들의 모순적 행위를 통해 일제강점기의 역사를 묘사하고 있다. 이는 애국자로 행세한 친일파 윤학철과 "위안소에 위안부로 보낸 것도 조선 면장이고 도망친 것을 잡아다가 위안소로 보낸 것도 조선 포주 놈이다"라고 하면서 "조선 사람들을 믿지 못하겠다"고 한 오말년의 말을 통해 드러낸다. 이로써 영화는 일제강점기를 다룬 여타의 영화들과 달리 일제강점기 역사에서 조선인들의 책임도 간과할 수 없다는 측면도 동시에 제기하면서 2015년 군함도가 유네스코(UNESCO) 세계문화유산으로 등재되었다는 내용으로 마무리되는 장면을 통해 다시 한 번 치욕의 역사적 원인을 상기시키고 의미화하고 있다. 역사 속에서 자강의 의미를 드러낸 것은 일제강점기를 다루고 있는 영화에서뿐만 아니라 1997년 IMF 시기를 배경으로 한 최국희의 <국가부도의 날(2018)>에서 선명하게 나타난다.

실제 역사적 사실을 토대로 제작되었다는 자막으로 시작된 영화는 국가부도사태가 임박한 한국의 긴박한 상황을 자료 영상과 함께 자막을 통한 실시간 협상과정을 중심에 두면서 IMF 사태에 이르기까지의 정부와 관리들의 무능력과 무책임을 다루고 있다. 이는 IMF 체제로 갈 수밖에 없음을 주장하면서 IMF 협상단의 시각에 동조하는 듯한 한국의 박대영 재정국 차관과 김찬수 경제수석, 한국은행 총장의 허둥대는 모습과 이를 저지하기 위해 동분서주하는 한국은행 통화정책팀장 한시현, 이로 인해 고통 받게 된 기업인들의 모습, 여기에 IMF 체제로의 이행을 예측하고 투자한 젊은 금융 투자자 윤정학을 통해 묘사된다. 영화에서는 국가부도사태에 이르게 된 정부와 관리들의 무능함과 무책임을 재정국 차관, 경제수석, 한국은행 총장으로 상징화하면서 한국사회 내부에 존재하고 있는 이면의 실체를 폭로한다. 이것은 IMF 협상이 박대영을 비롯한 몇몇 개인들의 가치판단에 의해 이루어지고 있다고 비판한 한시현의 노력과 속절없이 무너져가는 한국의 기업들, 대량해고 사태 등의 대립된 구조를 통해 의미화된다. 이에 대한 결과는 한국정부가 IMF 체제를 피하기 위해 일본 등 주변 국가들에게 금융지원을 요청했지만 모두 거절당한 사실로 드러난다. 특히 동맹국으로 불린 미국 재무부 차관이 IMF 협상단에 포함되어 있는 장면은 미국이라는 나라와 그와 같은 보조를 취하면서 자신의 이익만을 생각하는 한국정부와 관리들의 모습을 통해 한국인들에게 그들의 실체를 명확하게 인식하도록 요구한다. 이것의 교훈은 20년이 지난 후 중소기업을 운영하고 있는 한갑수가 회사 면접을 보러 가는 아들과 통화하면서 "잘해주는 사람 믿지 마라, 그 누구도 믿지 마라, 너 자신만 믿으라"는 말과 한시현의 "위기는 반복 돼요, 위기에 또 당하지 않기 위해서는 잊지 말아야 해요, 끊임없이 의심하고 사고하는 것, 당연한 것을 당연하게 생각하지 않는 것, 그리고 항상 깨인 눈으로 세상을 바라보는 것, 저는 두 번은 지고 싶지 않거든요"라는 말을 통해 드러난다. 이것은 냉혹한 현실 속에서 개인과 사회, 국가, 민족은 스스로 독립적이어야 하고 강해져야 함을 강조하고 있는 것이라 할 수 있다.

이러한 기조는 한국의 조폭, 경찰 수뇌부, 일본의 야쿠자가 서로 연결되어 있음을 토대로 다양한 역사적 함의를 상기시키는 영화 속 장면들, 이를테면 마약과 생체실험, 일본의 극우 조직과 연결되어 있는 야쿠자 두목과 일본어로 이야기 하는 한국의 경찰 간부 모습을 '매국노 새끼'로 규정하고 있는 손용호의 <나쁜 녀석들: 더 무비(2019)>에서도 엿볼 수 있다. 스스로 강해지고 독립적이어야 함의 정당성은 일제강점기 조선어학회의 우리말 사전 제작과정을 묘사한 엄유나의 <말모이(2019)>에서도 확인된다.

자막을 통해 영화는 일제강점기 전국의 모든 학교에서 조선어 교육 폐지와 사용 금지 조치가 내려지자 조선의 말과 글을 지켜내기 위해 주시경 선생의 사망 후 중단된 우리말 사전을 만들기로 했다는 내용으로 시작된다. 이후 영화에서는 일제의 감시 하에서 류정환이 자신과 뜻을 같이한 동지들과 함께 전국의 우리말, 사투리 등을 모으는 작업을 진행하는 장면들이 이어진다. 여기에 글을 깨우치지 못해 까막눈이었던 김판수가 우연히 류정환을 만나고 난 이후 글의 소중함을 깨닫게 되면서 우리말 사전 만들기에 동참한다. 우리말 사전 만들기는 교묘한 일본의 감시 속에서도 류정환의 "말은 민족의 정신이요, 글은 민족의 생명이다"라는 주장을 통해 반드시 이루어내야 하는 것으로 역사적 정당성이 부여된다. 이러한 의미의 우리말 사전 만들기는 원고를 가지고 있던 김판수가 일본군에 발각되어 쫓기다 사망하게 되면서 그에게 맡겨졌던 원고가 행방불명되는 위기적 상황에 처한다. 그러나 해방 이후 사라졌던 원고가 우연히 서울역 창고에서 발견되어 감옥에서 나온 류정환에 의해 '조선말 큰사전'으로 만들어진다. 이어서 영화는 자막을 통해 13년이라는 시간을 거쳐 조선어학회가 전국의 많은 사람들과 함께 말모이 원고를 완성시키기 위해 33명이 구속되고 2명이 고문으로 사망했다는 조선어학회 사건을 언급하면서 해방 후 사라진 줄 알았던 말모이 원고가 서울역 창고에서 발견됨으로써 『조선말 큰사전』이 탄생되었다는 역사적 사실을 적시한다. 여기에 "한국어는 현존하는 3천개의 언어 중 고유의 사전을 가지고 있는 단 20여 개의 언어 중 하나이고 2차 세계대전 후 독립한 식민지 국가들 중 거의 유일하게 자국의 언어를 온전히 회복한 나라이다"라는 것과 그 당시 원고를 화면에 보여주면서 조선어편찬위원들을 찍은 흑백 사진으로 마무리된다. 이로써 영화는 일제강점기 한글을 잃어버릴 뻔한 과정과 그것을 온전하게 보존하기 위해 투쟁했던 한글 학자들, 한글이 갖는 우수성을 민족의 역사와 자부심으로 결합시키고 있다. 이러한 경향은 봉오동 일대에서 일본군을 크게 물리친 홍범도 장군의 실재적 전투를 기반으로 만들어져 2019년 개봉된 원신연의 <봉오동 전투>에서도 나타난다.

영화는 1910년 조선이 일본의 식민지가 되었고 1919년 3월 1일 비폭력 만세운동이 일어났으며, 일본은 이들을 무자비하게 진압함으로써 항일 무장투쟁에 불을 붙였다는 것과 무장투쟁의 본거지인 봉오동 일대를 섬멸하기 위해 일본의 백전무패의 월강추격대를 파견했다는 내용의 자막으로 시작된다. 이어서 일본의 월강추격대를 유인하여 섬멸하는 작전을 세운 독립군의 활동을 지배요소로 하면서 일본군들의 진압작전이 묘사된다. 따라서 영화의 중심에는 일본군을 향한 독립군들의 용감하고 과감한 전투장면이 중심에 위치한다. 그에 반해 일본군은 독립군의 포로로 잡힌 어린 일본군의 시선을 통해 잔인함과 야비함, 죽음 앞에서 졸렬하면서도 비겁하고 두려워하는 모습으로 그려진다. 이후 영화는 봉오동 전투에서 독립군이 일본군을 크게 물리쳐 승리한 장면을 들어 일제강점기 애국주의와 결합시킨다. 이는 독립신문 제86호와 제88호에서 독립군의 연전연승의 소식을 전하는 것과 독립군의 유골을 쌌던 태극기가 독립기념관에 전시되어 있는 봉오동 전투에서 사용했던 태극기 형상과 겹쳐지면서 마무리되는 장면을 통해 나타난다. 이처럼 영화는 홍범도 장군의 봉오동 전투의 승리라는 역사적 사실을 보여주면서 이러한 역사가 되풀이되지 않도록 스스로 강해져야 하고 독립적이어야 함을 강조하고 있다. 이는 1995년을 세계화의 원년으로 만들자는 김영삼 정부시기를 배경으로 3명의 상고 출신 여성이 회사 내에서 겪는 다양한 사회적 경험을 보여주는 이종필의 <삼진그룹 영어 토익반(2020)>에서도 나타난다.

영화의 주인공은 3명의 상고 졸업생, 즉 커리어 우먼이 꿈이었던 이자영, 추리소설 매니아였던 정유나, 수학 올림피아드 출신 심보람이다. 이들은 삼진그룹에 꿈을 안고 취업했지만 그들에게 주어진 역할은 사무실 청소와 커피 타기, 아이디어 내는 것, 가짜 영수증 메꾸기 등이다. 여기에 그들이 직면하고 있는 것은 결혼하여 출산하게 되면 승진의 기회는 커녕 회사를 그만두어야 하는 차별적 사회 현실이다. 다만 그들에게 3개월 안에 토익(TOEIC) 점수가 600점이 넘으면 대리로 승진할 수 있는 기회가 주어질 뿐이다. 이러한 사회적 차별 문화에 힘겨워하던 3명 중 이자영은 어느 날 자신들의 공장 근처에서 죽은 물고기가 발견되자 공장 폐수에 문제가 있다고 의심하면서 친구들과 이를 공유한다. 이후 영화는 이들 3명이 공장폐수에 관한 실체에 접근하게 되면서 벌어지는 사건과 상황에 집중한다. 그 중 이자영은 공장폐수의 페놀(phenol) 양을 정확하게 알기 위해 서울대학교 보건환경연구소를 찾아가 공장폐수의 실체를 검증하고 친구 심보람을 통해 방류된 양을 확인한다. 그리고 페놀 방류 사건이 삼진그룹의 경영진 교체와 연결되어 있고 그 배후에는 글로벌 캐피털에 의해 사장이 된 빌리 박이 있음을 알게 된다. 그들은 빌리 박을 이용해 페놀사건으로 회사의 주가를 떨어뜨려 헐값에 매각하여 일본으로 되팔려고 하는 글로벌 캐피털의 의도를 확인한 것이다. 이후 영화는 이러한 관계를 파악한 3명의 상고 출신 여성들이 회사의 매각 반대를 위해 주주들을 설득하여 이를 저지하고 자신들의 꿈이 실현되는 모습으로 마무리된다. 영화는 여성으로서의 존재와 지위가 차별받고 있는 사회를 비판적으로 묘사하면서도 세계화의 원년이라고 주창한 글로벌화 과정에서 발생한 기업 사냥의 유형을 보여주고 1997년 IMF 사태로 이어지는 치밀하지 못한 정부의 정책과 지향의 어설픔을 동시에 지적하고 있다. 이러한 상황의 이면에 미국이 존재한다는 것과 최종적인 목적이 일본이라는 것은 한국인들에게 다시 한 번 국제질서의 실체를 명확하게 인식하도록 요구하고 있는 것이다.

각종 문화재를 도굴하여 수집하거나 밀반출한 도굴꾼들을 묘사한 박정배의 <도굴(2020)>에서는 태조대왕의 보검 '전어도(傳御刀)'가 선릉에 있다고 판단한 인물들이 벌이는 탐욕의 과정이 그려진다. 이 영화에서 역사적 의미를 강하게 자극하는 것은 왜놈들이 임진왜란 때 자신들이 찾던 보물이 선릉에 없다는 사실을 확인한 후 성종대왕의 시신을 불태워버렸다는 언급이다. 이것은 도굴된 보물들을 자신의 수장고에 수집해 놓은 진상길의 실체, 즉 그가 한국의 문화재를 닥치는 대로 수집해 일본으로 반출했던 자의 후손이라는 사실과 연결된다. 결국 영화는 친일은 대를 이어 지속된다는 것을 보여주면서 여전히 기득권자들로 존재하고 있는 한국의 현실을 겨냥하고 있다고 할 수 있다.

이처럼 이 시기 영화들은 대한민국의 역사에서 실제 발생했던 사건들을 주로 대상으로 삼았거나 형상화했다. 그렇기에 대부분의 영화에서는 자막과 함께 사건의 전개과정을 날짜와 시간을 통해 제시함으로써 영화에서 다루고 있는 사건이 역사로서 객관적임을 강조하고 있다. 이런 형태의 영화들은 동시대라는 현재적 상황과 조우하면서 그 의미가 더욱 확대된다. 특히 일제강점기를 다룬 영화들은 일본과의 다양한 역사논쟁과 함께 2019년 7월 1일 일본의 반도체 관련 품목의 한국수출 통제 조치와 결합되면서 그 의미는 더욱 증폭되었다. 뿐만 아니라 IMF 사태를 거치고 코로나19로 인한 팬데믹 현상의 경험은 주체적이고 독립적이면서 자주적인 역사의식을 강조하게 만드는 요인으로 작용했다. 이 시기 역사를 중심에 둔 한국영화들은 바로 이러한 시대적 상황과 결합되면서 은유적 상징을 통해 관객들에게 다가가고 있는 것이다.

5. 인간을 이루고 있는 것들

5-1. 반성과 성찰의 시간

반성은 자기가 저지른 잘못이나 부족함에 대해 돌이켜 보는 것인 반면 성찰은 왜 그런 잘못을 했는지를 깊이 생각해 보는 것을 의미한다. 그것의 근원에는 인간의 다양한 형태의 욕망과 탐욕이 존재하고 있으며, 인간은 반성과 성찰을 통해 이를 스스로 깨닫게 된다. 따라서 인간은 끊임없는 욕망, 탐욕과 그에 대한 반성과 성찰사이에 존재한다고 할 수 있으며, 이를 통해 보다 나은 인간으로 발전하게 된다. 무엇보다 이 시기 반성과 성찰의 의미를 다룬 영화들이 주요한 특징 중 하나로 등장하게 된 이유는 인간의 고유한 본래적 특성에도 기인하지만 이전 시기 수많은 사람들이 희생당했던 참사나 급격한 정치적 변화를 겪게 되면서 형성된 사회적 흐름과 연관되어 있다고 볼 수 있다. 이러한 경향은 김용화의 <신과 함께-죄와 벌(2017)>에서 확인된다.

영화는 "사람이 죽어 망자가 되면 저승에서 사십구일에 걸쳐 일곱 번의 재판을 받게 된다. 저승의 일곱시왕은 거짓, 나태, 불의, 배신, 폭력, 살인, 천륜을 심판하며, 모든 재판을 통과한 망자만이 다음 생으로 환생 한다"라는 자막으로 시작된다. 이어서 화재현장에서 소방관 김자홍이 자신의 이름과 같은 어린 여자 아이를 구하고 죽게 되는 장면으로 이어진다. 저승사자에 이끌려 사후세계의 모습이 보이면서 차례대로 살인지옥, 나태지옥, 거짓지옥, 불의지옥, 배신지옥, 폭력지옥, 천륜지옥으로 이르는 과정에서 화면은 그가 살아온 현실세계의 삶을 보여준다. 각각의 지옥을 통과하게 되면 망자(亡者)는 최종적으로 다시 환생하게 되는 것이다. 이는 소방관 김자홍을 데리고 온 3명의 저승사자인 강림, 해원맥, 이덕춘이 천 년 동안 49명을 환생시키면 자신들도 환생시켜 준다는 염라대왕과의 약속과 연관되어 있다. 여기서 환생할 수 있는 가능성은 1593년 논개 이후 422년 만에 등장한 정의로운 망자, 즉 귀인이었을 경우 가능성이 높다는 데 있다. 이것은 현실세계 속 인간의 행태를 은유적으로 암시하고 있을 뿐만 아니라 살인지옥을 지나 나태지옥으로 향하는 도중 "코스피 10위권 안쪽 재벌2세, 한국은 그것 아니면 저승보다 더 지옥이거든"이라고 말한 저승사자 해원맥에 의해 한국사회의 가치가 무엇에 의해 규정되고 있는지로 의미화된다. 이어서 소방관 김자홍은 정의롭지 못한 망자들을 판단하는 불의지옥으로 향하고 그곳에서 얼음 블록에 갇힌 남을 돕지 않았던 차가운 마음을 가진 자를 보게 된다. 그리고 자신의 욕망이나 이득 때문에 사실을 은폐한 자들을 판정하는 불의의 최악의 지옥에서 김자홍의 동생 김수홍이 군대에서 사망하게 된 사건과 연결된다. 이후 김자홍은 거울로 이루어진 배신지옥에서 타인의 믿음을 져버렸던 망자가 유폐된 거울을 파괴시키는 장면을 본다. 반면 "이기적인 마음에서가 아니라 더 큰 정의나 사회적 가치를 위한 양심적인 배신이었을 때"로 정의된 아름다운 배신은 용서될 수 있음을 알게 되기도 한다. 이어서 망자의 죄질에 따라 깊이가 결정되는 폭력지옥을 지나 부모에게 지은 죄를 묻는 천륜지옥으로 향한다. 영화에서는 자식들이 미처 헤아리지 못한 어머니의 깊은 자식 사랑과 헌신을 묘사한다. 여기서는 염라대왕의 "이승의 모든 인간은 죄를 짓고 산다. 그들 중 아주 일부만이 진정한 용기를 내어 용서를 구하고, 그들 중 아주 극소수만이 진심으로 용서를 받는다"라는 말로 마무리된다. 따라서 영화는 죽음 이후의 사후세계를 통해 현실을 살아가는 사람들의 도덕적 정서를 자극하여 진심으로 스스로를 성찰하도록 요구하고 있는 것이다. 이러한 특징은 김용화의 연작인 <신과 함께-인과 연(2018)>에서도 유지된다.

영화에서는 귀인에 대한 정의, 즉 "귀인이라 함은 항상 남을 먼저 돕고 정의로운 삶을 살았던 망자이거나, 자신도 이유를 알지 못하는 죽음을 당해 천수를 누리지 못한 억울한 망자를 일컫는다"라는 자막과 함께 갑옷을 입은 강림의 죽어가는 모습으로 시작된다. 그리고 천륜지옥에서 군인이었던 김수홍이 억울하게 죽었다고 주장하는 강림과 과실치사로 죽었다는 판관들 사이의 대립된 모습이 이어진다. 그의 죽음을 다시 판단하기 위한 조건으로 염라대왕은 저승사자인 강림, 해원맥, 이덕춘에게 김수홍의 재판이 끝나기 전 저승의 율법을 어기고 재개발 지역에서 어린 손자와 살고 있는 늙고 병든 노인 허춘삼의 가족을 돌보고 있는 성주신을 척살하고 49일 안에 허춘삼을 저승으로 데려오라 요구한다. 따라서 영화는 김수홍을 데리고 일곱시왕의 단계를 차례대로 거치면서 그가 환생하도록 돕는 강림과 성주신을 소멸시키고 허춘삼을 데려오기 위한 이승에서의 해원맥과 이덕춘의 현실적 상황이 번갈아 묘사되면서 전개된다. 이런 이유로 김수홍이 환생할 수 있도록 이끄는 강림과 재개발 과정의 폭력성과 철거민들의 모습을 통한 불평등하고 부조리한 사회적 현실, 여기에 천 년 전 저승사자였던 성주신에 의해 강림, 해원맥, 이덕춘의 죽음과 관련된 그들 사이의 얽히고설킨 인연의 비밀이 펼쳐진다. 영화는 천 년 전의 시간을 소환하여 그들의 인연, 즉 '하얀 삵'으로 불린 고려 무신정권의 최고 무사였던 해원맥과 그에 의해 부모를 잃은 어린아이들을 깊은 산속으로 데려가 숨겨주면서 엄마노릇을 하다 희생된 이덕춘, 거짓지옥을 지나는 강림이 묘사된다. 강림은 이들 사이 인연의 시작을 고려 별무반의 수장이자 대거란족 고려군 총사령관인 자신의 아버지 강문직 대장이 흥화진 전투에서 부모를 잃은 거란족 소년을 양자로 삼았던 것으로부터 비롯되었다고 언급한다. 이에 대한 결과는 배신지옥에서 묘사된 가장 치열했던 여진족과 공험진 전투에서 5만 명의 고려군을 잃고 아버지를 지키지 못한 책임으로 변방으로 쫓겨난 해원맥의 운명과 연결된다. 여기서 해원맥은 촌부였던 부모가 '하얀 삵'으로 불린 자신에 의해 죽임을 당했다는 사실을 이덕춘으로부터 듣게 된다. 이후 그는 자신의 잘못에 대한 용서를 구하기 위해 재개발 지역에서 늙고 병든 허춘삼과 어린 소년의 후견인 역할을 하고 있는 성주신처럼 이덕춘과 아이들의 후견인 역할을 한다. 이런 사연과 함께 불의의 지옥에서 재개발을 위해 파괴된 장소와 새로 지은 아파트를 배경으로 해원맥과 이덕춘에게 전하는 성주신의 "이 나라는 정직하고 신념 있게 살면 바로 서울역 가서 신문지로 이불 덮어야 돼. 여기가 지옥이지 사람 살 데냐"라는 말을 통해 정의와 평등이 사라진 한국사회를 겨냥한다. 이러한 현실은 폭력지옥에서 소멸되기 직전 성주신의 "이승에 내려와서 이집 저집 천 년 동안 가택 신 노릇 하면서 지켜보니까 이놈의 인간들 더 모르겠더라. 근데 한 가지 확실한 것은 있더라. 나쁜 인간은 없다는 거. 나쁜 상황이 있는 거지. 원망스럽고, 원통하고, 이해가 안 될 때, 모든 것을 거꾸로 읽고 거꾸로 생각해봐. 그러면 풀릴 거다. 이 인간들도, 세상도, 이 우주도"라는 말을 통해 보다 근원적 문제로 나아간다. 이렇게 주어진 사회적 현실은 인간의 선한 본성을 되찾게 함으로써 변화시킬 수 있다는 다소 낭만적 시각으로 제시된다. 이어서 화면은 친위대에 혼자 맞서다 강림의 칼에 죽게 된 해원맥과 이덕춘의 칼에 찔리는 강림, 강림의 칼에 죽게 된 이덕춘의 모습으로 이어진다. 영화는 그들 세 사람이 한 장소에서 죽어 있는 모습을 보여주면서 그들의 서로 얽힌 인연을 묘사한다. 이것은 죽어가는 강림에게 염라대왕의 "너의 죄가 결코 가볍지 않기에 너에게는 모든 기억을 남길 것이고, 가엾은 저들은 모든 기억을 없애 줄 것이다"라고 하는 차사직 권유로 연결된다. 이로 인해 강림은 자신에 의해 살해된 해원맥, 이덕춘과 함께 차사직을 수행하면서 지워지지 않은 기억으로 천 년 동안 고통의 형벌 속에 봉인된다. 그것의 이유를 영화는 염라대왕과 강림 사이의 격정적인 대화 장면을 통해 보여준다. 이는 염라대왕의 "넌 그들에게 용서를 구했느냐"라는 질문에 "그러지 못해서 그럴 수가 없어서, 영원히 끝나지 않을 것 같은 죄책감과 고통을 받으며 그들과 함께 오늘을 살아가고 있습니다"라는 강림의 대답과 여진족과의 공험진 전투에서 전사하신 강문직 대장군의 죽음이 자신에 의해 살해되었고 은폐되었다는 고백으로 나타난다. 그러자 "너는 왜 아버지를 구하지 않고 외면하여 살해하였는가"라고 염라대왕이 다시 묻자, 강림은 "항상 저보다 뛰어났던 동생에게 제 자리를 빼앗긴 것이 두려웠고, 그런 동생 때문에 항상 제 것이라 생각했던 명예와 권력을 잃는 것이 두려웠습니다"라고 말한다. 이어서 강림은 "천 년 동안 후회하고 또 후회하였습니다..... 저에겐 더 이상 아버지께 용서를 구할 길이 없다는 게, 그래서 이젠 아버지께 용서를 받을 수 없다는 것이, 그것이 저에게는 가장 큰 지옥이었습니다"라고 말한다. 이로써 영화는 살해당한 김수홍의 환생과 강문직, 강림, 해원맥, 이덕춘을 통해 인간의 모든 관계가 인과 연으로 이루어졌음을 보여주면서 탐욕과 욕심이 인간 스스로를 파멸에 이르게 하는 것임을 증명하고 있다. 그러한 행위로부터 자신의 잘못을 반성하고 성찰할 때 비로소 진심어린 용서를 구할 수 있음을 영화는 현실과 사후세계를 넘나들면서 보여주고 있는 것이다.

이와 같은 흐름은 이종 격투기 등의 스파링 파트너로 아르바이트를 하면서 살아가고 있던 전 동양 웰터급 챔피언 김조하가 아버지의 폭력으로 가정이 해체된 지 17년 만에 우연히 만난 엄마와 천재적인 피아노의 재능을 가지 서번트 증후군(Savant Syndrome)의 동생 오진태와 살게 되면서 벌어지는 갈등과 화해, 용서를 통해 가족의 재구성과 인간의 삶에 대한 근본적 이유를 상기하도록 한 최성현의 <그것만이 내 세상(2018)>에서도 엿볼 수 있다. 이러한 경향은 인간의 탐욕과 욕심으로 만들어진 인간괴물에 의해 스스로가 파괴되고 멸망될 수 있다는 가능성과 선함과 악함은 키워지기도 하지만, 본성, 즉 타고난 유전자와 관련 있음을 영화 속 인물 닥터백과 구자윤을 통해 묘사한 박훈정의 <마녀(2018)>와 사회적 현실과 평범한 인간의 삶을 연결시키면서 잘못된 근원을 깊이 생각해 보게 함으로써 성찰의 의미를 갖게 하는 김보라의 <벌새(2019)>에서도 찾아 볼 수 있다.

영화는 1994년 서울이라는 자막과 함께 성적에 따라 학생들을 A반 B반으로 구분하고, 서울대 진학을 강요받은 중학교 2학년 은희의 학교생활과 강북의 고등학교를 다니면서 일탈적 행위를 일삼고 있는 언니 수희를 야단치는 아버지의 모습으로 시작된다. 그리고 서울대를 목표로 하고 있다는 이유로 은희를 향한 오빠 대훈의 폭력적 행위는 가족들로부터 그리 심각하게 받아들여지지 않는다. 여기에 은희가 학교 가는 도중 길에서 마주친 재개발 반대에 대한 현수막은 한국사회가 직면하고 있는 현실의 단면을 보여주고 있다. 이와 같은 장면들은 중학생인 은희의 일탈적 행위와 어우러지면서 학원의 한문선생 김영지를 만나 나누는 대화를 통해 이 시기 한국사회의 풍경과 연결된다. 이는 어느 날 저녁 무렵 재개발 지역을 지나가는 도중 은희와 영지 선생의 대화로 나타난다. 여기서 은희는 영지 선생에게 "여기 사는 사람들은 왜 현수막을 거는 거예요?"라고 묻자 영지 선생은 "집을 안 뺏기려고 그러는 거야"라고 대답한다. 또 다시 "남의 집을 왜 뺏어요?"라는 은희의 질문이 이어지자 "말도 안 되는 일들이 너무 많지"라는 영지 선생의 말을 통해 그것의 의미는 강화된다. 이들의 대화는 은희가 영지 선생에게 스탕달(Stendhal)의 『적과 흑(Le Rouge et le Noir)』이라는 책을 선물한 장면으로 상징되기도 한다. 동시에 이것은 은희에게 영지 선생이 세상을 조금씩 알아가게 하는 창문 같은 존재임을 의미하는 것이기도 하다. 이는 수술로 병원에 입원해 있는 은희를 찾아온 김영지 선생으로부터 오빠의 폭력에 대해 "너 이제 맞지 마. 누구라도 널 때리면 어떻게든 맞서 싸워, 절대로 가만있지 마, 알았지"라고 말하면서 폭력에 맞설 수 있는 용기를 부여하는 장면으로 설명된다. 병원에서 퇴원한 은희는 김영지 선생이 학원을 그만두었다는 소식과 1994년 10월 21일 성수대교가 무너졌다는 뉴스를 접한다. 이어서 성수대교를 건너 학교를 다닌 언니의 안부를 다급하게 전화로 확인하는 은희의 모습과 다음날 아침 버스를 늦게 타서 불행을 피할 수 있었던 수희의 가족이 모여 식사하는 장면이 보여진다. 그때 은희의 오빠 대훈은 갑자기 소리 내어 운다. 이 장면은 어쩌면 누나인 수희의 무사함에 대한 안도감과 숨막힐 듯한 한국사회의 현실로부터 비롯된 또래 친구들의 불행한 죽음에 관한 슬픔일 수 있음을 상상하도록 한다. 성수대교의 비극은 이후 은희에게 배달된 영지 선생의 소포로 다시 한 번 강조된다. 얼마 후 은희는 김영지 선생이 보내온 소포에 적시된 주소를 따라 그녀의 집을 찾아가지만 성수대교 붕괴 사고로 그녀가 희생되었다는 사실을 확인한다. 은희는 자신에게 세상에 맞설 수 있는 용기를 준 유일한 대상이었던 영지 선생의 방에서 그녀가 자신에게 말했던 "힘들고 우울할 때 손가락을 봐. 그리고 한 손가락 한 손가락 움직여. 그럼 참 신비롭게 느껴진다. 아무것도 못할 것 같은데, 손가락은 움직일 수 있어"라는 말을 기억하면서 자신의 손가락을 바라보고 움직여본다. 이후 화면은 수희와 그녀의 남자친구, 은희가 한밤중 무너져 내린 성수대교를 바라보면서 추모하는 장면으로 이어진다. 영화는 1994년 북한의 김일성 사망과 함께 성수대교 붕괴라는 예상치 못한 사건들이 오랫동안 지속되고 축적되어 온 한국사회의 모순과 연결되어 있음을 재개발이라는 현수막을 통해 의미화하고 있다. 또한 공부에 관심 없고 문제아로 취급받았던 수희가 오히려 살아있게 됨으로써 규격화되고 획일화된 교육이 얼마나 어처구니없는 아이러니한 결과를 초래하고 있는지 한국사회의 현실을 들어 폭로하고 있는 것이다. 그럼에도 불구하고 영화는 수학여행을 떠나려는 은희의 모습에 영지 선생의 편지, 즉 "어떻게 사는 것이 맞을까, 정말 모르겠어, 다만 나쁜 일들이 닥치면서 기쁜 일들이 함께 한다는 것, 우리는 늘 누군가를 만나 무엇인가를 나눈다는 것, 세상은 참 신기하고 아름답다"는 내레이션을 통해 한국사회라는 현실 속에서 우리들은 어떻게 살아가야 하는 것인가에 대한 근본적 문제를 다시 한 번 생각하도록 요구한다.

반성과 성찰로 이행해 가는 인간의 직접적 모습은 사채 이자에 대한 담보로 맡겨진 어린 소녀, 승이를 위해 자신의 직업을 버리면서까지 한·중관계의 경제회담을 통역하는 통역사로 멋지게 키워낸 과정을 두석과 종배, 승이를 묘사한 강대규의 <담보(2020)>에서도 나타난다. 이러한 흐름은 어려운 사람을 살피고 정직하게 살아가기를 바라는 할머니의 말과 반대로 살아가고 있던 정치인 주상숙이 한밤중 천둥, 번개를 맞아 거짓말을 못하는 병, 즉 마음 속 진실만을 말하게 된 상황을 통해 한국의 현실 정치와 정치인을 코믹하게 풍자하고 있는 장유정의 <정직한 후보(2020)>에서도 엿볼 수 있다. 그리고 시골의 읍내에서 계란 장사와 시체를 수습하면서 살아가는 젊은 청년, 태인이 범죄 조직의 인질로 잡힌 11살 어린 소녀, 초희를 부모가 기다리고 있는 학교로 데려다주고 떠나는 모습으로 마무리되는 홍의정의 <소리도 없이(2020)> 역시 자신의 행위가 무엇을 의미하고 있는지에 대한 깊은 인식에 근거하고 있다고 볼 수 있다. 여기에 사업실패로 이혼한 아빠, 동생과 함께 반지하 빌라에 살다가 할아버지 집에서 더부살이를 하면서 벌어지는 평범한 사람들의 욕심과 심리, 할아버지의 갑작스러운 죽음으로 인해 삶과 죽음으로 이루어진 인생의 자연스러운 순환의 궤적을 10대 소녀인 이옥주의 시선으로 묘사하고 있는 윤단비의 <남매의 여름밤(2020)>도 이와 같은 범위에 있는 영화라 할 수 있다. 이러한 특징은 불특정인의 발신제한 표시 전화로 인한 긴박한 상황을 마치 심리적 스릴러처럼 묘사한 김창주의 <발신제한(2021)>에서도 나타난다.

영화는 아이들을 태우고 출근하는 은행 센터장 이성규에게 "지금 당신 차 시트 밑에는 폭탄이 설치되어 있습니다. 차에서 내리는 순간 폭탄 터집니다"라는 발신표시가 제한된 협박 전화를 받는 장면으로부터 시작된다. 범인은 이성규 센터장에게 현금으로 9억6천만 원을 준비하고 계좌이체로 17억 2천6백만 원을 요구한다. 이는 부지점장의 차를 폭파시킴으로써 그의 협박이 실제적 상황임을 보여준다. 이때부터 영화는 이성규와 범인 사이의 심리적 긴장감을 높이며 부지점장 폭발 사고와 연관성을 의심하는 경찰을 피해 도심을 질주하는 긴박한 추격 장면으로 전환된다. 그리고 바다를 배경으로 경찰과 대치하고 있는 이성규와 이를 지켜보고 있는 주변 사람들 속 범인의 모습이 보여진다. 이때 차 안에 있던 이성규의 딸 혜인은 그에게 "우리 바닷가에 온 것 오랜만이다"라고 하면서 "이번 주말에 영화 보러가자"고 제안한다. 이는 돈과 출세를 위해 그동안 자신이 잊고 살았던 평범하고 소소한 일상을 누리지 못함으로써 그것의 소중함을 자신의 딸 혜인을 통해 역설적으로 드러내고 있는 것이다. 대치 상황에서 이성규의 동생이라 칭한 범인은 이성규에 접근하여 자신이 행한 범죄의 이유를 말한다. 이로 인해 이성규는 6년 전 자신이 팔았던 은행 상품으로 수많은 사람들이 피해를 입었다는 사실을 알게 된다. 이후 범인 진우는 자동차에 설치되어 있는 시한폭탄을 그에게 보여주면서 돈을 가지고 특정한 장소로 오도록 요구한다. 그와 동시에 이성규는 은행상품을 팔았던 기억과 함께 진우의 아내가 원금이라도 찾고자 자신을 찾아왔던 모습을 떠올린다. 화면은 이성규가 가동이 멈춘 폐쇄된 공장들을 지나 진우를 만나는 장면으로 이어진다. 여기서 진우는 전화로 이성규에게 "누군가 당신의 모든 것을 빼앗은 기분이 어때? 그 돈이 무슨 돈인지 줄 알아? 우리가 그동안 쓴 소송비야. 은행 때문에 망한 사람들이 은행하고 싸운다고 은행 빚을 냈다"라고 말한다. 그러자 이성규는 자신의 딸 혜인을 차에서 내리도록 하기 위해 "아무 죄가 없잖아요"라고 절규하자 진우는 "내 애는 태어나지도 못하고 죽었어, 니가 내 아내 은영이를 외면하고 간 날, 지 엄마랑 같이 죽었어, 여기서"라고 말한다. 그때서야 이성규는 자신을 찾아왔던 진우의 아내인 은영을 또렷하게 기억해 내고 자신의 딸 혜인을 향해 너무 미안하다고 하면서 "아빠는 사실 우리가 뭘 파는지 알고 있었거든. 그것이 잘못된 것인 줄 알면서도, 그냥 팔았어, 그래서 사람들이 다 죽고, 죽었어, 아빠 때문에 사람들이 죽었는데, 아빠는 그걸 모른 척 했어. 그리고 오늘 나한테 왜 이런 일이 벌어졌을까 하루 종일 생각해 봤거든, 이제 알았어, 아빠 때문이야”라고 자신의 잘못을 고백한다. 이어서 화면은 자동차에 타고 있던 이성규와 진우가 함께 죽기 위해 바다를 향해 돌진하지만 이성규만이 살아남아 은행을 상대로 한 소송에서 피해자들의 입장을 대변하는 모습으로 마무리된다. 따라서 영화는 자본을 향한 탐욕스러운 한국사회의 현실을 이성규와 진우를 통해 상징화하면서 이성규의 깊은 반성과 성찰을 마치 진우의 아내 은영이 죽기 전 “모든 것을 되돌리고 싶다”고 한 말과 중첩시키면서 인간성을 회복한 새로운 인간으로 존재하도록 한다. 이것은 과거와 현재를 넘나들면서 외계인들이 자신들의 죄수를 인간의 몸속에 가두고 발생하는 다양한 현상들을 가드와 썬더를 통해 묘사하고 있는 최동훈의 <외계+인 1부(2022)>도 이러한 의미, 즉 인간의 본성을 성찰하도록 유도하고 있다는 점에서 예외라 할 수 없다.

따라서 이 시기는 인간이 현실 속 자신의 모습을 잠시 멈춰 서서 반성과 성찰을 통해 스스로를 되돌아보면서 인간 본래의 인간다운 선함을 회복하여 현재와 미래의 삶이 지속될 수 있도록 견인한 도덕적이고 교훈적인 영화적 흐름이 형성되었다고 할 수 있다.

5-2. 고립에서의 인간주의

인간은 사회적 관계 속에 존재한다. 이 명제는 인간이 사회적 관계로부터 벗어나 존재하기 어렵다는 것을 의미한다. 이것은 인간에게 고립이 인류의 역사 발전을 가로 막는 가장 직접적 요소일 수 있음을 말하고 있는 것이기도 하다. 시대가 첨단화 되고 갑작스럽게 등장한 코로나19의 팬데믹 현상은 인간에게 고립에 대한 두려움을 더욱 가속화 시키는 계기로 작용했다. 이러한 시대적 흐름과 특징은 다양한 형태로 이 시기 한국영화에 반영되어 나타났다. 이는 유독가스로 가득 찬 서울 도심의 사람들을 탈출시키기 위해 애쓰는 과정과 희생정신을 묘사한 이상근의 <엑시트(2019)>와 원인을 알 수 없는 좀비 바이러스로 인해 아파트에 고립된 사람들의 생존과 탈출에 관한 이야기를 다룬 조일형의 <#살아있다(2020)>를 통해 드러난다.

특히 <#살아있다>는 좀비 바이러스로 모든 통신수단이 차단되고 통제 불능의 재난 상태로부터 고립된 아파트와 도시에서 유튜버인 오준우와 산악인 김유빈이 어떻게 생존하여 탈출하는지를 보여주고 있다. 이것은 고립된 상황에서 오준우의 행위, 즉 1) 외부출입절대 금지, 자택대기, 2) 타인과의 접촉 최소화, 3) 가까운 실내로 피신할 것, 4) 감염자와 접촉시 그 부위를 즉시 흐르는 물로 깨끗이 씻어낼 것과 같은 스스로 정한 규칙과 고립이 길어지면서 나타나는 심리적 상황 변화, 이를테면 15일째가 되면서 가족과 평범했던 일상의 소중함을 느끼게 되고, 20일째에 이르러서는 자살시도와 같은 극단적 행위로 나타난다. 이러한 그의 행위와 심리 변화는 길어지는 고립에 대한 오준우의 두려움의 현상인 것이다. 그러나 그의 행위와 심리는 반대편 아파트에 생존해 있는 또 다른 사람, 김유빈을 발견하게 되면서 삶에 대한 희망으로 전환된다. 그들은 서로의 생존을 확인하면서 음식을 나누기도 하고 무전기로 소통하면서 바이러스에 의한 좀비로 둘러싸인 재난 상황에서 고립의 두려움으로부터 벗어나게 된다. 이것을 영화에서는 "살고 싶으니까 지금 살아있는 거예요"라는 김유빈의 말을 통해 보여준다. 이후 그들은 서로를 도우면서 좀비로 가득 찬 아파트의 공간을 헤치고 옥상으로 올라가 극적으로 구조됨으로써 고립으로부터 탈출한다. 이어서 영화는 수도권의 아파트 밀집지역에 관한 피해상황을 전하는 뉴스와 SNS에 올린 오준우의 '#살아남아야 한다'에 이어 '#살아있다'라는 자막으로 마무리된다. 이로써 영화는 고립된 상황에서 생존하기 위해 인간의 필요조건이 무엇인지를 두 인물을 통해 묘사하면서 공동체적 인간관계의 소중함과 필요성을 다시 한 번 상기시킨다. 고립된 상황에 처해진 인간을 묘사한 것은 김지훈의 <싱크홀(2021)>에서도 엿볼 수 있다.

영화는 11년 만에 서울에 집을 마련한 회사원 동원과 같은 빌라에 살고 있는 만수가 싱크홀(sinkhole)로 갑자기 땅속으로 무너져 갇히게 되면서 벌어지는 상황으로 시작된다. 그동안 불편한 관계에 있던 이들은 싱크홀로 무너져 내린 극한 상황 속에서 서로를 이해하게 되고 자신들이 처한 어려움을 서로의 희생을 통해 극복하면서 일상의 소중함을 깨닫는다. 이것은 '10년 뒤 행복하지 말고 오늘 당장 행복하자, 우리 사랑 영원히'라고 하면서 아파트 살 돈으로 여행 가려고 한 김대리와 은주의 모습으로 뒷받침된다. 그러므로 영화는 고립된 상황을 상정하여 이타적인 인간의 본성뿐 아니라 그동안 잊고 살았던 일상의 소중함과 삶에 대한 새로운 인식의 필요성을 강조하고 있다고 할 수 있다. 이와 같은 특징은 "항공기가 비행 중 연료고갈이나 기술적인 문제가 생겨 더 이상 정상적인 운항이 불가능하다고 판단되는 조종사는 이것을 선포하여 관제당국에 상황의 위급함을 알린다"라는 자막으로 시작된 한재림의 <비상선언(2022)>에서 보다 직접적으로 나타난다.

영화는 형사인 구인호의 부인과 아토피 치료를 위해 자신의 딸 수민과 함께 떠나는 박재혁 등 많은 사람들이 탑승한 하와이행 비행기내에 수포, 출혈에 이어 사망에 이르게 만드는 정체불명의 바이러스가 퍼져 혼란에 빠진 기내 상황을 상정한다. 이 상황은 다국적 제약회사 미생물학 선임연구원으로 근무했지만 억울하게 누명을 쓰고 회사를 그만두게 된 류진석이 "비행기에 탄 사람들이 다 죽었으면 좋겠다"고 하면서 바이러스를 기내에 살포함으로써 발생하게 된 것이다. 이로 인해 혼란에 빠진 비행기는 하와이에 근접했음에도 확인되지 않은 바이러스로 인해 착륙허가를 거부당하고 인천으로 회항 하라는 명령을 받는다. 그러나 비행기에는 이미 많은 사람들이 바이러스에 감염되어 의식을 잃고 기장마저도 감염됨으로써 긴박한 상황에 휩싸인다. 심지어 인천으로 회항하는 도중 한국으로부터 치료제를 찾았다는 희망적인 소식을 접하지만 조종석을 잡고 있던 부기장은 기장을 대신하고 있는 박재혁에게 서울 공항까지 연료가 부족할 것 같다고 하면서 자신도 바이러스에 감염되었다고 한다. 이어서 그는 박재혁을 향해 "이젠 일본에서 받아주겠죠"하면서 나리타 공항에 비상선언을 통보한다. 그러나 부기장이 비상선언을 했음에도 일본은 자위대 공군을 동원해 사격을 하면서 일본에서의 착륙을 거부한다. 이후 비행 트라우마로 오랫동안 비행을 하지 못했던 박재혁이 조종석에서 비행기의 기수를 한국으로 향한다. 문제는 한국에서도 바이러스에 대한 치료제가 완벽한 것이 아니어서 착륙허가를 주저하고 있다는 점이다. 이는 착륙허가를 내주지 않고 있는 대한민국 공군과 서울 공항 근처에서 착륙을 반대하는 사람들과 착륙을 찬성하는 사람들의 시위장면을 통해 보여준다. 이후 화면은 다시 기내의 상황으로 전환되면서 "이 사람들한테 다 옮기면 어떻게 해" "우리 내려가지 마요, 내려가지 마요, 우리, 내 딸이나 내 남편 아프면 어떻게 해, 내가 아픈 게 나아"라고 하는 사람들의 모습으로 이어진다. 심지어 박재혁의 딸 수민도 '친구들에게 전염될까 무섭다고 하면서 우리 안 내리면 안 돼'라고 아빠에게 요청한다. 이러한 장면은 사랑하는 사람을 위해 자신을 희생하고 헌신할 줄 아는 이타적인 인간주의의 전형적 형태라 할 수 있다. 이는 국토부장관, 국가위기관리센터를 비롯한 사람들을 향해 박재혁의 "이 비행기에 탄 우리 모두는 착륙하지 않기로 했습니다"라는 말에 이어 "그냥 우리는 나약하고 겁 많은 인간이잖아요…… 인간만이 할 수 있는 일이 있는 거고, 이제 우리는 모두를 위한 결정을 하려고 합니다. 이 결정은 우리가 처한 재난에 지지 않고 인간으로서 떳떳 하려고 하는 겁니다. 그래서 우리는 착륙하지 않겠습니다. 마지막으로 우리 가족들에게 사랑한다는 말을 전하고 싶습니다"라고 하면서 교신을 종료하는 모습으로 나타난다. 여기서 영화는 관객들에게 몇 가지 인식해야 할 가치를 드러낸다. 우선 비상선언에도 불구하고 미국과 일본으로부터 착륙거부를 당하는 장면을 들 수 있다. 이것은 자국중심의 냉정한 국제질서의 현실을 보여주고 이를 바이러스의 생성과 전파의 원인이 다국적 제약회사라는 사실과 연동시킴으로써 그들의 행위의 모순성을 관객들이 인식하도록 요구하고 있는 것이다. 그리고 비행기에 고립된 사람들의 행위이다. 이들은 비행기 착륙을 거부하는 시위와 착륙을 환영하는 사람들의 모습을 바라보면서 바이러스로 인해 수포와 출혈로 죽음에 이르게 되는 급박한 상황 속에서도 가족을 비롯한 사랑하는 사람들을 위한 사랑과 헌신, 희생의 가치를 실천한다. 이러한 인간으로서의 가치가 극적요소로 작용하게 된 것은 비행기라는 고립된 공간 속에서 죽음을 앞두고 있으면서 한 선택이기 때문이다. 영화는 구인호의 희생으로 항바이러스 치료제가 사용가능한 것으로 판명됨으로써 성공적인 비상착륙으로 마무리되지만 고립된 상황 속에서 인간이 어떻게 대처하고 대응하는지를 인간주의를 통해 묘사하고 있다. 이들의 모습은 코로나19로 인한 고립된 사회적 상황과 중첩되면서 그것을 돌파해 나가는 것이 결국 인간적 가치임을 상기시키고 있는 것이다.

　이처럼 이 시기는 특정한 공간에 격리되어 있거나 고립 속에 처한 인간들의 다양한 모습을 다룬 영화들이 등장했다. 이들 영화에서는 그러한 상황으로부터 벗어나고자 한 인간의 생명력에 대한 의지와 삶에 대한 새로운 가치정립, 가족과 동료 등의 주변을 돌아보면서 헌신과 희생, 이른바 인간주의 등으로 연대하여 어려움을 극복해 나가는 모습에 초점이 맞추어져 있다. 이것은 코로나19라는 전대미문의 팬데믹 현상을 경험하면서 진정한 삶의 가치가 무엇인지를 다시 한 번 생각하도록 하게 한 것이다.

6. 현실을 이루고 있는 것들

6-1. 공존이 붕괴된 사회

공존의 의미는 두 가지 이상의 사물이나 현상이 함께 존재하는 것, 혹은 서로 도와서 함께 존재하는 것을 말한다. 이것을 사회구조 속에 적용해 본다면 공존은 다른 계층, 계급의 사람들이 서로 협력하여 함께 존재한다는 것을 의미하기도 한다. 이는 다양한 학습을 통해 합리성과 도덕성을 체득한 인간에게 공존이란 단순히 두 가지 이상의 사물이나 현상이 같이 존재하기보다는 서로 도와 함께 존재하는 사회적 의미를 지닌다고 할 수 있다. 그렇기에 공존이란 인간이 다른 여타의 동물적 행위와 현상으로부터 구분되는 가장 특별한 것이며 우리는 그것을 인간성, 즉 휴머니즘으로 인식한다. 그러므로 공존에는 인간으로서의 지녀야 할 가치가 기본적으로 내재되어 있다. 문제는 공존이 한국사회 속에서 중요한 요소로 지속되고 있는가이다. 그러나 공존을 결정하는 인간에 대한 존중은 자본이 중요한 가치로 인식되면서 민족, 국가, 사회, 개인 사이의 이기주의 극대화로 오히려 약화되었거나 엷어지고 있어 심각한 위기적 현실에 처해 있다는 것이다. 이러한 상황을 이 시기 몇몇 한국영화에서는 다양한 방식으로 투영시켜 영화화하고 있다. 이는 전고운의 <소공녀(2018)>에서 나타난다.

영화는 3년차에 접어든 전문 가사 도우미 경력을 가지고 있는 미소가 한 지인의 집을 청소해 주고 그 대가로 쌀을 담은 작은 비닐봉지를 가져가는 장면으로 시작된다. 그런데 일을 마치고 집으로 향하는 도중 비닐봉지의 쌀은 작은 구멍을 통해 길 위에 흘러내리고 있지만 그녀는 이를 알아채지 못한다. 영화의 제목이 등장하기 전 보여진 이 장면은 구멍을 통해 흘러내려 아무것도 남아있지 않은 빈 비닐봉지처럼 열심히 일을 해도 미소의 삶은 나아지지 않은 그녀의 고단한 현실을 상징적으로 묘사하고 있다. 이것은 미소가 남자친구와 사랑을 나누려 해도 추운 겨울 밀린 월세로 인해 난방이 끊겨 따뜻한 봄으로 미루는 장면과 가계부를 열심히 쓰고 있지만 가파르게 오르는 물가로 항상 적자에 허덕이는 현실의 모습으로 이어진다. 여기에 갑자기 오른 월세는 흰머리로 변하는 자신의 병을 치료하는 약값과 자신의 유일한 즐거움이었던 위스키 한 잔과 담배 대신 월세집을 포기토록 하게 한다. 이로 인해 잠잘 곳이 없어진 미소는 대학 시절 함께 했던 음악밴드의 친구들을 차례로 찾아 나선다. 이후 영화는 그녀가 이들을 만나게 되면서 또 다른 한국사회의 실제적 삶을 들여다보도록 이끈다. 그녀가 먼저 찾아간 친구는 베이스 기타를 담당했던 회사에 다니고 있는 최문영이다. 치열한 사회생활을 의미하고 있는 듯 휴식시간에 링거를 맞으면서 미소를 맞이한 그녀는 하룻밤 묵게 해달라는 미소의 부탁에 자신은 예민하다고 하면서 요청을 거절한다. 작곡과 키보드에 능했지만 지금은 결혼 후 시부모를 모시고 살고 있는 정현정을 통해서는 만만치 않은 결혼 생활의 어려움을 보여준다. 그리고 결혼을 위해 아파트를 샀지만 적은 월급과 아파트 대출 이자 갚느라 힘겨워하는 현실에 괴로워하면서 이혼으로 인해 우울증에 빠진 드럼을 쳤던 후배 한대용의 모습을 통해서는 젊은 부부들의 실제적 현실을 묘사하고 있고, 결혼은 하지 않고 특이한 집안 풍경 속에서 부모와 함께 살아가고 있는 보컬이었던 김록이를 통해서는 결혼하지 않거나 못한 사회적 풍경을 나타낸다. 마지막으로 부잣집에 시집가서 부유하게 살고 있는 밴드의 기타를 담당했던 최정미의 집에서 잠시 일하게 된 미소는 자신도 그녀처럼 부자가 될 것 같다는 이상한 생각을 갖게 하기도 하지만 친구의 학창시절을 묻는 그녀의 남편 질문에 포장되지 않은 대답으로 쫓겨나게 됨으로써 자신의 이상한 생각이 얼마나 허황된 상상이었는지를 확인하다. 여기에 그녀의 또 다른 안식처라 할 수 있는 만화작가가 꿈이었던 남자친구 한솔이 사람답게 살고 싶다는 이유로 돈을 벌기 위해 사우디아라비아로의 발령 신청을 한 사실은 삶이 무엇에 의해 규정되고 있는지를 드러낸다. 이것은 부모 없이 혼자였던 미소가 집도, 일자리도, 친구도 사라진 상황을 맞이하게 되었음을 의미한다. 시간이 흐른 후 김록이 부친의 사망으로 장례식장에 모인 미소의 밴드 동료들은 "미소는 잘 지낼까" 하면서 그녀를 회상한다. 영화에서 그들이 갖는 궁금증의 결과는 백발이 된 미소의 모습과 한밤중 도시의 빌딩 숲을 배경으로 텐트 속 불빛으로 마무리되는 장면이다. 이로써 영화는 미소를 통해 삶을 살아가는 실제적 현실의 고단함과 아무리 열심히 일해도 쌀이 구멍을 통해 사라지던 텅 빈 비닐봉지처럼 그 간극은 극복되지 않은 채로 존재하게 됨을 확인시켜 준다. 이것은 이미 '소공녀'라는 영화의 제목에서 의미화되고 있다. 소공녀는 미소, 즉 "Microhabitat를 지칭하는 작은+집/환경, 미생물이나 곤충 등이 살아가기에 적합한 공간을 가리킨 것으로 미소(微小)한 서식지라는 중의적 의미"[42]를 통해 나타난다. 이를 통해 영화는 평등한 사회적 공존이 붕괴된 한국 사회의 현실을 겨냥하고 있는 것이라 할 수 있다. 이러한 특징은 이창동의 <버닝(2018)>에서도 찾아 볼 수 있다.

<버닝>은 소설을 쓰면서 배달 아르바이트를 하는 이종수가 시장에서 내레이터 모델을 하고 있는 어린 시절 파주의 같은 동네에서 살았던 친구, 신해미를 만나면서 시작된다. 여기서 해미는 가끔 일이 있어 자유가 있다고 하면서 몸을 쓰는 자신의 일이 좋다고 한다. 해미의 자유는 저녁 술집에서 다시 만난 종수에게 자신이 아프리카로 간다는 말과 귤을 두고 벌이는 판토마임, 그리고 칼라하리(Kalahari) 사막에 사는 두 종류의 굶주린 부시맨, 즉 그냥 배가 고픈 사람인 리틀 헝거(Little Hunger)와 삶의 의미를 알려고 하는 사람인 그레이트 헝거(Great Hunger)로의 구분과 연결된다. 영화는 진정한 삶의 의미를 찾고자 한 해미의 자유를 향한 의지를 아프리카라는 특별한 의

---

42) 유지나, 「취향의 배치와 탈영토화 여정 연구」, 『씨네포럼』 제44호, 동국대 영상미디어센터, 2017, 79쪽.

미의 공간으로 치환시킨다. 이들의 관계는 해미가 아프리카로 떠날 때 종수에게 자신의 고양이를 부탁함으로써 유지되지만 그녀가 나이로비(Nairobi) 공항에서 만난 벤이라는 인물과 아프리카에서 귀국한 후 다른 차원으로 전환된다. 이는 '다양한 색깔로 변하는 칼라하리 사막의 노을을 보고 갑자기 사라지고 싶었다'고 하면서 흐느끼는 해미의 모습에 '난 눈물을 흘려본 적 없다'는 벤을 통해 이들 사이의 서로 다른 극단적인 감정과 정신세계가 있음을 보여준다. 이러한 간격은 그들이 사는 공간, 즉 부유한 사람들이 모여 사는 동네의 모던한 가구로 배치되어 있는 넓고 정돈된 벤의 집과 종수가 살고 있는 파주의 허름한 집으로 대비되고, 소설과 삶의 의미를 찾고 있는 종수, 해미와 달리 재미만 있으면 무엇이든지 한다는 벤의 말로 뒷받침된다. 이것은 파주에 있는 종수의 집에서 지는 해를 바라보면서 대마초를 피우고 황홀경에 빠진 해미의 자유롭게 날아가는 새를 형상화한 행위와 분노 조절 장애를 가지고 있는 아버지와 엄마에 관해 이야기하는 종수, 가끔 비닐하우스를 태우는 취미를 가지고 있다는 벤 사이의 대화를 통해 드러난다. 여기서 벤은 종수에게 비닐하우스를 향해 "마치 처음부터 존재하지 않았던 것처럼 사라지게 할 수 있어요"라고 하면서 "한국에는요, 비닐하우스들이 진짜 많아요"라고 한다. 이어서 그것은 "쓸모없고 지저분해서 눈에 거슬리는 비닐하우스들, 개네들은 다 내가 태워주기를 기다리는 것 같아요, 그리고 난 그 불타는 비닐하우스를 보면서 희열을 느끼는 거죠"라고 한다. 이에 대해 종수는 "쓸모없고 불필요한 건지는 형이 판단한다는 건가요?"라고 벤에게 묻자 "나는 판단 같은 것은 하지 않아요, 그냥 받아들이는 거죠" 하면서 일종의 비 같은 것이라 하면서 "거기에 옳고 그른 것은 없어요, 자연의 도덕만 있지"라고 말한다. 여기서 영화는 벤과 종수 사이의 세상과 사람을 향해 확연히 구분된 서로 다른 계급에 의한 서로 다른 인식의 차이를 보여주면서 기득권의 지배계층이 피지배계층의 사람들을 어떻게 바라보고 있는지를 비닐하우스라는 상징을 통해 구체화한다. 이는 종수가 어느 날 갑자기 사라진 해미를 찾기 위해 벤을 추적하는 도중 해미의 시계와 고양이가 벤의 집 화장실과 거실에서 발견된 것을 통해 그가 엽기적인 살인마라는 사실을 눈치 채면서 종수가 그의 집을 떠나면서 해미의 행방을 알 것 같다는 말로 확인된다. 이후 화면은 해미가 살았던 집에서 소설을 쓰는 종수의 모습으로 이어진다. 이로써 영화는 영화에서 묘사되었던 것이 종수의 소설 속 이야기인지, 영화 속 소설인지 그 경계를 넘나들면서 모호해진다. 그러나 이러한 모호한 경계성은 콘택트렌즈를 끼고 화장도구를 챙겨 면세점에서 일하는 또 다른 여성을 화장시키는 장면의 벤을 보여줌으로써 종수와 벤에 관한 이야기가 지속되도록 견인시킨다. 시간이 흐르고 난 겨울 어느 날 벤은 종수를 찾아가 "여기 비닐하우스가 참 많네요"라고 한다. 그를 향해 종수는 "해미는 어디 있어요"라고 묻고, 그를 산업역군으로 중동에서 벌어온 돈으로 축산업에 투자했지만 실패하여 폭탄 같은 분노를 지니고 있는 아버지의 칼로 죽이고 난 후 휘발유를 부어 그의 차에 불을 지른다.[43] 영화는 불타는 차량을 뒤로 하고 트럭을 타고 떠나가는 종수의 모습으로 마무리된다. 그런데 영화에서 중요한 것은 상징적 요소를 통해 다양한 의미를 제기하고 있다는 점이다. 그것은 인간이 살아가는 삶의 의미라는 화두이자 광활한 초원을 상상하게 한 아프리카라는 공간을 통해서이다. 영화 속 해미에게 아프리카는 자유이고 삶의 의미인 것이다. 이것은 종수의 집에서 해질 무렵 날아가는 새의 모습을 흉내 낸 해미의 행위를 통해 구현된다. 따라서 진정한 삶의 의미는 곧 자유임을 말한다. 이 두 가지 의미는 극단적으로 분리된 사회구조에 근거하고 있다고 할 수 있다. 이는 종수가 처해있는 삶과 벤의 대비적 삶의 조건에서 기인한다. 종수는 분노조절장애인 아버지와 헤어진 어머

---

43) 김경애, 「영화 <버닝>의 스토리텔링 연구」, 『영주어문』 제41집, 영주어문학회, 2019, 270쪽 참고.

니, 낡은 트럭으로 움직일 수 있는 거리인 서울로부터 벗어나 비닐하우스가 많이 있는 파주라는 지역의 허름한 집에서 산다. 반면 벤은 겉으로는 화목한 가정 속에서 포르쉐를 타고 다니고 넓고 모던한 가구로 장식된 집과 부유한 사람들이 살고 있는 서울의 특정한 지역처럼 보인다. 이것은 이들이 완벽하게 서로 다른 공간 속에서 존재하고 있음을 말하고 있는 것이다. 이를 통해 영화는 이러한 차이가 단순한 공간으로서만이 아니라 사람과 세상을 바라본 인식의 차이와 연결되어 있음을 보여준다. 그것은 벤의 집 베란다에서 파티를 하고 있는 벤과 그의 친구들을 향해 종수의 "뭐하는지는 모르겠는데, 돈은 많은, 수수께끼에 젊은 사람들, 한국에는 개츠비가 너무 많아"라는 말과 벤이 비닐하우스를 빗대어 쓸모없는 지저분한 것, 다 태워 없어져야 하는 것들로 인식하여 결국 불태워 없애고 심지어 사람까지 해치는 엽기적인 살인행위로 이어진다. 벤의 이러한 인식은 콘택트렌즈를 끼고 화장도구를 챙겨 마치 사람을 죽이기 전 하나의 의식처럼 여인을 화장시키는 장면을 통해 상징적 의미로 다가온다. 즉 어떤 콘택트렌즈를 끼는 것인가에 따라 사물이 다르게 보이듯이 그것은 벤이 왜곡되게 바라보는 사람과 세상인 것이다. 벤의 이러한 행위를 영화에서는 교묘한 이중적 심리 행위, 즉 자신의 건강을 위해 헬스 클럽에서 운동하는 모습, 자신의 정신적 평화를 위한 성당에서의 미사 장면과 불타는 그림 전시회, 화목한 가족들과의 식사 장면 등을 통해 드러낸다. 그 반대편에 부모의 이혼으로 해체된 가족의 종수와 카드 빚으로 인해 가족으로부터 소외당한 해미가 존재한다. 그들은 이를 돌파하거나 벗어나기 위해 소설을 쓰거나 자유와 삶의 의미를 찾기 위해 애쓰지만 자신들만의 이상에 머물러 있는 모습으로 묘사된다. 이를테면 종수의 소설 쓰는 행위는 그가 해미의 방에서 그녀를 상상하면서 자위행위를 한 것처럼 현실을 끊임없이 상상 속에 밀어 넣어야 하는 무기력한 것으로 실제적 현실의 의미를 획득하지 못한다. 또한 삶의 진정한 의미를 찾기 위해 아프리카로 떠났던 해미는 비록 리틀 헝거가 그레이트 헝거로 변화는 모습을 춤을 통해 자신의 행위로 묘사하고 있지만 그녀 역시 벤으로부터 희생당하고 만다. 이러한 측면에서 벤으로 상징된 부유한 자들의 파괴성, 잔혹성, 이중성과 가난한 자들의 무기력한 이상주의적 행위가 어떤 의미로 사회 속에서 존재하고 있는가를 보여주고 있는 것이다. 이를 통해 서로 다른 계급의 차이로부터 비롯된 인식의 차이는 궁극적으로 사회 속에서 공존의 붕괴와 불가능성을 말하고 있으면서 그것의 최종적 결말은 파국적 상황이라는 것을 보여준다. 부자가 되고 싶어 증권 브로커로 변한 조일현이 돈에 대한 욕망으로 자신이 어떻게 이용당하는지를 묘사하고 있는 박누리의 <돈(2019)>도 이러한 사회적 지향이 낳고 있는 현실에 기반하고 있는 영화라 할 수 있다. 공존이 붕괴된 사회구조는 봉준호의 <기생충(2019)>에서 보다 직접적으로 드러난다.

자막과 함께 반지하실 집에서 양말이 걸려있는 창문을 통해 바라본 여름날 골목길 풍경으로 시작된 영화는 치킨사업 등의 실패로 직업을 잃은 김기택 가족이 살고 있는 집 내부를 보여준다. 이는 곱등이가 있는 식탁 위의 빵을 먹고 있는 기택의 모습과 휴대폰을 들고 와이파이 신호를 잡으려 애쓰는 기우, 기정의 모습, 소독 연기가 집안으로 들어오는 장면 등이다. 이어서 그들 가족과 다른 대저택에 살고 있는 나탄 박(Nathan Park)으로 불리는 성공한 IT기업 사장 박동익 가족의 모습이 보여진다. 완벽하게 분리되어 극단적으로 다른 계급으로서의 접점이 없을 것 같은 이들 두 가족은 김기택의 아들 기우가 교환학생으로 가게 된 친구 민혁으로부터 영어 과외를 소개받는 것을 계기로 만나게 된다. 대학을 못간 기우는 학력을 위조한 가짜 증명서와 케빈이라는 이름을 통해 박동익의 딸 다혜의 영어 과외 선생이 되고, 그의 여동생 기정 역시 제시카라는 이름으로 그의 아들 다송의 미술 과외 선생이 된다. 이들에 의해 아버지인 기택은 박동익 사장의 운전기사로, 투포환 선수였던 어머니 박충숙은 가사도우미로 각각 취직을 한다. 이로써 백수였던 김기택 가족 모두는 박동익 사장 집에 취직하게 된다. 이들의 성공적인 취직은 박동익 사장이 아들 다송이의 생일을 축하하기 위해 캠핑을 떠나 집을 비운 사이 기택 가족 모두가 정원과 거실, 욕실에서, 마치 자신의 집처럼 한가로운 시간을 보내고 파티를 하면서 각자 다양한 상상의 나래를 펼치는 장면을 통해 절정에 이른다. 이는 박동익 사장 가족을 향한 기택이 부인과의 대화에서 "이 사람들 참 순진해, 착하고, 부자인데 착하다니까" 하면서 "부자들이 원래 순진해, 꼬인 게 없고"라는 행간의 말로 의미화된다. 그러나 김기택의 이 말은 그의 아내 박충숙이 남편을 향해 "갑자기 박사장이 딱 집에 온다 쳐봐, 김기택 이 인간 바퀴벌레처럼 샤샤샥 숨겠지! 애들아! 우리 집 형광등 밤중에 탁 켜면 바퀴벌레들이 좌왁 숨는 것"이라고 하면서 자신의 남편과 함께 자신들의 계급적 실체를 상기시키도록 한다. 문제는 이들의 대화가 부자들과 가난한 자들에 대한 기존 인식의 전이라는 개념적 혼란을 불러일으키게 한다는 점이다. 즉 부자들은 순진하고 착하고 꼬인 것이 없는 사람들로, 가난한 자들은 어두운 곳에서 살아가는 바퀴벌레로 비유되고 있다는 것이다. 이것은 김기택 가족의 모함으로 해고당했던 가사도우미 국문광이 박동익 사장이 모르고 있던 비밀 지하실에 대만 카스테라 사업 실패로 빚쟁이를 피해 4년 넘게 숨어 지내고 있던 남편 오근세를 만나기 위해 한밤중 찾아오면서 그 의미는 부가된다. 이는 이들의 치밀했던 행위를 알게 된 박충숙이 경찰에 신고하려 하자 "불우 이웃끼리 이러지 말자"고 애원한 국문광을 통해 강화된다. 이로써 영화는 김기택 가족뿐 아니라 국문광의 가족도 박동익 사장의 집에 기생하고 있음을 보여주고 기생을 위한 이들 가족 사이의 갈등이 자연스럽게 또 다른 서사의 중심으로 합류하게 한다. 이것은 영화에서 지하실 위쪽에서 이들을 지켜보고 있던 기택, 기우, 기정이 실수로 넘어진 장면을 국문광이 자신의 휴대폰으로 찍게 되면서 자신의 해고가 이들의 사기행각으로 비롯되었다는 것을 알게 된 순간 박충숙과 국문광 사이의 관계가 순식간에 역전되는 상황을 통해서이다. 이는 거실에서 국문광과 그녀의 남편 오근세의 편안한 자세와 그 옆에서 마치 벌을 받고 있듯이 앉아서 손들고 있는 김기택 가족의 모습으로 대비된다. 특히 휴대폰에 찍힌 동영상을 보면서 "이 전송 버튼이 완전히 무슨 미사일 버튼이야, 이 버튼만 누른다면 저 양반들 꼼짝을 못하잖아"라고 하면서 "이게 완전 북한 미사일이야, 북핵 미사일 버튼"이라고 오근세가 말하자 국문광이 북한 말투로 기택 가족을 '일가족 사기단'이라 규정하고 악랄하고 저급한 도발로 간주하면서 "한반도 비핵화의 과정 속에서 마지막 남은 단 한발의 핵탄두를 저들 미치광이 일가족의 간악한 아가리에 처박으라는 궁극의 지령을 내리셨다"는 말로 이들이 처한 상황을 분단된 한국사회가 직면하고 있는 시대성과 연결시킨다. 동영상으로 찍힌 휴대폰을 두고 싸우는 이들의 관계는 박동익 사장 가족이 캠핑에서 집으로 돌아온다는 전화가 오자 그들 모두가 비밀 지하실로 사라지면서 스스로를 바퀴벌레라고 한 박충숙의 자조석인 비유와 김기택을 향한 오근세의 "나 그냥 여기가 편해 그냥, 아예 여기서 태어난 것 같기도 하고, 결혼식도 여기서 한 것 같고"라는 말로 부합된다. 오근세의 이 말은 한국사회, 혹은 사회에서 계급이 결정된 이후의 모습을 의미하기도 한다. 이는 박동익 사장의 집을 탈출한 기택의 가족들이 비를 맞으면서 초라하게 집으로 돌아가는 모습과 비로 인해 물로 가득 찬 자신의 집에 이어 박동익 사장 집 지하실에 갇혀있으면서 뇌진탕으로 죽어가는 국문광과 그녀의 남편 오근세의 모습, 그리고 호우 피해로 체육관에서 아귀다툼하고 있는 사람들로 확인된다. 이와 같은 장면들은 맑은 하늘 아래 정원에서 열리고 있는 다송이를 위한 생일 파티와 대비된다. 이러한 상황은 지하실에서 파티가 열리고 있는 정원으로 올라온 오근세가 기정을 칼로 찌르고 투포환 선수였던 박충숙에 의해 역으로 죽임을 당하는 장면을 본 다송이의 기절과 오근세 밑에 깔려있는 자동차 열쇠를 꺼내려다 냄새 때문에 잠시 머뭇거리고 있는 박동익을 보고 모멸감을 느낀 기택이 그를 칼로 찔러 아수라장이 된 생일파티의 파국적 장면과 연결된다. 이것은 극단적인 서로 다른 계급이 지니고 있는 파괴적 현상을 보여준 것이다. 이는 대저택에서 살고 있는 성공한 박동익 사장 가족과 사업에 실패하여 반지하실, 지하실에 살고 있는 김기택, 국문광 가족의 대립적 구조가 김기택 가족과 국문광 가족 사이의 피비린내 나는 투쟁과 이를 보고 쓰러진 다송이와 기택에 의해 죽임을 당한 박동익 사장의 파국으로 나타난다. 이 관계의 결과를 드러내기 위해 영화는 세밀한 형식적 요소를 통해 구조화하였다. 그것은 영화 속 인물들이 살고 있는 공간, 입고 있는 의상, 먹고 마시는 음식, 일상에서 사용하는 언어, 사람들 사이의 독특한 냄새 등으로 구체화된다. 첫째는 영화 속 인물이 살고 있는 대저택, 반지하실, 지하실로 구분되는 공간을 들 수 있다. 박동익 사장의 가족이 사는 공간은 확트인 정원과 실내에서도 멀리 내려다 볼 수 있는 언덕위에 위치한 대저택이다. 반면 김기택 가족이 사는 공간은 와이파이도 잘 잡히지 않고 밤이면 술취한 사람들의 이상 행위와 소독차의 연기가 들어오는 곳, 비가 오면 물에 잠기는 곳이다. 그리고 사업에 실패한 국문광의 남편 오근세가 사는 곳은 햇빛이 들지 않은 지하실이다. 이렇게 구분된 공간은 박동익 사장 가족이 자신의 집에서 똑바른 자세로 2층으로 올라가는 장면과 그의 가족이 캠핑에서 돌아오자 그 집을 탈출한 김기택의 가족들이 비를 맞으면서 초라하게 집으로 돌아가는 모습, 즉 벽이 있는 계단을 내려가고 긴 터널을 지나 또 다시 계단을 내려가 반지하에 위치하고 있는 자신들의 집으로 향하는 모습을 통해 확인된다. 또한 공간을 통한 이들의 관계는 박동익 사장 집의 거실이나 사무실 등에서 넓게 보인 유리창 사이의 수직선으로 경계지워진 이음새를 통해서도 구분된다. 이러한 경계의 구분은 기우가 박동익 사장의 부인 최연교에게 자신의 여동생 기정을 미술 과외 선생으로 소개할 때 정원 계단에 서 있는 그들 사이의 위치로 확연히 구분되기도 한다. 이러한 공간을 통한 경계는 자동차 안에서 기택에게 박사장의 "내가 원래 선을 넘는 사람을 제일 싫어하는데"라는 말로 계급의 구분을 명확하게 정리하는 것으로 나타난다. 둘째는 박사장 가족의 모던하고 우아하면서도 클래식한 의상과 축 늘어지고 화려한 색깔의 티셔츠, 트레이닝과 같은 편안한 바지를 입고 있는 김기택 가족과 확연히 다른 모습을 통해서이다.[44] 셋째는 부자들이 먹는 세팅된 음식, 다양한 종류의 위스키와 피자, 맥주로 구분된 장면으로 그들 사이의 간격을 드러내고 있다. 넷째는 박사장의 부인 최연교의 다양한 영어 사용과 기택 가족의 비속어 사용 등을 통해 서로 다른 그들의 계급적 특징과 문화를 나타낸다. 다섯째는 냄새를 들 수 있다. 이는 박사장이 그의 운전기사인 기택에게서 나는 냄새를 오래된 무말랭이, 행주 삶는 냄새, 지하철 타는 사람들의 특이한 냄새로 규정하고 있는 것으로 드러난다. 영화는 냄새를 통해 부자들과 가난한 사람들을 구분 짓고 있는 것이다. 결론적으로 공간은 대저택과 반지하실, 지하실로 구분되고, 모던하고 우아한 의상과 축 늘어지고 편안한 옷차림으로, 먹고 마시는 음식은 세팅된 식사, 다양한 종류의 위스키와 피자, 맥주로, 그들이 사용하는 언어는 영어를 섞어 쓰는 것과 비속어로, 그들의 고유한 서로 다른 냄새를 통해 계급이 구분된다. 이러한 요소들은 부자들과 가난한 사람들의 삶의 형태와 문화의 다름을 말한다. 부자들이나 권력자들은 자신이 갖고 있는 위치를 공간이나, 행위, 삶의 방식, 문화에서 일정한 거리와 제한을 둠으로써 확인받고자 한다. 이렇게 계급화 된 사회구조를 영화는 다양한 카메라 움직임을 통해 의미화한다. 특히 수직으로 움직이는 카메라 수법, 즉 영화시작과 함께 김기택의 가족을 묘사할 때 하강하는 카메라 움직임과 박사장의 대저택을 묘사할 때 상승하

---

44) 최영현·이규혜, 「영화 의상에 나타난 사회 계급의 표현」, 『한국의류학회지』 Vol.44, No.5, 한국의류학회, 2020, 864쪽, 866쪽.

는 카메라 수법을 통해서 수직적으로 계급화 된 사회구조를 묘사하고 있다. 이와 같은 형식적 구조는 이미 수직화 되어 있는 사회구조를 상징하고 있는 것이다. 형식적 구조에 의해 그 의미가 강화된 이러한 사회구조는 단순히 부자들과 가난한 자들의 계급적 간격이 확대되고 고착화된 결과인 부자들에 기생하면서 살아가고 있는 가난한 사람들만의 문제가 아니라는 점이다. 그것은 바로 아무리 박동익 사장이 선 넘는 사람들을 싫어해도 계급과 계급 사이의 경계는 항상 아슬아슬하게 서로의 계급으로 틈입할 수밖에 없다는 사실이다. 이것은 반지하실과 지하실로 상징화된 가난한 자들끼리의 투쟁은 언제든지 부자들의 존재를 위협하게 된다는 것과 다름없다. 왜냐하면 세상은 어느 한 쪽의 일방성으로서만 존재하는 것이 아니라 그들이 쳐놓은 경계를 끊임없이 주변 사람들과 요소에 의해 침범 받게 되기 때문이다. 비록 그것을 그들은 자신들이 설정해 놓은 경계의 구분을 통해 존재하지만 그것은 언제든지 또 다른 요소로 인해 위험에 처하게 될 수 있음을 말한다. 이는 궁극적으로 세상이 계급에 의해 구분될 수는 있지만 서로 의존적으로 살아갈 수밖에 없다는 사실을 역설적으로 환기시켜주고 있는 것과 다름없다. 이 것은 대저택에 살고 있는 사람들 뿐 아니라 반지하실, 지하실에 살고 있는 사람들에게도 내재되어 있는 물질에 대한 거부할 수 없는 인간의 욕망으로부터 비롯된다. 이는 뇌수술을 받고 30일 만에 깨어난 기우를 통해 보여준다. 그는 건축가 남궁현자에서 박동익 사장, 외국인으로 소유주가 바뀐 대저택을 멀리서 바라보면서 돈을 아주 많이 벌어 아버지가 있는 이 집을 사겠다고 하면서 "아버지는 그냥 계단만 올라오시면 됩니다"라는 미래를 상상한 기우의 내레이션을 통해 드러난다. 이러한 기우의 바람을 담은 편지는 반지하실 집에서 바라보는 눈 내리는 겨울의 골목풍경을 처음 영화 시작 장면에서처럼 카메라가 수직으로 하강하면서 마무리되는 장면을 통해 뒷받침된다. 그러므로 영화는 수직화 된 사회구조를 수직으로 움직이는 카메라 수

법으로 구조화했다고 볼 수 있다. 비록 영화는 계급사이의 이동이 불가능해
져 그들만의 리그, 그들만의 투쟁으로만 묘사되고 있는 것처럼 보이지만 궁
극적으로 세상은 서로 의존적으로 살아갈 수밖에 없다는 사실을 환기시켜
주면서도 이러한 사회구조를 수직화하고자 하는 인간의 욕망에 의해 또 다
시 규정되곤 한다. 이것은 역전과 동등이 불가능한 사회구조가 고착화되면
서 나타나는 좌절된 상황이 바로 기득권자들의 세력에 기생하는 것뿐이라
는 암울한 사회를 영화 <기생충>이 한국사회에 던져주고 있는 메시지라 할
수 있다. 이는 불평등의 역사가 유구하여 평등이 그만큼 실현 불가능성에
대한 회의가 있음에도 불구하고 이에 대한 유토피아적 이상으로서 희망을
향한 투쟁의 역사가 여전히 존재한다는 사실을 보여주기도 한다.[45]

이런 측면에서 1980년대를 배경으로 폐쇄 되었던 시골의 간이역을 되살
리기 위해 평범한 사람들이 진심어린 공동체적 노력으로 그 역이 다시 설치
되는 과정을 보여주고 있는 이장훈의 영화 <기적(2021)>은 공존의 가능성에
대한 실마리를 제시하고 있다고 볼 수 있다. 그럼에도 불구하고 이 시기 극
단적 관계로 벌어진 한국사회의 계급간의 간극과 구분으로 초래된 현상을
다룬 영화들이 등장했다는 것은 공존이 붕괴된 현실을 우려스럽게 바라보
고 있음을 의미한다.

6-2. 지속되는 과거의 유산들

이 시기의 영화들에서는 이전 시기의 정치적, 사회적, 문화적, 영화적 인식
들이 몇 가지 유형의 주제와 소재들을 통해 과거의 유산처럼 지속되어 나타
난다. 그것은 범죄와 관련된 중국 조선족을 묘사하거나 유사한 영화적 갈래
의 지속, 여성에 대한 사회적 인식, 부모세대로부터의 경험, 기득권 세력 사

---

45) 정현경, 「평등의 몰락에 대한 영화적 대응과 의미-영화 <설국열차>와 <기생충>을 중심으
로」, 『비평문학』 제75호, 한국비평문학회, 2020, 9쪽.

이의 카르텔 등을 다룬 영화들에서이다. 이런 유형의 영화들은 중요성에 있어 서로 차이가 있을 수 있지만 시대적 흐름과 연동되고 내용과 형식으로 다양하게 변주되면서 이 시기 특별한 의미를 지니게 된다. 이들 중 하나는 2004년 구로구 가리봉동의 차이나타운을 배경으로 중국 조선족 사이의 범죄 조직을 검거하는 형사들을 코믹하게 묘사한 강윤성의 <범죄도시(2017)>를 들 수 있다.

이 영화는 중국 조선족의 범죄 조직을 다룬 이 시기 다른 영화들에게 하나의 전형을 제시하고 있는 것처럼 보인다. 돈이라면 무슨 짓이든지 하는 그들의 잔혹성을 묘사하면서 그들을 제거하기 위해 사용하는 형사들의 폭력은 코믹적 요소를 통해 정의로움으로 정당화된다. 이러한 요소들은 많은 관객들이 이 영화를 즐기는 요인으로 작용한다. 그러나 잔인하고 잔혹한 모습으로 묘사되고 있는 중국 조선족의 범죄조직은 조선족 이미지 형성에 부정적 영향을 주고 있다. 이는 '짱깨'라는 은어를 통해 중국인들의 이미지와 연동된다. 이러한 흐름은 경찰대학에 재학 중인 두 명의 학생이 납치된 젊은 여자 대학생을 구출하기 위한 과정을 다룬 김주환의 <청년경찰(2017)>에서도 나타난다.

여기서도 영화는 납치범들을 조선족들이 모여 있는 영등포구 대림동의 중국 조선족의 범죄 조직으로 설정하고 있다. 그들의 범죄 행위는 살아있는 사람들의 장기적출과 난자채취 등의 비인간적 모습으로 묘사된다. 따라서 영화는 대림동이라는 특정한 장소와 함께 중국 조선족들에게 특별한 이미지를 부여한다. 이런 측면에서 보이스 피싱 범죄를 다루고 있는 김선·김곡의 <보이스(2021)>도 예외는 아니다.

영화는 2018년 4,040억 원에서 2020년 7,000억 원으로 매년 늘어나고 있는 보이스 피싱 범죄에 관한 자막으로 시작한다. 그리고 성실하게 일하고 있는 사람들의 모습과 함께 유사한 실제상황과 비슷한 치밀한 보이스 피싱 범죄 수법들이 묘사된다. 이어서 보이스 피싱 범죄 피해로 절망에 빠진 사람들, 예컨대 직원들의 월급, 딸 수술비, 아파트 중도금 등의 사연들이 이어진다. 전직 형사였던 한서준은 아파트 중도금 7,000만 원과 직원들의 월급 30억 원을 보이스 피싱으로 날려 자살한 건설회사 소장의 돈을 찾기 위해 범죄 집단을 추적한다. 그는 경찰 수사관을 통해 대림동 박실장으로 불리는 사람이 보이스 피싱 총책임자라는 단서를 잡고 최초 발신지가 중국에 있음을 확인한다. 이로써 영화는 대림동과 중국이라는 공간을 연결시켜 그 의미를 강화시킨다. 한서준은 우여곡절 끝에 거대한 규모로 운영되고 있는 보이스 피싱 조직 잠입에 성공한다. 여기서 영화는 김현수로 사칭한 곽프로가 삥땅하다가 걸린 정남기를 향해 "너 욕심에 인플레이션 나면은 니 인생에는 IMF 나는 거야, 기회와 자유의 공간에서 이게 무슨 그릇된 경우야.....자본주의 업신여기고 그러면"이라는 말을 통해 자본주의의 실체를 드러낸다. 이어서 다양한 형태의 보이스 피싱 프로젝트가 소개된다. 그것은 다름 아닌 '건강보험료 인상으로 국민들이 화나 있다'는 것과 '지금 웃는 자 최후에서 웃는다'라는 대치동 프로젝트, 헬조선을 언급하면서 취업 준비생 등을 대상으로 한 보이스 피싱 공략 대상이다. 보이스 피싱 범죄자들은 한국사회에서 가장 취약한 사람, 계층을 공략하여 자신들의 목적을 달성하고 있는 비열하고 야비한 범죄 집단으로 묘사하고 있는 것이다. 영화는 이들이 실제로 운영하고 있는 총본부가 중국 북동쪽 선양(瀋陽)에 있음을 알게 된 경찰과 한선우에 의해 황사장을 검거하고 잃어버렸던 돈을 다시 회수함으로써 마무리된다. 그러나 보이스 피싱은 "우아하게 스스로 죽게 만든다"고 하는 곽프로의 말과 그 밑에서 순진하게 보였던 청년이 "저도 돈 한 번 존나게 벌어보고 싶습니다"라는 말을 통해 한국사회에 팽배해 있는 탐욕스럽고 무차별적인 자본주의의 욕망을 비판한다. 문제는 이들 영화가 냉혹하고 잔인한 범죄 행위로 이루어진 이전 시기 나홍진의 <황해(2010)>, 한준희의 <차이나 타운

<2015)> 등에서처럼 중국 조선족들이 모여 살고 있는 대림동을 비롯한 특정한 한국내의 공간이나 중국을 배경으로 하고 있다는 점이다. 이것은 공간이 의미를 생산해 낸다는 공간과 인식의 동일적 의미를 상기시켜 중국 조선족, 중국에 대한 특별한 이미지를 형성하게 만드는데 이들 영화들이 견인차 역할을 하고 있음을 말한다.

또한 이 시기에는 이전부터 지속되어 온 가장 보편적이고 관습적인 영화적 갈래라 할 수 있는 남녀 사이의 사랑을 코믹하게 다룬 영화들, 이를테면 김한결의 <가장 보통의 연애(2019)>, 정가영의 <연애 빠진 로맨스(2021)>, 조은지의 <장르만 로맨스(2021)> 등과 다양한 형태의 범죄를 묘사하고 있는 영화들이 등장했다. 이 시기 범죄를 다루고 있는 몇몇 영화들에서는 시대적 흐름과 연동된 특이성이 포착된다. 이것은 1999년에 이어 2015년 이후 마약류 범죄자가 10,000명이 훌쩍 넘은 국내의 사회적 현상[46]에 근거한다고 할 수 있다. 이와 같은 흐름과 연관된 유형의 영화로는 마약의 최종 우두머리를 검거하기 위해 오랫동안 마약조직을 추적한 형사 원호의 모습을 다루고 있는 이해영의 <독전(2018)>, 실적이 별로 없던 경찰서의 마약반이 전국에 유통망을 가지고 있는 마약조직을 검거하기 위해 치킨 집을 운영하면서 벌어지는 다양한 상황들을 묘사하고 있는 이병헌의 <극한직업(2019)>을 들 수 있다. 특히 영화 <극한직업>에서는 의도치 않게 장사가 너무 잘되 본말이 전도된 상황의 코믹한 풍경과 목숨 걸고 사업한다는 소상공인들을 향한 그들의 경험담, 마약범죄를 해결하고 난 후 4명의 형사들이 의자에 앉아 있을 때 홍콩 영화 <영웅본색(英雄本色)>의 노래 <당년정(當年情, Love of the Past)>이 흘러나오면서 마무리되는 장면 등은 범죄영화의 갈래가 다른 유형의 형태로 확장될 수 있는 여지를 보여준다. 그리고 교통사고 이후 다양한 모습으로 거울에 비쳐 혼란에 빠진 강이안이 자신을 찾아가는 과정을 묘사

---

46) 박재억, 『마약류 범죄백서』, 대검찰청, 2023, 102쪽 참고.

한 윤재근의 <유체 이탈자(2021)>에서도 완제품 3,500개로 시가 250억 원
이 넘는 '에테르 엑스'라는 신종마약 유통 거래조직이 등장한다. 뿐만 아니
라 이 시기에는 전형적인 범죄영화라 할 수 있는 살인사건과 연관된 범죄 집
단을 대상으로 하는 영화도 등장했다. 이는 부산을 배경으로 감옥에 수감
된 살인범 강태오가 진실과 거짓을 섞어 자신의 추가 살인을 고백하자 그
의 살인 행적을 쫓으면서 공소시효가 얼마 남지 않은 실제 범죄 행위를 규
명해 가는 김형민 형사를 묘사한 김태균의 <암수살인(2018)>과 연쇄 살인마
의 표적이 된 조직 폭력배의 우두머리와 형사가 공조하여 연쇄 살인마를 체
포하여 사건을 해결해가는 과정을 묘사하고 있는 이원태의 <악인전(2019)>,
실제 배우가 납치된 상황을 상정하여 돈을 요구한 범인에 의해 제한된 시간
으로 극적 긴장감을 자아내는 필감성의 <인질(2021)>도 이러한 기조 속에 있
는 영화라 할 수 있다. 이처럼 이 시기는 마약과 연쇄 살인마, 범인을 검거하
기 위해 제거되어야 할 조직 폭력배와 공조, 실제적 상황을 가정한 범죄를
다룬 형태의 다양한 범죄영화가 등장했다. 이는 오랜 공백으로 복직을 앞둔
김현수 형사가 실종된 소녀 정세진을 자살로 마무리하기 위해 사건을 다시
조사하던 중 홀로 남겨진 소녀의 모습에 자신의 모습을 투영시켜 인간의 실
재적 내면과 현실적 삶을 연결시키고 있는 박지완의 <내가 죽던 날(2020)>
에서도 확인된다. 범죄를 다룬 이러한 영화들은 다양한 소재를 통해 발전하
기도 한다. 이를테면 과거 국정원의 해외공작활동을 전담하는 부서에 근무
했던 김인남이 부서의 해체로 청부 암살자로 변신하여 동남아의 범죄 집단
으로부터 납치된 여인의 딸을 구출하는 모습을 다룬 홍원찬의 <다만 악에
서 구하소서(2020)>와 국정원의 암살요원이었던 준이 자신이 근무했던 방패
연이라는 국정원 조직 훈련모습과 활동을 웹툰으로 연재함으로써 국정원
과 킬러로부터 동시에 표적이 되어 어려움에 처하게 되지만 이를 극복하고
작가로서 평범한 삶을 살아가고자 한 모습으로 마무리된 최원섭의 <히트맨

<(2020)>, 한 해 평균 300명 이상의 범죄자들이 경찰의 수사를 피해 해외로 도주한다는 사실과 베트남으로 도주한 용의자를 검거하기 위한 미션을 부여받은 형사들의 모습을 묘사한 이상용의 <범죄도시 2(2022)> 등을 들 수 있다. 이러한 유형의 영화들은 시대적 담론과 무관한 가장 일반적 형태로 존재해 온 범죄영화의 갈래라 할 수 있다. 한국사회에서 과거의 유산으로부터 벗어나지 못한 대표적인 것 중 하나는 여성에 대한 인식을 들 수 있다. 이는 김도영의 <82년생 김지영(2019)>을 통해 확인된다.

영화는 아침부터 저녁까지 어린 딸과 주부로서의 일상적 모습을 결혼한 1982년생 김지영과 심리상담소를 찾은 남편 대현의 모습으로 시작된다. 이후 아내로서, 엄마로서, 며느리로서의 고단한 그녀의 일상이 전개된다. 특히 명절날 시댁에서 하루 종일 일하고 저녁 늦게 자신의 집으로 돌아오는 장면과 언니와 함께 세계여행을 하고 싶었던 어린 시절을 회상하는 지영의 서로 다른 모습은 한국사회에서 현실을 살아가는 여성으로서의 실제적 존재를 부각시키고 있다. 이것은 성차별적 문화로 인해 출산 후 회사를 휴직한 그녀의 현재적 삶이 녹록치 않음을 의미한다. 경력단절과 육아로 일상에 지치고 우울증에 빠진 지영의 이러한 모습은 단순히 그녀에게만 적용되는 것이 아니다. 이는 할머니, 어머니, 지영으로 이어진 여성에 대한 그동안의 한국사회에 켜켜이 쌓여온 문화와 인식에 기인한다. 이것은 한국사회에서 여성의 희생을 강요한 문화가 얼마나 뿌리 깊게 오랫동안 이어져왔는지를 보여주고 있는 것이다. 이는 과거와 현재를 넘나들면서 다양한 여성의 시선, 즉 할머니, 엄마로 빙의한 지영의 위로하고 위로받는 말과 모습을 통해 확인된다. 그러므로 영화는 고정된, 관습적 시선에서 벗어나지 못한 한국사회 속에 내재되어 있는 뿌리 깊은 여성에 대한 편견과 차별 문화를 폭로하고 있는 것이라 할 수 있다. 비록 영화는 해질 녘 가슴이 쿵 내려앉는 느낌의 처음 부분과 달리 석양이 지는 태양을 보면서 밝은 표정으로 글을 쓰고 있는 프리랜

서 김지영의 모습으로 마무리되지만 할머니, 엄마, 지영으로 상징화된 과거에서 현재로 이어진 여성에 대한 차별적 유산이 한국사회에 얼마나 오랫동안 지속되고 있는지를 보여주고 있다. 과거의 행위가 현재로 이어지는 것은 이승원의 <세자매(2021)>에서도 나타난다.

가쁜 숨을 몰아쉬고 한밤중 손을 잡고 달리는 어린 자매들의 뒷모습을 흑백으로 보여주고 난 후 영화는 컬러 화면으로 변하면서 병원에서의 첫째 희숙, 작가로 활동하고 있는 셋째 미옥, 넓은 아파트로 이사한 후 목사와 기도하는 둘째 미연의 모습으로 시작된다. 이후 영화는 이들 세자매가 살아가는 현실에 중심을 두면서 그들의 현재 모습이 무엇으로부터 비롯되었는지를 추적한다. 현재 꽃집을 하면서 살고 있는 첫째 희숙은 남편 정범과 문제아인 딸 보미로부터 온갖 착취와 무시 속에서 암에 걸린 채 자신의 병을 감추고 살아가고 있고, 아들이 있는 상운과 결혼한 셋째 미옥은 항상 술에 취해 있으면서 무절제한 폭력적인 성격을 가지고 있으며, 대학교수인 남편과 살고 있는 둘째 미연은 자신의 삶과 가정이 완벽한 형태로 보이도록 애쓰는 가식으로 점철되어 있는 모습으로 제시된다. 이들의 서로 다른 삶의 모습과 성격, 태도는 아버지 생일을 맞아 어릴 때 살았던 집을 방문하면서 흑백으로 바뀐 화면을 통해 설명된다. 즉 한밤중 개 짖는 소리와 물건들이 깨지는 소리와 함께 미연이 미옥의 손을 잡고 동네 구판장으로 달려간다. 술 취한 아버지가 어머니와 희숙, 막내 동생 진섭에 대해 폭력 행위를 보고 신고하기 위해 미연이 동생 미옥을 데리고 맨발로 구판장으로 뛰어온 것이다. 그러나 아버지의 심각한 가정폭력은 시간이 흘러 그가 독실한 개신교의 장로가 되어 기도하는 행위로 이어진다. 이런 아이러니한 상황의 아버지를 보고 미연은 과거 자신들에게 가했던 폭력적 행위에 대한 사과를 요구하면서 자신이 9살 때 "내일 아침에 자고 일어나면, 우리 아버지만 빼고, 아버지만 빼고, 우리 가족 모두 죽어 있게 해주세요"라고 기도했다고 절규한다. 미연의 이 말에 영화는 유리벽에 이마를 부딪치면서 괴로워하는 아버지와 자매들의 어린 시절을 함께 보여주면서 바닷가에서 사진을 찍고 거니는 현재의 모습으로 마무리된다. 결국 아버지의 불륜, 술에 의한 폭력 앞에서 숨죽이면서 어떤 역할도 하지 못했던 무기력한 어머니는 모든 것을 항상 자신의 탓으로 돌리는 소심함과 남편과 딸의 폭력적 행위에 위축되어 있는 희숙의 현재적 모습으로 투영되고, 술에 의지해 살았던 아버지의 폭력성은 항상 술에 취해 있는 미옥의 모습으로 투영되며, 가정을 돌보지 않아 생긴 가족해체의 불안정성은 미연의 완벽한 가정에 대한 강박관념으로 남편과 자식들에게 숨도 쉬지 못할 정도의 답답함으로 이혼의 위기와 가식적 모습으로 나타난다. 이로써 영화는 아버지의 불륜, 폭력적 행위와 무기력한 어머니의 모습이 자식들에게 이어져 현재 세자매들의 삶의 태도와 인식, 행동에 계승되고 있음을 보여준다. 이를 통해 현재는 과거로부터 분리될 수 없고, 현재는 과거를 통해 형성된다는 평범한 사실을 드러낸다. 현실에 대한 판단과 인식이 이전 세대로부터 결코 분리될 수 없다는 것은 김대환의 <초행(2017)>에서도 찾아볼 수 있다.

이는 결혼을 앞 둔 7년차 동거 커플인 수현과 지영의 서로 다른 부모의 모습을 통해 묘사된다. 미술 강사와 방송국 계약직원으로 근무하고 있는 이들은 결혼을 위해 자신들의 부모를 찾아간다. 공무원, 부동산 중개인으로 일하고 있는 지영의 부모는 그녀가 결혼하기를 바라지만 생활에 대한 현실적 문제로 지영과 갈등관계에 있다. 반면 별거하고 있는 부모를 만나기 위해 지영과 함께 삼척으로 간 수현은 아버지로부터는 무조건 결혼하라는 말을, 어머니로부터는 결혼의 불확실성에 대해 듣는다. 아버지와 어머니의 서로 다른 의견은 별거하고 있는 수현 부모들의 현재적 삶의 모습과 연동되어 있다. 특히 그들 사이의 갈등이 싸움으로 번지자 수현과 지영은 그들을 피해 밖으로 나와 서울로 향한다. 영화는 수현과 지영 부모들의 상황과 관계,

인식을 결혼을 앞두고 있는 수현과 지영의 심리적 상태로 연결시킨다. 지영의 부모를 통해서는 결혼 이후 실제적 삶의 형태가, 수현의 부모를 통해서는 결혼에 대한 근본적 문제로 제시된다. 특히 영화에서의 들고 찍기 수법은 이들이 처한 실제적 현실, 즉 때론 거슬러가기도, 때론 뒤따라가지만, 정확한 길을 알지 못하는 인생의 초행길을 가는 젊은 연인들이 헤매는 상황의 은유처럼 보인다. 결국 새로운 출발을 앞둔 젊은 연인들에게 부모들의 이러한 상황과 인식은 유산처럼 인생에 있어 고려되어야 할 하나의 좌표로 인식되고 있음을 묘사하고 있다. 반면 부정적 유산을 긍정적 유산으로 전환시키려는 시도는 이준익의 <변산(2018)>에서 나타난다.

서울에서 심백으로 활동하고 있는 래퍼 김학수는 어느 날 소설가이면서 면사무소에 근무하고 있는 친구 정선미로부터 자신의 아버지가 뇌졸중에 걸려 병원에 입원해 있다는 소식을 받고 고향 변산으로 돌아온다. 그런데 김학수는 과거 건달 생활을 하면서 가정을 돌보지 않았던 아버지에게 적대감을 가지고 있다. 이에 대한 그의 감정은 과거 자신이 좋아했던 미경과 자신을 좋아하고 있는 선미 사이의 좋았던 기억과 동네 조폭으로 변한 친구 김용대 사이의 갈등과 함께 전개된다. 이러한 두 갈래의 이야기는 죽음을 앞두고 있는 아버지의 후회로 학수와 아버지가 화해하게 되고 래퍼로서 성공한 후 정선미의 진심을 알게 되면서 결혼식으로 마무리된다. 영화는 아버지로 인한 그에 대한 적대감과 청소년 시절의 후회를 과거와 현재의 슬픔, 기쁨, 비애 등의 모든 삶이 어우러져 있는 '변산'이라는 고향으로 해소함으로써 이전 세대와 시기의 부정적 요소를 긍정적 요소로 전환시키고 있는 것이다.

기업인, 정치인, 법조인, 언론인으로 연결된 카르텔에 대한 비판적 시각을 담고 있던 이전시기의 영화적 흐름은 4조원의 다단계 금융사기 사건의 주역 장두칠과 그의 돈을 두고 벌이는 장창원의 <꾼(2017)>에서도 이어져 나타난다. 다만 여기서는 종교 기관인 생명수 교회가 추가되어 금융피라미드의 사기꾼, 이와 연결된 검사 박희수, 대선에 출마 하는 한민당의 성용재, 그리고 언론인 사이의 관계를 통해 자본과 정치, 권력, 언론이라는 카르텔이 여전히 작동하고 있는 한국사회의 현실을 다루고 있다.

이처럼 이 시기의 영화는 현재의 모습, 즉 현존재는 과거와 결코 분리될 수 없는 것이며 과거로부터 이어져온 관습, 유산으로부터 단절될 수 없음을 보여준다. 이를 영화에서는 범죄와 관련된 중국 조선족을 묘사하거나 유사한 영화적 갈래의 지속, 여성에 대한 사회적 인식, 부모세대로부터의 경험, 기득권 세력 사이의 카르텔을 통해 보여주고 있는 것이다.

6-3. 욕망과 위선의 현실

인간의 욕망은 위선이라는 과정을 통해 현실의 삶에서 드러난다. 이것은 현실 속 사고와 행위가 인간의 깊은 내면에 자리하고 있는 욕망으로부터 위선을 통해 나타나게 됨을 의미한다. 결국 인간은 욕망을 실현하기 위해 위선이라는 말과 행위를 통해 현실 속에 존재하게 되는 것이다. 그러므로 현실 속 인간의 모습은 욕망에 근거한 위선과 불가분의 관계에 있음을 말한다. 이를 통해 우리들은 인간의 실체에 접근하게 된다. 이러한 관계, 즉 드러난 것과 드러나지 않는 사이의 간극에 대한 탐구는 시대를 초월하여 모든 예술 영역에서 나타난 불변의 창작대상이며 영화도 예외일 수는 없다. 이와 같은 특징은 홍상수의 영화에서 주로 확인된다. 특히 홍상수는 반복적이고 평범한 일상을 살아가는 사람들의 모습에서 욕망과 위선을 포착하여 실체에 접근하려 한다. 그것은 현실이 인간의 욕망과 위선의 결과임을 증명하는 것과 다름없으며 2017년 개봉된 <그 후>에서 찾아 볼 수 있다.

영화는 사랑했던 여인 창숙과 헤어져 괴로워하는 출판사 사장이자 문학평론가인 봉안의 현재적 상황을 동일한 장소와 시간, 행위를 상정하여 번갈아 보여주면서 '신춘문예' 지원자인 아름과의 관계를 통해 드러낸다. 이는 창숙과 부적절한 관계였던 유부남 봉안이 아름과의 점심 식사도중 그녀로부터 "왜 사세요?"라는 질문에 이어 '실체'와 '믿음'에 대한 논쟁으로 비롯된다. 그것은 실체가 존재한다고 주장하는 봉안과 실체가 정말 존재하느냐고 의심하면서 그냥 믿어야 하는 믿음의 중요성을 말하는 아름 사이의 서로 다른 상반된 시각이다. 그녀는 "실체가 말로 잡히는 거냐"라는 그의 말에 "실체를 알 수 없는 거라면 사실은 없는 것 아닌가요, 그 없는 걸 안다고 아는 양 전제하는 게, 그게 거짓말 아닌가요"라고 반박한다. 그럼에도 불구하고 봉안은 '실체는 존재하는 것이고 느낌으로 알 수 있는 것이며 이야기로 정의될 수 없는 것'이라 주장하지만 아름은 자신이 믿고 있는 것, 즉 "저는 저 자신이 주인이 아니라는 거, 주인공이 아니라는 것과 언제든 죽어도 된다는 거, 정말로 괜찮다는 걸 믿으며 모든 게 다 괜찮다는 거, 모든 게 다 사실 아름다울 것이라는 거, 이 세상을 믿는다"라고 결론짓는다. 이들의 논쟁은 딸아이 때문에 창숙에게서 가정으로 돌아간 봉안의 지나간 사랑을 은유적으로 규정하면서 사람 사이의 사랑을 비롯한 모든 관계는 실체와 믿음 사이에 존재하는 것임을 보여준다. 이것은 봉안의 '실체'와 아름의 '믿음'을 통해 사람들이 서로 다른 인식에 근거하여 일상적 삶을 살아가고 있음을 묘사하고 있는 것뿐 아니라 믿고자 하는 인간의 욕망이 서로 다르다는 것을 확인하는 것이며, 그로 인해 자신을 위한 다양한 모습의 위선들이 현실을 구성하고 있음을 의미한다. 이러한 경향은 <클레어의 카메라(2018)>에서도 드러난다.

5년 동안 영화 회사에서 실장으로 일해 왔던 전만희는 칸느 영화제에서 자신의 회사 대표인 남양혜로부터 자신이 취업하게 된 이유라 할 수 있는 '순수하다'는 것과 '정직하다'는 것이 일치하지 않았다는 이유로 해고당한다. 영화는 순수와 정직에 대한 화두를 던지고 바닷가를 거닐던 소완수 감독, 남양혜가 사진 찍기를 좋아하는 음악선생인 클레어와의 만남을 계기로 새로운 의미로 전환된다. 이는 사진을 두고 찍힌 사진과 지금의 모습이 다르다고 말하는 클레어 선생의 말로 의미화된다. 그녀의 언급은 '시간의 흐름이 모든 것의 변화를 담지하고 있으며, 지금의 나는 바로 얼마 전 내가 아니다'라는 말과 연동되면서 고정과 변화, 이른바 영원과 순간을 구성하고 있는 사랑, 혹은 현실을 지칭한다. 이것은 남양혜 대표가 전만희를 소완수 감독과 부적절한 관계로 의심한 것과 연결된다. 따라서 전만희의 해고는 남양혜의 심리 상태의 결과인 것이다. 이 모든 것은 전만희의 "사진을 왜 찍느냐"라는 질문에 "사진은 천천히 들여다보고 천천히 변화를 가져오기 때문이다"라는 클레어의 대답과 남양혜를 향해 '남녀 관계를 청산하자'는 소완수 감독의 말로 수렴된다. 결론적으로 영화는 순수와 정직의 불일치, 고정과 변화라는 개념을 인간 내면에 도사리고 있는 사랑에 대한 욕망과 연결시키고 있는 것이라 할 수 있다. 이와 유사한 형태는 홍상수의 <풀잎들(2018)>에서도 나타난다.

마치 한 편의 구조화된 무대에서 사람들의 만남과 시간의 지속을 통해 낯설음에서 익숙함으로 변해가는 인간관계의 변화를 바라보고 기록하는 객관자의 관점으로 영화는 전개된다. 이는 카페에서 자살한 친구 승희를 두고 다투는 젊은 홍수와 미나의 모습, 사랑 때문에 자살을 시도한 적 있다는 중년의 창수와 성화, 배우이자 시나리오 작가인 경수가 여성 작가인 지영을 만나 공동 작업을 요청하지만 거절당하고 난 후 관찰자처럼 위치 지어진 아름에게 다가와 또 다시 글을 같이 써보자고 제안하지만 남자 친구의 존재로 인해 거절당하는 장면을 통해 보여준다. 이어서 영화는 순영의 연인이었던 최교수의 자살을 두고 그녀를 비난하고 있는 재명을 향해 "우리는 사랑한 것뿐이에요"라는 말로 항변하는 순영의 모습으로 이어진다. 화면은 시간이 흘러 저녁 무렵 창수와 성화, 경수와 지영의 술 마시는 장면과 홍수와 미나의 모습으로 바뀐다. 여기서는 성화의 집에서 살고자 하지만 그녀로부터

거절당한 창수가 자신의 거처를 걱정하던 후배 감독 경수의 호의를 무시하
는 모습과 승희의 자살에 대해 서로 원망했던 미나와 홍수가 자신들의 잘
못이었다고 인정하면서 홍수가 미나에게 여행간다는 사실을 묻는 장면으
로 지속된다. 미나는 이전에 자신이 말했던 것은 "다 쇼야, 다 쇼야"라고 하
면서 "나랑 있을래, 오늘"이라고 홍수에게 제안하자 "너랑 같이 있을 수 있
다"고 그가 대답하면서 밤을 함께 보내기로 한다. 그리고 창수, 미나, 경수,
지영 근처에 있던 객관적 위치의 아름이 이들에게로 합류한다. 영화는 이처
럼 엇비슷하게 세팅된 테이블에 각기 다르게 쌍을 이룬 인물들이 마주앉아
나누는 대화 장면의 반복과 변주에 관찰자의 시점이 더해진다. 이것은 서로
유사해 보이지만 다른 긴 플랑-세캉스 형태의 테이블 대화가 반복, 변주되
는 과정이 영화적 시간의 대부분을 차지하고 있음을 말한다.[47] 이렇듯 영화
는 두 가지 형식적 구조, 즉 관객이 구조화된 무대를 객관적으로 바라보는
듯한 방식과 관객을 대신하여 그들의 말과 행위를 해석하는 관찰자, 아름
의 시각을 중첩시킨다. 이것은 카메라의 물리적 시선과 아름의 주관적 시선
이 서로 다름을 의미한다. 이는 "카페에서 대화를 나누는 사람들의 이야기
를 듣고 이들을 관찰하면서 자신의 생각을 끄적거리는 아름이 카메라처럼
외부에 위치한 관찰자이지만 신중한 관찰자가 아니다. 해석이 관찰을 압도
하기 때문이다. 부조리한 면모를 보이거나 아이러니, 위선적 태도를 보이기
도 하는 영화 속 인물들만큼이나 아름 역시 잘 알지도 못하면서 타인을 판
단하고 누구가의 죽음을 쉽게 넘겨짚고 섣부르게 상대방 탓이라고 단정하
는"[48]것으로 드러난다. 결국 영화는 어떤 객관성도 주관적 해석에 지나지 않
고 온전한 객관적 존재로 존재하지 않을 수 있음을 말하고 있는 것이다. 이
로써 영화는 사람들의 삶을 마치 무대 위에서 펼쳐지는 한 편의 드라마처럼

---

47) 이정하, 「<풀잎들>(홍상수)분석: 영화적 미니멀리즘과 구조의 영화」, 『씨네포럼』 42호, 동
　　국대학교 영상미디어센터, 2022, 103쪽.
48) 위의 논문, 113쪽.

보여지는 쇼일 수 있음을 다시 한 번 강조한다. 미나가 말한 쇼는 드러난 현실을 의미하며 그 현실의 이면은 미나가 홍수와 하루 밤을 보내고자 한 것과 창수가 성화의 집에서 함께 살고자 하는 욕망과 연결되어 있다. 영화는 "화면에 드러나지 않은 비가시적인 존재(죽은자/외화면 등)들이 유약한 산자들의 감정과 의식을 지배하며, 한없이 부서지기 쉽고 자기본위적일 수밖에 없는 인간들의 한계를 보여준다."[49] 결국 영화는 다양한 언어적 위장을 통해 인물들의 실제적 내면을 들여다보면서 인간이 욕망이라는 벽을 쉽게 넘지 못한 존재라는 것을 겨냥하고 있다. 이런 이유로 어쩌면 인간의 삶은 위선과 허위로 가득 찰 수밖에 없다는 것을 영화 속 인물들의 대화를 기록하고 관찰하면서 자신의 생각을 내레이션을 통해 말하는 아름을 통해 상기하고 있는 것이다. 인간의 욕망과 위선을 적나라하게 드러낸 영화중 하나로 이재규의 <완벽한 타인(2018)>을 들 수 있다.

영화는 1984년 속초에서 어린 시절을 함께 보낸 5명의 친구들 중 4명, 성형외과 의사가 된 정석호, 변호사가 된 강태수, 레스토랑을 운영하고 있는 고준모, 체육선생이 된 영배가 모여 벌어진 이야기를 다루고 있다. 이는 어렸을 적 모든 것을 어둠 속에 빠트렸던 개기월식 경험을 새로운 집으로 이사한 석호의 집들이에 모인 친구들이 바라보고 있는 개기월식 장면과 중첩시키면서 의미화된다. 이것은 정신과 의사인 석호의 부인 예진의 핸드폰 게임 제안으로 저녁 먹을 동안 핸드폰에 오는 모든 메시지를 서로 공유하자는 것으로 시작된다. 이로써 영화는 인물들의 현실적 모습 뒤에 감춰져 있는 은밀한 비밀들이 하나 둘씩 드러난다. 그것은 그들의 일상과 현실에서 보여진 것과는 전혀 다른 상황들, 예컨대 정신과 치료받고 있는 석호와 딸 소영의 연애로 골치아파하고 있는 예진의 모습, 가부장적인 태수의 불륜 의혹과

---

49) 이선주, 「'도망치는 영화', 혹은 비가시적 세계의 확장: 홍상수의 복잡성 내러티브 영화의 진화」, 『아시아영화연구』 14권 1호, 부산대학교 영화연구소, 2021, 298쪽.

문학소녀 같은 그의 부인 황수현, 몇 번의 사업실패를 경험한 준모와 이를 경계하는 그의 나이 어린 부인 수의사 세경, 자신의 성정체성을 감추고 있는 체육선생 영배의 모습이 하나 둘씩 폭로되면서 파국으로 치닫게 되는 상황인 것이다. 여기에 친구 부인들 사이의 뒷 담화 장면과 성형의 문제점을 강의하면서 자신도 가슴 성형을 받고자 하는 예진의 모습과 같이 친구들의 은밀한 사생활은 마치 개기월식으로 인해 드러나지 않았던 그들의 이중적이고 위선적인 모습들이 폭로된다. 이러한 극적 긴장감 속에서 전개된 이들의 실체적 모습은 갑자기 개기월식이 끝나고 마치 아무 일도 없었다는 듯이 식사를 마치고 헤어지면서 마무리된다. 그 이유는 예진이 제안했던 핸드폰 게임은 실제로 하지 않았기 때문이다. 영화는 핸드폰 게임을 했을 경우를 가정해서 벌어질 일을 상상했던 것이며, 이는 자막을 통해 "공적인 하나, 개인적인 하나, 비밀의 하나"로 정리된다. 그러므로 영화는 인간의 욕망과 허위, 위선의 실체에 접근하면서도 그것이 드러나지 않았을 때 비로소 일상과 현실이 평온하게 지속될 수 있음을 말하고 있는 것이다. 인간은 욕망에 의한 위선과 허위의 관계 속에서 현실에 내던져진 존재이며, 그렇기에 영화의 제목에서처럼 완벽한 타인으로 존재하게 되는 것이다.

반면 김의석의 <죄 많은 소녀(2018)>에서는 여학생들 사이의 시기와 질투로 인해 자살한 경민을 두고 벌어진 다양한 사람들의 모습, 이를테면 보험금을 위해 자살로 결론짓고자 한 아버지, 경민의 죽음과 무관하다고 항변하는 영희를 믿지 않고 의심하는 형사와 담임 선생, 경민의 엄마, 경민의 죽음에 관한 모든 것을 알고 있으면서 진실을 말하지 않은 한솔의 모습은 결국 영희를 죽음으로 내몰게 되는데, 이는 인간 속에 내재되어 있는 위선과 욕망의 이기심에 근거하고 있음을 보여준다. 이와 같은 경향은 한 호텔에 투숙하고 있는 두 사람, 즉 죽음을 앞둔 나이 먹은 중년의 시인 영환이 두 아들을 자신이 묵고 있는 호텔로 초대해 자신의 삶을 정리하는 듯한 모습과 유부남인 연인으로부터 배신당한 젊은 여자 아름이 위로받고자 선배 언니 연주를 부르면서 각각 자신들의 육체적, 도덕적 한계로 인한 마음의 상처를 스스로 정리하면서 치유해가는 모습을 다룬 홍상수의 <강변호텔(2019)>에 서도 엿볼 수 있다. 인간의 위선과 그 내면을 들여다보고 있는 또 다른 영화 로는 교수이자 번역가인 남편이 출장 간 사이 감희가 세 명의 친구를 만나 면서 벌어진 세 개의 서로 다른 이야기를 다루고 있는 홍상수의 <도망친 여 자(2020)>를 들 수 있다.

영화의 첫 번째 에피소드는 감희가 남편과 헤어진 후 서울 근교에 살고 있는 영순 언니를 찾아가면서 나눈 대화로 구성되어 있다. 여기서 감희는 5년 동안 남편과 한 번도 떨어져 본적이 없다고 하면서 사랑하는 사람은 무 조건 붙어 있어야 된다는 남편의 말을 영순에게 한다. 이어서 영순은 서울 을 떠나게 된 이유라 할 수 있는 안 해도 되는 말도 해야 되고 하기 싫은 것 도 해야 되는, 즉 진심이 결여된 말과 행동의 부조화로 인한 일상 속에서 사 람과 관계의 어려움을 토로한다. 그러나 이러한 영순의 말은 몸과 마음이 따로 논다고 하면서 고기를 먹으면서 소의 눈이 정말 예쁘다는 말과 길고양 이 먹이 문제로 이웃집 남자로부터 항의를 받지만 수용하지 않은 모순적 상 황으로 이어진다. 이는 두 번째 에피소드에서 필라테스 강사이자 창작무용 가로 혼자 살고 있는 수영을 통해서도 나타난다. 여기서도 감희는 수영에게 5년 동안 남편과 한 번도 떨어져 본적이 없다고 하면서 사랑하는 사람은 무 조건 붙어 있어야 된다는 남편의 말을 반복한다. 수영은 자신의 삶의 목적 과 방식인 재미있게 살기 위해 지식인, 예술가들이 모인 술집을 자주 들러 그곳에서 만난 가난한 젊은 시인과 하룻밤을 보내기도 한다. 그러나 그녀는 정작 자신의 윗 층에 살고 있는 별거중인 건축가를 마음에 두고 있다. 이것 은 그녀가 악착같이 10억을 모았다고 말한 것과 연동된다. 결국 그녀가 재 미있게 살기 위해 삼청동으로 이사 온 것은 젊은 시인과의 사랑을 위한 것이 아니라 자신의 현실적 욕망을 채우기 위한 것임을 보여준다. 세 번째 에 피소드는 감희의 과거 연인이었던 정 선생을 뺏은 친구 우진을 우연히 극 장에서 만나게 된 장면으로부터 시작된다. 여기서는 사회적으로 성공한 친 구 우진의 정 선생이 북콘서트와 텔레비전 등에 출현하여 내뱉은 반복된 말 과 그의 책에 관한 것을 다루고 있다. 이에 대해 감희는 그 많은 책과 반복 된 말 속에 과연 진심이 존재할까하는 의문을 제기한다. 이 모든 것들은 감 희가 극장에서 보고 있는 넓은 바다 장면으로 수렴된다. 바다는 수많은 생 물들이 존재함에도 우리들은 평화로워 보이는 그 표면만 보고 있는 것이다. 어쩌면 영화는 5년 동안 남편과 떨어져 지내 본적이 없다는 것과 사랑하는 사람이라면 붙어 있어야 한다는 것, 그리고 감희가 꽃집을 운영하고 있다는 것은 이상적이고 비현실적인 관념의 강박 속에 사로잡힌 것일 수도 있음을 순영, 수영, 우진을 통해 보여주고 있는 것이라 할 수 있다. 이것은 이러한 상황으로부터 도망치고 싶은 여자 감희의 마음을 바다 표면으로 상징화된 허위와 위선이라는 장막의 삶으로 묘사하고 있는 것이다. 그러므로 영화는 인간이 현실이라는 삶 속에서 과연 '인간이 무엇으로 존재하고 있는 것인 가'라는 문제를 제기하면서 욕망과 위선 사이에서 끊임없이 갈등하면서 진 실과 거짓 사이에서 현실을 살아가야 하는 불가피한 존재임을 보여주고 있 다. 이는 인간이 욕망으로부터 얼마나 자유로운가에 의해 허위와 위선이 최 소화된 삶을 살아갈 수 있느냐의 문제와 연결된다. 이러한 특징은 <도망친 여자>에서처럼 3개의 에피소드로 구성된 홍상수의 <인트로덕션(2021)>에서 도 찾아볼 수 있다.

영화는 제목에서처럼 간단한 입문, 소개를 제시하는 3개의 서로 다른 짧 은 내용이 전개된다. 첫 번째에서는 한의사인 아버지의 호출로 한의원에 온 영호가 중년의 남자 배우를 우연히 만나고 간호사와 함께 눈 내리는 장면 을 바라보고 있는 모습을 보여주고 있고, 두 번째에서는 독일에서 의상공부를 하고자 한 영호의 여자 친구 주원의 모습을 보여주고 있으며, 세 번째에서는 영호의 엄마가 동해안의 횟집에서 배우의 꿈을 가진 영호를 불러 한의원에서 만났던 중년의 남자배우를 다시 만나는 장면으로 이루어져 있다. 여기서는 남자가 여자를 안는 문제로 배우를 하려다 그만 둔 영호와 중년의 남자 배우 사이의 사랑에 관한 입문자와 경험자로서의 간극이 묘사된다. 이것은 영호가 자신이 배우를 하려다 그만 둔 이유를 남자가 여자를 안는다는 행위, 즉 "마음도 없이, 사랑도 없이, 그냥 어떤 살아있는 한 여자를 제가 안는 거잖아요, 그런 행위를 가짜로 하는 게, 그게 좀 죄스럽다고 느껴졌다"라는 그의 말에 중년배우는 큰 소리로 '그게 뭐가 죄스럽냐'고 반문하면서 "장난으로 안아도 가슴으로 안아도, 장난으로 안아도, 다 사랑이야, 장난이건 연기건 다 가짜든, 그게 무슨 상관이야, 남자가 여자를 안은 건, 그건 다 사랑이야, 작게라도 좋은 것 밖에 없어, 그게 얼마나 귀한 건데, 얼마나 좋고 아름다운 건데"라고 말한다. 영화는 제목처럼 인트로덕션의 의미를 드러내면서 세대 간의 서로 다른 시각과 함께 진실과 허위에 관한 화두를 던진다. 이것은 차에서 주원에 관한 영호의 꿈에 이어 흑백이 강한 콘트라스트로 바다에 입수하는 영호와 친구 정수를 보여주고 난 후 앞으로 직면해야 할 세상의 위선과 허위의 세계를 아득한 수평선을 바라보고 있는 그들의 모습으로 마무리되는 장면을 통해 상징화된다. 현실이라는 상황 속에서 인간이 가지는 욕망의 다양성은 박찬욱의 <헤어질 결심(2022)>에서 극단적 상황을 통해 묘사된다.

　형사인 장해준, 오수완의 사격 연습과 "핵 발전의 인싸, 오늘도, 엄마 원전 완전 안전"이라는 액자 속의 신문기사를 보여준 후 장해준의 아내 안정안의 주말부부와 섹스리스 부부의 이혼율에 관한 언급으로 영화는 시작된다. 이어서 두 가지 살인사건, 즉 출입국 사무소에서 공무원으로 근무했던 기도수의 절벽 추락사건과 주식 애널리스트 임호신의 사건이 펼쳐진다. 이들 사건에 영화는 장해준과 송서래의 사랑을 연결시킨다. 그러므로 각각의 살인사건은 장해준, 송서래와 연동된 두 가지 형태의 사랑인 것이다. 첫 번째는 절벽에서 추락해 사망한 남편 기도수를 확인하기 위해 경찰서에 온 중국인 아내 송서래의 담담한 표정으로 '한국말이 부족하다'고 말하는 그녀를 심문하는 장해준 형사를 통해 보여준다. 그는 송서래를 조사하면서 그녀가 남편으로부터 지속적인 가정폭력에 시달렸고, 그녀의 외조부 계봉석이 항일 무장투쟁으로 건국훈장을 받은 만주 조선해방군이라는 사실과 현재는 노인 전문 간병인으로 일하고 있음을 알게 된다. 장해준은 그녀의 특이한 말과 행동을 관찰하면서 어느 덧 자신도 모르게 송서래에게 호의적 감정을 느끼게 된다. 이는 사망한 기도수가 남편임을 확인하기 위해 찾아온 그녀의 놀라지 않은 표정과 태도, 손가락의 결혼반지를 뺀 모습을 보고 후배 형사인 오수완의 "무서운 여자예요"라는 말에 장해준의 "슬픔이 파도처럼 덮치는 사람이 있는가 하면, 물에 잉크처럼 퍼지듯이 물드는 사람도 있다"고 하고, 송서래가 중국어로 공자의 말을 인용해 자신은 산보다는 바다를 좋아한다고 하자 자신도 그렇다고 동의하고, 아내의 초밥 요구를 묵살하지만 시마 스시 모듬 초밥 도시락으로 그녀와 함께 식사하고, 오수완으로부터 그녀가 중국에서 자신의 어머니를 살해했다는 정보를 확인했음에도 기도수의 사건을 종결한 것으로 증명된다. 이는 초밥 도시락에 이어 파도와 산을 연상케 하는 파란 바탕의 초록색 벽지를 배경으로 하고 있는 송서래 집의 그녀를 감시하고 있는 장해준의 모습과 불면증에 시달린 그가 그녀로 인해 잠을 푹 자게 된 모습으로 나타난다. 이것은 장해준이 송서래에게 점차 사랑의 느낌으로 스며들게 됨을 말한다. 이는 장해준이 자신의 부산 숙소에서 그녀를 향해 "예쁘다, 예뻐요, 실루엣이"라고 말하고, 그를 향한 송서래의 "처음부터 좋았습니다. 품위가 있어서"라는 고백을 통해 확인된다. 이들의 모습은 역설적으로 영화가 송서래의 살인사건을 규명하는 과정과 그녀를 사랑하게 된 장해준의 이율배반적인 관계, 즉 형사로서의 품위, 명예, 자부심 사이의 대립적 갈등이 더욱 심연에 빠지게 됨을 의미한다. 이들의 감정은 장해준이 송서래의 월요일 할머니 간병을 돕게 되면서 그녀와 동일한 기종의 할머니 휴대폰 기록을 확인하고 그녀가 치밀한 수법으로 자신의 남편 기도수를 살해했음을 알았음에도, 또한 그가 그녀를 향해 자신을 좋아하게 된 이유, 즉 "품위가 어디서 나오는지 알아요? 자부심이에요..... 나는 완전히 붕괴됐어요"라는 말로 자신의 도덕적 상황을 인식했음에도 불구하고 '할머니의 휴대폰을 아무도 찾지 못하게 깊은 바다 속으로 빠트리라'고 말하면서 송서래와의 관계를 정리하는 장면으로 뒷받침된다. 결론적으로 첫 번째 에피소드에서는 장해준이 살인사건의 피의자인 송서래를 만나 사랑하고 헤어지는 과정을 다루고 있다. 두 번째는 1년이 지난 후 이포의 원전 촬영지를 안내하는 중국 관광객 가이드로 일하고 있다고 한 송서래가 자신의 두 번째 남편 임호신과 시장에서 장해준, 안정안 부부를 만나면서 시작된다. 그리고 임호신이 살해되는 사건이 발생한다. 이로 인해 이포에서 근무하게 된 장해준은 불가피하게 송서래를 또 다시 만나게 된다. 기도수의 사건과 유사한 형태임을 눈치 챈 장해준은 바닷가에서 송서래에게 '내가 그렇게 만만하냐'고 하면서 "이번 알리바이는 차돌처럼 단단해야 할 것"이라고 말한다. 그녀를 심문하는 과정에서 장해준은 송서래에게 "왜 그런 남자랑 결혼 했습니까"라고 묻자 그녀는 "다른 남자하고 헤어질 결심을 하려고 했습니다"라고 대답한다. 이어서 그녀의 진심을 확인하고자 한 장해준은 송서래의 집을 찾아 "진짜 이 동네 왜 왔느냐"고 또 다시 묻자, 그녀로부터 "당신 만날 방법이 오로지 이거 밖에 없는데, 어떡해요"라는 대답을 듣는다. 이는 송서래가 장해준을 깊이 사랑하고 있음을 보여준다. 이것은 바다에서 건진 휴대폰을 통해 재구성된 살인사건이 일어나게 된 상황을 통해 묘사되기도 한다. 또한 송서래가 살인사건 현장에 장해준이 올 것을 알고 그가 무서워하던 피를 없애기 위해 살해당한 임호신의 흔적을 지우려 했다는 것과 장해준의 행동을 관찰하면서 혼잣말하고 있는 그녀의 모습을 통해서도 나타난다. 이는 외조부와 어머니의 유골을 뿌리는 호미산에서 장해준이 "내가 서래 씨를 왜 좋아하는지 궁금하죠"라고 물으면서 "몸이 꼿꼿해요. 긴장하지 않으면서 그렇게 똑바른 사람은 드물어요. 그것이 서래 씨에 관해 많은 것을 말해준다고 생각한다"고 하면서 자신이 그녀를 좋아하게 된 이유를 말한다. 영화는 임호신이 살해된 이유, 즉 송서래와 장해준과의 관계를 눈치 챈 임호신이 이를 알리기 위해 장해준의 아내에게 시도한 전화통화와 그들의 관계가 녹음된 음성파일을 인터넷에 올리겠다고 송서래에게 협박한 장면으로 이어진다. 송서래는 이를 저지하기 위해 사철성의 어머니를 살해하여 분노한 그가 임호신을 살해하도록 유도한 것이다. 이후 바다에서 건진 휴대폰의 음성파일을 지워버린 장해준은 전화로 송서래에게 음성파일이 없다고 한다. 그러자 그녀는 "무슨 파일이냐"고 묻고 "당신 목소리, 나한테 사랑한다고, 너무 좋아서, 자꾸 들었어요. 그걸 남편이 알아버렸어요"라고 하자 장해준은 "내가 언제 사랑한다"고 했냐고 반문한다. 그녀는 헛웃음을 지으면서 중국어로 "날 사랑한다고 말하는 순간 당신의 사랑이 끝났고, 당신의 사랑이 끝나는 순간 내 사랑이 시작됐죠"라고 절망하면서 장해준이 송서래에게 했던 말 "바다에서 건진 전화, 그거 다시 버려요, 더 깊은 바다에 버려요"라는 말을 남기고 바다로 향한다. 그리고 영화는 송서래의 자동차에 남겨진 휴대폰을 통해 자신이 그녀에게 했던 "저 폰은 바다에 버려요, 깊은 데 빠트려서, 아무도 못 찾게 해요"라는 말과 함께 나를 영원히 기억하도록 하기 위해 "난 해준 씨의 미결 사건이 되고 싶어서 이포에 갔나봐요, 벽에 내 사진 붙여놓고, 잠도 못자고, 오로지 내 생각만 해요"라는 말과 함께 바닷가 모래 사장을 깊이 파서 밀물로 인해 자살을 암시하는 장면으로 연결된다. 장해준은 녹음된 송서래의 휴대폰을 다시 들으면서 그녀의 진심을 알게 된다. 이후 영화

는 바닷가에서 그녀를 찾아 헤메는 장해준의 모습으로 마무리된다. 결론적
으로 두 번째 에피소드에서는 송서래가 장해준을 다시 만나면서 그들의 사
랑이 파국에 이르게 된 과정을 다루고 있다. 영화는 형사와 피의자라는 극
단적인 상황 속에 처해 있는 이들 사이의 감정을 바다의 안개와 정훈희의
노래 '안개'를 통해 시종일관 모호하게 묘사하고 있다. 이것은 관객을 영화
에 몰입시키는 장치일 수도 있고, 훌륭한 영화란 깊은 바다에 빠진 폰과 같
은 것, 진실을 아무도 못 찾게 하는 것, 상징과 은유가 숨은 그림처럼 배치되
어 있기 때문일 수 있다. 그러므로 모호함은 어쩌면 이 영화를 이해하는 열
쇠일 수 있다.[50] 동시에 이는 범인을 잡는 형사와 살인자라는 극단적 위치에
존재하고 있는 대립적 관계의 두 인물을 통해 사랑에 대한 욕망의 강렬함과
그로 인한 파국적 위험성을 나타내고 있는 것이기도 하다. 이것은 장해준이
자신을 향해 여자에 미쳐서 수사를 망치고 완전히 붕괴되었다는 말과 사랑
을 위해 살인을 서슴치 않고 자신을 죽음으로 몰고 간 서래의 사랑으로 나
누어진다. 영화는 극단적 관계로부터 비롯된 이들의 사랑이 완전한 붕괴, 즉
무너지고 깨어진다는 의미를 가질 수밖에 없다는 사실에도 인간의 삶을 견
인하는 것은 사랑에 대한 욕망의 추동일 수 있음을 보여주고 있는 것이다.
이러한 모든 것들은 중국 각지의 산과 바다를 기록한 신화 지리서 '산해경
(山海經)'을 토대로 산에서 시작되어 장해준과 송서래가 좋아하는 바다로 마
무리된 서사로 뒷받침된다. 이는 외조부와 어머니의 유골을 한국으로 가져
온 것도 산해경과 호미산의 존재를 실존하는 세계로 믿었기 때문이고 장해
준이 송서래 대신 월요일 할머니에게 읽어주던 이야기도 그녀가 필사한 산
해경이었다는 것으로 확인된다.[51] 그러므로 산해경은 영화 <헤어질 결심>

---

50) 심은진, 「박찬욱의 <헤어질 결심>에 나타난 영화의 자기 반영성」, 『비교문학』 제89집, 한
   국비교문학회, 2023, 105쪽.
51) 이석구, 「산과 바다를 걸고 하는 헤어질 결심」, 『중국소설논총』 제69집, 한국중국소설학
   회, 2023, 6쪽.

에서 서사를 구성하는 중요한 요소이며 안개는 산과 바다를 이어줄 뿐 아니라 장해준과 송서래의 사랑을 규정하는 요소라 할 수 있다. 이것은 "신화를 믿지 않은 사람에게는 황당한 이야기에 불과하지만 그것을 믿는 이들에게는 절대적 진리가 되는 신화의 속성을 보여주고 있는 것과 다름없다."[52] 문제는 이처럼 세밀한 형식적 구조를 통해 영화의 서사가 구축되었음에도 역사적 시각의 모호함을 제기할 수 있는 가능성이 열려있다는 점이다. 특히 항일 무장투쟁으로 건국훈장을 받은 송서래의 외조부 계봉석과 정반대의 의미라 할 수 있는 초밥 도시락에 새겨진 그림과 산과 파도를 떠올리게 하는 파란 바탕의 초록색을 띠고 있는 송서래 집의 벽지 문양, 여기에 2022년 칸느 영화제 경쟁부문의 영화 포스터는 일본의 화가 가쓰시카 호쿠사이(葛飾北斎)의 〈가나가와 해변의 높은 파도 아래(神奈川沖浪裏)〉를 연상케 한다. 주요한 형식적 요소로 배치되어 있는 이러한 형태는 영화에서 무엇을 겨냥하고 있고 어떤 상징으로 존재하고 있는지 그 의도가 불분명해 보인다는 것이다. 이러한 것들이 예민하게 다가오는 것은 이 시기가 일본과의 정치적, 경제적 갈등을 비롯한 일제강점기 역사 문제와 첨예하게 대립된 시기 속에 위치하고 있었기 때문이다. 욕망을 예술, 혹은 창작이라는 명분 속에 자신의 행위를 존치시키면서 합리화하는 모습을 작가와 영화감독 등을 통해 묘사한 것은 홍상수의 <소설가의 영화(2022)>에서 나타난다.

영화는 중년의 여성 소설 작가 준희가 글쓰기를 그만 두고 서울을 떠나 북카페를 운영하면서 자유롭게 살고 있는 후배 세원을 만나면서 시작된다. 여기서 준희는 수화(手話) 공부하는 세원의 동생 현우에게 "날은 아직 밝지만 날은 곧 저문다. 날이 좋을 때 실컷 다녀보자"라는 말을 수화로 표현하도록 부탁한다. 그녀의 이 말은 반복됨으로써 마치 영화가 드러내고자 한 목적을 상징하고 있는 것처럼 보인다. 이어서 화면은 준희가 우연히 도심의

---

52) 위의 논문, 20쪽.

한 건물에서 박효진 감독 부부를 만나는 장면으로 전환된다. 여기서 박 감독은 나이를 먹어감에 따라 변한 자신의 영화적 특징과 준희의 작품이 영화화 되지 못한 이유를 투자자들에 의한 것으로 말한다. 그러자 준희는 박 감독을 향해 "하고 싶은 것이 너무 많은 거지, 영화 찍어야지, 돈 벌어야지, 유명해져야지"라고 하면서 그의 변명을 일축한다. 이를 통해 영화는 북카페를 하고 있는 후배의 "읽어야 하는 책에서 편하게 자기가 읽고 싶어 하는 책을 읽게 된다"는 말을 통해 그 동안 허위의식에 사로잡힌 삶을, 박 감독 부부를 통해서는 돈 벌고 유명해지고자 한 성공, 출세의 욕망을 묘사하고 있다. 이러한 그들의 위선과 허위의 실체는 이들이 한강변을 산책하다가 우연히 걷고 있는 배우 윤길수를 만나면서 그 의미가 강화된다. 여기서 박 감독은 영화를 하지 않고 있는 그녀를 향해 "다들 정말 아까워 한다"고 하자 준희는 "뭐가 아깝다는 거냐"고 질문하면서 "누구나 자기가 실현하고 싶은 게 있는 거라고, 그건 다 다른 거라고, 누구나 돈만 버는 거에 관심 있는 것이 아니라고" 하면서 "돈 벌기 위해서 만드는 영화들, 뭐 그런 것만 찍고 있어야 잘 사는 거냐고" 하면서 그들의 위선에 대해 비판한다. 이후 준희는 길수와 대화 도중 단편영화를 한 번 찍어 보고 싶다고 하면서 영화에 대한 자신의 시각, 즉 "모든 게 편해야 되고, 모든 게 진짜여야 되는 것…… 이야기가 있는 영화를 만들거에요…… 그렇지만 그 이야기는 진짜가 발생 될 수 있는 그 어떤 것을 훼손하거나 방해하지 않은 그런 이야기"라고 규정하면서 자신의 창작 목표를 피력한다. 이러한 준희의 영화에 대한 정의는 길수의 "영화를 왜 하고 싶으냐"는 질문에 대해 소설 쓰는 것을 중단하게 된 이유, 즉 "뭔가 과장하는 것처럼 느껴져요"라는 대답으로 드러난다. 이는 창문 너머로 이들의 대화 모습을 바라보고 있는 어린 소녀를 통해 예술은 어쩌면 어린 아이처럼 순수해야 함을 은유적으로 묘사하고 있는 것처럼 보인다. 그리고 영화는 준희가 처음 만난 후배 세원의 북카페에서 준희, 길수, 시인 만수, 현우의 술

자리를 보여주고 한강변 공원을 산책하면서 꽃을 든 길수의 모습을 흑백에서 컬러로 촬영한 완성된 준희의 단편영화를 극장에서 보고난 후 밖으로 나와 의자에 잠시 앉아있다 옥상으로 올라가는 길수의 모습으로 마무리된다. 이처럼 영화는 작가와 영화감독, 배우를 들어 다양한 지적 허위와 욕망으로 점철된 현상과 그것의 본질적 의미가 무엇인지를 상기시키고 있다. 인간의 내면에 도사리고 있는 실체에 대한 탐구는 그의 영화 <탑(2022)>에서도 나타난다.

오랫동안 아내와 별거 중인 영화감독 병수는 오랜만에 만난 자신의 딸 정수와 함께 인테리어 디자이너인 해옥의 4층 건물을 방문한다. 영화는 이후 병수의 변화과정을 각각의 층과 연결시키면서 묘사한다. 이를테면 1층에서는 성공한 영화감독으로서의 면모를, 2층에서는 제작비를 지원받지 못한 영화감독으로, 3층에서는 병약한 채식주의자로, 4층에서는 고기를 즐기는 모습으로 나타난다.[53] 상호 모순적이면서 대립적 의미를 가지고 있는 이러한 형식적 구조는 궁극적으로 인간의 욕망과 허위, 위선의 이중성을 겨냥하고 있다. 이것은 병수가 영화사 대표와의 만남으로 자리를 비우자 그를 두고 해옥과 정수 사이의 대화를 통해 드러난다. 여기서 정수는 아빠를 여우라고 하면서 "사람들은 모를 거예요, 진짜 어떤 사람인지는"라고 말하고, 해옥은 "집안과 바깥에서는 다른 것이지"라고 하면서 "어쩌면 바깥에서의 감독님의 모습이 더 진짜일 수 있는 거지"라고 언급한다. 아빠에 대한 정수의 판단은 내성적이라고 스스로를 규정했던 그녀가 해옥에게 인테리어 디자인을 배우기 위해 자신을 적극적으로 어필하는 태도를 통해 역설적 모습으로 나타난다. 인간의 내면에 내재되어 있는 이러한 위선과 허위는 해옥의 건물 2층에서 식당을 하고 있는 선희가 병수, 해옥을 만나는 장면에서도 지속된

---

53) 한귀은, 「히스테리증자의 환상 횡단과 주체화의 (불)가능성, 영화 <탑>」, 『한국문학논총』 제93집, 한국문학회, 2023, 161쪽.

다. 이를테면 감독의 영화를 좋아한다고 하면서 지방대 미대 출신인 선희가 음식점을 하게 된 이유, 즉 "유명한 두 대학을 나온 것도 아니고 그렇다고 속물 취향 가진 아줌마들, 돈 많은 아주머니들, 맞출 생각도 전혀 없고, 아무리 애써도 가능성이 제로더라"는 그녀의 말은 내용 수정을 요구하는 투자자들의 횡포와 영화가 순전히 돈을 버는 수단일 뿐이라고 하면서 "세상의 모든 돈만이 좋은 것들의 유일한 기준인 거죠"라는 병수의 모습으로 이어진다. 자본의 가치로 수렴된 이런 말들은 이혼한 선희와 함께 3층에서 살게 된 병수와 해옥 사이의 서로 다른 현실적 상황과 연동된다. 그것은 다름 아닌 건물주인 해옥이 장사도 잘 안됨에도 불구하고 월세를 인상하고 서로 다른 취향의 일상적인 사람들과의 관계 속에서 발생한 것들이다. 이는 선희가 친구를 만나러 나가자 병수는 자신을 '혼자 사는 것이 맞는 사람'이라고 스스로 규정하고 자주 마시던 와인마저도 자신과 맞지 않다고 하면서 그녀와 헤어지고 4층 옥탑 방으로 이사하여 혼자 살게 된 그를 찾아온 부동산 중개업자 지영과 소주를 마시는 장면으로 연결된다. 이를 통해 영화는 인간의 관계를 결정하는 요인이 무엇인지를 보여준다. 이것은 건물주 해옥에서 식당을 하는 선희, 부동산 중개업을 하는 지영으로 옮겨가는 변화과정, 즉 병수의 유명세, 병수 영화에 대한 감성, 병수의 남성적 능력에 근거하고 있지만 그것의 유효기간이 끝나면 그들의 관계는 전혀 다른 관계로 새롭게 정립된다는 것이다. 결국 영화는 현실 속에서 인간의 허위와 위선의 실체가 인간관계를 결정지은 요인임을 드러내면서 그 관계의 실체는 자본을 비롯한 다양한 인간의 능력 이면에 존재하고 있는 서로 다른 모습이다.

이와 같은 이유로 이 시기의 많은 영화들은 현실이 욕망과 위선이라는 인간의 이중적 모습에 의해 형성되고 그것의 관계변화도 결정될 수 있음을 묘사하고 있는 것이라 할 수 있다.

7. 맺음말

촛불혁명이후 코로나19를 거치면서 형성된 이 시기의 한국영화는 서로 다른 두 가지 상황 속에서 존재했다. 하나는 세계의 다양한 영화제 수상과 50%를 넘나들은 한국영화의 관객 점유율의 지속이었고, 다른 하나는 2020년 한국을 비롯한 전 세계로 확산된 감염병 코로나19로 인한 영화산업의 위기였다. 이것은 한국영화가 여느 시기보다 극적인 역사적 현실을 맞이했음을 의미한다. 이와 같은 상황 속에서 한국영화의 주요한 흐름은 국민의 나라, 정의로운 대한민국을 표방한 문재인 정부의 성격, 기조와 밀접한 관계 속에 존재했다. 이러한 특징은 문재인 정부와 관련된 민주화운동과 남북관계, 역사를 다룬 영화들에서 두드러지게 나타난다. 이들 영화에서는 민주화운동과 함께 남북분단의 근본적 원인의 역사, 남북한 권력자들의 행태뿐 아니라 한반도를 둘러싸고 벌어지는 주변 강대국들의 실체성이 폭로되었다. 특히 일본과의 역사적, 경제적 갈등이 표면화되면서 민족의 자주성과 독립성을 다룬 역사는 더욱 중요한 의미를 지녔다. 이것은 역사적 사건과 인물을 묘사하면서 민족의 자주성, 독립성을 각인시키는 영화의 등장으로 이어졌다. 여기서 강조된 것은 우리 스스로가 강해지지 않으면 민족과 국가는 언제든지 어려움에 처해질 수 있다는 냉혹한 국제질서 속 현실 인식으로서의 역사였다. 또한 코로나19로 인한 각자도생(各自圖生)의 팬데믹 현상은 그러한 영화적 기조를 더욱 가속화시키는 요인이었다. 이와 같은 경향의 영화들은 단순히 역사적 사건과 인물만을 묘사하는 데 그치는 것이 아니라 그것과 대척점에 있던 무능력하고 간교한 역사 속 지도자와 부역자들을 묘사하면서 현재 한국 사회가 직면하고 있는 구조의 문제를 암시하고 있다. 이것은 오랜 시간 동안 지나온 역사를 다루면서 그것의 다양한 행태와 모순들이 지금의 한국사회구조형성과 밀접한 관계에 있음을 말한다. 따라서 이 시기 한국영화에서 보여준 다양한 역사적 상황과 인물들은 역사 그 자체로서만 존재하는 것이 아니라 한국사회를 지배하고 있는 기득권세력을 겨냥하고 있으며, 분절된 한국사회구조의 실제적 모습을 이들 영화를 통해 보여주고 있는 것이다. 이처럼 이 시기의 한국영화는 과거의 역사를 한국이 직면하고 있는 현재의 사회적 현실과 연결시키고 있다.

뿐만 아니라 다양한 형태의 불합리한 사회적, 개인적 유산이 현재의 삶까지 영향을 미치고 있음을 영화 속 인물을 통해 보여주기도 하고, 모순으로 가득 찬 현실 속 인간의 위선적 모습을 사람들의 내면에 도사리고 있는 욕망과 탐욕을 통해 드러내기도 했다. 그리고 더 이상 공존이 불가능할 것 같은 한국사회의 실재적 현상을 경고하기도 하고, 인간의 가치를 상기시키면서 반성과 성찰을 통해 이를 해소하려 시도하기도 하였다.

또한 이 시기 한국영화가 직면한 위기는 코로나19로 인해 영화의 자본성, 즉 산업성의 어려움이었다. 이것은 사회적 거리두기가 시행되고 한국의 모든 극장이 사실상 문을 닫게 되면서 영화의 제작, 유통, 상영의 선순환구조가 작동되지 않은 것으로부터 비롯되었다. 극장의 봉쇄는 급격한 관객감소로 이어져 기존의 전통적인 방식으로 영화를 즐기던 형태에서 벗어나 OTT가 영상매체의 활성화를 견인함으로써 극장의 수익구조의 붕괴를 가져왔다. 이로 인해 한국영화 전반에 위기가 초래되었고, 극장을 통한 영화는 더 이상 과거의 위상을 되찾기 어려울 수 있다는 일부 영화 관계자들의 주장이 설득력을 가졌다. 이들은 영화에 대한 기존의 개념과 정의를 재조정해야 한다고 주장하면서 OTT와 같은 새로운 매체를 미래 영화의 형태로 규정하기도 하였다. 이들의 주장이 일정한 파급력을 갖게 된 것은 사회적 거리두기로 영화가 어려움에 처하게 되자 그 간극을 OTT라는 새로운 영상유통 방식이 대신하게 된 시대적 상황에 근거하고 있었기 때문이다. 그러나 그들의 주장에는 창작으로서의 영화적 논의가 배제되어 있었을 뿐만 아니라 전통적인 영화의 개념과 정의를 도외시한 채 극장의 어려움을 타개하기 위한 산업적 측면에서만 고려되었다는 점이다.

그럼에도 불구하고 이 시기 한국영화는 다양한 주제와 소재를 통해 정치적, 사회적 문제 등을 예민하게 화면에 반영하면서 어려움을 돌파해 갔다. 그 중에서도 반성과 성찰에 근거한 인간주의에 대한 강조는 인간이 스스로에게 뿐만 아니라 사회와 시대를 되돌아보게 하는 인류의 보편적 정서에 부합하였다. 이는 한국영화를 더욱 풍요롭게 했고 한국영화가 세계 속에서 특별한 형태로 평가받고 존재하게 한 이유였다. 이렇듯 이 시기의 한국영화는 오랜 기간 동안 수많은 우여곡절을 거치면서 지금의 모습으로 존재해 왔다. 우리는 그 궤적의 역사를 '한국영화역사'라 부른다. 이어서 한국에서 영화역사는 과연 무엇으로 존재하고 있는가를 생각하도록 하게 한다.

역사는 실재적인 객관적 자료와 근거가 핵심이다. 그럼에도 불구하고 그것은 특별한 관점에 의해 다듬어지기도 한다. 이런 측면에서 역사는 편향된 시각으로부터 출발한다는 역사학자 리차드 불리엣(Richard W. Bulliet)의 말이 오히려 설득력을 지닌다. 그는 편향성이 거의 대부분 나라들의 역사에서 예외 없이 적용될 뿐 아니라 역사적 인물 또한 이로부터 정의된다고 보았다. 그의 주장을 수용한다면 역사는 특정한 시각에 의해 만들어지고 이미지로 구축되어 실체적 사실과 다른 역사의 이미지를 형성한다는 것이다. 이런 이유로 역사에 대한 우리 인식의 대부분은 이렇게 논리화된 이미지의 지적 흐름을 따라가고 있는 것으로 볼 수 있다. 그리고 편향된 시각으로부터 출발한 역사의 끝에는 개인을 넘어 민족 혹은 국가, 즉 민족주의, 국가주의적 시각 등과 결합된다. 이것은 오차를 허용하지 않은 정밀한 학문이라 할 수 있는 과학, 수학마저도 시간이 흘러 새로운 이론에 의해 증명이 되면 변하듯이 인문, 사회, 예술에서의 객관이라는 시각과 논리는 언제든지 변화의 가능성이 열려있음을 상상하게 한다. 이는 편향성을 결정한 역사논리가 주관적 시각으로부터 결코 벗어나기 어렵다는 것을 의미하는 것이기도 하다. 그러므로 역사는 편향된 시각으로부터 출발하여 많은 시간을 거쳐 다듬어지면서 객관성으로 이미지화된 일련의 학문적 형태와 크게 다를 바 없다. 다만 여기서 중요한 것은 주관성이 역사 서술에서 얼마나 객관적 근거에 의해 논리적 체계성을 가지고 있는가의 문제이다. 동시에 이것은 객관적 자료가 객관적 근거로서 존재할 수 있지만 그것은 언제든지 편향성이라는 시각에 노출될 수 있다는 위험성을 말하기도 한다. 따라서 역사 서술의 자의성과 일방성의 공간을 메꾸는 것은 역사를 서술하는 자의 체계적 논리를 통한 객관주의라 할 수 있다. 다시 말하자면 역사는 객관적 자료의 근거를 토대로 체계적인 논리를 통한 주관적 서술인 것이다. 그렇다면 완벽한 객관성에서 벗어난 역사 임에도 불구하고 '역사는 왜 중요한 것인가?' 그 중에서도 '한국영화역사는 왜 중요한 것인가?'에 대한 질문이 제기될 수 있다.

이것은 영화가 정신의 가치와 정체성을 구성하고 있는 문화이기 때문이다. 일반적으로 문화는 개인을 포함한 민족, 국가 등의 정체성과 연결된다. 정체성은 곧 정신의 총체이다. 그렇기에 문화가 사라진다는 것은 인간 개인의 일상적 삶을 초월하여 민족과 국가의 정신을 포함한 정체성이 사라지는 것을 말하며 나아가 역사의 단절을 의미한다. 문제는 사람들에게 이러한 문화의 정체성을 부지불식간 파고드는 수단이 대중매체라는 사실이다. 영화는 이런 측면에서 다른 어떤 것들보다 탁월한 수법을 지니고 있다. 특히 화면이 주는 사실성과 그로부터 전해진 이야기를 통한 이미지 형상은 대중들의 의식에 직접적인 영향을 미쳐 사람들의 삶에 중요한 영향을 미친다. 그러므로 영화는 민족과 국가의 영혼일 수 있으며, 정체성을 가름하는 핵심 요소일 수 있다. 한국영화가 많은 사람들로부터 호평을 받게 된 것은 이러한 영화의 역사적 의미와 가치를 영화창작가들이 깊이 인식하면서 시대적 흐름과 연동된 다양한 주제와 소재를 화면에 투영시킨 노력의 결과이다. 이것을 이 시기 한국영화가 증명하고 있는 것이다.

참고문헌

제1장

단행본

강만길, 『20세기 우리역사』, 창비, 2010.

강만길, 『고쳐 쓴 한국 현대사』, 창비, 2014.

강준만, 『한국현대사 산책(1940년대 편 1권)』, 인물과 사상사, 2014.

강준만, 『한국현대사 산책(1940년대 편 2권)』, 인물과 사상사, 2014.

김동호 외, 『한국영화정책사』, 나남출판, 2005.

김득중, 『빨갱이의 탄생』, 선인, 2009.

김삼웅 편저, 『사료로 보는 20세기 한국사』, 가람기획, 1997.

김석준, 『미군정시대의 국가와 행정』, 이화여자대학교 출판부, 1996.

김영호, 『한국전쟁의 기원과 전개과정』, 두레, 1998.

김학준, 『북한 50년사』, 동아출판사, 1995.

문화공보부, 『문화공보 30년』, 문화공보부, 1979.

민주주의민족전선, 『조선해방연보(제12장, 문화)』, 문우인서관, 1946.

서중석, 『한국현대민족운동연구』, 역사비평사, 1991.

송건호 외, 『해방전후사의 인식1』, 한길사, 2016.

송남헌, 『해방3년사1』, 까치, 1985.

안진, 『미군정기 억압기구 연구』, 새길, 1996.

오영진, 『소군정하의 북한-하나의 증언』, 국토통일원 조사연구실, 1983.

이혜숙, 『미군정기 지배구조와 한국사회』, 선인, 2008.

임경석, 『이정 박헌영 일대기』, 역사비평사, 2004.

정종화, 『한국영화사』, 한국영상자료원, 2007.

지명관, 『한국을 움직인 현대사 61장면』, 다섯수레, 1996.

최영희, 『격동의 해방 3년』, 한림대학교 아시아문화연구소, 1996.

한국역사연구회, 『우리는 지난 100년 동안 어떻게 살았을까, 제1권』, 역사비평사, 1998.

한국정신문화연구원 편, 『한국전쟁과 사회구조의 변화』, 백산서당, 1999.

한상언, 『해방공간의 영화·영화인』, 이론과 실천, 2013.

한홍구, 『대한민국사 1권』, 한겨레신문사, 2003.

로빈슨 리차드, 정미옥 역, 『미국의 배반: 미군정과 남조선』, 과학과 사상, 1988.

논문

김균, 「해방공간에서의 의식통제: 미군정기 언론, 공보정책을 중심으로」, 『언론문화연구』 17집, 서강대언론문화연구소, 2001.

김영희, 「미군정기 농촌주민의 미디어 접촉 양상」, 『한국언론학보』 49권 1호, 2005.

김정훈, 「한국전쟁과 담론정치」, 『경제와 사회』 46호, 비판사회학회, 2000.

박명수, 「1946년 미군정의 여론조사에 나타난 한국인의 사회인식」, 『한국정치외교사논총』 40집 1호, 한국정치외교사학회, 2018.

염찬희, 「1950년대 영화의 작동방식과 냉전문화의 형성과의 관계에 대한 연구」, 『영화연구』 29호, 한국영화학회, 2006.

전지니, 「권총과 제복의 남성 판타지, 해방기 경찰영화연구」, 『현대영화연구』 22호, 현대영화연구소, 2015.

정상우, 「해방이후 1950년대 독립운동의 영화적 재현」, 『한국사연구』 183호, 한국사연구회, 2018.

조건, 「일제강점 말기 '조선 주둔 일본군' 상주사단의 한인(韓人) 병력동원 양상과 특징」, 『한국독립운동사연구』 제51집, 독립기념관 한국독립운동사연구소, 2015.

주철희, 「한국전쟁 전후 반공문화 형성과 그 의미」, 『한국민족문화』 제59호, 한국민족문화연구소, 2016.

최선우·박진, 「미군정기 수도경찰청장 장택상 연구」, 『경찰학논총』 제5권 제1호, 경찰학연구소, 2010.

최은진, 「일제강점기 안창남의 항공독립운동」, 『한국독립운동사연구』 제55집, 독립기념관 한국독립운동사연구소, 2016.

한상언, 「다큐멘터리 <민족의 절규> 연구」, 『현대영화연구』 22호, 현대영화연구소, 2015.

함충범, 「1940년대 후반기 한국과 일본의 제작 경향 비교연구」, 『현대영화연구』 24호, 현대영화연구소, 2016.

함충범, 「해방기 경찰영화의 등장배경과 장르화 경향 고찰」, 『기억과 전망』 겨울호(통권 33호), 한국민주주의연구소, 2015.

허은, 「미 점령군 통치하 문명과 야만의 교차」, 『한국근대사연구』 42집, 한국근현대사학회, 2007.

학위 논문

강혜경, 「한국경찰의 형성과 성격(1945-1953년)」, 숙명여자대학교 대학원 박사학위논문, 2002.

정종화, 「한국영화 성장기의 토대에 대한 연구」, 중앙대학교 첨단영상대학원 석사학위논문, 2002.

조혜정, 「미군정기 영화정책에 관한 연구」, 중앙대학교 대학원 박사학위논문, 1997.

잡지

김정혁, <영화(映畫)의 국가관리소론(國家管理小論)>, 《신천지(新天地)》 1946년 5월호, 서울신문사, 1946.

안석주, <우리영화(映畫)의 전망(展望)>, 《조광(朝光)》 1946년 3월호. 조광사, 1946.

추민, <조선민족영화운동(朝鮮民族映畫運動)의 회고(回顧)와 전망(展望)>, 《신문학(新文學)》 제4호(1946년 11월), 신세대사, 1946.

홍신, <해방 후(解放 後)의 남조선 영화계(南朝鮮 映畫界)>, 《민성(民聲)》 제4권(1948년 8월), 고려문화사, 1948.

신문

경향신문(京鄕新聞), 1946.10.31.

경향신문(京鄕新聞), 1946.12.15.

경향신문(京鄕新聞), 1947.10.28.

경향신문(京鄕新聞), 1947.02.06.

경향신문(京鄕新聞), 1948.12.08.

경향신문(京鄕新聞), 1949.10.31.

경향신문(京鄕新聞), 1950.03.08.

국민신문, 1948.10.11.

국제신문(國際新聞), 1948.11.30.

대구시보(大邱時報), 1948.04.23.

대중일보(大衆日報), 1950.01.05.

대중일보(大衆日報), 1950.01.06.

대한일보(大韓日報), 1948.02.13.

독립신보(獨立新報), 1946.05.09.

동아일보(東亞日報), 1946.02.14.

매일신보(每日申報), 1940.03.05.

매일신보(每日申報), 1945.09.01.

매일신보(每日申報), 1945.09.11.

매일신보(每日申報), 1945.09.25.

매일신보(每日申報), 1945.09.03.

민주일보(民主日報), 1948.08.28.

민중일보(民衆日報), 1945.12.22.

민중일보(民衆日報), 1947.12.31.

부인신보(婦人新報)》, 1948.03.07.

서울석간, 1947.03.30.

서울신문, 1946.03.09.

서울신문, 1948.12.25.

서울신문, 1948.04.23.

서울신문. 1946.05.26.

신조선보(新朝鮮報), 1945.11.23.

신조선보(新朝鮮報), 1945.12.18.

연합신문(聯合新聞), 1949.06.23.

연합신문(聯合新聞), 1950.03.05.

영남일보(嶺南日報), 1949.10.2.

영남일보(嶺南日報), 1949.08.30.

자유민보(自由民報), 1949.08.07.

자유민보(自由民報), 1949.08.09.

자유신문(自由新聞), 1947.11.07.

조선인민보(朝鮮人民報), 1946.03.10.

조선일보(朝鮮日報), 1948.12.02.

조선중앙일보(朝鮮中央日報), 1947.09.11.

조선중앙일보(朝鮮中央日報), 1949.03.25.

중앙신문(中央新聞), 1945.11.24.

중앙신문(中央新聞), 1945.11.27.

중앙신문(中央新聞), 1946.03.08.
중앙신문(中央新聞), 1946.04.25.
중앙신문(中央新聞), 1946.06.20.
중앙신문(中央新聞), 1947.09.21.
중외신보(中外新報), 1946.09.02.
한국일보(韓國日報), 1955.08.18.
한성일보(漢城日報), 1946.03.08.
한성일보(漢城日報), 1948.09.11.
한성일보(漢城日報), 1950.03.05.
현대일보(現代日報), 1947.09.02.

인터넷 자료

국사편찬위원회, 한국사데이터베이스(http://db.history.go.kr)

제2장

단행본

강만길, 『20세기 우리역사』, 창비, 2009.
강만길, 『고쳐 쓴 한국 현대사』, 창비, 2014.
강준만, 『한국현대사 산책(1950년대 편 2권)』, 인물과 사상사, 2014.
강준만, 『한국현대사 산책(1960년대 편 1권)』, 인물과 사상사, 2014.
강진호 외, 『국어교과서와 국가이데올로기』, 글누림, 2007.
국립국어원 엮음, 『표준국어대사전』, 두산 동아, 1999.
김강윤 외 감수, 『한국영화자료편람(초창기~1976년)』, 영화진흥공사, 1977.
김동호 외, 『한국영화 정책사』, 나남출판, 2005.
김미현 책임편집, 『한국영화사』, 커뮤니케이션북스, 2006.
김헌식, 『색깔논쟁: 한국 사회 색깔론의 생산 구조와 탈주』, 새로운 사람들, 2003.
김화, 『이야기 한국영화사』, 하서, 2001.

서중석, 『조봉암과 1950년대 (하)』, 역사비평사, 1999.
여성사 연구모임 길밖세상 지음, 『20세기 여성 사건사』, 여성신문사, 2001.
연시중 지음, 김윤철 엮음, 『한국정당정치실록 2권』, 지와 사랑, 2001.
오영숙, 『1950년대 한국영화와 문화담론』, 소명출판, 2007.
이영미, 『한국대중가요사』, 민속원, 2009.
통계청, 『통계로 본 광복 70년』, Jihan M&B, 2015.
한국영상자료원, 『금지된 상상, 억압의 상처』, 2019.
한국영상자료원, 『신문기사로 본 한국영화 1945~1957』, 공간과 사람들, 2004.
한배호 편, 『한국현대정치론 I 』, 나남, 1990.
브루스 커밍스, 김동노 외 옮김, 『브루스 커밍스의 한국현대사』, 창작과 비평사, 2003.

논문

강성률, 「1950년대 후반 한국영화 속 도시의 문화적 풍경과 젠더」, 『도시연구』 Vol.7, 도시사학회, 2012.
김려실, 「1950년대 한국영화에 나타난 미국적 가치에 대한 양가성」, 『현대문학의 연구』 42, 한국문학연구학회, 2010.
손호철, 「1950년대 한국사회의 이데올로기」, 『한국정치연구』 Vol.5 No.1, 서울대학교 한국정치연구소, 1996.
유재일, 「1950년대 한국정당체제의 형성과 그 정치적 의미」, 『사회과학논문집』 제16권 제2호, 大田大學校 社會科學硏究所, 1997.
이봉범, 「1950년대 문화정책과 영화검열」, 『한국문학연구』 제37호, 한국문학연구소, 2009.

학위 논문

변장호, 「한국의 영화통제와 그 변천에 관한 연구」, 연세대학교 언론홍보대학원 석사 학위논문, 2003.
이현진, 「제1공화국기 미국의 대한경제지원정책 연구」, 이화여자대학교 대학원 박사 학위논문, 2005.

잡지

이명온, <민주여성의 진로>, 《신천지》 제7호 1954년 7월호. 서울신문사, 1954.
정충량, <전쟁미망인의 생활고와 성문제>, <여성계> 1955년 9월호. 여성계사, 1955.

신문

경향신문, 1955.11.14.
경향신문, 1956.11.23.
경향신문, 1957.12.29.
경향신문, 1958.09.04.
동아일보, 1955.08.26.
동아일보, 1955.09.23.
조선일보, 1955.05.14.
조선일보, 1956.08.23.
조선일보, 1960.09.24.
한국일보, 1955.07.03.

기타

<한미경제합동회의 경과보고>, 제13회 국회임시회의속기록 제29호, 국회사무처,
    1952,9.10.

인터넷 자료

국가법령정보센터(www.law.go.kr)
한국은행경제통계시스템, 1963년 경제통계연보(ecos.bok.or.kr)

제3장

단행본

강준만, 『한국현대사 산책(1960년대 편 1권)』, 인물과 사상사, 2014.

강준만, 『한국현대사 산책(1960년대 편 2권)』, 인물과 사상사, 2014.

강준만, 『한국현대사 산책(1960년대 편 3권)』, 인물과 사상사, 2014.

강준만, 『한국현대사 산책(1970년대 편 1권)』, 인물과 사상사, 2014.

김강윤 외 감수, 『한국영화자료편람(초창기-1976년)』, 영화진흥공사, 1977.

김경재, 『혁명과 우상(김형욱 회고록3)』, 인물과 사상사, 2009.

김동호 외, 『한국영화정책사』, 나남출판, 2005.

김미현 책임편집, 『한국영화사』, 커뮤니케이션북스, 2006.

김성환·김정원 외, 『1960년대』, 거름, 1984.

김준하, 『대통령과 장군』, 나남, 2002.

김홍기, 『영욕의 한국경제』, 매일경제신문사, 1999.

문화방송30년사편찬위원회, 『문화방송 30년 연표』, 주식회사 문화방송, 1991.

박정희, 『국가와 혁명과 나』, 지구촌, 1997.

서재진, 『한국의 자본가 계급』, 나남, 1991.

오제연 외, 『한국현대생활문화사 1960년대』, 창비, 2016.

이영일, 『이영일의 한국영화사 강의록』, 도서출판 소도, 2006.

이효인 외, 『한국영화사 공부(1960-1979)』, 이채, 2004.

정순일, 『한국방송의 어제와 오늘』, 나남, 1991.

정운현, 『호외 백년의 기억들』, 삼인, 1997.

정종화, 『한국영화사』, 한국영상자료원, 2007.

조재구, 『대통령 후보들』, 성정출판사, 1987.

통계청, 『통계로 본 광복 70년 한국사회의 변화(통계편)』, Jinhan M&B, 2017.

한국경제60년사 편찬위원회, 『한국경제60년사(총괄 편)』, 한국개발연구원, 2011.

한국영상자료원 엮음, 『한국영화역사 속 검열제도』, 한국영상자료원, 2016.

한국정신문화연구원 편, 『1960년대 사회변화연구(1963-1970)』, 백산서당, 1999.

한국정치연구회, 『한국정치사』, 백산서당, 1990.

현대영화연구소, 『휴전과 한국영화』, 국학자료원, 2014.

호현찬, 『한국영화 100년』, 문학과 사상사, 2000.

논문

김일영, 「1960년대 한국 발전국가의 형성과정」, 『한국정치학보』 33, 한국정치학회, 2000.

김자동, 「민족일보 기자가 쓴 민족일보의 활동과 수난」, 『역사비평』 12호, 역사비평사, 1991.

박유희, 「박정희 정권기 영화 검열과 감성 재현의 역학」, 『역사비평』 99호, 역사비평사, 2012.

박홍근, 「1960년대 서울 도시근대화의 성격」, 『민주주의와 인권』 제15권 2호, 전남대학교 5.18연구소, 2015.

오영숙, 「1960년대 한국영화와 수치심」, 『영화연구』 69호, 한국영화학회, 2016.

원희복, 「민족일보 사장 조용수」, 『내일을 여는 역사』 64호, 재단법인 내일을 여는 역사재단, 2016.

정시구, 「박정희 대통령의 1960년대 경제개발에 대한 연구」, 『한국지방자치연구』 제16권 제3호 통권48호, 대한지방자치학회, 2014.

한홍구, 「박정희 정권의 베트남 파병과 병영국가화」, 『역사비평』 62호, 역사비평사, 2003.

함충범, 「1960년대 초 한국 뉴스영화와 문화영화에 관한 연구(1961-1963)」, 『동아시아문화연구』 제57집, 동아시아문화연구소, 2014.

황병주, 「1960년대 박정희 체제의 탈 후진 근대화 담론」, 『한국민족운동사연구』 56, 한국민족운동사학회, 2008.

인터넷 자료

국가법령정보센터(www.law.go.kr)
행정안전부 국가기록원 대통령 기록관(www.pa.go.kr)

제4장

단행본

강준만, 『한국현대사 산책(1970년대 편 1권)』, 인물과 사상사, 2014.
강준만, 『한국현대사 산책(1970년대 편 2권)』, 인물과 사상사, 2014.
강준만, 『한국현대사 산책(1970년대 편 3권)』, 인물과 사상사, 2014.
김강윤 외 감수, 『한국영화자료편람(초창기-1976년)』, 영화진흥공사, 1977.
김경일 외, 『한국현대상활문화사 1970년대』, 창비, 2016.
김미현 책임 편집, 『한국영화사』, 커뮤니케이션북스, 2006.
김민웅 편집구성, 『1979년도판 한국영화연감』, 영화진흥공사, 1980.
김병익, 『문화와 반문화』, 도서출판 문장, 1979.
김소동 외 편집, 『1978년도판 한국영화연감』, 영화진흥공사, 1979.
문화공보부, 『문화공보 30년』, 문화공보부, 1979.
역사비평편집위원회, 『논쟁으로 읽는 한국사2 근현대』, 역사비평사, 2012.
영화진흥공사, 『1980년도판 한국영화연감』, 1981.
이영일, 『한국영화주조사』, 영화진흥공사, 1988.
한국예술연구소, 『한국현대예술사대계Ⅳ』, 시공아트, 2004.
한국정신문화연구원 편, 『1970년대 전반기의 정치사회변동』, 백산서당, 1999.
한국정신문화연구원 편, 『1970년대 후반기의 정치사회변동』, 백산서당, 1999.

논문

김선아, 「1970년대 전후 한국영화의 감정구조에 대한 고찰」, 『문학과 영상』 1호, 문학과 영상학회, 2008.
송은영, 「대중문화 현상으로서의 최인호 소설」, 『상허학보』 15, 2005.
안재석, 「새 세대가 만든 새 영화-영상시대의 작품경향」, 『씨네포럼』 제14호, 2012.
오명환, 「한국TV드라마 변천사 고찰-일일연속극을 중심으로」, 『방송연구』 제4권 제1호, 방송위원회발행, 1985.
이상록, 「TV, 대중의 일상을 지배하다」, 『역사비평』 113호, 역사문제연구소, 2015.
이정하, 「1970년대 '영상시대' 읽기: 이식된 뉴웨이브의 이산적 자기정체성」, 『영화연구』 제30호, 한국영화학회, 2006.

이혜림, 「1970년대 청년문화구성체의 역사적 형성과정」, 『사회연구』 제2호, 사회조사
　　연구소, 2005.
주창윤, 「1970년대 청년문화 세대담론의 정치학」, 『언론과 사회』 가을 14권, (사)언론
　　과 사회, 2006.

잡지

공연윤리위원회, 《공연윤리》, 1997년 9월호, 1997.
김동현, <르뽀 젊은 세대>, 《신동아(1974년 7월호)》, 동아일보사, 1974.
남재희, <靑春文化論>, 《세대(1970년 2월호)》, 세대사, 1970.
변인식, <어떤 영화를 만들 것인가>, 《계간 영상시대(창간호, 1977년 여름)》, 영상시
　　대사, 1977.
변인식, <영상시대를 내면서>, 《계간 영상시대(창간호, 1977년 여름)》, 영상시대사,
　　1977.
변인식, <하길종과 영상시대>, 《스크린(1985년 2월호)》, 스크린사, 1985.
하길종, <새시대·새영화·새정신>, 《계간 영상시대(창간호, 1977년 여름)》, 영상시대
　　사, 1977.
하길종, <실패로 끝나버린 몸부림>, 《월간 독서(1978년 10월호)》, 내외출판사, 1978.

신문

고대신문, 1974,04,09.
고대신문, 1974,04,30.
대학신문, 1974.06.03.
동아일보, 1974,03,29.
동아일보, 1974,04,22.
연세춘추, 1974,05,20.
조선일보, 1974,04,20.
한국일보, 1974,04,24.

인터넷 자료

국가법령정보센터(www.law.go.kr)

국가통계포털(kosis.kr)
중앙선거관리위원회(www.nec.go.kr)

제5장

단행본

강준만, 『한국현대사 산책(1980년대 편 1권)』, 인물과 사상사, 2014.
강준만, 『한국현대사 산책(1980년대 편 2권)』, 인물과 사상사, 2014.
김동호 외, 『한국영화정책사』, 나남출판, 2005.
김정한 외 지음, 『한국현대생활문화사 1980년대』, 창비, 2016.
김충식·이도성 공저, 『남산의 부장들3』, 동아일보사, 1993.
김학선 지음, 『24시간 시대의 탄생』, 창비, 2020.
김행선, 『1980년대 전두환 정권의 수립』, 도서출판 선인, 2015.
박세길, 『다시 쓰는 한국현대사3』, 돌배게, 2018.
영화진흥공사, 『1981년도판 한국영화연감』, 1982.
영화진흥공사, 『1984년도판 한국영화연감』, 1984.
영화진흥공사, 『1986년도판 한국영화연감』, 1986.
영화진흥공사, 『1987년도판 한국영화연감』, 1987.
영화진흥공사, 『1988년도판 한국영화연감』, 1988.
이해영 외, 『1980년대 혁명의 시대』, 새로운 세상, 1999.
임혜란 지음, 『1980년대 한미 통상협상, 1985년 301조 사례를 중심으로』, 경인문화사, 2020.
정종화 지음, 『한국영화사』, 한국영상자료원, 2007.
좌승희·이태규, 『한국영화산업 구조변화와 영화산업정책』, 한국경제연구원, 2006.
통계청, 『통계로 본 광복 70년(한국사회의 변화)』, Jihan M&B, 2017.
한국역사연구회 현대사연구반, 『한국현대사4』, 풀빛, 1991.
한용 외, 『80년대 한국사회와 학생운동』, 청년사, 1989.
허창 외, 『한국영화 70년-대표작 200선』, 영화진흥공사, 1989.
현대사회연구소, 『국민의식에 관한 조사 연구』, 현대사회연구소, 1983.

현대영화연구소, 『글로컬 시대의 한국영화와 도시공간 I 』, 박이정, 2018.

논문

구광모, 「우리나라 문화정책의 목표와 특성」, 『중앙행정논집』 제12권, 중앙대학교 국가정책연구소, 1998.
김금녀, 「1980년대 한국영화의 성적 욕망 담론에 관한 연구」, 『한국언론정보학보』 통권 14호, 한국언론정보학회, 2000.
김동일, 「국민의식 변화 연구」, 『현대사회』 겨울호, 1982,
김시무, <이장호 감독의 작품세계>, 『공연과 리뷰』 74호, 현대미학사, 2011.
박유희, 「한국영화사에서 '1980년대'가 지니는 의미」, 『영화연구』 제77호, 한국영화학회, 2018.
변인식, 「1980년대의 한국영화」, 『영화평론』 Vol.7, 한국영화평론가협회, 1995.
이병량, 「한국 문화정책의 변화 추이와 내용에 관한 분석, 문화예산을 중심으로」, 『한국정책과학학회보』 8호, 한국정책과학학회, 2004.
이봉범, 「1980년대 검열과 제도적 민주화」, 『구보학보』 20집, 구보학회, 2018.
홍덕률, 「1980년대 한국사회의 지배구조 변화」, 『사회과학연구』 Vol.2 No.1, 대구대학교 사회과학연구소, 1995,

학위 논문

문근종, 「한국영화에 드러난 아파트 이미지에 관한 연구」, 서울대학교 대학원 박사학위논문, 2013.
조서연, 「한국 '베트남전쟁'의 정치와 영화적 재현」, 서울대학교 대학원 박사학위논문, 2020.

기타

<통계로 본 수도권 과밀의 현주소>, 대한민국 정책브리핑, 2004.6.19.
이희용, <이희용의 글로벌 시대, 해외여행 자유화 30년, 글로벌 에티켓은 몇 점?>, 연합뉴스, 2019.01.07

인터넷 자료

국가법령정보센터(https://www.law.go.kr)

제6장

단행본

강내희 지음,『신자유주의 금융화와 문화정치경제』, 문화과학사, 2014.

강원택 편,『노태우 시대의 재인식』, 나남, 2012.

강준만,『한국현대사 산책(1980년대 편 4권)』, 인물과사상사, 2014.

강준만,『한국현대사 산책(1990년대 편 1권)』, 인물과 사상사, 2017.

강준만,『한국현대사 산책(1990년대 편 2권)』, 인물과 사상사, 2017.

김동호 외,『한국영화 정책사』, 나남출판, 2005.

김정환 외 지음,『한국현대 생활문화사 1980년대』, 창비, 2016.

김호기·박태균 지음,『논쟁으로 읽는 한국 현대사』, 메디치미디어, 2019.

서중석,『한국현대사 60년』, 역사비평사, 2007.

성주현,「동학농민혁명의 근대사적 의미」,『동학농민혁명 120주년 기념 국제학술대
　　회 자료집』, 2014.

영화진흥공사 엮음,『1998년도판 한국영화연감』, 집문당, 1998.

유지나 외,『한국영화사 공부 1980-1997』, 이채, 2005.

좌승희·이태규,『한국영화산업 구조변화와 영화산업정책』, 한국경제연구원, 2006.

최진용 외,『한국영화정책의 흐름과 새로운 전망』, 집문당, 1994.

통계청,『통계로 본 광복 70년』, Jinhan M&B, 2015.

한국행정연구원,『대한민국 역대 정부 주요 정책과 국정운영 김영삼 정부』, 도서출판
　　대영문화사, 2014.

한국행정연구원,『대한민국 역대 정부 주요 정책과 국정운영 노태우 정부』, 도서출판
　　대영문화사, 2014.

한상언 편,『영화운동의 최전선』, 한상언영화연구소, 2022.

현대영화연구소,『글로컬 시대의 한국영화와 도시공간Ⅱ』, 박이정, 2018.

황동미(책임연구원),『한국영화산업구조분석』, 영화진흥위원회, 2001.
이 푸 투안, 구동회·심승회 옮김,『공간과 장소』, 대윤, 1995.

논문

김연철,「노태우 정부의 북방정책과 남북기본합의서」,『역사비평』 97호, 역사비평사,
    2011.
김하영·임태성,「서울 올림픽이 한국의 정치, 외교적 변동에 미친 영향」,『한국체육학
    회지』 33권 제2호, 한국체육학회, 1994.
남은영,「한국 중산층의 소비문화-문화자본과 사회자본의 함의를 중심으로」,『한국
    사회학』 44호, 한국사회학회, 2010
박길성,「세계화와 한국사회의 변화: 굴절과 동형화의 10년」,『사회과학』 제40권 제
    1호, 성균관대학교 사회과학연구소, 2001.
박돈해,「한국 사회의 신자유주의적 세계화 도입에 관한 고찰, 신제도주의적 시각을
    통한 분석」,『한국사회학회 사회학대회논문집』, 한국사회학회, 2004.
박유희,「파토스에의 거리와 합리적 거래의 감성화-1990년대 한국영화 장르의 변전
    과 감성의 재편」,『대중서사연구』 제25권 3호, 대중서사학회, 2019.
박해남,「1988 서울올림픽과 시선의 사회정치」,『사회와 역사』 제110집, 한국사회사
    학회, 2016.
이덕일,「동학혁명사상의 형성과정에 대한 연구」,『동학학보』 제49호, 동학학회,
    2018.
이윤근·김명수,「서울 올림픽이 한국의 정치, 경제, 사회에 미친 영향」,『한국교육문제
    연구』 제6호, 중앙대학교 한국교육문제연구소, 1990.
이정철,「탈냉전기 노태우 정부의 대북정책, 정책연합의 불협화음과 전환기 리더십의
    한계」,『정신문화연구』 제35권 제2호, 한국학중앙연구원, 2012.
전우형,「접속하는 도시에 투영된 <접속>의 무의식적 욕망」,『현대영화연구』 Vol.29,
    현대영화연구소, 2017.
정규섭,「남북기본합의서: 의의와 평가」,『통일정책연구』 제20권 1호, 통일연구원,
    2011.
채효영,「박정희 정권의 민족정체성과 민족기록화 사업」,『동아시아문화와 예술』 제
    7집, 동아시아문화학회, 2010.
최지훈,「장소성의 해체와 정체성의 붕괴, 영화 <초록 물고기>」,『공간과 사회』 9호,

한국공간환경학회, 1997.
한정곤, 「영화산업에 진출하는 대기업 자본」, 『길을 찾는 사람들』 Vol.92, 사회평론, 1992.

신문

경향신문, 1989.11.08.
경향신문, 1990,05.18.
동아일보, 1991.07.06.
동아일보, 1991.07.06.
동아일보, 1993.12.31.
매일경제, 1989.01.23.
매일경제, 1990.09.09.
매일경제, 1991.01.09.
세계일보, 1990.12.11.
한겨레, 1989.10.25.
한겨레, 1989.12.02.
한겨레, 1989.04.22.
한겨레, 1993.05.01.

인터넷 자료

국가법령정보센터(https://www.law.go.kr)
행정안전부 국가기록원(https://www.archives.go.kr)

제7장

단행본

강준만, 『한국현대사 산책(1990년대 편 3권)』, 인물과 사상사, 2014.
김동호 외, 『한국영화 정책사』, 나남출판, 2005.

김문겸·이일래·인태정, 『여가의 시대-문화사적 관점에서 본 자본주의와 여가』, 호밀밭, 2021.

김미현 책임편집, 『한국영화사』, 커뮤니케이션북스, 2006.

동아일보 특별취재팀 지음, 『잃어버린 5년-칼국수에서 IMF까지, YS문민정부 1,800일 비화 2』, 동아일보사, 1999.

문화관광부, 『세계 5대 문화산업강국 실현을 위한 참여정부 문화산업 정책비전보고』, 2003.

박영은, 『영화산업 기업전략(영화진흥위원회 연구보고서 2007-2)』, 영화진흥위원회, 2007.

영화진흥위원회, 『2008년도판 한국영화연감』, 2008.

이규성, 『한국의 외환위기』, 박영사, 2015.

정종화, 『한국영화사』, 한국영상자료원, 2007.

정창영, 『IMF 고통인가 축복인가』, 문이당, 1998.

좌승희·이태규, 『한국영화산업 구조변화와 영화산업정책』, 한국경제연구원, 2006.

참여정부 국정브리핑 특별기획팀 지음, 『노무현과 참여정부 경제5년』, 한스미디어, 2008.

통계청, 『통계로 본 광복 70년』, Jinhan M&B, 2015.

한국영상자료원 엮음, 『21세기 한국영화』, 앨피, 2020.

한국행정연구원, 『대한민국 역대 정부 주요 정책과 국정운영 김대중 정부』, 대영문화사, 2014.

한국행정연구원, 『대한민국 역대 정부 주요 정책과 국정운영 노무현 정부』, 대영문화사, 2014.

한준 외, 『외환위기 이후 20년 한국사회구조와 생활세계의 변화』, 대한민국역사박물관, 2018.

홍석률·박태균·정창현, 『한국현대사 2』, 푸른역사, 2015.

논문

강정모·박원규, 「경제특구 활성화를 통한 남북한 경제협력 체제의 구축」, 『비교경제연구』 제11권 제2호, 한국비교경제학회, 2004.

김경욱, 「할리우드 블록버스터의 전개과정과 이데올로기」, 『영화연구』 19호, 한국영화학회, 2002.

김경준·이윤석, 「IMF 외환위기 이후 한국 사회의 탈도덕화: 공평성, 순수성 변화를 중심으로」, 『한국사회학』 제55집 제2호, 한국사회학회, 2021.

김금동, 「김기덕 영화 파란대문에 나타나는 미학적 특징과 관객의 새로운 역할」, 『영화연구』 25호, 한국영화학회, 2005.

김병철, 「한국형 블록버스터의 지형도」, 『영화연구』 21호, 한국영화학회, 2003.

김영재, 「노무현 정부의 대북정책」, 『국제문화연구』 Vol.24, 청주대학교 국제협력연구원, 2006.

김용수, 「폭력과 그 너머: 봉준호, 박찬욱의 영화」, 『인문학연구』 14집, 한림대학교 인문학연구소, 2008.

김정수, 「한미 투자협정과 스크린 쿼터:양면게임 모델을 응용한 협상 분석」, 『국제통상연구』 제9권 제1호, 한국국제통상학회, 2004.

이동연, 「한국의 문화자본은 어떻게 형성되는가?」, 『문화과학』 제59호, 문화과학사, 2009.

이수범, 「한국 블록버스터 영화의 마케팅 PR전략에 관한 연구」, 『홍보학 연구』 Vol,4 No.2, 한국PR학회, 2000.

이영문, 「경제위기 상황과 정신건강의 함수」, 『사회비평』 제19권, 나남출판사, 1999.

조보라미, 「열려진 영화론으로 본 <성냥팔이 소녀의 재림>: 장선우 영화의 연속성을 위한 시론」, 『한국극예술연구』 제71집, 한국극예술학회, 2021.

조혜정, 「생활의 발견 혹은 일상의 정신병리학」, 『비교한국학』 20권 1호, 국제비교한국학회, 2012.

최성, 「김대중 정부의 포괄적 대북포용정책」, 『세계지역연구논총』 Vol.13, 한국세계지역연구협의회, 1999.

편집부, 「남북관계 발전과 평화번영을 위한 선언 전문」, 『북한』 11월호, 북한연구소, 2007.

허련, 「개성공단 개발사업의 성과와 함의」, 『대한지리학회지』 제46권 제4호, 대한지리학회, 2011.

학위 논문

이동현, 「한미투자협정과 스크린쿼터제에 관한 연구」, 연세대학교 경제대학원 석사학위논문, 2006.

잡지

이코노미스트, 2007.03.27.
한겨레21, 1998.12.17.

신문·방송 자료

국정신문, 1998.10.26.
매일경제, 1997.12.02.
매일경제, 1998.11.16.
서울경제, 2020.07.22.
중앙일보, 2000.04.06.
중앙일보, 2006.01.02.
한겨레, 2007.07.24.
SBS News, 2005.07.06.

기타

<김대중 대통령 취임사>, 1998년 02.25.

인터넷 자료

e-나라지표(https://www.index.go.kr)
개성공단 사업추진경과(https://www.unikorea.go.kr)
국가법령정보센터(https://www.law.go.kr)
국가통계포털(https://kosis.kr)
국립통일교육원(https://www.uniedu.go.kr)
대통령 기록관(https://www.pa.go.kr)
영화관입장권통합전산망(https://www.kobis.or.kr)
CJ그룹(https://www.cj.net)
롯데시네마(https://www.lottecinema.co.kr)
쇼박스(https://showbox.co.kr)

단행본

강준만·김환표 지음, 『약탈정치-이명박·박근혜 정권 10년의 기록』, 인물과 사상사, 2017.

김동철·김문성 지음, 『최근 한국 현대사』, 책갈피, 2020.

김세훈 외, 『새 정부의 문화예술정책』, 집문당, 2008.

김호기·박태균 지음, 『논쟁으로 읽는 한국 현대사』, 메디치미디어, 2019.

대한민국정부, 『박근혜 정부 정책백서, 1권 총론』, 문화체육관광부, 2017.

대한민국정부, 『박근혜 정부 정책백서, 6권 문화융성』, 문화체육관광부, 2017.

문화예술계 블랙리스트 진상조사 및 제도개선위원회, 『문화예술계 블랙리스트 진상조사 및 제도개선위원회 백서』, 문화체육관광부, 2019.

영화진흥위원회, 『2014년도판 한국영화연감』, 2014.

영화진흥위원회, 『2017년도판 한국영화연감』, 2017.

정정길 외, 『중도실용을 말하다』, 랜덤하우스, 2010.

한국영상자료원 엮음, 『21세기 한국영화』, 엘피, 2020,

한국철학사상연구회 편, 『철학대사전』, 동녘, 1989.

한국행정연구원, 『대한민국 역대 정부 주요 정책과 국정운영, 이명박 정부』, 대영문화사, 2014.

홍일립, 『인간본성의 역사』, 에피파니, 2017.

김홍천 작성, <영화진흥위원회의 블랙리스트 문제해결 현황과 과제 토론회 자료집>, 영화진흥위원회, 2019.10.16.

요한 볼프강 폰 괴테, 이인웅 옮김, 『파우스트1』, 문학동네, 2017.

논문

강정인, 「박정희시대의 국가주의-국가주의의 세 차원-」, 『개념과 소통』 제20호, 한림과학원, 2017.

김광린, 「조선 광해군정부의 평화주의 외교정책」, 『평화학 논총』 Vol.3, No.1, 지구평화연구소, 2013.

김남석, 「윤동주와 그의 시대 : <동주>」, 『영상문화』 제21집, 부산영화평론가협회,

2016.

김미현, 「한국영화 제작자본에 대한 영상전문투자조합 정책의 기여도 평가」, 『한국콘텐츠학회논문지』 Vol.19, No.9, 한국콘텐츠학회, 2019.

김용희, 「박찬욱 영화 <아가씨>의 구성과 스토리텔링분석」, 『한국문예창작』 제15권 제3호, 한국문예창작학회, 2016.

박찬승, 「20세기 한국 국가주의의 기원」, 『한국사연구』 제117호, 한국사연구회, 2002.

신주백, 「교과서 포럼의 역사인식 비판」, 『역사비평』 제76호, 역사비평사, 2006.

신중섭, 「실용주의와 한국정치」, 『동서사상』 제8집, 동서사상연구소, 2010.

심은진, 「기억과 망각: 봉준호의 <마더>」, 『씨네포럼』 제37호, 동국대 영상미디어센터, 2020.

안문석, 「박근혜정부 대북정책에 대한 비판적 평가」, 『동향과 전망』 95호, 한국사회과학연구회, 2015.

원도연, 「이명박 정부 이후 문화정책의 변화와 문화민주주의에 대한 연구」, 『인문콘텐츠』 제32호, 2014.

이홍종, 「박근혜정부의 한반도 신뢰프로세스정책: 김대중정부와 이명박정부의 대북정책과의 비교를 중심으로」, 『정치정보연구』 제18권1호, 한국정치정보학회, 2015.

정영주·박성순, 「한국 OTT 논의 지형의 특성과 정책적 함의」, 『방송과 커뮤니케이션』 제20권 3호, 한국방송학회, 2019.

정태수, 「휴전의 상징, 비무장지대를 배경으로 한 한국영화의 영화적 특징에 관한 연구」, 『영화연구』 제57호, 한국영화학회, 2013.

정해구, 「뉴라이트운동의 현실인식에 대한 비판적 검토」, 『역사비평』 제76호, 역사비평사, 2006.

조규찬, 「김기덕의 <뫼비우스>에 나타난 타자의 욕망 양상 고찰」, 『한국문학이론과 비평』 제69집, 한국문학이론과 비평학회, 2015.

조순구, 「이명박 정부의 대북정책과 남북관계: 현황과 문제, 그리고 평가」, 『동북아연구』 Vol.27, No.2, 사회과학연구원, 2012.

조혜정, 「2016년 한국영화를 말하다」, 『현대영화연구』 Vol.27, 현대영화연구소, 2017.

황혜진, 「시에 대한 가치론적 물음과 응답의 영화, <시>」, 『국어교육학연구』 제40집, 국어교육학회, 2011.

잡지

시대정신(18호), 2002.
주간경향(983호), 2012.07.10.
한겨레21(통권1150호), 2017.02.20.

신문

경향신문, 2009.02.17.
경향신문, 2011.05.30.
경향신문, 2012,01.31.
경향신문, 2012.01.29.
데일리NK, 2006.11.21.
딴지일보, 2009.06.10.
연합뉴스, 2010.05.19.
조선일보, 2016.12.09.
텐 아시아, 2016.06.08.
한겨레, 2008.06.08.
한국기자협회, 2016.10.04.
NewDaily, 2010.12.13.

기타

이명박, 제64주년 광복절 경축사, 2009.08.15.
제17대 이명박 대통령 취임사, 2008.02.25.
제18대 박근혜 대통령 취임사, 2013.02.25.

인터넷 자료

국가법령정보센터(http://www.law.go.kr)

제9장

단행본

김기빈 지음,『일제에 빼앗긴 땅이름을 찾아서』, 살림터, 1995.

국정기획자문위원회,『국정기획자문위원회 백서(국민의 나라, 정의로운 대한민국)』,
　　문화체육관광부, 2017.

국정백서 편찬위원회,『문재인 정부 국정백서, 일본 수출규제 대응과 소부장 산업 경
　　쟁력 강화 04』, 문화체육관광부, 2022.

국정백서 편찬위원회,『문재인 정부 국정백서, 국민과 함께 만든 K-방역 08』, 문화체
　　육관광부, 2022.

국정백서 편찬위원회,『문재인 정부 국정백서, 문화, 세계를 선도하는 문화국가 10』,
　　문화체육관광부, 2022.

국정백서 편찬위원회,『문재인 정부 국정백서, 평화와 번영의 한반도 16』, 문화체육관
　　광부, 2022.

김숙 책임연구원,『영화산업의 가치사슬과 구조 변화』, 영화진흥위원회, 2022.

문재인,『대한민국이 묻는다 완전히 새로운 나라, 문재인이 답하다』, 21세기 북스,
　　2017.

문재인 대통령 비서실,『위대한 국민의 나라』, 한스 미디어, 2022.

박재억,『마약류 범죄백서』, 대검찰청, 2023.

새문화정책준비단,『문화비전 2030-사람이 있는 문화』, 문화체육관광부, 2018.

조대엽·정상호·윤태범,『촛불시민혁명과 문재인 정부』, 대통령직속 정책기획위원회,
　　2022.

영화진흥위원회 엮음,『2023년도판 한국영화연감』, 영화진흥위원회, 2023.

이윤영 엮고 옮김,『사유속의 영화』, 문학과 지성사, 2012.

추미애,『나라를 나라답게』, 더불어민주당, 2017.

황승흠 책임연구,『영화 및 비디오물의 진흥에 관한 법률 전면 개정 방안 연구』, 영화
　　진흥위원회, 2023.

포스트코로나 영화정책추진단,『포스트코로나 영화정책 2022』, 영화진흥위원회,
　　2021.

논문

김경애, 「영화 <버닝>의 스토리텔링 연구」, 『영주어문』 제41집, 영주어문학회, 2019.

김귀옥, 「적폐청산의 시대, 화해와 소통을 위한 사회운동의 방향」, 『통일인문학』 제76집, 건국대학교 인문학연구원, 2018.

김정아·이희언·김지원·장다슬·최남경, 「국내 코로나19 대유행에 대한 예방접종 및 사회적 거리두기 정책」, 『KFDC규제과학회지』, Vol.18 No.2, 한국에프디시규제과학회, 2023.

김홍중, 「코로나19와 사회이론」, 『한국사회학』, Vol.54 No.3, 한국사회학회, 2020.

심은진, 「박찬욱의 <헤어질 결심>에 나타난 영화의 자기 반영성」, 『비교문학』 제89집, 한국비교문학회, 2023.

정현경, 「평등의 몰락에 대한 영화적 대응과 의미-영화 <설국열차>와 <기생충>을 중심으로」, 『비평문학』 제75호, 한국비평문학회, 2020.

조영호, 「문재인 정부 평가: 정치, 경제, 사회」, 『의정연구』 Vol.28 No.1, 한국의회발전연구회, 2022.

이석구, 「산과 바다를 걸고 하는 헤어질 결심」, 『중국소설논총』 제69집, 한국중국소설학회, 2023.

이선주, 「'도망치는 영화', 혹은 비가시적 세계의 확장: 홍상수의 복잡성 내러티브 영화의 진화」, 『아시아영화연구』 14권 1호, 부산대학교 영화연구소, 2021.

이정하, 「<풀잎들>(홍상수)분석: 영화적 미니멀리즘과 구조의 영화」, 『씨네포럼』 42호, 동국대학교 영상미디어센터, 2022.

오유석, 「한국의 '적폐'정치」, 『경제와 사회』 통권 제121호, 비판사회학회, 2019.

유지나, 「취향의 배치와 탈영토화 여정 연구」, 『씨네포럼』 제44호, 동국대 영상미디어센터, 2017.

임영언·허성태, 「일본 수출규제조치에 대한 한일 갈등요인과 대응방안 고찰」, 『재외한인연구』 제54호, 재외한인학회, 2021.

최광승, 「문재인 정부의 항일(抗日) 내러티브」, 『한국동북아논총』 Vol.27 No.1, 한국동북아학회, 2022.

최소영·류보영·정세진·장민정·안미숙·박신영·김성순, 「코로나바이러스감염증-19 전수감시 기간 사망자 분석 결과」, 『PHWR』 Vol.17 No.29, 질병관리청, 2024.

최영현·이규혜, 「영화 의상에 나타난 사회 계급의 표현」, 『한국의류학회지』 Vol.44,

No.5, 한국의류학회, 2020.
한귀은, 「히스테리증자의 환상 횡단과 주체화의 (불)가능성, 영화 <탑>」, 『한국문학논총』 제93집, 한국문학회, 2023.

신문, 잡지

이성용, <스페셜 리포트: 일본수출 규제 정면 대응>, 《특허뉴스》 통권 제191호, 한국특허신문사, 2022.
<세계적 수준으로 성장한 한국영화산업의 새로운 도약기반 마련>, 문화체육관광부 보도자료, 2019.10.14.

인터넷 자료

문재인대통령취임사, 2017.05.10. 행정안전부 대통령기록관(https://www.pa.go.kr/index.jsp)
통계청(https://www.kostat.go.kr), <2023년 가계금융복지조사 결과>, 통계청 보도자료(2023. 12.07)

찾아보기

봉준호 515, 519, 569, 584, 586,
   587
부지영 629
브루스 커밍스(Bruce Cumings) 128
블라디미르 멘쇼프(Влади́мир Меньш
   о́в) 437
빈센트(J. Vincent) 26
빌 클린턴 497

[ㅅ]

서광제 41, 46, 47, 48, 59
서봉수 266
서상일 155
서정규 63, 70, 82
서정주 61
석래명 303, 304
선동열 539
선우휘 237
설봉 363
설의식 60
설화 660
성동호 60
성주식 32
세라 워터스 722
세르게이 본다르추크(Сергей Бондарч
   ук) 437
손영성 648
손용호 780
손전 84
손창섭 237
송능한 477
송몽규 717, 718

송영수 364, 379
송일곤 723
송지영 155
송진우 22
송창식 644
송해성 526, 535, 568
스탕달(Stendhal) 789
스튜어트(J. Stewart) 50
스티븐 스필버그(Steven Spielberg)
   581
시이나(推名悦三郎) 157
신경균 59, 74, 76, 85, 143
신낙균 497
신복룡 353
신상옥 83, 86, 106, 121, 127, 130,
   131, 133, 138, 140, 141, 143,
   145, 146, 178, 192, 194, 196,
   197, 198, 202, 204, 207, 214,
   215, 218, 237, 238, 288, 297
신승수 458, 471, 473
신윤복 660
신익희 94
신태라 707
신현호 140, 145
심승보 520
심우섭 208, 225, 226
심재홍 81, 83
심형래 584

[ㅇ]

아놀드(A. Arnold) 49
아베(阿部信行) 24

작품명

[ㄱ]